Autorenhaus Verlag

»Branchenhandbuch«
(Börsenblatt für den Deutschen Buchhandel)

»Gibt der Literatur ihre Adressen«
(Süddeutsche Zeitung)

»Unentbehrliches Nachschlagewerk«
(BuchMarkt)

Deutsches Jahrbuch für Autoren Autorinnen

2007|2008

Schreiben und Veröffentlichen

Aktuelle Informationen und Adressen aus dem Literatur- und Medienmarkt: Theater, Film / TV, Hörmedien, Buch

Autorenhaus Verlag

Bibliografische Information der Deutschen Nationalbibliothek
Die Deutsche Nationalbibliothek verzeichnet diese Publikation in der Deutschen Nationalbibliografie; detaillierte bibliografische Daten sind im Internet unter www.dnb.d-nb.de abrufbar.

Herausgegeben von
Gerhild Tieger und Manfred Plinke
Originalausgabe
ISBN 978-3-86671-025-2
Mai 2007

Umwelthinweis: Dieses Buch wurde auf chlor- und säurefreiem Papier gedruckt.
Druck und Bindung: Ebner & Spiegel GmbH, Ulm
Printed in Germany

▷ Vorwort

Wert der Worte – unter diesem Motto begann auf dem Schriftstellerkongress 2007 der Bundesvorstand seine Arbeit für die nächsten vier Jahre. Der Verband deutscher Schriftsteller (VS) engagiert sich seit seiner Gründung 1969 für die Interessen der kreativen Worturheber. Kreativität ist der wichtigste Rohstoff, den wir hierzulande haben. Der Wert künstlerischer Kreativität für eine Gesellschaft ist kaum hoch genug anzusiedeln. Und natürlich fordern literarische Worturheber eine angemessene Vergütung für ihre Leistung. Je professioneller aber eine Dichterin, ein Dramatiker, ein Belletrist, eine Sachbuchautorin, ein literarischer Übersetzer arbeitet, um so evidenter wird der Wert schöpferischer Kreativität. Ideell wie materiell. Auf dem Markt der Medien wie in der Magie und Faszination der Literaturwelt.

Bei der Professionalisierung der Autoren spielen profunde Ratgeber, nicht selten von einem Mitglied des VS verfasst oder herausgegeben, eine entscheidende Rolle. Sie informieren kenntnis- und umfangreich über den Literaturbetrieb, helfen Berufsanfängern mit zahlreichen nützlichen Tipps und bieten auch den bereits erfahrenen Schriftstellern wertvolle aktuelle Hinweise.

Da ich vor einigen Jahren selber ein Handbuch für Autoren und Übersetzer verfasst habe, weiß ich recht genau, welche Bedeutung gut recherchierte, fundiert aufbereitete Ratgeber fürs Schreiben und Veröffentlichen haben, welche Informationen sie anbieten müssen.

Daher schätze ich Jahrbücher und Ratgeber aus dem Autorenhaus Verlag, benutze sie bei meiner Arbeit und insbesondere als Leiter von Fortbildungsseminaren.

Dem neuen Jahrbuch und seinen Benutzern wünsche ich viel Erfolg auf Märkten und in Magiewelten der Literatur.

Imre Török
Bundesvorsitzender
Verband deutscher Schriftsteller (VS in ver.di)

Imre Török, geboren und aufgewachsen in Ungarn, ist seit 2005 Vorsitzender des VS, Mitglied des P.E.N.-Zentrums Deutschland und des ungarischen Schriftstellerverbands. Publikationen: Belletristik, Philosophie, Märchen, Sachbuch, Film. www.imre-toeroek.de

Inhalt

3 GENRES

4 THEATER

5 HÖRMEDIEN, FILM &TV

6 AUTORENBERUF

7 AUTORENFÖRDERUNG & LITERATURPREISE

8 BUCHMARKT

9 LEKTORATE

10 VERLAGSSUCHE

11 ZUSCHUSSVERLAGE, SELBSTVERLAG & BOOK ON DEMAND

12 RECHT & HONORARE

13 BIBLIOTHEK & EPILOG

▷ *Liebe Autorinnen und Autoren,*

in dieser Ausgabe haben die Lektoren das Wort. Sie sind die ersten kritischen Leser in den Verlagen, sie entscheiden darüber, ob aus Ihrem Manuskript ein Buch (oder aus Ihrem Drehbuch ein Film) wird. Lektorinnen und Lektoren aus renommierten Verlagen berichten über ihre Aufgaben und wie sie einen neuen, vielversprechenden Autor und sein Werk entdecken – auch davon, dass Bücher die Verkaufserwartungen nicht immer erfüllen.

Zu den zehn Büchern mit schockierend niedrigen Verkaufszahlen gehören sogar Werke weltbekannter Schriftsteller. Diogenes-Verleger Daniel Keel nennt sie »die Bücher, die sich schlecht verkaufen, dennoch verdienen, gelesen zu werden«. Auch deshalb riskieren Verleger wie er, trotz ihrer Erfahrung, immer wieder, dass »Worstseller« erscheinen – weil sich der Erfolg eines Buchs nicht vorhersagen lässt. Ein ermutigendes Beispiel dagegen ist der Debütroman *Tannöd* von Maria Schenkel, der zum mehrfach preisgekrönten Bestseller wurde – eine sehr erfreuliche Überraschung für die Autorin wie für ihren Verleger.

Wieder stellen wir Ihnen Trends und Chancen im Literaturbetrieb vor, dazu Beiträge und Erfahrungsberichte von bekannten Schriftstellern und Experten, die Einblick in die verschiedenen Sparten und Genres ermöglichen. Und damit Sie Ihr Manuskriptangebot ganz gezielt nur an die dafür in Frage kommenden Agenturen, Verlage oder andere Institutionen richten können, haben wir auch wieder Tausende von Fragebögen per Post versandt und ausgewertet. Neben ausführlichen Angaben zu Verlagsprogrammen finden Sie detaillierte Informationen, welche Agenturen und Verlage Ihr Manuskriptangebot als Exposé, Textprobe, Manuskript, per Post oder E-Mail wünschen. Außerdem erhalten Sie neben vielen anderen für Autoren wichtigen Anschriften und Informationen auch Adressen von Institutionen, die Stipendien, Preise und Förderungen vergeben.

Seit nunmehr fast 12 Jahren stehen die Informationsinteressen von Buchautoren und Autoren für Film, Fernsehen, Hörfunk und Theater im Mittelpunkt unserer Arbeit und unseres Fachbuchprogramms, das in der Branche allgemein geschätzt wird. Wir danken unseren Lesern für ihre Ermutigung und Unterstützung, besonders in einer Zeit, in der wir persönlich und unser Kleinverlag von einem Konzern und ihm nahestehenden Organisationen und Personen massiv und existenziell angegriffen werden.

Wie immer freuen wir uns über Ihre Anregungen und Berichte über eigene Erfahrungen und Erfolge!

Ihre
Gerhild Tieger und Manfred Plinke

Schreiben 1

▷ *Mein Werdegang*

Warum Schriftstellerei kein Beruf ist

Von Daniel Kehlmann

Anlässe, bei denen man aufgefordert ist, seinen Werdegang zu beschreiben, also Rechenschaft abzulegen, wie man wurde, was man ist, und warum man getan hat, was man machte, erinnern einen Schriftsteller nur einmal mehr daran, dass das, was er so treibt, weniger ein richtiger Beruf ist als eine Möglichkeit, eben diesem aus dem Weg zu gehen. Der Schriftsteller, was er auch studiert haben mag, hat eigentlich keine Ausbildung und leider auch keine anderen Lehrer als die großen Toten, deren Werke er mit Erschütterung und Liebe gelesen hat, er ist Mitglied keiner nennenswerten Zirkel von Gleichgesinnten, und was seine gesellschaftliche Stellung angeht, so verlässt ihn nie ganz das Gefühl, dass er die Anerkennung, die ihm sein Auskommen und vielleicht sogar die Mitgliedschaft in einer Akademie ermöglicht, einer mehr oder minder gelungenen Hochstapelei verdankt, die jeden Moment auffliegen könnte.

Zum Schreiben kommt man durch das Lesen: die einzige Sache, die wohl alle Schreibenden gemeinsam haben: Sie waren einmal lesende Kinder, Zehnjährige, denen Bücher wichtiger und wirklicher waren als alles andere. Eingefangen also von Kara Ben Nemsi, von den fünf Freunden, von Kapitän Nemo und Phileas Fogg, von Momo und Balthasar Bux, kam ich früh zu den bedruckten Seiten und nie wieder von ihnen weg; schon damals kam mir ein Leben ohne sie unvorstellbar vor und ein Beruf, bei dem es um anderes ging als um Papier, auf dem Geschichten erzählt wurden, wie unvorstellbare Zeitverschwendung.

Zu schreiben begann ich im gleichen Alter wie wohl alle, die es tun: Mit fünfzehn und schlechten Gedichten, die zum Glück bis zum heutigen Tag keiner gesehen hat, später ging ich zu Erzählungen über, dann zu einem Roman über einen wahnsinnig werdenden Zauberkünstler, stark geprägt von meinem Gefühl, dass die Wirklichkeit lange nicht so real ist, wie sie uns vorkommt – ein Verdacht, den jede kurze Reise mit der Deutschen Bahn augenblicklich bestätigt. Das Buch wurde, gleich nach dem Ende meines Philosophiestudiums und eigentlich durch Zufall und Glück, veröffentlicht, und mit Überraschung stellte ich fest, dass man das Schreiben sowohl vor Finanzämtern als auch in offiziellen Meldebögen und sogar bei misstrauischen Familienmitgliedern als Beruf ausgeben konnte. Mein zweiter Roman, geprägt von einer Faszination fürs Exakte, fürs Rechnen und die Magie der Zahlen, die mich nie verlassen hat, handelte von einem Physiker, der meint, die Zeit aufgehoben zu haben: eine Studie in Verfolgungswahn und zugleich ein Versuch in angewandter Phantastik, da die Erzählung immer wieder den Verdacht nahelegt, dass der Physiker Recht haben und tatsächlich verfolgt werden könnte. Auch Paranoide, sagt ein schönes Sprichwort, haben Feinde.

Danach schrieb ich, neben anderen Dingen, einen Roman über einen alten Maler, erblindet, aber nur scheinbar senil, der von einem jungen, aggressiven und für so ziemlich nichts auf der Welt begabten Journalisten in seiner Privatsphäre bedroht wird, von Anfang bis Ende erzählt aus der Sicht des abscheulichen jungen Mannes, der sich für brillant und weltgewandt schlau hält. Mein bisher letzter Roman kehrte dann wieder zurück zum Thema der Wissenschaft, versucht die Lebensgeschichte zweier Großer des Metiers als deutsche Komödie zu erzählen. Für die Recherchen hatte ich mich intensiver, als es einem Laien angenehm sein kann, mit Mathematik, Geologie und der Astronavigation des achtzehnten und frühen neunzehnten Jahrhunderts zu beschäftigen, wodurch meine Bewunderung für das ernste Spiel der Forschung, für den tiefen Antrieb des Verstehenwollens größer wurde als je.

Da mir selbst aber die Gaben der Konzentration, der Sachlichkeit und der Akkuratesse fehlen, muss ich selbst dieses Verstehen weiterhin statt auf dem analytischen auf dem Weg des Erzählens suchen, und normalerweise fühle ich mich ganz wohl dabei. Bloß in solchen Momenten der Rechenschaft überfällt mich noch das sonst so wirksam verdrängte schlechte Gewissen, das Bewusstsein, dass die Schriftstellerei ja nun vieles ist, aber doch kein richtiger Beruf, und dass es eigentlich schon etwas Unanständiges hat, sein Auskommen mit einer Tätigkeit zu finden, die einem solche Freude macht.

Daniel Kehlmann 1975 geboren, hat sechs Romane veröffentlicht, sein Bestseller *Die Vermessung der Welt* hat sich schon mehr als eine Million Mal allein in der deutschsprachigen Ausgabe verkauft, die Rechte wurden in dreißig Länder vergeben. Der hier abgedruckte Text ist Daniel Kehlmanns Vorstellungsrede vor der Mainzer Akademie der Wissenschaften, in die er 2005 als jüngstes Mitglied aufgenommen wurde.

▷ *Die Unsumme ist schnell bei der Hand*

Anmerkungen zum Schreiben und zum Erzählen

Von Richard Wagner

1 Die Geschichte, die aus einem einzigen Satz besteht

Eine Geschichte, die aus einem einzigen Satz besteht, ist nicht kürzer als eine Geschichte, die aus hundert Sätzen besteht. Aber eine Geschichte, die aus hundert Sätzen besteht, wird mühelos und unwidersprochen als eine Kurzgeschichte erkannt, während bei einer Geschichte, die aus einem einzigen Satz besteht, regelmäßig erklärt werden muss, warum es eine Geschichte ist. Der Unterschied besteht darin, dass die Geschichte, die aus hundert Sätzen besteht, in diesen hundert Sätzen erzählt wird, während der einzige Satz, der eine Geschichte ausmacht, diese zu verschweigen scheint. Er verschweigt sie aber nicht. Er denkt sie mit. Und das ist anscheinend kein Erzählen. Denn Erzählen entsteht offenbar erst durch Wiedererkennen, und Wiedererkennen ist erst durch Wiederholung möglich. Eine Geschichte muss also eine Wiederholung sein, um als Geschichte erkannt zu werden.

2 Die Welt ist eine Summe, aber von was?

Die Welt ist eine Summe von Geschichten. Ich denke über diese Geschichten nach, und sie werden dabei immer kürzer. Je mehr ich schreibe, desto kürzer werden die Geschichten. Warum? Alle meinen, die Welt sei eine Summe. Und diese Summe wollen alle finden. Wer Geschichten erzählt, erweckt den Eindruck, die Summe gefunden zu haben. Aber sie bleibt ein Geheimnis, und weil sie ein Geheimnis bleibt, ist es nicht einmal sicher, ob es die Summe gibt. Deshalb weiß man auch nicht so genau, wann eine Geschichte aufhört. Eine Geschichte kann plötzlich aufhören oder sie kann immer noch weitergehen, auch wenn sie längst zu Ende ist. Der Schluss einer Geschichte ist nichts weiter als der Ausdruck der Hilflosigkeit des Autors. Je überraschender sie aufhört, desto ehrlicher ist der Autor.

Die aber, die von der Summe reden, meinen, der Autor weiß mehr. Und sie meinen noch, er schreibe, weil er mehr weiß: Aber der Autor schreibt, weil er nichts weiß. Und aus diesem Nichtwissen heraus springen die Sätze in die Geschichte. Gerade aus diesem Nichtwissen heraus entsteht die Geschichte.

3 Alles erzählt

Das kann man so verstehen: Alle erzählen, oder: Alles ist schon erzählt. Und beides trifft zu. Alles ist zwar schon erzählt, aber es will wiederholt werden. Alle erzählen alles weiter. Was wollen sie? Erzählen oder weitererzähler? Erzählen ist immer erzählen und weitererzählen. So geht das. Die mediale Welt ist eine fortgesetzte Erzählung. Vom Videoclip bis zur Werbung.

Alle versuchen sich in der Kurzgeschichte. Hip Hop, Rap. Vollquatschen. Der Größte sein. Schwarze Zuversicht. Der Schluss des Videoclips ist der Song, der Schluss der Werbung das Produkt. Beides ist die Wiederholung. Es sind in allen Fällen Geschichten, die nicht sich selbst meinen. Sie zeigen auf etwas.

Sie sagen, warum ich singe oder warum ich kaufe. Dass alles schon erzählt ist, hat den Vorteil, dass alles erkannt wird. Es ist ein Spielball. Alles ist in der Wiederholung. Warhol. Refrain. Was bedeutet das? Bedeutet es was? Auch das Vergessen ist Teil der Wiederholung.

4 Die Eigentümer der Erzählung

Es gibt keine Stille mehr. Die Stille ist vergangen. Man kann sie herstellen, aber sie ist nur Teil des Sounds. Die Welt kommt aus dem

Sound. Niemand spricht mehr als Erster. Und keiner spricht als Einziger. Manchmal gibt es diese Sehnsucht noch. Wer sie früher hatte, war vielleicht verloren. Wer sie heute hat, ist ziemlich sicher lächerlich.

Man spricht auf einer Folie. Jeder Text legt sich über andere Texte. Alles ist beschriftet und vertont. Von der Ampel bis zur U-Bahn-Ansage. Das Telefon klingelt nicht nur, es spricht mit dir: der Anrufbeantworter.

Alles spricht mit dir wie der Anrufbeantworter. Er spricht dich an, aber er weiß nicht, wer du bist. Das ist auch egal. Er gibt vor, dir etwas über seinen Eigentümer zu sagen, aber er sagt es jedem. Und was er dir sagt, wurde ihm beigebracht, ohne dass sein Eigentümer etwas von deiner Existenz gewusst hätte. Der Eigentümer wusste, als er den Text formulierte, nichts über dich, und der Anrufbeantworter weiß weder etwas von dir noch weiß er etwas über den Text, den er dir mitteilt. Trotzdem erfüllt der Text seine Aufgabe, sobald du ihn als an dich gerichtet akzeptierst. Obwohl er ohne dein Zutun entstanden ist. Sobald du eine Antwort auf das Band sprichst, ist der Text des Anrufbeantworters echt geworden.

Man ist Teil des Sounds. Auch als Schriftsteller. Ich habe das Wort nicht, ich habe auch die Erzählung nicht. Ich bin Teil davon. Ich wiederhole etwas daraus; was mir gefällt und was mir wichtig erscheint. Ich bin wichtig, weil ich das sage, was mir wichtig erscheint.

5 Schreiben oder Erzähler

Alles ist schnell. Es ist eine Geschwindigkeit in der Welt, von der alle sagen, sie halten sie nicht aus. Alles, was man macht, macht man schnell. Man macht nicht mehr richtig, man macht es schnell.

Zu schnell. Etwas wird nicht fertig, sondern es muss fertig werden. Das Kriterium ist der Termin. Der Termin rückt immer näher, und so wird alles fertig. Der Termin ist Ausdruck der Wiederholung.

Von allem soll je mehr entstehen. Unsere Welt ist der Zahl unterworfen, sie erreicht die Zahllosigkeit. Die Zahllosigkeit ist die Entwertung. Es wird nicht die Geschichte erzählt, es werden je mehr Geschichten erzählt. Der Schriftsteller sagt, in vier Wochen muss ich mit meinem Roman fertig sein. Ist das das Ende des Romans? Nein, es ist nicht das Ende des Romans.

Die Zeiten der dramatisch angenommenen Folgen sind vorbei. Man schreibt schnell. Wir sind Teil der Geschwindigkeit, die die allgemeine Wahrnehmung bestimmt. Wir sind der schnellen Wiederholung ausgesetzt. Beim Schreiben und beim Lesen. Je länger der Text, desto schneller ist er. Deshalb auch die Scheu vor dem kurzen Text. Vor dem Gedicht, dem Aphorismus, der Kurzgeschichte. Es ist, als verbreite ein einziger Satz auf einer Buchseite Schrecken.

Wer schnell lesen will, muss Romane lesen. Niemand liest Kurzgeschichten in der U-Bahn. Beim Umsteigen würde der Text nicht weitergehen. Es würde einfach nicht weitergehen, und davor haben alle Angst. Ein Roman vermittelt die Kontinuität bei der ungeheuren Geschwindigkeit, mit der sich alles fortbewegt.

Alles, was man wirklich wahrnimmt, ist Fragment. Du siehst eine Frau Montagabend im Kino, und es ist die Frau, die du gerne ansprechen möchtest. Du tust es übrigens nicht. Du gehst Mittwoch in ein anderes Kino, und plötzlich ist diese Frau wieder da, und weil das so unwahrscheinlich ist, dass sie wieder da ist, ist das schon eine Geschichte. So weit sind wir gekommen.

Es ist wirklich eine Geschichte, denn du könntest sie jetzt ansprechen und als Grund die Tatsache angeben, dass du sie am Montag schon in einem ganz anderen Kino gesehen hättest, und das wäre dann auch wirklich der Anfang einer Geschichte, wäre nicht das Problem da, dass sie dich ganz bestimmt nicht am Montag gesehen oder wahrgenommen hat. Hätte sie dich auch in dieser Montagserinnerung, wäre es tatsächlich auch der Anfang einer literarischen Geschichte. So aber kannst du sie nur erzählen, sonst könntest du sie auch schreiben. Schreiben und Erzählen. Wiederholen und Vergessen. Du vergisst es. Das Erlebnis bleibt Fragment.

Alle möchten wissen, wie es weitergeht. Sie erleben Anfänge und sie erkennen sie, und die Geschwindigkeit hindert sie daran, alles in einer natürlichen Kontinuität weiterzuerleben.

Es kann nichts mehr passieren, es fehlt die Zeit dazu. Deshalb sind die Leute bestrebt einzugreifen. Sie denken sich ihre Geschichte nicht nur aus, sie versuchen sie zu verwirklichen. Der Inseratenteil der Berliner Stadtzeitung »Zitty« enthält auch die Rubrik »Wanted«. Da liest man: 25. 9. Zugfahrt Frankfurt – Berlin, Zustieg Höhe Jüterbog, lustiges Buch lesend, engl. Autor, hoch gestecktes Haar. Ich saß am Fenster gegenüber. Würde dich gerne kennenlernen. Chiffre usw. Oder: Do. mittag, 29. 10. Karstadt/Tegel am 3D-Kartenstand. Du bl. F gabst mir Tipps fürs Eintauchen in 3. Dimension und Tschüss. Ich hätte dich gern noch auf'n Kaffee eingeladen. Demnächst nachzuholen?! Telefonnummer.

Man blickt in die Zeitung, und es sind lauter Anfänge von Geschichten, aus denen die Leute etwas zu machen versuchen. Sie versuchen die Geschwindigkeit zu korrigieren, aber sie vertragen die Langsamkeit längst nicht mehr. Deshalb suchen sie die Situationen, an denen sie vorbeirasen, wiederzuholen, zu wiederholen. Das Gelingen ist dem Zufall überlassen. Es ist ein Spiel. Es ist aber auch todernst. Es ist todernst und hat den Reiz des Spiels. Die Wahrscheinlichkeit der Wiederholung ist doch viel geringer als die Möglichkeit der Initiative in der Ausgangssituation. Aber tritt sie ein, ist sie eindeutiger. Es geht um die Frage der Ablehnung. Um die Angst davor.

Eine Geschichte soll gut ausgehen oder sie soll einfach aufhören. Spricht man die Person in der U-Bahn an und sie reagiert nicht in der gewünschten Weise, befindet man sich plötzlich selbst in einer schlecht funktionierenden Geschichte. Man steht da und weiß nicht, wie es weitergeht. Betroffen bei dieser Geschwindigkeit, das hält man schlecht aus. Im Inserat macht man ein Angebot in die Anonymität hinaus. Man ist mutig, ohne etwas zu riskieren. Die Realität wird angenehm harmlos. Es ist fast schon eine Geschichte und es ist fast nur eine Geschichte. Du bist ihr Autor, aber du könntest ebenso gut bloß ihr Leser sein. Passiert nichts, ist's einfach schade, passiert etwas, ist es wunderbar. Es ist etwas zum Weitererzählen.

6 Alle Lügen

Ja, das ist wahr. Nämlich, alles ist Lüge oder alle Leute lügen. Heutzutage, wie man früher gesagt hätte, ist alles verbalisiert. Die Welt wird gesagt. Literatur ist längst nicht mehr die einzige gesprochene Welt. Alles ist gesprochen. Ohne Worte kommt nichts mehr aus. Jedes Bildchen hat seine Sprechblase. Und erst durch die Worte, die darin zu lesen sind, geht auch das Bild auf.

Alle suchen sich mit Worten herauszureden. Was sie sagen, soll gut ankommen. Mit Worten soll längst nicht mehr beschrieben werden, was ist, sondern was sein soll. Die Wahrheit ist längst in Worten untergegangen. Du fragst jemanden, wie es ihm geht, und du weißt, er antwortet, es geht ihm gut. Du weißt, dass er das antworten wird, und du wartest erst gar nicht seine Antwort ab. Du fragst schon den Nächsten, wie's ihm geht, oder du sagst etwas ganz anderes, und plötzlich merkst du, der Betreffende hat gerade gesagt, es gehe ihm schlecht. Er hat es schon zum zweiten Mal gesagt. Wenn er doch bloß gesagt hätte, es gehe ihm nicht so gut, aber er hat ganz klar gesagt, es gehe ihm schlecht, sauschlecht gehe es ihm, und er sagt das immer wieder, er hört gar nicht mehr auf damit. Als wäre es eine neue Form, guten Tag zu sagen, oder ist es schon Literatur? Du zweifelst einen Augenblick, aber dann geht doch alles wieder weiter. Du hattest eben einen rettenden Gedanken. Das kannst du dann später erzählen, falls du es in der Zwischenzeit nicht wieder vergessen hast.

Man erlebt ja so viel. Und alles ist schon wieder so günstig. Ja, klar, günstig, nicht billig, günstig. Sagt da jemand billig? O Gott, ich bitte Sie, günstig. Billig ist doch was ganz anderes. Diese deplatzierte Ausdrucksweise.

7 Die Aufgaben der Literatur

Die Aufgaben der Literatur sind alle außerhalb des Textes. Sie sind im Kopf des Lesers. Ich sage noch einmal: die Aufgaben der Literatur, und in der Wiederholung erscheint mir die Formulierung wie der Titel eines Zeitungsartikels aus der kommunistischen Vergangenheit. Ich habe selbst seinerzeit unter Bedingungen geschrieben, unter denen die Literatur einerseits zu Aufgaben angehalten wurde, andererseits sich zu Aufgaben gezwungen hat. Sie erzählte im Sinne des Regimes, oder sie erzählte gegen das Regime. Oder das Regime meinte, sie erzähle im Sinne des Regimes, und das Regime meinte, sie erzähle gegen das Regime. So konnte die Literatur sowohl für das Regime als auch gegen das Regime erzählen. Und das mit dem gleichen Text. Deshalb weiß man heute nicht mehr in jedem Fall, warum ein Text seinerzeit faszinierend, subversiv, verboten oder preisgekrönt war. Weil die jeweiligen Entscheidungen nichts oder fast nichts mit dem Text und sehr viel mit dem Regime zu tun hatten. Das alles erweckte damals den Eindruck, als hätte Literatur eine Bedeutung, als zählte sie und als sei es einfach, in einer Geschichte vom Zustand der Welt zu reden. Aber das war nicht so.

Das erschien nur so, durch die Existenz der Zensur. Das ist alles vorbei, und es ist gut, dass es vorbei ist. Das Schreiben hat sich dadurch von seinen erzwungenen Aufgaben frei gemacht. Schreiben in der Diktatur wird notgedrungen zu taktischem Schreiben. Es vereinfacht sich und die Welt durch die Annahme der Feindbilder. Eine Geschichte kann nicht mehr aufhören, wo sie will, und sie kann auch nicht immer weitergehen, solange sie will. Wo es aufhört, bestimmt die Zensur. So verrät das Schreiben seine Identität als Spiel. Schreiben kann nach dem Ende des Kommunismus wieder Spiel sein.

Alles ist möglich, ist Spiel mit den vorzufindenden Erzählungen. Aufgeschriebene Erzählungen verraten sich. Die entdecken die Lügen und spielen mit ihnen, als würden sie sie beherrschen. Schreiben heißt Lügen beherrschen. Und über diesen Satz lässt sich so viel sagen, dass man besser aufhört. Was ich hiermit auch mache.

Richard Wagner, geb.1952 im rumänischen Banat. Lebt seit 1987 in Berlin. Veröffentlichte Gedichte, Erzählungen, Romane und Essays. Zuletzt erschienen: *Habseligkeiten* (Roman, 2004) und *Der deutsche Horizont* (Essay, 2006).

"ENTSPANNEN SIE SICH DOCH. VERSUCHEN SIE EINFACH ZU VERGESSEN, DASS ICH IHR VERLEGER BIN."

Aus: Peter van Straaten *Warum liegt mein Buch nicht neben der Kasse?* Berlin 2007

Adressen

▷ Ausbildung

Deutsches Literaturinstitut Leipzig
Universität Leipzig
Wächterstr. 34
04107 Leipzig
Tel. 0341 - 97 30 300
Fax 0341 - 9730 319
Cornelia Kahl kahl@rz.uni-leipzig.de
www.uni-leipzig.de
Leitung: Prof. Dr. Hans-Ulrich Treichel, Prof. Dr. Josef Haslinger (Geschäftsf. Direktor)
Art des Studiums: Schwerpunktstudium
Inhalte: Vorlesungen, Seminare, Workshops, Schreibwerkstatt
Literarisches Schreiben, Autobiografisches Schreiben, Schreiben für Kinder- und Jugendbuch, Schreiben für Fach- und Sachbuch, Journalistisches Schreiben, Wissenschaftliches Schreiben, Schreiben von Kritiken, Szenisches Schreiben für das Theater, Drehbuchschreiben für Film und TV
Dauer: 4 bzw. 6 Semester
Abschluss: Bachelor of Arts (BA) oder Master of Arts (MA) oder Diplom des Deutschen Literaturinstituts Leipzig

Hochschule der Künste Bern
Schweizerisches Literaturinstitut
Rockhall IV, Seevorstadt 99
CH-2502 Biel/Bienne
Tel. +41 31 848 39 00
Fax +41 31 848 39 01
lithkb.bfh.ch
www.hkb.bfh.ch/literaturinstitut.html
Leitung: Marie Caffari
Inhalte: Während des Studiums entwickeln die Studierenden ihre individuellen Schreibprojekte, sie konfrontieren sich mit verschiedenen Textarten und eignen sich praktische und theoretische Kenntnisse im literarischen Feld an.
Das Hauptziel des Bachelors besteht darin, die jungen Autoren und Autorinnen zu befähigen, ihre eigene künstlerische Praxis zu etablieren.
Die Studierenden lernen ihre Arbeit selbstständig weiter zu entwickeln und zu bereichern.
Dauer: 6 Semester
Abschluss: Diplom

Internationale Hochschule Calw Staatlich anerkannte Fachhochschule für Kreativpädagogik und künstlerische Therapien
Schillerstr. 8
75365 Calw
Tel. 07051 - 96 27 05
Fax 07051 - 92 29 10
mail@ih-calw.de
www.ih-calw.de
Leitung: Prof. Uli Rothfuss M.Sc., Leiter der Abteilung Kultur- und Medienstudien und Prorektor
Art des Studiums: Hochschullehrgang »Kreatives Schreiben / Publizistik«, berufsbegleitend, fünf Kompaktmodule an Wochenenden pro Semester
Inhalte: Kreatives literarisches Schreiben (Erzählformen, Essayistik, dramatisches Schreiben, Drehbuch, Lyrik) Stoffentwicklung, Erzählstrukturen, Perspektiven, Reportage, Märchen schreiben, Romane schreiben u.a.
Dauer: vier Semester plus literarische Abschlussarbeit
Abschluss: Hochschulzeugnis und Hochschulzertifikat, Ausbau zum Studiengang mit akademischem Abschluss (Master of Arts)

Martin-Luther-Universität Halle-Wittenberg Fachbereich Sprach- und Literaturwissenschaften Germanist. Institut
Herweghstr. 96
06099 Halle (Saale)
Tel. 0345 - 5 52 35 94
Art des Studiums: Bestandteil des Germanistikstudiums
Inhalte: Vorlesungen, Schreibwerkstatt
Literarisches Schreiben, Autobiografisches Schreiben, Journalistisches Schreiben, Drehbuchschreiben für Film u. TV
Abschluss: Teilnahmebestätigung

Schule für Dichtung Wien
Mariahilfer Straße 88a/III/7
A-1070 Wien/Österreich
Tel. 43 1 52 23 526
Fax 43 1 52 23 526 20
sfd@sfd.at
www.sfd.at

Universität der Künste
Bundesallee 1-12
10719 Berlin
Tel. 030 - 31 85 - 26 60
Fax 030 - 31 85 - 2119
schauspiel@udk-berlin.de
www.udk-berlin.de
Leitung: Prof. Dr. Jürgen Hofmann
Art des Studiums: Hauptstudium
Inhalte: Seminare, Projekte, Lektorate Schreiben, Lesen, Dramaturgie, Theaterpraxis, Szenisches Schreiben (Theater), Hörspiel, Drehbuchschreiben für Film und TV
Dauer: 4 Jahre
Abschluss: Hochschulabschluss

Universität München Institut für Deutsche Philologie, Manuskriptum. Münchener Kurse für Kreatives Schreiben
Schellingstr. 3 RG
80799 München

Tel. 089 - 2180-2063
Fax 089 - 2180-3871
manuskriptum@germanistik.uni-muenchen.de
www.lmu.de/manuskriptum
Leitung:
Prof. Dr. Clemens Pornschlegel
Art des Studiums: Angebot für Studenten aller Münchner Universitäten
Inhalte: Seminare
Literarisches Schreiben, Arbeit an eigenen Texten
Dauer: je 2 Semester
Abschluss: Zertifikat

Universität Tübingen Seminar für allgemeine Rhetorik
Magister-Studiengang/Bachelor- und Masterstudiengang Allgemeine Rhetorik
Wilhelmstr. 50
72074 Tübingen
Tel. 07070 - 297 84 31
Fax 07071 - 29 42 58
rhetorik@uni-tuebingen.de
www.uni-tuebingen.de/Rhetorik
Art des Studiums: Angebot für verschiedene Fakultäten, Teilgebiet »Praktische Rhetorik«(Theorie und Geschichte der Rhetorik)
Inhalte: Seminare
Literarisches Schreiben, Autobiografisches Schreiben, Schreiben für Kinder- u. Jugendliteratur, Schreiben für Fach- u. Sachbuch, Journalistisches Schreiben, Wissenschaftliches Schreiben, Schreiben von Kritiken, Szenisches Schreiben für das Theater, Drehbuchschreiben für Film u. TV, Produktionen für den Hörfunk (Feature, Lesung, Hörspiel u.a.)
Dauer: 9 Semester (Regelstudienzeit) im Magisterstudiengang, 6 Semester im Bachelorstudiengang
Abschluss: Schein (für die einzelne Veranstaltung), Magister-Examen (für den gesamten Studiengang), Bachelor- und Magister-Examen

Universität Hildesheim Institut für deutsche Sprache und Literatur Studiengang für Kreatives Schreiben und Kulturjournalismus
Marienburger Platz 22
31141 Hildesheim
Tel. 05121 - 88 36 65
Sekretariat: Helga Burgemeister
burgemeister@uni-hildesheim.de
www.uni-hildesheim.de/de/kreativesschreiben.htm
Leitung: Prof. Dr. Hanns-Josef Ortheil (Kreatives schreiben), Prof. Dr. Stephan Porombka (Kulturjournalismus)
Art des Studiums: Hauptstudium
Inhalte: Der Studiengang *Kreatives Schreiben und Kulturjournalismus* wurde in seiner heutigen Form 1999 vom Schriftsteller und Literaturwissenschaftler Hanns-Josef Ortheil initiiert.
Seit Januar 2003 lehrt Ortheil als deutschlandweit erster Universitäts-Professor für Kreatives Schreiben. Seit April 2003 wird der Lehrstuhl ergänzt durch die Professur für Kulturjournalismus und Literatur, die der Literaturwissenschaftler und Autor Stephan Porombka besetzt.

Vorlesungen, Seminare, Workshops, Schreibwerkstatt zu:
Literarisches Schreiben, Autobiografisches Schreiben, Schreiben für Fach- u. Sachbuch, Journalistisches Schreiben, Wissenschaftliches Schreiben, Schreiben von Kritiken, Szenisches Schreiben für das Theater, Drehbuchschreiben für Film u. TV, Lyrik
Dauer: 8 Semester
Abschluss: Diplom

▷ *Vom Tagebuchschreiben und von wartenden Figuren*

Von Rafik Schami

Um es von Anfang an klarzustellen: Ich glaube an die Menschen und Tiere, die meine Geschichten bevölkern, und ich kenne sie sehr viel besser als so manche Nachbarn und Schriftstellerkollegen. Ich bin mit mancher Person in meinen Romanen sehr eng befreundet, und als der Kutscher Selim sterben musste, trauerte ich tagelang. So freute ich mich auch, als sich der alte Cirkusdirektor Valentin in die junge Postbotin Pia verliebte. Manch eine Person, die zwischen den Deckeln meiner Bücher lebt, ist mir näher als viele Zweibeiner unserer Erde. Und wenn ich einen Roman schreibe, so führe ich Gespräche mit meinen Figuren. Ist ein Roman – aus welchen Gründen auch immer – lange in Arbeit, so entsteht eine vertraute Atmosphäre, die mir manchmal Probleme macht. Vertrautheit reduziert die Furcht und manchmal auch den Respekt voreinander, und so ist es nicht verwunderlich, dass sich manche Figur meines seit über zwanzig Jahren in Arbeit befindlichen Liebesromans einen rüden Ton mir gegenüber zulegt.

Wenn ich nach langer Unterbrechung zu meinem Roman zurückkomme und meine Figuren begrüße, höre ich nicht selten: »War auch Zeit, dass du uns weiterbringst und den weißen Nebel unserer ungeschriebenen Seiten etwas vertreibst.« – »Ist ja gut, mach schon«, unterbrach mich vor kurzem ein ansonsten schüchterner Tischler, als ich die Seite aufschlug und leise flüsterte: »Mensch, habe ich euch in der letzten Woche vernachlässigt. Es waren viele Termine, Radio, Fernsehen ...«. Ich hielt inne. Nach etwa sechs Stunden Arbeit kam ich eine Seite weiter. Es war wunderbar. Aber noch bevor ich den Computer ausschaltete, hörte ich den Gemüsehändler im Roman kichern. »Und ich wette mit dir«, sagte er zum Tischler, »er verschwindet wieder für Wochen und kommt mit solch lächerlichen Begründungen zurück wie Interviews, Reisen, Steuererklärungen, Filmedrehen.« – »Der soll es nur versuchen. Diesmal habe ich es satt. Wehe, er bleibt länger als einen Tag weg. Ich werde durch den Roman wandern und an unmöglichen Stellen auftauchen. Das nervt«, sagte der Tischler. Der Gemüsehändler, ein Mann von kleinem Verstand und großer Gemeinheit, verschluckte sich vor Lachen. Ich war wütend. Ich fragte mich, ob unser Verhältnis nicht zu vertraulich geworden ist, und beim Abendessen dachte ich daran, den Tischler durch einen Unfall in seiner Werkstatt sterben zu lassen. Doch dann fand ich, dass er Recht hatte. Man soll sich nicht zu weit von dem Roman entfernen, an dem man arbeitet.

Im Laufe der nächsten Wochen und Monate lehnte ich viele Lesungsangebote ab und arbeitete fleißig an meinem Liebesroman. Langsam hörte der Tischler auf zu meckern, und der Gemüsehändler verlor eine Wette nach der anderen. Ich blieb dran – der Roman machte Fortschritte.

Freiberufler müssen über große Selbstdisziplin verfügen, sonst bringen sie es zu nichts – Verzettelung ist nämlich der Feind der Freiberufler. Daher habe ich mir nicht nur eine effektive Zeiteinteilung erarbeitet, sondern auch mehrere Arbeitsjournale angelegt, die mich parallel zu einer Hauptarbeit begleiten. Dort schreibe ich alle möglichen Einfälle auf, Erlebnisse, Geschichten, die man mir erzählt, Ideen für Filme, für Theaterstücke und Romane, Anregungen von Freunden und Verwandten, die eine oder andere Kritik an manchen Zuständen und Ideen, Pläne und viele andere Dinge, die mit meinem Hauptthema nichts zu tun haben. Ich arbeite nie an mehreren Sachen gleichzeitig. Diese Notate befreien mich davon, weiter an diese Ereignisse denken zu müssen, und erhöhen damit meine Konzentration auf die Hauptarbeit. Diese Notate beruhigen mich aber auch, da ich später alles geordnet nach Themen wiederfinden kann; also geht mir dadurch nichts oder nur ganz wenig verloren.

Und wenn ich ein Thema für eine Hauptarbeit (Roman, Geschichte, Märchen, Essay oder Theaterstück etc.) aufgreife, fange ich natürlich beim Formulieren immer bei null an. Ich bin dann ein Anfänger, der einen Weg sucht, wie man diesen Stoff in eine spannende, poetische Geschichte für gescheite Zuhörer und Leser umsetzt. Aber für jedes Thema habe ich durch die Jahre eine Schatzkiste voller Einfälle, Zitate, wunderlicher und kurioser Erlebnisse gesammelt; sie bilden am Anfang den Grundstock meiner Kenntnisse und regen mich zu weiteren Recherchen an.

Rafik Schami. 1946 in Damaskus geboren, zählt zu den bedeutendsten Autoren deutscher Sprache. Seine Bücher erschienen in 24 Sprachen und wurden mit vielen Preisen ausgezeichnet. Seit 2002 ist Rafik Schami Mitglied der Bayerischen Akademie der Schönen Künste. Jüngste Veröffentlichungen: *Die dunkle Seite der Liebe,* Hanser, München (2004), *Damaskus im Herzen,* Hanser (2006). www.rafik-schami.de

Adressen

▷ *Weiterbildungsangebote Seminare, Kurse, Workshops*

Akademie für Publizistik
Warburgstraße 8-10
20354 Hamburg
Tel. 040 - 41 47 96-22
Fax 040 - 41 47 96-90
info@Akademie-fuer-Publizistik.de
www.Akademie-fuer-Publizistik.de
Ansprechpartner: Kirstin Marquardt
Schwerpunkt: Jährlich über 70 Weiterbildungsseminare für Journalisten aus allen Medienbereichen

Astrid Krömer - Schreibgruppen für Kinder und Jugendliche
Dückersstr. 25
40667 Meerbusch
astrid.kroemer@was-sagt-der-tiger.de
www.was-sagt-der-tiger.de
Astrid Krömer ist durch ihre Schreibgruppen für Kinder und Jugendliche in Nordrhein-Westfalen hervorgetreten. Sie ist Projektberaterin und Jurymitglied bei »Schreibtalente« und veranstaltet laufend Kurse und Schreibgruppen für Kinder und Jugendliche. Ihr Buch *Was sagt der Tiger* wurde von der Süddeutschen Zeitung empfohlen: »Ein hervorragendes Lese- wie Sachbuch, das Kindern Lust aufs Schreiben macht und Eltern viele Tipps gibt.

Evelyn Brandt - Schreibwerkstatt im Schlosserhus
Zehentstraße 41c
A-6830 Rankweil/Österreich
Tel. 0043 - 650 - 5173757
Fax 0043 - 650 - 5173757
evelyn.brandt@aon.at
www.evelyn-brandt.at
Ansprechpartner: Evelyn Brandt
Schwerpunkt: Lyrik- und Kurzgeschichtenseminare, Kreatives Schreiben, Schreibpoesie, Schreibberatung

Claudia Brenneisen
Gaußstr. 97
70193 Stuttgart
Tel. 0711 - 657 26 76
brenneisen-heinsohn@t-online.de
Schwerpunkt: Schreibwerkstätten

Bundesakademie für kulturelle Bildung Wolfenbüttel
Postfach 1140
38281 Wolfenbüttel
Tel. 05331 - 80 84 15
Fax 05331 - 80 84 13
sabine.oehlmann@bundesakademie.de

www.bundesakademie.de
Ansprechpartner: Dr. Olaf Kutzmutz
Schwerpunkt: Die Veranstaltungen und Tagungen für Autoren haben in der Regel Werkstattcharakter und legen besonderen Wert auf die literarische Praxis und das kritische Gespräch darüber. Das gilt sowohl für die Literaturwerkstätten im engeren Sinne als auch für die Angebote, die an Schnittstelle von künstlerischer Produktion und öffentlicher Wahrnehmung ansetzen. Unter »Markt & Mediales« finden sich vor allem Seminare, die sich auf journalistische Darstellungsformen konzentrieren. Mit dem Bereich »Das Fremde und das Eigene« hat auch das Übersetzen ein Forum an der Akademie.

Jörg Ehrnsberger
Wörthstr. 93
49082 Osnabrück
Tel. 0541 - 200 12 01
joerg@ehrnsberger.de
www.textmanufaktur.org, www.wider-das-vergessen.org, www.literaturwelt-meister.de
Schwerpunkt: Basiswerkstätten zum literarischen Schreiben. Aufbauwerkstätten zum professionellen Schreiben. Schreibwerkstätten in der politischen Bildung mit Zeitzeugen der NS-Zeit. Schreibwerkstätten in der beruflichen Bildung, Wrkstätten zum wissenschaftlichen Schreiben, Schreibwerkstätten zu antiken Poetiken.

Sylvia Englert - Schreibworkshops
Lohensteinstr. 14
81241 München
SylviaEnglert@web.de
www.neue-wörterwerkstatt.de
Schwerpunkt:
Die Schriftstellerin Sylvia Englert führt Schreibworkshops für Erwachsene und Jugendliche bundesweit durch, bevorzugt natürlich im Raum München, Bayern und Baden-Württemberg. Sinnvoll ist es, spätestens zwei Monate vor dem gewünschten Termin anzufragen. Das Honorar entspricht etwa dem für eine Lesung üblichen, Reisekosten kommen hinzu. Genaueres auf Anfrage.

Europäische Akademie Bad Bevensen
Klosterweg 4
29549 Bad Bevensen
Tel. 05821 - 95 51 10
Fax 05821 - 95 52 99
info@gsi-bevensen.de
www.gsi-bevensen.de
Ansprechpartner: Klaus Feldhusen (klaus.feldhusen@gsi-bevensen.de)
Schwerpunkt: Schreibwerkstätten

Europäische Akademie für psychosoziale Gesundheit (EAG) - Fritz Perls Institut (FPI)
Wefelsen 5
42499 Hückeswagen
Tel. 02192 - 85 80
Fax 02192 - 858 22
eag.fpi@t-online.de
www.Integrative-Therapie.de
Ansprechpartner: Ilse Orth

Schwerpunkt: Die »Integrative Poesie- und Bibliotherapie« ist eine Methode, die durch das Medium künstlerisch-gestaltender Sprache Prozesse seelischer Integration und persönlichen Wachstums in Gang setzt und unterstützt.

Prof. Dr. Gottfried Fischborn
Parkstr. 39
65189 Wiesbaden
Tel. 0611 - 505 88 81 und 0170 - 5257589
Fax 0611 - 505 88 81
kgfischborn@t-online.de
www.szenisches-schreiben.de
Ansprechpartner: Prof. Dr. Gottfried Fischborn
Schwerpunkt: Internetkurse: Szenisches Schreiben, Arbeit an einem Theaterstück (oder Drehbuch oder Hörspiel) sowie Workshops zum Szenischen Schreiben

FöK - Förderkreis deutscher Schriftsteller in Rheinland-Pfalz e.V. - Frau Monika Böss
Hauptstraße 1
67808 Mörsfeld
Tel. 06358 - 98 94 05
Fax 06358 - 98 94 06
mail@foerderkreis-rlp.de
www.foerderkreis-rlp.de
Ansprechpartner: Monika Böss (Vorsitzende), Marcel Diel, Susanne Beckenkamp
Schwerpunkt: Frühjahrsseminar zu Themen und Tendenzen der Gegenwartsliteratur, verbunden mit einem Schreibworkshop unter professioneller Leitung. Das Seminar findet jährlich statt und steht allen Interessierten offen. Jungautorenseminar zur Förderung des literarischen Nachwuchses mit Referenten aus der Literatur- und Verlagsbranche. Wintertreffen: Werkstattgespräche und Erfahrungsaustausch in lockerer Atmosphäre, offen für alle Interessenten.

Förderkreis deutscher Schriftsteller e.V.
Gartenstr. 58
76135 Karlsruhe
info@schriftsteller in-bawue.de
www.schriftsteller-in-bawue.de
Ansprechpartner: Meike Gerhardt, Meike Christina Wiehl
Schwerpunkt: Der Förderkreis bietet bis zu acht Werkstätten und Seminare im Jahr an, u.a. Schreibwerkstätten, Rhetorikseminare, Seminare zu Multimedia/Internet sowie zu Rechtsfragen und sozialer Absicherung. Der Förderkreis trägt die Kosten für Unterkunft und Halbpension und erhebt keine Seminargebühr.

Oliver Gassner
Radbrunnengasse 1/2
71665 Vaihingen
Tel. 0179 - 297 23 42
og@carpe.com, kontakt@carpe.com
www.oliver-gassner.de
Schwerpunkt: Kreatives Schreiben für Schüler und Erwachsene (Einsteiger und Erfahrene), Prosa, Lyrik, experimentelle Formen * Textkritik-Werkstätten * auf Wunsch Mix

aus Präsenzphasen und E-Learning * Projektkonzeptionen für Kreatives Schreiben (z.B. für Kultirinstitutionen, Hochschulen u.ä.) * Autoren-Coaching jenseits des Nur-Kreativen

Dr. med. Hansruedi Gehring
Seminarstr. 11
CH-3006 Bern/Schweiz
Tel. 0041 - 31 - 351 83 13
Fax 0041 - 31 - 352 53 20
h.r.gehring@bluewin.ch
www.seminarll.ch
Schwerpunkt: Behandlung von Schreibblockaden, Krimi-Schreibwerkstatt in Bern und Grindelwald. Betreuung von Buchprojekten. Workshop »Tagebuch schreiben« an der Volkshochschule Bern, www.vhsbe.ch

Ursula Haas
Ostmarkstr. 38
81377 München
Tel. 089 - 71 56 86, Mobil 0173 - 788 48 82
Fax 089 - 71 56 86
haas@poetessa.de
www.poetessa.de
Schwerpunkt: Drei Schreibworkshops im Jahr mit Ursula Haas, Schriftstellerin, Germanistin und Dozentin für Kreatives Schreiben. Systematischer Aufbau für Anfänger und Profischreiber. Theorie und praktische Übungen, die fachkundig den eigenen Stil fördern und anspornen. Kleine Gruppen (München).

INKAS Institut für Kreatives Schreiben
Magister Faust Gasse 37
55545 Bad Kreuznach
Tel. 06721 - 921060
Fax 06721 -921060
info@inkas-id.de
www.inkas-id.de
Ansprechpartner: Rüdiger Heins
Schwerpunkt: Auf den Grundlagen des Creative Writing erlernen die Seminarteilnehmer im Institut zwei Jahre intensiv die Methoden des Creative Writing und des literarischen Schreibens. Die intensive Auseinandersetzung mit dem literarischen Schreiben beinhaltet schwerpunktmäßig die Fächer Creative Writing, zeitgenössische Lyrik und Prosa sowie Sachthemen der Literatur. Aktueller Schwerpunkt des Instituts ist die Talentförderung von Kindern und Jugendlichen im Kreativen Schreiben.

Institut für Angewandte Kreativitäts-Psychologie
Seestr. 8
80802 München
Tel. 089 - 39 54 71
info@iak-talente.de
www.iak-talente.de, www.hyperwriting.de
Ansprechpartner: Dr. Jürgen vom Scheidt
Schwerpunkt: Das Institut für Angewandte Kreativitätspsychologie (IAK) in München bietet Seminare für Anfänger und Fortgeschrittene zum Thema »Kreatives Schreiben« bzw. unserer Weiterentwicklung »Hyper-

Writing«. Es werden zu Themen der Teilnehmer in verschiedenen Formen (u.a. Kurzgeschichte, Novelle, Romankapitel) Texte geschrieben und besprochen. Außerdem werden die vielseitigen Werkzeuge des »creative writing« vermittelt (je nach Seminar: Cluster, Vier-Spalten-Methode, Mindmap u.a.). Dazu gehört auch der Abbau von Blockaden (»writer´s block«).

Martina Karraß - Schreibwerkstatt am Mauerpark
Schwedter Str. 49
10435 Berlin
Tel. 030 - 449 64 68
info@schreibwerkstatt-am-mauerpark.de
www.schreibwerkstatt-am-mauerpark.de
Ansprechpartner: Martina Karraß
Schwerpunkt: Kreativ schreiben und Kurzgeschichten schreiben in Kursen und Workshops; Lektorat; Schreibberatung für Autoren; Ferienworkshops: Roman schreiben

Kreatives Denken.com - Heike Thormann
Zuhornstraße 4
48231 Warendorf
Tel. 02581 - 784336
info@kreativesdenken.com
www.kreativesdenken.com
Ansprechpartner: Heike Thormann
Schwerpunkt: Weiterbildungsangebote rund ums kreative Denken und Schreiben. (Online-) Seminare und Selbstlernkurse. Aktuell: Kreativ Schreiben lernen, Lebensgeschichte schreiben, Schreibblockaden meistern, Kreativitätstechniken, Kreativität im Beruf. Umfangreicher, im Aufbau befindlicher Serviceteil mit Artikeln, Kolumnen, kostenfreien Downloads und mehr.

La Piuma
Meisenweg 7 a
31547 Rehburg-Loccum
Tel. 05037 - 300131
Fax 05037 - 3000484
schreib@lapiuma.de
http://www.lapiuma.de
Ansprechpartner: Nicole Vergin
Schwerpunkt: Kreatives Schreiben - Wochenend Workshops. Individuelle Arbeit in kleinen Gruppen.

Heide Liebmann
Kreative Kommunikation
Erftstr. 4
40219 Düsseldorf
Tel. 0211 - 152 00 82
Fax 0211 - 152 00 83
kommunikation@ish.de
www.heide-liebmann.de
Schwerpunkt: Positionierung und strategisches Marketing (»Der Nasenfaktor«)

Literaturbüro NRW e.V. Düsseldorf
Bolkerstr. 53
40213 Düsseldorf
Ansprechpartner: Maren Jungclaus

Medienbüro Hamburg
Königstr. 54
22767 Hamburg
Tel. 040 - 30620-1140
Fax 040 - 30620-1149
info@medienbuero-hamburg.de
www.medienbuero-hamburg.de
Ansprechpartner: Rita Weinert
Schwerpunkt: Journalistische Aus- und Weiterbildungsseminare, Kreatives Schreiben, Schreiben von Kurzgeschichten und Sachbüchern

Eva Mayer-Feigenbutz
Poesiepädagogin
Öschlestr. 11
78315 Radolfzell
rainbow-mail@gmx.net
Schwerpunkt: Schwerpunkt: VHS-Schreibkurse und Workshops in Eigenregie, Schreibworkshops zu verschiedenen Themen (z. B. Märchenprojekt mit lokalem Bezug 2003)

Nordkolleg Rendsburg, Fachbereich Literatur und Medien
24768 Rendsburg
Tel. 04331 - 14 38 - 11
Fax 04331 - 14 38 - 20
literatur@nordkolleg.de
www.nordkolleg.de
Ansprechpartner: Uwe Krzewina
Schwerpunkt: Zahlreiche Autorenförderseminare und Literaturveranstaltungen

Frank Raki
Linprunstr. 8
80335 München
Tel. 089-540 71 571, Mobil: 0179 - 536 79 00
info@frank-raki.de
www.filmseminare.de
Schwerpunkt: Drehbuchseminare mit Christoph von Zastrow

Isa Schikorsky - Stilistico Schreibkultur
Schönsteinstraße 12a
50825 Köln
Tel. 0221 - 48 56 490
Fax 0221 - 48 56 480
schikorsky@stilistico.de
www.stilistico.de
Ansprechpartner: Isa Schikorsky
Schwerpunkt: Schreibreisen; Seminare zum kreativen, literarischen, biografischen und sachlichen Schreiben an attraktiven Orten mit Begleitprogrammen (Wellness, literarische Spaziergänge, Lesungen usw.)

Textland
Freibadstr. 4
81543 München
Tel. 089 - 201 40 70
Fax 089 - 201 40 70
info@textland.de
www.textland.de
Ansprechpartner: Helmut Schmid
Schwerpunkt: Literarisches und berufliches Schreiben, Sprechtraining für Autoren, TextCoaching

Volkshochschulverband Baden-Württemberg
Raiffeisenstr. 14
70771 Leinfelden-Echterdingen

Tel. 0711 - 759 00-0 oder 71 41 05
Fax 0711 - 759 00-41 oder 220 70 295
weber-bock@vhs-bw.de oder weber-bock@t-online.de
www.schreibwerkstaetten.de
Ansprechpartner: Jutta Weber-Bock, Schriftstellerin und Dozentin, www.weber-bock.de
Schwerpunkt: Schreib- und Autorenförderung in Baden-Württemberg

SchreibBühne Ingrid Kaech
Sodtkestr. 40
10409 Berlin
info@schreibbuehne.de
www.schreibbuehne.de
Ansprechpartner: Ingrid Kaech
Schwerpunkt: Praktische Seminare zum Handwerk des Schreibens, Dialog-Seminare, Schreibtage und -nächte, gemeinsam schreiben, Vorbereitung auf Lesungen

Schwabenakademie Irsee
Klosterring 4
87660 Irsee
Tel. 08341 - 906 - 661, -662
Fax 08341 - 906 - 669
schwabenakademie@kloster-irsee.de
www.schwabenakademie.de
Ansprechpartner: Dr. Rainer Jehl, Direktor, Dr. Markwart Herzog, Wiss. Bildungsreferent
Schwerpunkt: Erwachsenenbildung auf Akademieniveau mit den Schwerpunkten Kultur- und Geistesgeschichte und künstlerische Bildung

Scripta Literatur-Studio
Maximilian-Wetzger-Str. 5
80636 München
Tel. 089 - 129 50 05
Fax 089 - 129 50 08
info@scripta-literaturstudio.de
www.scripta-literaturstudio.de
Ansprechpartner: Dr. Lutz Steinhoff
Schwerpunkt: Kurse und Seminare zum Erzählhandwerk. Individuelle Textbetreuung (Autorencoaching)

Sonja Viola Senghaus
Erfurter Weg 8
68809 Neulußheim
Tel. 06205 - 331 71
sonja.viola.senghaus@web.de
www.tonartlyrik.de
Schwerpunkt: Lyrik-Workshops, Kurzgeschichten, Autobiografie schreiben.

Spektrum - Institut für interaktive Interaktion
Sommerbergstr. 30
67466 Lambrecht
Tel. 06325 - 325444
siebzehnsilben@web.de
Ansprechpartner: Norbert C. Korte
Schwerpunkt: Schreiben und redigieren in kleinen und großen Redaktionen, für kleine und große Publikationen. »Besonderheiten bei den Texten« - »Wie bringe ich jemanden zum Schreiben?« - »Förderndes und Hinderliches im Umgang mit Autorinnen und Autoren« - »Das leidige Thema Autorenhonorare« - »Damit die Zusammenarbeit gelingt: Worauf zwischen Redaktion, Autoren und Ver-

lag zu achten ist.« Die Seminare finden in schönen Tagungsstätten über Deutschland verteilt statt.

Renate Sperling
Eichenstraße 30
64743 Airlenbach
Tel. 06068 - 33 55
Fax 06068 - 33 55
renatesperling@web.de
www.kommunikation-technik.de
Ansprechpartner: Frank Sperling
Schwerpunkt: Biete Workshops in kleinen Gruppen zum Thema kreatives Schreiben, biografisches und therapeutisches Schreiben. Individiuelle Begleitung. Kleines, voll ausgestattetes Seminarhaus in ländlicher Umgebung.

Michael Stoll
Alberweiler 14
88634 Herdwangen
Tel. 07557 - 968 46
Mobil: 0170 - 381 31 18
www.michaelstoll.de, www.ueberlingerschreibwerkstatt.de
michaelstoll@michaelstoll.de, ueberlin gerschreibwerkstatt@ueberlingerschreibwerkstatt.de
Ansprechpartner: Michael Stoll
Schwerpunkt: Schwerpunkt ist das kreative Schreiben, d.h. die Herausbildung und Gestaltung der originären (literarischen) Sprachlichkeit des Teilnehmers der Seminare; Einzelsitzungen (primär), mit Gruppen (bei schon gebildeten Gruppen auf Anfrage)

Antje Szillat - Kids Concepts
Konrad-Adenauer-Str. 6
31157 Sarstedt
Tel. 05066 - 604801
Fax 05066 - 604870
aszillat@gmx.net, antje@hoppsala.de
www.hoppsala.de
Ansprechpartner: Antje Szillat
Schwerpunkt: Schreibwerkstätten für Kinder und Jugendliche, Kreatives Schreiben für Erwachsene. Online Schreibwerkstatt, Leseclub und Leseförderung, Neue Medien für Kids, Kreativ-Club for Kids

Textkraft
Roentgen-Software GmbH
Krozingerstr. 78
79114 Freiburg
Tel. 0761 - 202 204 1
Fax 0761 - 3 67 45
info@Textkraft.de
www.textkraft.de
Ansprechpartner: Judith Rau, Hans Peter Roentgen
Schwerpunkt: Romanwerkstatt, Warm-Up und weitere Internetworkshops, Coaching und Lektorat

textland - Literarisches und berufliches Schreiben
Freibadstr. 4
81543 München
Tel. +49/89/2014070
info@textland.de
www.textland.de
Ansprechpartner: Helmut Schmid
Schwerpunkt: Literarisches und berufliches Schreiben. Schreibtech-

niken - SchreibhandwerkPlots entwickeln - TextcoachingSprechtraining für Autoren

textwerkstatt
Pawelstraße 7
38118 Braunschweig
Tel. 0531 - 3 49 63 00
Fax 0531 - 3 49 63 01
Ansprechpartner: Uta Löffler, Literatur- und Theaterwissenschaftlerin M.A.
Schwerpunkt: Werkstätten, Schreibtrainings, Lehrer- und Dozentenfortbildungen, Themen: Kreatives Schreiben, Biographisches und Literarisches Schreiben, Verständliches und kundenorientiertes Schreiben

Irene Thies
Mühlenau 7
24257 Hohenfelde
Tel. 04385 - 59 32 02
Fax 04385 - 5962956/7
ithies@aol.com
Ansprechpartner: Irene Thies
Schwerpunkt: Kreatives Schreiben für Kinder, Jugendliche und Erwachsene und Schreiben zwischen den Generationen. Kurse/Workshops: Wochenendkurse mit Übernachtung/Verpflegung an der Ostsee. Wochenseminare an der Ostsee

Unternehmen Lyrik Michaela Didyk
Schellingstraße 115
80798 München
Tel. 089/ 524 527
Fax 089/ 542 90 805
info@unternehmen-lyrik.de
www.michaela-didyk.de, www.unternehmen-lyrik.de
Ansprechpartner: Michaela Didyk
Schwerpunkt: Lyrisches Schreiben: Lyrik-Training Abonnement/Lyrik-online-Kurse / Präsenzseminare Lyrik-Seminare mit öffentlichen Lesungen. Aufbau eines Lesungsnetzes für Lyriker, internationale Projekte für Lyrikerinnen und Lyriker.

Ruth Wegner
Schauinslandstr. 7
75210 Keltern
Tel. 07082 - 41 50 02
Fax 07082 - 41 50 02
mail@ruthwegner.com
www.ruthwegner.com
Schwerpunkt: Autobiographisches Schreiben. Laufende Grundkurse: Kreatives Schreiben. Für Fortgeschrittene: Arbeit an Texten. Wochenendseminare: Beziehungsgeschichten. Ausspannen und Schreiben - eine Woche lang Schreiben

Eleonore Wittke - Textwerkstatt worte.und.mehr
Blumenstr. 20
72127 Kusterdingen-Mähringen (bei Tübingen)
Tel. 07071 - 36 50 01
Fax 07071 - 36 09 02
worteundmehr@email.de.
www.textwerkstatt-wittke.de
Ansprechpartner: Eleonore Wittke
Schwerpunkt: Kreatives Schreiben, Schreiben lernen für Einsteiger/innen

und Fortgeschrittene, Autobiografisches Schreiben, Tagebuch-Projekt

Rainer Würth
Landhausstraße 35
75175 Pforzheim
Tel. 07231 - 45 51 53
Fax 01212 - 600 - 455153
schreibworkshops@email.de
www.rainerwuerth.de
Schwerpunkt: Im Mittelpunkt der Kursreihe »Literarisches Schreiben« mit dem Schriftsteller Rainer Würth steht das literarische Handwerk.

Eva Christina Zeller
Steinäckerstr.51
72074 Tübingen
Tel. 07071 - 219 14
evzeller@aol.com
Ansprechpartner: VHS Tübingen und VHS Stuttgart
Schwerpunkt: Lyrik, Hörspiel und Radiofeature, Schreibwerkstätten für Kinder, Jugendliche und Erwachsene

Segeberger Kreis e.V.
Warnckesweg 27
22453 Hamburg
Tel. 040 - 607 07 60
Dr. Katrin Bothe, 1.Vorsitzende
katrin.bothe@uni-kassel.de
Dr. Thomas Bütow, 2. Vorsitzender
thbtw@t-online.de
www.segeberger-kreis.devu

Der Segeberger Kreis – Gesellschaft für Kreatives Schreiben e.V. ist ein Verein von Schreibenden, die in Hochschulen, Schulen und in der Erwachsenenbildung oder als freie Autorinnen/Autoren und als Journalistinnen/Journalisten tätig sind. Regelmäßige Treffen dienen dem Schreiben in Gruppen, dem Austausch der dabei gemachten Erfahrungen und der gegenseitigen Fortbildung als Schreiblehrer bzw. Schreiblehrerinnen.

▷ *Chorsingen mit Jan Z.*

Von Hans Maarten van den Brink

1. Das Bild

Die musizierende Gesellschaft ist ein Thema, ein eigenes Genre in der Malerei. Ein dankbarer Gegenstand, sehen Sie sich nur einmal in den Museen der Kunst des sechzehnten, siebzehnten, achtzehnten, neunzehnten Jahrhunderts um! Sehen Sie sich die Instrumente an, die Rundung der Leier, den Glanz der Blechblasinstrumente, die gefälligen Bauchungen der Saiteninstrumente, das pikante Format einer kleinen Flöte! Sie alle werden in anmutigen Posen gespielt, Finger erkunden Tasten, Lippen werden gespitzt, es wird angeschlagen, gezupft, gestreichelt.

Auf vielen dieser Gemälde wird auch geschaut. Es gibt Publikum, das bewundert, genießt, sich ergötzt. Die Musik können wir nicht hören. Doch zwischen den Menschen in dem Gemälde, den Musikern und ihrem Publikum, und natürlich zwischen der Darstellung und uns geschieht etwas, Blicke werden gewechselt, die Szene steht noch still, aber es ist der Beginn einer Erzählung, die sich lautlos aus der Abbildung befreit.

2. Der Text

Ich kenne im Grunde keine Schriftsteller, die nicht einen stillen oder selbst weniger stillen, ja manchmal laut und sogar verzweifelt geäußerten Neid gegen Musiker und Maler hegen.

Sie – oder sag ich doch einfach ehrlich: wir – beneiden bildende Künstler vor allem wegen der Gleichzeitigkeit. In einem Gemälde passiert alles auf einmal. Es gibt zwar Ränder, aber keinen Anfang und kein Ende. Die Dinge fügen sich zusammen ohne Warum oder Obwohl. Das Bild steht still in der Zeit, während eine Geschichte – oder ein Gedicht – sich voranbewegen muss und damit, so fröhlich der Inhalt auch sein mag, stets unter dem Vorzeichen von Verlust und Vergänglichkeit steht. Alles, was verstreicht, ist eine Tragödie.

Das gilt auch für Musik, auch sie bewegt sich in der Zeit. Aber sie ist viel weniger eindeutig als eine Geschichte – und auch das ist ein Grund für Schriftstellerneid. Natürlich kann eine Geschichte mehr als nur eine Bedeutung haben, allerdings, ehrlich gesagt, keine tausend, auch wenn die Gelehrten der Literaturwissenschaft Ihnen das womöglich weismachen wollen. Musik scheint uns unmittelbar zu erreichen. Ohne Übersetzung. Es ist ein Text ohne Worte. Ein Text ohne Worte, der den Leser direkt erreicht. Davon träumen Schriftsteller.

Ich weiß, dass Musiker anders darüber denken. Welche Enttäuschung war es, als eine bekannte Geigerin mir erklärte, sie rate ihren Schülern, Seele in ihr Spiel zu legen, indem sie sich eine Geschichte dazu ausdächten. Eine Geschichte mit Ereignissen und Personen. «Nein, Unglückliche, nur ja nicht», schrie ich in Gedanken. Emotion – das geht ja noch. Aber eine Geschichte? Ach, vielleicht ist es notwendig. Vielleicht erfordert die Musikpädagogik das. Aber dann will ich es nicht wissen – und schon gar nicht hören.

3. Der Klang

Die musizierende Gesellschaft ist ein Genre. Die singende Gesellschaft wird wesentlich seltener abgebildet. An ihr ist auch nicht besonders viel Zierliches oder Anmutiges. Ein singender Mensch, ohne Laut, ist ein wenig lächerlich. Manchmal sogar unheimlich. Schalten Sie einmal den Ton des Fernsehers aus, wenn ein Chorwerk zum Besten gegeben wird oder ein Pavarotti-Artiger seine Wangen- und Halspartie samt allen angrenzenden Runzeln und Falten in Schwingungen versetzt, und da mittendrin das schwarze Loch seines Mundes.

Kommt das daher, weil Sänger eine Brücke zwischen Text und Klang schlagen? Wirken sie deshalb weniger perfekt bei der Ausübung ihrer Tätigkeit?

Früher konnte ich auch singen. Zumindest habe ich jahrelang in einem Chor gestanden. Dem Kirchenchor. Ich tat mein Bestes für Gott und die Menschen – und wurde daher regelmäßig vom Dirigenten korrigiert und zur Ordnung gerufen, wie jeder, der sein Bestes tat. Wie alle Knaben. Bis auf einen. Er hieß Jan.

Jan Z. Sein Vater hatte eine Kneipe in der Dorpsstraat mit einem Festsaal dahinter, in dem Hochzeiten und Jubiläen gefeiert wurden, in dem der Billardklub zusammenkam und die katholische Volkspartei. Vielleicht besaß er deshalb, weil er daheim von klein auf versucht hatte, den Lärm zu übertönen, kaum Stimme. Was er im täglichen Umgang hervorbrachte, war ein raues, ein kratziges, schnarrendes Beinahe-Flüstern. Eine Krähe hätte ihn mit Leichtigkeit übertreffen können, sowohl an Lautstärke als auch an Wohlklang. Doch Jan konnte seinen Mund bewegen wie kein anderer. Seine Ooohs und Aaahs und Eeehs und auch das Mimimi beim Einsingen wurden ausgeformt nach der schönsten, deutlichsten, elegantesten Kiefer-, Wangen- und Lippenchoreographie, die man sich nur vorstellen kann. Prachtvoll. Makellos.

Eines Tages habe ich mich neben ihn gestellt. Das war ein kleines Kunststück, gehörte er doch zum Sopran, natürlich, und ich zum Alt. Ich stand neben ihm und erhielt die Bestätigung für meine langgehegte Vermutung: Er sang zwar, produzierte aber keinen Laut. Nichts. Seine ganze Hingabe war auf den visuellen Eindruck gerichtet, den er machte. Und das hat er während meiner gesamten Chorlaufbahn durchgehalten, jahrelang, zweimal die Woche, an Feiertagen kam noch ein Hochamt oder ein Wettstreit hinzu.

Wäre dies eine Fabel, so ließe sich daraus leicht eine moralische Lehre ziehen: Wer Lob ernten will oder wenigstens keine Kritik, kann zwar singen, doch tunlichst unhörbar. Bewege dich mit der Masse mit. Tu, was die Formen erfordern. Aber gib keinen Laut von dir.

Dies ist keine Fabel. Was sagt es uns also über Bild, Text und Klang?

Ich sehe Jan Z. noch vor mir, als wäre es gestern gewesen und nicht fast vierzig Jahre her, dass er schräg gegenüber in der Reihe der Soprane stand, ich sehe ihn gestochen scharf, sein kariertes Hemd, seine roten Wangen, sein kurz geschorenes blondes Haar. Doch von dem, was wir in all den Hunderten von Stunden gesungen haben, ist fast nichts hängen geblieben. Fetzen. Ein Textfragment. Ein Komponistenname, oder nicht einmal das.

In der Zeit, die seitdem vergangen ist, muss ich Hunderttausende von Wörtern geschrieben haben, und mir ist immer klarer geworden, dass nicht die Wörter eine Geschichte ausmachen, nicht die Konstruktion, die sie zusammengenommen bilden, nicht der Plot oder die Handlung, sondern ausschließlich der Klang, die Tonart, die Musik. Ein Umstand, der an sich keine Bedeutung hat, aber imstande ist, das Bild und den Text aus ihren Kerkern zu befreien. Ich sehe, wie sich der Mund von Jan Z. bewegt, ich schreibe auf, was ich sehe, und ich höre Musik.

Aus dem Niederländischen von Helga van Beuningen.

Hans Maarten van den Brink lebt als Schriftsteller und Publizist in Amsterdam, zuletzt erschien von ihm *Über das Wasser* bei Hanser.

Lyrik 2

▷ *Brauchen wir Gedichte?*

Unsere Welt verändern kann der Poet nicht. Aber er kann sie reicher und reizvoller machen. Also auf diese Weise vielleicht doch, zumindest ein wenig verändern?

Von Marcel Reich-Ranicki

Brauchen wir Gedichte, brauchen wir sie wirklich? Und wenn ja – wozu eigentlich? Was darf man denn von ihnen erwarten? Was können sie leisten? Das sind Fragen, über die schon oft nachgedacht wurde. Also, wenn man so sagen darf, lauter alte Hüte? Mag sein, aber immer noch nicht überflüssig, zumal keine Antwort ganz zu befriedigen vermag. Sollten diese Schwierigkeiten mit dem Wesen der Lyrik zu tun haben?

Bei Schiller findet sich in der Abhandlung »Über die ästhetische Erziehung des Menschen« ein überraschendes Bonmot: »Der Mensch spielt nur, wo er in voller Bedeutung des Wortes Mensch ist, und er ist nur da ganz Mensch, wo er spielt.« Wie alle Bonmots ist auch dieses, mit Verlaub, kräftig überspitzt. Unser Schiller selber räumte sofort ein, seine lapidare Äußerung könnte paradox erscheinen. Was ihn natürlich nicht hinderte, sie zu verteidigen – so geschickt wie leidenschaftlich.

Ich liebe den Autor des »Don Carlos« seit meiner Jugend, und auch jetzt bin ich gern bereit, ihm zu folgen, ihm zuzustimmen. Allerdings: Das Wort »Spiel« ist vieldeutig und bezieht sich auf sehr Unterschiedliches. Wie wollte es Schiller verstanden wissen? Hatte er etwa – das ist nur eine Vermutung, vielleicht eine von mehreren Möglichkeiten – die Kunst im Sinn, die Poesie?

Denn die Poesie, das ist doch zunächst und vor allem ein heiteres und zugleich ein sehr ernstes Spiel. Es schwankt zwischen dem Spaßhaften und dem Feierlichen, dem Närrischen und dem Erhabenen. Es ist ein uraltes und sich stets aufs Neue verjüngendes Spiel. Wir leben in der Epoche der Computer, wir erobern den Weltraum. Trotzdem werden unentwegt und überall Gedichte geschrieben und gedruckt und, siehe da, ziemlich massenhaft gelesen. Die Dichtung hat kein Ende.

Was will sie? Oder vorsichtiger gefragt, was versucht sie? Sie besingt unser Dasein. Schon wahr – und mehr nicht? O doch: Sie ist kühn genug, zugleich und insgeheim zu protestieren. Mehr noch: In der Lyrik, der zartesten und intimsten, der anmutigsten und übrigens auch der subjektivsten Gattung der Literatur, ist stets auch ein Element des Aufruhrs verborgen, ja der regelrechten Rebellion – und nur auf den ersten Blick scheint dies verwunderlich.

Irgendwann erkennt jeder Mensch, dass er irgendwann sterben wird. Dass das Leben vergänglich ist, dass wir alle sterben müssen, erkennt man es schon in der Jugend? Wohl eher später. Aber das ist nicht immer der Fall. Viele Poeten beispielsweise sind für diese simple und traurige Einsicht sehr früh empfänglich. Ich habe nie in meinem Leben ein Gedicht verfasst, nie mich bemüht, auch nur eine einzige Strophe zu schreiben. Doch wurde mir diese Einsicht leider erschreckend schnell zuteil. Richtiger, ich wurde mit ihr geschlagen.

Es mag recht komisch, geradezu lächerlich klingen, aber so war es: Als ich in einem Berliner Gymnasium von der Obertertia in die Untersekunda (so hießen die Klassen damals) versetzt wurde, überfiel mich plötzlich, ich glaube, es war während eines einsamen Spaziergangs irgendwo im Grunewald, der schlichte Gedanke, dass ich nie wieder Tertianer sein würde. Das war nun also vorbei, endgültig vorbei. Na und?

Bedauert habe ich diese Tatsache nicht im Geringsten, im Gegenteil, ich war darüber, wie jeder andere Schüler, froh und glücklich. Es ging sichtlich voran. Aber mit einem Mal kam mir ein Wort in den Sinn, das bis dahin nicht zur Sprache meines Alltags gehörte: das Wort »Vergänglichkeit«. Ich kannte es vom Titel eines Gedichts von Hofmannsthal, das ich einige Monate zuvor gelesen und das mich, ich wusste damals nicht warum, entzückt und ergriffen hatte. Jetzt, als Untersekundaner, begriff ich plötzlich, was Hofmannsthal meinte, als er in diesen »Terzinen über die Vergänglichkeit« sagte, »dass alles gleitet und vorbeirinnt«.

Ich wurde unsicher und ratlos, ich fürchtete mich, und da war wohl auch noch Angst und ein Anflug von jugendlicher Schwermut. Ich spürte dies von Jahr zu Jahr deutlicher, zumal es für mich besonders schwere Zeiten waren. In Deutschland hingen beinahe überall und beinahe immer Hakenkreuzfahnen, und ich gehörte zu den Ausgestoßenen, den Verfemten. Mit Arbeit und Musik und, vor allem, mit viel Literatur ließen sich diese düsteren Anwandlungen wenn auch nicht ganz überwinden, so immerhin verdrängen. Auch hier kam der Poesie eine wichtige Rolle zu.

Ich las, wahrscheinlich mehr oder weniger wahllos, Verse von Goethe und Schiller, von Eichendorff und Heine, von Storm und Rilke und noch von anderen Autoren. Später fiel mir ein Lesebuch in die Hände, es hieß übrigens *Deutsches Erbe*, in dem ich Gedichte von Poeten aus einer viel früheren Epoche fand – unter anderem von Andreas Gryphius und von Christian Hofmann von Hofmannswaldau.

Sie alle, ob sie nun wie Rilke beinahe Zeitgenossen waren oder wie Gryphius und Hofmannswaldau vor Jahrhunderten gelebt hatten, verhalfen mir zu einer Entdeckung. Getroffen, wenn nicht aufgeschreckt hatte mich in den Versen dieser Dichter das immer wieder ausgedrückte Ineinander und Miteinander von zwei Themen: Liebe und eben Vergänglichkeit.

Noch war mir nicht aufgegangen, dass es sich hier zwar um verschiedene Urerlebnisse handelt, dass sie sich aber keineswegs säuberlich voneinander trennen lassen. Noch war mir nicht bewusst, dass man zwar über die Vergänglichkeit schreiben kann, ohne auf die Liebe einzugehen, aber nicht über die Liebe, ohne zugleich über die Vergänglichkeit zu sprechen, genauer: zu klagen.

Wir seien dazu da, »das Vergängliche unvergänglich zu machen«, so heißt es, knapp und sehr entschieden, in Goethes »Maximen und Reflexionen«. Auf wen zielte Goethe hier ab, wen meinte er mit dem Wort »wir«? Etwa auf die Dichter? Man muss es zugeben: Horaz, der vor zwei Jahrtausenden stolz erklärte, er habe mit seinen Oden ein Denkmal errichtet, dauerhafter als Erz – geirrt hat er sich nicht. Gedichte, sprachliche Gebilde, geschaffen aus dem flüchtigsten Material, aus Worten, können die ununterbrochen vergehende Zeit besser überstehen als die prächtigsten Tempel und Paläste.

Der Poesie ist es gegeben, Empfindungen und Stimmungen zu benennen und festzuhalten. Und indem sie seelische Vorgänge ausdrückt, wirkt sie zugleich seelisch befreiend. Doch können wir von den Poeten nicht erfahren, was die Welt im Innersten zusammenhält. Belehrung und Aufklärung mag man bei den Philosophen oder den Naturwissenschaftlern suchen, für Trost und Zuspruch sind die Theologen oder die Psychoanalytiker zuständig, wenn nicht die Psychiater. Gewiss, man kann dies alles, wenn man es darauf anlegt, nicht selten auch der Poesie abgewinnen. Doch haben die Dichter anderes zu bieten. Um es mit einem einzigen Wort zusammenzufassen: ihre Leiden. Von ihnen sprechend, sprechen sie von unser aller Leiden.

Wir verdanken den Poeten überdies, wonach wir uns alle sehnen: Schönheit. Allein durch ihre Existenz kommt die Lyrik unserem Abscheu vor dem Chaotischen entgegen. Oder dürfen wir gar sagen, unserem Bedürfnis nach Ordnung? Dies jedenfalls ist sicher: Wer dichtet, der widersetzt sich der Willkür und dem Chaos. Dichten heißt ordnen. Selbst wenn sie den Untergang verkündet, wenn sie dem Tod huldigt, wenn sie den Zerfall besingt – dementiert die Dichtung, ob sie es will oder nicht, den Untergang, den Tod, den Zerfall. Die Poesie ist, indem sie sich der Vergänglichkeit widersetzt, stets auch Lebensbejahung.

Unsere Welt verändern kann der Poet nicht. Aber er kann sie reicher und reizvoller machen. Also auf diese Weise vielleicht doch, zumindest ein wenig verändern? Mozart und Schubert hatten auf den Lauf der Dinge keinen Einfluss, nicht den geringsten. Indem sie jedoch zur vorhandenen Welt ihr Werk hinzufügten, wurde die Welt eine andere: Sie wurde nicht nur erträglicher, sie wurde berückender und berauschender. Darf man dies auch für die Kunst in der Nachbarschaft der Musik, für die Poesie in Anspruch nehmen? Sie vermag, immerhin, das Individuum aus seiner Gleichgültigkeit zu reißen und sogar aus den herkömmlichen Denkbahnen. Sie kann bewirken, dass der Mensch zum Augenblicke sagt: »Verweile doch, du bist so schön.« Sie kann ihm Glück bereiten.

In den schwersten Monaten und Jahren, die ich zu erleiden hatte, damals, als ich täglich mit dem Tod, mit meiner Ermordung rechnen musste, habe ich bisweilen Verse gelesen. Was habe ich mir denn, frage ich mich jetzt, von dieser Lektüre versprochen? Etwa Trost und Zuspruch? Oder, eher Ablenkung, eher Vergnügen und Genuss für wenige Minuten? Ja, aber wahrscheinlich noch etwas: Man könnte es einen Zuwachs an Kraft nennen, Kraft, um dem Schrecklichen widerstehen zu können.

Vielleicht wäre damit auch unsere schwierige Frage beantwortet – jene, wozu wir immer noch, wozu wir heute das Gedicht brauchen. So ist die Poesie ein Spiel, das uns beschützt, das uns in ungewöhnlichen Situationen vielleicht sogar retten kann, auch heute, sogar heute.

Als ein Spiel habe ich auch die Aufgabe betrachtet, Gedichte zusammenzustellen, Solche also, die mir im Laufe meines Lebens gefallen haben, die mich oft zu begeistern imstande waren. Aber ich wollte mich nicht auf meine früheren Eindrücke und Urteile verlassen. Ich habe alles überprüft und in die endgültige Auswahl nur jene Verse aufgenommen, die mich nach wie vor erregen und beglücken oder für die ich zumindest *eine Schwäche* habe.

Der Arbeit in diesem Buch verdanke ich viel Freude. Ich habe es für mich selber gemacht und doch in der Hoffnung, fast in der Zuversicht, dass ich auch den Lesern zur Freude verhelfe – und vielleicht hier und da sogar zu Augenblicken des Glücks.

Vorwort aus: Marcel Reich-Ranicki, *Meine Gedichte, Von Walther von der Vogelweide bis heute*, © Insel Verlag Frankfurt am Main und Leipzig 2003.

ratschlag für einen jungen dichter

als dichter musst du wissen wie
man leute killt köpfe zwischen
zeilen klemmt sie plätten satz für
satz das ist das blei das du hast
ein gutes gedicht braucht heut
zutage einfach einen mord damit
die quote stimmt sie nicht zum
pinkeln gehn wenn du um ihre
herzen wirbst musst du sie brechen

Albert Ostermaier

▷ *Grand Slam – literarisch*

Ein Poetry Slam ist ein Dichterwettstreit unter spätmodernen Bedingungen. Wenige Regeln muss der Slam-Poet bei seiner Performance beachten, im Übrigen ist erlaubt, was die Stimme hergibt. Eine Jury verteilt Noten, und das Publikum greift bei Bedarf lautstark ein.

Von Reto Sorg

Wirft der Slam-Poet einen Blick zurück, so schaut er auf eine bald zwanzigjährige Tradition. Auch im deutschsprachigen Raum ist die Slam-Bewegung im Begriff, Teil der jüngeren Literaturgeschichte zu werden. Sie hat ihre Gründerväter, Kultfiguren und Administratoren hervorgebracht und arbeitet *nolens volens* am eigenen Mythos. Das »Golden Age« der Chicagoer Szene (1988 bis 1992), wo alles seinen Anfang nahm, liegt für die Aktiven von heute weiter zurück als der Pariser Mai und Woodstock für die Punks der siebziger Jahre.

Die international gut vernetzte Szene kennt sich und schätzt sich und gedeiht, auch wenn sich schon längst eine gewisse Stagnation abzeichnet. Da der Slam-Fan nicht ewig bei der Stange bleibt, ist man auf junge Leute angewiesen, die immer wieder aufs Neue das ebenso dankbare wie gnadenlose Publikum bilden. Stets ein Spektakel, befriedigen die gut besuchten Veranstaltungen den zentralen Wunsch jeder Eventkultur: dabei gewesen zu sein. Auch hier macht der ständige Innovationsdruck, dass neben dem eigentlichen Slam das »attraktive Rahmenprogramm« laufend an Bedeutung gewinnt.

Einfache Regeln, Vielfalt der Formen und Authentizität

Attraktiv ist Slam Poetry durch seine Kombination einfacher Regeln, kruder Vielfalt der Formen und Authentizität beschwörender Live-Performance. Unter Aufsicht eines »Master of Ceremonies« muss der Slam-Poet in kürzester Zeit das Publikum für sich gewinnen. Man gewährt ihm meist nur drei oder fünf Minuten. Auf sich allein gestellt, hat er im Mikrofon seinen einzigen Freund. Erlaubt ist, was der Mensch an Gestik und Stimme hergibt. Allzu exaltierte Modulationen oder Singen freilich sind verpönt und Slam-Poetinnen immer noch selten. Der Moderator bildet aus dem Publikum, das um jeden Preis unterhalten werden will, *ad hoc* eine Jury, die die Vorträge wie beim Kunstturnen oder Skispringen benotet. Dem Sieger winken symbolische Preise, Whiskey zum Beispiel oder kleine Scheine.

Das Publikum: Es feiert sich selbst, kocht, feuert die Vortragenden an, lässt sie hochleben, buht sie nieder, holt sie von der Bühne. Wie es ihm gefällt. So resultiert der einzigartige Slam-Groove mit seiner erfrischend-krassen Mischung aus vehementer Virtuosität, miefigen Moralinbomben, eindringlicher Exaltiertheit, poppigen Kapriolen, krachendem Dilettantismus und beglückender Spontaneität. Ein gelungener Poetry Slam ist ein extravagantes Event, Emanation des Zeitgeistes, Moment seltener Klub-Glückseligkeit.

Ort zum Testen von Texten

Eine Kuriosität der Slam-Bewegung besteht darin, dass die meisten ihrer Exponenten nicht recht zu ihrer Kunst stehen wollen. Auch Jung-Autor Jürg Halter, auf den Slam-Bühnen dieser Welt ebenso zuhause wie an seinem Wohnort Bern, will kein Slam-Poet sein. Er sei nur zufällig dazugekommen, verrät er. Für seine ersten Gehversuche als Autor habe er damals eine Plattform gesucht, einen Ort zum Testen von Texten. Und dabei habe er eben auch Slam ausprobiert. Das sei nicht schlecht gewesen und habe auch funktioniert. Aber gefallen habe ihm das nur zum Teil. Cool seien die vielen Reisen gewesen, nach Hamburg, Rotterdam und Durban. Als Jungstar habe er stets zu den Eingeladenen gehört, denen alles bezahlt wird (für die Nobodys gibt es offene Listen).

Halter ist sich des Dilemmas wohl bewusst, kein Slam-Autor sein zu wollen und doch von der Slam-Bewegung zu profitieren. Dieser Widerspruch sei nicht untypisch für die Szene. Für die meisten stelle Slam Poetry nur ein Teil ihrer Aktivitäten dar. Für sich betrachte er die Angelegenheit wie eine Intendanz. Nach fünf Jahren höre er auf, er kündige sich dann selbst. In der Slam-Szene gebe es ja keinen Aufsichtsrat.

Poetry Slams sind inzwischen so beliebt, dass sie sogar im Fernsehen übertragen werden, zum Beispiel im WDR:
www.wdr.de/tv/poetryslam
Es gibt zahlreiche Internetseiten zum Thema Poetry Slams, manche auf die jeweilige Großstadt-Slam-Szene bezogen:
www.poetry-slam.de
www.planetslam.de
www.slamburg.de
www.spokenwordberlin.net
www.slamffm.de

Im Slam kommt vielleicht eine alte Sehnsucht der Literatur neu zu sich. Jenes Sehnen der Rhapsoden, die Grenzen zwischen der Produktion und der Rezeption zu verwischen, das Medium zu transzendieren und emphatisch der Form Sinn zu verleihen. Ein Slam bietet aber auch der moderneren Sehnsucht Raum, unter seinesgleichen ekstatisch zu schwingen. Die eigene Verlorenheit wird von der Nestwärme der Gruppe aufgehoben. Als melancholische Lust an der Hingabe an den »Untergrund« lebt sie weiter.

Ernüchterung bereiten indes die verbreiteten Slam-Text-Sammlungen. Im Unterschied zu den Produkten der Pop-Fraktion, die gedruckt oft funktionieren, überblättert man hier ratlos, was einen Stunden zuvor live zu faszinieren vermochte. Es geht nicht, sie nochmals zu lesen, hat man sie einmal gehört und gesehen. Im Übrigen sind Ähnlichkeiten mit der Avantgarde von Dada bis Pop evident, man hat es aber nicht versäumt, darüber hinaus auf die Verwandtschaft zwischen dem Poetry Slam und dem Phänomen des klassischen Dichterwettstreits hinzuweisen. Sei es der »Sängerkrieg auf der Wartburg« im Mittelalter, oder sei es die sagenhafte Kampflesung zwischen Homer und Hesiod (um 700 v. Chr.) – die der erste unter den Sängern bekanntlich leichtsinnig verlor, weil er nach Hesiod, der das Landleben gepriesen hatte, aus der »kriegerischen« Ilias vorlas –, immer bahnt sich die Tugend, unter Mithilfe einer vernünftigen Jury, ihren vorbildlichen Weg.

Die kompetitive Konkurrenz wäre indessen ohne den Geist der Kooperation und die Idee der Konkordanz undenkbar. Allem Utopischen abhold, gibt sich Slam alltagsnah, bodenständig und politisch pragmatisch versöhnlich. Ist es ein Zufall, dass die Slam-Bewegung auf so fruchtbaren Boden fällt? Marc Smith, der liebevoll »Slampapi« genannte »Erfinder« des klassischen Poetry Slam, der mehr als 1000 Auftritte auf dem Buckel hat, wird mit den Worten zitiert, mit denen hierzulande jeder Landes- und Bundespolitiker am Nationalfeiertag punkten würde: »We started with contributions of democratic origin, a focus on the community and the audience, the poet as a servant of the people.«

Dr. Reto Sorg hat in Bern und Berlin Literaturwissenschaft, Geschichte und Kunstgeschichte studiert. Zahlreiche Publikationen zu kultur- und geisteswissenschaftlichen Themen, Mitglied diverser Kommissionen und Stiftungen. Assistenzprofessor Universität Lausanne, Lehrbeauftragter Universität Fribourg.

▷ *Der Song als Film fürs Ohr*

Von Masen Abou-Dakn

Ähnlich wie beim Betrachten eines Films entstehen schon beim ersten Hören eines Songs Bilder und lyrische, emotionale Assoziationen. Unsere Wahrnehmungen und Eindrücke werden im Laufe des Liedes aneinandergereiht und addiert, so dass ein immer vollständigeres Bild des kompletten Lied-Inhaltes entsteht.

Zu Beginn der achtziger Jahre wurden Musikvideos, also die zusätzliche Visualisierung des Liedes, das wichtigste Marketinginstrument der Musikindustrie. Man nahm den Fans damit die »Arbeit« der eigenen Imagination ab und erhöhte gleichzeitig die emotionale Bindung an den Song und den Interpreten, selbst wenn die im Video dargestellten Szenen nicht mit dem Inhalt des Songs übereinstimmten.

Das Hören eines Songs kann also mit dem Betrachten eines Films verglichen werden – eine nützliche Analogie bei der Analyse der Textqualitäten. Dabei geht es um ein Modell, Texte möglichst objektiv einzuschätzen. Auch ein nicht visuell erzählender (zum Beispiel ein abstrakter oder lyrischer) Text kann als »Songfilm« interpretiert werden, selbst wenn er eher Gefühle und Stimmungen ausdrückt als eine konkret nacherzählbare Handlung. Bei der Beurteilung sollten wir nicht unserem persönlichen Geschmack folgen, sondern Sprache, Inhalt und emotionale Wirkung des Textes analysieren.

Ein Vorteil des Filmvergleiches ist auch, dass wir alle uns mit dem Medium Film in Kino und Fernsehen auskennen, so dass wir unsere eigenen Erfahrungen und unser intuitives dramaturgisches Wissen darum gut auf Liedtexte übertragen können.

Gute Texte – schlechte Texte?

Versuchen Sie bei der Trennung von Geschmack und Substanz sehr genau zu sein. Ein Beispiel: Lieder aus der so genannten Volksmusik empfinde ich persönlich oft als kitschig, oberflächlich und verlogen. Aber: Manche Texte aus diesem Genre sind trotzdem gut geschrieben, erzählen gut strukturierte Geschichten und erzeugen einprägsame Bilder.

Selbst wenn es uns gelänge, unsere eigene Vorstellung von »angenehmer Unterhaltung« und »intelligenter Poesie« auszuklammern, sollten wir in der Lage sein, fachlich und substanziell zu begründen, warum ein Text »nicht gelungen« ist.

Hier gleich drei Regeln, mit denen ich bei meiner Arbeit als Textcoach und Co-Autor auch in heißen Diskussionen gute Erfahrungen gemacht habe:

Ein Text oder eine Zeile sind niemals per se falsch, lächerlich oder langweilig.

Es gibt kein objektives »gut« oder »schlecht«; es gibt nur ein »so« oder »anders«.

Texte, Zeilen, Wörter oder Bilder können jedoch handwerklich nachlässig gewählt sein oder nicht zum Stil passen.

Im Wesentlichen geht es bei der Analyse von Songtexten immer um folgende Punkte:

Passen der Text, die verwendeten Wörter, Verse, Bilder und Segmente

- zur erzählten Geschichte?
- zur Intention des Songs?
- zur Haltung des Sängers?
- zu den Figuren?
- zur gewählten Sprache?
- zum Genre?
- zur Metrik?
- zum Reim oder Reimschema?
- zur Struktur?

Kommen wir zum Modell des Songfilms zurück: Wenn Sie sich einen Film im Kino ansehen, gibt es unzählige Details, die dafür sorgen, dass Sie sich »mittendrin« befinden. Im Idealfall erleben Sie die Handlung so mit, als wäre sie ein Teil Ihrer eigenen Realität. Sie genießen den Augenblick des Erlebens. Sie hoffen, leiden und freuen sich mit dem Protagonisten. Sie verurteilen, verabscheuen oder hassen den Antagonisten. Sie erleben einen Schnitt innerhalb einer Szene oder sogar einen kompletten Umgebungswechsel wie einen Wimpernschlag und fragen sich nicht: »Wo sind wir hier bloß gelandet?« Sie empfinden einen Dialog, als würden Sie ein interessantes Gespräch im Bus belauschen. Sie fragen sich nicht: »Wer verdammt noch mal redet denn so gestelzt daher?« Sie rätseln mit, denken über den Sinn nach. Sie lachen, weinen, zerknabbern vor Spannung Ihre Fingernägel. Aber Sie schauen ganz bestimmt nicht auf die Uhr und denken daran, wie Sie schnell nach Hause kommen, um die »Tagesthemen« nicht zu verpassen. Sie wünschen sich, dass Sie an diesem fremden Stück Leben, in das Sie gerade aufgenommen wurden, möglichst lange Anteil nehmen können. Es ist wie in einem Traum, in dem Sie keinen Gedanken daran verschwenden, dass Sie eben nur träumen.

So ist es bei einem wirklich guten Film.

Nun stellen Sie sich vor, dass Folgendes im Film passiert:

Ein wackelndes, pelziges Mikrofon ragt von oben ins Bild hinein.

Nach 90-minütigem Kampf um die erste Bahnlinie in den wilden Westen kommt es zum großen Showdown zwischen dem skrupellosen Killer und dem tapferen Sheriff und beide ziehen – Laser-Schwerter.

Der beste Freund des Geheimagenten landet in einem Säurefass und zerfällt brodelnd. Fünf Minuten später sitzt er lächelnd und perfekt gestylt in einem Café und erzählt, dass er sich mit einem dreifachen Salto unbemerkt retten konnte.

Es gibt unzählige solcher Beispiele, und wir haben sie alle schon einmal im Film erlebt. Wie fühlen Sie sich als Zuschauer in diesem Augenblick? Sie werden in die Realität zurückgestoßen, aus dem

Spaß herausgerissen und daran erinnert, dass es eben doch »nur Kintopp« ist. Vielleicht nur für einen kurzen Augenblick, aber so, dass Sie keine Lust mehr haben, den Film weiter zu sehen und sich lieber damit beschäftigen, am Ohr Ihrer Begleitung herumzuknabbern. Wir wollen nicht aus der Atmosphäre, die ein Film – ohne dass wir es bemerkt haben – hat entstehen lassen, entführt werden.

Im Film dürfen manche Dinge auf keinen Fall passieren: nämlich alles, was unserer Logik, unserem dramaturgischen Verständnis oder unserem Gefühl widerspricht.

Auf das Hören eines Songs übertragen heißt das, ein Songtext kann unabhängig vom Genre und persönlichen Geschmack dann objektiv als gelungen gelten, wenn der Film, der durch ihn im Hörer entsteht, ohne Fehler oder Widersprüche abläuft.

Das klingt simpel, aber es trifft den Kern einer sinnvollen dramaturgischen und sprachlichen Analyse.

Einige Beispiele:
Im Lied tauchen keine »verbalen Mikrofon-Galgen« auf, das heißt zum Beispiel keine mit dem Thema unvereinbaren Formulierungen, Handlung und Sprache passen zusammen.

Unser Verstand fragt: Ist alles, was geschildert wird, logisch und nachvollziehbar? Passen die Formulierungen formal zum beschriebenen Inhalt?

Unser Herz dagegen fragt: Passen die Emotionen zur Haltung des Sängers? Glaube ich ihm das Gesungene? Sind die vermittelten Gefühle und Einsichten konstant, kann ich Brüche nachvollziehen?

Ob dieser »formal gelungene« Songfilm uns dann subjektiv gefällt, ist wiederum eine Frage des Geschmacks und der persönlichen Situation.

Beim Hören eines Songs fragen wir uns, ob das, was dort besungen wird, etwas mit uns zu tun hat: mit unserem Leben, unseren Gedanken und mit unserem augenblicklichen emotionalen Zustand.

Gleichzeitig verknüpfen wir unsere Stimmung und unsere Erlebnisse mit den emotionalen Reizen, wie sie zum Beispiel durch einen Song ausgelöst werden. Ein Song, den wir beispielsweise in einer besonders glücklichen Situation gehört haben, wird uns ein Leben lang in Erinnerung bleiben und beim Wiederhören erneut wachrufen, wie es damals war. Ähnlich wie ein bestimmter Geruch uns ein Leben lang an eine spezielle Situation erinnern kann, sind wir mit den Liedern, die uns im Leben berühren, durch Musik und Text verbunden. Dazu tragen bestimmte Formulierungen bei, die den Kern eines Gedankens oder eines Gefühles treffen, das Thema oder die Einstellung des Sängers zum Thema vermitteln.

Masen Abou-Dakn, 1963 in Damaskus geboren, ist in Berlin deutschsprachig aufgewachsen. Er arbeitet als freier Songschreiber und unterrichtet Songtexten. Er erhielt den Publikumspreis des deutschen Chansonwettbewerbs »Zarah« sowie den Förderpreis der SWR-Liederbestenliste. Er hat 2006 das erste deutschsprachige Buch zum Songwriting, aus dem dieser Auszug entnommen ist, veröffentlicht: *Songtexte schreiben – Handwerk und Dramaturgie*.

Genres 3

▷ *Deutsche Krimis*

Von Tobias Gohlis

Polemisches vorweg: Der durchschnittliche deutsche Krimiautor ist als Schriftsteller Amateur und fest davon überzeugt, das Krimischreiben sei so einfach wie für Japaner das Verfassen von Haikus.

Bert Brecht, einer der wenigen geständigen Krimifans unter den Klassikern der Moderne, konstatierte 1938: »Wie die Welt selber wird auch der Kriminalroman von den Engländern beherrscht.« Wenn man Engländer gleich Amerikaner setzt, ist das immer noch so, mögen Franzosen, Italiener oder Skandinavier schreiben, was sie wollen. Und die Deutschen? Zur Krimiweltliteratur gehören sie nach wie vor nicht. Hier ist Deutschland bestenfalls eine kleinere Mittelmacht, selbst wenn deutsche Krimis im angloamerikanischen Sprachbereich aufgenommen werden, wenn auch nur in langsam wachsenden homöopathischen Dosen.

Das hat mehrere Gründe: eine gewisse generelle Sättigung und Arroganz des englischsprachigen Marktes; eine gewisse Beschränkung der deutschen Autoren auf Stoffe und Themen, die kaum als weltbewegend angesehen werden können. Frank Schätzings *Schwarm* (Englisch: *The Swarm*) und Leonie Swanns *Glennkill* (*Three Bags Full*) sind bezeichnende Ausnahmen. Beide Titel sind von deutscher Problematik, Lokalität oder Figuren gereinigt.

Andererseits hat der geringe Erfolg deutscher Autoren auf dem anglophonen Markt auch nicht viel mit literarischer Qualität zu tun: Von den immerhin 41 Autoren, die zwischen 1985 und 2006 mit dem Deutschen Krimipreis (national) ausgezeichnet wurden, sind gerade mal vier ins Englische übersetzt. Und einige nicht einmal mit Krimis.

Deutschland ist eine junge Krimination. Das bedeutet unter anderem, dass die Traditionen, aus denen der deutsche Kriminalroman stammt, immer noch zu wenig bekannt sind und erforscht werden müssen. Ein wichtiges und in seiner visuellen Durchschlagskraft kaum zu unterschätzendes Kompendium hierzu stellte Mirko Schädels *Illustrierte Bibliographie der deutschen Kriminalliteratur im deutschen Sprachraum 1796 bis 1945* dar. Tausende von abgebildeten Bucheinbänden demonstrieren Gestalt und Umfang der fiktionalen Kriminalliteratur seit der Aufklärung: ein Strom, der größer und tiefer ist, als man bisher glaubte. Besonders in drei Punkten korrigiert dieses auf jahrelanger Sammeltätigkeit beruhende Werk das bisher verbreitete Bild.

Erstens gab es eine breite erzählende Krimiliteratur diesseits einer kleinen Zahl »hoch«-literarischer Texte (Schiller, E.T.A. Hoffmann, Fontane etc.) und jenseits der umfangreichen Literatur mit »Wahren Verbrechen«.

Zweitens war die internationale Krimiliteratur seit Mitte des 19. Jahrhunderts gut bekannt, und drittens war auch während der Nazizeit keineswegs der Kriminalroman verboten.

Zur historischen Selbstvergewisserung gehört auch die Edition einzelner bemerkenswerter Texte aus dem 19. Jahrhundert, wie sie etwa Dieter Paul Rudolph mit seiner »Criminalbibliothek des 19. Jahrhunderts« (www.alte-krimis.de) betreibt, in der zunächst Carl von Holteis *Schwarzwaldau* als erstaunlicher psychologischer Kriminalroman erschienen ist. Ähnliche Bestrebungen werden in der Schweiz verfolgt, wo man mit J. D. H. Temmes *Der Studentenmord in Zürich* (erstmals 1872) einen großen demokratischen Schriftsteller und mit Carl Albert Looslis *Die Schattmattbauern* (erstmals 1932) einen Zeitgenossen Friedrich Glausers wieder ins Licht rückt.

Und die aktuelle deutsche Szene? Wird man sich in sechzig oder hundert Jahren noch an die Autoren von heute erinnern?

Polemisches vorweg: Der durchschnittliche deutsche Krimiautor (selbstverständlich bestehen keinerlei Ähnlichkeiten mit lebenden

Personen) ist als Schriftsteller Amateur und fest davon überzeugt, das Krimischreiben sei so einfach wie für Japaner das Verfassen von Haikus. Das Ergebnis ist entsprechend. Zum Glück verlangt ein Krimi ein paar mehr Silben als ein Haiku. Deshalb erschüttern uns nicht mehr, sondern nur rund 400 Titel pro Jahr als deutsche Originalausgabe.

In der und für die Provinz, die sich neuerdings Region nennt, bilden sich beinahe monatlich neue Kartelle aus Autoren, Verlegern und Lesern, um den Regionalkrimi, die aktuelle Form des Heimatromans. Der kann übrigens die Heimat nicht nur verklären und verschnulzen, sondern auch verstehen und erzählen – doch letzteres war und ist die Ausnahme. »Regionalkrimi« ist ein Marketinglabel, das keine Aussage zulässt über seine literarische Qualität. Wohl aber kann man behaupten, dass der Krimi, je deutlicher er als Schafs-, Wein-, Wirtschafts- oder Frauenkrimi auf bestimmte Zielgruppen spekuliert, desto schwächer als Literatur ist. Das macht aber gar nichts, jedenfalls solange sich alle Beteiligten sich dessen bewusst sind.

Ob allerdings mit der Breite des Genres insgesamt auch seine besonderen Qualitäten wie Frechheit, Unbotmäßigkeit, Herrscherkritik, gedankliche Unabhängigkeit oder soziale Wachheit wachsen, sei einmal dahingestellt.

Sperriger wird es allemal. Von einem Autor wie Friedrich Ani war das zu erwarten, schließlich hatte er sich mit der Bemerkung, beim Krimi ginge es auf Leben und Tod und das wolle er ernstnehmen, vor anderthalb Jahren aus der Szene verabschiedet. Jetzt ist er mit *Idylle der Hyänen* in einem neuen Verlag zurück und irritiert. Sein neuer Held, Polonius Fischer, ist nämlich nicht nur praktizierender Christ. Das war Father Brown auch. Fischer ist Christ als Kommissar. In seinem Vernehmungszimmer in der Münchner Mordkommission hängt ein Kruzifix, und im ersten Roman der neuen Serie schlägt er sich nicht nur mit Delikten wie Mord, Kindesentführung und Tötung auf Verlangen, sondern auch mit den Grenzen irdischer Strafbarkeit und der Rechtfertigung von Selbstmord herum. Kurz, bei Ani wird die Auseinandersetzung mit Gott und Christentum philosophisch und als Krimi geführt, nicht als Pseudoreligion und Hintertreppenschaudergeschichte wie bei Dan Brown.

Ebenso ernsthaft, wahrnehmungsgenau und doch fabulierfreudig bis ins Fantastische erzählt am entgegengesetzten Ende des Spektrums Merle Kröger. Mit *Kyai!* – einem Kampfschrei des Kung Fu – legt die hauptberufliche Dokumentarfilmerin ihren zweiten Krimi vor, der zwischen zwei Polen gespannt ist: Bollywood und Schleswig-Holstein. Was ist aus den Sannyasins geworden, die in den siebziger Jahren haufenweise nach Pune aufgebrochen waren? Sie sitzen auf Erbgütern und bereiten illegal als psychologische Berater Bundeswehrsoldaten auf den Einsatz im Irak vor – so lautet eine der kühnen Antworten Krögers. Genaue Beobachtung und authentisch gezeichnete Figuren (wunderbar der schwule Schauspieler, Regisseur und Komponist Cal Mukherjee!) halten ihren Text in cooler Balance. Krögers ausschweifende Bollywood-Erzählweise saugt die disparatesten Realitätspartikel in ein gesellschaftskritisches, lebendiges Gesamtbild: Verwirrung in der Bundesregierung, Familienfehde, Ausländerunterdrückung, Homophobie und Glaubenskrieg in Indien, Kampfkunsttechnik und Filmindustrie. Mitreißend global!

Zwischen den Extremen Ani und Kröger operieren immer noch frisch die Altmeister. Nach Jahren des Exils als Drehbuchautor fürs Fernsehen setzt Frank Göhre mit *Zappas letzter Hit* seine legendäre Serie über den Hamburger Kiez und das organisierte Verbrechen fort. Und D.B. Blettenberg, lange Jahre der einzige deutsche Krimiautor, der internationale Schauplätze glaubwürdig beschrieb, hat mit *Land der guten Hoffnung* einen politisch, sozial und psychologisch spannenden Roman um eine Entführung geschrieben, Tatort Südafrika.

Bezeichnend für die Verlagslandschaft: Es sind immer wieder die kleinen Verlage wie Pendragon und Argument/Ariadne, die experimentierfreudig sind und den Autoren, seien sie noch kaum bekannt wie Kröger oder alte Kämpen wie Göhre und Blettenberg, eine publizistische Heimstatt bieten. Zu diesen Innovatoren gehört auch die Metro-Reihe im Schweizer Unionsverlag, die allerdings im Rahmen ihres weltumspannend orientierten Konzepts nur eine deutsche Autorin pflegt. Lena Blaudez hat mit *Farbfilter* ihren zweiten Afrika-

Roman vorgelegt. Diesmal spielt er in Kamerun, und wieder geht es in starken Bildern und Szenen um das, was den Westen diesseits aller Menschenfreundlichkeitsheuchelei am meisten an Afrika interessiert: Rohstoffe.

Ebenso wie die internationale Kompetenz wächst auch die historische erfreulich. Damit ist nicht die Tsunami-Welle von historischen Krimis gemeint, die als Submarketinglabel die Geschichte misshandeln wie die Regionalkrimis ihre Region: als beliebigen Schauplatz, der ein Kolorit aus Daten und Fakten für eine beliebige Kriminalerzählung liefert. Nein, gemeint sind Autoren wie der trotz etlicher Deutscher Krimipreise immer noch viel zu wenig bekannte Robert Hültner. Mit seinen exakt recherchierten Erzählungen um den Münchner Ermittler Kajetan hat er unserem kollektiven inneren Bild von Novemberrevolution, Räterepublik und aufkommender Nazibewegung neue Facetten hinzugefügt. Ähnliches, wenn auch sprachlich nicht so reich, gelingt den beiden Historikern Richard Birkefeld und Göran Hachmeister. Nach ihrem als bestes Debüt mit dem »Glauser« ausgezeichneten *Wer übrig bleibt, hat recht* (2002) greifen sie jetzt in *Deutsche Meisterschaft* das moderne Thema der Beschleunigung auf. Doch handelt es sich nicht um eine Virilio-Bebilderung, sondern um die detailstarke Geschichte zweier Motorradrennfahrer in der Weimarer Zeit, die glauben, gegeneinander sportlich zu kämpfen. Zu spät begreifen sie, dass sie sich gemeinsam dem Sog einer verbrecherischen Zeit und ihrer Übeltäter entgegenstellen müssten.

Eine – mehr oder minder kaum wahrgenommene – Meisterleistung ist dem Hamburger Robert Brack gelungen, der mit *Die schwarze Schlange* seine Trilogie über Hamburg-St. Pauli zwischen Kaiserreich und Nazizeit abgeschlossen hat. Das Besondere seiner unter dem Heteronym »Virginia Doyle« veröffentlichten Darstellung ist die penibel recherchierte Aufdeckung weitgehend unbekannter Polizei- und Kiezgeschichte, vermittelt durch die sehr wahrhaftig erzählte Gestalt eines Hamburger Jungs, der es vom Maat der Handelsmarine bis zum Revierleiter der Davidwache bringt.

Als kraftvolle Stimme neben dem bereits mehrfach gelobten Oliver Bottini macht sich Thomas Kastura bemerkbar. Nach zwei beachtlichen Krimi-Road-Movies hat er mit *Der vierte Mörder* den ersten Band einer Reihe vorgelegt, die in Köln spielt. Und zwar heftig: Kastura gelingt es, mit einem wahnhaften Einzeltäter sowohl den öffentlichen Terrorismusdiskurs als auch das ausgelutschte Serienkillermotiv zu unterwandern, unter Verwendung des meistgehassten und meistzitierten deutschen Gedichts. So hat auch der Krimi seinen Beitrag zum Schillerjahr geleistet, ein bisschen subversiv, wie er sein sollte.

Tobias Gohlis arbeitet als freier Journalist und Autor. Neben Kriminalromanen gehört Reiseliteratur zu seinen Arbeitsschwerpunkten. Seit Februar 2001 schreibt er eine Krimikolumne in der »Zeit«. Seit März 2005 ist er Sprecher der KrimiWelt – die Bestenliste von »Welt«, »Arte« und »Nordwestradio«, auf der monatlich eine Jury die zehn besten Kriminalromane vorstellt. www.togohlis.de, www.arte.tv/krimiwelt

▷ *Modus operandi bei Serienmördern*

Von Stephan Harbort

Krimiautoren sind üblicherweise keine Mörder. Aus dem Autobiografischen können sie deshalb nicht schöpfen. Sie brauchen andere Quellen und Recherchemöglichkeiten mit realistischen Informationen über Täter und Motive. Einer der bekanntesten Experten ist der Kriminalist Stephan Harbort, der viele Gespräche mit Menschen, die zu Mördern wurden, geführt hat. Wie bei Truman Capote gehörten, neben dem authentischen Tathergang, auch die psychologischen Aspekte dazu.

Serienmörder. Dieses Wort schürt Urängste: Hier droht tödliche Gefahr. Grausamkeit und Erbarmungslosigkeit kennzeichnen diese Täter als vermeintliche Unmenschen, die Unheil über ihre Mitmenschen bringen, Leben auslöschen. Und gerade deshalb rücken sie in den Blickpunkt des öffentlichen Interesses. Sie inszenieren ein Drama, an dem nur sie selbst freiwillig teilnehmen. Auch wenn es kaum jemand wahrnimmt, sie kommunizieren mit uns. Aufgeführt wird immer dasselbe Stück: die Verstümmelung der Humanität und ihrer Spielregeln.

Die Taten von Serienmördern beunruhigen nicht nur die Bevölkerung in besonderem Maße, sondern erfordern in der Regel auch einen kriminalistischen Kraftakt – mit ungewissem Ausgang. Die erheblichen kriminalistischen Probleme können an konkreten Zahlen abgelesen werden: die Täter können durchschnittlich erst nach dreieinhalb Jahren gefasst werden. Stellte man die bisher nicht aufgeklärten Mordserien in Rechnung, würde sich dieser Wert wenigstens verdoppeln. Im Mittelwert wurden durch die Täter im genannten Zeitraum sechs Opfer getötet. Besonders ärgerlich: nur jede zweite Mordserie konnte als solche erkannt werden. Dieser Umstand ist nicht zuletzt auf eine häufig fehlende Perseveranz im Modus operandi zurückzuführen.

I. Phänomenologische Aspekte

Das äußere Erscheinungsbild eines Tötungsdeliktes wird geprägt von der Präsentation der Tat durch den Täter. Er agiert und hinterlässt dabei unterschiedliche Spuren und Spurenbilder, die seine Vorgehensweise abbilden – den *Modus operandi*. Dieser Fachbegriff findet in der Kriminalistik immer dann Anwendung, wenn bestimmte Verhaltensweisen, ein charakteristisches Tatmuster des Verbrechens beschrieben werden sollen. Das *Kriminalistik Lexikon* definiert diesen Begriff als »Art und Weise der Begehung von Straftaten und anderen kriminalistisch relevanten Handlungen, einschließlich ihrer Verschleierung sowie der angewandten Mittel und Methoden in den jeweiligen räumlichen, zeitlichen und sozialen Bezügen«.

Die Tathandlungen basieren demnach auf ausnahmslos rationalen Überlegungen und Entscheidungen, die instrumentell, strategisch und pragmatisch ausgerichtet sind. Versatzstücke der Tatbegehungsweise sind demnach: Tatort, Tatzeit, Opfertyp, Tatwaffe, die Art des Zugangs zum Tatort, die Art der Annäherung an das Opfer, die Art des Gewinnens von Kontrolle über das Opfer, Mittäter, spezielle Begleithandlungen sowie das Verhalten unmittelbar nach der Tat.

Die Ziele:
ungestörte Tatausführung, Verschleierung der eigenen Identität oder der des Opfers, Gewährleistung des Taterfolgs, Garantie von Fluchtmöglichkeiten.

Grundsätzlich kann man zwei Typen von Serienmördern unterscheiden: jene, die konkret planen, sich vorbereiten, organisiert und strategisch agieren, und solche, die sich spontan zu einem Verbrechen animieren oder hinreißen lassen.

Mario St. gehört in die Kategorie jener Täter, die genau wissen, was sie wollen und einem Generalplan folgen, der das Gelingen einer Tat garantieren und zugleich das eigene Risiko minimieren soll. Der Berufsunteroffizier der NVA folterte und tötete Mitte der 80er Jahre in der Region Cölpin und Neubrandenburg fünf Knaben, ein weiterer junger Mann überlebte den heimtückischen Angriff. Sein Ziel: »Die höchsten Qualen, die in den Tod übergehen, will ich mit den Händen spüren, seinen Übergang in den Tod. Die sexuelle Erregung war eher ein Nebeneffekt. Es ging um das Töten an sich. Es war nicht das blanke Auslöschen, was mich befriedigt hat, es war die Art und Weise der Tat. Die Macht, die man dabei hatte. Vielleicht ist nicht bewusst der Sadismus das Ziel gewesen. Es ging mir ja darum, wenn ich sie sowieso töte, kann ich sie ja vorher auch quälen in dem Sinne.«

Mario St. überließ kaum etwas dem Zufall, er bereitete sich gewissenhaft vor und schlug nur dann zu, wenn die Situation seinen Planungsvorgaben entsprach und ihm das Risiko gering erschien: »Ich hatte ein Messer bei mir, Zeltleine zum Fesseln, Fotoapparat. Ich zog Landschaft, wie Wald oder Buschwerk vor, die ich teilweise kannte oder auch da war, ohne dass ich die innere Struktur kannte. Bei stadtbezogenen Taten ließ ich es auf den Zufall ankommen. Allerdings hatte ich einen Türschlüssel dabei, dessen Bart in fast alle Türen passte. Und ich hatte Handschuhe und eine Taschenlampe dabei.«

Auch die Tatorte mussten bestimmten Kriterien entsprechen: »Die Orte sollten nach Möglichkeit unauffällig zu erreichen sein. Ich musste die Opfer also verfolgen können, ohne dass es auffiel. Schnellstmögliches Herausführen der Opfer aus offenem Sichtbereich zu einem gegen Einblick geschützten Tatort. Auch sollte ausgeschlossen sein, dass jemand zufällig am Tatort entlangkommt. Daneben sollte eine unbeobachtete Kontaktaufnahme möglich sein. Mitunter ließ ich es auch einfach darauf ankommen, dass sich ein guter Tatort aus einer Situation heraus ergibt. Bei der Verfolgung potenzieller Opfer weiß man selten, wo sie endet.«

Ähnlich kontrolliert und überlegt plante der 30-jährige Dachdecker Frank G. seine grausamen Verbrechen. Nach der Festnahme des *Rhein-Ruhr-Rippers* im November 1999 fanden Kripobeamte

auf seinem Computer eine Datei. Dort war minutiös aufgelistet worden, welches Zubehör Frank G. benötigen würde, um das nächste Opfer wunschgemäß foltern und töten zu können, nämlich:
»8 Stück Kabelbinder mind. 37,5 cm lang,
4 Stück Klebeband 10 cm breit 35 cm lang,
2 Paar Einmalhandschuhe Vinyl klein,
5 Stück Kondome,
10 Stück Müllsäcke dick,
Cutter und Klingen,
Kondom mit Schwarzpulver gefüllt und 3 Stück Zündsatz,
Schwefel oder Salzsäure möglichst hoch konzentriert,
Beil,
Explosivkapseln 3 Stück, Brandkapseln 3 Stück.«
Frank G. wollte eine Frau sprengen – »am besten bei vollem Bewusstsein«.

Derart ausgeklügelte Verhaltensweisen sind eher die Ausnahme. Überraschenderweise planen die meisten Serienmörder ihre Taten nicht akribisch, es wird vielmehr ein grober Rahmen gesteckt, sie bevorzugen lediglich bestimmte Regionen oder Stadtgebiete und suchen dort nach Tatgelegenheiten. Norbert Sch., ein zweifacher Frauenmörder, erklärte in diesem Zusammenhang: »Es sollten einsame Waldgebiete sein, die ich kannte, wo ich eine ungestörte Tatausführung hatte. Das Jagdmesser hatte ich immer am Mann. Wann und wo es passierte, war mir dann ziemlich egal.«

Auch das Opferprofil ist meistens nicht auf individuelle Eigenschaften zugeschnitten, sondern wird von Vorzügen dominiert, die auf viele Menschen zutreffen. Norbert Sch.: »Attraktivität und allgemeines Erscheinungsbild spielten schon eine Rolle. Mädchen und Omas habe ich nicht genommen, weil zu jung oder zu alt.« Häufig attackieren Serienmörder Opfer, die ihnen geistig oder körperlich unterlegen sind. Martin B., der am Niederrhein in den 90er Jahren zwei Mädchen erstach, sagte dazu: »Es mussten Kinder sein, weil die sich nicht wehren können. An Frauen habe ich mich nicht herangetraut, das wäre mir zu riskant gewesen.«

Viele Serienmörder lassen sich bei der Auswahl ihrer Opfer überwiegend von pragmatischen Überlegungen leiten. Denn das sofortige, blitzartige und *planlose* Attackieren birgt unkalkulierbare Risiken und Gefahren: Das Tatgeschehen kann bei heftiger Gegenwehr eskalieren, Schreie des Opfers könnten gehört werden, ein ungestörter Tatverlauf bleibt ungewiss, der Begegnungsort erscheint zur Durchführung der Tat ungeeignet, es gibt kaum Erfolg versprechende Fluchtmöglichkeiten. Die Opfer werden daher in Dreivierteln der Fälle nicht sofort angegriffen und überwältigt. Vielmehr wird das Terrain zunächst sondiert, potenzielle Opfer werden taxiert, belauert, verfolgt und ausgespäht. Erst wenn der angehende Mörder ausreichende Kenntnisse und genügend Wissen erlangt hat, die auch aus vorheriger krimineller Erfahrung ableitbar sind und ein profitables Opferprofil herausgearbeitet worden ist, beginnt die konkrete Tatplanung. Sie umfasst bestimmte Vorgaben, von denen im Regelfall nicht abgewichen wird: Tatzeit, Tatort, Tatmittel, Tatablauf. Und das vielfach beliebig oder zufällig ausgewählte Opfer soll lediglich bestimmten Kriterien entsprechen: beispielsweise Kinder, junge Mädchen, Frauen, Prostituierte, Anhalterinnen oder ältere Menschen, die sich arglos und nicht selten (zu) sorglos oder vertrauensselig in einer unverfänglich und gefahrlos erscheinenden Situation umschmeicheln, überreden, einladen oder auf andere Art beeinflussen und an den späteren Tatort dirigieren lassen.

Struktur und Qualität der Tatbegehung werden im Wesentlichen von den Vorstellungen und Fähigkeiten des Verbrechers bestimmt. Allerdings bleiben die Täter in diesem Prozess nicht immer unbeeinflusst. Manchmal werden durch Opferprofil und Motiv bestimmte Rahmenbedingungen und Leitbilder vorgegeben, von denen der Täter sich nicht lösen kann. Dies gilt vornehmlich dann, wenn die Tat in eine persönliche oder berufliche Beziehung eingebettet ist und das Motiv (un)mittelbar aus ihr folgt. Selbst die Wahl der Tatmittel ist in solchen Fällen eingeschränkt.

Serienmörder kommen aber auch biographisch belastet daher, wenn sie erst in dubiose Lebensumstände, später dann in verhängnisvolle Situationen geraten oder sich hineinmanövrieren, in denen allein aus der Situation heraus getötet wird. Ein Beispiel hierfür ist Fritz Honka:

»In der Nacht haben wir auch getrunken. Ich war geil, ich wollte ficken. Wir kriegten Streit, weil sie nicht ficken wollte und dalag wie ein Brett. Ich wurde immer geiler, habe ihr den mit Gewalt reingestoßen und habe sie gefickt. Ich habe ihr dabei die Hände festgehalten. Dann habe ich ihren Kopf geschnappt und ihn mehrmals gegen den Nachttischschrank geknallt. Sie war dann ruhig. Ich lief in die Küche, holte die große Brotsäge und schnitt ihr den Hals durch.«

Honka tötete seine Opfer aus nichtigem Anlass, im Zustand höchster Verärgerung und Erregung. Der Nachtwächter aus dem Hamburger Stadtteil Ottensen erdrosselte in den 70er Jahren in seiner Wohnung vier Prostituierte mit einem Handtuch oder würgte sie zu Tode. Der »Blaubart von Mottenburg« mordete nicht nach Plan, er ließ sich gehen, explodierte förmlich.

»In dieser Nacht wollte ich sie auch wieder ficken. Sie hat sich aber dagegen gewehrt. Warum sie sich gewehrt hat, weiß ich nicht, denn sie hatte sich ja sonst auch nicht gewehrt. Ich hatte einen stehen. Sie wollte, dass ich lecke. Ich wollte aber nicht, weil sie sich so selten gewaschen hatte und so stank. Dadurch kam auch der Streit, denn ich wollte bumsen. Ich habe ihr die Hände festgehalten, mich mit den Knien auf ihre Arme gesetzt, und dann habe ich ihr das Handtuch um den Hals gelegt. Ich habe das Handtuch dann zugezogen, bis sie sich nicht mehr bewegte. Die Augen waren verdreht. Dann habe ich sie gefickt.«

Multiple Mörder wie Honka lassen kein strukturiertes Tatbild erkennen, der *Modus operandi* bei affektiv eingefärbten Serientötungen ist aus diesem Grund auch nur bedingt interpretierbar, in manchen Fällen sogar gänzlich unplausibel. Der Täter verhält sich gezwungenermaßen, er trifft spontane Entscheidungen, er agiert nicht, er reagiert. Charakteristisches Merkmal ist lediglich eine überbordende Gewaltanwendung, ein extremes Maß an Aggressivität, Motiv und Ursache hingegen bleiben im Dunkeln.

II. Modus operandi und Perseveranz

Søren Kierkegaard schrieb im Jahre 1843 Bedeutsames: »Wiederholung und Erinnerung sind die gleiche Bewegung, nur in entgegengesetzter Richtung; denn dasjenige, woran man sich erinnert, ist gewesen, wird rückwärts wiederholt, während die eigentliche Wiederholung eine Erinnerung in vorwärtiger Richtung ist. Deshalb macht die Wiederholung, wenn sie möglich ist, einen Menschen glücklich, während die Erinnerung ihn unglücklich macht.« (Die Wiederholung)

Ähnlich liegen die Dinge bei vielen Serienmördern: Die Rückbesinnung auf das Erlebte, das Gewesene, den erstmalig vollbrachten Mord, führt nach erster Euphorie unweigerlich in eine Phase der Frustration. Denn was einmal überwunden oder befriedigt wurde, kehrt zurück – ein Verlangen, das nicht mehr allein in der Erinnerung gebunden und entschärft werden kann. Unbefriedigt bedrängt es den Täter abermals, sich seiner anzunehmen. Eine neue Tat zu begehen verheißt also seelische Erleichterung, aber auch die Wiederherstellung von Sicherheit und Zufriedenheit, vielleicht sogar von Glück. Mord macht potent.

Allerdings ist es unzutreffend, von schlichten Tat*wieder*holungen zu sprechen. Denn die zweite Tat ist kein einfaches Echo der ersten, keine Spiegelung, der es an Lebendigkeit und Eigenständigkeit fehlt. Allein die erste Tat wäre als Wiederholung zu werten – des bereits zuvor gedanklich vielfach ausgeführten Verbrechens. Hier besteht tatsächlich Identität.

Zwischen erster und zweiter Tat indes klafft in *jedem* Fall eine Art »ökonomischer« Differenz. Nur der Hauptdarsteller bleibt in diesem Drama derselbe, der Rest der Besetzung wechselt. Es wird also nicht wiederholt, sondern fortgesetzt, an die Ursprungstat angeknüpft. Das neuerliche Verbrechen ist demnach eher ein *Remake*, die Neufassung einer bekannten Geschichte. Und der Reiz dieser Fortsetzung liegt nicht in ihr selbst, sondern in dem, was der Täter daraus macht, im Nutzen, der sich für ihn aus ihr ergibt.

Die ökonomische Differenz offenbart sich jedoch nicht nur bei der Betrachtung der handelnden Personen, wesentlich aufschlussreicher ist die Art und Weise, wie ein Verbrechen verübt wird. Denn hier kann der Nachweis unmittelbar geführt werden, dass die Täter sich grundsätzlich an der Vortat orientieren, daran anknüpfen, aus ihren Erfahrungen lernen – und sich mitunter deswegen anders verhalten.

So verfuhr auch Mario St., als er fünf männliche Opfer tötete und ein weiteres lebensgefährlich verletzte. Zunächst überfiel er einen jungen Mann, würgte ihn, stach mehrere Male auf sein Opfer ein. Doch Mario St. war nach der Tat »enttäuscht«. Er hatte sein Ziel nicht erreicht – das Beobachten des »Übergangs in den Tod«. Der damals 21-Jährige bewertete seine Vorgehensweise kritisch und legte sich schließlich eine neue Strategie zurecht. Das Opfer sollte nicht wieder ein Erwachsener sein, der sich wehren würde, der nicht ohne weiteres zu kontrollieren wäre. Sattler dachte jetzt an Jungen im Alter zwischen zehn und zwölf. Den Grund für das sich verändernde Opferprofil nannte das ihn verurteilende Militärobergericht Berlin: »Er entschloss sich deshalb, künftig auch Knaben für seine sexuellen Handlungen zu missbrauchen, da sie körperlich unterlegen sind.« Eine pragmatische Entscheidung. Die Ziele: Risikominimierung, Gewährleistung einer ungestörten Tatausführung »in diesem Sinne«. Er hatte also dazugelernt.
Sein zweiter Mord entsprach dann auch schon »fast« seinen Vorstellungen. Diesmal hatte er sein Opfer nicht überfallartig attackiert und sofort zugestochen, sondern zunächst »sanfte Gewalt« angewandt, um den Kleinen an den späteren Tatort zu führen. Die Gegenwehr des Jungen beim Würgen aber hatte ihn irritiert, gestört. Wieder war der »Übergang in den Tod« nicht genau zu beobachten gewesen. Bei der üblichen Reflexion der Tat kam ihm nun die Idee, das nächste Opfer besser zu fesseln. Die zweite Tat offenbarte noch einen weiteren Lerneffekt. Er hatte den Tod des Jungen – ähnlich wie bei dem Mord an dem 19-Jährigen – für »nicht sicher« gehalten. Die Lösung: ein Herzstich.

Auch die dritte Tat, der Doppelmord an zwei Brüdern, lässt wiederum eine veränderte Vorgehensweise erkennen: Diesmal fesselte er die Opfer an Händen *und* Füßen. Sie sollten sich in keiner Weise wehren können, uneingeschränkt verfügbar sein. Deshalb mussten die Kinder besonders lange leiden, bis die Tortur ein Ende hatte. 75 Minuten vergingen: ausfragen, fotografieren, streicheln, schlagen, würgen, stechen. »Endlich« hatte er den Würgevorgang, den er mehrmals bewusst unterbrach, um wenig später weiterzumachen, »auskosten« können. Sein »schönster« Mord. Diese Tat offenbart zudem eine fortwährende Zunahme von Gewalt. Mario St. stach immer wieder mit dem Messer auf seine Opfer ein, setzte zusätzlich einen Kehlschnitt. Das hatte es vorher nicht gegeben.

Sein fünftes Opfer suchte er nicht mehr in öffentlichen Parks oder Waldgebieten, dies war ihm »zu gefährlich« geworden. Vielmehr lockte er einen 7-Jährigen in den Keller eines Mehrfamilienhauses, missbrauchte und tötete ihn dort. Er versuchte, seine Vorgehensweise von Mal zu Mal zu perfektionieren und den Gegebenheiten anzupassen. Aus *jedem* Mord zog er Lehren und Konsequenzen, die er bei der Folgetat zielstrebig umsetzte.

Masche und Mantra der mehrfachen Mörder sind im Wesentlichen gekoppelt an den Taterfolg. Während Täter wie Mario St. fortwährend an einer Erfolgsmethode feilen, kopieren andere Serienmörder lediglich ihre Vorgehensweise – wenn sie sich schon beim ersten Mal als erfolgreich erwiesen hat.

Ein Beispiel: Mitte der achtziger Jahre plagten Johannes T. ernsthafte Sorgen: kein Job, kein Vermögen, aber hohe Schulden. Und seine Frau beklagte sich, er solle doch endlich eine Arbeit annehmen. Als der 22-Jährige wieder einmal ziellos durch die Berliner Innenstadt schlenderte und darüber grübelte, wie möglichst schnell und möglichst leicht an möglichst viel Geld zu kommen sei, hatte er eine Idee. »Eine Frau bis zu ihrer Wohnung verfolgen, sie dort überwältigen, berauben und umbringen«, erklärte er später vor der Kripo. Wen es treffen sollte, hatte er kühl kalkuliert: »Erstens, eine junge Frau, die hat sowieso nichts gespart; zweitens, eine junge Frau hat Kinder und Familie und einen Mann; und drittens, erschien mir die Sache viel leichter, eine ältere Frau zu überfallen.« So hielt er gezielt Ausschau nach älteren Damen, die »nach Geld aussahen«. Binnen 18 Tagen ermordete der »Klingelmörder« im Frühjahr 1984 drei Rentnerinnen, 74, 83 und 87 Jahre alt, denen er bis zu ihren Wohnungen gefolgt war. Die betagten Damen waren ihm zufällig begegnet, »reine Glückssache«, und entsprachen seinem Opferprofil: »Es sollte eine einfache Sache sein, also eine schwächere Frau.« Und er hätte genau auf diese Weise weitergemordet: »Ja, wenn ich nicht festgenommen worden wäre.«

Auch in diesen Fällen wird kein Faktum wiederholt, sondern ein einmal beschrittener Weg konsequent fortgesetzt. Allerdings gibt es auch Täter, die weder eine bestimmte Methode anwenden, noch sich darum bemühen, eine solche zu entwickeln. Dieser Typ Serienmörder gerät vielmehr in Situationen, die ihn spontan zu einer Tat animieren.

III. Modus operandi versus Personifizierung

Vollkommen unfrei agieren Täter, die vorphantasierte Verbrechen realisieren. Sie imitieren sich selbst und transformieren Gedachtes in die Wirklichkeit. Und dabei müssen Vor- und Abbild penibel übereinstimmen, weil sonst das angestrebte Erregungsniveau und die hieran gekoppelte seelische und körperliche Befriedigung nicht erreicht werden können. »Ich habe nicht mit einem Messer auf jemanden eingestochen, ich hatte auch nicht das Verlangen, jemand zu würgen, es ging mir in erster Linie darum, mit einer Waffe auf einen Menschen zu schießen«, offenbarte beispielsweise der Münchener Serienmörder Ferdinand P. Kripobeamten. »Ich glaube, es genügte bei mir schon das Schießen auf einen Menschen, ich musste aber so lange schießen, bis die geschlechtliche Erregung in mir vorbei war, und diese Erregung dauerte meist so lange, bis ich mehrere Schüsse abgegeben hatte. Ich ging bis an die nächste Nähe bei Abgabe meiner Schüsse an die Person heran, die ich beschoss, weil ein Schießen aus größerer Entfernung nicht meinem Drang entsprochen hat.«

Derart charakteristische Handlungen bezeichnet man als *Personifizierung*. Hierunter sollten unverwechselbare Handlungssequenzen verstanden werden, die die speziellen Bedürfnisse *eines* Täters abbilden und keinen strategischen oder rationalen Charakter aufweisen. Hierdurch unterscheidet sich die *Personifizierung* vom *Modus ope-*

randi, der lediglich die verstandesmäßig gesteuerten Tathandlungen beschreibt, die innere, psychopathologisch bedingte und hochsignifikante Struktur der Tat, ihre charakteristische Ausprägung hingegen weitestgehend unberücksichtigt lässt.

Ganz überwiegend kennzeichnet ein solches Verhaltensmuster die Taten sadistischer Serienmörder. Die Phantasie dient dabei als Skript, als geistige Vorlage, als Schema. Die bewusstseinsdominanten Wunschträume drängen, wollen endlich ausagiert werden.

Nur das penible Nachahmen der verlockenden Vorstellung und das Ausbrechen aus der schlichten Vorstellungswelt ermöglichen und garantieren sexuelle, vor allem aber seelische Befriedigung und die vermeintliche Bestätigung der eigenen Übermacht. Die Vorstellung von etwas wird gegen das Tun von etwas eingetauscht, verschmilzt mit ihr, ermöglicht erst das rauschhafte Selbsterleben. Das Ritual ist infolgedessen eingebettet in regelgebundene, den Täter verpflichtende Handlungsabläufe. Und diese pathologische Fixierung zwingt den Täter dazu, sich in einer bestimmten Weise zu verhalten.

Während es Ferdinand P. vollkommen gleichgültig war, wen er erschoss, musste er sich beim Tötungsakt hingegen penibel und detailversessen an sein inneres Mord-Drehbuch halten. Die Notwendigkeit dieser Beharrlichkeit begründete er einem Psychiater gegenüber so:

Frage: »Wohin ging der erste Schuss bei Gottwald?«

Antwort: »Er ging in den Unterleib.«

Frage: »Warum in den Unterleib? Warum nicht in den Kopf?«

Antwort: »Wie ich die Spiegelszenen hatte, oder wenn ich mit der Waffe vorher onaniert habe, da hat ich's immer in Hüfthöhe gehabt, so habe ich's da auch gehalten, deshalb ist es so gewesen.«

Frage: »War die Geste des Sich-an-den-Bauch-fassens des Getroffenen für Sie von Bedeutung?«

Antwort: »Ja. Das habe ich mir in der Onaniephantasie so vorgestellt, als wenn ich selbst getroffen worden wäre.«

Frage: »Es wäre doch viel ungefährlicher für Sie gewesen, sich möglichst leise und dicht an Ihre Opfer heranzuschleichen und dann hinter einem Baum stehend zu schießen?«

Antwort: »Ich hab's so gemacht, wie ich es mir immer vorgestellt hatte vorher.«

Derart verschlungene Motive und ihre deliktischen Ausprägungen sind deshalb so schwer zu verstehen, weil nur der Täter seine mörderische Passion kennt und die hiermit verbundenen Gedankenspiele ausschließlich in seiner obskuren Nebenrealität sinnvoll erscheinen. Konventionelle Betrachtungs- und Deutungsversuche müssen scheitern, weil mit allgemeinen Wertevorstellungen und Lebenserfahrungen solch ferne Gedankenwelten nicht erreicht und nicht erfasst werden können.

Der sadistische Tötungsakt illustriert und dokumentiert ein individuelles Bedürfnis. Der Akt der Erniedrigung und Vernichtung ist ein sinnliches Erlebnis und spiegelt die den Täter antreibenden Gedankenvorstellungen wider. Entweder soll ein Tötungsszenario umgesetzt werden, oder aber die Realisierung bezieht sich auf unspezifische Impulse: Rache, Gerechtigkeit, Geschlecht oder Macht. Wenn das Ritual seinen Lauf nimmt, der Täter das Opfer einschüchtert, bedroht, quält, es verletzt, schließlich tötet, dann kommuniziert er und benutzt dafür den Körper eines anderen Menschen. Nur so kann er sich mitteilen, seinem Verlangen Ausdruck verleihen.

Einschränkend muss in diesem Zusammenhang darauf hingewiesen werden, dass sich nicht in jedem Fall eine *Personifizierung* ausprägen kann. Ausschlaggebend sind in erster Linie situative Faktoren und Einflüsse. Der Täter wird oder fühlt sich gestört, muss auf die beabsichtigten Scheußlichkeiten notgedrungen verzichten. Oder aber das Opfer leistet unerwartet heftigen Widerstand, so dass eine vollständige Umsetzung der Phantasie unmöglich wird; vornehmlich in solchen Fällen, in denen der Täter auf die stereotype Misshandlung lebender Opfer fixiert ist.

In seltenen Fällen schrecken die Täter jedoch vor der Verwirklichung ihrer betörenden Vorstellungen zurück – zumindest bei der ersten Tat. Sie lassen sich von der mitunter schwer beherrschbaren Dynamik und unvermittelt durchbrechenden Tragik eines solchen Tötungsgeschehens beeindrucken, oder sie sind noch nicht selbstbewusst und routiniert genug, um die sich bietende Gelegenheit der

Psychische Störungen

Tabelle: Verteilung Persönlichkeitsstörungen bei Serientätern

Diagnostische Kategorie	N = 52
dissoziale Persönlichkeitsstörung Gemütsarmut; Verantwortungslosigkeit/Missachtung sozialer Normen; Unvermögen zur Beibehaltung längerfristiger Beziehungen; geringe Frustrationstoleranz; Unfähigkeit zum Lernen aus Bestrafung; Schuldzuweisungen an Dritte	28,8 %
kombinierte Persönlichkeitsstörungen Merkmale mehrerer verschiedener Störungen, jedoch kein vorherrschendes Symptombild mit spezifischer Diagnose	17,3 %
emotional instabile Persönlichkeitsstörung verminderte Impulskontrolle; emotionale Labilität; morose Verstimmungszustände; geringe Planungsfähigkeit; episodenhafte/eruptive Gewalt; mangelnde Kritikfähigkeit	13,5 %
schizoide Persönlichkeitsstörung generelle Antriebsschwäche; flache Affektivität; Gleichgültigkeit gegenüber Lob/Kritik; Bindungsschwäche; übermäßige Phantasierlichkeit/Introspektion; fehlende Sensibilität hinsichtlich gesellschaftlicher Regeln/Normen	9,6 %
ängstliche (vermeidende) Persönlichkeitsstörung Insuffizienzgefühle; Depressionen; Kontaktarmut; anhaltende innere Anspannung/Besorgtheit	7,7 %
narzisstische Persönlichkeitsstörung egoistisches Verhaltensensemble; Selbstverliebtheit; extreme Kränkbarkeit; Neigung zur Selbstüberschätzung	5,8 %
paranoide Persönlichkeitsstörung übertriebene Empfindlichkeit bei Rückschlägen/Zurücksetzung; hohes Misstrauen; Streitsucht; überhöhtes Selbstwertgefühl; ungerechtfertigte Verschwörungstheorien	3,8 %
histrionische Persönlichkeitsstörung hohe Suggestiabilität; oberflächliche/labile Affektivität; Egozentrik; Selbstbezogenheit; manipulatives Verhalten	1,9 %

Selbstdarstellung zu nutzen, sie trauen sich einfach nicht. So erging es auch dem Bremer Prostituiertenmörder Thomas Brussig, als er sein erstes Opfer tötete. »Schon da habe ich die Vorstellung gehabt, die Frau zu quälen, ihr die Brustwarzen abzuschneiden«, erklärte er dem Gutachter, »ich habe aber nichts getan, sondern mich nach der Tat nur darüber geärgert und damals schon den Gedanken gehabt, dies beim zweiten Mal nachzuholen.«

Stephan Harbort, Jahrgang 1964, Kriminalhauptkommissar, Stellv. Leiter eines Kriminalkommissariats beim Polizeipräsidium Düsseldorf, ist Autor zahlreicher Fachaufsätze und Fachbücher, seine wissenschaftlichen Studien über Serienmörder haben auch Eingang in populärwissenschaftlicher Bücher (*Das Hannibal-Syndrom*, *Mörderisches Profil*, *Das Serienmörder-Prinzip*) geführt, und schließlich ist er auch Autor von Sachbuchkrimis (*Ich musste sie kaputtmachen*, *Der Liebespaar-Mörder*). Außerdem berät er bei TV- und Kinofilmproduktionen. www.stephan-harbort.de

▷ *Kriminalromane schreiben*

Häufig gestellte Fragen, beantwortet von einem Krimiautor und Experten für das Genre

Von Reinhard Jahn

Kriminalromane erscheinen auch als Heft- und Taschenbuchromane, von schlechten Schreibern schnell heruntergeschrieben oder von radebrechenden Übersetzern in die Tasten gehauen und von Buchverlagen als Massenproduktion unlektoriert auf den Markt geworfen. Deshalb werden sie von manchen Lesern pauschal als billige Unterhaltung abgetan.

Die meisten Kriminalromane kommen als Taschenbücher für weniger als 10 Euro auf den Markt. Dass in den einfachen Taschenbüchern aber auch erstklassige Romane stecken können, wissen inzwischen nicht nur Krimileser. Henning Mankell hat mit seinem Kommissar Wallander in den vergangenen Jahren entscheidend dazu beigetragen, dass auch literarisch ambitionierte Leser öfter zum Kriminalroman greifen – und bereit sind, dafür mehr zu bezahlen. Sie erscheinen dann in anspruchsvollerem Outfit, die Erstausgabe als Hardcover.

Die Genres sind auch nicht mehr strikt getrennt, mancher Roman hat Krimi-Elemente, wird aber nicht als Kriminalroman vermarktet. Der literarische Krimi, unter deutschsprachigen Schriftstellern anerkannt, steht in der Tradition von Autoren wie Friedrich Dürrenmatt oder Friedrich Glauser und ist im Kanon der deutschsprachigen Literatur integriert.

Auch Krimi-Kurzgeschichten in Anthologien oder Magazinen sind beliebt – ein guter Einstieg für neue Autoren. Hier können sie Erfah-

rungen sammeln und anschließend den Sprung zum ersten Roman wagen. Auf häufige Fragen geht der Krimi-Autor und Mitbegründer des Bochumer Krimi-Archivs, Reinhard Jahn, nachfolgend ein.

Wie viele Krimis erscheinen pro Jahr?

Jedes Jahr erscheinen rund 600 Übersetzungen und etwa 200 bis 250 neue deutschsprachige Krimis. Davon sind ungefähr 10 Prozent Debüts (erste Veröffentlichung des Autors überhaupt oder erster Krimi eines Autors). Rund ein Drittel der Romane stammt von Autorinnen, was auch dem Anteil der Autorinnen an der Gesamtzahl der »Autoren insgesamt« entspricht.

Eine Erhebung des Bochumer Krimi-Archivs zu den Neuerscheinungen 1998 ergab folgende Zahlen:

Insgesamt 1298 Bücher. Davon 538 deutsche Erstausgaben und 346 Originalausgaben (also deutschsprachige) plus 171 Neuausgaben (sprich Remakes von bereits früher veröffentlichten Romanen).

Dass die Addition nicht 1298 ergibt, liegt an Anthologien, Sachbüchern und True-Crime-Titeln, die noch dazukommen.

Alle Zahlen inklusive Serienromanen (Jerry Cotton Taschenbücher etwa), inklusive Kinder- und Jugendkrimis (ohne Bilderbücher). Alle Zahlen aber ohne: Romanhefte, Taschenhefte, Non-Books (sprich audio-books, Hörspielcassetten, Spiele).

Wer kauft und liest eigentlich Krimis?

Die Verbraucherumfrage des Börsenvereins des deutschen Buchhandels von 1998 ergab: »Dass Frauen eher Bücherwürmer sind als Männer, überrascht nicht. Dass sie bei den Käufern von Frauenliteratur viel häufiger vertreten sind als Männer, überrascht nicht. Wer aber kauft beispielsweise Krimis? Hier hat die Umfrage ergeben, dass 17,6 Prozent der befragten Männer zuletzt einen Krimi erworben haben und nur 8,8 Prozent der Frauen. Krimis werden überdurchschnittlich häufig von Personen mit hohem Bildungsstand gekauft und finden verstärkt bei jüngeren Bevölkerungsschichten Anklang. Das Durchschnittsalter liegt bei 40 Jahren und damit drei Jahre unter dem Altersdurchschnitt aller Romankäufer.«

Krimi-Anteil an den Romankäufern: 13,0 %.
Davon Männer: 17,6 %, Frauen: 8,8 %.
Davon unter 35 Jahre: 18,5 %, 35-54 Jahre: 13,3 %, 55 Jahre und älter: 7,9 %
Auch eine neuere Verbraucherumfrage des Börsenvereins des deutschen Buchhandels aus dem Jahr 2003 belegt die geschlechtspezifische Aufteilung des Krimi-Marktes. Bei den Belletristik-Käufern nahm der Krimi hinter dem »Heiteren Roman« den zweiten Platz auf der Beliebtheitsskala ein: 12 Prozent der Frauen und 15 Prozent der Männer interessierten sich für Kriminalromane, wobei der Krimi in allen Altersgruppen fast gleichermaßen beliebt war. Nur Senioren (über 59 Jahren) lasen deutlich weniger Kriminalromane.

Was kommt gut an?
Gute, spannende Geschichten. »Trends« wie »Frauenkrimis«, »Regionalkrimis«, »historische Krimis«, »Katzenkrimis«, »Weinkrimis« und so weiter haben in der Regel schon ihren Höhepunkt erreicht, wenn man in jeder Zeitschrift lesen kann, dass es sich um den kommenden Trend handelt. Im Genre existieren viele Subgenres nebeneinander: Detektivgeschichten, Polizei- und Kommissar-Geschichten, harte, realistische Romane, verspielte Geschichten und Geschichten mit einem besonderen Ambiente oder Thema (Reisen, Kochen etc).

Das Genre und seine Subgenres hat ein großes Publikum, das sich in der Regel gut in zahlreichen Variationen und Spielarten auskennt, denn Krimi-Leser sind Viel-Leser. Das Publikum schätzt gute Geschichten, die sachkundig erzählt werden. Also schreib eine gute Geschichte über etwas, bei dem Du Dich auskennst. Das muss nicht immer ein Sachthema sein. Wenn Du Dich mit »alten Menschen« auskennst, schreib über alte Menschen. Kennst Du Dich besser mit Kindern aus, schreib über Kinder.

Den großen Roman des Jahrhunderts schaffe ich nicht, also schreibe ich erstmal einen Krimi.

Das ist ein Irrtum, der schon ein paar gute Krimi-Autoren hervorgebracht hat.

Mein Roman ist fertig, ich will ihn endlich anbieten!
Moment! Was ist fertig? Deine erste Fassung? Dann solltest Du das Manuskript eine Zeit lang (eine oder zwei Wochen) liegenlassen und es dann kritisch durchsehen und überarbeiten. Denn, wie eine alte Journalistenregel sagt: »Es gibt keine gute erste Fassung!«

Also drucke alles aus (!), kauf Dir ein Dutzend Rotstifte und lies den Roman. Am besten laut. Am allerbesten vor einer Person, der Du vertraust, die aber nicht alles sofort gut findet, was Du machst.

Merkst Du, wie einige Sätze beim Vorlesen holpern? Ändere sie.

Findest Du Passagen, die langweilig sind, die etwas doppelt und dreifach erzählen? Streiche sie.

Findest Du logische und sachliche Fehler? Ehemals blonde Frauen sind auf Seite 180 schwarzhaarig? Ein Mercedes-Fahrer fährt auf einmal einen Volvo? Findet bei Dir die deutsche Wiedervereinigung 1995 statt? Korrigiere solche Fehler.

Überprüfe alle sachlichen Angaben (Nachrecherche). Werden die Namen von Personen der Zeitgeschichte richtig geschrieben? Werden Popsongs richtig zitiert? Starb Elvis 1977 oder 1978? Traue nicht Deinem Gefühl, dass etwas richtig ist. Überprüfe alles! (Und rechne damit, dass am Ende ein Leser doch noch einen Fehler findet!)

Arbeite all diese Korrekturen in Dein Manuskript ein. Jetzt bist Du halbwegs fertig.

Ich dachte, all diese Sachen macht ein Lektor?
Früher vielleicht.

Ich schreibe Kriminalstorys. Wo könnte ich die veröffentlichen?
In den Zeitschriften der Regenbogenpresse / Yellow-Press erscheinen regelmäßig Kurzkrimis. Außerdem werden in Verlagen Anthologien mit Kriminalstorys veröffentlicht – meist unter thematischen Vorgaben (z.B. Gärtner-Krimis, Hamburg-Krimis etc).

Was für Krimis erscheinen in den Zeitschriften der Regenbogenpresse?
Konventionelle, wenig aufregende geschriebene Krimis, keine erzählerischen Experimente. Keine Geschichten, in denen explizite Gewalt geschildert wird, keine Tabu-Themen wie Missbrauch oder terroristische Gewalt.

Wie lang sind diese Geschichten?
Der Umfang der Geschichten ist jeweils von der Redaktion festgelegt. Es wird in Zeichen gezählt. Die Zeichenzahl ermitteltst Du durch einfaches Auszählen einer gedruckten Geschichte: zähle jeweils die Buchstaben in fünf Zeilen und bilde die durchschnittliche Zeichenzahl pro Zeile. Zähle dann die Zeilen der Story und multipliziere die Zeilenzahl mit der durchschnittlichen Anzahl der Zeichen pro Zeile. Die meisten Redaktionen orientieren sich an gewissen Standardumfängen: 4000 Zeichen / 6500 Zeichen, 7500 Zeichen.
Den Umfang Deines Krimis ermittelst Du mit der »Wörter / Zeichen zählen«-Funktion von MS-WORD. Maßgeblich ist die Brutto-Zeichenzahl: Zeichen inklusive Leerzeichen.

Soll ich die Krimis auf Normseiten schreiben?
Ja. Oder Du wählst eines der folgenden Seitenformate:
25 Zeilen x 50 Zeichen pro Seite
30 Zeilen x 30 Zeichen pro Seite

Was steht auf dem Deckblatt des Manuskriptes?
Dein Name, Deine Adresse, Deine Telefon- und Fax-Nummer und E-Mail-Adresse. Der Titel der Story, Dein Autorenname, gegebenenfalls Dein Pseudonym. Die Zeichenzahl der Story. Dein Honorarkonto (Bankverbindung) und Dein Mehrwertsteuerstatus und Steuernummer.

Wo und wie biete ich die Kurzkrimis an?
Der Redaktion der Zeitschrift. Du schickst die Krimis als Ausdruck entweder an die Redaktion (allgemein) oder an den Textchef

bzw. den Chefredakteur. Du bietest sie zur Veröffentlichung (Erstdruck) an. Zusendungen per E-Mail nur nach vorheriger Anfrage der Redaktion.

Kann ich gleich mehrere Kurzkrimis auf einmal anbieten?
Ja. Aber übertreibe nicht. Etwa zehn Stück sollten das Maximum sein. Führe am besten von Anfang an eine Kartei oder Datenbank mit Deinen Manuskripten und den Redaktionen und Verlagen, bei denen du sie anbietest. Weil Titeländerungen an der Tagesordnung sind, empfiehlt es sich, die Krimis für den internen Gebrauch zu nummerieren. Die Karteikarte oder der Datenbankeintrag für ein Manuskript enthält mindestens:

1. Nummer
2. Titel
3.Angeboten bei Redaktionen /
4. Datum
5. Zurückbekommen mit Datum
6. Falls veröffentlicht: Ausgabe und Jahr

Soll ich die Texte auch gleich als Dateien auf CD-ROM dem Angebot beilegen?
Das kannst Du tun, Du kannst aber auch im Begleitbrief darauf hinweisen, dass Du bei Interesse die Krimis auch auf Datenträger zur Verfügung stellen kannst oder per E-Mail übermitteln kannst.

Auf den Datenträger gehören: Dein Name, Deine Anschrift. Dateiformat, Titel des Krimis.

In die Datei jeder (!) Story gehören: Alle Angaben vom Deckblatt des Manuskriptes.

Ich kriege keine Antwort auf mein Angebot.
Warte ab. Nach etwa einem halben Jahr kannst Du anfragen, was aus Deinem Angebot geworden ist bzw. das Angebot zurückziehen (wenn Du die Story woanders anbieten willst).

Man sagt mir auch meine Nachfrage, dass man meine Einsendung nicht mehr findet!
Das kommt vor. Verlierst Du NIE etwas?

Auf den Manuskripten, die ich zurückbekomme, sind Notizen, Kaffeeflecken, etc...
Drucke den Krimi neu aus.

Kann ich eine Story bei mehreren Zeitschriften gleichzeitig anbieten?
Niemals! Jede Redaktion geht davon aus, dass Du ihr als einziger Zeitschrift eine bislang unveröffentlichte Story zur Erstveröffentlichung anbietest.

Wie sieht der Vertrag aus, den ich bei einer Veröffentlichung bekomme?
Du bekommst in aller Regel keinen Vertrag. Man schreibt Dir vielleicht, dass eine Geschichte zur Veröffentlichung behalten wird. Man geht davon aus, dass Du der Zeitschrift ein einmaliges Veröffentlichungsrecht einräumst.

Kann die Zeitschrift bzw. der Verlag die Geschichte dann noch weiter verwerten? In Büchern, im Internet, um sie zu verfilmen?
Nur wenn Du in der Tat einen Vertrag bekommen hast, in dem man sich solche Rechte hat einräumen lassen.

Wie hoch ist das Honorar für einen Kurzkrimi in einer Zeitschrift?
Das ist abhängig von der Auflage der Zeitschrift und der Länge. Es werden Pauschalhonorare gezahlt (pro Krimi). Eine Orientierung: etwa fünf bis sieben Cent pro Zeichen. Nach Veröffentlichung bekommst Du ein Belegstück und eine Honorarabrechnung zugeschickt. Eine Rechnung wirst du in der Regel nicht schreiben müssen, die Honorierung erfolgt durch die Zeitschrift »per Anstrich« und Du bekommst eine Gutschrift mit anschließender Überweisung. Die Gutschrift für das Finanzamt aufbewahren.

Kann ich eine Story, die in der Zeitschrift A veröffentlicht wurde, später der Zeitschrift B anbieten?
Lass Dir damit Zeit (mindestens ein Jahr) und lass Dich nicht erwischen. Jede Zeitschrift legt Wert darauf, einen einmaligen, exklusiven Inhalt zu liefern.

Ich habe gehört, dass es Agenturen gibt, die sich auf die Vermittlung von Kurzkrimis, Lovestorys etc. an die Regenbogenpresse spezialisiert haben. Soll ich mich nicht besser mit meinen Krimis an eine solche Agentur wenden?
Es kommt darauf an, ob die Agentur Deine Texte vertreten will.

Was tut eine solche Agentur für mich?
Manuskripte anbieten, Vertrag schließen, das Honorar kassieren, ihre Provision abziehen, Dich auszahlen, Dir vielleicht hin und wieder Infos geben, welche Redaktion welche Krimis sucht.

Wie hoch ist die Provision einer solchen Agentur?
Etwa 25 Prozent der Honorare.

Eine Agentur will mit mir einen Exklusiv-Vertrag über alle meine Werke abschließen?
Abzulehnen. Du solltest allerdings auch nicht versuchen, einen Kontakt zu einer Redaktion, den eine Agentur geschaffen hat, dazu zu benutzen, um selber Manuskripte anzubieten, weil Du die Provision sparen willst. Die Beziehung zu einer Agentur beruht auf Vertrauen.

Der Krimi, der im Blatt erscheint, hat kaum noch etwas mit meinem Text zu tun.
Titeländerungen und andere Änderungen sind üblich. Wenn Du künstlerische Ansprüche hast, ist das Kurzkrimi-Geschäft nichts für Dich.

Was ist mit Kriminalstorys in Anthologien? Wie erfahre ich, welcher Verlag oder Herausgeber eine bestimmte Anthologie plant?

Entweder wirst Du angesprochen oder es gibt eine Ausschreibung in Zeitschriften, die etwas mit Literatur zu tun haben, oder Internet-Communities, die sich mit Literatur befassen.

Soll ich auf Verdacht hin eine Story zu einem Anthologie-Thema schreiben, ohne dass ich sicher sein kann, dass sie auch genommen wird?
Wenn Sie nicht genommen wird, hast Du ein weiteres Manuskript für spätere Angebote in der Schublade.

Soll ich auf Verdacht eine Story an einen Verlag schicken, weil der vielleicht gerade eine Anthologie plant?
Der Versuch ist nicht strafbar.

Man hat meine Story für eine Anthologie angenommen. Bekomme ich einen Vertrag?
Ja, in der Regel. Der Verlag erwirbt darin in der Regel das Recht zur Veröffentlichung der Story in der Anthologie X (Anthologie-Recht) entweder generell für alle Auflagen oder für eine Auflage bis zu xxx Exemplaren. An Nebenrechten erwirbt er in der Regel die drucknahen Nebenrechte.

Was ist das »Anthologie-Recht«?
Grob und unjuristisch gesagt: Das Recht, die erstellte Anthologie in ihrer Gesamtheit weiterzuverwerten – das heißt, Neuauflagen und Neuausgaben zu machen, eine Taschenbuchlizenz an dem gesamten Buch zu vergeben. Selbstverständlich werden alle beteiligten Autoren bei solchen weiteren Rechtevergaben wieder anteilig honoriert. Der Autor kann sich das »Recht auf Einzelvergabe« vorbehalten – das heißt, das Recht, die eigene Story selbst weiterzuverkaufen (an Zeitschriften zum Beispiel). Gegebenenfalls kann oder muss er dem Verlag der Anthologie zugestehen, dies innerhalb einer gewissen Frist nach Erscheinen der Anthologie nicht zu tun bzw. dies erst nach Ablauf dieser Schutzfrist (ein Jahr ab Erscheinen das Buches, vielleicht) zu tun.

Der Verlag will im Vertrag »alle Rechte« übertragen bekommen. Soll ich mich darauf einlassen?
Nur wenn das Honorar stimmt. Von Autorenseite ist immer anzustreben, dass man nur das Recht zur einmaligen Veröffentlichung einräumt (bzw. das Anthologie-Recht).

Wie werden Storys in Anthologien honoriert?
Entweder pauschal (Euro XX für die Auflage bis xx.xxxx Ex.) oder mit einem bestimmten Betrag pro Druckseite.

Wie hoch ist denn nun das Honorar für einen Anthologiebeitrag?
Das kommt auf die Größe des Verlages, die Erstauflage des Buches und manches andere an. Für eine 10-Seiten-Geschichte kannst Du zwischen 100 und 1000 Euro (oder mehr) bekommen.

Kann auch der Herausgeber einer Anthologie Honorar kassieren (also schmälert das Herausgeber-Honorar den Topf, aus dem die Honorare bezahlt werden)?
Ja. Der Herausgeber hat ja Arbeit mit dem Buch.

Der Verlag der Anthologie macht die Veröffentlichung meiner Geschichte davon abhängig, dass ich einige Exemplare des Buches zu einem Vorzugspreis bestelle. Was soll ich tun?
Ablehnen. Ein Verlag soll seine Bücher an Leser verkaufen, nicht an die Autoren.

Reinhard Jahn ist Mitbegründer des Bochumer Krimi-Archivs und des Deutschen Krimi-Preises. Unter seinem Autorennamen »H.P. Karr« veröffentlichte er zahlreiche Krimis und unter www.krimilexikon.de das Lexikon der deutschen Krimi-Autoren.

▷ *Krimi im Kinderbuch*

Von Anna Taube

Wir sind mit Kinderkrimis groß geworden, wir haben sie ebenso selbstverständlich weggeschmökert wie andere Abenteuergeschichten über etwa gleichaltrige Kinder, aber auch Piraten, Hexen, Zauberer und ähnliche kinderbuchaffine Gestalten.

Krimis und Kinder – das passt zusammen? Einem Fall geht fast immer ein Verbrechen in irgendeiner Form voraus. Nicht gerade die Idylle, die man sich für Kinder wünscht. Wie sie für Kinder, die wohlbehütet aufwachsen sollen, wohl »pädagogisch am wertvollsten« wäre. Aber nicht nur, dass Kinder darüber lesen: Sie lesen *von* Kindern, die Fälle aufklären. Können Kinder überhaupt Detektive sein?

Über die Tücken und Hindernisse, aber auch die Lösungswege, die dazu führen, dass dieses Genre durchaus kinderbuchtauglich ist, lesen Sie im ersten Teil dieses Artikels. Im zweiten Teil stelle ich die bekanntesten Kinderbuchreihen vor und gebe damit einen kleinen Überblick über die deutsche Kinderkrimiszene. Ich möchte Ihnen nicht nur den Markt vorstellen, sondern auch die verschiedenen Krimitypen, die das Genre im Kinderbuch mittlerweile hervorgebracht hat – sie sind sehr viel mannigfaltiger als im Erwachsenenbuch.

Bei Kinderkrimis geht es um Literatur für Kinder bis etwa 12 Jahren. Das darauf aufbauende Jugendbuch ist dabei nicht berücksichtigt, denn jugendliche Leser haben andere Ansprüche an einen spannenden Krimi, und sie haben geschultere Fähigkeiten, mit subtilen Gefahren und Ängsten umzugehen. Zudem haben sie einfach einen »längeren Atem«, die Kriminalromane für diese Altersgruppe sind oft 200 Seiten und länger, geben also viel Raum, um eine komplexe Handlung aufzuspannen. Oftmals haben diese Romane Thriller- und Mysteryelemente und funktionieren schon nach den Regeln der erwachsenen Hard-boiled-novels mit entsprechend handelnden Protagonisten und Gewaltanwendungen.

Kinder als Detektive?

Wie nahezu alle Gestalten der Kinderliteratur ist auch das Vorbild des Detektivs der Erwachsenenliteratur entlehnt. Es ist sicherlich kein Zufall, dass der erste Kinderkrimi, *Emil und die Detektive* von Erich Kästner, 1928 erschienen, zu einer Zeit, als das Genre für Erwachsene boomte.

In England blühte das so genannte »Golden Age« der Kriminliteratur. Nach dem Meisterdetektiv Sherlock Holmes von Arthur Conan Doyle ermittelten nun, nach der verheerenden Erfahrung des ersten Weltkriegs, »neue« Detektive wie *Lord Peter Wimsey* von Dorothy L. Sayers, *Pater Brown* von Gilbert Keith Chesterton, *Hercule Poirot* von Agatha Christie, etwas später auch die berühmte *Miss Marple.*

Doch ob adelig und psychisch leicht labil, kirchlich, vor Selbstbewusstsein strotzend oder eine Frau und mit entsprechender Intuition ausgestattet, sie alle haben etwas gemeinsam: Sie sind erwachsen, sie sind allein stehend, sie verfügen über finanzielle Mittel, sie können sich frei und unabhängig bewegen. Und sie haben Lebenserfahrung – sie haben es sich zum Hobby gemacht, sich mit den tiefsten Abgründen der Gesellschaft zu konfrontieren.

Mord und Totschlag für Kinder? Natürlich wissen Kinder, dass es das gibt. Dass Menschen sich gegenseitig umbringen, aus welchen Gründen auch immer. Aber im Kinderbuch? Man wünscht ihnen doch (wie eigentlich auch jedem Erwachsenen), dass ihnen die Erfahrung, auf eine Leiche zu stoßen, einen Toten, der ein gewaltsames Ende erlebte, erspart bleibt. In der Realität sowieso. In der Literatur, die der Unterhaltung und »Erbauung« dienen soll, allerdings auch.

Treffen im Kinderkrimi also zwei Welten aufeinander?

Gewalt im Kinderbuch

Eine heikle Sache – natürlich wird auch Gewalt immer wieder im Kinderbuch abgebildet, einfach, weil sie traurigerweise zum Kinderalltag dazugehört. Kinder erleben Gewalt in der Schule, zu Hause, durch das Fernsehen. Sie im Kinderbuch auszublenden, wäre weltfremd. Doch passen Autoren und Lektoren in den Verlagen gut auf, für welches Alter sie Gewalt wie dosieren. In einer »normalen« Erzählung für Kinder werden sie sich genau überlegen, ob Gewalt überhaupt notwendig ist und wenn ja, wie viel und mit welchen Mitteln. Beispielsweise kann durchaus diskutiert werden, ob eine Waffe erscheinen muss oder ob sich das umgehen lässt.

Aber im Krimi? Ein Krimi, und auch einer für Kinder, wird erst zum Krimi durch die Gewalteinwirkung. – Es muss ja nicht immer gleich Mord sein!

Etwas wird gestohlen, eine Ungerechtigkeit wird begangen, ein rätselhaftes Phänomen verunsichert die Nachbarschaft, womöglich wird sogar ein Kind entführt.

Eine Missetat bedeutet immer eine empfindliche Störung der Gesellschaft und der ausgewogenen Bahnen, in denen sich ein Individuum bewegt, egal ob Erwachsener oder Kind. Wird ein Einbruch begangen, ein Unschuldiger verletzt, entführt oder gar ermordet, bedeutet das für die das Opfer Umgebenden eine enorme Verunsicherung – sie können nicht einfach weiterleben wie bisher. Zunächst muss der Detektiv Aufklärung bringen und den Täter überführen. Erst wenn der Täter seine Strafe erhalten hat, kann »die Gesellschaft« aufatmen und beruhigt ihrem Tagesgeschäft wieder nachgehen. »Restoring order to the universe«, nannte die Krimiautorin Laurie R. King diese vornehmliche Aufgabe des Detektivs.

Bei Entführung und Mord wird natürlich die Polizei eingeschaltet, Kriminalbeamte ermitteln. In unklaren Fällen, in denen die Polizei nicht handeln kann oder darf oder gar versagt, wird ein Privatdetektiv eingeschaltet, der sich der Missetat widmet.

Doch wer engagiert sich für ein entführtes Kätzchen? Wer verhindert, wenn das süße kleine, leider unheilbar kranke Pony auf die Schlachtbank geführt werden soll? Welchen Erwachsenen kümmert es schon, dass Emil Tischbein die 140 Mark für die Großmutter gestohlen wurden?

Sie sehen schon den entscheidenden Unterschied, der es möglich macht, dass ein Genre wie der Krimi auch im Kinderbuch adaptiert werden kann – und sich dabei nicht einmal verbiegen muss: Kinder interessieren andere Dinge. Oder besser: Die Idylle von Kindern wird durch andere, in erwachsenen Augen womöglich geringere Missetaten bereits gestört. Das Empfinden für Ungerechtigkeiten ist sensibler. Kinder können sich auch für *potenzielle* Opfer wie das arme Pony engagieren.

Dabei stellen sich dem Kinderdetektiv Hindernisse in den Weg, die dem erwachsenen Ermittler meist gar nicht oder nur in abgemilderter Form begegnen. Wie gesagt: Der *erwachsene* Detektiv (im Sinne eines privaten Ermittlers) ist idealerweise *allein stehend*, verfügt über ein gewisses *Vermögen,* kann sich *frei und unabhängig bewegen* und hat zudem mehr oder weniger viel *Lebenserfahrung.*

Die Unterschiede liegen auf der Hand:
Kinder sind, so banal es klingt, *minderjährig*, wodurch sie aber Einschränkungen erleben. Sie dürfen beispielsweise bestimmte Räumlichkeiten nicht betreten oder Geschäfte tätigen.

Kinder sind *eingebunden in feste Verhältnisse*: Die meisten leben in ihren Familien oder wenigstens mit einem Elternteil oder anderen Anverwandten. Dadurch sind sie in bestimmte Strukturen integriert. Angefangen bei festen Uhrzeiten für Frühstück, Mittag- und Abendessen, müssen sie oft auch im Haushalt oder im Garten mithelfen oder jüngere Geschwister hüten. Der Vormittag ist blockiert mit dem Schulbesuch, der Nachmittag mit Hausaufgaben und anderen Verpflichtungen, zum Beispiel Klavierunterricht oder Sport. Kinder haben in der Tat einen ziemlich festgelegten, durchgeplanten Tagesablauf – wenig Raum, um spontan auf Verbrecherjagd zu gehen!

Kommt ein Kind seinen schulischen und häuslichen Verpflichtungen nicht nach, muss es Sanktionen fürchten, einhergehend mit den getrübten Befindlichkeiten der Erziehungsberechtigten. Kinder müssen also auch das emotionale Wohlergehen der sie unmittelbar Umgebenden beachten, nicht nur weil sie von ihnen *abhängig* sind, sondern einfach um des lieben Friedens willen.

Viele Kinder haben Geld, *selten aber ausreichend*, um mal eben schnell einem Verbrecher hinterherzujetten, sich in ein Hotel einzumieten oder sich teure Gerätschaften zur professionellen Ermittlung zu beschaffen. Selbst wenn sie ein überquellendes Sparbuch haben sollten, könnten sie über ihre finanziellen Mittel *nicht frei verfügen* – sie brauchen die Erlaubnis eines Erziehungsberechtigten, um größere Summen abzuheben.

Die eingeschränkte Freiheit und Unabhängigkeit manifestiert sich nicht nur im durchstrukturierten Tagesplan und dem reglementierten Taschengeld, sondern auch in der *mangelnden Bewegungsfreiheit*: Davon abgesehen, dass sich Kinder selten über einen von den Eltern definierten Aktionsradius hinaus bewegen dürfen, sind sie angewiesen auf ihr Fahrrad, Skatebord, Rollschuhe und ähnliche »Verkehrsmittel«, die keinen Führerschein voraussetzen.

Stellen Sie sich einen erwachsenen Ermittler vor, der unter diesen Voraussetzungen seinen Fall lösen soll! Vermutlich würde er dankend ablehnen.

Dennoch wurden in der Krimiliteratur immer wieder Kinder als Detektive mobilisiert, auch schon vor *Emil und die Detektive*. Denken Sie beispielsweise an die »Irregulars«, die Jungen, die Sherlock Holmes für seine Zwecke von Zeit zu Zeit einsetzte. Der Meisterdetektiv war überzeugt von den Fähigkeiten seiner kleinen Helfer. Zwar war nicht ihre Kombinationsfähigkeit gefordert, wohl aber ihre Beobachtungsgabe, gepaart mit dem unschätzbaren Vorteil, unauffällig in der Menschenmenge verschwinden zu können.

Auch Emil und seine Freunde nutzen diesen Vorteil: Hundert Kinder verteilen sich, völlig unbeachtet von Erwachsenen, die das Verhalten der» «Kleinen« bestenfalls als Spiel abtun, in ganz Berlin und beobachten die Wege, die der undurchsichtige Herr Grundeis per Taxi und Straßenbahn zurücklegt.

Für Sherlock Holmes, bzw. Conan Doyle noch ziemlich uninteressant, führt Kästner in *Emil und die Detektive* zudem ein ganz wichtiges Topos ein, ohne das kaum ein nachfolgender Kinderkrimi mehr auskommt: die *Solidarität* unter Kindern.

Oftmals reicht allein die Tatsache aus, dass von Kind zu Kind auf einer Ebene gesprochen wird, um dem Opfer jegliche Hilfe zu leisten. So stellen sich nicht nur die hundert Kinder bereitwillig auf Beobachtungsposten, ohne diese womöglich recht langweilige Aufgabe groß zu hinterfragen. Emil und Gustav erhalten zudem vom Liftboy des Hotels, in dem sich Grundeis einquartiert, Kost und Logis für eine Nacht – obwohl der ihnen völlig fremd ist. Es reicht, dass Emil in Not ist und dass der Liftboy helfen kann.

Stärker noch als die Solidarität wiegt die *Freundschaft*. Auch dieses von Kästner eingeführte Topos wird in kaum einem Kinderkrimi mehr fehlen. Während der erwachsene Detektiv meist allein oder mit seinem Partner, den er mehr oder weniger gut kennt, durch die Abgründe menschlicher Zivilisation streift, finden Kinderdetektive immer Rückhalt bei ihren Freunden. Auch der Meisterdetektiv *Kalle Blomquist* von Astrid Lindgren kann sich, obwohl er weitgehend allein ermittelt, immer auf die Hilfe seiner beiden Freunde Eva-Lotta und Anders verlassen.

Meistens aber finden wir heute ganze Detektivbanden in der Kinderkrimiliteratur, also Freundschaft und Solidarität in Reinform: Die ermittelnden Kinder, meist mit unterschiedlichen Fähigkeiten ausgestattet, haben sich zusammengetan, um gemeinsam Rätsel zu lösen und Ungerechtigkeit zu bekämpfen.

Voraussetzungen

Lassen Sie mich kurz zusammenfassen: Obwohl die Voraussetzungen, das von vornherein Gewalt implizierende Krimigenre Kindern zugänglich zu machen, denkbar ungünstig sind und die Anforderungen, die an einen erwachsenen Ermittler gestellt werden, mit allen Pflichten und Freiheiten, für kindliche Protagonisten so nicht greifen können, scheint die Adaption doch zu funktionieren. Allerdings müssen dafür gewisse Vorzeichen geändert werden.

Erstens: Die Fälle müssen sich eingliedern lassen in die Strukturen, die der Kinderalltag vorgibt. Für den Leser müssen diese Strukturen nachvollziehbar und glaubwürdig sein. Dazu zählt auch die Lebenserfahrung: Aufgrund ihres Alters können Kinderdetektive nicht dasselbe Wissen mitbringen wie ein erwachsener Detektiv, ebenso wie der Autor bei seinem Leser nur einen gewissen Erfahrungshorizont voraussetzen darf. Er muss nicht nur beachten, was ein Kind wissen und erlebt haben kann, sondern auch, inwieweit seine kognitiven Fähigkeiten bereits entwickelt sind. Entsprechend komplex oder einfach, oder sagen wir: entsprechend dem Lesealter angemessen muss die Lektüre im Schwierigkeitsgrad und in der Länge sein.

Zweitens: Die Erzählungen funktionieren unter der Voraussetzung anderer Werte: Nicht allein der Erfolg zählt, nicht »restoring order to the universe« ist die vornehmliche Aufgabe des Detektivs, und Ziel ist auch nicht, dass der Ermittler, mit mehr oder weniger Anerkennung, schlussendlich als Held, als Retter der Gesellschaft eine herausragende Rolle einnimmt – eine einsame Position, übergeordnet über allen »Normaldenkenden«, die dem gewieften Täter machtlos gegenüberstanden. Was zählt, sind Freundschaft und Zusammenhalt – Werte, die weitere nach sich ziehen: Mut, Selbstüberwindung, weil man seine Freunde nicht im Stich lässt, auch wenn man sich selbst nicht traut. Dafür ist man nicht allein: Gemeinsam ist man stark. Die Nachteile, die sich eventuell aus ihrem Alter ergeben, kompensieren Kinder durch ihre Unauffälligkeit und ihre unverstellte Fantasie. So finden Kinder erfolgreich Lösungen für mysteriöse Fälle, denen Erwachsene mit Angst oder Unverständnis gegenüberstehen, allein, weil sie Dinge für existent halten, die Erwachsene als Humbug abtun.

Drittens: Der Kinderkrimi ist nicht mehr allein an die Form der Erzählung gebunden. Das Genre hat, insbesondere für jüngere Leser, inzwischen neue Rezeptionswege hervorgebracht: so zum Beispiel den Ratekrimi zum Miträtseln, Abenteuerspielebücher, Lernkrimis. Bei diesen Formen hat in gewisser Weise eine Umkehrung stattgefunden: Sie dienen nicht allein der Unterhaltung, sondern auch der Schulung kognitiver Fähigkeiten. Das Reizvolle am Krimi in der Erzählform, nämlich als Leser möglichst dem Detektiv einen Schritt voraus zu sein und vor ihm den Täter zu finden, wird in diesen Kriminiformen zum Programm: Der Leser ist aufgefordert mitzuraten und kann der Handlung oft nur noch dann weiter folgen, wenn er die Fragen richtig gelöst hat.

Reihen, Fälle, Typen, Formen, Markt

Kinderkrimis gibt es wie Sand am Meer. Sowohl Reihen als auch Einzeltitel. Oft haben Erzählungen eine kriminalistische Handlung, ohne sich aber als Krimi zu »outen«. Viele dieser Titel verschwinden nach kurzer Zeit wieder. Tatsache ist: Obwohl Kinderkrimis in Deutschland beliebte Lektüre sind, tun sie sich auf dem Buchmarkt sehr schwer. Das könnte daran liegen, dass dem Genre immer noch der Beigeschmack der »Unterhaltungsliteratur« anhaftet – worüber so mancher Erwachsener die Nase rümpft, wenn es um die potenzielle Horizonterweiterung des Nachwuchses geht.

Womöglich reicht aber auch das Vorhandene? Der Kinderkrimimarkt wird dominiert von Serien, die seit Jahrzehnten existieren. So manche hat bereits den »Generationensprung« geschafft, was bedeutet: Eltern kaufen ihren Sprösslingen, was sie selbst bereits als Kinder gerne gelesen haben. Der Mensch ist eben ein Gewohnheitstier, und Krimiserien mit festem, immer wiederkehrendem, verlässlich gleich bleibendem Personal garantieren, dass mit lieb gewonnenen Gewohnheiten gewiss nicht gebrochen werden muss. So deutlich und offen zeigt sich der die deutsche Kinderliteratur beherrschende Konservativismus selten.

Damit liegt auf der Hand, dass Sie manche Beispiele für erfolgreiche erzählende Kinderkrimiliteratur aus eigener Erfahrung gut kennen. Anders als vielleicht bei den Rate- und Lernkrimis.

Die meisten erzählenden Krimireihen sind für Leser ab etwa 10 Jahren konzipiert worden, weil Autor und Verlag bei dieser Altersgruppe ein gewisses Niveau an Vorwissen und kognitiven Fähigkeiten voraussetzen können, die längere und etwas komplexere Texte bzw. Fälle zulassen. Texte für Zehnjährige dürfen durchaus 144 Buchseiten und länger sein, also Platz genug, um eine spannende Krimihandlung aufzubauen.

Fünf Freunde
Seit den 1940er Jahren erscheint (mehr oder weniger regelmäßig) die Reihe *Fünf Freunde* (engl. *Famous Five*) von der englischen Autorin Enid Blyton. Die Fünf Freunde, das sind Georgina, die sich von allen Georg nennen lässt, die drei Geschwister Julius (bzw. Julian), Richard (bzw. Dick) und Anne und Georgs Hund Timmy. Die Kinder sind zwischen 10 und 12 Jahre alt – und werden im Laufe der mittlerweile über 50 Bände auch kaum älter, obwohl sie meistens in irgendwelchen Schulferien ermitteln. Natürlich haben die Kinder sehr klar umrissene Charaktereigenschaften, durch die ihnen innerhalb ihrer Gruppe bestimmte Rollen zufallen: Georg ist burschikos, tapfer, neugierig und ein wenig draufgängerisch. Oft ist sie es, die einen Fall »initiiert«. Dennoch ist Julius der Kopf der Bande, und das wortwörtlich: Er ist klug, sehr reif für sein Alter und findet entsprechend gute Lösungen für aussichtslose Situationen. Richard, das »Sandwichkind«, ist für die Belustigung der Gruppe zuständig, und Anne, das »Nesthäkchen«, ist eher ängstlich und hausmütterlich, also im Gegensatz zu Georg durch und durch »mädchenhaft«. Dennoch überwindet sie ihre Ängste und folgt ihren Freunden überall hin. Und Hund Timmy ist überdurchschnittlich schlau und rettet die Kinder mit seinen tierischen Instinkten aus so mancher Gefahr.

Die Kinder ermitteln meist in ganz »handfesten« Fällen: Sie spüren Schätze auf oder jagen ihnen nach, wenn sie von fiesen Halunken gestohlen wurden, sie erforschen alte Gemäuer, Geheimgänge und Höhlen und geraten dabei in Gefahr, weil sie auf das Geheimversteck einer Schmugglerbande stoßen, und oft werden sie bedroht oder gefangen genommen oder müssen ein mehr oder weniger gut befreundetes Kind in Not aus der Gefangenschaft befreien. Ihre Widersacher sind Erwachsene, meistens zwei oder mehr Männer, also stärker als die Kinder und meistens auch bewaffnet, skrupellos und der Polizei immer um eine Nasenlänge voraus. Den Kindern jedoch, mit ihren eigenen Fähigkeiten und Möglichkeiten, mit ihrer kindlichen Vorstellungskraft und ihrem Mut, gelingt es dennoch, die Übeltäter zu überlisten und auszutricksen, so dass sie am Ende der Polizei übergeben werden können.

Der Erfolg der *Fünf Freunde* ist so groß, dass es neben den Büchern auch Hörspiele gibt, zudem ist die Reihe verfilmt worden. Vielleicht weil die Serie insgesamt betrachtet doch etwas altbacken ist, sowohl in der Gestaltung der Figuren, der Sprache und der Fälle, lässt das Interesse an den *Fünf Freunden* in ihrem Ursprungsland England sowie in anderen europäischen Staaten allmählich nach. Nicht so in Deutschland: Die Titel, die seit Folge 51 erscheinen, sind von einer deutschen Autorin eigens für den deutschen Markt geschrieben worden. Ihr Name erscheint, als Übersetzerin getarnt, verschämt im Impressum, während die Labelgeber in England aufpassen wie die Schießhunde, dass die nunmehr über 60 Jahre alten Figuren keinerlei Veränderungen erfahren und die Texte politisch korrekt und lammbrav sind – oft braver und korrekter als die Originale!

Die drei ???

Seit 1968 erscheint in Deutschland, (bis 2005) unter dem Pseudonym des berühmten Krimiregisseurs Alfred Hitchcock, die Serie *Die drei ???*. Dahinter verbergen sich die drei Junior-Detektive Justus (Jupiter) Jonas, erster Detektiv, Andrew Shaw, zweiter Detektiv, und Bob Andrews, zuständig für Recherchen und Archiv. Auch bei den Jungen aus Amerika – sie leben in einem fiktiven Städtchen namens Rocky Beach nahe Los Angeles – ergeben sich durch die Charaktereigenschaften die Rollen innerhalb der Gruppe: Justus ist schlau und extrem eloquent, zudem hat er ein gewisses schauspielerisches Talent. Als erster Detektiv und Chef der Bande ist er unangefochten. Peter Shaw ist für einen Detektiv erstaunlich ängstlich und abergläubisch, dennoch springt er immer wieder über seinen Schatten, insbesondere, wenn seine Fähigkeiten als Sportler gefragt sind. Da der übergewichtige Justus bei Verfolgungsjagden oder Zweikämpfen selten mithalten kann, hat Peter immer wieder seine großen Auftritte. Bob ist leidenschaftlicher Bücherwurm, seine Recherchen bieten oft

Hintergrundwissen zu geheimnisvollen Phänomenen oder historischen Vorkommnissen. In gewisser Weise ist er auch der »Watson« der Gruppe, denn er protokolliert die Fälle so, dass sie hinterher in Romanform erscheinen können (»Pseudo-Authentizität«). Dennoch ist Bob als dritter Detektiv auch an den Ermittlungen beteiligt und beweist in Gefahrensituationen Mut und Besonnenheit.

Wie ein Ritual immer wiederkehrend, übergeben die drei Detektive im Laufe eines jeden Falls wenigstens einmal ihre Visitenkarte: »Die drei Detektive. // ??? // Wir übernehmen jeden Fall«.

> Das Fragezeichen [...] ist das universelle Symbol des Unbekannten. Wir sind bereit, Rätsel, Geheimnisse und Verwicklungen aller Art zu lösen, sofern man uns damit betraut. Daher soll das Fragezeichen unser Gütezeichen sein. Drei Fragezeichen – das bedeutet immer: Die drei Detektive.

So oder in ähnlicher Form beliebt es der erste Detektiv, jedes Mal aufs Neue zu referieren.

Die drei Fragezeichen wagen sich entsprechend auch an außergewöhnlichere, oft scheinbar übersinnliche Fälle, wie zum Beispiel eine flüsternde Mumie (Band 2), ein sprechender Totenkopf (Band 5), ein grüner Geist (Band 14), Stimmen aus dem Nichts (Band 76), etc. Trotz Peters abergläubischen Vermutungen verbergen sich hinter all diesen Phänomenen natürlich handfeste Rätsel und trickreiche Verbrecher, die mit ihrer List die Umgebung so verschrecken, dass sie in Ruhe ihren Machenschaften nachgehen können.

Doch die drei Detektive zeichnen sich nicht nur durch ihre spannenden Fälle aus, die oft eine überraschende Wendung haben: Von Zeit zu Zeit schaltet sich (in den frühen Bänden) der Erzähler, kein geringerer als Hitchcock selbst, ein, kommentiert und resümiert das Geschehene und stellt Fragen; offene Aufforderung an den Leser, selbst die Gehirnzellen anzustrengen (obwohl mit Justus Jonas natürlich kaum einer mithalten kann).

Zudem gehen die drei Fragezeichen mit der Zeit: Sind sie zu Beginn noch etwa 13 Jahre alt und werden dank eines gewonnenen Preisausschreibens einer Mietwagenfirma von Morton im Rolls

Royce kutschiert, machen sie im Laufe der Serie einen Alterssprung auf 16 Jahre und dürfen damit, als Amerikaner, nun selbst Auto fahren. Auch die Fälle reichen (im Gegensatz zu den Fünf Freunden, die irgendwie immer in den 1950er Jahren verharren) ins 21. Jahrhundert hinüber: Es wird im Internet gesurft, gechattet und der Kontakt via Handy aufrechterhalten.

Der große Erfolg der Serie findet wiederum multimedialen Niederschlag: Schon lange gibt es neben den Büchern die (vielleicht noch bekannteren) Hörspielkassetten. Die drei Sprecher, die den Kindern seit Anbeginn 1979 für alle 120 Hörspielfolgen ihre Stimmen liehen, touren inzwischen mit Live-Auftritten und laden zu ???-Hörspielnächten ein. Neben Sondereditionen, Abenteuerspielebüchern und Computerspielen eroberten *Die drei ???* auch die Theaterbühne (Vollplaybacktheater Wuppertal, Thalia Theater Hamburg), außerdem wird derzeit an einer Verfilmung gearbeitet.

Da wie bei den *Fünf Freunden* der Erfolg der *Drei ???* nirgends so groß ist wie hierzulande, entstanden zuletzt auch für diese Reihe die Titel in Deutschland. Daneben erscheint, von deutschen Autoren verfasst, seit 1999 der Spin-off *Die drei ??? Kids* für die Altersgruppe ab 8 Jahren, in der Justus, Peter und Bob als etwa Zehnjährige ermitteln (ohne dass aber die Vorgeschichte zu den »älteren« Bänden erzählt wird). Und seit 2006 ermittelt das Mädchentrio *Die drei !!!* – natürlich stürzen sich Kim, Franzi und Marie in eher »mädchenhafte« Fälle, die sich im Unkreis von Modeschauen und Shoppingmeilen ereignen.

TKKG

Seit nunmehr über 25 Jahren spüren *TKKG* Verbrechern nach, somit die erste erfolgreiche deutsche Krimireihe. TKKG ist ein Akronym und steht für Tim, Karl, Klößchen und Gaby. Auch in dieser Reihe ist durch die Figurengestaltung der Status innerhalb der Gruppe geregelt: Tim, früher Tarzan genannt, ist der Anführer, denn er ist schlau, integer, sportlich und mutig. Als irdischer Supermann vereinbart er somit eigentlich schon alle wichtigen Eigenschaften auf sich, um komplizierte Fälle zu lösen, dennoch hat die Bande Platz für die beiden potenziellen Außenseiter Karl, genannt »der Computer«, ein nicht unsympathischer Nerd mit Lexikonwissen, und Klößchen, alias Willi, der lustige Dicke, der über eine gewisse finanzielle Unabhängigkeit verfügt. Gaby zeichnet sich vor allem dadurch aus, dass sie Tims Freundin und ihr Vater Polizeikommissar ist. Außerdem ist sie tierlieb – ihr Hund Oskar ist assoziiertes Mitglied der Gruppe, für die Lösung der Fälle allerdings nicht so wichtig wie Timmy.

TKKG ermitteln häufig in ihrer näheren Umgebung: Sie gehen alle auf eine Internatsschule in einer nicht näher bezeichneten Millionenstadt, die viele tiefe Abgründe zu bieten hat. Manchmal sind TKKG aber auch in den Ferien unterwegs und müssen dann am Urlaubsort für Recht und Ordnung sorgen. Oft sind TKKG in mehrere Fälle gleichzeitig verstrickt, und durch das Zusammenlaufen der Fäden in den Händen der Kinder ergibt sich dann die (mehr oder weniger logisch herbeigeführte) Lösung. Fest steht, dass am Ende TKKG siegen, ein Scheitern ist ausgeschlossen. Der stete Erfolg heiligt nicht nur die Mittel, sondern gibt dem Weltbild der Gruppe Recht – pädagogisch durchaus zweifelhaft. Denn Autor Stefan Wolf, alias Rolf Kalmuczak, hält mit seiner Meinung nicht hinterm Berg. Schon bei der deutlichen Kennzeichnung der Verbrecher (mit Narben oder anderen körperlichen Entstellungen oder gar ihrer fremdländischen Herkunft oder sozialen Gruppenzugehörigkeit) bedient er sich gerne gesellschaftlicher und populärer Vorurteile und Stereotype und meint dazu: »Das gehört einfach dazu, und irgendwie ist an Klischees ja auch immer etwas Wahres dran, oder?«

Ausdruck seiner Weltanschauung, und damit der von TKKG, ist auch die Sprache. Diese ist, wie Martin-Christoph Just in der Zeitschrift »Eselsohr« schreibt, eine

> Mischung aus verschiedenen Soziolekten: eine verkrampft wirkende, stets schon beim Erscheinen veraltete Jugendsprache, eine Vorliebe für altmodische Wörter, oft aus dem Wortfeld »Militär«, und immer wieder schlimmstes Stammtischvokabular, mit fortwährenden Attacken gegen alle möglichen sozialen Gruppen.

Just spielt damit insbesondere auf die ideologisch bedenklichen Sprachentgleisungen an, wenn TKKG Verbrecher als »Ratten, Ungeziefer, Vagabunden und Hippies« bezeichnen. Er resümiert:

> Dadurch wird das Selbstverständnis von TKKG als Weltverbesserer nachhaltig entlarvt. TKKG dekuvrieren sich vielmehr als sexistisch, antiintellektuell und selbstgerecht, versehen mit einer ausgeprägten Neigung zur Selbstjustiz.

Ob die kindlichen und jugendlichen Leser sehen, was erwachsene Kritiker anprangern? Vermutlich nicht, zumal die Haltung der Gruppe sich von Fall zu Fall ändert:

> Andererseits treten TKKG von Anfang an auch für Mitglieder oder ganze Minderheiten ein. Dabei werden positive Figuren, z.B. ethnischer Minderheiten, vorgestellt, die den Klischees anderer Folgen widersprechen. Bei diesen Widersprüchen fällt vor allem das unstimmige Verhalten der TKKG-Freunde selbst auf, die einerseits moralisierend und als Gutmenschen auftreten, jedoch andererseits durch ihr eigenes Vorverurteilen und oft bemühtes »der Zweck heiligt die Mittel«-Vorgehen ihre selbstbestimmte Moral umgehen. [...] Doch unter erwachsenen Fans mit ironischer Distanz macht gerade die Widersprüchlichkeit, Überzeichnung, naive Gradlinigkeit und unfreiwillige Komik von TKKG den Reiz aus. (Wikipedia)

Ist TKKG deshalb trotzdem so erfolgreich? Kinder können diese subtilen Anschläge auf soziale Minderheiten nicht sehen, zumal sie nicht eindeutig durchgehalten sind. Sie können nicht wissen, dass »Ratten« eine gängige Bezeichnung der Nazis für die Juden war. Und sie können nicht die Metaebenen durchdringen, auf denen sich Fremden- und Frauenfeindlichkeit manifestieren. Zum Beispiel: Da sie selbst jeden Abend hören, dass es nun Zeit ist, ins Bett zu gehen, werden sie nicht hinterfragen, warum Gaby als Einzige bei nächtlichen Aktionen zuhause bleiben muss, und zwar von Tim angeordnet, nicht etwa von ihren Eltern. Ein Kind wird darin nicht sehen: Jungs dürfen, Mädchen geraten in Gefahr. Sie sehen, dass die Jungen auf

Abenteuer ausrücken, und das ist spannend, weil sie *selbst* im Bett bleiben müssen, und das ist langweilig – Mädchenkram eben.

Doch nach über 25 Jahren hat auch TKKG den Generationensprung geschafft – wollen die erwachsenen Fans von heute, die kindlichen Leser von einst, als solche Klischees noch politisch-moralisch unhinterfragt waren, diese ideologisch entgleisten Metaebenen nicht sehen? Womöglich ist es bequem, unter dem Deckmäntelchen des nostalgischen Genusses auch alte »Wertvorstellungen« wieder belebt zu sehen? Jedenfalls darf sich auch TKKG dank seines großen Erfolgs multimedialer Verbreitung erfreuen: Die Hörspielkassetten gibt es seit 1979; ab 1985 wurden 12 Folgen als TV-Serie ausgestrahlt. 1992 kam der Film *Ein Fall für TKKG: Drachenauge* ins Kino, und im vergangenen Jahr lief der Film TKKG – *Das Geheimnis um die rätselhafte Mind-Machine,* in dem auch bekannte erwachsene Darsteller wie Jürgen Vogel und Ulrich Noethen auftraten.

Die Knickerbockerbande

Gesellschaftlich etwas moderner aufbereitet, ermitteln seit 1990, also nunmehr über 16 Jahren, die vier Junior-Detektive der *Knickerbockerbande*, aus der Feder des österreichischen Bestsellergaranten Thomas Brezina. Ein Mädchen, die schlaue und mutige Liselotte (genannt Lilo), ist die Anführerin der Bande. Dominik hat schauspielerisches Talent und ist zudem das wandelnde Lexikon der Gruppe. Axel, der kleinste der vier Kinder, übernimmt den sportlichen Part. Und Paula (genannt Poppi), ist, ähnlich wie Gaby, die Jüngste im Team, liebt Tiere und hat einen Hund, der in manchen Fällen auch mitwirken darf. Oberstes Credo der vier Detektive ist, dass Freunde zusammenhalten. Das Motto der Bande lautet: »Ein echter Knickerbocker lässt niemals locker.«

Im ersten Band, *Rätsel um das Schneemonster*, wird erzählt, wie die vier Kinder, die bis Band 10 in unterschiedlichen Städten wohnen, bei der Preisverleihung eines Lederhosen-Design-Wettbewerbs zusammenkommen und dabei ihren ersten Fall lösen. Das Synonym »Knickerbocker« wird dabei zum Bandennamen der Kinder. Die meisten Fälle der Knickerbockerbande beginnen mit einem unheimlichen Phänomen (Schneemonster, Geister, Werwölfe, Zombies, Magier, etc.), haben aber, wie bei den *Drei ???*, immer eine realistische Auflösung. Zudem spielen die Fälle vor einem wirklichen Hintergrund. Die somit entstehende Pseudo-Authentizität wird zum Beispiel durch die Beigabe einer Karte der Region untermauert. Fans könnten also zum »Schauplatz des Geschehens« pilgern, was Autor Thomas Brezina 2006 dazu veranlasste, einen Erlebniswanderweg durch die Tiroler Ferienregion Serfaus-Fiss-Ladis zu initiieren. Die jungen Touristen sind bei diesem »Abenteuer zum Erwandern« aufgefordert, anhand von versteckten Hinweisen der Lösung eines rätselhaften Flugzeugabsturzes auf die Spur zu kommen.

Inzwischen gibt es 65 Bände dieser Reihe. Natürlich hatte der Jubiläumsband Nr. 50, *Der Schrei der goldenen Schlange*, ein goldenes Cover. In Band 63 tritt ein fünftes Bandenmitglied auf: Michael Funcke hatte diese Verewigung als Protagonist im Rahmen eines Preisausschreibens des Ravensburger Verlags gewonnen.

Rund um die Serie hat es zahlreiche Medien- und Marketingaktionen gegeben. Neben Sondereditionen sind eine Weile lang Fanmagazine erschienen, es gab Hörspiele, eine Fernsehserie und einen Kinofilm. Inzwischen erscheinen die Bücher in einer Autorenausstattung (rote Metallic-Folie) und mit neuen Illustrationen von Jan Birck.

In den 1990er Jahren löste die Serie unter österreichischen Lehrern und Eltern eine »Brezina-Diskussion« darüber aus, ob diese Bücher »pädagogisch wertvoll« seien. Sicherlich ließe sich über die verkorkste, österreichisch eingefärbte, oft fehlerhafte Sprache Brezinas und die vielen Wortwiederholungen so einiges sagen, und bei einem erfahrenen (erwachsenen) Leser wird das ganz große Lektürevergnügen wohl ausbleiben. Tatsache ist aber, dass die Bücher Kinder zum Lesen bringen und dass die Werte, die vermittelt werden, nämlich Freundschaft und Zusammenhalt zwischen Mädchen und Jungen gleichermaßen, von den Protagonisten vorgelebt werden, statt als Lippenbekenntnisse zu verpuffen.

Dies sind die vier gängigsten Reihen für Kinder ab 10 Jahren. Selbst wenn durch einen nachfragenden Erzähler, ein Rätsel am Ende des

Textes oder Ähnliches versucht wird, den Leser aktiv einzubeziehen und aus ihm idealerweise das vierte, fünfte oder sechste Bandenmitglied zu machen, so handelt es sich doch um Kindererzählungen, die einer ganz klassischen Form folgen: Ein durchgängiger Text, ausgeschmückt mit einigen Illustrationen.

Die Identifikation findet allein über die Protagonisten statt. Da es ihrer aber immer mehrere gibt und sie alle ganz unterschiedliche Charaktere sind, wird der Leser schon in irgendeinem sich selbst oder die Projektionsfläche seiner geheimen Seins-Wünsche finden.

Aber nicht allein die Identifikation macht den Leser zum Fan, wie Martin-Christoph Just schreibt:

> Serien-Leser kennen die Hauptfiguren in allen Einzelheiten, was unter anderem ein Überlegenheitsgefühl gegenüber Erst- oder Selten-Leser erlaubt. Die Figuren werden zu guten Bekannten, dann zu Freunden, zuletzt zu so etwas wie Familienmitgliedern.

Dass die Figuren immer dieselben sind und sich auch nicht wesentlich ändern, weder äußerlich (gleich bleibendes Alter, meist dieselbe figurentypische Garderobe!) noch psychologisch, trägt zur Festigung dieser Bindung bei. Die Seriencharaktere haben in ihrer stereotypen Flachheit eine Verlässlichkeit, die sich vermutlich viele im echten Leben für ihre Freunde wünschen. Wie viel einfacher ist es, mit den Bandenmitgliedern von TKKG oder der Knickerbocker-Bande »befreundet« zu sein – die selbst außerhalb ihrer Detektivgruppe selten andere Freunde haben!

Kwiatkowski

Etwas aus dem Rahmen fällt *Kwiatkowski*, der etwa zehnjährige Detektiv des deutschen Autors Jürgen Banscherus, der im vergangenen Jahr das zehnjährige Jubiläum seiner Krimireihe feierte.

Kwiatkowski gibt sich, ganz nach seinen Vorbildern der amerikanischen Hard-boiled-novels (!), hartgesotten und unnahbar. Er trinkt nur Milch und braucht zum Nachdenken Kaugummi Marke Carpenter. Er ist Einzelgänger, hat keine Mitermittler und auch keine

Freunde, und trotz seiner vermeintlich prahlerischen Haltung ist er durch und durch sympathisch. Denn ihm passieren immer wieder Pannen, die die Figur leicht parodistisch (!) brechen – und er hat ein Seelenleben! Kwiatkowski darf sich weiterentwickeln, und das Unrecht, das ihm begegnet, gibt ihm zu denken. Ebenso müssen die Täter nicht immer gleich Bösewichter sein: Manch einer wurde zu der Tat gezwungen, von einem anderen oder von der Not. Oder ein vom rechten Wege Abgekommener kann sich von Kwiatkowski eines Besseren belehren lassen und sich reumütig zeigen. Simone Lambert schreibt in »Eselsohr«:

> Die altersadäquaten Fallgeschichten passen in keine Krimi-Schablone. Delikte wie Diebstahl, Entführung, Erpressung, Sabotage oder Betrug verlieren bei näherer Untersuchung ihre Eindeutigkeit: Die Motive fächern ein Konfliktfeld auf, dem Kwiatkowski sich stellen muss. Doch nicht der soziale, gesellschaftliche oder psychologische Missstand, sondern der Lern- und Erkenntnisprozess Kwiatkowskis wird fokussiert: Wann mündet unklares Verhalten in Kriminalität? Banscherus vermittelt das Verhältnis zwischen Gut und Böse als dynamischen Prozess – ein geradezu anarchisches Moment dieser Bücher.

Damit erhebt Kwiatkowski einen überdurchschnittlichen Anspruch an sein Lesepublikum, wohlgemerkt ein junges Publikum: Die Bücher richten sich an Leser ab 8 Jahren. Umfang, Schriftbild und Illustrationsanteil sind entsprechend. Doch Banscherus findet die richtige Balance zwischen intellektuellem Anspruch, Komik und Spannung. Zudem wird der Leser oft auch einbezogen, beispielsweise durch Gimmicks wie den »Decoder«, anhand dessen er mit Kwiatkowski geheime Botschaften entziffern kann.

Kommissar Kugelblitz

Noch aktiver muss der Leser werden, wenn er einen Rätselkrimi zur Hand nimmt, so zum Beispiel den seit über 20 Jahren unmittelbar vor der Pensionierung stehenden Kommissar Kugelblitz. *Kommissar Kugelblitz*, von der deutschen Autorin Ursel Scheffler kreiert, richtet sich ebenfalls an jüngere Leser ab etwa 8 Jahren. Sofern es sich nicht um Sonderbände handelt, sind die Bücher entsprechend weniger umfangreich und die Schrift ist sehr groß und serifenlos, also eine Fibelschrift für Anfänger. Die Fälle sind kurz, höchsten sieben, acht Seiten lang. Darin begegnet dem Kommissar Kugelblitz immer wieder eine merkwürdige Begebenheit, die er durch Schlauheit und Beobachtungsgabe löst. Der Leser wird in den Lösungsprozess einbezogen, meist durch ein Schaubild, aber auch durch Hinweise im Text. Am Ende eines jeden Falls steht dann die obligatorische »Frage an alle scharfsichtigen Detektive«. Ob man den Fall wirklich richtig gelöst hat, erfährt man, indem man die Lösung decodiert. Dafür muss die Geheimfolie verwendet werden, und die Antwort erscheint auf dem Kopf stehend.

Die Schwarze Hand und *Die Lakritzbande*
Ohne Gimmick, aber nach einem ähnlichen Prinzip funktionierten schon die Fälle der *Schwarzen Hand* von Hans Jürgen Press. Sein Sohn Julian Press ist in seine Fußstapfen getreten: Die *Lakritzbande* ermittelt in ganz kurzen Fällen, die wiederum in einseitige Kapitel unterteilt sind. Während auf der linken Buchseite das Rätsel beschrieben wird, steht auf der rechten ein Schaubild, das es dem Leser ermöglicht, die Frage der Detektive zu lösen. Die Antwort erfährt der Leser sofort im darauffolgenden Kapitel, sodass das Weiterlesen auch möglich ist, wenn die Frage nicht richtig gelöst wurde. – Diese Form des Rätselkrimis, basierend eher auf dem Bild als auf dem Text, ist sehr ursprünglich: Sie schult mehr das Auge des Betrachters als die Kombinationsgabe des Lesers. Die in den Bildern versteckten Lösungen sind sehr leicht zu finden, sodass man sich über die Altersangabe des Verlags für Kinder ab 10 Jahren etwas wundern muss. Tatsache ist, dass diese Rätselkrimis vor allem bei Kindern mit Lese- oder Konzentrationsschwächen gut ankommen.

Tatort Geschichte, Tatort Erde, Tatort Forschung
Anspruchsvoller für etwa zehnjährige Leser sind hingegen Rätselkrimis wie die aus den Reihen *Tatort Geschichte, Tatort Erde* oder

Tatort Forschung. In diesen Reihen zieht sich eine in sich abgeschlossene, in sinngebende Kapitel eingeteilte Erzählung über das ganze Buch hinweg. Das Thema der jeweiligen Erzählung definiert den Ausgangspunkt der immer neuen, wechselnden Protagonisten: bei *Tatort Geschichte* an einem historischen Ort, bei *Tatort Erde* in einem fremden Land und bei *Tatort Forschung* in der Nähe eines berühmten Erfinders. Hintergrund aller drei Reihen ist es, Wissen auf spannende Art und Weise zu vermitteln. Die Protagonisten nehmen den Leser mit auf eine Reise durch ihre Zeit, ihr Land oder zu einer berühmten Persönlichkeit. Die Spannung entsteht durch den Fall: Die Protagonisten müssen ihre detektivischen Fähigkeiten in wiederum ganz klassischen Rätseln wie Diebstahl, Entführung, Unrecht aller Art unter Beweis stellen. Mit Fragen und Schaubildern wird der Leser in die Lösung des Falls miteinbezogen und muss anhand der Schilderungen im Text auch kombinatorische Schlüsse ziehen. Die Lösungen werden nicht sogleich verraten, sondern erst im Anschluss der Erzählung, sodass sich der Leser wirklich anstrengen muss, um mit den fiktiven Detektiven mitzuhalten.

Ziel der Reihen ist es natürlich, nicht nur zu unterhalten, sondern den Leser so in das Geschehen hineinzuziehen, dass er gar nicht anders kann, als sich in die Zeit, das Land oder die Persönlichkeit hineinzudenken und etwas darüber zu lernen. Dieser Anspruch wird durch den Anhang unterstrichen, in dem sich ein Glossar befindet und meist auch Kartenmaterial oder weiterführende, vertiefende Sachinformationen zum jeweiligen Thema.

Die Loewe-Leseleiter

Spannende Unterhaltung und das Schulen der kognitiven Fähigkeiten steht bei den Krimigeschichten und Rätselkrimis für die »ganz Kleinen« im Vordergrund. Die »Loewe-Leseleiter« bietet Leseanfängern von fünf bis acht Jahren kleine Geschichten zu unterschiedlichen Themen. Natürlich dürfen auch Krimi- und Detektivgeschichten darunter nicht fehlen! Die Texte sind dem jeweiligen Lesealter entsprechend aufbereitet: Für die Fünfjährigen werden die Hauptwörter im Fließtext noch durch Bildvignetten ersetzt; für die Sechs-, bzw. Siebenjährigen steht wenig Text in großer Fibelschrift einem hohen Illustrationsanteil gegenüber. Die Achtjährigen müssen schon mehr Text bewältigen und mit weniger Illustrationen (und damit weniger Bildinformationen) auskommen.

Ziel der Leseleiter ist es, Kinder mit Spaß an das Lesen heranzuführen. Krimi- und Detektivgeschichten sind dafür besonders geeignet, denn das Thema impliziert ja Spannung. Zudem darf bei diesem Genre auch ein gewisser Nachahmungseffekt angenommen werden: Was die Eltern und älteren Geschwister lesen, möchten auch die Kleinen lesen – und die altersgerecht zugeschnittenen Titel garantieren ein Erfolgserlebnis, das zum Weitermachen anspornt.

Logli Lernkrimis

Die positiven Eigenschaften des Krimis, Kinder mit Spannung bei der Stange zu halten, funktionalisiert ein neues Konzept aus dem Verlagshaus Loewe: Die *Logli Lernkrimis*. Anhand einer Krimihandlung wird der Schulstoff wiederholt und vertieft, und zwar je nach Klassenstufe und Fächern. Dabei folgen die Lernkrimis dem Gesetz der Serie: Es »ermitteln« immer dieselben Kinder, so dass im besten Falle auch diese Protagonisten zu so etwas wie Freunden werden könnten. Zumindest fungieren sie als Begleiter durch alle Fälle.

Natürlich hangeln sich die Fälle am Stoff entlang, der repetiert werden muss. Hier wird der Ratekrimi zum Übungsheft, oder wird nicht eher das Übungsheft zum Ratekrimi? Denn die Aufgaben sind so gestellt, dass sie die Handlung immer ein wenig weiterbringen. Zudem gibt es zu jeder »schulischen« Aufgabe auch noch eine »detektivische«. Die Lösung, die erst ganz am Ende des Hefts verraten wird, um es nicht zu leicht zu machen, wird auf der »Detektivseite« eingetragen. Der aktive Spaß dient gleichzeitig der Erfolgskontrolle, denn der richtige Lösungssatz entsteht erst dadurch, dass alle Aufgaben korrekt beantwortet wurden.

Ahmen Krimierzählungen ihre Vorbilder aus der Erwachsenenliteratur in gewisser Weise (und, wie gezeigt, abgewandelter Form) nach, so ist das Genre mit den Rate- und Lernkrimis durch ganz neue Möglichkeiten bereichert worden. Dazu zählen auch die Abenteuerspielebücher, bei denen der Leser ebenfalls direkt in das Geschehen miteinbezogen wird, indem er Entscheidungen treffen muss, die die Handlung in unterschiedlichen Richtungen beeinflussen. Allerdings haben diese Bücher, ebenso wie viele Krimierzählungen, zunächst nur unterhaltenden Charakter.

Dagegen sind Rate- und Lernkrimis viel mehr als nur ein interaktiver Spaß: Sie sind, um es noch einmal aufzugreifen, tatsächlich »pädagogisch wertvoll«, weil sie Konzentration, kognitive Fähigkeiten und oft auch Motorik schulen. Gerade für Jungen, die von langen Fließtexten oft überfordert sind und Lesepausen in Form von Illustrationen, Schaubildern und Grafiken brauchen, bieten sie Erfolgserlebnisse und bilden eine wichtige Grundlage zur Leseförderung.

Sind Kinder vielleicht die besseren Detektive?

Zumindest verfolgen Kinderdetektive gute Ziele, meist ganz uneigennützige Ziele. Sie vermitteln ihren Lesern die Werte, die von Erwachsenen bei »der Jugend von heute« ja meistens vermisst werden: Loyalität, Zuverlässigkeit, Pünktlichkeit, Freundlichkeit, Zuvorkommenheit. Und sie vermitteln die Wichtigkeit so genannter »soft skills« wie Eigenständigkeit, Verantwortungsbewusstsein, strategisches Denken. Der Kinderkrimi bietet also eine ganze Menge mehr als vielleicht gedacht, in gewisser Weise sogar noch mehr, als das Genre Erwachsenen bieten kann.

Auf unterschiedlichen Wegen, ob als Erzählung oder interaktiver Ratespaß, vermag der Krimi, Kinder von klein auf zu Lesern zu machen, sie zum Schmökern zu bringen, und zwar mit einer solchen Lust, dass sie auch in einigen Jahren unerschrocken zu 300- und 400-Seiten-Büchern von Donna Leon, Steven King, Dan Brown, Bernhard Schlink und anderen greifen werden.

Anna Taube wurde 1976 in Mainz geboren. Nach dem Abschluss ihres Studiums »Kulturwissenschaften und Ästhetische Praxis« in Hildesheim nahm sie den Einstieg ins literarische Leben in Berlin. Ab 2002 arbeitete sie als Lektoratsassistentin beim Bertelsmann Kinder- und Jugendbuchverlag cbj in München, seit 2005 als Kinderbuchlektorin beim Loewe Verlag, Bindlach.

▷ *Abschied vom süßen Brei*

Von Friedbert Stohner & Monika Osberghaus

Lesen allein genügt nicht. Die schiere Anzahl an Kinderbüchern ist noch kein Qualitätsausweis. Denn Kinderbücher sind in vielen Fällen nur eines: dümmlich. Der Kinderbuchmarkt braucht eine Radikalkur.

Die Kinderliteratur in den deutschsprachigen Ländern hat es gut. Mögen auch immer weniger junge Leser geboren werden – sie bekommen nun eben pro Kopf mehr Bücher als früher, zumindest in den bildungswilligen Familien. Die Kinderbuchverlage jedenfalls produzieren, was das Zeug hält. Im Jahr 2005 erschienen 5635 neue Titel. Wer die alle sichten wollte, um die besten unter ihnen herauszufiltern, müsste pro Tag fünfzehn Bücher lesen – eine unmögliche Aufgabe. Die Jury des Deutschen Jugendliteraturpreises versucht trotzdem Jahr um Jahr, die besten Bücher eines jeden Jahrgangs zu präsentieren. Insgesamt werden 30 Titel nominiert, aus denen dann fünf Sieger ermittelt werden. Weil man es dabei nie allen recht machen kann, bot dieser einzige deutsche Staatspreis für Literatur schon immer Zündstoff. Wer mit ihm ausgezeichnet wird, freut sich. Der Rest meckert mehr oder weniger vernehmlich. Die Außenwirkung dieser Auszeichnung hat sich zwar im Laufe der Jahre verringert. Dennoch ist dies der Preis, über den die Branche spricht und sich im Zweifelsfall empört.

Dass sie 2006 aber die beste Gelegenheit zur Empörung in der langen Geschichte des Preises verstreichen ließ, sagt einiges über den Zustand des deutschsprachigen Kinderliteraturbetriebs. Die Jury traf eine Entscheidung, die einer Ohrfeige für die gesamte Branche gleichkam – und kaum einer schrie getroffen auf. Was war geschehen? Statt der üblichen 30 Titel hatte die Jury nur 27 nominiert, mit der Begründung, das Niveau des Angebots sei leider so niedrig. Selbstverständlich wussten Insider schnell eine Handvoll Bücher zu nennen, die auch einen Platz auf der Liste verdient hätten. Dennoch war der Befund niederschmetternd. Unter 5635 Neuerscheinungen sollte es keine dreißig preiswürdige geben? Es war, als hätten die Pisa-Forscher im benachbarten Gelände recherchiert. Doch dass daraufhin allgemein wissend-traurig genickt und die Entscheidung vom Gros der Betroffenen stillschweigend akzeptiert wurde, dies ist der eigentliche Skandal.

Mit ihrer Entscheidung hat die Jury den Finger in eine Wunde gelegt, die von den meisten Kinderbuchmachern offenbar gar nicht als solche wahrgenommen wird. Wo sie bunte Bücherstapel genauso schnell verkaufen wie anhäufen können, sind sie erstaunlich schmerzfrei. Dass 99 Prozent ihrer Erzeugnisse aussortiert werden, weil sie nicht den Qualitätskriterien für ein wertvolles Kinderbuch entsprechen, stört sie nicht, solange diese Produkte dafür an anderer Stelle vorne liegen, nämlich auf den Stapeltischen der großen Buchhandelshäuser. Deren Chefeinkäufer favorisieren gegenwärtig drei Textsorten: Auf dem ersten Tisch liegen Fantasywälzer, auf dem zweiten glitzern coole Girliebücher, und den dritten Tisch teilen sich die »Wilden Fussballkerle« mit anderen »wilden« Gestalten zur giggelnden Identifikation. Der Rest sind überwiegend Serien, meist mit Tieren im Reihentitel: Löwen, Bären, Känguruhs und was der Kinderzoo halt sonst noch so bietet. Einzeltitel machen sich immer rarer. Gelegentlich schafft es einer, allein durch die Zuneigung der Buchhändler und Leser, aus eigener Kraft zum Bestseller. Dann wundern sich alle.

Wundern müsste man sich eher über den Zustand der Kinderliteratur, der inzwischen Normalität geworden ist. Ihr sichtbarer Teil besteht fast nur noch aus Trivialliteratur, und sämtliche Beteiligten finden dies völlig in Ordnung. Anscheinend sind für sie Kinderbücher Produkte wie Fruchtzwerge, Kinderklamotten oder Barbie-Puppen. Und offensichtlich gibt es immer weniger Leute, die mehr in ihr sehen und mehr von ihr erwarten. Etwa Geschmacksbildung, Meinungsbildung, Wertevermittlung, Gesprächsanlässe, Denkanstöße, kurz: Substanz, die Lesern hilft, zu Menschen mit Persönlichkeit heranzuwachsen. Gewiss, das klingt verdächtig nach Moral. Aber wer Bücher für Kinder macht und vertreibt, hat eine Verantwortung. Und es ist ja keineswegs so, dass die Branche dies von sich wiese. Sie hat ein besseres Image als die Tabakindustrie, und sie weiß das, arbeitet damit und profitiert davon. Aber kann man sie in diesem Rollenspiel noch ernst nehmen?

Die Situation erinnert an einen Kippmoment vor mehr als dreißig Jahren. Auch damals war das Angebot an Büchern für Kinder ermüdend harmlos und gefällig. Für die Kleinen gab es niedliche Bilderbücher, für die Größeren Enid Blyton und Abenteuergeschichten aus fernen Ländern. Zwischen Jungen- und Mädchenbüchern wurde klar unterschieden. Legendär ist Peter Härtlings Verwunderung, bei der Suche nach Büchern für seine Kinder fast nur solche zu finden, in denen die Helden in Internaten leben und auf Pferden reiten. Härtling beschloss, selbst andere Kinderbücher zu schreiben. Auch einige Lektoren wollten den Kindern mehr bieten, sie herausfordern und in ihrer Lebenswirklichkeit ernst nehmen. Sie forderten den Einzug von Realität und literarischer Qualität in die Kinderbuchregale – und (ver-)legten los. Ohne mächtige Marketingabteilungen im Rücken, ohne Vertriebsstrategien und Zielgruppenanalysen. Es war ein Risiko. Verlegerpersönlichkeiten wie Hans-Joachim Gelberg, um nur die wichtigste zu nennen, haben die Bücher gemacht, die sie für notwendig hielten, hoffend und glaubend, dass es dort draußen Leser geben würde, denen genau solche Bücher fehlten. Was folgte, war die Revolution im Kinderbuchregal. Zum Teil schoss sie übers Ziel hinaus, es gab herbe Verluste. Otfried Preussler wurde angefeindet, James Krüss zog sich zurück, statt des rechten pädagogischen Zeigefingers wackelte mitunter heftig der linke. Aber niemand kann leugnen, dass die Verleger dieser Stunde um eine eigene Haltung rangen und mit Leidenschaft und Schärfe um Wertmaßstäbe stritten. Und dass dies der Kinderliteratur gut tat und entscheidende Impulse gab.

Wer nach den Wertmaßstäben der Kinderbuchmacher von heute forscht, stochert in einem Nebel aus Gutmenschentum, Konfliktvermeidung und Indifferenz. Lektoren, die für eine der vielen Serien zuständig sind, geben gerne zu, dass dies nicht ihre persönliche Wunschkinderliterarur ist, aber: »So ist nun mal unser Verlagsprofil.« Die Buchhändlerin seufzt über die Einheitsware, legt sie dennoch stapelweise aus, denn: »Das wird nun mal gekauft.« Der Mangel an Qualität wird gelegentlich noch bemerkt, aber niemand will daran schuld sein. Die Entscheider haben sich mit einer bequemen Pauschalentschuldigung aus der Verantwortung gestohlen: Immerhin lesen die Kinder diese Sachen. Die nach dem Pisa-Schock groß in Mode gekommene Leseförderung geht hier eine unselige Allianz mit den banalsten Vertriebsinteressen der Verlage ein. Hauptsache, das Kind liest überhaupt – was, das ist fast egal. Lesen als ein tiefergehendes Glückserlebnis, das eine gewisse Anstrengung wert ist, dann aber mit einem Mehrwert belohnt, der anders schwer zu haben ist – geschenkt. Gut ist, was jetzt sofort Spaß macht, vergleichbar dem Vorabendfernsehen. Nach dieser Maxime scheint man in vielen Verlagen wenn nicht zu denken, so doch zu verlegen. Die Kinderbuchbranche gibt mit dieser Haltung ihre Glaubwürdigkeit als moralische Instanz auf; aber dass sie es ausgerechnet unter der Parole »Leseförderung« tut, darf man zynisch nennen. Oder naiv? Vielleicht hat ja das Pisa-Ergebnis, als Unfall verstanden, die vielen Leseförderer schockiert, dass sie sich, wenn sie sich über den Patienten beugen, schon damit zufriedengeben, wenn er nur atmet. Wer aber nur atmet, hat ein lausiges Leben. Und wer nur seichte Serienbücher kennt, hat als Leser ein lausiges Leben. Wie es dann weitergeht, kann man jetzt schon sehen: Die vielbeschworenen All-Ages-Bücher sind meist nur die Verlängerung der Kinder-, vor allem aber der Fantasyliteratur mit anderen Mitteln. »Lesefutter« für infantile Lesebedürfnisse Erwachsener.

Es wird Zeit, dass die Erwachsenen sich wieder als zuständig betrachten für den Lesensweg der Kinder. Eltern haben sonst durchaus ein kritisches Auge auf das Konsumverhalten ihrer Kinder – wenn es um Süßigkeiten oder die Zeit vor dem Fernseher geht. Sie sollten aufhören, das Lesen als Wert an sich zu buchen und ihren kritischen Blick auch auf das ausweiten, was aus Büchern in die Köpfe ihrer Kinder hineingeht. Und nach Alternativen suchen, wenn ihnen das zu dürftig ist, am besten nach Geschichten, die sie selbst auch genießen können. Die Kinderliteraturkritik, kaum vorhanden und vom Durcharbeiten des süßen Breis überfordert, ist keine große Hilfe. Was nottut, ist eine Radikalkur des Kinderbuchmarktes. Die aber kann nur von innen heraus entstehen, durch Rückbesinnung auf das, was das Kinderbuchmachen eigentlich ausmacht. Nämlich eine brennende Leidenschaft für exzellente Literatur und der dringende Wunsch, Bücher unter die Kinder zu bringen, die alles Mögliche sein dürfen, aber nicht dumm.

Dr. Friedbert Stohner ist als Verlagsleiter für das anspruchsvolle Kinderbuchprogramm im Hanser Verlag, München, verantwortlich.

Monika Osberghaus baut zur Zeit den neuen Klett-Kinderbuch-Verlag auf, der im Jahr 2008 in Leipzig entstehen wird. Von ihr sind erschienen *Was soll ich denn lesen? 50 beste Kinderbücher* und *Schau mal! 50 beste Bilderbücher*.

▷ *Der Erfolg historischer Romane*

Von Micaela Jary

Man wird häufig ein bisschen belächelt als Autor von historischen Romanen. Dieses Genre gilt Historikern als dubios und Kritikern als nicht wirklich seriös, darüber hinaus selten als literarisch. Mit anderen Worten: Man wird nicht so richtig ernst genommen, obwohl dieses Segment in den vergangenen 20 Jahren neben Thrillern zum absoluten Aufsteiger im deutschen Buchhandel wurde. Dabei ist der historische Roman nicht erst seit *Die Säulen der Erde*, *Der Medicus*, *Die Päpstin* oder *Die Wanderhure* ein Millionengeschäft. Ob Walter Scott oder Alexandre Dumas – schon im 18. und 19. Jahrhundert beschäftigten sich Schriftsteller mit der romanhaften Umsetzung von Themen aus der Vergangenheit und fesselten mit ihren Geschichten ein großes Publikum. Vor allem in der Gründerzeit des Deutschen Reiches waren diese Stoffe sehr beliebt. Mit Recht, denn historische Romane sind bis heute meistens ebenso gut geschrieben wie recherchiert und bieten nicht nur viel Unterhaltung in dicken Bänden, sondern sie vermitteln den Lesern auch Wissen über Epochen, das sie so vielleicht nicht erfahren würden.

Alexandre Dumas, Ken Follet und Noah Gordon haben eines mit mir gemeinsam: Alle waren in ihrem ersten Leben Journalisten. Man muss natürlich nicht unbedingt aus der Medien- oder Verlagswelt kommen, um gute historische Romane zu schreiben, aber ein gewisses Rüstzeug gehört zweifellos dazu. Letztlich ist auch die Arbeit eines Schriftstellers meiner Ansicht nach in erster Linie ein Handwerk. Es gehört Begabung dazu – keine Frage – und ein tiefes Interesse an Geschichte, vor allem aber die Fähigkeit, zu recherchieren oder wissenschaftlich zu arbeiten. Und nicht zuletzt sollte der Autor etwas vom Schreiben verstehen, also vom Aufbau der Handlung, von der Beschreibung von Orten und Personen, und er muss Szenen bildhaft darstellen können. Das alles kann man lernen – so wie ein Zimmermann lernt, einen Dachstuhl zu bauen. Und natürlich sollte ein Autor von historischen Romanen dieses Genre mögen, andere historische Romane gerne lesen und sich mit Begeisterung Filme wie etwa *Shakespeare in Love* oder *Marie Antoinette* ansehen.

Als Teenager las ich *Von Winde verweht*, sah dann den Film und hatte den dringenden Wunsch, ein Buch dieses Genres schreiben zu müssen. Mit 14 Jahren setzte ich mich an die Schreibmaschine. Später las ich die historischen Romane von Daphne du Maurier, die ich noch immer sehr mag. Außerdem nehme ich heute die Bücher meiner liebsten Kollegen immer wieder zur Hand. Ich bin Mitglied in den Autorenvereinigungen »Quo vadis« (Autorenkreis Historischer Roman) und »DeLiA« (Vereinigung deutschsprachiger Liebesroman-Autoren), so dass viele Romane deutschsprachiger Autoren inzwischen ein »Gesicht« für mich haben.

Der Austausch mit anderen Autoren, der in den USA seit jeher üblich ist, aber in Deutschland lange vernachlässigt wurde, ist nicht nur mir sehr wichtig. So bekommen oder schreiben wir auch mal Rundmails mit Fragen zu Klosterstrukturen im Mittelalter, der Zubereitung eines Liebestranks in der Renaissance und vieles mehr, die von den Schriftstellerkollegen aufmerksam beantwortet werden und eine große Hilfe sind, wenn die Basis-Literatur im eigenen Arbeitszimmer, der Blick ins Internet oder das sonstige Wissen nicht reichen. Außerdem gibt es »Erstleser« unter uns, die die Manuskripte der anderen fachlich bewerten. Natürlich ist ein Leben als professioneller Schriftsteller vor allem eines: einsam. Und keinesfalls leicht: Den Dichter, der gemütlich im Café sitzt und seine literarischen Einfälle druckreif notiert, gibt es nicht – oder nicht mehr; jedenfalls kenne ich niemanden, der so arbeitet. Schreiben ist eine psychisch wie physisch anstrengende Tätigkeit, das Sich-Versenken in alten Geschichten kann sehr zeitintensiv und nervlich anstrengend sein ... aber es ist dennoch wunderschön!

Das Kollegengespräch ist auch wichtig, wenn es um praktische Ratschläge geht. Das reicht von der Empfehlung eines Agenten, der Arbeitsweise eines bestimmten Lektors bis hin zu Honorarvereinbarungen mit Verlagen. Untersuchungen haben ergeben, dass ein Schriftsteller in Deutschland im Jahr etwa 8000 Euro verdient. Man darf sich also von den Millionenauflagen, die einige Autoren und Autorinnen erzielen, nicht blenden lassen. Um auflagenmäßig in die Nähe einer Iny Lorenz oder Rebecca Gablé zu gelangen, braucht man nicht nur viel Disziplin, Können und Glück, sondern auch ein großes Gespür für den Markt und die Unterstützung seines Verlages. Wer professionell historische Romane schreibt, muss sich an Vorgaben von Lektoren halten, die sich wiederum an den Vorschlägen ihrer Verlagsvertreter und am Käuferinteresse im Buchhandel orientieren. So gibt es derzeit eine Vorliebe für Geschichten, die im Mittelalter spielen, was dazu führt, dass viele Autoren ihre Romane in diesem Zeitalter ansiedeln, selbst wenn sie vielleicht eine andere Epoche bevorzugen würden.

Ein Trost für alle, bei denen es mit den Millionen nicht so recht klappen will: Der wohl bedeutendste Autor historischer Stoffe in deutscher Sprache konnte von seinen Honoraren kaum leben. Die Einkünfte Friedrich Schillers deckten nur sehr knapp und selten seine Ausgaben.

Micaela Jary, in Hamburg geboren, studierte in München Sprachen und arbeitete als Journalistin, bevor sie sich ganz der Schriftstellerei widmete. Die kunstinteressierte Autorin schreibt vorwiegend Romane mit historischem Hintergrund: Zuletzt erschien im Aufbau-Verlag *Die geheime Königin*, für 2008 sind zwei weitere historische Romane in Vorbereitung.

▷ *Für eine Handvoll Cents: Ein Symposium über den Groschenroman*

Was wir über den sogenannten Schundroman noch nicht gewusst haben, oder: »Die schwere Kunst der leichten Unterhaltung«

Von Stefan Becht

Was schreibt jemand, der auf keiner Bestseller-Liste auftaucht, den als Autor keiner kennt und der trotzdem 160.000 Leserbriefe bekommt? Pünktlich, jeden Tag um 7.45 Uhr (»Mal fünf Minuten früher oder später sind schon drin..«), sitzt Helmut Rellergerd, ein bescheidener, freundlicher Herr Ende fünfzig und bekannt unter dem Pseudonym »Jason Dark«, vor seiner Olympia-Schreibmaschine und dichtet an seiner Grusel- und Geisterserie »John Sinclair«. Und das – sehr diszipliniert, wie er selbst sagt – seit 1973, als das erste »Sinclair«-Groschenheft »Die Nacht des Hexers« im Bastei-Verlag erschien.

282 Romanhefte und Taschenbücher hat er bis 2004 geschrieben, die (Lizenzausgaben mitgerechnet) über 270 Millionen Mal verkauft wurden. Fast so viele, wie jährlich von den »Schundromanen« mit so bekannten Namen und Helden wie »Jerry Cotton«, »Dr. Stefan Frank – dem Arzt, dem die Frauen vertrauen« oder »Perry Rhodan« in Deutschland über die Kiosktheken gehen: 300 Millionen Stück. Allein der im Bergischen Land beheimatete Bastei-Verlag liefert wöchentlich gut eine Million Exemplare seiner Groschenromane aus und hat seit 1953 über zwei Milliarden Stück verkauft. Heute beträgt der durchschnittliche Ladenpreis 1,35 Euro – eine Handvoll Cents.

Weil aber diese Mediengattung, um es einmal vorsichtig auszudrücken, ein Image-Problem hat, luden der Bastei-Verlag und die Ursula-Lübbe-Stiftung 2004 ins Haus der Geschichte nach Bonn zu dem Symposium »Die schwere Kunst der leichten Unterhaltung« ein. In drei Podiumsdiskussionen, denen jeweils ein Walter-Benjamin-Zitat zugeordnet wurde, wie zum Beispiel »Tasten wir uns unbeholfen an diese unbeholfenen Werke heran«, das ja immer gut funktioniert, sollte dieses spezielle Genre der »Volksliteratur« beleuchtet werden. Flankiert wurde die Veranstaltung von der Ausstellung »Mythen für Millionen«, die im Haus der Geschichte zu sehen war.

Der Bastei-Verlag gehört zur Verlagsgruppe Lübbe, einem der letzten großen und konzernunabhängigen Buchverlage Deutschlands, den wir getrost als Gemischtwarenladen bezeichnen dürfen, allerdings als sehr erfolgreichen. Ähnlich illuster und verschieden wie die Buchprogramme der Bastei-Lübbe-Verlage waren die Menschen, die in den Podiumsrunden beieinander saßen: Vom Schriftsteller und Drehbuchautor Bodo Kirchhoff, der Erfinderin und Autorin von »Dr. Stefan Frank«, Elfie Ligensa, bis zum Groschenromansammler Heinz J. Galle und dem Kulturkorrespondenten der »Süddeutschen Zeitung« in Paris, Johannes Willms, reichte die Bandbreite.

Wild ging's her und hin und wieder zurück – von der Einsamkeit des Schreibers zur Einsamkeit des Lesers, vom Abbilden des Zeitgeistes in den Groschenheften, um das, was gekauft, und das, was wirklich gelesen wird, um die festen Erwartungen, die erfüllt werden müssen, und um das vorgegebene Happy-End im Genre der Groschenromane.

Doch bereits im ersten Podium, der »Erforschung der geologischen Struktur des Buchgebirges«, brachte der Suhrkamp-Autor Andreas Maier (*Wäldchestag*, *Klausen*) schnell auf den Punkt, worin der prägende, der essentielle Unterschied zwischen »Literatur« und der »Unterhaltungsliteratur« eines Groschenromanes besteht: in der Wahrhaftigkeit. Maier nannte es »meine Suche nach der Wahrheit, der ich mich unterordnen muss«, und damit formulierte er das, was uns in der Literatur berührt, weil es verdichtet auftaucht und es plötzlich Wörter (und damit Bilder) gibt für Situationen, Lebenszusammenhänge und -gefüge, die bisher namenlos und trotzdem bekannt, vertraut waren – der einzigartige, der berührende Punkt. Wie im richtigen Leben, wo wir ja auch den Unterschied zwischen einer durchaus gut geführten Unterhaltung mit Menschen und dem vertrauten, intensiven Gespräch mit Freunden spüren. Stunden später sagte der sprach- und schauspielbegabte Maler Johannes Grützke nichts anderes, als er ins Publikum rief: »Es geht doch um die Wahrhaftigkeit, um nichts anderes!«

www.gruselromane.de/frames/sinclair
www.jerry-cotton.de
www.bastei.de
www.luebbe.de
www.ursula-luebbe-stiftung.de
www.hdg.de

Als wahrer Stachel im Fleisch der Diskutanten entpuppte sich die Schriftstellerin und Autorin des S. Fischer Verlags, Marlene Streeruwitz (*Verführungen*, *Jessica, 30*). Sie legte schon vor Jahren eine dreiteilige Heftchenserie vor, richtig schön schundig, allerdings im Suhrkamp-Verlag erschienen und im Schuber versteckt. Ihrer durch und durch kritischen Haltung, ihren literaturwissenschaftlichen Kenntnissen und ihrem steten Nachhaken verdankten Podium und Publikum, dass der Nivellierung der Genregrenzen und dem Abgleiten ins Alltäglich-Banale rigoros der Riegel vorgeschoben wurde. Gar nicht gesprochen wurde leider über die Darreichungsformen bzw. Verpackungen von Literatur. Weil es eben schon einen Unterschied macht, ob das Werk fein gebunden, mit Lesebändchen, Schutzumschlag und Vorsatzpapier versehen, im Suhrkamp-, Fischer- oder Schoeffling-Verlag erscheint oder »nur« als Reclam-Heftchen oder Groschenroman im Bastei-Verlag. Denn, wie wir seit Marshall McLuhan wissen: »The Medium is the message.«

Auch die eigentliche Verlagsseite, der tägliche Umgang mit und die wirtschaftlichen Komponenten der Unterhaltungsliteratur kamen überraschender- und sicherlich gutgemeinterweise zu kurz. Doch der

Verleger Stefan Lübbe hatte ja schon zu Beginn gesagt, dies sei nur der Auftakt einer ganzen Reihe von Veranstaltungen und Maßnahmen für die Populärkultur. Und für einen ersten Versuch war das Symposium gelungen.

Allerdings könnte es gut sein, dass es gar nicht so schwer ist, leicht zu unterhalten. Denn auch wenn sie eine eigene Kunstform sein mögen, geht es bei den Groschenromanen vor allem darum, zu unterhalten. Tiefe, Vertrauen, Ernsthaftigkeit und vielleicht ein bisschen Wahrhaftigkeit sind hingegen niemals leicht und keine Unterhaltung.

Stefan Becht ist freier Journalist in Frankfurt/Main mit den Schwerpunkten Web, Medien, Bücher und hat 2004 zusammen mit Josefine Raab das Nachwuchsföderungsprojekt »gute aussichten – junge deutsche fotografie« ins Leben gerufen: www.guteaussichten.org

▷ *Mit bebenden Lippen*

Der Gute, der Böse, die Schöne, der Arzt.
In zehn Schritten zum Happyend.

Von Andrea Strässle

»Wenn ich dich doch auch glücklich machen könnte«, flüsterte sie, während große Tränen über ihre Wangen rannen. »Du kannst es, Annegret.« Seine Lippen legten sich leicht an ihre Schläfe, aber dann überwältigte ihn ein Gefühl heißer Sehnsucht. Seine Lippen suchten ihren Mund, und eine unendliche Zärtlichkeit war in diesem Kuss, der endlos gewährt hätte, wenn jetzt nicht ein Räuspern zu vernehmen gewesen wäre.

Wunderschön, nicht wahr? Zeilen aus der Feder von Patricia Vandenberg, der Autorin der meistverkauften Arztromanserie aller Zeiten. Über 120 Millionen Exemplare von »Dr. Norden« hat der deutsche Kelter-Verlag bis heute verkauft. Angesichts dieser Zahl fragt man sich doch, wie viel Können hinter solchen Weißkittel-Romanen steckt. Könnte vielleicht auch ich…? Versuchen Sie's. Schreiben Sie einen Schundroman! Der folgende Grundkurs vermittelt Arztromanfrischlingen in zehn Lektionen ein gesundes Basiswissen. Nur Mut!

Lektion 1: Die Idee
Fehlt Ihnen die Idee zum genialen Plot, lassen Sie sich nicht entmutigen. Tun Sie es den Profis gleich. Nicole Amrein ist mit den Serien »Dr. Katja König« und »Diät-Schloss Steinberg« die erfolgreichste Schweizer Arztromanautorin. Ihr Tipp: »Lesen Sie aufmerksam Zei-

tung. Es gibt immer wieder kleine Notizen, die man in die Geschichte einweben oder als Hauptstrang verwenden kann.«

Schnappen Sie sich also die erstbeste Kurzmeldung aus der Tageszeitung:

Winterthur. (sda) Ein 57-jähriger Autolenker hat am Freitagmorgen in Winterthur einen 49-jährigen Fußgänger im Bereich eines Zebrastreifens angefahren. Er wurde schwer verletzt. Laut Polizeiangaben ist der Unfallhergang nicht geklärt, deshalb suche man Zeugen.

Es bedarf nur weniger Kunstgriffe, um diese Polizeimeldung romantauglich zu machen. Stocken Sie das Romanzenpotenzial auf und würzen Sie das Ganze mit einer Prise Crime: Aus dem 49-jährigen Fußgänger wird eine junge, hübsche und erst noch schwangere Frau, der Autolenker begeht Fahrerflucht und bleibt vorerst unerkannt.

Lektion 2: Der Einstieg

Wie fange ich bloß an? Lesen Sie sich durch die ersten Seiten von einem halben Dutzend Heftliromanen, und Sie werden selbst sehen: Der Arztroman startet mit Vertrautem. Pflegen Sie eingefahrene Vorstellungen vom Klinikalltag, hätscheln Sie die Klischees. Ersparen Sie sich und Ihren Leserinnen langatmige Einführungen.

Das Zimmer war zweckmäßig eingerichtet: Zwei Spitalbetten, zwei Schränke, zwei Beistelltischchen, ein Waschbecken, drei Stühle. Es roch nach Desinfektionsmittel und Kräutertee. In einem der großen Betten lag ein Knabe von acht Jahren. Auf der Bettkante saß Dr. Mertens. Er trug einen weißen Kittel und an seinem Hals baumelte ein Stethoskop.

Gähn.

Um Ihren Leserinnen die Gewissheit zu geben, dass sie nicht versehentlich einen »Jerry Cotton« oder einen Heimatroman vom Kioskregal gepflückt haben, brauchen Sie kein Krankenzimmer zu beschreiben. Erzählen Sie, was in diesem Zimmer gerade passiert. Mitten hinein, Handlung anstelle von Beschreibung, möglichst viel Dialog.

Also, ein zweiter Versuch:

Dr. Georg Mertens kontrollierte ein letztes Mal Patricks Operationsnarbe und nickte zufrieden. »Na, was meinst du, sollen wir dich heute springen lassen?«, fragte er seinen kleinen Patienten lächelnd. Wildes Freudengeheul war die Antwort. Da ertönte die Stimme einer Schwester über die Lautsprecheranlage: »Dr. Mertens, bitte in die Notaufnahme!«

Machen Sie den Arzt jetzt nicht etwa zum Konkurrenten des werdenden, jungen Helden.

Der alte Chefarzt versetzte dem Buben zum Abschied einen freundschaftlichen Nasenstüber: »Ich werde dich vermissen, kleiner Pirat.« Dann eilte er mit wehendem Mantel aus der Tür. »Tschüss, Herr Doktor!«, tönte es hinter ihm her.

Lektion 3: Das Schicksal

Nach diesem harmonisch-sonnigen Einstieg sollten Sie rasch in Phase zwei übergehen: die Abweichung vom Gewohnten. Diese besteht laut dem deutschen Literaturwissenschafter Peter Nusser »in der an das Mitleid des Lesers appellierenden Darstellung des Unglücks, das der Identifikationsfigur widerfährt«. Im Klartext: Jetzt muss eine Protagonistin her, und der muss gefälligst etwas Übles zugestoßen sein.

In der Notaufnahme wurde der Chefarzt schon dringend erwartet. Assistenzarzt Hendriks informierte ihn: »Eine junge Frau, bewusstlos, Platzwunde am Kopf, Verdacht auf innere Blutungen.«

Greifen Sie nun nicht zu einem unpassenden Namen. Nennen Sie nur eine schwarzhaarige Schönheit Mirjam und nur eine starke Frau Vanessa, rät Marte Cormann, deutsche Liebesroman- und Drehbuchautorin. Unsere Heldin ist schwach und blond.

»Ihr Ausweis lautet auf Julia Bucher, 24-jährig. Sie ist schwanger, Dr. Mertens. Deshalb habe ich nach Ihnen rufen lassen.« – «Wie ist es passiert?«, fragte Dr. Mertens, während er sich eilig Handschuhe überstreifte. »Sie wurde von einem Auto angefahren.«

Lektion 4: Der Held

Es ist einfach. Sie brauchen Gute und Sie brauchen Böse. Und beide müssen klar angeschrieben sein. Da Ihre Arztromanwelt eine heile ist, genügt ein Böser im Allgemeinen vollauf.

Hochgewachsene Gestalt, dichtes Haar, klare Gesichtszüge, in denen ein warmes Lächeln die sensiblen Lippen umspielt – das sind Signale, die der Leserin bedeuten: »Achtung, Held!« Sind sie unsicher, ob ihr persönlicher Geschmack massentauglich ist, dann folgen Sie Marte Cormanns Rat: Schauen Sie sich die Fotomodelle in den Versandhauskatalogen an, dort finden Sie, was gefällt.

Dr. Mertens begleitete Inspektor Lohner zu Julias Zimmer. »Frau Bucher verträgt aber keine Aufregung«, erklärte er. »Ich verstehe.« Martin Lohner nickte. Er überragte den Arzt um einen halben Kopf. In seinem offenen, sonnengebräunten Gesicht unter dem dichten, blonden Haar suchten tiefblaue Augen den Blick des Arzts. »Ich fürchte, es war kein Unfall, wir haben da Indizien, die auf ein Verbrechen hinweisen«. Dr. Mertens hob erstaunt die buschigen Augenbrauen.

Lektion 5: Die Heldin

Nach Hedwig Courths-Mahler, der alten Dame des Heftromans, offenbart sich die Heldin durch ihre »liebliche, schlichte Natürlichkeit und Anmut«. Sie stattet die weiblichen Wesen wahlweise mit strahlenden, bernsteinfarbenen oder mit großen, blauen Augen aus, dazu kommen ein Teint von zarter Frische und bei Bedarf schelmische Grübchen in den Wangen. Ihre zierlichen Figuren steckt sie in geschmackvolle, aber schlichte Kleider. Nehmen Sie sich ein Beispiel. Vor allem aber vergessen Sie nicht die eine unerlässliche Charaktereigenschaft jeder Heldin: die Meisterschaft im Erdulden. Das Leben meint es selten gut mit unseren Heldinnen – zumindest noch nicht. Verfallen Sie nicht auf die tollkühne Idee, Ihre Heldin gegen das Schicksal aufbegehren zu lassen. Jede Eigeninitiative, die über ein tapferes Lächeln hinausgeht, ist verboten. Ihre Leser müssen beruhigt werden: »Die Zeit wird's schon richten.«

Ein schwerer Verband umrahmte ihr blasses, feines Gesicht. Julia Buchers rehbraune Augen musterten scheu die beiden Männer an ihrem Bett. »Ich glaube, ich habe ziemliches Glück gehabt, nicht wahr, Herr Doktor?« meinte sie und versuchte ein tapferes Lächeln. »Ja«, bestätigte Dr. Mertens. »Sie und Ihr Baby haben uns ganz schön auf Trab gehalten. Nun möchte Ihnen Inspektor Lohner noch ein paar Fragen stellen. Fühlen Sie sich dazu stark genug?«

Lektion 6: Die Romanze

»Ein Arztroman ist ein Liebesroman, gespickt mit Schicksal und Krankheit«, sagt die Artzromanautorin Amrein. Nutzen wir die Gunst der Stunde:

Martin Lohner suchte nach einem Grund, noch etwas länger an Julias Bett zu verweilen. »Sie konnten den Fahrer also nicht erkennen«, wiederholte er ihre Aussage. Er konnte seinen Blick nicht von ihrem zarten Gesicht abwenden. Zu gern hätte er gewusst, was für Haare sich unter dem schweren Verband verbargen. Sie sah nach blonden Locken aus. Eine ungewohnte Verlegenheit ergriff ihn.

Aber zwischen zwei Verliebten oder Liebenden muss immer ein Hindernis stehen. Wenn wir den 49-jährigen Fußgänger aus Winterthur schon geschwängert haben, wollen wir das auch ausnutzen. Julia ist also auch nach dem Unfall in froher Erwartung. Jedes Kind hat einen Vater, und was ein redlicher Held ist, der wird bestimmt kein junges Familienglück zerstören.

Lektion 7: Die Sprache

Laut Peter Nusser finden wir im Heftroman vor allem häufig benutzte und kurze Wörter, viele gängige Redewendungen und kurze Sätze. Vermeiden Sie Fremdwörter und umständliche Satzgefüge. »Die Leser sind vom Fernsehen ein rasantes Tempo gewohnt. Da kann ich mir keine langen, schweren Sätze leisten«, sagt Nicole Amrein. Hier und dort einige medizinische Fachausdrücke einstreuen, um die Krankenhausatmosphäre zu verstärken oder die Kompetenz des Arztes herauszustreichen – o.k., aber bitte mit Maß.

»Ist ihr Zustand wirklich so stabil, Dr. Mertens?«, fragte Lohner besorgt, als sie leise die Türe hinter sich zugezogen hatten. »Ich bin zufrieden. Sie ist mit Prellungen, einer äußeren Kopfverletzung und einer Gehirnerschütterung davongekommen. Wir hatten innere Blutungen befürchtet. Zusammen mit dem Schock hätte das zum Verlust des Babys führen können.« – »Ich möchte dem Vater des Kindes ein paar Fragen stellen. Wissen Sie, wann er jeweils vorbeikommt?« Dr. Mertens schüttelte seufzend den Kopf: »Bis jetzt war er noch nie da. Das arme Kind scheint sowieso nur selten Besuch zu bekommen.«

Lektion 8: Die Zärtlichkeit

»Arztromane decken heute ein breites Spektrum ab. Die Abstufungen der Sinnlichkeit reichen von sanfter Zärtlichkeit bis zu glühendheißem Sex«, informiert der amerikanische Verlag Harlequin potenzielle Autorinnen. Ein Blick durch den Türspalt ins Schlafzimmer darf also, muss aber nicht sein. Sexszenen sind langweilig, fasst Nicole Amrein es kurz. Gleiten Sie vor allem nicht in eine Anatomiestunde ab, auch wenn der Liebhaber ein Medizinstudium hinter sich hat und folglich ein Experte sein dürfte. Überlassen Sie es im Zweifelsfall lieber der Phantasie der Leserin, die Lücke zu füllen, und legen Sie das Schwergewicht auf romantische Liebe, große Gefühle und unschuldige Zärtlichkeit.

»Wer der Vater des Kindes ist, spielt keine Rolle, Herr Inspektor«, flüsterte Julia. »Wir müssen in jeder Richtung ermitteln«, sagte Martin Lohner. Julia schluchzte auf. »Es gibt nur mich und mein Kind, verstehen Sie doch!« Ihr Anblick brach ihm fast das Herz. Schüchtern nahm er, der sonst so zupackend war, ihre schmale Hand. Sie zitterte. »Alles wird gut«, sagte er weich. Wie gerne hätte er Julia jetzt in seine Arme geschlossen! Mitleid und brennende Sehnsucht erfüllten ihn. Mit einem Ruck erhob er sich und verließ hastig das Zimmer. Julia fiel in die Kissen zurück und drückte die liebkoste Hand an ihre Brust. Das Lächeln, das sich um ihre zitternden Lippen formen wollte, erstarb. Nein, sie hatte sich nach dem tiefen Leid, das sie erlebt hatte, geschworen: Nie wieder würde sie einem Mann vertrauen.

Lektion 9: Die Vorhersehbarkeit

Der Arztroman hat so zu verlaufen, wie der Leser es erwartet. Führen Sie die Leserschaft nie in die Irre. Da des Inspektors Gefühle in der gebeutelten Julia Nachhall finden, muss deren (Ex-)Freund Frank sich als Fiesling herausstellen. Also jubeln wir ihm den »Unfall« mit Fahrerflucht unter.

Frank Lutz schaute Inspektor Lohner kalt ins Gesicht. »Julia Bucher? Kenne ich nur flüchtig. Ist das dieses blasse Geschöpf mit dem romantischen Tick? Und jetzt entschuldigen Sie, ich habe zu tun.« Martin Lohner musste zugeben: Lutz war ein gutaussehender Mann, großgewachsen, mit tiefschwarzem Haar, kantigem Gesicht, hellen Augen. »Wir haben da aber ganz andere Informationen«, sagte er, »und es gab Zeugen, deren Aussagen Ihnen nicht gefallen werden.«

Wir alle wissen, dass Frank Lutz Julia Bucher nie wirklich geliebt hatte. Sie war eine von vielen gewesen, und als sie ihm eröffnete, dass sie schwanger sei, sah er rot. Nicht zuletzt auf Grund von Lohners gründlichen Ermittlungen wird Frank des Mordversuchs überführt.

Dass Frank sie nicht nur verlassen hatte, sondern auch sein Kind hatte töten wollen, hatte Julia sehr mitgenommen. Dr. Mertens war ernsthaft in Sorge um die junge Frau und behielt sie länger in der Klinik, als die Verletzungen erfordert hätten. Das Leid band Julia noch stärker an ihr ungeborenes Baby. Gleichzeitig begann sich das Bild eines liebevollen Gesichts vor das kantige von Frank Lutz zu schieben. Mit welchem Zartgefühl Martin Lohner sie behandelt und immer wieder einen Vorwand gefunden hatte, bei ihr vorbeizuschauen und sie aufzumuntern!

Jetzt aber auf die Bremse! Schließlich haben wir noch fünfzehn Seiten zu füllen. Zögern Sie hinaus, worauf die Leserin sehnlichst wartet.

Julia legte ihre Hände auf ihren Bauch mit der sanften Wölbung. Tränen stiegen in ihr auf. Wie könnte ein solcher Mann jemals eine Frau wollen, die ein Kind von einem anderen erwartet. Von einem Verbrecher! Seitdem Martin Lohner aus ihrem Zimmer gestürmt war, hatte er sie nicht mehr besucht. »Ich muss ihn mir aus dem Kopf schlagen.« Es gab ihr einen Stich ins Herz.

Martin Lohner wälzte sich unruhig im Bett, der Wecker würde bald läuten, und er hatte kaum Schlaf gefunden. Wie konnte er Julia zumuten, nach alldem, was sie an Schwerem erlebt hatte, sich wieder einem Mann zuzuwenden: ihm? Nach Dienstschluss fasste er sich ein Herz und fuhr zur Klinik. Vor Julias Zimmer begegnete er Dr. Mertens, der ihm schweigend die Hand auf die Schulter legte. Hatte er sich so wenig unter Kontrolle, dass selbst der Arzt etwas gemerkt hatte? Wollte er ihm bedeuten: »Lassen Sie sie«? Zögernd kehrte er um.

Dabei ahnen die Leserinnen genau so wie Sie und ich schon seit Beginn: Alles wird gut. Aber erst die Gewissheit löst jenes wohlige Gefühl aus, das Liebesromane zur Sucht werden lässt. Die Trivialliteratur arbeitet laut Peter Nusser stets mit der Strategie der Bestätigung. »Sie hält ihre Leser genau auf dem Bewusstseinsstand, auf dem sie sich schon vor der Lektüre befunden haben.«

Lektion 10: Das Happy End

Sie haben es fast geschafft. Wie originell Ihre Einfälle zwischen Seite 3 und Seite 55 auch sein mögen, für den Schluss gelten wie für den Anfang eiserne Regeln. Wenn Sie zwischendurch Herzen brechen lassen und getrost auch einen Toten riskieren dürfen – auf den letzten Seiten sind solche Mätzchen tabu. Die Liebenden finden zusammen, basta. Also los: Drehen Sie den Schmalzhahn auf!

Julia Bucher war auf dem Weg zum Taxistand des Krankenhauses. »Julia!« Sie drehte sich überrascht nach der vertrauten Stimme um. »Herr Inspektor?« Sie bemühte sich, ihrer Stimme einen ruhigen Klang zu verleihen: »Haben Sie wieder einen Fall hier zu untersuchen?« – »Nein, Julia, ich wollte …«, er stockte, »… ich wollte Ihnen alles Gute wünschen.« Das Taxi wartete schon. »Na dann auf Wiedersehen!«, sagte Julia mit fester Stimme. Doch Martin hielt sie am Arm zurück. »Warte, Julia. Ich kann nicht mehr schweigen!«, stieß er hervor.

Jetzt muss es kommen.

»Ich liebe dich! Ich habe dich so schrecklich lieb gewonnen. Aber erst dachte ich, du seiest schon vergeben, und dann... und dann...«, er wusste nicht weiter. Julia wandte ihr Gesicht ab und sagte mit erstickter Stimme: »Versteh doch. Ich will dieses Kind bekommen. Du, du kannst jede Frau haben. Du wirst deine eigene Familie gründen.«

Da zog er sie sanft an sich und strich ihr zärtlich eine Strähne aus dem schmalen Gesicht. »Versteh du doch. Ich will dich und das Baby. Mit euch will ich eine Familie gründen und mit niemandem sonst auf der Welt.«

»Mit... uns... beiden?«, flüsterte Julia.

»Mit euch beiden!«, wiederholte Martin. »Das heißt, wenn ihr mich wollt.« Jetzt blitzten seine Augen schalkhaft.

»Ich glaube... ich glaube, wir wollen«, hauchte sie.

Nun gab es für Martin Lohner kein Halten mehr. Er umfasste mit seinen kräftigen warmen Händen Julias zierlichen blonden Kopf und verschloss ihre bebenden Lippen mit einem leidenschaftlichen Kuss. Sie bemerkten nicht, dass der alte Arzt unter der Tür stand und ihnen lächelnd zusah.

Wunderschön, oder?

Andrea Strässle arbeitet als freie Journalistin für Printmedien in der Schweiz und in Deutschland. Die studierte Biologin ist zudem Wissenschaftsredaktorin beim Schweizer Nachrichtenmagazin FACTS. Andrea Stässle lebt und arbeitet in Luzern und Zürich.

▷ *Wie man ein gutes Sachbuch schreibt*

Von Stephan Porombka

Jedes populäre Sachbuch ist, gerade weil es anderen etwas im emphatischen Sinn vermitteln will, mit Blick auf die Leser geschrieben. Und weil es mit Blick auf die Leser geschrieben ist, muss es bestimmte Vorlieben (oder Lektüredispositionen) des Lesers bedienen. Und weil es bestimmte Vorlieben (oder Lektüredispositionen) bedient, ist es nur folgerichtig, dass es sich an Formaten orientiert, die ihre Vermittlungsstrategien bereits auf diese Vorlieben und Dispositionen ausgerichtet haben. Das heißt: Das populäre Sachbuch orientiert sich vor allem am Markt.

Wie alle Formen der Unterhaltung steht das Sachbuch, gerade weil es sich am Markt orientiert, unter Innovationsdruck. Was gestern noch funktioniert hat, kann morgen schon lange nicht mehr funktionieren. Nur nachmachen reicht nicht aus. Intelligente Variation ist das Mindeste, was gefordert ist. Man kann sich an bestimmte Moden und Trends hängen, riskiert aber, den neuen Trend zu verpassen.

1. Den Markt beobachten
Als Sachbuchautor müssen Sie den Sachbuchmarkt beobachten.
Sie müssen viele – vor allem neue – Sachbücher lesen, müssen sie analysieren und ihre Schnittstellen zum Leser prüfen.

Man muss also die Bewegungsgesetze des Marktes kennen (oder zumindest wissen, dass man sie nicht wirklich kennen kann). Man muss wissen, was funktioniert und was nicht funktioniert. Man muss die typischen Erzählformen, die Trendformen und ihre Variationen kennen. Man muss die Leser und ihre spezifischen Vorlieben kennen. Und man muss mit den Konjunkturgesetzen von Themen und Thesen vertraut sein.

In dieser Sparte der Buchbranche gibt es keinerlei Naivität. Ganz anders als in der Literatur hat sich hier der Mythos vom Geniestreich gar nicht erst durchgesetzt. Natürlich kommt es vor, dass auch mal ein »naiver« Autor aufschreibt, was ihm zugestoßen ist oder was er entdeckt hat. Autobiographie und Tagebuch, vielleicht noch im Reisebericht feiert der »naive« Autor mit seinen besonderen, einmaligen Erlebnissen immer mal wieder Auferstehung. Wo es aber darüber hinausgeht, wo die Erzählformen komplexer, leserorientierter werden, wird dem »naiven« Autor in der Regel von Profis geholfen, verdeckt als Ghostwriter oder aber offen als Co-Autoren genannt.

Das populäre Sachbuch kennt vor allem deshalb so wenig »naive« Autoren, weil es mit Formen und Schreibweisen operiert, die den Leser unterhalten sollen. Sachbuchautoren sind, um den entsprechenden Gegenbegriff zu bringen, »abgeklärte« Autoren. Sie wissen, was es heißt, *für jemanden* zu schreiben. Sie setzen auf Effekte. Sie zielen auf Wirkung. Und sie setzen ihre Abgeklärtheit als Souveränität in Szene. Dafür greifen sie auf Schreibweisen zurück, die dem Leser signalisieren: Hier wird mit großer Lässigkeit und zugleich mit großer Präzision über ein Thema verfügt.

2. Abgeklärt sein, souverän schreiben
Als Autor eines guten Sachbuchs müssen Sie durch den Erzähler signalisieren, dass Sie geradezu spielerisch über die Form und die Schreibweise verfügen.

Der Sachbuchautor ist immer Chef im Ring. Er signalisiert, dass er die Regeln beherrscht. Allerdings darf er nicht als allzu potenter Protz auftreten. Er darf nicht den Verdacht aufkommen lassen, die bekannten Regeln auf allzu routinierte Weise einfach nur abzuhaken, weil der Leser ihm sonst nicht mehr vertraut. Es ist ein durchaus schwieriger Balanceakt, der im Sachbuch unternommen wird, gerade weil er am Ende so einfach aussieht. Wenn er erfolgreich sein will, darf der Autor, gleich einem Verführer, nicht zeigen, dass er kalt und berechnend vorgeht. Gleichwohl muss er signalisieren, dass er sich mit allen Techniken bestens auskennt.

Weil es genau diese Abgeklärtheit und Souveränität des Verführers braucht, werden die meisten Sachbücher von Profis geschrieben. Agenturen und Verlage sprechen Autoren an, von denen man weiß, dass sie über ihr Thema verfügen und dass sie exzellent und unterhaltsam formulieren können. Abgeklärtheit und Souveränität müssen sich dafür aus einer Berufserfahrung und Schreibroutine speisen, die über einen längeren Zeitraum und – etwa bei Journalisten – durchaus auch über kleinere Formate erarbeitet worden ist. Wer ein guter Sachbuchautor sein will, muss also auch über die Schreibroutine verfügen. Folglich muss er sie sich, wenn er sie denn noch nicht hat, über kontinuierliches Schreiben erarbeiten.

Du und dein Sachbuch

Beim Sachbuch, vor allem beim populären Sachbuch kommt es also vor allem auf eins an: auf das Erzählen.

3. Gut erzählen

Um ein gutes Sachbuch schreiben zu können, müssen Sie ein guter Erzähler sein.

Und das heißt: Sie müssen Ihre Leser gut unterhalten können.

Anders als bei Romanen oder Spielfilmen muss beim Sachbuch alles, was erzählt wird, immer direkt mit Wissen, Fakten, Tatsächlichkeiten verkoppelt sein. Alles muss echt sein. Aber das reicht noch nicht aus. Denn damit es unterhält, muss das Erzählte auch unmittelbar mit dem Leser verbunden werden, damit er eine persönliche Beziehung dazu herstellen kann. Wo das nicht passiert, wird die Lektüre wenig unterhaltsam. Und wo die Lektüre aufhört, unterhaltsam zu sein, hört auch das verdammt gute Sachbuch auf, ein verdammt gutes Sachbuch zu sein.

Um diese Verbindung herzustellen, muss der Leser dazu gebracht werden, fest daran zu glauben, dass alles, was im Folgenden erzählt wird, mittelbar oder unmittelbar mit seinem eigenen Leben zu tun hat. Das passiert gleich auf den ersten Seiten, wenn nicht schon im Titel der direkte Kontakt gesucht wird. Das Vorwort hat deshalb meist eine hypnotische Funktion. Ganz gleich, ob es um die Geburt des Weltalls, das Leben auf dem Meeresgrund, die Organisation der Mafia oder die Probleme in der Midlife-Crisis geht – immer soll der Leser überzeugt sein, dass er selbst darin vorkommt. Er soll etwas über das Weltall, das Meer, die Mafia oder die Lebenskrisen lesen, weil das alles im weitesten Sinn zu *seiner Welt* gehört, in der er *sein Leben* führt.

4. Das Thema mit dem Leben des Lesers verknüpfen
Als guter Sachbuchautor muss es Ihnen gelingen, den Zusammenhang zwischen Erzähltem und Gelebtem herzustellen.
Auch dann, wenn das eine unendlich weit vom anderen entfernt ist. Denn ein Sachbuch wird immer nur dann ein gutes Sachbuch sein, wenn es dem Leser klar macht, dass er durch die Lektüre die Welt besser verstehen und das eigene Leben besser führen kann.

Beobachten Sie sich einmal selbst. Wann immer Sie ein Sachbuch in die Hand nehmen, machen Sie für einen kurzen Moment die Probe aufs Exempel. Etwa wenn Sie den Umschlagtext, das Inhaltsverzeichnis und vor allem das Vorwort überfliegen, um zu schauen, mit welchem Kniff hier der Zusammenhang zwischen Ihrer eigenen Existenz und dem Lauf der Donau, dem Aussterben der Dodos oder dem Wiederaufleben rechtsextremistischer Gruppen in den neuen Bundesländern hergestellt werden soll. In diesem kurzen Moment entscheidet sich, ob Sie die Herstellung dieses Zusammenhangs für richtig, für plausibel oder wenigstens für so überraschend halten, dass Sie das Buch kaufen oder lesen. Gelingt es nicht, legen Sie das Buch zur Seite.

Die professionelle Konzeption von Sachbüchern, vor allem die professionelle Themenentwicklung von Autoren, Agenten oder Verlagen ist mittlerweile sehr stark auf diese Verknüpfung von Erzähltem und Gelebtem ausgerichtet.

5. Die Themen für Leser entwickeln
Wenn Sie ein Thema für ein gutes Sachbuch entwickeln, dann müssen Sie sich sehr genau die Frage stellen, wo und wie die Verbindung zwischen Thema und Leser-Leben hergestellt wird.
Sie werden diese Frage später sehr genau beantworten müssen – Ihrem Agenten, Ihrem Lektor und schließlich Ihrem Leser.

Die einfachsten Verknüpfungen zwischen Thema und Leser-Leben werden durch den Bezug auf Aktuelles hergestellt. Das Sachbuch lässt sich immer auch als große journalistische Form verstehen, weil es so nachdrücklich auf Aktualität setzt. Das ist nur folgerichtig. Denn was immer auch *gerade jetzt* passiert, betrifft alle, die *gerade jetzt* leben.

Dann gibt es die Verknüpfungen, die über die Ratgeber-Rhetorik organisiert werden: Hier stellt sich der Zusammenhang durch das direkte Angebot her, den Inhalt des Buches zur Optimierung des eigenen Lebens einsetzen zu können.

Es gibt darüber hinaus die Verknüpfungen, die an die Verpflichtung des Lesers zum lebenslangen Lernen erinnern und ihn mit dem Stand der Dinge oder zukünftigen Entwicklungen vertraut machen wollen: Diese Bücher packen den Leser entweder beim schlechten Gewissen oder sogar bei der Angst, den Anschluss zu verpassen. Oder sie packen ihn bei seinem Ehrgeiz, *up to date* zu bleiben oder sich zumindest Wissensvorsprünge zu sichern, um auf Partys kompetent am Small Talk teilnehmen zu können.

Schließlich gibt es die Bücher, die dem Leser versprechen, dass er das eigene Weltbild vervollständigen oder bestätigen kann.

Nicht zuletzt gibt es natürlich all die Sachbücher, die den Leser direkt affizieren, indem sie Katastrophen nacherzählen, Gewalttaten schildern und Erotisches oder Pornographisches als Sachwissen in Szene setzen.

Gerade wenn man die Verbindung zwischen Sachbuchthema und Leser-Leben herstellen will (vor allem wenn man ihn schon während der allmählichen Entwicklung des Themas mitentwickeln will), wird *Regel eins* besonders wichtig: Man muss sich dafür nämlich sehr genau mit den Konjunkturen von Themen, Thesen und mit den Mentalitäten des Publikums auskennen. Denn nur wenn man sich damit auskennt, weiß man, wie sich die Verknüpfungen sinnvoll herstellen lassen.

Aber Vorsicht! Man darf sich die Verbindung zwischen Thema und Leser-Leben nicht als direkten Draht vorstellen. Das Wissen aus Sachbüchern wird so gut wie nie unmittelbar im Alltag umgesetzt. Wer das glaubt, schätzt das Sachbuch falsch ein. Die Rezeptionshaltung von Sachbuchlesern ist zwar noch nicht gründlich erforscht. Aber man kann davon ausgehen, dass die Lektüre nicht vorrangig auf das Lernen angelegt ist, sondern eher als »Auratisierung« abläuft. Das heißt: Als Leser nimmt man das Wissen nicht auf, um es konkret anzuwenden. Man bringt sich bei der Lektüre eher in einc angenehme Stimmung. Angenehm ist die, weil man sich beim Lesen so fühlt, als würde man etwas Intellektuelles, Anspruchsvolles, Handfestes tun, obwohl man sich eigentlich nur die Zeit vertreibt.

Letztlich handelt sich bei der Lektüre von Sachbüchern um eine Verschwendung von Zeit, bei der (und das ist das Entscheidende!) der Leser sich aber die ganze Zeit vorstellt, dass er seine Zeit sinnvoll nutzt. Weil beides sozusagen parallel prozessiert wird – also die aktive Verschwendung von Zeit und die Einbildung, die Zeit *nicht* zu verschwenden, – stellt sich ein eigentümliches Schwebegefühl her, bei dem man sich alltagsentlastet eindeutig über den Dingen befindet, aber trotzdem sehr konkret mit den Dingen in Kontakt bleibt.

6. Den Leser schweben lassen

Als guter Sachbuchautor müssen Sie den Leser in einen Schwebezustand zwischen Zeitverschwendung und effizienter Zeitnutzung bringen. Sie müssen den Leser glauben lassen, er müsse (trotz enormen Zeitmangels) Ihr Buch über den Niedergang des Osmanischen Reiches oder über die Handtaschenprobleme der Frauen unbedingt lesen, weil es ihn persönlich weiterbringt.

Abenteuer, Krimi, Thriller, Dramen des Alltags

Verdammt gut erzählen heißt für das populäre Sachbuch aber nicht nur, den Leser in seiner lebensweltlichen Erfahrung zu packen und ihn dort *abzuholen*, wo er jetzt emotional und intellektuell steht. Verdammt gut erzählen heißt für das populäre Sachbuch auch: Man muss den Leser *mitnehmen*.

Holen Sie den Leser ab! Nehmen Sie den Leser mit! Sie wissen etwas, was der Leser nicht weiß. Als Erzähler sind Sie ein Fremdenführer, der den Leser mit einem Stadtteil, mit einer Landschaft, vielleicht mit einem ganzen Land oder Universum bekannt macht. Der Erzähler kann sich auch als eine Art Scout verstehen, der das Gebiet, das erforscht werden soll, selbst noch gar nicht kennt. Als Scout kann er aber Spuren lesen. Und wenn der Leser immer dicht hinter ihm bleibt, kann er an der Entdeckung eines unbekannten Geländes unmittelbar teilnehmen. Ab und zu dreht sich der Erzähler-Scout dann um, um etwas zu erläutern und den Leser an seinem Wissen teilhaben zu lassen. Dann aber wendet er sich wieder dem Weg zu (den der Leser noch gar nicht als Weg erkennt) und tastet sich weiter voran.

So ist der Leser, wenn er dem Fremdenführer oder dem Scout folgt, mittendrin in einer Abenteuergeschichte. Mit dieser Geschichte wird nicht nur einfach Faktenwissen vermittelt. Es wird etwas Aufregendes erlebt. Aus Wissen wird hier: Unterhaltung.

Das kennt man. »Infotainisierung« ist einer der gern gebrauchten Begriffe, wenn es darum geht, Veränderungen der Medienkultur zu benennen, die sich von der schlichten Vermittlung von Neuigkeiten verabschiedet und News nur noch in Form kleiner dramatischer Erzählungen präsentiert, die den Leser nicht nur informieren, sondern vor allem emotional packen sollen. Auch hier kann man vom Vorgang des »Auratisierens« sprechen. Denn Infotainment informiert nicht wirklich. »Infotainment« versetzt den Rezipienten in eine angenehme Stimmung, in der er glaubt, seine Zeit sinnvoll zu nutzen, weil er sich informiert.

Das populäre Sachbuch hat von Beginn an Teil an der »Infotainment«-Kultur. Und es treibt die »Infotainisierung« voran. Gerade das macht es so erfolgreich.

- Findet im Buch *Wissensvermittlung ohne Unterhaltung* statt, handelt es sich um ein Fachbuch.
- Geht es um *Unterhaltung ohne Anspruch auf Wissensvermittlung*, ist das Ziel Zerstreuung.
- *Wissen plus Entertainment* aber erzeugt die entscheidenden Schwebezustände, in denen man sich alltagsentlastet von den Dingen entfernt und doch zum Schein mit ihnen in Kontakt bleibt.

Erzählerisch wird diese Mischung zur Erzeugung des Schwebezustandes hergestellt, indem Faktisches, Wahres, Tatsächliches mit Erzählformen aufbereitet wird, die sich auf dem Medienmarkt als Formen der Unterhaltung erfolgreich durchgesetzt haben. Die *Abenteuererzählung* gehört dazu. Bei ihr folgt der Leser dem Erzähler, um unbekanntes Gelände zu betreten (einen Dschungel, den Meeresboden, ein Archiv, eine kriminelles Soziotop, den Mikro- oder Makrokosmos, die Weltwirtschaft). Und dieses Unbekannte wird Stück für Stück so weit entdeckt, dass es sich am Ende kartographieren lässt und die dort lebenden Wesen zoologisch, soziologisch, psychologisch klassifiziert sind.

Ähnlich die *kriminalistische Erzählung:* Hier deckt der Erzähler Schritt für Schritt etwas Verborgenes auf. Wie in einer Ermittlung werden die Puzzlestücke zur Rekonstruktion eines Ereignisses zusammengesetzt. Damit verwandt ist der *Thriller* (der »Wissenschaftsthriller« oder der »Geschichtsthriller«, wie er oft beworben wird): Ihm geht es aber nicht nur um Rekonstruktion. Der Thriller setzt auf Action, auf überraschende Wendungen, dramatische Aktionen, bedrohliche Konflikte und schmerzhafte Auseinandersetzungen.

Es gibt aber auch den *gemäßigteren dramatischen Konflikt*, das allgemeine Auf und Ab des Lebens, die Geschichten von Sehnsucht, Suche und Erfüllung (oder Scheitern). In Szene gesetzt wird der Aufbau, die Überwindung oder die Unüberwindlichkeit der Hindernisse, die einem der Alltag entgegenbringt: die Tücken des Objekts, die Tücken der Vorgesetzten, der Konkurrenten oder der Partner.

Aber es gibt immer noch mehr. Vor allem Mischformen. Es gibt die Menagerie- und Galerie-Erzählungen die mit Anekdoten, Ortsbegehungen, Porträts arbeitet und auf abwechslungsreiche Weise verschiedene kleinere Ereignisse, Begebenheit und Konflikte vorführt, die alle zusammen ein großes, buntes, aber in sich schlüssiges Ganzes ergeben...

7. Das Erzählen dynamisieren
Ihr Sachbuch wird dann gut sein, wenn Sie das, was Sie an Faktischem, Wahrem, Tatsächlichem vorführen auf einen Erzählbogen spannen. Spannen sie es aber unbedingt so, dass Sie dem Erzählen dadurch eine Dynamik verleihen, durch die es wie von selbst vorangetrieben wird.

Diese Eigendynamik entsteht durch die Inszenierung von Konflikten, Wendungen, Verwicklungen, Spannungen, die den Fortgang der Handlung aus sich selbst heraus erzwingen. Das kann als Regel präzisiert werden:

8. Aus dem Stoff heraus dramatisieren
Ihr Sachbuch wird vor allem dann gut sein, wenn Sie den Anschein erwecken, dass Sie den dramatischen Fortgang der Handlung dem Stoff nicht von außen aufgedrückt haben.
Ihr Leser muss den Eindruck haben, dass die Dramatik dem Stoff selbst entspringt.

Erst wenn das gelingt, stellt sich jener eigentümliche Schwebezustand ein, um den es populären Sachbüchern geht: Der Leser liest zwar eine unterhaltsame Geschichte. Aber er hat jederzeit das Gefühl, dass diese Unterhaltung nicht der Zerstreuung dient, sondern sich aus dem Gegenstand selbst ergibt.

Das ist für den Leser eben das Angenehme am gut gemachten Sachbuch: Dass er sich bei der Lektüre nicht dafür rechtfertigen muss, dass er sich gerade gut unterhält. Vielmehr kann er glauben, dass die Unterhaltung Teil der Wirklichkeit ist, über die er sich gerade informiert.

Personen, Räume, Konflikte

Was im großen erzählerischen Rahmen funktionieren soll, muss natürlich auf der untersten Ebene des Erzählens sehr gut vorbereitet sein. Spannung erzeugen heißt ja, nicht nur einen Erzählbogen zu entwerfen, in dem auf beliebige Weise Konflikte entwickelt, auf dramatische Höhepunkt geführt und auf die eine oder andere Weise gelöst werden. Erst einmal muss den Konflikten eine Form gegeben werden, durch die sie als Konflikt erkennbar werden. Um das zu erreichen, muss der Autor an drei Komponenten besonders intensiv arbeiten: an den Personen, den Räumen, den Aktionen.

Mit den *Personen* werden die Konflikte *menschlich*. Wo Personen zum Einsatz kommen, hat man es nicht mehr mit allgemeinen, abstrakten, undurchschaubaren Strukturen zu tun. Personen machen Undurchschaubares und Überkomplexes persönlich, und das heißt: Das Unfassbare, Unverständliche wird am einzelnen Exemplar und seiner exemplarischen Geschichte nachvollziehbar.

Mit den *Räumen* bekommen die Konflikte einen Ort. Erst wo Konflikte einen Ort haben, bewegen sie sich nicht mehr in einem unfassbaren Nirgendwo. Der Ort rahmt den Konflikt. Und weil er ihn rahmt, macht er ihn fassbar. Erst durch die Umgebung bekommt er ein Hier und Jetzt, indem sich der notwendig Druck entwickeln lässt, den ein Konflikt braucht, um für die Erzählung eine Dynamik zu entfalten.

Mit den *Aktionen* werden die Konflikte in einen festen Handlungsrahmen eingepasst. Erst die Vorstellung einer Aktion macht klar: Es gibt diesen Konflikt! Er findet wirklich statt! Er wird als Konflikt durch die Aktion hindurch überhaupt erst nachvollziehbar.

Für den guten Sachbuchautor ist die detaillierte Ausarbeitung von Personen, Orten und Aktion äußerst wichtig. Erst damit leistet der Autor eben jene Transformationsarbeit, durch die der behandelte Gegenstand so in Erscheinung tritt, dass er als unterhaltsam wahrgenommen werden kann.

- Abstrakte Zusammenhänge werden konkretisiert.
- Allgemeine Gesetzmäßigkeiten werden in nachvollziehbare Erfahrungszusammenhänge übersetzt.
- Unüberschaubare Wirkungsmechanismen werden auf einzelne Handlungsentitäten heruntergerechnet – nämlich auf Menschen.

Nur durch diese Transformations- als Konkretisierungsarbeit entsteht die Möglichkeit, eine Verbindung zwischen dem Thema und dem Leser-Leben herzustellen: Sie ermöglicht die grundsätzliche Identifizierung mit den Handelnden, den Nachvollzug des Geschehens und die Zustimmung zu den Schlüssen, die sich aus den einzelnen Handlungen ergeben.

9. Immer konkretisieren!
Wenn Sie ein gutes Sachbuch schreiben wollen, dann müssen Sie unablässig Konkretisierungsarbeit leisten.
Alle abstrakten Zusammenhänge müssen anhand von Personen, Orten und Aktionen auf der Ebene des Leser-Lebens nachvollziehbar werden.

Umgekehrt heißt das: Wo diese Konkretisierungsarbeit vom Autor nicht geleistet wird, findet sich der Leser mit seinen eigenen Erfahrungs- und Erlebniszusammenhängen nicht wieder. Der Leser wird nicht abgeholt. Der Leser wird nicht mitgenommen. Und der Leser wird nicht auf ein Ende hingeführt, an dem er behaupten kann, dass ihm auf unterhaltsame Weise etwas an seiner Lebenswirklichkeit klar gemacht worden ist.

10. Konflikte aus dem Material heraus bauen
Gut wird Ihr Sachbuch nur dann, wenn Ihre Konkretisierungsbemühungen den Anschein erwecken, keine zu sein!
Auch hier gilt: Sie dürfen dem Stoff nicht von außen aufgedrückt sein.
Das Konkrete muss sich scheinbar aus der Matrix der Personen, der Orte und der Aktionen ergeben.

Das aber hat zur Voraussetzung eine Technik, die jeder gute Sachbuchautor beherrschen muss:

11. Das Material röntgen

Als guter Sachbuchautor müssen Sie auf die Materialien, mit denen Sie arbeiten, immer eine Art Röntgenblick richten.
Mit diesem Röntgenblick prüfen Sie das Material auf Stellen, in denen sich größere, abstrakte Zusammenhänge konkretisieren. Und mit diesem Röntgenblick (re)konstruieren Sie das dramatische Skelett ihres Gegenstands.

Gute Sachbuchautoren können vor allem das: Sie identifizieren schon während der Recherche die *wichtigen* Personen, die *wichtigen* Orte und die *wichtigen* Aktionen, an denen sich abstrakte Zusammenhänge konkretisieren. Sie speichern von diesen Personen, Orten und Aktionen genau jene Details (*symptomatische* Bewegungen, Eigenschaften und Verhaltensweisen von Personen; *symptomatische* Ausrichtungen, Ausstattungen, Atmosphären von Räumen; *symptomatische* Details im Ablauf von Aktionen), mit denen diese Konkretisierungsarbeit so vollzogen werden kann, dass der Leser es gar nicht merkt.

Verdammt gute Sachbuchautoren sind deshalb *Meister des Porträts*. Sie sind *Meister der Landschafts- und Raumskizze*. Und sie sind Meister der *dramatischen Berichterstattung*. Und das alles setzt voraus, dass sie *Meister der Beobachtung* sind. Sie setzen sich dem Rauschen der Gegenwart und dem Rauschen der Archive aus – immer mit der Sicherheit, im entscheidenden Moment genau jene Details herausfiltern zu können, aus denen sich dann die dramatischen Erzählungen bauen lassen, die ein eben so wahres wie symptomatisches, exemplarisches Bild der Wirklichkeit liefern.

12. Notizbuch führen

Wenn Sie ein gutes Sachbuch schreiben wollen, dann fertigen Sie während des Rechercheprozesses viele Notizen und Skizzen für Personen, Orte und Aktionen an.

Schreiben Sie Porträts.
Beschreiben Sie Räume.
Berichten Sie »live« von Ereignissen.
Und vor allem: Filtern Sie dabei immer die symptomatischen Qualitäten heraus, an denen Sie abstrakte Zusammenhänge konkretisieren und dramatisieren können.

Das so genannte literarische Sachbuch

Diese Konkretisierungsarbeit des Sachbuchautors lässt sich gut unter dem Begriff der Literarisierung fassen. Die ist nicht mit »Fiktionalisierung« zu verwechseln! Bei der Verwandlung von recherchiertem Material in einen Sachbuchtext wird nichts erfunden. Material literarisieren heißt: Es wird auf sein dramatisches Skelett hin geröntgt. Es wird dann auseinandergenommen und wieder so zusammengelegt, dass die dramatischen Qualitäten immer deutlicher hervortreten. Schließlich wird es narrativiert, also in eine mehr oder weniger geschlossene Erzählung integriert, die dem Leser dann als ästhetische Einheit erscheint.

Weil das alles literarische Techniken sind, ist jedes Sachbuch immer auch ein *literarisches* Sachbuch. Der Sachbuchautor ist deshalb immer auch ein *literarischer* Autor. Er sollte sich deshalb nach Techniken umschauen, die von den Kollegen in dem Bereich der Literatur entwickelt werden, die sich im emphatischen Sinn als *Literatur*-Literatur versteht. Schaut man sich die Geschichte dieser *Literatur*-Literatur an, die sich nicht so stark mit Hilfe der Rückkoppelungen des Marktes orientiert, sondern sich als Kunstform versteht, die sich weitgehend selbst die Regeln setzt, so erkennt man: Auch hier gibt es eine Tradition der direkten Auseinandersetzung mit den Fragen nach dem Wissen, nach dem Umgang mit Fakten, mit Dokumenten mit Röntgenblicken auf die grundsätzlich dramatische Verfasstheit der Wirklichkeit.

Der entscheidende Unterschied dieser literarisch-dokumentarischen, faktographischen Erzählweisen zu denen des populären Sachbuchs kann klar benannt werden: Das populäre Sachbuch greift in der Regel auf Erzählmuster zurück, die sich im kulturindustriellen Härtetest als erfolgreich erwiesen haben. Die forciert literarisch-dokumentarischen, faktographischen Erzählweisen halten sich dagegen in der Regel ans Experiment, an die Erkundung des Neuen, an die irritierende Verschiebung oder Verzerrung der bekannten Erzählmuster. Die Sammlung des Materials, das Durchleuchten auf dramatische Strukturen, das Neuzusammensetzen und Narrativieren der Einzelteile erfolgt nicht als Erfüllung von Vorgaben. Stattdessen werden neue Regeln erfunden, die dann der Arbeit mit dem Material zugrunde gelegt werden oder aber überhaupt erst aus der Arbeit mit dem Material entstehen.

Vielleicht kann man den wichtigsten Unterschied zwischen der Transformationsarbeit für das populäre Sachbuch und das im emphatischen Sinn literarische Sachbuch im Vorgang des Röntgens festmachen: Während Autoren des populären Sachbuchs ihr Material vornehmlich auf dramatische Strukturen hin durchleuchten (die nach den bekannten Regeln der Dramatik funktionieren), so suchen die literarisch orientierten Faktographen vornehmlich nach dem, was man die diskursiv-poetischen Strukturen nennen kann (deren Regeln erst noch erkundet werden müssen).

Noch kürzer gefasst kann man sagen: Denkt man die Geschichte des populären Sachbuchs mit der Geschichte der faktographischen Erzählweisen zusammen, erweist sich die faktographische Literatur als eine Art Labor. In diesem Labor wird mit neuen Recherchetechniken, mit neuen Röntgenstrahlen und mit neuen Erzählmustern experimentiert. Deshalb sind Sachbuchautoren hier oft zu Besuch. Denn weil sich das populäre Sachbuch keineswegs nur auf erfolgreiche Muster stützen kann, weil es vom Markt her unter ständigem Innovationsdruck steht, können sich Sachbuchautoren aus diesen Laboren mit Prototypen versorgen, mit denen schon erste Tests durchgeführt worden sind, die aber noch keine Marktreife erreicht haben.

Je genauer man aber auf die Beziehung von Literatur und populärem Sachbuch schaut, umso weniger lässt sich die Behauptung einer solchen klaren Arbeitsteilung aufrechterhalten. Tatsächlich verhält es sich so: Das populäre Sachbuch kann selbst zum Labor werden, aus dem sich auch umgekehrt die Literatur neue Erzählmuster aneignet, um sie nach eigenen Gesetzmäßigkeiten weiterzuentwickeln. Nicht zuletzt entwickeln Sachbuchautoren, gerade weil sie unter Innovationsdruck stehen, fortwährend selbst die Erzählformen weiter, indem sie sich neue Regeln selbst entwerfen. Sachbuchautoren müssen deshalb immer auch eigenständig mit Mitteln experimentieren, die eher der Literatur zugezählt werden, die aber auch immer auch von anderen Medien abgeguckt werden.

Wenn man also genau hinschaut, lässt sich die strikte Gegenübersetzung von echter Literatur auf der einen Seite und dem populären Sachbuch auf der anderen Seite gar nicht halten. Man hat es hier vielmehr mit einem hoch differenzierten und deshalb so hoch interessanten Feld von Schreibweisen zu tun, in denen mit dem Zugriff auf Wirklichkeit und dem Nacherzählen von Wirklichkeit und vor allem dem Neuerzählen von Wirklichkeit experimentiert wird.

13. Nach neuen Erzählweisen suchen

Wenn Sie ein gutes Sachbuch schreiben wollen, müssen Sie immer auch viele literarische Texte lesen, in denen experimentelle Erzählweisen vorgeführt werden.

Und mehr noch: Sie müssen auch genau wissen, in welchen Medien welche neuen Erzählmuster entwickelt werden, die sich auf das Schreiben von Sachbüchern übertragen lassen.

Wenn man das nur ernst genug nimmt, bleibt eine letzte Regel zu formulieren. Die lautet:

14. Literarische Labore einrichten

Als guter Sachbuchautor folgen Sie nicht nur kulturindustriellen Reglements.

Sie sind immer auch Experimentator, der den Leser dadurch in den Bann zieht, dass er auf *überraschende* Weise unterhält.

Das ist vielleicht das, was dem, der Sachbücher schreiben will, am nachdrücklichsten ans Herz gelegt werden muss: Dass er sich fortlaufend über erfolgreiche Erzählweisen informieren muss; dass er sich mit der eigenen Themenentwicklung immer auf der Höhe der Zeit und ihr immer auch ein Stück weit voraus sein muss; dass er die über Rückkopplungen vom Markt sukzessive entwickelten Regeln lernen und anwenden muss; dass er aber zugleich fortwährend mit überraschenden Themen und neuen Erzählformen experimentieren muss, um mit dem eigenen Schreiben etwas Neues zu versuchen, das den einzelnen Leser und das Publikum im Ganzen überzeugend unterhält.

Eins steht allemal fest: Ein Sachbuchautor ohne literarisches Labor mag durchaus ein Sachbuchautor sein. Aber ob er ein guter Sachbuchautor sein kann, das lässt sich mit guten Gründen bezweifeln.

Prof. Dr. Stephan Porombka leitet gemeinsam mit Hanns-Josef Ortheil den Studiengang »Kreatives Schreiben und Kulturjournalismus« an der Universität Hildesheim. Er ist Mitbegründer eines von der Thyssen-Stiftung geförderten Forschungsprojekts zum populären Sachbuch. Zuletzt sind von ihm die Bücher *Kritiken schreiben. Ein Trainingsbuch* (UTB 2006) und *Erst lesen. Dann schreiben. 21 Autoren und ihre Vorbilder* (Luchterhand 2007) erschienen. www.stephan-porombka.de; www.sachbuchforschung.de

▷ *Essays schreiben*

Von Frank Cioffi

Wir leben in einem Subuniversum von Texten, das wir, die Leser, bewohnen. Überall, auf Plakaten, Flaschenverschlüssen, Cornflakes-Schachteln, im Internet, in Zeitschriften, Zeitungen und Büchern, wuchert das geschriebene Wort.

Das Schreiben von kurzen Essays, »Aufsätzen« oder »Hausarbeiten« scheint Schülern und Studenten vorbehalten zu sein. Die armen, gepeinigten Studenten. Louis Menand, Essayist und Literaturhistoriker, behauptet:

»Das Verfassen von Aufsätzen ist eine jener Fähigkeiten, die Leute beherrschen müssen, damit sie später eine Ausrede haben, es nie wieder zu tun.«

Man fragt sich dabei natürlich, welche anderen Fähigkeiten Menand noch im Sinn hat, aber die Aussage ist zutreffend. Außerhalb des Seminarraums gibt es kaum Verwendung für diese Art von Texten. Der kurze, untersuchende, auf ein Thema konzentrierte, argumentative Essay hat nur ein sicheres Zuhause: den akademischen Bereich.

Der akademische Essay ist der zentrale und wichtigste Typus nichtfiktionaler Texte; man sollte dieses Format unbedingt beherrschen, selbst wenn man nach der Uni nie wieder eine Möglichkeit hat, sein Können einzusetzen. Essays sind nicht nur wichtig, weil sie sich auf Elemente stützen, die in jeder anderen Art von nichtfiktionalen Texten enthalten sind, was Ihnen ermöglicht, relativ mühelos in andere Gattungen zu wechseln. Im Schreiben von Essays ist auch die Methode enthalten, durch die Ideen erzeugt werden. Sie lehrt uns zu denken.

Diese Art von Text zu beherrschen, hilft nicht nur Studenten, die professionelle Autoren oder Professoren werden wollen, sondern auch all denen, deren Arbeit eine aufrichtige, fundierte Bewertung oder Untersuchung von Themen, Gedanken, Menschen, Texten oder Situationen verlangt. Essays bringen die Art von Gedanken hervor, die man braucht, um so weit wie möglich *Die Wahrheit* herauszufinden. In solchen Essays wird nicht nur nach *bestätigenden* Beweisen, die die eigene Position bekräftigen, gesucht, sondern auch jene, die die eigenen Argumente widerlegen. Man nutzt beide Arten von Beweisen, um einen Standpunkt zu entwickeln. Sie wollen uns nicht nur überzeugen, sondern auch eine so faire und vollständige Analyse von alternativen und konkurrierenden Standpunkten bieten. Denn nur eine gewissenhafte, aber leidenschaftslose Überprüfung kann dem höchsten Ziel dienen – das Wissen zu mehren.

Wenn Sie einen Essay schreiben, werden Ihnen Ihre eigenen Gedanken deutlicher, und Sie können zu neuen Erkenntnissen gelangen, selbst bei Themen, zu denen man bereits eine feste Meinung zu haben glaubte. Manchmal zum Beispiel empfindet man bei einem Buch oder einem Film etwas, über das man sich selbst nicht klar ist: Worauf basiert das Gefühl, auf welchen Annahmen? Das müssen Sie klären, denn das Schreiben eines argumentativen Essays verlangt von Ihnen, dass Sie sowohl eigene Gedanken zu Thema oder Text äußern als auch vage Gefühle und Eindrücke, die damit zusammenhängen, in eine verständliche Form bringen. Diese Arbeit bringt Sie in der Kunst der Beweisführung voran, die in jeder Situation, die eine Analyse erfordert, nützlich ist.

Es gibt mindestens drei eigenständige und historisch etablierte Arten nichtfiktionaler Texte, die sich alle von dem Essaytyp, den ich hier beschreibe, unterscheiden. Der erste könnte als »Essay als Literatur« bezeichnet werden. Manche Universitäten bieten Kurse für »kreative Sachtexte« an, in denen man persönlich gefärbte Essays oder Stellungnahmen schreibt; sie ähneln den Essays, die man in Zeitschriften wie *Harper's* oder *Atlantic* oder *American Scholar, Creative Nonfiction* oder *Raritan* findet. Dieses Genre von Sachtexten, manchmal »belles lettres« genannt, ist Bestandteil unserer literarischen Tradition. Ihr zuzurechnen sind Arbeiten von Montaigne, Samuel Johnson, Addison und Steele, Margaret Fuller, Thomas Carlyle, Ralph Waldo Emerson, Matthew Arnold, Annie Dillard und vielen anderen. Der Essay als Kunst – der Essay als kreatives Werk -, Memoiren, Autobiografien und andere Arten »kreativer Sachliteratur« gehören mit dazu. Kurse und Seminare, in denen solche Texte untersucht und verfasst werden, stehen häufig im Programm philosophischer Fakultäten oder werden im Rahmen von Schreibprojekten angeboten.

Auch für die zweite Art von Sachliteratur (oft als »technisches Schreiben« – *technical writing* – bezeichnet) kann man an vielen Universitäten Kurse belegen: Der »informative Text« wird vor allem in der Industrie verwendet. Diese Texte dienen hauptsächlich der Informationsvermittlung und sind manchmal trivial oder banal: Gebrauchsanweisungen für Geräte und Apparaturen, Software-Manuals, die uns zeigen, wie wir unsere Computerprogramme benutzen müssen, Satzungen, Warnetiketten, aber auch manche Reportagen, geschäftliche Memos, Berichte, Ankündigungen. Auch dafür werden Schreibkurse angeboten.

Die dritte Kategorie von Sachtexten, deren Ziel Überzeugung ist, versucht uns dazu zu bringen, etwas zu tun, einen bestimmten Standpunkt einzunehmen, einen Kandidaten zu wählen, ein bestimmtes Auto, Medikament, Deo zu kaufen. Solche Texte sind, außer in der Werbung, in politischen Reden, Rechtsdokumenten zu finden. Sie nutzen jede Taktik, reine Logik, direkte Appelle an Gefühle oder das schlechte Gewissen, manchmal sogar eine Drohung, um zu überzeugen. Die Techniken für solche Art von Texten werden häufig in Medien- und PR-Schreibkursen vermittelt.

Diese drei Kategorien sind keineswegs so klar voneinander getrennt, wie hier dargestellt. Viele informative Texte wollen auch überzeugen. Journalistisches Schreiben kann sehr literarisch und »kunstvoll« sein, wie auch belletristische Texte, politische Reden oder sogar Werbetexte informativ sein können. Die Einteilung ist aber im Allgemeinen gültig – sogar wenn wir uns ansehen, was im Internet veröffentlicht wird, und das macht zweifellos einen beachtlichen Teil dessen aus, was heutzutage gelesen wird.

Obwohl sich die Textarten unterscheiden, haben sie auch einige Gemeinsamkeiten. So denken zum Beispiel Autoren aller Kategorien bei ihrer Arbeit an ein bestimmtes Publikum und respektieren, welche äußere Form erwartet wird, welcher Tonfall, welche Art von Syntax, Sprache und Vokabular angemessen sind.

Wo passt hier die »akademische Erörterung« hinein? Ich würde sie irgendwo in der Mitte ansiedeln, vielleicht dort, wo sie sich auf allgemeine Aspekte der Sachliteratur stützt: Auch hier sind Publikum, Konventionen, Tonfall, Sprache und Struktur wichtig. Aber sie teilt auch gewisse Qualitäten mit jeder einzelnen dieser Untergattungen. Der akademische Essay achtet darauf, wie etwas gesagt wird. Er will nicht Kunst »sein«, sondern den Standpunkt auf kreative Weise darstellen – so, dass sich die Sensitivität des Autors in Form, Präzision und Bildhaftigkeit ausdrückt. Außerdem muss der Essay gewisse Informationen und Tatsachen beinhalten; er ist in der Aktualität verankert. Und schließlich will er überzeugen, aber nicht um jeden Preis; er will es durch logische Argumentation, durch eine faire und möglichst vollständige Analyse erreichen.

Tatsächlich müssen Essays mehr können als nur beeindrucken, Informationen vermitteln oder überzeugen. Sie sollen die Wahrheit aufdecken und eine spezifische Leserschaft überzeugen – auf eine kreative Art. Und da dies im Grunde genommen die Essenz der akademischen Arbeit ist, werden diese Qualitäten auch von Professoren – in welchem Fach auch immer – erwartet.

Und wie schreiben sie nun, die Professoren?

Während eine akademische Erörterung durchaus die Meinung des Autors ausdrückt, ist diese Meinung mehr als »nur eine Meinung«, eine spontane Reaktion oder ein unreflektiertes Vorurteil. Sie gibt einen Standpunkt wieder, der durch Beweise gestützt wird, und ist eine gebildete, durchdachte und logisch erarbeitete Meinung – eine Meinung, die nicht nur dahingestellt oder geäußert wird, sondern diskutiert ist.

Professoren diskutieren ihren Standpunkt und wollen damit überzeugen, aber sie untersuchen zusätzlich die Sichtweise anderer

Gelehrter und positionieren ihren Text in dem, was man »dialektischer Diskurs« nennen könnte – nämlich in Opposition zu diversen Arbeiten und in Teilübereinstimmung mit anderen. Sie vermitteln Informationen, die sich auf eine beträchtliche Menge von sekundärem Quellenmaterial stützen. Solche Texte sind meist »formell« und richten sich beinahe immer an ein spezialisiertes Publikum, wie zum Beispiel an Literaturtheoretiker, Wissenschaftler mittelalterlicher Texte, Mediziner, die auf Urologie spezialisiert sind, oder Psychologen, Philosophen, Neurologen.

Eine solche Leserschaft besteht aus Fachleuten anderer Fachbereiche und einem Publikum, das Carl Becker zum selben »Meinungsklima« zählt: Der Bezugsrahmen ist ähnlich, und der Leser oder Zuhörer wird zumindest teilweise dieselbe Vorstellung von Wert und Gültigkeit des jeweiligen Themas haben und deshalb an einer Erörterung interessiert sein.

Der argumentative Essay enthält fünf Schlüsselkomponenten:

1. Er enthält die formelle Aussage einer zu beweisenden Position (eine These), etwas, das eine wichtige Frage auf unerwartete, erhellende Art beantwortet.
2. Er entwickelt und stützt die Position durch äußere Quellen (Fakten, Beweise, Beispiele) ganz unterschiedlicher Art.
3. Die Struktur stellt in logischem, progressivem Aufbau – ohne irreführende Argumente oder Fehlschlüsse – sowohl den Inhalt als auch die Komplexität des Hauptgedankens dar und zeigt, wie dieser Hauptgedanke gestützt werden kann.
4. Er isoliert, untersucht und reagiert auf ernst zu nehmende Ideen, die dem Hauptgedanken entgegenstehen und die These widerlegen könnten – zieht also »Gegenargumente« in Betracht.
5. Die Schlussausführung erweitert und verbessert die These – ist ein Gedanke, der nun, da der Aufsatz die These erklärt und untersucht hat, dargelegt werden kann. In der Schlussausführung wird deutlich, dass die These sich entwickelt hat und zur Δ-These geworden ist.

Nach diesen Erklärungen möchte ich nochmals betonen, dass schon der Schreibprozess beim Verfassen von Essays genau so wertvoll ist wie der fertige Text. Auch wenn die fertige Arbeit durchaus die Grundlage für einen Artikel bilden kann, besitzt die Denkarbeit, das Schreiben, das »Machen«, die Schufterei an der Tastatur letztendlich den größeren praktischen Nutzen. Machen Sie sich klar, dass die Arbeit an einem Essay lohnender und bedeutsamer ist als die Kommentare dazu. Frei nach dem alten Sprichwort »Dabei sein ist alles« (oder auch: »Der Weg ist das Ziel«) möchte ich behaupten: »Das Schreiben befriedigt im *Ich schreibe*, nicht im *Ich habe geschrieben.*«

Prof. Frank L. Cioffi lehrt Kreatives Schreiben und war u.a. an der Universität Danzig und an der Princeton University tätig. Dieser Text ist seinem Buch *Kreatives Schreiben für Studenten und Professoren* entnommen, das keineswegs nur für diese geeignet ist: Alle Nonfiction-Autoren können davon profitieren.

▷ *Pompös, pedantisch und pur*

Von Rene J. Cappon

Zeitungsartikel sollten klar, prägnant, genau und interessant sein. Niemand widerspricht dieser Aussage. Doch eine Nachricht ist kurzlebig, der Redaktionsschluss naht, Ressourcen sind begrenzt, große Geschichten kommen unerwartet – der Puls des Tagesjournalismus rast. Wie viel kann man unter diesen Bedingungen erwarten?

Auch wenn im Nachrichtengeschäft ein gewisses Maß an ständigem Chaos herrscht, werden dennoch Tag für Tag eine Menge ausgezeichneter Geschichten geschrieben. Eine weit kuriosere Tatsache ergibt sich aus einer Studie über Journalismus: Artikel, die relativ entspannt geschrieben wurden, hatten die gleichen Mängel wie jene, die unter Zeitdruck entstanden waren.

Dies zeigt eindeutig, dass hier etwas am Werk ist, das außerhalb des Redaktionsablaufs liegt. Es kann nicht viele Reporter geben, die nicht in ihrem Innersten wissen, dass sie ihre Texte einfach und direkt halten und von allem Überflüssigen befreit formulieren sollten. Doch an der Tastatur setzt der Gedächtnisverlust ein.

»Gut zu schreiben ist ebenso schwierig, wie gut zu sein«, sagte Somerset Maugham. Es mag da einen Zusammenhang geben. Gut zu sein verlangt ein hohes Maß an moralischem Bewusstsein. Gut zu schreiben verlangt ein hohes Maß an handwerklichem Bewusstsein.

Wir versagen meist aus Unaufmerksamkeit, nicht aus Unwissenheit. Wir versäumen die kleinen, wohl durchdachten Schritte, jene Liebe zum Detail, die ein Handwerk verlangt. So passiert es, dass ein Teil der Berichterstattung wie ein Hochwasser führender Fluss ist, der vieles mit sich reißt, das nichts darin zu suchen hat: Bäume, ertrunkene Tiere, abgerissene Hausteile, alte Schuhe. Der Anblick kann herzergreifend sein.

Beginnen wir mit solch Kleinigkeiten wie »*hinauf*« oder »*voran*« wie in »hoch *hinauf*« oder »Kopf *voran*«. Betrachten wir »*laufend*« oder »derzeit«, wie in dem Satz »er ist *derzeit* der Präsident von ...«, in dem das Verb »*ist*« bereits den Sinn des Adjektivs »derzeit« ausdrückt.

Aufgeblasene Sätze drängen sich ins Blickfeld: »Die Regierung geht mit ihren Plänen voran, ungeachtet der Tatsache, dass die Opposition im Kongress anwächst.« Das hätte lauten können: » ... trotz wachsender Kongressopposition« – wenn der Schreiber wach gewesen wäre.

Noch seltsamer: »Gute Militär- und Geschäftsstrategie verlangt die Vermeidung jeglicher Handlung, die einen in eine Position bringt, bei der andere die Oberhand behalten.« In einem lichteren Moment hätte der Autor geschrieben: » ... verlangt, dass man die Oberhand behält.« Elf Wörter gespart.

Folgendes ist fast unergründlich: »Doch, sagte er, Menschen erkennen seltsamerweise ihre begrenzte Endlichkeit, und durch die bloße Tatsache, dass sie das tun, transzendieren sie dies in das Bewusstsein eines anderen Wesens von potenzieller Unendlichkeit.« Solcherart sind die Probleme, die wir uns – in unserer begrenzten Endlichkeit – selbst schaffen.

Doch Journalisten sind schon von Berufs wegen dem Sprachschwulst ausgesetzt, dem Jargon, der von offiziellen Nachrichtenquellen und »Kommunikatoren« in Bürokratie, Berufsverbänden, Institutionen und Unternehmen verbreitet wird.

Journalisten sind gezwungen, Kauderwelsch in klares Deutsch zu übersetzen. Doch oft bleiben sie im zähen Wortschwall ihrer Quellen stecken. Selbst bei der Berichterstattung über Schulen, einem Thema, das viele Leser beschäftigt, sickert Pädagogen-Jargon in den Bericht. Schulbibliotheken werden zu *Lese-Stützpunkten*, Klassenzimmer zu *Schulraumsituationen* und Klassen zu *Lernerfahrungen*. Kinder, die nicht lernen wollen, bleiben *hinter den Erwartungen zurück.* Die Anstrengungen der Lehrer, sie zum Lernen zu bringen, werden zu *einem Versuch, den Motivationslevel zu erhöhen.* Der Lehrer, der Ruhe in der Klasse möchte, schlägt *realisierbare neue Ziele in der Verhaltensmodifikation* vor. Die Schüchternheit der kleinen Maria wird zur *Schwierigkeit, sich dem Klassenverband anzupassen.*

Nichts von all dem hilft dem Autor und noch weniger hilft es Frau Schmitt, der Leserin, die wissen will, was in der örtlichen Schule vor sich geht.

Der fatale Hang zu Wortschwall, Abstraktion und Jargon ist kaum neu. Vor mehr als 40 Jahren beklagte George Orwell, der Meister des klaren, kraftvollen Stils, die gleichen Tendenzen. Das schlechteste zeitgenössische Schreiben, bemerkte er in seinem Essay *Politik und die englische Sprache*, äußert sich nicht in Wörtern, die wegen ihrer Bedeutung gewählt werden, sondern besteht aus dem »Zusammenkleben langer Wortketten, die bereits von jemand anders in eine Reihenfolge gebracht wurden.« Er übersetzte eine Strophe der *Ecclesiastes* (Prediger 9,11), um zu zeigen, zu welcher Prosa dies führt:

Ich wandte mich um und sah, wie es unter der Sonne zugeht, dass zum Laufen nicht hilft schnell sein, zum Streite hilft nicht stark sein, zur Nahrung hilft nicht geschickt sein, zum Reichtum hilft nicht klug sei; dass einer angenehm sei, dazu hilft nicht, dass er ein Ding wohl kann; sondern es liegt alles an Zeit und Glück. (Lutherübersetzung)

In modernem Bürokratisch liest sich dies so:

Objektive Betrachtung zeitgenössischer Phänomene zwingt zu der Folgerung, dass Erfolg oder Versagen in Wettkampfsituationen keine Tendenzen zeigen, inneren Fähigkeiten zu entsprechen, doch dass ein beträchtliches Element des Unvorhersagbaren unweigerlich in Betracht gezogen werden muss.

Dies ist nur eine Parodie, und nicht einmal allzu übertrieben. Ein Generaldirektor sprach von der »Restrukturierung der Firmenkultur« und von »angestrebten synergetischen Auswirkungen auf zukünftige Profitabilitäts- und Beschäftigungsebenen«. Er ist nur einen Fingerbreit von der Bundesbehörde entfernt, die Pferde und

Hühner als »Getreide konsumierende Tiereinheiten« bezeichnet. Ein Fallschirmabsprung wird zum »Vor-Dämmerungs-Senkrecht-Einsatz«. Ein Zivilist erfand den »Vier-Viertel-Kapital-Rückzug« für den Börsenkrach von 1987. Und was kann Tod auf dem OP-Tisch anderes sein als ein »endgültig negatives Ergebnis«?

Niemand hat Journalisten zu Hütern der Sprache bestellt, die sowieso ihre eigenen Wege geht. Doch Selbsterhaltungstrieb sollte uns veranlassen, Unsinnigkeiten wenigstens in unseren eigenen Texten zu bekämpfen. Wörter sind unser Vermögen. Wir können es uns nicht leisten, sie in »nichterfüllendes Anlagevermögen« umzuwandeln, um es in der feinfühligen Ausdrucksweise der Banker zu sagen.

Wir haben die Freiheit, zu wählen und Phrasen aus zweiter Hand, offizielles Kauderwelsch, das Trommelfeuer des Journalesisch zu ignorieren. Die Wörter werden dann wohlüberlegt sein und ausdrücken, wie etwas wirklich passiert, wie es wirklich aussieht und sich anfühlt.

Nehmen Sie das folgende Beispiel. Leslie Dreyfous von AP liefert eine »Sachgeschichte« mit simplen Einzelheiten in klarer Sprache:

Manchmal schaut Mary Freeland ihren Sohn an und erinnert sich an das Kind, das unter dem Gejohle der Nachbarskinder mit seinem Rad den Colonel Bell Drive hinunterkarriolte. Doch dann schaut sie wieder hin, und die Wirklichkeit bricht über sie herein: Zwei Jahrzehnte sind vergangen, und er ist immer noch dieses Kind.

Zwei Jahrzehnte sind vergangen, und Mary ist wieder Vollzeit-Mutter, sechs Jahre nachdem sie ihren Sohn in einer Schule für geistig Zurückgebliebene untergebracht hatte und ein neues Leben begann. Der Staat hat kein Geld mehr, und Patrick ist, wie Hunderte andere Erwachsene auch, nach Hause geschickt worden.

»Ich bin eine Großmutter«, sagt Mary, deren älteste Tochter, Molly, einen Sohn hat. »Und ich ziehe ein Kind groß, das ich für immer großziehen werde. Alles fängt wieder an.«

Ähnliche Schwierigkeiten treffen mehr als 632.000 Familien im ganzen Land, sagt die Vereinigung für zurückgebliebene Bürger …

Unter dem Druck des Redaktionsschlusses, inmitten von Blutvergießen und Chaos, berichtet AP-Sonderkorrespondent Mort Rosenblum über den Aufstand in Rumänien:

Die gläubigen Rumänen feiern heute das Weihnachtswunder, das sie von einem kommunistischen Diktator befreite, der die Religionsfreiheit unterdrückte und sogar Weihnachtslieder aus dem Radio verbannte.

»Es gab so viele Jahre, in denen ich, aus Angst vor der Regierung, nicht zur Kirche ging«, sagte die Gottesdienstbesucherin Viktoria Ionita am Heiligen Abend. »Jetzt wird in den Straßen geschossen, aber ich komme, weil ich an Gott glaube.«

Zum ersten Mal, seit die Kommunisten 1947 an die Macht gelangten, erklang am Sonntag Weihnachtsmusik in ganz Rumänien. Die Kämpfe zwischen Soldaten, die die provisorische Regierung unterstützen, und Sicherheitskräften, die Diktator Nicolae Ceausescu loyal sind, der am Freitag festgenommen und später inhaftiert wurde, halten an.

Einige Familien trugen am frühen Sonntagmorgen frisch geschlagene Weihnachtsbäume durch Bukarest. Schüsse von Heckenschützen vertrieben sie schnell von den Straßen. Für viele Rumänen war der Fall Ceausescus ein Weihnachtswunder, gesandt von Sankt Dimitrius, dem Heiligen aus dem 12. Jahrhundert, dessen Gebeine in der vergoldeten und mit Fresken geschmückten Kathedrale ruhen, die der gestürzte Diktator zerstören wollte ...

Schließlich noch der beunruhigende Anfang eines Berichts aus Ruanda von AP-Korrespondent Mark Fritz. Für seine Berichterstattung über das unsagbare Massaker in dem kleinen afrikanischen Staat erhielt er den Pulitzer-Preis.

Niemand lebt hier mehr.

Nicht die werdenden Mütter, die sich vor der Geburtsklinik zusammenkauern, nicht die Familien, die sich in die Kirche gedrängt haben, nicht der Mann, der in einer Schule unter der an die Tafel gemalten Karte von Afrika verwest.

Alle hier sind tot. Karubamba ist eine Höllenvision, ein Fleisch- und Knochenabladeplatz menschlicher Zerstörung, ein obszönes Schlachthaus, in dem es still ist, bis auf das tosende Summen von Fliegen, groß wie Honigbienen.

Hunderte von Leichen, mit stummen Todesschreien auf den verwesenden Gesichtern, liegen entlang der Straßen und füllen die ordentlichen Backsteingebäude der Kleinstadt, die meisten davon in dem ausgedehnten römisch-katholischen Teil von Klassenräumen und Kliniken im erloschenen Herz von Karubamba.

Karubamba ist lediglich eines der atemraubenden Beispiele des Chaos, das aus dem wunderschönen kleinen Ruanda das schrecklichste Schlachthaus der Welt werden ließ.

Karubamba, 30 Meilen nördlich der Hauptstadt Kigali, starb am 11. April, sechs Tage nachdem der ruandische Präsident Juvenal Habyarimana, der dem Stamm der Hutus angehörte, bei einem Flugzeugabsturz ums Leben kam, dessen Ursache immer noch ungeklärt ist. Die Paranoia und das Misstrauen, die das Unglück begleiten, setzten Jahrzehnte umfassenden ethnischen, sozialen und politischen Hasses frei. Sie entzündeten einen mörderischen Feldzug der Extremisten der Hutu-Mehrheit gegen die rivalisierenden Tutsis und gegen die Hutus, die in Opposition zur Regierung standen …

Das alles ist klar und deutlich. Keine Klischees, kein Superlativ, gerade die Art von Detail, die den Leser in die Lage versetzt, zu sehen und zu verstehen.

Nicht jedes Nachrichtenthema kann im gleichen Stil behandelt werden, doch jede Berichterstattung sollte ähnliche Einfachheit und Direktheit zum Ziel haben.

René Jacques Cappon hat in verschiedenen AP-Büros in Frankfurt am Main, Baltimore und Kansas City gearbeitet, bevor er Chefredakteur der Nachrichtenredaktion von Associated Press in New York wurde. Dieser Text ist dem *Associated Press-Handbuch Journalistisches Schreiben* entnommen.

Adressen

▷ *Zeitungen, Magazine*

Überregionale Tageszeitungen und Wochenzeitungen

Bayernkurier
Nymphenburger Straße 64
80335 München
Tel. 089 - 120 04-0
Fax 089 - 129 30 50
www.bayernkurier.de

Bild am Sonntag
Axel-Springer-Platz 1
20350 Hamburg
Tel. 040 - 347-228 09
Fax 040 - 347-245 14
www.bams.de

B.Z. am Sonntag
Axel-Springer-Straße 65
10888 Berlin
Tel. 030 - 2591 - 737 45
Fax 030 - 2591 - 737 99
www.bz-berlin.de

Financial Times Deutschland
Stubbenhuk 3
20459 Hamburg
Tel. 040 - 319 90-0
Fax 040 - 319 90-310
www.ftd.de

Frankfurter Allgemeine Sonntagszeitung
Hellerhofstraße 2-4
60267 Frankfurt am Main
Tel. 069 - 75 91-0
Fax 069 - 75 91-20 69
www.faz.de

Frankfurter Allgemeine Zeitung
Hellerhofstraße 2-4
60267 Frankfurt am Main
Tel. 069 - 75 91-0
Fax 069 - 75 91-20 69
www.faz.de

Frankfurter Rundschau
Große Eschenheimer Straße 16-18
60313 Frankfurt am Main
Tel. 069 - 21 99- 1
Fax 069 - 2199-3425
www.fr-aktuell.de

Freitag
Potsdamer Straße 89
10785 Berlin
Tel. 030 - 25 00 87-11
Fax 030 - 25 00 87-10
www.freitag.de

Handelsblatt
Kasernenstraße 67
40213 Düsseldorf
Tel. 0211 - 887-1241
Fax 0211 - 88797-1241
www.handelsblatt.com

Jüdische Allgemeine
Hausvogteiplatz 12
10117 Berlin
Tel. 030 - 28 44 56-50
Fax 030 - 28 44 56-99
www.juedische-presse.de

Neue Zürcher Zeitung
Falkenstraße 11
CH-8021 Zürich
Tel. 0041 - 1 - 2581111
Fax 0041 - 1 - 2521329
www.nzz.ch

Süddeutsche Zeitung
Sendlinger Straße 8
80331 München
Tel. 089 - 21 83- 8697
Fax 089 - 21 83-97 64
www.sueddeutsche.de

Sonntag Aktuell
Postfach 10 44 62
70039 Stuttgart
Tel. 0711 - 72 05 - 3501, 72 05 - 3502
TeleFax 0711 - 72 05 - 3504
www.sonntag-aktuell.de

Der Standard
Herrengasse 19
A-1014 Wien
Tel. 0043 - 1 - 53170-286
Fax 0043 - 1 - 53170-205
www.derstandard.at

Tages Anzeiger
Werdstraße 21
CH-8021 Zürich
Tel. 0041 - 1 - 2484411
Fax 0041 - 1 - 2484471
www.tages-anzeiger.ch

Der Tagesspiegel
Potsdamer Straße 77-87
10785 Berlin
Tel. 030 - 260 09-406
Fax 030 - 260 09-557
www.tagesspiegel.de

taz - Die Tageszeitung
Kochstraße 18
10969 Berlin
Tel. 030 - 2 59 02-0
Fax 030 - 2 51- 30 78
www.taz.de

Die Welt
Axel-Springer-Straße 65
10888 Berlin
Tel. 030 - 25 91-729 16
Fax 030 - 25 91-729 46
www.welt.de

Welt am Sonntag
Axel-Springer-Str. 65
10888 Berlin
Tel. 030 - 25 91-778 47
Fax 030 - 25 91-778 42
www.wams.de

Die Weltwoche
Förrlibuckstraße 10
CH-8021 Zürich
Tel. 0041 - 1 - 448 80 47
Fax 0041 - 1 - 448 71 27
www.weltwoche.ch

Die Zeit
Speersort 1
20095 Hamburg
Tel. 040 - 32 80-386
Fax 040 - 32 80-508
www.zeit.de

Regionale Tageszeitungen

Aachener Nachrichten
Dresdener Straße 3
52068 Aachen
Tel. 0241 - 51 01-427
Fax 0241 - 51 01-440
www.an-online.de

Aachener Zeitung - Aachener Nachrichten
Dresdener Straße 3
52068 Aachen
Tel. 0241 - 51 01-353
Fax 0241 - 51 01-360
www.aachener-zeitung.de

Aargauer Zeitung
Bahnhofstraße 39-43
CH-5000 Aarau
Tel. 0041 - 62 - 836-6161
Fax 0041 - 62 - 836-6162
www.aargauerzeitung.ch

Abendzeitung
Sendlinger Straße 10
80331 München
Tel. 089 - 23 77- 324
Fax 089 - 23 77- 709
www.abendzeitung.de

Allgäuer Zeitung
Heisinger Str. 14
87437 Kempten
Tel. 0831 - 2 06- 440
Fax 0831 - 2 06-137
www.all-in.de

Allgemeine Zeitung
Erich-Dombrowski-Str. 2
55127 Mainz
Tel. 06131 - 48-5941
Fax 06131 - 48- 58 68
www.allgemeine-zeitung.de

Augsburger Allgemeine
Curt-Frenzel-Straße 2
86167 Augsburg
Tel. 0821 - 7 77- 21 50 /-2118
Fax 0821 - 7 77- 2115
www.augsburger-allgemeine.de

B.Z.
Axel-Springer-Straße 65
10888 Berlin
Tel. 030 - 2591-73745
Fax 030 - 2591-73799
www.asv.de

Badische Neueste Nachrichten
Linkenheimer Landstraße 133
76149 Karlsruhe
Tel. 0721 - 7 89- 141
Fax 0721 - 7 89- 155
www.bnn.de

Badische Zeitung
Basler Straße 88
79115 Freiburg
Tel. 0761 - 4 96- 5065
Fax 0761 - 496- 5069
www.badische-zeitung.de

Badisches Tagblatt
Stefanienstraße 1-3
76530 Baden-Baden
Tel. 07221 - 215-1233
Fax 07221 - 215-1440
www.badisches-tagblatt.de

Basellandschaftliche Zeitung
Schützenstraße 2-6
CH-4410 Liestal
Tel. 0041 - 61 - 9272600
Fax 0041 - 61 - 9212268
www.bz-online.ch

Basler Zeitung
Aeschenplatz 7
CH-4002 Basel
Tel. 0041 - 61 - 6391111
Fax 0041 - 61 - 6311582
www.baz.ch

Berliner Kurier
Karl-Liebknecht-Straße 29
10178 Berlin
Tel. 030 - 2327-5991
Fax 030 - 2327-5155
www.berlinonline.de

Berliner Morgenpost
Axel-Springer-Straße 65
10969 Berlin
Tel. 030 - 2591-73617
Fax 030 - 2591-73299
www.morgenpost.de

Berliner Zeitung
Karl-Liebknecht-Straße 29
10178 Berlin
Tel. 030 - 23 27-6151
Fax 030 - 23 27- 52 39
www.berlinonline.de

Berner Zeitung BZ
Dammweg 9
CH-3013 Bern
Tel. 0041 - 31 - 3303111
Fax 0041 - 31 - 3327724

Bieler Tagblatt
Postfach
CH-2501 Biel
Tel. 0041 - 32 - 3219111
Fax 0041 - 32 - 3219119
www.bielertagblatt.ch

Bild
Axel-Springer-Platz 1
20355 Hamburg
Tel. 040 - 347-25890
Fax 040 - 347-25586
www.bild.de

Blick
Dufourstraße 23
CH-8008 Zürich
Tel. 0041 - 1 - 2596639
Fax 0041 - 1 - 2622976
www.blick.ch

Braunschweiger Zeitung
Hamburger Straße 277
38114 Braunschweig
Tel. 0531 - 39 00-320; -349
Fax 0531 - 39 00- 610
www.newsclick.de

Bremer Nachrichten
Martinistraße 43
28195 Bremen
Tel. 0421 - 36 71-0
Fax 0421 - 32 83 27
www.bremer-nachrichten.de

Bündner Tagblatt
Comercialstraße 22
CH-7007 Chur
Tel. 0041 - 81 - 2555050
Fax 0041 - 81 - 2555123

Cellesche Zeitung
Bahnhofstraße 1-3
29221 Celle
Tel. 05141 - 9 90-136; -130
Fax 05141 - 9 90-112
www.cellesche-zeitung.de

Darmstädter Echo
Holzhofallee 25-31
64295 Darmstadt
Tel. 06151 - 3 87-532
Fax 06151 - 3 87-533
www.echo-online.de

Deister- und Weserzeitung Dewezet
Osterstraße 15-19
31785 Hameln
Tel. 05151 - 200-430
Fax 05151 - 2 00- 305
www.dewezet.de

Der Bund
Bubenbergplatz 8
CH-3001 Bern
Tel. 0041 - 31 - 3851111
Fax 0041 - 31 - 3851112
www.ebund.ch

Der Landbote
Garnmarkt 10
CH-8401 Winterthur
Tel. 0041 - 52 - 2669901
Fax 0041 - 52 - 2669911
www.landbote.ch

Der Neue Tag
Weigelstraße 16
92637 Weiden
Tel. 0961 - 85-253
Fax 0961 - 447 47
www.oberpfalznetz.de

Der Zürcher Oberländer
Rapperswilerstraße 1
CH-8620 Wetzikon
Tel. 0041 - 1 - 9333333
Fax 0041 - 1 - 9323232
www.zol.ch

Die Glocke
Ruggestraße 27 - 29
59302 Oelde
Tel. 02522 - 73-125
Fax 02522 - 73-166
www.die-glocke.de

Die Rheinpfalz
Amtsstraße 5-11
67059 Ludwigshafen
Tel. 0621 - 59 02- 310
Fax 0621 - 59 02- 354
www.rheinpfalz.de

Die Südostschweiz
Comercialstraße 22
CH-7007 Chur
Tel. 0041 - 81 - 2555255
Fax 0041 - 81 - 2555102
www.diesuedostschweiz.ch

Die Tagespost
Juliuspromenade 64
97070 Würzburg
Tel. 0931 - 308 63-41
Fax 0931 - 30863-33
www.die-tagespost.com

Dithmarscher Landeszeitung
Wulf-Isebrand-Platz
25746 Heide
Tel. 0481 - 68 86-0
Fax 0481 - 68 86- 462
www.sh.nordsee.de

Donaukurier
Stauffenbergstraße 2a
85051 Ingolstadt
Tel. 0841 - 96 66- 218
Fax 0841 - 96 66- 255
www.donaukurier.de

Emder Zeitung
Zwischen beiden Märkten 2
26721 Emden
Tel. 04921 - 89 00-42
Fax 04921 - 89 00- 489
www.emderzeitung.de

Eßlinger Zeitung
Zeppelinstraße 116
73730 Esslingen
Tel. 0711 - 9310-210
Fax 0711 - 316 91 24
www.ez-online.de

Flensburger Tageblatt
Nikolaistraße 14
24937 Flensburg
Tel. 0461 - 808-10 82
Fax 0461 - 808-10 49
www.shz.de

Frankenpost
Poststraße 9-11
95028 Hof
Tel. 09281 - 8 16- 208
Fax 09281 - 8 16- 283
www.frankenpost.de

Frankfurter Neue Presse
Frankenallee 71-81
60327 Frankfurt am Main
Tel. 069 - 75 01- 4428
Fax 069 - 75 01- 4878
www.fnp.de

Fränkischer Tag
Gutenbergstraße 1
96050 Bamberg
Tel. 0951 - 1 88- 202
Fax 0951 - 1 88-323
www.fraenkischer-tag.de

Freie Presse
Brückenstraße 15
9111 Chemnitz
Tel. 0371 - 6 56- 0
Fax 0371 - 656-17043
www.freiepresse.de

Freies Wort
Schützenstraße 2
98527 Suhl
Tel. 03681 - 8 51-236; -220
Fax 03681 - 8 51-211
www.freies-wort.de

Fuldaer Zeitung
Frankfurter Straße 8
36043 Fulda
Tel. 0661 - 2 80- 0
Fax 0661 - 2 80- 279
www.fuldaerzeitung.de

General-Anzeiger
Justus-von-Liebig-Straße 15
53121 Bonn
Tel. 0228 - 66 88- 444
Fax 0228 - 66 88- 411
www.general-anzeiger-bonn.de

Giessener Allgemeine
Marburger Straße 20
35390 Gießen
Tel. 0641 - 30 03-151
Fax 0641 - 30 03-305
www.giessener-allgemeine.de

Giessener Anzeiger
Am Urnenfel12
35396 Gießen
Tel. 0641 - 95 04-225
Fax 0641 - 95 04-200
www.giessener-anzeiger.de

Hamburger Abendblatt
Axel-Springer-Platz 1
20355 Hamburg
Tel. 040 - 3 47- 23491
Fax 040 - 3 47- 24978
www.abendblatt.de

Hamburger Morgenpost
Griegstraße 75
22763 Hamburg
Tel. 040 - 8 83 03- 322 - -266
Fax 040 - 8 83 03- 630
www.mopo.de

Hanauer Anzeiger
Hammerstraße 9
63450 Hanau
Tel. 06181 - 29 03- 0
Fax 06181 - 29 03-300
www.hanauer.de

Hannoversche Allgemeine Zeitung
August-Madsack-Straße 1
30559 Hannover
Tel. 0511 - 5 18- 2889
Fax 0511 - 518- 2871
www.haz.de

Harburger Anzeigen und Nachrichten
Harburger Rathausstr. 40
21073 Hamburg
Tel. 040 - 7 71 77-271
Fax 040 - 7 65 02 62
www.han-online.de

Heilbronner Stimme
Allee 2
74072 Heilbronn
Tel. 07131 - 6 15- 276
Fax 07131 - 6 15- 407
www.stimme.de

Hessische-Niedersächsische Allgemeine
Frankfurter Straße 168
34121 Kassel
Tel. 0561 - 2 03- 1446; -1401
Fax 0561 - 2 03- 23 40
www.hna.de

Höfner Volksblatt/March-Anzeiger
Verenastraße 2
CH-8832 Wollerau
Tel. 0041 - 1 - 7870300
Fax 0041 - 1 - 7870310
www.hoefner.ch

Iserlohner Kreisanzeiger und Zeitung
Theodor-Heuss-Ring 4-6
58636 Iserlohn
Tel. 02371 - 822-0
Fax 02371 - 822-220
www.ikz-online.de

Junge Welt
Karl-Liebknecht-Straße 32
10178 Berlin
Tel. 030 - 53 63 55-55
Fax 030 - 53 63 55-44
www.jungewelt.de

Kieler Nachrichten
Fleethörn 1-7
24103 Kiel
Tel. 0431 - 903-2890
Fax 0431 - 903-2896
www.kn-online.de

Kleine Zeitung
Schönaugasse 64
A-8010 Graz
Tel. 0043 - 316 - 875-4412
Fax 0043 - 316 - 875-4414
www.kleinezeitung.at

Kölner Stadt-Anzeiger
Amsterdamer Straße 192
50735 Köln
Tel. 0221 - 224-2446
Fax 0221 - 2 24- 25 24
www.ksta.de

Kölnische Rundschau
Stolkgasse 25-45
50667 Köln
Tel. 0221 - 16 32- 510
Fax 0221 - 16 32- 557
www.rundschau-online.de

Kreiszeitung
Ristedter Weg 17
28857 Syke
Tel. 04242 - 58- 320
Fax 04242 - 58- 332
www.kreiszeitung.de

Kurier
Seidengasse 11
A-1072 Wien
Tel. 00431 - 52100-2835
Fax 00431 - 52100-2717
www.kurier.at

Landeszeitung für die Lüneburger Heide
Am Sande 18-19
21335 Lüneburg
Tel. 04131 - 7 40-265
Fax 04131 - 7 40- 213
www.landeszeitung.de

Landshuter Zeitung - Straubinger Tagblatt
Altstadt 89
84028 Landshut
Tel. 0871 - 850-250
Fax 0871 - 850-252
www.idowa.de

Lausitzer Rundschau
Straße der Jugen54
3050 Cottbus
Tel. 0355 - 4 81- 221
Fax 0355 - 4 81- 178
www.lr-online.de

Leipziger Volkszeitung
Peterssteinweg 19
04107 Leipzig
Tel. 0341 - 21 81-1328
Fax 0341 - 2181-1538
www.lvz-online.de

Lübecker Nachrichten
Herrenholz 10-12
23556 Lübeck
Tel. 0451 - 1 44- 2248
Fax 0451 - 1 44-1008
www.ln-online.de

Ludwigsburger Kreiszeitung
Körnerstraße 14-18
71634 Ludwigsburg
Tel. 07141 - 1 30-276
Fax 07141 - 1 30- 340
www.ludwigsburger-kreiszeitung.de

Main-Echo
Weichertstraße 20
63741 Aschaffenburg
Tel. 06021 - 3 96- 229
Fax 06021 - 3 96- 499
www.main-echo.de

Main-Post
Berner Straße 2
97084 Würzburg
Tel. 0931 - 60 01-387; -357
Fax 0931 - 60 01-463; -599
www.mainpost.de

Mannheimer Morgen
Dudenstraße 12-26
68167 Mannheim
Tel. 0621 - 3 92-13 42
Fax 0621 - 3 92-13 66
www.morgenweb.de

Märkische Allgemeine
Friedrich-Engels-Straße 24
14473 Potsdam
Tel. 0331 - 28 40- 0

Fax 0331 - 28 40- 310
www.maerkische-allgemeine.de

Märkische Oderzeitung
Kellenspring 6
15230 Frankfurt - Oder
Tel. 030 - 284-44057
Fax 0335 - 55 30-538
www.moz.de

Mindener Tageblatt
Obermarktstraße 26-30
32423 Minden
Tel. 0571 - 882-144
Fax 0571 - 882-240
www.mt-online.de

Mittelbayerische Zeitung
Margaretenstraße 4
93047 Regensburg
Tel. 0941 - 2 07-357; -343
Fax 0941 - 2 07-124
www.donau.de

Mitteldeutsche Zeitung
Delitzscher Straße 65
6112 Halle
Tel. 0345 - 565-4226
Fax 0345 - 565-4249
www.mz-web.de

Münchner Merkur
Paul-Heyse-Straße 2-4
80336 München
Tel. 089 - 53 06-448
Fax 089 - 53 06-8655
www.merkur-online.de

Münstersche Zeitung
Neubrückenstraße 8-11
48143 Münster
Tel. 0251 - 592-47 50
Fax 0251 - 592- 84 50
www.westline.de

Neue Kärntner Tageszeitung
Viktringerring 28
A-9020 Klagenfurt
Tel. 0043 - 463 - 5866-503
Fax 0043 - 463 - 54121
www.ktz.at

Neue Kronen Zeitung
Muthgasse 2
A-1190 Wien
Tel. 0043 - 1 - 36011-0
Fax 0043 - 1 - 36011-3688
www.krone.at

Neue Luzerner Zeitung NLZ
Maihofstraße 76
CH-6002 Luzern
Tel. 0041 - 41 - 4295151
Fax 0041 - 41 - 4295181
www.neue-lz.ch

Neue Osnabrücker Zeitung
Breiter Gang 10-16
49074 Osnabrück
Tel. 0541 - 3 10-224
Fax 0541 - 3 10-474
www.neue-oz.de

Neue Presse, Coburg
Friedrich-Rückert-Straße 73
96450 Coburg
Tel. 09561 - 8 50-135; -127

Fax 09561 - 8 50-178
www.coburg.com

Neue Presse, Hannover
August-Madsack-Straße 1
30559 Hannover
Tel. 0511 - 51 01-2246
Fax 0511 - 51 01-62 99
www.neuepresse.de

Neue Tiroler Krone
Schusterbergweg 86
A-6020 Innsbruck
Tel. 0043 - 512 - 268686
Fax 0043 - 512 - 268686-330
www.krone.at

Neue Vorarlberger Tageszeitung
Kirchstraße 35
A-6900 Bregenz
Tel. 0043 - 5574 - 409-164
Fax 0043 - 5574 - 409-300
www.neue.vol.at

Neue Westfälische
Niedernstraße 21-27
33602 Bielefel
Tel. 0521 - 5 55- 298
Fax 0521 - 5 55- 354
www.nw-news.de

Neues Deutschland
Alt Stralau 1-2
10245 Berlin
Tel. 030 - 293 90-763
Fax 030 - 293 90-760
www.nd-online.de

Neues Volksblatt
Hafenstraße 1-3
A-4010 Linz
Tel. 0043 - 70 - 7606-797
Fax 0043 - 70 - 779242
www.volksblatt.at

Nordbayerischer Kurier
Maxstraße 58-60
95444 Bayreuth
Tel. 0921 - 500-162
Fax 0921 - 500-180
www.bayreuth.de

Nordkurier
Flurstraße 2
17034 Neubrandenburg
Tel. 0395 - 45 75-494
Fax 0395 - 45 75- 694
www.nordkurier.de

Nordsee Zeitung
Hafenstraße 140
27576 Bremerhaven
Tel. 0471 - 5 97-284; -285
Fax 0471 - 5 97- 555
www.nordsee-zeitung.de

Nordwest-Zeitung
Peterstraße 28-34
26121 Oldenburg
Tel. 0441 - 99 88- 01
Fax 0441 - 99 88- 20 48
www.nwz-online.de

NRZ - Neue Ruhr Zeitung - Neue Rhein Zeitung
Friedrichstraße 34-38
45128 Essen

Tel. 0201 - 8 04- 0
Fax 0201 - 8 04- 26 21
www.nrz.de

Nürnberger Nachrichten
Marienstraße 9-11
90402 Nürnberg
Tel. 0911 - 216-0
Fax 0911 - 216-1576
www.nn-online.de

Nürnberger Zeitung
Marienstraße 9
90402 Nürnberg
Tel. 0911 - 23 51- 0
Fax 0911 - 23 51- 20 00
www.nz-online.de

Oberbayrisches Volksblatt
Hafnerstraße 5-13
83022 Rosenheim
Tel. 08031 - 213-210
Fax 08031 - 213-216
www.ovb.net

Oberhessische Presse
Franz-Tuczek-Weg 1
35039 Marburg
Tel. 06421 - 4 09- 363
Fax 06421 - 4 09- 302
www.op-marburg.de

Offenbach-Post
Waldstraße 226
63071 Offenbach am Main
Tel. 069 - 850 08-235
Fax 069 - 850 08-297
www.op-online.de

Offenburger Tageblatt
Marlener Straße 9
77656 Offenburg
Tel. 0781 - 5 04- 1214
Fax 0781 - 5 04- 12 09
www.baden-online.de

Oldenburgische Volkszeitung
Neuer Markt 2
49377 Vechta
Tel. 04441 - 95 60- 300
Fax 04441 - 95 60- 310
www.ov-online.de

Oltner Tagblatt OT
Ziegelfeldstraße 60
CH-4601 Olten
Tel. 0041 - 62 - 2057676
Fax 0041 - 62 - 2057600
www.oltnertagblatt.ch

Oberösterreichische Nachrichten
Promenade 23
A-4020 Linz
Tel. 0043 - 732 - 7805-0
Fax 0043 - 732 - 7805461
www.nachrichten.at

Oranienburger Generalanzeiger
Lehnitzstr. 13
16515 Oranienburg
Tel. 03301 - 5963-59
Fax 03301 - 5963-50
www.oranienburger-generalanzeiger.de

Ostsee-Zeitung
Richard-Wagner-Straße 1a
18055 Rostock
Tel. 0381 - 3 65- 400

Fax 0381 - 3 65- 366
www.ostsee-zeitung.de

Ostthüringer Zeitung
Alte Straße 1
04626 Löbichau
Tel. 03447 - 52-59 30
Fax 03447 - 52-59 33
www.otz.de

Passauer Neue Presse
Medienstraße 5
94036 Passau
Tel. 0851 - 802-203
Fax 0851 - 802-773
www.pnp.de

Pfälzischer Merkur
Hauptstraße 66
66482 Zweibrücken
Tel. 06332 - 80 00-50
Fax 06332 - 80 00-59
www.pfaelzischer-merkur.de

Pforzheimer Zeitung
Poststraße 5
75172 Pforzheim
Tel. 07231 - 933-143
Fax 07231 - 933-260
www.pz-news.de

Pinneberger Tageblatt
Damm 9-15
25421 Pinneberg
Tel. 04101 - 535-401
Fax 04101 - 535-481
www.a-beig.de

Pirmasenser Zeitung
Gärtnerstraße 20
66953 Pirmasens
Tel. 06331 - 80 05- 60
Fax 06331 - 80 05- 81
www.pirmasenser-zeitung.de

Potsdamer Neueste Nachrichten
Platz der Einheit 14
14467 Potsdam
Tel. 0331 - 23 76-146
Fax 0331 - 23 76-300
www.pnn.de

Die Presse
Parkring 12a
A- 1010 Wien
Tel. 0043 - 1 - 51414-524
Fax 0043 - 1 - 51414-345
www.diepresse.at

Recklinghäuser Zeitung - Buersche Zeitung
Kampstraße 84b
45772 Marl
Tel. 02365 - 107-241
Fax 02365 - 107-247
www.westline.de

Reutlinger General-Anzeiger
Burgstraße 1-7
72764 Reutlingen
Tel. 07121 - 3 02- 0
Fax 07121 - 3 02- 677
www.gea.de

Rheinische Post
Zülpicher Straße 10
40196 Düsseldorf

Tel. 0211 - 5 05- 0
Fax 0211 - 5 05- 2284
www.rp-online.de

Rhein-Neckar-Zeitung
Neugasse 2
69117 Heidelberg
Tel. 06221 - 519-260
Fax 06221 - 519- 217
www.rnz-online.de

Rhein-Zeitung
August-Horch-Straße 28
56070 Koblenz
Tel. 0261 - 892-360
Fax 0261 - 892-538
www.rz-online.de

Ruhr Nachrichten
Westenhellweg 86-88
44137 Dortmund
Tel. 0231 - 90 59- 47 00
Fax 0231 - 90 59- 8402
www.ruhr-nachrichten.de

Saale-Zeitung
Theresienstraße 17 - 19 - 21
97688 Bad Kissingen
Tel. 0971 - 80 40-114
Fax 0971 - 80 40- 141
www.saale-zeitung.de

Saarbrücker Zeitung
Gutenbergstraße 11-23
66103 Saarbrücken
Tel. 0681 - 5 02- 2242
Fax 0681 - 5 02-2249
www.sz-newsline.de

Sächsische Zeitung
Ostra-Allee 20
01067 Dresden
Tel. 0351 - 48 64- 2280
Fax 0351 - 48 64- 2282
www.sz-online.de

Salzburg Krone - Neue Kronen Zeitung
Karolingerstraße 36
A-5020 Salzburg
Tel. 0043 - 662 - 834483-266
Fax 0043 - 662 - 832490
www.krone.at

Salzburger Nachrichten
Karolingerstraße 40
A- 5021 Salzburg
Tel. 0043 - 662 - 8373-363
Fax 0043 - 662 - 8373-399
www.salzburg.com

schaffhauser az
Webergasse 39
CH-8201 Schaffhausen
Tel. 0041 - 52 - 6330833
Fax 0041 - 52 - 6330834
www.schaffhauseraz.ch

Schaffhauser Nachrichten
Vordergasse 58
CH-8201 Schaffhausen
Tel. 0041 - 52 - 6333111
Fax 0041 - 52 - 6333401
www.shn.ch

Schwäbische Zeitung
Rudolf-Roth-Straße 16-18
88299 Leutkirch
Tel. 07561 - 80-122

Fax 07561 - 80-275
www.schwaebische-zeitung.de

Schwarzwälder Bote
Kirchtorstraße 14
78727 Oberndorf
Tel. 07423 - 78- 0
Fax 07423 - 78- 73
www.schwarzwaelder-bote.de

Schweriner Volkszeitung
Gutenbergstraße 1
19061 Schwerin
Tel. 0385 - 63 78- 0
Fax 0385 - 3 97 51 40
www.svz.de

Siegener Zeitung
Obergraben 39
57072 Siegen
Tel. 0271 - 59 40-231
Fax 0271 - 59 40-239
www.siegener-zeitung.de

Solothurner Zeitung
Zuchwiler Straße 21
CH-4501 Solothurn
Tel. 0041 - 32 - 6247474
Fax 0041 - 32 - 6247788
www.vsonline.ch

St. Galler Tagblatt
Fürstenlandstraße 122
CH-9001 St. Gallen
Tel. 0041 - 71 - 2727711
Fax 0041 - 71 - 2727476
www.tagblatt.ch

Stuttgarter Nachrichten
Plieninger Straße 150
70567 Stuttgart
Tel. 0711 - 72 05-757
Fax 0711 - 72 05- 120
www.stuttgarter-nachrichten.de

Stuttgarter Zeitung
Plieninger Straße 150
70567 Stuttgart
Tel. 0711 - 72 05- 469
Fax 0711 - 72 05- 608
www.stuttgarter-zeitung.de

Südkurier
Max-Stromeyer-Straße 178
78467 Konstanz
Tel. 07531 - 999-1225
Fax 07531 - 999-1846
www.skol.de

Südthüringer Zeitung
Andreasstraße 11
36433 Bad Salzungen
Tel. 03695 - 55 50-50
Fax 03695 - 55 50-51
www.stz-online.de

Südwest Presse - Schwäbische Donau Zeitung
Frauenstraße 77
89073 Ulm
Tel. 0731 - 1 56-260
Fax 0731 - 1 56-448
www.suedwest-presse.de

SVZ Salzburger Volkszeitung
Bergstraße 12
A-5020 Salzburg

Tel. 0043 - 662 - 879491-0
Fax 0043 - 662 - 879491-13
www.svz.at

Thurgauer Zeitung - Die Neue
Promenadenstraße 16
CH-8501 Frauenfeld
Tel. 0041 - 52 - 7235757
Fax 0041 - 52 - 7210002
www.thurgauerzeitung.ch

Thüringer Allgemeine
Gottstedter Landstraße 6
99092 Erfurt
Tel. 0361 - 2 27- 4
Fax 0361 - 2 27- 51 44
www.thueringer-allgemeine.de

Thüringische Landeszeitung
Marienstraße 14
99423 Weimar
Tel. 03643 - 2 06- 450
Fax 03643 - 2 06- 422
www.tlz.de

Tiroler Tageszeitung
Ing.-Etzel-Straße 30
A-6021 Innsbruck
Tel. 0043 - 512 - 5354-0; -651
Fax 0043 - 512 - 5354-654
www.tt.com

Traunsteiner Tagblatt
Marienstraße 12
83278 Traunstein
Tel. 0861 - 98 77- 0
Fax 0861 - 98 77- 119
www.traunsteiner-tagblatt.de

Trierischer Volksfreun
Hanns-M.-Schleyer-Straße 8
54294 Trier
Tel. 0651 - 71 99- 459
Fax 0651 - 71 99- 455
www.volksfreund.de

Trostberger Tagblatt
Gabelsberger Straße 4-6
83308 Trostberg
Tel. 08621 - 808-25
Fax 08621 - 808-68
www.trostberger-tagblatt.de

TZ
Paul-Heyse-Straße 2-4
80282 München
Tel. 089 - 53 06-542
Fax 089 - 53 06-556
www.tz-online.de

Volksstimme - Volkszeitung
Bahnhofstraße 17
39104 Magdeburg
Tel. 0391 - 59 99-231; -265
Fax 0391 - 59 99- 222
www.volksstimme.de

VN - Vorarlberger Nachrichten
Gutenbergstraße 1
A-6858 Schwarzach
Tel. 0043 - 5572 - 501-0
Fax 0043 - 5572 - 501-227
www.vn.vol.at

Waldeckische Landeszeitung
Lengefelder Straße 6
34497 Korbach
Tel. 05631 - 560-137

Fax 05631 - 6994
www.wlz-fz.de

Walliser Bote
Furka-Straße 21
CH-3900 Brig
Tel. 0041 - 27 - 9229988
Fax 0041 - 27 - 9229989
www.walliserbote.ch

Weser-Kurier
Martinistraße 43
28195 Bremen
Tel. 0421 - 36 71-0
Fax 0421 - 32 83 27
www.weser-kurier.de

Westdeutsche Allgemeine
Friedrichstraße 34-38
45128 Essen
Tel. 0201 - 8 04-2278
Fax 0201 - 8 04-2841
www.waz.de

Westdeutsche Zeitung
Königsallee 27
40212 Düsseldorf
Tel. 0211 - 83 82-2382
Fax 0211 - 83 82-2392
www.westdeutsche-zeitung.de

Westfalen-Blatt
Sudbrackstraße 14-18
33611 Bielefeld
Tel. 0521 - 5 85-479
Fax 0521 - 5 85-489
www.westfalenblatt.de

Westfalenpost
Schürmannstraße 4
58097 Hagen
Tel. 02331 - 917-41 73
Fax 02331 - 917-42 06
www.westfalenpost.de

Westfälische Nachrichten
Soester Straße 13
48155 Münster
Tel. 0251 - 6 90-755
Fax 0251 - 690-717
www. westfaelische-nachrichten.de

Westfälische Rundschau
Brüderweg 9
44135 Dortmund
Tel. 0231 - 95 73- 1329
Fax 0231 - 95 73- 1399
www.westfaelische-rundschau.de

Westfälischer Anzeiger
Gutenbergstraße 1
59065 Hamm
Tel. 02381 - 105-272
Fax 02381 - 105-239
www.wa-online.de

Wetzlarer Neue Zeitung
Elsa-Brandström-Straße 18
35578 Wetzlar
Tel. 06441 - 959-184
Fax 06441 - 959-292
www.mittelhessen.de

Wiener Zeitung
Rennweg 16
A-1037 Wien
Tel. 0043 - 1 - 20699-269

Fax 0043 - 1 - 20699-433
www.wienerzeitung.at

Wiesbadener Kurier
Langgasse 21
65183 Wiesbaden
Tel. 0611 - 355-5316
Fax 0611 - 355-3355
www.wiesbadener-kurier.de

Zofinger Tagblatt
Vordere Hauptgasse 33
CH-4800 Zofingen
Tel. 0041 - 62 - 7459393
Fax 0041 - 62 - 7459419
www.zofingertagblatt.ch

Zürichsee-Zeitung
Seestraße 86
CH-8712 Stäfa
Tel. 0041 - 1 - 9285555
Fax 0041 - 1 - 9285550
www.zsz.ch

Magazine

Amica
Brandstwiete 1
20457 Hamburg
Tel. 040 - 41 31- 31 22
Fax 040 - 41 31- 20 77
www.amica.de

annabelle
Werdstraße 21
CH-8004 Zürich
Tel. 0041 - 1 - 248 61 22
Fax 0041 - 1 - 248 62 18
www.annabelle.ch

Bella
Ost-West-Straße 20
20457 Hamburg
Tel. 040 - 30 19 - 51 09; -51 07
Fax 040 - 30 19 - 51 35
www.hbv.de

Bild der Frau
Axel Springer-Platz 1
20350 Hamburg
Tel. 040 - 3 47- 00
Fax 040 - 3 47- 23 476
www.asv.de

Brigitte
Am Baumwall 11
20459 Hamburg
Tel. 040 - 37 03 - 24 22
Fax 040 - 37 03 - 57 14
www.brigitte.de

Bunte
Arabellastraße 23
81925 München
Tel. 089 - 9250 - 34 15
Fax 089 - 92 50 - 23 75
www.bunte.de

Cosmopolitan
Arabellastraße 33
81925 München
Tel. 089 - 92 34 - 0
Fax 089 - 92 34 - 202
www.cosmopolitan.de

Das Magazin
Tieckstraße 8
10115 Berlin
Tel. 030 - 484 96 - 230

Fax 030 - 484 96 - 236
www.dasmagazin.de

Elle
Arabellastraße 23
81925 München
Tel. 089 - 92 50 - 26 55
Fax 089 - 92 50 - 33 32
www.elle.de

Emma
Alteburger Straße 2
50678 Köln
Tel. 0221 - 60 60 60 - 0
Fax 0221 - 60 60 60 - 20
www.emma.de

Fit for Fun
Milchstraße 1
20148 Hamburg
Tel. 040 - 4131 - 34 01
Fax 040 - 4131 - 20 40
www.fitforfun.de

Focus
Arabellastraße 23
81925 München
Tel. 089 - 92 50 - 3765
Fax 089 - 92 50 - 2620
www.focus.de

Freizeit Revue
Am Kestendamm 1
77652 Offenburg
Tel. 0781 - 84 - 21 83
Fax 0781 - 84 - 20 34
www.freizeitrevue.de

Freundin
Arabellastraße 23
81925 München
Tel. 089 - 92 50 - 39 00
Fax 089 - 92 50 - 31 05
www.freundin.de

Für Sie
Poßmoorweg 5
22301 Hamburg
Tel. 040 - 27 17 - 33 71
Fax 040 - 27 17 - 20 90
www.fuer-sie.de

Gala
Schaarsteinweg 14
20459 Hamburg
Tel. 040 - 37 03 - 41 43
Fax 040 - 37 03 - 58 13
www.gala.de

Journal für die Frau
Axel Springer-Platz 1
20350 Hamburg
Tel. 040 - 347 - 245 08
Fax 040 - 3 47 - 242 01
www

JOY
Arabellastraße 33
81925 München
Tel. 089 - 92 34 - 469
Fax 089 - 92 34 - 405
www.joy.de

Laura
Buchardstraße 21
20077 Hamburg
Tel. 040 - 3019 - 5466

Fax 040 - 3019 - 5490
www.hbv.de

Madame
Elisenstraße 3
80335 München
Tel. 089 - 5 51 35 - 202
Fax 089 - 5 51 35 - 215
www.madame.de

Max
Milchstraße 1
20148 Hamburg
Tel. 040 - 4131 - 3512
Fax 040 - 4131 - 2058
www.max.de

Maxi
Burchardstraße 21
20077 Hamburg
Tel. 040 - 30 19 - 50 47
Fax 040 - 30 19 - 50 91
www.hbv.de

Petra
Poßmoorweg 5
22301 Hamburg
Tel. 040 - 27 17 - 30 37
Fax 040 - 27 17 - 30 05
www.petra.de

Der Spiegel
Brandstwiete 19
20457 Hamburg
Tel. 040 - 30 07-2383
Fax 040 - 30 07-2876
www.spiegel.de

Stern
Am Baumwall 11
20459 Hamburg
Tel. 040 - 37 03 - 36 85
Fax 040 - 37 03 - 57 32
www.stern.de

Vogue
Ainmillerstraße 8
80801 München
Tel. 089 - 381 04 - 168
Fax 089 - 381 04 -285
www.vogue.de

Wienerin
Davidgasse 79/2/1
A-1100 Wien
Tel. 0043 - 1 - 601 17 - 0
Fax 0043 - 1 - 601 17 - 0
www.wienerin.at

Wining & Dining
Davidgasse 79, Stiege 1/Stock 2
A-1100 Wien
Tel. 0043 - 1 - 919 19-901; -136
Fax 0043 - 1 - 919 19-136
www.multimedia.at

Woman
Kehrwieder 8
20457 Hamburg
Tel. 040 - 37 03 - 75 84
Fax 040 - 37 03 - 59 28
www.woman-magazin.de

Theater 4

▷ *Fremdkörper gesucht*

Von Silvia Stammen

»Warum sollte einer wie ich auf die Idee kommen, Stücke zu schreiben?« Die Frage aller Fragen, was neue Dramatik betrifft. Lukas Bärfuss, jüngst mit dem Mülheimer Dramatikerpreis ausgezeichneter Überflieger der vergangenen Saison, spricht sie furchtlos aus in seiner Dankesrede für eben diesen Preis und fragt gleich weiter: »Mag einer wie ich das gesprochene Wort besonders, oder mag er es aus einer Zwangsläufigkeit? (. . .) Glaubt einer wie ich, der Stücke schreibt, wir, die Menschen, seien zur Sprache verurteilt? (. . .) Will einer wie ich, der Stücke schreibt, Ruhm ernten? Preise gewinnen? Diesen Preis?« Es versteht sich von selbst, dass ein Theaterautor, der wie kaum ein anderer die Motivation seiner Figuren, zuletzt die der eigensinnigen Pilgerin Erika in seinem preisgekrönten Stück »Der Bus (Das Zeug einer Heiligen)«, in schillerndes Zwielicht zu hüllen versteht, nicht die Absicht hat, auf solche Fragen auch nur die leiseste Antwort zu geben.

Theater und Theaterdichter – eine komplexe Hassliebe

Und abgesehen davon – ist Stückeschreiben denn etwas anderes als offensive Fragenstellerei? Im Gegensatz zum Lyriker oder Romancier begnügt sich der Dramatiker schließlich nicht mit dem geduldigen Papier, sondern provoziert Reaktionen, sei es von Intendanten, Regisseuren, Schauspielern, Bühnenbildnern, ohne deren Zutun ein Theatertext zu tristem Schubladendasein verdammt ist, sei es vom Publikum, das – anders als der Leser im stillen Kämmerlein – an einem öffentlichen Ort zusammenkommt und mit Buh oder Bravo

Gefallen oder Unbehagen ganz unmittelbar zum Ausdruck bringt.

Der Dramatiker ist der Torero unter den Autoren und zahlt dafür den Preis, vom Theater-Toro eben auch einmal auf die Hörner genommen zu werden. Dass die Inszenierung eines Textes oft anders ausfällt als vom Autor erhofft, liegt in der Natur der Sache, verbindet das Theater und den Theaterdichter doch eine komplexe Hassliebe, die gerade in letzter Zeit wieder einmal von beiden Seiten ausgiebig strapaziert wurde. Regieführende Autoren wie Armin Petras alias Fritz Kater oder der inzwischen an fast allen großen Häusern präsente René Pollesch, der zum schrillen Theorie-Slang seiner Texte gleich die passende Performance mitliefert, haben es da gut – mit selbst inszenierten Uraufführungen setzten sie erst einmal Maßstäbe. Autoren, denen solche Fähigkeiten nicht zu Gebote stehen, müssen hoffen, den kongenialen Regiepartner zu finden. Das ist aber bisher nur wenigen gelungen (beispielsweise Dea Loher nun bereits über Jahre hinweg mit Andreas Kriegenburg).

Umgekehrt führen manchmal scheinbare Mesalliancen zu Überraschungstreffern. Ein solcher war jüngst das markant gegen den Strich inszenierte Nachspiel von Peter Handkes U-Bahn-Stationendrama »Untertagblues« in der Regie der Nachwuchshoffnung Friederike Heller am Wiener Akademietheater. Sie verhalf dem Stück (nach einer matt am Text entlangbuchstabierten Uraufführung durch Claus Peymann am Berliner Ensemble) zu unverhofftem Erfolg samt Mülheim-Einladung – auch wenn der Autor, wettbewerbsmüde, das Stück dann aus dem Rennen um den Preis zurückzog.

Als prominentestes Regieopfer der Saison inszenierte sich dagegen medienwirksam Theresia Walser. Ihre »Wandernutten« wurden von Jacqueline Kornmüller bei der Uraufführung am Staatstheater Stuttgart durch sinnloses Bildergeballer sturmreif geschossen. Und die in Konstanz kurzfristig abgesetzte Uraufführung von »Die Kriegsberichterstatterin« holte dann am Bayerischen Staatsschauspiel in München Florian Boesch als allzu eindimensionale Akademiker- Klamotte nach.

Verhängnisvoll wird es, wenn im verbissenen Hegemonialstreit zwischen Autor und Regisseur mangels substanzieller künstlerischer Standpunkte überholte Kategorien wie das angegraute Gespenst der

Werktreue aus der Versenkung hervorgeholt werden. In vielen Fällen lässt sich die Frage nach dem Primat von Text oder Regie nicht mehr eindeutig beantworten. Am Anfang war das Wort – früher einmal. Der Begriff des Literaturtheaters ist aber längst nur mehr ein Teilaspekt, ein dramatischer Weg unter vielen, die auf die Bühne führen. Ein herausragendes Beispiel für diesen Befund findet sich in Christoph Marthaler. Seine Ablauf-Kompositionen operieren mehr musikalisch und manchmal weit jenseits vom Text.

Vordenker oder Zulieferer, Visionär oder Stichwortgeber?

Dennoch lässt sich nicht leugnen, dass gerade das deutschsprachige Theatersystem mit seiner nach wie vor hohen Dichte an Stadt- und Staatstheatern textbasierte Formen bevorzugt. Wohl auch, weil sie den Produktionsprozess kalkulierbarer machen. Welche Position also kann der Autor in diesem komplizierten, auf gegenseitiger Abhängigkeit und Verantwortung gründenden Gefüge für sich beanspruchen? Ist er Vordenker oder Zulieferer, Visionär oder Stichwortgeber? Nach wie vor gelten neue Namen als Risikofaktor, was das Zuschauerinteresse betrifft. Und Intendanten müssen heutzutage gegenüber ihren öffentlichen Dienstherren oft mehr mit Zahlen überzeugen als mit künstlerischen Argumenten.

Uraufführungen locken immerhin das überregionale Feuilleton ins Haus. Nachspiele haben es dagegen schwer, überhaupt wahrgenommen zu werden, weshalb neue Stücke nur selten im Repertoire landen. »Das hat nicht unbedingt damit zu tun, dass die Theater nicht an ihre neuen Autoren glauben«, sagt Marion Tiedtke, Dramaturgin der Münchner Kammerspiele. »Vielmehr machen wir die Erfahrung, dass die Zuschauer nur bei Klassikern kommen. Deshalb lässt man dann nur wenige Positionen im Spielplan frei für neue Gegenwartsautoren. Und da reizt es dann oft mehr, etwas Neues auszuprobieren, als das Alte nachzuspielen.« Marion Tiedtke findet das fatal: Die Qualität eines Dramatikers beweise sich ja auch dadurch, dass er erfahre, wie unterschiedlich man seine Stücke inszenieren könne.

Trotzdem hat sich in den letzten Jahren vieles getan. Der Hunger nach dramatischem Frischfleisch ist groß. Kaum ein Theater, das sich nicht mit Autorentagen, Werkstattwochenenden oder Stückewettbewerben als Entdecker junger Dramatik ins Gespräch zu bringen bemüht. Neben den Verlagen spielen auch die Studiengänge für szenisches Schreiben, wie es sie seit etwa einem Jahrzehnt in Leipzig, Hildesheim, Graz oder in Berlin gibt, eine entscheidende Rolle bei der Förderung und Vermittlung neuer Talente. Dabei drängt sich die Frage auf: Kann Schreiben überhaupt als akademische Disziplin gelehrt und geprüft werden? Oder werden dadurch bloß überproportional viele Halbbegabungen zum Schreiben animiert, die sonst nie auf die Idee gekommen wären, sich als Theaterautoren zu versuchen?

Oliver Bukowski, Dramatiker und Dozent an der Autorenschmiede der UdK, hält dagegen: »Wir suchen Leute, die nicht mit dem Ziel kommen, Schriftsteller zu werden, sondern die schreiben wollen. Es ist ein großer Unterschied, ob man an die Bühne denkt und an das Kleidchen, welches man zur Premierenfeier anzieht, oder an den Text.« Erfolgreiche UdK-Absolventen wie Dea Loher und Marius von Mayenburg oder vielversprechender Nachwuchs wie Rebekka Kricheldorf oder Anja Hilling geben ihm Recht. Auch wenn natürlich eigenwillige Quereinsteiger wie Händl Klaus, Lukas Bärfuss oder Roland Schimmelpfennig, der zuletzt mit seiner Schicksalskomödie »Die Frau von früher« virtuos Alltagsrelativismus und antike Absolutheit konfrontierte, mindestens so markante Akzente setzen.

Die Entstückung des Theatermarktes

Beim Nachwuchs überwiegen oft überschaubar familiäre, meist mit filmischen Elementen angereicherte Stoffe, und der gesellschaftliche Kontext beschränkt sich häufig auf Zitate aus den Medien. Dieses Problem wird zwar immer wieder konstatiert, ist aber von außen nur schwer zu beeinflussen. »Stücke, die wie ein Drehbuch geschrieben sind, werden von uns meistens aussortiert«, erklärt Marion Tiedtke. »Wir suchen nach politischen Themen, obwohl das schwierig ist. Jungen Autoren fällt es leichter, die eigenen Erfahrungen in der Keimzelle Familie oder in einer zwischenmenschlichen Beziehung zu beschreiben und darin Konflikte zu analysieren als in eine größere gesellschaftliche Dimension zu gehen.« Trotzdem sei es ihr starkes Interesse, zum Beispiel mit einem vor Ort im Milieu von Schuldnerberatung und Hartz IV recherchierten Stück wie Katrin Rögglas »Draußen tobt die Dunkelziffer« auch aus dieser Familien- und Beziehungsstruktur herauszukommen – »dazu eine Szenerie zu erfinden, fordert auch die Regie ganz anders«.

Ein weiteres Hindernis für die Durchsetzung neuer Autoren liegt, laut Oliver Bukowski, in der Vorliebe der Theater beziehungsweise ihrer Dramaturgieabteilungen für die Adaption bekannter, aber theaterfremder Stoffe, von denen man sich eine gewisse Reizwirkung auf das Publikum verspricht. Es gebe, so Bukowski, einen seltsamen Trend der »Entstückung« des Theatermarktes, wie ein Kritiker es einmal genannt hat. »Man nimmt eine Vorlage, deren Rechte abgelaufen sind, ältere Sachen, Romane oder Filme. Das Allgemeinwissen über den Stoff ist dann vorhanden; der Regisseur kann sich austoben; und außerdem steht noch das Etikett *Uraufführung* darüber. Schaut man sich die Spielpläne an, dann verblüfft, wie oft so etwas in der letzten Saison stattgefunden hat. Eine solche Entwicklung engt die Chancen unserer Autoren wirklich ein.«

Warum also noch Stücke schreiben, wenn die Spielplanpolitik der Theater zwischen den Polen von projektorientiertem Regietheater, auslastungsfördernder Klassikerpflege und publicityträchtigem Uraufführungsboom nur so wenig Raum für die kontinuierliche Arbeit an neuen Texten bereithält? Gewiss, einen sakrosankten Autor – wie heute noch im englischen Sprachraum verbreitet – gibt es hierzulande kaum mehr. Dem sollte man mit dem Blick auf das Theater als eine dem Wesen nach kollektive Kunstform auch nicht nachtrauern. Eine »offensive« Autorin wie Elfriede Jelinek sah noch nie ein Problem darin, dass ihr Werk als eigenständige Qualität gültig ist, aber von starken Künstlerpersönlichkeiten wie Einar Schleef, Schlingensief, Nicolas Stemann oder Marthaler eben auch als Material für die Bühne gesehen wird.

Vertrauen in die eigene Stimme

Niemand hat sich gezwungenermaßen mit seinen Texten dieser Konfrontation auszusetzen. Aber auch die Theater müssen sich immer wieder prüfen, wie der Umgang mit aktueller Literatur auf der Bühne tatsächlich produktiv werden kann. »Es gibt«, sagt Oliver Bukowski, »Regisseure, die das Wort sehr ernst nehmen. Die kümmern sich zunächst einmal um jedes Komma. Aber es gibt eben auch welche, die eigentlich ihr eigenes Ding machen wollen, sich als Vorlage den Text eines jungen Autors nehmen und darein dann einbauen, was immer sie wollen. Die sollten vielleicht doch besser selbst ein Stück schreiben. Die dritte Gruppe versteckt ihren Ideenmangel hinter Werktreue: Alles wird haargenau so gemacht, wie es in den Regieanweisungen steht. Zwischen diesen Einfallslosen und den Übereinfallsreichen liegt sicherlich das Ideal.«

Ob Autoren nun dialogisch schreiben, monologisch oder in der allmählich schon fast wieder aus der Mode kommenden Textflächen-Manier – ausschlaggebend wird immer sein, dass sie dem Theater mit genügend Entschiedenheit, vielleicht sogar Skepsis und Fremdheit und vor allem mit Vertrauen in die eigene Stimme gegenübertreten. Dass sie sich als Reibungsfläche zwar zur Verfügung stellen, aber nicht aufreiben lassen im Getriebe von unterschiedlichen Erwartungshaltungen und den Anforderungen eines komplizierten, zwischen Tradition und Aufbruch verankerten Apparats. Darin liegt beispielsweise die besondere Qualität junger Dramatiker, die wie Händl Klaus oder Anja Hilling neugierig gemacht haben auf mehr – er mit seinem klaustrophobisch-verschrobenen Kleinbürger-Horrorszenario »Wilde oder Der Mann mit den traurigen Augen«, sie mit ihrem multiperspektivisch-verschränkten Treppenhausdrama »Mein junges idiotisches Herz«.

Stellt ein Text es ernsthaft in Frage, ohne sich vorauseilend seinen Mechanismen anzupassen, dann wird das Theater als unbegrenztes Medium ein vielstimmiger und seismographischer Resonanzkörper bleiben, der immer wieder unverhoffte Antworten hervorbringt.

Silvia Stammen hat Theaterwissenschaft, Philosophie und Germanistik studiert. Sie ist freie Journalistin und Theaterkritikerin bei der »Süddeutschen Zeitung«, »Theater heute«, »Neue Zürcher Zeitung«, »Die Zeit« und beim »Bayerischen Rundfunk«. Sie ist in verschiedenen Jurys Mitglied und gehört dem Auswahlgremium für die Mülheimer Theatertage an.

Adressen

▷ Theater- und Musikverlage, Medienagenturen

Ahn & Simrock
Bühnen- und Musikverlag GmbH
Deichstr. 9
20459 Hamburg
Tel. 040 - 30 06 67 80
Fax 040 - 30 06 67 89
as@ahnundsimrock.de
Leitung: Per H. Lauke
Schwerpunkt: Theaterverlag und Agentur
Programm: Dramen, Einakter, Hörspiele, Jugendstücke, Komödien, Krimis, Märchen, Mundart, Musicals, Schauspiele, Schwänke, Singspiele, Volksstücke
Manuskriptangebote: nach vorheriger telefonischer Anfrage, als Manuskript
Medium: Papierausdruck, E-Mail
Manuskriptrücksendung: ja, mit Rückporto

Alkor-Edition Kassel GmbH
Agentur für Bühne und Orchester
Heinrich-Schütz-Allee 35
34131 Kassel-Wilhelmshöhe
Tel. 0561 - 31 05-280
Fax 0561 - 377 55
alkor@baerenreiter.com
www.alkor-edition.com, www.baerenreiter.com
Leitung: Barbara Scheuch Vötterle
Schwerpunkt: Musikverlag und Agentur
Manuskriptangebote: als Manuskript
Medium: Papierausdruck
Manuskriptrücksendung: ja

Apollo-Verlag
Paul Lincke GmbH Musikverlag
Weihergarten 5
55116 Mainz
Tel. 06131 - 24 63 00
Fax 06131 - 24 62 23
Schwerpunkt: Musikverlag

Autoren-Verlag
siehe Verlag der Autoren

Bärenreiter-Verlag
Karl Votterle GmbH & Co. KG
Heinrich-Schütz-Allee 35 - 37
34131 Kassel
Tel. 0561 - 31 05 - 0
Fax 0561 - 31 05 - 240
Leitung: Barbara Scheuch-Vötterle, Leonhard Scheuch, Wendelin Göbel
Schwerpunkt: Musikverlag, auch Buchverlag (nur Bereich Musik)
Manuskriptangebote: als Exposé mit Textprobe

Medium: Papierausdruck
Manuskriptrücksendung: ja

Theaterverlag Xaver Bauer
Inh. Hans Ostler
Postfach 149
82477 Mittenwald
Tel. 08823 - 12 29
Fax 08823 - 12 29
hannes.ostler@t-online.de
www.theaterverlag-mittenwald.de
Schwerpunkt: Theaterverlag
Programm: Volks-, Gebirgsstücke und lustige Ein- bzw. Mehrakter in bayrischer, tiroler und schwäbischer Mundart, weihnachtliche Ein- und Mehrakter, Sketche

Bernd Bauer Verlag
Wielandstr. 26
10707 Berlin
Tel. 030 - 883 78 00
Fax 030 - 883 57 31
kontakt@berndbauerverlag.de
www.berndbauerverlag.de
Leitung: Bernd Bauer
Schwerpunkt: Verlag und Agentur für Medien
Programm: Fernsehstoffe, Hörspiele, Kinder- und Jugendstücke, Komödien, Märchen, Musicals, Schauspiele

BELLA MUSICA
Edition Jürgen Rinschler
Eisenbahnstr. 30
77815 Bühl
Tel. 07223 - 808 35 60
Fax 07223 - 808 36 69
bella-musica@bella-musica-edition.de
www.bella-musica.de
Leitung: Jürgen Rinschler
Schwerpunkt: Musikverlag
Programm: Zeitgenössische Musik

Anton J. Benjamin GmbH
Lützowufer 26
10787 Berlin
Tel. 030 - 25 00 13 - 0
Fax 030 - 25 00 13 - 99
musikverlag@boosey.com
www.boosey.com
Leitung: Winfried Jacobs
Schwerpunkt: Musikverlag und Agentur
Lektorat: Dr. Reinhold Dusella
Manuskriptangebote: nach vorheriger telefonischer Anfrage
Medium: Papierausdruck
Manuskriptrücksendung: nein

Eva Bieler Verlag
Klederinger Str. 62/17
A-1100 Wien
Österreich
Tel. +43(01) - 258 99 55
Fax +43(01) - 258 99 55 - 15
bieler.verlag@aon.at
www.bieler.at
Leitung: Mag. Eva Bieler
Schwerpunkt: Theaterverlag
Programm: Einakter, Sketche, ernste und lustige Volksstücke, Märchen
Manuskriptinteresse: moderne ernste und lustige Volksstücke
Manuskriptangebote: als Manuskript
Medium: Papierausdruck
Manuskriptrücksendung: ja, bei Rückporto

Felix Bloch Erben
Verlag für Bühne, Film und Funk GmbH & Co. KG
Hardenbergstr. 6
10623 Berlin
Tel. 030 - 313 90 28
Fax 030 - 312 93 34
info@felix-bloch-erben.de
www.felix-bloch-erben.de
Leitung: Johannes Volkmer
Schwerpunkt: Verlag und Agentur für Medien
Programm: Dramen, Hörspiele, Filmdrehbücher, Jugendstücke, Komödien, Krimis, Märchen, Musicals, Volksstücke, Zeitstücke
Lektorat: Gesine Pagels (Schauspiel), Meike Heitrich (Schauspiel), Stephan Kopf (Musiktheater), Moritz Staemmler (Dramaturgieassistent)
Manuskriptangebote: als Manuskript (max. 2 pro Person)
Medium: Papierausdruck, E-Mail
Manuskriptrücksendung: ja, mit Rückporto

Boosey & Hawkes
Bote & Bock GmbH & Co. KG
Lützowufer 26
10787 Berlin
Tel. 030 - 25 00 13 - 00
Fax 030 - 25 00 13 - 99
musikverlag@boosey.com
www.boosey.com
Leitung: Winfried Jacobs
Schwerpunkt: Musikverlag
Lektorat: Dr. Reinhold Dusella, reinhold.dusella@boosey.com
Manuskriptinteresse:
Manuskriptangebote: als Manuskript
Medium: Papierausdruck
Manuskriptrücksendung: nein

BOSWORTH Music GmbH
Dorotheenstr. 3
10117 Berlin
Tel. 030 - 223 22 - 0
Fax 030 - 223 22 - 17
bosworth.berlin@musicsales.co.uk
www.bosworth.de
Schwerpunkt: Musikverlag
Programm: Musik
Manuskriptinteresse: Bücher über Musik, Musiker
Manuskriptangebote: nach vorheriger telefonischer Anfrage, als Exposé, als Manuskript
Medium: E-Mail
Manuskriptrücksendung: ja

Gunar Braunke
Music-Theatre-Productions
Walter-Heller-Str. 36
70563 Stuttgart
Tel. 0711 - 73 39 87
Fax 0711 - 73 39 97
Schwerpunkt: Theaterverlag, Musikverlag
Programm: Rockopern, Musicals
Manuskriptangebote: nach vorheriger telefonischer Anfrage
Medium: Papierausdruck
Manuskriptrücksendung: ja, mit Rückporto

Breitkopf & Härtel
Bauhofstr. 3 - 5
04103 Leipzig

Tel. 0341 - 997 19-0
Fax 0341 - 997 19 30
leipzig@breitkopf.de
Leitung: Lieselotte Sievers, Gottfried Nöckel
Schwerpunkt: Musikverlag

Max Brockhaus Musikverlag
Mainzer Str. 45
53179 Bonn
Tel. 0228 - 34 79 89
Fax 0228 - 85 63 72
Leitung: Joachim von Roebel
Schwerpunkt: Musikverlag

Bunte Bühne Theaterverlag
Siebensterngasse 42
A-1070 Wien
Österreich
Tel. +43(01) - 523 12 26
Fax +43(01) - 523 12 26 - 16
bunte.buehne@kosmostheater.at
www.literaturhaus.at/buch/verlagsportraits/buntebuehne
Leitung: Barbara Klein
Programm: ausschließlich: Vertrieb von »Indien« von Josef Hader und Alfred Dorfer
Manuskriptinteresse: keine
Manuskriptangebote: keine
Manuskriptrücksendung: nein

Carciofoli Verlagshaus Baumgartner und Föllmi
Michelstr. 60
CH-8049 Zürich
Schweiz
Tel. +41(01) - 310 80 24
Fax +41(01) - 310 80 23
contact@carciofoli.ch
www.carciofoli.ch
Leitung: Beat Föllmi, M. Baumgartner
Schwerpunkt: Theaterverlag und Agentur, Musikverlag und Agentur, auch Buchverlag
Programm: Theaterstücke von Autoren aus aller Welt (z.Zt. mehrere Übersetzungen rumänischer Autoren des 20. Jh.) u.a.
Manuskriptangebote: als Exposé
Medium: Papierausdruck
Manuskriptrücksendung: ja, mit Rückporto

Chronos Verlag Martin Mörike GmbH
Poppenbütteler Chaussee 53
22397 Hamburg
Tel. 040 - 60 79 09 16
Fax 040 - 60 79 09 51
chronos@verlagsgruppe-oetinger.de
Leitung: Julia Bielenberg
Schwerpunkt: Theaterverlag und Agentur
Programm: Dramen, Einakter, kabarettistische Stücke, Komödien, Krimis, Weihnachtsspiele, Mundart, Possen, Volksstücke, postmodernes Drama
Lektorat: Juliane Lachenmayer
Manuskriptangebote: als Exposé mit Textprobe
Medium: Papierausdruck
Manuskriptrücksendung: nein

Theater-Verlag Desch GmbH
Klugstr. 47a
80638 München
Tel. 089 - 15 30 11 + 15 30 12
Fax 089 - 157 81 04

theater-verlag-desch@t-online.de
www.theater-verlag-desch.de
Leitung: Rainer Witzenbacher
Schwerpunkt: Theaterverlag und Agentur
Programm: Deutschsprachige und internationale Theaterstücke
Manuskriptangebote: als Manuskript
Manuskriptrücksendung: ja, mit Rückporto

Deutscher Theaterverlag GmbH
Grabengasse 5
69469 Weinheim
Tel. 06201 - 87 90 70
theater@dtver.de
www.dtver.de
Leitung: Gabriele Barth
Schwerpunkt: Theaterverlag und Buchverlag
Programm: Schwerpunkt: Stücke für das Schultheater/Amateurtheater
Lektorat: Gabriele Barth
Manuskriptangebote: als Manuskript
Medium: Papierausdruck
Manuskriptrücksendung: ja

Drei Masken Verlag GmbH
Mozartstr. 18
80336 München
Tel. 089 - 54 45 69 09
Fax 089 - 53 81 99 52
info@dreimaskenverlag.de
www.dreimaskenverlag.com
Leitung: Guido Huller
Schwerpunkt: Theaterverlag
Programm: Drehbücher, Hörspiele, Kinder- Jugendstücke, Komödien, Krimis, Märchen, Mundart, Musicals, Tragödien, Volksstücke, Zeitstücke
Manuskriptangebote: als Manuskript
Manuskriptrücksendung: ja

Dreiklang-Dreimasken Bühnen- und Musikverlag GmbH
Neumarkter Str. 28
81673 München
Tel. 089 - 41 36 99 0
Fax 089 - 41 36 99 52
Leitung: Hartwig Masuch
Schwerpunkt: Theaterverlag, Musikverlag

Edition Esplanade OHG
Johnsallee 23
20148 Hamburg
Tel. 040 - 41 41 00 - 0
Fax 040 - 41 41 00 - 40
contact@sikorski.de
www.sikorski.de
Leitung: Dipl.-Kfm. Dagmar Sikorski, Dr. Axel Sikorski
Schwerpunkt: Musikverlag
Programm: Musicals
Manuskriptangebote: als Manuskript
Medium: Papierausdruck
Manuskriptrücksendung: ja

edition modern, Musik- und Bühnenverlag
Musikverlage Hans Wewerka
Elisabethstr. 38
80796 München
Tel. 089 - 27 28 99-0
Fax 089 - 27 28 99-20
office@hwmedia.de
www.wewerka-online.de
Leitung: Hans Wewerka

Schwerpunkt: Theaterverlag, Musikverlag
Programm: Fernsehspiele, Filmdrehbücher, Hörspiele, Jugendstücke, Komödien, Musicals
Manuskriptangebote: nach vorheriger telefonischer Anfrage
Medium: Papierausdruck
Manuskriptrücksendung: ja, mit Rückporto

Theater-Verlag Eirich Ges.m.b.H.
Verlag für Bühne, Funk und Film
Schulstr. 107
A-2103 Langenzersdorf
Österreich
Tel. +43(2244) - 35 32 - 0
Fax +43(2244) - 35 32 - 20
office@theaterverlag-eirich.at
www.theaterverlag.eirich.at
Schwerpunkt: Verlag und Agentur für Medien
Programm: Buchverlag beschränkt auf Musik- und Kinderbücher

Richard Birnbach/Rud. Erdmann Musikverlage
Aubinger Str. 9
82166 Lochham/Gräfelfing
Tel. 089 - 87 54 50
Fax 089 - 871 46 39
Leitung: Richard Birnbach
Schwerpunkt: Musikverlag, auch Buchverlag, Theaterverlag

Europa Verlag AG Zürich
Fraumünsterstr. 9
CH-8022 Zürich
Schweiz
Geschäftsbesorgung durch:
Literarische Agentur Nadja Kossack
Cäcilienstr. 14
22301 Hamburg
Tel. 040 - 27 16 38 28
Fax 040 - 27 16 38 29
Leitung: Verwaltungsratspräsident: Max Burkhard; Programm, Lizenzen und Presse: Lars Schultze
Schwerpunkt: Theaterverlag und Agentur, auch Buchverlag
Manuskriptangebote: nach vorheriger telefonischer Anfrage
Manuskriptrücksendung: ja, mit Rückporto

Feedback Studio Verlag Köln
Genter Str. 23
50672 Köln
Tel. 0221 - 52 77 63
Fax 0221 - 510 41 39
www.genterstr.hypermart.net/feetback.html
Leitung: Prof. Johannes Fritsch
Schwerpunkt: Musikverlag
Programm: Neue (E-)Musik, Zeitschrift Feedback Papers, Feedback CDs

S. Fischer Verlag GmbH
Theater & Medien
Hedderichstr. 114
60596 Frankfurt/Main
Tel. 069 - 606 22 70
Fax 069 - 60 62 - 355
theater@fischerverlage.de
www.fischertheater.de
Leitung: Uwe B. Carstensen
Schwerpunkt: Theaterverlag und Agentur

Programm: Dramen
Manuskriptangebote: als Manuskript
Medium: Papierausdruck
Manuskriptrücksendung: nein

Funke & Stertz GmbH
Schulterblatt 58
20357 Hamburg
Tel. 040 - 43 21 61 - 0
Fax 040 - 43 21 61 - 20
mail@funke-stertz.de
www.funke-stertz.de
Leitung: Peter Stertz
Schwerpunkt: Theaterverlag und Agentur
Programm: Drehbücher, Fernsehspiele, Filmdrehbücher, Hörspiele

Funkturm Verlag GmbH
Marschnerstr. 14
12203 Berlin
Tel. 030 - 791 10 41
Fax 030 - 79 70 38 89
gl@funkturmverlag.de
www.funkturmverlag.de
Leitung: Thomas Jost
Schwerpunkt: Musikverlag

Glocken Verlag GmbH
Oeder Weg 26
60318 Frankfurt/M.
Tel. 069 - 95 52 88 30
Fax 069 - 95 52 88 44
mail@glockenverlag.de
www.glockenverlag.de
Leitung: Jan Rolf Müller
Schwerpunkt: Musikverlag
Programm: Musikalien/ Noten und Verwertungsrechte an Werken Franz Lehárs
Manuskriptangebote: nach vorheriger telefonischer Anfrage
Medium: Papierausdruck, E-Mail

Glockenverlag Ges.m.b.H
Neulerchenfelder Str. 3 - 7
A-1160 Wien
Österreich
Tel. +43(0222) - 403 59 91 - 0
Fax +43(0222) - 403 59 91 - 13
musik@weinberger.co.at
www.weinberger.co.at
Leitung: Christian Kobel
Schwerpunkt: Musikverlag

Grafenstein Verlag
Thuillestr. 9
81247 München
Tel. 089 - 811 92 64
Fax 089 - 811 98 07
Leitung: Constanze v. Grafenstein
Schwerpunkt: Theaterverlag und Agentur, auch Buchverlag
Programm: Einakter und Kurzspiele für Kinder, Jugendliche u. Erwachsene, zusammengefasst in Anthologien

HARLEKIN Theaterverlag
Wilhelmstr. 103
72074 Tübingen
Tel. 07071 - 238 58
Fax 07071 - 238 58
volker.quandt@t-online.de
www.harlekintheater.de
Leitung: Volker Quandt
Schwerpunkt: Theaterverlag und Agentur
Programm: Kinder- und Jugendstücke

Manuskriptangebote: als Manuskript
Medium: Papierausdruck
Manuskriptrücksendung: ja, mit Rückporto

Hartmann & Stauffacher Verlag GmbH
Bismarckstr. 36
50672 Köln
Tel. 0221 - 48 53 86
Fax 0221 - 51 54 02
info@hsverlag.com
www.hsverlag.com
Leitung: Malte Hartmann
Schwerpunkt: Theaterverlag und Agentur
Programm: Drehbücher, Hörspiele, Kinder- und Jugendstücke, Komödien, Zeitstücke

HELBLING Verlagsgesellschaft m.b.H.
Kaplanstr. 9
A-6063 Rum
Österreich
Tel. +43(0)512 - 26 23 33
Fax +43(0)512 - 26 23 112
office@helbling.co.at
www.helbling.com
Leitung: Markus Spielmann
Schwerpunkt: Musikverlag und Agentur
Programm: Chor, Instrumentalmusik, Deutsch, Frühbeginn Englisch, Musikpädagogik, Musikzeitschrift »mip-Journal«
Lektorat: Klaus Mayerl (Programmleitung Musik, Fremdsprachen, Allgemeines), DW-122, k.mayerl@helbling.co.at; Englisch: Tina Freudenschuss, DW-123, c.freudenschuss@helbling.co.at; Musik: Michael Aschauer, DW-127, m.aschauer@helbling.co.at; Chor: Thorsten Weber, DW-1
Manuskriptinteresse: Chor, Musikpädagogik, Musikzeitschrift-Beiträge
Manuskriptangebote: nach vorheriger telefonischer Anfrage, als Manuskript
Medium: Papierausdruck, Diskette, E-Mail
Manuskriptrücksendung: ja

henschel SCHAUSPIEL Theaterverlag GmbH
Marienburger Str. 28
10405 Berlin
Tel. 030 - 44 31 88 88
Fax 030 - 44 31 88 77
verlag@henschel-schauspiel.de
www.henschel-schauspiel.de
Leitung: Andreas Leusink, Frank Kroll
Schwerpunkt: Theaterverlag und Agentur
Programm: Dramen, Hörspiele, Drehbücher, Kinder - und Jugendstücke, Märchen, Zeitstücke
Manuskriptangebote: als Manuskript
Medium: Papierausdruck
Manuskriptrücksendung: ja, mit Rückporto

Theaterverlag Hofmann-Paul
Naumannstr. 24
10829 Berlin
Tel. 030 - 78 70 99 40
Fax 030 - 78 71 84 66
mail@theaterverlaghofmann-paul.de
www.theaterverlaghofmann-paul.de
Leitung: Ulrike Hofmann-Paul
Schwerpunkt: Theaterverlag und Agentur

Programm: Theaterstücke zeitgenössischer Autoren, Jugendstücke, Kinderstücke, Komödien, Monologe, Schauspiele
Manuskriptangebote: nach vorheriger telefonischer Anfrage, als Manuskript
Medium: Papierausdruck
Manuskriptrücksendung: ja, mit Rückporto

Impuls-Theater-Verlag
Buschfunk - Medien
Postfach 1147
82141 Planegg
Tel. 089 - 859 75 77
Fax 089 - 859 30 44
info@buschfunk.de
www.buschfunk.de
Leitung: Florian Laber
Schwerpunkt: Theaterverlag und Agentur, Musikverlag und Agentur, auch Buchverlag
Programm: Clownstücke, Grotesken, Jugendstücke, Kabarett, Kinderstücke, Komödien, Kriminalstücke, Krippenspiele, Kurzspiele, Märchen, Mundartstücke, Musicals, Singspiele, Übersetzungen, Volksstücke, Zeitstücke, Fachverlag für Improvisationstheater
Manuskriptinteresse: siehe »Wunschzettel« in www.buschfunk.de
Manuskriptangebote: nach vorheriger telefonischer Anfrage
Medium: Papierausdruck, E-Mail
Manuskriptrücksendung: ja, mit Rückporto

Jussenhoven & Fischer GmbH & Co. KG
Karolingerring 31
50678 Köln
Tel. 0221 - 60 60 56 - 0
Fax 0221 - 32 56 45
theaterverlag@jussenhoven-fischer.de
www.jussenhoven-fischer.de
Leitung: Dr. Krista Jussenhoven, Helmar Harald Fischer
Schwerpunkt: Theaterverlag
Programm: Dramen, Fernsehspiele, Hörspiele, Jugendstücke
Manuskriptangebote: nach vorheriger telefonischer Anfrage
Medium: Papierausdruck
Manuskriptrücksendung: ja, mit Rückporto

Österreichischer Bühnenverlag Kaiser & Co.
Am Gestade 5/2
A-1010 Wien
Österreich
Tel. +43(01) - 535 52 22
Fax +43(01) - 535 39 15
office@kaiserverlag.at
www.kaiserverlag.at
Leitung: Zeno Stanek, Mag. Art.
Schwerpunkt: Theaterverlag und Agentur, Musikverlag und Agentur
Programm: Drehbücher, Grotesken, Hörspiele, Jugend- und Kinderstücke, Komödien, Kriminalstücke, Melodramen, Monologe, Mundartstücke, Singspiele, Tragödien, Volksstücke, Zeitstücke
Lektorat: Mag. Walter Kootz, kootz@kaiserverlage.at

Manuskriptangebote: als Manuskript
Medium: Papierausdruck
Manuskriptrücksendung: ja, mit Rückporto

Gustav Kiepenheuer Bühnenvertriebs-GmbH
Schweinfurthstr. 60
14195 Berlin
Tel. 030 - 89 71 84 - 0
Fax 030 - 823 39 11
info@kiepenheuer-medien.de
www.kiepenheuer-medien.de
Leitung: Dr. Maria Müller-Sommer, Bernd Schmidt
Schwerpunkt: Theaterverlag und Agentur für Non-Print-Medien
Programm: Theater, Film, Hörspiel, TV
Lektorat: Anke-E. See
Manuskriptangebote: als Manuskript
Medium: Papierausdruck
Manuskriptrücksendung: ja, mit Rückporto

Wilhelm Koehler Verlag OHG
Ungererstraße 35
80805 München
Tel. 089 - 361 50 26
Fax 089 - 361 51 96
office@wilhelm-koehler-verlag.de
www.wilhelm-koehler-verlag.de
Leitung: Ludwig Schaffernicht, Marianne Eyrainer, Elke Buckel, Natalie Wieland
Schwerpunkt: Theaterverlag und Agentur
Programm: Volksstücke, Komödien, Lustspiele, Schwänke
Manuskriptangebote: als Manuskript
Medium: Papierausdruck, Diskette, E-Mail
Manuskriptrücksendung: ja

Theaterstückverlag B. Korn-Wimmer & F. Wimmer
Mainzer Str. 5
80804 München
Tel. 089 - 36 10 19 47
Fax 089 - 36 10 48 81
info@theaterstueckverlag.de
www.theaterstueckverlag.de
Leitung: Brigitte Korn-Wimmer
Schwerpunkt: Theaterverlag und Agentur
Programm: Jugendstücke, Kinderstücke, Komödien, Märchen, Musicals, Tragödien, Volksstücke, Zeitstücke
Lektorat: Brigitte Korn-Wimmer, Anne Fritsch, Anke Ehlers, Conny Frühauf, Christina Weber
Manuskriptinteresse: ungewöhnliche, originelle, auch experimentelle dramatische Texte für Menschen jeden Alters
Manuskriptangebote: als Manuskript
Medium: Papierausdruck, E-Mail
Manuskriptrücksendung: ja (Papierausdruck)

Litag Theaterverlag GmbH
An der Gete 25
28211 Bremen
Tel. 0421 - 23 18 85
Fax 0421 - 49 06 87
info@litagverlag.de
www.litagverlag.de
Leitung: Angela Kingsford Röhl
Schwerpunkt: Theaterverlag und

Agentur
Programm: Übersetzungen aus dem Englischen, Hebräischen u. Niederländischen: Farcen, Jugendstücke, Kinderstücke, Komödien, Kriminalstücke, Märchen, Melodramen, Monologe, Musicals, Stücke mit Musik, Tragödien, Trilogien, Zeitstücke, Vertretung auch junger deutscher
Manuskriptangebote: nach vorheriger telefonischer Anfrage, als Manuskript
Medium: Papierausdruck
Manuskriptrücksendung: ja, mit Rückporto

Karl Mahnke Theaterverlag
Große Str. 108
27283 Verden/Aller
Tel. 04231 - 3011 - 0
Fax 04231 - 3011 - 11
info@mahnke-verlag.de
www.mahnke-verlag.de
Schwerpunkt: Theaterverlag
Programm: Einakter, Jugend- und Kinderstücke, Komödien, Krimis, Weihnachtsspiele, Kurzspiele, Märchen, Musicals, Parodien, Possen, Singspiele, Tragödien, Volksstücke, Zeitstücke. Hoch-und niederdeutsch, westfälisch und rheinisch
Lektorat: Alexandra Beese, Tel. 04231 - 30 11 - 12, abeese@mahnke-verlag.de
Manuskriptangebote: als Manuskript
Medium: Papierausdruck, Diskette
Manuskriptrücksendung: ja

Edition Meisel GmbH
Musik- und Bühnenverlage
Wittelsbacherstr. 18
10707 Berlin
Tel. 030 - 88 41 40
Fax 030 - 881 59 78
Leitung: Michael Kudritzki, Sven Meisel
Schwerpunkt: Theaterverlag, Musikverlag
Programm: Dramen, Einakter, Hörspiele, Jugendstücke, Kinderstücke, Komödien, Kriminalstücke, Krippenspiele, Märchen, Musicals, Operetten, Schwänke, Singspiele, Volksstücke etc.
Manuskriptangebote: als Exposé
Manuskriptrücksendung: ja, mit Rückporto

MundArt-Verlag
Hochreit 14
85617 Aßling
Tel. 08092 - 85 37 16
Fax 08092 - 85 37 17
info@mundart-verlag.de
www.mundart-verlag.de
Schwerpunkt: Theaterverlag
Programm: Mundart und Hochdeutsch: Lustspiele, Komödien, Boulevard, Krimis, Dramen, Märchen, Weihnachtsspiele, Einakter, Sketche, Musicals, Stücke für das Freilichttheater
Manuskriptangebote: als Manuskript
Medium: Papierausdruck, Diskette
Manuskriptrücksendung: ja, mit Rückporto

Musik und Bühne Verlagsgesellschaft mbH
Marktplatz 13
65183 Wiesbaden
Tel. 0611 - 30 03 99
Fax 0611 - 37 21 56
Leitung: Barbara Böhme-Berthold
Schwerpunkt: Theaterverlag, Musikverlag
Programm: Jugendstücke, Kinderstücke, Komödien, Musicals, Singspiele, Operette, Oper

Ostfriesischer Theaterverlag
Esklumer Str. 60
26810 Westoverledingen
Tel. 0491 - 127 56
Fax 0491 - 127 56
info@ostfriesischer-theaterverlag.de
www.ostfriesischer-theaterverlag.de
Leitung: Inge Adams-Schulte
Schwerpunkt: Theaterverlag und Agentur
Programm: Komödien, Jugendstücke, Märchen in Hoch- und Niederdeutsch und Dramen
Manuskriptangebote: als Exposé, als Manuskript
Medium: Papierausdruck, Diskette, CD-ROM
Manuskriptrücksendung: ja, mit Rückporto

Papageno Buch- und Musikalienverlag Ges. m.b.H.
Neulerchenfelder Str. 3 - 7
A-1160 Wien
Österreich
Tel. +43(0222) - 403 59 91 - 0
Fax +43(0222) - 403 59 91 - 13
musik@weinberger.co.at
www.weinberger.co.at
Leitung: Christian Kobel
Schwerpunkt: Musikverlag

Pegasus GmbH Verlag & Agentur
Neue Schönhauserstr. 19
10178 Berlin
Tel. 030 - 284 97 60
Fax 030 - 28 49 76 - 76
info@pegasus-agency.de
www.pegasus-agency.de
Leitung: Steffen Weihe
Schwerpunkt: Theaterverlag und Agentur, Musikverlag und Agentur
Programm: Drehbücher, Fernsehspiele, Filmdrehbücher, Hörspiele, Kinder- und Jugendstücke, Komödien, Kriminalstücke, Melodramen, Monologe, Musicals, Tragödien, Übersetzungen, Volksstücke, Zeitstücke
Manuskriptangebote: nach vorheriger telefonischer Anfrage
Medium: Papierausdruck
Manuskriptrücksendung: ja, mit Rückporto

Gerhard Pegler Verlag für Theater, Fernsehen, Hörfunk und Film
Maximilianstr. 21
80539 München
Tel. 089 - 64 40 88
Fax 089 - 64 40 89
info@pegler-verlag.de
www.pegler-verlag.de

Schwerpunkt: Theaterverlag und Agentur
Manuskriptangebote: nach vorheriger telefonischer Anfrage, als Manuskript
Medium: Papierausdruck
Manuskriptrücksendung: ja, mit Rückporto

Per H. Lauke Verlag
Theater - Film - TV - Radio
Deichstr. 9
20459 Hamburg
Tel. 040 - 30 06 67 90
Fax 040 - 30 06 67 89
lv@laukeverlag.de
Leitung: Per H. Lauke
Schwerpunkt: Theaterverlag und Agentur
Programm: Dramen, Drehbücher, Fernsehspiele, Fernsehdrehbücher, Hörspiele, Jugendstücke, Monologe, Übersetzungen, Zeitstücke, Schauspiele
Manuskriptangebote: nach vorheriger telefonischer Anfrage, als Manuskript
Medium: Papierausdruck, E-Mail
Manuskriptrücksendung: ja, mit Rückporto

Hans Pero
Bühnen- und Musikverlag
Bäckerstr. 6
A-1010 Wien
Österreich
Tel. +43(01) - 512 34 67
Fax +43(01) - 512 22 69
office@peroverlag.at
www.peroverlag.at
Leitung: Mag. Alexander Lotschak
Schwerpunkt: Theaterverlag, Musikverlag

C.F. Peters
Musikverlag GmbH & Co.KG
Kennedyallee 101
60596 Frankfurt/Main
Tel. 069 - 63 00 99 - 0
Fax 069 - 63 00 99 - 54
info@edition-peters.de
www.edition-peters.de
Leitung: Ina Bilges, Carl Grouwet
Schwerpunkt: Musikverlag und Agentur
Manuskriptangebote: als Manuskript
Medium: Papierausdruck
Manuskriptrücksendung: ja

Plausus Theaterverlag
Heike Stuch
Kasernenstr. 56
53111 Bonn
Tel. 0228 - 369 48 14
Fax 0228 - 369 48 15
info@plausus.de
www.plausus.de
Schwerpunkt: Theaterverlag und Agentur
Programm: Komödien, Kinderstücke, Weihnachtsstücke, Mundartstücke in plattdeutsch, badisch-fränkisch, bayrisch, hessisch und schwäbisch
Manuskriptangebote: als Exposé, als Manuskript
Medium: Papierausdruck, Diskette, E-Mail
Manuskriptrücksendung: ja

Play Theaterverlag
Hubert von Bechtolsheim
Alter Pfarrhof
84431 Rattenkirchen
Tel. 08082 - 50 50
Fax 08082 - 83 60
hvb.rn@t-online.de
Leitung: Hubert von Bechtolsheim
Schwerpunkt: Theaterverlag, auch Buchverlag
Programm: Englischsprachige Stücke in deutscher Übersetzung

Reinehr-Verlag
In den Gänsäckern 9
64367 Mühltal
Tel. 06151 - 14 80 81
Fax 06151 - 14 54 13
Reinehr-Verlag@t-online.de
www.reinehr.de
Leitung: Wilfried Reinehr
Schwerpunkt: Theaterverlag, auch Buchverlag
Programm: Abendfüllende Lustspiele, Kurzstücke, Einakter, Kurzszenen, Sketche und gespielte Witze, hochdeutsch
Manuskriptinteresse: gemäß Programm
Manuskriptangebote: als Manuskript
Medium: E-Mail
Manuskriptrücksendung: ja

ROOFMUSIC
Schallplatten- und Verlags GmbH
Prinz-Regent-Str. 50 - 60
44795 Bochum
Tel. 0234 - 298 78 - 0
Fax 0234 - 298 78 - 10
mail@roofmusic.de
www.roofmusic.de
Leitung: Bernd Kowalzik
Schwerpunkt: Musikverlag und Agentur
Programm: Hörbuch: Literatur, das klassische Jugendbuch, Musikbücher, Hörspiele
Lektorat: Kristine Meierling
Manuskriptangebote: nach vorheriger telefonischer Anfrage
Medium: Papierausdruck, E-Mail
Manuskriptrücksendung: ja, mit Rückporto

Medienedition Karin Roth
Verlag für Bühne, Fernsehen, Hörfunk, Film
Marienplatz 1
80331 München
Tel. 089 - 29 31 78
Fax 089 - 22 67 57
Leitung: Karin Roth
Schwerpunkt: Verlag und Agentur
Programm: Fernsehspiele, Filmdrehbücher, Hörspiele
Lektorat: Karin Roth
Manuskriptinteresse: Fernseh- und Hörspiele
Manuskriptangebote: nach vorheriger telefonischer Anfrage, als Manuskript
Medium: Papierausdruck
Manuskriptrücksendung: ja, mit Rückporto

Rowolt Verlag GmbH
Agentur für Medienrechte
Hamburger Str. 17
21465 Reinbek b. Hamburg

Tel. 040 - 72 72 - 272
Fax 040 - 72 72 - 276
rowohlt-medienagentur@rowohlt.de
www.rowohlt-medien.de
Leitung: Leitung: Michael Töteberg
Schwerpunkt: Agentur für Medienrechte

Rowohlt Theater Verlag
Hamburger Str. 17
21465 Reinbek b. Hamburg
Tel. 040 - 72 72 - 270
Fax 040 - 72 72 - 276
theater@rowohlt.de
Leitung: Corinna Brocher
Schwerpunkt: Theaterverlag
Programm: Dramen, Kinderstücke, Komödien, Zeitstücke

Schott Music GmbH & Co. KG
Weihergarten 5
55116 Mainz
Tel. 06131 - 246 - 0
Fax 06131 - 246 - 211
info@schott-music.de
www.schott-music.de
Leitung: Dr. jur. Peter Hanser-Strecker
Schwerpunkt: Musikverlag, auch Buchverlag, Zeitschriftenverlag
Programm: Noten, Musikbücher, Multimedia-Produkte, Zeitschriften und CD, Kinderbücher

Thomas Sessler Verlag GmbH
Bühnen und Musikverlag GmbH
Johannesgasse 12
A-1010 Wien
Österreich
Tel. +43(1) - 512 32 84
Fax +43(1) - 513 39 07
office@sesslerverlag.at
Leitung: Prof. Ulrich N. Schulenburg; Geschäftsführung: Dr. Maria Teuchmann
www.sesslerverlag.at
Schwerpunkt: Theaterverlag und Agentur, Musikverlag und Agentur
Programm: Dramen, Einakter, Jugendstücke, Kinderstücke, Kriminalstücke, Märchen, Musicals, Schwänke, Zeitstücke
Manuskriptinteresse: Komödien, aktuelle Probleme, Jugendstücke
Manuskriptangebote: als Manuskript
Medium: E-Mail

Bühnen- und Musikverlage
Dr. Sikorski KG
Johnsallee 23
20148 Hamburg
Tel. 040 - 41 41 00 - 0
Fax 040 - 41 41 00 - 40
contact@sikorski.de
www.sikorski.de
Leitung: Dipl.-Kfm. Dagmar Sikorski, Dr. Axel Sikorski
Schwerpunkt: Musikverlag
Programm: Musicals, Opern, Operetten
Manuskriptangebote: als Manuskript
Medium: Papierausdruck
Manuskriptrücksendung: ja

Skandinavia Verlag oHG
Schweinfurthstr. 60
14195 Berlin
Tel. 030 - 89 71 84 - 0
Fax 030 - 823 39 11

info@kiepenheuer-medien.de
www.kiepenheuer-medien.de
Leitung: Dr. Maria Müller-Sommer, Bernd Schmidt
Schwerpunkt: Theaterverlag und Agentur für Non-Print-Medien
Programm: Theater und Hörspiel aus Skandinavien
Lektorat: Marianne Weno
Manuskriptangebote: als Manuskript
Medium: Papierausdruck, E-Mail
Manuskriptrücksendung: ja

SMS Theaterverlag
Kornwegerstr. 40
81375 München
Tel. 089 - 714 17 17
Fax 089 - 714 67 83
sms-verlag@t-online.de
www.sms-theaterverlag.com
Leitung: Sylvia Sporer
Schwerpunkt: Theaterverlag und Agentur
Manuskriptangebote: nach vorheriger telefonischer Anfrage, als Manuskript, per Website: bis zu 50% des Textes
Medium: Papierausdruck, E-Mail
Manuskriptrücksendung: ja, mit Rückporto

stückgut
Bühnen- und Musikverlag GmbH
Marienplatz 1
80331 München
Tel. 089 - 22 80 25 48/49
Fax 089 - 22 67 57
info@stueckgutverlag.de, stueckgut@aol.com
Leitung: Karin Roth
Schwerpunkt: Theaterverlag und Agentur, Musikverlag und Agentur, Fernsehen, Film, Hörfunk
Programm: Moderne Dramen, Klassikerbearbeitungen, Kinder- und Jugendstücke, Komödien, Musicals, Opern, Drehbücher für Fernsehen und Film, Hörspiele, regionale Sprachfassungen, Volksstücke, Wahrnehmung von Aufführungsrechten an Prosatexten etc.
Lektorat: Karin Roth, Andreas Pegler, Gertrud Eberenz-Ufer
Manuskriptangebote: nach vorheriger telefonischer Anfrage
Medium: Papierausdruck
Manuskriptrücksendung: ja, mit Rückporto

Suhrkamp Theater & Medien
Lindenstr. 29-35
60325 Frankfurt/Main
Tel. 069 - 75 60 10
Fax 069 - 756 01 - 711, -522
theater@suhrkamp.de
www.suhrkamp.de
Leitung: Hans-Jürgen Drescher
Schwerpunkt: Verlag und Agentur für Medien
Programm: Dramen, Einakter, Komödien, Singspiele, Tragödien
Manuskriptangebote: als Exposé
Medium: Papierausdruck
Manuskriptrücksendung: ja

Teiresias Verlag
Kalscheuer Weg U 33
80969 Köln
Tel. 0221 - 368 59 74

Fax 0221 - 368 59 74
mail@teiresiais.de
www.teiresias.de
Leitung: Ralf Leppin
Schwerpunkt: Theaterverlag und Agentur, auch Buchverlag
Programm: Junge Bühnenstücke, Kindertheater, Hörspiele, Märchen, Zeitstücke, Film- und Fernsehwissenschaft, Literaturwissenschaft, Kunstgeschichte, Religionswissenschaft
Manuskriptangebote: als Exposé
Medium: E-Mail
Manuskriptrücksendung: ja, mit Rückporto

MTT Marianne Terplan Theaterverlag
Silcherstr. 23
80807 München
Tel. 089 - 33 98 53 41
Fax 089 - 35 06 37 25
MTTheaterverlag@web.de
Leitung: Marianne Terplan und Dete von Ferber
www.mttheaterverlag.de
Schwerpunkt: Theaterverlag
Programm: Schauspiele, Komödien, Kriminalstücke, Bearbeitungen von Klassikern, Stücke mit aktuellen Themen, Kinder- und Jugendstücke, Musicals und Klassik für Kinder
Manuskriptinteresse: Stücke mit kleiner Besetzung, gute Komödien, Kinderstücke mit kleiner Besetzung (aktuelle Themen), Jugendstücke, Kriminalstücke, Bearbeitungen von Klassikern
Manuskriptangebote: als Manuskript
Medium: Papierausdruck, E-Mail
Manuskriptrücksendung: ja, mit Rückporto

Theaterbörse
Am-Schridde-Matthies-Hof 10
31226 Peine
Tel. 05171 - 98 86 34
Fax 05171 - 98 86 35
theaterboerse@aol.com
www.theaterboerse.de
Schwerpunkt: Theaterverlag
Programm: Theaterstücke aller Art von Amateur-Autoren
Manuskriptangebote: als Manuskript
Medium: E-Mail
Manuskriptrücksendung: nein

TM Theaterverlag München GmbH
Deichstr. 9
20459 Hamburg
Tel. 040 - 30 06 67 80
Fax 040 - 30 06 67 89
tm@theaterverlagmuenchen.de
Leitung: Per H. Lauke
Schwerpunkt: Theaterverlag und Agentur
Programm: Kinder- und Jugendtheaterstücke
Manuskriptinteresse:
Manuskriptangebote: nach vorheriger telefonischer Anfrage, als Manuskript
Medium: Papierausdruck, E-Mail
Manuskriptrücksendung: ja, mit Rückporto

Universal Edition AG
Bösendorferstr. 12
A-1010 Wien

Österreich
Tel. +43(1) - 337 23 - 0
Fax +43(1) - 337 23 - 400
office@universaledition.com
Leitung: Mag. Astrid Koblanck
www.universaledition.com
Schwerpunkt: Musikverlag

Verlag der Autoren GmbH & Co. KG
Schleusenstr. 15
60327 Frankfurt/Main
Tel. 069 - 23 85 74 - 20
Fax 069 - 24 27 76 44
theater@verlag-der-autoren.de
Leitung: Dr. Marion Victor, Oliver Schlecht
www.verlag-der-autoren.de
Schwerpunkt: Theaterverlag und Agentur
Programm: Theaterstücke deutscher und fremdsprachiger AutorInnen, klassische Stücke in neuen deutschen Übersetzungen, Kinder- u. Jugendstücke, Hörspiele, Fernsehen u. Film

Verlag Autorenagentur
Neue Schönhauserstr. 19
10178 Berlin
Tel. 030 - 284 97 60
Fax 030 - 28 49 76 - 76
info@verlag-autorenagentur.de
Leitung: Boris Priebe
Schwerpunkt: Verlag für Theater
Programm: Kinder- und Jugendtheater, deutsche und skandinavische Dramatik
Lektorat: Boris Priebe, Bastian Häfner
Manuskriptangebote: nach vorheriger telefonischer Anfrage
Medium: Papierausdruck
Manuskriptrücksendung: ja, mit Rückporto

Vorhangauf.de
Krotzenburger Str. 40
63512 Hainburg
Tel. 06182 - 960830
Fax 06182 - 993420
info@vorhangauf.de
www.vorhangauf.de
Leitung: Thomas Waldkircher
Schwerpunkt: Theaterverlag und Agentur (Stücke und Portalseite)
Programm: Theaterverlag für neue Stücke und Bearbeitungen literarischer Vorlagen
Lektorat: Thomas Waldkircher
Manuskriptinteresse: Bearbeitung lit. Vorlagen (z. B. Fontane)
Manuskriptangebote: als Exposé mit Textprobe, als Manuskript
Medium: Papierausdruck, E-Mail
Manuskriptrücksendung: nein

VVB Vertriebsstelle und Verlag Deutscher Bühnenschriftsteller und Bühnenkomponisten GmbH
Buchweizenkoppel 19
22844 Norderstedt
Tel. 040 - 522 56 10
Fax 040 - 526 32 86
info@vvb.de
www.vvb.de
Leitung: Wolfgang Neruda
Schwerpunkt: Musikverlag und Agentur
Programm: Dramen, Jugendstücke, Kinderstücke, Komödien, Krimis, Mär-

chen, Musicals, Tragödien, Volksstücke, Zeitstücke. Mundart: Niederdeutsch, bayerisch, schwäbisch, schweizerdeutsch
Manuskriptinteresse: vor allem Komödien
Manuskriptangebote: nach vorheriger telefonischer Anfrage, als Manuskript
Medium: Papierausdruck, E-Mail
Manuskriptrücksendung: ja, mit Rückporto

Theaterverlag Winfried Wagner
Am Kapf 11
72581 Dettingen an der Erms
Tel. 07123 - 874 94
Fax 07123 - 878 34
winfriedwagner@snafu.de
www.winfriedwagner.de
Leitung: Sabine Wagner, Dipl. Betriebswirt (BA)
Schwerpunkt: Theaterverlag und Agentur
Programm: Komödien und Sketchprogramme in hochdeutsch und schwäbischer Mundart
Lektorat: Constanze Deus-Noufal
Manuskriptinteresse: keine, wir verlegen nur eigene Stücke

Musikverlag Josef Weinberger GmbH
Oeder Weg 26
60318 Frankfurt/M.
Tel. 069 - 95 52 88 30
Fax 069 - 95 52 88 44
mail@josefweinberger.de
www.josefweinberger.de
Leitung: Jan Rolf Müller
Schwerpunkt: Musikverlag und Agentur
Programm: Musikalien, Verwertungsrechte an Werken der Musik, Musikproduktion
Manuskriptangebote: nach vorheriger telefonischer Anfrage
Medium: Papierausdruck, Diskette, E-Mail
Manuskriptrücksendung: nein

Josef Weinberger Wien
Bühnen- und Musikalienverlag GmbH
Neulerchenfelder Str. 3 - 7
A-1160 Wien
Österreich
Tel. +43(0222) - 403 59 91 - 0
Fax +43(0222) - 403 59 91 - 13
musik@weinberger.co.at
www.weinberger.co.at
Leitung: Christian Kobel
Schwerpunkt: Musikverlag

Verlag für Kindertheater
Uwe Weitendorf GmbH
Poppenbütteler Chaussee 53
22397 Hamburg
Tel. 040 - 60 79 09 14
Fax 040 - 607 23 26
kindertheater@verlagsgruppe-oetinger.de
www.kindertheater.de
Leitung: Julia Bielenberg
Schwerpunkt: Theaterverlag und Agentur
Programm: Kinderstücke, Märchen, Musicals für Kinder, Jugendstücke, Kinderopern
Lektorat: Juliane Lachenmayer
Manuskriptangebote: als Exposé mit Textprobe

Medium: Papierausdruck
Manuskriptrücksendung: nein

Whale Songs Communications Verlagsgesellschaft mbh&Co.
Schaartor 1
20459 Hamburg
Tel. 040 - 369 84 50
Fax 040 - 36 98 45 20
mail@whalesongs.de
www.whalesongs.de
Leitung: Helga Baumgarten (Verlegerin), Elke Gürlich (Verlagsleitung)
Schwerpunkt: Theaterverlag und Agentur, Musikverlag und Agentur
Programm: Komödien, Märchen, Schauspiel, Musiktheater, Kinder- und Jugendtheater, neu bearbeitete Klassiker
Manuskriptangebote: als Exposé mit Textprobe von 10 Seiten
Medium: Papierausdruck, E-Mail
Manuskriptrücksendung: ja

Thespis-Verlag
Mario Wohllebe
Rigaer Str. 77
10247 Berlin
Tel. 030 - 426 86 89
thespis@web.de
www.thespis-verlag.de
Schwerpunkt: Theaterverlag und Agentur, Musikverlag und Agentur
Programm: Einakter, Filmscripte, Kinder- und Jugendstücke, Komödien, Puppenspiel, Satiren - können fast alle vollständig online oder offline gelesen werden
Lektorat: Arthur Breitsprecher - Lektor, Julia Tausend, Tilman Tschacher - Übersetzer
Manuskriptangebote: nach vorheriger telefonischer Anfrage, als Manuskript
Medium: Papierausdruck, Diskette, E-Mail
Manuskriptrücksendung: ja, mit Rückporto

▷ *Dramaturg: Bohemien und Bücherwurm*

Der Dramaturg am Theater hat einen undankbaren Job: Er liest zu viel und schläft zu wenig. Den Applaus heimsen die anderen ein. Hagelt es dagegen Verrisse, zeigen alle mit dem Finger auf ihn.

Von Simone Deckner

Was macht ein Dramaturg eigentlich den ganzen Tag? »Die Unkenntnis ist riesig«, sagt Karin Wilcke, Leiterin des Hochschulteams der Agentur für Arbeit in Düsseldorf. Seit über zehn Jahren bieten Wilcke und ihr Team die Reihe »Berufe rund ums Theater« an. »Was ein Regisseur oder Schauspieler macht, ist allen klar. Aber in all den Jahren hat mich noch keiner gefragt, wie er es denn anstellen könne, Dramaturg zu werden.«

Gut, dass der Urvater der Dramaturgen das nicht mehr hören muss. Gotthold Ephraim Lessing, vor fast dreihundert Jahren geboren, hat den Berufsstand 1767 erfunden. Als Hauskritiker sezierte er für das Hamburger Nationaltheater mit spitzer Feder Stücke, spottete über Schauspielerleistungen und mahnte zur Selbstreflexion. Nebenbei fütterte er bettelarme Schauspieler mit Bürgschaften durch.

Viel lesen

Heute gilt der Dramaturg wahlweise als Ideengeber, künstlerisch-wissenschaftlicher Mitarbeiter, Berater oder schlicht als Vermittler zwischen dem Theater und der Öffentlichkeit. Müsste er eine typische Handbewegung machen, er hätte ein Problem: Buchseiten umblättern, Absätze markieren, telefonieren, schreiben, Interviews führen – die Tätigkeiten sind so unterschiedlich wie zeitaufwändig.

Der Dramaturg wählt beispielsweise Stücke mit aus, überarbeitet Texte, mischt sich in die laufende Produktion ein und ist dabei immer gleichberechtigt gegenüber dem Ensemble. Auch die Außendarstellung des Theaters bestimmt der Dramaturg wesentlich mit: Er schreibt und redigiert zum Beispiel Programmhefte und Pressetexte.

Wer sich als Dramaturg erfolgreich etablieren will, sollte möglichst viel Zeit mit Büchern verbringen. »Ideal sind Studienfächer, in denen man viel lesen muss«, so Karin Wilcke. Die Berufsberaterin empfiehlt Geisteswissenschaften wie Germanistik, Anglistik oder Romanistik. »Aber auch Theologie passt.« Weitaus weniger Begeisterung bringt Wilcke der Theaterwissenschaft entgegen. »Die Leute landen später eher im Feuilleton oder an Museen«, so Wilcke.

Tobsuchtsanfälle inklusive

An der Bayerischen Theaterakademie beginnen jedes Jahr zum Wintersemester 30 Auserwählte ihr Studium zum »Diplom-Dramaturgen«, ausgesiebt nach Numerus Clausus. Das Grundstudium macht die Theaterfrischlinge fit in Theorie (»Europäische Theatergeschichte«), während im Hauptstudium die Praxis dominiert. Neben Hospitanzen müssen die Dramaturgie-Studenten auch ein eigenes Stück von Anfang bis Ende begleiten. Ähnliche Studiengänge gibt es an der Leipziger Hochschule für Musik und Theater und an der Universität Frankfurt.

Genervt von der heutigen Studentengeneration zeigt sich Michael Eberth, Chefdramaturg am Hamburger Schauspielhaus: »Die sind heutzutage alle schon mit Wahrnehmungsschablonen getränkt, haben alle irgendwas gepaukt und finden alle Thalheimer toll, da setzt es bei mir gleich aus«, mosert er. Wer Eberth beeindrucken will, muss mutig sein: »Die entscheidende Qualität des Dramaturgen ist, dass er sich nicht im Theaterapparat auflöst, sondern dass er ein eigenes Urteil fällt und dazu steht.«

Gesprächspartner für Autoren

Streiten gehört zum Beruf, egal ob es um die Auswahl der Stücke, um die Besetzung einer Rolle oder eine neue Marketinglinie geht. »Der Antrieb ist, das durchzusetzen, was einem wichtig ist«, so Eberth. Am Theater sind Starallüren und Tobsuchtsanfälle Alltag, daher brauchen Dramaturgen ein dickes Fell.

Schon Berufsanfänger müssen sich im Kampf um die wenigen Assistenz- und Mitarbeiterstellen durchbeißen. Das Deutsche Bühnenjahrbuch verzeichnet nur rund 580 Dramaturgen in Deutschland. Als Arbeitgeber kommen neben den rund 430 Theatern auch Fernseh- und Hörfunksender in Frage. Dramaturgen verdienen mindestens 1550 Euro brutto – laut Tarifvertrag. Alles, was darüber hinausgeht, ist Verhandlungssache.

Kaum Verhandlungsspielraum gibt es dagegen bei der Wochenarbeitszeit, die leicht die 60-Stunden-Marke kratzt. Da bleibt wenig Zeit fürs Privatleben. »Der Freundeskreis von Theaterleuten besteht zum überwiegenden Teil aus Theaterleuten«, konstatieren die Personalwissenschaftler Doris Eikhof und Axel Haunschild in ihrem Forschungsbericht »Arbeitswelt Theater«. Eine Sieben-Tage-Woche und Nachtschichten fanden die meisten Befragten völlig normal. Mehr noch: »Die Vorstellung, einen ungewöhnlichen, bohemehaften Lebensstil zu pflegen, ist existenziell für die Selbstwahrnehmung.«

Simone Deckner lebt als freie Autorin in Hamburg und schreibt u.a. für zeit.de, den »Musikexpress« und die »Hamburger Morgenpost«. Dieser Beitrag erschien zuerst bei Spiegel Online. Am Theater würde sie freiwillig nie arbeiten.

Adressen

▷ *Theater*

Eine Auswahl autorenfreundlicher Häuser

Komödie Dresden
Freiberger Straße 39
01067 Dresden
Tel. 0351 - 8664140
Fax 0351 - 8664150
info@komoedie-dresden.de
www.komoedie-dresden.de
Intendanz: Jürgen Wölffer / Jürgen Mai
Dramaturgie: Georg Wintermann
Inszenierungen p.a.: 6+1
Ms.-Interesse: Komödien, Schwänke, Lustspiele
Ms.-Angebote erwünscht: wenn noch kein Theaterverlag den Autor vertritt auch nach vorheriger telefonischer Anfrage
Medium: Papierausdruck
Ms.-Rücksendung: ja, bei Rückporto

Staatsschauspiel Dresden
Theaterstraße 2
01067 Dresden
Tel. 0351 - 4913-50
Fax 0351 - 49 13 981
www.staatsschauspiel-dresden.de
Ms.-Angebote erwünscht: ausschließlich über Theaterverlag/Agentur

Theater Junge Generation
Meißner Landstraße 4
01157 Dresden
Tel. 0351 - 429 12 27
Fax 0351 - 429 14 01
dramaturgie@tjg-dresden.de
www.tjg-dresden.de
Intendanz: Dietrich Kunze
Dramaturgie: Felicitas Loewe (Chefdramaturgin, cd@tjg-dresden.de), Kerstin Behrens (kerstin.behrens@tjg-dresden.de)
Inszenierungen p.a.: ca. 16 Premieren

Mimenbühne Dresden
Maternistr. 17
01067 Dresden
Tel. 0351-8020419
Fax 0351-8384987
www.mimenstudio.de

Landesbühnen Sachsen
Meißner Straße 152
01445 Radebeul
Tel. 0351 - 8954-0
Fax 0351 - 8954-201
info@dresden-theater.de
www.dresden-theater.de
Intendanz: Christian Schmidt
Dramaturgie: Gisela Zürner (Musik-

theater), Uta Girod (Schauspiel), Hee-Chuhn Choi (Konzertdramaturg), Ina Steinel (Thaterpädagogin/Dramaturgin)
Inszenierungen p.a.: 17 Neuinszenierungen, 24 Wiederaufnahmen
Ms.-Angebote erwünscht: ausschließlich über Theaterverlag/Agentur
Medium: Papierausdruck
Ms.-Rücksendung: ja

Neue Bühne - Niederlausitzer Theaterstädtebund
Rathenaustraße 6-8
01968 Senftenberg
Tel. 03573 - 801-0
Fax 03573 - 792334
dramaturgie@theater-senftenberg.de
www.theater-senftenberg.de
Intendanz: Sewan Latchinian
Dramaturgie: Gisela Kahl (Chefdramaturgin, Dw -222), Jürgen Eich (Dramaturg, Dw-221)
Inszenierungen p.a.: 21
Ms.-Angebote erwünscht: ausschließlich über Theaterverlag/Agentur
Medium: E-Mail

Deutsch-Sorbisches Volkstheater Bautzen
Seminarstraße 12
02625 Bautzen
Tel. 03591 - 584-0
Fax 03591 - 44383
www.theater-bautzen.de
Intendanz: Lutz Hillmann
Dramaturgie: Eveline Günther (Chefdramaturgin)
Inszenierungen p.a.: ca. 22

Gerhart-Hauptmann-Theater
Theaterring 12
02763 Zittau
Tel. 03583 - 77 05 12
Fax 03583 - 512179
info@theater-zittau.de
www.theater-zittau.de
Intendanz: Roland May
Dramaturgie: Brigitte Ostermann (Chefdramaturgin), Jule Koch, dramaturgie@theater-zittau.de
Inszenierungen p.a.: 10-12
Ms.-Interesse: Demokratie, Deutschtum, Gesellschaftsordnung (2-5 Personen; Studio)
Ms.-Angebote erwünscht: ausschließlich über Theaterverlag/-agentur
Medium: E-Mail
Ms.-Rücksendung: nein

Theater Görlitz
Demianiplatz 2
02826 Görlitz
Tel. 03581 - 4747-0
Fax 03581 - 4747-36
info@theater-goerlitz.de
www.theater-goerlitz.de
Intendanz: Hr. Dr. Wieler
Ms.-Angebote erwünscht: ausschließlich über Theaterverlag/Agentur

Staatstheater Cottbus
Lausitzer Str. 33
03046 Cottbus
Tel. 0355 - 78240
Fax 0355 - 7824-159
direktion@staatstheater-cottbus.de
www.staatstheater-cottbus.de
Intendanz: Martin Schüler

Ms.-Angebote erwünscht: ausschließlich über Theaterverlag/-agentur

Schauspiel Leipzig
Bosestraße 1
04109 Leipzig
Tel. 0341 - 1268-0
Fax 0341 - 1268-179
dramaturgie@schauspiel-leipzig.de
www.schauspiel-leipzig.de
Intendanz: Prof. Wolfgang Engel
Dramaturgie: Heike Müller-Merten (heike.mueller-merten@schauspiel-leipzig.de); Birgit Rasch (birgit.rasch@schauspiel-leipzig.de); Barbara Noth (barbara.noth@schauspiel-leipzig.de); Cornelia Steinwachs (cornelia.steinwachs@schauspiel-leipzig.de)
Inszenierungen p.a.: 16
Ms.-Angebote erwünscht: ausschließlich über Theaterverlag/-agentur

Theater der Jungen Welt
Lindenauer Markt 21
04177 Leipzig
Tel. 0341 - 48660-0
Fax 0341 - 4772994
www.theaterderjungenweltleipzig.de
Intendanz: Jürgen Zielinski
Dramaturgie: Marion Firlus (Chefdramaturgin), DW-21, m.firlus@theaterderjungenweltleipzig.de; Matthias Schiffner, DW-20, m.schiffner@theaterderjungenweltleipzig.de; Jörn Kalbitz, DW-12, j.kalbitz@theaterderjungenweltleipzig.de
Inszenierungen p.a.: 12 bis 15
Ms.-Angebote erwünscht: ausschließlich über Theaterverlag/-agentur

Kulturinsel Halle / neues theater Halle
Große Ulrichstraße 51
06108 Halle - Saale
Tel. 0345 - 20 50-0
Fax 0345 - 20 50-115
dramaturgie@kulturinsel-halle.de
www.kulturinsel-halle.de
Intendanz: Christoph Werner
Dramaturgie: Bernhild Bense (bense@kulturinsel-halle.de); Maria Viktoria Linke (linke@kulturinsel-halle.de); Ralf Meyer (meyer@kulturinsel-halle.de)
Inszenierungen p.a.: 10
Ms.-Interesse: Uraufführungen
Ms.-Angebote erwünscht: ausschließlich über Theaterverlag/Agentur
Medium: Papierausdruck, E-Mail
Ms.-Rücksendung: ja

Thalia Theater Halle
Kardinal-Albrecht-Str. 6
06108 Halle - Saale
Tel. 0345 - 20 40 50 oder 0345 - 29 21 70
Fax 0345 - 202-4357 oder 0345 - 292 17 38
pietrowsky@thaliatheaterhalle.de
www.thaliatheaterhalle.de
Intendanz: Annegret Hahn
Inszenierungen p.a.: 10-12
Ms.-Interesse: Kinder- u. Jugendtheaterstücke
Ms.-Angebote erwünscht: ausschließlich über Theaterverlag/Agentur
Medium: Papierausdruck, E-Mail
Ms.-Rücksendung: ja, bei Rückporto

Landesbühne Sachsen-Anhalt
An der Landwehr 5
06295 Lutherstadt Eisleben

Tel. 03475 - 6699-0
Fax 03475 - 6699-21
info@theater-eisleben.de
www.theater-eisleben.de
Intendanz: Ulrich Fischer
Dramaturgie: Nicola Genschorek, dramaturgie@theater-eisleben.de
Inszenierungen p.a.: 8
Ms.-Angebote erwünscht: ausschließlich über Theaterverlag/-agentur, als Manuskript
Medium: E-Mail
Ms.-Rücksendung: nein

Anhaltisches Theater Dessau
Friedensplatz 1 a
06844 Dessau
Tel. 0340 - 2511-0
Fax 0340 - 2511-213
dramaturgie@anhaltisches-theater.de
www.anhaltisches-theater.de
Intendanz: Johannes Felsenstein, Generalintendant
Dramaturgie: Udo Salzbrenner (Chefdramaturg, Dw -217), Ronald Müller (Dw -326), Ernstgeorg Hering (Dw -440)
Inszenierungen p.a.: 15 (6 Musiktheater, 2 Tanztheater, 7 Schauspiele)

Theater & Philharmonie Thrüringen
Küchengartenallee 2
07548 Gera
Tel. 0365 - 827 90
Fax 0365 - 827 92 62
dramaturgie@tpthueringen.de
www.tpthueringen.de
Intendanz: Prof. Matthias Oldag
Dramaturgie: Tobias Wolff (Chefdramaturg, Dw-211), Dagmar Kunze (Dramaturgin, Dw -200), Katharina Rosenkranz (Dw -265), Ingrid Fischer (Dw -192), Claudia Steinseifer (03447 - 585133)
Inszenierungen p.a.: ca. 18
Ms.-Angebote erwünscht: ausschließlich über Theaterverlag/Agentur

Theater-Plauen-Zwickau
Gewandhausstr. 7
08056 Zwickau
Tel. 03741 - 2813-4830
Fax 03741 - 2813-4809
info@theater-plauen-zwickau.de
www.theater-plauen-zwickau.de
Intendanz: Dr. Ingolf Huhn
Dramaturgie: Chefdramaturgin: Annelen Hasselwander (0375 - 83-4820, hasselwander@...), Schauspieldramaturgie:Carolin Eschenbrenner (03741 - 2813-4808, dramaturgie@...), Dramaturgie Musiktheater: Birgit Eckenweber (0375 - 83-4608, eckenweber@...)
Inszenierungen p.a.: 22 Neuinsz. + 4 Puppentheater
Ms.-Angebote erwünscht: ausschließlich über Theaterverlag/-agentur
Medium: Papierausdruck, E-Mail
Ms.-Rücksendung: nein

Eduard-von-Winterstein-Theater Annaberg
Buchholzer Straße 67
09456 Annaberg-Buchholz
Tel. 03733 - 1407-0
Fax 03733 - 1407-150
theater@winterstein-theater.de
www.winterstein-theater.de

Intendanz: Prof. Hans-Hermann Krug
Dramaturgie: Michael Eccarius (Chefdramaturg), Silvia Giese (Schauspiel)
Inszenierungen p.a.: Musiktheater: 5, Schauspiel: 5, Freilicht: 2, Studio: 2
Ms.-Angebote erwünscht: ausschließlich über Theaterverlag/Agentur
Medium: E-Mail
Ms.-Rücksendung: nein

Mittelsächsische Theater und Philharmonie
Borngasse 1-3
09599 Freiberg
Tel. 03731 - 3582-0
Fax 03731 - 23406
info@mittelsaechsisches-theater.de
www.mittelsaechsisches-theater.de
Intendanz: Manuel Schöbel
Dramaturgie: Dr. Roland Dreßler, Chefdramaturg; Claudia Frank, Musikdramaturgin; Dr. Christoph Nieder, Musik- und Pressedramaturg
Inszenierungen p.a.: 22

Deutsches Theater und Kammerspiele Berlin
Schumannstraße 13 a
10117 Berlin
Tel. 030 - 284410
Fax 030 - 2824117
dramaturgie@deutschestheater.de
www.deutschestheater.de
Intendanz: Bernd Wilms
Ms.-Angebote erwünscht: ausschließlich über Theaterverlag/Agentur

Maxim Gorki Theater
Am Festungsgraben 2
10117 Berlin
Tel. 030 - 20221-0
Fax 030 - 202213-65
dramaturgie@gorki.de
www.gorki.de
Intendanz: Armin Petras
Dramaturgie: Andrea Koschwitz (Chefdramaturgin), Carmen Wolfram, Ludwig Haugk
Ms.-Angebote erwünscht: als Exposé, Textprobe von 10 Seiten
Medium: Papierausdruck oder E-Mail
Ms.-Rücksendung: ja, bei Rückporto

Volksbühne am Rosa-Luxemburg-Platz
Linienstr. 227
10178 Berlin
Tel. 030 - 240 65-5
Fax 030 - 247 67 59
intendanz@volksbuehne-berlin.de
www.volksbuehne-berlin.de
Intendanz: Frank Castorf

Theater an der Parkaue
Kinder- und Jugendtheater des Landes Berlin
Parkaue 29
10367 Berlin
Tel. 030 - 55 77 52 0
Fax 030 - 55 77 52 22
info@parkaue.de
www.parkaue.de
Leitung: Indendant Kay Wuschek

GRIPS Theater Berlin
Altonaer Straße 22
10557 Berlin
Tel. 030 - 39 74 74 77
Fax 030 - 39 74 74 28

Tribüne
Otto-Suhr-Allee 18
10585 Berlin
Tel. 030 - 341-9001
Fax 030 - 341-1686
info@tribuene-berlin.de
www.tribuene-berlin.de
Intendanz: Direktion: Corinna Trempnan, Thomas Trempnan; künstlerische Leitung: Helmut Palitsch (h.palitsch@tribuene-berlin.de)
Inszenierungen p.a.: 4
Ms.-Angebote erwünscht: nach vorheriger telefonischer Anfrage, als Manuskript
Ms.-Rücksendung: ja, bei Rückporto

Renaissance-Theater Berlin
Knesebeckstraße 100
10623 Berlin
Tel. 030 - 315 97 3-0
Fax 030 - 315 57 340
reinig@renaissance-theater.de
www.renaissance-theater.de
Intendanz: Horst-H. Filohn
Dramaturgie: Gundula Reinig (Dw -23)
Inszenierungen p.a.: 4
Ms.-Angebote erwünscht: nach vorheriger telefonischer Anfrage
Medium: Papierausdruck
Ms.-Rücksendung: ja, bei Rückporto

Theater des Westens
Kantstraße 12
10623 Berlin
Tel. 030 - 31903-0
Fax 030 - 31903-188

Vaganten Bühne Berlin
Kantstraße 12 a
10623 Berlin
Tel. 030 - 3124529
Fax 030 - 313-3483
info@vaganten.de
www.Vaganten.de
Intendanz: Rainer Behrend, Jens-Peter Behrend
Dramaturgie: Jens-Peter Behrend
Inszenierungen p.a.: 4–5
Ms.-Angebote erwünscht: ausschließlich über Theaterverlag/-agentur

Schaubühne am Lehniner Platz
Kurfürstendamm 153
10709 Berlin
Tel. 030 - 89002-129
Fax 030 - 89002-195
www.schaubuehne.de
Direktion: Jürgen Schitthelm, Dr. Friedrich Barner
Künstlerische Leitung: Thomas Ostermeier, Jens Hillje

Komödie
Kurfürstendamm 206
10719 Berlin
Tel. 030 - 88 59 11-0
Fax 030 - 88 59 11-40
info@komoedie-berlin.de
www.komoedie-berlin.de
Intendanz: Martin Woelffer

Dramaturgie: Andrea Weidmann
Inszenierungen p.a.: ca. 6
Ms.-Angebote erwünscht: nach vorheriger telefonischer Anfrage
Medium: E-Mail
Ms.-Rücksendung: nein

Theater am Kurfürstendamm
Kurfürstendamm 209
10719 Berlin
Tel. 030 - 885911-0
Fax 030 - 885911-40
info@komoedie-berlin.de
www.komoedie-berlin.de
Intendanz: Martin Woelffer
Dramaturgie: Andrea Weidmann (Dw - 51, weidmann@komoedie-berlin.de)
Inszenierungen p.a.: ca. 5
Ms.-Angebote erwünscht: nach vorheriger telefonischer Anfrage
Medium: E-Mail
Ms.-Rücksendung: nein

Schloßpark-Theater
Schloßstraße 48
12165 Berlin
Tel. 030 - 700 969-0
Fax 030 - 700 969 11
jennifer.moos@stageholding.de
www.schlossparktheater.com
Intendanz: Andreas Gergen
Dramaturgie: Jenniger Moos (Dw -16), Kerstin Schweiger (Dw - 18)
Inszenierungen p.a.: 4
Ms.-Angebote erwünscht: ausschließlich über Theaterverlag/Agentur, als Exposé
Medium: Papierausdruck, E-Mail
Ms.-Rücksendung: nein

Brandenburger Theater
Grabenstraße 14
14776 Brandenburg
Tel. 03381 - 511-0
Fax 03881 - 511-160
info@brandenburgertheater.de
www.brandenburgertheater.de
Intendanz: Christian Kneisel
Dramaturgie:
Inszenierungen p.a.: 3 bis 4

Uckermärkische Bühnen
Berliner Straße 46-48
16303 Schwedt - Oder
Tel. 03332 - 538-0
Fax 03332 - 538-164
www.theater-schwedt.de

Theater und Orchester GmbH Neubrandenburg/Neuststrelitz Schauspielhaus Neubrandenburg
Pfaffenstraße 22
17033 Neubrandenburg
Tel. 0395 - 569 98 11-19
Fax 0395 - 582 61 79
www.landestheater-mecklenburg.de
Intendanz: Ralf-Peter Schulze
Dramaturgie: Matthias Wolf (Leitender Dramaturg, wolf@landestheater-mecklenburg.de)
Inszenierungen p.a.: 9
Ms.-Angebote erwünscht: ausschließlich über Theaterverlag/Agentur
Medium: E-Mail

Theater und Orchester GmbH Neubrandenburg/Neustrelitz Landestheater Mecklenburg
Friedrich-Ludwig-Jahn-Straße 14
17235 Neustrelitz
Tel. 03981 - 277-0
Fax 03981 - 205435
infor@landestheater-mecklenburg.de
www.theater-und-orchester.de
Intendanz: Ralf-Peter Schulze
Dramaturgie: Christoph Blitt (Musiktheater), Matthias Wolf (Schauspiel)
Inszenierungen p.a.: 20
Ms.-Angebote erwünscht: ausschließlich über Theaterverlag/-agentur
Medium: Papierausdruck, E-Mail
Ms.-Rücksendung: nein

Vorpommersche Landesbühne
Leipziger Allee 34
17389 Anklam
Tel. 03971 - 20 89-10
Fax 03971 - 20 89-24
www.vlb-anklam.de
Intendanz: Wolfgang Bordel
Dramaturgie: Maritres Hötger (Dw -35, m.hoetger@theater-anklam.de)
Inszenierungen p.a.: ca. 18
Ms.-Interesse: Jugendtheater in großer Besetzung, Komödienstoffe in kleiner Besetzung, Theater für den ländlichen Raum, Kabarett-Texte, Kinderstücke in kleiner Besetzung, Varieté-Stücke für unser Theaterzelt
Ms.-Angebote erwünscht: nach vorheriger telefonischer Anfrage, als Exposé, als Manuskript
Medium: Papierausdruck, E-Mail bevorzugt
Ms.-Rücksendung: ja

Volkstheater Rostock
Patriotischer Weg 33
18057 Rostock
Tel. 0381 - 381-4600
Fax 0381 - 381-4619
vtrinfo@rostock.de
Intendanz: Steffen Piontek
Dramaturgie: Jörg Hückler (Dw -4724, joerg.hueckler@rostock.de), Grit van Dyk (Dw -4633, grit.vandyk@rostock.de)
Inszenierungen p.a.:
Ms.-Angebote erwünscht: ausschließlich über Theaterverlag/-agentur, nach vorheriger telefonischer Anfrage
Ms.-Rücksendung: ja, bei Rückporto

Theater Vorpommern
Olof-Palme-Platz
18439 Stralsund
Tel. 03831 - 2646-0
Fax 03831 - 2646-105
theater@t-online.de
www.theater-vorpommern.de
Intendanz: Rüdiger Bloch, ab 1.8.2005 Anton Nekovar

Mecklenburgisches Staatstheater Schwerin
Alter Garten 2
19055 Schwerin
Tel. 0385 - 5300-0
Fax 0385 - 53 00 - 200
info@theater-schwerin.de
www.theater-schwerin.de

Mecklenburgisches Landestheater Parchim
Blutstraße 16
19370 Parchim
Tel. 03871 - 6291 - 0
Fax 03871 - 6291 - 111
dramaturgie@mlt-parchim.de
www.mlt-parchim.de
Intendanz: Thomas Ott-Albrecht
Dramaturgie: Katja Mickan (Dw -102)
Inszenierungen p.a.: 8 bis 10
Ms.-Angebote erwünscht: als Exposé, als Manuskript
Medium: Papierausdruck, E-Mail
Ms.-Rücksendung: nein

Thalia-Theater
Alstertor
20095 Hamburg
Tel. 040 - 32814-0
Fax 040 - 32814-212
dramaturgie@thalia-theater.de
www.thalia-theater.de
Intendanz: Prof. Ulrich Khuon
Dramaturgie: Sonja Anders (Chefdramaturgin)
Inszenierungen p.a.: ca. 9 großes Haus / 9 Thalia in der Gaußstraße
Ms.-Interesse: Hamburger Autorentheatertage

Deutsches Schauspielhaus
Kirchenallee 39
20099 Hamburg
Tel. 040 - 24871-0
Fax 040 - 24871 - 411
dramaturgie@schauspielhaus.de
www.schauspielhaus.de
Intendanz: Friedrich Schirmer
Ms.-Angebote erwünscht: als Exposé
Medium: Papierausdruck
Ms.-Rücksendung: nein

Hamburger Kammerspiele
Hartungstraße 9 - 11
20146 Hamburg
Tel. 040 - 44 12 36 60
Fax 040 - 44 12 36 70
schumacher@hamburger-kammerspiele.de
www.hamburger-kammerspiele.de
Intendanz: Axel Schneider
Dramaturgie: Anja Del Caro, Evelyn Haake
Inszenierungen p.a.: 5-6
Ms.-Angebote erwünscht: ausschließlich über Theaterverlag/Agentur
Ms.-Rücksendung: nein

Ohnsorg-Theater
Große Bleichen 25
20354 Hamburg
Tel. 040 - 350803-0
Fax 040 - 350803-43
info@ohnsorg.de
www.ohnsorg.de
Intendanz: Christian Seeler
Dramaturgie: Cornelia Stein (Dw -34, stein@ohnsorg.de)
Inszenierungen p.a.: 7 + Weihnachtsmärchen
Ms.-Angebote erwünscht: als Manuskript
Medium: Papierausdruck
Ms.-Rücksendung: ja, bei Rückporto

Imperial Theater
Reeperbahn 5
20359 Hamburg
Tel. 040 - 18881333-1, Kartenhotline: 040 - 313114
Fax 040 - 3175-234
direktion@imperial-theater.de
www.imperial-theater.de
Intendanz: Frank Thannhäuser

St. Pauli-Theater
Spielbudenplatz 29-30
20359 Hamburg
Tel. 040 - 313901
Ms.-Angebote erwünscht: als Manuskript
Medium: Papierausdruck
Ms.-Rücksendung: nein

Theater Lüneburg
An den Reeperbahnen 3
21335 Lüneburg
Tel. 04131 - 47047
Fax 04131 - 404210
dramaturgie@theater-lueneburg.de
www.theater-lueneburg.de
Intendanz: Jan Aust
Dramaturgie: Kurt-Achim. Koeweker@theater-lueneburg.de (04131 - 752-213), Susanne Bieler@theater-lueneburg.de (04131 - 752-228)
Inszenierungen p.a.: 12
Ms.-Angebote erwünscht: ausschließlich über Theaterverlag/Agentur
Medium: E-Mail
Ms.-Rücksendung: nein

Ernst-Deutsch-Theater
Ulmenau 25
22087 Hamburg
Tel. 040 - 227014-0
Fax 040 - 227014-48
dramaturgie@ernst-deutsch-theater.de
www.ernst-deutsch-theater.de
Intendanz: Isabella Vertes Schütter
Dramaturgie: Stefan Kroner (Dramaturg), Esther Wagner (Dramaturgin, Theaterpädagogin)
Inszenierungen p.a.: 8
Ms.-Interesse: Jugendstücke zu den Themen: Liebe, Krieg, Terrorismus
Ms.-Angebote erwünscht: nach vorheriger telefonischer Anfrage, als Exposé
Medium: Papierausdruck, E-Mail
Ms.-Rücksendung: ja

Kampnagel Hamburg
Jarrestraße 20
22303 Hamburg
Tel. 040 - 270949-0
Fax 040 - 270949-11
www.kampnagel.de
Intendanz: Gordana Vnuk, ab Spielzeit 07(08 Amelie Deuflhard
Dramaturgie: Branko Brezovec, Eva Maria Stüting, Mona Hansen, Matthias Quabbe - alle bis Ende der Spielzeit 06/07
Inszenierungen p.a.: 450 Veranstaltungen insgesamt
Ms.-Angebote erwünscht: nach vorheriger telefonischer Anfrage
Medium: Papierausdruck
Ms.-Rücksendung: ja

Altonaer Theater
Museumstraße 17
22765 Hamburg
Tel. 040 - 39905-876
Fax 040 - 39905-594
kbb@altonaer-theater.de
www.altonaer-theater.de
Intendanz: Axel Schneider
Dramaturgie: Anja Del Caro
Inszenierungen p.a.: 6

Theater für Kinder
Max-Brauer-Allee 76
22765 Hamburg
Tel. 040 - 382538
Fax 040 - 3892921
theater_fuer_kinder@t-online.de
www.theater-fuer-kinder.de
Intendanz: Uwe Deeken
Dramaturgie: Claus Gutbier (Tel. 040 - 38 02 38-13), Barbara Hass
Inszenierungen p.a.: 2-3
Ms.-Angebote erwünscht: nach vorheriger telefonischer Anfrage, als Manuskript
Medium: Papierausdruck , E-Mail
Ms.-Rücksendung: ja, bei Rückporto

Lübecker Theater GmbH
Beckergrube 16
23552 Lübeck
Tel. 0451 - 7088-0
Fax 0451 - 7088-102
theater@luebeck.de
www.theaterluebeck.de
Intendanz: Schauspieldirektor Pit Holzwarth
Dramaturgie: Michael Birkner, N.N.
Inszenierungen p.a.: 12
Ms.-Angebote erwünscht: ausschließlich über Theaterverlag/-agentur
Medium: Papierausdruck, E-Mail
Ms.-Rücksendung: ja

Bühnen der Landeshauptstadt Kiel
Rathausplatz
24103 Kiel
Tel. 0431 - 901-2892
Fax 0431 - 901-62889
www.theater-kiel.de
Intendanz: Daniel Karasek

Schleswig-Holsteinisches Landestheater
Lollfuß 53
24837 Schleswig
Tel. 04621 - 96 70-0
Fax 04621 - 96 70-82
kontakt@sh-landestheater.de
www.sh-landestheater.de
Intendanz: Michael Grosse
Dramaturgie: Renate Liedtke-Fritzsch (Chefdramaturgin, Dw -31), Martin Vohringer (Schauspiel, Tel. 04331 - 14 00 32), Dietmar Langberg (Musik, Tel. 0461 - 141 00 32)
Ms.-Angebote erwünscht: ausschließlich über Theaterverlag/Agentur
Medium: E-Mail

Oldenburgisches Staatstheater
Theaterwall 28
26122 Oldenburg
Tel. 0441 - 2225-0
dramaturgie@staatstheater-ol.niedersachsen.de;
janine.classen@staatstheater-ol.niedersachsen.de

www.oldenburg.staatstheater.de
Intendanz: Markus Müller
Dramaturgie: Jörg Vorhaben (Dw -203), Johann Wall (Dw -204), Matthias Grön (Dw -134), Janine Claßen (Dw-130)
Inszenierungen p.a.: ca. 25
Ms.-Angebote erwünscht: ausschließlich über Theaterverlag/Agentur
Medium: Papierausdruck, E-Mail
Ms.-Rücksendung: ja

Landesbühne Niedersachsen-Nord
Virchowstraße 44
26382 Wilhelmshaven
Tel. 04421 - 9401-0
Fax 04421 - 9401-45
info@landesbuehne-nord.de
www.landesbuehne-nord.de
Intendanz: Gerhard Hess
Dramaturgie: Sibille Hüholt (Dw -17, sibillehueholt@landesbuehne-nord.de), Christoph Batscheider (Dw -18, c hristop@batscheider@landesbuehne-nord.de)
Inszenierungen p.a.: 13
Ms.-Angebote erwünscht: nach vorheriger telefonischer Anfrage

Stadttheater Bremerhaven
Theodor-Heuss-Platz
27568 Bremerhaven
Tel. 0471 - 48206-0
Fax 0471 - 48206-482
kontakt@stadttheaterbremerhaven.de
www.stadttheaterbremerhaven.de
Intendanz: Peter Grisebach
Dramaturgie: Andreas Strähnz (Chefdramaturg, Dw -274)
Inszenierungen p.a.: 10-12 Schauspielproduktionen
Ms.-Angebote erwünscht: über Theaterverlag/Agentur, nach vorheriger telefonischer Anfrage, als Manuskript
Medium: E-Mail
Ms.-Rücksendung: nein

Bremer Theater
Am Goetheplatz 1-3
28203 Bremen
Tel. 0421 - 3653-0
Fax 0421 - 3653-202
dramaturgie@bremertheater.com
www.bremertheater.com
Intendanz: Hans Joachim Frey
Dramaturgie: Hans-Georg Wegner (Chefdramaturg), Marcel Klett (leitender Schauspieldramaturg), Stephanie Beyer (zweite Schauspieldramaturgin), Dr. Patricia Stöckelmann (Tanztheater)
Inszenierungen p.a.: ca. 20
Ms.-Angebote erwünscht: ausschließlich über Theaterverlag/Agentur
Medium: Papierausdruck, E-Mail
Ms.-Rücksendung: ja

THEATER 62 BREMEN e.V. und THEATER AN DER LESSINGSTRASSE
Geschäftsst. Plettenberger Weg 11
28205 Bremen
Tel. 0421 - 49 08 99
Fax 0421 - 49 40 646
theater62bremen.wenz@t-online.de
www.theater62bremen.de
Intendanz: Michael A. Wenz
Dramaturgie: Michael A. Wenz
Ms.-Interesse: Kinder- und jugendtheater, Komödien und Schauspiele, auch Zeitstücke für Kammerspeiltheater,

Bühne 5 x 4 m, 60-80 Zuschauer
Ms.-Angebote erwünscht: über Theaterverlag/Agentur nach vorheriger telefonischer Anfrage, als Manuskript
Medium: Papierausdruck
Ms.-Rücksendung: ja

MARTH's (im Waldau-Theater)
Waller Heerstraße 165
28219 Bremen
Tel. 0421 - 386 17-0
Fax 0421 - 38 19 47
Intendanz: Klaus Marth, Susanne Marth
Dramaturgie:
Inszenierungen p.a.: 8

Schloß-Theater Celle
Schloßplatz 1
29221 Celle
Tel. 05141 - 90 50 80
Fax 05141 - 90 50 844
dramaturgie@schlosstheater-celle.de
www.schlosstheater-celle.de
Intendanz: Karin H. Veit
Dramaturgie: Astrid Reck, Wolfgang Nitsch
Inszenierungen p.a.: Hauptbühne: 10, Malersaal: 6
Ms.-Angebote erwünscht: ausschließlich über Theaterverlag/Agentur

Landesbühne Hannover
Bultstraße 7
30159 Hannover
Tel. 0511 - 282828-0
Fax 0511 - 281043
Intendanz: Christian Gundlach
www.landesbuehne-hannover.de

Neues Theater
Georgstraße 54
30159 Hannover
Tel. 0511 - 363001
Fax 0511 - 328738
info@neuestheater-hannover.de
www.neuestheater-hannover.de

Niedersächsische Staatstheater Schauspiel Hannover
Prinzenstraße 9
30159 Hannover
Tel. 0511 - 9999-00
Fax 0511 - 9999-1900
Intendanz: Wilfried Schulz
www.staatstheater-hannover.de

Stadttheater Hildesheim
Theaterstraße 6
31141 Hildesheim
Tel. 05121 - 1693-0
Fax 05121 - 1693-93
dramaturgie@stadttheater-hildesheim.de
www.stadttheater-hildesheim.de
Intendanz: Dr. Urs Bircher
Dramaturgie: Barbara Ellenberger (Chefdramaturgin, Dw -64, b.ellenberger@stadttheater-hildesheim.de), Vivica Bocks (Schauspiel, Dw -69, v.bocks@...), Roland Mörchen (Musiktheater, Dw -54, r.moerchen@...)
Inszenierungen p.a.: 13 großes Haus + diverse kleine Projekte
Ms.-Angebote erwünscht: ausschließlich über Theaterverlag/Agentur
Ms.-Rücksendung: ja

Westfälische Kammerspiele Paderborn
Theater am Rathausplatz
33098 Paderborn
Tel. 05251 - 88 26 34
Fax 05251 - 88 26 44
Dramaturgie@Kammerspiele-paderborn.de
www.Kammerspiele-paderborn.de
Intendanz: Dr. Merula Steinhardt-Unseld
Dramaturgie: Maren Simoneit, Jörg Uhl
Ms.-Angebote erwünscht: ausschließlich über Theaterverlag/-agentur

Theaterlabor im TOR 6
Hermann-Kleinewächter-Str.4
33602 Bielefeld
Tel. 0521 - 287856
Fax 0521 - 286543
info@theaterlabor.de
www.theaterlabor.de
Intendanz: Siegmar Schröder (Künstlerischer Leiter)
Inszenierungen p.a.: 3-5 neue Produktionen
Ms.-Angebote erwünscht: nach vorheriger telefonischer Anfrage
Medium: Papierausdruck
Ms.-Rücksendung: ja, bei Rückporto

Staatstheater Kassel
Friedrichsplatz 15
34117 Kassel
Tel. 0561 - 10 94 - 0
Fax 0561 - 10 94 - 204
info@staatstheater-kassel.de
www.staatstheater-kassel.de
Intendanz: Thomas Bockelmann
Dramaturgie: Horst Busch (Chefdramaturg, busch@staatstheater-kassel.de)
Ms.-Angebote erwünscht: ausschließlich über Theaterverlag/Agentur
Medium: E-Mail
Ms.-Rücksendung: nein

Das Hessische Landestheater Marburg
Am Schwanhof 68-72
35037 Marburg
Tel. 06421 - 9902-31
Fax 06421 - 9902-41
www.hlth.de
Intendanz: Ekkehard Dennewitz

Stadttheater Gießen
Berliner Platz
35390 Gießen
Tel. 0641 - 7957-17
Fax 0641 - 7957-80
www.stadttheater-giessen.de
Intendanz: Cathérine Miville
Dramaturgie: Anne-Kathrin Güter (Dw -845)
Ms.-Angebote erwünscht: ausschließlich über Theaterverlag/Agentur
Medium: Papierausdruck, E-Mail
Ms.-Rücksendung: ja

Junges Theater Göttingen
Hospitalstraße 6
37073 Göttingen
Tel. 0551 - 495015
Fax 0551 - 4950177
info@junges-theater.de
www.junges-theater.de

Intendanz: Andreas Döring
(doering@junges-theater.de)
Dramaturgie: Peter Hilton Fliegel
(0551 - 495 01 64, fliegel@junges-theater.de)
Inszenierungen p.a.: 10
Ms.-Angebote erwünscht: nach vorheriger telefonischer Anfrage, als Manuskript
Medium: Papierausdruck, E-Mail
Ms.-Rücksendung: ja, bei Rückporto

Staatstheater Braunschweig
Am Theater
38100 Braunschweig
Tel. 0531 - 1234-0
Fax 0531 - 1234-103
service@staatstheater-braunschweig.de
www.staatstheater-braunschweig.de
Intendanz: Wolfgang Gropper
Dramaturgie: Matthias Schubert, Cordula Engelbert, Harald Markert, Charlotte Orti v. Havranek
Inszenierungen p.a.: ca. 30 insgesamt; Schauspiel + Kinder- und Jugendtheater: ca. 15
Ms.-Angebote erwünscht: ausschließlich über Theaterverlag/Agentur
Medium: Papierausdruck
Ms.-Rücksendung:

Nordharzer Städtebundtheater Halberstadt/Quedlinburg
Spiegelstraße 20 a
38820 Halberstadt
Tel. 03941 - 6965-0
Fax 03941 - 22652
info@nordharzer-staedtebundtheater.de
www.nordharzer-staedtebundtheater.de
Intendanz: André Bücker
Dramaturgie: Aud Merkel (Musik, Dw -47, a.merkel@nordharzer-staedtebundtheater.de)
Inszenierungen p.a.: 19
Ms.-Angebote erwünscht: nach vorheriger telefonischer Anfrage
Medium: E-Mail
Ms.-Rücksendung: nein

Theater der Altmark
Karlstraße 6
39576 Stendal
Tel. 03931 - 635-6
Fax 03931 - 635-707
kuenstlich@tda-stendal.de
www.tda-stendal.de
Intendanz: Markus Dietze
Dramaturgie: Anne Riecke, Friederike van Dülmen
Inszenierungen p.a.: 14
Ms.-Angebote erwünscht: ausschließlich über Theaterverlag/Agentur

Komödie Düsseldorf GmbH
Steinstr. 23
40210 Düsseldorf
Tel. 0211 - 307014
Fax 0211 - 396863
Intendanz: Helmuth Fuschl, Paul Haizmann
Dramaturgie: Daniela Picha, Tom Paßkönig (0211 - 30201030)
Inszenierungen p.a.: 7
Ms.-Angebote erwünscht: als Manuskript

Düsseldorfer Schauspielhaus
Gustaf-Gründgens-Platz 1
40211 Düsseldorf
Tel. 0211 - 8523-0
Fax 0211 - 8523-119
dramaturgie@duesseldorfer-schauspielhaus.de
www. duesseldorfer-schauspielhaus.de
Inszenierungen p.a.: 17
Ms.-Angebote erwünscht: ausschließlich über Theaterverlag/Agentur

Theater an der Kö
Heinrich-Heine-Allee 33
40213 Düsseldorf
Tel. 0211 - 30 06 30 50
Fax 0211 - 30 06 30 59
info@theateranderkoe.de
Intendanz: René Heinersdorff
Inszenierungen p.a.: 5

Rheinisches Landestheater Neuss
Oberstr. 95
41460 Neuss
Tel. 02131 - 2699-0
Fax 02131 - 2699-44
info@rlt-neuss.de
www.rlt-neuss.de
Intendanz: Ulrike Schanko
Ms.-Angebote erwünscht: ausschließlich über Theaterverlag/-agentur

Wuppertaler Bühnen GmbH
Bundesallee 260
42103 Wuppertal
Tel. 0202 - 563-4261
Fax 0202 - 563-8078
marketing@wuppertaler-buehnen.de
www.wuppertaler-buehnen.de
Intendanz: Gerd Leo Kuck
Dramaturgie: Wilfried Harlandt (Schauspiel, Dw -5336), Dr. Karin Bohnert (Oper, Dw -4166)
Inszenierungen p.a.: 15

Comödie Wuppertal
Friedrichstr. 39
42105 Wuppertal
Tel. 0202 - 75 95 500
Fax 0202 - 75 95 755
www.comoedie-wuppertal.de
Inszenierungen p.a.: 6
Ms.-Angebote erwünscht: als Manuskript
Medium: Papierausdruck
Ms.-Rücksendung: ja, bei Rückporto

Westdeutsches Tourneetheater Remscheid
Bismarckstraße 138
42859 Remscheid
Tel. 02191 - 32285
Fax 02191 - 343798
www.wtt-remscheid.de

Comödie Bochum
Ostring 25
44787 Bochum
Tel. 0234 - 961000
Fax 0234 - 12194
www.comoedie-bochum.de

Theater der Gezeiten im Theaterhaus Ecce Homo
Hunscheidtstraße 154
44789 Bochum
Tel. 0234 - 9 53 61 85,

Fax 0231 - 8 63 36 51
www.theater-der-gezeiten.de

Theater Total
Hunscheidtstrasse 154a
44789 Bochum
Tel. 0234 - 97 31 673
Fax 0234 - 77 31 801
www.theatertotal.de
Intendanz: Barbara Wollrath-Kramer
Inszenierungen p.a.: 2
Ms.-Angebote erwünscht: über Theaterverlag/Agentur oder nach vorheriger telefonischer Anfrage
Medium: Papierausdruck
Ms.-Rücksendung: ja

Jahrhunderthalle Bochum
Gahlensche Str. 15
44793 Bochum
www.jahrhunderthalle-bochum.de

Thealozzi
Pestalozzistr. 21,
44793 Bochum
Tel. 0234 - 1 75 90,
Fax 0234 - 68 45 01
info@thealozzi.de
www.thealozzi.de
Intendanz: Kollektiv
Dramaturgie: Gudrun Gerlach, Philipp Regener, Ekki Eumann
Inszenierungen p.a.: ca. 14
Ms.-Interesse: Kindertheater/Manuskript, Literatur/Experiment = Exposé, Comedia del arte
Ms.-Angebote erwünscht: nach vorheriger telefonischer Anfrage, als Exposé, als Manuskript
Medium: Papierausdruck
Ms.-Rücksendung: ja, bei Rückporto

Prinz-Regent-Theater
Prinz-Regent-Straße 50-60
44795 Bochum
Tel. 0234 - 771117
Fax 0234 - 771428
info@prinzregent-theater.de
www.prinzregenttheater.de
Intendanz: Sibylle Broll-Pape
Dramaturgie: Freya Paschen
Inszenierungen p.a.: ca. 6
Ms.-Angebote erwünscht: nach vorheriger telefonischer Anfrage
Medium: Papierausdruck
Ms.-Rücksendung: ja, bei Rückporto

Studiobühne
Musisches Zentrum
44801 Bochum
Tel. 0234 - 32-22836
Fax 0234 - 32-14708
mz-studiobuehne@rub.de
www.ruhr-uni-bochum.de/mz-theater
Intendanz: Karin Freymeyer
Inszenierungen p.a.: 3
Ms.-Angebote erwünscht: über Theaterverlag/Agentur oder nach vorheriger telefonischer Anfrage
Medium: E-Mail
Ms.-Rücksendung:

Constantin Musik Theater
Herner Straße 299
44809 Bochum
Tel. 0234 - 9 53 60 60
Fax 0234 - 9 53 60 60
www.constantin-theater.de

Intendanz: Slvia Stutzmann (Künstlerische Leitung)
Inszenierungen p.a.: 2
Ms.-Interesse: Musiktheater
Ms.-Angebote erwünscht: als Exposé
Medium: E-Mail

Theater Thespis
Baaker Mulde 3
44879 Bochum
Tel. 0234 - 473173
www.theater-thespis.de
Intendanz: Dr. Ronald Knierim
Inszenierungen p.a.: 2-3 Neuinszenierungen

Theater im Rathaus
Porscheplatz 1
45127 Essen
Tel. 0201 - 24555-24
Fax 0201 - 24555-99
www.theater-im-rathaus.de
Intendanz: Joachim Landgraf
Dramaturgie: Ilse Nickel (Dw-53)

Comödie Duisburg
Tonhallenstr. 5
47051 Duisburg
Tel. 0203 - 28 55 880
Fax 0203 - 28 07 888
www.comoedie-duisburg.de
Inszenierungen p.a.: 6
Ms.-Angebote erwünscht: als Manuskript
Medium: Papierausdruck
Ms.-Rücksendung: ja, bei Rückporto

Schlosstheater Moers
Kastell 6
47441 Moers
Tel. 02841 - 20 17 30
Fax 02841 - 20 13 50
schlosstheater@moers.de
www.schlosstheater-moers.de
Intendanz: Ulrich Greb
Dramaturgie: Erpho Bell (02841 - 20 17 32, erpho.bell@moers.de), Joachim Henn (02841 - 173 0365, hennjoachim@gmx.de), Fabian Lettow (02841 - 170365)
Inszenierungen p.a.: 6 bis 8
Ms.-Angebote erwünscht: ausschließlich über Theaterverlag/-agentur

Vereinigte Städtische Bühnen Krefeld und Mönchengladbach
Theaterplatz 3
47798 Krefeld
Tel. 02151 - 805-0
Fax 02151 - 805-137
dramturgie@theater-kr-mg.de
www.theater-krefeld-moenchengladbach.de
Intendanz: Jens Pesel
Dramaturgie: Jörg Huwer (Ltd. Dramaturg Schauspiel), Vera Ring (Schauspiel u. Musical)

Wolfgang-Borchert-Theater
Hafenweg 6-8
48155 Münster
Tel. 0251 - 40019
Fax 0251 - 40010
verwaltung@wolfgang-borchert-theater.de, tickets@wolfgang-borchert-theater.de

www.wolfgang-borchert-theater.de
Intendanz: Meinhard Zanger
Dramaturgie: Markus Josten (3940714, presse@wolfgang-borchert-theater.de), Andrea Bartsch/N.N.
Inszenierungen p.a.: Neuinszenierungen: 8, Übernahmen: N.N.
Ms.-Angebote erwünscht: über Theaterverlag/Agentur oder nach vorheriger telefonischer Anfrage
Medium: E-Mail

Städtische Bühnen Osnabrück
Domhof 10-11
49074 Osnabrück
Tel. 0541 - 76 00-00
Fax 0541 - 76 00-103
info@theater.osnabrueck.de
www.theater.osnabrueck.de
Intendanz: Holger Schultze
Dramaturgie: Jürgen Popig, DW-160
Inszenierungen p.a.: ca. 30
Ms.-Angebote erwünscht: nach vorheriger telefonischer Anfrage, als Manuskript
Medium: Papierausdruck, E-Mail
Ms.-Rücksendung: nein, nur wenn ausdrücklich verlangt

Bühnen der Stadt Köln
Offenbachplatz
50667 Köln
Tel. 0221 - 2212-0
Fax 0221 - 2212-8210
susanne.kuehne@stadt-koeln.de
www.buehnenkoeln.de
Intendanz: Marc Günther
Dramaturgie: Heike Frank (Chefdramaturgin, Dw -8202, heike.frank@stadt-koeln.de), Ruth Bader (Dw -8201, ruth.bader@...), Konrad Knieling (Dw -7314, konrad.knieling@...), Jörg Vorhaben (Dw -8315, joerg.vorhaben@...), Susanne Kühne (Sekretariat, Dw -7327, susanne.kuehne
Inszenierungen p.a.: 17
Ms.-Angebote erwünscht: ausschließlich über Theaterverlag/Agentur
Medium: E-Mail

Ömmes & Oimel in der Comedia Colonia Theater GmbH
Löwengasse 7-9
50676 Köln
Tel. 0221 - 399 60 21
info@oemmesundoimel.de
www.oemmesundoimel.de
Intendanz: Catharina Fillers

Theater der Keller
Kleingedankstraße 6
50677 Köln
Tel. 0221 - 31 80 59
Fax 0221 - 31 41 10
info@theater-der-keller.de
www.theater-der-keller.de
Intendanz: Hanfried Schuttler
Dramaturgie: Simone Lipski, presse@theater-der-keller.de
Inszenierungen p.a.: 10 bis 12

Grenzlandtheater des Kreises Aachen
Friedrich-Wilhelm-Platz 5/6
52062 Aachen
Tel. 0241 - 474 61-0
Fax 0241 - 474 61-23
info@grenzlandtheater.de
www.grenzlandtheater.de

Intendanz: Manfred Langner
Dramaturgie: Martina Kullmann
Inszenierungen p.a.: 8
Ms.-Angebote erwünscht: ausschließlich über Theaterverlag/Agentur
Ms.-Rücksendung: nein

Stadttheater Aachen
Hubertusstraße 2-8
52064 Aachen
Tel. 0241 - 47 84 - 1
Fax 0241 - 47 84 - 200
www.theater-aachen.de
Intendanz: Dr. Paul Esterhazy, ab Juli 2005: Michael Schmitz-Aufterbeck
Dramaturgie: Heike Wintz (Chefdramaturgin, Dw -424), Christina Meißner (Musik, Dw -438), Kai Weßler (Musik, Dw -428), Lukas Popovic (Musik und Schauspiel, Dw -422), Kay Wuschek (Schauspiel, Dw -433)
Inszenierungen p.a.: 27

Contra-Kreis-Theater
Am Hof 3-5
53113 Bonn
Tel. 0228 - 632307
Fax 0228 - 636081
www.contra-kreis-theater.de

Kleines Theater im Park - Bad Godesberg
Koblenzer Straße 78
53177 Bonn
Tel. 0228 - 362839
Fax 0228 - 353817
info@kleinestheater-badgodesberg.de
www.kleinestheater-badgodesberg.de
Intendanz: Walter Ullrich
Dramaturgie: Philipp Ullrich (0228 - 35 43 80, ullrich@kleines-badgodesberg.de)
Inszenierungen p.a.: 6
Ms.-Angebote erwünscht: ausschließlich über Theaterverlag/Agentur

Junges Theater Bonn
Herrmannstr.50
53225 Bonn
Tel. 0228 - 46 36 72
Fax 0228 - 973 94 63
seibert@jt-bonn.de
www.jt-bonn.de
Intendanz: Moritz Seibert
Inszenierungen p.a.: 4–5
Ms.-Interesse: Kinder- und Jugendtheater
Ms.-Angebote erwünscht: nach vorheriger telefonischer Anfrage, als Exposé oder Manuskript
Medium: E-Mail
Ms.-Rücksendung: ja, bei Rückporto

Theater Trier
Am Augustinerhof
54290 Trier
Tel. 0651 - 718-3464
Fax 0651 - 718-14 68
www.theater-trier.de
Intendanz: Gerhard Weber
Dramaturgie: Peter Oppermann, Dr. Peter Larsen, Sylvia Martin
Inszenierungen p.a.: 20-24

Staatstheater Mainz
Gutenbergplatz 7
55116 Mainz
Tel. 06131 - 2851-0

Fax 06131 - 2851-333
info@staatstheater-mainz.de
www.staatstheater-mainz.de
Intendanz: Matthias Fontheim
Dramaturgie: Marie Rötzer
Inszenierungen p.a.: 33
Ms.-Angebote erwünscht: ausschließlich über Theaterverlag/-agentur
Medium: E-Mail
Ms.-Rücksendung: nein

Theater der Stadt Koblenz
Clemensstraße 1
56068 Koblenz
Tel. 0261 - 129-2801 / -2870
Fax 0261 - 129-2800
kbb-koblenz@rz-online.de
www.theater-koblenz.de
Intendanz: Annegret Ritzel
Dramaturgie: Bernd Dreßen, Heribert Germeshausen, Stefan Kroner
Inszenierungen p.a.: ca. 20

Landesbühne Rheinland-Pfalz
Theaterplatz 3
56564 Neuwied
Tel. 02631 - 22288
Fax 02631 - 20479
info@landesbuehnerheinland-pfalz.de
www.landesbuehnerheinland-pfalz.de
Intendanz: Walter Ullrich
Dramaturgie: Marcel Krohn (0228 - 35 43 80)
Inszenierungen p.a.: Eigenproduktionen: 9, Fremdproduktionen: 9
Ms.-Angebote erwünscht: ausschließlich über Theaterverlag/Agentur

Theater Hagen
Elberfelder Straße 65
58095 Hagen
Tel. 02331 - 207-3210
Fax 02331 - 207-2446
theater@stadt-hagen.de
www.theater.hagen.de
Intendanz: Rainer Friedemann
Dramaturgie: Dr. Christian Wildhagen (Dw -3279), Stefan Klawitter (Dw -3273), Sabrina Ullrich (Dw -3207); Pressestelle: Barbara Hüchting (Dw-3222)
Inszenierungen p.a.: Musiktheater: 10, Weihnachtsmärchen: 1, Kinder- & Jugendtheater: 3-5
Ms.-Angebote erwünscht: als Exposé
Medium: E-Mail

Die Komödie
Neue Mainzer Straße 14-18
60311 Frankfurt am Main
Tel. 069 - 28 43 30
Fax 069 - 28 48 38
info@diekomoedie.de
www.diekomoedie.de
Intendanz: Direktion:Prof. Claus Helmer
Inszenierungen p.a.: 4–5

Fritz-Rémond-Theater im Zoo
Alfred-Brehm-Platz 16
60316 Frankfurt am Main
Tel. 069 - 444004
Fax 069 - 4950969
info@fritzremond
www.fritzremondtheater.de
Intendanz: Prof. Claus Helmer
Inszenierungen p.a.: 6
Ms.-Angebote erwünscht: ausschließ-

lich über Theaterverlag/Agentur
Ms.-Rücksendung: ja, bei Rückporto

TAF - Theater Alte Feuerwache e.V. Geschäftsstelle
Am Hempler 3
61231 Bad Nauheim
Tel. 06032 - 804347
Fax 06032 - 804348
TAF@Badehaus2.de
www.taf-badehaus2.de
Intendanz: Stefan Wendt (Vorsitzender)
Inszenierungen p.a.: 3

Theater in Medias Res
Krotzenburger Str. 40
63512 Hainburg
Tel. 06182 - 960830
Fax 06182 - 993420
info@theater-in-medias-res.com
www.theater-in-medias-res.com
Intendanz: Anja Ihringer, Thomas Waldkircher
Dramaturgie: Thomas Waldkircher (auch: www.vorhangauf.de)
Inszenierungen p.a.: 01.Feb
Ms.-Angebote erwünscht: als Eposé mit Textprobe, als Manuskript
Medium: Papierausdruck, E-Mail
Ms.-Rücksendung: nein

Staatstheater Darmstadt
Georg-Büchner-Platz 1
64283 Darmstadt
Tel. 06151 - 2811-1
Fax 06151 - 2811-226
info@staatstheater-darmstadt.de
www.staatstheater-darmstadt.de
Intendanz: John Dew
Dramaturgie: Christina Meißner (Dw -311, meissner@staatstheater-darmstadt.de), Gudrum Schäfer (Schauspiel, Dw -307, schaeferr@staatstheater-darmstadt.de), Karin Dietrich (Oper und Konzert, Dw -309, dietrich@staatstheater-darmstadt.de), Matthias Lösch (Schauspiel, Dw
Inszenierungen p.a.: 21
Ms.-Angebote erwünscht: ausschließlich über Theaterverlag/-agentur

Neue Bühne Darmstadt
Frankfurter Landstr. 185-187
64291 Darmstadt
Tel. 06151 - 422205
Fax 06151 - 318769
Ms.-Angebote erwünscht: ausschließlich über Theaterverlag/-agentur, nach vorheriger telefonischer Anfrage
Ms.-Rücksendung: ja, bei Rückporto

Die Komoedie - Theater am Platanenhain
Bessunger Straße 125
64295 Darmstadt
Tel. 06151 - 335 55
Fax 06151 - 335 00
info@die-komoedie-tap.de
www.die-komoedie-tap.de
Intendanz: Dieter Rummel
Inszenierungen p.a.: Abendprogramm: 4, Kinderprogramm: 2
Ms.-Angebote erwünscht: ausschließlich über Theaterverlag/Agentur

Hessisches Staatstheater Wiesbaden
Christian-Zais-Straße 3-5
65189 Wiesbaden
Tel. 0611 - 132-1
Fax 0611 - 132-337
www.staatstheater-wiesbaden.de
Intendanz: Dr. Manfred Beilharz (Dw -271)
Dramaturgie: Leitung: Dr. Dagmar Borrmann (Dw -271, d.borrmann@staatstheater-wiesbaden.de), Irma Dohn (Dw -265, i.dohn@staatstheater-wiesbaden.de); Dramaturgin: Carola Hannusch (Dw -266, c.hannusch@staatstheater-wiesbaden.de)
Inszenierungen p.a.: 30 Premieren, 37 Wiederaufnahmen (Spielzeit 06/07)

Saarländisches Staatstheater
Schillerplatz 1
66111 Saarbrücken
Tel. 0681 - 3092-0
Fax 0681 - 3092-214
www.theater-saarbrücken.de
Intendanz: Dagmar Schlingmann
Dramaturgie: Ursula Thinnes (Chefdramaturgin)
Inszenierungen p.a.: ca. 15 Schauspielinszenierungen
Ms.-Angebote erwünscht: nach vorheriger telefonischer Anfrage
Medium: Papierausdruck, E-Mail
Ms.-Rücksendung: ja, bei Rückporto

Prinzregenten-Theater GmbH
Prinzregentenstraße 45
67063 Ludwigshafen
Tel. 0621 - 525240
Fax 0621 - 62 46 84
info@prinzregenten-theater.de
www.prinzregenten-theater.de
Intendanz: Bernhard Dropmann
Dramaturgie: Bernhard Dropmann

Theater Alte Werkstatt e.V.
Wormser Str. 109
67227 Frankenthal
Tel. 06233 - 365-667
Fax 06233 - 365-668
info@tawfrankenthal.de
www.tawfrankenthal.de
Intendanz: Paul Brands
Inszenierungen p.a.: 6
Ms.-Interesse: Komödien, Volksstücke mit aktuellen gesellschaftlichen Themen
Ms.-Angebote erwünscht: nach vorheriger telefonischer Anfrage
Medium: Papierausdruck, E-Mail
Ms.-Rücksendung: ja

Pfalztheater Kaiserslautern
Willi-Brandt-Platz 4-5
67657 Kaiserslautern
Tel. 0631 - 3675-0
Fax 0631 - 3675-235
info@pfalztheater.bv-pfalz.de
www.pfalztheater.de
Intendanz: Johannes Reitmeier
Dramaturgie: Christina Alexandridis (Chefdramaturgie)
Inszenierungen p.a.: 22
Ms.-Angebote erwünscht: ausschließlich über Theaterverlag/-agentur

Nationaltheater Mannheim
Mozartstraße 9
68161 Mannheim
Tel. 0621 - 1680-0
Fax 0621 - 1680-258 (Kartenfax)
www.nationaltheater-mannheim.de
Intendanz: Regula Gerber
Dramaturgie: Ingoh Brux, Volker Busger, Stefanie Gottfried

Staatstheater Stuttgart / Dramaturgie Oper
Oberer Schloßgarten 6
70173 Stuttgart
Tel. 0711 - 2032-255/237
Fax 0711 - 2032-671
www.staatstheater-stuttgart.de
Intendanz: Albrecht Puhlmann
Dramaturgie: Xavier Zuber (leitender Dramaturg), Angela Beuerle, Sergio Morabi, Barbara Tacchini (Dramaturgen)
Ms.-Interesse: Libretti
Ms.-Angebote erwünscht: als Exposé, als Manuskript
Medium: Papierausdruck
Ms.-Rücksendung: nein

Altes Schauspielhaus und Komödie im Marquardt
Kleine Königstraße 9
70178 Stuttgart
Tel. 0711 - 22594-0
Fax 0711 - 22594-19
info@schauspielhaus.org
www.schauspielhaus.org
Intendanz: Dr. Carl Philip von Maldeghem
Dramaturgie: Annette Weinmann (Dw - 24, a.weinmann@schauspielhaus.org)
Inszenierungen p.a.: AS: 7, KiM: 5, verschiedene Zusatz- und Sonderprogramme
Ms.-Angebote erwünscht: nach vorheriger telefonischer Anfrage, als Exposé mit Textprobe von 10 Seiten
Medium: Papierausdruck
Ms.-Rücksendung: nein

Landestheater Württemberg-Hohenzollern
Eberhardstraße 6
72072 Tübingen
Tel. 07071 - 1592-0
Fax 07071 - 1592-70
Nachname@landestheater-tuebingen.de
www.landestheater-tuebingen.de
Intendanz: Simone Sterr
Dramaturgie: Anna Haas, Volker Schubert, Dr. Inge Zeppenfeld
Inszenierungen p.a.: Abendprogramm: 12, Kinder- und Jugendtheater: 6
Ms.-Angebote erwünscht: nach vorheriger telefonischer Anfrage
Medium: Papierausdruck
Ms.-Rücksendung: ja, bei Rückporto

Theater der Stadt Aalen
Ulmer Str. 130
73431 Aalen
Tel. 07361 - 3793-0
Fax 07361 - 3793-20
info@theateraalen.de
www.theateraalen.de
Intendanz: Katharina Kreuzhage
Dramaturgie: Ingmar Otto (DW-23, otto@theateraalen.de), Babara Stö-

ßel (DW-14, stoessel@theateraalen.de), Susanne Nowack (DW-10, nowack@theateraalen.de)

Württembergische Landesbühne Esslingen
Ritterstraße 11
73728 Esslingen
Tel. 0711 - 3512-3050
Fax 0711 - 3512-3080
www.wlb-esslingen.de
Intendanz: Manuel Soubeyrand
Dramaturgie: Katrin Enders (Chefdramaturgin, Dw -3064), Friedrich Greiner (Dw -3066), Reiner Müller (Dw -3067)
Inszenierungen p.a.: ca. 20
Ms.-Angebote erwünscht: ausschließlich über Theaterverlag/Agentur
Medium: Papierausdruck
Ms.-Rücksendung: ja, bei Rückporto

Stadttheater Heilbronn
Berliner Platz 1
74072 Heilbronn
Tel. 07131 - 56-3000
Fax 07131 - 56-3139
Intendanz: Dr. Martin Roeder-Zerndt
Dramaturgie: Dr. Martina Michelsen, Peter Helling, Gerd Muszynski
Inszenierungen p.a.: ca. 12 Eigenproduktionen (6 Gastspiele: Oper + Tanz)
Ms.-Angebote erwünscht: ausschließlich über Theaterverlag/Agentur
Medium: Papierausdruck
Ms.-Rücksendung: ja

Stadttheater Pforzheim
Am Waisenhausplatz 5
75172 Pforzheim
Tel. 07231 - 391488
Fax 07231 - 391485
theater@stadt-pforzheim.de
www.theater-pforzheim.de
Inszenierungen p.a.: 20
Ms.-Angebote erwünscht: ausschließlich über Theaterverlag/Agentur
Ms.-Rücksendung: nein

Kammertheater Karlsruhe
Herrenstr. 30/32
76133 Karlsruhe
Tel. 0721 - 231 11 (Kasse) 0721 - 241 33 (Büro)
Fax 0721 - 203 11 38
www.Kammertheater-Karlsruhe@t-online.de
Intendanz: Heidi Vogel-Reinsch
Inszenierungen p.a.: 7
Ms.-Interesse: Geplant sind weiterhin klassisches Boulevard, Charakterkomödie, Musikalische Komödie, Zeitgenössische Komödie, Kinder- und Jugendtheater, Kabarett und Gastspiele.

Sandkorn Theater
Kaiserallee 11
76133 Karlsruhe
Tel. 0721 - 848984
Fax 0721 - 853321
info@sandkorn-theater.de
Intendanz: Prof. Dr. h.c. Siegfried Kreiner
Dramaturgie: Steffi Lackner, Erik Rastetter, Prof. Dr. h.c. Siegfried Kreiner
Inszenierungen p.a.: 11
Ms.-Angebote erwünscht: nach vorheriger telefonischer Anfrage, als Exposé

Medium: E-Mail
Ms.-Rücksendung: nein

Theater die Insel
Bad. Staatstheater Karlsruhe
Karlstraße 49 b
76133 Karlsruhe
Tel. 0721 - 35 57 - 462
Fax 0721 - 35 57 - 459
insel@bstaatstheater.de
www.bad-staatstheaterka.de
Intendanz: Achim Thorwald

Badisches Staatstheater Karlsruhe
Baumeisterstraße 11
76137 Karlsruhe
Tel. 0721 - 3557-0
Fax 0721 - 373223
schauspiel.dramaturgie@bstaatstheater.de
www.staatstheater.karlsruhe.de
Intendanz: Achim Thorwald
Dramaturgie: Knut Weber (Schauspieldirektor, Dw -267), Carolin Losch (Dw-159), Tilman Neuffer (Dw-158), Gabriele Rebholz (Dw -192)
Ms.-Angebote erwünscht: nach vorheriger telefonischer Anfrage, als Manuskript
Medium: Papierausdruck
Ms.-Rücksendung: ja

Theater Baden-Baden
Solmsstraße 1
76530 Baden-Baden
Tel. 07221 - 93-2751
Fax 07221 - 93-2755
theater@baden-baden.de
www.theater-baden-baden.de
Intendanz: Nicola May
Dramaturgie: Benjamin Bracher, Judith Eimannsberger (Dw-2759)
Inszenierungen p.a.: 19
Ms.-Angebote erwünscht: ausschließlich über Theaterverlag/Agentur
Ms.-Rücksendung: nein

Badische Landesbühne
Am Alten Schloß 24
76646 Bruchsal
Tel. 07251 - 727-0
Fax 07251 - 727-46
dramaturgie@dieblb.de
www.dieblb.de
Intendanz: Carsten Ramm
Dramaturgie: Christina McCormick, N.N.
Inszenierungen p.a.: 12
Ms.-Angebote erwünscht: ausschließlich über Theaterverlag/Agentur

Theater »Die Färbe«
Schlachthausstraße 24
78224 Singen
Tel. 07731 - 64646
Fax 07731 - 60596
diefaerbe@t-online.de
www.diefaerbe.de
Intendanz: Peter Simon
Dramaturgie: Cornelia Hentschel
Inszenierungen p.a.: 4–6

Theater am Martinstor
Kaiser-Joseph-Str. 237
79098 Freiburg
Tel. 0761-2 35 11
Fax 0761-25 212
info@theater-martinstor.de

www.theater-martinstor.de
Intendanz: Nick Haberstich

Deutsche Kammerschauspiele
Martinskirchgässli 4
79346 Endingen
Tel. 07642 - 907880
Fax 07642 - 907889
info@deutsche-kammerschauspiele.de
www.deutsche-kammerschauspiele.de
Intendanz: Annette Greve (Direktion), Georg A. Weth (Künstlerische Leitung)

Komödie im Bayerischen Hof
Promenadeplatz 6
80333 München
Tel. 089 - 29160530
Fax 089 - 29160531
info@komoedie-muenchen.de
www.komoedie-muenchen.de
Intendanz: Margit Bönisch
Inszenierungen p.a.: 5–6

Münchner Volkstheater
Briennerstr. 50
80333 München
Tel. 089 - 52355-0
Fax 089 - 52355-39
theater@muenchner-volkstheater.de
www.muenchner-volkstheater.de
Intendanz: Christian Stückl
Dramaturgie: Kilian Engels, Katjz Friedrich
Inszenierungen p.a.: 7
Ms.-Angebote erwünscht: ausschließlich über Theaterverlag/-agentur
Ms.-Rücksendung: nein

Münchner Theater für Kinder
Dachauer Straße 46
80335 München
Tel. 089 - 592411
Fax 089 - 59 73 00
Intendanz: Heinz Redmann

Staatstheater am Gärtnerplatz
Gärtnerplatz 3
80469 München
Tel. 089 - 20241-1
Fax 089 - 20241-237
tickets@st-gaertner.bayern.de
www.staatstheater-am-gaertnerplatz.de
Intendanz: Prof. Klaus Schultz
Dramaturgie: Klaus Schultz (Chefdramaturg, Dw-201), Jan Adamiak (Geschäftsführender Dramaturg, Ballettdramaturg, Dw -236), Susanne Böhm (Musikdramaturgin, Dw -208, musikdramaturgie@st-gaertner.bayern.de)

Kleine Komödie am Max II. GmbH & Co. KG
Maximilianstraße 47
80538 München
Tel. 089 - 226765
Fax 089 - 2913371
mail@kleinekomoediemuenchen.de
www.kleinekomoediemuenchen.de
Intendanz: Ralf Komorr
Inszenierungen p.a.: 4

Bayerisches Staatsschauspiel
Max-Joseph-Platz 1
80539 München
Tel. 089 - 2185-01

Fax 089 - 2185-2127
dramaturgie@st-schauspiel.bayer.de
www.bayerischesstaatsschauspiel.de
Intendanz: Dieter Dorn
Dramaturgie: Laura Olivi, Andrea Vilter, Georg Holzer
Inszenierungen p.a.: 18
Ms.-Angebote erwünscht: als Manuskript
Medium: Papierausdruck, E-Mail
Ms.-Rücksendung: ja

Münchner Kammerspiele
Hildegardstraße 1
80539 München
Tel. 089 - 23 33 68 11
Fax 089 - 23 33 68 12
johanna.latz@muenchen.de
www.muenchner-kammerspiele.de
Intendanz: Frank Baumbauer, Christiane Schneider (Künstlerische Referentin)
Dramaturgie: Julia Lochte (Chefdramaturgin), Marion Tiedtke, Matthias Günther, Björn Bicker, Ruth Fendel (Assistentin), Johanna Latz (Sekretariat)
Inszenierungen p.a.: 17
Ms.-Angebote erwünscht: nach vorheriger telefonischer Anfrage
Medium: Papierausdruck, E-Mail
Ms.-Rücksendung: nein

Blutenburg-Theater - Münchens Kriminalbühne
Blutenburgstraße 35
80636 München
Tel. 089 - 1233071
Fax 089 - 1291270
krimitheater@aol.com
www.blutenburg-theater.de
Intendanz: René Siegel-Sorell
Dramaturgie: Anne-Beate Engelke
Inszenierungen p.a.: 3
Ms.-Interesse: Kriminalstücke, Kriminalkomödien
Ms.-Angebote erwünscht: ausschließlich über Theaterverlag/-agentur, nach vorheriger telefonischer Anfrage
Medium: Papierausdruck
Ms.-Rücksendung: ja, bei Rückporto

Stadttheater Ingolstadt
Schloßlände 1
85049 Ingolstadt
Tel. 0841 - 98 13-0
Fax 0841 - 98 13-109
www.theater.ingolstadt.de
Intendanz: Peter Rein
Dramaturgie: Matthias Grätz (Dw - 230, matthias.graetz@ingolstadt.de); Thomas Schwarzer (Dw-231, thomas.schwarzer@ingolstadt.de)
Inszenierungen p.a.: 16
Ms.-Angebote erwünscht: ausschließlich über Theaterverlag/Agentur

Landestheater Schwaben
Theaterplatz 2
87700 Memmingen
Tel. 08331 - 94 59-0
Fax 08331 - 801 80
www.landestheater-schwaben.de
Intendanz: Walter Weyers
Dramaturgie: Büro für Öffentlichkeit: Bettina Hoven (bettina.hoven@landestheater-schwaben.de), Melanie Polascheck (melanie.polascheck@landestheater-schwa-

ben.de)
Inszenierungen p.a.: ca. 12
Medium: Papierausdruck, E-Mail
Ms.-Rücksendung: ja, bei Rückporto

Theater Ulm
Herbert-von-Karajan-Platz 1
89073 Ulm - Donau
Tel. 0731 - 161-4401
Fax 0731 - 161-1619
www.theater.ulm.de
Intendanz: Andreas von Studnitz
Dramaturgie: Schauspiel: Volkmar Clauss, Michael Sommer; Musiktheater: Matthias Kaiser, Benjamin Künzel
Inszenierungen p.a.: 24
Ms.-Angebote erwünscht: ausschließlich über Theaterverlag/Agentur
Medium: E-Mail

Staatstheater Nürnberg
Richard-Wagner-Platz 2-10
90443 Nürnberg
Tel. 0911 - 231-3575
Fax 0911 - 231-3566
www.staatstheater-nuernberg.de
Intendanz: Prof. Dr. Wulf Konold
Dramaturgie: Frank Behnke, Maren Zimmermann, Kathrin Mädler (Schauspiel); Dr. Klaus Angermann, Daniela Brendel (Musiktheater)
Inszenierungen p.a.: 8 Opern, 13 Schauspiele, 3 Ballette
Ms.-Angebote erwünscht: ausschließlich über Theaterverlag/Agentur, nach vorheriger telefonischer Anfrage
Medium: Papierausdruck, E-Mail
Ms.-Rücksendung: ja, nur bei aufgefordert zugesandten Manuskripten

Stadttheater Fürth
Königstraße 116
90762 Fürth
Tel. 0911 - 974-2410
Fax 0911 - 974-2444
www.stadttheater.de
Intendanz: Werner Müller
Dramaturgie: Felix Eckerle (Dw -2408, felix.eckerle@fuerth.de)
Inszenierungen p.a.: 5–10
Ms.-Angebote erwünscht: nach vorheriger telefonischer Anfrage, als Exposé
Medium: Papierausdruck, E-Mail
Ms.-Rücksendung: nein

Theater Regensburg
Bismarkplatz 7
93047 Regensburg
Tel. 0941 - 507-1421
Fax 0941 - 507-2871
www.theaterregensburg.de
Intendanz: Ernö Weil
Dramaturgie: Friederike Bernau (Dw -1426), Rolf Ronzier (Dw -3424), Christina Schmidt (Dw -2422)

Theater Hof
Kulmbacher Straße 5
95030 Hof
Tel. 09281 - 7070-0
Fax 09281 - 7070-299
info@theater-hof.de
www.theater-hof.de
Intendanz: Uwe Drechsel
Dramaturgie: Dr. Simon Moser (Dw -106, mdrama@theater-hof.de); Thomas Schindler (Dw -163, sdrama@theater-hof.de)
Inszenierungen p.a.: 20

E.T.A. Hoffmann-Theater
E.T.A.-Hoffmannplatz 1
96047 Bamberg
Tel. 0951 - 87-3030
Fax 0951 - 87-3039
kasse.theater@stadt.bamberg.de
www.theater.bamberg.de
Intendanz: Rainer Lewandowski
Dramaturgie: Dr. Thomas Spieckermann, Leitender Dramaturg (Dw-3026, thomas.spieckermann@stadt.bamberg.de); Biljana Nakic (Dw-3025, biljana.nakic@stadt.bamberg.de); Sandra Fleige, Dramaturgin und Theaterpädagogin (Dw-3024, sandra.fleige@stadt.bamberg.de)
Inszenierungen p.a.: ca. 14
Ms.-Angebote erwünscht: nach vorheriger telefonischer Anfrage, als Exposé
Medium: E-Mail
Ms.-Rücksendung: ja, bei Rückporto

Main-Franken-Theater Würzburg
Theaterstraße 21
97070 Würzburg
Tel. 0931 - 39080
Intendanz: Hermann Schneider
Ms.-Interesse: ausschließlich über Theaterverlag/-agentur

Das Meininger Theater
Bernhardstraße 5
98617 Meiningen
Tel. 03693 - 451-0
Fax 03693 - 451-300
kasse@das-meininger-theater.de
www.das-meininger-theater.de
Intendanz: Ansgar Haag
Dramaturgie: Dr. Klaus Rak, Gerda Binder
Inszenierungen p.a.: 17
Ms.-Angebote erwünscht: nach vorheriger telefonischer Anfrage
Medium: E-Mail
Ms.-Rücksendung: nein

Theater Waidspeicher
Domplatz 18
99084 Erfurt
Tel. 0361 - 6461530
Fax 0361 - 6430900
www.waidspeicher.de
Intendanz: Bernd Weißig
Dramaturgie: Michael Kliefert (medien@waidspeicher.de)
Inszenierungen p.a.: 5 bis 6
Ms.-Angebote erwünscht: ausschließlich über Theaterverlag/-agentur
Medium: Papierausdruck, E-Mail
Ms.-Rücksendung: ja, bei Rückporto

Theater Nordhausen
Käthe-Kollwitz-Straße 15
99734 Nordhausen
Tel. 03631 - 6260-0
Fax 03631 - 6260-147
info@theater-nordhausen.de
www.theater-nordhausen.de
Intendanz: Lars Tietje
Dramaturgie: Dr. Anja Eisner (eisner@theater-nordhausen.de)
Ms.-Angebote erwünscht: ausschließlich über Theaterverlag/Agentur
Medium: Papierausdruck, E-Mail

Adressen

▷ Dramatikerpreise

Autorenförderpreis der Landesbühnengruppe im Deutschen Bühnenverein
Landesbühnengruppe im Deutschen Bühnenverein
c/o Landesbühnen Sachsen
Meißener Str. 152
01445 Radebeul
Tel. 0351 - 89 54 - 200
Fax 0351 - 89 54 - 201
intendanz@dresden-theater.de
www.landesbuehnen.de
Ansprechpartner: Intendant Christian Schmidt
Sparte: Theaterstücke
Bewerberkreis: ohne Einschränkung
Turnus: jährlich
Bewerbungsschluss: 31.03.2007, 31.03.2008
Hinweise: Uraufführung muss an einer Landesbühne der BRD geplant sein.
Dotierung: € 5000
Eigenbewerbung: Eigenbewerbung nicht möglich, da die Bewerbung durch die Landesbühne erfolgen muss, die die Uraufführung produziert

Autorenpreis der deutschsprachigen Theaterverlage
Theater der Stadt Heidelberg
Dramaturgie
Friedrichstr. 5
69117 Heidelberg
Tel. 06221-58 35 10
Fax 06221-58 35 99
theater@heidelberg.de
www.heidelberg.de/kultur/theater
Ansprechpartner: Schauspieldramaturgie
Sparte: Theaterstücke
Turnus: jährlich
Dotierung: € 10.000 (gestiftet von den Theaterverlagen)
Eigenbewerbung: Keine Eigenbewerbung

Autorenpreis des Heidelberger Stückemarkts
Theater der Stadt Heidelberg Dramaturgie
Friedrichstr. 5
69117 Heidelberg
Tel. 06221-58 35 10
Fax 06221-58 35 99
theater@heidelberg.de
www.heidelberg.de/kultur/theater

Ansprechpartner: Schauspieldramaturgie
Sparte: Theaterstücke
Turnus: jährlich
Dotierung: € 10.000 (gestiftet vom Theater der Stadt Heidelberg)
Eigenbewerbung: Keine Eigenbewerbung

Autorenwettbewerb des Landestheaters Schwaben im Bereich Kinder- und Jugendtheater
Landestheater Schwaben
Postfach 16 40
87686 Memmingen
Tel. 08331-9459 14
Fax 08331-80180
vanessa.puttner@landestheater-schwaben.de
www.landestheater-schwaben.de
Ansprechpartner: Vanessa Puttner
Sparte: Theaterstücke
Bewerberkreis: Autor/innen aus dem gesamten deutschsprachigen Raum
Turnus: 2-jährig
Bewerbungsschluss: 31.10.07
Hinweise: Stücke dürfen noch nicht uraufgeführt sein. Jeder Autor/in kann nur ein Stück einreichen.
Dotierung: € 1000
Eigenbewerbung: Eigenbewerbung möglich

Brüder-Grimm-Preis des Landes Berlin
Theater an der Parkaue
Kinder- und Jugendtheater des Landes Berlin
Parkaue 29
10367 Berlin
Tel. 030 - 55 77 52 0
Fax 030 - 55 77 52 22
info@parkaue.de
www.parkaue.de
Ansprechpartner: Indendant Kay Wuschek
Sparte: Stücke und Inszenierungen aus dem Bereich des Kinder- und Jugendtheaters
Turnus: jährlich
Bewerbungsschluss: 01.06.2007
Hinweise: Stücke sollten sich mit der Wirklichkeit von Kindern und Jugendlichen auseinandersetzen und auf ein tolerantes Miteinander hinwirken
Dotierung: € 10.000
Eigenbewerbung: Vorschläge für die Preisvergabe sind unter Beifügung des Manuskriptes bzw. projektbeschreibender Materialien einzureichen (drei Exemplare)

Deutscher Jugendtheaterpreis
Kinder- und Jugendtheaterzentrum in der Bundesrepublik Deutschland
Schützenstr. 12
60311 Frankfurt
Tel. 069-296-661
Fax 069-292354
G.Taube@Kjtz.de
www.Kjtz.de
Ansprechpartner: Dr. Gerd Taube
Sparte: Jugendtheater
Turnus: alle zwei Jahre - nächste Vergabe 2008
Hinweise: Vorschläge von deutschsprachigen Verlagen und Kinder- und Jugendtheatern

Dotierung: € 10.000
Eigenbewerbung: Keine Eigenbewerbung

Deutscher Kindertheaterpreis
Kinder- und Jugendtheaterzentrum in der Bundesrepublik Deutschland
Schützenstr. 12
60311 Frankfurt
Tel. 069 - 296 - 661
Fax 069 - 29 23 54
g.taube@kjtz.de
www.kjtz.de
Ansprechpartner: Dr. Gerd Taube
Sparte: Kindertheater
Bewerberkreis: Vorschlagsberechtigt sind deutschsprachige Theater und Verlage
Turnus: alle zwei Jahre
Bewerbungsschluss: nächste Vergabe 2008
Dotierung: € 10.000
Eigenbewerbung: Keine Eigenbewerbung

Dramatikerpreis der Theatergemeinden
Bund der Theatergemeinden e.V.
Auf dem Berlich 34
50667 Köln
Tel. 0221-272 559 850
Fax 0221-559 855
Bund_TG@t-online.de
www.bund-der-theatergemeinden.de
Ansprechpartner:
Sparte: Dramatiker
Bewerberkreis:
Turnus: ausgesetzt
Dotierung: € 20.000
Eigenbewerbung: Eigenbewerbung möglich

Else-Lasker-Schüler-Dramatikerpreis -Stückepreis
Pfalztheater Kaiserslautern
Willy-Brandt-Platz 4-5
67657 Kaiserslautern
Tel. 0631-367 52 19
Fax 0631-3675-35
info@pfalztheater.bv-pfalz.de
www.pfalztheater.de
Ansprechpartner: Günther Fingerle
Sparte: Drama (deutschsprachig)
Bewerberkreis: Junge Autoren/Autorinnen bis 40 Jahre
Turnus: alle zwei Jahre
Bewerbungsschluss: 31.05.07
Dotierung: € 5.000 + Stipendium € 10.000
Eigenbewerbung: Eigenbewerbung erforderlich

Europäischer Autorenpreis des Heidelberger Stückemarkts
Theater der Stadt Heidelberg
Dramaturgie
Friedrichstr. 5
69117 Heidelberg
Tel. 06221-58 35 10
Fax 06221-58 35 99
theater@heidelberg.de
www.heidelberg.de/kultur/theater
Ansprechpartner: Schauspieldramaturgie
Sparte: Theaterstücke
Turnus: jährlich
Dotierung: € 5.000 gestiftet vom Ministerium für Wissenschaft, For-

schung und Kunst des Landes Baden-Württemberg
Eigenbewerbung: Keine Eigenbewerbung

Freudenthal-Preis
Freudenthal-Gesellschaft e.V.
Poststr. 12
29614 Soltau
Tel. 05191-82205
info@freudenthal.gesellschaft.de
www.freudenthal.gesellschaft.de
Ansprechpartner: Harry Struck, Geschäftsführer
Sparte: Gedichte, Kurzgeschichten, Hörspiele oder Spielszenen in plattdeutscher Sprache (Poesie und Prosa
Turnus: jährlich
Bewerbungsschluss: 31. Mai des Jahres
Hinweise: unveröffentlichte Arbeiten
Dotierung: € 3000
Eigenbewerbung: Eigenbewerbung möglich

Gerhart-Hauptmann-Preis der Freien Volksbühne Berlin e.V.
Freie Volksbühne Berlin e.V.
Ruhrstr. 6
10709 Berlin
Tel. 030-860093-51
Fax 030-86009388
service@lustaufkultur.de
www.lustaufkultur.de
Ansprechpartner: Adrienne Boros (GF)
Sparte: Theater
Turnus: alle drei Jahre (wird z. Zt. nicht vergeben)
Dotierung: € 15.000

Jakob-Michael-Reinhold-Lenz-Preis für Dramatik der Stadt Jena
jenakultur - Eigenbetrieb für Kultur und Marketing
Postfach 100 338
7703 Jena
Tel. 03641 - 49 80 35
Fax 03641 - 49 80 45
jenakultur@jena.de
www.jenakultur.de
Ansprechpartner: Birgit Liebold
Sparte: Dramatik
Bewerberkreis: Eingereichter Text muss deutschsprachig sein!
Turnus: Alle drei Jahre (2006, 2009)
Bewerbungsschluss: variiert
Hinweise: Seit 2003 an das jeweilige Spielzeitmotto des Theaterhauses Jena gekoppelt und als Kombination von Schreibwerkstatt und Wettbewerb veranstaltet.
Dotierung: € 10.000
Eigenbewerbung: Eigenbewerbung in der Regel möglich

Jugend-Dramatiker-Preis der Stadtparkasse München
Verein zur Förderung des Kinder- u. Jugendtheaters e.V.
Ingeborg Müller-Hohagen
Hermann-Stockmann-Str. 12
85221 Dachau
Tel. 08131-832 93
Fax 08131-27 60 92
mueller-hohagen@gmx.de
Ansprechpartner: Ingeborg Müller-Hohagen
Sparte: Kinder- und Jugendtheater
Turnus: Alle drei Jahre, 2006, 2009

Dotierung: insgesamt € 14.000
Eigenbewerbung: Eigenbewerbung möglich

Jugendtheaterpreis Baden Württemberg
Eberhardstr. 61a
70173 Stuttgart
Tel. 0711-218 480-12
Fax 0711-218480-20
christian.schoenfelder@jes-stuttgart.de
Ansprechpartner: Christian Schönfelder
Sparte: Jugendtheater
Turnus: alle zwei Jahre
Bewerbungsschluss: ca. September 2007
Hinweise: noch nicht uraufgeführte Stücke und Stückentwicklungen mit Theatern
Dotierung: € 15.000 (3 Preise)
Eigenbewerbung: Eigenbewerbung möglich

Kaas & Kappes
Kom'ma Theater - Festivalbüro, Ein Projekt der stadt Disburg
Schwarzenberger Str. 147
47226 Duisburg
Tel. 0203 - 283 - 84 85
Fax 0203 - 283 - 84 86
info@kaasundkappes.de
www.kaasundkappes.de
Ansprechpartner: Helle Hensen
Sparte: Niederländisch-Deutscher Kinder- und jugenddramatikerpreis
Turnus: jährlich
Hinweise: Stücke sollten sich an Kinder und Jugendliche richten, für die Aufführung im Kinder- und Jugendtheater geschrieben und unveröffentlicht sein
Dotierung: € 7500
Eigenbewerbung: Eigenbewerbung möglich

Kleist -Förderpreis für junge Dramatiker
Kleist Forum Frankfurt
Künstlerische Leitung
Platz der Einheit 1
15230 Frankfurt/Oder
Tel. 0335-40 10 200
Fax 0335-40 10 145
w.tobias@muv-ffo.de
www.kleistforum.de
Ansprechpartner: Winfried Tobias
Sparte: Theater
Bewerberkreis: Autor/innen bis 35 Jahre mit Stücken, die zur UA frei stehen
Turnus: jährlich
Bewerbungsschluss: 01.03.07
Hinweise: Stück darf noch nicht aufgeführt sein; Bewerber bei Einsendeschluß nicht älter als 35 Jahre
Dotierung: € 7.670 und UA-Garantie
Eigenbewerbung: ja - mit Stücktext in zweifacher Kopie

Landespreis für Volkstheaterstücke
Landesakademie für Schulkunst, Schul- und Amateurtheater, Schloss Rotenfels
Postfach 121116
76560 Gaggenau/Bad Rotenfels
Tel. 07225 - 97 99-0

Fax 07225 - 97 99 30
stefanie.fritsch@akademierotenfels.kv.bwl.de
www.akademie-schloss-rotenfels.de
Ansprechpartner: Stefanie Fritsch
Sparte: Volkstheater
Turnus: alle drei Jahre
Dotierung: € 12.500
Eigenbewerbung: Eigenbewerbung möglich

Lessing-Preis des Freistaates Sachsen sowie zwei Förderpreise zum Lessing-Preis des Freistaates Sachsen
Sächsisches Staatsministerium für Wissenschaft und Kunst
Wigaldstr. 17
01097 Dresden
Tel. 0351-564 62 40
Fax 0351-451006240
christoph.meier@smwk.sachsen.de
www.smwk.de
Ansprechpartner: MR Christoph Meier
Sparte: Literatur, Literaturkritik und Theater
Bewerberkreis: Auswahl durch Kuratorium, Würdigung herausragender Leistungen im Geiste Lessings
Turnus: alle zwei Jahre
Dotierung: Hauptpreis € 13.000, Förderpreise je € 5.500
Eigenbewerbung: Keine Eigenbewerbung

Mülheimer Dramatikerpreis 2007
Theaterbüro des Kulturbetriebs
Akazienallee 61
45478 Mülheim a.d. Ruhr
Tel. 0208-455-4112
Fax 0208-455-58 41 12
balzer@stuecke.de
www.stuecke.de
Ansprechpartner: Udo Balzer-Reher
Sparte: Dramatiker
Bewerberkreis: deutschsprachige lebende Autoren, deren Stücke im Auswahlzeitraum uraufgeführt worden sind
Turnus: jährlich
Bewerbungsschluss: Mitte März
Dotierung: € 15.000
Eigenbewerbung: Auswahlgremium wählt aus den Uraufführungen

Pfälzer Mundarttheaterpreis der Stadt Frankenthal (Pfalz)
Stadt Frankenthal
Kulturamt, Rathaus
67227 Frankenthal
Tel. 06233 - 89 251
Fax 06233 - 89 706
kulturamt@frankenthal.de
www.frankenthal.de
Ansprechpartner: Herr Esser
Sparte: Theaterstücke in Pfälzer Mundart
Bewerberkreis:
Turnus: alle zwei Jahre 2007, 2009
Bewerbungsschluss:
Hinweise: Stücke dürfen noch nicht aufgeführt oder bei anderen Wettbewerben prämiert worden sein
Dotierung: € 1500 bis € 4000
Eigenbewerbung: Eigenbewerbung möglich

Publikumspreis des Heidelberger Stückemarkts
Theater der Stadt Heidelberg Dramaturgie
Friedrichstr. 5
69117 Heidelberg
Tel. 06221-58 35 10
Fax 06221-58 35 99
theater@heidelberg.de
www.heidelberg.de/kultur/theater
Ansprechpartner: Schauspieldramaturgie
Sparte: Theaterstücke
Turnus: jährlich
Dotierung: undotiert
Eigenbewerbung: Keine Eigenbewerbung

Stückemarkt des Theatertreffens Berlin
Berliner Festspiele GmbH Theatertreffen
Schaperstr. 24
10719 Berlin
Tel. 030 - 254 89-318, -233
Fax 030 - 254 89-111
yvonne.buedenhoelzer@berlinerfestspiele.de
www.stueckemarkt.de
Ansprechpartner: Yvonne Büdenhölzer
Sparte: Theaterstücke
Bewerberkreis: europäische Autoren
Turnus: jährlich
Bewerbungsschluss: 15.12.2007
Hinweise: Stücke dürfen noch nicht im deutschsprachigen Raum ur- oder erstaufgeführt worden sein.
Dotierung: Szenische Lesungen der ausgewählten Stücke beim Theatertreffen Berlin und einwöchiger Workshop
Eigenbewerbung: 3-fach, gebundenes Manuskript, plus 1 x auf Datenträger, kurze Zusammenfassung, Lebenslauf. Bedingung: das Stück muss bisher (in Deutschland) ungespielt sein.

Theatertreffen Förderpreis für neue Dramatik, gestiftet von der Bundeszentrale für politische Bildung
Berliner Festspiele GmbH Theatertreffen
Schaperstr. 24
10719 Berlin
Tel. 030 - 254 89-318, -233
Fax 030 - 254 89-111
yvonne.buedenhoelzer@berlinerfestspiele.de
www.stueckemarkt.de
Ansprechpartner: Yvonne Büdenhölzer
Sparte: Theaterstücke
Turnus: jährlich
Bewerbungsschluss: 15.12.2007
Dotierung: € 5000
Eigenbewerbung: An einen der zum Stückemarkt eingeladenen Autoren wird der mit € 5.000 dotierte Theatertreffen Förderpreis für neue Dramatik verliehen, gestiftet von der Bundeszentrale für politische Bildung

Hörmedien, Film & TV

5

▷ *Hörspiele selber machen*

Am Beispiel des Kinderhörspiels lernt man, wie man selbst Hörspiele, auch für Erwachsene, produzieren kann, und wer dies auch noch mit Kindern macht, der hat viel Spaß dabei.

Von Susanne Lung

Pädagogische Aspekte

Es ist das Ohr, das die Dunkelheit durchdringt, nicht das Auge. – Weisheit der Massai

1. Der Hörsinn

In jedem Kaufhaus und in vielen Restaurants werden wir tagtäglich mit Musik berieselt. Wir sind heutzutage täglich einer Fülle von künstlich erzeugten Geräuschen ausgesetzt: Straßenlärm, Computergebläse, Kühlschränke, elektrische Arbeitsmittel in Küche oder Garten – sie alle tragen zu einer Steigerung des Lärms bei. Hinzu kommt, dass noch nie zuvor so viel Musik gehört wurde wie heute. Und noch nie gab es so viele frühzeitig Hörgeschädigte. Dies alles zeugt von einer Reizüberflutung.

Hören ist zwar der erste Sinn, den ein Embryo entwickelt. In unserer Kultur dominiert jedoch der Sehsinn. Mit der Entwicklung des Films und des Fernsehens hat das Visuelle seine Position ausgebaut. Das Hören trat immer mehr in den Hintergrund. Mittlerweile aber haben es sich verschiedene Institutionen (Stiftungen und Vereine) zur Aufgabe gemacht, vor allem das (Zu-)Hören wieder bewusst zu machen und als notwendige Kulturtechnik zu fördern. Zuhören fördert die Konzentration. Wer zuhört, kann sich also besser konzentrieren und bekommt infolgedessen mehr von seiner Umwelt mit. Wer mehr mitbekommt, weiß mehr.

Neben dem Hören und Zuhören sollen auch andere Grundfähigkeiten des Menschen gefördert werden: Hören und Wahrnehmen der Stille sowie das Wahrnehmen und Verstehen von Sprache und Klang. Die Kinder sollen lernen, einzelne Klänge bewusst wahrzunehmen und neben der Stille auch den einzelnen Ton schätzen zu lernen. Dies genau ist ein wesentlicher Bestandteil der Hörkultur. Eine Hörerziehung in diesem Sinne hilft ihnen mit der akustischen »Dauerberieselung«, die mittlerweile zu unserem Leben dazugehört, besser umgehen zu können.

Es wird versucht, Kinder noch vor der »Disco-Phase« auf Lärm und Geräusche aufmerksam zu machen. Eine altersgerechte und interessante Herangehensweise eignet sich hierfür am besten. Durch das Erstellen eines eigenen Hörspiels setzen sich die Kinder mit der Entstehung und der Bedeutung von Geräuschen auseinander. Daneben wird ihnen aber auch beigebracht, bewusst mit Geräuschen umzugehen. Hörspiele eignen sich auch für den Deutschunterricht sehr gut: Das Hörspiel zeichnet sich durch die Konzentration auf das gesprochene Wort aus.

Im Internet sind einige Präsentationen der Initiativen zu finden, die auf Projekte verweisen, Informationsquellen bieten oder verschiedene Methoden- und Materialsammlungen vorstellen.

2. Welche Hörspielinhalte mögen Kinder am meisten?

Menschen lesen und hören das am liebsten, worin sie sich wiederfinden. Das Hörspiel kann seinen Hörern Identifikation bieten. Und nicht nur seinen Hörern, sondern natürlich auch denjenigen, die das Hörspiel produzieren. Deshalb sollte darauf geachtet werden, dass die Themen, die die Hörspiele beinhalten, auf die Interessen der Kinder zugeschnitten sind. Welche Hörspielinhalte mögen Kinder nun? Laut einer Studie mögen Kinder vor allem Phantasiegeschichten. Dazu gehören vor allem die Hörspiele »Bibi Blocksberg« und »Benjamin Blümchen«, aber auch Hörspiele zu Kinderliteratur wie beispielsweise »Die unendliche Geschichte«, »Pipi Langstrumpf« oder »Karlsson vom Dach«. Danach folgen Hörspiele rund um das Thema »Detektivgeschichten«: »TKKG«, »Fünf Freunde« oder »Die drei Fragezeichen«. Danach folgen Märchen, Action, Comic/Zeichentrickfilme. Eine untergeordnete Rolle spielen »Alltagsgeschichten« wie »Neues vom Süderhof« oder »Ferien auf Saltkrokan«.

Natürlich sollten die Kinder auch selbst gefragt werden, welche Themen das von ihnen produzierte Hörspiel beinhalten soll. Es ist aber auch nicht falsch, den Kindern schon eine Auswahl an Vorschlägen anzubieten, die sich zum Beispiel auch an der erläuterten Studie orientieren kann.

Hörspiele und Hörbücher

Hörspiele sowie Hörbücher bieten in der heutigen mobilen Gesellschaft eine neue Möglichkeit des Literaturerlebnisses. Gehört werden kann dabei die gesamte literarische Bandbreite: von Dramatik über Epik, Lyrik, sachlich, lustig, als Lesung, als Hörspiel bis hin zum Feature. Die größte Nachfrage bei Hörbüchern besteht im Bereich der Belletristik (47,6%), gefolgt von Kinder- und Jugendbüchern (24,5%) und dem Bereich Schule und Lernen (12,4%). Bezeichnend ist, dass der Umsatz des Hörbuchsegments 2004 ein Plus von 14,7 Prozent erreichte, wohingegen der Umsatz des Buchhandels laut Media Control GfK International um 0,7 Prozent stieg. 3% Anteil machen Audiobooks mittlerweile am Buchmarkt aus. Laut Börsenblatt Spezial ist diese Tendenz steigend. »Ohr liest mit 2005« hieß eine Studie des Börsenvereins des Deutschen Buchhandels zum Umgang mit Büchern und Hörbüchern. Laut dieser Studie trennt die Mehrzahl (34,6%) der insgesamt 1600 Befragten Hören und Lesen klar voneinander ab. 29,5% gaben an, es bestehe bei ihnen ein Einfluss des Hörens auf das Leseverhalten. Was auffällt, ist, dass 17,9% aller Befragten angaben, sogar mehr zu lesen, seit sie Hörbücher konsumieren. Das Hörbuch wird somit für eine multimedial erfahrene Nutzergruppe zum Einstieg ins »traditionelle« Lesen.

3. Einstieg ins Hörspiel

Filmton ohne Bilder

Schwierig ist es natürlich, einen Einstieg in das Thema Hörspiele zu finden. Zwar kann sicherlich jedes Kind etwas mit dem Begriff Hörspiel anfangen, doch tun sich die meisten mit der Umsetzung anfangs schwer. Das Hören gehört zu den Lieblingsbeschäftigungen Jugendlicher. Dennoch bzw. gerade deswegen ist es für sie schwer, auf einzelne Töne zu achten. Diese Fähigkeit brauchen die Kinder, um Geräusche für ein Hörspiel herstellen zu können. Als Einstieg braucht man den Mitschnitt einiger Fernsehfilmsequenzen auf Videokassette. Am besten geeignet sind hierfür Szenen aus Krimis, die aktionsgeladen sind, und auch Dialog und nonverbale Kommunikationsanteile (z.B. Kopfnicken, Achselzucken, Kopfschütteln) beinhalten. Dieser Ausschnitt sollte eher kurz und prägnant sein, ungefähr drei bis vier Szenenwechsel enthalten.

Wenn man eine passende Filmsequenz gefunden hat, zeichnet man die *Tonspur* des Ausschnittes auf einen Kassettenrekorder auf und präsentiert sie der Klasse. Die Kinder werden automatisch ein hörergerecht aufbereitetes Tonmaterial erwarten – um so größer wird die Verwunderung sein, wenn sie bemerken, dass sie mit den vorgespielten Sequenzen nicht allzu viel anfangen können. Es wird sich für die Kinder zunächst kein zusammenhängendes »Bild« ergeben. Befragt man nun die Kinder, welche Bilder und Szenen sie sich zu den vorgespielten Tonsequenzen vorstellen, so wird man viele unterschiedliche Antworten bekommen. Grund dafür ist, dass die Szenen vom bloßen Höreindruck her völlig unzureichend sind. Die Handlungsabläufe können nur fragmentarisch nachvollzogen werden. Die Geräusche, die wahrgenommen werden (wie beispielsweise Reifenquietschen, Bremsen etc.), sind zwar teilweise definierbar, reichen zum Verständnis der gesamten Szene aber nicht aus, da ursprünglich alles an den optisch vermittelten Kontext gebunden ist.

Wenn den Kindern nun der Ausschnitt per Videorekorder über den Bildschirm präsentiert wird, können sie die einzelnen Bausteine zusammensetzen und werden feststellen, wie stark der imaginierte

Kontext vom Handlungsablauf auf dem Bildschirm abweicht und wie sehr sich die eigene Vorstellung von der filmischen Umsetzung unterscheidet. Auf diese Weise erfahren sie, dass man sich innerlich immer andere Szenenabläufe vorstellt, die sich auf Alltagserfahrungen oder medial vermittelte Bilder stützen. Zusätzlich werden die Kinder darauf aufmerksam gemacht, dass eine Tonspur den Bildern eine intensivere Wirkung verleiht.

Situationen akustisch charakterisieren

Am besten bildet man einzelne Arbeitsgruppen, damit jedes Kind eine Aufgabe bei der Produktion des Hörspiels bekommt und nicht manche in einer zu großen Gruppe möglicherweise untergehen. Die Bildung kleinerer Gruppen macht die Kinder auch erfahrener im Umgang mit Gruppenarbeit. Die erste Hörszene sollte sich um eine Situation drehen, die inhaltlich einfach zu bewältigen ist. Am besten eignen sich dafür Alltagssituationen, zum Beispiel das »Frühstück«. Jeder ist mit dieser Situation vertraut und kennt die täglichen Abläufe. So kann jeder etwas mithilfe seiner Vorstellungen beitragen.

Das Thema »Frühstück« bedeutet, dass Ort und Zeit vorgegeben sind (morgens, Frühstückstisch), was durch die Geräusche dargestellt werden muss. Es soll deutlich werden, dass es sich nicht um ein Mittagessen handelt. Die Wahl der Personenkonstellationen bleibt allerdings den Gruppen selbst überlassen. Da sich die Kinder anfangs wahrscheinlich etwas schwer tun werden, einen selbst erdachten Inhalt umzusetzen, sollte daran gedacht werden, genügend Zeit einzuplanen. Man sollte sich ebenso darauf einstellen, dass die einzelnen Gruppen anfangs eventuell auch lautstarke Meinungsverschiedenheiten haben werden. Dominante Kinder versuchen sich vielleicht in den Vordergrund zu spielen. Es wird anfangs möglicherweise auch etwas Klamauk und Übertreibungen geben.

Grundregeln

Es gibt ein paar Grundregeln, die man beachten sollte:

- lieber wenige Leute, die reden. Wenn zu viele reden, ist es schwer, etwas zu verstehen.
- Dialekte können eingebaut werden. Wenn die Person dann wieder spricht, wird sie aufgrund ihrer Eigenart gleich *wiedererkannt*.
- Die Texte sollten nicht abgelesen werden.
- Wenn man jedoch den Text aufschreibt, sollte man den Text vorher so aufschreiben, wie es in Wirklichkeit gesagt wird.
- Es sollten ab und an Namen erneut erwähnt werden, damit man weiß, wer wer ist. Das Kind, die Eltern etc.
- Die einzelnen Sprecher sollten mehr als nur einen Satz sagen (Wiedererkennungseffekt).
- Man sollte darauf achten, dass die Kinder Rollen spielen, die zu ihnen passen.
- Man kann ein sogenanntes »story-board« als Gedächtnis- und Herstellungshilfe erstellen. Dann weiß jeder genau, wann er dran ist.

Sinnvoll ist auch, den Kindern bewusst zu machen, dass die am Hörspiel beteiligten Personen und Charaktere deutlich verschieden dargestellt werden sollten. Die Personen kommen aus unterschiedlichen Milieus, Gesellschaftsschichten und Altersgruppen. Das stellt man durch die Verwendung verschiedener Sprachverwendungen her. Wichtig ist, dass ein *Szenenwechsel* deutlich dargestellt wird, damit man die Handlungsabläufe gut nachvollziehen kann. Dies wird erreicht durch:

- eine Pause,
- ein einleitendes Geräusch (z.B. Pausenklingeln),
- eine Vorankündigung der nächsten Szene durch einen Hinweis in der vorherigen Szene,
- das Aus-, Ein- und Überblenden (im Gegensatz zum harten Aneinanderschneiden, das sehr irritierend wirken kann, weil der Szenenwechsel gar nicht oder zu spät bemerkt wird).

Bei der *Besprechung der Hörszenen* sollte auf diese Fragen geachtet werden:
- **Was** wird gesprochen?
- **Wie** wird gesprochen?
- **Wer** spricht?
- **Wo** spielt sich die Szene ab?
- **Wann** spielt sich die Szene ab?

Nachdem die Gruppenergebnisse besprochen wurden, sollte darauf verzichtet werden, sofort eine Neuaufnahme mit Verbesserungen zu starten. Das führt beiden Kindern zu Ermüdung. Stattdessen lieber ein anderes Mal das Gelernte in einen neuen Gestaltungsversuch umsetzen.

4. Das Hörspiel als kreativer Gestaltungsraum

Im Gegensatz zum Rollenspiel, in dem der situative Rahmen oft stark vom Lehrer vorgegeben und eingeschränkt ist, haben Schüler bzw. Kinder im Rahmen des Hörspiels Möglichkeiten der freieren Gestaltung. Unter einer weit gefassten Thematik können Kinder oder Schüler selbst entscheiden, welche Situationen und Inhalte sie bearbeiten möchten. Dialoge und der Einsatz von Geräuschen müssen im Gegensatz zum Rollenspiel vorher genau durchdacht sein. Spontanes Improvisieren wie bei einem Rollenspiel fällt somit meist weg.

Durch die Produktion eines Hörspiels wird die Teamfähigkeit der beteiligten Kinder gefördert. Zudem werden durch die Erstellung eines Manuskripts soziale und kreative Seiten gefördert. Die Kinder lernen, geduldig zu sein, unterschiedliche Meinungen zu akzeptieren und diese in einem gemeinsamen Konzept zu koordinieren.

Sprache und Hörspiel

Das Produzieren eines Hörspiels ermöglicht eine intensive Auseinandersetzung mit Sprache. Noch mehr als dies z.B. durch Filme passiert, in denen das gesprochene Wort neben den Eindrücken der Bilder »agiert«. Das Hörspiel erzeugt eine Art »innere Bühne«, ein

»Kino im Kopf«. Die Kinder haben die Möglichkeit, sich parallel zum auditiv wahrgenommenen Hörspiel eine eigene subjektive Welt der Bilder aufzubauen. Dies passiert beim Hören eines Hörspiels noch mehr als beim bloßen Lesen eines Textes.

Anwendungsmöglichkeiten

1. Geräusche-Bilder-Lotto

Es lässt sich auch gut eine Verbindung zwischen Wahrnehmung von Geräuschen und dem Zuordnen zu Bildern herstellen. Da Spiele, die intensives Hinhören erfordern, die auditive Wahrnehmung fördern und von den meisten Kindern gerne gespielt werden, eignet sich die Herstellung eines »Geräusche-Bilder-Lottos« besonders gut.

Dieses Geräusche-Bilder-Lotto kann von Erwachsenen und Kindern in Zusammenarbeit selbst hergestellt werden und ist somit gleichzeitig eine gute Gemeinschaftsproduktion. Es sollte ein längerer Zeitraum eingeplant werden, da einige Geräusche aufgenommen werden müssen. Die Geräusche werden mit dem ersten Kassettenrekorder aufgenommen, und man überspielt sie danach in drei unterschiedlichen Reihenfolgen auf einen zweiten Kassettenrekorder. Eine andere Möglichkeit ist, die Geräusche nacheinander in drei verschiedenen Reihenfolgen zu produzieren und aufzunehmen.

Die unterschiedliche Abfolge der Geräusche ist deswegen notwendig, da Kinder ein sehr gutes Gedächtnis haben, so dass sie bald die Abfolge der Geräusche auswendig können.

Nun werden Kärtchen mit verschiedenen Motiven darauf hergestellt, die ein Geräusch darstellen. So zum Beispiel folgende:
In eine Flasche blasen;
Trommel;
Ente;
Auto;
Türklingel;
Ball;

Flöte;
Murmeln;
Rassel;
Telefon;
Hund;
Haarfön;
Katze;
Würfeln;
tropfender Wasserhahn
und viele weitere. Nun sollten die dazugehörigen Geräusche aufgenommen werden wie oben beschrieben, die Geräuschebilder, die idealerweise auf drei Spieltafeln verteilt sind, an die Mitspieler verteilt werden und noch Chips oder Spielsteine bereitliegen, dann kann losgelegt werden. Dazu wird das Band an irgendeiner Stelle gestartet. Wenn die Mitspieler nun ein Geräusch, das auf ihrer Lottokarte abgebildet ist, erkannt haben, können sie ein Steinchen auf dem entsprechenden Bild ablegen. Wer zuerst alle neun Felder seiner Karte voll hat, gewinnt dieses Spiel.

2. Das Hörspiel als Rollenspiel

Im Rollenspiel wird der situative Rahmen vom Lehrer vorgegeben. Hier können modellhafte Situationen oder die Bewältigung von Konfliktfällen durch Simulation durchgespielt werden. Das Rollenspiel geschieht meist in Form aus dem Stegreif gesprochener Dialoge ohne Einsatz von Geräuschen. Spontanes Improvisieren ist die Stärke des Rollenspiels. Kreative Einfälle, lustige Versprecher und authentische Dialoge sind hier zu erhalten.

3. Synchronisation einer Filmszene (mit Hilfe des Geräuschekoffers)

Man kann den im Ökumenischen Medienladen erhältlichen Geräuschekoffer auch dazu verwenden, eine Filmszene zu synchronisieren. Es sollte dafür eine *einfache Filmszene* gewählt werden. Filme interessieren Kinder besonders. Wenn sie die Möglichkeit haben, Szenen aus einem Film, den sie gerne sehen, selbst zu synchronisieren, wird das sicherlich ein spannendes Erlebnis für die Kinder. Sie können dabei Verschiedenes lernen.

Durch die Verbindung von Geräuschekoffer und pädagogischer Filmarbeit lernen die Kinder, ihre Aufmerksamkeit nicht nur auf die Bilder eines Filmes zu lenken, sondern auch auf die Töne, die das Geschehene akustisch verstärken und Gefühle der Trauer, Freude, Angst oder Spannung verstärken.

Interessant ist die Frage danach, wie sich visueller und akustischer Ton zueinander verhalten. Ist die Dominanz eines der beiden Sinne vorhanden, oder gehen die beiden eine Symbiose ein, bei der sowohl das Bild die Wahrnehmung des Klanges als auch der Klang die Wahrnehmung des Bildes entscheidend beeinflusst?

Fragen, die vorher geklärt und erläutert werden sollten, sind folgende:

- Mit **welchen Materialien** werden sie erzeugt?
- **Wie** arbeitet ein Geräuschemeister (siehe den Kurzfilm »Ein besonderer Beruf«, Bestellnummer Kf 255)?
- **Welche Geräusche** und welche Musik erzeugen welche Gefühle?

Unterstreicht oder illustriert die Musik lediglich das Bild, oder verweist sie auf Kommendes? Das spielerisch erworbene Wissen wird dann bei der Vertonung eines einfach strukturierten Kurzfilmes umgesetzt. Die Einheit ist für ca. 90 min. konzipiert. Suchen Sie sich zunächst einen Film, den die Kinder gerne sehen, und wählen Sie danach eine einfache Filmszene aus.

Synchronisation

Zunächst sollte den Kindern verdeutlicht werden, was unter dem Begriff »Synchronisation« zu verstehen ist. Dazu werden die Kinder als Erstes gefragt, ob in den vielen verschiedenen Ländern der Welt ein und dieselbe Sprache gesprochen wird. Natürlich wissen die Kinder, dass dies nicht der Fall ist. Sie können unterschiedliche Länder und die jeweilige Sprache dazu nennen. Wenn man nun aber fragt, wie es möglich sein kann, dass ein afrikanisches Kind einen deutschen Film versteht, wird man bei den Kindern fragende

Blicke erkennen. An dieser Stelle sollte man nun den Begriff »Synchronisation« einbringen. Dieser Begriff sollte erklärt und dann zum Beispiel an Hand von Filmbeispielen erklärt werden. Man kann die Kinder darauf aufmerksam machen, auf die Lippenbewegungen und das gleichzeitig Gesprochene der Schauspieler zu achten. Auf diese Weise werden sie für gute und weniger gute Synchronisationen sensibilisiert.

Wenn man diese Vorarbeit geleistet hat, kommt nun der Geräuschekoffer zum Einsatz. Die Kinder sollen ihnen bekannte Geräusche nennen und sie nachahmen. Anschließend wird der Inhalt des Geräuschekoffers dazu verwendet, die genannten Geräusche selbst herzustellen. Die Geräuscheutensilien werden an die Kinder verteilt, damit jeder zur Vertonung der Filmszene beitragen kann, indem er selbst ein Geräusch herstellen kann.

Die »Vertonung« erfolgt hier bei einfacher Technik mit Hilfe eines Kassettenrekorders. Der Film wird bis zur Hälfte mit Ton vorgeführt und die darin vorkommenden Geräusche und Sprecher erkannt und anschließend unter den Kindern verteilt. Die Kinder sollten zwanglos agieren können und dabei Bewegungsfreiheit haben.

Auf diese Weise lernen die Kinder, mit Geräuschen bewusster umzugehen und gleichzeitig auch mit Filmen umzugehen. Außerdem wird es den Kindern sicher in Erinnerungen bleiben, eine Filmszene selbst synchronisiert zu haben.

Susanne Lung studiert Germanistik und Pädagogik an der Universität Stuttgart. Sie hat die Arbeitshilfe »Hörspiele selber machen« im Rahmen eines Praktikums entwickelt und zusammen mit Roland Kohm von Das Evangelische Medienhaus GmbH Stuttgart veröffentlicht. www.evangelisches-medienhaus.de

Nützliche Links zu Hörspielseiten

Zahlreiche Angebote zur Medienarbeit:
www.evangelisches-medienhaus.de
Hörspiel des Monats, ausgewählt vom Institut für angewandte Kindermedienforschung in Stuttgart:
www.ifak-kindermedien.de
Hörspielprojekte für Kindergarten und Schule des Landesmedienzentrums:
www.ohrenspitzer.de
Geräuschratespiele in der Rubrik Hörspaß:
www.stiftung-hoeren.de
Empfehlenswerte Spieleseite mit verschiedenen Geräuschespielen:
www.flubidux.de.
Hörspielprojekt mit Kindern:
www.kita-nrw.de
Tipps und Methoden zur Radio- und Hörarbeit mit Kindern:
www.kita-nrw.de/beispielprojekte
Tipps zum Vorlesen:
www.kindermitzukunft.org
Werbeseiten des Verlags Hörcompany zum »HörSpielen«:
www.movingmind.de
Geräuschespiel zur Hördifferenzierung:
www.schule-des-hoerens.de
Kassetten und CDs im kommentierten Überblick:
www.toene-fuer-kinder.de
Verschiedene Geräuschespiele:
www.flubidux.de

Adressen

▷ *Hörfunk*

Hörspiel-Redaktionen

Bayerischer Rundfunk
Hörspiel und Medienkunst
Rundfunkplatz 1
80300 München
Tel. 089 - 59 00 - 22 52, -22 62
Fax 089 - 59 00 - 26 71
www.br-online.de
Leitung: Herbert Kapfer

BLR Dienstleistungsgesellschaft für Bayerische Lokal-Radioprogramme
Aktuelles/Rubriken
Rosenheimer Str. 145c
81671 München
Tel. 089 - 499 94 - 400
Fax 089 - 499 94 - 555
bachmann@blr.de
www.blr.de
Leitung: Michael Bachmann
Ms.-Angebote erwünscht: nach vorheriger telefonischer Anfrage

Deutsche Welle
Hörfunk
Kurt-Schumacher-Str. 3
53113 Köln
Tel. 0221 - 389 - 44 16
Fax 0221 - 389 - 44 77
www.dw-world.de
Ansprechpartner: Joachim Schmidt v. Schwindt

Deutschlandradio Kultur
Hörspiel
Hans-Rosenthal-Platz
10825 Berlin
Tel. 030 - 85 03 - 55 80
Fax 030 - 85 03 - 55 79
www.dradio.de
Leitung: Stefanie Hoster
Ms.-Angebote erwünscht: als Manuskript
Medium: Hörkassette, Papierausdruck oder CD
Ms.-Rücksendung: ja, wenn verlangt

Hessischer Rundfunk
Hörspiel
Bertramstr. 8
60320 Frankfurt
Tel. 069 - 155 - 23 21
Fax 069 - 155 - 40 48
www.hr-online.de
Ansprechpartner: Krimi-Hörspiel, Literarisches Hörspiel: Peter Liermann; Klangkonzepte, Experimentelles u. Aventgardistisches: Manfred Hess; Kinderhöspiel: Gudrun Hartmann
Ms.-Angebote: als Manuskript

Medium: Hörkassette, Papierausdruck, Diskette, E-Mail
Ms.-Rücksendung: ja, mit Rückporto

Mitteldeutscher Rundfunk
Künstlerisches Wort
Gerberstr. 2
06108 Halle
Tel. 0345 - 300 - 54 04
Fax 0345 - 300 - 54 65
www.mdr.de/figaro
Leitung: Matthias Thalheim
Ansprechpartner: Thomas Fritz
Ms.-Angebote erwünscht: als Manuskript
Medium: Hörkassette/Info-CD, Papierausdruck
Ms.-Rücksendung: ja, mit Rückporto

Norddeutscher Rundfunk
Hörfunk
Rothenbaumchaussee 132-134
20149 Hamburg
Tel. 040 - 4156 - 26 62, -27 46
Fax 040 - 21 56 - 30 73
www.ndr.de
Leitung: Dr. Andreas Wang
Ansprechpartner: Lektorat: Henning Rademacher (Dw -2746), Kriminalhörspiel: Hilke Veth (Dw -2460)
Ms.-Angebote erwünscht: als Manuskript
Medium: Hörkassette, Papierausdruck
Ms.-Rücksendung: ja, mit Rückporto (gerne, nicht zwingend)

ORF - Österreichischer Rundfunk
Literatur und Hörspiel
Argentinierstr. 30a
A-1040 Wien/Österreich
Tel. +43 (0)222 - 501 01 - 186 63
Fax +43 (0)222 - 501 01 -181 86
www.orf.at; www.hoerspiele.co.at
Leitung: Dr. Peter Klein
Ms.-Interesse: keine Bearbeitungen, max. 60 min. Sendelänge, keine Kurzhörspiele
Ms.-Angebote erwünscht: als Manuskript
Medium: Papierausdruck
Ms.-Rücksendung: ja

Radio Bremen
Hörspielredaktion
Bürgermeister-Spitta-Allee 45
28329 Bremen
Tel. 0421 - 246 - 14 02, -01
Fax 0421 - 246 - 10 32
hoerspiel@radiobremen.de
www.radiobremen.de
Leitung: Holger Rink
Ms.-Angebote erwünscht: als Manuskript
Medium: Hörkassette, Papierausdruck, Diskette, E-Mail
Ms.-Rücksendung: ja

Rundfunk Berlin Brandenburg
Hörspiel/Radiogeschichten
Masurenallee 8-14
14046 Berlin
Tel. 030 - 30 31 - 34 30
Fax 030 - 30 31 - 34 39
gabriele.bigott@rbb-online.de, regine.ahrem@rbb-online.de

www.rbb-online.de
Leitung: Gabriele Bigott, Regine Ahrem
Ms.-Interesse: Hörspiel, 5-Minuten-Serien
Ms.-Angebote erwünscht: als Manuskript
Medium: Papierausdruck
Ms.-Rücksendung: ja

Saarländischer Rundfunk
Programmgruppe Künstlerisches Wort
Funkhaus Halberg
66100 Saarbrücken
Tel. 0681 - 602 21 62
Fax 0681 - 602 21 69
akuehrmeyer@sr-online.de
www.sr-online.de
Leitung: Anette Kuehrmeyer
Ms.-Interesse: Hörspiel, »gut erzählte Geschichten«, klassische und moderne Handlungsdramaturgie; keine SF-Krimis und Kinderhörspiele, auch keine Kurzformen (unter 30')
Ms.-Angebote erwünscht: als Manuskript
Medium: Papierausdruck
Ms.-Rücksendung: ja

Schweizer Radio DRS
Hörspiel DRS 2
Postfach
CH-4002 Basel/Schweiz
Tel. +41 (0)61 - 365 34 11
Fax +41 (0)61 - 365 35 38
www.DRS2.ch
Leitung: Franziska Hirsbrunner
Ms.-Angebote erwünscht: nach vorheriger telefonischer Anfrage
Medium: E-Mail
Ms.-Rücksendung: ja

Südwestrundfunk
Künstlerisches Wort/Hörspiel
76522 Baden-Baden
Tel. 07221 - 929 - 22 63
Fax 07221 -929 - 20 72
ekkehard.skoruppa@swr.de
www.swr.de
Leitung: Ekkehard Skoruppa
Ms.-Angebote erwünscht: als Manuskript
Medium: Papierausdruck; Diskette, E-Mail
Ms.-Rücksendung: ja

Westdeutscher Rundfunk
Hörfunk/Programmgruppe Wort
Postfach
50600 Köln
Tel. 0221 - 220 - 31 60
Fax 0221 - 220 - 55 87
wolfgang.schiffer@wdr.de
www.wdr.de
Leitung: Wolfgang Schiffer
Ansprechpartner: Wolfgang Schiffer, Astrid Bingöl, Gila Matuszak
Ms.-Angebote erwünscht: als Manuskript
Medium: Papierausdruck, E-Mail
Ms.-Rücksendung: ja

Adressen

▷ Hörfunk

Feature-Redaktionen

Bayerischer Rundfunk
Hörbild und Feature
Rundfunkplatz 1
80300 München
Tel. 089 - 59 00 - 22 87, -41 92
Fax 089 - 59 00 - 32 48
hoerbild@br-online.de
www.br-online.de/kultur-szene/sendungen/radiofeature; www.br-online.de/kultur-szene/sendungen/radiozeitreisen; www.br-online.de/land-und-leute/sendungen/landundleute; www.br-online.de/land-und-leute/sendungen/bayrischesfeuilleton
Leitung: Dr. Oliver Boeck
Ansprechpartner: Margot Litten, Ulrich Klenner, Gabriele Förg
Ms.-Angebote erwünscht: als Manuskript
Medium: Hörkassette, Papierausdruck, Diskette, E-Mail
Ms.-Rücksendung: nein

BLR Dienstleistungsgesellschaft für Bayerische Lokal-Radioprogramme
Aktuelles/Rubriken
Rosenheimer Str. 145c
81671 München
Tel. 089 - 499 94 - 400
Fax 089 - 499 94 - 555
www.blr.de
Leitung: Dr. Helga Siemers, Michael Bachmann
Ms.-Angebote erwünscht: nach vorheriger telefonischer Anfrage

Deutsche Welle
Hörfunk Feature
Kurt-Schumacher-Str. 3
53113 Bonn
www.de.world.de
Ansprechpartner: Frau Fuchs

Hessischer Rundfunk
Hörfunk Feature
Bertramstr. 8
60320 Frankfurt
Tel. 069 - 155 - 31 86, -35 15, -35 95
Fax 069 - 155 - 41 10, -37 45, -37 39
hsarkowicz@hr-online.de, dmeyer@hr-online.de, hboehncke@hr-online.de
www.hr-online.de
Leitung: Hans Sarkowicz
Ansprechpartner: Hans Sarkowicz, Dorothea Meyer-Kahrweg, Heiner Boehncke
Ms.-Angebote erwünscht: per E-Mail

Mitteldeutscher Rundfunk
Künstlerisches Wort
Gerberstr. 2
06108 Halle
Tel. 0345 - 300 - 54 04
Fax 0345 - 300 - 54 65
www.mdr.de/figaro
Leitung: Matthias Thalheim
Ansprechpartner: Ulf Köhler
Ms.-Angebote erwünscht: nach vorheriger telefonischer Anfrage, als Exposé
Medium: Hörkassette/Info-CD, Papierausdruck
Ms.-Rücksendung: ja, bei Rückporto

Norddeutscher Rundfunk
NDRInfo Feature
Rothenbaumchaussee 132-134
20149 Hamburg
Tel. 040 - 41 56 - 24 74, -23 23
Fax 040 - 41 56 - 35 32
u.voss@NDR.de
www.ndr.de
Leitung: Dr. Ursula Voss
Ms.-Interesse: Stories bevorzugt, bitte mit O-Ton
Ms.-Angebote erwünscht: nach vorheriger telefonischer Anfrage, als Exposé
Medium: Hörkassette/CD
Ms.-Rücksendung: nein

ORF - Österreichischer Rundfunk
Hörfunk Feature
Argentinierstr. 30a
A-1040 Wien/Österreich
Tel. +43 (0)222 - 501 01 - 184 67
Fax +43 (0)222 - 501 01 - 181 86
www.orf.at
Leitung: Silvia Lahner
Ansprechpartner: Redaktion Hörbilder: Elisabeth Stratua, Eva Rother; Redaktion Tonspuren: Alfred Koch
Ms.-Angebote: als Manuskript
Medium: Papierausdruck
Ms.-Rücksendung: nein

Radio Bremen
Hörfunk Feature
Bürgermeister-Spitta-Allee 45
28329 Bremen
Tel. 0421 - 246 - 14 33
Fax 0421 - 246 - 10 45
michael.augustin@radiobremen.de
www.radiobremen.de
Leitung: Michael Augustin
Ms.-Angebote erwünscht: als Exposé
Medium: Papierausdruck, E-Mail
Ms.-Rücksendung: ja, bei Rückporto

Rundfunk Berlin Brandenburg
Hörfunk Feature
Masurenallee 8-14
14046 Berlin
Tel. 030 - 30 31 - 34 30
Fax 030 - 30 31 - 34 39
www.rbb-online.de

Saarländischer Rundfunk
Hörfunk Feature/ Aktuelle Kultur
Funkhaus Halberg
66100 Saarbrücken
Tel. 0681 - 602 21 54
Fax 0681 - 602 21 17
www.sr-online.de
Leitung: Thomas Bimesdörfer
Ms.-Angebote erwünscht: als Exposé
Medium: E-Mail
Ms.-Rücksendung: nein

Schweizer Radio
Hörfunk Feature
Postfach
CH-4024 Basel/Schweiz
Tel. +41 (0)61 - 365 34 11
Fax +41 (0)61 - 365 35 38
www.drs.ch

Westdeutscher Rundfunk
WDR 3 Ressort Feature und Literatur
Postfach
50600 Köln
Tel. 0221 - 220 - 29 84/ -31 78
Fax 0221 - 220 - 40 92
www.wdr.de/radio/wdr3
Leitung: Gisela Corves
Ansprechpartner: Angelika Büchner
Ms.-Angebote erwünscht: als Exposé, als Manuskript
Medium: Papierausdruck
Ms.-Rücksendung: ja

Südwestrundfunk
Hörfunk Feature
Hans-Bredow-Straße
76530 Baden-Baden
Tel. 07221 - 929 - 27 22
Fax 07221 - 92 - 64 48
marlis.gerhardt@swr.de
www.swr.de
Ms.-Angebote erwünscht: nach vorheriger telefonischer Anfrage, als Exposé, als Manuskript
Medium: CD, E-Mail
Ms.-Rücksendung: nein

Adressen

▷ Hörbuch-, Hörspielpreise

Angerburger Kulturpreis
Landkreis Rotenburg Wümme Hauptamt
Postfach 11 40
27344 Rotenburg/Wümme
Tel. 04261 - 983-2130
Fax 04261 - 083-2197
info@lk-row.de
www.lk-row.de
Ansprechpartner: Herr Twiefel
Sparten: Literarische und andere künstlerische und wissenschaftliche Arbeiten Angerburger Autoren/Künstler oder den Kreis Angerburg betreffende deutschsprachige Arbeiten (auch Audio und Video) (darüber hinaus siehe Ausschreibung)
Turnus: alle drei Jahre
Hinweise: unveröffentlichte oder nach dem 21. Januar erstmalig veröffentlichte Arbeiten
Dotierung: € 500
Eigenbewerbung: keine Eigenbewerbung

Deutscher Hörbuchpreis
Deutscher Hörbuchpreis e.V.
Geschäftsstelle
WDR mediagroup licensing GmbH
Ludwigstraße 11
50667 Köln
Tel. 0221 - 20 35 - 21 21
Fax 0221 - 650 26 66
hoerbuchpreis@wdr-mediagroup.com
www.deutscherhoerbuchpreis.de
Vorstandsvorsitzende: Monika Piel,
Geschäftsführerin: Esther-Maria Roos
Sparten: Der Deutsche Hörbuchpreis wird ab 2007 in folgenden veränderten Kategorien vergeben: Bester Interpret/Beste Interpretin (2 Auszeichnungen), Bestes Kinder- und Jugendhörbuch, Beste Fiktion, Beste Information/Fakten, Beste verlegerische Leistung und das Besondere Hörbuch. Die Kategorie des „Besonderen Hörbuchs" wird jedes Jahr neu definiert und soll bestimmte Aspekte der Hörbuchproduktion und -dramaturgie auszeichnen. Für das Jahr 2007 wird das „Besondere Hörbuch" für die beste Musik in einem Hörbuch verliehen.
Turnus: jählich
Bewerber: Alle deutschsprachigen Verlage, Rundfunkanstalten und Produzenten von Hörbüchern. Die Hörbücher müssen 2006 auf CD, MC oder einem anderen Tonträger erschienen sein und für den Endverbraucher allgemein erhältlich sein.

Deutscher Kinderhörspiel-Preis
SWR
Stichwort. Deutscher Kinderhörspielpreis
76522 Baden-Baden
info@filmstiftung.de
www.filmstiftung.de
Ansprechpartner: Sibylle Bettray
Sparten: Kinderhörspiel
Bewerber: Landesrundfunkanstalten der ARD, DLR/DLF und andere Hörspielproduzenten
Turnus: jährlich
Hinweise: Werk muss veröffentlicht/gesendet sein oder einen festen Sende-/Veröffentlichungstermin bis zum 31.12. des Jahres, in dem der Preis vergeben wird, haben. Maximale Länge: 60 Minuten
Bewerbungsschluss: jeweils zum 1. September
Dotierung: € 5000
Eigenbewerbung: Eigenbewerbung möglich

Dr.-Kurt Magnus-Preis
Arbeitsgemeinschaft der öffentlich-rechtlichen Rundfunkanstalten Deutschlands (ARD)
Bertramstr. 8
60320 Frankfurt a.M.
Tel. 069 - 155 62 79
Fax 069 - 155 37 66
smueller@hr-online.de
Ansprechpartner: Stefani Müller
Sparten: Hörfunk
Bewerber: besonders qualifizierter und talentierter Nachwuchs im HF der ARD
Turnus: jährlich
Hinweise: Bewerbung bis zur Vollendung des 35. Lebensjahres
Bewerbungsschluss: 31.12.07
Eigenbewerbung: keine Eigenbewerbung

Freudenthal-Preis
Freudenthal-Gesellschaft e.V.
Poststr. 12
29614 Soltau
Tel. 05191 - 82205
info@freudenthal.gesellschaft.de
www.freudenthal.gesellschaft.de
Ansprechpartner: Harry Struck, Geschäftsführer
Sparten: Gedichte, Kurzgeschichten, Hörspiele oder Spielszenen in plattdeutscher Sprache (Poesie und Prosa
Bewerber: unveröffentlichte Arbeiten
Turnus: jährlich
Hinweise: siehe Ausschreibung
Bewerbungsschluss: 31. Mai jedes Jahres
Dotierung: € 3000
Eigenbewerbung: Eigenbewerbung möglich

Hans-Henning-Holm-Preis
Niedersächsische Sparkassenstiftung
Schiffgraben 6-8
30159 Hannover
Tel. 0511 - 3603-494
Fax 0511 - 3603-684
www.nsks.de
Ansprechpartner: Martina Fragge, Öffentlichkeitsarbeit
Sparten: Niederdeutsches Hörspiel
Turnus: alle drei Jahre

Dotierung: € 1500
Eigenbewerbung: Eigenbewerbung erforderlich

Hörspiel des Jahres
Deutsche Akademie der Darstellenden Künste e.V.
Alte Faktorei, Hauptstr. 39
64625 Bensheim
Tel. 069 - 29 63 57
Fax 069 - 29 63 57
UlrikeSchiedermair@gmx.de
www.darstellendekuenste.de
Ansprechpartner: Ulrike Schiedermair
Sparten: Hörspiel
Turnus: jährlich
Eigenbewerbung: keine Eigenbewerbung

Hörspielpreis der Kriegsblinden
Bund der Kriegsblinden Deutschland e.V.
Schumannstr. 35
53113 Bonn
Tel. 0228 - 21 31 34
Fax 0228 - 21 73 98
bkd.geschaeftsstelle@t-online.de
www.kriegsblindenbund.de
Ansprechpartner: K. Gach
Sparten: Originalhörspiel
Turnus: jährlich
Eigenbewerbung: keine Eigenbewerbung

Hörspielwettbewerb Rundfunk Berlin-Brandenburg
Rundfunk Berlin-Brandenburg (RBB)
Masurenallee 8-14
14057 Berlin
Tel. 030 - 9799 -33401/400
Fax 030 - 97993-33409
gabriele.bigott@rbb-online.de, regine.ahrem@rbb-online.de
Ansprechpartner: Gabriele Bigott, Regine Ahrem
Sparten: Hörspiel
Bewerber: Autoren, Produzenten
Turnus: unregelmäßig
Dotierung: wird jeweils neu festgelegt
Eigenbewerbung: Eigenbewerbung erforderlich nach Ausschreibungsbedingungen

hr 2 - Hörbuch-Bestenliste
Börsenblatt für den Deutschen Buchhandel/ Hessischer Rundfunk
60320 Frankfurt a.M.
Tel. 069 - 155 35 15
Fax 069 - 155 37 45
www.hr-online.de
Ansprechpartner: Hans Sarkowicz
Sparten: Hörspiel (Literatur/Sachbuch), Hörbuch, Kinderhörbuch
Turnus: monatlich
Eigenbewerbung: Eigenbewerbung möglich

Jugend macht Radio/Wettbewerb
Landesarbeitsgemeinschaft Lokale Medienarbeit NRW e.V.
Emscherstr. 71
47137 Duisburg
Tel. 0203 - 410 58-10
Fax 0203 - 410 58-20
info@medienarbeit-nrw.de
www.medienarbeit-nrw.de
Ansprechpartner: Oliver Baiocco
Sparten: Jugendkultur Radio (Hörspiel

inkl. das Genre findet zunehmend Beliebtheit)
Turnus: alle zwei Jahre
Bewerbungsschluss: wird noch bekannt gegeben
Dotierung: Sachpreise
Eigenbewerbung: Eigenbewerbung möglich, Fachstelle Jugendmedienarbeit

Karlsruher Hörspielpreis
Freies Radio Karlsruhe Kulturredaktion
Steinstr. 23
76133 Karlsruhe
Tel. 0721 - 387858
Fax 0721 - 385020
kultur@querfunk.de
www.querfunk.de
Ansprechpartner: Marion Seibel, Till Geiger, Karen Bork
Turnus: jährlich
Hinweise: Kurzknaller bis 3 min., Länge sonst bis max. 15 min.
Bewerbungsschluss: ausgesetzt - bitte auf der Homepage nachsehen.
Dotierung: Rote Röhre Pokal

MDR-Kinderhörspielpreis
Mitteldeutscher Rundfunk, Gremienbüro
Kantstr. 71-73
04275 Leipzig
Tel. 0341 - 300 62 22
Fax 0341 - 300 62 44
birgitt.metthess@mdr.de
www.mdr.de
Ansprechpartner: Birgitt Mattheß
Sparten: Kinderhörspiel
Bewerber: Autoren und Hörspielredaktionen aus dem deutschsprachigen Raum
Turnus: alle zwei Jahre
Hinweise: Erstsendung Einreichungsbeitrag nicht vor dem 15. März 2006
Bewerbungsschluss: für 2008: 31.10.07
Dotierung: € 7500

▷ *Als die Story mutierte*

Die ganz normale Geschichte von den wunderbaren Veränderungen einer Erzählung

Von Konrad Gruda

Großes hatte er nie vor. An einen Roman hatte er nie einen Gedanken verschwendet, denn er brauchte sich nichts von der Seele zu schreiben. Er begnügte sich mit Storys.

Das Leben war ihm gewogen. Es hatte ihm sogar einen ersten Preis bei einem Wettbewerb für Erzählungen beschert. Dieser Preis wurde ihm höchstpersönlich vom Cheflektor überreicht, wobei »Cheflektor« in der Einladung zur Preisverleihung mit eindrucksvollen Großbuchstaben ausgedruckt war.

Cheflektor ... Großbuchstaben ... Nun: Das war doch derselbe Mann, in dessen Händen eben diese Story vor etwas mehr als zwei Jahren schon einmal gelandet war. Er, der Autor, hatte damals das Manuskript dem Verlag geschickt, als er erfuhr, dass der alljährlich eine Anthologie mit Erzählungen herausbrachte. Nach zwei Monaten hatte er Anrufversuche gestartet, die von der Verlagssekretärin abgefangen worden waren. Irgendwann dann kam das Manuskript zurück mit einem abschlägigen Formbrief, in dem unter Cheflektor – (lauter große Buchstaben) – die hingekritzelte Unterschrift eines Mannes nur zu erahnen war.

Eine Entdeckung

Als er dann unlängst im Feuilletonteil seiner Zeitung die Ankündigung des Wettbewerbs entdeckte, erinnerte er sich an die abgewimmelte Story und ... Warum eigentlich nicht? Mehr als eine neuerliche Abfuhr konnte ihm doch nicht passieren. Also ...

Es war offensichtlich, dass der Lektor – Pardon! – Cheflektor (große Buchstaben) die Erzählung damals höchstens querbeet, falls überhaupt, gelesen hatte, ehe er ihm die Abfuhr erteilte, denn er hielt bei der Preisübergabe eine begeisterte Laudatio, in der er besonders den Einklang des so anspruchsvollen Textes mit dem ehrgeizigen Programm seines Verlages hervorhob.

Auch unterstrich er die sichtlich angeborene Zurückhaltung, falls nicht gar Bescheidenheit des Autors, der sich mit der knappen belletristischen Form begnügt hatte, wo doch das Thema so ausbaufähig sei ...

Ausdrücklich bedauerte er, das Œuvre (oh Himmel! Die paar Erzählungen!) des Autors nicht schon früher kennen gelernt zu haben. Vor allem jedoch versicherte er, dass mit der Vergabe des Preises – Geld sei schließlich nicht alles – eben nicht alles getan sei. Er würde sich des Autors annehmen. Seines Schaffens. Mit vollem Einsatz, natürlich.

Prozentuale Entwicklungen

Das tat er dann auch. Nicht, dass er nach weiteren Erzählungen gefragt hätte ... Vorerst brachte er die eben preisgekrönte im regionalen Hörfunk unter, für den er beratend tätig war. Dann bastelte er – Basis fifty-fifty – aus ihr – höchst eigenhändig ein richtiges Hörspiel. In diesem konnte man noch Elemente der Erzählung heraushören. Das sei, so beschied der Cheflektor den Autor, auch der Sinn eines *Hör*spiels.

Mit dem darauf folgenden Fernsehspiel war es schon anders. Es musste anders kommen, denn die Freundin des Regisseurs war schon über vierzig und wollte eine Abiturientin nicht spielen. Also wurde die Sache so geändert, dass nicht das *erste*, wie in der Erzählung, sondern das *letzte* erotische Debakel einer Frau zur Darstellung kam. Und auch einiges andere wurde umgeschrieben. Vom Cheflektor, natürlich. Die Voraussetzung war: 40 Prozent für den Autor und 60 Prozent für den Verlag.

Da geschah es, dass eben diese Freundin des Regisseurs und obligatorische Hauptdarstellerin aller seiner TV-Filme während der Dreharbeiten einen interessanten – wie sie meinte, einen sehr interessanten – Choreografen kennen lernte und daraufhin nach einer Tanzszene verlangte. Nach einer anschmiegsamen.

Ein Tango also musste her. Und einiges heraus aus dem Text, weil der Choreograf, schon gut um die fünfzig, ja auch ihr Tänzer sein sollte.

Sie verstanden sich gut, die Schauspielerin und ihr Tangopartner. Es gelang ihm auch, die ihr drohende Midlifecrisis abzuwenden. Um diesen Prozess – Heilungsprozess! – auch weiterhin positiv beeinflussen zu können, schlug er vor, den Plot fürs Tanztheater einzurichten. Der Regisseur, der mittlerweile auf seine Erstrechte, was die Dame betraf, verzichtet hatte, wäre damit einverstanden gewesen, aber der Cheflektor nicht. Er meinte, dass man sich den Weg zum Musical nicht verbauen dürfe. Das hätte Vorrang und sei jetzt an der Reihe. Und einen famosen Komponisten hatte er auch schon an der Hand.

Die Basis war jetzt 20 zu 80. Der Lektor hatte sich in den Verlag eingekauft und war jetzt reich, der Autor zufrieden. Die Aufführung des Fernsehspiels schaute er sich noch an, das Musical wollte er nicht sehen.

Geld ist nicht alles

Der Autor erfuhr nur zufällig, dass der Lektor – der die Rechte des Verlags verwaltete – es abgelehnt hatte, den Vorschlag des Komponisten, ihm nun ein Opernlibretto zu liefern, auch nur zu erwägen. Zurzeit – jedenfalls. Erst müsse ein Schauspiel her, fürs Sprechtheater. Danach ein filmgerechtes Drehbuch. In drei, vier Jahren könnte man mit einem der renommierten Häuser zu verhandeln beginnen, in Sachen Oper.

Da geschah es, dass im Autor dieser ehemals siegreichen Erzählung nun doch das Verlangen aufkam, sich mit einem Roman zu versuchen. Das war in der Zeit, als der Komponist, der – nur vorläufig – auf die Oper verzichtet hatte, am Oratorium arbeitete.

Ein richtiges Buch, meinte der Autor, musste her, denn jetzt hatte er sich etwas von der Seele zu schreiben. Und nicht irgend etwas, sondern einiges. Unter anderem auch, wie dankbar die Hauptperson des Romans, ein Autor, seinem Lektor sei. Nicht für den Aufwand, mit dem dieser des Autors Werk – war das überhaupt noch sein Werk? – betreute, jetzt schon auf Basis 10 zu 90, denn Geld ist nicht alles. Sondern …

Sondern – ganz im Gegenteil. Er stand in seiner Schuld dafür, dass der Lektor jetzt nicht mehr Cheflektor, sondern Verlagsdirektor (Großbuchstaben, Blockschrift, fett), damals, vor Jahren, ihm seine Erzählung mit Formbrief zurückgeschickt hatte. Denn hätte er die Story behalten und in eine Anthologie gezwängt, der Autor hätte sie nicht zum Wettbewerb einreichen können.

Schließlich waren damals doch nur unveröffentlichte Texte zugelassen.

Konrad Gruda ist Fernsehjournalist und war die letzten neun Jahre beim ZDF. Als Rentner setzt er seinen Journalismus mit anderen Mitteln fort. Zuletzt sind erschienen der Roman: *Diese kleine Unsterblichkeit* bei S. Fischer, Frankfurt, und *Der Slalomhang oder der Hang zum Slalom* Erzählungen, im Verlag Die Stundenglas-Bücher, Mainz.

Adressen

▷ *Film- und Drehbuch Aus- und Weiterbildung*

Adolf Grimme Akademie
Eduard-Weitsch-Weg 25
45768 Marl
Tel. 02365 - 91 89 45
Fax 02365 - 91 89 89
grimme-akademie@grimme-institut.de
www.grimme-akademie.de
Leitung/Ansprechpartner: Heinz Günter Clobes
Lehrangebot: Seminare, Tagungen, Workshops
Dauer: 1-2 Tage
Lehrinhalte: alle TV-Genres und -entwicklungen
Dozenten: Experten aus der Praxis
Kosten: je nach Dauer 150,- bis 350,- €

Bayerische Akademie für Fernsehen e.V. (BAF)
Betastr. 5
85774 Unterföhring
Tel. 089 - 42 74 32 - 0
Fax 089 - 42 74 32 - 23
info@fernsehakademie.de
www.fernsehakademie.de
Lehrangebot: TV-Produktionsmanagement
Dauer: 10 Monate
Lehrinhalte: Programmwirtschaftliche und dramaturgische Grundlagen der Fernseh-Produktion
Dozenten: Verschiedene Dozenten

Donau-Universität Krems Österreichisches Studienzentrum für Film
Dr.-Karl-Dorrek-Straße 30
A-3500 Krems / Österreich
Tel. +43 (0) 2732 - 893-2555
Fax +43 (0) 2732 - 893-4555
karin.bachmayer@donau-uni.ac.at
www.donau-uni.ac.at/film
Leitung/Ansprechpartner:
Karin Bachmayer
Lehrangebot: Postgradualer Universitätslehrgang TV & Film-Produktion, Master of Art
Dauer: 3 Semester

Drehbuch Akademie dffb-Deutsche Film- & Fernsehakademie
Potsdamer Str. 2
10785 Berlin
Tel. 030 - 25 75 91 34
Fax 030 - 25 75 91 62
www.dffb.de
Leitung/Ansprechpartner: Dr. Werner Barg, Tel. 25 75 91 45, barg@dffb.de; Kerstin Obuch, Tel. 25 75 91 34,

obuch@dffb.de
Lehrangebot: Vollzeitstudium
Dauer: 2 Jahre
Lehrinhalte: Drehbuchschreiben für Film und TV
Dozenten: Gastdozenten aus dem Film- und Fernsehbereich

Drehbuchcamp
Langmatt 5
79295 Sulzburg
Tel. 07634 - 59 13 16
Fax 07634 - 59 13 17
info@drehbuchcamp.de
www.drehbuchcamp.de
Leitung/Ansprechpartner: Germar Seeliger, Vera Eichholz-Rhode
Lehrangebot: Seminare, Workshops (in Zusammenarbeit mit MFG-Filmförderung, Hessische Filmförderung und ARD.ZDF medienakademie)
Dauer: je 2, 5 Tage, Baukastensystem
Lehrinhalte: Dialoge, Scriptentwicklung, Dokumentarfilm, Figurenentwicklung, Pitching, Basiskurs, Animation, Soaps, Produktion u.a.
Dozenten: Keith Cunningham, Tom Schlesinger, Klaus-Peter Wolf, Christa Hein, Andres Veiel, Dominik Wessely u.a.

Drehbuchforum Wien
Stiftsgasse 6
A-1070 Wien/Österreich
Tel. +43(01) - 526 85 03 - 500
Fax +43(01) - 526 85 03 - 550
office@drehbuchforum.at
www.drehbuchforum.at
Leitung/Ansprechpartner: Angelika Unterholzner, Tel. DW -501
Lehrangebot: Lectures, Seminare, Workshops, Story Development
Dauer: Wochenend-Seminare, einwöchige Schreibworkshops, Story Development (6 Monate)
Lehrinhalte: Drehbuchschreiben für Film und TV, Stoffentwicklung vom Treatment zum Rohdrehbuch
Dozenten: Freie Schriftsteller als Gastdozenten, Script Consultants und Dramaturgen, Regisseure

Drehbuchschule Wolfgang Pfeiffer
Kollwitzstr. 81
10435 Berlin
Tel. 030 - 81 79 81 26
Fax 030 - 81 79 81 28
info@drehbuchschule-berlin.de
www.drehbuchschule-berlin.de
Leitung/Ansprechpartner: Wolfgang Pfeiffer
Lehrangebot: Drehbuchkurse, Wochenendkurse etc., Workshops zu Kurzfilm und Krimi
Dauer: 9 Monate bis ein Jahr, 14 Wochenenden, 3 Tage Einführungskurs
Lehrinhalte: Von der ersten Idee bis zur präsentierfähigen Drehbuchfassung
Dozenten: Wolfgang Pfeiffer und Gastdozenten

Drehbuchwerkstatt Hamburg
Große Brunnenstr. 73
22763 Hamburg
Tel. 040 - 390 37 22
Fax 040 - 39909122

gb@drehbuchwerkstatt-hamburg.de
www.drehbuchwerkstatt-hamburg.de
Lehrangebot: Drehbuchseminare
Dauer: 2-3 Tage
Lehrinhalte: Plotentwicklung, Szene- und Dialogentwicklung, Exposé
Dozenten: Gabriel Bornstein, Klaus Wolf, Charly Möller-Naß

Drehbuchwerkstatt München
Brecherspitzstr. 8
81541 München
Tel. 089 - 69 70 81 74
Fax 089 - 69 70 81 90
drehbuchwerkstatt@hff-muc.de
www.drehbuchwerkstatt.de
Lehrangebot: Drehbuchfortbildung
Dauer: ein Jahr, vom 1.7. bis 30.6.

Erich Pommer Institut gGmbH
Försterweg 2
14482 Potsdam
Tel. 0331 - 721 28 80
Fax 0331 - 721 28 81
wickleder@epi-medieninstitut.de
www.epi-medieninstitut.de
Leitung/Ansprechpartner: Andrea Wickleder
Lehrangebot: Seminare und Workshops
Dauer: 3 Stunden bis 2 Tage
Lehrinhalte: Medienrecht, Medienwirtschaft, Medienmanagement, aber auch Drehbuch, Lektorat, Creative Producing
Dozenten: Verschiedene Dozenten

Filmakademie Baden-Württemberg GmbH
Mathildenstr. 20
71638 Ludwigsburg
Tel. 07141 - 969 - 110
Fax 07141 - 969 - 299
studentensekretariat@filmakademie.de
www.filmakademie.de
Lehrangebot: Voll- und Aufbaustudium
Dauer: 4 Jahre (Vollstudium), 2 Jahre (Aufbaustudium)
Lehrinhalte: Schwerpunkt Spielfilm, Schwerpunkt Serie
Dozenten: Freie Dozenten aus der Praxis

Filmhaus Frankfurt e.V.
Schützenstr. 12
60311 Frankfurt
Tel. 069 - 13 37 99 - 94
Fax 069 - 13 37 99 - 98
filmhaus-frankfurt@t-online.de
www.filmhaus-frankfurt.de
Leitung/Ansprechpartner:
Lehrangebot: verschiedene Seminare: Drehbuchschreiben mit Profis aus der Branche, an Wochenenden

Filmschule Hamburg Berlin e.V.
Friedensallee 7
22765 Hamburg
Tel. 040 - 39 90 99 31
Fax 040 - 390 95 00
info@filmschule-hamburg-berlin.de
www.filmschule-hamburg-berlin.de
Leitung/Ansprechpartner: Leitung: Karin Dehnbostel, Koordination: Kirsten Ott

Lehrangebot: Seminare, Masterforen, Masterclasses und Workshops zum Thema Drehbuch und Film
Lehrinhalte: Autorenschule Hamburg: Fortbildung zum Drehbuchautor (1-jährig), Masterclass Dokumentarfilm Projektentwicklung (1-jähring), Masterclass Produktion Kinofilm

Filmschule Wien
Fernkorngasse 10
A-1100 Wien/Österreich
Tel. +43(01) - 600 65 10
Fax +43(01) - 600 65 06
info@filmschulewien.at
www.filmschulewien.at
Leitung/Ansprechpartner: Arno Anschauer
Lehrangebot: Hauptstudium
Dauer: 8 Semester
Lehrinhalte: Drehbuchschreiben für Film und TV
Dozenten: Arno Aschauer, Bernhard Reiche, Vivien Bronner

Filmwerkstatt Münster e.V.
Gartenstr. 123
48147 Münster
Tel. 0251 - 230 36 21
Fax 0251 - 231 36 09
www.muenster.org/filmwerkstatt
Leitung/Ansprechpartner: Winfried Bettmer
Lehrangebot: Seminare, Workshops
Lehrinhalte: Drehbuchschreiben für Film und TV
Dozenten: Dozenten aus dem Bereich Film

FOCAL Stiftung Weiterbildung Film und Audiovision
2, Rue du Maupas
CH-1004 Lausanne/Schweiz
Tel. +41(021) - 312 68 17
Fax +41(021) - 323 59 45
info@focal.ch
www.focal.ch oder www.focal.ch/script/
Leitung/Ansprechpartner: Anne Perrenoud
Lehrangebot: Seminare
Lehrinhalte: unter anderem: Drehbuchschreiben für Film und TV
Dozenten: Script Doctors und Fachleute aus Film und TV

Hamburg Media School
Finkenau 35
22081 Hamburg
Tel. 040 - 41 34 68 52
Fax 040 - 41 34 68 60
j.richter@hamburgmediaschool.com
www.hamburgmediaschool.com
Leitung/Ansprechpartner: Koordinator des Filmstudiums: Werner Schmitz
Lehrangebot: Hauptstudium
Dauer: 2 Jahre
Lehrinhalte: Drehbuchschreiben für Film und TV
Dozenten: Freie Schriftsteller als Gastdozenten

Hochschule für Fernsehen und Film München
Bereich Dramaturgie, Drehbuch und Stoffentwicklung
Frankenthaler Str. 23
81539 München

Tel. 089 - 689 57- 342 (Creative Writing -352)
Fax 089 - 689 57 - 349 (Creative Wiriting 359)
h.heerwagen@hff-muc.de; dramaturgy.department@hff-muc.de (Creative Writing)
www.hff-muc.de
Lehrangebot: Seminare, Übungen, Workshops, Schreibwerkstatt
Dauer: 8 Semester
Lehrinhalte: Literarisches Schreiben, Autobiografisches Schreiben, Drehbuchschreiben für Film und TV im fiktionalen und non fiktionalen Bereich
Dozenten: Professoren (Doris Dörrie, Michael Gutmann), künstlerisch-wissenschaftliche Mitarbeiter, Gastdozenten aus dem »Literaturbetrieb«, Drehbuchautoren, Filmschaffende

Hochschule für Film und Fernsehen »Konrad Wolf«
Marlene-Dietrich-Allee 11
14482 Potsdam
Tel. 0331 - 62 02 - 251
Fax 0331 - 62 02 - 299
m.berends@hff-potsdam.de
www.hff-potsdam.de
Leitung/Ansprechpartner:
Lehrangebot: Diplom-Studium, künstlerisch-wissenschaftliche Ausbildung zum/zur Drehbuchautor/in, Dramaturg/in oder Redakteurin
Dauer: 8 Semester
Lehrinhalte: Drehbuchschreiben für Film und TV und Dokumentarfilm
Dozenten: Prof. Torsten Schulz, Prof. Dr. Traute Schölling, Prof. Alfred Behrens, Prof. Jens Becker, Carsten Schneider, Annette Friedmann, Silke Kaiser. Prof. Kerstin Stutterheim
Kosten: Verwaltungsgebühr

ifs internationale filmschule köln GmbH
Werderstr.1
50672 Köln
Tel. 0221 - 92 01 88 - 0
Fax 0221 - 92 01 88 - 99
info@filmschule.de
www.filmschule.de
Leitung/Ansprechpartner:
Julia Grünewald
Lehrangebot: Studiengang Film, Drehbuch und Autorenprogramm
Dauer: 3 Jahre (Studiengang Film, Drehbuch) oder 9 Monate berufsbegleitend (Autorenprogramm)
Lehrinhalte: siehe www.filmschule.de
Dozenten: siehe www.filmschule.de

Interspherial Pictures Entertainment Drehbuchschule Filmhaus
Friedrichstr. 23a
70174 Stuttgart
Tel. 0711 - 99 78 691
Fax 0711 - 22 10 69
precht@interspherial.com
www.interspherial.com
Leitung/Ansprechpartner: Jørn Precht, Akademischer Leiter
Lehrangebot: Drehbuchautoren Aus- und Weiterbildung mit Schwerpunkt Fernsehen
Dauer: 35 Unterrichtstage
Lehrinhalte: Screenwriting-Autor für Kino- und TV-Formate

Kölner Filmhaus e.V.
Maybachstr. 111
50670 Köln
Tel. 0221 - 22 27 10 30 - 31
Fax 0221 - 22 27 10 - 99
seminare@koelner-filmhaus.de
www.koelner-filmhaus.de
Leitung/Ansprechpartner: Jochen Bentz, Susanne Burg
Lehrangebot: Drehbuchseminare
Dauer: 1 Woche Drehbuchseminare (Workshop)
Lehrinhalte: Schwerpunkt: Aus- und Weiterbildung: Seminare und Workshops in den Bereichen Drehbuch, Regie, Schnitt, Kamera, Produktion. Weiterbildungen mit IHK-Prüfung: Aufnahmeleiter/in IHK, Produktionleiter/in IHK, Fiction Producer/in IHK, Regieassistent/in IHK
Dozenten: Keith Cunningham und Tom Schlesinger, Michael Arnal, Klaus-Peter Wolf, Dorothea Neukirchen u.v.a.

Kunsthochschule für Medien in Köln Audiovisuelle Medien
Peter-Welter-Platz 2
50676 Köln
Tel. 0221 - 201 89 -126
Fax 0221 - 201 89 -17
www.khm.de
Leitung/Ansprechpartner: Andreas Altenhoff
Lehrangebot: Seminare zum Thema Schreiben und Drehbuch
Lehrinhalte: Schreiben von Kritiken, Drehbuchschreiben für Film und TV
Dozenten: Professoren, Hochschulassistenten und wissenschaftliche Mitarbeiter, freie Schriftsteller als Gastdozenten, Gastdozenten aus dem Literaturbetrieb, Dozenten aus Kunst und Medien

Master School Drehbuch GmbH
Heinrich-Roller-Str. 15
10405 Berlin
Tel. 030 - 30 87 93 15
Fax 030 - 30 87 93 14
info@masterschool.de
www.masterschool.de
Lehrangebot: Seminare, Workshops, Stoffentwicklungsprogramme, Online-Seminare
Dauer: Zwischen 3 Tagen und 9 Monaten
Lehrinhalte: Drehbuchschreiben für Film und TV und Neue Medien, Weiterbildung für Produzenten
Dozenten: Dramaturgen, Autoren, Consultants

Medienbüro Hamburg
Königstr. 54
22767 Hamburg
Tel. 040 - 306 20 - 1140
Fax 040 - 306 20 - 1149
info@medienbuero-hamburg.de
www.medienbuero-hamburg.de
Leitung/Ansprechpartner: Rita Weinert
Lehrangebot: Praxisorientierte Seminare und Schreibwerkstatt
Dauer: Abend-, Wochenend- und Wochenkurse
Lehrinhalte: Medien, Drehbuch
Dozenten: Journalisten vom NDR, des Spiegels, des Tagesspiegels, Sprech-

trainer und Schreibcoaches

Medienwerkstatt Linden
Charlottenstr. 5
30449 Hannover
Tel. 0511 - 44 05 00
Fax 0511 - 45 57 32
info@mediacampus.info
www.mediacampus.info
Leitung/Ansprechpartner:
Bernd Wolter
Lehrangebot: Seminare, Workshops
Dauer: 3-4 Tage
Lehrinhalte: Drehbuchschreiben für Film und TV
Dozenten: Filmwissenschaftler, Autoren, Regisseure

Nipkow-Programm
Kurfürstendamm 225
10719 Berlin
Tel. 030 - 614 28 38
Fax 030 - 614 28 26
nipkow-programm@t-online.de
www.nipkow.de
Leitung/Ansprechpartner:
Uta Ganschow
Lehrangebot: Fortbildung: Regie, Drehbuch, Filmschnitt, Filmproduktion, Tontechnik, Kamera

SAGAs Writing Interactive Fiction
Bayerisches Filmzentrum
Bavariafilmplatz 7
82031 Geiselgasteig
Tel. 089 - 64 98 11 30
Fax 089 - 64 98 13 30
sagas@sagas.de
www.sagas.de
Leitung/Ansprechpartner: Dr. Brunhild Bushoff
Lehrangebot: Seminare
Dauer: 5 Tage
Lehrinhalte: Contententwicklung für interaktive Medien
Dozenten: Wechselnde Dozenten

Sat.1-Talents
Oberwallstr. 6
10117 Berlin
Tel. 030 - 20 90-0
www.sat1talents.de
Leitung/Ansprechpartner: Stephan Ottenbruch, Martin Waßmann
Lehrangebot: Weiterbildung für professionelle Drehbuchautoren in folgenden Seminaren und Workshops: SCRIPTLOUNGE - 4x pro Jahr: Treff von ausgewählten Autoren; SKETCH-COMEDY-AUTOREN-SEMINAR - 1x pro Jahr: Sketch-Schreib-Training, nach Bewerbung; KOMISCH SCHREIBEN

SOURCES 2
Köthener Str. 44
10963 Berlin
Tel. 030 - 88 60 211
Fax 030 - 88 60 213
info@sources2.de
www.sources2.de
Leitung/Ansprechpartner: Dr. Renate Gompper und Marion Gompper
Lehrangebot: 1. SOURCES 2 Script Development Workshops + SOURCES 2 compact, 2. SOURCES 2 Projects and Process
Dauer: 1. ca. 4 Monate; 2. 4 Tage
Lehrinhalte: 1. Drehbuchentwicklung

für Film und TV, Spielfilm, Creative Documentary und Kinderfilm; 2. Training für Mentoren europäischer Drehbuchautoren
Dozenten: Professionelle Drehbuchautoren, Script Editors Produzenten oder Script Consultants

Szenisches Schreiben
Prof. Dr. Gottfried Fischborn
Parkstr. 39
65189 Wiesbaden
Tel. 0611 - 505 88 81
kgfischborn@t-online.de
www.szenisches-schreiben.de
Leitung/Ansprechpartner: Prof. Dr. Gottfried Fischborn
Lehrangebot: Weiterbildung zum szenischen Schreiben unter Einbeziehung des Drehbuchs
Dauer: je nach Gegenstand und Zeitfonds 10-30 Wochen (individulee Betreuung - individulee Vereinbarung)
Lehrinhalte: verschiedene Internetkurse bei individueller Betreuung unter Einbeziehung von Drehbuch und Hörspiel: System praktischer Übungen (»Prinzip Training«) oder begleitende Betreuung konkreter Stücke
Dozenten: Prof. Dr. Gottfried Fischborn, Dr. Dagmar Borrmann

TOP: Talente e.V. Förderverein für Autoren und Producer
Lämmerstraße 3
80335 München
Fax 0831 - 960 52 08
top-talente@gmx.de
www.top-talente.org
Leitung/Ansprechpartner: Dr. Anton Magnus Dorn
Lehrangebot: Autorenwerkstatt »Talente« in Leipzig, weitere Angebote: Talente Workshop in München, Fortbildungsseminare in Medienzentrum
Dauer: 3 Wochen im Abstand von ca. 3 Monaten
Lehrinhalte: Module als Grundlagen für das Schreiben von Drehbüchern
Dozenten: Ausgewiesene Fachleute

ARD.ZDF medienakademie
Unter den Eichen 5
65195 Wiesbaden
Tel. 0611 - 59 05 04 - 00
Fax 0611 - 59 05 04 - 02
info@ard-zdf-medienakademie.de
www.ard-zdf-medienakademie

▷ *Zwischen Subvention und Wettbewerb*

Die deutsche Filmförderung und das neue Filmfördermodell

Von Rüdiger Suchsland

»Am besten sollte man die Filmförderung in ihrer jetzigen Form einfach abschaffen.« Es sind gar nicht so wenige deutsche Regisseure und Produzenten, von denen man genau diesen Satz im Gespräch zu hören bekommt. Andererseits: Ohne Bundes- und Länderförderung aus Steuergeldern entsteht in Deutschland kaum ein Film. Und das deutsche Kino boomt. Wie steht es also um die deutsche Filmförderung?

Über 600 Teilnehmer, vor allem Regisseure und Produzenten, hatten sich kurz vor Weihnachten 2006 angesagt und lauschten aufmerksam. Doch auch wenn manche Augen vor Vorfreude blitzten, andere Gesichter ein bisschen sorgenvoll auf das zu warten schienen, was nun wohl kommen würde, war es weder der Nikolaus noch Knecht Ruprecht, der auf dem Podium in Potsdam-Babelsberg saß, sondern Peter Dinges, Vorstand der Filmförderanstalt (FFA), der mit Kirsten Niehuus (Medienboard Berlin-Brandenburg) das neu beschlossene Filmfördermodell präsentierte. In den Wochen um den Jahreswechsel folgten noch mehrere Informationsveranstaltungen, bei denen FFA und Länderförderer das neue Fördermodell erläuterten, das in den kommenden drei Jahren jährlich 60 Mio. Euro zusätzlich in die Filmproduktion spülen wird und so den Filmstandort Deutschland stärken soll – eine gewaltige Summe angesichts 200 Mio. Euro Durchschnittsförderung jährlich. Die Steigerung war nötig geworden, nachdem zuvor die in die Kritik geratenen Steuervorteile für Medienfonds weggefallen waren. »Das Ziel des Modells ist es, dass Deutschland nicht schlechter dasteht als andere Länder«, so Dinges. »Wir wollen deutsches Talent im Land halten und die Infrastruktur verbessern.« Jetzt sind die Erwartungen groß. Aber es gibt auch Befürchtungen, insbesondere bei kleineren Produzenten und Verleihern.

Das im Oktober 2006 von Bernd Neumann, Staatsminister und Beauftragter für Kultur und Medien, mit der Filmwirtschaft ausgehandelte und seit dem 1. Januar 2007 gültige Modell unterscheidet sich deutlich von bisherigen: Gefördert werden ausschließlich Kinoproduktionen. Um in den Genuss der Finanzspritze zu kommen, müssen Produzenten bereits einen Verleihvertrag sowie die rechtsverbindliche Zusage einer bestimmten Kopienzahl präsentieren, die eine Kinoauswertung garantieren, und zwar im 35mm-Format, nicht in digitaler Form. Außerdem ist die Förderung »automatisch«: Sie ist nicht an subjektive Entscheidungen diverser Gremien gebunden, sondern allein an die Erfüllung feststehender wirtschaftlicher und – nicht unwichtig – kultureller Kriterien eines »kulturellen Eigenschaftstests«, der weniger auf Wünsche der deutschen Förderer zurückführbar ist als auf das beihilferechtliche Genehmigungsverfahren der Europäischen Kommission. Die EU würde eine reine Wirtschaftsförderung nicht unterstützen, sie besteht auf dem kulturellen Aspekt.

Das neue Fördermodell soll im Verfahren unbürokratisch und transparent, in der Sache berechenbar sein. Jeder deutsche Produzent, der einen Kinofilm herstellt, kann damit zwischen 16 und 20 Prozent der in Deutschland ausgegebenen Produktionskosten erstattet bekommen – allerdings nur bei einem Mindestproduktionsbudget von einer Million Euro. Offen geben die Förderer zu, dass das Modell in erster Linie »großen« Filmen zugute kommen wird. Es ist zusätzliches Geld, bestehende Förderungen bleiben davon unberührt. Deutliche Worte richtete Dinges während der Veranstaltung an die Banken:

Allzu oft leiden Produzenten darunter, dass Banken gerade gegenüber Filmproduktionen überängstlich agieren und sie die nötigen Kredite nicht, zu spät oder nur gegen persönliche Haftungen erhalten. »Unsere Förderung ist eine vertragliche Zusage und hat juristisch einen Sicherungswert«, betonte Dinges und forderte: »Die Finanzierungsinstitute müssen sich auf die Besonderheiten der Filmproduktion besser einstellen. Es stünde ihnen gut an, Antragsteller so zu behandeln wie alle anderen.«

Wie bekommt man Filme ins Kino?

Ein wesentliches Ziel scheint demnach klar: Das Fördermodell soll mehr deutsche Filme ins Kino bringen. Allerdings ist die Frage, ob das überhaupt nötig ist. Der Marktanteil deutscher Filme lag 2006 mit 25 Prozent so hoch wie nie. Unter den rund 500 Kinostarts des vergangenen Jahres waren mehr als 100 deutsche Produktionen. Es herrscht also kein Mangel an deutschen Filmen – aus Sicht mancher, auch kleinerer Verleiher kommen sogar zu viele deutsche Filme ins Kino, die sich oft gegenseitig die Besucher wegnehmen. Das Problem ist eher, dass sich der Boom auf wenige Publikumsmagneten wie »Deutschland. Ein Sommermärchen« und »Das Parfum« oder auf Fast-Food-Kino wie »7 Zwerge – Der Wald ist nicht genug« beschränkt; filmkünstlerische Highlights wie Hans Christian Schmids »Requiem« oder Dominik Grafs »Der Rote Kakadu«, erst recht klare Arthouse-Stücke wie Valeska Grisebachs »Sehnsucht« oder »Pingpong« von Matthias Luthardt, aber auch etwas ungewöhnlichere Genrestücke wie »Knallhart« von Detlev Buck oder Matthias Glasners »Der freie Wille« enttäuschten an der Kasse, nachdem sie ihre Premiere mit Erfolg auf Festivals, vor allem der »Berlinale« gefeiert hatten. Unter dem Druck des harten Verdrängungswettbewerbs verschwinden solche Filme oft bereits nach der ersten Woche aus den Kinos – auf Nimmerwiedersehen, es sei denn in der Mitternachtsschiene des Fernsehens oder im DVD-Regal.

Hinzu kommt: Nur wenige deutsche Produktionen sind auch im Ausland gefragt. Neben einem internationalen Blockbuster wie »Das Parfum« – einem klaren Ausnahmefall – sind das vor allem jene künstlerisch herausragenden Filme, die es an der deutschen Kasse schwer haben. Ziel müsste also vor allem sein, deutsche Filme länger und breiter im Kino zu halten, um es ihnen zu ermöglichen, überhaupt ein Publikum zu finden. Das geht nur mit einer ausreichend starken Position mittlerer und kleinerer Verleiher. Dass das neue Modell deren Stellung eher schwächen könnte, befürchten manche. Denn die dort (außer für Debüts und Dokumentationen) vorgeschriebene Garantie von 30 Startkopien ist eine hohe Hürde. Nur Produzenten, die über einen eigenen angeschlossenen Verleih und entsprechend vielfältige Steuerabschreibungsmöglichkeiten verfügen (z.B. Constantin, X-Filme, Senator), können sie leicht überspringen. In Anbetracht dessen, dass diese Garantie erbracht werden muss, bevor es das fertige Produkt überhaupt gibt, dürften sich nur die reichsten Verleiher auf diesen Kauf der Katze im Sack einlassen. Zudem leiden Verleiher oft darunter, dass sie Filme gar nicht in der gewünschten und vorhandenen Kopienzahl ins Kino bringen können, weil die Abspielplätze in den Kinos fehlen. Auch ist offen, was geschieht, wenn ein Verleih getroffene Absprachen nicht einhält. Dinges' klare Position – »Pacta sunt servanda« – dürfte im konkreten Fall nicht immer ausreichen.

Problem Verleihförderung

Wenn das neue Modell auf Verleih-Ebene vor allem den Etablierten zugute kommt, führt dies zur Stärkung bestimmter Verleiher wie Constantin und X-Verleih, daneben noch Senator, Concorde, Prokino und Kinowelt. Andere, die sich (noch) mehr um Arthouse-Kino bemühen, etwa Neue Visionen, Piffl, Alamode und viele andere kleinere Anbieter, können die geforderten Garantien wohl kaum aufbringen. Bald schon dürfte deutlich werden, was man heute schon sehen kann: dass es kein Produktionsproblem in Deutschland gibt, sondern ein Verleihproblem.

Zu einer besonderen Klippe der deutschen Filmlandschaft hat sich überdies die Verleihförderung entwickelt. Neben der Produktionsförderung erhalten viele Filme, auch ausländische, eine Verleih- und Kopienförderung. Hier haben es wieder vor allem kleinere Filme schwer, auch weil immer mehrere Förderinstitutionen und -anträge nötig sind, um die Gesamtsumme aufzubringen. So erhielt Alain Gsponers Film »Rose«, der erfolgreich 2006 in Hof lief und in dem mit Corinna Harfouch sogar ein veritabler Star mitspielt, zwar von der FFA und vom Medienboard Brandenburg Verleihförderung, doch die Absage des bayerischen FFF verhinderte dann doch einen Kinostart. Christoph Hochhäuslers »Milchwald« hatte nach der »Berlinale«-Premiere jubelnde Kritiken der internationalen Presse eingefahren und ausländische Verleihverträge erhalten, doch auch hier verweigerte der FFF eine Vertriebsförderung – mit dem Argument, der Film sei, etwa im Gegensatz zu »7 Zwerge«, nicht kinotauglich. Es macht das Verständnis für solche Entscheidungen nicht einfacher, dass sie von Gremien getroffen werden, die zumeist autoritär und ohne Berufungsmöglichkeit agieren, ihre Entscheidungen nicht öffentlich begründen müssen und deren personelle Zusammensetzung nur für Kenner transparent ist. Davon einmal zu schweigen, dass der deutsche Markt zu klein ist, um nicht immer wieder den Verdacht zu nähren, dass persönliche Bekanntschaften, geschäftliche Verbindungen und entsprechende Gefälligkeiten nicht weniger ein ausschlaggebendes Entscheidungskriterium sind als die Qualität eines Films.

Vernachlässigte Kulturförderung

Immer noch ist die deutsche Förderung von zu viel Bürokratie und Formalien dominiert. Warum müssen auch Menschen Drehbücher einreichen, die nicht mit Drehbüchern arbeiten? Warum gibt es auch bei Erfolgen in der Vergangenheit keine Förderung auf der Basis von Vertrauen und erwiesener Kreativität? Warum werden ungewöhnliche, sperrige – aber auch vergleichsweise sehr billige – Filmemacher wie etwa Romuald Karmakar, Klaus Lemke, Christopher Roth oder Michael Klier gezwungen, sich auf ein kompliziertes, ihre Kreativität hemmendes Hindernisrennen durch die Förderinstanzen einzulassen, in deren Dschungel sich nur Experten orientieren können? Die in Bundesländer ausdifferenzierte Länderfilmförderung leidet unter den Problemen des Föderalismus; Filmemacher werden zum Tingeln durch die Bundesländer gezwungen, und jedes Land hegt sein eigenes filmindustrielles Schrebergärtchen. Inzwischen hat auch Mecklenburg-Vorpommern seine eigene Filmförderung. Warum aber konzentriert man die Förderung nicht auf drei, vier Organisationen?

Bei der Filmförderung in Deutschland handelt es sich primär um Wirtschaftsförderung. Von gewöhnlichen Subventionen unterscheidet sie sich vor allem durch die bekannten Effekte: Förderung ist alles andere als ein Zuschussgeschäft. Jeder Förder-Euro wird doppelt bis dreifach in Deutschland ausgegeben. Das sichert qualifizierte Arbeitsplätze bei den Filmproduzenten und in den Studios und lockt potenziell auch ausländische Firmen, dürfte aber langfristig zu weiteren Konflikten mit der um Subventionsabbau und Wettbewerbsanreiz bemühten EU-Kommission führen. Zur Wirtschaftsförderung kommt auch ein – breit interpretierbarer – Kulturauftrag hinzu, der in den vergangenen Jahren, allen gegenteiligen Beteuerungen zum Trotz, immer unsichtbarer geworden ist. Film soll, das jedenfalls ist einstweilen Gesetzeslage, nicht allein der Gewinnoptimierung der Unternehmen dienen. Es ist ein Unterschied, ob man mit Film oder mit Wurst handelt – und auch für den Metzger gelten Qualitätsauflagen.

Die derzeitige Filmkulturförderung reicht offenkundig nicht aus, um hierzulande Filme von vergleichbarer künstlerischer Qualität und gleichzeitiger internationaler Verkäuflichkeit herzustellen wie etwa in Frankreich, Spanien oder auch Japan und Korea. In solchen international sehr erfolgreichen Filmländern gibt es kulturelle Quotenregelungen in verschiedener Form. In Korea etwa sichern sie einen Mindestanteil einheimischer Filme in den Kinos; durch diese einzige existierende Förderung verdienen große und mittlere Produktionen viel Geld und die kleineren genug – die weltweite Präsenz des koreanischen Kinos vom Blockbuster bis zum Arthouse-Film spricht Bände über den Sinn solcher Maßnahmen. Doch wenn deutsche Filmemacher das Wort »Quote« nur hören, reagieren sie wie der Teufel aufs Weihwasser – es sei denn, die Fernseheinschaltquote ist gemeint. Weiterhin ist Hollywood daher die einzige Industrie, an der sich unser Kino ausrichtet. Obwohl dessen Filme in den letzten Jahren weniger erfolgreich waren als andere Kinematografien und obwohl den Amerikanern die Ideen ausgehen. So schreitet die Amerikanisierung der deutschen Filmlandschaft ungemindert voran. Daran wird auch das neue Fördergesetz nichts ändern.

Rüdiger Suchsland ist als freier Journalist und Autor tätig und schreibt u.a. für die Publikationen »Frankfurter Rundschau«, »tagesspiegel« und »film-dienst«. Er ist im Vorstand des Verbands der deutschen Filmkritik. Mit freundlicher Genehmigung von FILM-DIENST (Ausgabe 4/2007).

"ALLE GUTEN AUTOREN HABEN RÜCKENPROBLEME, SCHATZ."

Aus: Peter van Straaten *Warum liegt mein Buch nicht neben der Kasse?* Berlin 2007

Adressen

▷ Film- und Drehbuchförderung

Bayerische Filmförderung
FilmFernsehFonds Bayern
Gesellschaft zur Förderung der Medien in Bayern mbH
Sonnenstr. 21
80331 München
Tel. 089 - 54 46 02-0
Fax 089 - 54 46 02-21
filmfoerderung@fff-bayern.de
www.fff-bayern.de
Ansprechpartner: Dr. Michaela Haberlander Drehbuch), Nikolaus Prediger (Pr. Kino), Gabriele Pfennigsdorf (Pr. TV), Steffi Stadelmann (Nachwuchs)
Förderung: Drehbuchförderung für Kinofilme, Produktionsförderung für Fernseh- und Kinofilme
Einreichtermine: 15. bis 30. Januar, 12. bis 27. März, 28. Mai bis 12. Juni, 3. bis 18. September, 22. Oktober bis 6. November 2007
Bewerbung: Drehbuch: Eigenbewerbung möglich, Produktion: Bewerbung nur über Produzent möglich

Bayerischer Filmpreis
Freistaat Bayern
Franz-Josef-Strauß-Ring 1
80539 München
Tel. 089 - 21 65 26 54
Fax 089 -21 65 28 25
www.bayern.de
Ansprechpartner: Dr. Ewert
Förderung: Einzelleistungen im Film
Bewerbung: keine Eigenbewerbung möglich

Bremer Projekt- und Produktionsförderung
BIA Bremer Innovations-Agentur GmbH
Kontorhaus am Langenstr. 2-4
28195 Bremen
Tel. 0421 - 96 00-1
Fax 0421 - 96 00-810
vages@bia-bremen.de
www.bia-bremen.de
Förderung: Förderung innovativer Medienprojekte
Bewerbung: nur über deutsche Filmverbände

Kulturelle Filmförderung des Bundes
Beauftragter der Bundesregierung der Kultur und Medien
Filmreferat K 35
Deutscher Filmpreis für hervorragende Einzelleistungen in programmfüllenden Filmen
Stresemannstr. 94

10963 Berlin
Tel. 01888 - 681 49 16
Fax 01888 - 681 549 16
erich.liebert@bkm.bmi.bund.de
www.deutscherfilmpreis.de, www.filmfoerderung-bkm.de
Ansprechpartner: Erich Liebert
Förderung: Der Drehbuchpreis wird ab 2005 als selbständiger Preis außerhalb des Deutschen Filmpreises verliehen.
Turnus: jährlich
Bewerbungsschluss: 15. Juni eines jeden Jahres, vorschlagsberechtigt sind die filmfördernden Institutionen in Deutschland; kein Selbstvorschlagsrecht der Drehbuchautoren!
Bewerbung: keine Eigenbewerbung möglich

Ernst-Lubitsch Preis
Club der Filmjournalisten Berlin e.V.
Fritschestr. 65
10585 Berlin
Tel. 030 - 341 09 35
Fax 030 - 348 21 96
goetz@snafu.de
Bitte ergänzen
Ansprechpartner: Goetz Kronburger
Förderung: Undotierter Preis für die beste komödiantische Leistung im deutschsprachigen Film
Turnus: jährlich
Bewerbung: keine Eigenbewerbung möglich

Kulturelle und wirtschaftliche Filmförderung
Beauftragter der Bundesregierung für Kultur und Medien
Ref. K35, Angelegenheiten des Films; Film- und Videowirtschaft
Stresemannstr. 94
10963 Berlin
Tel. 01888 - 681 49 29
Fax 01888 - 68 15 49 29
ulrike.schanz@bkm.bmi.bund.de
Ansprechpartner: Ulrike Schanz
Förderung: Zuständig für kulturelle und wirtschaftliche Filmförderung

Europäischer Filmpreis
EFA - European Film Academy
Kurfürstendamm 225
10719 Berlin
Tel. 030 - 88 71 67 - 0
Fax 030 - 88 71 67 - 77
efa@europeanfilmacademy.org
www.europeanfilmacademy.org
Ansprechpartner: Geschäftsführerin: Marion Döring
Förderung: Förderung des Kontaktes zwischen Filmschaffenden und Stärkung der künstlerischen und kommerziellen Position des europäischen Films. Verleihung des Europäischen Filmpreises.

Filmbüro Nordrhein-Westfalen e.V.
Sandstr. 107-135
45473 Mülheim
Tel. 0208 - 44 98 41
Fax 0208 - 47 41 13
info@filmbuero-nw.de
www.filmbuero-nw.de

Ansprechpartner: Ariane Traub, Vorstand: Stephan Brüggenthies
Förderung: Verein von Filmemachern in NRW, ehemalige kulturelle Filmförderung des Landes NRW

Hamburger Film-Förderung
FilmFörderung Hamburg GmbH
Friedensallee 14-16
22765 Hamburg
Tel. 040 - 398 37 - 0
Fax 040 - 398 37 - 10
filmfoerderung@ffhh.de,
location@ffhh.de
www.ffhh.de
Ansprechpartner: Sybille Consten, DW -28
Förderung: Produktionsförderung, Projektentwicklung, Drehbuchförderung (alle Genres und Längen, aber nicht für Kurzfilme). 5 Einreichtermine pro Jahr (bitte anfragen).
Bewerbung: Eigenbewerbung möglich für Autoren bei Drehbuchförderung, bei Produktionsförderung nur über Produzent. Vor Antragstellung (telefonische) Beratung obligatorisch

Film- und Fernsehpreis des Hartmannbundes
Hartmannbund-Verband der Ärzte Deutschlands e.V.
Hauptgeschäftsführung
Schützenstr. 6 A
10117 Berlin
Tel. 030 - 20 62 08-13
Fax 030 - 20 62 08-29
presse@hartmannbund.de
www.hartmannbund.de
Ansprechpartner: Katja Krabmer
Förderung: Film und Fernsehen (Regisseure, Autoren, Darsteller)
Turnus: jährlich
Bewerbungsschluss: 31.08.07
Bewerbung: Eigenbewerbung möglich

Hessische Filmförderung
Am Steinernen Stock 1
60320 Frankfurt am Main
Tel. 069 - 155 45 16
Fax 069 - 155 45 14
postmaster@hessische-filmfoerderung.de
www.hessische-filmfoerderung.de
Ansprechpartner: Hauptgeschäftsführerin: Maria Wismeth, Co-Geschäftsführerin: Dr. Verena Metze-Mangold.
Förderung: Projektförderung: Drehbuch, produktionsvorbereitende Maßnahmen, Produktion
Turnus: siehe Homepage
Bewerbungsschluss: siehe Homepage
Bewerbung: Eigenbewerbung möglich

Kuratorium Junger Deutscher Film (Stiftung)
Postfach 12 04 28
65082 Wiesbaden
Tel. 0611 - 60 23 12
Fax 0611 - 69 24 09
kuratorium@online.de
kuratorium-junger-film.de
Ansprechpartner: Monika Reichel
Förderung: Produktionsförderung, Projektentwicklungsförderung, Drehbuchförderung. Termine erfragen.
Bewerbung: Eigenbewerbung bei Drehbuch möglich, bei Projektentwick-

lung und Produktion nur über Produzent

Kulturelle Filmförderung Bremen
Filmbüro Bremen e.V.
Waller Heerstr. 46
28217 Bremen
Tel. 0421 - 387 67 40
Fax 0421 - 387 67 42
post@filmbuero-bremen.de
www.filmbuero-bremen.de
Ansprechpartner: Klaus W. Becker
Förderung: Drehbuch, Filmproduktion, Filmverleih, Abspielförderung, Kurzfilm, Dokumentarfilm
Turnus: jährlich
Bewerbung: Eigenbewerbung möglich

Mecklenburgische Film-Förderung
Kulturelle Filmförderung Mecklenburg-Vorpommern
Bürgermeister-Haupt-Str. 51-53
23966 Wismar
Tel. 03841 - 61 82 00
Fax 03841 - 61 82 09
filmoerderung@film-mv.de
www.film-mv.de
Ansprechpartner: Antje Naß
Förderung: Stoff- und Projektentwicklung, Produktionsförderung.
Bewerbung: keine Eigenbewerbung möglich

MEDIA Desk Deutschland
Informationsbüro des MEDIA-Programms
der Europäischen Union
Friedensallee 14-16
22765 Hamburg
Tel. 040 - 390 65 85
Fax 040 - 390 86 32
info@mediadesk.de
www.mediadesk.de
Ansprechpartner: Cornelia Hammelmann
Förderung: Projekentwicklungsförderung, Förderung von Vertrieb, Promotion, Festivals, Training, Pilotprojekte (neue Technologien)
Turnus: variiert, Einreichung nach Aufrufen aus Brüssel möglich
Bewerbungsschluss: siehe die jeweiligen Richtlinien
Bewerbung: nur über Produzent möglich

MEDIA Antenne Berlin-Brandenburg
August-Bebel-Str. 26-53
14482 Berlin-Potsdam
Tel. 0331 - 743 87 50 /-51
Fax 0331 - 743 87 59
mediaantenne@medienboard.de
Ansprechpartner: Uta Eberhardt, Katrin Renz
Förderung: Developmentförderung (Einzelprojekt, Paketförderung, MEDIA New Talent)
Turnus: jährlich
Bewerbungsschluss: Einreichtermine Ende 2007
Bewerbung: nur über Produzent möglich

Media 2007
MEDIA Antenne Düsseldorf
c/o Filmstiftung NRW GmbH
Kaistraße 14
40221 Düsseldorf

Tel. 0211 - 930 50 14
Fax 0211 - 93 05 05
media@filmstiftung.de
www.mediadesk.de
Ansprechpartner: Heike Meyer-Döring
Förderung: Einzelprojektentwicklung und Paketentwicklungsförderung
Bewerbung: nur über Produzent möglich

MEDIA Antenne München GmbH
Herzog-Wilhelm-Str. 16
80331 München
Tel. 089 - 54 46 03 - 30
Fax 089 - 54 46 03 - 40 ·
info@mediaantennemuenchen.de
www.mediadesk.de
Ansprechpartner: Ingeborg Degener (GF), Anke Gadesmann
Förderung: Projektentwicklungsförderung
Turnus: siehe im Internet (MEDIA Development)
Bewerbungsschluss: siehe im Internet (MEDIA Development)
Bewerbung: nur über Produzent möglich

Medienboard Berlin-Brandenburg GmbH
Land Berlin, Land Brandenburg
August-Bebel-Str. 26-35
14482 Potsdam-Babelsberg
Tel. 0331 - 743 87-22
Fax 0331 - 743 87-99
info@medienboard.de
www.medienboard.de
Ansprechpartner: Drehbuchförderung: Brigitta Manthey (b.manthey@medienboard.de)
Förderung: Förderungsarten: Stoffentwicklung, Projektentwicklung, Paketförderung. Anträge auf Stoffentwicklung, Projektentwicklung, Paket- und Produktionsförderung können nur Produzenten einreichen.
Turnus: in der Regel vier Fördersitzungen im Jahr
Bewerbungsschluss: Einreichtermine siehe Homepage
Bewerbung: siehe Vergaberichtlinien im Internet

MFG Filmförderung
Medien- und Filmgesellschaft Baden-Württemberg mbH
Breitscheidstr. 4
70714 Stuttgart
Tel. 0711 - 907 15 - 404
Fax 0711 - 907 15-450
filmfoerderung@mfg.de
www.mfg.de/film
Ansprechpartner: Karin Frey, frey@mfg.de
Förderung: Drehbücher für programmfüllende Spielfilme, Kurzfilme, Animationsfilme und Kinder- und Jugendfilme, Drehbuchpreis Baden-Württemberg; Drehbuchweiterbildung beim Drehbuchcamp
Bewerbungsschluss: Drehbuchförderung: 15.3.2008, 1.8.2008, 15.11, 2007; Drehbuchpreis: 3.12.2007
Bewerbung: Eigenbewerbung möglich (bei Erstwohnsitz in BW), auch über Produzent möglich, verschiedene Förderkategorien

Mitteldeutsche Medienförderung
Mitteldeutsche Medienförderung GmbH (MDM)
Hainstr. 19
04109 Leipzig
Tel. 0341 - 269 87 - 0
Fax 0341 - 269 87 - 65
post@mdm-online.de
www.mdm-online.de
Ansprechpartner: Geschäftsführer Manfred Schmidt, Tel. 0341 - 269 87 - 0, manfred.schmidt@mdm-online.de; Produktion, Nachwuchs, Drehbuch: Mario Fischer, (Dw -22, mario.fischer@mdm-online.de); Produktion, Dokumentarfilm, Kinderfilm: Alrun Ziemendorf (Dw -24, alrun.ziemen
Förderung: Stoffentwicklung, Projektentwicklung, Produktförderung, Paketförderung für ansässige Produzenten, Multimediaprojekte
Bewerbung: Eigenbewerbung nur über Produzent möglich

Filmstiftung NRW
Kaistr. 14
40221 Düsseldorf
Tel. 0211 - 93 05 00
Fax 0211 - 93 05 05
www.filmstiftung.de
Ansprechpartner: Jessica Zimmermann
Förderung: Art der Produktionsförderung: siehe Website
Turnus: in der Regel 6 Gremiumssitzungen pro Jahr

Nürnberger Autorenstipendium
Stadt Nürnberg
Kulturreferat und Bayerisches Fernsehen
Hauptmarkt 18
90403 Nürnberg
Tel. 0911 - 231 34 52
Fax 0911 - 231 47 57
autorenstipendium@stadt.nuernberg.de
www.nuernbergkultur.de/autorenstipendium
Ansprechpartner: Sonja Fischer
Förderung: Nachwuchsförderung Drehbuch - Nürnberger Autorenstipendium/Sparte Jugendfilm: Neumonatige Begleitung der Autoren durch zwei Fachleute von der Idee zum Drehbuch. Zwei Intensivseminare (Dramaturgie und Dialoge)
Turnus: alle zwei Jahre (2007, 2009)
Bewerbung: Eigenbewerbung möglich

Kulturelle Filmförderung des Saarlandes
Ministerium für Bildung, Kultur und Wissenschaft des Saarlandes
Nauwieser Str. 19
66111 Saarbrücken
Tel. 0681 - 360 47
Fax 0681 - 37 46 68
info@filmbuero-saar.internett.de
www.filmbuero-saar.internett.de
Ansprechpartner: Uschi Schmidt-Fähringer
Förderung: Filmproduktion, Drehbuch, Saarländischer Drehbuchpreis

»Max-Ophüls-Preis«
Drehbuchpreis im Rahmen des Festivals
Saarländischer Rundfunk - ZDF
Funkhaus Halberg
66100 Saarbrücken
Tel. 0681 - 602 21 62
Fax 0681 - 602 21 69
akuehrmeyer@sr-online.de
www.sr-online.de
Ansprechpartner: Anette Kührmeyer
Förderung: Geldpreis in Höhe von 13.000 Euro zur Förderung von Nachwuchsautoren
Turnus: jährlich im Rahmen des Filmfestivals Max Ophüls-Preis
Bewerbung: keine Eigenbewerbung möglich

Kulturelle Filmförderung Schleswig-Holstein
Haßstr. 22
24103 Kiel
Tel. 0431 -55 14 39
Fax 0431 - 516 42
filmwerkstattsh@t-online.de
www.filmfoerderung-sh.de
Ansprechpartner: Geschäftsführer: Bernd-Günther Nahm
Förderung: Alle Genres (inklusive Video): Produktionsförderung. Projekt-Entwicklung. Einreichtermine 2 mal pro Jahr (Frühjahr und Herbst, bitte nachfragen)., keine Drehbuchförderung.
Turnus: halbjährlich
Bewerbungsschluss: 15. Januar/1. Juli
Bewerbung: Eigenbewerbung möglich

nordmedia – Die Mediengesellschaft Niedersachsen/Bremen mbH
Expo Plaza 1
30539 Hannover
Tel. 0511 -12 34 56 - 10
Fax 0511 – 12 34 56 - 29
www.nordmedia.de
Regionalbüro Bremen
Schlachte 45 (Kontorhaus)
28195 Bremen
Tel. 0421 – 163 27 - 62
Fax: 0421 – 163 27 - 10
Geschäftsführer: Thomas Schäffer
Die nordmedia Fonds GmbH ist die zentrale Fördereinrichtung der Länder Niedersachsen und Bremen für Kreative und Medienunternehmer in der Film-, Fernseh- und Multimediabranche. Die Förderbereiche der nordmedia Fonds GmbH umfassen die gesamte Kette von der Projekt- und Stoffentwicklung über die Produktion bis zu Verleih- und Vertrieb sowie ergänzend die Qualifizierung, die Investition oder die Festivalpräsentation.
Für die Drehbuch- und Stoffentwicklung können Autorinnen / Autoren und Produzentinnen / Produzenten, die mit Autorinnen / Autoren zusammenarbeiten, einen Förderantrag stellen. Die Förderung kann sich auf Autorenhonorare (6 Monate) und Sachkosten wie beispielsweise Archivkosten, Fahrtkosten, Papier, Bleistift etc. erstrecken.
Ansprechpartner in Hannover: Henning Kunze (DW -52), Katrin Burchard (DW -67); Petra Schleuning (DW – 62)

Schleswig-Holsteinische AV-Förderung
MSH - Gesellschaft zur Förderung audiovisueller Werke in Schleswig-Holstein mbH
Schildstr. 12
23552 Lübeck
Tel. 0451 - 719 77
Fax 0451 - 719 78
info@m-s-h.org
www.m-s-h.org
Ansprechpartner: Geschäftsführer: Roland Schmidt
Förderung: Herstellung von Kino- und Fernsehfilmen, Produktionsvorbereitung von Kino- und Fernsehfilmen, Herstellung von Drehbüchern. Einschränkung: Sitz in Schleswig-Holstein. Einreichtermine: 01.04. und 15.11.
Bewerbung: nur über Produzent möglich

Thüringer Filmbüro e.V.
Schloß Kromsdorf bei Weimar
99441 Kromsdorf
Tel. 03643 - 42 21 80
Fax 03643 - 42 21 74
info@thueringen-filmbuero.de
www.thueringenfilmbuero.de
Förderung: Drehbuchförderung, Produktionsvorbereitung (z.B. Recherchen), Produktionsförderung. Einschränkung: Die Antragsteller sollten Thüringer sein oder das Sujet sollte direkten Thüringenbezug besitzen.
Bewerbungsschluss: 31.03. und 31.10. des laufenden Jahres

Drehbuchförderpreis Münster.Land
Filmservice Münster.Land
Presse- und Informationsamt
48127 Münster
Tel. 0251 - 4921380
Fax 0251 - 4927746
ebel@stadt-muenster-land.de
www.filmservice-muenster-land.de
Ansprechpartner: Nicola Ebel
Förderung: Spielfilm, Thema offen, muss in Münster oder im Münsterland spielen. Dotiert mit € 3000,-, auf Wunsch fachliche Begleitung
Bewerbungsschluss: 31.08.2007
Bewerbung: Profis und Laien

Filmförderung des Bundes - Drehbuchförderung/Produktionsförderung
Beauftragter der Bundesregierung der Kultur und Medien, Filmreferat K 35
Stresemannstr. 94
10963 Berlin
Tel. 01888 - 681 49 16
Fax 01888 - 681 549 16
christine.goldhahn@bkm.bmi.bund.de
www.filmfoerderung.de
Ansprechpartner: Christine Goldhahn
Förderung: Projekt-/Produktionsförderung. Mit der BKM-Filmförderung sollen vornehmlich Autoren und Unternehmen gefördert werden.

▷ *Virtuelle Filmemacher*

Das Computerspiel »The Movies« macht jeden zum Regisseur – so können Autoren die Arbeit von Regisseuren kennenlernen, naja, fast.

Von Harald Staun

Bescheidenheit ist keine Tugend, die als große Stärke der Computerspielindustrie gilt. Das Medium der unbegrenzten Möglichkeiten verzichtet beim Start eines neuen Spiels nur ungern auf das Wort »Revolution« und neigt dazu, den Unterschied zwischen Welt, Wille und Vorstellung zu verschweigen. Lange vor der gleichnamigen Kampagne war das Motto »Du bist« ihr stärkstes Versprechen an die Spieler: Du bist ein kleiner gelber Vielfraß. Du bist ein italienischer Pizzabäcker. Du bist eine abenteuerlustige Sexbombe. Du bist eine Kampfmaschine. Du bist Gott.

Es gibt also gute Gründe, den Entwicklern der Spielefirma Lionhead nicht zu glauben, wenn sie mit ihrer neuen Veröffentlichung »The Movies« den Käufern in Aussicht stellen, sich als Hollywood-Produzenten einmal richtig austoben zu dürfen. Und dennoch ist es gut möglich, dass sich in diesem Fall der Unterschied zwischen Fiktion und Wirklichkeit auflöst. Der renommierte Spieldesigner Peter Molyneux jedenfalls, der »The Movies« entwickelte, spricht gerne von einer »Demokratisierung des Filmemachens« – und nicht nur der Berufsoptimist Chris Anderson, Chefredakteur des »Wired Magazine«, stimmt ihm zu. »The Movies« ist gewissermaßen ein echtes Dorf, das sich als Potemkin'sches ausgibt. Es ist eine Wirtschaftssimulation, bei der man als Studioboss im Jahr 1920 ins Filmgeschäft einsteigt und dafür sorgen muss, dass sein Unternehmen Gewinne macht. Mit einem integrierten Filmeditor jedoch, einer Art abgespeckter Videoschnitt-Software, können die Spieler dabei tatsächlich kleine animierte Filme kreieren. Was zunächst wie ein netter Gimmick klang, wurde für viele schnell zum eigentlichen Grund, »The Movies« zu spielen. Zwei Wochen nach dem Verkaufsstart hatten die Hobbyregisseure bereits 12.000 Filmchen auf der Lionhead-Website hochgeladen – Gesamtdauer: 27 Tage.

Schnell, billig, anschaulich

Ein Pixar-Studio in jedem Wohnzimmer: Bis vor kurzem boten die meisten der Beiträge eher Anlass dazu, die von Molyneux angekündigte Grassroots-Bewegung als Drohung zu verstehen – und nicht als Versprechen. Allzu deutlich sah man den meisten Filmen die limitierten Möglichkeiten an, die die vorgegebenen Elemente der Software boten. Nicht nur die visuelle Gestaltung der Szenen stammte aus dem Baukasten, sondern oft auch das Drehbuch. Dann tauchte ein Film auf der Lionhead-Seite auf, der das Potenzial der Spielzeugstudios verdeutlichte. Wenige Tage nach dem Beginn der Unruhen in den französischen Vorstädten lieferte ein Clip mit dem Titel »The French Democracy« die wohl eigenwilligste Form eines Kommentars zu den Ereignissen. Der 13-minütige Film skizziert die alltägliche Diskriminierung arabischstämmiger Jugendlicher in den Banlieues, deren Frust allmählich in Zerstörungswut umschlägt. »The French Democracy« ist die Arbeit des 27-jährigen Alex Chan, der selbst in einem Vorort von Paris wohnt und im Internet unter dem Namen »Koulamata« auftritt. Was die Erklärung der Ursachen für die Unruhen angeht, ist der Film psychologisch genauso wenig ein Meisterwerk wie ästhetisch eine Offenbarung. Seine Untertitel in schlechtem Englisch wiederholen die hilflosen Floskeln aus unzähligen Talkshows. Die Qualität der Computeranimationen ist meilenweit von Hollywood-Produktionen entfernt. Und die Notdürftigkeit der digitalen Kulissen, denen man ständig anmerkt, dass sich mit den Mitteln eines amerikanischen Filmstudios, sei es auch virtuell, keine glaubwürdige französische Banlieue herstellen lässt, erinnert an die unfreiwillige Skurrilität alter Ed-Wood-Filme. Dennoch ist »The French Democracy« ein Stück politischer Meinungsäußerung in völlig neuer Form: schnell, billig und anschaulich.

Dass Computerspiele zum Filmemachen benutzt werden, ist nicht neu. Schon vor Jahren haben vor allem die Fans der Ego-Shooter damit begonnen, die leistungsstarken Grafik-Engines von »Quake«, »Doom« und Co als Motor für eigene Inszenierungen zu missbrauchen. Die Macher sogenannter »Machinima« modifizierten dazu in der Regel das Aussehen der Charaktere, verwendeten die Spielumgebung als Kulisse und »filmten« ihre Abenteuer mit der integrierten Kamerafunktion. »The Movies« macht aus diesen Hacker-Methoden nun ein Prinzip – und leistet damit durchaus einen weiteren Schritt zur Demokratisierung der Produktionsmittel, wie sie in anderen medialen Bereichen längst stattgefunden hat.

Jemanden erschießen oder küssen oder auf einer Bananenschale ausrutschen

Ob man das, was dabei herauskommt, noch »Filme« nennen will: Das wird sicherlich der ein oder andere Cineast bestreiten. Wer sich allerdings die Art und Weise genauer ansieht, in der die Spieler mit dem Filmeditor ihre Clips produzieren, erhält nicht nur einen Einblick in die Verfahren, mit denen moderne Spezialeffekte generiert werden, sondern wird vor allem daran erinnert, wie das klassische Studiosystem Hollywoods funktionierte: Der Spieler kann etwa zwischen rund fünfzig verschiedenen Sets wählen, von der urbanen Bar bis zur Raumschiffbrücke, vom zerbombten Straßenzug bis zum tropischen Strand. Er kann Licht und Kameraperspektive einstellen, Kostüme und Aussehen der Charaktere, und seinen Film aus Hunderten kleiner Sequenzen zusammenstellen: einen Hund streicheln, einen Drink bestellen, ein Bad nehmen, jemanden erschießen oder küssen oder auf einer Bananenschale ausrutschen. Sehr viel anders funktionierte Hollywood in den dreißiger Jahren auch nicht: Es gab vorgefertigte Sets, standardisierte »Boy meets girl«-Drehbücher, Versatzstücke aus Handlung und Dialogen. Das Studio war eine Maschine, die Filme wie am Fließband produzierte, und wie die

Technik dahinter funktionierte: Das interessierte am allerwenigsten den Regisseur. Und sicherlich hätte sich der eine oder andere auch über Schauspieler gefreut, deren Emotionen man mit dem Schieberegler einstellen kann.

Alles an diesem Equipment ist darauf ausgelegt, Filme nach den klassischen Genrevorgaben zu produzieren. Aus jeder Geste der digitalen Akteure sprechen hundert Jahre zur Pose geronnene Filmgeschichte. In gewisser Weise entspricht auch Chans Werk dem subversiven Geist der »Machinimas«. Dass er aus diesen Versatzstücken überhaupt einen aktuellen politischen Dokumentarfilm zusammenbasteln konnte: Das ist die wahre Meisterleistung von »The French Democracy«.

Hier geht's zum Studio: http://movies.onlinewelten.com

Harald Staun schreibt unter anderem für die Frankfurter Allgemeine Sonntagszeitung. Auf neon.de heißt es, er reagiere »nahezu körperlich allergisch auf überambitionierte Menschen«.

Adressen

▷ TV – Spielfilm

Bayerischer Rundfunk
Abt. Spielfilm Serie
Floriansmühlstr. 60
80939 München
Tel. 089 - 38 06 - 55 83
Fax 089 -38 06 - 77 39
www.br-online.de
Ansprechpartner: BR Dramaturgie: Jochen Löscher
Ms.-Angebote erwünscht: als Exposé, als Treatment
Medium: Papierausdruck
Ms.-Rücksendung: nein

Hessischer Rundfunk
Abt. Fernsehspiel und Spielfilm
Bertramstr. 8
60320 Frankfurt
Tel. 069 - 155 - 27 13, -22 91
Fax 069 - 155 - 40 96
www.hr-online.de
Leitung: Liane Jessen (Dw -2291)
Ansprechpartner: Inge Fleckenstein (Dw -2713), Jörg Himstedt (Dw -2552), Lili Kobbe (Dw -2717)
Ms.-Angebote erwünscht: nach vorheriger telefonischer Anfrage, als Exposé
Medium: Papierausdruck, E-Mail
Ms.-Rücksendung: ja

Mitteldeutscher Rundfunk
Programmbereich Fernsehspiel/Film/Serie
Kantstr. 71-73
04275 Leipzig
Tel. 0341 - 300 - 78 16
Fax 0341 - 300 - 78 33
jan.brandt@mdr.de
www.mdr.de
Leitung: Jana Brandt (Programmchefin, Dw -7815)

Norddeutscher Rundfunk
Abt. Fernsehfilm
Hugh-Greene-Weg 1
22529 Hamburg
Tel. 040 - 41 56 - 57 81
Fax 040 - 41 56 - 64 47
d.j.heinze@ndr.de
www.ndr.de
Leitung: Doris J. Heinze
Ms.-Angebote erwünscht: als Exposé, als Treatment
Medium: Papierausdruck
Ms.-Rücksendung: ja

Österreichischer Rundfunk
Abt. Fernsehfilm
Würzburggasse 30
A-1136 Wien/Österreich

Tel. +43 (0) - 878 78 - 143 31
Fax +43 (0) - 878 78 - 137 08
http://orf.at
Leitung: Dr. Heinrich Mis
Ansprechpartner: Alexander Vedernjak (Serie), Dr. Klaus Linkschinger (TV-Movie)
Ms.-Angebote erwünscht: nach vorheriger telefonischer Anfrage, als Exposé
Medium: E-Mail

Pro Sieben Television GmbH
Abt. Deutsche Fiction
Medienallee 7
85767 Unterföhring
Tel. 089 - 95 07 - 13 41
Fax 089 - 95 07 - 18 90
www.prosieben.de
Leitung: Christian Balz
Ansprechpartner: Arianne Egger (Lektoratsleitung)
Ms.-Angebote erwünscht: nach vorheriger telefonischer Anfrage

RTL2
Redaktion Fiction
Bavariafilmplatz 7
82031 Grünwald
Tel. 089 - 64 18 50
Fax 089 - 64 18 59 99
www.rtl2.de

Rundfunk Berlin Brandenburg
Abt. Fernsehspiel und Unterhaltung
Masurenallee 8-14
14057 Berlin
Tel. 030 - 30 31 - 33 12
Fax 030 - 30 31 - 33 19
www.rbb-online.de
Leitung: Dr. Josephine Schröder-Zebralla
Ms.-Angebote erwünscht: nach vorheriger telefonischer Anfrage, als Exposé, als Treatment, als Manuskript
Medium: Papierausduck, Diskette, E-Mail
Ms.-Rücksendung: ja

Rundfunk Berlin Brandenburg
Film/Fernsehspiel
Marlene-Dietrich-Allee 20
14482 Potsdam
Tel. 0331 - 731-46 52
Fax 0331 - 731-36 28
www.rbb-online.de
Leitung: Cooky Ziesche
Ms.-Angebote erwünscht: nach vorheriger telefonischer Anfrage, als Exposé
Medium: Papierausdruck, E-Mail
Ms.-Rücksendung: ja

Saarländischer Rundfunk
PG Fernsehfilm/Serie/Vorabendprogramm
Postfach
66100 Saarbrücken
Tel. 0681 - 602 - 27 20, -27 21
Fax 0681 - 602 - 27 29
aetspueler@sr-online.de
www.sr-online.de
Leitung: Andrea Etspueler

SAT.1
Abt. Serie, Sitcom und Soap
Oberwallstr. 6-7
10117 Berlin
Tel. 030 - 209 00
Fax 030 - 20 90 26 05

www.sat1.de
Leitung: Dirk Eisfeld (Leiter Serie, Sitcom und Soap)

Schweizer Fernsehen DRS
Abt. Kultur + Unterhaltung
Fernsehstr. 1-4
CH-8052 Zürich/Schweiz
Tel. +41(0)1 - 305 66 11
Fax +41(0)1 - 305 59 00
www.sfdrs.ch
Leitung: Madeleine Hirsiger
Ms.-Angebote erwünscht: nach vorheriger telefonischer Anfrage

Südwestrundfunk
Hauptabteilung Film und Serie
Hans-Bredowstr.
76530 Baden-Baden
Tel. 07221 - 929 - 0
carl.bergengruen@swr.de
www.swr.de
Leitung: Carl Bergengruen (Leitung Hauptabt. Film u. Familienprogramm)
Ms.-Angebote erwünscht: als Exposé, als Treatment, als Manuskript
Medium: Papierausdruck
Ms.-Rücksendung: ja

VOX
Spielfim-, u. Serien-Redaktion
Richard-Byrd-Str. 6
50829 Köln
Tel. 0221 - 95 34 - 360
Fax 0221 - 95 34 80 00
www.vox.de
Leitung: Beate Uhrmeister-Barz, buhrmeister@vox.de

Westdeutscher Rundfunk
Abt. Fernsehfilm / Lektoart
Postfach
50600 Köln
Tel. 0221 - 220 - 35 20
Fax 0221 - 220 - 69 37
www.wdr.de
Leitung: Andrea Hanke
Ms.-Angebote erwünscht: als Exposé, als Treatment, als Manuskript
Medium: Papierausdruck
Ms.-Rücksendung: ja

Zweites Deutsches Fernsehen
Hauptredaktion Fernsehspiel
ZDF-Str. 1
55100 Mainz
Tel. 06131 - 70 - 24 00
Fax 06131 - 70 -65 01
www.zdf.de
Leitung: Hans Janke
Ansprechpartner: Hans Janke

▷ *Schritt für Schritt ins Abseits*

Autoren wehren sich gegen »Knebelverträge« mit Produzenten

Von Tilmann P. Gangloff

Die Autoren sind empört, sprechen von »Knebelverträgen« und »Betrug«; manche wittern gar »mafiöse Strukturen« und »organisierte Kriminalität«. Aber nur hinter vorgehaltener Hand: Man hat Angst, auf einer schwarzen Liste zu landen. Produzenten und Redakteure wiederum wiegeln ab, werfen der Gegenseite »Wehleidigkeit« vor und werden angesichts der Weigerung der Autoren, sich namentlich zu beschweren, sogar drastisch: Schwarze Listen existierten nicht, wer anonym bleiben wolle, sei ein »Duckmäuser« und »Hosenscheißer«.

Stein des Anstoßes ist die zunehmende Praxis von Produzenten, so genannte Stufenverträge (auch »Step by Step«-Verträge genannt) abzuschließen. Die Bezeichnung deutet bereits an, was den Autoren in offenbar zunehmendem Maß Ungemach bereitet: Ein Produzent hat nach jeder abgeschlossenen Stufe das Recht, den Vertrag einseitig zu beenden. Der Autor hat dieses Recht nicht.

Tatsächlich machen Produzenten offenbar immer öfter von der Möglichkeit Gebrauch, die Zusammenarbeit vorzeitig zu beenden. Allerdings bedeutet dies nicht immer, dass auch der entwickelte Stoff ad acta gelegt wird. Rasch steht dann der Vorwurf vom »Ideenklau« im Raum. Außerdem fühlen sich die Autoren über den Tisch gezogen. In einem »Bilder-Treatment«, also der konzentrierten, dialogfreien Fassung eines Drehbuches auf circa zwanzig Seiten, steckt nicht selten schon ein Großteil der Arbeit: Recherche, Ideenentwicklung, Dramatisierung. Der Rest ist für einen versierten Schreiber Routine. Trotzdem zahlen Produzenten für ein Treatment meist bloß ein Viertel des Gesamthonorars. Strittig ist auch der Anteil am Wiederholungshonorar: Wird ein Fernsehfilm oder eine Serienfolge im ersten oder zweiten Programm zur Hauptsendezeit wiederholt, erhalten die Autoren von ARD und ZDF erneut ein Honorar in Höhe von hundert Prozent (Ausnahme: die Degeto-Produktionen). Sind zwei Autoren an einem Drehbuch beteiligt, wird das Honorar den Drehbuchanteilen entsprechend geteilt.

Zwei Fälle zeigen besonders anschaulich, wie gründlich Autoren und Produzenten aneinandergeraten können. Der erste Fall begann im Jahr 2004. Karlheinz Freynik entwarf mit Koautorin Ilse Biberti für die SWR/Bavaria-Tochter Maran-Film ein Exposé mit dem Arbeitstitel »Herbstgeflüster«, eine anrührende Geschichte über eine alleinstehende Baden-Badener Witwe, die mit Hilfe eines obdachlosen Straßenmusikers neuen Lebensmut gewinnt. Der Entwurf kam an, Freynik schrieb ein Treatment und auf dieser Basis eine erste Drehbuchfassung – und hatte dann seine Schuldigkeit getan; dank eines Stufenvertrages konnte die Maran die Zusammenarbeit beenden. Freynik bekam nicht mal mehr die Gelegenheit, eine zweite Fassung zu erstellen. Dabei wäre dies sein Recht gewesen: Die Ablehnung eines Drehbuches, heißt es in seinem Vertrag, müsse »qualifiziert begründet werden«; der Autor habe zudem das Recht nachzubessern. Dazu kam es nicht. Stattdessen, so Freynik, habe ihn Maran-Geschäftsführerin Sabine Tettenborn, für die »Herbstgeflüster« die erste Arbeit als Maran-Produzentin darstellte, telefonisch »in einer arrogant nassforschen Weise abtropfen lassen, die jeder Beschreibung spottet«.

Die Geschäftsführung von Maran ist zu keiner offiziellen Aussage bereit. Stattdessen nimmt Hansgert Eschweiler, Pressesprecher der Maran-Mutter Bavaria Film, Stellung. Freynik habe »nach diversen Anläufen« ein Treatment abgeliefert, das nicht abnahmefähig gewesen sei. Statt einer nochmaligen Überarbeitung habe der Autor gebeten, ihm die Chance einer ersten Drehbuchfassung zu geben. Dem sei zugestimmt worden – »unter dem Vorbehalt, dass die weitere Zusammenarbeit beendet wäre, wenn dieser erneute Überarbeitungsversuch scheitert«. Die neue Fassung sei dann »von allen Beteiligten (Regie/Redaktion/Produktion) einvernehmlich als nicht abnahmefähig beurteilt worden. Aus diesem Grund musste ein neuer Autor mit der Erstellung des Drehbuches beauftragt werden«.

Dieser »neue Autor« war Brigitte Blobel, was Freynik hellhörig werden ließ: »So schnell kann man eigentlich keinen neuen Autor rekrutieren, schon gar nicht eine vollbeschäftigte Vielschreiberin wie Kollegin Brigitte Blobel.« Freynik vermutet, dass man sich bereits nach dem ersten Gespräch »nach einer pflegeleichteren Autorin umgesehen hat, der man die gewünschte Trivialromantik eher zutraute«. Eschweiler kann auch das erklären: »Blobel konnte kurzfristig einspringen, weil sie eine andere Drehbucharbeit für Maran Film für dieses Projekt unterbrochen hat.« Freynik fühlt sich ausgebootet. Bei der Maran hingegen hat man ein gutes Gewissen. Der Autor habe, heißt es inoffiziell, »sogar mehr Honorar erhalten, als ihm eigentlich zusteht, und wird auch an der Wiederholungsvergütung beteiligt«.

Freynik wandte sich hilfesuchend an den Verband Deutscher Drehbuchautoren, dem weitere, ganz ähnliche Beschwerden vorliegen. Eine Firma hat der VDD konkret im Visier: Die Opal Filmproduktion GmbH mit Sitz in Berlin preist sich in ihrem Internet-Auftritt für ihre »Intelligente Fernseh-Unterhaltung« und verspricht »TV-Produktion in Perfektion«. Die Filmografie besteht im Wesentlichen aus zwei Serien: Für RTL produziert Opal Film die Krimiserie »Im Namen des Gesetztes«, für das ZDF die Vorabendserie »Küstenwache«; derzeit zeigt das ZDF immer mittwochs bereits die neunte Staffel. Besucher der Homepage werden aufgerufen, für »Küstenwache« ihre »persönlichen TV-Drehbuch-Vorschläge« einzureichen, 15 Zeilen à hundert Zeichen; eine nicht eben übliche Form der Autorensuche. Tatsächlich weist »Küstenwache« eine Vielzahl unterschiedlicher Autoren auf. Auch das ist gerade bei einer Serie mit festem Ensemble und sehr speziellem Hintergrund ungewöhnlich.

Vielleicht aber auch nicht. Opal Film schließt mit den Autoren grundsätzlich ebenfalls die vom VDD kritisierten Stufenverträge ab.

Dabei, so der Berliner VDD-Anwalt Henner Merle, sei es anscheinend »nicht unüblich, dass die einzelnen Werkstufen der Autoren aus verschiedenen, möglicherweise vorgeschobenen Gründen nicht abgenommen werden. In der Folge werden die weiteren Werkstufen von den Producerinnen der Firma unter einem Pseudonym weitergeschrieben.« Diese erhielten dann nicht nur die Vergütungen für die Abnahme der letzten Drehbuchfassung, sondern »kassieren auch noch das vollständige Wiederholungshonorar«. Eines dieser Pseudonyme ist dem VDD bekannt: Hinter der viel beschäftigten »Küstenwache«-Autorin, so Merle, verberge sich die Opal-Film-Producerin Michaela von Unger, also eine Mitarbeiterin, die für die Abwicklung einer Produktion zuständig ist.

Zentraler Vorwurf des VDD: Producerinnen von Opal Film hätten »über Jahre Drehbuchfassungen unter einem Vorwand nicht abgenommen, um selbst die Drehbücher zu Ende zu entwickeln, das Abnahmehonorar sowie das Wiederholungshonorar zu kassieren und zudem an den Ausschüttungen der VG Wort zu partizipieren«. Michaela von Unger reagiert empört: Diese Unterstellung sei »absoluter Quatsch«. Die Existenz der Stufenverträge räumt sie zwar vorbehaltlos ein, doch Drehbücher, versichert sie, »werden nicht intern fertiggestellt«.

Die Opal-Film-Verträge gliedern die Stoffentwicklung in drei Drehbuchentwicklungsstufen, wie ein Autor beschreibt: »Nach Abnahme der Stufe eins sollten 2.500 Euro, nach Abnahme von Stufe zwei 4.500 Euro und nach Abnahme von Stufe drei weitere 3.000 Euro bezahlt werden; insgesamt also 10.000 Euro«. Das Wiederholungshonorar habe ebenfalls 10.000 Euro betragen. Doch ein Wiederholungshonorar erhalte ein Autor laut Vertrag »nur dann, wenn auch die dritte Drehbuchentwicklungsstufe abgenommen wird. Dies passierte selbstverständlich nicht.« Mit der Begründung, man habe das Gespür für die Figuren vermisst, war die Zusammenarbeit – »wie bei unzähligen anderen Autoren vor uns« – beendet.

Bei Drehbüchern für Vorabendserien zahlt das ZDF allerdings ein Honorar von 12.750 Euro. Die letzte Rate in Höhe von 2.750 Euro, ergänzt ein anderer Autor, behalte Opal Film jedoch offenbar grundsätzlich ein, um damit das so genannte Polishing zu vergüten, die abschließende Bearbeitung eines Drehbuches, die nicht selten vom Regisseur selbst vorgenommen wird. Die Vermutungen der benachteiligten Autoren, was mit den 2.750 Euro geschehe, reichen vom Verdacht, die Firma »sackt das Geld ein«, bis zur Unterstellung, die Summe werde »dem Regisseur zugeschoben«. Möglich sei auch, dass die Producerin oder ein befreundeter Autor das »Polishing« übernehme und auf diese Weise nicht nur ein Honorar einstreiche, sondern auch noch in unangemessen hoher Weise am Wiederholungshonorar beteiligt werde. In den Augen von VDD-Anwalt Merle ein klarer Verstoß gegen das Urheberrechtsgesetz, das eine »angemessene Vergütung« vorsehe.

Die betroffenen Autoren sprechen von »gezieltem Betrug« und fordern, der Firma müsse »das Handwerk gelegt werden, damit das Beispiel nicht Schule macht«. Bei Opal Film ist man sich keiner Schuld bewusst. Michael von Unger gibt jedoch zu, dass die Drehbücher für »Küstenwache« zum Teil unter Pseudonym verfasst würden. Es handele sich dabei um Autoren, die sich im Bereich des Fernsehfilms einen Namen gemacht hätten und mit einem rasch geschriebenen Seriendrehbuch »schnelles Geld verdienen wollen«. Natürlich komme es auch vor, dass ein Autor mit der Entwicklung eines Projekts nicht vorankomme; das sei doch »das Normalste von der Welt«.

»Küstenwache« ist laut Unger für Autoren ein schwieriges Format. Selbst erfahrenen Schreibern könne es passieren, »dass sie den Kontakt zu ihrer eigenen Geschichte verlieren«. In solchen Fällen biete man Hilfestellung und dramaturgische Tipps; wenn alles nicht helfe, versuche man, sich finanziell zu einigen. Trenne man sich nach einem Treatment, erhalte ein Autor 25 bis 30 Prozent des Drehbuchhonorars, mitunter also bis zu 5.000 Euro. Außerdem werde er mit 3.000 Euro am Wiederholungshonorar beteiligt. Für die Beschwerden hat die Producerin daher wenig Verständnis.

Laut Unger beträgt das Drehbuchhonorar für eine Episode von »Küstenwache« vom ersten Treatment bis zur letzten Drehbuchfassung mittlerweile 13.300 Euro. Mit dem abschließenden »Polishing« werde entweder der Verfasser selbst beauftragt oder »Autoren, die schon lange für Opal Film arbeiten«. »Teilweise« werde die letzte Bearbeitung auch von Producern durchgeführt. Unger räumt ein, dass sie dies unter dem Pseudonym »Silke Holtheide«, ihrem Mädchennamen, gelegentlich auch selbst übernehme. »Aber wenn ich ein Drehbuch als ›Silke Holtheide‹ bearbeite, dann nur, weil Not am Mann ist und sich kein Autor findet. Ich tue das nicht, um mich zu bereichern«. Der Name »Holtheide«, versichert sie, tauche nur dann auf, wenn eine Drehbuchidee von ihr stamme: »Ich gebe Autoren meine Geschichte, die werden nicht fertig, dann mache ich das Polishing.« Ein Honorar, betont Unger nochmals, bekomme sie nur, wenn sie selbst das Drehbuch verfasst habe. Es sei »nicht unüblich, dass Produzenten mitschreiben, und zwar etliche unter Pseudonym«.

Unter der Internetadresse www.old-seaman.de/episodenfolgenauflistung.htm findet man eine Übersicht mit Angaben zu sämtlichen Folgen von »Küstenwache«. Der Name Silke Holtheide findet sich rund zwanzig Mal, und zwar bis auf das erste Mal (Folge »Unsichtbarer Feind«, erstmals ausgestrahlt am 9.6.1999) stets als Koautorin. Mit einigen Autoren arbeitet Unger/Holtheide immer wieder zusammen (Raimund Maessen, Petra Lüschow, Ralf Cordes), mit fünf anderen jeweils nur ein Mal. Mehrere Male taucht auch der Name Timo Sander auf, bei dem es sich laut Auskunft der VG Wort gleichfalls um ein Pseudonym handelt. Sander hat einige Drehbücher als Alleinautor verfasst, wird aber auch als Zweitautor genannt, ein Mal zusammen mit Silke Holtheide.

Die geschilderten Vorgänge sind offenbar kein Einzelfall. Der VDD wird laut Geschäftsführerin Katharina Uppenbrink »immer öfter« von seinen Mitgliedern auf solche Praktiken hingewiesen. Es dürfe nicht zur Regel werden, dass Autoren »unter vorgeschobenen und meist sehr überraschend auftauchenden Begründungen von der Weiterarbeit ausgeschlossen werden«. Aus Sicht des VDD dränge sich der Verdacht auf, »dass hier Autoren systematisch um große Teile ihres Honorars gebracht werden«. Auch namhafte Produzenten wie

UFA-Geschäftsführer Norbert Sauer oder teamWorx-Chef Nico Hofmann distanzieren sich ausdrücklich von den Stufenverträgen. Hofmann kann sich jedoch vorstellen, dass das geschilderte Procedere kein Einzelfall sei. Er gibt zudem zu bedenken, dass ein Sender auf einem Autorenwechsel bestehen könne.

Dieser Einwand fällt ohnehin öfter: Ohne Rückendeckung des Senders sei eine Vorgehensweise, wie sie angeblich von Opal Film praktiziert wird, gar nicht möglich. Sollte sich bestätigen, so Uppenbrink, dass Produktionsfirmen auf die geschilderte Weise die Stoffentwicklung »quersubventionieren«, stünden auch Sender in der Verantwortung: »Es darf nicht sein, dass Autoren das Stoffentwicklungsrisiko für die ganze Branche übertragen wird, ohne dass sie angemessen vergütet werden, was auch eine Beteiligung an den Erlösen bedeutet.« Hans Janke, stellvertretender Programmdirektor und Fernsehspielchef, sieht jedoch keinen Handlungsbedarf. Er betont, ZDF und Opal Film pflegten einen »außerordentlich vernünftigen Umgang« miteinander.

Epilog (Frühjahr 2007)

Lange war offen, ob die betroffenen Autoren Opal Film tatsächlich verklagen wollten. Sie hatten Angst, selbst bei gewonnenem Prozess nicht mehr beschäftigt zu werden. Auf diese Furcht, so VDD-Anwalt Merle, spekulierten Sender und Produzenten; selbst wenn Hans Janke (wie auch Vertreter weiterer Sender) versichert, eine schwarze Liste gebe es beim ZDF nicht. Als dann doch Klage eingereicht wurde, hatte das Folgen, vor allem für die Producerin Michaela von Unger, die daraufhin entlassen wurde. Die Produktionsfirma bestreitet jedoch einen Zusammenhang mit den Vorgängen rund um »Küstenwache«. Im Rahmen des Gerichtsverfahrens zwischen den vom VDD vertretenen Autoren und Opal Film haben sich die beiden Parteien auf eine weitere Zahlung von 10.000 Euro durch die Firma geeinigt.

Tilmann P. Gangloff ist Diplom-Journalist, sein Fachgebiet sind Medien, besonders auch Film. Er hat mehrere Bücher veröffentlicht.

Adressen

▷ Drehbuchagenturen

ATL Books GmbH
Above the Line
Oranienburger Str. 5
10178 Berlin
Tel. 030 - 288 77 3 0
Fax 030 - 288 77 3 10
buero-berlin@abovetheline.de
www.abovetheline.de
Leitung: Sigrid Narjes, Uschi Keil
Ansprechpartner: Uschi Keil
Profil: Agentur für Autoren, Regisseure und Schauspieler

ATL Books GmbH
Above the Line
Goethestraße 17
80336 München
Tel. 089 - 548 62 98 - 0
Fax 089 - 550 38 55
mail@abovetheline.de
www.abovetheline.de
Leitung: Sigrid Narjes
Ansprechpartner: Ulrike Weis
Profil: Agentur für Autoren, Regisseure und Schauspieler

Felix Bloch Erben Verlag für Bühne, Film und Funk GmbH & Co. KG
Hardenbergstr. 6
10623 Berlin
Tel. 030 - 313 90 28
Fax 030 - 312 93 34
info@felix-bloch-erben.de
www.felix-bloch-erben.de
Leitung: Johannes Volkmer
Ansprechpartner: Bettina Migge
Ms.-Angebote: nach vorheriger telefonischer Anfrage
Medium: Papierausdruck
Ms.-Rücksendung: ja, bei Rückporto

Dreh.Buch.Scheibe
c/o Österreichischer Bühnenverlag
Kaiser & Co.
Am Gestade 5/2
A-1010 Wien
Österreich
Tel. +43(01) - 535 52 22 - 19
Fax +43(01) - 535 39 15
drehbuchscheibe@kaiserverlag.at
www.kaiserverlag.at/drehbuchscheibe
Leitung: Zeno Stanek
Ansprechpartner: Vivien Bronner

Drei Masken Verlag GmbH
Theaterverlag und Agentur
Mozartstr. 18
80336 München
Tel. 089 - 54 45 69 09
Fax 089 - 53 81 99 52

info@dreimaskenverlag.de
www.dreimaskenverlag.com
Leitung: Guido Huller
Profil: Gj. 1910, Theaterverlag, Film/TV: Spielfilm, Fernsehspiel
Ms.-Interesse: Thriller, Komödie, Drama
Ms.-Angebote: nach vorheriger telefonischer Anfrage
Medium: E-Mail
Ms.-Rücksendung: ja, bei Rückporto

FEM marketing for film
St. Pauli Hafenstr. 140
20359 Hamburg
Tel. 040 - 24 44 13
Fax 040 - 28 05 07 11
fem.marketing@forfilm.de
www.forfilm.de
Leitung: Frauke-Ellen Moeller
Ms.-Angebote: nach vorheriger telefonischer Anfrage
Ms.-Rücksendung: ja, bei Rückporto

S. Fischer Verlag GmbH
Theater & Medien
Hedderichstr. 114
60596 Frankfurt/Main
Tel. 069 - 606 22 70
Fax 069 - 60 62 - 355
Leitung: Uwe B. Carstensen
Ms.-Interesse: Nur von ausgebildeten Drehbuchautoren und/oder „Quereinsteigern", die bereits Stoffe verkauft haben
Ms.-Angebote: nach vorheriger telefonischer Anfrage, als Exposé
Medium: Papierausdruck
Ms.-Rücksendung: nein

Free X Oliver Simon
Konradinstr. 3-7
81543 München
Tel. 089 - 65 64 46
Fax 089 - 65 68 63
infp@freex.de
www.freex.de
Leitung: Oliver Simon

Paul & Peter Fritz AG
Literarische Agentur
Jupiterstr. 1
CH-8032 Zürich
Schweiz
Tel. +41 (0)44 - 388 41 40
Fax +41 (0)44 - 388 41 30
info@fritzagency.com
www.fritzagency.com
Leitung/Ansprechpartner: Peter S. Fritz, Christian Dittus, Antonia Fritz
Profil: Gj. 1962
Ms.-Interesse: Romantic, Comedies, Family Drama, Thriller, Adventure
Ms.-Angebote: nach vorheriger telefonischer Anfrage
Medium: E-Mail

Funke & Stertz GmbH
Agentur für Drehbuchautoren
Schulterblatt 58
20357 Hamburg
Tel. 040 - 43 21 61 - 0
Fax 040 - 43 21 61 - 20
mail@funke-stertz.de
www.funke-stertz.de
Leitung: Peter Stertz
Ms.-Interesse: Unterhaltung, Spannung, Kulturgeschichte
Ms.-Angebote: als Exposé, als Treat-

ment
Medium: Papierausdruck
Ms.-Rücksendung: ja, bei Rückporto

gattys global
agentur für autoren & verfilmungsrechte
Jahnstr. 7/rgb
80469 München
Tel. 089 - 202 554 – 0
Fax 089 - 202 554 - 30
info@gattysglobal.de
www.gattysglobal.de
Leitung: Christina Gattys
Ansprechpartner:
Profil: Gj. 1992, ca. 20 Autoren u. div. Verfilmungsrechte
Ms.-Angebote: nach vorheriger telefonischer Anfrage, als Exposé, als Treatment, als Drehbuch
Ms.-Rücksendung: nein

Graf & Graf
Literaturagentur- und Medienagentur GmbH
Mommsenstr. 11
10629 Berlin
Tel. 030 - 315 19 10
Fax 030 - 31 51 91 19
graf@agenturgraf.de
Leitung: Karin Graf
Ansprechpartner: Karin Graf, Heinke Hager
Profil: Gj. 1995, vertritt ca. 100 Autoren
Ms.-Angebote: nach vorheriger telefonischer Anfrage, als Treatment
Medium: Papierausdruck
Ms.-Rücksendung: ja, bei Rückporto

Grünberg Film GmbH
Blankenburger Chaussee 84
13125 Berlin
Tel. 030 - 943 29 99
Fax 030 - 943 29 99
gruenberg.film@t-online.de; a.gruenberg@gruenbergfilm.de
www.gruenbergfilm.com
Leitung: Andreas Grünberg
Ansprechpartner: Andreas Grünberg, a.gruenberg@gruenbergfilm.de
Profil: Gj. 1997, ca. 30 Autoren, Stoffe mit Potential für den intern. Markt
Ms.-Angebote: nach vorheriger telefonischer Anfrage (E-Mail pitch als logline)
Medium: E-Mail
Ms.-Rücksendung: nein (nur bei angeforderten Drehbüchern)

Hartmann & Stauffacher Verlag GmbH
Bismarckstr. 36
50672 Köln
Tel. 0221 - 48 53 86
Fax 0221 - 51 54 02
info@hsverlag.com
www.hsverlag.com
Leitung: Malte Hartmann

Agentur Heppeler
Internationale Agentur für Film, TV, Theater
Steinstraße 54
81667 München
Tel. 089 - 4 48 84 84
Fax 089 - 4 47 09 95
buch@agentur-heppeler.de
www. agentur-heppeler.de
Ms.-Angebote: nach vorheriger telefo-

nischer Anfrage, als Exposé
Medium: Papierausdruck
Ms.-Rücksendung: ja, bei Rückporto

Gustav Kiepenheuer
Bühnenvertriebs-GmbH
Schweinfurthstr. 60
14195 Berlin
Tel. 030 - 897 18 40
Fax 030 - 823 39 11
info@kiepenheuer-medien.de
www.kiepenheuer-medien.de
Leitung: Dr. Maria Müller-Sommer, Bernd Schmidt
Ansprechpartner: Anke-E. See (Lektorat)
Profil: Agentur für Non-Print-Medien (Theater, Film, Hörspiel, TV), Vertretung von Autoren und Verlagen
Ms.-Angebote: als Manuskript
Medium: Papierausdruck
Ms.-Rücksendung: ja, bei Rückporto

Kommplot Scriptagentur
Christburger Str. 5
10405 Berlin
Tel. 030 - 81 79 81 27
Fax 030 - 81 79 81 28
info@kommplot.com
www.kommplot.com
Leitung: Susanne Nieder, Diana Procop, Wolfgang Pfeiffer, Michael Seidel
Ansprechpartner:
Ms.-Angebote: nach vorheriger telefonischer Anfrage, siehe Bewerber-Infos auf unserer Homepage

Per H. Lauke Verlag Theater - Film - TV - Radio
Deichstr. 9
20459 Hamburg
Tel. 040 - 30 06 67 90
Fax 040 - 30 06 67 89
lv@laukeverlag.de
www.laukeverlag.de
Leitung: Per H. Lauke
Ansprechpartner:
Profil: Gj. 1987, vertritt ca. 40 Autoren
Ms.-Angebote: nach vorheriger telefonischer Anfrage, als Exposé, als Treatment
Medium: Papierausdruck
Ms.-Rücksendung: ja, bei Rückporto

Plots International
Bergalinger Str. 29
CH-4058 Basel
Tel. +41 61 6815477
Herman-Löns-Weg 24
D-30938 Burgwedel
Tel. +49 171 7100328
mail@plots.de
www.plots.de
Leitung: Kerstin Mehle
Profil: Gj. 1996
Ms.-Angebote: als Exposé mit Textprobe von 30 Seiten, evtl. Manuskript
Medium: Papierausdruck, E-Mail
Ms.-Rücksendung: ja, bei Rückporto

Rowohlt Agentur für Medienrechte
Hamburger Str. 17
21465 Reinbek b. Hamburg
Tel. 040 - 72 72 - 272
Fax 040 - 72 72 - 276
michael.toeteberg@rowohlt.de

Leitung: Michael Töteberg
Ms.-Angebote: nach vorheriger telefonischer Anfrage, als Exposé mit Textprobe, als Manuskript
Medium: Papierausdruck
Ms.-Rücksendung: ja, bei Rückporto

ScriptTeam Wittmaack & Baukloh GbR
Stresemannstr. 360
22761 Hamburg
Tel. 04821- 80 40 - 336
Fax 04821- 80 40 -337
c.wittmaack@scriptteam.de
www.scriptteam.de
Leitung: Carsten Wittmaack, Hanno Baukloh
Ansprechpartner: Carsten Wittmaack
Ms.-Angebote: nach vorheriger telefonischer Anfrage
Medium: Papierausdruck
Ms.-Rücksendung: ja, bei Rückporto

Suhrkamp Theater & Medien
Lindenstr. 29-35
60325 Frankfurt/Main
Tel. 069 - 75 60 10
Fax 069 - 756 01 - 711, -522
zeipelt@suhrkamp.de
Ansprechpartner: Thomas Zeipelt
Ms.-Angebote: nach vorheriger telefonischer Anfrage, als Manuskript
Medium: Papierausdruck
Ms.-Rücksendung: ja, bei Rückporto

Verlag der Autoren GmbH & Co. KG
Theaterverlag und Medienagentur
Schleusenstr. 15
60327 Frankfurt/Main
Tel. 069 - 23 85 74 - 20
Fax 069 - 24 27 76 44
theater@verlag-der-autoren.de;
filmtvradio@verlag-der-autoren.de
www.verlag-der-autoren.de
Leitung: Dr. Marion Victor, Oliver Schlecht
Ansprechpartner:
Profil: Gj. 1969, heute tätig als Theaterverlag und Drehbuchagentur (auch Hörspiel)
Ms.-Interesse: Theaterstücke deutscher und fremdsprachiger AutorInnen, klassische Stücke in neuen deutschen Übersetzungen, Kinder- u. Jugendstücke, Hörspiele, Fernsehen u. Film
Ms.-Angebote: als Drehbuch
Medium: Papierausdruck
Ms.-Rücksendung: ja, bei Rückporto

Autorenberuf 6

▷ *Dichter wollte ich nicht werden*

Von Klaus Modick

1.

Manchmal werde ich gefragt, welche der Bücher, die ich geschrieben habe, mir selbst am besten gefallen, mir am liebsten sind. Ich weiß darauf eigentlich keine Antwort; wahrscheinlich geht es mir da wie einem Vater mehrerer Kinder, der die Frage, welcher seiner Sprösslinge ihm denn der oder die liebste sei, ja auch nicht beantworten kann, ohne den anderen Unrecht zu tun – selbst wenn bei genauem Nachdenken und retrospektiv bedacht eins der Kinder, eins der Bücher, vielleicht besser als ein anderes geraten sein mag.

Besonders am Herzen liegt einem Schriftsteller jedoch immer das zuletzt erschienene, das neueste Buch, zu dem man noch relativ wenig Distanz hat, und dann natürlich immer auch das erstgeborene, mit dem alles anfing. In meinem Fall war das die Novelle *Moos,* mit der ich als Schriftsteller debütierte, genauer gesagt: als Verfasser von Romanen und Erzählungen, als Belletrist also. Ich hatte zuvor nämlich durchaus schon geschrieben, hatte bereits Bücher verfasst und veröffentlicht, aber dabei handelte es sich um literaturwissenschaftliche und essayistische Arbeiten, die zu einer Zeit entstanden, als ich noch gar nicht wusste, vielleicht noch nicht einmal hoffte, dass ich einmal Schriftsteller werden würde.

2.

Wohl ist es mir in der Schule leicht gefallen, lesen und schreiben zu lernen, aber werden wollte ich natürlich etwas ganz anderes. Berufswünsche und -vorstellungen, die man in der Kindheit hegt, wechseln bekanntlich schnell, und ich glaube mich beispielsweise zu erinnern, zu einer gewissen Zeit selbstverständlich Polizist werden zu wollen, wahrscheinlich deshalb, weil im Umgang mit meinen Wiking-Autos der Polizeiwagen sich nicht an die Teppich-Straßenverkehrsordnung zu halten hatte, die mein Bruder und ich uns ausgedacht hatten. Eine Zeit lang kam mir auch das Dasein eines Piloten verlockend vor, und als ich im Heimatkundeunterricht der zweiten oder dritten Klasse vom heroischen Einsatz der DGZRS erfuhr, stand für mich fest, dass ich später zu einem ebenso vollbärtigen wie vollwertigen Mitglied der Deutschen Gesellschaft zur Rettung Schiffbrüchiger werden würde; diese Karriere erledigte sich aber von selbst, wurde ich doch als Fünfjähriger während meiner ersten Schiffspassage von Harlesiel nach Wangerooge furchtbar seekrank. Am Entschiedensten erinnere ich mich freilich an den Wunsch, ja geradezu Entschluss, eines Tages Maurer zu werden. Als in meinem Elternhaus zu Umbau- oder Renovierungsarbeiten einmal ein Trupp Maurer zur Sache ging, war ich jedenfalls derart begeistert, dass ich tagelang nicht von ihrer Seite wich und meine Mutter mir das Essen im Henkelmann aufwärmen musste. Was mich an dieser Arbeit so sehr faszinierte, weiß ich heute nicht mehr genau zu rekonstruieren, aber vielleicht ähnelt das geduldige Stein-auf-Stein-Setzen in gewisser Hinsicht meiner heutigen Tätigkeit, in der ich Wort an Wort und Satz an Satz reihe, bis die Mauer einer Geschichte oder das Haus eines Romans steht.

Dichter, Schriftsteller, Autor – oder wie immer man so einen merkwürdigen Beruf auch nennen will – wollte ich jedenfalls durchaus nicht werden. Und dennoch verfasste ich als Elf- oder Zwölfjähriger meine ersten Gedichte. Und das kam so: Im Lateinunterricht hatten wir Fabeln des Äsop zu übersetzen, und mein Lateinlehrer, der ein leicht schrulliger, aber pädagogisch begabter Mann war, gab uns als Hausaufgabe auf, die entsprechende Fabel in Reime zu fassen, also ein Gedicht daraus zu machen. Ich hatte keine Ahnung, wie man Reime findet oder macht, aber mein Vater, ansonsten ein eher sachlich-unpoetischer Charakter, half mir dabei. Diese Vater-Sohn-Koproduktion begann mit den unsterblichen Zeilen: »Äsop, der konnte prima dichten / erzählt uns meistens Tiergeschichten / aus denen wir, sind sie gelesen, / stets ein Stück schlauer sind gewesen.« Das Versepos fand den Beifall meines Lateinlehrers, und ich musste von nun an immer wieder Übersetzungen aus dem Lateinischen in Versen liefern, was zwar meine mangelhaften Grammatik-Kenntnisse nicht verbesserte, aber ganz zweifellos meine poetische Ader schwellen ließ. Jedenfalls dichtete ich ab sofort ohne Hilfe meines Vaters weiter und rettete mich dank dieser Verse bis zur 10. Klasse auf eine Vier in Latein – bis sich nichts mehr recht zusammenreimen wollte und ich mit zwei Fünfen, in Mathematik und, man kann es sich denken, in Latein sitzen blieb.

Dichter wollte ich aber trotzdem immer noch nicht werden, auch wenn ich einige Jahre später in der Pubertät und gar noch in der Post-Pubertät, unerreichbaren wie erreichbaren Geliebten schmachtende oder, je nachdem, verachtende Gedichte schrieb, auch wenn ich die Schülerzeitung unseres Gymnasiums mit mehr oder minder albernen Talentlosigkeiten belieferte, auch wenn ich in den dialektischen Besinnungsaufsätzen des Deutschunterrichts mit Themen wie »Inwiefern werden Rosenkranz und Güldenstern in Stoppards Schauspiel schuldig?« insofern leidlich reüssierte, als die Kommentare des Deutschlehrers sich stets ähnelten: »Inhaltlich ansprechend, sprachlich gewandt«, hieß es dann in roter Tinte, manchmal freilich mit dem mahnenden Zusatz: »Gliederung unklar.«

Dichter werden wollte ich jedenfalls immer noch nicht, sondern, wir schreiben die späten 60er Jahre, eher Rockstar, da mir das inzwischen als die erfolgversprechendste Methode vorkam, mit meiner Liebeslyrik, die ich inzwischen auch zu selbstvertonten Weisen auf der Gitarre von mir gab, bei den Mädchen offene Ohren – und überhaupt ganz allgemein: Einlass zu finden. Auf dem Weg zum Rockstar verfasste ich reichlich radikalexistentielle Songs in der hoffnungsfrohen Nachfolge meines Idols Leonard Cohen, von denen einer a-mollig schwermütig so anhub: »Wenn die Sonne versinkt / und der Mond einst ertrinkt / und die Schatten in dir werden Stein ...« Tja, was dann? »Und die Schatten in dir werden Stein?« Wird man dann nicht doch lieber Maurer?

Oder notfalls Theaterregisseur! Denn Dichter wollte ich ja nicht werden, und ein Studium für angehende Rockstars gab es noch nicht, aber das Theater interessierte mich brennend, seitdem ich mich als Siebzehnjähriger unsterblich in eine etwa fünfunddreißigjährige, vollbusige Schauspielerin des Oldenburgischen Staatstheaters verliebt hatte, die von ihrem Glück natürlich nie etwas erfuhr. Und so ließ ich dann dem Abitur zwei Semester Theaterwissenschaft an der Universität Hamburg folgen, bis die nachdrücklichen Mahnungen aus dem Elternhaus, irgendwann doch bitte auch »etwas Vernünftiges« zu studieren, verfingen; als »vernünftig« galt vor allem der Lehrerberuf, der in unserer Familie seit Generationen durchgereicht wurde. Und da ich meine Schulzeit in durchaus angenehmer Erinnerung hatte und immer noch nicht Dichter werden wollte, absolvierte ich also zügig ein entsprechendes Studium, machte jedoch während eines Schulpraktikums nachhaltig die Erfahrung, dass ich die Erfahrungen einer Lehrerexistenz lebenslang und unwiderruflich dann doch lieber nicht würde machen wollen, und legte dennoch, um elterliche Unruhen zu besänftigen, ein passables Staatsexamen ab.

3.

Inzwischen war mir klar geworden, dass meine Zukunft der Germanistik gehörte, genauer: der Neueren deutschen Literaturwissenschaft, in welcher Disziplin ich mit der Niederschrift einer Doktorarbeit begann. Als Thema hätte ich gern das Verhältnis von Rauscherfahrung und literarischer Produktion gewählt, vielleicht, weil dort noch einige späte Reflexe zur nicht realisierten Rockstarkarriere hätten eingearbeitet werden können. Doch mein Doktorvater, der gern Genever trank, winkte ab: Davon verstehe er rein gar nichts. Weiterhin kam das Frühwerk Hugo von Hofmannsthals in Betracht, worüber ich eine mit *Sehr Gut* bewertete Hauptseminararbeit verfasst hatte, aber ein Blick auf die nur in Metern messbaren Mengen Sekundärliteratur ließen mich selbst abwinken. Schließlich entschied ich mich zu einer Arbeit über Lion Feuchtwanger, der Ende der 70er Jahre in der westdeutschen Germanistik und Literatur ein weißer Fleck war, über den es kaum aufzuarbeitende Sekundärliteratur gab und der mithin ein dankbares Thema mit besten, für die Karriere als Germanist überaus wichtigen, Publikationschancen darstellte.

Ich begann also – aber ich kam nicht weit: Was immer ich zu Papier brachte, erschien mir leblos, langweilig, ohne jede Aussagekraft. Konnte man überhaupt Literatur, selbst so eindeutig populäre Literatur wie die Feuchtwangers, in wissenschaftliche Begrifflichkeit fassen? Mauerte man nicht das, was »das Literarische« war, in diesen Termini eher ein? Konnte man überhaupt »schön« und »richtig« voneinander trennen? Literatur war doch potenziertes Leben, Wissenschaft jedoch reduziertes; Wissenschaft lebte aus der Abstraktion, das hieß also aus der Überwindung lebendiger Erfahrungsfülle durch Begrifflichkeit, während Literatur genau diese Erfahrungsfülle sprachlich darstellte, herstellte. War also Literaturwissenschaft am Ende nur die systematische Vertreibung des Literarischen aus der Literatur? Und wo blieb bei dieser Arbeit das Ich desjenigen, der sie schrieb, wo seine Lebendigkeit, seine Zweifel? Gewiss, Hermeneutik, gewiss, die Logik der Sozialwissenschaften, ein alter Hut – doch damit ging die alte Leier nur wieder von vorne los ...

Ich löste das Problem, indem ich es schließlich dort stehen ließ, wo es herkam und hingehörte, im luftleeren Raum nämlich; das heißt, ich löste damit das Problem natürlich gar nicht – hätte ich es gelöst, wäre aus mir vielleicht ein berühmter Hermeneutiker geworden; ich löste es nicht, sondern ich wich dem Problem aus, indem ich einfach drauflosschrieb – allerdings keine Dissertation über Lion Feuchtwanger, sondern eine alberne Ausbruchs- und Reisephantasie, eine hanebüchene Geschichte, die mir unter der Hand lang und länger und immer zweifelhafter wurde, die sich gleichwohl einige Jahre später, nach etlichen Umarbeitungen als brauchbare Keimzelle für meinen Roman *Ins Blaue* herausstellen sollte.

Die Dissertation war damit freilich immer noch ungeschrieben, aber »irgendwie« musste mich das hemmungslose Fabulieren so gelockert haben, dass ich die Arbeit nun angehen konnte. In forscher Missachtung sämtlicher Methodendiskussionen und anderer Literaturverderber, die ich mir im Lauf des Studiums hatte aneignen müssen, schrieb ich munter drauflos. Und siehe da: Es ging. Es ging sogar gut, das Schreiben machte mir Spaß. Auch dies Manuskript wurde lang und länger – und mir wurde bang und bänger, dachte ich daran, dass es bald Wissenschaftlern, denen Selbstzweifel fremd waren oder die sie sich jedenfalls nicht anmerken ließen, zur Begutachtung unter die Augen kommen würde.

Ich hatte Glück. Mein Doktorvater, sein Name soll an dieser Stelle achtungsvoll genannt sein, Karl-Robert Mandelkow, ist ein liberaler Mann, der wohl Wert auf Genauigkeit legte, der aber auch wusste, dass ein gut und temperamentvoll formuliertes Fehlurteil der ominösen »Wahrheit«, dem Phantom der Objektivität, oft näher ist als die staubige Korrektheit literaturwissenschaftlicher Planerfüllung. Auch der Zweitgutachter war dieser Ansicht, und fast wäre ich schon beleidigt gewesen, dass niemand meine Unverschämtheiten und methodischen Ermächtigungsphantasien monierte, als schließlich doch im Rigorosum, der mündlichen Disputation der Arbeit also, ein Germanistikprofessor vom Schlage »Sachbearbeiter Literatur« es empört ablehnte, über meinen Text überhaupt auch nur zu diskutieren: Es handele sich nämlich, so die Argumentation dieses Manns namens Müller, in weiten Teilen um einen essayistisch gefärbten Bekenntnistext des Verfassers, der keinen Anspruch auf strenge Wissenschaftlichkeit erheben könne und mithin keine Wissenschaftler als Diskurs-Teilnehmer beanspruchen dürfe.

4.

Trotz dieser berechtigten Einrede war ich nun also promovierter Literaturwissenschaftler, doch ein entsprechender Job war wegen des notorischen Stellenmangels an den Hochschulen nirgends in Sicht. Und zu dieser Zeit war es, dass ich zum ersten Mal wirklich daran dachte, Autor zu werden, Schriftsteller, Dichter, wie immer man das nennen wollte – denn das Schreiben der Dissertation hatte mir ja Spaß gemacht, wie zuvor schon das Schreibens des Textes, mit dem ich mich vor der Dissertation gedrückt hatte. Ich konnte schreiben, ich wollte schreiben. Aber zur Dichterexistenz fehlten mir zwei wesentliche Voraussetzungen: Erstens hatte ich kein Geld, zweitens hatte ich keinen publizierbaren Text.

Ich hielt mich einige Jahre als Texter in einer Werbeagentur über Wasser und versuchte nebenbei, mit dem ernst zu machen, was ich während der Arbeit an der Dissertation als Mangel erfahren und zugleich gelernt hatte: Ich schrieb, ich erzählte, allerdings Langweiliges, denn was da zu Papier drängte, war nichts anderes als ein recht unmittelbarer Reflex auf mein Problem. Ich schrieb nämlich einen Roman über einen Literaturwissenschaftler, der zwischen Literatur und Wissenschaft aufgerieben wird, weil er der Wissenschaft misstraut und der Literatur noch nicht gewachsen ist. Die Sache war, bei genauem Hinsehen, peinlichste Betroffenheitsliteratur und zugleich hüftsteife Germanistenprosa. Immerhin und glücklicherweise war meine Fähigkeit zur Selbstkritik so weit entwickelt, dass ich die Sache entschlossen in den Papierkorb wandern ließ. Tagsüber erarbeitete ich unterdessen in der mich nährenden Werbeagentur sprachspielerische Preziosen wie diese: »Mach doch keinen Heckmeck, sonst schleck ich dich vom Fleck weg«, und abends und an den Wochenenden schrieb ich allerlei Essays, deren Form als Changieren zwischen Akten jäher Imagination und rationaler Durchdringung meiner Situation entsprach. Ja, kein Zweifel, ich wollte jetzt Schriftsteller werden, und irgendwie war ich auch auf dem Weg dazu.

Im Sommer 1982 saß ich während des Urlaubs eines sonnigen Spätnachmittags auf einem hölzernen Bootssteg, an einem kleinen See, dessen sandige Ufer zum Teil mit Moos überwachsen sind, und dies Vordringen des Mooses auf unfruchtbarem Untergrund erschien mir, ich wusste nicht wie, als eine Chiffre für mein eigenes Problem, für mein Schwanken zwischen Diskurs und Erzählung, zwischen Abstraktion und literarischer Sprache. In meinem halbschlafartigen Dösen überfiel mich da plötzlich mit sanfter Gewalt eine Idee oder Vorstellung oder Vision, wie die angefangene und verworfene Erzählung zu machen sei: Um von dir selbst zu sprechen, wusste ich plötzlich, erzähle von etwas anderem.

So begann ich dann also, noch am gleichen Abend, mit einem Text, von dem ich vorerst nur wusste, dass er von Moosen handeln würde und wohl auch Moos heißen musste – nur dass ich von der Botanik des Mooses überhaupt keine Ahnung hatte. Ich recherchierte entsprechende Fachliteratur in Bibliotheken, und die Reibung zwischen der Trockenheit dieser Fachterminologie und der milden Vision, die mich an dem besonnten, moosigen Strand überkommen hatte, wurde zugleich zum Kraftfeld und Thema des Textes. Die Novelle *Moos* erzählt nämlich von einem alten Botaniker, dem gegen Ende seines Lebens die wissenschaftliche Terminologie und Nomenklatur fragwürdig und unbrauchbar wird, weil sie alles erklärt, aber nichts versteht, und so kommt der Alte zum Schluss, ohne es recht zu wissen, ohne es recht zu wollen, zu einer neuen, fremden und doch vertrauten Sprache – zur Sprache der Literatur. Das Ende dieses fiktiven Alten war also mein literarischer Anfang.

Der Text ist nicht sehr lang, aber ich brauchte ein Jahr, um ihn fertigzustellen. Anders als meine Dissertation, anders als meine unkontrollierten Schreibexzesse davor, machte er mir Schwierigkeiten. Denn jetzt, mit diesem Text, wollte ich wirklich Schriftsteller werden, und ich entdeckte bei der Arbeit an diesem Text erstmals so etwas wie literarische Disziplin; das heißt, ich entwickelte den Ehrgeiz, möglichst keinen überflüssigen Satz zu schreiben und mit jedem Wort gleich nah am gedanklichen Mittelpunkt des Ganzen zu bleiben. Das muss mir sogar halbwegs gelungen sein, denn als ich das fertige Manuskript schließlich an Verlage sandte, geschah zu meiner freudigen Überraschung recht bald das, was mit unaufgefordert eingesandten Manuskripten unbekannter Autoren angeblich nie geschieht: Es wurde von Haffmans in Zürich, einem mittleren, damals sehr renommierten, Verlag angenommen und erschien im Frühjahr 1984.

Das Buch wurde ein sogenannter Kritikererfolg – das heißt, die Erstausgabe bekam durchweg positive Rezensionen, wurde jedoch nicht einmal zweitausendmal verkauft. Der komplette Titel der Erstausgabe lautete übrigens: *Moos. Die nachgelassenen Papiere des*

Botanikers Lukas Ohlburg. Herausgegeben von Klaus Modick. Dieser Titelzusatz war seinerzeit eine Idee des Verlegers gewesen, gegen die ich mich vergeblich wehrte. Mir kam das zu pompös vor. Es stimmt zwar, dass der Text mit einer Herausgeberfiktion arbeitet, aber ich kann glaubhaft versichern, dass ich mir das ganze Buch selbst ausgedacht und es auch selbst geschrieben habe, nicht nur das Vorwort des angeblichen Herausgebers. Dieser Zusatz hat dann zu dem Missverständnis geführt, dass ausgerechnet mein Debüt in manchen Bibliotheken nicht unter meinem Namen katalogisiert wurde, sondern unter »Ohlburg, Lukas; Nachlassedition, herausgegeben von Klaus Modick«. Kaum also war ich endlich und wirklich Dichter geworden, da wurde ich auch schon wieder zum Editor eines fiktiven Botanikers degradiert.

5.

Wichtiger als der Umgang mit derlei berufsnotorischer Autoreneitelkeit war nun freilich die Frage, ob und wie ich als Dichter überleben konnte, ohne zum armen Poeten zu werden: ob ich also nicht nur vom Leben schreiben, sondern auch vom Schreiben würde leben können. In der Werbeagentur, der ich mit entschlossenem Größenwahn den Rücken kehrte, hatte ich relativ viel Geld verdient; da ich aber einen bescheiden-studentischen Lebensstil pflegte, hatte ich mir dank Ed von Schleck und Unox-Suppen nach Gutshausart ein finanzielles Polster zugelegt, mit dem ich etwa zwei Jahre ohne Einkommen auskommen konnte. Wenn es mir in diesen zwei Jahren, so mein Vorsatz, nicht gelingen sollte, mich auf dem literarischen Markt zu etablieren, würde ich zu den Unoxtöpfen der Werbung zurückkehren oder womöglich noch mein 2. Staatsexamen absolvieren, um dann als Studienrat zu kärrnern und meine Eltern zu erfreuen, denen meine Existenz als Werbetexter nur windig vorgekommen war, meine Zukunft als Dichter aber aussichtslos bis hybride erschien.

Nach einem Debüt, das ist nun mal so, muss das ominöse, angeblich besonders wichtige und angeblich besonders schwer gelingende, zweite Werk her. Ich begann also mit Recherchen für einen umfangreichen Roman, dessen Arbeitstitel Samoa Grau hieß und aus dem dann später *Das Grau der Karolinen* wurde. Das war eine ziemlich ambitionierte Sache, von jugendlicher Bedenkenlosigkeit und Selbstbegeisterung angestiftet sogar eine bedenklich überambitionierte Sache, die mich vor lauter Recherchen, Gliederungen, Skizzen, Handlungs- und Personengerüsten immer energischer auf der Stelle treten ließ, bis die Stelle zu einer Art schwarzem Loch wurde, in dem die Ambitionen rettungslos versanken. Anders gesagt: Ich kam nicht weiter. Und obwohl mir stets Ludwig Marcuses kluger Satz eingeleuchtet hatte, dass unter seinem Können bleibt, wer nicht mehr will, als er kann, überforderte mich das Projekt.

Da sich das zweite Buch jedoch vermutlich nicht von selbst schreiben würde, griff ich auf jenes Manuskript zurück, das ich zu der Zeit verfasst hatte, während der ich eigentlich meine Dissertation hätte verfassen sollen. Ich arbeitete den Text um, indem ich aus der im Kern naiven Reise- und Liebesgeschichte die ironische Geschichte einer Kopfreise machte, einer Fiktion in der Fiktion, und das machte mir nicht nur Spaß, sondern erwies sich als Volltreffer. Unter dem Titel *Ins Blaue* wurde das Buch nämlich nicht nur freundlich rezensiert, sondern es verkaufte sich auch überraschend gut, wurde später als Taschenbuch zu einem sogenannten Longseller, wurde vom ZDF zu einem so grottenschlechten Fernsehfilm verwurstet, dass ich die bei jeder Wiederholung freundlich eingehenden Film-Tantiemen immer als Schmerzensgeld empfand, und gelangte sogar auf die Lehrpläne diverser Gymnasien.

6.

Erfolg, wer wollte das leugnen, macht selbstbewusst, und Selbstbewusstsein macht produktiv. Mit der Flut und dem Rückenwind von *Ins Blaue* wurde jedenfalls auch mein auf Grund gelaufener Roman wieder flott, segelte ein Jahr später als *Das Grau der Karolinen* im Ozean der Neuerscheinungen und wurde dort von der Kritik durchaus freundlich gesichtet, gelegentlich allerdings auch ausgesprochen unfreundlich gerichtet. Das wäre der Rede nicht weiter wert und könnte unter der Rubrik »Umstritten« abgeheftet werden, hätten die kritischen Reaktionen seinerzeit nicht eine Besonderheit gehabt, in der sich Fürsprecher und Verreißer bemerkenswert einig waren. Diese Besonderheit hieß: Postmoderne. Lobten die einen das Buch gerade wegen seiner angeblich postmodernen Qualitäten, lamentierten die anderen über den angeblich spielerischen Unernst der Postmoderne. Einig wussten sich fast alle Kritiker lediglich darin, dass *Das Grau der Karolinen* eben ein Werk der Postmoderne sei. Nur der Autor wusste mal wieder von nichts. Bis mir nämlich die einschlägigen Rezensionen unter die Augen kamen, hatte ich von Postmoderne nur ganz vage etwas gehört oder gelesen, hielt das für einen Stil- oder Epochenbegriff der Architektur und hatte nicht die leiseste Ahnung, dass es auch postmoderne Literatur geben sollte, ganz zu schweigen davon, dass ich selbst derartige Literatur produzierte.

Im Gegensatz zu so manchem Literaturkritiker, der sich wenig Mühe macht, das von ihm kritisierte Werk überhaupt zu verstehen, hatte ich immerhin den Ehrgeiz, meine Kritiker zu verstehen. Wenn ich ein Postmoderner war, dann konnte es ja nicht schaden, sich gelegentlich darüber zu informieren, was das überhaupt sein sollte, wofür man mich hielt. Ich las mich also durch allerlei einschlägige Werke; angesichts der hochgestylten, nicht selten verblasenen Theorien hielt sich der Erkenntnisgewinn allerdings in engen Grenzen: Mit mir oder mit dem, was mich zum Schreiben antrieb, hatte das wenig bis nichts zu tun. Schließlich schrieb ich, und schreibe immer noch, Bücher – und nicht das, was sie bedeuten sollen; zum Beispiel solche Bücher, die ich selber gern lesen würde. Was mich interessierte und immer noch interessiert, sind gut erzählte Geschichten, und mit »gut erzählt« meine ich eine unprätentiöse Schreibweise, die auf stilistische Effekthascherei verzichtet und zugleich Abstand zum Trivialen hält. Und das ist eigentlich alles.

Wenn ich es recht verstand, war die Postmoderne aber etwas unendlich viel Komplizierteres, so kompliziert, dass ich es eigentlich gar nicht begriff, obwohl ich ein intellektuell durchaus belastbarer Mensch bin. Doch brachte mich die Beschäftigung mit der theoretischen Schaumschlägerei auf die Idee für ein neues Buch, das unter dem Titel *Weg war weg* erschien und die Gattungsbezeichnung »Romanverschnitt« trägt. Es handelt davon, wie einem ehrgeizigen Schriftsteller das Manuskript seines überaus ambitionierten, entschieden bis peinlich postmodernen Romans abhanden kommt. Während der Suche nach dem verschollenen Opus Magnum macht der Schriftsteller nun aber allerlei Erfahrungen mit dem sogenannten wirklichen Leben, das sich als viel interessanter, spannender, komischer, absurder, anrührender erweist als die Literatur. Das Leben überholt sozusagen das Werk.

Wichtiger als das Werk, weil das Werk bedingend, ist das Leben ohnehin. Meine Bücher erwiesen sich zwar nicht als Ladenhüter, aber es waren auch keine Bestseller, und da ich inzwischen verheiratet war, zwei Kinder hatte und also eine vierköpfige Familie durchbringen musste, reichten die Honorare aus den Buchverkäufen zum Überleben nicht aus. Da traf es sich gut, dass dem damaligen Literaturredakteur der »Zeit« mein Roman *Ins Blaue* so gut gefallen hatte, dass er mich zur Mitarbeit an seinem Blatt einlud. Ich schrieb nun regelmäßig Rezensionen und Kritiken und bekam auch eine eigene Kolumne. Jetzt war ich also ein Schriftsteller, der sich nebenbei als Literaturkritiker betätigte, und da »Die Zeit« recht angemessene Honorare zahlte, kam ich halbwegs über die Runden.

Mit dieser Doppelrolle war ich eine Weile sehr einverstanden und zufrieden, bis ich eines Tages bei einer Lesung aus *Weg war weg* mit den Worten vorgestellt wurde, ich sei ein Literaturkritiker, der nebenbei auch selber Romane schreibe. In der Wahrnehmung der literarischen Öffentlichkeit hatte sich das Verhältnis also umgekehrt, was mein Selbstverständnis nachhaltig erschütterte. Wie es zu dieser Verkehrung kommen konnte, verstand ich sehr wohl: Als Kritiker der »Zeit« hatte ich ein ungleich größeres Publikum, als ich es als Autor meiner eigenen Werke hatte und habe. Dichter hatte ich zwar nicht werden wollen – und war es dennoch geworden. So weit, so gut. Aber dass sich der Dichter nun zum Kritiker verpuppen sollte, erschien mir als peinlicher Triumph des Sekundären. Der Mister Hyde, den ich als Kritiker spielte, war drauf und dran, den Dr. Jekyll zu vertilgen, der ich als Schriftsteller war. Nun könnte man ja auf die Idee kommen, dass die von mir verfassten Kritiken besser waren als meine Bücher, und der Wandel meines Status in der literarischen Öffentlichkeit mir sagen wollte: Schreib lieber weiter Kritiken und lass die Finger von eigenen Sachen. Ein besonders sensibler Verleger hat mir das sogar einmal ausdrücklich empfohlen, als er ein Manuskript von mir ablehnte, das dann in einem anderen Verlag erschien – und übrigens mit viel Kritikerlob bedacht wurde.

Wer Autor ist und sich auch als Kritiker auf den Markt wagt, dem wird über kurz oder lang von den Berufs-Kritikern das um die Ohren gehauen, was er selbst irgendwo als Kritiker geäußert hat – als ob die von einem Schriftsteller verfasste Literaturkritik automatisch dessen ästhetisches Credo sein könne oder solle. Konkret sah das dann so aus: Ich hatte irgendwann einen Verriss eines Romans des Autors X veröffentlicht, was der den Autor X verehrende Kritiker Y übel vermerkte, um meinen nächsten Roman dann unter der Fragestellung zu verreißen: Kann der das denn besser als X? Womit ich dann in einem Aufwasch sowohl als Schriftsteller als auch als Kritiker blamiert werden sollte. Der Schuster bekam Prügel, weil er nicht bei seinen verordneten Leisten geblieben war.

Zudem machte ich immer deutlicher die Erfahrung, dass regelmäßig betriebene Literaturkritik ein undankbares Geschäft ist, das Charles Simmons in seiner Literaturbetriebssatire *Belles Lettres* auf diesen knappen und treffenden Begriff gebracht hat: Kritik ist »eine Methode, alte Freundschaften zu ruinieren oder sich neue Feinde zu schaffen«. Und also ließ ich es bleiben. Fast. Zwar schreibe ich auch heute noch gelegentlich Literaturkritiken, aber um meinen Feindeskreis überschaubar zu halten, kapriziere ich mich dabei fast ausschließlich auf tote oder ausländische Kollegen – vorzugsweise auf tote ausländische.

Was mir in Folge an Rezensionshonoraren entging, machte ich dadurch wett, dass ich Übersetzungen aus dem Englischen anfertigte, was ich immer noch tue, zum Beispiel den eben zitierten Charles Simmons. Machart und Feinstruktur eines fremden Textes lernt man als Übersetzer besser kennen als durch bloße Lektüre, und da lässt sich dann gelegentlich auch so mancher Honigtropfen fürs eigene Werk saugen.

7.

Anfang der 90er Jahre schrieb ich mit den beiden Romanen *Die Schrift vom Speicher* und *Das Licht in den Steinen* sowie den Sonetten *Der Schatten den die Hand wirft* drei thematisch und sprachlich eng miteinander korrespondierende Bücher, die ich immer als eine Art Trilogie empfunden habe – leider erwies sie sich als Trilogie der Unverkäuflichkeit. Es waren handlungsarme, fast monologische, nicht gerade leicht lesbare Bücher, die mir viel Kritikerlob einbrachten, die Bestenliste des SWF zierten – und also auf dem Markt gründlich durchfielen und mich finanziell praktisch ruinierten. *Die Schrift vom Speicher* hat bis heute 2000 Stück verkauft, *Das Licht in den Steinen* 1500 und *Der Schatten den die Hand* wirft knapp 600 (was jedoch, wie ich von Lyrikern höre, für Lyrik fast schon als Bestseller gilt).

Indem ich diese erschütternden Zahlen nenne, gehe ich naiverweise davon aus, dass die Verlagsabrechnungen korrekt sind. Wirklich glauben und trauen mag diesen zweimal jährlich eingehenden Abrechnungen vermutlich kein Autor. Das Gefühl, dass da doch etwas nicht stimmen könne, ist chronisch, weil man als Autor nie wirklich verifizieren kann, was einem da vor- und abgerechnet wird. Dies Misstrauen gehört zum sehr weiten, komplizierten Feld des Verhältnisses von Autoren und Verlegern, das zwar sehr viel zur Sache tut, das ich hier aber nur streifen kann, beispielsweise mit folgender Anekdote: In einer Halbjahresabrechnung wurden mir einmal weniger Exemplare auf der Habenseite verbucht, als ich für meinen Eigenbedarf selbst bestellt und bezahlt hatte. Der Verlag entschuldigte sich mit einem »bedauerlichen Softwarefehler«. Dergleichen »Softwarefehler« finden sich übrigens bis heute immer mal wieder in den Abrechnungen – zu Ungunsten der Verlage sind sie allerdings noch nie ausgefallen. In Dimensionen bereits krimineller Energie drang ein anderer Verlag vor, der mir von einem Titel über 3000 verkaufte Exemplare nicht abrechnete; als ich hinter diesen ausgewachsenen Honorarschwindel kam, wurde mir erklärt, diese 3000 Exemplare seien als Rezensionsstücke unter die Leute gebracht worden. Bei 3000 Rezensionsexemplaren müssten wohl weltweit sämtliche Kritiker beglückt worden sein! Die Sache wurde dann auf dem Rechtsweg geklärt. Und ich wechselte den Verlag.

Mit meiner Trilogie der Unverkäuflichkeit stand ich jedenfalls mit zwei kleinen Kindern und meiner damals nicht berufstätigen Frau vor der Alternative, entweder den Bettel hinzuschmeißen, zurück in die Werbung zu gehen oder Lehrer zu werden, um nach Feierabend und in den Ferien weiter derartige Kunststücke zu produzieren, oder aber wieder Bücher zu schreiben, die am Markt erfolgreicher wären. Ich schrieb dann den Roman *Der Flügel* und hatte damit den bitter notwendigen Erfolg, der sich nicht zuletzt der Tatsache verdankte, dass der Roman in der Fernsehsendung »Das literarische Quartett« besprochen wurde. Und vermutlich wäre der Erfolg noch größer gewesen, hätte der laute, alte Mann das Buch gelobt, statt es wütend zu zerreißen. Über das schwierige Verhältnis von Autoren zur Kritik ist viel geschrieben und noch mehr geredet worden. Die Dominanz des Sekundären, ich sagte es bereits, ist schwer erträglich. Ein Kritiker versuchte einmal, mich mit der Bemerkung zu beschwichtigen, wir, Kritiker also und Autoren, säßen doch »alle in einem Boot«. »Ja«, sagte ich, »aber die Autoren rudern.«

Nach den Erfahrungen mit meiner Trilogie der Unverkäuflichkeit vollzog ich jedenfalls die Rückkehr von der schwer lesbaren, sprachlichen Preziose zu einer plot-orientierten, unpeinlich-unterhaltsamen Erzählliteratur. In einer Diskussionsrunde wurde ich einmal gefragt, ob das, was ich schreibe, mehr U oder mehr E sei, eher Unterhaltung oder eher Seriös-Ernsthaftes also. Das ist eine in Deutschland ungemein beliebte, literaturfremde Kategorisierung, die meistens von Leuten vorgenommen wird, die weder von U noch von E die leiseste Ahnung haben. »Weder – noch«, antwortete ich. »Ich mache Ü!« Die Kurskorrektur zurück zum Ü war mir als Autor zwar durchaus gemäß, verursachte allerdings gemischte Gefühle, weil ich gezwungen war, mich von Schreibweisen zu verabschieden, die für mich damals durchaus noch nicht vollständig ausgereizt waren. Ein weiterer Roman dieser Art war bereits begonnen, wurde dann aber der Not gehorchend zur Kurzgeschichte *Das Blau auf Fenstern und Türen* abgewrackt, fiel sozusagen dem Flügel zum Opfer und dem, was folgte. Wäre ich Single gewesen, hätte ich mich vielleicht auf dem niedrigen, ökonomischen Niveau halten können – in der Verantwortung gegenüber meiner Familie war das ausgeschlossen.

Meine Publikationsgeschichte, die Zickzacklinien innerhalb meiner Bio-Bibliografie, bilden also auch eine Geschichte darüber, wie das sogenannte Familienglück (das ich in der Tat gefunden zu haben glaube, soweit das in unserer glücksskeptischen und -feindlichen Zynikerwelt möglich ist) nicht nur die materielle Existenz von Autoren bestimmt, sondern auch deren Schreibweisen und Stil beeinflussen kann. Jene drei Bücher waren jedenfalls meine Sorgenkinder. Immerhin sind sie noch lieferbar und verkaufen sich jährlich mit zirka 25 Exemplaren, was in der gegenwärtigen Situation auf dem Buchmarkt, den die Furie des Verschwindens durchtobt, einigermaßen verblüffend, wenn nicht gar tröstlich ist.

Wenn ich darüber rede, dass meinem Werk Rücksichtnahmen auf meine familiäre Situation eingeprägt sind wie Wasserzeichen in Geldscheine, darf ich nicht davon schweigen, dass gerade meine Familie und besonders die Erfahrungen, die ich mit Kindern gemacht habe, mir Stoffe und Inspiration gegeben haben und geben und ein zentrales Motiv meines weiteren Schreibens wurden. Die Romane *Der Mann im Mast*, *Vierundzwanzig Türen* und *September Song* speisen sich zumindest teilweise aus diesen Erfahrungen, und mit meinem *Vatertagebuch*, einem Journal des Jahres 2004, habe ich schließlich den Versuch gemacht, diese Thematik ohne Fiktionalisierung anzugehen, sozusagen mit offenem Visier.

Für literarische Agenten bin ich inzwischen zu einem hoch interessanten Autor geworden, und zwar deshalb, weil ich keinen Agenten habe. Agenten wollen von den Autoren immer nur das Beste – nämlich 15 % Agentenanteil an den Honoraren und Tantiemen. Mit dem »Kaufmann im Dichter« (Walter Benjamin) habe ich im Lauf der Zeit so nachdrücklich Bekanntschaft gemacht, dass ich mir auch ohne Agenten eine halbwegs gesunde Mischkalkulation zusammenbastele, die mich samt Familie auf bescheidenem Niveau nährt. Zu den Buchtantiemen kommen die Übersetzungshonorare; ich schreibe gelegentlich Artikel in Zeitungen und Zeitschriften und Beiträge für den Rundfunk; dank meines akademischen Hintergrunds werden mir manchmal Gastdozenturen angetragen. Eine nicht zu unterschätzende Einnahmequelle bilden schließlich die Lesungen; zu Zeiten meiner Trilogie der Unverkäuflichkeit habe ich durch Lesungshonorare sogar höhere Einnahmen erzielt als durch die Buchverkäufe. Der Rede wert sind Lesungen aber nicht nur des Geldes wegen, als viel mehr deshalb, weil sie deutlicher Ausdruck der Tatsache sind, dass man als Autor nicht nur sein Werk zu Markte trägt, sondern seine Person mit in Kauf gibt. Dichter wollte ich jedenfalls nie werden.

8.

Ohne die Geduld und Unterstützung meiner Frau wäre das alles unmöglich gewesen. In seinem autobiographischen Buch *On Writing* hat Stephen King angemerkt: »Immer, wenn ich einen Debütroman sehe, der einer Ehefrau oder einem Ehemann gewidmet ist, muss ich lächeln und denke: Da weiß also jemand Bescheid. Schreiben ist ein einsames Geschäft. Wenn man dabei aber jemanden zur Seite hat, der an einen glaubt, erleichtert das die Sache entscheidend. Diese Person muss gar keine großen Reden schwingen. Vertrauen reicht normalerweise schon.« In meinem Falle heißt diese Person Jamie, eine Amerikanerin, der natürlich auch mein Debüt *Moos* gewidmet war.

Als wir uns 1980 auf Kreta kennenlernten, ist Jamie einmal an dem Cafétisch vorbei gekommen, an dem ich gerade saß und etwas notierte. Sie ist stehen geblieben und hat gesagt: »Hi, what are you doing there?« Und ich hab sie angesehen und ebenso wahrheitsgemäß wie bescheuert gesagt: »I'm writing a poem.« Später hat Jamie mir dann gestanden, dass sie in dem Moment gedacht hat, dass ich ein weltfremder Spinner sein müsse, harmlos zwar, aber nicht ganz dicht. Dichter sollte ich ja auch erst noch werden.

Trotzdem hat es geklappt mit uns beiden, und ich schreibe immer noch, wenn auch kaum noch Gedichte. Und Jamie hat immer noch Vertrauen in mich und weiß sehr genau Bescheid. An jemanden zu glauben, der derlei Unseriöses wie Schreiben zu seiner Lebensgrundlage macht, ist nicht immer einfach, weil man vom Glauben allein nicht leben kann – übrigens auch nicht vom Schreiben, sondern nur von den Honoraren. Und wenn die nicht fließen, sondern nur sickern, kann das Leben manchmal ziemlich schwierig werden. Doch wenn man dann eine Person neben sich weiß, die nicht vom Glauben abfällt, erleichtert das die Sache entscheidend.

Klaus Modick, der 1951 in Oldenburg geborene Erzähler, Essayist und Übersetzer (u.a. William Gaddis, Charles Simmons und R.L. Stevenson) zählt zu den bekanntesten, aber auch amüsantesten deutschen Autoren. Zuletzt erschien sein *Vatertagebuch* (2004) und *Bestseller* (2006), eine satirische Betrachtung des deutschen Literaturbetriebs.

Adressen

▷ Autorenverbände und -vereinigungen

Autorenforum e.V.
Bänschstr. 73
10247 Berlin
kontakt@autorenforum-berlin.de
www.autorenforum-berlin.de
Vorsitz: 1. Vorsitzender: Henry Kersting
2. Vorsitzende: Annette Illingner

Autorenverband Franken e.V.
Kaiser-Heinrich-Str. 8
91301 Forchheim
Tel. 09191 - 25 08
peter.rosner@t-online.de
www.autorenverband-franken.de
Vorsitz: Peter Rosner
Ansprechpartner: Geschäftsführer: Hans Jürgen Heimrich, Händelstr. 29, 97456 Dittelbrunn, Tel. 09725 - 95 86, hans.heimrich@t-online.de

Autorinnenvereinigung
c/o Jana Jürß
Bussardstr. 6
71131 Jettingen
Tel. 07452 - 75 09 75
ava@jana-juerss.de
www.autorinnenvereinigung.de
Vorsitz: Jana Jürß
Ansprechpartner: Jana Jürß

BVjA
Bundesverband junger Autoren und Autorinnen e.V.
Postfach 20 03 03
53133 Bonn
Tel. 02208 - 91 02 08
Fax 02208 - 7 19 78
info@bvja-online.de
www.bvja-online.de
Vorsitz: Christine Langer, Vorstandssprecherin, christine-langer@gmx.de
Ansprechpartner: Mario Straubel, Geschäftsführer, mario.straubel@bvja-online.de

DeliA e.V.
Verband Deutscher Liebesautorinnen und -autoren
Fasanenweg 33
73230 Kirchheim / Teck
Tel. 07021 - 73 69 64
Fax 07021 - 73 69 67
rebecca.michele@delia-online.de
www.delia-online.de
Vorsitz: Rebecca Michéle
Ansprechpartner: Rebecca Michéle

Dramatiker-Union e.V.
Schriftsteller und Komponisten von Bühne Film und Medien
Parsevalstr. 7-9
12459 Berlin
Tel. 030 - 53 01 57 39
Fax 030 - 53 01 57 49
dramatikerunion@t-online.de
www.dramatikerunion.de
Vorsitz: 1. Gerd Natschinski, Präsident, 2. Thomas Bürkholz, Vizepräsident, 3. Axel Poike; Syndikus: Dr. iur. Jan Bernd Nordemann, Beirat: Prof. Dr. Wilhelm Nordemann, Tobias Siebert

Europäische Autorenvereinigung »Die Kogge« e.V.
Rathaus Minden, Postfach 30 80
32387 Minden
Tel. 0571 - 894 14
Fax 0571 - 893 24
kulturbuero@minden.de
www.die-kogge.eu
Vorsitz: Uli Rothfuss
Ansprechpartner: F.W. Steffen, geschäftsf. Vorstand

EWC
European Writers' Congress
87, Rue du Prince Royal
B 1050 Brüssel
Tel. +32 - 2 - 551 08 93
Fax +31 - 84 751 05 35
ewc-secretariat@inter.nl.net
www.european-writers-congress.org
Vorsitz: Trond Andreassen
Ansprechpartner: Myriam Diocaretz
Sprechzeiten:

FDA
Freier Deutscher Autorenverband Schutzverband deutscher Autoren e.V.
Coppistr. 49
04157 Leipzig
Tel. 0341 - 699 46 96
phi95hzb@studserv.uni-leipzig.de
www.fda.de
Vorsitz: Präsidentin: Prof. Dr. Ilse Nagelschmidt
Ansprechpartner: Franz Westner (Vizepräsident), f.westner@layin.de

FDA Landesverband Baden-Württemberg
Haldenstr. 41
70376 Stuttgart
Tel. 0711 - 550 63 79
wittmann-zimmer@web.de
Vorsitz: Gerda Wittmann-Zimmer
Ansprechpartner: Gerda Wittmann-Zimmer
Sprechzeiten: tagsüber bis 20 Uhr

FDA
Landesverband Bayern
Willibaldstr. 6
80687 München
Tel. 089 - 58 92 76 15
Fax 089 - 58 92 76 16
f.westner@salonline.de
Vorsitz: Franz Westner
Ansprechpartner: Franz Westner, Tel. 089 - 58 92 76 15
Sprechzeiten: Freitag 14-18 Uhr

FDA
Landesverband Berlin
Soester Str. 25 a
12207 Berlin
Tel. 030 - 712 22 67
Fax 030 - 712 42 33
Lutzlufi2002@aol.com
www.fda.de/landesverbaende
Vorsitz: Lutz Fischer
Ansprechpartner: Lutz Fischer, Ursula Menzel (stellv.) 030 - 686 82 11

FDA
Landesverband Hessen
Südwestring 44
64087 Dieburg
Tel. 06134 - 224 12
Fax 06071 - 228 44
06071 - 228 44
www.fda-hessen.de
Vorsitz: Inge Zahn, blaue-feder@web.de
Ansprechpartner: Gila Gordon

FDA
Landesverband Niedersachsen
Tel. 05042 - 50 40 08
christoph.huppert@t-online.de
Vorsitz: Christoph Huppert, Vorsitzender

FDA
Landesverband Nordrhein-Westfalen
Norbertstraße 19
53925 Kall-Steinfeld/Eifel
Tel. 02441 - 5631
Fax 02441 - 5631
Zuell.FDA@gmx.de
www.fda.de, www.fda-lv-nrw.de
Vorsitz: Andreas Züll
Ansprechpartner: Schriftführerin: Ellinor Wohlfeil, ewohlfeil@t-online.de

FDA
Landesverband Rheinland-Pfalz
Dantestr. 7
55128 Mainz
Tel. 06131 - 36 94 36
Fax 06131 - 36 35 59
jan@cattepoel.de
Vorsitz: Dr. Jan Cattepoel

FDA
Landesverband Saarland
Dantestr. 7
55128 Mainz
Tel. 06132 - 36 94 36
Fax 06132 - 36 35 59
jan@cattepoel.de
www.fda-saarland.de
Vorsitz: Dr. Jan Cattepoel

FDA
Landesverband Sachsen
Am Hang 25, OT Wüstenbrand
09337 Hohenstein-Ernstthal
Tel. 03723 - 62 72 53
Fax 03723 - 62 72 54
Vorsitz: Almut Fehrmann (Hans-Dietrich Lindstedt, Ehrenvorsitz)
Ansprechpartner: Almut Fehrmann

FDA
Landesverband Thüringen
Postfach 1245
96474 Bad Rodach
Tel. 09564 - 80 04 28
joerg.bilke@gmx.de
Vorsitz: Dr. Jörg B. Bilke

FDA
Landesverband Hamburg e.V.
Mechelnbusch 5
22559 Hamburg
Tel. 040 - 27 86 11 88
Fax 040 - 27 86 11 88
info@fda-hamburg.de
www.fda-hamburg.de
Vorsitz: Ellen Balsewitsch-Oldach
Ansprechpartner: Dirk-Uwe Becker, 2. Vorsitzender, Weidenkamp 5, 25791 Linden, dirk-uwe.becker@t-online.de

Förderkreis der Schriftsteller in Sachsen-Anhalt e.V.
Böllberger Weg 188
06110 Halle
Tel. 0345 - 283 22 57
Fax 0345 - 283 22 57
foerderkreis-halle@t-online.de
www.foerderkreis-halle.de
Vorsitz: Ronald Gruner
Ansprechpartner: Rolf Krohn
Sprechzeiten: büroüblich

Förderkreis deutscher Schriftsteller in Baden-Württemberg e.V.
c/o M.C. Wiehl
Gartenstr. 58
76135 Karlsruhe
info@schriftsteller-in-bawue.de
www.schriftsteller-in-bawue.de
Vorsitz: Dr. Renate Müller-Buck, Vorsitzende
Ansprechpartner: Geschäftsführerin: Meike Christina Wiehl M.A., Gartenstraße 58, 76135 Karlsruhe

IG Autorinnen Autoren
Seidengasse 13
A 1070 Wien
Tel. +43 - (0)1 - 526 20 44 - 13
Fax +43 - (0)1 - 526 20 44 - 55
ig@literaturhaus.at
www.literaturhaus.at/lh/ig
Vorsitz: Präsident: Renate Welsh
Ansprechpartner: Gerhard Ruiss

IGdA
Interessengemeinschaft deutschsprachiger Autoren e.V.
Geschäftsstelle
Frau Jutta Miller-Waldner
Müllerstraße 22e
12207 Berlin
Tel. 030 - 712 74 77
info@igda.net
www.igda.net
Vorsitz: Jutta Miller-Waldner

P.E.N.-Zentrum Deutschland
Kasinostr. 3
64293 Darmstadt
Tel. 06151 - 23 12 - 0
Fax 06151 - 29 34 14
PEN-germany@t-online.de
www.pen-deutschland.de
Vorsitz: Präsident: Johano Strasser, Generalsekretär: Wilfried F. Schoeller, Vizepräsidenten: Karin Clark (Writers in Prison-Beauftragte), Michael Klaus (Writers in Exile-Beauftragter)
Ansprechpartner: Ursula Setzer

Quo Vadis
Arbeitsreis Historischer Roman
c/o Dr. Olaf Kappelt
Seestr. 106
13353 Berlin
qv@akqv.org
www.akqv.org
Sprecher: Frank Stefan Becker, Ruben Wickenhäuser

Regensburger Schriftstellergruppe International e.V. (RSGI)
Von-der-Tann-Str. 13
93047 Regensburg
Tel. 0941 - 577 09 u. 0175-73 69 579
www.rsgi.de
Vorsitz: Stefan Rimek (Präsident)

Schrieverkring Weser-Ems e.V.
Schinkenberg 10
28307 Bremen
Tel. 0421 - 48 03 78
Fax 0421 - 484 19 51
cvscholz@aol.com
www.schrieverkring.de
Vorsitz: Carl Scholz

Mörderische Schwestern. Vereinigung deutschsprachiger Krimiautorinnen
c/o Beatrix Kramlovsky
Spargelfeldgasse 14
A 2102 Bisamberg
mail@sinc.de
www.sinc.de
Vorsitz: Beatrix Kramlovsky
Ansprechpartner: Regionalgruppe Berlin: Lisa Kuppler (lisa.kuppler@wels-productions.de), Regionalgruppe Frankfurt: Almuth Heuner (almuth@heuner.de), Regionalgruppe Nord: Birgit Hölscher (verandalaguna@arcormail.de, Tel. 040 - 31 41 12, Fax 040/24 18 67 99

DAS SYNDIKAT
Geschäftsstelle
Postfach 600 662
81206 München
sprecher@das-syndikat.com
www.das-syndikat.com
Vorsitz: Jürgen Kehrer, Sprecher

Verband Autorinnen und Autoren der Schweiz (AdS)
Konradstr. 61
CH 8031 Zürich
Tel. +41 (0)44 - 350 04 60
Fax +41 (0)44 - 350 04 61
sekretariat@a-d-s.ch
http://www.a-d-s.ch
Vorsitz: Theres Roth-Hunkeler (bis 31.3.07)
Ansprechpartner: Peter A. Schmid (bis 31.3.07)

Verband Deutscher Drehbuchautoren e.V.
Charlottenstr. 95
10969 Berlin
Tel. 030 - 25 76 29 71
Fax 030 - 25 76 29 74
info@drehbuchautoren.de
www.drehbuchautoren.de
Vorsitz: Vorstand: Anke Fabré, Dr. Kurt Boeser, Dr. Christoph Falkenroth, Maria Theresia Wagner, Carolin Otto, Pim G. Richter, Dr. Christina Kallas;

Geschäftsführender Vorstand: Anke Fabré, Dr. Kurt Boeser, Pim G. Richter
Ansprechpartner: Geschäftsführer: Katharina Uppenbrink

Verband deutscher Schriftsteller (VS) in ver.di/Bundesgeschäftsstelle
Paula-Thiede-Ufer 10
10179 Berlin
Tel. 030 - 69 56 - 23 27
Fax 030 - 69 56 - 36 56
vs@verdi.de
http://vs.verdi.de
Vorsitz: Imre Török
Ansprechpartner: Geschäftsführung: Dirk von Kügelgen, Justitiar: RA Wolfgang Schimmel

Verband deutscher Schriftsteller (VS) in der ver.di (Ausland), Berlin
Vorsitz: Axel Thormählen
Ansprechpartner: Dirk v. Kügelgen

VdÜ/Bundessparte Übersetzer im Verband deutscher Schriftsteller(VS) in der ver.di, Berlin
www.literaturuebersetzer.de
Vorsitz: Gerlinde Schermer-Rauwolf
Ansprechpartner: Heinrich Bleicher-Nagelsmann

Verband deutscher Schriftsteller (VS) im ver.di Landesbezirk Rheinland-Pfalz
Münsterplatz 2-6
55116 Mainz
Tel. 06131 - 97 26 - 190, -191, -192
Fax 06131 - 97 26 - 199
www.autorenkatalog-rlp.de
Vorsitz: Thomas Krämer
Ansprechpartner: Annegret Kaiser

Verband deutscher Schriftsteller (VS) in ver.di Landesbezirk Hessen
Wilhelm-Leuschner-Str. 69
60329 Frankfurt
Tel. 069 - 2569-1500
Fax 069 - 2569-1599
berthold.balzer@verdi.de
www.vs-hessen.de
Vorsitz: Alexander Pfeiffer
Ansprechpartner: Berthold Balzer

Verband deutscher Schriftsteller (VS) in der ver.di Bezirk Thüringen
Schillerstr. 44
99096 Erfurt
Tel. 0361 - 21 17 - 180
Fax 0361 - 21 17 - 176
www.schriftsteller-in-thueringen.de
Vorsitz: Landolf Scherzer, Sesslerstr. 16, 98530 Dietzhausen
Ansprechpartner: Landolf Scherzer, Tel. 0175 - 5605648

Verband deutscher Schriftsteller (VS) in der ver.di Landesbezirk Baden-Württemberg
Königstr. 10a
70173 Stuttgart
Tel. 0711 - 887 88 - 0800
Fax 0711 - 887 88 - 08 99
dagmar.mann@verdi.de
www.schriftsteller.bawue.verdi.de
Vorsitz: Josef Hoben
Ansprechpartner: Dagmar Mann

Verband deutscher Schriftsteller (VS) in der ver.di Landesbezirk Bayern
Schwanthaler Str. 64
80336 München
Tel. 089 - 599 77 - 10 82
Fax 089 - 599 77 - 10 89
hans.kraft@verdi.de oder
mail@thomas-kraft.net
www.vs-bayern.de
Vorsitz: Dr. Thomas Kraft, Panoramastr. 27a, 82211 Herrsching
Ansprechpartner: Hans Kraft, ver.di Bayern

Verband deutscher Schriftsteller (VS) in der ver.di Landesbezirk Berlin
Köpenicker Str. 30
10179 Berlin
Tel. 030 - 8866-5403
Fax 030 - 8866-5934
anke.jonas@verdi.de
www.vs-berlin-brandenburg.de
Vorsitz: Prof. Dr. Horst Bosetzky (-ky)
Ansprechpartner: Anke Jonas (030 - 8866-5403)

Verband deutscher Schriftsteller (VS) in der ver.di Landesbezirk Brandenburg
Köpenicker Str. 30
10179 Berlin
Tel. 030 - 8866-5403
Fax 030 - 8866-5934
anke.jonas@verdi.de
www.vs-berlin-brandenburg.de
Vorsitz: Alexander Kröger
Ansprechpartner: Anke Jonas (030 - 8866-5403)

Verband deutscher Schriftsteller (VS) in der ver.di Landesbezirk Mecklenburg-Vorpommern
Besenbinderhof 60
20097 Hamburg
Tel. 040 - 2858 - 517, -508
Fax 040 - 2858 - 499
Vorsitz: Hans-Jürgen Schumacher, Greifswald
Ansprechpartner: Anita Jonack

Verband deutscher Schriftsteller (VS) in der ver.di Landesbezirk Niedersachsen-Bremen
Goseriede 10/12
30159 Hannover
Tel. 0511 - 124 00 - 293
Fax 0511 - 124 00 - 155
holger.knackstedt@verdi.de
www.verdi.de
Vorsitz: Dr. Johann-Gunther König
Ansprechpartner: Holger Knackstedt

Verband deutscher Schriftsteller (VS) in der ver.di Landesbezirk Nord/Hamburg
Besenbinderhof 60
20097 Hamburg
Tel. 040 - 2858 - 517, -508
Fax 040 - 2858 - 499
eilers@autorengruppe.de
www.vs-hamburg.de
Vorsitz: Dr. Reimer Eilers
Ansprechpartner: Anita Jonack

Verband deutscher Schriftsteller (VS) in der ver.di Landesbezirk Nordrhein-Westfalen
Karlstraße 123-127
40210 Düsseldorf
Tel. 0221 - 618 24 - 334
Fax 0221 - 618 24 - 468
fb8nrw@verdi.de
www.vs-nrw.de, www.vs-koeln.de
Vorsitz: Harry Böseke, Marienheide, Margit Hähner, Köln, haehner.schardt@netcologne.de

Verband deutscher Schriftsteller (VS) in der ver.di Landesbezirk Saarland
Karlstr. 1
66111 Saarbrücken
Tel. 0681 - 37 57 27
Fax 0681 - 717 78
scheff@vs-saar.de
www.vs-saar.de
Vorsitz: Klaus Behringer
Ansprechpartner: Klaus Behringer (Mo 9 - 13 Uhr)

Verband deutscher Schriftsteller (VS) in der ver.di Landesbezirk Sachsen
Haus des Buches
Gerichtsweg 28
04103 Leipzig
Tel. 0341 - 995 45 11
Fax 0341 - 995 45 11
kontakt@vs-in-leipzig.de
www.vs-in-leipzig.de
Vorsitz: Lutz Hesse
Ansprechpartner: Claudia Dobias
Sprechzeiten: Montag - Freitag von 8 bis 16 Uhr

Verband deutscher Schriftsteller (VS) in der ver.di Landesbezirk Schleswig-Holstein
Besenbinderhof 60
20097 Hamburg
Tel. 040 - 2858 - 517, -508
Fax 040 - 2858 - 499
http://vs-in-sh.de
Vorsitz: Hannes Hansen, Kiel
Ansprechpartner: Anita Jonack
Sprechzeiten:

Verband deutscher Schriftsteller (VS) in ver.di Landesverband Sachsen-Anhalt
Ludwig-Wucherer-Straße 23
06108 Halle
Tel. 0345 - 21 49 - 781
Fax 0345 - 21 49 - 700
simonetrieder@aol.com
www.literatur-lsa.de
Vorsitz: Simone Trieder
Ansprechpartner: Simone Trieder (Tel. 0345 - 684 57 84)

Verband Norddeutscher Autoren
Ahornring 10
18292 Möllen/Krakow am See
Tel. 038457 - 24475
mv.thiele@t-online.de
Vorsitz: Marianne Thiele
Ansprechpartner: Marianne Thiele
Sprechzeiten: nach Bedarf

▷ *Flammen des Digitalen*

Was hinterlassen uns Dichter, wenn sie ihre Manuskripte nur noch auf dem Computer schreiben?

Von Norbert Kron

Bei einem Abendessen, in einem Vorort Münchens, saßen kürzlich die Schriftsteller Bernhard Schlink, Dagmar Leupold und Uwe Timm zusammen und gaben beim Tischgespräch den Anwesenden Einblick in ihre Arbeitsweisen. Während der eine die gründliche Planung eines Romanvorhabens und die andere die gleichzeitige Arbeit an mehreren Texten pries, stimmte Uwe Timm mit blitzenden Augen das Lob der Löschtaste an. Wenn er einen neuen Roman nicht in den Griff bekomme, sei es das Befreiendste und Beflügelndste, das Geschriebene mit einem Tastendruck vom Computer ins Datennirvana zu befördern – um mit entleerter Festplatte und unbelastetem Geist von vorn zu beginnen.

Das Leuchten, das in den Augen des Schriftstellers zu sehen war: Es schien ein Abglanz jener Manuskriptverbrennungen, die bei Dichtern früherer Zeiten geradezu ein Ritual ihres Berufsstandes waren. Würde der Mut zum Loslassen angesichts der Fülle mittelmäßiger Bücher auch manchem Vielschreiber gut anstehen, so fehlt dem digitalem Autodafé heute doch entschieden der Reiz künstlerischer Selbstinszenierung, von dem andere Epochen, gestützt auf einen romantischeren Dichterbegriff, zehrten. Der junge Goethe etwa ließ in Sturm-und-Drang-Pose manch misslungenes Machwerk, das eines Originalgenies unwürdig war, in Flammen aufgehen – und noch die Bohémiens des Fin de siècle kannten den lustvoll-defätistischen Akt der Manuskript-Auslöschung, und sei es nur wegen des puren Brennwerts der Seiten. »Wie schön ist es, in lodernden Flammen zu vergehn«, singen Rudolf und seine verarmten Künstlerkollegen in Puccinis »Bohème« und reiben sich die Hände am Ofen warm, nachdem sie angesichts eisiger Temperaturen in ihrem Loft das »hohle, vergängliche Drama« des Dichters ins Feuer geworfen haben.

Wie unprätentiös postmodern nimmt sich dagegen der Druck auf die Delete-Taste eines Computers aus! Deutlich weist er auf den Verlust der Aura des Geschriebenen hin – und wirft damit eine viel grundsätzlichere Frage des Computerzeitalters auf: Was hinterlassen zeitgenössische Schriftsteller der Nachwelt außer den gedruckten Büchern? Welche Originalzeugnisse ihres literarischen Schaffens bleiben zurück, wenn ihre Manuskripte und Briefe nicht mehr handgeschrieben sind, sondern bloßes digitales Schriftgut?

Für Philologen aller Zeiten war es selbstverständlich, bei der späteren Aufarbeitung von Texten an deren Quellen zu gehen, an die Ursprungsmanuskripte, die noch die Handschrift ihres Entstehungsprozesses aufweisen. Sie zusammenzutragen, aufzubewahren und auszuwerten, gehört zu unserem grundlegenden Verständnis von Schriftkultur. Die Idee des Archivs ist eng mit unserem Kulturbegriff verknüpft.

Im »Schillerjahr« wurde das besonders augenfällig – ist doch aus dem Marbacher Nationalmuseum, das dem schwäbischen Klassiker gewidmet ist, das wichtigste Deutsche Literaturarchiv erwachsen, ein Schriftspeicher, der gleichsam das Gedächtnis der neueren deutschen Literatur darstellt. Deren Gedankengut und Sprache lassen sich hier in den Nachlässen der wichtigsten deutschen Schriftsteller gleichsam im Keim besichtigen – von Schiller bis Döblin und Celan. Als Papierarchiv sammelt das Marbacher Institut die Schaffenszeugnisse traditionell in Holzkästen: Ein durchschnittlicher Nachlass umfasst bis zu 60 Kästen, bei Goethe sind es 480.

Der Leiter der Handschriftenabteilung, Jochen Meyer, weiß, dass sich mit dem Aufkommen neuer Medien ein gewaltiger Umbruch vollzieht. »Schon das 20. Jahrhundert ist davon durchzogen«, erzählt er und verweist auf den sukzessiven Wandel, den Schreibmaschine,

Fax und Computer bewirkt haben. Doch wenn Autoren heute überwiegend auf Notebooks schreiben, wenn sie nicht nur ihre Werke als Dateien abliefern, sondern auch ihre literarischen Briefwechsel per E-Mail abwickeln, dann gibt es kein »Manu-Skriptum« mehr, dann ist aus dem »Autographen«, dem handschriftlichen Garanten von Autorschaft, ein austauschbarer Computer-Print geworden.

»Was als Papier herauskommt, sind ziemlich öde Ausdrucke«, sagt Meyer. Und obgleich er weiß, dass Autoren wegen der Schnelligkeit der Kommunikation »mindestens so viele Mails wie Briefe schreiben, gehen eben viele Korrespondenzen verloren«. Bahnt sich da mehr an, als dass Philologen ihrer Quellen verlustig gehen? Bedeutet das einen grundlegenden Wandel im Verständnis unserer Schriftkultur, ein Wegbrechen eines Fundaments, auf das wir zurückzugreifen gewohnt waren?

Der Berliner Schriftsteller Michael Lentz, geboren 1964, bestätigt den Verlust als einen, den er am eigenen Leib erfährt. »Ich interessiere mich für Nachlässe. Ich suche und finde gern etwas. Da kommen, wie Schiller sagt, Form- und Spieltrieb zusammen.« Für den 40-Jährigen, der mit der Computerisierung der Welt groß geworden ist, ist die Auseinandersetzung mit der Tradition eine unmittelbare Voraussetzung des eigenen literarischen Schaffens. »Eine Handschrift ist eine Kennung, ein Ausweis, ein Biorhythmus« – während der Schreibakt auf dem Notebook zur »Entfremdung, Enteignung« gerät.

Lentz, der den Bachmannpreis für eine Prosaerzählung gewann, ist ursprünglich Lyriker – einer, der das Sprachmaterial nicht nur als Werkzeug benutzt, sondern in seiner Eigenqualität zum Sprechen und Tönen bringt. Nicht nur seine Gedichte – die meisten seiner Texte schreibt er zunächst mit der Hand und transkribiert sie erst danach, begleitet von einem ersten Korrekturprozess, in seinen Laptop. »Die mechanistische Anstrengung beim Schreiben mit der Hand ist größer – so bekommt die inhaltliche Bewältigung des Textes ein körperliches Gegengewicht.«

Lentz ist ein Ausnahmefall unter den jüngeren Autoren. Im Allgemeinen sind es eher die Autoren der älteren Generation, die sich der Digitalisierung ihrer Kunst widersetzen. So hat der Amerikaner Don DeLillo dem Computer stets eine Absage erteilt, weil der Schreib-Widerstand und Klang einer mechanischen Schreibmaschine seiner Arbeit einen Rhythmus verleihe, wie sie die weiche, gleichförmig klackernde Computertastatur nicht biete. Und Günter Grass bevorzugt bis heute sein Stehpult, weil er sein Schreiben in unmittelbarer Verbindung zu seiner bildnerischen Arbeit betreibt und zuweilen sogar Zeichnungen direkt in die Manuskripte einfügt. Die zu Papier gebrachte Endfassung eines Buchs erscheint gelegentlich als Faksimile.

Und doch haben auch viele Schriftsteller, die ihr Handwerk vor Anbruch des Computerzeitalters gelernt haben, die Vorzüge digitaler Textprogramme zu schätzen gelernt. Sten Nadolny etwa. Der Autor der *Entdeckung der Langsamkeit* sammelt zwar sein Stoffmaterial zunächst in Zettelkästen – schreibt dann aber »ausschließlich mit dem Computer. Ich drucke mir alle zwei, drei Tage die Textfassung aus, korrigiere sie von Hand, übertrage die Korrekturen wieder in den Computer.«

Entdeckung der Schnelligkeit? Im Gegenteil: Das technische Medium ist für ihn das perfekte Mittel jenes langwierigen Häutungsprozesses, den literarisches Schreiben bedeutet, eine schonungslose »Text-Verarbeitung«, bei der sich nach und nach der endgültige Text herausschält. »Für radikale Eingriffe oder Umstellungen eignet sich der PC besonders gut.«

Was die Nachwelt angeht, weist Nadolny mit verschmitzter Bescheidenheit alle Verantwortung von sich: »Wozu soll ich die Manuskripte aufheben? Ich bin einfach nicht der Typ, der die eigene Person für eine Nachwelt konservieren und archivieren möchte.« Auch diesen Typ Autor hat es freilich immer gegeben, und selbst manch moderner Klassiker ist nur gegen seinen eigenen Willen überliefert wie im Fall Kafkas. Bei Nadolny ist es die Computertechnik, die die Rolle des Nachlassretters à la Max Brod übernimmt und für eine unbeabsichtigte Archivierung des Geschriebenen sorgt. »Ich speichere E-Mail-Briefwechsel nicht bewusst ab, mein Computer tut es automatisch. Ich nehme mir immer wieder vor, das meiste Zeug zu löschen. Aber das Löschen ist mühsam und die Aufnahmefähigkeit meiner Festplatte offenbar unbegrenzt.«

Auch wenn die Aura des Geschriebenen auf diese Weise verloren gehen mag: Dass Editionsphilologen bald ihre Arbeitsplätze verlieren und die Literaturarchive wie die Polarkappen schmelzen, steht nicht zu befürchten. Im Gegenteil, die hinterlassene Datenmasse wird eher zunehmen. Jochen Meyer sieht das Problem denn auch darin, dem technischen Fortschritt und der permanenten Erneuerung der Speichermedien standzuhalten. Während »Schrift auf Papier für wenigstens 800 Jahre gesichert war«, sind manche elektronischen Speicher schon nach fünf Jahren überholt. Die künftigen Herausgeber historisch-kritischer Ausgaben werden daher Computerexperten sein müssen, philologische Lumpensammler, die mit präzisem Know-how das Innere der Festplatten nach geheimen Textresten durchleuchten, nach E-Mail-Abfall, Manuskript-Back-Ups und temporären Dateien von Abenden im Internet.

Gut möglich, dass so dem konkreten Notebook eines Dichters einmal ein ebenso auratischer Erinnerungswert zukommt wie Goethes Schreibtisch in Weimar. Abgenutzte Tasten, blankgewienerte Handballenauflagen, die Reste eines umgeschütteten Kaffees, der sich bei der Arbeit über das Tastenfeld ergoss: Während der geschriebene Text selbst nur mehr eine technisch produzierte Datenmenge ist, wird dem Arbeitsgerät die Handschrift des Dichters eingeschrieben sein, die Dateireste und Gebrauchsspuren, in denen ein ganzer Schreibabschnitt eines Autorenlebens nachzulesen sein wird. Das Gerät selbst, die technische Maschine wird so zur Insignie des Auratischen. Und mehr: zum eigenen Archiv. Im Notebook fallen Medium, Manuskript und Archiv in eins.

Es sei denn, versteht sich, Autoren machen allzu regen Gebrauch von der Lösch-Taste – oder ein Virus macht die Festplatte unlesbar. Dann gerät den Exegeten das Notebook zur absoluten Metapher eines literarischen Schaffens, das geheimnisvoll und unzugänglich ist wie der Aschehaufen eines verbrannten Manuskripts. Michael Lentz könnte seinen Verehrern dereinst solch eine Reliquie hinterlassen – hat er doch am Tag, als das Gespräch zu diesem Artikel stattfindet, wie er es nennt: seinen Laptop »ermordet«. Ein Aggressionsanfall führte dazu, »es dem Notebook mal zu zeigen« – worauf die Textdaten im Plastikgehäuse versanken wie ein unhebbarer Schatz am Meeresgrund.

Doch Lentz hat vorgesorgt und vor kurzem ein ganz klassisches Archiv angefangen: In Metallcontainern sammelt er Hängemappen mit seinen handschriftlichen Manuskripten. Dass der Wert solch aufbewahrter Autographen im Zeitalter der digitalen »Textverbrennung« steigt, liegt auf der Hand. Je knapper das Angebot an Originalen ist, desto höher der Marktwert und die Aura, die von ihnen ausgeht.

Das zeigt schon der Fall Schiller. Da von Schiller nur wenig Handschriftliches überliefert ist – eine Vielzahl von Briefen, aber so gut wie keine Werkmanuskripte –, erzielt ein Blatt mit zwei Gedichten bei einer Auktion schon mal das Fünffache seines Schätzwerts. Aber das ist noch nichts gegen die schauerlichen Blüten, die die Schiller-Manie im 19. Jahrhundert trieb. Damals waren seine Handschriften unter Soldaten so begehrt, dass sie in zerkleinerten Teilstücken verkauft wurden. Die, die glücklich teilhaben konnten an einem Originalfederstrich des Klassikers, steckten sich diesen unter ihren Rock, um so, mit Dichters Wort auf nackter Brust, ins Feld zu ziehen. Mag das Computerzeitalter unserer Schriftkultur einen Teil ihrer Authentizität rauben: Ein Glück, dass eine derartige Heroisierung des Dichterworts mit Computerausdrucken nicht zu erwarten ist.

Norbert Kron lebt als freier Schriftsteller und Filmemacher in Berlin. Zuletzt erschien sein Roman *Autopilot* bei Hanser www.norbertkron.de

Adressen

▷ *Literaturzeitschriften*

Print und Online

Akzente
Vilshofener Str. 10
81679 München
vatavu@hanser.de
www.hanser.de
Ansprechpartner: Michael Krüger
Erscheinungsweise: 6x pro Jahr
Preis: jährlich € 42,00 Euro zzgl. Porto = € 45,80
Probeheft: ja
Manuskripte erwünscht: ja
Medientyp: nur Print

AROVELL Lieraturzeitschrift
Vordertal 660
A-4824 Gosau/ Österreich
arovell@arovell.at
www.arovell.at
Ansprechpartner: Paul Jaeg
Themen: Moderne Lyrik, kritische Erzählungen
Erscheinungsweise: 4 x
Preis: Abo € 8,-- (4 Zeitschriften)
Manuskripte erwünscht: ja
Autorenhonorar: nach Vereinbarung
Medientyp: Print und Online

Autoren-Magazin
Karmeliterweg 116
13465 Berlin
www.autoren-magazin.de
Ansprechpartner: Manfred Plinke
Unabhängige, kritische Informationen für Autoren mit aktuellen News, Meinungen, Tipps, Seminaren und zahlreichen weiterführenden Themen und Adressen.
Medientyp: Online-Magazin

Autorensolidarität
Seidengasse 13
A-1070 Wien/Österreich
ig@literaturhaus.at
www.literaturhaus.at/lh/ig
Themen: berufsspezifische Informationen f. österreichische Autorinnen und Autoren und Infos über Literaturpreise und Stipendien im gesamten deutschsprachigen Raum
Erscheinungsweise: 4 x jährlich (nur im Abo erhältlich)
Probeheft: gratis
Manuskripte erwünscht: nein
Autorenhonorar: nein
Medientyp: nur Print

Bella triste
Moltkestr. 64
31135 Hildesheim
bella_triste@gmx.de

www.bellatriste.de
Ansprechpartner: Florian Kessler
Themen: Zeitschrift für junge Literatur
Erscheinungsweise: 3 x jährlich
Probeheft: € 5,00
Manuskripte erwünscht: nein
Medientyp: Print und Online

Die Brücke
Riottestr. 16
66123 Saarbrücken
bruecke@haushake.de
www.bruecke-saarbruecken.de
Ansprechpartner: Redaktion Die Brücke e.V.
Themen: Migration und Feste Europa
Erscheinungsweise: Vierteljahresschrift
Probeheft: € 10,--
Medientyp: Print und Online

Brückenschlag
Ehndorfer Str. 15-17
24537 Neumünster
verlage@paranus.de
www.paranus.de
Ansprechpartner: Fritz Bremer, Hartwig Hansen, Jürgen Blume
Themen: Zeitschrift für Sozialpsychiatrie - Jahrbuch, durchgehend mit Farbillustrationen, Gedichte, Geschichten, Essays und Bilder, erscheint als Themenheft, 2007: Macht der Liebe
Erscheinungsweise: jährlich
Probeheft: Einzelheft € 15,--
Manuskripte erwünscht: ja
Autorenhonorar: Belegexemplar
Medientyp: Print und Online

Buchkultur
Buchkultur Verlags Ges.m.b.H.
Huetteldorferstr. 26/4-6
A-1150 Wien
redaktion@buchkultur.net
www.buchkultur.net
Ansprechpartner: Dr. Tobias Hierl, Hannes Lerchbacher
Erscheinungsweise: 6-x jährlich + Sonderhefte
Preis: office@buchkultur.net
Probeheft: gratis
Medientyp: Print und Online

Caligo
Zeitschrift für Kunst und Literatur
Geschw.-Scholl-Str. 28b
06118 Halle
redaktion.caligo@arcor.de
www.caligo-zeitschrift.de.vu
Ansprechpartner: Carsten Schmidt
Themen: Prosa, Lyrik, Bilder, Karikaturen, Rezensionen, Interviews zu Themen aus Krimi, Horror, SciFi und Satire
Erscheinungsweise: vierteljährlich
Probeheft: € 2,50
Manuskripte erwünscht: mitmachen erwünscht
Medientyp: Print

Criminalis
Magazin für Krimiliteraturfreunde
Am Eschkamp 7A
48291 Telgte
info@capricorn-verlag.de
www.capricorn-verlag.de, www.criminalis.de
Ansprechpartner: Capricorn Literaturverlag

Themen: alles rund ums Genre Krimi
Erscheinungsweise: jährlich im September
Probeheft: € 11,50
Manuskripte erwünscht: nein
Medientyp: nur Print

das gefrorene meer
zeitschrift für literatur international
Langobardenstr. 61
01239 Dresden
redaktion@dasgefrorenemeer.de
www.dasgefrorenemeer.de
Themen: Literatur, Philosophie, Sozial-Kulturwissenschaften
Erscheinungsweise: online kontinuierlich, print zweix jährlich
Probeheft: € 8,--
Manuskripte erwünscht: ja
Autorenhonorar: nein
Medientyp: Print und Online

Dichtungsring
Victoriastr. 11
53173 Bonn
uli.bergmann@web.de
www.dichtungsring-ev.de
Ansprechpartner: Ulrich Bergmann
Themen: Lyrik, Prosa, Visuelle Poesie, Konkrete Poesie, Fotografie, Bildhauerei, Grafik
Erscheinungsweise: 1x jährlich
Probeheft: € 5,--
Manuskripte erwünscht: ja
Autorenhonorar: nein
Medientyp: Print und Online

Der Dreischneuß Marien-Blatt Verlag
Braunstr. 12
23552 Lübeck
marienblatt@gmx.net
www.dreischneuss.de
Ansprechpartner: Regine Mönkemeier
Themen: Zeitschrift für Literatur, jeweils Themenhefte in schöner Ausstattung mit Lyrik- und Prosatexten, Bildern oder Graphik, Rezensionen
Erscheinungsweise: 1x jährlich, August
Probeheft: € 4,05; 3,20 im Buchhandel!
Manuskripte erwünscht: ja, Auschreibung im Internet beachten, gern per E-mail
Autorenhonorar: nein, nur 1 Belegheft
Medientyp: Print und Online mit Leseproben und Archiv

Dulzinea - Zeitschrift für Lyrik & Bild (Xenien)
Postfach 19 27
36009 Fulda
www.dulzinea.de
Ansprechpartner: Uwe Pfeiffer
Themen: Lyrik, Liebeslyrik, lyrische Prosa, Haiku, Senryû, Malerei, Zeichnungen
Erscheinungsweise: 2x jährlich
Probeheft: € 3,--
Manuskripte erwünscht: ja, Rücksendung von Textbeiträgen erfolgt nicht
Autorenhonorar: nein, Autoren erhalten aber 1 Belegexemplar
Medientyp: nur Print

EDIT - Papier für neue Texte
Haus des Buches, Gerichtsweg 28
04103 Leipzig
mail@editonline.de
www.editonline.de
Ansprechpartner: Patrick J. Hutsch
Themen: »Entdeckerzeitschrift« für junge, deutschsprachige Prosa, Lyrik und Kritik
Erscheinungsweise: 3x jährlich
Probeheft: € 5,00 zzgl. Porto
Manuskripte erwünscht: ja
Autorenhonorar: ja
Medientyp: Print und Online

Edition YE Kunst und Poesie
Neustr. 2
53925 Sistig/Eifel
editionYE@t-online.de
www.theobreuer.de
Ansprechpartner: Theo Breuer
Themen: Schachteledition mit originalen lyrischen, visuellpoetischen, druckgraphischen Blättern (auch Autographen)
Erscheinungsweise: ca. 1x im Jahr
Manuskripte erwünscht: nein (auf Anfrage)
Autorenhonorar: 1 Exemplar der Kunstschachtel
Medientyp: Nur Print

Elfenschrift
c/o Ulrike Stegemann
Stichstraße 6
31028 Gronau (Leine)
info@elfenschrift.de
www.elfenschrift.de
Ansprechpartner: Ulrike Stegemann
Themen: Kleine phantische Zeitschrift
Erscheinungsweise: 4 x jährlich
Probeheft: € 3,50 inkl. Versand
Medientyp: Print

Am Erker
Fiktiver Alltag e.V.
c/o Frank Lingnau
Rudolfstr. 8
48145 Münster
redaktion@am-erker.de
www.am-erker.de
Ansprechpartner: Fiktiver Alltag e.V.
Themen: Thematisch orientierte Hefte mit erzählender Prosa, Essays, Schriftstellerporträts und einer umfangreichen Bücherschau
Erscheinungsweise: 2x
Probeheft: Probeheft incl. Versand: 5,-- €s
Manuskripte erwünscht: ja
Autorenhonorar: nein
Medientyp: Print, Auswahl online

erostepost
im Literaturhaus
Strubergasse 23
A-5020 Salzburg/Österreich
erostepost@literaturhaus-salzburg.at
www.erostepost.at
Themen: Anthologiecharakter, es werden nur Prosatexte und Lyrik veröffentlicht, Erstveröffentlichungen junger, noch unbekannter deutschsprachiger Autoren
Erscheinungsweise: 2x
Preis: 80 ATS
Probeheft: gratis
Manuskripte erwünscht: ja

Autorenhonorar: € 20,-- per Druckseite
Medientyp: nur Print

Exil
Postfach 17 02 34
60076 Frankfurt am Main
exilkoch@seznam.cz
www.slm.uni-hamburg.de/exilarchive
Ansprechpartner: Edita Koch, Prof. Dr. Frithjof Trapp
Themen: Zeitschrift für Literatur, Theater, Kunst und Wissenschaft im Exil der deutschsprachigen Autoren 1933-1945. Für Literaturwissenschaftler und interessierte Leser.
Erscheinungsweise: 2x
Probeheft: € 5,--
Manuskripte erwünscht: ja, mit Rückporto
Autorenhonorar: leider kein Honorar
Medientyp: nur Print

Experimentelle Texte
Adolf-Reichwein-Straße 2,
z. H. Ute Deventer AK-K 217
57068 Siegen
deventer@germanistik.uni-siegen.de
Ansprechpartner: Hermann Korte, Karl Riha
Themen: Autorenhefte
Erscheinungsweise: unregelmäßig
Probeheft: € 3,--
Manuskripte erwünscht: ja
Autorenhonorar: nein

Faltblatt
Neustr. 2
53925 Sistig/Eifel
editionYE@t-online.de
www.thoebreuer.de/faltblatt
Ansprechpartner: Theo Breuer
Themen: Lyrische Zeitschrift für neue Gedichte, visuelle Poesie, Buchvorstellung, Essay, Zeitschriftenvorstellung, Autoren- und Verlagsporträt
Erscheinungsweise: ca. 1x im Jahr
Probeheft: inkl. Versand € 7,77
Manuskripte erwünscht: nein
Autorenhonorar: mehrere Belegexemplare
Medientyp: Nur Print

Fantasia
Postfach 13 71
94003 Passau
schroepf@panet.de
www.edfc.de
Ansprechpartner: Franz Schröpf
Themen: Fantastik
Erscheinungsweise: 4-6 x
Probeheft: € 8,-- Einzel, Doppel € 16,--
Manuskripte erwünscht: ja
Autorenhonorar: nein
Medientyp: Print und Online

Federwelt
Zeitschrift für Autorinnen und Autoren
Taxisstr. 15
80637 München
www.federwelt.de
Ansprechpartner: Sandra Uschtrin (Hrsg.)
Themen: praktische Artikel, Interviews mit Lektoren, Schriftstellern etc, Ausschreibungen und Stipendien, Rezessionen, neue Prosa und Lyrik
Erscheinungsweise: 6x jährlich
Preis: € 27,-- Abo

Manuskripte erwünscht: ja
Autorenhonorar: Lyrik/ Prosa: ein Freiexemplar, Sachartikel für Autoren: nach Absprache. Außerdem gibt es den Federwelt-Newsletter per E-Mail.

Freiberger Lesehefte
Zeitschrift für Gegenwartsliteratur
Postfach 1243
09582 Freiberg/Sa.
team@freibergerlesehefte.de
www.freibergerlesehefte.de
Ansprechpartner: Peter Segler, Chefredakteur
Themen: vorgegebener Themenbezug, Ausschreibung auf der Homepage
Erscheinungsweise: unregelmäßig
Probeheft: € 8
Manuskripte erwünscht: ja
Autorenhonorar: nein, kostenloses Belegexemplar
Medientyp: Print und Online

Freitext
Kultur- und Gesellschaftsmagazin
Gotenstr. 70
10829 Berlin
denizutlu@freitext.com, Ansprechpartner Mike Kleese: mikekleese@freitext.com, Grethe-Jürgens-Str. 76, 30655 Hannover
www.freitext.com
Ansprechpartner: Deniz Utlu
Themen: Gedanken zur Zeit, Essays, Interviews, Gedichte und Kurzprosa bekannter/unbekannter Autoren, Erst- und Neuübersetzungen verschiedener Sprachen, Film- und Theaterrezensionen, Kunstfotografien.
Erscheinungsweise: jeweils 15. April und Oktober
Probeheft: € 3,--
Manuskripte erwünscht: ja, per Mail
Autorenhonorar: nein, Belegexemplar
Medientyp: nur Print

Gedanken-Fontäne
Hauptstr. 15
45527 Hattingen
Ansprechpartner: Helene-Margarete Kreisel
Themen: Gedichte - Aphorismen und japanische Formen und Hefte mit Themenschwerpunkten
Erscheinungsweise: jährlich
Probeheft: € 2,--
Manuskripte erwünscht: ja, Texte von hohem Niveau, Gedichte bis zu 30 Zeilen und Aphorismen; 3 Texte zu Auswahl per Post einsenden, Thema: Hoffnung bis 19.05.2007, Thema: Vertrauen bis 03.04.2008
Autorenhonorar: nein
Medientyp: Print

Das Gedicht
Buchenweg 3b
82234 Weßling
www.dasgedicht.de
Ansprechpartner: Anton G. Leitner
Themen: Lyrik, Essay, Kritik, Erotik etc. - nur Erstveröffentlichungen (auch sehr bekannter AutorInnen), ggf. Themenhefte
Erscheinungsweise: 1-2x
Preis: 3 Ausgaben € 36,--
Manuskripte erwünscht: jein
Autorenhonorar: 1 Belegexemplar, Sei-

tenhonorare (bei Förderung)
Medientyp: Print

HolUnderground
Steinrutsch 7
65931 Frankfurt/Main
hadayatullah@web.de
Ansprechpartner: Hadayatullah Hübsch
Themen: Zeitschrift für Lyrik (mit Collagen unterlegt). N u r Lyrik, keine Prosa, keine Rezensionen.
Erscheinungsweise: 1x
Probeheft: € 3,--
Manuskripte erwünscht: ja
Medientyp: nur Print

die horen
Zeitschrift für Literatur, Kunst und Kritik
Wurster Str. 380
27580 Bremerhaven
jp.tammen@nw-verlag.de
www.die-horen.de
Ansprechpartner: Johann P. Tammen
Themen: Themenspektrum siehe Homepage
Erscheinungsweise: 4x jährlich
Preis: € 14,-- Einzelheft
Manuskripte erwünscht: ja
Autorenhonorar: ja
Medientyp: nur Print

Keine Delikatessen
Bühne für SchriftBilder
Neulinggasse 26/11
A-1030 Wien / Österreich
www.keinedelikatessen.at / Michael Birkner
Themen: offene Zeitschrift für Literatur, Wissenschaft, Bild und Bühne
Erscheinungsweise: 4x jährlich
Probeheft: € 15,-- plus Versand
Medientyp: Print

KOLIK
Zeitschrift für Literatur
Taborstr. 33/21
A-1020 Wien/Österreich
kolik@aon.at
www.kolik.at
Ansprechpartner: Gustav Ernst u. Karin Fleischhanderl
Erscheinungsweise: 4x pro Jahr
Probeheft: € 11,--; Abo (4 Nummern) € 32,-- incl. Versand
Manuskripte erwünscht: ja
Autorenhonorar: nein
Medientyp: nur Print

Köllefornia Online
c/o Horst Tress
Sportstraße 26
50737 Köln
hortstress@aol.com
www.koellefornia.de
Ansprechpartner: Horst Tress
Themen: Kunst- und Literaturmagazin
Medientyp: Nur online

KRAUTGARTEN
Postfach 42
B-4780 St. Vith Belgien
bruno.kartheuser@skynet.be
www.krautgarten.be
Ansprechpartner: Bruno Kartheuser
Themen: Gedichte und Prosa vorw. europäischer Länder + stellt einen

Künstler vor, Rezensionen, politisch-gesellschaftliche Analyse
Erscheinungsweise: halbjährlich
Probeheft: € 7,--
Manuskripte erwünscht: ja, Papierausdruck oder Mail
Autorenhonorar: nein
Medientyp: Print und Online

Kritische Ausgabe
Zeitschrift für Germanistik & Literatur
Germanistisches Seminar der Universität Bonn
Am Hof 1d
53113 Bonn
www.kritische-ausgabe.de
redaktion@kritische-ausgabe.de
Ansprechpartner: Benedikt Viertelhaus, Chefredakteur
Themen: Essayistische Themenschwerpunkte pro Ausgabe wechselnd, bisher z.B. Popliteratur, DDR-Literatur, Industrie, Krieg, Großstadt, Literatur im Dritten Reich;
Erscheinungsweise: halbjährlich
Probeheft: € 5,00
Manuskripte erwünscht: ja, nach vorheriger Anfrage
Autorenhonorar: nein
Medientyp: Print und Online

Der Kultur-Herold
Crago Verlag
Postfach 1248
9790 Weikersheim
der-herold@web.de
Ansprechpartner: Michael Schneider-Braune und J. Heinrich Heikamp
Themen: Erscheint seit 1983!
Erscheinungsweise: 4 x jährlich
Probeheft: € 2,--, Abo 7,20
Medientyp: Print

Kunst & Kultur
c/o Burkhard Baltzer
Neckarhalde 27a
72070 Tübingen
ver.di Bundesverwaltung, 10112 Berlin
www.kunstundkultur-online.de
Ansprechpartner: Redaktion Burkhard Baltzer
Themen: Themen zur Kunst und Kulturpolitik
Erscheinungsweise: 8x jährlich
Probeheft: € 5,--
Manuskripte erwünscht: nach Absprache
Autorenhonorar: ja, je nach Textart
Medientyp: Print

Lebensbaum
Markgrafenstr. 21
91438 Bad Windsheim
Ansprechpartner: Erwin Bauereiß
Themen: Literarische Zeitschrift für Natur-Bewusstsein, Lyrik, Kurzprosa, Märchen, Sachbeiträge, Illustrationen
Erscheinungsweise: 2x jährlich zur Sommer- und Winter-Sonnenwende
Probeheft: € 4,-- plus Versandkosten
Manuskripte erwünscht: ja
Autorenhonorar: Beleg-Heft
Medientyp: nur Print

Lettre International
Erkelenzdamm 59/61
Elisabethhof - Portal 3b
10999 Berlin

redaktion@lettre.de
www.lettre.de
Ansprechpartner: Frank Berberich
Themen: ausschl. deutsche Erstveröffentlichungen, Kultur, Wirtschaft, Politik, Literatur, Theater, Film etc.
Erscheinungsweise: vierteljährlich
Probeheft: € 11,30
Manuskripte erwünscht: ja
Autorenhonorar: nein
Medientyp: Print

Lichtungen
Stigergasse 2
A-8020 Graz/Österreich
lichtungen.jaroschka@stadt.graz.at
www.lichtungen.at
Ansprechpartner: Kulturamt der Stadt
Themen: Literatur, Kunst und Zeitkritik
Probeheft: € 5,-
Manuskripte erwünscht: ja, per E-Mail
Medientyp: nur Print

Lichtwolf
Zeitschrift trotz Philosophie
Postfach 726
79007 Freiburg i.Br.
redaktion@lichtwolf.de
www.lichtwolf.de
Ansprechpartner: Timotheus Schneidegger (Herausgeber)
Themen: Philosophie, Hochschulpolitik, Sozialkritik, Untergrundkultur, Poesie
Probeheft: € 3,--
Manuskripte erwünscht: ja, max. 10.000 Zeichen
Autorenhonorar: 2 Freiexemplare
Medientyp: Print

Lima
Literarisches Magazin
Schulstr. 5
01189 Dresden
nicole-strauss@gmx.net
www.bvja-online.de
Ansprechpartner: Nicole Strauss
Themen: Prosa und Lyrik, Fotografien
Erscheinungsweise: 1x pro Jahr
Probeheft: € 7,--
Manuskripte erwünscht: ja, (siehe Homepage)
Autorenhonorar: nein, jedoch kostenlose Belegexemplare
Medientyp: nur Print

Literarische Kostproben
Anton Störck-Gasse 56/2/1/6
A-1210 Wien Österreich
Ansprechpartner: Helga Helnwein
Themen: Lyrik - Prosa
Erscheinungsweise: 4x jährlich
Probeheft: € 3,--
Manuskripte erwünscht:
Medientyp: Print und Online

Der Literat
Postfach 19 19 23
14008 Berlin
kontakt@derliterat.de
www.derliterat.de
Ansprechpartner: Inka Bohl MA
Themen: Fachzeitschrift für Literatur und Kunst
Erscheinungsweise: 8x jährlich
*Preis:*Jahresabonnement € 47,--
Manuskripte erwünscht: ja
Autorenhonorar: ja
Medientyp: nur Print

Literatur und Kritik
Ernst-Thun-Str. 11
A-5020 Salzburg/Österreich
luk@omvs.at
www.omvs.at
Ansprechpartner: Otto Müller Verlag
Themen: Literatur, Essay, Kulturpolitik, Buchkritik
Erscheinungsweise: 5x
Probeheft: gratis
Manuskripte erwünscht: ja
Autorenhonorar: ja
Medientyp: nur Print

Literaturblatt Baden-Württemberg
Postfach 101061
70009 Stuttgart
info@literaturblatt.de
www.literaturblatt.de
Ansprechpartner: Irene Ferchl
Themen: Bücher u. Literaturszene, keine unverlangten Texte, Feuilletonisches, Essays
Erscheinungsweise: 6x pro Jahr
Probeheft: € 4. (S. Hirzel, Stuttgart))
Manuskripte erwünscht: nein
Autorenhonorar: ja
Medientyp: Print und Online

LITERATUREN
Reinhardtstr. 29
10117 Berlin
redaktion@literaturen.de
www.literaturen.de
Ansprechpartner: Literaturen
Erscheinungsweise: monatlich mit jeweils einem Doppelheft Januar/ Februar und Juli/ August
Manuskripte erwünscht: nein
Autorenhonorar: nein
Medientyp: Print und Online

Literaturzeitschrift plumbum
Spinnereistraße 7 (420)
Baumwollspinnerei, Gebäude 18, Eingang 17c
04179 Leipzig
info@carpe-plumbum.de
www.carpe-plumbum.de
Themen: siehe Website: jeweils aktuell zum Heft
Erscheinungsweise: 2x jährlich
Probeheft: € 8,--
Manuskripte erwünscht: themenbezogen
Autorenhonorar: Belegexemplar
Medientyp: nur Print

LIT FORM
Friedrich-Ebert-Str. 97
59425 Unna
www.wlb.de
Ansprechpartner: Westfälisches Literaturbüro in Unna e.V.
Themen: Programme, Informationen, Perspektiven
Erscheinungsweise: 4x
Manuskripte erwünscht: nein
Autorenhonorar: nein
Medientyp: Print

Lose Blätter
Zeitschrift für Literatur
Ebelingstr. 1
10249 Berlin
www.lose-blaetter.de
Ansprechpartner: Birger Dölling, Renatus Deckert

Erscheinungsweise: vierteljährlich
Probeheft: € 2,35
Manuskripte erwünscht: nein
Medientyp: Print und Online

Manuskripte
Sackstr. 17
A-8010 Graz/Österreich
lz@manuskripte.at
www.manuskripte.at
Ansprechpartner: Alfred Kolleritsch, Rainer Götz
Themen: Manuskripte gibt es seit 1960. Es werden deutschsprachige Texte veröffentlicht.
Erscheinungsweise: 4x im Jahr
Manuskripte erwünscht: ja
Autorenhonorar: ja, nur für bestellte Essays
Medientyp: Print und Online

Maskenball
Zum Wiesengrund 4
63486 Bruchköbel-Niederissig
www.der-maskenball.de, www.verlag-jens-neuling.de
Ansprechpartner: Jens Neuling
Themen: Zeitschrift für Kunst und Literatur in monatlicher Erscheinungsweise
Erscheinungsweise: 12x
Probeheft: € 6,50
Manuskripte erwünscht: ja
Autorenhonorar: nein
Medientyp: Print

Matrix
Zeitschrift für Literatur und Kunst
POP-Verlag
Postfach 0190
71601 Ludwigsburg
www.edition-matrix.com
Ansprechpartner: Francisca Ricinski-Marienfeld, Traian Pop
Themen: Literatur und Kunst
Erscheinungsweise: 4x jährlich
Probeheft: € 5,--, sonst € 8,--, Abo 28,--
Manuskripte erwünscht: per Post
Medientyp: Print

Der Mongole wartet
Am Dornbusch 15
44789 Bochum
DrZittlau@aol.com
www.zenon-verlag.de.vu
Ansprechpartner: Michael Arenz
Themen: Internationale Prosa, Essays, Lyrik, Präsentation von Werken bildender Künstler, farbig und s/w auf ganzen Seiten (Umfang : 520 Seiten)
Erscheinungsweise: erscheint 1 bis 2 x im Jahr
Probeheft: € 26,50
Manuskripte erwünscht: ja
Autorenhonorar: nein
Medientyp: nur Print

Morgana Beat feat. Härter
Postfach 100408
04004 Leipzig
info@morgana-leipzig.de
www.morgana-verlag.com, www.st-groessenwahn.de
Ansprechpartner: Frank Bröker, Maria

Carfagna
Themen: Beat-Literatur in Prosa & Lyrik
Erscheinungsweise: jährlich
Medientyp: nur Print

Muschelhaufen
Jahresschrift für Literatur und Grafik
Hospitalstr. 101
41751 Viersen
martin@muschelhaufen.de
www.muschelhaufen.de
Ansprechpartner: Erik Martin
Themen: Eine außergewöhnliche Jahresschrift für Literatur und Grafik; alle Texte sind Erstveröffentlichungen; mit hoher Qualität und eindrucksvollem Layout (Wort & Bild), ca. 200 Seiten
Erscheinungsweise: 1x
Probeheft: € 12,85
Manuskripte erwünscht: nein
Autorenhonorar: nein
Medientyp: Print und Olnline

My Way
Finkenstr. 8
59192 Bergkamen
Ansprechpartner: Ulrich Gernand
Themen: Magazin für kulturellen Eigensinn Musik, Literatur, Kunst, Museum, Kultur, Natur
Erscheinungsweise: 2x
Probeheft: € 0,77
Manuskripte erwünscht: ja
Autorenhonorar: nein
Medientyp: nur Print

Die NEUE RUNDSCHAU
im S. Fischer Verlag
Postfach 700 355
60553 Frankfurt am Main
www.fischerverlage.de/page/nr_selbstportrait
Ansprechpartner: Herausgeber: Jörg Bong, Hans-Jürgen Balmes, Alexander Roesler und Oliver Vogel
Themen: Forum moderner Literatur und Essayistik, ein Ort intellektueller Debatten, literarischer Neuentdeckungen und Wiedererinnerungen.
Probeheft: Einzelheft: € 10,--, Jahresabonnement: € 34,--
Medientyp: nur Print

Ort der Augen
Blätter für Literatur aus Sachsen-Anhalt
Goethestr. 35
06114 Halle
andre_schinkel_m.a@gmx.de
Ansprechpartner: Friedrich-Bödecker-Kreis Sachsen-Anhalt e.V.
Themen: Erscheint seit 1993, jetzt 51 Ausgaben, gute Texte aller Genres, Manuskripte erwünscht.
Erscheinungsweise: 4x
Probeheft: Jahresabo € 19,50
Manuskripte erwünscht: ja
Autorenhonorar: € 10,--/Seite
Medientyp: nur Print

orte
Schweizer Literaturzeitschrift
Wirtslaff Rübegg 278
CH-9413 Oberegg AI
info@orteverlag.ch

www.orteverlag.ch
Ansprechpartner: Werner Bucher
Themen: Themenhefte mit Mantel, Schwerpunkt moderne Lyrik, kein Gesäusel
Erscheinungsweise: 5x im Jahr
Probeheft: € € 9,70
Manuskripte erwünscht: lieber Abos als Manuskripte
Autorenhonorar: nein
Medientyp: nur Print, Gedicht der Woche online

Ostragehege
Birkenstr. 16
01328 Dresden
dkrause@gmx.de
www.ostra-gehege.de
Ansprechpartner: Axel Helbig, Dieter Krause, Ulf Großmann
Themen: Literatur, Kunst, Musik
Erscheinungsweise: vierteljährlich
Probeheft: € 6,40
Manuskripte erwünscht: ja, digitalisiert
Autorenhonorar: in der Regel € 15,-- pro Druckseite
Medientyp: nur Print

OX-Fanzine
P.O.Box 10 22 25
42766 Haan
www.ox-fanzine.de
Ansprechpartner: Joachim Hiller
Themen: OX ist Deutschlands größtes Fanzine für Punkrock und andere laute Musik, und natürlich hat hier neben viel Musik auch (Underground-)Literatur ihren Platz.
Erscheinungsweise: 2-monatlich
Probeheft: € 5,--
Manuskripte erwünscht: nein
Medientyp: Print und Online

Pandora
Shayol Verlag
Bergmannstr. 25
10961 Berlin
service@epilog.de
www.epilog.de
Ansprechpartner: Hannes Riffel
Themen: Erzählungen, Essays, Rezensionen
Erscheinungsweise: 2xpro Jahr
Preis:
Probeheft: € 14,90, Abo 20,-- im Jahr
Medientyp: Print

Passauer Pegasus
Zeitschrift für Literatur
Wörthstr. 8
94032 Passau
karl.krieg@uni-passau.de
Ansprechpartner: Karl Krieg
Themen: Lyrik, Prosa, szenische Dichtung, Essays, Rezensionen vorwiegend deutschsprachiger AutoInnen, auch Übersetzungen u.a. aus d. Tschechischen + Slowakischen
Erscheinungsweise: 2x im Jahr
Probeheft: € 5,--
Manuskripte erwünscht: ja
Autorenhonorar: nein
Medientyp: nur Print

Perspektive
Rottalgasse 4/30
A-8010 Graz /Österreich

siehe Homepage
www.perspektive.at
Ansprechpartner: Perspektive Berlin, Lehmbruckstr. 22, 10245 Berlin
Themen: zeitgenössische Literatur
Erscheinungsweise: 2-x jährlich
Probeheft: € 5
Manuskripte erwünscht: ja
Autorenhonorar: 5 Belegexemplare
Medientyp: Print und Online

phantastisch!
Postfach 11 07
29452 Hitzacker
ahavemann@t-online.de
www.phantastisch.net
Ansprechpartner: Achim Havemann
Themen: Science Fiction, Fantasy, Horror, Fantastik
Erscheinungsweise: 4 Ausgaben/ Jahr
Probeheft: € 5,35/ Ausland: € 6,50
Manuskripte erwünscht: ja (derzeit nur Kurzgeschichten - Artikel)
Autorenhonorar: ja (derzeit allerdings nur Anerkennungshonorar)
Medientyp: Print

PhoBi
Guldeinstr. 48
80339 München
Ansprechpartner: C.H. Filz, Hrsg.
Themen: Bild- und Textalmanach zu Alltag-Kultur-Geschichte, bevorzugt kulturkritische und satirische Anmerkungen
Erscheinungsweise: jährlich, mit Schwerpunktthema
Probeheft: € 5,--
Manuskripte erwünscht: ja
Autorenhonorar: nein, Autoren-/Belegexemplar
Medientyp: nur Print

Plumbum
c/o Thomas Siemon
Spinnereistraße 7 (420)
04179 Leipzig
www.carpe-plumbum.de
Ansprechpartner: Thomas Siemon, Carl-Christian-Elze, Michael Blümel, Michaela Siemon, Katharina Bendixen, Anja Kampmann
Themen: Literatur Grafik und Gestaltung
Erscheinungsweise: 2x jährlich
Probeheft: € 8,-- inkl. Verband
Manuskripte erwünscht: Texte bitte möglichst per e-mail als Word oder Rtf-Datei und mit kurzer Biografie. Prosatexte solten nicht länger als ca. 18.000 Zeichen sein.
Medientyp: Print

Der Poetenladen
Fechnerstraße 6
04155 Leipzig
www.poetenladen.de
Medientyp: Print und Online

The Punchliner
c/o Andreas Reiffer
Hauptstr. 16 b
38527 Meine
info@subh.de
www.subh.de
Ansprechpartner: Andreas Reiffer
Themen: Nachfolger der SUBH: Satire, Storys, Polemik, Kritik

Erscheinungsweise: jährlich
Probeheft: € 10,--
Manuskripte erwünscht: ja
Autorenhonorar: nein
Medientyp: Print und Online

Quarber Merkur
Postfach 1371
94003 Passau
f.rottensteiner@xpoint.at
www.edfc.de
Ansprechpartner: Dr. Franz Rottensteiner
Themen: Phantastik
Erscheinungsweise: 2x, eine Doppelnummer pro Jahr
Probeheft: € 14,--
Manuskripte erwünscht: ja
Autorenhonorar: nein
Medientyp: nur Print

Quickborn
Zeitschrift für plattdeutsche Sprache und Literatur
Am Langenberg 51
21033 Hamburg
quickbornev@aol.com
www.quickborn-ev.de
Ansprechpartner: Vereinigung Quickborn e.V. Hamburg
Themen: Sprache und Literatur
Erscheinungsweise: 4x
Probeheft: € 7,--
Manuskripte erwünscht: ja
Autorenhonorar: nein
Medientyp: nur Print

Rabenflug
Herminenstr. 7
65191 Wiesbaden
EmvBonin@aol.com
http://rabenflug-kulturzeitschrift.smallpress.de
Ansprechpartner: Evelyne v. Bonin
Themen: Gegenwartsdichtung und frühere Literatur/Geschichte werden zueinander in Bezug gesetzt: Gedichte, Kurzprosa, Essays sowie Kulturnotizen
Erscheinungsweise: 2x jährlich
Probeheft: € 3,--; Abo € 6,00 , Einzelpreis 3,20
Manuskripte erwünscht: ja
Autorenhonorar: nein
Medientyp: nur Print

Die Rampe
Hefte für Literatur
Adalbert-Stifter-Platz 1
A-4010 Linz/Österreich
office@stifter-haus.at
www.stifter-haus.at
Ansprechpartner: Petra Maria Dallinger
Themen: Literaturzeitschrift des Landes Oberösterreich zur Förderung der Gegenwartsliteratur
Erscheinungsweise: vierteljährlich
Manuskripte erwünscht: auf Anfrage
Autorenhonorar: € 35,-- pro Druckseite
Medientyp: nur Print

Salbader
Wolliner Str. 11
10435 Berlin
andreas-scheffler@gmx.net
www.salbader.de

Ansprechpartner: Andreas Scheffler, Bov Bjerg, Jürgen Witte, Hans Duschke, Hinark Husen
Themen: Unterhaltung, Satire
Erscheinungsweise: 2x jährlich
Probeheft: € 4,--
Manuskripte erwünscht: ja, bis 4000 Zeichen
Autorenhonorar: ca. € 31,-- pro Beitrag
Medientyp: nur Print

Der Sanitäter
Verlag Peter Engstler
Oberwaldbehrungen 10
97645 Ostheim/Rhön
www.engstler-verlag.de
Ansprechpartner: Peter Engstler
Themen: Lyrik, Prosa, Poesie + Politik, Erstveröffentlichungen
Erscheinungsweise: unregelmäßig
Manuskripte erwünscht: nein
Autorenhonorar: nein
Medientyp: nur Print

Scheidewege
Jahresschrift für skeptisches Denken
Heppstr. 110
72770 Reutlingen
redaktion_scheideweg@t-online.de
www.scheidewege.de
Ansprechpartner: Hg.: Max-Himmelheber-Stiftung. Verlag: S. Hirzel, Stuttgart
Themen: Ökologisch-philosophische Themen
Erscheinungsweise: 1x (jeweils im September), ca. 400 Seiten
Probeheft: € 29,50 zzgl. Versandkosten. Im Abo 24,00 €
Manuskripte erwünscht: ja
Autorenhonorar: € 30,-- pro Seite
Medientyp: Print und Online

Schöngeist
Pasteurstraße 40
10407 Berlin
kontakt@apodion.de
www.apodion.de/zeitung.htm
Ansprechpartner: Tanja Porstmann, Juliette Guttmann
Themen: Lyrik, Prosa, Malerei, Fotografie, Essays, Porträts, Dokumentationen zu jeweils gesetzten Rahmenthemen; Frühjar 07: Im Rausch der Natur, Sommer 07: Feste feiern, Herbst 07: Im Rausch der Stadt, Winter 07: vorr. Rot wie Blut
Erscheinungsweise: vierteljährlich
Probeheft: € 8,--
Manuskripte erwünscht: nur themenbezogene Einsendungen, Max. 12000 Zeichen
Autorenhonorar: für selbstständig eingesandt Werke leider nicht
Medientyp: nur Print, ab Sommer 2007 zusätzlich Onlinevariante

Schreibheft
Zeitschrift für Literatur
Nieberdingstr. 18
45147 Essen
schreibheft.@netcologne.de
www.schreibheft.de
Ansprechpartner: Norbert Wehr
Themen: Avancierte Projekte der Weltliteratur
Erscheinungsweise: 2x jährlich
Probeheft: € 11,30

Manuskripte erwünscht: nein
Autorenhonorar: ja
Medientyp: Print

[SIC]
Zeitschrift für Literatur
c/o Christoph Wenzel
Bismarckstr. 118
52066 Aachen
sic@siconline.de
www.siconline.de
Ansprechpartner: Christoph Wenzel und Daniel Ketteler
Themen: Jahreschrift für zeitgenössische Literatur
Erscheinungsweise: jährlich
Probeheft: € 5,-- zzgl. Versand
Medientyp: Print

Signum
Blätter für Literatur und Kritik
Liliengasse 18
01067 Dresden
m.n.weiss@t-online.de
www.zeitschrift-signum.de
Ansprechpartner: Norbert Weiß (Herausgeber)
Themen: Prosa, Lyrik, Essays, Kritik, Dramatik
Erscheinungsweise: 2x jährlich plus Sonderhefte (unregelmäßig)
Probeheft: € 6,15 plus Porto
Manuskripte erwünscht: ja (mit Rückporto), Papierausdruck
Autorenhonorar: ja
Medientyp: nur Print

Sinn und Form
Akademie der Künste
Hanseatenweg 10
10557 Berlin
sinnform@adk.de
www.sinn-und-form.de
Ansprechpartner: Sebastian Kleinschmidt
Themen: Literatur, Philosophie, Essay, Prosa, Lyrik, Gespräch
Manuskripte erwünscht: ja
Autorenhonorar: ja
Medientyp: nur Print

SL-Print
Das Literaturmagazin für Leser
Semerteichstraße 75
44141 Dortmund
fran.henz@chello.at
www.schreib-lust.de
Ansprechpartner: Andreas Schröter
Themen: Unterhaltende Geschichten und redaktionelle Beiträge
Probeheft: € 4,40, 3,90 im Abo
Medientyp: Print

Social Beat SLAM!poetry
(früher »einblick«)
Lehenstr. 33
71679 Asperg
www.killroy-media.de
Ansprechpartner: Michael Schönauer (Hrsg.)
Themen: Popliteratur, Literatur der 90er ins neue Jahrtausend, street credibility
Erscheinungsweise: unregelmäßig
Probeheft: € 11, 17
Manuskripte erwünscht: ja, aber meist

schreiben wir Autoren direkt an
Autorenhonorar: Belegexemplar
Medientyp: nur Print

Spatien
c/o Hartmut Abendschein
Beaumontweg 10
CH-3007 Bern/Schweiz
redaktion@spatien.net
www.spatien.net
Ansprechpartner: Hartmut Abendschein und Markus A. Hediger
Themen: Texte aller literarischen Gattungen zum Thema
Erscheinungsweise: 2x jährlich
Probeheft: € 6,50
Manuskripte erwünscht: Einsendungen nur per E-Mail an die Redaktionsadresse
Medientyp: Print und Online

Spektrum
im Höfli 90
CH-8158 Regensberg/Zürich
Ansprechpartner: Sven Knebel
Themen: Dichtung + Original-Grafik International, bibliophil. Format 31 x 44, seit 1958, 16-20 Seiten mehrfarbig ab Druckstock.
Erscheinungsweise: 4x
Preis: 90 SFr
Manuskripte erwünscht: nein
Autorenhonorar: nein
Medientyp: Print

Sprache im technischen Zeitalter
Am Sandwerder 5
14109 Berlin
geiger@lcb.de
www.lcb.de, www.spritz.de
Ansprechpartner: Hg: Norbert Miller, Joachim Satorius; Red.: Thomas Geiger, Thorsten Dönges
Themen: Literatur, Literaturwissenschaft
Erscheinungsweise: 4x jährlich
Preis: € 36,-- Abo
Manuskripte erwünscht: ja, aber nicht per E-mail
Autorenhonorar: ja
Medientyp: nur Print

Sterz
Zeitschrift für Literatur, Kunst und Kulturpolitik
Mandellstr. 10
A-8010 Graz/Österreich
zeitschrift@sterz.mur.at
www.sterzschrift.at, www.sterz.mur.at
Ansprechpartner: Dipl.-Ing. Gernot Lauffer, Ludwig Frege
Themen: auf Anfrage/Themenankündigung im Heft bzw. mittels »Vorlauf«
Erscheinungsweise: 4x
Probeheft: Inland =Österreich € 2,--, Ausland € 6,--
Manuskripte erwünscht: ja
Autorenhonorar: nein
Medientyp: nur Print

Text + Kritik
Tuckermannweg 10
37085 Göttingen
www.etk-muenchen.de
Ansprechpartner: Prof. Heinz Ludwig Arnold
Themen: Autorenhefte, Themenhefte zur Gegenwartsliteratur

Erscheinungsweise: 4x plus 1 Sonderheft
Manuskripte erwünscht: nein
Autorenhonorar: ja
Medientyp: nur Print

TextArt
Magazin für kreatives Schreiben
Gierather Mühlenweg 15
51469 Bergisch Gladbach
verlag@textartmagazin.de;
redaktion@textartmagazin.de
www.textartmagazin.de
Ansprechpartner: Oliver Buslau, Carsten Dürer
Themen: Beiträge zum Kreativen Schreiben
Erscheinungsweise: vierteljährlich
Probeheft: € 5,20
Autorenhonorar: nach Vereinbarung
Medientyp: Print

Veilchen
Georg-August-Zinn Allee 2
68519 Viernheim
veilchen@geschichten-manufaktur.de
www.geschichten-manufaktur.de/veilchen1.html
Ansprechpartner: Andrea Herrmann
Themen: Schreiben, Texte unbekannter Autoren, Wettbewerbe
Erscheinungsweise: vierteljährlich
Probeheft: € 2,50
Autorenhonorar: Freiexemplar
Medientyp: Print und Online

Verstärker
Organ zur Rückkopplung von Kunst und Literatur
Revalerstr. 8
10245 Berlin
rueckkoppeln@verstaerker-online.de
www.verstaerker-online.de
Ansprechpartner: M.A.Olaf Dietze, Joschka Meyer, Dipl.-Math. Rahel Stichtenoth
Themen: je Ausgabe, ausgeschrieben auf der Internetseite und im E-mail-Rundbrief
Erscheinungsweise: vierteljährlich, jew. Zur Jahrszeit
Probeheft: 4 Ausgaben € 15,--
Manuskripte erwünscht: ja, bis ca. 10.000 Zeichen (incl. Leerzeichen)
Autorenhonorar: nein, aber Belegexemplar
Medientyp: Print

Sommergras
Vierteljahresschrift der Deutschen Haiku-Gesellschaft
Hufgartenweg 11
60389 Frankfurt
haikugesellschaft@arcor.de
www.haikugesellschaft.de
Ansprechpartner: Martin Berner
Themen: Kurzlyrik nach japanischem Vorbild
Erscheinungsweise: 4x
Probeheft: € 4,87
Manuskripte erwünscht: nein
Autorenhonorar: nein
Medientyp: Print und Online

Volltext
VOLLTEXT Verlag GmbH
Lothringer Str. 3
A-1010 Wien Österreich
office@volltext.at
www.volltext.net
Probeheft: € 6,--
Manuskripte erwünscht: ja
Medientyp: Print und Online

Walthari
Fritz-Claus-Str. 23
66981 Münchweiler
www.walthari.com
Ansprechpartner: Prof. Dr. E. Dauenhauer
Themen: Texte-Medien-Märkte-Porträts, gegründet 1984, Halbjahreszeitschrift m. ca. 100 Druckseiten
Erscheinungsweise: 2x
Manuskripte erwünscht: ja, nach Voranfrage
Autorenhonorar: nein
Medientyp: Print und Online

Wandler
Radbrunnengasse 1/2
71665 Vaihingen (Enz)
www.carpe.com/wandler
Ansprechpartner: Oliver Gassner
Themen: Literatur, Essays
Medientyp: Print und Online

Wegwarten
Eine literarische Zeitschrift für Einzelne
Rodenberger Str. 13
30459 Hannover
Ansprechpartner: Walter Lobenstein
Themen: Lyrik, Kurzprosa, Essays, Aphorismen, Romanauszüge, Zeichnungen, Holz- u. Linoldrucke, Grafik u. Fotos (fester Mitarbeiterkreis)
Erscheinungsweise: vierteljährlich
Probeheft: gratis
Manuskripte erwünscht: nein
Autorenhonorar: nein
Medientyp: nur Print

Wespennest
Rembrandtstr. 31/4
A-1020 Wien/Österreich
office@wespennest.at
www.wespennest.at
Ansprechpartner: Walter Famler
Themen: International orientierte Zeitschrift für Literatur und Essay
Erscheinungsweise: 4x jährlich
Probeheft: € 6,--
Manuskripte erwünscht: nein
Autorenhonorar: nein
Medientyp: nur Print

Wortspiegel
c/o Eberhard R. Baumert
Malchower Str. 78
13089 Berlin
eberhard.r.baumert@superkabel.de
Ansprechpartner: Eberhard Baumert
Themen: Zeitschrift für Schreibgruppen und Schreibinteressierte - themenoffen
Erscheinungsweise: vierteljährlich
Probeheft: € 3,00 oder Jahresabo (vier Hefte) € 11,00
Manuskripte erwünscht: ja, möglichst digital per Mail, Diskette oder CD
Autorenhonorar: nein, Belegexemplar gegen Berechnung
Medientyp: nur Print

Zeichen und Wunder
Grüneburgweg 89
60323 Frankfurt
bruntraeger@web.de
www.zeichenwunder.de
Ansprechpartner: Hubert Brunträger, Christoph Leisten, Esther Kraus
Themen: Essays zu Themen der Zeit, Kurzprosa, Gedichte
Erscheinungsweise: 2x jährlich
Probeheft: Probeheft kostenlos, ansonsten € 6,-- plus Versand
Manuskripte erwünscht: ja
Autorenhonorar: nein
Medientyp: nur Print

▷ *Eine Schriftstellerin bekommt Leserbriefe*

Leserbriefe lassen sich in zwei Stapeln ablegen: im guten und im bösen Häufchen. Ein Hauch von Wahnsinn gelangt damit in die Wohnung.

Von Sibylle Berg

Seit ich für Zeitschriften arbeite und Bücher veröffentliche, bekomme ich Briefe. Manchmal zwanzig in der Woche, mal nur einen einzigen, die ich alle beantworte, jedoch nur so verstehe wie das Universum. Recht vage. Und damit stehe ich nicht allein, denn alle, die ich kenne, die singen, tanzen oder eben Bücher schreiben, bekommen Briefe von Unbekannten, und keiner versteht recht, warum.

Diese Leserbriefe lassen sich in zwei Stapeln ablegen: im guten und im bösen Häufchen. Innerhalb der Häufchen kann man dann Unterhäufchen schichten. In der bösen Abteilung gibt es: die Leute, die gelesen haben und mitteilen wollen, dass sie gelesen haben, aber dass ihnen, was ich geschrieben habe, wirklich nicht gefallen hat. Das ist in Ordnung, dagegen ist nichts zu sagen. Mir gefällt auch nicht alles, was ich lese. Mitunter versuchen die Verfasser dann zu zeigen, wie man richtig schreibt, und legen selbstverfasste Aufsätze dazu. Die Aufsätze sind meist so wie die Dinger, die man in der Schule schreiben musste, und Orthografie und Grammatik sind vorbildlich.

»Lernen Sie erst Deutsch!«

Die Nächsten sind die Klugscheißer. Studienräte, Rätinnen, promovierte oder zumindest diplomierte Menschen, manchmal: Rentner mit geschichtlichen Ambitionen. In diesen Briefen finden Belehrungen statt. Sie weisen darauf hin, dass ich blöd bin, weil ich Robert mit Martin Walser verwechselt habe, das Periodensystem der Elemente um ein Element vertauscht habe, mich in der Schätzung einer Temperatur am Nordpol um zwei Grad vertan habe und so weiter. Okay, sag ich dann, ist aber egal, denn für Fakten ist *Facts* zuständig oder das statistische Amt, und wer so blöd ist, einer Schriftstellerin zu glauben, hat selber Schuld.

Ferner in der Abteilung für Böses: Menschen, die ich sehr, sehr verletzt habe. Ich habe etwas gegen ihr Land, ihren Musikgeschmack, ihren Hang zu Rechtsradikalen oder gegen jemanden, den sie kennen, geschrieben, und das hat sie sehr getroffen. Sie empören sich: »Vielleicht sollten Sie erstmal Deutsch lernen, ehe sie so etwas veräußern. Die Autorin, deren Namen man sich nicht merken muss, schreibt über den berühmten Heimatdichter Alfred Itzloe in einer Art, die nur unverschämt zu nennen ist. Ich war auch schon mal in Cambodia. Dort gab es einfache und herzensgute Menschen. Von einer Roten Khmer habe ich nichts gesehen, bzw. war ich auch schon mal in Myanmar, habe dort nichts von einem Militärregime gespürt.«

Weiter in der Abteilung für Böses: Menschen, die zu hassen beginnen, wenn eine Weltsicht nicht mit der ihren vereinbar ist. Die schreiben dann so: »Sie müssen eine sehr frustrierte Zicke sein, denn das Leben ist nicht so schlimm, wie sie es beschreiben«, oder: »Wieso muss ich das Gewäsch einer hässlichen unbefriedigten Sau lesen, die noch nicht mal die deutsche Grammatik beherrscht?« Die allgemeinen Hasser sind die Radikalsten, sie möchten mich erschießen, mich zwingen, mit dem Schreiben oder wenigstens mit dem Veröffentlichen aufzuhören. Sie beschimpfen mich persönlich, nennen mich dreckig und ungewaschen und legen mir nahe, das Land zu verlassen. Das mach ich dann immer direkt.

Nach dem Lesen eines Beschimpfungsbriefes fühle ich mich für zirka zwei Sekunden schmutzig, weil ich denke: »du arme Sau«, und Arme-Sau-Denken beschmutzt. Aber Angst entwickle ich nicht. Wenn mir einer die Lampe ausblasen möchte, soll er das tun. Am Ende steht in jedem Fall der Tod, und sich davor zu fürchten, beeinträchtigt das Leben. Da bin ich dagegen.

Versager und Verehrer

Die Haufen und Unterhaufen der freundlichen Zuschriften sehen so aus: Hier schreiben die Leser, die einfach nur mitteilen, dass sie gelesen haben und dass es ihnen gefallen hat. Das ist völlig in Ordnung, und ich würde lügen, würde ich behaupten, dass es einen was auch immer herstellenden Menschen nicht interessieren würde, wie seine Arbeit beim Publikum ankommt. Im guten Fall ist er mit seinen Ideen nicht alleine. Das ist ein Grund zur Freude. Hilft aber am Ende auch nichts, denn letztlich sitzt der irgendwas Unnützes produzierende Mensch wieder alleine da und muss etwas zustande bringen, das ihm selber gefällt.

Dann kommen im Bereich der guten Zuschriften zwei bedenkliche Unterhäufchen, von denen mir nie recht klar ist, ob sie nicht eher im bösen Haufen ihre Heimat hätten, Menschen, die schreiben, dass, was man geschrieben hat, ihr Leben geändert oder bestätigt habe, beides kommt aufs Gleiche raus, denn die Leben folgen dann meist. Geschichten vom Versagen, von fehlender Mutterliebe, von Inzest und einer Welt, die sich gegen den Briefverfasser verschworen hat. Das ist nicht schön zu lesen, es ist auch nicht schön, sich vorzustellen, wie das von mir verfasste Buch von einem zitternden Menschen vor seinen Leib gepresst wird, dem heiligen Kreuz gleich, um den inzestuösen Vater abzuwehren. Aber man kann sich seine Leser nicht aussuchen.

Bedenklich sind auch die Briefschreiber, die meinen, sie hätten eine große Seelenverwandtschaft zu mir entdeckt. Das sei niemandem zu wünschen, finden sie, doch davon unbeeinflusst schreiben sie sehr innig, legen Bilder von sich bei und bestehen auf einem baldigen Treffen mit anschließender Heirat. Diese Briefe kommen meist von Herren, die ich dann in aller Regel nicht treffe und auch nicht heirate.

Solche Zuschriften erhält ein Schreiber, in einer Woche mehr, dann wieder weniger, und ich lese und beantworte sie, weil ich denke, wenn Leutchen sich die Mühe machen, dreißig Seiten zu schreiben, ist ja wohl eine Karte als Antwort nicht zu viel verlangt, und aber warum ich das dann beantworte, das weiß ich immer noch nicht.

Die Menschen, die ich kenne, haben noch nie einen Brief an Bücher- oder Zeitungsschreiber geschickt, auch nicht an Rockstars oder an Politiker. Auch ich komme nicht auf die Idee, dem Regisseur eines langweiligen Theaterstückes zu schreiben, dass er mich gelangweilt hat, oder Steven Spielberg, dass er einen miesen Film gemacht hat. So kann ich nur vermuten, wie es diesen Menschen geht, die sich an Fremde entäußern. Ich denke nicht, dass es ein pathologisches Grundmuster gibt. Der Antrieb wird so verschieden sein, wie Menschen eben sind.

Menschen wird es geben, die sich wirklich aufregen, über etwas, das veröffentlicht wird und das ihrer Meinung nach Gedankenfaschismus ist. (Das Wort kommt nicht von mir, es steht häufig in Briefen, die ich erhalte.) Manchmal werden sie Recht haben mit ihrer Wut, denn kein Schreibender verfasst nicht ab und zu schlecht durchdachten Blödsinn.

Die Wütenden haben dann ihrer Wut Raum gegeben, aber nicht ihre Kinder verprügelt, sondern sich gewehrt. Das ist gut so. In manchen Fällen hilft es mir und meinen Kollegen wirklich, ein bisschen sorgfältiger umzugehen mit dem, was man so verzapft. Auch jenen, die einfach äußern, dass ihnen was gefallen oder nicht gefallen hat, kann man ein gutes Motiv unterstellen, vielleicht denken sie, ihr Beitrag würde dem Verfasser ein wenig in seiner Entwicklung weiterhelfen.

Sie wollen auch endlich mal

Alle anderen Motive, Leserbriefe zu schreiben, kann ich nur erahnen. Der Grundton ist ein wenig Odem des Wahnsinns, der in die Wohnung gelangt mit diesen Briefen, hinter denen Menschen sind, die vielleicht sehr allein sind. Die sitzen und sich langweilen und hassen und das nicht wollen, und so ein Leserbrief ist dann die einzige Möglichkeit, mit der Welt in Verbindung zu treten und sie zu strafen, dafür, dass sie so ungerecht ist. Oder sie sind inhaftiert, lebenslang, und bekommen wenig zu essen, und dann schreiben sie gegen ihren Hunger an. Oder sie wollen auch endlich mal. Endlich ihre Meinung sagen, und vielleicht wird er ja gedruckt, ihr Brief, und dann ruft der Chefredaktor der Zeitschrift bei ihnen an und sagt: Alle Wetter, Herr M., Sie alter lic. iur., Sie schreiben so gut, dass ich alle anderen entlasse, und nur mehr Sie schreiben die Zeitung voll. – Oder die Leserbriefschreiber sind voller Wut auf das Leben, und dem Leben ist schlecht Briefe schreiben, also nehmen sie einen, dem es besser als ihnen zu gehen scheint, und der ist dann dran. Oder es sind Romantiker. Die von der großen Liebe träumen und denken, das wäre doch eine Geschichte. Ich schreibe einen Liebesbrief an eine Fremde, die mit mir seelenverwandt ist und die antwortet, und dann treffen wir uns und lieben uns bis zum Ende. Oder sie haben einfach grauenhafte Langeweile, die Briefschreiber. Waren grad wieder in der »Bilanz« als hundertster reicher Schweizer und hocken in ihrem Chalet, und es mag nicht schneien, und die Hunde haben auch schon Diamantkolliers, und dann schreiben sie, wem, ist doch egal.

Liebe Leser, Sie merken, sosehr ich mich bemühe, einem Phänomen auf die Spur zu kommen, die Erklärungen bleiben flach und fad, und wenn Sie bessere wissen: Schreiben Sie mir doch bitte einen Leserbrief. Besten Dank im Voraus.

Sibylle Berg schreibt Romane, Essays und Theaterstücke. Letztere wurden in 14 Sprachen übersetzt. Sie können ihr sofort hier begegnen: www.sibylleberg.de

Autorenförderung & Literaturpreise 7

▷ *Das große Preistheater*

Auszeichnungen – Wer entwirrt das Jury-Gemauschele?

Von Rainer Moritz

Keine Angst: Dies ist keine weitere Aus- und Einlassung darüber, ob Peter Handke ein passender Heine-Preisträger ist oder ob man seine politisch fragwürdigen Kommentare mit seinen literarischen Texten in einen Topf werfen sollte. Kein Wort mehr darüber, dass ein Stadtrat voller Handke-Interpreten sich anmaßen wollte, einer Fachjury in den Rücken zu fallen, dass ängstliche Jurymitglieder versuchten, sich aus der Verantwortung zu stehlen und andere der entscheidenden Sitzung fernblieben, dürftigste Entschuldigungen nachschiebend.

Nein, die klägliche Debatte um den Heinrich-Heine-Preis ist nur die Spitze eines Eisbergs und könnte ein wunderbarer Anlass sein, über die wundersamen Riten von Literaturpreisabläufen hierzulande nachzudenken, das Hintergrundgeschiebe, -getrickse und -gemauschele bloßzustellen. Eine solche Recherche wäre ein lohnendes Unterfangen, denn sie würde vermutlich an den Tag bringen, dass der Literaturbetrieb genau jene Vetternwirtschaft fördert, die er sofort und aufs Schärfste beklagt, wenn er sie bei Politikern, Fifa-Funktionären oder Bankern feststellt.

Wieso müsste man konstatieren, dass Jurys mit den immergleichen Juroren nicht selten die immergleichen Autoren küren? Und warum gibt es Verlage, die bei der Vergabe von Literaturpreisen überproportional vertreten sind? Warum Autoren, die alle naselang mit einer Auszeichnung bedacht werden, während nicht minder talentierte Kollegen Jahre, ja Jahrzehnte auf kleinste Förderpreise warten müssen?

Die Literatur im deutschsprachigen Raum ist auf die Preise und Stipendien mehr denn je angewiesen. Von Buchverkäufen können Autoren, die nicht den reinen Unterhaltungssektor bedienen, in seltensten Fällen leben, und deshalb ist es wichtig, dass ihre Arbeit von Institutionen oder Stiftungen gefördert und mit möglichst hoch dotierten Preisen bedacht wird. Wenn dem so ist, dann wäre es umso wichtiger, dass Jurys keinen Nepotismus pflegen und man sich Preisgelder, Vorträge oder Gremiumsmitgliedschaften innerhalb eines Günstlingssystems nicht wechselseitig zuschustert. Warum gibt es Autoren wie Walter Kempowski, Robert Gernhardt oder Uwe Timm, auf die viele Jahre lang fast kaum ein Preisgeldregen niederging? Bis das Pendel umschlug und dieselben sich plötzlich vor Ehrungen nicht mehr retten können?

Warum lässt es sich nicht vermeiden, dass Jurys in ihrer Einfallslosigkeit und ihrer Kulturbetriebshörigkeit so oft auf dieselben Schriftsteller (so verdienstvoll diese sein mögen) kommen, auf – nennen wir ruhig Namen – Terézia Mora, Herta Müller, Durs Grünbein oder Felicitas Hoppe? Und warum gibt es arrivierte Autoren, die noch als Mittfünfziger auf ihren ersten größeren Literaturpreis warten müssen? Nur weil sie nicht bei Hanser oder Suhrkamp verlegt werden?

Wie erfreulich hingegen sind – manchmal, nicht immer – jene literarischen Ehrungen, deren Zustandekommen sich keiner betriebsgestählten Jury-Entscheidung, sondern der Überlegung eines Alleinjurors verdankt, der nur sich selbst gegenüber Rechenschaft ablegen muss. So etwa als Urs Widmer den Italo-Svevo-Preis an die Österreicherin Rosa Pock verlieh. Oder Brigitte Kronauer den Erich-Fried-Preis an Otto A. Böhmer. Die Regel ist das nicht, stattdessen ... siehe oben.

Dr. Rainer Moritz war Programmchef und Verleger namhafter Buchverlage, bevor er 2004 als Leiter an das Literaturhaus Hamburg berufen wurde. Von ihm sind zuletzt erschienen: *Abseits. Das letzte Geheimnis des Fußballs* und *Die Überlebensbibliothek. Bücher für alle Lebenslagen.*

Adressen

▷ Literaturpreise

Alemannischer Literaturpreis
Stadt Waldshut-Tiengen
Wallstr. 26-28
79761 Waldshut-Tiengen
Tel. 07751 - 83 31 90
Fax 07751 - 83 31 26
kultur@waldshut-tiengen.de
Ansprechpartner: Kulturamt Hartmut Schölch
Turnus: alle drei Jahre
Dotierung: € 10.000
Hinweise: Alemannischer Sprachraum
Eigenbewerbung: keine Eigenwerbung

Alex-Wedding-Preis
Akademie der Künste
Hanseatenweg 10
10557 Berlin
Tel. 030 - 39 0 76 124
Fax 030 - 39 0 76 175
voigt@adk.de
www.adk.de
Ansprechpartner: Dr. Barbara Voigt
Sparten: belletristische Kinder- und Jugendliteratur
Turnus: alle 2-3 Jahre
Dotierung: € 5000
Eigenbewerbung: Keine Eigenbewerbung

Alfred-Döblin-Preis
gestiftet von Günter Grass
Stiftung Alfred-Döblin-Preis
Sitz: Akademie der Künste Berlin
Bewerbung an:
Literarisches Colloquium Berlin
Am Sandwerder 5
14109 Berlin
Tel. 030 - 816 99 60 oder 030 - 39 07 61 22 (Akademie)
Fax 030 - 816 99 619
mail@lcb.de
www.lcb.de
Ansprechpartner: Dr. Ulrich Janetzki / Karin Kiwus (Akademie der Künste)
Sparten: Prosa (unveröffentlichte Manuskripte)
Bewerberkreis: alle AutorInnen
Turnus: alle zwei Jahre (2007, 2009...)
Dotierung: € 10.000
Hinweise: Nur Manuskripte, die noch in Arbeit sind
Eigenbewerbung: Eigenbewerbung möglich

Alfred-Kerr-Preis für Literaturkritik
Börsenblatt für den Deutschen Buchhandel
Großer Hirschgraben 17-21
60311 Frankfurt
Tel. 069 - 13 06 339
Fax 069 - 28 99 86
boersenblatt@mvb-online.de
www.boersenblatt.net
Sparten: Literaturkritik (alternativ in Presse, Fernsehen und Funk)
Turnus: jährlich
Dotierung: € 5000
Eigenbewerbung: Keine Eigenbewerbung

Andreas-Gryphius-Preis der Künstlergilde e.V.
Die Künstlergilde e.V.
Hafenmarkt 2
73728 Esslingen
Tel. 0711 - 540 31 00
Fax 0711 - 540 31 02
Ansprechpartner: Dr. Wolfgang Schulz
Sparten: Belletristik (Prosa, Lyrik, Drama oder Essay)
Bewerberkreis: deutschsprachige Autorinnen und Autoren, für ein Lebenswerk
Turnus: jährlich
Dotierung: zur Zeit undotiert
Bewerbungsschluss: offen
Eigenbewerbung: Eigenbewerbung möglich

Anna Seghers-Preis
Anna Seghers-Stiftung
c/o Prof. Dr. D. Pforte
Quermatenweg 174
14163 Berlin
Tel. 030 - 813 32 72
dietger@pforte.org
Ansprechpartner: Prof. Dr. Dietger Pforte
Sparten: alle literarischen Gattungen
Bewerberkreis: entfällt, weil Eigenbewerbung ausgeschlossen
Turnus: jährlich
Dotierung: 2 x € 12.500
Eigenbewerbung: Keine Eigenbewerbung

Annalise-Wagner-Preis
Annalise-Wagner-Stiftung
Postfach 101242
17019 Neubrandenburg
Tel. 0395 - 555 13 33
Fax 0395 - 555 13 48
stiftung.bibl@neubrandenburg.de
www.annalise-wagner-stiftung.de
Ansprechpartner: Frau Birkenkampf
Sparten: Wissenschaftliche, populärwissenschaftliche Literatur und Belletristik aus bzw. über die Region Mecklenburg-Strelitz
Bewerberkreis: AutorInnen aus der Region Mecklenburg-Strelitz und AutorInnen von Arbeiten über die Region Mecklenburg-Strelitz
Dotierung: € 2500
Hinweise: veröffentlichtes oder veröffentlichungsreifes Manuskript
Eigenbewerbung: Eigenbewerbung möglich

Annette-von-Droste-Hülshoff-Peis des Landschaftsverbandes Westfalen-Lippe
Westfälischer Literaturpreis
Landschaftsverband Westfalen-Lippe (LWL)
Kulturabteilung
Fürstenbergstr. 15
48133 Münster
Tel. 0251 - 591 38 56
Fax 0251 - 59 12 68
kathrin.hoeltge@lwl.org
www.lwl.org
Ansprechpartner: Dr. Kathrin Höltge
Sparten: hoch- und niederdeutsche Belletristik
Bewerberkreis: In Westfalen geboren oder dort lebend
Turnus: alle zwei Jahre
Dotierung: € 12.800
Bewerbungsschluss: keine Bewerbung möglich
Eigenbewerbung: Keine Eigenbewerbung

aspekte-Literaturpreis
Zweites Deutsches Fernsehen (ZDF), Mainz
Unter den Linden 36-38
10117 Berlin
Tel. 030 - 20 99 - 13 30, - 13 31
Fax 030 - 20 99 - 1328
heitmann.m@zdf.de
Ansprechpartner: Dr. Wolfgang Herles
Dotierung: € 7500
Hinweise: Romandebüt
Eigenbewerbung: Keine Eigenbewerbung

Astrid-Lindgren-Preis
Verlag Friedrich Oetinger GmbH
Poppenbütteler Chaussee 53
22397 Hamburg
Tel. 040 - 607909 - 02
Fax 040 - 6072326
oetinger@verlagsgruppe-oetinger.de
www.oetinger.de
Ansprechpartner: Presseabteilung
Sparten: Kinder- und Jugendliteratur
Turnus: unregelmäßig
Dotierung: € 10.000
Eigenbewerbung: Eigenbewerbung möglich

Bayerischer Literaturpreis
Jean-Paul-Preis
Freistaat Bayern – Bayerisches Staatsministerium für Wissenschaft, Forschung und Kunst
Salvatorplatz 2
80333 München
Tel. 089 - 21 86 2265
Fax 089 - 21 86 3465
Ansprechpartner: Dr. Elisabeth Dinougline
Sparten: Würdigung des literarischen Gesamtwerkes eines deutschsprachigen Schriftstellers
Turnus: alle zwei Jahre
Dotierung: € 15.000
Eigenbewerbung: Keine Eigenbewerbung

Berliner Literaturpreis
Stiftung Preußische Seehandlung
Spandauer Damm 19
14059 Berlin
Tel. 030 - 30 30 87 92

Fax 030 - 325 7003
mail@stiftung-preussische-seehand-lung.de
www.stiftung-preussische-seehand-lung.de
Ansprechpartner: Christa Müller
Sparten: deutschsprachige Literatur
Dotierung: € 30.000 und Heiner-Müller-Professur für deutschsprachige Poetik an der Freien Universität Berlin

Bertolt-Brecht-Preis der Stadt Augsburg
Stadt Augsburg
Maximilianstr. 4
86150 Augsburg
Tel. 0821 - 324 21 11
Fax 0821 - 324 21 40
kulturreferat.stadt@augsburg.de
www.augsburg.de
Turnus: alle drei Jahre
Dotierung: € 15.000
Bewerbungsschluss: keine Ausschreibung
Hinweise: Kritische Auseinandersetzung mit der Gegenwart
Eigenbewerbung: Keine Eigenbewerbung

Bodensee-Literaturpreis der Stadt Überlingen
Stadt ÜberlingenKulturamt
Steinhausgasse 1
88662 Überlingen
Tel. 07551 - 99 10 70 oder 99 - 1071
Fax 07551 - 99 10 77
g.mueller@ueberlingen.de
www.ueberlingen.de
Ansprechpartner: Kulturamt
Sparten: Lyrik, Prosa und Sachprosa, die literarischen Ansprüchen genügt
Bewerberkreis:
Turnus: jährlich
Dotierung: € 5000
Eigenbewerbung: Keine Eigenbewerbung

Bremer Literaturpreis
Rudolf-Alexander-Schröder-Stiftung
c/o Stadtbibliothek Bremen
Am Wall 201
28195 Bremen
Tel. 0421 - 381 40 46
Fax 0421 - 361 69 03
sekretariat@stadtbibliothek.bremen.de
www.stadtbibliothek-bremen.de;
www.literarischewoche.de
Ansprechpartner: Barbara Lison
Sparten: Bellistrik
Turnus: jährlich
Dotierung: € 20.000
Eigenbewerbung: Keine Eigenbewerbung

Brigitte-Roman-Wettbewerb
Redaktion Brigitte
Am Baumwall 11
20459 Hamburg
Tel. 040 - 370 32 446
Fax 040 - 370 35 7 14
Ansprechpartner: Anke-Maren Koester
Sparten: Roman
Bewerberkreis: Debütanten
Turnus: jährlich
Dotierung: Verlagsvertrag
Hinweise: unveröffentlichter Text
Eigenbewerbung: Eigenbewerbung möglich

Brüder-Grimm-Preis der Stadt Hanau
Magistrat der Stadt Hanau
Stadtbibliothek Hanau
Schloßplatz 2
63450 Hanau
Tel. 06181 - 295 - 916
Fax 06181295 - 638
stadtbibliothek@hanau.de
www.hanau.de
Ansprechpartner: Beate Schwartz-Simon
Sparten: Literatur allgemein, ggf. Sprachforschung oder Volkskunde
Turnus: alle zwei Jahre
Dotierung: € 7500
Eigenbewerbung: Keine Eigenbewerbung

Buchpreis »Lesen für die Umwelt«
Deutsche Umweltstiftung
Postfach 1355
76713 Germersheim
Tel. 07274 - 4767
Fax 07274 - 77 302
www.deutscheumweltstiftung.de
Ansprechpartner: Hans-Günter Schumacher
Sparten: Umwelt-Literatur
Bewerberkreis: AutorInnen von Umweltliteratur
Turnus: jährlich
Dotierung: € 2500
Bewerbungsschluss: zwischen 01.07. und 31.12. des betreffenden Jahres
Hinweise: (nur themenbezogene Ausschreibung) siehe Internet (link: Umweltpreise, link: Buchpreis)
Eigenbewerbung: Eigenbewerbung möglich

Bundeswettbewerb »Treffen Junger Autoren« des Bundesministeriums für Bildung und Forschung
Berliner Festspiele
Schaperstr. 24
10719 Berlin
Tel. 030 - 25 48 92 13 oder 122
Fax 030 - 25 48 91 32
jugendwettbewerbe@berlinerfestpiele.de
www.berlinerfestspiele.de
Ansprechpartner: Barbara T. Pohle
Bewerberkreis: Jugendliche ab 10 Jahre, die zur Schule gehen oder in der Ausbildung stehen
Turnus: jährlich
Dotierung: Teilnahme an Workshops und Veröffentlichung
Eigenbewerbung: Eigenbewerbung erforderlich

Ceram-Preis für das archäologische Sachbuch
Rheinisches Landesmuseum Bonn und der Landschaftsverband Rheinland
Colmantstr. 14-16
53115 Bonn
Tel. 0228 - 98810
Fax 0228 - 988 - 12 - 29
Ansprechpartner: Dr. Werner Hilgers
Sparten: Archäologische Sachbücher
Turnus: alle fünf Jahre
Dotierung: € 5000
Eigenbewerbung: Eigenbewerbung möglich

Christian-Wagner-Preis
Christian-Wagner-Gesellschaft e.V.
in Zusammenarbeit mit der Leibinger-Stiftung
und der Wüstenrot-Stiftung
Buchfinkenweg 6
71229 Leonberg
Tel. 07152 - 949094
Fax 07152 - 949095
karl.kollmann@t-online.de
Ansprechpartner: Dr. Kollmann
Sparten: Lyrik
Turnus: alle zwei Jahre
Dotierung: € 10.000
Eigenbewerbung: Keine Eigenbewerbung

Christine Lavant-Lyrik-Preis
Christine Lavant Gesellschaft
Postfach 1
A-9431 St. Stefan im Lavanttal
Österreich
Tel. 0043 - 4352 - 2574 o.
0043 - 664 - 177 72 10
Fax 0043 - 4352 - 52 058
www.christinelavant.at
Ansprechpartner: Hanns Lintschnig
Sparten: deutschsprachige Lyrik
Turnus: Muss wegen fehlender Unterstützung auf unbestimmte Zeit ausgesetzt werden. Allfällige Änderungen im Internet!
Dotierung: € 12.000
Eigenbewerbung: laut Ausschreibung

Clemens-Brentano-Förderpreis für Literatur der Stadt Heidelberg
Kulturamt der Stadt Heidelberg
Haspelgasse 12
69117 Heidelberg
Tel. 06221 - 583 30 40
Fax 06221 -583 34 90
kulturamt@heidelberg.de
www.heidelberg.de
Ansprechpartner: Alexandra Eberhard
Sparten: Erzählung, Essay, Roman und Lyrik im jährlichen Wechsel
Bewerberkreis: AutorInnen, die mind. ein aber nicht mehr als drei literarische Werke veröffentlicht haben.
Turnus: jährlich
Dotierung: € 10.000
Eigenbewerbung: Eigenbewerbung nicht möglich

CORINE
Internationaler Buchpreis
Geschäftsstelle CORINE - Internationaler Buchpreis
Salvatorplatz 1
80333 München
Tel. 089 - 641 32 99
Fax 089 - 64 91 61 33
rosebackes@buchhandel-bayern.de
www.corine.de
Ansprechpartner: Rose Backes
Sparten: Preise in versch. Kategorien
Turnus: jährlich
Dotierung: Wertvolle Preistrophäe aus Porzellan
Bewerbungsschluss: jeweils März
Hinweise: Zeitnahes Erscheinen, Qualität und Erfolg, persönliche Anwesenheit des Autors bei Verleihung

Eigenbewerbung: Eigenbewerbung des Verlags möglich

d.lit.-Literaturpreis der Stadtsparkasse Düsseldorf
Stadtsparkasse Düsseldorf Kunst- und Kulturstiftung
Berliner Allee 33
40212 Düsseldorf
Tel. 0211 - 878 13 25
Fax 0211 - 878 35 42
martin.waetermanns@sskduesseldorf.de
www.kulturstiftung-sskduesseldorf.de
Ansprechpartner: Martin Waetermanns
Sparten: Literatur
Bewerberkreis: deutschsprachige Autoren/Autorinnen
Turnus: jährlich
Dotierung: € 15.000
Hinweise: Richtet sich an deutschsprachige AutorInnen, deren Werke inhaltlich oder formal Bezüge zu anderen Kunstsparten zeigen.
Eigenbewerbung: Keine Eigenbewerbung, Vorschlag durch lit.-Jury

Dachauer Literatur-Medaille
Verlagsanstalt »Bayerland«, Dachau
Konrad-Adenauer-Str. 19
85208 Dachau
Tel. 08131 - 720 66
Fax 08131 - 73 53 99
zentrale@bayerland-amperbote.de
Ansprechpartner: Klaus Kiermeier
Sparten: Bayerische Sprache, Schrifttum und Kunst
Turnus: Die Verleihung ist derzeit ausgesetzt.
Eigenbewerbung: Keine Eigenbewerbung

»Das politische Buch« der Friedrich-Ebert-Stiftung
Friedrich-Ebert-Stiftung
Kurt-Schumacher-Akademie
Willy-Brandt-Str. 19
53902 Bad Münstereifel
Tel. 02253 - 92 12 18
Fax 02253 - 80 91
helmut.mörchen@fes.de
www.kurt-schumacher-akademie.de, www.fes.de
Ansprechpartner: Dr. Helmut Mörchen, Agnes Gergely
Sparten: politisches Sachbuch
Bewerberkreis: offen
Turnus: jährlich
Dotierung: € 10.000
Bewerbungsschluss: 15. Okt. des Jahres (für das nächste Jahr)
Hinweise: Der Titel muß in der deutschen Sprache auf dem Markt sein
Eigenbewerbung: Eigenbewerbung möglich

Deutscher Buchpreis
c/o Börsenverein des Deutschen Buchhandels
Großer Hirschgraben 17-21
60311 Frankfurt am Main
Tel. 069 - 13 06 334
Fax 069 - 13 06 294
buchpreis@boev.de
www.deutscher-buchpreis.de

Sparten: Roman der Gegenwartsliteratur in deutscher Sprache
Bewerberkreis: Mitgliedschaft im Börsenverein des Dt. Buchhandels, Schweizer Buchhändler- und Verlegerverbandes oder im Hauptverband des Österreichischen Buchhandels
Turnus: jährlich
Dotierung: € 37.500 insgesamt (25.000 Hauptpreis, je 2500 Autoren der Shortlist)
Hinweise: Verlage können bis zu zwei deutschsprachige Romane aus dem aktuellen oder geplanten Programm einreichen
Eigenbewerbung: keine Eigenbewerbung, nur über Verlag

Deutscher Fantasy-Preis
Erster Deutscher Fantasy Club e.V.
Postfach 1371
94003 Passau
Tel. 0851 - 58137
Fax 0851 - 58138
edfc@edfc.de
www.edfc.de
Ansprechpartner: R. Gustav Gaisbauer
Sparten: Phantastik in Literatur und Medien
Turnus: jährlich
Dotierung: alle 4 Jahre mit € 2.000 dotiert
Eigenbewerbung: Keine Eigenbewerbung

Deutscher Jugendliteraturpreis
Arbeitskreis für Jugendliteratur
Metzstr. 14 c
81667 München
Tel. 089 - 458 08 06
Fax 089 - 45 80 80 88
info@jugendliteratur.org
www.jugendliteratur.org
Ansprechpartner: Julia Lentge
Sparten: Kinder- und Jugendliteratur und deren Übersetzung
Turnus: jährlich
Dotierung: 5 x € 8.000, 1 Sonderpreis € 10.000
Eigenbewerbung: Eigenbewerbung möglich

Deutscher Krimi-Preis
Bochumer Krimi Archiv
c/o Reinhard Jahn
Postfach 10 18 13
45018 Essen
Tel. 0201 - 64 34 21
Fax 0201 - 76 56 99
10740.3540@compuserve.com
www.deutscher-krimipreis.de
Ansprechpartner: Reinhard Jahn
Sparten: Kriminalliteratur
Bewerberkreis: Verlage/Autoren mit Originalausgaben/Deutschen Erstausgaben
Turnus: jährlich
Dotierung: undotiert
Bewerbungsschluss: 31.12.des laufenden Jahres
Eigenbewerbung: Die Jury sichtet die aktuellen Titel selbstständig, nimmt aber auch Vorschläge entgegen.

Donauschwäbischer Kulturpreis des Landes Baden-Württemberg
Haus der Heimat des Landes Baden-Württemberg
Schlossstr. 92
70176 Stuttgart
Tel. 0711 - 669 51 25
Fax 0711 - 669 51 49
Poststelle@hdh.bwl.de
www.hdhbw.de
Sparten: Bildende Kunst, Literatur, Musik, 2007: Literatur
Bewerberkreis: keine Beschränkung
Turnus: alle zwei Jahre
Dotierung: insg. € 10.000 (Hauptpreis: € 5.000, ein/zwei Förderpreise: € 2.500 bzw. eine Ehrengabe)
Bewerbungsschluss: wird jeweils festgelegt
Hinweise: bei Bewerbung 7-fache Unterlagen
Eigenbewerbung: Eigenbewerbung möglich

Dresdner Lyrikpreis
Dresdner Literaturbüro e.V.
Antonstr. 1
01097 Dresden
Tel. 0351 -804 50 87
Fax 0351 -804 50 87
Ansprechpartner: Andrea O´Brien
Sparten: Lyrik
Bewerberkreis: Bewerber aus dem deutschsprachigen Raum und der Tschechischen Republik können von Verlagen, Herausgebern von Literaturzeitschriften, Autorenverbänden und literarischen Vereinigungen vorgeschlagen werden.
Turnus: alle zwei Jahre, im September 2008
Dotierung: € 5000
Hinweise: 6 bis 10 Gedichte in fünffacher Ausfertigung sowie Biobibliographie, Verwendung eines Kennwortes für Texte und Biobibliographie, Bewerbungen nicht über Einschreiben einreichen, auch nicht per Mail oder Fax, keine Rücksendung der Manuskripte
Eigenbewerbung: Eigenbewerbung erwünscht

Droste Preis der Stadt Meersburg und Literaturförderpreis
Kulturamt der Stadt Meersburg
Postfach 1140
88701 Mersburg
Tel. 07532 - 440 - 260
Fax 07532 - 440 - 264
kulturamt@meerseburg.de
www.meersburg.de
Ansprechpartner: Brigitte Rieger-Benkel
Sparten: Literatur
Bewerberkreis: Autorinnen, deutschsprachig; Auszeichnung für Lebenswerk
Turnus: alle drei Jahre
Dotierung: € 6000 Drostepreis, € 4000 Förderpreis
Eigenbewerbung: Keine Eigenbewerbung, unabhängige Jury

»Eberhard«
Kinder und Jugendliteraturpreis des Landkreises Barnim
Landkreis Barnim
Strukturentwicklungsamt
Heegermühler Str. 75
16225 Eberswalde
Tel. 03334 - 21 42 55
Fax 03334 - 21 48 20
kulturverwaltung@kvbarnim.de
www.barnim.de
Sparten: Bisher nicht veröffentlichte Arbeit zum Thema Umwelt nach jährlichem Motto aller literarischen Gattungen und Genres außer Sachliteratur
Bewerberkreis: alle deutschsprachigen Kinder- und Jugendbuchautoren
Turnus: alle zwei Jahre (2007 ...)
Dotierung: € 2500
Bewerbungsschluss: September - Anfang des Monats
Hinweise: Manuskriptpreis, max. 7 Seiten
Eigenbewerbung: Eigenbewerbung möglich

Ehm Welk-Literaturpreis
Uckermärkische Literaturgesellschaft e.V.
Puschkinallee 10
16278 Angermünde
www.ehmwelk.de
Ansprechpartner: Felicitas Borchardt
Sparten: Heimatliteratur
Bewerberkreis: Autoren des Landes Brandenburg
Turnus: alle zwei Jahre
Dotierung: € 2000
Eigenbewerbung: Eigenbewerbung möglich

Ehrengabe der Heinrich-Heine-Gesellschaft
Heinrich-Heine-Gesellschaft
c/o Heinrich-Heine-Institut
Bilker Straße 12-14
40213 Düsseldorf
Tel. 0211 - 899 60 09
Fax 0211 - 892 93 14
hhi-hhg@t-online.de
www.heinrich-heine-gesellschaft.de
Ansprechpartner: Prof. Dr. Joseph A. Kruse
Sparten: übergreifend
Turnus: unregelmäßig
Eigenbewerbung: Keine Eigenbewerbung

Eichendorff-Literaturpreis
Wangener Kreis Gesellschaft für Literatur und Kunst »Der Osten«
Zur Wanne 34
88239 Wangen
Tel. 07522 - 6401
Ansprechpartner: Walter Sterk
Sparten: Professionelle, Nachwuchs
Bewerberkreis: personell keine Einschränkung
Turnus: jährlich
Dotierung: € 5000
Bewerbungsschluss: keine Terminierung
Hinweise: Literarische Arbeiten im Sinne Eichendorffs
Eigenbewerbung: Eigenbewerbung möglich, wenn auch nicht üblich

Eliabeth Langgässer-Literaturpreis
Stadtverwaltung Alzey Kulturamt
Ernst-Ludwig-Str. 42
55232 Alzey
Tel. 06731 - 49 51 05
Fax 06731 - 49 55 55
volker.wagner@alzey.de
www.ALZEY.de
Ansprechpartner: Herr Wagner
Sparten: Prosa und Lyrik
Bewerberkreis: Deutschsprachige AutorInnen
Turnus: alle drei Jahre
Dotierung: € 7500
Hinweise: Vorschläge durch die Mitglieder des Vergabegremiums Literarischer Beirat
Eigenbewerbung: Keine Eigenbewerbung

Elsasspreis der Stadt Schongau
Stadt Schongau
Rathaus
86956 Schongau
Tel. 08861 - 214-1 80
Fax 08861 - 214-8 80
touristinfo@schongau.de
www.schongau.de
Ansprechpartner: Ursula Diesch
Sparten: Literatur zur deutsch-französischen Verständigung
Bewerberkreis: offen
Turnus: alle zwei Jahre
Dotierung: € 1000
Bewerbungsschluss: offen
Hinweise: Veröffentlichung zur deutsch-französischen Verständigung
Eigenbewerbung: Keine Eigenbewerbung

Else-Lasker-Schüler Lyrikpreis
Else-Lasker Schüler Gesellschaft e.V. Wuppertal
Herzogstr. 8
42103 Wuppertal
Tel. 0202 - 30 51 98
Fax 0202 - 30 51 98
vorstand@else-lasker-schueler-gesellschaft.de
www.else-lasker-schueler-gesellschaft.de
Ansprechpartner: Hajo Jahn
Sparten: Lyrik (bei Förderpreis auch Vertonungen von Lyrik)
Turnus: alle zwei Jahre
Dotierung: € 10000
Eigenbewerbung: Keine Eigenbewerbung

Erich Kästner Preis für Literatur
Erich Kästner Gesellschaft e.V. Internationale Jugendbibliothek
Schloss Blutenburg
81247 München
Tel. 089 - 89 12 11 41
Fax 089 - 811 75 53
andreasbode@ijb.de
www.erichkaestnergesellschaft.de
Ansprechpartner: Dr. Andreas Bode
Sparten: Herausragende Werke mit zeitkritischen Zügen
Bewerberkreis: Bewerbung nicht möglich (lebende deutschsprachige Autoren)
Turnus: unregelmäßig
Dotierung: € 5000
Bewerbungsschluss: Bewerbung nicht möglich

Hinweise: Eine von der Gesellschaft eingesetzte Jury wählt den Preisträger
Eigenbewerbung: Keine Eigenbewerbung

Erich-Fried-Preis für Literatur und Sprache
Internationale Erich-Fried-Gesellschaft
c/o Literaturhaus Wien
Dr. Heinz Lunzer
Seidengasse 13
A-1070 Wien / Österreich
az@literaturhaus.at
www.literaturhaus.at
Sparten: Literatur
Bewerberkreis: wir zuerkannt von einem Juror
Turnus: jährlich
Dotierung: € 14.600
Hinweise: gestiftet vom Bundeskanzleramt Kunst Abteilung II/5, vergeben von der Erich-Fried-Gesellschaft
Eigenbewerbung: Keine Eigenbewerbung möglich

Erich-Maria-Remarque-Friedenspreis der Stadt Osnabrück und Sonderpreis
Stadt Osnabrück Literaturbüro Westniedersachsen
Am Ledenhof 3-5
49074 Osnabrück
Tel. 0541 - 286 92
Fax 0541 - 323 43 33
litos-info@gmx.de
www.osnabrueck.de
Ansprechpartner: Jutta Sauer
Sparten: Literatur, Medien / Publizistik / Wissenschaft
Turnus: alle zwei Jahre
Dotierung: € 15.000, Sonderpreis: € 5.000
Eigenbewerbung: Keine Eigenbewerbung

Erik Reger-Preis
Zukunftsinitiative Rheinland-Pfalz
Kaiser-Friedrich-Str. 5a
55116 Mainz
Tel. 06131 - 16-56 81
Fax 06131 - 16-25 54
info@zirp.de
www.zirp.de
Ansprechpartner: Frau Daniela Genrich
Sparten: Moderne Arbeits- und Lebenswelt in Literatur
Bewerberkreis: Deutschsprachige Autoren und Autorinnen
Turnus: alle zwei Jahre
Dotierung: € 10.000
Eigenbewerbung: keine Eigenbewerbung

Erlanger Literaturpreis für Poesie als Übersetzung
Kulturstiftung Erlangen
Gebbertstr. 1
91052 Erlangen
Tel. 09131 - 86-1408
Fax 09131 -86-1411
info@poetenfest-erlangen.de
www.poetenfest-erlangen.de
Ansprechpartner: Karin Lippert
Sparten: Übersetzungen
Turnus: alle zwei Jahre
Dotierung: € 5000
Hinweise: Der Preisträger wird von den Autoren im Rahmen der zweimal

jährlich abwechselnd in Erlangen und Wolfenbüttel tagenden »Übersetzergespräche« ermittelt.

Erna-Jauer-Herholz-Preis
Stadt Heilbronn
Berliner Platz 12
74072 Heilbronn
Tel. 07131 - 56 - 2663
Fax 07131 - 56 29 50
bibliothek@stadt-heilbronn.de
www.stadtbibliothek-heilbronn.de
Ansprechpartner: Frau Fix
Sparten: Belletristik
Bewerberkreis: junge AutorInnen
Hinweise: regionale AutorInnen (Stadt- u. Landkreis Heilbronn)
Eigenbewerbung: Es erfolgt eine Ausschreibung, Bewerbung nur auf diese Ausschreibung

Ernst-Hoferichter-Preis
Ernst-Hoferichter-Stiftung München
c/o Kulturreferat
Landeshauptstadt München
Burgstr. 4
80331 München
Tel. 089 - 23 32 11 96 oder 233 - 24 347
Fax 089 - 233 21 269
katrin.dirschwigl@muenchen.de
www.muenchen.de/literaturstadt
Ansprechpartner: Eva Schuster, Katrin Dirschwigl
Sparten: Literatur, Kabarett
Turnus: jährlich
Dotierung: 1 -2 x € 10.000
Hinweise: siehe Website
Eigenbewerbung: Keine Eigenbewerbung

Ernst-Robert-Curtius-Preis für Essayistik
Thomas Grundmann BOUVIER VERLAG
Universitätsbuchhandlung
Fürstenstr. 3
53111 Bonn
grundmann@bouvier-verlag.de
www.curtiuspreis.de
Ansprechpartner: Thomas Grundmann
Sparten: Essayistik
Turnus: alle zwei Jahre (zuletzt 2005)
Dotierung: Hauptpreis € 8.000, Förderpreis € 4.000
Eigenbewerbung: Keine Eigenbewerbung

Erwin-Strittmatter-Preis
Brandenburgischer Literaturpreis Umwelt
Ministerium für Ländliche Entwicklung, Umwelt und Verbraucherschutz
Heinrich-Mann-Allee 107
14473 Potsdam
Tel. 0331 - 866 74 79
Fax 0331 - 866 70 18
martina.dittmann-poser@mluv.brandenburg.de
www.mluv.brandenburg.de
Ansprechpartner: Martina Dittmann-Poser
Sparten: alle
Turnus: zweijährlich
Dotierung: € 5000
Eigenbewerbung: Keine Eigenbewerbung

Essaypreis der Büchergilde Gutenberg
Büchergilde Gutenberg
Stuttgarter Str. 25-29
60329 Frankfurt a.M.
Tel. 069 - 27 39 08 41
Fax 069 - 27 3908 27
guderjahn@buechergilde.de
www.buechergilde.de
Ansprechpartner: Heike Guderjahn
Sparten: Essay
Turnus: zweijährig
Dotierung: voraussichtl. € 2.500
Eigenbewerbung: Eigenbewerbung erforderlich

Europäischer Märchenpreis der Märchen-Stiftung Walter Kahn Lutz-Röhrich Preis der Märchen-Stiftung Walter Kahn
Dr. des. Claudia Maria Pecher (Geschäftsstellenleiterin)
Postfach 1263
97337 Volkach
Tel. 09381 - 71 66 36
Fax 09381 - 717386
info@maerchen-stiftung.de
www.maerchen-stiftung.de
Ansprechpartner: Dr. des.Claudia Maria Pecher (Geschäftsstellenleiterin)
Sparten: Pflege und Förderung der überlieferten Märchen aus Europa
Bewerberkreis: Personen und Institutionen, die sich um die Sache der Volksmächen auf künstlerischem und/oder wissenschaftlichem Gebiet besonders verdient gemacht haben
Turnus: jährlich
Dotierung: € 5.000 bzw. € 2.500
Bewerbungsschluss:
Eigenbewerbung: Lutz-Röhrich Preis: Einreichung der Bewerbung durch den betreuenden Lehrer der Hochschule, an der die Abeit verfasst wurde

Evangelischer Buchpreis des Deutschen Verbandes Evangelischer Büchereien
Deutscher Verband Evangelischer Büchereien e.V.
Bürgerstr. 2a
37073 Göttingen
Tel. 0551 - 500 759 - 0
Fax 0551 - 704415
dveb@dveb.info
www.dveb.info
Ansprechpartner: Gabriele Kassenbrock
Sparten: Kinder- und Jugendbuch im jährlichen Wechsel mit Romanen, Erzählungen
Turnus: jährlich
Dotierung: € 5000
Bewerbungsschluss: 30.06. des Jahres
Hinweise: Leserpreis, Bewerbung nur durch Vorschlag von LeserInnen
Eigenbewerbung: Keine Eigenbewerbung

F.-C.-Weiskopf-Preis
Akademie der Künste
Hanseatenweg 10
10557 Berlin
Tel. 030 - 39 0 76 124
Fax 030 - 39 0 76 175
voigt@adk.de
www.adk.de

Ansprechpartner: Dr. Barbara Voigt
Sparten: sprachkritische und sprachreflektierende Werke
Turnus: alle zwei bis drei Jahre
Dotierung: € 5000
Eigenbewerbung: Keine Eigenbewerbung

Förderpreis Literatur des Landes Niedersachsen
Niedersächsisches Ministerium für Wissenschaft und Kultur
Leibnizufer 9
30169 Hannover
Tel. 0511 - 120 - 2578
Fax 0511 - 120 - 2805
heike.fliess@mwk.niedersachsen.de
www.mwk.niedersachsen.de
Ansprechpartner: Heike Fliess
Sparten: Literatur
Bewerberkreis: auf Empfehlung der Niedersächsischen Literaturkommission
Turnus: jährlich
Dotierung: € 7500
Eigenbewerbung: keine Eigenbewerbung

Frau Ava Literaturpreis
Frau Ava Gesellschaft für Literatur
A-3511 Paudorf/Österreich
www.frauavapreis.at
Sparten: Literatur
Bewerberkreis: Unveröffentlichte, literarische Texte (Kurzgeschichten, Essays) im Umfang von ca. 10.000 Zeichen (mit Leerzeichen)
Turnus: alle zwei Jahre 2007, 2009
Dotierung: € 10.000
Bewerbungsschluss: Herbst Vorjahr
Eigenbewerbung: Eigenbewerbung möglich

Freudenthal-Preis
Freudenthal-Gesellschaft e.V.
Poststr. 12
29614 Soltau
Tel. 05191 - 822 05
info@freudenthal.gesellschaft.de
www.freudenthal.gesellschaft.de
Ansprechpartner: Harry Struck, Geschäftsführer
Sparten: Gedichte, Kurzgeschichten, Hörspiele oder Spielszenen in plattdeutscher Sprache (Poesie und Prosa)
Bewerberkreis: unveröffentlichte Arbeiten
Turnus: jährlich
Dotierung: € 3000
Bewerbungsschluss: 31.05. jeden Jahres
Hinweise: siehe Ausschreibung
Eigenbewerbung: Eigenbewerbung möglich

Friedenspreis des Deutschen Buchhandels
Börsenverein des Deutschen Buchhandelse.V.
Berliner Büro
Schiffbauerdamm 5
10117 Berlin
Tel. 030 - 280 07 83 44
Fax 030 - 280 07 83 50
m.schult@boev.de
www.boersenverein.de oder www.friedenspreis-des-deutschen-buchhandels.de

Ansprechpartner: Martin Schult
Sparten: Literatur, Wissenschaft und Kunst Sonstige (Verwirklichung des Friedengedanken)
Turnus: jährlich
Dotierung: € 25.000
Hinweise: Persönlichkeit, die zur Verwirklichung des Friedensgedankens beigetragen hat
Eigenbewerbung: Keine Eigenbewerbung

Friedestrompreis
Rhein-Kreis Neuss
und Internationales Mundartarchiv »Ludwig Soumagne«
Schloßstr. 1
41541 Dormagen
Tel. 02133 - 53 02 10
Fax 02133 - 530 22 91
kreisarchiv@rhein-kreis-neuss.de
Ansprechpartner: Achim Thyssen
Sparten: Deutschsprachige Dialektliteratur
Turnus: alle zwei Jahre
Dotierung: € 7000
Eigenbewerbung: Keine Eigenbewerbung

Friedrich-Bödecker-Preis
Friedrich-Bödecker-Kreis in Niedersachsen e.V.
Künstlerhaus
Sophienstr. 2
30159 Hannover
Tel. 0511 - 980 58 23
Fax 0511 - 809 21 19
fbk.nds@t-online.de
www.Boedecker-Kreis.de
Ansprechpartner: Udo von Alten
Sparten: Kinder- u. Jugendliteratur / Leseförderung
Bewerberkreis: keine Bewerbung möglich
Turnus: alle zwei Jahre
Dotierung: € 2000
Bewerbungsschluss: keine Bewerbung möglich
Eigenbewerbung: Keine Eigenbewerbung

Friedrich-Gerstäcker-Preis für Jugendliteratur
Stadt Braunschweig Kulturinstitut
Steintorwall 3
38100 Braunschweig
Tel. 0531 - 470 48 40
Fax 0531 - 470 - 48 09
kulturinstitut@braunschweig.de
www.braunschweig.de/friedrich-gerstaecker-preis
Ansprechpartner: Dr. Annette Boldt-Stülzebach
Sparten: Jugendbuch (Abenteuer, Reise)
Bewerberkreis: Schriftsteller/in aus dem deutschsprachigen Raum Europas
Turnus: alle zwei Jahre
Dotierung: € 6500
Bewerbungsschluss: jeweils im Mai der ungeraden Jahre
Eigenbewerbung: Eigenbewerbung möglich

Friedrich-Glauser
Kurzkrimipreis der Autoren 2007
DAS SYNDIKAT
Autorengruppe deutschsprachige Kriminalliteratur
A.I.E.P./I.A.C.W
c/o Ina Coelen
Richard-Wagner-Str. 15
47799 Krefeld
Tel. 02151 - 95 06 92
Fax 02151 - 50 01 64
coelen@aol.com
www.das-syndikat.com
Ansprechpartner: für 2007: Ina Coelen
Sparten: Krimikurzgeschichten
Bewerberkreis: KrimiautorInnen
Turnus: jährlich
Dotierung: € 1000
Hinweise: max. 20 Seiten a 30 Zeilen a 60 Anschläge, mit Namen versehen, in 5-facher Ausfertigung, Story muss 2007 veröffentlicht worden sein
Eigenbewerbung: Eigenbewerbung möglich

Friedrich-Glauser-Preis
Krimipreis der Autoren
DAS SYNDIKAT
Autorengruppe deutschsprachige Kriminalliteratur
A.I.E.P.
Paul-Gerhard-Allee 46
81245 München
www.das-syndikat.com
Ansprechpartner: Angela Eßer
Sparten: Kriminalroman - Roman, Debut, Ehrenglauser
Bewerberkreis: Verlage/Autoren
Turnus: jährlich
Dotierung: Roman: € 5.000, Debut: € 1.500, Ehrenglauser: Statuette
Hinweise: keine Manuskripte, keine Titel aus Druckkostenzuschussverlagen
Eigenbewerbung: Eigenbewerbung möglich

Friedrich-Gundolf-Preis
für die Vermittlung deutscher Kultur im Ausland
Deutsche Akademie für Sprache und Dichtung e.V.
Alexandraweg 23
64287 Darmstadt
Tel. 06151 – 409 20
Fax 06151 – 40 92 99
sekretariat@deutscheakademie.de
www.deutscheakademie.de
Ansprechpartner: Pressereferentin
Turnus: jährlich
Dotierung: € 12.500
Eigenbewerbung: Keine Eigenbewerbung

Friedrich-Hölderlin-Preis
Kulturamt der Universitätsstadt Tübingen
Nonnengasse 19
72070 Tübingen
Tel. 07071 - 204 12 41
Fax 07071 - 204 17 39
wilfried.setzler@tuebingen.de
www.tuebingen.de
Ansprechpartner: Prof. Dr. Wilfried Setzler
Sparten: Literatur
Turnus: alle zwei Jahre (2007, 2009)
Dotierung: Hauptpreis € 12.500, För-

derpreis € 5.000
Eigenbewerbung: Keine Eigenbewerbung

Friedrich-Hölderlin-Preis der Stadt Bad Homburg v.d. Höhe
Fachbereich Kultur und Bildung
der Stadt Bad Homburg
Rathausplatz 1
61343 Bad Homburg
Tel. 06172 - 100 41 12
Fax 06172 - 100 41 60
kultur@bad-homburg.de
www.bad-homburg.de
Ansprechpartner: Marion Zervos
Turnus: jährlich
Dotierung: Hauptpreis € 25.000, Förderpreis € 10.000
Eigenbewerbung: Keine Eigenbewerbung

Friedrich-Nietzsche-Preis des Landes Sachsen Anhalt
Kultusministerium des Landes Sachsen-Anhalt
Turmschanzenstr. 32
39114 Magdeburg
Tel. 0391 - 567 36 70
Fax 0391 - 567 38 55
dagmar.kies@mk.sachsen-anhalt.de
www.sachsen-anhalt.de
Ansprechpartner: Frau Kies
Sparten: Essays oder wissenschaftliche Texte zu philosophischen Sachverhalten
Turnus: Alle drei Jahre ab 2006
Dotierung: € 15.000
Eigenbewerbung: Keine Eigenbewerbung

Fritz-Reuter-Preis
Carl-Toepfer-Stiftung
Peterstr. 28
20355 Hamburg
Tel. 040 - 34 45 64
Fax 040 - 35 16 69
mail@carltoepferstiftung.de
www.carltoepferstiftung.de
Ansprechpartner: Hans-J. Heinrich
Sparten: Niederdeutsche Kultur
Turnus: alle zwei Jahre
Dotierung: € 7500
Eigenbewerbung: Keine Eigenbewerbung

Georg Christoph Lichtenberg-Preis für Literatur
Kreisausschuß des Landkreises Darmstadt-Dieburg, Kulturamt
Postfach 1220
64802 Dieburg
Tel. 06071 - 881 23 01
Fax 06071 - 881 23 19
rberg@di.ladadi.de
www.ladadi.de
Ansprechpartner: Richard Berg
Turnus: alle vier Jahre - alternierend mit bildender Kunst im zweijährigen Rhythmus (2007: Literatur)
Dotierung: € 5000
Eigenbewerbung: Eigenbewerbung möglich

Georg.-K.-Glaser-Preis
Land Rheinland-Pfalz und Südwestrundfunk (SWR), Ministerium für Bildung, Wissenschaft, Jugend und Kultur
Mittlere Bleiche 61
55116 Mainz

Tel. 06131 - 162749
Fax 06131 - 16 17 27 49
s.gauch@mbwjk.rlp.de
www.kulturland.rlp.de
Ansprechpartner: Dr. Sigfrid Gauch
Sparten: Professionelle (Hauptpreis), Nachwuchs (Förderpreis)
Bewerberkreis: AutorInnen, die in Rheinland-Pfalz geboren sind, dort leben oder durch ihr literarisches Schaffen mit dem kulturellen Leben in Rheinland-Pfalz eng verbunden sind.
Turnus: jährlich
Dotierung: € 10.000 (Förderpreis € 3.000)
Hinweise: alle literarischen Gattungen (Prosa, Lyrikzyklus, Szene usw.); unveröffentlichter Text in deutscher Sprache von max. 10 Schreibmaschinenseiten a 30 Zeilen mit biobibliografischen Angaben
Eigenbewerbung: Eigenbewerbung möglich

Georg-Büchner-Preis
Deutsche Akademie für Sprache und Dichtung e.V.
Alexandraweg 23
64287 Darmstadt
Tel. 06151 - 40920
Fax 0651 - 409299
sekretariat@deutscheakademie.de
www.deutscheakademie.de
Ansprechpartner: Pressereferentin
Sparten: Literatur
Turnus: jährlich
Dotierung: € 40.000
Eigenbewerbung: Keine Eigenbewerbung

Gerrit-Engelke-Literaturpreis
Kulturbüro der Stadt Hannover
Friedrichswall 15
30159 Hannover
Tel. 0511 - 168 424 93
Fax 0511 - 168 450 73
Elke.Oberheide@Hannover-Stadt.de
Ansprechpartner: Elke Oberheide
Sparten: Alle Gattungen
Turnus: alle zwei Jahre
Dotierung: € 10.000
Bewerbungsschluss: Auswahl erfolgt durch eine unabhängige Jury
Hinweise: Veröffentlichungen
Eigenbewerbung: Keine Eigenbewerbung

Gerty Spies-Literaturpreis für literarische Arbeiten zu gesellschaftspolitischen Themen
Landeszentrale für politische Bildung Rheinland-Pfalz
Am Kronberger Hof 6
55116 Mainz
Tel. 06131 - 16 29 77
Fax 06131 - 16 29 80
lpb.zentrale@politische-bildung-rlp.de
www.politische-bildung-rlp.de
Ansprechpartner: Dr. Rüdeger Schlaga
Bewerberkreis: offen
Turnus: Alle zwei Jahre (2008 ...)
Dotierung: € 5000
Bewerbungsschluss: siehe Ausschreibung
Hinweise: Rheinland-Pfalz-Bezug
Eigenbewerbung: Eigenbewerbung möglich

Geschwister-Scholl-Preis
Kulturreferat der Landeshauptstadt München,
Börsenverein des Deutschen Buchhandels
Landesverband Bayern
Burgstr. 4
80331 München
Tel. 089 - 233 - 26 991
Fax 089 - 233 - 21 269
christoph.schwarz@muenchen.de
www.muenchen.de
Ansprechpartner: Christoph Schwarz
Turnus: jährlich
Dotierung: € 10.000
Hinweise: Näheres hier: http://www.buchhandel-bayern.de/geschwister-scholl-preis/index.shtml
Eigenbewerbung: Keine Eigenbewerbung

Großer Literaturpreis der Bayerischen Akademie der Schönen Künste
Bayerische Akademie der Schönen Künste
Max-Joseph-Platz 3
80539 München
Tel. 089 - 290 07 70
Fax 089 - 290 077 23
info@badsk.de
www.badsk.de
Ansprechpartner: Frau Langemann
Turnus: jährlich
Dotierung: € 30.000
Eigenbewerbung: Keine Eigenbewerbung

Großer Österreichischer Staatspreis
Bundesministerium für Unterricht, Kunst und Kultur
Minoritenplatz 3
A-1014 Wien/Österreich
Tel. 0043 - 53115 - 7550 o. 7556
Fax 0043 1 - 53115 - 7620
renate.hartl@bka.gv.at
www.art.austria.gv.at
Ansprechpartner: Ministerialrat Dr. Stocker, Frau Hartl
Sparten: ohne festgelegtes Rotationsprinzip Vergabe in den Sparten Literatur, Musik, bild. Kunst, Architektur
Turnus: Vergabe durch den österr. Kunstsenat
Dotierung: € 30.000
Bewerbungsschluss: keine Bewerbung möglich
Hinweise: österr. Staatsbürgerschaft bzw. ständiger Wohnsitz in Österreich
Eigenbewerbung: keine Eigenbewerbung möglich

Großer Preis der Deutschen Akademie für Kinder- und Jugendliteratur
Deutsche Akademie für Kinder- und Jugendliteratur e.V.
Postfach 1263
97337 Volkach
Tel. 09381 - 4355
Fax 09381 - 716 232
info@akademie-kjl.de
www.akademie-volkach.de
Ansprechpartner: Prof. Dr. Kurt Franz, Geschäftsführung Dr. des. Claudia Pecher
Bewerberkreis: Autoren, Illustratoren, Komponisten, Wissenschaftler

Turnus: jährlich
Dotierung: € 3000
Eigenbewerbung: Keine Eigenbewerbung

Gustav-Heinemann-Friedenspreis für Kinder- und Jugendbücher
Ministerium für Generationen, Familie, Frauen und Integration des Landes Nordrhein-Westfalen
Landeszentrale für politische Bildung
Horionplatz 1
40213 Düsseldorf
Tel. 0211 - 86 18 46 56
Fax 0211 - 86 18 46 98
martina.boettcher@mwa.nrw.de / ulli.sommer@mwa.nrw.de
www.politische-bildung.nrw.de
Ansprechpartner: Martina Böttcher
Sparten: Kinderbücher, Jugendbücher, Kindersachbücher, Jugendsachbücher und Bilderbücher
Bewerberkreis: Verlage und Autoren sowie deren Verbände
Turnus: jährlich
Dotierung: € 7500
Bewerbungsschluss: jeweils am 31. März
Hinweise: Buch muss zur Verbreitung des Friedensgedankens beitragen und der Friedenserziehung dienen. Es muss im Vorjahr der Preisvergabe in deutscher Sprache erschienen und im Buchhandel erhältlich sein.
Eigenbewerbung: Eigenbewerbung möglich

Gustav-Regler-Preis Hauptpreis der Kreisstadt Merzig und Förderpreis des Saarländischen Rundfunks)
Stadtbibliothek Merzig
Hochwaldstr. 47
66663 Merzig
Tel. 06861 - 790693
Fax 06861 - 790697
stadtbibliothek@merzig.de
www.merzig.de
Ansprechpartner: Jörg Sämann
Sparten: Literatur
Bewerberkreis: Mit dem Hauptpreis wird eine bereits erbrachte herausragende literarische Leistung prämiert. Förderpreis für jungen Autor, der sich in literarisch überzeugender Weise mit dem Werk von Gustav Regler auseinandersetzt oder eine eigenständige Arbeit
Turnus: alle drei Jahre
Dotierung: € Hauptpreis € 5.000, Förderpreis € 2.500
Bewerbungsschluss: jeweils der 32.12. d.J.
Hinweise: Preisvergabe durch Jury
Eigenbewerbung: nur Förderpreis

Hannelore Greve Literaturpreis
Hannelore Greve Literaturpreis und Förderpreis der Hamburger Autorenvereinigung
Hartungstraße 3
20146 Hamburg
Tel. 040 - 18 88 73 63
Fax 040 - 41 80 51
info@hamburger-autorenvereinigung.de

www.hamburger-autorenvereinigung.de
Ansprechpartner: Hamburger Autorenvereinigung
Sparten: Prosa
Bewerberkreis: Bewerbung für den Förderpreis möglich, Literaturpreis wird durch Jury vergeben
Turnus: alle zwei Jahre
Dotierung: Literaturpreis € 25.000, Förderpreis € 5.000
Eigenbewerbung: Eigenbewerbung für den Förderpreis möglich

Hans-Fallada-Preis der Stadt Neumünster
Stadt Neumünster
Der Oberbürgermeister
Fachbereich II - Stadtbücherei -
Kuhberg 19
24534 Neumünster
Tel. 04321 - 407640
Fax 04321 - 407633
www.neumuenster,de
Ansprechpartner: Klaus Fahrner
Sparten: deutschsprachige Gegenwartsliteratur/Prosa
Bewerberkreis: keine Bewerbung möglich
Turnus: alle zwei Jahre (nächste Verleihung Frühjahr 2008)
Dotierung: € 8000
Eigenbewerbung: Keine Eigenbewerbung

Hans-im-Glück-Preis der Stadt Limburg a.d. Lahn
Magistrat der Kreisstadt Limburg,
Abteilung Kulturförderung
Werner-Senger-Str. 10
65549 Limburg a. d. Lahn
Tel. 06431 - 203 212
Fax 06431 - 203 426
maria.lamard@stadt-limburg.de
www.limburg.de
Ansprechpartner: Maria Lamard
Sparten: Jugendbuchautoren
Bewerberkreis: Sprachlich und formal anspruchsvolle Romane und Erzählungen aus dem deutschen Sprachraum für jugendliche Leserinnen und Leser von Autoren, die bisher nicht mit einem bedeutenden Preis im Jugendliteraturbereich ausgezeicnet wurden.
Turnus: alle zwei Jahre
Dotierung: € 2.500 und eine Kugel mit 24-karätiger Blattvergoldung
Hinweise: Unveröffentlichte Manuskripte (mind. ca. 100 Seiten) durch die Autoren, Neuerscheinungen der Jahre 2006, 2007 durch die Verlage
Eigenbewerbung: Eigenbewerbung möglich

Harzburger Jugendliteraturpreis
Hauptamt der Stadt Bad Harzburg
Forstwiese 5
38667 Bad Harzburg
Tel. 05322 - 18 88
Fax 05322 - 55 33 08
webmaster@kulturklub-bad-harzburg.de
Ansprechpartner: Frau Möser
Sparten: Jugendliteratur

Bewerberkreis: Originalausgabe in deutscher Sprache, nicht älter als 3 Jahre, Jugendbuch ab 12
Turnus: alle zwei Jahre
Dotierung: € 1500
Bewerbungsschluss: Herbst 2007
Eigenbewerbung: Eigenbewerbung möglich

Hattinger Förderpreis für junge Literatur 2007
KUBISCHU Kultuinitiative Hattingen Ruhr
Postfach 800523
45505 Hattingen
Tel. 02324 - 22170
www.kubischu.de
Ansprechpartner: Hellmut Lemmer
Sparten: Literatur
Bewerberkreis: Junge Autorinnen und Autoren, die im Jahr 2007 zwischen 16 und 25 Jahre alt sind.
Turnus: jährlich
Dotierung: Der Preis besteht aus einer von der Kubischu organisierten und bezahlten Lesung der Preisträger im Frühjahr 2008.
Hinweise: Eine Jury wählt aus den Einsendungen die AutorInnen für die Lesung aus und vergibt einen Jurypreis. Die Zuhörer stimmen zusätzlich über einen Publikumspreis ab.
Eigenbewerbung: Eigenbewerbung erforderlich

Heimat-Literaturpreis der Vereinigung der Heimatfreunde am Mittelrhein
Vereinigung der Heimatfreunde am Mittelrhein e.V.
Münzthaler Grund 10
55413 Weiler
Tel. 06721 - 497905
Fax 06721 - 497906
adamjschmitt@web.de
Ansprechpartner: Adam J. Schmitt
Sparten: Heimatgeschichte, Musik, Dichtung, Lyrik mit regionalem Bezug
Bewerberkreis: offen
Turnus: alle 2 Jahre
Dotierung: keine, nur künstlerisch gestaltete Urkunde
Bewerbungsschluss: ohne
Hinweise: langjähriges heimatliterarisches Schaffen
Eigenbewerbung: Eigenbewerbung möglich

Heimito-von Doderer-Preis
Dr. Henner Löffler
Rautenstrauchstr. 80
50934 Köln
HennerTina@aol.com
www.doderer-literaturpreis.de
Sparten: Prosa und Lyrik
Bewerberkreis: nur verlegte Bücher
Turnus: zweijährlich
Dotierung: € 20.000 und € 5.000 Förderpreis
Eigenbewerbung: Keine Eigenbewerbung

Heinrich-Böll-Preis der Stadt Köln
Kulturamt der Stadt Köln
Richarzstr. 2-4
50667 Köln
Tel. 0221 - 22 12 34 81
Fax 22124953
Gerd.Winkler@stadt-koeln.de
Ansprechpartner: Gerd Winkler
Sparten: deutschsprachige Literatur
Bewerberkreis: keine Eigenbewerbung
Turnus: alle 2 Jahre (ungerade Jahre)
Dotierung: € 20.000
Hinweise: Vorschläge nur durch Jury
Eigenbewerbung: Keine Eigenbewerbung

Heinrich-Heine-Preis der Landeshauptstadt Düsseldorf
Heinrich-Heine-Institut der Landeshauptstadt Düsseldorf
Bilker Str. 12-14
40213 Düsseldorf
Tel. 0211 - 899 60 09
Fax 0211 - 892 93 14
hhi-hhg@t-online.de
Ansprechpartner: Dr. Karin Füllner
Sparten: übergreifender Kulturpreis
Turnus: alle zwei Jahre
Dotierung: € 50.000
Eigenbewerbung: Keine Eigenbewerbung

Hermann-Hesse-Preis
Stiftung Hermann Hesse Literaturpreis
Karstr. 10
76131 Karlsruhe
Tel. 0721 - 133 - 40 87
www.karlsruhe.de
Turnus: Alle zwei Jahre
Dotierung: € 15.000
Eigenbewerbung: Keine Eigenbewerbung

Hilde-Domin-Preis für Literatur im Exil
Kulturamt der Stadt Heidelberg
Haspelgasse 12
69117 Heidelberg
Tel. 06221 - 583 30 40
Fax 06221 - 583 34 90
kulturamt@heidelberg.de
www.heidelberg.de
Ansprechpartner: Alexandra Eberhard
Bewerberkreis: Der Preis wird an Literaten vergeben, die ganz oder zeitweise im dt. Exil leben bzw. lebten, dort schriftstellerisch tätig waren und deren Werke in dt. Sprache veröffentlicht worden sind.
Turnus: alle drei Jahre
Dotierung: € 15.000 (der/die Übersetzer/in kann bis zu einem Drittel beteiligt werden)
Eigenbewerbung: Keine Eigenbewerbung

Holzhäuser Heckthaler
Rathaus Immenhausen
Marktplatz 1
34376 Stadt Immenhausen
www.stadt-immenhausen.de
Ansprechpartner: Frau Rudolph
Sparten: Prosatexte zu wechselnden Themen
Bewerberkreis: Autoren zwischen 16 und 30 Jahre
Dotierung: € 1000

Eigenbewerbung: Eigenbewerbung möglich

Horst-Bienek-Preis für Lyrik
Horst-Bienek-Stiftung
c/o Bayerische Akademie der Schönen Künste
Max-Joseph-Platz 3
80539 München
Tel. 089 - 290 07 70
Fax 089 - 290 077 23
info@badsk.de
www.badsk.de
Ansprechpartner: Frau Langemann
Sparten: Lyrik
Turnus: jährlich nach Möglichkeit
Dotierung: € 20.000
Eigenbewerbung: Keine Eigenbewerbung

Ingeborg-Drewitz-Literaturpreis für Gefangene
Dokumentationsstelle Gefangenenliteratur
Westfälische Wilhelms-Univ. Münster
Leonardo-Campus 11
48149 Münster
Tel. 0251 - 833 93 16
Fax 0251 - 833 93 69 / 0251 - 833 91 50
dokurg@uni-muenster.de
http://deuserv.uni-muenster.de
Ansprechpartner: Prof. Dr. H. Koch
Sparten: Lyrik, Prosa, Essays, Theater, Hörspiel
Bewerberkreis: Gefangene (auch ehemalige)
Turnus: alle zwei Jahre
Bewerbungsschluss: variabel
Eigenbewerbung: Eigenbewerbung möglich

Jakob-Wassermann-Literaturpreis der Stadt Fürth
Stadt Fürth, Kulturamt
Konigsplatz 2
90762 Fürth
Tel. 0911 - 974 16 80
Fax 0911 - 974 16 84
kultur@fuerth.de
www.fuerth.de
Ansprechpartner: Claudia Floritz
Sparten: Literatur
Bewerberkreis: auf Vorschlag des Kuratoriums
Turnus: Alle zwei Jahre
Dotierung: € 10.000
Bewerbungsschluss: keine Eigenbewerbung möglich
Hinweise: Werk muss im Sinne Jakob Wassermanns sein.
Eigenbewerbung: Keine Eigenbewerbung

Jeannette Schocken Preis Bremerhavener Bürgerpreis für Literatur
Magistrat der Stadt Bremerhaven Kulturamt
Postfach 210360
27524 Bremerhaven
Tel. 0471 - 590 - 2849
Fax 0471 - 590 - 2878
Gisela.lehrke@magistrat.bremerhaven.de
www.bremerhaven.de
Ansprechpartner: Dr. Gisela Lehrke
Sparten: Literatur

Bewerberkreis: AutorInnen
Turnus: alle zwei Jahre
Dotierung: € 7500
Hinweise: Entscheidung einer unabhängigen Jury
Eigenbewerbung: Keine Eigenbewerbung

Joachim-Ringelnatz-Preis für Lyrik
Stadt Cuxhaven
Rathausplatz 1
27472 Cuxhaven
Tel. 04721 - 700 671
Fax 04721 - 700 911
guenther.schlechter@cuxhaven.de
www.cuxhaven.de
Ansprechpartner: Herr Schlechter
Sparten: Lyrik
Bewerberkreis: Auswahl durch Jury
Turnus: alle zwei (gerade) Jahre
Dotierung: € 15.000, zusätzlich Förderpreis für Nachwuchslyriker € 5.000
Eigenbewerbung: Eigenbewerbung nicht möglich

Johann Friedrich von Cotta-Literatur- und Übersetzungspreis der Landeshauptstadt Stuttgart
Landeshauptstadt Stuttgart
Kulturamt
Eichstr. 9
70173 Stuttgart
Tel. 0711 - 216-63 32
Fax 0711 - 216-95 63 32
marion.kadura@stuttgart.de
www.stuttgart.de
Ansprechpartner: Marion Isabella Kadura
Sparten: Literatur und Übersetzungen
Bewerberkreis: Der Cotta-Literaturpreis wird für herausragende erzählende Literatur und/oder publizistische Essayistik vergeben. Über die Preisvergabe entscheidet eine Jury.
Turnus: alle drei Jahre
Dotierung: je €10.000
Eigenbewerbung: Keine Eigenbewerbung

Johann-Heinrich-Merck-Ehrung
Wissenschaftsstadt Darmstadt
Luisenplatz 5
64283 Darmstadt
Tel. 06151 - 13 23 15
Fax 06151 - 13 36 89
hauptamt@darmstadt.de
www.darmstadt.de
Ansprechpartner: Brigitte Göckel
Sparten: Bildende Kunst, Literatur, Publizistik, Musik und Wissenschaft
Turnus: unregelmäßig
Dotierung: undotiert
Eigenbewerbung: Keine Eigenbewerbung

Johann-Heinrich-Merck-Preis für literarische Kritik und Essay
Deutsche Akademie für Sprache und Dichtung e.V.
Alexandraweg 23
64287 Darmstadt
Tel. 06151 - 40920
Fax 06151 - 409299
sekretariat@deutscheakademie.de
www.deutscheakademie.de
Ansprechpartner: Pressereferentin
Sparten: Literarische Kritik und Essay
Turnus: jährlich

Dotierung: € 12.500
Eigenbewerbung: Keine Eigenbewerbung

Johann-Heinrich-Voß-Preis für Übersetzung
Deutsche Akademie für Sprache und Dichtung e.V.
Alexandraweg 23 (Glückert-Haus)
64287 Darmstadt
Tel. 06151 - 40 92-0
Fax 06151 - 40 92 99
sekretariat@deutscheakademie.de
www.deutscheakademie.de
Sparten: Literarische Übersetzungen in die Deutsche Sprache
Bewerberkreis:
Turnus: jährlich
Dotierung: € 15.000
Eigenbewerbung: keine Eigenbewerbung

Johann-Jacob-Christoph-von-Grimmelshausen-Preis
Stadtverwaltung Renchen
Hauptstr. 57
77871 Renchen
Tel. 07843 - 707 - 22
Fax 07843 - 707 23
rathaus@stadt-renchen.de
www.stadt-renchen.de
Ansprechpartner: Sabine Berger
Sparten: Roman - kritische literarische Bewertung
Turnus: Alle zwei Jahre, im Wechsel mit Stadt Gelnhausen
Dotierung: insgesamt € 10.000
Bewerbungsschluss: keine Bewerbung möglich
Hinweise: Es soll eine Autorin/ein Autor ausgezeichnet werden, der in den vergangenen sechs Jahren durch ein in ständiger Druckform erschienenes, erzählerisches Werk einen lesenswerten Beitrag zur künstlerischen Auseinandersetzung mit der Zeitgeschichte geleistet hat
Eigenbewerbung: Keine Eigenbewerbung

Johann-Peter-Hebel-Preis
Ministerium für Wissenschaft, Forschung und Kunst
Königsstr. 46
70173 Stuttgart
Tel. 0711 - 279 29 82
Fax 0711 - 279 32 13
ursula.bernhardt@mwk.bwl.de
www.mwk-bw.de
Ansprechpartner: Dr. Ursula Bernhardt
Sparten: Literatur
Bewerberkreis: deutschsprachige Autoren des alemannischen Sprachraums oder diesem durch ihr Werk verbunden
Turnus: alle zwei Jahre
Dotierung: € 10.000
Bewerbungsschluss:
Eigenbewerbung: Keine Eigenbewerbung

Josef-Mühlberger-Preis
Verein der Freunde Josef Mühlbergers und seines literarischen Werkes e.V.
Unterm Stein 13
73540 Heubach-Lautern
Tel. 07173 - 37 58
Ansprechpartner: Reiner Wieland

Sparten: Literaturforschung
Bewerberkreis: jedermann und jederfrau
Turnus: alle zwei Jahre
Dotierung: € Hauptpreis € 2.500, Schülerpreis € 500
Hinweise: Arbeiten über Autoren aus Ostwürttemberg
Eigenbewerbung: Eigenbewerbung möglich

Joseph-Breitbach-Preis
Stiftung Joseph Breitbach
in Zusammenarbeit mit der Akademie der Wissenschaften und der Literatur, Mainz
Geschwister-Scholl-Str. 2
55131 Mainz
Tel. 06131 - 57 71 02
Fax 06131 - 57 71 03
petra.plaettner@adwmainz.de
www.adwmainz.de
Ansprechpartner: Petra Plättner
Sparten: Alle Sparten (inkl. Übersetzung)
Bewerberkreis: deutschsprachige Autoren
Turnus: Jährlich
Dotierung: € 50.000
Eigenbewerbung: Keine Eigenbewerbung

Jugendbuchpreis »Buxtehuder Bulle«
Stadt Buxtehude - Kulturbüro
Stavenort 5
21614 Buxtehude
Tel. 04161 - 50 14 41/3 41
Fax 04161 - 50 14 23
s.schmitz@stadt.buxtehude.de
www.buxtehude.de
Ansprechpartner: Frau Bruns-Decker / Frau Schmitz
Sparten: Jugendliteratur
Bewerberkreis: alle, die Lust am Lesen haben im Alter zwischen 14 und unbegrenzt
Turnus: Jährlich
Dotierung: € 5000
Bewerbungsschluss: bis einen Tag vor der Auslosung im Oktober
Eigenbewerbung: Eigenbewerbung möglich

Junges Literaturforum Hessen-Thüringen
Hessisches Ministerium für Wissenschaft und Kunst
Postfach 32 60
65022 Wiesbaden
Tel. 0611 - 32 34 55
Fax 0611 - 32 34 99
s.reichert.@hmwk.hessen.de, a.zetzsche@hmwk.hessen.de
www.hmwk.hessen.de
Ansprechpartner: Herr Zetzsche
Sparten: Kurzgeschichte, Gedichte
Bewerberkreis: 16-25jährige
Turnus: jährlich
Dotierung: 10 x € 500, Werkstattwochenende, Veröffentlichungen
Hinweise: Wohnsitz in Hessen oder Thüringen
Eigenbewerbung: Eigenbewerbung erforderlich

KAIROS
Alfred Toepfer Stiftung F.V.S.
Georgsplatz 10
20999 Hamburg
Tel. 040 - 3340287
Fax 040 - 335860
krajewski@toepfer-fvs.de
www.toepfer.fvs.de
Ansprechpartner: Sonja Marie Krajewski
Eigenbewerbung: Keine Eigenbewerbung

Karl-Dedecius-Preis
Deutsches Polen-Institut
Mathildenhöhweg 2
64287 Darmstadt
Tel. 06151 - 498513
Fax 06151 - 498510
kaluza@dpi-da.de
www.deutsches-polen-institut.de
Ansprechpartner: Dr. Andrzej Kaluza
Sparten: Deutsche und polnische Übersetzungen
Bewerberkreis: Deutsche und polnische Übersetzer
Turnus: alle zwei Jahre (2007, 2009)
Dotierung: 2 x € 10.000
Hinweise: Literaturübersetzer
Eigenbewerbung: Eigenbewerbung möglich

Karl-Sczuka-Preis
Südwestrundfunk
Sekretariat des Karl-Sczuka-Preises
Hans-Bredow-Str. 20
76522 Baden-Baden
Tel. 07221-929-2722
Fax 07221-929-2072
sczuka@swr.de
www.swr2.de/sczuka
Ansprechpartner: Hans Burkhard Schlichting
Sparten: Hörspiel als Radiokunst
Bewerberkreis: Autoren, Komponisten, Regisseure, Realisationsteams
Turnus: jährlich
Dotierung: Hauptpreis € 12.500, Förderpreis € 5.000
Hinweise: Einreichung in Form sendefähiger Kopien. Kein Werk darf mehrfach eingereicht werden. Weiteres siehe Satzung auf Homepage.
Eigenbewerbung: Eigenbewerbung nötig

Kasseler Literaturpeis für grotesken Humor
Stiftung Brückner-Kühner
Hans-Böckler-Str. 5
34121 Kassel
Tel. 0561 - 243 04
Fax 0561 - 288 80 45
post@brueckner-kuehner.de
www.brueckner-kuehner.de
Ansprechpartner: Dr. Friedrich W. Block
Sparten: Literatur und Literaturwissenschaft im Bereich grotesken Humors
Bewerberkreis: Autoren, deren Werke auf hohem künstlerischem Niveau von Komik und Groteske geprägt sind
Turnus: jährlich
Dotierung: € 10.000
Eigenbewerbung: keine Eigenbewerbung

Katholischer Kinder- und Jugendbuchpreis
Sekretariat der Deutschen Bischofskonferenz
Bereich Kirche und Gesellschaft
Kaiserstr. 161
53113 Bonn
Tel. 0228 - 10 32 36
Fax 0228 - 10 34 50
k.lowack@dbk.de
www.dbk.de
Ansprechpartner: Dr. Ute Stenert
Sparten: Kinder- und Jugendliteratur sowie deren Illustration und Übersetzung
Bewerberkreis: Verlage, Institutionen, Privatpersonen
Turnus: jährlich
Dotierung: € 5000
Bewerbungsschluss: jährlich 1. November
Hinweise: Neuerscheinungen des jeweiligen Jahres in zehnfacher Ausfertigung
Eigenbewerbung: Eigenbewerbung möglich

Kinderbuchpreis des Ministeriums für Städtebau und Wohnen, Kultur und Sport des Landes Nordrhein-Westfalen
Ministeriums für Städtebau und Wohnen, Kultur und Sport des Landes Nordrhein-Westfalen
Elisabethstr. 5-11
40217 Düsseldorf
Tel. 0211 - 38 43 0
Fax 0211 - 384 654
Ansprechpartner: Frau Kafka
Sparten: Kinderbuch
Bewerberkreis: Nominierungsverfahren
Turnus: Jährlich
Dotierung: € 5000
Bewerbungsschluss: entfällt
Hinweise: nur deutschsprachige Literatur
Eigenbewerbung: Keine Eigenbewerbung

Kleist-Preis
Universität zu Köln
Institut für deutsche Sprache & Literatur
c/o Prof. Dr. Günter Blamberger
Albertus-Magnus-Platz
50923 Köln
Tel. 0221 - 470 52 23
Fax 0221 - 470 51 07
Guenter.blamberger@uni-koeln.de
www.uni-koeln.de/Kleist
Ansprechpartner: Prof. Dr. Günter Blamberger
Turnus: jährlich
Dotierung: € 20.000
Eigenbewerbung: Keine Eigenbewerbung

Koblenzer Literaturpreis
Freundeskreis der Universität in Koblenz
c/o Handwerkskammer Koblenz
Friedrich-Ebert-Ring 33
56068 Koblenz
Tel. 0261 - 398 - 224
Fax 0261 - 398 - 994
freundeskeis@hwk-koblenz.de
www.koblenzer-literaturpreis.de

Ansprechpartner: Dr. Bernward Eckgold
Sparten: Experimentelle Literatur
Bewerberkreis: Literarische Werke von Autorinnen und Autoren der Region Mittelrhein oder zu Themen der Region
Turnus: alle drei Jahre - nächste Preisverleihung März 2009
Dotierung: € 13.000
Bewerbungsschluss: Sommer 2008
Eigenbewerbung: Eigenbewerbung möglich

Kogge-Literaturpreis der Stadt Minden
Kulturamt der Stadt Minden
Markt 1
32423 Minden
Tel. 0571 - 89414
Fax 0571 -893 24
Kulturbuero@minden.de
www.minden.de
Ansprechpartner: F. W. Steffen
Sparten: Internationale Literatur aller Gattungen
Turnus: alle 4 Jahre
Dotierung: € 5000
Eigenbewerbung: Keine Eigenbewerbung

Konrad-Duden-Preis der Stadt Mannheim
Stadt Mannheim und Bibliographisches Institut Mannheim
Brückenstr. 2-4
68167 Mannheim
Tel. 0621 - 293 70 20
Fax 0621 - 293 74 68
sabine.schirra@mannheim.de
www.mannheim.de
Ansprechpartner: Sabine Schirra
Sparten: Sprachwissenschaft: Germanistik
Bewerberkreis: ausgewiesene Fachwissenschaftler der Germanistik
Turnus: alle zwei Jahre
Dotierung: € 12.500
Bewerbungsschluss: öffentliche Ausschreibung, eine Bewerbung ist nicht vorgesehen
Hinweise: siehe Satzung für die Verleihung des Konrad-Duden-Preises der Stadt Mannheim
Eigenbewerbung: Keine Eigenbewerbung

Kranichsteiner Literaturpreis
Deutscher Literaturfonds e.V.
Alexandraweg 23
64287 Darmstadt
Tel. 06151 - 409 30
Fax 06151 - 40 93 33
info@deutscher-literaturfonds.de
www.deutscher-literaturfonds.de
Sparten: Literaturpreis
Turnus: Jährlich
Dotierung: € 20.000
Eigenbewerbung: Keine Eigenbewerbung

Kritikerpreis
Verband der deutschen Kritiker e.V.
Volbedingstr. 31
4357 Leipzig
Tel. 0341 - 601 76 39
Fax 0341 - 601 76 39
info@kritikerverband.de

www.kritikerverband.de
Ansprechpartner: Ute Grundmann
Sparten: u.a. Literatur
Turnus: jährlich
Dotierung: undotiert
Eigenbewerbung: Keine Eigenbewerbung

Kultur- und Friedenspreis der Villa Ichon
Trägergesellschaft »Villa Ichon«
Goetheplatz 4
28203 Bremen
Tel. 0421 - 32 79 61
Fax 0421 - 32 79 61
www.villa-ichon.de
Ansprechpartner: Frau Schenda / Herr Hextor
Sparten: Soziokultur, Sonstige - für ein Werk oder Wirken, das gleichzeitig ein eindeutiges Bekenntnis zur Erhaltung des Friedens enthält und von hohem kulturellen Range ist.
Bewerberkreis: Bremer Künstler oder Künstlergruppe und/oder Bremer Kulturschaffender oder Kulturgruppe
Turnus: jährlich
Dotierung: € 5000
Hinweise: Bremer Künstler oder Künstlergruppe und/oder Bremer Kulturschaffender oder Kulturgruppe
Eigenbewerbung: Eigenbewerbung möglich - an einen Bremer Kulturschaffenden oder eine Bremer Kulturgruppe

Kultur-Förderpreis der Stadt Bamberg (ungerade Jahre)
E.T.A.-Hoffmann-Preis der Stadt Bamberg (gerade Jahre)
Stadt Bamberg Kulturreferat
Maximiliansplatz 3
96047 Bamberg
Tel. 0951 - 87 14 01
Fax 0951 - 87 19 10
kultur@stadt.bamberg.de
www.bamberg.de
Ansprechpartner: Bürgermeister Werner Hipelius
Sparten: Bildende Kunst, Darstellende Kunst, Literatur, Musik
Turnus: jeweils alle zwei Jahre
Dotierung: € 5000
Eigenbewerbung: Eigenwerbung nicht möglich, Vorschläge möglich

Kurd Laßwitz Preis
Literaturpreis zur deutschsprachigen Science Fiction
Udo Klotz
Treuhänder des Kurd Laßwitz Preises
Liscowstr. 5b
81739 München
Tel. 089 - 7555539
klp@epilog.de
www.kurd-lasswitz.de
Ansprechpartner: Udo Klotz
Sparten: Bester SF-Roman, beste SF-Kurzgeschichte, bestes ausländisches SF-Werk, beste Übersetzung eines SF-Werks, beste Grafik zu einem SF-Werk, bestes SF-Hörspiel, Sonderpreis für einmalige oder langjährige Leistungen im Bereich der SF
Bewerberkreis: Nominierung durch

Abstimmungsberechtigte = SF-Profis
Turnus: jährlich
Bewerbungsschluss: 6. Januar für Nominierungsvorschläge zum abgelaufenen Jahr
Hinweise: Nominierung und Wahl nur durch Abstimmungsberechtigte. Das sind Autoren, Übersetzer, Grafiker, Lektoren, Verleger, Fachjournalisten, Hörspielautoren und -regisseure, die sich professionell mit deutschsprachiger Science Fiction beschäftigen.
Eigenbewerbung: keine Eigenbewerbung

Kurt-Morawietz-Literaturpreis (Förderpreis für Literaten, Essayisten, Literaturvermittler der Region und der Stadt)
Kulturbüro der Stadt Hannover
Friedrichswall 15
30161 Hannover
Tel. 0511 - 16 84 24 93
Fax 0511 - 16 84 50 73
Elke.Oberheide@Hannover-Stadt.de
Ansprechpartner: Elke Oberheide
Sparten: Alle Gattungen
Turnus: Alle zwei Jahre
Dotierung: € 5000
Bewerbungsschluss: Vergabe durch unabhängige Jury
Hinweise: Veröffentlichungen
Eigenbewerbung: Keine Eigenbewerbung

Kurt-Tucholsky-Preis für literarische Publizistik
Kurt-Tucholsky-Gesellschaft e.V.
Karl-Egon-Str. 20
10318 Berlin
Tel. 030 - 553 46 16
info@tucholsky-gesellschaft.de
www.tucholsky-gesellschaft.de
Ansprechpartner: Eckart Rottka
Turnus: jährlich
Dotierung: € 3000
Eigenbewerbung: Eingeschränkte Eigenbewerbung - siehe Internetseite

Leipziger Buchpreis zur Europäischen Verständigung
Stadt Leipzig, Kulturamt
04092 Leipzig
Tel. 0341 - 123 42 34
Fax 0341 - 123 42 37
kulturamt@leipzig.de, matthias.graf@leipzig.de
www.leipzig.de/Kulturstadt/Literatur
Ansprechpartner: Geschäftsstelle Leipziger Buchpreis zur Europäischen Verständigung
Sparten: Beate Locker
Bewerberkreis: Preis würdigt Persönlichkeiten, die sich in Buchform um das gegenseitige Verständnis in Europa, vor allem aber mit den Ländern Mittel- und Osteuropas verdient gemacht haben
Turnus: jährlich
Dotierung: € 15.000
Bewerbungsschluss: offen, über die Vergabe des Preises bestimmt eine international renommierte Jury
Hinweise: Vorschläge werden bis zum

Ende des zweiten Quartals jedes Jahres für das Folgejahr schriftlich entgegengenommen
Eigenbewerbung: Vorschläge werden von jedermann entgegengenommen, keine Eigenbewerbung

Lion-Feuchtwanger-Preis
Akademie der Künste
Hanseatenweg 10
10557 Berlin
Tel. 030 - 39 07 61 24
Fax 030 - 39 0 76 175
voigt@adk.de
www.adk.de
Ansprechpartner: Dr. Barbara Voigt
Sparten: Historische Prosa
Turnus: alle zwei bis drei Jahre
Dotierung: € 7500
Eigenbewerbung: Keine Eigenbewerbung

Lise Meitner-Literaturpreis
Frauenreferat der HTU
Wiedner Hauptsstr. 8-10
A-1040 Wien/Österreich
Tel. 0043-1-58801 - 495 01
Fax 0043-1-58691 54
frauenreferat@vorsitz.htu.tuwien.ac.at
www.lisemeitnerpreis.at
Sparten: Texte über Technik
Bewerberkreis: Frauen, die sich schreibend mit dem Thema auseinandersetzen
Turnus: alle 2 Jahre
Dotierung: € 2200
Bewerbungsschluss: für 2007: 10. August
Hinweise: Deutsch schreibende Frauen mit unveröffentlichten, höchstens 30-seitigen Prosatexten (experimentelles einschl.)
Eigenbewerbung: Eigenbewerbung möglich

Literarischer März Leonce- und Lena-Preis der Stadt Darmstadt und Wolfgang-Weyrauch-Förderpreise
Wissenschaftsstadt Darmstadt Kulturamt
Frankfurter Str. 71
64293 Darmstadt
Tel. 06151 - 13 33 37
Fax 06151 - 13 33 98
kanita.hartmann@darmstadt.de
www.literarischer-maerz.de
Ansprechpartner: Kanita Hartmann
Sparten: Lyrik
Bewerberkreis: Deutschsprachige Autoren und Autorinnen, die nicht vor 1971 geboren sind, mit bis zu 12 unveröffentlichten Gedichten
Turnus: alle zwei Jahre
Dotierung: Leonce-und-Lena-Preis € 8000; Wolfgang-Weyrauch-Förderpreise gesamt € 8000
Eigenbewerbung: Eigenbewerbung möglich

Literarischer Preis der Gastronomischen Akademie Deutschlands e.V.
Gastronomische Akademie Deutschland e.V.
Röntgenstr. 1
23701 Eutin
Tel. 04527 - 998 90
Fax 04527 - 998 91

GADinFRA@t-online.de
www.gastronomische-akademie.de
Ansprechpartner: Roland R. Bickel
Sparten: Gastronomische Literatur
Bewerberkreis: Verlage und Autoren
Turnus: Jährlich
Hinweise: 4 Exemplare je Titel
Eigenbewerbung: Eigenbewerbung erforderlich

Literaturpreis der Bonner Lese- und Erholungs-Gesellschaft
Bonner Lese- und Erholungsgesellschaft
Adenauerallee 37
53113 Bonn
Tel. 0228 - 22 42 90
Fax 0228 - 2899482
www.lesebonn.de
Ansprechpartner: Erhard Jauck
Sparten: alle
Bewerberkreis: AutorInnen aus dem Bonner Raum bzw. zu Themen aus dem Bonner Raum
Turnus: alle drei Jahre
Dotierung: € 3000
Eigenbewerbung: Keine Eigenbewerbung

Literaturpreis der Konrad-Adenauer-Stiftung e.V.
Konrad-Adenauer-Stiftung
Rathausallee 12
53757 St. Augustin
Tel. 02241 - 246 - 2544
Fax 02241 - 246 -2573
michael.braun@kas.de
www.kas.de
Ansprechpartner: Prof. Dr. Michael Braun
Sparten: Literatur/Kultur
Bewerberkreis: Der Preis wird an AutorInnen verliehen, die der Freiheit das Wort geben.
Turnus: in der Regel jährlich
Dotierung: € 15.000
Bewerbungsschluss:
Eigenbewerbung: Keine Eigenbewerbung

Literaturpreis der Landeshauptstadt München
Landeshauptstadt München
Kulturreferat
Burgstr. 4
80331 München
Tel. 089 - 23 32 11 96 und 233 243 47
Fax 089 - 233 212 69
eva.schuster@muenchen.de
www.muenchen.de/literaturstadt
Ansprechpartner: Eva Schuster, Katrin Dirschwigl
Sparten: Literatur
Bewerberkreis: AutorInnen aus München bzw. mit München-Bezug
Turnus: Alle drei Jahre (2008 ...)
Dotierung: € 15.000
Hinweise: siehe Website
Eigenbewerbung: Keine Eigenbewerbung

Literaturpreis der Nürnberger Kulturläden
Kulturladen Nord e.V.
Wurzelbauerstr. 29
90409 Nürnberg
Tel. 0911 - 55 33 87

Fax 0911 - 581 96 76
literaturpreis@kulturladen-nord.de
www.kulturladen-nord.de
Ansprechpartner: Siegfried Straßner
Sparten: Lyrik und Prosa
Bewerberkreis: AutorInnen von 16-30 Jahren
Turnus: Jährlich
Dotierung: € 1500
Bewerbungsschluss: jeweils Ende Januar
Hinweise: Nur für TeilnehmerInnen mit Erstwohnsitz im Regierungsbezirk Mittelfranken
Eigenbewerbung: Eigenbewerbung möglich

Literaturpreis der schwulen Buchläden
Arbeitsgemeinschaft Die schwulen Buchläden
Lange Reihe 102
20099 Hamburg
Tel. 040 - 430 26 50
Fax 040 - 430 29 32
info@schwule-buchläden.de
www.gaybooks.de/catalog/Preis.php
Ansprechpartner: Joachim Bartholomae
Turnus: pausiert zurzeit
Dotierung: € 1000
Eigenbewerbung: Eigenbewerbung möglich

Literaturpreis der Stadt Aachen Walter-Hasenclever-Preis
Stadt Aachen Kulturbüro
Lagerhausstr. 20
52058 Aachen
Tel. 0241 - 432 - 4102
Fax 0241 - 432 - 4199
post@walter-hasenclever-gesellschaft.de
www.walter-hasenclever-gesellschaft.de
Ansprechpartner: Frau Tyla
Turnus: alle zwei Jahre
Dotierung: € 20.000
Hinweise: PreisträgerIn wird von einem Kuratorium bestimmt
Eigenbewerbung: Keine Eigenbewerbung

Literaturpreis im Rahmen der Kulturtage des Landkreises Dillingen
DLG – Kultur und Wir e.V., Landratsamt
Große Allee 24
89407 Dillingen
Tel. 09071 51 - 145
Fax 09071 72907 - 225
kuw@bndlg.de
www.landkreis.dillingen.de/kulturtage
Ansprechpartner: Hedwig Regensburger-Glatzmaier
Sparten: jeweils wechselnde Themen
Bewerberkreis: keine Einschränkung
Turnus: alle 2 Jahre (2207, 2009, ...)
Dotierung: € 7000
Bewerbungsschluss: jeweils am 30. April des Vergabejahres
Hinweise: lt. Ausschreibung
Eigenbewerbung: nach jeweiliger Ausschreibung (meist im Januar)

Literaturpreis Ruhrgebiet-Hauptpreis
Literaturbüro Ruhr
Friedrich-Ebert-Str. 8
45964 Gladbeck
Tel. 02043-992644
Fax 02043 - 99 - 1413
info@literaturbuero-ruhr.de
www.literaturbuero-ruhr.de
Ansprechpartner: Frau Roters-Ullrich, Gerd Herholz
Turnus: jährlich
Dotierung: Hauptpreis: € 15.000
2 Förderpreise: ca. € 5.000 gesamt

Luchs und Luchs des Jahres
Die Zeit
Speersort 1
20095 Hamburg
Tel. 040 - 328 03 86
Fax 040 - 328 05 12
heidkamp@Zeit.de
www.zeit.de/luchs
Ansprechpartner: Konrad Heidkamp
Sparten: Kinder- und Jugendbuch
Bewerberkreis: Kinder- und Jugendbuchverlage
Turnus: monatlich/jährlich
Dotierung: € 8.000 für »Luchs des Jahres« (geteilt 50:50 Autor/Übersetzer bzw. Illustrator)
Bewerbungsschluss: Frühjahrs- u. Herbstproduktion/fließend
Eigenbewerbung: Keine Eigenbewerbung

Lyrikförderung NRW
Liselotte und Walter Rauner Stiftung
c/o Kulturbüro der Stadt Bochum
Westring 32
44777 Bochum
Tel. 0243 - 910 34 00
Fax 0243 - 910 14 92
Rkrakow@Bochum.de
Ansprechpartner: Reinhard Krakow
Sparten: Lyrik
Bewerberkreis: nur für Autoren aus NRW
Turnus: unbestimmt
Eigenbewerbung: Eigenbewerbung möglich

Lyrikpreis Meran
Kreis Südtiroler Autorinnen und Autoren
Weggensteinstr. 12
I-39100 Bozen / Italien
Tel. 0039 - 0471 - 97 70 37
Fax 0039 - 0471 - 97 70 16
info@kuenstlerbund.org
www.kuenstlerbund.org
Ansprechpartner: Christine Sartori
Sparten: Lyrik
Bewerberkreis: AutorIn aus deutschem Sprachraum/Nachweis einer Veröffentlichung (nicht im Eigenverlag)
Turnus: jedes zweite Jahr, wieder 2008, Ausschreibung 2007
Dotierung: € 8.000/3.100/2.100
Bewerbungsschluss: Ende Oktober 2007
Eigenbewerbung: nur Eigenbewerbung

Mannheimer Heinrich-Vetter-Literaturpreis
Literarisches Zentrum Rhein-Neckar e.V.
Brückenstr. 2
68167 Mannheim
Tel. 0621 - 37 63 52
Fax 0621 - 1289263
spodeck-walter@tesionmail.de
www.mannheim.de/raeuber77
Ansprechpartner: Rosvita Spodeck-Walter
Jakob-Trumpfheller Str. 20
68167 Mannheim
Sparten: Lyrik
Bewerberkreis: Deutschsprachiger Raum, Einzelheiten in der Ausschreibung
Turnus: jährlich im Wechsel zwischen Prosa und Lyrik
Dotierung: 1. Preis € 1.000, 2. Preis € 500, 3. Preis € 250
Hinweise: Thema 2007: »Meine Stadt«
Eigenbewerbung: Eigenbewerbung möglich

Mara-Cassens-Preis
Der erste Roman
Literaturhaus Hamburg
Schwanenwik 38
22087 Hamburg
Tel. 040 - 22 70 20 22
Fax 040 - 220 66 12
jsalfner@l-h-h.de
www.literaturhaus-hamburg.de
Ansprechpartner: Johanna Salfner
Sparten: Romane (Prosa)
Bewerberkreis: deutschsprachige Autoren
Turnus: jährlich
Dotierung: € 10.000
Bewerbungsschluss: Mitte Oktober
Hinweise: Erster verlegter Roman
Eigenbewerbung: Keine Eigenbewerbung

Maria-Ensle-Preis
Kunststiftung Baden-Württemberg GmbH
Gerokstr. 37
70184 Stuttgart
Tel. 0711 - 236 47 20
Fax 0711 - 236 10 49
info@kunststiftung.de
www.kunststiftung.de
Ansprechpartner: Petra von Olschowski
Sparten: Bildende Kunst, Literatur, Musik
Turnus: jährlich
Dotierung: € 12.500
Bewerbungsschluss: kein Einsendeschluss
Hinweise: ältere Künstler
Eigenbewerbung: Keine Eigenbewerbung

Marieluise-Fleißer-Preis
Kulturamt der Stadt Ingolstadt
Auf der Schauz 39
85049 Ingolstadt
Tel. 0841 - 305 18 16
Fax 0841 - 305 18 05
harald.kneitz@ingolstadt.de
www.ingolstadt.de
Ansprechpartner: Herr Kneitz
Sparten: Literatur aller Sparten
Bewerberkreis: Deutschsprachige

AutorInnen
Turnus: alle zwei Jahre, nächstmals 2007
Dotierung: € 10.000
Hinweise: Thematische Nähe zum Werk Fleißers
Eigenbewerbung: Keine Eigenbewerbung

Marie-Luise-Kaschnitz-Preis
Evangelische Akademie Tutzing
Postfach 227
82327 Tutzing
Tel. 08158 - 251 - 118
Fax 08158 - 996428
terlinden@ev-akademie-tutzing.de
www.ev-akademie-tutzing.de
Ansprechpartner: Dr. Roswitha Terlinden
Sparten: Roman, Erzählungen, Lyrik, Essay
Turnus: alle zwei Jahre
Dotierung: € 7700
Hinweise: Deutschsprachige Literatur
Eigenbewerbung: Keine Eigenbewerbung

Marlowe
Raymond Chandler-Gesellschaft Deutschland e.V.
Heidenheimer Str. 106
89075 Ulm
Tel. 0731 - 502 34 65
Fax 0731 - 502 34 67
william.adamson@zsp.uni-ulm.de
Ansprechpartner: Dr. William R. Adamson
Sparten: Nationale und internationale Krimminalliteratur
Turnus: Jährlich
Eigenbewerbung: Eigenbewerbung möglich

MARTIN – Kinder- und Jugendkrimipreis der Autoren
Autorengruppe deutschsprachiger Krimiautoren »DAS SYNDIKAT«
Rudolfswieke 26
26802 Moormerland
Fax 04954 - 95 30 46
barbara@wendelken.de
Ansprechpartner: Barbara Wendelken
Sparten: Kinder- und Jugendkriminalliteratur
Bewerberkreis: Deutschsprachige Neuerscheinungen (Kinder- oder Jugendkrimis)
Turnus: Jährlich
Dotierung: € 2500
Eigenbewerbung: Eigenbewerbung möglich

Max- und Moritz-Preis
Bulls Press, Frankfurt
Gebbertstr. 1
91052 Erlangen
Tel. 09131 - 86-1408
Fax 09131 - 86-1411
info@comic-salon.de
www.comic-salon.de
Ansprechpartner: Kultur- und Freizeitamt Erlangen, Karin Lippert
Gebbertstr. 1
91052 Erlangen
Tel. 09131 - 86-1408
Fax 09131 -86-1411
Sparten: Comic-Kunst im deutschsprachigen Raum

Bewerberkreis: Mit der Verleihung wird die Arbeit herausragender Künstler gewürdigt, verdienstvolle Verlagsarbeit bestärkt und auf Nachwuchstalente aufmerksam gemacht.
Turnus: alle zwei Jahre
Dotierung: € 3000

Mörike-Preis der Stadt Fellbach
Kulturamt der Stadt Fellbach
Markplatz 1
70734 Fellbach
Tel. 0711 - 5851 - 363
Fax 0711 - 5851 - 119
kulturamt@fellbach.de
www.fellbach.de
Ansprechpartner: Christa Linsenmaier-Wolf
Sparten: Lyrik, Prosa
Turnus: alle drei Jahre
Dotierung: Mörikepreis: € 12.000 + Förderpreis: € 3.000
Eigenbewerbung: Keine Eigenbewerbung

Nelly-Sachs-Preis
Literaturpreis der Stadt Dortmund
Stadt Dortmund
Kleppingstr. 21/23
44135 Dortmund
Tel. 0231 - 502 54 42
Fax 0231 - 502 24 97
hgschulz@dortmund.de
www.dortmund.de
Ansprechpartner: Herr Schulz
Sparten: Preis für geistige Toleranz und Versöhnung unter den Völkern
Turnus: Alle zwei Jahre
Dotierung: € 15.000
Eigenbewerbung: Keine Eigenbewerbung

Nicolas-Born-Preis
Niedersächsisches Ministerium für Wissenschaft und Kultur
Leibnizufer 9
30169 Hannover
Tel. 0511 - 120 25 78
Fax 0511 - 120 28 05
heike.fliess@mwk.niedersachsen.de
www.mwk.niedersachsen.de
Ansprechpartner: Heike Fliess
Sparten: Literatur
Bewerberkreis: auf Empfehlung der Niedersächsischen Literaturkommission
Turnus: Jährlich
Dotierung: € 15.000
Bewerbungsschluss: keine Ausschreibung
Eigenbewerbung: Keine Eigenbewerbung

Niederdeutscher Literaturpreis der Stadt Kappeln
Stadt Kappeln
Postfach 12 26
24372 Kappeln
Tel. 04642 - 183 - 69
Fax 04642 - 183 - 28
Stadt@Kappeln.de
www.kappeln.de
Ansprechpartner: Andrea Quadflieg
Sparten: Niederdeutsche Literatur
Bewerberkreis: Bewerbung nicht möglich
Turnus: jährlich

Dotierung: € 2500
Eigenbewerbung: Keine Eigenbewerbung

Niederrheinischer Literaturpreis der Stadt Krefeld
Stadt Krefeld
Von-der-Leyen-Platz 1
47798 Krefeld
Tel. 02151 - 86 10 51
Fax 02151 - 86 10 53
www.krefeld.de
Ansprechpartner: Roland Schneider, Kulturdezernent
Turnus: jährlich
Dotierung: € 5000
Eigenbewerbung: Keine Eigenbewerbung

Niedersächsischer Förderpreis
Niedersächsisches Ministerium für Wissenschaft und Kultur
Leibnizufer
30169 Hannover
Tel. 0511 - 120 - 2565
Fax 0511 - 120 - 2805
jochen.freise@mwk.niedersachsen.de
Ansprechpartner: Jochen Freise
Sparten: Literatur
Turnus: jährlich
Dotierung: € 7500
Eigenbewerbung: Keine Eigenbewerbung

Nikolaus-Lenau-Preis der Künstlergilde e.V.
Die Künstlergilde e.V.
Hafenmarkt 2
73728 Esslingen am Neckar
Tel. 0711 - 5403 - 100 und 030 - 2515995
Fax 0711 - 5403 - 102 und 030 - 2515995
Ansprechpartner: Dr. Wolfgang Schulz
Sparten: Lyrik
Bewerberkreis: deutschsprachige Autoren und Autorinnen, Übersetzer und Übersetzerinnen
Turnus: Jährlich
Dotierung: zur Zeit undotiert
Bewerbungsschluss: offen
Hinweise: bewertet wird eine Verlagspublikation nicht älter als 5 Jahre
Eigenbewerbung: Eigenbewerbung möglich, sonst über Verlage (wegen Prüfexemplaren)

Nossack-Akademiepreis für Dichter und ihre Übersetzer
Akademie der Wissenschaften und der Literatur, Mainz
Geschwister-Scholl-Str. 2
55131 Mainz
Tel. 06131 - 57 71 02
Fax 06131 - 57 71 03
petra.plaettner@adwmainz.de
www.admainz.de
Ansprechpartner: Petra Plättner
Turnus: In der Regel alle zwei Jahre
Dotierung: € 20.000
Eigenbewerbung: Keine Eigenbewerbung

Oldenburger Kinder- und Jugendbuchpreis
Stadt Oldenburg
Peterstr. 3
26121 Oldenburg
Tel. 0441 - 235 30 00
Fax 0441 - 235 31 01
info@stadtbibliothek.oldenburg.de
www.stadtbibliothek.oldenburg.de
Ansprechpartner: Frau Dehnert
Sparten: Erstlingswerke der Kinder- und Jugendliteratur
Bewerberkreis: Es darf noch keine Veröffentlichung erfolgt sein.
Turnus: Jährlich
Dotierung: € 7600
Bewerbungsschluss: 15. Juni des Vorjahres
Eigenbewerbung: Eigenbewerbung möglich

OPEN MIKE
Internationaler Wettbewerb junger deutschsprachiger Literatur
literaturWERKstatt Berlin
Knaackstr. 97
10435 Berlin
Tel. 030 - 48 52 45 - 0
Fax 030 - 48 52 45 30
Mail@literaturwerkstatt.de
www.literaturwerkstatt.org
Sparten: Prosa und Lyrik
Turnus: jährlich
Dotierung: € 4500 gesamt
Eigenbewerbung: Eigenbewerbung möglich

Oskar-Seidlin-Preis
Eichendorff-Gesellschaft e.V.
Bahnhofstr. 71
40883 Ratingen
Tel. 02102 - 96 52 11
Fax 02102 - 96 52 40
http://www.uni-regensburg.de
Ansprechpartner: Margret Diehl
Sparten: Literaturwissenschaft
Bewerberkreis: junge Eichendorff-Forscher
Turnus: unregelmäßig
Dotierung: € 2500
Eigenbewerbung: keine, Auswahl durch Vorstand der Gesellschaft

Österreichischer Staatspreis für Europäische Literatur
Bundeskanzleramt Kunst Abteilung II/5
Schottengasse 1
A-1014 Wien/Österreich
Tel. 00431 - 53115 - 7550 o. 7556
Fax 00431 - 53115 - 7620
renate.hartl@bka.gv.at
Ansprechpartner: Oberrat Dr. Stocker, Frau Hartl
Bewerberkreis: Schriftsteller, dessen Werk auch außerhalb seines Heimatlandes Beachtung gefunden hat, was durch Übersetzung dokumentiert sein muss.
Turnus: jährlich
Dotierung: € 22.000
Eigenbewerbung: keine Eigenbewerbung möglich

Peter-Härtling-Preis für Kinder- und Jugendliteratur der Stadt Weinheim

Beltz & Gelberg Verlag
Postfach 10 01 54
69441 Weinheim
Tel. 06201 - 60070
Fax 06201 - 60 07 38
info@beltz.de
www.beltz.de
Ansprechpartner: Verlag Beltz & Gelberg
Sparten: Kinderliteratur und Jugendliteratur (Prosa)
Bewerberkreis: AutorInnen aus dem dt. Sprachgebiet
Turnus: alle zwei Jahre, neue Ausschreibung ca. Januar 2008
Dotierung: € 5555
Bewerbungsschluss: ca. Juni 2008
Hinweise: noch unveröffentlichtes Manuskript, keine Erzählungen, 70-200 Normseiten
Eigenbewerbung: Nur Eigenbewerbung

Peter-Huchel-Preis für deutschsprachige Lyrik

Südwestrundfunk Studio Freiburg
Peter-Huchel-Preis
Kartäuserstr. 45
79102 Freiburg
Tel. 0761 - 380 82 29
Fax 0761 - 380 81 16
Peter-Huchel-Preis@swr.de
www.swr.de
Ansprechpartner: Claus Schneggenburger (Studioleiter), Luise Lewicki
Sparten: Lyrik
Turnus: jährlich
Dotierung: € 10.000
Hinweise: Es soll ein Autor ausgezeichnet werden, der durch ein im zurückliegenden Jahr erstmals in Druckform erschienenes Werk einen herausragenden Beitrag zur deutschsprachigen Lyrik geleistet hat.
Eigenbewerbung: Keine Eigenbewerbung

Phantastik-Preis der Stadt Wetzlar

Phantastische Bibliothek
Turmstr. 20
35578 Wetzlar
Tel. 06441 - 4001-0
Fax 06441 - 4001-19
mail@phantastik.eu
Ansprechpartner: Bettina Twrsnick
Sparten: Phantastische Literatur (Märchen, Phantastik, Fantasy, Science Fiction, Horror)
Bewerberkreis: siehe besondere Bedingungen
Turnus: jährlich
Dotierung: € 4000
Hinweise: deutschsprachige Neuerscheinungen zwischen 1.4. des laufenden Jahres und 31.3. des Folgejahres
Eigenbewerbung: Eigenbewerbung möglich

Preis der Leipziger Buchmesse c/o Leipziger Messe GmbH

Postfach 10 07 20
04007 Leipzig
Tel. 0341 - 6788240
Fax 0341 - 6788242

info@leipziger-buchmesse.de
www.preis-der-leipziger-buchmesse.de
Ansprechpartner: Oliver Zille (Direktor der Leipziger Buchmesse)
Sparten: 3 Sparten: Belletristik/Sachbuch, Essayistik/Übersetzung
Bewerberkreis: Aussteller der Leipziger Buchmesse des jeweiligen Jahres
Turnus: jährlich
Dotierung: € 45.000
Bewerbungsschluss: 30. November des Vorjahres
Hinweise: Titel, die in ihrer Erstausgabe in deutsch erschienen sind und im Zeitraum seit der vergangenen Leipziger Buchmesse
Eigenbewerbung: keine Eigenbewerbung

Preis der LiteraTour Nord
Universität Hannover
Deutsches Seminar
Königsworther Platz 1
30167 Hannover
Tel. 0511 - 762-24 35
Fax 0511-762-198 37
martin.rector@germanistik.uni-hannover.de
www.literatournord.de
Ansprechpartner:
Prof. Dr. Martin Rector
Sparten: Deutschsprachige Gegenwartsliteratur
Turnus: Jährlich
Dotierung: € 15.000
Eigenbewerbung: Keine Eigenbewerbung

Preis der Literaturhäuser
literaturhaeuser.net - Koordinationsstelle der Literaturhäuser Berlin, Hamburg, Frankfurt, Salzburg, München, Köln, Stuttgart und Leipzig
c/o Literaturhaus München
Salvatorplatz 1
80333 München
Tel. 089 - 29193417
Fax 089 - 29193419
nolte@literaturhaeuser.net
www.literaturhaeuser.net
Ansprechpartner: Verena Nolte
Sparten: Dieser Preis ist für Autorinnen und Autoren gedacht, die sich auf besondere Art und Weise für die Vermittlung von Literatur einsetzen
Turnus: jährlich
Eigenbewerbung: Keine Eigenbewerbung

Preis der Stadt Münster für Europäische Poesie
Kulturamt der Stadt Münster
Klemensstr. 10
48143 Münster
Tel. 0251 - 492 41 04
Fax 0251 - 492 - 7752
amt41@stadt-muenster.de
www.lyrikertreffen.muenster.de
Ansprechpartner: Klaus Wistokat
Sparten: Lyrik
Turnus: alle zwei Jahre
Dotierung: € 15.500 (Der Autor und der/die Übersetzer erhalten je 50% der Preissumme)
Hinweise: Mit dem Preis für Europäische Poesie der Stadt Münster sollen ein international rezipierter Lyrikband

und seine eigenständige Übersetzung prämiert werden. Dabei sollen entweder der Gedichtband oder die Übersetzung deutschsprachig sein.
Eigenbewerbung: Keine Eigenbewerbung

Preis der SWR-Bestenliste
SWR Baden-Baden
Hans-Bredow-Str. 12
76530 Baden-Baden
Tel. 07221 - 929 40 36
Fax 07221 - 929 21 23
ute.bergmann@swr.de
www.swr.de/bestenliste
Ansprechpartner: Frank Hertweck/Ute Bergmann FS Kultur/Literatur
Sparten: Literatur, Lyrik, Prosa
Turnus: jährlich
Dotierung: € 10.000
Bewerbungsschluss:
Eigenbewerbung: Keine Eigenbewerbung

Puchheimer Leserpreis
Gemeinde Puchheim
Poststr. 2
82178 Puchheim
Tel. 089 - 80098 - 115
Fax 089 - 80098 - 222
hollmann@puchheim.de
www.puchheim.de
Ansprechpartner: Frau Hollmann
Sparten: Belletristik
Turnus: dreijährig
Dotierung: € 4000
Bewerbungsschluss: keine Eigenbewerbung
Hinweise: Die Kandidaten werden von einer Jury ausgewählt
Eigenbewerbung: keine Eigenbewerbung

Quickborn-Preis
Quickborn Vereinigung für niederdeutsche Sprache und Literatur e.V.
Schiffgraben 6-8
30159 Hannover
Ansprechpartner: Niedersächsische Sparkassenstiftung
Sparten: niederdeutsche Kultur (Literatur, Volkskunde und sonstige Bücher)
Turnus: alle zwei Jahre
Dotierung: € 3000

Rattenfänger-Literaturpreis
KULTURbüro der Stadt Hameln
Pfortmühle, Sudetenstr. 1
31785 Hameln
Tel. 05151 - 202 - 1650
Fax 05151 - 202 - 1651
kultur@hameln.de
www.hameln.de/kultur-freizeit/kultur/rattenfaenger-literaturpreis/index.htm
Ansprechpartner: Ellen Greten
Sparten: Kinder- und Jugendliteratur, insbes. Märchen und Sagen, fantastische Erzählung, moderne Kunstmärchen und Erzählungen aus dem Mittelalter
Turnus: alle zwei Jahre
Dotierung: € 5000
Eigenbewerbung: Eigenbewerbung möglich

Rauriser Literaturpreis
Salzburger Landesregierung
Abt. Kultur
Franziskanergasse 5A
A-5010 Salzburg/Österreich
Tel. 0043 - 662 - 8042/2729
Fax 06628042/2919
daniela.weger@salzburg.gv.at
www.salzburg.gv.at/Kultur
Ansprechpartner: Dr. Daniela Weger
Sparten: Prosa-Estveröffentlichung aus dem vergangenen Jahr (das erste Buch)
Bewerberkreis: Deutschsprachige AutorInnen
Turnus: jährlich
Dotierung: € 7300
Eigenbewerbung: Keine Eigenbewerbung, die Jury findet den Preisträger

Rheingau Literaturpreis
Rheingau Musik Festival e.V.
Rheinallee 1
65375 Oestrich-Winkel
Tel. 01805 - 74 34 64
www.rheingau-literatur-festival.de
Sparten: Literatur
Turnus: jährlich
Dotierung: € 10.000 und 111 Flaschen Riesling
Eigenbewerbung: Keine Eigenbewerbung

Richard-Schönfeld-Preis für literarische Satire
Richard-Schönfeld-Stiftung
c/o Hamburgische Kulturstiftung
Chilehaus A
20095 Hamburg
Tel. 040 - 33 90 99
Fax 040 - 32 69 58
info@kulturstiftung-hh.de
www.kulturstiftung-hh.de
Ansprechpartner: Kirsten Wagner
Sparten: Literarische Satire
Bewerberkreis: intern. AutorInnen, die herausragende Satiren publiziert haben
Turnus: Alle zwei Jahre
Dotierung: € 10.000
Bewerbungsschluss:
Eigenbewerbung: laufend, mit 3 Exemplaren

Roswitha-Preis (Literaturpreis) der Stadt Bad Gandersheim
Stadt Bad Gandersheim
Fachbereich für Kur, Kultur und Touristik
Postfach 1170
37575 Bad Gandersheim
Tel. 05382 -73-334
Fax 05382 - 73-370
kulturamt@bad-gandersheim.de
www.bad-gandersheim.de
Ansprechpartner: Ingeborg Briks
Sparten: Literatur (Lyrik, Prosa, Roman, Erzählung, Essay, Sachbücher, Philosophie, usw.)
Bewerberkreis: Bewerbungen um den Roswitha-Preis sind ausgeschlossen
Turnus: jährlich, grundsätzlich an dem Wochenende vor oder nach Allerheiligen in Bad Gandersheim
Dotierung: € 5500
Eigenbewerbung: Keine Eigenbewerbung

Samuel-Bogumil-Linde-Literaturpreis der Partnerstädte Göttingen und Torun
Stadt Göttingen
Fachbereich Kultur
Hiroshimaplatz 1 - 4
37083 Göttingen
Tel. 0551 - 400 - 3391
Fax 0551 - 400 - 2743
kultur@goettingen.de
www.lindepreis.goettingen.de
Ansprechpartner: Hilmar Beck
Sparten: Literatur
Bewerberkreis: Lyrik, Prosa, Drama, Essayistik, Literaturkritik, Publizistik, Übersetzung und Edition
Turnus: jährlich an einen polnischen und deutschen Autor
Dotierung: 2 x € 4.000
Hinweise: Auswahl über berufene Jury
Eigenbewerbung: Keine Eigenbewerbung

Schiller-Gedächtnispreis
Land Baden-Württemberg
Königsstr. 46
70173 Stuttgart
Tel. 0711 - 279 29 82
Fax 0711 - 279 32 13
ursula-bernhardt@mwk.bwl.de
www.mwk-bw.de
Ansprechpartner: Dr. Ursula Bernhardt
Sparten: Literatur allgemein oder Geisteswissenschaften
Bewerberkreis: deutschsprachige Dichter und Schriftsteller
Turnus: alle drei Jahre
Dotierung: € 25.000 (Ehrenpreis), 2x € 7.500 (Förderpreise)
Eigenbewerbung: Keine Eigenbewerbung

Schubart-Literaturpreis der Stadt Aalen
Kulturamt der Stadt Aalen
Marktplatz 30
73430 Aalen
Tel. 07361 - 52 - 1159
Fax 07361 - 52 19 11
kunst@aalen.de
www.aalen.de
Ansprechpartner: Brigitte Seibold
Sparten: Lyrik, Almanache, Theaterstücke, wissenschaftliche Prosa, verlegerisches Schaffen
Turnus: alle zwei Jahre
Dotierung: € 12.000
Eigenbewerbung: Eigenbewerbung möglich

Sigmund-Freud-Preis
Deutsche Akademie für Sprache und Dichtung e.V.
Alexandraweg 23
64287 Darmstadt
Tel. 06151 - 40920
Fax 06151 - 409299
sekretariat@deutscheakademie.de
www.deutscheakademie.de
Sparten: wissenschaftliche Prosa
Turnus: jährlich
Dotierung: € 12.500
Eigenbewerbung: Keine Eigenbewerbung

Stefan-Andres-Preis der Stadt Schweich
Stefan Andres-Gesellschaft e.V.
Niederprümer Hof
54338 Schweich
Tel. 06502 - 65 24
Fax 06502 -93 51 48
info@stefan-andres-gesellschaft.de
www.stefan-andres-gesellschaft.de
Ansprechpartner:
Prof. Dr. Georg Guntermann
Universität Trier
FB II - Germanistik
Neuere dt. Literaturwissenschaft
54286 Trier
Sparten: Literatur deutscher Sprache
Turnus: alle drei Jahre
Dotierung: € 3000
Eigenbewerbung: Keine Eigenbewerbung

Stefan-George-Preis
Dekanat der Philosophischen Fakultät der Heinrich-Heine-Universität
Universitätsstr. 1
40225 Düsseldorf
Tel. 0211 - 811 40 09
Fax 0211 - 811 40 33
wodsak@phil-fak.uni-duesseldorf.de
www.phil-fak.uni-duesseldorf.de/lue/stefan_george_preis.htm
Ansprechpartner: Dr. Mona Wodsak
Sparten: Übersetzungen frankophoner Literatur
Bewerberkreis: junge ÜbersetzerInnen frankophoner Literatur
Turnus: alle zwei Jahre
Dotierung: € 2500
Eigenbewerbung: Eigenbewerbung möglich

Stuhmer Kulturpreis des Landkreises Rotenburg (Wümme)
Landkreis Rotenburg
Postfach 14 40
27344 Rotenburg
Tel. 04621 - 983-2130
Fax 04621 - 983-2197
info@lk-row.de
www.lk-row.de
Ansprechpartner: Herr Twiefel
Bewerberkreis: Literarische und andere künstlerische und wissenschaftliche Arbeiten, auch Audio- und Videoarbeiten, Stuhmer Künstler (darüber hinaus siehe Ausschreibung)
Turnus: alle drei Jahre
Dotierung: € 500
Hinweise: unveröffentlichte oder nach dem 2. Dezember 1992 erstmalig veröffentlichte Arbeiten
Eigenbewerbung: Eigenbewerbung möglich

Tage der deutschsprachigen Literatur mit Vergabe des Ingeborg-Bachmann-Preises
ORF-Studio Kärnten
Sponheimerstr. 13
A-9010 Klagenfurt/Österreich
Tel. 0043 - 463 533 029 528
Fax 0043 - 463 533 029 534
binia.salbrechter@orf.at, michaela.monschein@orf.at
http://bachmannpreis.orf.at
Ansprechpartner: Binia Salbrechter, Michaela Monschein

Sparten: Prosa - unveröffentlicht
Bewerberkreis: deutschsprachige Schriftstellerinnen und Schriftsteller
Turnus: jährlich
Dotierung: € 25.000
Hinweise: Unveröffentlichte Erzählung
Eigenbewerbung: Eigenbewerbung, jedoch mit schriftlicher Empfehlung eines Verlags oder einer Literaturzeitschrift an Jury-Mitglieder

Thaddäus-Troll-Preis
Förderkreis deutscher Schriftsteller in Baden-Württemberg e.V.
Gartenstr. 58
76135 Karlsruhe
info@schriftsteller-in-bawue.de
Ansprechpartner: Meike Christina Wiehl
Sparten: Literatur
Bewerberkreis: Bewerberkreis aus Stipendiaten des Förderkreises
Turnus: alle 2 Jahre
Dotierung: € 10.000
Eigenbewerbung: Keine Eigenbewerbung

Thomas-Mann-Preis der Hansestadt Lübeck
Deutsche Thomas-Mann-Gesellschaft
Mengstr. 4
23552 Lübeck
Tel. 0451 - 122 42 42
Fax 0451 - 122 41 40
info@buddenbrookhaus.de
www.buddenbrookhaus.de
Ansprechpartner: Nathalie Bielfeld
Sparten: Literaturwissenschaft
Turnus: nicht festgelegt
Dotierung: € 10.000
Eigenbewerbung: Keine Eigenbewerbung

Thomas-Valentin-Literaturpreis
Stadt Lippstadt Fachbereich Schule, Kultur und Sport
Geiststr. 2
59553 Lippstadt
Tel. 02941 - 98 02 75
Fax 02941 - 98 07 82 75
josef.wittrock@stadt-lippstadt.de
www.lippstadt.de
Ansprechpartner: Josef Wittrock
Turnus: alle 4 Jahre
Dotierung: € 5000
Eigenbewerbung: Keine Eigenbewerbung

Tukanpreis der Landeshauptstadt München
Landeshauptstadt München
Burgstr. 4
80331 München
Tel. 089 - 233 - 21 196 oder 24 347
Fax 089 - 233 - 21 269
katrin.dirschwigl@muenchen.de
www.muenchen.de/literaturstadt
Ansprechpartner: Eva Schuster, Katrin Dirschwigl
Sparten: Belletristik/ Neuerscheinungen
Bewerberkreis: Münchner AutorInnen
Turnus: jährlich
Dotierung: € 6000
Bewerbungsschluss: bis Ende August
Hinweise: siehe Website
Eigenbewerbung: Eigenbewerbung möglich

Übersetzerpreis des Verlags C.H. Beck
Verlag C.H. Beck
Presseabteilung
Wilhelmstraße 9
80801 München
Tel. 089 - 381 89 405
presse@beck.de
www.beck.de
Sparten: wissenschaftliche Literatur, anspruchsvolles Sachbuch, Essayistik
Turnus: alle zwei Jahre
Dotierung: € 10.000
Ausschreibung: jeweils im Frühsommer
Bewerbungsschluss: jeweils im Herbst
Preisverleihung: jeweils im Frühjahr
Bewerbungsschluss: voraussichtlich Ende März
Bedingung: Das Werk muss in den jeweils letzten drei jahren erstmals in einem deutschen Verlag erschienen und lieferbar sein
Eigenbewerbung: ja

Uwe-Johnson-Literaturpreis
Nordkurier
Uwe-Johnson-Preis
Flurstraße 2
17034 Neubrandenburg
Tel. 0395 - 457 54 90
Fax 0395 - 457 57 56 94
feuilleton@nordkurier.de
www.mlg.de/uwejohnson/index.htm
Ansprechpartner: Detlef Stapf
Sparten: Prosa, Essayistik
Turnus: alle zwei Jahre (2008…)
Dotierung: € 12.500
Bewerbungsschluss: voraussichtlich Ende März
Eigenbewerbung: Eigenbewerbung möglich

Völklinger Senioren-Literaturpreis
Volkshochschule Völklingen, Akademie für Ältere
Altes Rathaus
66333 Völklingen
Tel. 06898 - 132597
Fax 06898 - 132588
k.schaeffner@voelklingen.de
www.vhs-voelklingen.de
Ansprechpartner: Karl-Heinz Schäffner
Sparten: Prosa und Lyrik
Bewerberkreis: Seniorinnen/Senioren über 55 Jahre
Turnus: alle zwei Jahre
Dotierung: € 500 Prosa, € 500 Lyrik, 2.-10. Buchpreise
Hinweise: siehe Ausschreibung, Thema 2008: Vereinsleben
Eigenbewerbung: Eigenbewerbung möglich

Walter Hasenclever Preis
Aachener Literaturpreis
Walter Hasenclever Gesellschaft e.V.
c/o Prof. Dr. Jürgen Egyptien
Institut f. Germanistik u. Allgem. Literaturwissenschaft
der RWTH Aachen
Templergraben 55
52056 Aachen
Tel. 0241 - 960 70
Fax 0241 - 809 21 58
j.egyptien@germlit.rwth-aachen.de
Ansprechpartner: Prof. Dr. Jürgen Egyptien

Sparten: Literatur
Bewerberkreis: Deutschsprachige AutorInnen
Turnus: alle zwei Jahre
Dotierung: € 20.000
Eigenbewerbung: Keine Eigenbewerbung

Walter-Kolbenhoff-Preis
Stadt Germering
Rathausplatz 1
82110 Germering
Tel. 089 - 89 41 90
Fax 089 - 841 56 89
verwaltung@germering.de
www.germering.de
Ansprechpartner: Herr Giljohann
Sparten: Literatur, bildende Kunst, Musik
Bewerberkreis: offen
Turnus: unregelmäßig
Dotierung: € 2500
Bewerbungsschluss: offen
Hinweise: Werke im weiteren Sinn mit Bezug zu Germering
Eigenbewerbung: Eigenbewerbung möglich

Walter-Serner-Preis
Rundfunk Berlin-Brandenburg (RBB)
Masurenallee 8-14
14057 Berlin
Tel. 030 - 979 93 - 332 10
Fax 030 - 979 93 - 33 249
ros.doll@rbb-online.de
www.daskulturradio.de
Ansprechpartner: Rosa Droll
Sparten: Kurzgeschichte
Turnus: jährlich
Dotierung: € 3000
Bewerbungsschluss: 15.09. d. J.
Eigenbewerbung: Eigenbewerbung möglich

WELT-Literaturpeis
Literaturpreis der Zeitung DIE WELT
Die Welt, Axel Springer AG
Axel-Springer-Str. 65
10888 Berlin
Tel. 030 - 25 91 776 20
Fax 030 - 25 91 776 42
oliver.santen@axelspringer.de
Ansprechpartner: Oliver Santen
Turnus: jährlich
Dotierung: € 10.000
Eigenbewerbung: Keine Eigenbewerbung

Werner-Egk-Preis
Stadt Donauwörth
Postfach 14 53
86604 Donauwörth
Tel. 0906 -78 91 00
Fax 0906 - 78 91 09
stadt@donauwoerth.de
www.donauwoerth.de
Ansprechpartner:
Sparten: Bildende Kunst, Literatur, Musik, Wissenschaft, Heimatpflege
Bewerberkreis:
Turnus: alle zwei Jahre
Dotierung: € 6000
Eigenbewerbung: Keine Eigenbewerbung

Wettbewerb für deutschsprachige AutorInnen
Kuratorium der Otto-Stoessl-Stiftung
Semmelweisgasse 9
A-8010 Graz/Österreich
Tel. (0) 316 - 877-46 11 oder (0) 676 - 86 66 46 11
Fax (0) 316 - 877-46 33
christoph.binder@stmk.gv.at
Ansprechpartner: Dr. Christoph Binder
Sparten: Erzählungen
Bewerberkreis: Deutschsprachige AutorInnen
Turnus: 2-Jahres-Rhythmus (Preisvergabe in geraden Jahren)
Dotierung: € 4000
Bewerbungsschluss: 31.12.d.J.
Hinweise: Erzählung (Umfang max. 30 Seiten)
Eigenbewerbung: ja

Wildweibchenpreis der Reichelsheimer Märchen- und Sagentage
Gemeinde Reichelsheim
Bismarckstr. 43
64358 Reichelsheim
Tel. 06164 - 508 10 o. 508 38
Fax 06164 - 508 33
maerchentage@reichelsheim.de
www.maerchentage.de
Ansprechpartner: Gerd Lode, Jochen Rietdorf
Turnus: jährlich
Dotierung: € 1500
Eigenbewerbung: Keine Eigenbewerbung möglich

Wilhelm-Busch-Preis für satirische und humoristische Versdichtung
Wilhelm-Busch-Preis
Am Markt 9-10
31655 Stadthagen
Tel. 05723 - 756 32
Fax 05723 - 91 50 03
info@wilhelm-busch-preis.de
www.wilhelm-busch-preis.de
Ansprechpartner: Marina Brand
Sparten: satirische und humoristische Versdichtung
Turnus: jährlich
Dotierung: € 10.000, Förderpreis € 1500
Eigenbewerbung: Eigenbewerbung möglich

Wilhelmine-Siefkes-Preis
Stadt Leer - Kultur
Rathausstr. 1
26789 Leer
Tel. 0491 - 9782425
Fax 0491 -978 24 58
kultur@leer.de
www.leer.de
Ansprechpartner: Frau Ulfers-Brandt
Sparten: Niederdeutsche/ Nedersaksische Mundartliteratur
Bewerberkreis: Der Wilhelmine-Siefkes-Preis der Stadt Leer wird für Werke vergeben, die in Ostfriesland entstanden sind oder ein ostfriesisches-regionales Thema wählen oder die Wechselbeziehungen zwischen Ostfriesland und anderen Regionen in der plattdeutschen Sprache behandeln.
Turnus: alle 4 Jahre

Dotierung: € 2500, Aufteilung möglich
Bewerbungsschluss: September/Oktober des Vorjahres
Hinweise: Vorgeschlagen und eingereicht werden können Werke aller Formen und Genres - auch Sachtexte und audiovisuelle Werke - aus allen thematischen Bereichen.
Eigenbewerbung: Eigenbewerbung möglich

Wolfgang Hohlbein-Preis
Verlag Carl Ueberreuter GmbH
Alserstr. 24
A-1091 Wien/Österreich
Tel. 01 - 40444 - 171
Fax 01 - 40444 - 5
Seidenstricker@ueberreuter.at
www.ueberreuter.de
Ansprechpartner: Iris Seidenstricker
Sparten: Fantasy; Abenteuer
Turnus: alle 2 Jahre
Dotierung: € 10.000
Bewerbungsschluss: bis 30. März 2007
Hinweise: unveröffentlichtes komplettes Manuskript
Eigenbewerbung: Eigenbewerbung möglich

Würth-Literaturpreis
Poetik-Dozentur Universität Tübingen
Wilhelmstr. 50
72074 Tübingen
wuerthliteraturpreis@germ-serv.de
www.poetik-dozentur.de
Ansprechpartner: PD Dr. Manfred Koch, Deutsches Seminar, Universität Tübingen
Sparten: Prosatexte
Turnus: jährlich
Dotierung: € 7500
Eigenbewerbung: Eigenbewerbung möglich

▷ *Es geht uns gut*

Von Arno Geiger

In einem Dorf, so erzählt man, saßen eines Abends in einem Wirtshaus mehrere Gäste. Lauter Ansässige, bis auf einen, den keiner kannte, ein Zerlumpter in einer dunklen Ecke. Hin und her war das Gespräch gegangen. Da brachte einer auf, was sich jeder wünschen würde, wenn er einen Wunsch frei hätte. Der eine wollte Geld, der andere einen Schwiegersohn, der dritte eine neue Hobelmaschine. So ging es reihum. Als jeder zu Wort gekommen war, blieb noch der Zerlumpte in der dunklen Ecke. Widerwillig und zögernd gab er den Fragen nach. Er sagte: Ich wünschte, ich wäre einer, der Bücher schreibt, ich lebte in einem weiten, offenen Land und säße nachts in meinem Zimmer am Schreibtisch und arbeitete und arbeitete, und von der Grenze bräche ein Feind herein, und ehe es dämmerte, wären die Feinde bis vor mein Haus gedrungen und keinen Widerstand gäbe es und keine Zeit, mich auch nur zu bekleiden, im Hemd müsste meine Flucht ich antreten und würde durch Berg und Tal und über Wald und Hügel und ohne Ruhe Tag und Nacht gejagt, bis hier auf dieser Bank in eurem Wirtshaus ich gerettet angekommen wäre. – Das wünscht' ich mir. – Was hättest du von diesem Wunsch?, fragte einer. – Beim Schreiben der Bücher etwas über das Leben gelernt, gab der Bettler zur Antwort.

Sehr geehrte Damen und Herren, ich habe hier eine unter anderem von Walter Benjamin erzählte, alte chassidische Legende variiert, mehr in persönlicher als in allgemeiner Sache, denn auch der, der sich eine neue Hobelmaschine wünscht, hat seine guten Gründe, er wird jedenfalls nicht nach einer Rechtfertigung für seinen Wunsch gefragt. – Ich selbst wurde öfters gefragt, was ich mir von meiner Arbeit verspreche. Und auch *vor* Erscheinen von *Es geht uns gut* fiel es mir nicht schwer zu versichern, dass mir mein Schreiben, mir als Person, langfristig mehr Gewinn als Nachteile eingebracht hat. Ich sage das als einer, der über Jahre ein Mann ohne Mittel war, der mit dem Besteck des Außenseiters umzugehen gelernt hatte, einer, der von allen guten Gütern verlassen war, von den guten Geistern sowieso, jedenfalls, wenn man sich in meiner Umgebung hätte nach einer Auskunft bemühen wollen.

Ich habe vier Jahre lang an meinem Buch gearbeitet, und nach den Erfahrungen der vorhergehenden Jahre (und Bücher) war mit einem Erfolg nicht zu rechnen gewesen, schon gar nicht mit einem Erfolg wie dem, der eingetreten ist. Zum Bedauern vor allem der Verlage kann man die Wirkung von Büchern ja nicht an Mäusen ausprobieren, und so haben sich auch diesmal alle, ich aus Selbstschutz, keine großen Hoffnungen gemacht. Der Deutsche Buchpreis ist mir dann wie durch den Kamin ins Haus gefallen, umso willkommener war er. Und selbst wenn im Vorfeld der leise Wunsch, etwas in dieser Art könnte vielleicht doch geschehen, vorhanden gewesen wäre (das Unwahrscheinliche ist ja immerhin im Randbereich des Möglichen angesiedelt), also selbst wenn dieser Wunsch insgeheim bestanden hätte, würde dies nicht erklären, warum einer über vier Jahre hinweg auf seinen Ellbogen am Schreibtisch bleibt, ohne unzufrieden zu sein, ohne sich nach Alternativen umzusehen, die es ihm ermöglichen, nicht ständig knapp bei Kasse zu sein. Warum also? Ich für meine Person: Weil es aus dem Wissen heraus geschieht, dass man das Leben nur ausschöpfen kann, wenn man bereit ist, nicht zu rechnen, und weil wir Bettler wären, wenn wir nicht einmal uns selbst in die Waagschale werfen würden – das ist ja das, was viele von uns, die wir Bücher schreiben, tun. Eine jahrelange Verausgabung, weil hinter der Arbeit etwas steckt, das schöner und wichtiger ist als die Arbeit, weil sich hinter der Arbeit etwas auftut, in dem wir uns selbst finden und in dem wir als Person weiterkommen können.

Und in dem auch die Leser weiterkommen können.
Klingt nach wenig, ist aber sehr viel.

Verehrte Damen und Herren, und vergessen Sie eins nie: Die Bücher schlafen nicht, wenn wir nach Hause kommen, sie erwarten keine Gegenleistung für das, was sie einem geben. Sie beschweren sich nicht, wenn man etwas nicht weiß oder unaufmerksam ist. – Und sie trinken einem nicht den Wein weg.

Arno Geiger hielt diese Rede auf der Buchhändlertagung 2006 in Berlin. Er war der erste Preisträger des Deutschen Buchpreises und wurde damit für sein Buch *Es geht uns gut*, erschienen bei Hanser, geehrt.

Adressen

▷ Stipendien und Förderpreise

Unter Literaturpreise finden sich auch zusätzliche Förderpreise

Arbeitsstipendien für Berliner Autorinnen und Autoren
Kulturverwaltung des Berliner Senats
Brunnenstr. 188 - 190
10119 Berlin
Tel. 030 - 90 22 85 36
Fax 030 - 90 22 84 57
www.berlin.de/sen/kultur/programm/literatur
Ansprechpartner: Herr Meyer
Sparten: Belletristische Literatur und Lyrik
Stipendium: 6 x € 1250,-
Bewerbungsschluss: Ende Januar
Eigenbewerbung: Eigenbewerbung möglich

Arbeitsstipendien für Schriftsteller und Übersetzer des Landes NRW
Staatskanzlei NRW, Abteilung Kultur
Fürstenwall 25
40190 Düsseldorf
Tel. 0211 - 8371154
Fax 0211 - 60211154
Monika.Strohmeyer@stk.nrw.de
www.kultur.nrw.de
Ansprechpartner: Monika Strohmeyer/Astrid Kafka
Sparten: Prosa, Lyrik, Hörspiel, Drama
Bewerberkreis: Schriftsteller u. Übersetzer aus NRW
Turnus: jährlich
Stipendium: 4 Monate à € 1.025
Bewerbungsschluss: voraussichtlich 1.11.2007
Hinweise: Verlagsoption erforderlich
Eigenbewerbung: Eigenbewerbung erforderlich

Autoren-Förderungsprogramm der Stiftung Niedersachsen
Stiftung Niedersachsen
Sophienstr. 2
30159 Hannover
Tel. 0511 - 990 54 13
Fax 0511 - 990 54 99
info@stiftungniedersachsen.de/
www.stiftungniedersachsen.de/
Ansprechpartner: Linda Anne Engelhardt
Sparten: Prosa, Lyrik, Essay im jährlichen Wechsel
Bewerberkreis: Schriftsteller, die am zweiten Buch in der Gattung arbeiten.
Turnus: jährlich
Stipendium: je € 9.000 (zzgl. drei Arbeitskolloquien für 4 Personen)
Bewerbungsschluss: 1.12.2007 (Prosa)
Hinweise: Schriftsteller, die am zweiten Buch in der Gattung arbeiten

Eigenbewerbung: Eigenbewerbung erforderlich

Autorenspende für schriftstellerische Arbeit
Hermann Sudermann Stiftung
Hauptstr. 452
53639 Königswinter
Tel. 02223 - 265 03
g.henze-fliedner@t-online.de
Ansprechpartner: Dr. Gisela Henze
Sparten: Literatur (Belletristik)
Bewerberkreis: Notleidende Schriftsteller
Turnus: unregelmäßig
Stipendium: € 800 als Spende
Bewerbungsschluss: kein fester Termin
Hinweise: Nachweis nach § 53 AO (Mildtätige Zwecke), Vorlage einer Veröffentlichung, mind. aber eines fertigen Manuskripts, keine Vergabe von Druckkostenzuschüssen
Eigenbewerbung: Eigenbewerbung möglich

Autorenstipendien der Stadt Bremen
Der Senator für Kultur
Altenwall 15/16
28195 Bremen
Tel. 0421 - 361 27 44
Fax 0421 - 361 60 25
chinrichs@kultur.bremen.de
Ansprechpartner: Christa Hinrichs
Sparten: Literatur
Turnus: jährlich
Stipendium: 2 x € 2.500
Eigenbewerbung: Eigenbewerbung möglich

Bayerischer Kunstförderpreis, Sparte Literatur
Bayerisches Staatsministerium für Wissenschaft, Forschung und Kunst
Salvatorplatz 2
80333 München
Tel. 089 - 21 86 2465
Fax 089 - 21 86 3465
elisabeth.donoughue@stmwfk.bayern.de
www.stmwfk.bayern.de/kunst/literaturpreise.html
Ansprechpartner: Dr. Elisabeth Donoughue
Sparten: Lyrik, Epik, Dramatik, Kinder- und Jugendliteratur, Sachbücher von literarischem Rang und literarische Übersetzungen
Bewerberkreis: Junge Schriftstellerinnen und Schriftsteller in Bayern
Turnus: Jährlich
Stipendium: € 5.000
Bewerbungsschluss: 15.02. des Jahres, Vorschläge von dritter Seite möglich
Hinweise: Die Preisträger dürfen am 31. Dezember des Auswahljahres das 40. Lebensjahr noch nicht vollendet haben, müssen mind. ein Buch veröffentlicht haben und seit wenigstens 2 Jahren den ersten Wohnsitz und Schaffensmittelpunkt in Bayern haben.
Eigenbewerbung: Keine Eigenbewerbung

Berliner Künstlerprogramm des DAAD
Deutscher Akademischer Austauschdienst - Berliner Künstlerprogramm
Markgrafenstr. 37
10117 Berlin
Tel. 030 - 20 22 08 - 0
Fax 030 - 204 12 67
bkp.berlin@daad.de
www.berliner-kuenstlerprogramm.de
Ansprechpartner: Dr. Annette Julius
Sparten: Bildende Kunst, Film, Literatur, Musik
Turnus: jährlich
Stipendium: mtl., 12 Monate, (Film: 6 Monate)
Bewerbungsschluss: 1. Januar
Eigenbewerbung: Eigenbewerbung möglich, außer für Bildende Kunst

Chamisso-Förderpreis für auf deutsch schreibende Autoren fremder Muttersprache
Sekretariat des Adelbert-von-Chamisso-Preises Dr. Klaus Hübner
Degenfeldstr. 9
80803 München
Tel. 089 - 300022-11
Fax 089 - 300022-12
klahueb@gmx.de
Ansprechpartner: Dr. Klaus Hübner
Sparten: Literatur
Turnus: jährlich
Stipendium: € 7.000
Bewerbungsschluss: jeweils 30. April
Hinweise: Sprach- und/oder Kulturwechsel, herausragende literarische Qualität
Eigenbewerbung: Eigenbewerbung möglich

Deutscher Literaturfonds e.V. Stipendien für qualifizierte Autorinnen und Autoren
Deutscher Literaturfonds e.V.
Alexandraweg 23
64287 Darmstadt
Tel. 06151 - 40930
Fax 06151 - 40 93 33
info@deutscher-literaturfonds.de
www.deutscher-literaturfonds.de
Leitung: Dr. Gunther Nickel
Sparten: deutschsprachige Gegenwartsliteratur
Turnus: Einsendetermine jeweils bis zum 30.4. und bis zum 31.10.
Stipendium: Stipendium: € 2.000 pro Monat für max. ein Jahr
Bewerbungsschluss: 30.4. und 31.10.
Eigenbewerbung: Eigenbewerbung erforderlich

Förderpreis der Sparkassenstiftung
Magistrat der Stadt Bremerhaven
Postfach 21 03 60
27524 Bremerhaven
Tel. 0471 - 590 29 34
Fax 0471 - 590 28 78
Anke.Rose@magistrat.bremerhaven.de
www.bremerhaven.de
Ansprechpartner: Frau Rose
Sparten: Bildende Kunst, Darstellende Kunst, Film, Literatur, Musik
Bewerberkreis: Künstler, Musiker, Autoren und Filmemacher
Turnus: jährlich
Stipendium: € 2500
Bewerbungsschluss: 31.4.2007
Hinweise: Bezug zu Bremerhaven,

nicht älter als 35 Jahre, möglichst das erste Jahr der Berufsausbildung mit überdurchschnittlichen Leistungen beendet haben
Eigenbewerbung: Eigenbewerbung möglich

Förderpreis Rheinland-Pfalz für junge Künstlerinnen und Künstler
Land Rheinland-Pfalz Ministerium für Bildung, Wissenschaft, Jugend und Kultur
Mittlere Bleiche 61
55116 Mainz
Tel. 06131 - 162749
Fax 06131 - 1617249
s.gauch@mbwjk.rlp.de
www.kulturland.rlp.de
Ansprechpartner: Dr. Sigfrid Gauch
Sparten: Bildende Künste, Darstellende Künste, Literatur, Musik und Film
Bewerberkreis: besonders begabte junge Künstlerinnen und Künstler
Turnus: jährlich im Wechsel der Sparten
Stipendium: bis zu 3 Förderpreise
Hinweise: Autor(innen), die in Rheinland-Pfalz geboren sind, dort leben oder durch ihr literarisches Schaffen mit dem kulturellen Leben in Rheinland-Pfalz eng verbunden sind
Eigenbewerbung: Keine Eigenbewerbung

Förderpreis zum Bremer Literaturpreis
Rudolf-Alexander-Schröder Stiftung
c/o Stadtbibiliothek Bremen
Am Wall 201
28195 Bremen
Tel. 0421 - 361 40 46
Fax 0421 - 361 69 03
sekretariat@stadtbibliothek.bremen.de
www.stadtbibliothek-bremen.de; www.literarischewoche.de
Ansprechpartner: Barbara Lison
Sparten: Belletristik
Turnus: jährlich
Stipendium: € 6000
Bewerbungsschluss:
Hinweise: Preis ist gesponsort von ÖVB (Öffentliche Versicherungen Bremen), wodurch eine Verpflichtung zur Lesung in den Räumen der ÖVB gegeben ist
Eigenbewerbung: Keine Eigenbewerbung

Förderpreise des Landes Nordrhein-Westfalen für junge Künstlerinnen und Künstler
Staatskanzlei NRW, Kulturabteilung
Fürstenwall 25
40219 Düsseldorf
Tel. 0211 - 837 14 23
Fax 0211 - 60 21 14 23
claudia.liethen@stk.nrw.de
www.kultur.nrw.de
Ansprechpartner: Frau Liethen
Sparten: Literatur, Bildende Kunst, Musik, Theater, Film, Neue Medien, Architektur
Bewerberkreis: Junge Künstlerinnen und Künstler

Turnus: jährlich
Stipendium: Preisgeld € 5000
Eigenbewerbung: Keine Eigenbewerbung

Förderstipendien der Stadt Köln
Stadt Köln
Richartzstr. 2-4
50667 Köln
Tel. 0221 - 221 234 81
Fax 0221 - 221 249 53
Gerd.Winkler@stadt-koeln.de
www.stadt-koeln.de
Ansprechpartner: Gerd Winkler
Sparten: Bildende Kunst, Fotografie, Literatur, Musik
Bewerberkreis: Professionelle Künstler der einzelnen Sparten
Turnus: jährlich
Stipendium: jeweils € 10.000
Bewerbungsschluss: April
Hinweise: Altersgrenze: 35 Jahre; in Köln wohnen oder arbeiten
Eigenbewerbung: Eigenbewerbung möglich

GWK Förderpreis
Gesellschaft zur Förderung der Westfälischen Kulturarbeit e.V.
Warendorfer Str. 24
48145 Münster
Tel. 0251 - 591 32 14
Fax 0251 - 591 65 40
gwk@lwl.org
www.gwk-online.de
Ansprechpartner: Dr. Susanne Schulte
Sparten: Literatur, Bildende Kunst, Musik
Bewerberkreis: Ausgezeichnet werden junge Künstler aus Westfalen-Lippe, die in ihrer Sparte überdurchschnittliche Leistungen erbracht haben
Turnus: jährlich
Stipendium: € 3000
Bewerbungsschluss: siehe Homepage
Hinweise: Nicht älter als 40 Jahre und Veröffentlichung in einer anerkannten Literaturzeitschrift oder einer Anthologie
Eigenbewerbung: Eigenbewerbung möglich

Hamburger Förderpreis für Literatur
Senat der Freien und Hansestadt Hamburg Kulturbehörde Literaturreferat
Hohe Bleichen 22
20354 Hamburg
Tel. 040 - 34890 - 288
Fax 040 - 34890 - 287
wolfgang.schoemel@kb.hamburg.de
www.literaturpreise-hamburg.de
Ansprechpartner:
Dr. Wolfgang Schömel
Sparten: Literatur
Bewerberkreis: Hamburger Autoren und Autorinnen
Turnus: jährlich
Stipendium: 6 x € 6.000
Bewerbungsschluss: jeweils ein Augusttermin
Hinweise: unveröffentlichte Texte, Wohnort muss Hamburg sein
Eigenbewerbung: Eigenbewerbung möglich

Hattinger Förderpreis für junge Literatur
Kubischu - Kulturinitiative Hattingen
Postfach 80 05 23
45505 Hattingen
Tel. 02324 - 22170
hellmut-lemmer@onlinehome.de
www.kubischu.de
Ansprechpartner: Hellmut Lemmer
Sparten: Literatur
Bewerberkreis: Junge Autorinnen und Autoren zwischen 16 und 25 Jahren
Turnus: jährlich
Stipendium: bezahlte Lesung (€ 300), Fahrgeld, Unterkunft
Bewerbungsschluss: 6.5.
Hinweise: Literarische Texte jeder Art in dt. Sprache, max. 5 DIN-A4-Seiten bei 1 1/2-zeiliger Schreibweise, einseitig bei Maschinenschrift; ungeheftet, 1 Exemplar
Eigenbewerbung: ja

Ida-Dehmel-Literaturpreis und GEDOK-Literaturförderpreis
GEDOK Bundesgeschäftsstelle/Präsindentin Ingrid Scheller
Weberstraße 59 a
53113 Bonn
Tel. 0228 - 261 87 79
Fax 0228 - 261 99 14
gedok@gedok.de
www.gedok.de
Ansprechpartner: Marion Hinz, GEDOK-Bundesfachbeirätin f. Literatur, Monierstr. 10, 23617 Stockelsdorf, Tel. 0451 - 4946601, familie_hinz@web.de
Sparten: Literatur
Bewerberkreis: Frauen im deutschen Sprachraum
Turnus: alle drei Jahre
Stipendium: € 5000 für Ida-Dehmel-Preis, € 3000 für den Förderpreis
Bewerbungsschluss: Herbst 2009
Eigenbewerbung: Keine Eigenbewerbung

Jahresstipendien des Landes Niedersachsen
Niedersächsisches Ministerium für Wissenschaft und Kultur
Leibnizufer 9
30169 Hannover
Tel. 0511 - 120 2578
Fax 0511 - 20 2805
heike.fliess@mwk.niedersachsen.de
www.mwk.niedersachsen.de, Stichwort:Künstlerförderung
Ansprechpartner: Frau Fliess
Sparten: Literatur
Bewerberkreis: Fördert freiberuflich Schreibende aus Niedersachsen bei der Realisierung eines größeren Werkes
Turnus: jährlich
Stipendium: € 12.000
Bewerbungsschluss: wird jeweils gesondert ausgeschrieben
Hinweise: wird jeweils gesondert ausgeschrieben
Eigenbewerbung: Eigenbewerbung möglich

Jahresstipendien für Schriftsteller des Ministeriums für Wissenschaft, Forschung und Kunst des landes Baden-Württemberg
Baden-Württembergisches Ministerium für Wisschenschaft und Forschung
Königsstr. 46
70173 Stuttgart
Tel. 0711 - 279 29 82
Fax 0711 279 32 13
ursula.bernhardt@mwk.bwl.de
www.mwk-bw.de
Ansprechpartner: Dr. Ursula Bernhardt
Sparten: Literatur
Bewerberkreis: Literarischer Nachwuchs
Turnus: Jährlich
Stipendium: 3 Stipendien à € 12.000
Bewerbungsschluss: keine Bewerbung möglich
Hinweise: mind. 1 Publikation
Eigenbewerbung: Keine Eigenbewerbung

Kulturförder- und Kulturpreise der Stadt Fürth
Stadt Fürth
Königsplatz 2
90762 Fürth
Tel. 0911 - 974 16 80
Fax 0911 - 974 1684
kultur@fuerth.de
www.fuerth.de
Ansprechpartner: Claudia Floritz
Sparten: Bildende Kunst, Fotografie, Film, Literatur, Musik
Bewerberkreis: Kulturförderpreise bis 35 Jahre
Turnus: Jährlich, entweder 3 Kulturförderpreise oder 1 Kulturpreis
Stipendium: Preise in Höhe von 3 x € 2000 (Förderpreise) oder 1 x € 6000 (Kulturpreis)
Eigenbewerbung: Keine Eigenbewerbung

Kulturförderpreis des Landkreises Sonneberg
Landkreis Sonneberg
Bahnhofstr. 66
96515 Sonneberg
Tel. 03675 - 871 277
Fax 03675 - 87 13 39
Landkreis.Sonneberg@lkson.de
www.lkson.de
Ansprechpartner: Bettina Sommer
Sparten: Architektur, Bildende Kunst, Darstellende Kunst, Wort, Musik
Bewerberkreis: Einzelpersonen und Personengruppen für besondere Verdienste in den genannten Sparten
Turnus: jährlich
Stipendium: € 1.500 max.
Bewerbungsschluss: 31.12. des Vorjahres
Hinweise: Besondere Verdienste um Kunst und Kultur des Landkreises Sonneberg; freiwillige Leistung des Landkreises - kein Rechtsanspruch
Eigenbewerbung: Keine Eigenbewerbung

Kunstförderpreis der Stadt Augsburg
Stadt Augsburg
Bahnhofstr. 18 1/3a
86150 Augsburg
Tel. 0821 - 324 32 54

Fax 0821 - 324 32 52
kulturbuero.projekte@augsburg.de
www.augsburg.de
Ansprechpartner: Leiter Kulturbüro: Herr Weitzel, speziell: Frau Seidel, Sachbearbeitung
Sparten: Architektur, Bildende Kunst, Ballett, Literatur, Musik
Bewerberkreis: junge Künstler aus Augsburg und der angrenzenden Region
Turnus: jährlich
Stipendium: € 17.000 gesamt (werden zu gleichen Teilen aufgeteilt)
Bewerbungsschluss: Ausschreibungszeitraum: 1. bis 31. Mai jährlich
Hinweise: Verschiedene Altersgrenzen; Wohn- bzw. Geburtsort Augsburg oder angrenzende Region und besondere Teilnahmebedingungen der einzelnen Fachbereiche
Eigenbewerbung: Eigenbewerbung möglich

Kunstförderpreis der Stadt Ingolstadt
Stadt Ingolstadt
Auf der Schenz 39
85049 Ingolstadt
Tel. 0841 - 305 18 10
Fax 0841 - 305 18 05
josef.gutmann@ingolstadt.de
Ansprechpartner: Josef Gutmann
Sparten: Architektur, Bildende Kunst, Darstellende Kunst, Literatur, Musik, künstlerische Interpretation
Bewerberkreis: örtlicher Bezug muß vorhanden sein
Turnus: alle drei Jahre
Stipendium: € 3000 Preisgeld
Bewerbungsschluss: keine Eigenwerbung möglich
Hinweise: örtlicher Bezug
Eigenbewerbung: Keine Eigenbewerbung

Kunststiftung Baden-Württemberg-Stipendien für jüngere Künstlerinnen und Künstler
Kunststiftung Baden-Württemberg
Gerokstr. 37
70184 Stuttgart
Tel. 0711 - 236 47 20
Fax 0711 - 236 10 49
info@kunststiftung.de
www.kunststiftung.de
Ansprechpartner: Petra von Olschowski
Sparten: Bildende Kunst/ Video, Darstellende Kunst, Literatur, Musik
Bewerberkreis: Künstlerinnen und Künstler unter 35 bzw. 40 Jahren
Turnus: jährlich
Stipendium: € 10.000
Bewerbungsschluss: 31.8.07
Hinweise: Erster Wohnsitz Baden-Württ. oder hier geboren; Altersgrenze 35 Jahre
Eigenbewerbung: Eigenbewerbung möglich

Literaturförderpreis der Jürgen Ponto-Stiftung zur Förderung junger Künstler
Jürgen Ponto-Stiftung
Jürgen Ponto-Platz 1
60301 Frankfurt
Tel. 069 - 263 - 17 616
Fax 069 - 263 - 54 732
pontostiftung@dresdner-bank.com

www.juergen-ponto-stiftung.de
Ansprechpartner: Ralf Juermann
Sparten: Literatur
Bewerberkreis: Debütanten
Turnus: jährlich
Hinweise: Bewerbung erfolgt über einen Verlag, der den eingereichten Text veröffentlichen wird
Eigenbewerbung: Bewerbung über Verlag

Literaturpreis des Kulturkreises der deutschen Wirtschaft, Förderpreise und Übersetzungsförderungen und Dramatikerförderung des Kulturkreises der deutschen Wirtschaft im BDI
Kulturkreis der deutschen Wirtschaft im BDI e.V.
Breite Str. 29
10178 Berlin
Tel. 030 - 20 28 14 06
Fax 030 - 20 28 24 06
kulturkreis@bdi-online.de
www.kulturkreis-org
Ansprechpartner: Gudrun Gehring
Sparten: Prosa, Lyrik, Dramatik, Übersetzung
Turnus: jährlich
Stipendium: Literaturpreis € 10.000, alle anderen € 7.500, Übersetzungsförderung als Aufträge
Hinweise: Nachwuchsförderung
Eigenbewerbung: Keine Eigenbewerbung

Martha Saalfeld-Förderpreis
Ministerium für Bildung, Wissenschaft, Jugend und Kultur
Mittlere Bleiche 61
55116 Mainz
Tel. 06131 - 16 27 49
Fax 06131 - 161 72 749
s.gauch@mbwjk.rlp.de
www.kulturland_rlp.de
Ansprechpartner: Dr. Sigfrid Gauch
Sparten: Professionelle, Nachwuchs
Bewerberkreis:
Turnus: jährlich
Stipendium: jeweils € 3.100
Bewerbungsschluss: 1.7.07
Hinweise: Autorinnen und Autoren, die in Rheinland-Pfalz geboren sind, dort leben oder durch ihr literarisches Schaffen mit dem kulturellen Leben in Rheinland-Pfalz eng verbunden sind.
Eigenbewerbung: Eigenbewerbung möglich

Otto Rombach-Stipendium
Stadt Heilbronn
Schul-, Kultur- und Sportamt
Marktplatz 11
74072 Heilbronn
Tel. 07131 - 56 24 15
Fax 07131 - 56 31 96
peter.hawighorst@stadt-heilbronn.de
www.heilbronn.de, siehe unter: Schule + Bildung > Städt. Stipendien
Ansprechpartner: Herr Hawighorst
Sparten: Bildende Kunst, Literatur, Musik
Bewerberkreis: Schüler/Studierende, die sich literarisch betätigen und eine literarische Zukunft anstreben
Turnus: jährlich
Stipendium: variabel
Bewerbungsschluss: 30.4.2007
Hinweise: Bewerber müssen entweder

aus Heilbronn stammen oder in Heilbronn eine Lehranstalt besuchen oder besucht haben.
Eigenbewerbung: Eigenbewerbung möglich, bitte mit Arbeitsproben bisheriger literarischer Arbeiten

Projektförderung der Edition Mariannenpresse
Literaturhaus Berlin
Fasanenstr. 23
10719 Berlin
Tel. 030 - 887 28 60
Fax 030 - 887 72 86 13
Ansprechpartner: Hannes Schwenger
Sparten: Literatur und bildende Kunst (nur Autoren/Künstler)
Turnus: jährlich
Stipendium: variabel, in Höhe der Herstellungskosten
Bewerbungsschluss: auf Anfrage
Eigenbewerbung: Eigenbewerbung möglich

Sechs Stipendien der Landeshauptstadt München für Literatur
Landeshauptstadt München
Burgstr. 4
80331 München
Tel. 089 - 23 32 11 96 oder 233 - 24 347
Fax 089 - 233 21 269
katrin.dirschwigl@muenchen.de
www.muenchen.de/literaturstadt
Ansprechpartner: Eva Schuster, Katrin Dirschwigl
Sparten: Projekte: alle literarischen Textformen in deutscher Sprache, auch Übersetzungsprojekte, Kinder- und Jugendliteratur (unveröffentliche Texte)
Bewerberkreis: AutorInnen mit Wohnsitz in München
Turnus: alle zwei Jahre (2007, 2009 usw.)
Stipendium: je € 6.000
Bewerbungsschluss: jeweils Ende März
Hinweise: s. Website
Eigenbewerbung: Eigenbewerbung erforderlich! Ausschreibung auf der Website

Stipendiatenprogramm der Goethe-Gesellschaft
Goethe-Gesellschaft
Burgplatz 4
99423 Weimar
Tel. 03643 - 20 20 50
Fax 03643 - 20 20 61
goetheges@aol.com
www.goethe-gesellschaft.de
Ansprechpartner: Dr. Petra Oberhauser
Sparten: Literatur
Bewerberkreis: Überwiegend ost- u. südosteuropäische Nachwuchswissenschaftler, auch Naher Osten/arabischer Raum
Turnus: 1-3 Monate
Stipendium: € 1000
Bewerbungsschluss: Bewerbung immer möglich
Hinweise: Forschungsgegenstand Goethe und Goethezeit
Eigenbewerbung: Eigenbewerbung

Stipendien des Deutschen Übersetzerfonds
Deutscher Übersetzerfonds e. V.
c/o Literarisches Colloquium Berlin
Am Sandwerder 5
14109 Berlin
Tel. 030 - 80 49 08 56
Fax 030 - 80 49 08 57
mail@uebersetzerfonds.de
www.uebersetzerfonds.de
Ansprechpartner: Jürgen Jakob Becker
Sparten: Literaturübersetzung ins Deutsche
Bewerberkreis: Literaturübersetzer mit Zielsprache Deutsch
Turnus: halbjährlich (31.03./30.09.)
Bewerbungsschluss: 31.03./30.09.
Eigenbewerbung: Eigenwerbung notwendig

Stipendien und Arbeitsaufenthalte des Landes NRW im Ausland
Staatskanzlei NRW, Kulturabteilung
Fürstenwall 25
40219 Düsseldorf
Tel. 0211 - 8371423
Fax 0211 - 60211423
claudia.liethen@stk.nrw.de
www.kultur.nrw.de
Ansprechpartner: Claudia Liethen
Sparten: Architektur, Bildende Kunst, Literatur, Musik
Turnus: jährlich
Eigenbewerbung: Eigenbewerbung möglich

Uwe-Johnson-Förderpreis
Mecklenburgische Literaturgesellschaft e.V.
2. Ringstraße, Wiekhaus 21
17033 Neubrandenburg
Tel. 0395 - 544 16 71
Fax 0395 - 544 - 16 85
www.mlg.de
Sparten: *Prosa*
Turnus: alle zwei Jahre
Dotierung: € 2500
Eigenbewerbung: Mit dem Uwe-Johnson-Förderpreis wird ein deutschsprachiges Prosa-Debüt ausgezeichnet, das von der Jury aus der Verlagsproduktion der letzten zwei Jahre ausgewählt wurde.

Aufenthaltsstipendien

Akademie Schloss Solitude
Schloss Solitude Haus 3
70197 Stuttgart
Tel. 0711 - 99 61 90
Fax 0711 - 996 19 50
mail@akademie-solitude.de
www.akademie-solitude.de
Ansprechpartner: Jean-Baptiste Joly oder Silke Pflüger
Sparten: alle Sparten
Bewerber: Altersgrenze 35 Jahre bzw. Studium/Ausbildungsende nicht mehr als 5 Jahre zurückliegend
Vergabeturnus: alle 24 Monate
Aufenthaltsdauer: 6, 12 Monate
Dotierung: € 1.000 monatlich
Hinweise: Altersgrenze: bis 35 Jahre, Biografien der Stipendiaten im Internet
Bewerbungsschluss: vorauss. Oktober 2008
Eigenbewerbung: Eigenbewerbung möglich

Alfred-Döblin-Haus
Aufenthaltsstipendien in dem von Günter Grass gestifteten Alfred-Döblin-Haus
Pariser Platz 4
10117 Berlin
Tel. 030 - 200 57 - 0
gnielka@adk.de
www.adk.de
Ansprechpartner: Kerstin Gnielka, Karin Kiwus
Sparten: alle Genres
Bewerber: Berliner Autor(inn)en
Vergabeturnus: jährlich
Aufenthaltsdauer: 3 - 12 Monate
Dotierung: € 1000 monatlich
Hinweise: für in Berlin lebende, förderungswürdige Autoren
Bewerbungsschluss: jeweils im Juni (bitte erfragen)
Eigenbewerbung: Eigenbewerbung möglich

Arbeits-, Aufenthalts- und Reisestipendien des Landes Mecklenburg Vorpommern
Werderstr. 124
19055 Schwerin
Tel. 0385 - 588 74 22
Fax 0385 - 588 70 87
presse@kultus-mv.de
www.kultus-mv.de
Ansprechpartner: Monika Tzschoppe (Bereich Literatur), m.tzschoppe@bm.regierung-mv.de
Sparten: Bildende Kunst, künstlerische Fotografie, Literatur/ literarische Übersetzung und Musik/ Komposition
Bewerber: Künstlerinnen und Künstler aus den Bereichen Bildende Kunst, Literatur, Musik
Vergabeturnus: jährlich
Aufenthaltsdauer:
Dotierung: Zuschuss in Form einer Vollfinanzierung
Hinweise: Vergabe der Stipendien durch Jurys des Ministers für Bildung, Wissenschaft und Kultur M-V
Bewerbungsschluss: 15. November des Vorjahres
Eigenbewerbung: Eigenbewerbung möglich

Arbeitsstipenien des Niedersächsischen Ministeriums für Wissenschaft und Kultur
Arbeitsstipenien des Niedersächsischen Ministeriums für Wissenschaft und Kultur
Leibnizufer 9
30169 Hannover
Tel. 0511 - 120 29 78
Fax 0511 - 120 28 05
heike.fliess@mwk.niedersachsen.de
www.mwk.niedersachsen.de, Stichwort Künstlerförderung
Ansprechpartner: Heike Fliess
Sparten: Literatur und Literaturübersetzung ins Deutsche
Bewerber: niedersächsische Autoren und Autorinnen
Vergabeturnus: jährlich
Aufenthaltsdauer:
Dotierung: € 3000
Bewerbungsschluss: wird im Internet ausgeschrieben
Eigenbewerbung: Eigenbewerbung möglich

Berliner Übersetzerwerkstatt
Berliner Übersetzerwerkstatt
Am Sandwerder 5
14109 Berlin
Tel. 030 - 816 99 625
Fax 030 - 81 69 96 19
becker@lcb.de
www.lcb.de
Ansprechpartner: Jürgen Jakob Becker
Sparten: Literaturübersetzung ins Deutsche aus den Bereichen Lyrik, Belletristik, Drama, Kinder- und Jugenliteratur, literarisches Essay
Vergabeturnus: jährlich
Aufenthaltsdauer: Vergabe von 10 Stipendien für die Dauer von bis zu 4 Monaten
Bewerbungsschluss: Bewerbung im Frühjahr, Durchführung von September bis Dezember
Eigenbewerbung: Eigenbewerbung erforderlich

Burgschreiber zu Beeskow
Burgschreiber zu Beeskow
Rudolf-Breitscheid-Str. 7
15841 Beeskow
Tel. 03366 - 35 14 71 oder 35 14 72
Fax 03366 - 35 72 18
Hannelore.Franke@Landkreis-Oder-Spree.de
www.landkreis-oder-spree.de
Ansprechpartner: Dr. Wolfgang de Bruyn
Sparten: Literatur und Publizistik
Bewerber: deutschsprachige Autoren und Publizisten
Vergabeturnus: jährlich, von Juni bis November
Aufenthaltsdauer: 6 Monate
Dotierung: 750
Hinweise: Präsenz auf der historischen Burganlage in Beeskow, Einbringen in das gesellschaftliche Leben der Region
Bewerbungsschluss: Ende März
Eigenbewerbung: Eigenbewerbung möglich

Calwer Hermann-Hesse-Stiftung
Aufenthaltsstipendien der Calwer Hermann-Hesse-Stiftung
Marktstr. 7-11
75365 Calw
Tel. 07051 - 9321 - 9010
Fax 07051 - 9321 - 9011
stiftung-hermann-hesse@cw-net.de
Ansprechpartner: Frau Ruff
Sparten: Literatur und Literaturübersetzung
Bewerber: Autoren, die sich bereits durch Veröffentlichungen ausgezeichnet haben
Vergabeturnus: jährlich, zwei bis drei Stipendien
Aufenthaltsdauer: Aufenthalt 3 Monate
Dotierung: € 2000
Bewerbungsschluss: keine Eigenbewerbung möglich
Eigenbewerbung: Keine Eigenbewerbung

Casa Baldi in Olevano Romano bei Rom
Arbeitsstipendium Casa Baldi in Olevano Romano bei Rom
Graurheindorfer Str. 198
53117 Bonn
Tel. 01888 - 681-36 28 oder -3586
Fax 01888 - 681-5-3628 oder -5-3586
Poststelle@bkm.bmi.bund.de
www.bundesregierung.de
Ansprechpartner:
Sparten: Bildende Kunst, Architektur, Literatur, Musik (Komposition)
Bewerber: Außergewöhnlich qualifizierte und begabte, vorrangig jüngere Künstler/innen, die in ihrer künstlerischen Entwicklung noch offen sind
Vergabeturnus: jährlich
Aufenthaltsdauer: 3 Monate
Dotierung: € 2500 monatlich
Hinweise: Nur für öffentlich anerkannte Künstler/innen, keine Studierenden, deutsche Staatsangehörigkeit oder seit mind. 5 Jahren erster Wohnsitz und Schaffensmittelpunkt in der BRD, Grundkenntnisse der italienischen Sprache, Präsenzpflicht
Bewerbungsschluss: 15. Januar des Vorjahres
Eigenbewerbung: Eigenbewerbung erforderlich

Deidesheimer Turmschreiber
Literaturförderung »Deidesheimer Turmschreiberei«
Am Marktplatz 9
67146 Deidesheim
Tel. 06326 - 967 70
Fax 06326 - 96 77 18
www.deidesheim.de
Ansprechpartner: Frau Doll
Sparten: Professionelle Autoren, Nachwuchs
Bewerber:
Vergabeturnus: Alle zwei Jahre
Aufenthaltsdauer: 4 Wochen
Dotierung: € 7.500 Euro, vierwöchiger Freiaufenthalt in Deidesheim, ein Deputat von zwei Litern Wein pro Tag während dieser vier Wochen und die Verleihung eines Ehren-Rebstockes im Prominentenwingert »Paradiesgarten«
Hinweise: Der Schriftsteller schreibt ein Buch seiner Wahl
Bewerbungsschluss:

Eigenbewerbung: Eigenbewerbung möglich

Denkmalschmiede Höfgen

Arbeitstipendien Denkmalschmiede Höfgen
Teichstr. 11-12
4668 Grimma
Tel. 03437 - 98 77 0
Fax 03437 - 98 77 10
serice@hoefgen.de
www.hoefgen.de
Ansprechpartner: Dr. Kurt Uwe Andriech

Sparten: Bildende Kunst, Komposition, Literatur, Publizistik, Fotografie, Medienkunst, Geisteswissenschaften, Naturwissenschaften
Bewerber: international, ohne Altersbeschränkung
Vergabeturnus: jährlich
Aufenthaltsdauer: projektabhängig 2 bis 5 Monate
Dotierung: Barstipendien in Abhängigkeit verfügbarer Haushaltsmittel
Hinweise: Bewerbungsformular (www.hoefgen.de)
Bewerbungsschluss: ohne
Eigenbewerbung: Eigenbewerbung möglich

Dresdner Stadtschreiber

Dresdner Stadtschreiber(in)
Königsstr. 15
0 Dresden
Tel. 0351 - 488 89 26
Fax 0351 - 488 89 23
wmaehnert@dresden.de
Ansprechpartner: Wolfgang Mähnert
Sparten: Literatur
Bewerber: deutschsprachige Autor(inn)en
Vergabeturnus: jährlich - April bis September
Aufenthaltsdauer: April - September
Dotierung: € 900 monatlich sowie Wohnraum - Zeitraum April bis September
Hinweise: einzureichen sind: Textprobe 8-12 A4-Seiten in fünffacher maschinenschriftlicher Ausfertigung, gesonderte Biobibliographie, Nachweis einer selbständigen Publikation, Eröffnungs- und Abschlussfassung
Bewerbungsschluss: 30. September des Vorjahres
Eigenbewerbung: Eigenbewerbung möglich

Edenkoben-Stipendium

Edenkoben-Stipendium
Diether-von-Isenburg-Str. 9 - 11
55116 Mainz
Tel. 06131 - 16 28 74
Fax 06131 - 14 41 77
wilhem@kuenstlerhaus-edenkoben.de
www.kuenstlerhaus-edenkoben.de
Ansprechpartner: Ingo Wilhelm
Sparten: Bildende Kunst, Literatur
Bewerber: internationla
Vergabeturnus: halbjährlich
Aufenthaltsdauer: 2 - 5 Monate
Dotierung: € 1.200 monatlich + Erstattung An- und Abreise
Bewerbungsschluss: Bewerbungen sind nicht möglich
Eigenbewerbung: keine Eigenbewerbung

Esslinger Bahnwärter Stipendium
Esslinger Bahnwärter Stipendium
Marktplatz 16
73728 Esslingen
Tel. 0711- 3512-2644
Fax 0711 - 3512-2912
jessica.epp@esslingen.de
www.esslingen.de
Ansprechpartner: Jessica Epp
Sparten: Literatur, Bildende Kunst
Bewerber: Bildende Künstler/innen, deutschsprachige Autorinnen/Autoren, ohne Rücksicht auf deren Wohnsitz und Staatsangehörigkeit
Vergabeturnus: jährlich 2 Stipendiaten
Aufenthaltsdauer: 3 Monate
Dotierung: Für die Dauer von jeweils 3 Monaten werden einem Künstler oder einer Künstlerin eine Wohnung in der Galerie Bahnwärterhaus unentgeltlich zur Verfügung gestellt. Zusätzlich wird ein monatlicher Unterhaltszuschuss von € 1000,- gewährt.
Hinweise: Exposé zum Werk, Arbeitsbeispiele (Fotos von bis zu 20 Werkproben, bitte keine Videobänder; Textprobe von max. 20 Seiten)
Bewerbungsschluss: 01.06.2007
Eigenbewerbung: Eigenbewerbung möglich

Gedok-Atelierhaus
Gedok-Atelierhaus
Heinrich-Mann-Ring 14
23566 Lübeck
Tel. 0451 - 645 17
Fax 0451 - 580 83 22
taurit@fh-luebeck.de
www.gedok-schleswig-holstein.de
Ansprechpartner: Marion Hinz (Fachbeirätin für Literatur), Morier Str. 10, 23817 Stockelsdorf
Sparten: Literatur sowie Bildende, Angewandte u. Darstellende Kunst, Musik
Bewerber: Frauen
Vergabeturnus: jährlich
Aufenthaltsdauer: 2 Monate
Dotierung: € 550 monatlich
Hinweise:
Bewerbungsschluss: 01.09.07
Eigenbewerbung: Eigenbewerbung erforderlich

Heinrich-Böll Haus Langenbroich
Heinrich-Böll Haus Langenbroich e.V.
Antwerpener Str. 19
50672 Köln
Tel. 0221 - 283 48 50
Fax 0221 - 510 25 89
reckhaus@boell.de
www.boell.de
Ansprechpartner: Sigrun Reckhaus
Sparten: Bildende Kunst, Literatur, Komposition
Vergabeturnus: 4 Monate
Aufenthaltsdauer: in der Regel 4 Monate
Dotierung: € 950 monatlich
Hinweise: nicht festgelegt
Bewerbungsschluss: nicht festgelegt
Eigenbewerbung: keine Eigenbewerbung

Heinrich-Heine-Stipendium
Heinrich-Heine-Stipendium
Am Ochsenmarkt 1
21335 Lüneburg

Tel. 04131 - 30 96 87
Fax 04131 - 30 96 88
literaturbuero(at)stadt.lueneburg.de
www.literaturbuero-lueneburg.de
Sparten: Literatur
Bewerber: deutschsprachige Autor(inn)en
Vergabeturnus: Ausschreibung alle 3 Jahre
Aufenthaltsdauer: 3 Monate
Dotierung: € 1400 monatlich
Hinweise: mind. eine Buchveröffentlichung, nicht im Selbstverlag oder von Autoren finanzierten Drucken
Bewerbungsschluss: 31.01.07
Eigenbewerbung: Eigenbewerbung möglich

Inselschreiber Sylt
Inselschreiber Sylt
Hafenstr. 1
25980 Rantum auf Sylt
Tel. 04651 - 92 03 11
info@kunstraum-syltquelle.de
www.sylt-quelle.de/inselschreiber.htm
Ansprechpartner: Indra Wussow
Sparten: Literatur
Bewerber:
Vergabeturnus: jährlich
Aufenthaltsdauer: 12 Wochen, davon 8 Wochen auf Sylt und 4 Wochen in Südafrika
Dotierung: € 5000 sowie 8 Wochen Aufenthalt
Eigenbewerbung: Eigenbewerbung möglich

Krimi-Stadtschreiber Flensburg
»Nordfälle« Krimi-Stadtschreiber Flensburg
Rathausplatz 1
24931 Flensburg
Tel. 0461 - 85 25 66
Fax 0461 - 85 17 93
kulturbuero@flensburg.de
www.kulturbuero-flensburg.de
Ansprechpartner: Torge Korff
Sparten: Kriminalliteratur mit Bezug zur Stadt Flensburg
Bewerber: Krimiautoren
Vergabeturnus: alle ungeraden Jahre
Aufenthaltsdauer: Mitte Juni bis Mitte September
Dotierung: € 3.000 + Unterkunft und Pauschale für Anreise und Verpflegung
Hinweise: mind. eine Buchveröffentlichung, TV-Produktion (mind. 45 min.) oder Hörspiel (mind. 30 min), in deutscher oder dänischer Sprache
Bewerbungsschluss: jeweils 28. Februar
Eigenbewerbung: Eigenbewerbung möglich

Künstlerdorf Schöppingen
Arbeitsstipendium im Künstlerdorf Schöppingen für bildende Künstler und Schriftsteller
Postfach 11 40
48624 Schöppingen
Tel. 02555 - 938 10
Fax 02555 - 93 81 20
info@stiftung-kuenstlerdorf.de
www.stiftung-kuenstlerdorf.de
Ansprechpartner: Heinz Kock (Öffent-

lichkeitsarbeit)
Sparten: Bildende Kunst, Fotografie, Literatur einschl. Hörspiel, Neue Medien, Experimentelle Musik
Bewerber: international, keine Altersbeschränkung
Vergabeturnus: jährlich
Aufenthaltsdauer: bis 6 Monate
Dotierung: € 1.025 monatlich, max. 6 Monate
Hinweise: Eigenbewerbung (Bewerbungsbogen), Residenzpflicht
Bewerbungsschluss: 15.01.07
Eigenbewerbung: Eigenbewerbung möglich

Künstlerhaus Kloster Cismar-Grömitz
Künstlerhaus Kloster Cismar-Grömitz
Düsternbrooker Weg 104
24105 Kiel
Tel. 0431 - 988 58 83
Fax 0431 - 988 611 5883
andrea.kuehnast@stk.landsh.de
Ansprechpartner: Andrea Kühnast
Sparten: Literatur
Bewerber: Literat(inn)en
Vergabeturnus: offen
Aufenthaltsdauer: 1 - 3 Monate
Dotierung: 1- bis 3-monatiger Arbeitsaufenthalt Kloster Cismar/Grömitz
Bewerbungsschluss: offen
Eigenbewerbung: Eigenbewerbung möglich

Künstlerhaus Lukas
Künstlerhaus Lukas
Dorfstr. 35
18247 Ahrenshoop
Tel. 038220 - 69 40
Fax 038220 - 694 - 14
post@kuenstlerhaus-lukas.de
www.kuenstlerhaus-lukas.de
Ansprechpartner:
Sparten: Bildende Kunst, Literatur, Musik
Vergabeturnus: jährlich
Aufenthaltsdauer:
Dotierung: 500 - 1000 € plus kostenfreie Unterkunft monatlich dotiert, bis zu 30 einmonatige Arbeitstipendien, bis zu 3 einmonatige Arbeitsstipendien für besonders junge Künstlerinnen und Künstler, bis zu 3 einmonatige Einladungen für Künstlerpersönlichkeiten
Bewerbungsschluss: siehe Internetseite
Eigenbewerbung: Eigenbewerbung möglich

Künstlerhaus Schloß Wiepersdorf
Aufenthaltsstipendien im Künstlerhaus Schloß Wiepersdorf
Dortustraße 36
14467 Potsdam
Tel. 0331 - 866 - 49 34
www.mwfk.brandenburg.de
Ansprechpartner: Doris Sossenheimer
Sparten: Bildende Kunst, Fotografie, Literatur, Musik, Geisteswissenschaften
Vergabeturnus: jährlich
Aufenthaltsdauer: 4 Monate
Dotierung: € 820 monatlich
Bewerbungsschluss: im Herbst
Eigenbewerbung: Eigenbewerbung möglich

Künstlerhaus Schloss Wiepersdorf
Aufenthaltsstipendien im Künstlerhaus Schloss Wiepersdorf
Bettina-von-Arnim-Str. 13
14913 Wiepersdorf
Tel. 033746 - 699-0
Fax 033746 - 699-19
info@schloss-wiepersdorf.de
www.schloss-wiepersdorf.de
Ansprechpartner: Direktorin Anne Frechen
Sparten: Literatur, Geisteswissenschaften, Bildende Kunst, Fotografie, Musik
Bewerber: Professionelle Künstlerinnen und Künstler, Schriftstellerinnen und Schriftsteller
Dotierung: je nach Stipendiengeber
Hinweise: Das Künstlerhaus vergibt keine eigenen Stipendien!
Bewerbungsschluss: je nach Stipendiengeber
Eigenbewerbung: Eigenbewerbung möglich, aber nur bei den jeweiligen Stipendiengebern, nicht beim Künstlerhaus. Bitte Hinweise auf der Internetseite beachten.

Künstlerhäuser Worpswede
Künstlerhäuser Worpswede
Bergstr. 1
27726 Worpswede
Tel. 04792 - 13 80
Fax 04792 - 21 12
info@artistresidency.net
www.kuenstlerhaeuser-worpswede.de
Ansprechpartner: Bernd Milla
Sparten: Bildende Kunst (Malerei, Bildhauerei, Grafik, Architektur, Installation, Fotografie), Literatur (Lyrik, Prosa, Drehbuch, Theater, Essay), Musik (Komposition, Interpretation)
Bewerber:
Vergabeturnus: jährlich
Aufenthaltsdauer: 3, 6, 9 oder 12 Monate
Dotierung: 11 Ateliers
Hinweise: Bewerbungsformular im Internet, Bewerbungsgebühr!
Bewerbungsschluss: Mai
Eigenbewerbung: Eigenbewerbung möglich (nur Literatur)

Künstlerhof Schreyahn
Stipendium auf dem Künstlerhof Schreyahn
Theodor-Körner-Str. 14
29439 Lüchow (Wendland)
Tel. 05841 - 12 60
Fax 05841 - 12 62 79
samtgemeinde@luechow.de
www.luechow.de, www.kuenstlerhof-schreyahn.de
Ansprechpartner: Herr Philippe Ruth
Sparten: Literatur, Musik
Bewerber: Schriftsteller, Komponisten
Vergabeturnus: monatlich, 3-, 6- und 9-monatige Stipendien
Aufenthaltsdauer: 3 - 9 Monate
Dotierung: wieder ab Mitte 2009
Bewerbungsschluss: 30.06.2008
Eigenbewerbung: Eigenbewerbung möglich

Literarischen Colloquium Berlin
Aufenthaltsstipendien für junge deutschsprachige Autorinnen und Autoren im Literarischen Colloquium Berlin
Am Sandwerder 4
10149 Berlin
Tel. 030 - 81 69 96 20
ziegler@lcb.de.
www.lcb.de
Ansprechpartner: Corinna Ziegler
Sparten: Literatur
Bewerber: Autoren bis 35 Jahre
Vergabeturnus: jährlich
Aufenthaltsdauer: 3 Monate
Dotierung: € 1100 monatlich
Hinweise: Für Autoren bis 35 Jahre, die nicht in Berlin leben
Bewerbungsschluss: Ende November
Eigenbewerbung: Eigenbewerbung erforderlich

Literaturhaus Bremen
Aufenthaltsstipendium im virtuellen Literaturhaus Bremen
Goetheplatz 4
28203 Bremen
Tel. 0421 - 258 18 01
heike-mueller@literaturhaus-bremen.de
www.literaturhaus-bremen.de
Sparten: Literatur
Bewerber: Autorinnen und Autoren, die bereits auf Veröffentlichungen verweisen können und ein literarisches Projekt auf der Website des Literaturhauses realisieren möchten
Vergabeturnus:
Aufenthaltsdauer: 3 Monate vom 1.9. bis 30.11.
Dotierung: € 2000 und ein vierwöchiger Aufenthalt im »kunst:raum sylt quelle« auf Sylt
Hinweise: Schwerpunkt: Auseinandersetzung mit dem vituellen Medium. Bereitschaft, mit Schülern und Studierenden zusammenzuarbeiten
Bewerbungsschluss: 31.3.
Eigenbewerbung: Eigenbewerbung erforderlich mit Projektszizze und Vita

Mainzer Stadtschreiber
Stadtschreiber - Literaturpreis des ZDF und der Stadt Mainz und 3SAT
Postfach 40 40
55100 Mainz
Tel. 06131 - 70 23 45
Fax 06131 - 70 56 99
bergen.w@zdf.de
www.zdf.de
Ansprechpartner: Werner von Bergen
Sparten: Literatur
Bewerber: SchriftstellerInnen mit bedeutendem Lebenswerk (deutschsprachig)
Vergabeturnus: jährlich
Dotierung: € 12.500 Preisgeld
Hinweise: Preisträger erhält Wohnung im Mainzer Gutenbergmuseum und stellt zudem mit dem ZDF eine Dokumentation nach eigener Themawahl her
Bewerbungsschluss: keine Bewerbungen, Jury entscheidet und wählt aus
Eigenbewerbung: keine Eigenbewerbung

Mannheimer Stadtschreiber für Kinder- und Jugendliteratur
Feuergriffel - Mannheimer Stadtschreiber für
Kinder- und Jugendliteratur
Dalberghaus N 3, 4
68161 Mannheim
Tel. 0621 - 293 89 12 oder 293 89 26
bettina.harling@mannheim.de; thomas.schuetzenberger@mannheim.de
www.mannheim.de
Ansprechpartner: Bettina Harling, Thomas Schützenberger
Sparten: Kinder- und Jugendliteratur
Bewerber: Autoren
Vergabeturnus: jährlich
Aufenthaltsdauer: 3 Monate
Dotierung: € 6000
Eigenbewerbung: Eigenbewerbung möglich

Oberpfälzer Künstlerhaus
Aufenthalte im Oberpfälzer Künstlerhaus
Fronbergerstr. 31
92421 Schwandorf
Tel. 09431 - 97 16
Fax 09431 - 963 11
opf.kuenstlerhaus@schwandorf.de
www.schwandorf.de
Ansprechpartner: Heiner Riepl
Sparten: Bildende Kunst, Literatur, Musik
Vergabeturnus: laufend
Bewerbungsschluss: Eigenbewerbung: keine Eigenbewerbung

Schleswig-Holsteinisches Künstlerhaus
Ottestr. 1
24340 Eckernförde
Tel. 04351 - 71 01 70
Fax 04351 - 71 01 99
sven.wlassack@stadt-eckernfoerde.de
www.otte1.de
Ansprechpartner: Sven Wlassack, Vors. Förderkreis, Rathausmarkt 4-6, 24340 Eckernförde
Sparten: Bildende Kunst, Literatur und Musik
Bewerber: keine Einschränkung
Vergabeturnus:
Aufenthaltsdauer: 1 Jahr
Dotierung: € 750 monatlich abzgl. € 125 Atelierkosten
Hinweise: Einreichen von Bewerbungsmaterial
Bewerbungsschluss: 31. Mai des Vorjahres
Eigenbewerbung: Eigenbewerbung möglich

Soltauer Künstlerwohnung
Soltauer Künstlerwohnung
Frielingen
29614 Soltau
Ansprechpartner: Sabine Precht
Sparten: Literatur
Vergabeturnus: unregelmäßig
Eigenbewerbung: Eigenbewerbung möglich

Stadtschreiber in Erfurt
Stadtschreiber in Erfurt
Benediktsplatz 1
99084 Erfurt
Tel. 0361 - 655 16 01
Fax 0361 - 655 16 09
dezernat07@erfurt.de
www.erfurt.de
Ansprechpartner: Ines Beese
Sparten: Literaturförderung
Bewerber:
Vergabeturnus: alle 2 Jahre
Aufenthaltsdauer:
Dotierung: 1250 € mtl, einmalig 250 € für literarisches Arbeitstagebuch und Wohnung für 4 Monate
Bewerbungsschluss: laut Satzung auf der Homepage
Eigenbewerbung: Eigenbewerbung möglich

Stadtschreiber von Bergen
Stadtschreiber von Bergen
Marktstr. 30
60388 Frankfurt am Main
Tel. 069 - 212 41 240/- 41276
Fax 069 - 212 41 290
Joachim.Netz@Stadt-Frankfurt.de
Kulturgesellschaft-Bergen-Enkheim.de
Ansprechpartner: Joachim Netz, Cornelia Grebe
Sparten: Literatur
Bewerber: deutschsprachige Autoren
Vergabeturnus: jährlich
Dotierung: € 15.500
Hinweise: nur freie Schriftsteller
Eigenbewerbung: keine Eigenbewerbung

Stadtschreiber von Otterndorf
Stadtschreiber von Otterndorf
Marktstr. 21
21762 Otterndorf
Tel. 04751 - 91 91 02
Fax 04751 - 91 91 03
kultur@otterndorf.de
www.otterndorf.de
Ansprechpartner: Frau Wienke
Sparten: Literatur
Bewerber: keine bestimmten
Vergabeturnus: jährlich
Aufenthaltsdauer: Mai - September
Hinweise: keine bestimmten
Bewerbungsschluss: 30.09.07
Eigenbewerbung: Eigenbewerbung erforderlich

Stadtschreiber zu Rheinsberg
Stadtschreiber zu Rheinsberg
Schloß Rheinsberg
16831 Rheinsberg
Tel. 033931 - 39007
Fax 033931 - 39103
mail@tucholsky-museum.de
www.tucholsky-museum.de
Ansprechpartner: Dr. Peter Böthig
Sparten: Literatur
Bewerber: deutschsprachige Autoren und in Deutschland lebende Exil-Autoren
Vergabeturnus: 2 x jährlich je 5 Monate
Aufenthaltsdauer: 2 x 5 Monate
Dotierung: 5 x € 1000
Hinweise: siehe Satzung auf der Homepage
Eigenbewerbung: Keine Eigenbewerbung

Straelener Übersetzer-Kollegium
Aufenthaltsstipendien des Europäischen Übersetzer-Kollegiums Nordrhein-Westfalen in Straelen
Postfach 11 62
47638 Straelen
Tel. 02834 - 10 68
Fax 02834 - 75 44
euk.straelen@t-online.de
www.euk-straelen.de
Ansprechpartner: Karin Heinz
Sparten: Literarische Übersetzungen aus dem Deutschen oder ins Deutsche
Bewerber: Professionelle literarische Übersetzer
Vergabeturnus: Aufenthalte sind ganzjährig möglich
Dotierung: wird nach Bewilligung mitgeteilt
Hinweise: Publikation mind. zweier umfangreicher Übersetzungen, das aktuelle Arbeitsprojekt ist durch den Übersetzungsauftrag eines Verlages nachzuweisen
Bewerbungsschluss: Bewerbungen werden laufend entgegengenommen
Eigenbewerbung: Eigenbewerbung ist Bedingung

Stuttgarter Schriftstellerhaus
Aufenthaltsstipendien für das Stuttgarter Schriftstellerhaus
Kanalstr. 4
70182 Stuttgart
Tel. 0711 - 23 35 54
Fax 0711 - 236 79 13
info@stuttgarter-schriftstellerhaus.de
www.stuttgarter-schriftstellerhaus.de
Ansprechpartner: Astrid Braun
Sparten: Literatur und Literaturübersetzung
Bewerber:
Vergabeturnus: jährlich
Aufenthaltsdauer: 3 Monate
Dotierung: € 1000 monatlich
Hinweise: Anwesenheitspflicht
Bewerbungsschluss: 15.08.07
Eigenbewerbung:

Villa Concordia in Bamberg
Internationales Künstlerhaus
Villa Concordia in Bamberg (Künstler Stipendien)
Concordiastr. 28
96049 Bamberg
Tel. 0951 - 95 501 - 0
Fax 0951 - 95 501 - 29
kontakt@villa-concordia.de
www.villa-concordia.de
Ansprechpartner: Dr. Bernd Goldmann
Sparten: Bildende Kunst, Literatur, Musik
Bewerber: keine Eigenbewerbung
Vergabeturnus: jährlich
Aufenthaltsdauer: bis zu 12 Monate
Dotierung: 14400,- €
Hinweise:
Bewerbungsschluss: keine Eigenbewerbung
Eigenbewerbung: keine Eigenbewerbung

Villa Massimo in Rom
Arbeitsstipendium Deutsche Akademie Villa Massimo in Rom
Graurheindorfer Str. 198
53117 Bonn
Tel. 01888 - 681-36 28 oder -3586

Fax 01888 - 681-5-3628 oder -5-3586
Poststelle@bkm.bmi.bund.de
www.bundesregierung.de
Ansprechpartner:
Sparten: Bildende Kunst, Architektur, Literatur, Musik (Komposition)
Bewerber: Außergewöhnlich qualifizierte und begabte, vorrangig jüngere Künstler/innen, die in ihrer künstlerischen Entwicklung noch offen sind
Vergabeturnus: jährlich
Aufenthaltsdauer: 12 Monate (1.2. bis 31.12.)
Dotierung: € 2500 monatlich
Hinweise: Nur für öffentlich anerkannte Künstler/innen, keine Studierenden, deutsche Staatsangehörigkeit oder seit mind. 5 Jahren erster Wohnsitz und Schaffensmittelpunkt in der BRD, Grundkenntnisse der italienischen Sprache, Präsenzpflicht
Bewerbungsschluss: 15. Januar des Vorjahres
Eigenbewerbung: Eigenbewerbung erforderlich

Villa Waldberta-Stipendium
Villa Waldberta-Stipendium der Bertha-Koempel-Stiftung
Burgstr. 5
80331 München
Tel. 089 - 23 32 87 18
Fax 089 - 23 32 12 62
kulturreferat@muenchen.de
www.muenchen.de
Ansprechpartner:
Sparten: Literatur und Literaturübersetzung ins Deutsche und aus dem Deutschen sowie bildende Kunst
Bewerber:
Vergabeturnus: jährlich
Aufenthaltsdauer: 1 bis 3 Monate in einem der 5 Appartements
Dotierung: € 1000 monatlich
Hinweise:
Bewerbungsschluss:
Eigenbewerbung: Keine Eigenbewerbung

▷ *Über Kritiker und Autoren*

Von Julie Myerson

Die Welt teilt sich in Autoren, die es tun, und solche, die es nicht tun: Es ist nicht gut bezahlt und es ist der schnellste Weg, sich jenseits des Scheidungsgerichts Feinde zu machen. Inzest, nennen es manche Leute, während andere einen als reinen Auftragsschreiber verurteilen. Warum, so fragen sie, sollte man, nur weil man Bücher schreibt, auch welche rezensieren wollen? Aber was könnte für jemanden, der selbst Romane schreibt, spannender und befriedigender sein, so antworte ich dann immer, als in gedruckter Form auf die Bücher von Zeitgenossen zu reagieren? Im besten Fall ist das Rezensieren eine belebende Fingerübung, ein Versuch, in Worte zu fassen, warum ein Roman das eigene Herz höher schlagen lässt.

Für mich ist es immer eine Erwiderung, kein Urteil. Teil eines lebhaften, fortlaufenden Dialogs – Worte, die auf andere Worte abgefeuert werden. Aber ich weiß, dass ich mir da etwas vormache. Der Dialog kann schnell in einen Krieg ausarten. Deshalb bin ich vorsichtig. Ich rezensiere weder Bücher von Freunden noch von Autoren, deren Werke ich nicht mag. Und ich beginne die Lektüre jedes Romans voller Hoffnung. Aber manchmal findet man das Buch trotz allem Optimismus einfach nicht gut. Und dann, tja, dann muss man das auch sagen. Aber da ich selbst Romanautorin bin, weiß ich, was für ein Gefühl es ist, durch eine vernichtende Rezension aller Lebensenergie beraubt zu werden – wie um alles in der Welt kann ich es also rechtfertigen, das Werk eines anderen Autors zu verreißen:

Nun, ich habe den Grundsatz: Wer austeilt, muss auch einstecken können. Deshalb habe ich zwei Regeln für mich aufgestellt:

1. Lies alle Rezensionen, auch die guten, nur ein einziges Mal – dann hefte sie ab und vergiss sie.
2. Sei zu Leuten, die schlechte Rezensionen über deine Bücher geschrieben haben, besonders nett. Verblüffe sie damit dermaßen, dass sie dich mögen müssen. Lass sie bedauern, was sie geschrieben haben.

Und, halte ich mich an die Myerson-Regeln? Na ja, da war diese Dinnerparty, wo ich schon an der Haustür feststellte, dass die Frau, der ich gleich die Hand geben würde, die schlechteste Rezension geschrieben hatte, die ich je bekommen habe. Nicht nur schlecht, sondern auch persönlich – sie hatte von dem einen schmalen Band, den sie gelesen hatte, Rückschlüsse auf meine restlichen Bücher (und deren offenbar unverdienten Erfolg) gezogen. Voodoo-Nadeln waren nicht qualvoll genug für diese Frau.

Aber hatte ich ihre Rezension tatsächlich nur ein einziges Mal gelesen? Hmmm. Heikle Frage. Jedenfalls schlichen sich, als ich ihr vorgestellt wurde, alle ihre gemeinen Formulierungen wieder in mein Bewusstsein. Aber ich tröstete mich mit dem Gedanken, dass es für sie bestimmt sehr viel schlimmer war als für mich. Folglich hielt ich mich an Regel Nummer 2. Ich erwähnte ihre (lächerliche) Rezension (natürlich) mit keinem Wort. Ich tat so, als hätte ich sie vollkommen vergessen. Stattdessen erzählte ich ihr, wie gut mir ihr letztes Buch gefallen habe (unglaublich fade) und wie interessant ihr neues (völlig belangloses) klang. Ich schmeichelte ihr, ich überrumpelte sie – ich glaube fast, ich versetzte sie in Panik! Ein paar Tage später segelte die Belohnung durch den Briefschlitz: ein reizender handgeschriebener Brief von ihr, in dem sie sich für die Rezension entschuldigte. Zwei Jahre zu spät zwar, aber immerhin. Eins zu null.

Julie Myerson Romanautorin und lebt in London.

Zitat entommen aus Robin Robertson (Hg.), *Künstlerpech! Die peinlichsten Erlebnisse von Margaret Atwood, Roddy Doyle, Michael Ondaatje u.v.a.*, Deutsch von Kathrin Razum, Klaus Varrelmann, Goldmann Taschenbuch 45850

Adressen

▷ Literaturbüros und Literaturhäuser

Dresdner Literaturbüro e.V.
Antonstr. 1
01097 Dresden
Tel. 0351 - 804 50 87
Fax 0351 - 804 50 87
info@dresdner-literaturbuero.de
www.dresdner-literaturbuero.de
Leitung: Andrea O´Brien
Schwerpunkte: Lesungen mit nationalen und internationalen Autor/innen, jährlich BARDINALE mit Lichtpoesiefestival »Light and Word« (ehemals: Dresdner Lyriktage) und - alle 2 Jahre - Vergabe des Dresdner Lyrikpreises der Stadt Dresden (2008…), Schreibwerkstätten für Schreibinteressierte mit Betreuung durch Dresdner Autoren, Beratung von Autoren und allen Literaturinteressierten, Lesereihen, Literaturaktionen (z. B. Rätselkoffer, Dresden liest ...)

Literaturbüro Leipzig e.V.
im Haus des Buches
Gerichtsweg 28
04103 Leipzig
Tel. 0341 - 995 41 61
Fax 0341 - 995 41 61
kontakt@kuratorium-hdb.de
www.literaturhaus-leipzig.de
Leitung: Birgit Peter
Schwerpunkte: Anthologien, Lesungen, Jugend-Literaturprojekt mit Werkstätten

Literaturforum
im Brecht-Haus
Chausseestr. 125
10115 Berlin
Tel. 030 - 282 20 03 o. 030 - 282 80 42
Fax 030 - 282 34 17
info@lfbrecht.de
www.lfbrecht.de
Leitung: Therese Hörnigk, Marit Gienke, Marianne Conrad, Gabi Müller

Literaturwerkstatt Berlin
Knaackstr. 97 (Kulturbrauerei)
10435 Berlin
Tel. 030 - 48 52 45 - 0
Fax 030 - 48 52 45 - 30
mail@literaturwerkstatt.org
www.literaturwerkstatt.org
Leitung: Dr. Thomas Wohlfahrt
Ansprechpartner: Dr. Christine Lange
Schwerpunkte: Veranstaltungen mit in- und ausländischen Autoren, wissenschaftliche Kolloquien, Projekte: Lyrikline im Internet, Open Mike-Wettbewerb, Weltklang, Poesiefestival

Literaturhaus Berlin
Fasanenstr. 23
10719 Berlin
Tel. 030 - 88 72 86 - 0
Fax 030 - 88 72 86 - 13
literaturhaus@berlin.de
literaturhaus-berlin.de
Leitung: Ernest Wichner
Ansprechpartner: Sabine Büdel
Schwerpunkte: Lesungen, Ausstellungen

Literarisches Colloquium Berlin e.V.
Am Sandwerder 5
14109 Berlin
Tel. 030 - 81 69 96 - 0
Fax 030 - 81 69 96 - 19
mail@lcb.de
www.lcb.de
Leitung: Dr. Ulrich Janetzki
Schwerpunkte: Lesungen

Brandenburgisches Literaturbüro
Schloßstr. 12
14467 Potsdam
Tel. 0331 - 280 41 03 u. 23 70 02 58
Fax 0331 - 24 08 84
blb@literaturlandschaft.de
www.literaturlandschaft.de
Leitung: Hendrik Röder
Ansprechpartner: Katarzyna Kaminska
Schwerpunkte: Lesungen, Ausstellungen, Publikationen

Deutsch-Polnisches Literaturbüro Oderregion e.V.
Haus der Künste St. Spiritus, Lindenstraße 6
15230 Frankfurt/Oder
Tel. 0335 - 2 37 82
Fax 0335 - 2 37 82
Ansprechpartner: Rainer Vangermain
Schwerpunkte: Deutsch-polnischer Literaturaustausch

Literaturzentrum Neubrandenburg e.V.
Brigitte-Reimann-Literaturhaushaus
Gartenstr. 6
17033 Neubrandenburg
Tel. 0395 - 57 19 18 - 0
Fax 0395 - 57 19 18 - 8
info@literaturzentrum-nb.de
www.literaturzentrum-nb.de
Leitung: Erika Becker
Ansprechpartner: Steffi Kleiber
Schwerpunkte: Autorenlesungen, Autorenprojekte,Leseförderung,
Hans-Fallada-Archiv
OT Carwitz
Zum Bohnenwerder 2
17258 Feldberger Seeenlandschaft
Tel. u. Fax 039831 - 223 34)

Literatursalon Greifswald e.V.
Lomonossowallee 44
17491 Greifswald
Tel. 03834 - 81 77 00
Fax 03834 - 81 66 88
kontakt@literatur-salon.de
www.literatur-salon.de
Ansprechpartner: Karin Langer
Schwerpunkte: Ausstellungen, Lesungen, Konzerte

Literaturhaus Kuhtor Rostock
Ernst-Barlachstr. 5
18055 Rostock
Tel. 0381 - 492 55 81
Fax 0721 - 151 26 49 61
info@literaturhaus-rostock.de
www.literaturhaus-rostock.de
Leitung: Geschäftsführer Rainer Mnich, Programmltg Katinka Friese
Schwerpunkte: Literaturveranstaltungen z.T. in thematischen Reihen, Literaturzeitschrift f. Mecklenburg-Vorpommern, Kuhtor-Jahreslesebuch, Literaturwerkstätten

Literaturbüro Lüneburg
Am Ochsenmarkt 1
21335 Lüneburg
Tel. 04131 - 30 96 87
Fax 04131 - 30 96 88
literaturbuero@stadt.lueneburg.de
www.literaturbuero-lueneburg.de
Leitung: Kerstin Fischer
Ansprechpartner: Kerstin Fischer
Sonja Doneit
Schwerpunkte: Organisation von Lesungen, Verwaltung und Betreuung des Heinrich-Heine-Stipendiums

Literaturhaus Hamburg
Schwanenwik 38
22087 Hamburg
Tel. 040 - 22 70 20 - 11
Fax 040 - 220 66 12
info@l-h-h.de
www.l-h-h.de
Leitung: Dr. Rainer Moritz
Lesungen zeitgenössischer Literatur

Writers' Room
Stresemannstr. 374 Haus E
22761 Hamburg
Tel. 040 - 89 82 33
Fax 040 - 89 67 83
info@writersroom.de
www.writersroom.de
Leitung: Hartmut Pospiech
Schwerpunkte: Computerisierte Arbeitsplätze, Förderung junger AutorInnen, Lesungen, Seminare, Fortbildungen, Werkstattgespräche

Literaturhaus Schleswig-Holstein e.V.
Schwanenweg 13
24105 Kiel
Tel. 0431 - 5 79 68 40
Fax 0431 - 5 79 68 42
info@literaturhaus-sh.de
www.literaturhaus-sh.de
Leitung: Dr. Wolfgang Sandfuchs

literatur büro oldenburg
Peterstr. 23
26121 Oldenburg
Tel. 0441 - 235 30 14
Fax 0441 - 235 21 61
literaturbuero@stadt-oldenburg.de
www.literaturbuero-oldenburg.de
Leitung: Monika Eden
Schwerpunkte: Literaturvermittlung (Veranstaltungsprogramm mit deutsch- und fremdsprachiger Gegenwartsliteratur); Autorenförderung; Professionalisierung von regionalen Veranstaltern durch Beratung und Kooperation; Vernetzung der Literaturförderung in der Nord-West-Region Niedersachsens

Bremer Literaturkontor
Goetheplatz 4, Villa Ichon
28203 Bremen
Tel. 0421 - 32 79 43
Fax 0421 - 336 56 21
info@literaturkontor-bremen.de
www.literaturkontor-bremen.de
Leitung: Jürgen Dierking
Ansprechpartner: Angelika Sinn
Schwerpunkte: Autorenförderung, Öffentlichkeitsarbeit

Literaturbüro Hannover e.V.
Sophienstr. 2
30159 Hannover
Tel. 0511 - 88 72 52
Fax 0511 - 809 34 07
info@literaturbuero-hannover.de
www.literaturbuero-hannover.de
Leitung: Kathrin Dittmer

Literarischer Salon Hannover
Königsworther Platz 1
30167 Hannover
Tel. 0511 - 7 62 - 82 32
Fax 0511 - 7 62 - 82 32
info@literarischer-salon.de
www.literarischer-salon.de
Ansprechpartner: Matthias Vogel, Joachim Otte, Matthias Nolte, Jens Meyer
Schwerpunkte: Forum für Kulur, Medien und Gesellschaft

Literaturbüro Ostwestfalen-Lippe in Detmold e.V.
Haus Münsterberg
Hornsche Str. 38
32756 Detmold
Tel. 05231 - 39 06 03
Fax 05231 - 39 06 53
literaturbuero@owl-online.de
www.literaturbuero-detmold.de
Leitung: Dr. Brigitte Labs-Ehlert
Ansprechpartner: Marlen Koppmann
Schwerpunkte: Literatur- und Musikfest »Wege durch das Land«. Autorenberatung. Konzeption von Literaturveranstaltungen.

Raabe-Haus
Literaturzentrum Braunschweig
Leonhardstr. 29 A
38102 Braunschweig
Tel. 0531 - 4 70-48 46
Fax 0531 - 4 70-48 44
raabe-haus@braunschweig.de
www.literaturzentrum-braunschweig.de
Leitung: Andreas Böttcher
Schwerpunkte: Literaturveranstaltungen

Literaturhaus Magdeburg
Thiemstr. 7
39104 Magdeburg
Tel. 0391 - 404 49 95
Fax 0391 - 404 49 95
literaturhaus-md@kukma.net
www.literaturhaus.de.md
Leitung: Dr. Gisela Zander
Ansprechpartner: Ute Berger
Schwerpunkte: Ausstellungen zu Erich

Weinert u. Georg Kaiser, Literarische Veranstaltungen, Sonderausstellungen zu literarischen Themen

Literaturbüro Nordrhein-Westfalen in Düsseldorf
Bilkerstr. 53
40213 Düsseldorf
Tel. 0211 - 828 45 90
Fax 0211 - 828 45 93
Mail@literaturbuero-nrw.de
www.literaturbuero-nrw.de
Leitung: Michael Serrer
Ansprechpartner: Maren Jungclaus, Heike Funcke
Schwerpunkte: Lesungen, Weiterbildung u. Beratung regionaler Autoren, internationale Literaturprojekte

Literatur Büro Ruhrgebiet e.V.
Friedrich-Ebert-Str. 8
45964 Gladbeck
Tel. 02043 - 992 -168, -646, -644
Fax 02043 - 99 14 13
info@literaturbuero-ruhr.de
www.literaturbuero-ruhr.de
Leitung: Gerd Herholz
Ansprechpartner: Gerd Herholz, Elisabeth Roters-Ulrich
Schwerpunkte: Internationale Literaturprojekte, Literaturpreis Ruhrgebiet, Autoren-Meisterklassen, kreatives Schreiben, Kultur & Schule, Literatur in der kulturellen Bildung

Literaturbüro RUHRgebiet
Sitz: Bottrop
Böckenhoffstraße 7 (Galerie 7)
46236 Bottrop
Tel. 02041 - 2 39 20
Leitung: Rena Mann, Artur K. Führer
Schwerpunkte: Seminare, Lesungen, Autorentreff (seit 1968), Kunst, Literatur

Literaturbüro Westniedersachsen
Am Ledenhof 3-5
49074 Osnabrück
Tel. 0541 - 286 92
Fax 0541 - 323 43 33
litos-info@gmx.de
www.osnabrueck.de, www.literaturbuero.de
Leitung: Jutta Sauer
Schwerpunkte: Zentrum für zeitgenössische Literatur, Geschäftsstelle des Erich-Maria-Remarque-Friedenspreises, Förderung v. Lese- u. Schreibkultur, Literarische Projekte und Veranstaltungen, Beratung v. Autoren u. Veranstaltern, Literarische Wettbewerbe, Autorenfortbildung (Talentförderung), Herausgabe von Dokumentationen und Anthologien »Osnabrücker Bibliothek«

Literaturhaus Köln
Schönhauser Str. 8
50968 Köln
Tel. 0221 - 995 55 - 812
Fax 0221 - 995 55 - 815
info@literaturhaus-koeln.de
literaturhaus-koeln.de
Leitung: Geschäftsführung: Bettina

Fischer
Ansprechpartner: Programmleitung: Thomas Böhm
Schwerpunkte: Literaturveranstaltungen

Literaturbüro in der Euregio Maas-Rhein e.V.
Wilhelmstr. 90
52070 Aachen
Tel. 0241 -559 19 62
literaturbuero@heimat.de
www.literaturbuero-emr.de
Leitung: Regina Sommer (Vorsitzende)
Ansprechpartner: Hartwig Mauritz (Tel. 0031 - 43 - 306 06 61)
Schwerpunkte: Offenes Treffen angehender Autoren jeden 1. Mittwoch im Monat um 20.00 Uhr in der Barockfabrik, Löhergraben, Malraum II.Etage. Alle zwei Monate einen »shop talk« für publizierte Autoren. Öffentliche Lesungen in- und ausländischer Autoren und Übersetzer. Interdisziplinäre Veranstaltungen (Literatur, Musik, Tanz, bildende Kunst)

Haus der Sprache und Literatur
Lennéstraße 46
53113 Bonn
Tel. 0228 - 9 14 01 11 oder -12
Fax 0228 - 9 14 01 10
Hslbonn@aol.com
www.bonn.de
Ansprechpartner: Karin Hempel-Soos

LiteraturBüro Mainz e.V. für Rheinland-Pfalz
Dalberger Hof, Klarastr. 4
55116 Mainz
Tel. 06131 - 22 02 02
Fax 06131 - 22 88 45
info@literaturbuero-rlp.de
www.literaturbuero-rlp.de
Leitung: Marcus Weber (1. Vorsitzender)
Ansprechpartner: Sigrid Fahrer (stellvertretende Vorsitzende), Ingo Rüdiger (stellvertretender Vorsitzender) Ilka Groh (Finanzen), Dietmar Gaumann (Presse- und Öffentlichkeitsarbeit), Gunda Kurz (Geschäftsführung)
Schwerpunkte: Lesungen, Lesefestivals, Autorenweiterbildung, Leseförderung bei Kindern und Jugendlichen

Westfälisches Literaturbüro in Unna e.V.
Friedrich-Ebert-Str. 97
59425 Unna
Tel. 02303 - 96 38 50
Fax 02303 - 96 38 51
post@wlb.de
www.wlb.de
Leitung: Dr. Herbert Knorr
Ansprechpartner: Karen Homann
Schwerpunkte: Literatur-Projektmanagements, Veranstaltungen, Fortbildungen, Beratung, Infoschrift »Lit°Form«, Internet-Datenbank www.nrw-literatur-im-netz.de

Literaturhaus Frankfurt
Schöne Aussicht 2
60311 Frankfurt
Tel. 069 - 75 61 84 - 0
Fax 069 - 75 61 84 - 20
info@literaturhaus-frankfurt.de
www.literaturhaus-frankfurt.de
Leitung: Dr. Maria Gazzetti, Maike Zeidler
Schwerpunkte: Lesungen, Literarische Ausstellungen, Symposien, Tagungen, Schreibwerkstätten für Jugendliche, Lyrikfestival, Literaturbiennale, Preisverleihungen

Hessisches Literaturforum im Mousonturm e.V.
Waldschmidtstr. 4
60316 Frankfurt
Tel. 069 - 24 44 99 40
Fax 069 - 24 44 99 39
info@hlfm.de
www.hlfm.de
Leitung: Werner Söllner
Ansprechpartner: Werner Söllner, Carina Werner, Harry Oberländer
Schwerpunkte: Lesungen, Seminare, Literaturzeitschrift Der Literatur-Bote

Literaturhaus Darmstadt
Kasinostraße 3
64293 Darmstadt
Tel. 06151 - 13 33 38
Fax 06151 - 13 30 24
info@literaturhaus-darmstadt.de
www.literaturhaus-darmstadt.de
Leitung: Andreas Müller, Rainer Wieczorek

Verein Stuttgarter Schriftstellerhaus e.V.
Kanalstr. 4
70182 Stuttgart
Tel. 0711 - 23 35 54
Fax 0711 - 236 79 13
info@stuttgarter-schriftstellerhaus.de
www.stuttgarter-schriftstellerhaus.de
Leitung: Astrid Braun
Ansprechpartner: Astrid Braun
Schwerpunkte: Vier Stipendiaten pro Jahr, ca. 300 Übernachtungen in- u. ausländischer Übersetzer, Schriftsteller- u. Übersetzer-Stammtische, Buch- u. Autoren-Vorstellungen, Almanach Stuttgarter Schriftstellerhaus

Literaturbüro Freiburg Literatur Forum Südwest e.V.
Urachstraße 40
79102 Freiburg
Tel. 0761 - 28 99 89
Fax 0761 - 28 99 89
info@literaturbuer-freiburg.de
www.literaturbuero-freiburg.de
Leitung: Dr. Stefanie Stegmann
Ansprechpartner: Dr. Stefanie Stegmann
Schwerpunkte: Literaturveranstaltungen, Seminar- und Werkstattarbeit, Arbeit mit Jugendlichen, Beratung und Information

Stiftung Literaturhaus München
Salvatorplatz 1
80333 München
Tel. 089 - 29 19 34-0
Fax 089 - 29 19 34-19
info@literaturhaus-muenchen.de

www.literaturhaus-muenchen.de
Leitung: Dr. Reinhard G. Wittmann
Schwerpunkte: Gegenwartsliteratur, Kreatives Schreiben für Autoren und Übersetzer, Literaturausstellungen

Münchner Literaturbüro
Haidhauser Werkstatt e.V.
Milchstr. 4
81667 München
Tel. 089 - 48 84 19
post@muenchner-literaturbuero.de
www.muenchner-literaturbuero.de
Leitung: Petra Ina Lang
Schwerpunkte: Jeden Freitag Autorenlesungen mit Publikumsdiskussion, Haidhauser Büchertage mit Präsentation von Kleinverlagen, Literaturzeitschriften, Sonderprojekten; Haidhauser Werkstattpreis (HWP), Publikumspreis

Literaturzentrum Erlangen
Stadt Erlangen Kultur- und Freizeitamt
Sachgebiet Kulturelle Programme
Gebbertstr. 1
91052 Erlangen
Tel. 09131 - 86 - 10 30
Fax 09131 - 86 - 14 11
karin.lippert@stadt.erlangen.de
www.erlangen.de, www.poetenfest-erlangen.de
Leitung: Bodo Birk
Ansprechpartner: Karin Lippert
Schwerpunkte: Erlanger Poetenfest (jährlich, am letzten Augustwochenende) mit Literaturpreis; Internationaler Comic-Salon Erlangen mit Max- und Moritz-Preis; »seiten sprünge - Autoren in der Stadt«; Arbeitskreis Schule & Literatur; Mitherausgabe des »Literaturspiegel«.

Literaturhaus
Seidengasse 13
A-1070 Wien
Tel. 0043-01 - 526 20 44 - 0
Fax 0043-01 - 526 20 44 30
info@literaturhaus.at
www.literaturhaus.at
Leitung: Dr. Heinz Lunzer
Ansprechpartner: Dr. Heinz Lunzer, Dr. Anne Zauner
Schwerpunkte: Österreichische Literatur im 20. u. 21. Jahrhundert, besonders nach 1945

Unabhängiges Literaturhaus NÖ
Steiner Landstr. 3
A-3405 Stein/Krems
Tel. 0043 - 02732 - 728 84
Fax 0043 - 02732 - 839 93
ulnoe@ulnoe.at
www.ulnoe.at, www.literaturundwein.at
Leitung: Sylvia Treudl, Michael Stiller, Wolfgang Kühn
Ansprechpartner: alle
Schwerpunkte: Lesungen, Buchpräsentationen, Veranstaltung des Festivals »Literatur & Wein«, Kooperationen mit anderen Kultureinrichtungen, Betreuung einer Atelierwohnung für internationale AutorInnen.

Literaturhaus Salzburg
Strubergasse 23
A-5020 Salzburg
Tel. 0043-0662 - 42 24 11
Fax 0043-0662 - 42 24 11 13
fuschelburger@literaturhaus-salzburg.at, info@literaturhaus-salzburg.at
www.literaturhaus-salzburg.at
Leitung: Tomas Friedmann
Ansprechpartner: Peter Fuschelberger
Schwerpunkte: Literaturveranstaltungen aller Art (Lesungen, Hörspiele, Theater, Schreibwerkstätten) Bibliothek, Mediathek, Autorenvereinigungen, Beratung, Literaturzeitschriften

Literaturhaus am Inn
Josef-Hirn-Str. 5/10.St.
A-6020 Innsbruck
Tel. 0043-0512 - 507 - 45 05, 45 14
Fax +430512 - 507 - 29 60
literaturhaus@uibk.ac.at
www.literaturhaus.uibk.ac.at
Leitung: Dr. Anna Rottensteiner
Ansprechpartner: Dr. Anna Rottensteiner
Schwerpunkte: Förderung, Präsentation u. Verbreitung d. zeitgenössischen Literatur in Tirol, Veranstaltungen, Kooperation m. anderen Literaturhäusern, Servicestelle für AutorInnen, Literaturinteressierte, Schulen, Presse, Dokumentation Tiroler Literatur, Vermittlung zwischen Öffentlichkeit u.Literaturwissenschaft

Literaturhaus Mattersburg
Wulkalände 2
A-7210 Mattersburg
Tel. 0043-02626 - 677 10
Fax 0043-02626 - 677 10-5
office@literaturhausmattersburg.at
www.literaturhausmattersburg.at
Leitung: Barbara Mayer
Ansprechpartner:
Schwerpunkte:

Literaturhaus Basel
Barfüssergasse 3
CH-4001 Basel
Tel. 0041-061 - 261 29 50
Fax 0041-061 - 261 29 51
info@literaturhaus-basel.ch
www.literaturhaus-basel.ch
Leitung: Margrit Manz, Intendatin
Ansprechpartner: Margrit Manz, Intendantin
Schwerpunkte: Im Zentrum der Arbeit stehen Austausch und Begegnung mit der Literatur im weitesten Sinne. Lesungen, Podiums- und Werkstattgespräche, Literaturwettbewerbe, Themenabende und Projekte für den literarischen Nachwuchs zählen u.a. zum breiten Spektrum der Literaturvermittlung. Außerdem Workshops, Textwerkstätten, Lesezirkel, Lektoratsservice, literarische Führungen.

Literaturhaus der Museumgesellschaft
Limmatquai 62
CH-8001 Zürich
Tel. 0041-01 - 254 50 08
Fax 0041-01 - 252 44 09

info@mug.ch / info@literaturhaus.ch
www.museumsgesellschaft.ch / www.literaturhaus.ch
Leitung: Beatrice Stoll
Ansprechpartner: Beatrice Stoll, Karin Schneuwly, Simona Fischer (Literaturhaus), Thomas Ehrsam (Bibliothek)
Schwerpunkte: Literaturveranstaltungen, Bibliothek, Lesesäle, Treffpunkt

Kulturbüro Zürich
Stauffacherstraße 100
CH-8001 Zürich
Tel. 0041 - 01 - 242 42 82
Fax 0041 - 01 - 242 42 92
zuerich@kulturbuero.ch
www.kulturbuero.ch/zuerich/index.htm
Ansprechpartner: Ivan Sterzinger, Carolina Cerbaro, Janine Moor
Schwerpunkte: Kulturförderungs- u. Dienstleistungsbetrieb, der Kulturschaffenden aller Sparten offen steht (www.kulturfoerderung.ch)

Literaturhaeuser.net
literaturhaeuser.net GbR
c/o Stiftung Buch-. Medien- und Literaturhaus München
Salvatorplatz 1
80331 München
Koordination von literaturhaeuser.net: Verena Nolte
Tel. 089 - 29 19 34 - 17
nolte@literaturhaeuser.net
www.literaturhaeuser.net
Die Zusammenarbeit von Literaturhäusern hat bereits Tradition, diverse Ausstellungen, Lesereisen und die Plakataktion »Poesie in die Stadt« wurden gemeinsam realisiert. Zum Netzwerk zählen mittlerweile acht Literaturhäuser: Berlin, Hamburg, Frankfurt, Salzburg, München, Köln Stuttgart und Leipzig. Die Vernetzung der einzelnen Häuser untereinander ermöglicht es, gemeinsame Anliegen gezielter zu präsentieren und überregionale Projekte zu verwirklichen. Organisiert wird das literaturhaeuser.net über die Koordinationsstelle der Literaturhäuser, die für die Realisation der gemeinsamen Projekte zuständig ist und die Zusammenarbeit mit Kooperations- und Werbepartnern fördert.

▷ *Ein Buch, das wir mit roten Ohren verschlangen*

Von Franz Josef Görtz

Wie es 1984 zum Vorabdruck von Patrick Süskinds »Parfum« in der Frankfurter Allgemeinen Zeitung kam, verrät hier ein Insider.

»Sind Schweinereien drin?« Das war stets Marcel Reich-Ranickis allererste Frage. A priori sozusagen. Er hat sie immer gestellt, wenn es um einen neuen Fortsetzungsroman ging. Dabei streckte er wortlos die Hand nach den Manuskripten aus, zog die Augenbrauen hoch und ließ ziemlich ungeduldig nur ein einziges Wort fallen: »Na?« Ausschweifende Erklärungen hätten da wenig geholfen – er wollte die Stellen sehen, drei mindestens, wenn die Sache wirklich heikel schien. Pingelig war er nicht. Aber »ein bisschen Literatur« sollte das Buch schon sein, das wir vorabdrucken wollten. Auch wenn es, zwischendurch und möglichst nicht gleich am Anfang, sanft »verferkelt« war. Das Argument des damaligen Literaturchefs war aus dem Alltag gegriffen: »Lieber, die Leute lesen das zum Frühstück!«

Über Patrick Süskinds Roman *Das Parfum* haben wir wenig geredet, als das Manuskript endlich auf dem Tisch lag: am letzten Tag der Frankfurter Buchmesse 1984. Was wir unmittelbar vor dem *Parfum* abgedruckt haben, weiß ich nicht mehr. Es muss eine relativ kurze Geschichte gewesen sein. Denn die Setzer hatten schon die Alarmglocken geläutet: Acht oder neun Folgen noch, dann sei die Ablösung fällig. Und die »Schiffe« alle leer. Auf den »Schiffen« unterhalb der Mettage-Tische im Parterre stand der Vorrat. Damals hatten wir noch Bleisatz, da war das Elend deutlich sichtbar. Peinlich war es obendrein – vor den Kollegen ebenso wie vor den murrenden Setzern. Ohne Manuskript habe ich mich tagelang nicht mehr in die Mettage getraut. Aber es war kein Manuskript in Sicht, nicht mal ein dünnes Erzählbändchen für die Übergangszeit. Auf dem Regal lag etwas »schlappe Herbstware«, wie Reich-Ranicki sie vernichtend beiläufig nannte. Doch die hatte ich schon verworfen. Nicht unbedacht, vielleicht nur ein wenig voreilig.

Drei Tage später, wie immer am Buchmessen-Samstag, war ich mit Christine Doering, der damaligen Pressechefin des Diogenes-Verlags, zum Frühstück im »Hessischen Hof« verabredet. Unter vier Augen redet man gern über die Kollegen. Diesmal allerdings ging es mehr um Bücher. Weder erschienen noch gedruckt durften sie sein, die Manuskripte am besten noch im Giftschrank des Verlegers und womöglich gar nicht lektoriert oder allenfalls angelesen – und trotzdem oder gerade darum für einen Vorabdruck vorzüglich geeignet. »Gibt's nicht«, sagte Frau Doering und legte das Besteck erst mal beiseite, als müsse jetzt länger gestritten werden. Dass unsere Not groß war, hat sie zweifellos geahnt und ein wenig auch ausgekostet. Dann jedoch, um mich ruhigzustellen, versprach sie für den Montag rasch vier Manuskripte. Dass sie tatsächlich vier dicke Aktenordner eigenhändig in die Redaktion schleppte, hat mir nachhaltig rote Ohren gemacht. Sie hat es gern erzählt, wenn später von Süskind die Rede war.

Das zweite von diesen vier Manuskripten sah aus, als habe der Lektor oder die Lektorin es gerade erst aus der Hand gelegt. Was gestrichen worden war, konnte man noch lesen – und auch das habe ich verschlungen, vielleicht sogar mit immer noch roten Ohren. Ich habe nur zwanzig Seiten in meinem engen Ein-Achser (wie solche Räumlichkeiten im Hausjargon damals hießen) ausgehalten. Meinem Kollegen Uwe Wittstock habe ich schon auf dem Flur zugeraunt: »Weltliteratur!« Reich-Ranicki, in literarischen Angelegenheiten skeptisch aus Prinzip, unterbrach meine Emphase mit jener Frage, die er bei solchen Gesprächen stets als zweite gestellt hat: »Was soll das kosten?«

Das wurde auf der Stelle zum Problem. Denn Christine Doering zuckte am Telefon die Schultern: Der »Stern« biete dafür 150 000 Mark, wollte sie uns glauben machen, und ihrem Verleger komme das gerade recht. So viel hatten wir für einen Fortsetzungsroman nie gezahlt, wollten auch weder feilschen noch pokern und verlegten uns aufs Argumentieren. Weltliteratur in einer Illustrierten? Die Kollegen im »Stern« werden es mir nachsehen: Die Buchhändler, auf die es doch ankomme, würden eine solche literarische Wucht wie *Das Parfum* zweifellos an einer ganz anderen Stelle erwarten. Behauptete ich unverfroren. Der Erfolg sollte mir bald schon eindeutig Recht geben, obwohl das im Herbst 1984 nur eine vage Ahnung war. Ich war, offen gesagt, blindwütig verschossen in Süskinds Roman und schlug eine Abkürzung des Verfahrens vor: 10 000 Mark »cash auf die Kralle«, samt einer schönen und ausführlichen, dazu bekanntermaßen kompetent sensiblen Einführung, »mit eigener Feder handgeschöpft« vor der ersten Folge des Vorabdrucks. Es ging um alles oder nichts, da darf man nicht schüchtern sein.

Daniel Keel, der Diogenes-Verleger, war es seinerseits auch nicht und forderte 15 000 Mark. Dann telefonierten fast alle im Kreis herum, bis sämtliche Argumente und Gebote mehrfach ausgesprochen waren und am Ende nur zwei Kombattanten übrigblieben. Lange nach Mitternacht einigte sich Frau Doering mit mir auf 7 500 Mark. Das war doppelt so viel, wie wir davor und danach für einen Nabokov oder eine Highsmith gelöhnt hatten – wenn auch deutlich weniger als für einen Walser zum damaligen Kurswert.

Schon der Vorabdruck war eine Sensation. Wir haben die Telefonanrufe, Briefe und Faxe nicht gezählt, es waren buchstäblich unzählige. Weil wir im Jahr darauf Patrick Süskind den F.A.Z.-Literaturpreis geben wollten, habe ich ganz kurz mit ihm telefoniert. »Nein!«, sagte er nur, hörbar erschrocken. Öffentlich auftreten, einen Preis entgegennehmen und sich fotografieren lassen? Undenkbar – darauf lasse er sich nicht ein. So hält er es bis heute. Von der ersten Auflage seines Romans hat er allerdings sofort ein Exemplar geschickt. Und mit Tinte eigenhändig meinen Namen hineingeschrieben.

Adressen

▷ Lesungen und Leseförderung

Stiftung Lesen
Römerwall 40
55131 Mainz
Tel. 06131 - 288 90 - 0
Fax 06131 - 23 03 33
mail@stiftunglesen.de
www.stiftunglesen.de
Vorstandsvorsitzender: Rolf Pitsch M.A.
Geschäftsführer: Heinrich Kreibich
Assistenz: Thomas Kleinebrink DW -17
Programme und Projekte
Gaby Hohm (Leitung), DW -26
Programme und Projekte Jugend und Schule
Sabine Uehlein (Referatsleitung) DW -24
Schwerpunkt: Die Stiftung Lesen ist eine Ideenwerkstatt für alle, die Spaß am Lesen vermitteln wollen. Seit 1988 entwickelt sie zahlreiche Projekte, um das Lesen in der Medienkultur zu stärken: von Schulkampagnen über Buchhandelsaktionen bis hin zu Forschungsstudien.

Bundesverband der Friedrich-Bödecker-Kreise e.V.
Udo von Alten (Geschäftsführer)
Sophienstr. 2
30159 Hannover
Tel. 0511 - 980 58 23
Fax 0511 - 809 21 19
fbk.nds@t-online.de
www.boedecker-kreis.de
Schwerpunkt: Kinder- und Jugendliteratur, Leseförderung
Bewerbung: formloser Antrag und aussagekräftige Unterlagen (Bio-, Bibliografie)

Friedrich-Bödecker-Kreis im Land Brandenburg e.V.
Dr. Edda Eska
Am Schützenwäldchen 77
15537 Erkner
Tel. 03362 - 70 09 55
Fax 03362 - 70 09 55
fbk-brandenburg@t-online.de
Schwerpunkt: Förderung des Lesens und Vermittlung von Literatur an Kinder und Jugendliche; kreativer Umgang mit Büchern und anderen Medien

Friedrich-Bödecker-Kreis
in Mecklenburg-Vorpommern e.V.
Groten Enn 27
18109 Rostock
Tel. 0381 - 120 01 95
Fax 0381 - 120 26 62
FBK.M-V@t-online.de

Friedrich-Bödecker-Kreis
in Hamburg e.V.
Harald Tondern
Erikastr. 98
20251 Hamburg
Tel. 040 - 46 48 08
Fax 040 - 46 48 08
harald.tondern@t-online.de
www.HaraldTondern.de
Schwerpunkt: Wir beraten Lehrerinnen und Lehrer, die an ihrer Schule eine Autorenlesung anbieten wollen. Wir vermitteln Autoren und helfen bei der Finanzierung.

Friedrich-Bödecker-Kreis
in Schleswig-Holstein e.V.
Renate Kruse
Stellauer Str. 5f
25563 Wrist
Tel. 04822 - 69 87
Fax 04822 – 36 34 01
fbk-sh@web.de
www.fbk-sh.de
Schwerpunkt: Vermittlung (Organisation und Mitfinanzierung) von Autorenlesungen an Schulen, Kindergärten oder ähnlichen Einrichtungen als Form von Leserförderung und Erweiterung der Lesekompetenz

Friedrich-Bödecker-Kreis
in Bremen e.V.
Rolf Stindl
Heilsberger Str. 3
27580 Bremerhaven
Tel. 0471 - 885 31
Fax 0471 - 885 31
rolf.stindl@t-online.de
Schwerpunkt: Vermittlung von Autorenbegegnungen an Schulen u.a.
Honorar: € 150,- pro Lesung, wobei möglischst 2 - 3 Lesungen pro Tag mit max. 2 Schulklassen geplant werden.
Bewerbung: schriftlich, mit kurzem biografischen und bibliografischen Angaben oder Hinweisen.

Friedrich-Bödecker-Kreis
in Niedersachsen e.V.
Künstlerhaus
Insa Bödecker (Vorsitzende)
Sophienstr. 2
30159 Hannover
Tel. 0511 - 980 58 23
Fax 0511 - 809 21 19
fbk.nds@t-online.de
www.boedecker-kreis.de
Schwerpunkt: Kinder- und Jugendliteratur, Leseförderung

Friedrich-Bödecker-Kreis
in Hessen e.V.
Johanna Schulz
Buchenweg 2
36142 Tann/Rhön
Tel. 06682 - 917136
Fax 06682 - 917137

Bewerbung: über Bundesverband (Eintrag ins Autorenverzeichnis), über Schulen - Anforderung der Lesung

Friedrich-Bödecker-Kreis in Sachsen-Anhalt e.V.
Jürgen Jankofsky
Forellenweg 5
39291 Möser
Tel. 039222 - 25 13
Fax 039222 - 25 13
FBK-Kontakt@t-online.de
www.fbk-pelikan.de

Friedrich-Bödecker-Kreis in Nordrhein-Westfalen e.V.
Geschäftsstelle
Renate Bugey
Franz-Böhm-Str. 2
40789 Monheim am Rhein
Tel. 02173 - 10 15 54
Fax 02173 - 10 17 84
www.boedecker@kulturserver-nrw.de
www.boedecker@kulturserver-nrw.de

Friedrich-Bödecker-Kreis in Rheinland-Pfalz e.V.
Klarastr. 4
55116 Mainz
Tel. 06131 - 22 88 55
Fax 06131 - 22 88 45
mail@fbk-rlp.de
www.fbk-rlp.de
Schwerpunkt: Kinder- und Jugendliteratur

Friedrich-Bödecker-Kreis Saarland e.V.
Hans-Alexander Roland
Saarlandisches Künstlerhaus
Karlstr. 1
66111 Saarbrücken
Tel. 0681 - 37 56 10
Fax 0681 - 390 56 30
fbk.saarland@t-online.de
Schwerpunkt: Vermittlung von Autorenlesungen, hauptsächlich in Schulen

Friedrich-Bödecker-Kreis in Baden-Württemberg e.V.
Ulrike Wörner
Heugasse 13
73728 Esslingen
Tel. 0711 - 699 07 00
Fax 0711 - 300 13 68
friedrich-boedecker-kreisbw@t-online.de
www.Boedecker-Kreis.de
Schwerpunkt: Organisation und Finanzierung von Schullesungen

Friedrich-Bödecker-Kreis in Bayern e.V.
Eva Rubach
Adolf-Kölping-Str. 15
83093 Bad Endorf
Tel. 08053 - 490 16
Fax 08053 - 490 16
eva.rubach@gmx.de
Schwerpunkt: Förderung von Autorenlesungen für Kinder und Jugendliche: Zuschüsse, Informationsmaterial

Friedrich-Bödecker-Kreis für Thüringen e.V.
Magdeburger Allee 22
99084 Erfurt
Tel. 0361 - 561 29 18
Fax 0361 - 561 29 18
fbk@fbk-thueringen.jetzweb.de
www.fbk-thueringen.jetzweb.de
Vorsitzende: Dr. Ute Frey
Projektmanagerin: Ellen Blumert
Schwerpunkt: Lesung für Kinder und Jugendliche an Schulen, Bibliotheken und Freizeiteinrichtungen, Projektforderung, Schreibwerkstätten

Adressen

▷ *Literarische Gesellschaften, Literaturmuseen und literarische Gedenkstätten*

Arbeitsgemeinschaft Literarischer Gesellschaften und Gedenkstätten e.V.
Geschäftsführerin: Christiane Kussin
Sitz der Geschäftsstelle
c/o Deutsches Patent- und Markenamt
Gitschiner Str. 97-103
10969 Berlin
Tel. 030 - 804 902 07
Fax 030 - 804 902 35
alg@alg.de
www.alg.de

Hermann-Allmers-Gesellschaft e. V.
Marktstraße 2
21762 Otterndorf
Tel. 04751 - 91 48-0
Fax 04751 - 91 48-91
info@hermann-allmers.de
www.hermann-allmers.de

Stefan-Andres-Gesellschaft e.V.
Kulturzentrum der Stadt Schweich
»Niederprümer Hof«
Hofgartenstr. 26
54338 Schweich
Tel. 06502 - 65 24
Fax 0651 - 93 51 48
info@stefan-andres-gesellschaft.de
www.stefan-andres-gesellschaft.de

Bettina-von-Arnim-Gesellschaft e.V.
c/o Saint Albin Verlag
Im Bauernbusch 7
12355 Berlin
Tel. 030 - 664 645 18
Fax 030 - 664 15 23
saint-albin-verlag@t-online.de
www.saint-albin-verlag.de

Internationale Arnim-Gesellschaft
c/o Prof. Dr. Walter Pape
Universität zu Köln
Institut für deutsche Sprache und Literatur
Albertus-Magnus-Platz
50923 Köln
Tel. 0221 - 470 24 44/24 6
Fax 0221 - 470 51 07
w.pape@uni-koeln.de
www.arnim-gesellschaft.uni-koeln.de

Ernst Barlach Gesellschaft e.V.
Mühlenstr. 1
22880 Wedel
Tel. 04103 - 91 82 91
Fax 04103 - 971 35
kontakt@ernst-barlach.de
www.ernst-barlach.de

Ernst Barlach Stiftung Güstrow
Heidberg 15
18273 Güstrow
Tel. 03843 - 84 40 10
Fax 03843 - 84 40 018
office@barlach-stiftung.de
www.barlach-stiftung.de

Meininger Museen / Literaturmuseum Baumbachhaus
Staatliche Museen
Postfach 100 554
98617 Meiningen
Tel. 03693 - 50 28 48
Fax 03693 - 50 36 44
service@meiningermuseen.de
www.meiningermuseen.de
www.meiningermuseen-thueringen.de

Int. Walter-Benjamin-Gesellschaft
Heinrich-Heine-Universität Düsseldorf
Germanistik II Gebäude 23.21.
Universitätsstraße 1
40225 Düsseldorf
Tel. 0211 - 8 11 29 50
Fax 0211 - 8 11 29 51
solibakke@phil-fak.uni-duesseldorf.de
www.walter-benjamin.org

Gottfried Benn-Gesellschaft e.V.
Buchhandlung Sattler
Schwachhauser Heerstr. 13
28203 Bremen
Tel. 0421 - 722 28
Fax 0421 - 722 03
info@gottfriedbenn.de
www.gottfried-benn.de

Gottfried Benn Förderkreis Mansfeld e. V.
Christian Tanneberger
Mansfelder Str. 61
16949 Putlitz
Tel. 033981 - 8 05 99
Fax 033981 - 805 99

Internationale Thomas Bernhard Gesellschaft
Catrin Neumüller
Blutgasse 3/2
A-1010 Wien
Österreich
Tel. 0043 - 01 - 513 96 50
Fax 0043 - 01 - 513 96 56
gesellschaft@thomasbernhard.at
http://gesellschaft.thomasbernhard.at

Bevensen-Tagung e.V.
Stadt Bad Bevensen
z.Hd. Herrn Udo Fricke
Lindenstr. 1
29549 Bad Bevensen
Tel. 05821 - 891 50
Fax 05821 - 894 60
verwaltung@bad-bevensen.de
www.bevensen-tagung.de

Ernst-Bloch-Gesellschaft e.V.
Walzmühlstraße 63
67061 Ludwigshafen
Tel. 0621 - 504 20 41
Fax 0621 - 504 24 50
info@bloch.de
www.bloch.de

Johannes-Bobrowski-Gesellschaft
Adam Bobrowski
Ahornallee 26
12587 Berlin
Tel. 030 - 64 09 23 73
Fax 030 - 64 09 23 73
adam.bobrowski@onlinehome.de
www.johannes-bobrowski-gesellschaft.de

Rudolf-Borchardt-Gesellschaft e.V.
c/o Cornelius Borchardt
Rinding Nr. 2
85560 Ebersberg
Tel. 08092 - 226 71
Fax 08092 - 203 18
cornelius.borchardt@t-online.de

Int. Wolfgang Borchert-Gesellschaft e.V.
Statthalterplatz 3
22605 Hamburg
Tel. 040 - 428 38 27 32
Fax 040 - 428 38 35 53
borchert-gesellschaft@t-online.de
www.uni-hamburg.de/borchert

Brandenburgisches Literaturbüro / Literaturverein
Schloßstr. 12
14467 Potsdam
Tel. 0331 - 280 41 03
Fax 0331 24 08 84
blb@literaturlandschaft.de
www.literaturlandschaft.de

Bert Brecht Kreis Augsburg e.V.
c/o Staats- und Stadtbibliothek
z.Hd. Herrn Dr. Helmut Gier
Schaetzlerstr. 25
86152 Augsburg
Tel. 0821 - 32 42-737
Fax 0821 - 32 42-732
bibliothek.stadt@augsburg.de

Rolf-Dieter-Brinkmann-Gesellschaft e.V.
Postfach 1445
49377 Vechta
Tel. 04441 - 78 21
Fax 04441 - 85 96 76
gunter.geduldig@uni-vechta.de
www.rolf-dieter-brinkmann-gesellschaft.de

Otto-Brües-Freundeskreis e.V.
Gesellschaft für Literatur
Otto Brües Haus
Gutenbergstr. 21
47803 Krefeld
Tel. 02151 - 75 04 72
Fax 02151 - 86 27 10
brues@dvnetz.de
www.otto-brues.de

Georg Büchner Gesellschaft e.V.
Biegenstr. 36
35032 Marburg
Tel. 06421 - 282 41 77
Fax 06421 - 282 43 00
vorstand@buechnergesellschaft.de
www.buechnergesellschaft.de

Charles Bukowski Gesellschaft
Michael Schmelich
Reckestr. 2A
01187 Dresden
diana@bukowski-gesellschaft.de
www.bukowski-gesellschaft.de/

Claudius-Gesellschaft e.V.
c/o Thorsten Renz-Kiefel
Witthöfftstraße 8
22041 Hamburg
Tel. 04541 - 89 19 50
krgoerisch@arcor.de

Deutsche Dante-Gesellschaft e. V.
Husarenallee 2
47803 Krefeld
Tel. 02151 - 59 90 50
ibocaesar@web.de
www.uni-marburg.de/hosting/ddg

Dauthendey-Gesellschaft e.V.
Martinstr. 19
97070 Würzburg
Tel. 0931 - 57 25 45
Fax 0931 - 3 53 79 45
antiquariat.osthoff@t-online.de

Deutsche Gesellschaft zum Studium des Western
Englisches Seminar der Uni Minster
z.Hd. Dr. Peter Nocon
Johannisstr. 12-20
48143 Münster
Tel. 0251 - 832 45 95
Fax 0251 - 83 48 27

Int. Alfred Döblin-Gesellschaft e. V.
c/o Dr. Gabriele Sander
Vogelsaue 63
42115 Wuppertal
Tel. 0202 - 31 32 45
Fax 0202 - 31 32 45
gabriele.sander@t-online.de
www.alfred-doeblin.de

Heimito-von-Doderer-Gesellschaft e. V.
c/o Literarisches Colloquium Berlin
Am Sandwerder 5
14109 Berlin
Tel. 030 - 85 96 42 00
Fax 030 - 85 96 42 00
vhvdg@doderer-gesellsschaft.org
www.doderer-gesellschaft.org

Deutsche Dostojewskij-Gesellschaft e.V.
c/o Maike Schult
Rehbergstr. 27
24986 Satrup
Tel. 04633 - 84 49
maike.schult@hansenet.de
www.dostojewskij-gesellschaft.de

Annette-von-Droste-Gesellschaft e.V.
Droste-Museum
Am Rüschhaus 81
48161 Münster
Tel. 02533 - 31 09
Fax 02533 - 31 09
info@droste-gesellschaft.de
www.droste-gesellschaft.de

Erster Deutscher Fantasy Club e.V.
Postfach 13 71
94003 Passau

Tel. 0851 - 581 37
Fax 0851 - 581 38
edfc@edfc.de
www.edfc.de

Eichendorff-Gesellschaft e.V.
Bahnhofstr. 71
40883 Ratingen-Hösel
Tel. 02102 - 965 211
Fax 02102 - 956 240
ursula.regener@sprachlit.uni-regensburg.de
www.eichendorff-gesellschaft.de

Carl-Einstein-Gesellschaft/ Societé-Carl-Einstein
Prof. Dr. Klaus H. Kiefer
Ludwig-Maximilians-Universität München
Didaktik der deutschen Sprache und Literatur
Schellingstr. 3
80799 München
Tel. 089 - 52 31 43 96
Fax 089 - 52 31 43 96
Klaus.Kiefer@germanistik.uni-muenchen.de
www.carleinstein.de

Paul-Ernst-Gesellschaft e.V.
Zeppelinstr. 10
89075 Ulm
www.paul-ernst.net

Wolfram von Eschenbach-Gesellschaft e.V.
Prof. Dr. Wolfgang Haubrichs
Wilhelmstr. 50
72074 Tübingen
Tel. 07071 - 7 29 55 / 2 97 84 42 (
Fax 07071 - 29 51 68
klaus.ridder@uni-tuebingen.de

Till-Eulenspiegel-Museum
Charlotte Papendorf
Nordstr. 4a
38170 Schöppenstedt
Tel. 053 32 - 61 58
Fax 053 32 - 93 81 01
info@eulenspiegel-online.de
www.eulenspiegel-online.de

Europäische Märchengesellschaft e.V.
Schloß Bentlage
Postfach 13 22
48403 Rheine
Tel. 05971 - 91 84 20
Fax 05971 - 91 84 29
info@maerchen-emg.de
www.maerchen-emg.de

Hans-Fallada-Gesellschaft e.V.
OT Carwitz
Ortsteil Carwitz
Zum Bohnenwerder 2
17258 Feldberger Seenlandschaft
Tel. 039831 - 203 59
Fax 039831 - 203 59
hfg@fallada.de
www.fallada.de

Hans-Fallada-Verein-Greifswald e.V.
Stadtbibliothek Hans Fallada
Knopfstr. 18-20
17489 Greifswald
Tel. 03834 - 86 34 34

Faust-Museum und Faust-Archiv
Kirchplatz 2
75438 Knittlingen
Tel. 07043 - 95 16 10 /3 73 70
Fax 07043 - 95 16 11
faustmuseum@knittlingen.de
www.knittlingen.de

Internationale Faust-Gesellschaft
Klarastr. 6
74072 Heilbronn
Tel. 07043 - 3 73 70
info@faust-international.de
www.faust-international.org

Fehrs-Gilde e.V.
Verein zur Förderung des Niederdeutschen
Gerhart-Hauptmann-Weg 17
21509 Glinde
Tel. 040 - 710 42 95
Fax 040 - 710 42 95
info@fehrs-gilde.de
www.fehrs-gilde.de

Franz-Michael-Felder-Verein
Vorarlbergische Literarische Gesellschaft
Kirchstr. 28
A-6900 Bregenz
Österreich
Tel. 0043 - 05574 - 51 14 40 51
Fax 0043 - 05574 - 51 14 50 95
info@felderverein.at
www.felderverein.at

Marieluise-Fleißer-Gesellschaft e.V.
Prof. Friedrich Kraft
Kupferstr. 18
85049 Ingolstadt
Tel. 0841 - 9 71 12 51
Fax 0841 - 3 79 62 19
vorstand@fleisser.de
www.fleisser.com

Förderkreis Freie Literaturges. Leipzig e. V.
Haus des Buches
Gerichtsweg 28
04103 Leipzig
Tel. 0341 - 995 41 72
Fax 0341 - 995 41 72
ffl-leipzig@web.de
www.literatur-leipzig.de

Förderkreis Phantastik in Wetzlar e.V.
c/o Phantastische Bibliothek
Friedrich-Ebert-Platz 3
35573 Wetzlar
Tel. 06441 - 997 92
Fax 06441 - 997 94
phbiblwz@wetzlar.de
www.wetzlar.de/phbiblwz

Theodor Fontane-Gesellschaft e.V.
Am Alten Gymnasium 1
16816 Neuruppin
Tel. 03391 - 65 27 72
Fax 03391 - 65 27 72
fontane-gesellschaft@t-online.de
www.fontane-gesellschaft.de

Forum Allmende
Manfred Bosch
Dinkelbergstr.2 b
79540 Lörrach
manfred.bosch@gmx.com
www.allmende-forum.net

Forum Vormärz Forschung e.V.
Oberntorwall 21
33602 Bielefeld
Tel. 0521 - 17 28 12
Fax 0521 - 17 28 12
info@vormaerz.de
www.vormaerz.de

Fouqué-Gesellschaft Berlin-Brandenburg e.V.
c/o Dr. Ulrich Schuch
M1, 6
68161 Mannheim
Tel. 0621 - 260 79
Fax 0621 - 260 79
schuch@fouque-gesellschaft.de
www.fouque-gesellschaft.de

Leonhard-Frank-Gesellschaft
c/o Christiane Koch
Breslauer Str. 29 10
97082 Würzburg
Fax 0931 - 784 14 07
www.leonhard-frank-gesellschaft.de

Freudenthal-Gesellschaft e.V.
Rathaus
Poststr. 12
29614 Soltau
Tel. 05191 - 822 05
Fax 05191 - 821 81
info@freudenthal-gesellschaft.de
www.freudenthal-gesellschaft.de

Gustav Freytag-Gesellschaft e.V.
c/o Dr. Helmut Beifuss
Kirchenweg 1
69168 Wiesloch
Fax 06222 - 620 54
hkhhbeifuss@aol.com

Freundeskreis Franz Fühmann
Frau Irmgard Pöche
Breite Str. 27
15478 Märkisch Buchholz
Tel. 033765 - 80777
paul.alfred.kleinert@web.de
Internet: www.franz-fuehmann.de

Deutsche Ganghofer-Gesellschaft e.V.
Königsberger Str. 10
87600 Kaufbeuren/Allgäu
Tel. 08341 - 180 33 oder 947 65
Fax 08341 - 740 42
Ilgenfritz-Kaufbeuren@t-online.de

Gellert-Museum
Angelika Fischer
Oederaner Str. 10
09661 Hainichen
Tel. 037207 - 24 98
Fax 037207 - 65450
info@gellert-museum.de
www.gellert-museum.de

Stefan-George-Gesellschaft e.V.
c/o Gisela Eidemüller
In den Rödern 46
64297 Darmstadt

Tel. 06151 - 59 25 03
www.stefan-george-gesellschaft.de

Friedrich Gerstäcker-Gesellschaft e.V.
c/o Thomas Ostwald
Am Uhlenbusch 17
38108 Braunschweig
Tel. 0531 - 35 01 89
Fax 0531 - 35 29 66
t.ostwald@t-online.de
www.Gerstaecker-Museum.de

Das Gleimhaus
Literaturmuseum zur Aufklärung
Dr. Ute Pott
Domplatz 31
38820 Halberstadt
Tel. 03941 - 687 10
Fax 03941 - 68 71 40
gleimhaus@halberstadt.de
www.gleimhaus.de

Freies Deutsches Hochstift
Frankfurter Goethe-Museum
Großer Hirschgraben 23-25
60311 Frankfurt
Tel. 069 - 138 80-0 / -259
Fax 069 - 138 80-222
info@goethehaus-frankfurt.de
www.goethehaus-frankfurt.de

Goethe-Gesellschaft in Weimar e. V.
Burgplatz 4
99423 Weimar
Tel. 03643 - 20 20 50
Fax 03643 - 20 20 61
goetheges@aol.com
www.goethe-gesellschaft.org

Göttinger Literarische Gesellschaft e.V.
Helmut W. Brinks
Zur Scharfmühle 10
37083 Göttingen
Tel. 0551 - 79 89 770
Fax 0551 - 79 89 770
goelitges@web.de
www.goelitges.de und www.poeten-park.de

Grabbe-Gesellschaft e.V.
Grabbe-Haus
Bruchstr. 27
32756 Detmold
Tel. 05231 - 244 00
Fax 05231 - 616 60 32
grabbe-gesellschaft@t-online.de
www.grabbe.de

Oskar Maria Graf-Gesellschaft München e.V.
Literaturhaus München
Salvatorplatz 1
80333 München
Tel. 08152 - 702 18
Fax 08152 - 98 88 13
info@oskarmariagraf.de
www.oskarmariagraf.de

Grillparzer-Gesellschaft
Ass. Prof. Mag. Dr. Robert Pichl; Prof. Hubert Reitterer
Gumpendorfer Str. 15, Stiege 1, Tür 13
A-1060 Wien
Tel. 0043- (1) - 5 86 10 90
johann.huettner@univie.ac.at
www.grillparzer.at/gesellschaft/index.html

Brüder Grimm-Gesellschaft e.V.
Brüder Grimm-Platz 4 A
34117 Kassel
Tel. 0561 - 10 32 35
Fax 0561 - 71 32 99
grimm-museum@t-online.de
www.grimm-museum.de

Johann Jakob Christoph von Grimmelshausen
Gesellschaft e.V.
RWTH Aachen
Germanistisches Institut
Templergraben 55
52056 Aachen
Tel. 0241 - 80 96082 o. 15 44 81
Fax 0241 - 88 88 158
d.breuer@germanistik.rwth-aachen.de
oder hj.mueller@oberkirch.de
www.grimmelshausen.org

Georg Groddeck-Gesellschaft e.V.
Postfach 180294
60083 Frankfurt
Tel. 069 - 59 95 85
Fax 069 - 95 52 95 16
GroddeckGesellschaft@t-online.de

Klaus Groth-Gesellschaft e.V.
c/o Heiner Egge
Östermoor 1
25779 Hennstedt
Tel. 04836 - 861 389
Fax 04836 - 995 714

Int. Andreas Gryphius-Gesellschaft e.V.
c/o Dr. Thomas Borgstedt
Inst. für dt. Sprache & Literatur II
Johann Wolfgang Goethe-Universität
Grünburgplatz 1
60323 Frankfurt / M.
Tel. 06109 - 219 85
Fax 06109 - 219 54
info@gryphius.net
www.gryphius.net

Gesellschaft für zeitgenössische Lyrik
c/o Stadtbibliothek Leipzig
Wilhelm-Leuschner-Platz 10/11
04107 Leipzig
Tel. 0341 - 12 35 391
Fax 0341 - 12 353 05
gzl-ll@web.de
www.lyrikgesellschaft.de

Göttinger Literarische Gesellschaft
Helmut W. Brinks
Zur Scharfmühle 10
37083 Göttingen
Tel. 0551 - 7 98 97 70
Fax 0551 - 7 98 97 70
goelitges@web.de
www.literarischegesellschaft.de

Walter-Hasenclever-Gesellschaft e.V.
Prof. Dr. Jürgen Egyptien
Templergraben 55
52056 Aachen
Tel. 0241 - 8 09 60 70
Fax 0241 - 8 09 21 58
post@walter-hasenclever-gesell-schaft.de
www.walter-hasenclever-gesellschaft.de

Gerhart Hauptmann-Gesellschaft e.V.
Dr. Christian Büttrich
Friedrichsruher Straße 14a
12169 Berlin
Tel. 030 - 7959844
christian@buettrich.de
www.GHM-Erkner.de

Gerhart-Hauptmann-Museum
Stefan Rohlfs
Gerhart-Hauptmann-Str. 1-2
15537 Erkner
Tel. 03362 - 36 63
Fax 03362 - 7 00 01 41
info.erkner@gerhart-hauptmann.org
www.gerhart-hauptmann.org

Hebbel-Gesellschaft e.V.
Dr. Hargen Thomsen Sekretär -
Österstr. 6
25764 Wesselburen
Tel. 04833 - 41 90
Fax 04833 - 41 91
hebbel-gesellschaft@t-online.de
www.hebbel-museum.de

Heinrich Heine-Gesellschaft e. V.
Prof. Dr. Joseph A. Kruse
Bilkerstrasse 14
40213 Düsseldorf
Tel. 0211 - 8 99 60 09 / 8 99 29 01
Fax 0211 - 8 92 93 14
hhi-hhg@t-online.de
www.heinrich-heine-gesellschaft.de

Heinrich-Heine-Institut
Bilker Str. 12-14
40213 Düsseldorf
Tel. 0211 - 8 99 29 02
Fax 0211 - 8 92 90 44
heineinstitut@stadt.duesseldorf.de
www.duesseldorf.de/heineinstitut/

Internationale Herder Gesellschaft
Postfach 15 11 50
66041 Saarbrücken
Tel. 0681 - 3 02 45 11
Fax 0681 - 3 02 43 71
g.sauder@mx.uni-saarland.de
http//german.ucdavis.edu/herderso-
ciety

Hermann Hesse-Höri-Museum
Dr. Ute Hübner
Kapellenstr. 8
78343 Gaienhofen/Bodensee
Tel. 07735 - 8 18 37
Fax 07735 - 8 18 32
info@hermann-hesse-hoeri-museum.
de
www.hermann-hesse-hoeri-museum.
de

Hermann-Hesse-Museum Calw
Paul Rathgeber
Marktplatz 30
75365 Calw
Tel. 07051 - 16 72 60
Fax 07051 - 93 08 35
www.calw.de

Peter Hille-Gesellschaft e.V.
Dr. Michael Kienecker
Auf der Natte 15
33106 Paderborn
Tel. 05252 - 31 05 45
vorstand@peter-hille-gesellschaft.de
www.peter-hille-gesellschaft.de

Kurt Hiller Gesellschaft
Till Böttger
Kleiststr. 11
04157 Leipzig
Tel. 0341 - 9 73 36 58
logokrat@t-online.de
www.hiller-gesellschaft.de

Hoffmann-von-Fallersleben-Gesellschaft e.V.
Dr. Kurt Schuster
Schloßplatz 6
38442 Wolfsburg-Fallersleben
Tel. 05362 - 5 26 23
kontakt@hoffmann-von-fallersleben-gesellschaft.de
www.hoffmann-von-fallersleben-gesellschaft.de

Hoffmann-von-Fallersleben-Museum
Monika Kiekenap-Wilhelm, M.A.
Schlossplatz 6
38442 Wolfsburg
Tel. 05362 - 5 26 23
Fax 05362 - 66 59 81
hoffmann-museum@stadt.wolfsburg.de
www.wolfsburg.de

E.T.A. Hoffmann-Gesellschaft e.V.
Prof. Dr. Bernhard Schemmel
Domplatz 8
96049 Bamberg
Tel. 0951 - 95 50 30
Fax 0951 - 95 50 31 45
info@etagh.de
www.etahg.de

Hugo von Hofmannsthal-Gesellschaft e.V.
Prof. Dr. Heinz Rölleke,
Großer Hirschgraben 23-25
60318 Frankfurt
Tel. 069 - 13 88 02 40
Fax 069 - 13 88 02 22
hofmannsthal-gesellschaft@web.de
www.hofmannsthal.de

Ödön-von-Horváth-Gesellschaft
Gabi Rudnicki
An der Tränk 2
82418 Murnau
Tel. 08841 - 4 70 62
Fax 08841 - 4 78 35
info@Horvath-Gesellschaft.de
www.horvath-gesellschaft.de

Peter-Huchel-Gedenkstätte
Prof. Dr. Hans Dieter Zimmermann
Hubertusweg 41
14552 Wilhelmshorst
Tel. 033205 - 6 29 63
Fax 033205 - 6 29 65
peter.huchel.haus@gmx.de
www.peter-huchel-haus.de

Fritz Hüser-Gesellschaft e. V.
Ernst Söder
Ostwall 64
44122 Dortmund
Tel. 0231 - 77 04 92
Fax 0231 - 77 04 92
zaib@fritz-hueser-gesellschaft.de
www.fritz-hueser-gesellschaft.de

Hölderlin-Gesellschaft e. V.
Bursagasse 6
72070 Tübingen
Tel. 07071 - 2 20 40
Fax 07071 -2 29 48
info@hoelderlin-gesellschaft.de
www.hoelderlin-gesellschaft.de

Immermann-Gesellschaft
Prof. Dr. Peter Hasubek
Thiemstr. 7
39104 Magdeburg
Tel. 0391 - 4 04 49 95
Fax 0391 - 4 04 49 95
hasubek@immermann.de
www.immermann.de

Inklings-Gesellschaft für Literatur und Ästhetik e.V.
Ringofenweg 6
47877 Willich
Tel. 02154 - 88 83 77
Fax 02154 - 88 83 75
inklings@gmx.de
www.inklings-gesellschaft.de / www.uni-leipzig.de/-angl/inkl

Jean Paul-Gesellschaft e.V.
Richard-Wagner-Str. 48
95444 Bayreuth
Tel. 0921 - 75 72 80
Fax 0921 - 7 57 28 22
friedrich@wagnermuseum.de
www.uni-wuerzburg.de/germanistik/neujean-paul/

Literaturverein Georg Kaiser e.V.
Walspromenade 1
15537 Grünheide
Tel. 03362 - 88 36 83
stephaniepietsch@web.de

Justinus-Kerner-Verein und Frauenverein Weinsberg
Emil Englert
Siebenbürgenstraße 11
74189 Weinsberg
Tel. 07134 - 90 05 56
Emil.englert@t-online.de
www. kernerverein.weinsberg.de

Klassik Stiftung Weimar
Frauentorstr. 4
99423 Weimar
Tel. 03643 - 54 54 01
Fax 03643 - 41 98 16
info@ klassik-stiftung.de

Heinrich von Kleist-Gesellschaft e.V.
Albertus-Magnus-Platz
50931 Köln
Tel. 0221 - 4 70 52 23 /4 70 41 68
Fax 0221 - 4 70 51 07
guenter.blamberger@uni-koeln.de
www.uni-koeln.de/kleist/

Kleist-Museum Frankfurt/Oder
Faberstr. 7
15230 Frankfurt

Tel. 0335 - 53 11 55
Fax 0335 - 5 00 49 45
kleist-museum@t-online.de
www.kleist-museum.de

Knorr-von-Rosenroth-Gesellschaft
Spitalgasse 21
92237 Sulzbach-Rosenberg
Tel. 09661 - 51 01 55
info@knorr-von-rosenroth.de
www.knorr-von-rosenroth.de

Christine Koch Gesellschaft e. V.
Dieter Wiethoff
Postfach 1140
57376 Schmallenberg
Tel. 02972 - 98 02 01
Fax 02972 - 98 04 80
bernhard.halbe@schmallenberg.de

Literaturzentrum Vorpommern / Koeppenhausn des Trägervereins
Sascha Fricke
Bahnhofstr. 4
17489 Greifswald
Tel. 03834 - 77 35 10
Fax 03834 - 77 35 09
info@koeppenhaus.de
www.koeppenhaus.de

Erich Kästner-Gesellschaft e.V.
Prof. Dr. Bernhard Meier
Schloß Blutenburg
81247 München
Tel. 089 - 89 12 11 41
Fax 089 - 811 75 53
andreasbode@ijb.de

Erich-Kästner-Museum Dresden
Antonstr. 1
01097 Dresden
Tel. 0351 - 8 04 50 86
Fax 0351 - 8 04 50 87
info@erich-kaestner-museum.de
www.erich-kaestner-museum.de

Friedo Lampe-Gesellschaft e.V.
Dr. Johann-Günther König
Goetheplatz 4
28203 Bremen
Tel. 0421 - 32 79 43 /3 36 55 93
Fax 0421 - 3 36 56 21
bremer.literaturkontor@t-online.de
www.bremer-literaturkontor.de

Elisabeth Langgässer-Gesellschaft e.V.
Karlheinz Müller
Kantstr. 33
64347 Griesheim
Tel. 06155 - 642 71

Else Lasker-Schüler-Gesellschaft e.V.
Hajo Jahn
Herzogstr. 42
42103 Wuppertal
Tel. 0202 - 30 51 98
Fax 0202 - 7 47 54 33
vorstand@else-lasker-schueler-gesellschaft.de
www.else-lasker-schueler-gesellschaft.de

Literarisches Colloquium Berlin e.V.
Dr. Ingo Fessmann
Am Sandwerder 5
14109 Berlin

Tel. 030 - 81 69 96 0
Fax 030 - 81 69 96 19
mail@lcb.de
www.lcb.de

Gertrud-von-le-Fort-Gesellschaft e.V.
Kempener Allee 9
47803 Krefeld
Fax 02151 - 51 20 76
info@gertrud-von-le-fort.de
www.gertrud-von-le-fort.de

Förderkreis Freie Literaturges. Leipzig e. V.
Steffen Mohr
Gerichtsweg 28
04103 Leipzig
Tel. 0341 - 995 41 72
Fax 0341 - 995 41 72
ffl-leipzig@web.de
www.literatur-leipzig.de

Deutsche Leopardi-Gesellschaft e.V.
Habelschwerdter Allee 45
14195 Berlin
Tel. 030 - 83 85 21 91/83 85 47 66
Fax 030 - 8 38 22 35
seneu@zedat.fu-berlin.de
http//userpage.fu-berlin.de/~seneu/ginestra.html

Int. Alexander Lernet-Holenia Gesellschaft
Herrengasse 5
A-1010 Wien
Tel. 0043-1 - 5 33 81 59/5 33 08 64
Fax 0043-1 - 5 33 40 67
office@ogl.at
www.lernet-holenia.com

Lessing Museum Kamenz
Lessingplatz 1-3
01917 Kamenz
Tel. 03578 - 3 80 50
Fax 03578 - 38 05 25
kontakt@lessingmuseum.de
www.lessingmuseum.de

Lessing-Akademie e.V. Wolfenbüttel
stellv. Vorsitzende Urte von Berg
Schlossplatz 2
38304 Wolfenbüttel
Tel. 05331 - 80 82 27
Fax 05331 - 80 82 48
lessing-akademie@hab.de
www.lessing-akademie.de

Literarische Gesellschaft Thüringen e. V.
1. Thomas Spaniel
Lisztstr. 2 a
99423 Weimar
Tel. 03643 - 77 66 99
Fax 03643 - 77 68 66
literarische-gesellschaft@t-online.de
www.literarische-gesellschaft-thueringen.de

Lichtenberg-Gesellschaft e.V.
Prof. Alfred Nordmann
Gartenstr. 1
37073 Göttingen
Tel. 0551 - 4 88 65 42
Fax 0551 - 4 88 65 42
huebner48@gmx.de; info@lichtenberg-gesellschaft.de
www.lichtenberg-gesellschaft.de

Literaturarchiv Sulzbach-Rosenberg e.V.
Dr. Friedrich Geißelmann
Rosenberger Str. 9
92237 Sulzbach-Rosenberg
Tel. 09661 - 26 59 / 81 01 14
info@literaturarchiv.de
/www.literaturarchiv.de

Literaturbrücke Berlin e.V.
Literaturwerkstatt Berlin
Dr. Thomas Sparr
Knaackstraße 97 Kulturbrauerei -
10435 Berlin
Tel. 030 - 48 52 45 0
Fax 030 - 48 52 45 30
mail@literaturwerkstatt.org
www.literaturwerkstatt.org

Literaturhaus Magdeburg
Thiemstr. 7
39104 Magdeburg
Tel. 0391 - 4 04 49 95
Fax 0391 - 4 04 49 95
literaturhaus-md@kukma.net
www.literaturhaus.de.md

Literaturzentrum Neubrandenburg e.V.
Dr. Joachim Lübbert
Gartenstr. 6
17033 Neubrandenburg
Tel. 0395 - 5 71 91 80 / 5 71 91 83
Fax 0395 - 5 71 91 88
info@literaturzentrum-nb.de
www.literaturzentrum-nb.de

Roger-Loewig-Gesellschaft
Ulrike Kuschel
Dielmannstr. 54
63069 Offenbach
Tel. 069 - 84 51 51
gesellschaft@roger-loewig.de
www.roger-loewig.de

Literarischer Gesprächskreis Ludwigsburg e.V.
Inge Dillenburger Freifrau von Groll
Haeslenweg 17
71642 Ludwigsburg
Tel. 07141 - 55 888
Fax 07141 - 25 70 49
id-literatur@web.de

Internationale-Georg-Lukács-Gesellschaft e.V
Prof. Frank Benseler
Pohlweg 55
33098 Paderborn
Fax 02066 - 50 18 61 priv.
w.jung@uni-duisburg.de
www.lukacs-gesellschaft.de

Literarische Gesellschaft Lüneburg e.V.
Renate Seemann
Postfach 25 40
21335 Lüneburg
Tel. 04131 - 30 96 87 Literabüro -
Fax 04131 -85 99

Lyrik Kabinett e.V.
Amalienstr. 83 / Rückgebäude
80799 München
Tel. 089 - 34 62 99
Fax 089 - 34 53 95

Lyrik-Kabinett@t-online.de
www.lyrik-kabinett.de

Literarische Gesellschaft Magdeburg e.V.
Wolfgang Mitschke
Thiemstr. 7
39104 Magdeburg
Tel. 0391 - 4 04 49 95
Fax 0391 - 4 04 49 95

Buddenbrookhaus
Direktor Prof. Dr. Hans Wißkirchen
Mengstr. 4
23552 Lübeck
Tel. 01805 - 92 92 00
Fax 0451 - 1 22 41 40
info@buddenbrookhaus.de
www.buddenbrookhaus.de

Heinrich Mann-Gesellschaft e.V.
Mengstr. 4
23552 Lübeck
Tel. 0451 - 1 22 41 42
Fax 0451 - 1 22 41 40
hmg@buddenbrookhaus.de
www.buddenbrookhaus.de

Deutsche Thomas Mann-Gesellschaft e.V.
Mengstr. 4
23552 Lübeck
Tel. 0451 - 1 22 42 42
Fax 0451 - 1 22 41 40
tmg@buddenbrookhaus.de
www.buddenbrookhaus.de

Marburger Literaturforum e.V.
Dr. Jan Süselbeck
Wilhelm-Röpke-Str. 6 a
35039 Marburg
Tel. 06421 - 2 82 49 37
Fax 06421 - 16 30 53
sueselbj@staff.uni-marburg.de
www.literaturforum-marburg.de

Karl-May-Museum GmbH Radebeul
Karl-May-Str. 5
01445 Radebeul
Tel. 0351 - 8 37 30 10
Fax 0351 - 8 37 30 55
info@karl-may-museum.de
www.karl-may-museum.de

Mecklenburgische Literaturgesellschaft e.V.
Prof. Dr. Carsten Gansel
2. Ringstraße
17033 Neubrandenburg
Tel. 0395 - 5 44 16 71
Fax 0395 - 5 44 16 85
pegasus-mlg@gmx.de
www.mlg.de

Ernst-Meister-Gesellschaft e.V.
PD Dr. Reinhard Kiefer
Postfach 10 01 44
52001 Aachen
Tel. 0241 - 91 21 92
Fax 0241 - 91 21 91

Agnes Miegel-Gesellschaft e. V.
Dr. Marianne Kopp
Agnes-Miegel-Platz 3
31542 Bad Nenndorf
Tel. 05723 - 91 73 17

info@agnes-miegel-gesellschaft.de
www.Agnes-Miegel-Gesellschaft.de

Monacensia. Literaturarchiv und Bibliothek
Leitung Dr. Elisabeth Tworek
Maria-Theresia-Straße 23
81675 München
Tel. 089 - 4 19 472 0
stb.monacensia.kult@muenchen.de
www.muenchen.de/monacensia

Mori-Ogai-Gedenkstätte
Luisenstr. 39
10117 Berlin
Tel. 030 - 2 82 60 97
Fax 030 - 2 81 50 68
beate.wonde@rz.hu-berlin.de
www2.rz.hu-berlin.de/japanologie/index.html

Museum für Westfälische Literatur
Dr. Walter Gödden Leiter d. Museums -
Landrat-Preideck-Allee 1
59302 Oelde
Tel. 02529 - 94 94 57
Fax 02529 - 94 94 58
info@kulturgut-nottbeck.de
www.kulturgut-nottbeck.de

Int. Robert Musil-Gesellschaft e.V.
Postfach 15 11 50
66041 Saarbrücken
Tel. 0681 - 3 02 33 34
Fax 0681 - 3 02 30 34
info@i-r-m-g.de
www.i-r-m-g.de

Erich-Mühsam-Gesellschaft e.V.
Sabine Kruse
Charlottenstr. 23
23560 Lübeck
Tel. 0451 - 1 22 41 92
Fax 0451 - 1 22 41 40
kruse-sabine@gmx.de, emg@snafu.de
www.erich-muehsam.de/ www.buddenbrookhaus.de

Internationale Heiner Müller Gesellschaft
B. K. Tragelehn
Villa Le Guadelupe
56048 Volterra
Tel. 0039-0 - 588 - 8 65 41
Fax 0039-0 - 588 - 8 65 41
kontakt@heinermueller.de
www.heinermueller.de

Bad Kreuznacher Freundeskreis Maler Müller e.V.
Claudia Frey M. A.
Hölderlinstr.12
55543 Bad Kreuznach
Tel. 06721 - 4 88 10
Fax 06721 - 4 88 10
claudia134frey@web.de

Int. Wilhelm-Müller-Gesellschaft e.V.
Jürgen König
Knaackstraße 97 Kulturbrauerei -
10435 Berlin
Tel. 030 - 4 85 24 50
Fax 030 - 48 52 45 30
www.wilhelm-mueller-gesellschaft.de
info@wilhelm-mueller-gesellschaft.de

Literaturverein Münster e.V.
Hermann Wallmann
Stolbergstr.17
48147 Münster
Tel. 0251 - 5 15 01
Fax 0251 - 8 32 83 51
agrewe@uos.de

Europäische Märchengesellschaft e.V.
Bentlager Weg 130
48432 Rheine
Tel. 05971 - 91 84 20
Fax 05971 - 91 84 29
info@maerchen-emg.de
www.maerchen-emg.de

Mörike-Gesellschaft e.V.
Werner Spec
Im Bornrain 14
71696 Möglingen
Tel. 07141 - 2 99 31 44
info@moerike-gesellschaft.de
www.moerike-gesellschaft.de

Int. Nestroy-Gesellschaft e.V.
Univ.-Prof. Dr. Jürgen Hein Vizepräsident -
Gentzgasse 10/3/2
A-1180 Wien
Tel. 0043-1 - 4 70 70 67
Fax 0043-1 - 4 70 70 67
nestroy.gesellschaft@vienna.at
www.nestroy.at

Neue Gesellschaft für Literatur Erlangen e.V.
Gerd Berghofer
Saazer Straße 4
91166 Georgensgmünd
Tel. 09172 - 66 95 52
Fax 09172 - 66 95 53
kontakt@ngl-erlangen.de
www.ngl-erlangen.de

Neue literarische Gesellschaft Marburg e.V.
Ludwig Legge
Sauersgäßchen 1
35037 Marburg
Tel. 06421 - 648 22
Fax 06421 - 648 22
ludwig.legge@web.de
www.literatur-um-11.de

Nibelungenlied-Gesellschaft e. V.
Volker Gallé
Am Neumarkt 14
67547 Worms
Tel. 06241 - 2 50 45
Fax 06241 - 2 63 28
info@nibelungenlied-gesellschaft.de
www.nibelungenlied-gesellschaft.de

Int. Novalis-Gesellschaft e.V.
Prof. Dr. Hans-Joachim Mähl
Schäfergasse 6
06333 Wiederstedt
Tel. 03476 - 85 27 20
Fax 03476 - 85 27 27
schloss-oberwiederstedt@t-online.de
www.novalis-gesellschaft.de

Literaturkreis Novalis e.V.
Eleonore Sent
Klosterstr. 24
06667 Weißenfels
Tel. 03443 - 23 45 31

Fax 03443 - 23 45 31
e.sent@t-online.de
www.novalis.autorenverzeichnis.de

Heinrich-Albert-Oppermann-Gesellschaft zu Nienburg e.V.
Neue Straße 6
31582 Nienburg
Tel. 05021 - 6 22 23
suindeboutemard@gmx.de
www.oppermann-gesellschaft.de

Ernst-Ortlepp-Gesellschaft e.V.
Schulstr. 4
06712 Zeitz
Tel. 03441 - 22 13 77
rittig@ernst-ortlepp.de
www.ernst-ortlepp.de

Oswald von Wolkenstein-Gesellschaft e.V.
Prof. Dr. Ulrich Müller
Myliusstr. 25
60323 Frankfurt
Tel. 069 - 72 66 61
Fax 069 - 17 44 16
Wolkenstein.Gesellschaft@t-online.de
www.sbg.ac.at/ger/wolken.htm

Pegnesischer Blumenorden e.V.
Prof. Dr. Werner Kügel
Lenbachstr. 5
90489 Nürnberg
Tel. 0911 - 53 63 96
werner.kuegel@mac.com
www.blumenorden.de

Pirckheimer-Gesellschaft e.V.
Wolfgang Kaiser
Postfach 64 0 114
10047 Berlin
Tel. 030 - 8 12 29 72
Fax 030 - 8 12 29 72
pirckheimer@nanoweb.de
www.pirckheimer.de

Willibald Pirckheimer-Gesellschaft
2. Vors. Prof. Dr. Stephan Füssel
Am Hubland
97074 Würzburg
Tel. 0931 - 8 88 55 20 / 55 21
Fax 0931 - 8 88 46 17
franz.fuchs@mail.uni-wuerzburg.de
www.pirckheimer-gesellschaft.de

Franz Graf von Pocci Gesellschaft e.V.
Dr. Michael Köhle
Hartlweg 17
82541 Münsing am Starnberger Se
Tel. 08177 - 84 24
info@franzgrafpocci-gesellschaft.de
www.franzgrafpocci-gesellschaft.de

Marcel Proust Gesellschaft e.V.
Brahmsstr. 17
50935 Köln
Tel. 0221 - 43 66 38
Fax 0221 - 4 30 10 92
info@dmpg.de
www.dmpg.de

Deutsche Puschkin-Gesellschaft e.V.
Dr. Klaus Harer, Prof. Dr. Dr. h. c. Rolf-Dietrich Keil
Schützenstr. 4
12165 Berlin

Tel. 030 - 79 78 83 49
Fax 030 - 79 78 83 49
info@puschkin-online.de
www.puschkin-online.de

Quickborn - Vereinigung
Dirk Römmer
Am Langberg 51
20099 Hamburg
Tel. 040 - 24 08 09
Fax 040 - 24 08 09
quickbornev@aol.com
www.quickborn-ev.de

Raabe-Gesellschaft e.V.
Burgplatz 1
38100 Braunschweig
Tel. 0531 - 12 15 26 29
Fax 0531 - 12 15 26 07

Raabe-HausLiteraturzentrum Braunschweig
Leonhardstraße 29 a
38100 Braunschweig
Tel. 0531 - 4 70 48 41
Fax 0531 - 4 70 48 44
raabe-haus@braunschweig.de
www.literaturzentrum-braunschweig.de

Raimundgesellschaft
Gottfried Riedl
Sommergasse 9
2191 Schrick
Tel. 0043 - 257 42 83 18
Fax 0043 - 432 57 42 83 18
g.riedl@gmx.net
www.ferdinandraimund.at

Brigitte-Reimann-Gesellschaft
Gartenstraße 6
17033 Neubrandenburg
Tel. 0395 - 5 71 91 80
Fax 0395 - 5 71 91 88
www.literaturzentrum-nb.de
bircken@rz.uni-potsdam.de

Erich Maria Remarque-Gesellschaft e.V.
Prof. Dr. Tilman Westphalen
Markt 6
49074 Osnabrück
Tel. 0541 - 969 48 00
Fax 0541 - 969 24 31
hans rolfes@yahoo.de
www.remarque.uos.de

Fritz Reuter-Gesellschaft e.V.
Neutorstraße
17033 Neubrandenburg
Tel. 0395 - 5 44 27 53
Fax 0395 - 5 44 27 53
frg@freenet.de

Fritz-Reuter-Literaturmuseum
Markt 1
17153 Stavenhagen
Tel. 039954 - 2 10 72
Fax 039954 - 27 98 34
nenz.literaturmuseum@stavenhagen.de
www.fritz-reuter-literaturmuseum.de

Rilke-Gesellschaft e.V.
Postfach 385
CH-3960 Sierre
Tel. 0041-27 - 4 55 16 03 / 4 56 26
Fax 0041-27 - 4 55 49 08 / 4 56 26

ru.luck@gmx.ch

Rückert-Gesellschaft e.V.
Dr. Hans Wollschläger
Petersgasse 3, Schrotturm
97421 Schweinfurt
Tel. 09721 - 2 53 77
Fax 09721 - 73 01 75
rueckert-gesellschaft@t-online.de
www.rueckert-gesellschaft.de

Sartre-Gesellschaft e.V. - Société Sartre
Stillerzeile 11
12587 Berlin
Tel. 030 - 6 45 86 88
Fax 030 - 6 45 86 88
VvWroblewsky@compuserve.com
www.sartre-gesellschaft.de

Deutsche Schillergesellschaft e.V.
Schillerhöhe 8-10
71672 Marbach a.N.
Tel. 07144 - 84 80
Fax 07144 - 84 82 90
sekretariat@dla-marbach.de
www.dla-marbach.de

Gesellschaft der Arno-Schmidt-Leser e.V.
Dietmar Noering
Grabenstr. 33
54516 Wittlich
Tel. 06571 - 32 55
Fax 06571 - 26 41 59
Dietmar.Noering@gmx.de
www.GASL.org

Johann Gottfried Schnabel-Gesellschaft e.V.
Gerd Schubert, M.A.
Neustadt 12
06547 Stolberg/Harz
Tel. 030 - 7 97 12 25
Fax 030 - 75 65 00 64
kontakt@schnabel-gesellschaft.de
www.schnabel-gesellschaft.de

Schopenhauer-Gesellschaft e.V.
Bockenheimer Landstr. 134
60325 Frankfurt/M.
Tel. 069 - 21 23 90 08
c.heeg@stub.uni-frankfurt.de
www.schopenhauer-online.de

Rudolf-Alexander-Schröder-Stiftung
Am Wall 201
28195 Bremen
Tel. 0421 - 3 61 40 46
Fax 0421 - 3 61 69 03
sekretariat@stadtbibliothek.bremen.de
www.literaturhaus-bremen.de/site/literaturorte/uebersicht.ht

Charles-Sealsfield-Gesellschaft e.V.
Dr. Hellmut Bornemann
Geranienstr. 10a
82031 Grünwald
Tel. 09131 - 60 29 83

Anna-Seghers-Gesellschaft Berlin und Mainz e.V.
Dr. Ursula Elsner
Anna-Seghers-Str. 81
12489 Berlin
Tel. 030 - 677 47 25
Fax 030 - 677 47 25

elsner@ph-freiburg.de
www.anna-seghers.de

Deutsche Shakespeare Gesellschaft e.V.
Windischenstr. 4-6
99423 Weimar
Tel. 03643 - 90 40 76
Fax 03643 - 90 40 76
office@shakespeare-gesellschaft.de
www.shakespeare-gesellschaft.de

Friedrich-Spee-Gesellschaft Düsseldorf e.V.
Studiendirektor i. R. Hans Müskens
Suitbertus-Stiftsplatz 11
40489 Düsseldorf
Tel. 02102 - 84 82 80/98 28 04
Fax 02102 - 13 53 86
fam.mueskens@t-online.de

Friedrich-Spee-Gesellschaft Trier e.V.
Prof. Dr. Bernhard Schneider
Universitätsring 19
54296 Trier
Tel. 0651 - 2 01 35 34
Fax 0651 - 2 01 39 51
fsg@uni-trier.de
www.friedrich-spee.de

St. Ingberter Literaturforum ILF
Prof. Dr. Gerhard Sauder Sprecher -
Kaiserstr. 71
66386 St. Ingbert
Tel. 06894 - 92 27 15
Fax 06894 - 9 22 57 13

Theodor Storm-Gesellschaft e.V.
Wasserreihe 31-35
25813 Husum
Tel. 04841 - 8 03 86 30
Fax 04841 - 8 03 86 32
info@storm-gesellschaft.de
www.storm-gesellschaft.de

Thüringische Literarhistorische Gesellschaft Palmbaum e.V.
Dr. Detlef Ignasiak
Johannisstraße 26
07743 Jena
Tel. 03641 - 22 58 03
Fax 03641 - 61 90 05
quartus-verlag@t-online.de

Felix-Timmermans-Gesellschaft e.V.
Ingrid Wolters
Dr.-Verweyen-Straße 8
47551 Till-Moyland Bedburg-Hau
Tel. 02824 - 65 85
Fax 02824 - 65 85
info@felix-timmermans.de
www.Felix-Timmermans.de

Deutsche Tolkien-Gesellschaft
Marcel Bülles
Ehrenfeldgürtel 131
50823 Köln
Tel. 0221 - 595 58 58
Fax 0221 - 595 58 58
info@tolkiengesellschaft.de
www.tolkiengesellschaft.de

Ernst-Toller-Gesellschaft e.V.
Dr. Dieter Distl
Postfach 17 40
86622 Neuburg an der Donau

Tel. 08431 - 5 52 30
Fax 08431 - 5 52 42
Ernst-Toller@neusob.de
www.neusob.de/toller

Kurt Tucholsky Literaturmuseum
Schloss Rheinsberg
16831 Rheinsberg
Tel. 033931 - 3 90 07
Fax 033931 - 3 90 07
mail@tucholsky-museum.de
www.tucholsky-museum.de

Kurt Tucholsky-Gesellschaft e.V.
Dr. Wolfgang Helfritsch
Wilhelm-Guddorf-Str. 8
10365 Berlin
Tel. 030 - 5 53 46 16
Fax 030 - 5 53 46 16
info@tucholsky-gesellschaft.de
www.tucholsky-gesellschaft.de

Varnhagen-Gesellschaft e.V.
Dr. Nikolaus Gatter
Weißhausstr. 17
50939 Köln
Tel. 0221 - 42 54 30
Fax 02233 - 69 27 31
gesellschaft@varnhagen.info
www.varnhagen.info

Clara Viebig Gesellschaft e.V.
Gassenflur 7
54538 Hontheim
Tel. 02674 - 91 09 12
Fax 02674 - 91 09 13
eifelbuch@t-online.de
www.clara-viebig-gesellschaft.de

Lene-Voigt-Gesellschaft
Wolfgang Voigt
Coppistr. 53
04157 Leipzig
Tel. 0341 - 9 11 92 13 / 5 62 96 64
Fax 0341 - 9 11 92 13
info@lene-voigt-gesellschaft.de
www.lene-voigt-gesellschaft.de

Johann-Heinrich-Voß-Gesellschaft e.V.
Silke Gehring
Schlossplatz 4
23701 Eutin
Tel. 04521 - 70 12 28
Fax 04521 - 70 12 36
voss@bibliothek-eutin.de
www.voss-gesellschaft.de

Christian- Wagner-Gesellschaft e.V.
Dr. Karl Kollmann 1. Vors. -, Werner Thumm 2. Vors. -
Buchfinkenweg 6
71229 Leonberg
Tel. 07152 - 94 90 94
Fax 07152 - 94 90 95
karl.kollmann@t-online.de
www.cw-gesellschaft.de

Robert-Walser-Gesellschaft
Beethovenstr. 7
CH-8002 Zürich
Tel. 0041-1 - 2 02 59 03
Fax 0041-1 - 2 02 59 07
walser-gesellschaft@walser-archiv.ch
www.walser-archiv.ch

Friedrich-Wilhelm-Weber-Gesellschaft e.V.
Helmut Waldmann
Friedrich-Wilhelm-Weber-Str. 13
33039 Nieheim
Tel. 05274 - 9 89 30
Fax 05274 - 98 93 48
info@weberhaus-nieheim.de
www.weberhaus-nieheim.de

Frank Wedekind-Gesellschaft e.V.
Prof. Dr. Hartmut Vinçon
Haardtring 100
64295 Darmstadt
Tel. 06151 - 16 87 45
Fax 06151 - 16 88 98
wedekind@fh-darmstadt.de
www.dst.fh-darmstadt.de/~wedekind/

Int. Peter Weiss-Gesellschaft e.V.
Dr. Arnd Beise
Wilhelm-Röpke-Str. 6a
35032 Marburg/Lahn
Tel. 06421 - 2 82 43 02
Fax 06421 -16 39 09
info@peterweiss.org
www.peterweiss.org/www.peter-weiss-jahrbuch.de

Deutsche Gesellschaft zum Studium des Western e.V.
Dr. Peter Bischoff
Johannisstr. 12-20
48143 Münster
Tel. 0251 -8 32 45 95
Fax 0251 - 83 48 27
gasw_ms@yahoo.com
www.anglistik.uni-muenster.de/Western/GASW.html

Phantastische Bibliothek Wetzlar
Thomas Le Blanc
Turmstraße 20
35578 Wetzlar
Tel. 06441 - 4 00 10
Fax 06441 - 40 01 19
mail@phantastik.eu
www.phantastik.eu

Johann-Karl-Wezel-Gesellschaft Sondershausen e.V.
Johann-Karl-Wezel-Straße 66
99706 Sondershausen
Tel. 03632 - 54 33 30
Fax 03632 - 54 33 31
wezelgesellschaft@web.de
www.wezelgesellschaft.de.vu/

Augustin Wibbelt-Gesellschaft e.V.
Elfriede Dalla Riva-Hanning
Robert-Koch-Straße 29
48149 Münster
Tel. 0251 - 8 33 28 93
wibbelt@muenster.org
www.augustinwibbelt.de

Int. Ernst Wiechert-Gesellschaft e.V.
Dr. Bärbel Beutner
Kiefernweg 41
46539 Dinslaken-Hiesfeld
Tel. 02303 - 1 40 17 Beutner - dr.hensel@dgn.de
www.nwn.de/ernst-wiechert

Wieland-Museum Biberach an der Riß
Postfach 1757
88396 Biberach
Tel. 07351 - 5 14 58

Fax 07351 - 5 14 59
wieland-museum@biberach-riss.de
www.wieland-museum.de

Winckelmann-Gesellschaft e.V.
Winckelmannstr. 36/37
39576 Stendal
Tel. 03931 - 21 52 26
Fax 03931 -21 52 27
info@winckelmann-gesellschaft.de
www.winckelmann-gesellschaft.de

Friedrich-Wolf-Gesellschaft e.V.
Hans Wall
Alter Kiefernweg 5
16565 Oranienburg OT Lehnitz
Tel. 03301 - 52 44 80
Fax 03301 - 57 87 88
kontakt@friedrichwolf.de
www.friedrichwolf.de

Carl Zuckmayer-Gesellschaft Mainz e.V.
Bardo Kraus Vizepräsident -
Postfach 11 33
55297 Nackenheim
Tel. 06135 - 85 38
Fax 06135 - 85 38
office@carl-zuckmayer.de/info@carl-zuckmayer.de
www.carl-zuckmayer.de

Adressen

▷ Buchwesenpreise

Förderpreis Buchwissenschaft
Medienstiftung der Sparkasse Leipzig
„Förderpreis Buchwissenschaft"
Menckestr. 27
04155 Leipzig
Sparte: unveröffentlichte Abschluss- und Qualifikationsarbeit zum Thema Buchwissenschaft
Bedingungen: 3 gebundene Exemplare, schriftliche Begründung der Bewerbung, Thesenpapier und Kurzvita
Turnus: jährlich
Dotierung: € 2500
Bewerbungsschluss: jeweils zum 30. September
Eigenbewerbung: Eigenbewerbung möglich

Antiquaria-Preis zur Förderung der Buchkultur
Verein „Buchkultur" e.V.
Gänsheidestr. 69
70184 Stuttgart
Tel. 0711 - 234 85 26
Fax 0711 - 234 86 27
PetraBewer@t-online.de
www.antiquaria-preis.de
Ansprechpartner: Petra Bewer
Sparte: Buchkultur, Typographie, Verlagswesen, Restaurierung, wissenschaftliche Arbeiten, Buchgestaltung
Bedingungen: Erläuterung schicken, ca. A4-Seite
Turnus: 1 x jahrlich
Dotierung: € 5000
Bewerbungsschluss: jeweils September des Jahres
Eigenbewerbung: Eigenbewerbung möglich

Buch Lust Preis
Kulturbüro der Landeshauptstadt Hannover und Literaturbüro Hannover e.V.
Sophienstr. 2
30159 Hannover
Tel. 0511 - 88 72 52
Fax 0511 - 809 34 07
info@literaturbuero-hannover.de
www.literaturbuero-hannover.de
Ansprechpartner: Kathrin Dittmer
Sparte: Buchvertrieb, -gestaltung und –druck
Bedingungen: Publikumspreis, Vergabe am Ende der Ausstellung
Turnus: jährlich
Dotierung: € 500
Eigenbewerbung: keine Eigenbewerbung

Förderpreis für eine kleinverlegerische Leistung
V. O.-Stomps-Preis
Mainzer Minipressen-Archiv
Liebfrauenplatz 5
55116 Mainz
Tel. 06131 - 122676
Fax 06131 - 123488
info@minipresse.de
www.minipresse.de
Ansprechpartner: Jürgen Kipp
Sparte: Verlag/Autor
Turnus: alle zwei Jahre (ungrade)
Dotierung: 2x € 2.500
Bewerbungsschluss: jeweils Ende Februar des geraden Jahres
Eigenbewerbung: Eigenbewerbung möglich

Gutenberg-Preis der Stadt Leipzig
Stadt Leipzig Kulturamt
Martin-Luther-Ring 4-6
04109 Leipzig
Tel. 0341 - 123 42 93
Fax 0341 - 123 42 37
kulturamt@leipzig.de, matthias.graf@leipzig.de
www.leipzig.de, - Kulturstad Leipzig, - Literatur, - Gutenberg-Preis
Ansprechpartner: Matthias Graf
Sparte: Buchkunst, Buchgestaltung, Druckkunst
Bedingungen: herausragende innovative Leistungen auf dem Gebiet der Buchgestaltung bzw. Buchkunst, von internationaler Bedeutung (vgl. Statut auf der Website)
Turnus: alle zwei Jahre, alternierend mit der Stadt Mainz
Dotierung: € 10.000
Bewerbungsschluss: i.d.R. Mitte Oktober (gerades Jahr) vor dem Jahr der Preisvergabe (ungerades Jahr)
Eigenbewerbung: Keine Eigenbewerbung

Hans-Meid-Preis und Hans-Meid-Medaille für Illustratoren
Professor Klaus Waschk
Övelgönne 23
22605 Hamburg
Tel. 040 - 881 28 418
klaus@waschk.de
www.hans-meid-stiftung.de
Ansprechpartner: Prof. K. Waschk
Sparte: Buchillustration
Bedingungen: Illustrationen zu zwei Werken der Literatur, jeweils mindestens 7 Illustrationen zu einem Werk
Turnus: alle zwei Jahre
Dotierung: € 10.000
Bewerbungsschluss: 19. Juni bis 5. Juli 2007
Eigenbewerbung: Eigenbewerbung möglich, nur für Preis

Illustrationspreis für Kinder- und Jugendbücher
Gemeinschaftswerk der Evangelischen Publizistik e.V.
Geschäftsstelle Illustrationspreis
Emil-v.-Behring-Str. 3
60439 Frankfurt
Tel. 069 - 58098 - 149
Fax 069 - 58098 - 100
illupreis@gep.de
www.gep.de
Ansprechpartner: Brigitte Jung

Sparte: Kinder- und Jugendillustration
Turnus: alle zwei Jahre
Dotierung: € 5000
Bewerbungsschluss: Mai - im Vergabejahr
Eigenbewerbung: Eigenbewerbung möglich

Karl-Preusker-Medaille
Deutsche Literaturkonferenz e.V.
Köthenerstr. 44
10963 Berlin
Tel. 030 - 261 27 51
Fax 030 - 23 00 36 29
info@literaturkonferenz.de
www.literaturkonferenz.de
Ansprechpartner: Iris Mai
Sparte: Bibliothekswesen
Turnus: Jährlich
Dotierung: undotiert
Bewerbungsschluss: 31. Januar jd. Jahres
Eigenbewerbung: Keine Eigenbewerbung

Kurt-Wolff-Preis
Kurt-Wolff-Stiftung
Gerichtsweg 28
04103 Leipzig
Tel. 0341 - 9267187
Fax 0341 - 9627187
info@kurt-wolff-stiftung.de
www.kurt-wolff-stiftung.de
Ansprechpartner: Bettina Baltschev
Sparte: Preis für unabhängige Verlage
Bedingungen:
Turnus: jährlich auf der Leipziger Messe
Dotierung: € 31.000 (Hauptpreis € 26.000, Förderpreis € 5000)
Eigenbewerbung: Keine Eigenbewerbung möglich

Niedersächsische Buchhandlung des Jahres
Ministerium für Wissenschaft und Kultur
Leibnizufer 9
30169 Hannover
Tel. 0511 - 120 25 78
Fax 0511 - 120 28 05
heike.fliess@mwk.niedersachsen.de
www.mwk.niedersachsen.de
Ansprechpartner: Heike Fliess
Sparte: Literaturvermittlung
Bedingungen: wird jeweils gesondert ausgeschrieben
Turnus: Alle zwei Jahre im Wechsel mit dem Verlagspreis
Dotierung: € 5000
Bewerbungsschluss: wird jeweils gesondert ausgeschrieben
Eigenbewerbung: Eigenbewerbung möglich

Niedersächsischer Verlagspreis
Niedersächsisches Ministerium für Wissenschaft und Kultur
Leibnizufer 9
30169 Hannover
Tel. 0511 - 120 25 78
Fax 0511 - 120 28 05
heike.fliess@mwk.niedersachsen.de
www.mwk.niedersachsen.de
Ansprechpartner: Heike Fliess
Sparte: Verlagsförderung
Bedingungen: Förderung erfolgt auf Empfehlung der niedersächsischen

Literaturkommission
Turnus: alle zwei Jahre im Wechsel mit der „Buchhandlung des Jahres"
Dotierung: € 10.000
Eigenbewerbung: Keine Eigenbewerbung

Preis der Stiftung Buchkunst
Stiftung Buchkunst, Frankfurt a.M.
Adickesallee 1
60322 Frankfurt a.M.
Tel. 069 - 15 25 18 00
Fax 069 - 15 25 18 05
info@stiftung-buchkunst.de
www.stiftung-buchkunst.de
Ansprechpartner: Uta Schneider
Sparte: Buchgestaltung
Turnus: jährlich
Dotierung: insgesamt € 10.000 (auf 3 Preise aufgeteilt)
Bewerbungsschluss: 31. Oktober jd. Jahres
Eigenbewerbung: Keine Eigenbewerbung

Wettbewerb »Die Schönsten Deutschen Bücher«
Stiftung Buchkunst
Adickesallee 1
60322 Frankfurt a.M.
Tel. 069 - 15 25 18 00
Fax 069 - 15 25 18 05
info@stiftung-buchkunst.de
www.stiftung-buchkunst.de
Ansprechpartner: Uta Schneider
Sparte: Buchgestaltung
Bedingungen: siehe jährl. Teilnahmeinformation
Turnus: jährlich
Dotierung: „Prämierung", „Anerkennung", „Preis der Stiftung Buchkunst", „Förderpreis für junge Buchgestalter (unter 32 Jahren)"
Bewerbungsschluss: 31. Oktober jd. Jahres
Eigenbewerbung: Eigenbewerbung möglich

Buchmarkt 8

▷ *Der Untergang des Buchhandels – und des Schriftstellers*

Von John Updike

Buchhändler, ihr seid das Salz der Büchererde. Ihr steht an vorderster Front, während der Autor sich in seiner Opiumhöhle versteckt; ihr tretet in Kontakt mit den wenigen mysteriösen Amerikanern, die gewillt sind, 25 Dollar für ein Buch zu berappen. Buchhandlungen sind einsame Festungen, deren Licht den Bürgersteig erhellt. Sie veredeln ihre Umgebung.

An der Seite meiner Mutter besuchte ich die beiden Buchgeschäfte im Zentrum von Reading, Pennsylvania (damals um die 100.000 Einwohner), und ich kann mich noch heute an ihre Namen und die genaue Adresse erinnern: Book Mart an der Sixth Street und Court und Berkshire News auf der Fifth Street direkt an der Bushaltestelle, von wo aus wir heim nach Shillington fuhren.

Als ich zum College ging, bestaunte ich den Reichtum der Buchläden rund um den Harvard Square. Neben Coop und verschiedenen modernen Antiquariaten, in denen mittellose Studenten wie ich zerfledderte Exemplare mit Randbemerkungen und Unterstreichungen vorheriger Besitzer erstehen konnten, gab es Buchhandlungen, die die Cambridge-Bourgeoisie, die Professorenschaft und jene Elitestudenten versorgten, die sowohl Geld als auch Zeit zum Lesen erübrigen konnten. Grolier, spezialisiert auf moderne Poesie, befand sich in einem erstklassigen Winkel auf der Plympton Street, und drüben auf der Boylston war Mandrake, ein etwas geräumigeres Bücherheiligtum, über das ein kleiner Mann mit leiser Stimme und zurückgekämmtem grauen Haar wachte. Im Mandrake fand man English

Books, Faber&Faber und Victor Gollancz, Bücher mit geprägten Umschlägen, mit Stoff bezogene Kartoneinbände, die sich durch die feuchte Transatlantik-Passage verzogen hatten, Kunstbände, die zu hochglänzend und zu kostbar waren, als dass man auch nur hineinzuschauen wagte, und natürlich New Direction Books, bescheiden im Äußeren und herrlich in ihrem ungelesenen Inhalt.

Nach Harvard ging ich ein Jahr nach Oxford und stöberte wie in Trance stundenlang in der üppigen Schatzkammer von Blackwell's auf der Broad: ganze Regalreihen Everyman's und Oxford Classics und das komplett in himmelblau eingeschlagene Gesamtwerk von Thomas von Aquin in Englisch und Latein. Dann kam ich nach New York zu einer Zeit, in der die Fifth Avenue noch mit Buchläden gesäumt war – Scribner's, feudal mit seiner zentralen Treppe und den schmiedeeisernen Galeriegeländern, und ein paar Blocks entfernt Doubleday, deren Wendeltreppe durch Glas zu sehen war.

Nun wohne ich in einem dorfähnlichen Winkel einer kleinen Stadt in New England, in dem es – O Wunder – eine der wenigen unabhängigen Buchhandlungen gibt, die an dem langen Küstenstreifen zwischen Marblehead und Newburyport überlebt haben.

Aber ich lebe, wie mir scheint, in einer Art Traumwelt. Vergangenen Monat hat das New York Times Magazine einen langen Artikel veröffentlicht, in dem fröhlich der Untergang des Buchhandels – und damit des Schriftstellers – prophezeit wurde. Autor Kevin Kelly malte sich darin die glorreiche Digitalisierung allen niedergeschriebenen Wissens aus. Googles Plan aus dem Jahr 2004, den Inhalt von fünf bedeutenden Bibliotheken einzuscannen und ihn über die Suchmaschine verfügbar zu machen, hat, laut Kelly, den Traum einer universelle Bibliothek wiederaufleben lassen. »Die explosive Ausdehnung des Webs«, schreibt er, »hat uns wieder an das Unmögliche glauben lassen. Könnte die schon so lange angekündigte großartige, alles umfassende Bücherei tatsächlich in greifbarer Nähe liegen?« Anders als die alten Bibliotheken, fährt Kelly fort, »wäre diese Bücherei, die jedem Menschen jedes Buch zur Verfügung stellt, wahrhaft demokratisch«. Die anarchische Natur der wahrhaftigen Demokratie tritt schrittweise ans Licht. »Wenn die Bücher erst einmal digitalisiert sind, können sie in einzelne Seiten oder sogar in einzelne Textabschnitte zerteilt werden«, schreibt Kelly. »Diese Abschnitte werden dann zu neuen Büchern und virtuellen Bücherregalen zusammengestellt. Ganz wie Musikfans heute einzelne Songs zu neuen Alben (oder Playlists, wie sie in den iTunes genannt werden) zusammenfassen, wird die universelle Bibliothek dazu anregen, virtuelle Bücherregale einzurichten – eine Sammlung von kurzen oder langen Texten, Abschnitten und ganzen Büchern, die auf bestimmte Informationen spezialisiert sind. Und wie die Musik-Playlists können diese einmal zusammengestellten ›Bücherregale‹ zu öffentlichem Gut werden. Autoren werden sogar beginnen, ihre Bücher so zu schreiben, dass sie sich in einzelnen Textabschnitten lesen und zu neuen Seiten zusammenbauen lassen.«

Die wirtschaftlichen Auswirkungen, die sich aus diesem Paradies frei strömender Textschnipsel ergeben, werden mit einer betörenden Lässigkeit als Selbstverständlichkeit, als eine unvermeidliche marxistische Entwicklung dargestellt. Wenn das gegenwärtige wirtschaftliche Modell verschwindet, so Kelly, werde sich die »Basis des Reichtums« zu »Beziehungen, Links, Verbindungen und Teilung« verlagern. Statt Exemplare ihres Werks zu verkaufen, könnten Autoren und Künstler daran verdienen, »Auftritte, Kontakt zum Schöpfer, Personalisierung, Zusatzinformationen, Abonnements (...), kurz: all die vielen Qualitäten, die sich nicht vervielfältigen lassen, zu verkaufen. Das preiswerte Buch wird zum Instrument der Entdeckung, das all die anderen immateriellen Werte vermarktet.«

Das ist in meinen Augen ein grauenvolles Szenario. »Auftritte, Kontakt zum Schöpfer, Personalisierung«, was immer das ist – wirft uns das nicht zurück in die präliterarische Gesellschaft, in der nur der anwesende, lebende Künstler Eindruck machen und seine Kunst anbieten konnte? War es nicht der große Nutzen der Gutenberg'schen Erfindung, dass der »Kontakt zum Schöpfer« nun intensiver, konzentrierter, ästhetischer und informativer geworden war, als es in einem direkten, unausgefeilten, persönlichen Gespräch je möglich sein kann?

Ist Ruhm und Berühmtheit durch die elektronische Revolution tatsächlich zu unserem höchsten Gut geworden, so dass das Werk eines Schriftstellers, ob es nun aus einem oder fünfzig Büchern besteht, hauptsächlich als Fahrkarte zum Lesungspodest oder, da sogar dies erst ab einer gewissen Popularität erreichbar ist, zu einer Reihe von Einzelkontakten dient?

In meinen ersten fünfzehn bis zwanzig Jahren als Schriftsteller bin ich praktisch nie gebeten worden, eine Rede zu halten oder ein Interview zu geben. Das geschriebene Wort sollte für sich selbst sprechen und sich selbst verkaufen, manchmal sogar ohne Foto des Autors auf dem Umschlag. Während der Schriftsteller allmählich von seiner ehemaliger Verantwortung, stellvertretend zu konfrontieren und provozieren, entbunden wird, wächst er in seiner Bedeutung als wandelnde Werbetafel für sein Buch – was durchaus eine weit angenehmere und schmeichelhaftere Pflicht sein kann, als sein Werk in Einsamkeit zu schreiben. Schriftsteller werden sich, falls ich den Trend richtig deute, in Kürze zu einer Art Leihmutter entwickeln, in deren Schoss der Same, den hochbezahlte Berater eingepflanzt haben, wächst und gedeiht, bis das Werk nach neun Monaten schreiend in den Markt hineingeboren wird.

Wenn wir uns einen breiten, virtuell unendlichen, von verworrenen Textschnipseln wimmelnden Wortstrom ohne Autorenvermerk schaffen, nehmen wir dem geschrieben Wort dann nicht seine altmodische Funktion der verantwortlichen und innigen Kommunikation zwischen zwei Menschen? Ja, es gibt Unmengen an Informationen im Netz, aber ein Großteil ist falsch, unzuverlässig, nicht überprüft oder schlicht kindisch. Die elektronischen Wunder unterstützen seltsamerweise ausgerechnet unsere Kritiklosigkeit und Naivität: Unser Bildschirm präsentiert uns ein gewaltiges »Och, so'n Mist aber auch«, das in seiner Bescheidenheit entwaffnend, in seiner Zaghaftigkeit beunruhigend ist.

Das gedruckte, gebundene und bezahlte Buch fordert – wenigstens noch – sowohl vom Hersteller als auch vom Konsumenten weit mehr. Ein Buch ist die stille Begegnung zweier Köpfe; der eine folgt dem Weg des anderen, ist jedoch aufgefordert, über die persönliche Begegnung mit all ihren gesellschaftlichen Konventionen, leerem, wenn auch wohlmeinenden Geschwätz und gegenseitiger Rücksichtnahme hinaus die Vorstellungskraft spielen zu lassen, zu widersprechen oder zuzustimmen. Leser und Schriftsteller werden immer mehr zu Einsiedlern, die sich weigern, aus ihren Höhlen zu kriechen und im strahlenden Sonnenlicht des Post-Gutenberg-Dorfs zu spielen. »Wenn Bücher digitalisiert sind«, verspricht uns Kelly, »wird Lesen zu einem Gemeinschaftsereignis (...) Die universelle Bibliothek wird zu einem sehr, sehr langen einzigen Text – das *eine* Buch dieser Welt.«

Bücher haben traditionell Kanten: Manche sind scharf, manche glatt, und wenige, zumindest in meinem extravaganten Verlag, sind eingefärbt. Wo in dem elektronischen Ameisenhaufen sind die Kanten? Die Bücherrevolution, die seit der Renaissance Männern und Frauen beibrachte, ihre Individualität zu lieben und zu kultivieren, droht in einer glitzernden Wolke von Wortfetzen unterzugehen.

Liebe Buchhändler, verteidigt eure einsamen Festungen. Pflegt eure Kanten. Eure Kanten sind unsere Kanten. Für manche von uns sind Bücher für die eigene Identität unabdinglich.

John Updike ist einer der bedeutendsten amerikanischen Schriftsteller der Gegenwart. Sein Werk erscheint in Deutschland bei Rowohlt. Mit freundlicher Genehmigung der © 2006 »New York Times«, übersetzt von Kerstin Winter.

▷ *Elefantenhochzeiten im Porzellanladen*

Der wichtigste Tag im kurzen Leben eines Buchs – auf dem Catwalk der Einkäufer

Von Uwe Wittstock

Vielleicht wird das einmal der wichtigste Tag im Leben eines Buches sein. Der Tag, an dem es sich bei Thalia vorstellt. Auch heute schon präsentieren sich die Bücher ganz jung, ganz frisch vor den Einkäuferinnen der mächtigen Buchhandelskette Thalia, verbeugen sich artig, lächeln breit, und ein Fürsprecher vom Verlag stimmt ein Loblied an, wie klug sie sind oder wie poetisch oder nützlich oder spannend - und man sieht sie dazu förmlich auf- und abtänzeln wie Models auf dem Catwalk. Aber bald, sehr bald muss ihr Fürsprecher wieder schweigen, und dann können die Bücher nur noch hoffen.

Die Elefantenhochzeiten häufen sich im Buchhandel. Im Sommer 2006 gaben die Buchhandelskette Hugendubel und das Medienunternehmen Weltbild bekannt, dass sie ihr Buchfilialgeschäft zusammenlegen. Gemeinsam verfügen sie über rund 500 Buchhandlungen. Jetzt will sich die andere große Buchhandelskette Thalia, wenn das Kartellamt keinen Widerspruch einlegt, auch noch die Gruppe Buch & Kunst einverleiben, zu der immerhin 44 Buchhandlungen gehören. Zu Thalia zählen in Deutschland, Österreich und der Schweiz jetzt schon rund 180 zumeist sehr große Filialen. Falls die Übernahme genehmigt wird, vergrößert die Kette ihre Marktmacht auf einen Schlag um gut zehn Prozent und wird dann einen Umsatz von weit über 600 Millionen Euro jährlich erzielen.

Um zu begreifen, was das für die traditionell sehr kleinteilig organisierte Buchbrache bedeutet, muss man sich ein paar Vergleichszahlen vor Augen stellen. Im klassischen Buchhandel werden im deutschsprachigen Raum pro Jahr rund 5 Milliarden Euro in rund 7000 Buchhandlungen umgesetzt. Durch Buchversand, Internethandel, Warenhäuser und Verlagsverkäufe kommen zirka 4 Milliarden dazu.

Gut zwölf Prozent, also jeder achte Euro, der im klassischen Buchhandel eingenommen wird, wandert bereits jetzt in die Kassen von Thalia und Buch & Kunst. Doch selbst mit diesem hohen Anteil sind sie zusammen nur das zweitgrößte Unternehmen der Branche. Der Marktführer Weltbild erzielte 2006 mit all seinen vielfältigen Beteiligungen einen Umsatz von 1,4 Milliarden. Und diese beiden Großunternehmen wollen künftig weiter wachsen – unvermeidlich auf Kosten der kleinen und unabhängigen Buchhandlungen.

Dieser wirtschaftliche Konzentrationsprozess auf dem Buchmarkt hat sich in den letzten Jahren in einem haarsträubenden Tempo vollzogen. Für das Geschäftsjahr 2000 wies Weltbild gerade mal ein Fünftel seines heutigen Umsatzes aus. Und die Buchhandelskette Thalia steckte zu diesem Zeitpunkt noch ganz in den Kinderschuhen. Seither liefern sich die beiden Unternehmen einen rasanten und meist sehr erfolgreichen Wettstreit um die Marktführerschaft. Die Großbuchhandlungen von Thalia können dabei zumindest für sich in Anspruch nehmen, dass sie für die Leser eine breite und oft anspruchsvolle Palette von Titeln bereithalten. Dagegen ist das Angebot der meisten Filialen des Weltbild-Konzerns, der – bemerkenswert genug – der katholischen Kirche gehört, auf ebenso leicht verkäufliche wie literarisch leichtgewichtige Ware beschränkt.

Machtkonzentration in wenigen Händen

Mit dieser atemberaubend schnell anschwellenden wirtschaftlichen Macht in wenigen Händen wird sich das Buchgeschäft gründlich verändern. Wenn Thalia und Weltbild demnächst mit den Verlagen über höhere Rabatte verhandeln, muss sich jeder Verleger klar darüber sein, dass seine Gegenüber zusammen nahezu ein Viertel des

Marktes beherrschen. Es dürfte jedem Verlag folglich sehr schwer fallen, den Forderungen dieser Buchhandelsketten nicht nachzugeben. Bekommen die beiden Giganten aber bessere Rabatte, steigen deren Gewinnspannen, und sie können ihre Filialketten weiter und weiter ausbauen. Parallel dazu sinken naturgemäß die Gewinnspannen der Verlage, und außerdem werden noch mehr unabhängige Buchhändler verdrängt.

Das wird selbstverständlich auch Folgen für die Programme der Verlage haben. Wenn sie mit immer knapperen Gewinnen kalkulieren müssen, können sie sich immer weniger kulturell ambitionierte Projekte leisten. Sie werden sich stattdessen stärker noch als zuvor auf das Bestseller-Geschäft konzentrieren – und mehr und mehr von dem, was zwar literarisch reizvoll, aber nicht gerade einträglich ist, über Bord werfen. Man kann das unter marktwirtschaftlichen Gesichtpunkten eine notwendige Modernisierung der Branche nennen. Unter kulturellen Gesichtspunkten ist es ein Trauerspiel.

Denn die Buchhandelsketten wachsen und wachsen. Wenn jede der Ketten erst einmal über 15 oder 20 Prozent des Marktes gebietet, wird es für die Verlage wirtschaftlich aussichtslos sein, einen Titel zu machen, den der Buchhandelsgigant nicht mag. Falls dann also ein Buch auf den Thalia- oder Weltbild-Catwalk stolpert und die Einkäuferinnen den Daumen senken, hat es nicht nur einen Auftritt verpatzt, sondern sein Leben verwirkt – denn jeder Verleger, der ökonomisch denkt, wird es aus seinem Programm streichen. Der wichtigste Tag im Dasein des Buches wäre dann zugleich sein letzter gewesen.

Vorbild Amerika

Die Amerikaner haben da bereits einschlägige Erfahrungen. Unabhängige Buchhändler, die keiner der großen Ketten angehören, erreichen bei ihnen nur noch einen Marktanteil von gerade mal 15 Prozent. Mit 824 Filialen ist Barnes & Noble nicht nur der Welt größter Buchhändler, sondern hat längst einen Einfluss gewonnen, an dem niemand vorübergehen kann, der in USA Bücher auf den Markt bringen will. Und die Kette Borders steht dem mit über 500 Niederlassungen nur wenig nach. Ein Titel, den diese beiden für überflüssig halten, hat allenfalls in sehr idealistischen Verlagen eine Chance, gedruckt zu werden. Natürlich existiert in Amerika noch ein literarisches Leben jenseits der großen Ketten. Aber das spielt sich in den Nischen des Kulturbetriebs ab. Wer sich in der Schlacht um nennenswerte Leserzahlen behaupten will, kommt ohne Barnes & Noble und Borders nicht aus.

So weit ist es in Deutschland noch lange nicht. Und es wäre albern, die Filialisten dämonisieren zu wollen. Den Bücher-Catwalk zum Beispiel, auf dem sich die Neuerscheinungen den prüfenden Blicken des Buchhändlers stellen müssen, bevor der ihnen einen Platz in seinen Regalen einräumt, gab es immer schon. Nur hatte und hat eben jeder Buchhändler seinen eigenen, und wenn ein Titel bei dem einen durchfällt, hat er bei dem anderen unverändert seine Chance.

Es ist die schiere Größe von Thalia und Weltbild, die dafür sorgt, dass viele Spielregeln der Buchbranche und des Literaturbetriebs neu durchdacht werden müssen. Mit jedem neuen Buchpalast, den eines der beiden Unternehmen in eine der gewinnträchtigen Verkaufsmeilen der deutschen Städte setzt, macht sie den alteingesessenen Buchhändlern das Überleben schwer – wenn nicht unmöglich. Spektakulär war der Fall der 180 Jahre alten Ferber'schen Buchhandlung in Gießen. Das war keine kleine, verträumte Klitsche. Sie hatte 1500 Quadratmeter Verkaufsfläche und wurde von Dieter Schormann geleitet, dem damaligen Vorsteher des Börsenvereins des Deutschen Buchhandels. Doch sobald Thalia in unmittelbarer, ja in provozierender Nähe eine 2000 Quadratmeter große Filiale eröffnete, gab Schormann auf: »Beide nebeneinander, das kann der Gießener Markt nicht«, wusste er und dazu noch, dass der Konzern im Konkurrenzkampf zwangsläufig den längeren Atem haben würde.

Allerdings hat es wenig Sinn, das Entstehen großer Buchhandelsketten pauschal zu verdammen. Solche Konzentrationsprozesse mit recht hässlichen Nebeneffekten gibt und gab es in allen Branchen, sie gehören zum Wesen des Kapitalismus. Das ist nicht schön, aber wer es verhindern will, träumt letztlich von einer anderen Welt. Sobald eine unabhängige Buchhandlung unter dem Druck einer Kettenfiliale zusammenbricht, wird öffentlich gern und wortreich geklagt über die fortschreitende Verarmung des Buchmarkts. Das ist fast ein kulturkritischer Evergreen: Es wird das Bild einer düsteren Lesezukunft unterm Joch kümmerlicher Boulevard-Buchläden entworfen, die nur Bestseller verkaufen und den Geschmack des Publikums so auf öde Fastfood-Unterhaltungsware herunterstutzen. Doch diese Jeremiaden sind nicht aufrichtig. Zumindest nicht mit Blick auf Großbuchhandlungen wie die von Thalia, Weltbild-Hugendubel oder Mayersche. Denn diese Riesenläden können eine weit größere Vielfalt von Titeln vorrätig halten als ihre durchweg kleineren Konkurrenten. Vielleicht bietet ein Megastore nicht das individuelle Flair einer unabhängigen Buchhandlung in der Nachbarschaft, aber er ist deshalb nicht unbedingt schlechter geführt.

Machtverlagerung

Im Januar saßen die Chefs vieler Verlage in München beisammen, um über die sich rapide veränderte Lage zu beraten. In ihren Fensterreden und Podiumsdiskussionen bemühten sie starke Worte und gelobten, sich keinesfalls von dem neuen Branchenkoloss unter Druck setzen zu lassen. Vor allem ein Brief hatte die Gemüter erhitzt. Thalia teilte darin mit, dass es von den Verlagen künftig »Prämien für neue Filialen, Umbauten und merkliche Renovationen« erwarte. Kurz: Die Verlage sollten gefälligst das weitere Wachstum der Kette und damit die eigene fortschreitende Entmachtung mitfinanzieren. Ein Ansinnen, das bei einigen Verlegern, die sich selbst gern als die Alpha-Männchen ihrer Brache betrachten, die Nackenhaare steil in die Höhe trieb.

Doch auch hier wirkt der Unmut leicht gekünstelt. Denn es war bislang durchaus üblich, dass große Verlage einem frischgebackenen Buchhändler bei der Eröffnung seines Ladens mit Sonderrabatten und anderen Vergünstigungen behilflich waren. Verständlich, dass sich auch Thalia auf diese Tradition beruft. Aber Thalia ist eben wirtschaftlich kein Zwerg, der neu anfängt, sondern ein Goliath, dessen Bitte um zusätzliche Starthilfen in den Ohren der ökonomisch oft weit unterlegenen Verleger rasch den Klang eines Erpressungsversuchs annimmt.

Im persönlichen Gespräch unter Ausschluss der Öffentlichkeit klingt mancher Verlagschef jedoch gleich milder. »In allen gesättigten Märkten«, meint einer von ihnen schulterzuckend, »geht die Macht vom Produzenten auf den Händler über.« Und der Buchmarkt ist nicht nur gesättigt, er ist mit jährlich 80 000 Neuerscheinungen mehr als übersättigt. Folglich werden im ewigen Gerangel zwischen Buch-Produzenten und Buch-Verkäufern die Verkäufer immer stärker – denn sie treffen die Auswahl, welche Titel sie ihren Kunden ans Herz legen und welche nicht. Und bei dieser Auswahl lassen sie sich von den Verlagen immer weniger hineinreden. So lädt Thalia zu seinen Einkaufsbörsen, auf denen die Neuerscheinungen vortanzen dürfen, kleinere und umsatzschwächere Verlage gar nicht erst ein. Worin die schnell eine existenzbedrohende Missachtung sehen – obwohl Thalia ihre Titel führt und nicht selten besser verkauft als mancher unabhängige Buchhändler.

Die 10 größten Buchhandlungen (Umsatz in Mio Euro)

1.	DBH Buch Handels Gesellschaft, München	675
2.	Thalia Holding, Hagen	640
3.	Schweitzer Sortiment, München	135
4.	Mayersche, Aachen	125
5.	Karstadt Warenhaus, Essen	98
6.	Kaufhof, Köln	80
7.	Libro, Guntramsdorf/Österreich	77
8.	Orell Füssli, Zürich/Schweiz	77
9.	Lehmanns, Heidelberg	68
10.	Buch & Kunst, Dresden	68

Doch der Verlust an Macht könnte, so scheinen manche Verleger zu spekulieren, für sie auch einen Zuwachs an Sicherheit mit sich bringen. Wollen sie heute einen Titel zum Bestseller machen, müssen sie vorab sehr viele Buchhändler auf ihre Seite bringen. Wenn aber die Buchhandelsketten bald den größten Teil des Marktes beherrschen, werden Absprachen unter einigen wenigen Leuten genügen, um das Land mit bestimmten Titeln zu überschwemmen.

Nebenbei: Diese Revolution des Marktes wird naturgemäß nicht nur Folgen für Verlage und Händler haben. Je enger sich die Kooperationen zwischen diesen beiden Seiten gestalten, desto kleiner dürften die Spielräume des kritischen Literaturjournalismus werden. Wenn gleich beim Start eines Buches Hunderte von Exemplaren in allen Buchhandlungen liegen, gilt der Autor automatisch als Star, den keine Redaktion verpassen möchte. Mit der Aufmerksamkeit, die sie ihm schenken, helfen sie, ihn tatsächlich durchzusetzen. Schon jetzt haben Rezensionen im klassischen Sinne nur noch selten Einfluss auf den Verkaufserfolg. Weit wichtiger ist heute die Präsenz eines Buches oder seines Autors im Fernsehen, weshalb Verlage neuerdings sogar bereit sind, in kostspielige TV-Werbespots zu investieren.

Es hat wenig Sinn, angesichts solcher Verwerfungen den literaturbetrieblichen Weltuntergang an die Wand zu malen. Derartige Alarmrufe stoßen zwar in der Buchbranche immer auf dankbare Resonanz. Aber ein Seitenblick auf die amerikanischen Verhältnisse zeigt, dass für den Literaturbetrieb eines Landes nicht das Ende aller Tage anbrechen muss, weil nahezu allgewaltige Buchhandelsketten den Markt dominieren. Doch es liegt auf der Hand, dass er dadurch viel von dem verliert, was einst seinen Reiz ausmachte: den Charme einer Gegenwelt, die so sehr um den Zauber der Bücher kreiste, dass dabei mitunter die betriebswirtschaftliche Realität ganz aus dem Blick geriet.

Dr. Uwe Wittstock war Literaturredakteur im Feuilleton der FAZ, Lektor für deutschsprachige Literatur im S. Fischer Verlag und ist heute Kulturkorrespondent für »Die Welt« in Frankfurt am Main. Zuletzt ist von ihm erschienen: *Die Büchersäufer. Streifzüge durch den Literaturbetrieb*, Zu Klampen 2007.

Die 10 größten Publikumsverlage (Umsatz in Mio Euro)

1.	Random House-Gruppe	231
2.	Rowohlt	72
3.	Droemer/Knaur	71
4.	S. Fischer	66
5.	Verlagsgruppe Lübbe	63
6.	Egmont Holding	54
7.	Piper	51
8.	Hanser	49
8.	dtv	49
9.	Suhrkamp	48
10.	Diogenes	41

(teilweise geschätzt, Quelle: Buchreport-Magazin, April 2007)

Die 10 größten Fachverlage (Umsatz in Mio Euro)

1.	Springer Science+Business	641
2.	Weka-Firmangruppe	203
3.	Wolters Kluwer Deutschland	200
4.	Haufe-Gruppe	164
5.	Vogel Mediengruppe	107
6.	C.H.Beck	130
7.	Deutscher Fachverlag	128
8.	Thieme	139
9.	Rentrop Verlagshaus	127
10.	Wiley VCH	91

(teilweise geschätzt, Quelle: Buchreport-Magazin, April 2007)

Verlagsgruppen

▷ Töchter, Imprints und Beteiligungen

Aufbau-Verlag GmbH
Aufbau Taschenbuch
DAV Der Audio Verlag
Rütten & Loening
Gustav Kiepenheuer

Verlagsgruppe Random House
Ansata Verlag
Bassermann Verlag
Blanvalet Verlag
Blanvalet Taschenbuch

Blessing Verlag
btb Verlag
btb Taschenbuch

C. Bertelsmann Verlag
cbj
Diana
Diana Taschenbuch

DVA Deutsche Verlagsanstalt
Kösel
Manesse

Gerth Medien

Goldmann
Arkana bei Goldmann
Mosaik bei Goldmann
Manhattan bei Goldmann
Portobello bei Goldmann

Gütersloher Verlagshaus GmbH
Heyne Verlag
Heyne Taschenbuch
Heyne Ludwig

Integral Verlag
Albrecht Knaus Verlag
Limes
Lotos
Luchterhand Literaturverlag
Sammlung Luchterhand
Volk und Welt
Omnibus
Page & Turner
Pantheon
Random House Entertainment
Random House Audio
Riemann Verlag GmbH
Siedler
Südwest Verlag
Ludwig

Bertelsmann Lexikon Insitut
Chronik
Wahrig
Wissen.de Verlag

Bonnier Media Deutschland GmbH
Ars Edition
Carlsen Verlag GmbH (95%)
Carlsen Comic
Pixi
Piper Verlag
Malik
Kabel
Thienemann Verlag
Gabriel Verlag

Ullstein Buchverlage
Claassen
Econ
Econ Taschenbuch
List
Propyläen
Marion von Schröder

Cornelsen Verlagsholding GmbH & Co.
AKAD Die Privat-Hochschule GmbH
Cornelsen Experimenta
Cornelsen Verlag
Cornelsen Verlag Scriptor
Kamp Schulbuchverlag
Patmos
Artmis & Winkler
Benziger
Walter
Sauerländer Verlage AG
aare bei Sauerländer
Kinderbuchverlag Luzern
Verlag Sauerländer
Weichert Verlagsges. mbH
PZV - Pädagogischer Zeitschriftenverlag
Sauerländer Verlage AG
Bildung Sauerländer
Sabe Verlag AG
Studienkreis Gruppe (51%)
Veritas Verlag
Verlag an der Ruhr
R. Oldenbourg Verlag
Akademieverlag
Bayerischer Schulbuchverlag
Prögel Pädagogik
Vulkan Verlag
R. Oldenbourg Verlag
Oldenbourg Industrieverlag
Oldenbourg Schulbuchverlag
Oldenbourg Wissenschaftsverlag

Fleissner-Gruppe
Kosmos
Langen Müller/Herbig Buchverlage
Amalthea
Bechtle
Belser
Bettendorf
Mary Hahn Kochbuchverlag
Herbig
Reich Verlag
terra magica

Langen-Müller
Meyster
Nymphenburger
United Soft Media (USM)
Systhema
Navigo

Universitas
Der Wirtschaftsredakteur
Wirtschaftsverlag Langen Müller/Herbig
Signum

Ganske Verlagsgruppe
Hoffmann und Campe
Gräfe und Unzer
hallwag Buchverlag
Teubner Edition
Travel House Media
dtv Taschenbuchverlag

Hanser
Carl Hanser Verlag
Hanser Fachverlag
Fachbuchverlag Leipzig
Der Hörverlag
Verlag Nagel & Kimche
Sanssouci
Zsolnay Verlag
Deuticke
dtv Taschenbuchverlag

Rudolf Haufe Verlag GmbH & Co. KG
Haufe Business Media AG
Haufe Fachmedia
Lexware
Memento Verlag
Soft-use GmbH
WRS Verlag

Verlag Herder GmbH
Herder
Herder Spektrum
Alber
Christophorus
Kerle
Josef Knecht
Ploetz

Verlagsgruppe Heinrich Hugendubel
Heinrich Hugendubel Verlag
Ariston
Atlantis
Diederichs
Irisiana
Kailash
Sphinx

Ernst Klett AG
Esslinger Verlag J. F. Schreiber
Edition Wundersam
Esslinger/Wien Verlag
Esslinger Edition
Graser Verlag
Alfred Hahn
Junior International
Erhard Friedrich Verlag
Friedrich Berlin
Giesel Verlag
Kallmeyersche Verlagbuchhandlung
Dr. Josef Raabe

Ernst Klett Verlag
AOL Verlag
Auer Verlag
Belchen Verlag
Heureka Klett
Klett Grundschulverlag Leipzig
Klett Schulbuchverlag Leipzig
Manz
Justus Perthes Verlag
Persen Verlag

Klett-Cotta
Günther Neske

Österreichischer Bundesverlag ÖBV
Brandstätter
Gewerbeverlag

Langenscheidt
Bibliographisches Institut & F. A. Brockhaus
BI Taschenbuch
F.A. Brockhaus
Duden
-Duden Paetec Schulbuchverlag
Meyers Lexikonverlag
Harenberg Kalender/Reise
Harenberg Lexikon
Weingarten Kunstverlag
Verlag Enzyklopädie
GeoGraphic Publishers (50%)
Hexaglot
Axel Juncker Verlag GmbH
Langenscheidt KG
Langenscheidt-Hachette GmbH (50%)
Langenscheidt ELT GmbH
Langenscheidt Fachverlag
mentor Verlag GmbH
Polyglott Verlag
APA Publications
Berlitz Publishing

Lübbe Verlagsgruppe GmbH & Co. KG
Bastei-Lübbe TB
Bastei Verlag
BLT
editionLübbe
Ehrenwirth
Gustav Lübbe Verlag
Lübbe Audio

MAIRDUMONT-GRUPPE
MAIRDUMONT
Falk Verlag
Falk Marco Polo Interactive
Karl Baedeker Verlag
DuMont Reiseverlag
Stefan Loose Verlag
RV Verlag (imprint
Kompass-Karten
HB Verlag
Hallwag Kümmerly + Frey
Varta Führer
StadtINFO Verlag (imprint)

Medien-Union
Walhalla und Praetoria
Fit for Business
Metropolitan
Osang
Walhalla Fachverlag
Das Bildungshaus
Westermann
Arena
Ensslin
Aurum
Moritz Diesterweg
Schroedel
Westermann Lernspielverlag
Westermann Schulbuch
Winklers Verlag
Schöningh Schulbuch

Axel Springer AG
Cora Verlag
Family Media

Springer Science+Business Media
Springer Science + Business Media
Bereich Business-to-Business
Auto Business Verlag
Bauverlag
Heinze
Verlag Heinrich Vogel

Springer Science + Business Media
Bereich STM - Science, Technology, Medicine
Birkhäuser
Böhlau

GWV-Fachverlage
Deutscher Universitätsverlag (duv)
Gabler
media daten verlag
B.G. Teubner
Vieweg
VS Verlag für Sozialwissenschaften
Dieter Zimpel

Physica
Springer-Verlag Berlin-Heidelberg
Springer-Verlag Wien
Springer VDI
-Steinkopff
Urban & Vogel

Süddeutscher Verlag
Hüthig Fachinformationen GmbH
Branche & Business Fachverlag
Europa-Fachpresse Verlag
märkte & medien
Hüthig
Economica
Hüthig & Pfl aum Verlag Fachlit.
Hüthig & Pfl aum Verlag
Verlag Sterne und Weltraum
Medizin Medien
Medical Tribune Verlagsgesellschaft
Verlagsgesellschaft für ästhetische Medizin
Medical Tribune AG
Medon Verlag (70%)
Österreichischer Wirtschaftsverlag
redtec publishing
verlag moderne industrie AG & Co. KG
DVS
ecomed
Edition Colibri
REDLINE
SV Corporate Media
verlag moderne industrie Buch
Verlag Norbert Müller
Verlagsgruppe Hüthig Jehle Rehm
Wirtschaftsverlag Carl Ueberreuter
Wirtschaftsverlag Carl Ueberreuter (Österreich)

Suhrkamp
Suhrkamp Verlag
Suhrkamp Taschenbuch
Der Hörverlag
Jüdischer Verlag
Insel Verlag
Deutscher Klassiker Verlag
Theater Verlag

Verlagsgruppe Dornier GmbH
Kreuz
Lüchow
Signa
Theseus
Urania

Verlagsgruppe Holtzbrinck
VG Droemer Knaur (50 % mit Weltbild)
Droemer HC
Droemer Profile
Knaur HC
Knaur Taschenbuch
Knaur Ratgeber
Pattloch
Schneekluth
S. Fischer Verlag

Fischer HC
Fischer Taschenbuch
Fischer Schatzinsel
Argon
Krüger
Scherz
Scherz Taschenbuch
O.W. Barth

Kiepenheuer & Witsch

Kindler Verlag

J. B. Metzler Verlag
Hermann Böhlaus Nachf. Weimar

Rowohlt Verlag
Rowohlt Berlin
Rowohlt HC
Rowohlt Taschenbuch rororo
Wunderlich
Wunderlich Taschenbuch

Schäffer-Poeschel Verlag für Wirtschaft, Steuern, Recht

Verlagsgruppe Seemann-Henschel
E.A. Seemann
Edition Leipzig
Henschel
Koehler & Amelang

Verlagsgruppe Weltbild GmbH
VG Droemer Knaur (50 % mit Holtzbrinck)
Battenberg
Droemer
Droemer Profile
Knaur HC
Knaur MensSana
Knaur Ratgeber
Knaur Taschenbuch
Pattloch
Schneekluth

Weltbild Buchverlag

Weltbild-Musik

WEKA Business Information
WEKA MEDIA
WEKA Verlag, Wien
WEKA Verlag, Zürich
Haufe Business Media AG
Editions WEKA, Paris
WEKA Uitgeverij, Amsterdam
Behr's Verlag
Deubner Verlag
Recht und Praxis
GWI Gesellschaft für Wirtschaftsinformation
REWI
sirAdos
Spitta Verlag
Editions Tissot
Techniques de l'Ingenieur
UB MEDIA
WEKA Zeitschriftengruppe
WEKA Computerzeitschriften-Verlag
WEKA Fachzeitschriften-Verlag
CMP-WEKA
Franzis' Verlag
Infobroschüren und Kartographien
WEKA info verlag
Verwaltungs-Verlag
Editions WEKA, Awans

▷ *Ein Brigadeausflug*

Buchmessezeit: Endlich mal die Sau rauslassen – oder: Bilder einer Branche im Ausnahmezustand

Von Sibylle Berg

Da sitzt einer, ein Debütant, und hofft doch so sehr, bei dem ganzen Gesitze, und dem Kopfweh, und dem Schwitzen, dass diese Tage sein Leben verändern mögen, sein Buch die Welt verändert und sein kleines Leben über ein Leben erhebt. Und er jetzt Schriftsteller ist. Wie stolz das klingt. Nichts anderes wollte er, in den Jahren, als er schrieb, fragte er sich, was ist, wenn es keiner druckt, es keiner will, es keiner liebt – mich keiner liebt.

Will nicht weiterleben, wenn mein Buch keiner will. Sagte er sich, schrieb und zweifelte zu Recht, ob er Bestand haben würde, seine Worte, Gedanken Bestand hätten, und konnte nicht schlafen, der junge Autor, und schrieb doch weiter in eine ungewisse Zukunft. Doch dann gab es einen Verlag, und es war ihm, wie ein kosmischer Orgasmus, das Ziel seines Lebens und ist nun nichts. Er sitzt auf einem Stuhl, Tausende schieben sich vorbei; an ihm, an seinem Buch, und keiner schaut hin.

Der junge Schriftsteller atmet schwer, sein Kopf dröhnt, und er muss reden, mit Menschen, die er vielleicht nicht mal grüßen würde anderenorts. Aber er redet, muss doch, will doch wer sein, darum ist er hier.

Ein paar Menschen von Zeitungen fragen ihn, wie es denn so geht. Es geht gut. Und vielleicht schreiben sie etwas über ihn. Vielleicht wird er es schaffen. Aber was nur? Das Privileg, jedes Jahr auf der

Messe zu hocken, in Kleinstädten zu lesen, den Preis der katholischen Pfadfinder zu gewinnen. Wozu? Die Menschen drängen an dem Autor vorbei zur nächsten Attraktion, die keine ist, niemanden interessiert.

Mit deutsche Literatur gewordenen Gesichtern schieben sie durch die Hallen. Die Menschen. Und greifen sich an die Herzen, die Lungen, verdrehen die Augen. Ist's intellektueller Wahn? Die Luft ist es.

Die den Besucher abfüllt, ein Gemisch aus Zigaretten, Mensch, Angst und Eitelkeit. Die Buchmesse ist kein Spaß. Die Bibliothek des Jahrtausends, mit immer kürzerer Halbwertszeit, geschrumpft auf die Bücherei eines überfüllten Vergnügungsdampfers, der jährlich versinkt, muss erarbeitet werden. Aber wozu nur? Schleppen sich die Besucher, nach der schlechten Luft schnappend, an Tausenden von Ständen vorbei, worauf hoffen sie? Wonach suchen sie? Nach dem Kontakt zum schreibenden Menschen? Bitte. Da hocken welche. Nicht klar erkenntlich. Alle sehen aus wie alle. Gelb. Die Herren Verleger, Lektoren, Schreiber und Kritiker. So viele Männer, die beste Zeit nie gehabt. Leben von Büchern. Immer schlechter und mögen sich nicht eingestehen, dass das Jahrzehnt nach etwas anderem verlangt. Nach schneller Musik, schnellen Bildern, schneller, lauter, Cybersex oder Millionen Dollar. Aber bitte, Bücher. Die gehn zu langsam, sind nicht laut genug.

Millionen neuer Bücher mit dazugehörigen Schreibern jährlich, und jeder versucht die anderen Milliarden zu ignorieren. Weil er ja weiß, viel ist nicht immer gut, sitzt jeder Schriftstller, am Stand seines Verlages, geht durch die Hallen, schaut geringschätzig andere Bücher an und weiß, nur er wird bestehen. Zählen wir an zwei Händen ab, welcher Schreiber im nächsten Jahrhundert (falls es da noch eines gibt) geblieben sein wird, merken wir, zwei Hände sind eine zu viel, doch das will keiner wissen, keiner hören, jeder will wer sein, das ist die Zeit; vorbei, da Schreiben jenen überlassen wurde, die etwas zu sagen hatten, was wenigstens sie selber hören wollten. In fünfzig Hallen verteilte Schriftsteller, die Verramschung schon um sich, wie einen schlechten Geruch, und jeder glaubt doch, unsterblich zu sein, und trägt die Überlegenheit dessen im Blick, der die Welt erkannt und über den Dingen steht, weil er Worte werden ließ.

Ein Heer der Hoffnungslosen

Wer will noch Worte lesen von Innenbetrachtungen langweiliger Menschen einer faden Zeit, das geht in Talkshows schneller. Wer will noch mit Pinselchen über Buchrücken fahren, wen interessiert ein Schriftsteller, der heute ist, wie jeder andere Hungerleider, wie jeder, der etwas schafft, das niemand braucht, und so sind sie, in Frankfurt, eine Versammlung Aussterbender mit breiten Gesäßen vom Hocken, ausgefallenen Haaren vom Raufen, und der Gedanke ist, dass wer früh seine Defizite erkennt, zum Schreiben neigt. Warum er sich nach dem Geschreibe dennoch besichtigen lässt, ist unklar.

Zwischen den Schriftstellern huschen Agenten, die überflüssig sind, weil die großen Geschäfte, die Filme zum Buch, die Revue Buch, das gibt es nicht in Deutschland, das ist keine Literatur, schleichen Verlagsmitarbeiter mit fahlen Gesichtern, ein Heer der Hoffnungslosen, der Aussterbenden in einer Zeit, die keine Worte braucht oder wenn, dann wenige gute, und die sind meist nicht da, zwischen all denen, die Geschichten aus ihrer Jugend in Schlesien schreiben, Geschichten ihrer blöden Väter und Geschichten von Frauen, die es wirklich schaffen, in Berlin zu wohnen oder in Hongkong, und die sich überlegen, wo sie die neusten Bikinis herbekommen, nichts Neues. Die Buchmesse ist so fad, weil sie ungefährlich ist, weil Bücher niemandem weh tun, weil der Leser immer siegt, Bücher gut brennen und noch nicht einmal, um wen zu erschlagen, mögen sie taugen, die Bücher, die so gerne gefährlich sein wollen, aber der Mensch kennt doch wirkliche Gefahren aus dem Fernsehen, lässt sich nicht verarschen, Bücher sind ungefährlich, taugen zu nichts, wollen nichts, da hat doch keiner mehr Respekt.

Vor den Messehallen lauern Esoteriker. Frauen, denen sich das Problem nie stellen wird, sind unter dem Motto: Heil Kind, gegen Abtreibungen. Geht es um heile Kinder? Oder um die Abende. An denen die Verlage zeigen, wie gut es ihnen geht, wie prima sie drauf sind, der Rezession trotzen?

Empfang bei Fischer. Die Verlagsräume voller entfesselter Intellektueller. Das ist die Elite des deutschen Geistes. Der Geist ist besoffen. Die Aphorismen verschwommen, Geilheit im Blick. So viele Herren.

Halten sich hartnäckig. Frauen finden in der Buchwelt nur unwesentlich statt. Herren, der Geist ist ihr Beruf. Da ist doch tatsächlich ein Schriftsteller, aber wie, diese Schriftsteller, so verrückt. Herr Wawerzinneck kotzt und brüllt nach der Stasi. Die wird schon kommen. »Dies ist die Buchmesse, auf der die deutsche Literatur von der alten deutschen Innerlichkeit zur neuen deutschen Äußerlichkeit zurückfindet.« Sagt Schriftsteller Herr Politycki. Worum geht es? Dr. Bode, Reclam-Verleger: »Zu zeigen, dass man da ist.« Die Messe ein Verlustgeschäft. Zu zeigen, dass was da ist? Bücher, die gegen die Zeit anzutrotzen versuchen, immer mehr, die schreiben, weil immer weniger Respekt herrscht und heute jeder glaubt, Anrecht auf Ruhm zu haben, heute, da doch Moderatoren und Models berühmt sind. Gcht es darum zu zeigen, dass man eine Donna Leon im Stall hat, einen Coelho. Die wenigen, die noch Umsatz bringen, weil sie für den Strand taugen.

Frauen quieken, Herren grapschen

Zu späterer Stunde im Rowohlt-Cafe, Sammelbecken derer, die noch keinen gefunden haben, für die Nacht. Die Gesichter der Literaturschaffenden sind rot. Eine nette Abwechslung zum üblichen Gelbstich. Trunkenes Gelalle. Schriftsteller sind keine mehr da. Die mussten schon los. Eine Stunde. Eine Stunde nach außerhalb in billige Hotels reisen. Hier feiern nur noch die, die von denen leben, die nicht feiern dürfen.

Frauen quieken, Herren grapschen. Ein Brigadeausflug. Endlich mal die Sau rauslassen. Geht es darum? Oder um den neuen Werbespruch von Herrn Lagerfeld: Hier. Immer. Woanders. Morgen geht es weiter, die Herren und Damen werden sich die müden Gesichter mit Geist zusammenbinden und wieder einen Tag ihres Lebens verschenken. Die Schriftsteller an den Ständen hocken. Und hoffen, dass irgendetwas passiert. Ein Komet einschlägt, alles auslöscht, und keiner würde es bemerken, dass doch etwas passiert, die Menschheit erwacht und wieder an Worte glaubt, wenn sie doch nur etwas zu sagen wüssten, die Verleger endlich erkennen, dass es ohne Schreiber keine Verleger gäbe, irgendetwas. Doch es wird nichts passieren.

Millionen Bücher werden ausgeliefert, werden stehen und sich langweilen. Einige wenige, die dem Unterhaltungswert von Talkshows nahe kommen, werden Millionen machen, das sind richtige Schriftsteller, die fahren große Autos. Aber auf der Messe werden sie nicht zu sehen sein. Die Verlagsmitarbeiter werden ihre Stände aufräumen, die Kritiker in ihre gelb gerauchten Büros zurückkehren, ein Jahr ihren Job tun, der für die Welt nicht mehr wichtig ist, und sich auf nächstes Jahr freuen, wo sie sich in Frankfurt treffen werden. Wird auch dann keiner wissen, warum, aber es wird lustig sein. Vielleicht ist auch der junge Autor wieder dabei. Dann schon ein alter Hase, wird er begriffen haben, dass er nicht Konsalik ist oder Grisham, dass er sein Leben der Illusion verschrieben hat zu glauben, Dichten rette Leben, wird er schon salopp Bekannte begrüßen, abends einen trinken und für vier Tage glauben, Bücher hätten einen Wert, zu schreiben sei noch was, für vier Tage glauben, dass die Welt sich um Geschriebenes dreht.

Sibylle Berg wurde in Weimar geboren, war Clownschülerin und jobbte in verschiedenen Berufen, bis sie nach eigener Aussage das Gefühl hatte, alt genug zu sein, um Schriftstellerin zu werden. Ihr erster Roman *Ein paar Leute suchen das Glück und lachen sich tot*, der 1997 im Reclam-Verlag Leipzig erschien und zuvor etliche Male abgelehnt worden war, verkaufte sich über 100.000-mal. Sibylle Berg schreibt Romane, Essays und Theaterstücke. Letztere wurden in 14 Sprachen übersetzt.

Buchmessen

Frankfurter Buchmesse
(Oktober)
Reineckstr. 3
60313 Frankfurt am Main
Tel. 069 - 2102 - 0
Fax 069 - 21 02 - 227, -277
info@book-fair.com
www.buchmesse.de

Leipziger Messe GmbH (März)
Postfach 100720
04007 Leipzig
Tel. 0341 - 67 8 - 0
Fax 0341 - 67 88 - 762
info@leipziger-messe.de
www.leipziger-buchmesse.de

Mainzer Minipressen-Messe
Internationale Buchmesse der Kleinverlage und Handpressen
(alle 2 Jahre im Mai: 2007, 2009)
Stadt Mainz
Projektleiter Jürgen Kipp
Liebfrauenplatz 5
55116 Mainz
Tel. 06131 - 12 26 76
Fax: 06131 - 12 26 76
minipresse@minipresse.de
www.minipresse.de

BuchBasel (Mai)
MCH Messe Basel AG
Messeleiter Stephan Lips
CH- 4005 Basel
Schweiz
Tel. +41 - 58 - 200 20 20
Fax +41 - 58 - 206 21 71
info@messe.ch
www.buchbasel.ch

Bologna Children's Book Fair (April)
Bologna Fair Organisation
Geschäftsführer Giuseppe Fini
Piazza Costituzione 6
40128 Bologna
Italien
Tel. +39 - 051 - 282242, -282361
Fax +39 - 051 - 63 74 011
bookfair@bolognafiere.it
www.bookfair.bolognafiere.it

London Book Fair (März)
Reed Exhibition Companies
Oriel House
26 The Quadrant
Richmond, Surrey, TW9 1DL
Grossbritanien
Tel. +44 - 20 - 89 10 78 99
Fax +44 - 20 - 89 10 79 30
info@reedexpo.co.uk
www.libf.com

Salon du Livre Paris (März)
Reed Expositions France
Geschäftsführer Taya de Reyniès
11, rue du Colonel Pierre Avia - BP 571
75726 Paris Cedex 15
Frankreich
Tel. +33 –1- 41 90 47 40
Fax: +33 –1- 41 90 47 49
ino@reedexpo.fr
www.salondulivreparis.com

Büchersendungen im Fernsehen

ARD Büchermagazin druckfrisch
Denis Scheck besucht Schriftsteller und stellt ein Mal im Monat Neuerscheinungen vor
www.daserste.de/druckfrisch

ZDF, Lesen!
Elke Heidenreich präsentiert Bücher und prominente Gäste
www.zdf.de/ZDFde/inhalt/20/0,1872,2042868,00.html

3sat, Bookmark
Helmut Markwort stellt einmal im Monat Sachbüchervor
www.3sat.de/bookmark

BR, Lesezeichen
Das Buchmagazin des Bayrischen Fernsehens.
www.br-online.de/kultur/literatur/lesezeichen/

KiKa, Quergelesen
Bei Josefine Preuß geht es einmal monatlich um Bücher und Themen für Kinder.
www.rbb-online.de/quergelesen

Literatur im Foyer
Martin Lüdke und junge Zeitungsredakteure über Autoren und Bücher
www.swr.de/literatur-im-foyer

MDR, »Weimarer Salon«
Jochen Hieber stellt das aktuelle Buch eines Kollegen vor, der als Gast teilnimmt
www.mdr.de/weimarer-salon

NDR, Bücherjournal
Eine der ersten deutschen Büchersendungen
www.ndr.de/tv/buecherjournal/

SWR, Schümer & Dorn: Der Büchertalk
Thea Dorn und Dirk Schümer sprechen über Neuerscheinungen auf dem Buchmarkt
www.swr.de

SWR Bestenliste
Als Gegenstück zu Bestsellerlisten stellen Literaturkritiker eine Bestenliste auf
www.swr.de/bestenliste/

WDR, Was liest du?
Jürgen von der Lippe gibt auf witzige Weise Buchtipps
www.wdr.de/comedy/sendungen/watliest.phtml?

SF, Der Literaturclub
Roger Willemsen moderiert diese Literatursendung
www.sfdrs.ch

In zahlreichen weiteren Kultursendungen werden Autoren und Bücher vorgestellt.

WORSTSELLER

Literarische Ladenhüter 2006

1	**Muriel Spark** Diogenes Verlag	Vorsätzlich Herumlungern	6 verkaufte Exemplare 2006
2	**Eugenio Montale** Hanser Verlag	Gedichte	14 verkaufte Exemplare 2006
3	**Stefano Benni** Wagenbach Verlag	Der Zeitenspringer	16 verkaufte Exemplare 2006
4	**Erich Maria Remarque** KiWi	Das unbekannte Werk	17 verkaufte Exemplare 2006
5	**Leonid Dobyčin** Friedenauer Presse	Im Gouvernement S.	21 verkaufte Exemplare 2006
6	**Anna Seghers** Aufbau-Verlag	Aufstand der Fischer	22 verkaufte Exemplare 2006
7	**Heinrich Mann** S. Fischer Verlag	Der Atem	39 verkaufte Exemplare 2006
8	**David Albahari** Eichborn Verlag	Fünf Wörter	54 verkaufte Exemplare 2006
9	**Claude Simon** DuMont Buchverlag	Die Trambahn	57 verkaufte Exemplare 2006
10	**Jean Améry** Klett-Cotta Verlag	Jenseits von Schuld und Sühne	76 verkaufte Exemplare 2006

(Abbildung aus »Der Gammelbuchskandal« von Hubert Spiegel, »FAZ« vom 16. Dezember 2006)

▷ *Hochgeschätzte Ladenhüter*

Von Manfred Plinke

Das hat es noch nie gegeben: Ein Verlag ist stolz auf seine Ladenhüter! In der Verlagsvorschau für den Buchhandel des Diogenes Verlags werden die *Worstseller* wie auf der Spiegel-Bestsellerliste präsentiert: Es ist eine Bilanz der gescheiterten Buchprojekte, der Flops des Jahres, der Sorgenkinder von Lektor und Verleger, es sind die Titel auf der schwarzen Liste des Controllers. Und – der Stolz eines literarischen Verlags.

Daniel Keel berichtet vom Verkaufserfolg des Sommers, in dem fast eine halbe Million Diogenes-Reader verkauft wurden, um uns dann zu schockieren: »Würden Sie erraten, wie viele (oder wie wenige) Taschenbücher von wichtigen Titeln so bekannter Autoren wie William Faulkner, Muriel Spark oder Eric Ambler letztes Jahr verkauft wurden? Die Zahlen variieren zwischen drei und knapp siebzig Exemplaren – in einem ganzen Jahr!

Alle reden von Bestsellern, reden wir einmal von *Worstsellern.* Bücher, die sich schlecht verkaufen und es doch verdienen, gelesen zu werden. [...] Auf den nachfolgenden Seiten stellen wir Ihnen unsere heißgeliebten Ladenhüter vor. Zum Entdecken, Wiederentdecken und Wiederlesen, oder auch zum Nichtbestellen und Nichtlesen.«

Die Literaturredaktion der Frankfurter Allgemeinen hat andere Verlage über ihre Worstseller befragt, mit nicht weniger niederschmetternden Ergebnissen, soweit man überhaupt den Mut aufbrachte, sie zu nennen. Von Erich Maria Remarques vierbändiger Kassette mit vermischter Prosa wurden ganz 17 Exemplare verkauft (*Im Westen nichts Neues* hat eine Auflage von 11 Millionen). Oder Stefano Benni, ein Autor, der in Italien eine Gesamtauflage in Millionenhöhe erreicht – der Wagenbach-Verlag hat die deutsche Lizenz für dessen Roman *Der Zeitspringer* erworben, die Übersetzung bezahlt und das Buch produziert und beworben – sechzehn Exemplare wurden verkauft. Klett-Cotta konnte von Jean Amérys *Jenseits von Schuld und Sühne* ganze 76 Exemplare absetzen.

Schluss.

Wir verneigen uns vor den Schriftstellern auf jeder Worstsellerliste der Welt und vor ihren Verlegern, die zu ihren Autoren und Büchern stehen. Mögen sie weiterhin nach ihrer Überzeugung handeln und die Bücher veröffentlichen, die sie selbst schätzen und für wichtig halten!

Adressen

▷ Buchbranche

Börsenverein des Deutschen Buchhandels e.V.
Großer Hirschgraben 17-21
60311 Frankfurt am Main
Tel. 069 - 1306-0
Fax 069 - 1306-201
info@boev.de

Vorsteher: Dr. Gottfried Honnefelder.
Stellv. Vorsteher: Thomas Wrensch

Berliner Büro und Leipziger Büro
des Börsenvereins
Tel. 030 - 2800 783-45

Hauptgeschäftsführer
Alexander Skipis, DW -311
skipis@boev.de

Verleger-Ausschuss
Gudrun Bolduan, DW -325
bolduan@boev.de

Sortimenter-Ausschuss
Dr. Kyra Dreher, DW -318
dreher@boev.de

Rechtsabteilung
Justiziar Dr. Christian Sprang, DW -314
sprang@boev.de

Kommunikation, PR und Marketing
Anja zum Hingst , DW -291
zum.hingst@boev.de

Referat Leseförderung
Lothar Sand, DW -331
sand@boev.de

Referat Marketing und Marktforschung
Dr. Christoph Kochhan, DW -347
kochhan@boev.de

MVB Marketing- und Verlagsservice des Buchhandels GmbH
Großer Hirschgraben 17-21
60311 Frankfurt am Main
Tel. 069 - 13 06-0
Fax 069 - 1306-201
Geschäftsführer: Roland Schild
Börsenverein des Deutschen Buchhandels - Landesverband
Baden-Württemberg e.V.
Paulinenstraße 53
70178 Stuttgart
Tel. 07 11 - 6 19 41-0
Fax 07 11 - 6 19 41 44
Geschäftsführer: Johannes Scherer
www.buchhandelsverband.de

Landesverbände

Börsenverein des Deutschen Buchhandels - Landesverband
Bayern e.V.
Literaturhaus
Salvatorplatz 1
80333 München
Tel. 0 89 - 29 19 42-0
Fax 0 89 - 29 19 42-49
Geschäftsführer: Dr. Klaus Beckschulte
www.buchhandel-bayern.de

Börsenverein des Deutschen Buchhandels - Landesverband
Berlin-Brandenburg
Lützowstraße 33
10785 Berlin
Tel. 0 30 - 26 39 18 10
Fax 0 30 - 26 39 18 18
Geschäftsführer: Detlef Bluhm, Johanna Hahn
www.berlinerbuchhandel.de

Börsenverein des Deutschen Buchhandels - Landesverband
Bremen-Bremerhaven e.V.
Hinter dem Schütting 8
28195 Bremen
Tel. 04 21 - 25 56 85
Fax 04 21 - 34 45 89
Geschäftsführer: Focke Wortmann
Lvbuchbremen@aol.com

Börsenverein des Deutschen Buchhandels - Landesverband
Hessen e.V.
Frankfurter Str. 1
Literaturhaus Villa Clementine
65189 Wiesbaden
Tel. 0611 - 166 60-0
Fax 0611 - 166 60-59
Geschäftsführer: Klaus Feld
www.boersenverein-hessen.de
Börsenverein des Deutschen Buchhandels - Landesverband
Niedersachsen e.V.
Roscherstr. 12
30161 Hannover
Tel. 05 11 - 33 65 29-0
Fax 05 11 - 33 65 29-29
Geschäftsführerin: Angelika Busch
www.buchhandel-niedersachsen.de

Börsenverein des Deutschen Buchhandels - Region Norddeutschland e.V.
Schwanenwik 38
22087 Hamburg
Tel. 0 40 - 22 54 79
Fax 0 40 - 229 85 14
Geschäftsführer: Michael Menard
www.boersenverein-nord.de

Börsenverein des Deutschen Buchhandels - Landesverband
Nordrhein-Westfalen e.V.
Kaiserstr. 42a
40479 Düsseldorf
Tel. 02 11 - 8 64 45-0
Fax 02 11 - 8 64 45-99
Geschäftsführerin: Gabriele Schink
www.buchnrw.de

Börsenverein des Deutschen Buchhandels - Landesverband
Rheinland-Pfalz e.V.
Frankfurter Str. 1
Literaturhaus Villa Clementine
65189 Wiesbaden
Tel. 0611 - 16660-0
Fax 0611 - 16660-59
Geschäftsführer: Klaus Feld
www.boersenverein-rheinland-pfalz.de

Börsenverein des Deutschen Buchhandels - Landesverband
Saarland e.V.
Feldmannstr. 26
66119 Saarbrücken
Tel. 0681 - 92717-0
Fax 0681 - 92717-10
Geschäftsführer: Klaus Feld
www.boersenverein-saarland.de

Börsenverein des Deutschen Buchhandels - Landesverband
Sachsen, Sachsen-Anhalt und Thüringen e.V.
Gerichtsweg 28
04103 Leipzig
Tel. 03 41 - 99 54-220/222
Fax 03 41 - 99 54-223
Geschäftsführerin: Regine Lemke
www.boersenverein-sasathue.de

ISBN-Agentur
Großer Hirschgraben 17-21
60311 Frankfurt am Main
Tel. 069 - 13 06-387
Fax 069 - 1306-258
Anke Lehr
isbn@mvb-online.de
www.german-isbn.de

Österreich und Schweiz

Hauptverband des Österreichischen Buchhandels
Grünangergasse 4
A 1010 Wien
Österreich
Tel. 0222 - 512 15 35
Fax 0222 - 512 84 82
hvb@buecher.at
www.buecher.at

Schweizerischer Buchhändler- und Verleger-Verband
Alderstr. 40
CH 8034 Zürich
Schweiz
Tel. 044 - 421 36 00
Fax 044 - 421 36 18
sbvv@swissbooks.ch
www.swissbooks.ch

Fachzeitschriften

Börsenblatt für den Deutschen Buchhandel
Großer Hirschgraben 17-21
60311 Frankfurt am Main
Tel. 069 - 13 06-0
Fax 069 - 28 99 86
www.boersenblatt.net/

Buchhändler heute
Höherweg 278
40231 Düsseldorf
Tel. 0211 - 73 57-0
Fax 0211 - 73 57-123
www.buchhaendler-heute.de

BuchMarkt
Sperberweg 4a
40668 Meerbusch
Tel. 021 50 - 91 91-0
Fax 021 50 - 91 91 91
www.buchmarkt.de

Buchreport
Harenberg Kommunikation
Königswall 21
44137 Dortmund
Tel. 02 31 - 90 56-0
Fax 0231 - 90 56-110
www.harenberg.de

Lektorat 9

▷ *Die Regisseure der Buchbranche*

Von Manfred Plinke

Der Name des Autors steht ganz selbstverständlich auf dem Buchumschlag. Innen auf der Titelseite steht der Übersetzer, der Illustrator ist erwähnt, der Buchdesigner natürlich auch, das Satzstudio und die Druckerei – alle sind aufgeführt. Nur der, der dem Kind auf die Welt geholfen oder die Übersetzung überarbeitet hat, bleibt namenlos. Dabei hat er oft sogar die Buchidee gefunden, den richtigen Autor dafür ausgewählt, der dafür gelobt wird, wenn das Buch von Kritik bemerkt und von Lesern geschätzt wird. Die Rede ist von dem »Schattenmann« (Volker Weidermann), dem Lektor. In kleinen Verlagen hat diese Rolle manchmal der Verleger in Person, in großen Verlagshäusern herrscht mehr Arbeitsteilung, da gibt es noch einen Programmchef oder Cheflektor.

Die Aufgaben eines Lektors reichen von der Marktanalyse, die Marktkenntnis und Marktgespür voraussetzt, bis zum Aufbau des Verlagsprogramms. Er entwickelt eine Buchreihe, wählt ein Manuskript zur Veröffentlichung aus, und das zusätzlich zur Betreuung der Autoren und Pflege ihrer Werke über Jahre hinweg. Die Droemer-Lektorin Ilka Heinemann beschreibt die Beziehung zwischen Autor und Lektor als Symbiose und fand einen hübschen Vergleich in *Grzimeks Tierleben*:

»Der Autor kann trefflich mit dem Nashorn verglichen werden – ein exotisches Tier, das jedermann kennt, auch wenn die wenigsten es je aus nächster Nähe gesehen haben. [...] Für sein Wohlergehen braucht jedes Nashorn einen kleinen Vogel, der ihm lästiges Getier aus der Haut pickt – ein Job, den es schwerlich selbst erledigen könnte. Zudem ist das notorisch kurzsichtige Nashorn auch auf die Scharfsichtigkeit seines Vogels angewiesen, der nicht zuletzt vor drohender Gefahr warnt.« Die Lektorin stellt sich den kleinen afrikanischen Star als »glücklichen Vogel« vor.

Lektoren verfügen über eine gute Portion Selbstironie und Bescheidenheit, denn ihre Aufgaben sind weitaus vielseitiger und umfassender als die des kleinen, nützlichen Vogels. Was wird wirklich von den Lektoren erwartet? Bildung müssen sie haben, Fremdsprachen beherrschen, stilsicher sein und sich immer sowohl in den Leser wie den Autor hineinversetzen können. Ihr Aufgabenkatalog ist lang, und eine der bewundernswerten, oft unterschätzten Leistungen der Lektoren ist der psychologisch geschickte Umgang mit manchmal etwas exzentrischen Künstlerpersönlichkeiten, angefangen vom Autor, dem Übersetzer, dem Illustrator, dem Fotografen, dem Umschlaggestalter, dem Buchdesigner, den Kreativen aus der Werbung, dem vorgesetzten Programmchef oder Verleger. Dabei geht es keineswegs nur um Inhalte und künstlerische Fragen, sondern auch um Termine (meist kurzfristig), Honorare (immer knapp), Verträge (selten flexibel), um die Überzeugung der Verlagsvertreter (oft skeptisch), bis zu Gesprächen mit Kritikern (eher zweifelnd). Und dabei müssen Lektoren auch noch sicher auftreten, überzeugend wirken und stets Zuversicht und gute Laune verbreiten.

Ein solches Multitalent ist in der Filmbranche der Regisseur. Der Vergleich mit ihm ist keineswegs abwegig. Auf regieverband.de werden die Voraussetzungen, die ein Regisseur erfüllen muss, folgendermaßen beschrieben [Text in Klammern vom Autor]:

> *Voraussetzung für die Regietätigkeit [Lektorentätigkeit] ist eine Kombination von vielen verschiedenen Fähigkeiten, die es ermöglichen, dramaturgische, darstellerische, sprachliche, musikalische und visuelle Elemente zu einem Filmwerk [Buch] zusammenzufügen. Dazu gehört auch die Fähigkeit, künstlerische und technische Mitarbeiter zu motivieren, zu leiten und ihre kreativen Beiträge zu koordinieren. Es gibt keinen allgemein gültigen und anerkannten Ausbildungsweg zum Regieberuf [Lektorenberuf].*

Den Beruf »Regisseur« definiert der Berufsverband so:

Regisseur oder Regisseurin [Lektor oder Lektorin] sind bei der Entstehung eines Films [Buchs] von der Vorbereitung bis zum fertigen Werk die entscheidende künstlerisch-gestaltende Kraft. Sie sind nicht nachschaffende Interpreten eines vorbestehenden Werkes, sondern Gestalter einer originalen Schöpfung. Sie haben schon vor Beginn der Dreharbeiten [des Buchprojekts] eine konkrete Vorstellung vom fertigen Film[Buch] und den verschiedenen Elementen, aus denen er [es] sich zusammensetzt.

Auch beim Film ist es die Ausnahme, dass ein fertiges Drehbuch gleich verfilmt wird – ohne Überarbeitung, Weiterentwicklung oder sogar Beteiligung anderer Autoren. Joe Eszterhas ist mit »Basic Instinct« ein solcher Wurf gelungen. Denn jedes Studio, das für die Filmrechte mitgeboten hatte, wusste, das Drehbuch ist perfekt, es kann sofort gedreht werden. Solche Manuskripte, die direkt in den Satz gehen können, gibt es natürlich auch in der Literatur. Doch auch hier ist das nicht die Regel, sondern eher die Ausnahme. Für einen Text mit Potenzial wird ein Verlag auch zu einem umfangreichen Lektorat bereit sein. Und dann, wenn der Käufer des Buchs zum begeisterten Leser wird, dann hat ganz offensichtlich ein Lektoratsprofi Regie geführt.

"WAS MAN ALS LEKTOR ALLES MITMACHT, DA KÖNNTE MAN EIN BUCH DRÜBER SCHREIBEN."

Aus: Peter van Straaten *Warum liegt mein Buch nicht neben der Kasse?* Berlin 2007

▷ *Behutsam kämpfen*

Aufgeschlossen, neugierig, starrköpfig und bescheiden sei der ideale Lektor, meint Oliver Vogel, zuständig für deutsche Literatur bei S. Fischer

Von Felicitas von Lovenberg

Hermes war der geschwinde Götterbote. Er geleitete die Götter und erledigte deren Botendienste. Als Herold trug er einen Heroldsstab. Weil dieser Stab, eigentlich ein Zauberstab, ihm auch zum Einschläfern diente, galt Hermes, der Gott der Wege, auch als Gott des Schlafes und der Träume. Sein Vater Zeus ernannte den flinken Gesellen, der nebenher die Leier erfand, zum Vermittler zwischen Olymp und Unterwelt, wohin er die Seelen der Verstorbenen geleitete. Weil er seinen Sohn Autolykos das Stehlen lehrte, war er Gott der Diebe und Betrüger. Als derjenige, der immer einen Ausweg findet, galt Hermes überdies als Gott der Redekunst und des Denkens. In der Nachantike tauschte er den Götterberuf gegen eine himmlische Berufung. Er wurde Lektor.

Profaner veranlagte Gemüter mögen den Lektor als Hebamme der Literatur begreifen, welche dem Autor hilft, sein strampelndes, greinendes Werk in die Welt zu setzen. Sobald es abgenabelt, also erschienen ist, muss es dann auf eigenen Beinen stehen. Als Vater von drei Söhnen weiß Oliver Vogel einiges über Geburt und Aufzucht. Einen väterlich gesetzten Eindruck macht er allerdings nicht, wenn er über Literatur spricht. Wenn man sich mit ihm verabredet, sitzt er meist schon da und liest. Denn Lesen ist eine andere Form des Zuhörens, eine Kunst, die Oliver Vogel hervorragend beherrscht. Nicht, dass er nicht gern reden würde. Aber wenn er es tut, dann am liebsten über Bücher und Autoren, die ihn begeistern. Und davon gibt es einige.

Über seinem Schreibtisch in der Frankfurter Hedderichstraße hängt ein Satz Ilse Aichingers: »Es wird immer um Genauigkeit gehen, die gerade im Bereich der Literatur leicht abhanden kommt.« Vogel, strubbelblonde neununddreißig Jahre alt und seit drei Jahren Programmleiter für deutsche Literatur im S.-Fischer-Verlag, muss es bei seiner Arbeit aber nicht nur um die Genauigkeit bei der Lektüre gehen, sondern auch um die Vereinfachung bei der Vermittlung. Für ihn hat der Lektor zwei verschiedene, doch gleichermaßen zentrale Aufgaben: die der Zwie- und die der Fürsprache, zum einen als erster nichtprivater Leser eines Manuskripts, zum anderen als Götterbote, der seine Begeisterung in die Welt trägt.

Seit 1999 ist Oliver Vogel bei S. Fischer. Angefangen hat er nach dem Frankfurter Studium der Germanistik, Anglistik und Philosophie – und einem kurzen Jura-Abstecher – gleich bei Suhrkamp, anschließend verantwortete er beim Verlag der Autoren das Buchprogramm. Der Wunsch, mit Schriftstellern umzugehen, habe sich beim Lesen eingestellt, sagt er schlicht. Als andere womöglich davon träumten, Rummenigge zu begegnen, wollte er Canetti kennenlernen – obwohl er für Fußball durchaus etwas übrig hat.

Erste Pflicht des Lektors ist das Lesen – genau und mit möglichst großer Distanz. Letzteres fällt wegen des persönlichen Verhältnisses, das man zu seinen Autoren aufbaut, manchmal schwer. Für den unvoreingenommenen Blick gilt die Grundregel der Moderne: keine Kategorien, keine Wertung, sondern schauen, was ein Text macht und ob er dabei konsequent ist. Dieses ständige Lesen und Beurteilen rückt den Lektor, oberflächlich betrachtet, in die Nähe des Kritikers, doch im Unterschied zu diesem urteilt er nicht öffentlich. Als Lektor, so Vogel, habe man es mit Manuskripten zu tun, die noch nicht zum literarischen Kunstwerk erklärt worden sind – denn das geschieht letztlich erst durch die Veröffentlichung. Das verändert das Verhältnis zwischen Leser und Text: Manuskripte liest man mit Möglich keitssinn, mit einem wacheren Sensorium für die Beweglichkeit eines Textes, für das, was er noch werden kann. Dennoch sei es äußerst selten, fügt er hinzu, dass es nicht der Autor selbst ist, der eine entscheidende Wende vollzieht. Das Bewusstsein, dass der Lektor den Autor mit seiner Kritik an der verwundbarsten Stelle trifft, fördert eine weitere Eigenschaft, für die schon Hermes berühmt war: aufrichtig und deutlich zu sein, aber niemals verletzend.

Lektorieren bedeutet im Idealfall, den Autor zu sich selbst zu bringen, ihm zu helfen, das ihm gemäße Buch zu schreiben – und nicht etwa eines, das sich in erster Linie gut verkaufen soll. Auf die vielbeschworene Verantwortung, dass er in vielen Fällen mit darüber bestimmt, was ins literarische Leben eingeht und was nicht, kann man nur mit persönlicher Integrität reagieren. Entscheidungen für oder gegen ein Manuskript würden bei S. Fischer immer literarisch getroffen, nie ökonomisch. Und der Verlag will kein ästhetisches Programm, sondern die Autoren und ihr Werk vertreten. Diese absolute Loyalität ist für ihn Grundlage der Zusammenarbeit.

Natürlich ist es erfreulich, wenn sich ein Buch so gut verkauft wie beispielsweise der Roman *Am Hang* von Markus Werner, den Vogel als Lektor betreut – neben, unter anderem, Michael Lentz, Gregor Hens, Rainer Merkel oder Klaus Böldl, dessen Passau-Porträt *Drei Flüsse* 2006 erschienen ist. Für Peter Stamm und Felicitas Hoppe, zwei frisch zu S. Fischer gekommene Autoren, ist er ebenfalls zuständig.

Aufgeschlossen, neugierig, starrköpfig und bescheiden sei der ideale Lektor, sagt Oliver Vogel. Eine Profilneurose ist wohl die denkbar schlechteste Voraussetzung für diesen Beruf, einer im besten Sinne dienenden Tätigkeit. Ganz so uneigennützig, wie es von außen aussieht, ist der Job ohnedies nicht: Er profitiere schließlich von der Kraft und Energie der Texte, sagt Vogel. Der Langsamkeit bei der Lektüre und der Genauigkeit im Gespräch über das Manuskript stehe die Vereinfachung gegenüber, die jede Vermittlung benötigt, also der Mut zur Zuspitzung und zur Meinung. Das rechte Maß beim Lektorieren bestimme der Text. Maßlos müsse der Lektor sein, wenn es darum gehe, für ein Buch die Trommel zu rühren.

Den Beruf macht er wegen des Gefühls, »dass ein Buch gerade etwas in meinem Leben verändert«. Die Herausforderung besteht darin, eine Öffentlichkeit für diese Bücher zu suchen, erst bei der Vertreterkonferenz, später im Buchhandel. Da reichen zwar selbst Engelszungen und Flügelschuhe nicht immer aus. Aber Hermes, den fixen Götterboten, ficht das nicht an. »Behutsam kämpfen«, steht auf dem Ilse-Aichinger-Plakat in Oliver Vogels Zimmer.

Felicitas von Lovenberg schreibt für die »Frankfurter Allgemeine Sonntagszeitung«, von ihr sind 2007 erschienen *Mein Lieblingsmärchen. 101 Verführungen zum Lesen*, Sanssouci, und *Verliebe dich oft, verlobe dich selten, heirate nie? Die Sehnsucht nach der romantischen Liebe*, Droemer/Knaur

▷ Der beste Freund des Autors

Von Nicola Stuart

Laut Brockhaus von 1970 ist der Lektor »ein Angestellter oder nebenberuflich Tätiger, der die angebotenen Manuskripte für den Verleger prüft und gelegentlich für den Druck einrichtet«. Kein Wunder also, wenn viele denken, ein Lektor lese den ganzen Tag und sei ansonsten so etwas wie ein Hersteller (was der genau tut, weiß übrigens auch kaum jemand).

Ein Verlagslektor arbeitet im Stillen, verbringt seine beziehungsweise ihre Zeit – im Idealfall – hauptsächlich mit der Manuskriptbegutachtung und Textarbeit, dem Schreiben von Vorschau- und Klappentexten, der Entwicklung von Büchern oder Buchreihen und dem Entdecken neuer Autoren. Er ist sozusagen der beste Freund des Autors – will meinen, seines oder ihres Textes. Der Lektor soll den Text des Autors verbessern, ihn vor peinlichen Ungenauigkeiten oder Fehlern schützen. Er soll die Interessen des Verlages gegenüber dem Autor vertreten und sich gleichzeitig gegenüber dem Verleger vor »seinen« Autor stellen. Er soll Bestseller finden (viele, aber preisgünstig!), Honorare aushandeln, über hervorragende Allgemeinbildung verfügen, jeden kleinsten Fehler entdecken. Er soll bis in die Nacht hinein Manuskripte lesen, am Wochenende sowieso und – auch nicht ganz unwichtig – dabei stets gutgelaunt und ausgeglichen sein. Und er soll sich damit zufrieden geben, dass er in der öffentlichen Wahrnehmung nicht vorkommt. Wird ein Buch ein Erfolg, gebührt der Ruhm allein dem Autor und dem Verlag, doch soll der Lektor sein Haupt senken, wenn ein eifriger Rezensent einen Fehler im Text findet; der Fehler ist immer dem Lektor anzulasten.

Das ist für mich in Ordnung so, denn der Beruf hat viele schöne Seiten. So ist der Lektor auch, um mit Klaus Siblewski zu sprechen, ein Hüter der Literatur. Und das ist nicht wenig! Wir können Einfluss auf die (literarische) Kultur nehmen. Im besten Sinne! Wir können für die Veröffentlichung von guten Büchern kämpfen, und, so wir es denn geschafft haben, dadurch die Beschäftigung mit neuen Themen anstoßen oder Lesern zu unerhörtem Lesevergnügen verhelfen. Wir können Autoren fördern und uns daran erfreuen, wenn ihre Texte noch besser werden. Wir können manchmal, und das ist dann ein Glück, einem Text durch unsere Bearbeitung Worte entlocken, die ihn ums Ganze verbessern. Und haben sogar dann und wann, auch das ist ein Glück, Autoren, die das wirklich anerkennen!

Doch der Wandel in der Berufswirklichkeit verlangt uns, die wir ohnehin schon Allrounder sein müssen, noch mehr ab, und wenn wir nicht aufpassen, wird es das oben beschriebene Berufsbild, das für die literarische Kultur tatsächlich wichtig ist, bald nicht mehr geben. Denn mehr und mehr sollen wir zu Marketingspezialisten gemacht werden, zu Slogan-Gebern der Werbeabteilungen, sollen uns Marketingargumente (neudeutsch die u.s.ps am p.o.s.) ausdenken, Marketingkampagnen mitplanen, Zahlen analysieren, mehr als nur Stichworte für die Presseabteilungen liefern, uns Wiederverwertungen ausdenken und Ähnliches. Je größer der Verlag (beziehungsweise Konzern) ist, desto stärker sind diese Bestrebungen. Das können wir sowieso nicht alles leisten und sollten es auch nicht! Natürlich müssen wir in diesem Zusammenhang auch kritisch auf uns selbst schauen: Oft fällt es uns zu schwer, »unser« Buch an die anderen Abteilungen abzugeben. Meinen wir doch manchmal, dass nur wir wissen, wie »unser« Buch auf die richtige Art vermarktet werden kann, wollen die Werbetexte selbst schreiben, bei der Pressearbeit mitsprechen, und so weiter und wundern uns dann, wenn uns immer mehr Fachfremdes abverlangt wird …

Und noch eine kleine Nachdenkerei: Wir alle haben schon Nächte damit verbracht, einen Text oder eine Textübersetzung in gutes Deutsch zu bringen (Ja! Klar gibt es von vornherein gute und manchmal auch sehr gute Übersetzungen). Was ich aber damit sagen will: Natürlich sind wir in vielen Fällen nicht weniger Urheber des schließlich veröffentlichten Textes als Übersetzer; ebenso wie, weitergedacht, auch die Gestalter. Aber sollen wir deshalb alle am kommerziellen Erfolg der Bücher beteiligt werden? Nein, sage ich, denn der Autor hat das Buch geschrieben, und wir (Lektoren, Übersetzer, Gestalter) haben es nur im Sinne unseres Berufes bearbeitet.

Also, was ist ein Verlagslektor? Ein Allrounder, der der Literatur (sei es die Belletristik für alle Altersklassen, sei es das Sachbuch) und dem Autor verpflichtet ist und selbstverständlich auch dem Verlag. Und das ist gut so. Marketing aber sollen die Spezialisten erledigen. Nicht die Lektoren.

Nicola Stuart ist als Cheflektorin bei Gerstenberg zuständig fürs Kinder-, Jugend- und Erwachsenenbuch. Als Engländerin hat sie Freude am Übersetzen von Kinder- und Jugendbüchern – sofern Sie Zeit dafür findet.

▷ *Erst die Literatur, dann der Markt*

Von Angelika Klammer

Ich beginne mit dem Anfang: Es war 1995, meine erste Buchmesse, Österreich war Schwerpunktland in Frankfurt, ich arbeitete bei Residenz, dementsprechender Wirbel am Stand. Da trat einer der renommierten deutschen Kritiker auf mich zu, fasste warm meine Hand und sagte: »Ah, Sie sind das also. Wie schade, dass es im Grunde gar keine Lektoren mehr gibt.« Ich war erstaunt. Es folgte ein Exkurs über die luziden Korrespondenzen, die Autoren früher mit ihren Lektoren/Verlegern führen konnten, da damals noch Bildung, Kenntnisse, literarisches Urteilsvermögen etc.

Das also, dachte ich, ist die Außensicht auf meinen Beruf. Ich stoße immer wieder auf sie.

Sprung in die Gegenwart: Momentan sitze ich an einem groß angelegten Erzählzyklus. Ausgangspunkt und zentrale Figur darin ist der Vater. Dieser Vater arbeitete nach dem Krieg für den britischen Geheimdienst, was für das Kind (die Frau) bedeutete, unter schwierigen Bedingungen zu leben: Immer wieder war der Vater weg; ohne Ankündigung und auf unbestimmte Zeit. Ob er zurückkommen würde, wusste keiner. Kehrte er dann wieder, erzählte er nichts. Einmal, er war für drei Wochen im Dschungel Malaysias gewesen, konnte er dem Kind nicht in die Augen schauen. An solchen Zeichen nur entzündeten sich Ahnungen. Was bedeuten solche Lücken für biographische Versuche? Wie denkt man in der Folge über Abwesenheit/Anwesenheit (tot/lebendig), wie über Geheimnis, Rätsel, Sesshaftigkeit, Besitz, Gefahr nach? Und wie schlägt sich das in der literarischen Form nieder? In solchen Fragen ein Gesprächspartner zu sein, sehe ich als eine der – ja, es ist ein großes Wort – beglückenden Herausforderungen meines Berufs. Das ist die Innensicht.

Wir hören viel von den Veränderungen des Berufsbilds, von einem immer schneller sich drehenden Markt, der bedient werden will, von einem aggressiven Wettbewerb um Aufmerksamkeit in den Feuilletons, Platz in den Buchhandlungen. Das treibt Lektoren weg von der Ruhe zwischen beschriebenem Blatt und Lampe, wo die Welt sich noch ordnet. Es ist notwendig geworden, vielleicht sogar gut so. Und doch: Die Konzentration auf den Text ist das eigentliche Herzstück der Arbeit. In allen anderen Bereichen sind wir austauschbar. Hier nicht.

Aus 400 unverlangt eingesandten Manuskripten, so die Zahl, die kursiert, entsteht ein Buch. Also lesen, lesen, lesen, dann abwägen: ist hier Sprache (nicht Stil), ist hier (poetisches) Denken, wird mein Blick in eine neue Richtung gelenkt, verzweigt sich das Erzählte im Kopf, im besten Fall: Verwandelt es mich? Handelt es sich um einen gelungenen Text, der sich auf ein breiteres Publikum hin öffnet, kündigt sich ein schriftstellerisches Werk an, das einmal von Bedeutung sein könnte? Dann argumentieren, entschieden, um den Verleger zu überzeugen. In der Folge die Textarbeit, Zeile für Zeile abklopfen, Fragen stellen, Vorschläge machen. Im anschließenden Lektoratsgespräch, wo diese Fragen und Vorschläge diskutiert werden, so ist meine Erfahrung, entscheidet sich das Verhältnis von Autor und Lektor. Man sollte Autoren nicht unterschätzen, sie wollen ein Gegenüber, Begeisterung ohne Auseinandersetzung befriedigt die wenigsten nachhaltig.

Das nächste Buch – es ist immer das schwerste. Ob der Autor Gespräche im Vorfeld sucht, ob er die ersten Kapitel schickt, ob er gezielte Fragen stellt, oder ob ihm Literaturempfehlungen ein Stück weiterhelfen, hängt vom Typus ab. »Er ist ein guter Lektor für zweitklassige Bücher«, ist das vernichtendste Urteil, das ich mir denken kann.

Es gibt große Literatur, die viele Käufer findet, es gibt große Literatur, die das nicht tut. Dann muss man, um die ökonomische Basis des Programms zu sichern, Bücher finden (erfinden), die im Buchhan del Chancen haben. Und sich um Aufträge bemühen, die nicht nur für den Umsatz, sondern auch für das *Standing* des Verlags wichtig sind: dazu zählen Publikationen in Kooperation mit den Festspielen, Theatern, Ausstellungshäusern.

Es gibt Sätze, die ich nicht mehr hören möchte:

a) In den kleinen Verlagen gibt es zwar kein Geld, aber so viel menschliche Wärme.
b) Das (ein Opus für die *happy few*) bieten wir Hanser/Fischer/Berlin/ etc. gar nicht an, die wollen ja nur Bestseller, ihr seid ja noch an Literatur interessiert.
c) Wir leben doch alle von der Selbstausbeutung.

Im Verlag Jung und Jung arbeiten drei Personen (Verleger inklusive) ganz-, zwei halbtags. Die Größenordnung ist also überschaubar. Die finanziellen Möglichkeiten sind es auch. Autoren können wir nur realistische Vorschüsse zahlen (kein Pokern mit Agenten), Inserate jenseits der Branchenblätter sind *simply out of reach*. Die Verkaufszahlen von Autoren, die bei uns begonnen haben, explodieren oft, wenn sie zu größeren Häusern wechseln. Sie zu verlieren, ist schmerzlich, sie gefunden zu haben, unsere einzige Chance.

Angelika Klammer hat Germanistik, Philosophie, Hispanistik studiert. Sie hat zahlreiche Aufsätze und Studien publiziert, Anthologien und Autorenbücher herausgegeben. Seit 1994 ist sie als Verlagslektorin tätig.

▷ »Die Gerüchteküche kursierte«

Von Marcus Ingendaay

6.30 Uhr

Du erwachst aus einem Traum, in dem Bücher fliegen wie Microsoft-Toaster über weltraumschwarze Abgründe, einen Schweif flatternder Buchseiten hinter sich lassend, die seltsamerweise nie weniger werden. Du reißt die Augen auf und liegst in deinem Bett, inmitten von unerledigten Manuskriptstapeln, die im trüben Morgengrau den Fußboden in vermintes Gelände verwandeln.

6.45 Uhr

Über einem Stapel bist du gestern Abend eingeschlafen, ein Post-it-Schildchen bringt die Erinnerung zurück. »Steht bei 200, Angebot bis Freitag 14.00, danke. Jo.« Jo Dietrich ist unser Programmleiter, und heute ist Freitag, und gemeint, das heißt offenbar auch schon geboten sind: 200. Tausend. Dollar. Ein Haufen Geld für ein Buch, das du bis Mittag unmöglich lesen kannst. Dein Blick fällt auf den Agenturstempel. Charke & Shyster Associates, New York. Darüber ein Adler mit einem Buch in der Kralle. Die Kunst der Erpressung beherrschen diese Briganten perfekt, aus ihrem Spiel auszusteigen, kann man sich kaum leisten. Schließlich ist da immer die Angst in der Magengrube, den Bestseller der nächsten Saison zu verpassen.

Es stimmt im Übrigen nicht, dass die erfolgreichen Bücher die »kleinen« Bücher und literarischen »Entdeckungen« mitfinanzieren. Das war vielleicht ehedem mal so, in der Muschelzeit der deutschen Verlegerei. Heute tragen die Erfolgsbücher allenfalls noch sich selbst.

7.00 Uhr

Apropos, noch 99 Stunden bis zur Vertreterkonferenz. Die schlimmsten Wochen im ganzen Jahr. Dort musst du vor einer halben Hundertschaft abgebrühter Verkaufsterrier eine Readers-Digest-Version unzähliger Krimis und Unterhaltungsromane vorsingen, am besten mit Witz und Verve, dazu ein paar hübsche Gags in Reserve. Nach einem begeisterten »Also, das müssen Sie einfach auch selber mal lesen!« fällt allerdings schon mal der Satz: »Vom Lesen ist auch noch kein Buch besser geworden.« Da ist was dran. Vielleicht sollte man das über den Eingang des Verlagshauses meißeln.

8.00 Uhr

Im Stau zur Arbeit. Im Radio läuft »Am Morgen vorgestellt« mit den interessantesten Neuerscheinungen. Bücher aus deinem Bereich sind so gut wie nie darunter. Dafür beklagt sich ein Kritiker wortreich über die erbärmliche Qualität heutiger Buchproduktion, wo ja »überhaupt nicht mehr lektoriert« würde. Idioten. Die müssen es ja nicht machen. Du schaltest um auf FunFM und versuchst dir in den Rotphasen einen Überblick über das Charke-&-Shyster-Manuskript zu verschaffen. Für 200.000 Dollar klingt der Anfang ziemlich lähmend. Aber das will nichts heißen. Irgendjemand ist bereit, eine Menge Geld dafür zu bezahlen, und das allein macht dich nervös.

8.45 Uhr

Neben dem Aufzug im achten Stock des Verlagshauses hängt seit Jahren dieses Filmplakat aus den Sechzigern: Im Tal der verlorenen Schreie. Hier arbeitet das Lektorat.

9.05 Uhr

Kurzer Blick in deine E-Mails. 54 neue Nachrichten. Davon ungelesen: 54. Der Schreibtisch biegt sich unter vier Stapeln Papier. Zwei davon müssen kollationiert, zwei imprimiert werden, alles am liebsten bis gestern. Guter Gott, wie sollst du das jemals schaffen? Erst mal einen Kaffee.

9.20 Uhr

Als du zurückkommst, liegt bereits die erste Post da. Himmel, hilf! Ein ganzer Schwung sogenannter unverlangt eingesandter Manuskripte! Mittlerweile wird selbst der Platz auf dem Fußboden knapp. Du ziehst ein Anschreiben unter dem mürben Gummiband hervor und liest. Ein Fitnesstrainer aus Schweinheim bei Bonn legt dir sein Buch mit dem Titel »Muskeln, Männer und Maschinen« ans Herz, er will nämlich »endlich einmal den Sumpf der Intrigen in der Freizeitbranche aufräumen«. Auch täten in seinem Sportstudio »zahlreiche Politiker und Prominente verkehren«, aber über die könne er »schlussendlich nichts Schlechtes berichten«. Ein Jammer, das hätte immerhin interessant werden können.

10.00 Uhr

Ruth steckt ihren Kopf in die Tür. Ruth ist Lektoratsassistentin. Nach anfänglicher Druckserei rückt sie mit der Sprache heraus, will wissen, wann sie endlich »etwas Richtiges« zu tun bekommt. Sie meint: Literatur verlegen.

Du sagst ihr, dass sie ihre Sache gut macht, dass sie es noch weit bringen wird, dass sie aber ein bisschen Geduld haben müsse, weil ...

Großes Geschrei auf dem Flur. Hört sich an wie einer von Jo Dietrichs legendären Tobsuchtsanfällen. Im nächsten Moment fliegt die Tür auf.

»Welcher Intelligenzbolzen hat diesen Mist verbrochen?«

Er hält dir den neuen Raoul Klee hin: »Die Regenschnarre. Ein Versuch.« Raoul Klee war einmal eines unserer hoffnungsvollen deutschen Talente, also jemand, der erst mit seinem Erfolg nicht klar kam und später nicht mit seinem Misserfolg.

»Ich glaube, das war Britta.«

»Und wo ist Britta?«

»Nicht im Haus. Hat ihren Gleittag. Was ist denn eigentlich los?«

»Was los ist? Hier, lies das! Erste Seite. Echte Spitzenleistung, muss ich schon sagen.«

Du liest: O glücklich, wer noch hoffen kann, aus diesem Meer des Irrsinns aufzutauchen! »Schön! Das ist von Goethe, oder?«

»Das weiß ich auch! Ich hab's ja selber auf das Manuskript geschrieben. Das war mein Kommentar zu diesem Quark. Allein der Titel, ich meine ›Die Regenschnarre‹ ... Wenn wir Pech haben, können wir jetzt die gesamte Erstauflage einstampfen.« Das schmale Bändchen fleddert auf deinen Schreibtisch, wo es wie ein abgeschossener Vogel liegen bleibt.

»Naja, Britta hat vermutlich gedacht, das mit dem Irrsinn wäre das Motto.«

»Sieht so aus. Und hat es treulich setzen lassen. Sieh zu, wie du das geregelt kriegst, und zwar schnell.«

»Bei der zweiten Auflage wird alles besser«, murmelst du, die Tür knallt zu, weg ist er, und du bist wieder allein mit Ruth.

»Na, immer noch Lust auf große Literatur?«

Durch ihre Brillengläser spiegelt sie dich an. »Was ist eigentlich eine Regenschnarre?«

11.00 Uhr

Soeben die neuen Verkaufszahlen gecheckt. Sachbücher müsste man machen. Die Angstfrei-Reihe (»Angstfrei töpfern in der Toskana«) ist nicht kaputtzukriegen. Und bei dir Stagnation und jede Menge Remittenden. Na ja. Die Hoffnung stirbt zuletzt.

11.06 Uhr

Anruf des schäumenden Klee.

»Herr Klee, ich kann ja verstehen ...«

»Nichts können Sie! Hier, Seite 87, erste Zeile ...«

»Es kursierten Gerüchte? Was stimmt damit nicht? Ich dachte, Sie hätten die Redaktion mit Britta besprochen.«

»Im meinem Text stand: Es kursierte die Gerüchteküche ...«

»Aber eine Küche kann eigentlich gar nicht ...«

Mit solchem Kleinkram hält er dich dran, fast eine Dreiviertelstunde lang, doch dann hat er sich beruhigt, bedankt sich sogar für die gute Zusammenarbeit und will nur noch wissen, wie dir die

Umschlagillustration gefallen hat. Diese nämlich stammt wie immer von seiner Frau, die bekanntermaßen ebenfalls eine bekannte Künstlerin ist.

»Ein echter Klee«, antwortest du wahrheitsgemäß.

14.30 Uhr

Jour fixe der Marketing-Abteilung. Unsere Noblesse-Reihe muss wohl endgültig als gescheitert gelten. Sie ist gescheitert, weil das edle Großformat nicht in die Taschenbuchregale des Buchhandels passte. Die Marketing-Abteilung kontert jetzt mit einer Sommer-Aktion namens Beach-Books. Neben einer Liegestuhl-Deko fürs Schaufenster gibt's für sämtliche Buchhändlerinnen Deutschlands wahlweise 1 Badelaken, 1 aufblasbares Krokodil oder 1 wasserdichtes Radio für Zum-unter-die-Dusche-Nehmen, bei entsprechendem Umsatz auch mal alles zusammen. Einen gewissen Langnese-Appeal kann man dem Ganzen nicht absprechen. Und so ein Dusch-Radio hättest du auch ganz gern. Nachher mal fragen. Noch 92 Stunden bis zur Vertreterkonferenz.

16.00 Uhr

Noch schnell ein paar Klappentexte runtergehauen – alles, was in der Woche liegen geblieben ist.

»... doch hinter der Fassade bürgerlicher Wohlanständigkeit stößt Inspektor Carter auf eine Mauer des Schweigens ...« – oder doch lieber: »...sticht er mit seinen Ermittlungen in ein Wespennest«?

»... die Spur führt in die Vergangenheit und zu einem schrecklichen Verbrechen ...«

»... eine turbulente Liebesgeschichte, hinreißend erzählt und mit unnachahmlichem Gespür für ...« – für was eigentlich? Zeit für einen Kaffee.

18.05 Uhr

Anruf von einem Übersetzer, der seinen Abgabetermin überzogen hat. Er erklärt den Rückstand mit einer wütenden Exfreundin, die ihm per E-Mail ein Virus geschickt habe. Wodurch nun leider Gottes sämtliche Textdateien gelöscht worden seien, darunter auch die bereits fertiggestellte Übersetzung. Die Ausrede nötigt dir eine gewisse Bewunderung ab: Sie ist zeitgemäß, halbwegs plausibel und gefühlsmäßig ansprechend, nicht wie der Zimmerbrand vom vorigen Mal oder der Verlust eines geliebten Menschen, der in Extremfällen gern genommen wird. Du gibst ihm noch zwei Wochen und den guten Rat, sich bis dahin keine neue Freundin anzuschaffen.

18.15 Uhr

Anruf von Violet Herschel, Frau fürs Grobe bei Charke & Shyster Associates. Die gute Nachricht: Die Auktion wird bis Montag verlängert. Die schlechte: Sie steht mittlerweile bei 250.000 für zwei Bücher. »Okay, you twisted my arm. How about one silver dollar changing hands, changing hands...« Aber Violet versteht in diesen Dingen keinen Spaß, und ihr vertagt euch bis Montag. Bis dahin kannst du das Manuskript sogar lesen.

19.15 Uhr

Du stehst rauchend am Fenster und schaust hinaus. Unten auf dem Vorplatz nähert sich eine Gruppe von Frauen, in langen Mänteln, Kopftüchern: die Putzkolonne. Mit stoischer Unbeirrbarkeit bewegt sich der Verband auf den Eingang zu, auf ihrer Mission ins Tal der verlorenen Schreie. Du hoffst, dass sie einmal den ganzen Mist hinauskehren, alle die Fitnesstrainer, Klees, die Charke & Shysters auf deinem Planeten. Das geschieht natürlich nicht. Man wischt nur sorgfältig um die Haufen von Papier herum.

Noch 87 Stunden bis zur Vertreterkonferenz.

Marcus Ingendaay, Jahrgang 1958, studierte Anglistik und Germanistik in Köln und Cambridge. Nach Stationen als Reporter und Werbetexter arbeitet er seit vielen Jahren als freier Übersetzer. Für seine Übersetzungen von Werken u.a. von William Gaddis wurde er mehrfach ausgezeichnet. 2003 Romandebüt mit *Die Taxifahrerin* (Rowohlt). Gegenwärtiges Hauptprojekt in Sachen Übersetzung ist der monumentale Roman *The Tunnel* von William Gass.

Verlagssuche 10

▷ *Auch Literatur hat ein Verfallsdatum*

20 Verlage lehnten ein anonymes Manuskript des Nobelpreisträgers V.S. Naipaul ab – ist das Marketing inzwischen wichtiger als der Inhalt?

Von Iris Alanyali

Die Londoner »Sunday Times« hat dem britischen Literaturbetrieb eine Falle gestellt – und fast alle sind hineingefallen. An 20 Verlage und Agenten schickte die Redaktion das Anfangskapitel zweier preisgekrönter Romane. Sie veränderte nur die Namen der Autoren und der Hauptfiguren und präsentierte sie als Werke neuer Talente. Der eine Titel war *In einem freien Land* von V.S. Naipaul, der andere Stanley Middletons Roman *Holiday*. Beide Texte hatten in den Siebzigern den Booker Preis erhalten, die wichtigste britische Literaturauszeichnung, Naipaul ist inzwischen Literaturnobelpreisträger.

Nun hat die Zeitung die Ergebnisse veröffentlicht: Eine einzige Agentin bat um weitere Kapitel von *Holiday*, zu Naipaul antwortete sie, sie halte es für ein »recht originelles« Werk, sei letztlich aber »leider nicht überzeugt genug« gewesen, um ein Angebot zu machen. Die anderen, darunter der Verlag Bloomsbury und der Agent Christopher Little, der J.K. Rowling entdeckte, schickten freundliche Ablehnungen. Die Agentur Blake Friedmann, die unter anderem Lawrence Norfolk vertritt, ließ wissen, dass man neue Autoren nur dann aufnehme, wenn genug Mitarbeiter sich »sowohl vom Inhalt als auch vom Stil völlig überzeugt« zeigten, was im Falle des Naipaul-Textes leider nicht der Fall gewesen sei.

29 Jahre, blond, gutaussehend?

Natürlich war die Schadenfreude groß, und der Kommentar des Autors und Kritikers David Taylor fasst die allgemeine Kritik zusammen: »29 Jahre alt zu sein, blond, gutaussehend und ein bisschen berühmt dürfte heutzutage reichen, ein Buch zu veröffentlichen.« Und natürlich reagierten die Autoren verschnupft. Middleton, 86, seufzte, das Ergebnis habe ihn nicht überrascht, »die Leute scheinen nicht mehr zu wissen, was ein guter Roman ist«. Naipaul, 73, befand: »Um zu erkennen, dass etwas gut und ansprechend geschrieben ist, braucht es großes Talent, und davon gibt es heutzutage nicht viel.«

Könnte es aber auch daran liegen, dass selbst gute Literatur mitunter ein Verfallsdatum hat? Und Mutmaßungen über den Geisteszustand der Jury gehören nicht erst seit der Verleihung des Nobelpreises an Harold Pinter im vergangenen Jahr zum Standardprogramm der Literaturberichterstattung. »Jede Zeit hat ihre Texte«, sagt denn auch Thomas Tebbe, Programmleiter für Belletristik im Piper Verlag: »Was sind hier vor 30 Jahren für Bücher erschienen! Und die ganzen Debüts vor sieben Jahren. Da hat sich bei manchen auch nach drei Jahren herausgestellt: Es war nur Zeitgeist.«

Beliebtes Gesellschaftsspiel

Ein »beliebtes Gesellschaftsspiel« nennt Oliver Vogel, Programmleiter für deutsche Literatur des S. Fischer Verlags das Experiment der »Sunday Times«. Dass es nur noch auf Marketing ankäme, sei »vorurteilsbeladenes Geschwätz«. Auf Vogels Tisch landen jährlich etwa 4500 Manuskripte – um die sich vier Lektoren kümmern. Natürlich greife man da auch auf Praktikanten und Volontäre zurück, die eine Vorauswahl treffen: »Dass die jünger sind, andere Lebens- und Leseerfahrungen haben, das ist doch auch ein Vorteil, den wir nutzen.« Und: »Natürlich wird gute Literatur erkannt. Nur: Der Mensch ist leider fehlbar. Aber das Netz in der deutschen Literaturbranche ist engmaschig.«

Das in solchen Fällen gern angeführte Beispiel ist Robert Schneiders *Schlafes Bruder*, der von Dutzenden Verlagen abgelehnte spätere Bestseller: »Die Geschichte eines unbekannten Autors, die im 19. Jahrhundert im Vorarlberg spielt und gleich im ersten Satz verkündet, dass der Held bald tot sein wird«, fasst Hamburgs Literaturhauschef Rainer Moritz, ehemaliger Leiter des Hoffmann und Campe Verlags zusammen: »Und da soll man sich über Ablehnungen wundern?« Tebbe und Vogel verweisen auf Literaten wie Arno Geiger, der mit dem Familienroman *Es geht uns gut* den Deutschen Buchpreis gewann, oder Daniel Kehlmanns *Die Vermessung der Welt*. Beide eroberten die Bestsellerlisten und entsprechen weder als Autoren noch mit ihren Romanen dem Klischee des blonden Fräuleinwunders. »Die Phase ist vorbei«, sagt Tebbe. Damals seien, so Moritz, tatsächlich mehr Manuskripte mit Foto verschickt worden.

Weniger Vorschuss, mehr Guerillamarketing

Was nicht bedeutet, dass das Marketing unwichtig ist. »Die Werbung, die ein Verlag für einen Titel zu machen bereit ist, wird immer relevanter«, sagt Petra Eggers. Mittlerweile wird etwa die Hälfte der deutschsprachigen Literatur über Agenten vermittelt, die Berliner Agentur Eggers und Landwehr gehört zu den großen der Branche und nimmt unverlangt eingesandte Manuskripte gar nicht erst an. Eggers vertritt neben Florian Illies viele Autoren der »Generation Golf«, deren sechsstellige Vorschüsse in den Neunzigern für Furore sorgten. Inzwischen raten Agenten schon mal, auf den höheren Vorschuss zu verzichten und stattdessen dem Verlag den Vorzug zu geben, der einen Roman zum Spitzentitel seines Programms zu machen bereit oder aber für sein »Guerillamarketing« berühmt ist, das heißt besonders erfolgreich zielgruppenspezifisch wirbt.

»Mein Eindruck ist«, sagt Oliver Vogel, »dass das Feuilleton seinen Einfluss auf den Verkauf verloren hat. Elke Heidenreich oder der Deutsche Buchpreis sind viel wirksamer.« »Den mittelgroßen Sortimentsbuchhandel«, sagt Thomas Tebbe, »wo der bildungsbürgerliche Leser saß, den gibt es kaum noch. Die Vermittlungswege haben sich geändert, und man muss das Glück haben, einen dieser Wege beschreiten zu können.« Das kann der gute Draht des Verlegers zu Elke Heidenreich ebenso sein wie der so genannte Buchhändlerbonus, der dafür sorgt, dass Bücher bestimmter Verlage aus der Flut besonders gern herausgegriffen und empfohlen werden.

Auch der deutschsprachige Buchmarkt hat übrigens seine Erfahrung mit unerkannter Größe: 1968 verschickte die Satirezeitschrift »Pardon« acht Seiten aus Musils *Mann ohne Eigenschaften.* Die Ablehnungen stapelten sich – von »primitiver Ausdrucksweise« und falscher Sentimentalität eines »Unterhaltungsromans ohne Anspruch« war die Rede.

Iris Alanyali ist Redakteurin im Feuilleton der »Welt« und Autorin zweier Bücher, der *Gebrauchsanweisung für die Türkei* (Piper Verlag) und *Die Blaue Reise – Geschichten aus meiner deutsch-türkischen Familie* (Rowohlt).

▷ *Das literarische Dreieck*

Von Bastian Schlück

Das Agenturwesen ist in Deutschland in Bezug auf deutschsprachige Autoren noch nicht so etabliert wie in anderen Ländern. Besonders in den angelsächsischen Ländern ist es üblich, dass sich Autoren von einem Agenten vertreten lassen. Ja, viele Verlage prüfen gar keine unverlangt eingesandten Materialien mehr. Das Dreieck Autor – Agentur – Verlag funktioniert dort schon seit geraumer Zeit sehr gut. Wie sieht es in Deutschland aus?

Die deutschen Verlage sind den Kontakt mit Agenturen ebenfalls schon gewöhnt. Sie kaufen seit Jahrzehnten die Lizenzen an ihren fremdsprachigen Titeln über Agenten ein. Der Bereich der Direktvertretung von deutschen Autoren wächst dagegen täglich.

Dabei soll nicht übersehen werden, dass »Deutschland schon früh ein sehr lebendiges literarisches Vermittlungswesen« besessen hat, wie Andreas Graf in seinem Artikel »Literaturagenturen in Deutschland (1868 – 1939)« schildert. Demnach hat es bereits in der zweiten Hälfte des 19. Jahrhunderts eine sehr große Zahl von literarischen Agenturen gegeben, deren Gründungsinitiation »der Schriftstellerschaft« entsprungen sind und deren Zweck die »Sicherung literarischen Eigenthums« und die »Professionalisierung des schriftstellerischen Berufsstandes« war.

Um nichts anderes geht es den seriösen Agenten auch heute noch. Warum sollen nicht auch die deutschen Autoren die bestmögliche Unterstützung in allen Bereichen des hochdifferenzierten Buchmarktes erhalten? Letztendlich ist es doch wichtig, dass sie sich auf das Wesentliche konzentrieren können, nämlich aufs Schreiben.

Ein Indiz für den zunehmenden Wunsch deutscher Autoren, sich von Agenten vertreten zu lassen, ist die in den letzten Jahren stetig steigende Zahl von Agenturen im deutschsprachigen Gebiet. Eine eindeutige Antwort auf die oben genannte Frage ist nicht möglich. Die Zahlen schwanken ständig, und die Ansätze, welche Agenturen in die Zählung mit aufgenommen werden sollen, sind unterschiedlich.

Wie nehme ich mit einer Agentur Kontakt auf?

Im Allgemeinen verläuft die Kontaktaufnahme mit Agenturen nach denselben Regeln wie die Annäherung an einen Verlag.

Zum besseren Verständnis sollen hier exemplarisch die Kontaktregeln der Agentur Schlück genannt werden.

Bitte überlegen Sie, ob Sie überhaupt mit einem Agenten zusammenarbeiten möchten oder nicht. Eine parallele Versendung an Verlage und Agenten ist nicht ratsam.

Die Basis

Bevor Sie sich mit einer Agentur einigen, sollten Sie sich fragen, mit was für einer Agentur habe ich es zu tun?

Grundsätzlich kann man nichts falsch machen, wenn man folgenden Punkt beachtet: Die Agentur sollte ihr Geld bei erfolgreicher Vermittlung erhalten, vorher sollten Ihnen als Autor keine Kosten entstehen, weder für die Aufnahme in die Agentur noch für ein eventuelles Lektorat. Die sicherste und beste Vereinbarung für einen Autor ist die Provision im Erfolgsfall.

Ebenfalls sollten Sie darauf achten, an welche Verlage die Agentur Sie zu vermitteln versucht. Generell sollte man die Hände von so genannten Zuschussverlagen lassen und angeblichen Literaturagenturen, die »neue Autoren« suchen und regelmäßig an bestimmte Zuschussverlage weitervermitteln.

Verhaltenskodex für Agenturen

Ein Verhaltenskodex für Agenturen könnte etwa so aussehen:

> Der Literaturagent stellt sein ganzes Wissen und Können in den

Leitfaden zum Erstkontakt
der Agentur Thomas Schlück GmbH
Bitte schicken Sie uns nicht unaufgefordert Manuskripte zu. Schicken Sie uns keine E-Mails mit angehängten Dateien oder Anfragen per Fax mit Auszügen aus Ihrem Manuskript. Für solche Zusendungen übernehmen wir keine Haftung und Verantwortung.
Wenn Sie zu uns Kontakt aufnehmen wollen, schicken Sie uns bitte folgendes Material:

Einen Anfragebrief, in dem Sie etwas von sich erzählen und der ebenfalls eine Werkbibliografie enthält. Wenn noch nichts von Ihnen veröffentlicht worden ist, sind folgende Informationen sehr wichtig für uns:
Welche Verlage haben Ihre Manuskripte bisher geprüft?
Haben Sie schon mit einem anderen Literaturagenten zusammengearbeitet?
In welches literarische Genre ist Ihr Buch einzuordnen?
Wie umfangreich ist das gesamte Manuskript?
Wenn es sich um ein Sachbuch handelt, gibt es vergleichbare Titel, die schon veröffentlicht worden sind?
Ihre Adresse mit Telefon- und Faxnummer, E-Mail-Adresse.
Ein Exposé Ihres Buchs (max. 3 DIN-A4-Seiten).
Max. 30 Seiten Ihres Manuskriptes (die ersten zwei bis drei Kapitel).
Bitte übersenden Sie uns keine Originale Ihres Werks! Auch hierfür können wir keine Haftung und Verantwortung übernehmen!
Wir bemühen uns, innerhalb von drei Wochen zu antworten. Selbstverständlich ist, dass Ihnen für die Begutachtung keinerlei Kosten entstehen.

Dienst seiner Klienten und wendet größtmögliche Sorgfalt bei der Betreuung der Autoren an.

> Der Agent verpflichtet sich, seine berufliche Tätigkeit offen, klar und ohne Benachteiligung der betroffenen Personen oder Institutionen zu gestalten.

- Der Agent informiert seine Auftraggeber offen und sachlich über die Möglichkeiten und Grenzen seiner Leistungen.
- Der Agent verpflichtet sich, die ihm anvertrauten Gelder seiner Klienten, unter Berücksichtigung aller Sicherheitsmaßnahmen, treuhänderisch zu verwalten. Eine Vermischung mit den eigenen Geschäftskonten findet nicht statt.
- Die Einzelheiten der Zusammenarbeit zwischen dem Agenten und seinem Klienten werden in einer klaren, schriftlichen Agenturvereinbarung geregelt.
- Die Honorierung erfolgt durch eine Provision, die im Erfolgsfall fällig wird. Sonstige Gebühren und Kosten wie Fotokopierkosten etc. werden nur in Rechnung gestellt, wenn diese Bestandteil der Agenturvereinbarung sind.
- Die Erhebung von Lektoratsgebühren und sonstigen Gebühren für die Bewertung eines Manuskripts, Exposés, etc. stellen einen ernsthaften Missbrauch dar und wirken sich negativ auf den Berufsstand der Literaturagenten aus. Der Begriff Gebühren bezieht sich in diesem Zusammenhang auf alle Arten von Kosten; einzige Ausnahme sind die Kosten für die Rücksendung von zugesandtem Material (Rückporto).
- Ein Agent informiert den Klienten über alle die Zusammenarbeit betreffenden Angelegenheiten.
- Ein Agent ist diskret und verpflichtet sich zur aktiven Sicherung der ihm anvertrauten Informationen. Er behandelt alle Informationen über Personen, Institutionen und Sachverhalte streng vertraulich. Die Weitergabe solcher Informationen ist nur statthaft, wenn sie im Interesse der Betroffenen liegt und mit deren ausdrücklicher Einwilligung geschieht.

Die Basis für die Beziehung zwischen einem Autor und seinem Agenten kann nur das gegenseitige Vertrauen sein.

Die Agentur Schlück beispielsweise schließt dann im weiteren Verlauf mit ihren Autoren eine recht knapp gefasste Vereinbarung, in der die geschäftliche Grundlage gelegt wird. Ein Agent erhält üblicherweise 15% aller Einnahmen für die direkte Vermittlung in

Deutschland. Es gibt auch Agenturen, die weitaus mehr fordern – aber in diesem Punkt muss jeder Autor selbst wissen, was ihm die Dienste eines Agenten wert sind.

Haben Sie diese Punkte berücksichtigt und sollte sich die betreffende Agentur auch zu solchen Verhaltensregeln verpflichten, kann man eigentlich bedenkenlos mit ihr zusammenarbeiten. Ob diese Zusammenarbeit auch erfolgreich ist, muss dann allerdings die Praxis erweisen.

Bastian Schlück ist einer der Geschäftsführer der wohl größten deutschen Literaturagentur. Er hat zusammen mit Joachim Jessen, Martin Meyer-Maluck und Thomas Schlück den Ratgeber *Literaturagentur – Erfolgreiche Zusammenarbeit Autor – Agent – Verlag* geschrieben, dem dieser Textauszug entnommen ist.

Adressen

▷ Literaturagenturen

ABC Medienagentur Sylvia & Niklas Schaab GbR
Ulrichsplatz 15
86150 Augsburg
Tel. 0821 - 22 93 97 96
Fax 0821 - 22 93 97 97
info@abc-medienagentur.de
www.abc-medienagentur.de
Leitung: Sylvia & Niklas Schaab
Kurzcharakteristik: Gj. 2002, ca. 80 Autoren, Vermittlung von Autoren, Ghostwritern und Partworkern; Komplettproduktionen inkl. Grafik und Herstellung (ohne Druck); Partwork, Schwerpunkte: Sachbuch und Ratgeber (keine Belletristik, keine Kinderbücher, keine Prosa, keine SF)
Honorar: Erfolgsprovision 20% bei Abschluss Buchvertrag
Vorauszahlung, andere Kosten: keine
Manuskriptinteresse: Gesundheit, Ernährung, Fitness, Partnerschaft, Psychologie, Erziehung, Esoterik, Hobby, Beruf, Wirtschaft, Geld, Recht und Verbraucher
Manuskriptangebote: nach vorheriger telefonischer Anfrage, als Exposé
Medium: E-Mail
Manuskriptrücksendung: ja, bei Rückporto

Ariadne Buch Christine Proske
Sachbuchagentur
Mariahilfstr. 8
81541 München
Tel. 089 - 44 44 90 - 0
Fax 089 - 44 44 90 - 50
info@ariadne-buch.de
www.ariadne-buch.de
Leitung: Christine Proske
Ansprechpartner: Christine Proske
Kurzcharakteristik: Gj. 1991 und hat seither ein umfassendes Netzwerk aus Autoren, Verlagen und Unternehmen geknüpft, Ariadne-Buch ist Partner für Verlage und Unternehmen, die Agentur konzipiert und realisiert auflagenstarke Sachbücher, Sammelwerke und Newsletter, Content für digitale Medien und Bücher als Marketinginstrumente.
Honorar: 15% wenn die Idee vom Autor kommt, 20% wenn die Idee in der Agentur entstanden ist (zu 80% der Fall)
Vorauszahlung, andere Kosten: keine
Manuskriptinteresse: Sachbuch
Manuskriptangebote: als Exposé mit Textprobe von 5-10 Seiten
Medium: Papierausdruck, E-Mail
Manuskriptrücksendung: ja, bei Rückporto

Aulo Literaturagentur
Dr. Matthias Auer
Parkstr. 3
78351 Bodman-Ludwigshafen
Tel. 07773 - 93 79 52
Fax 07773 - 93 79 53
aulo.box@t-online.de
Leitung: Dr. Matthias Auer
Ansprechpartner: Dr. Matthias Auer
Kurzcharakteristik: Schwerpunkte: (deutschsprachige) Belletristik und Sachbuch, literarische Betreuung, Vermittlung
Honorar: 15% Erfolgshonorar
Vorauszahlung, andere Kosten: keine
Manuskriptinteresse: Belletristik und (populäres) Sachbuch
Manuskriptangebote: aussagefähige Textprobe mit Exposé
Medium: Papierausdruck
Manuskriptrücksendung: ja, bei Rückporto

AVA- Autoren- und Verlags-Agentur GmbH
Seeblickstr. 46
82211 Herrsching-Breitbrunn
Tel. 08152 - 92 58 83
Fax 08152 - 30 76
office@ava-bookagency.com
www.ava-bookagency.com
Leitung: Reinhold G. Stecher
Ansprechpartner: Reinhold G. Stecher
Kurzcharakteristik: Gj. 1979, vertritt ca. 50 ausschließlich deutschsprachige AutorInnen. 2. Schwerpunkt: Nachlassverwaltungen
Honorar: 15 oder 20% Erfolgsprovision aus vermittelten Vertragshonoraren
Vorauszahlung, andere Kosten: keine
Manuskriptinteresse: Romane, Sachbücher, Auto-)Biografien; keine Science Fiction und Fantasy, keine wissenschaftlichen Werke
Manuskriptangebote: nach vorheriger telefonischer Anfrage, als Exposé mit Textprobe von 10 - 20 Seiten und Vita
Medium: Papierausdruck
Manuskriptrücksendung: ja, bei Rückporto

Frau Rose Bienia
Literatur-Agentur Tübingen Rose Bienia
Alberstr. 5
72074 Tübingen
Tel. 07071 - 9698771/2
rosebienia@t-online.de
www.literatur-agentur-tuebingen.de
Leitung: Rose Bienia
Kurzcharakteristik: Gj. 2003, 10-15 Autoren, Vermittlung an Verlage und versierte Förderung von talentierten AutorInnen
Honorar: 15%
Vorauszahlung, andere Kosten: 100 € Gebühr bei Anforderung des Gesamtmanuskriptes, dafür erhält jede/r Autor/in eine kurze Expertise zu seinem Maunskript
Manuskriptinteresse: jederzeit: Sachbuch. Belletristik: Krimi, Unterhaltungsliteratur, historischer Roman, moderne Literatur, Reiseliteratur, Jugendbuch, Lyrik; im Aufbau: Drehbuch
Manuskriptangebote: als Exposé mit Textprobe von 20 Seiten

Medium: Papierausdruck, E-Mail; bei Manuskriptanforderung nur Papierausdruck
Manuskriptrücksendung: ja, bei Rückporto

Literarische Agentur Andreas Brunner
Schäffergasse 22/4
A-1040 Wien
Österreich
Tel. +43 (0)1 - 533 31 91
Fax +43 (0)1 - 533 31 91-15
brunner@literaturagentur.at
www.literaturagentur.at
Leitung: Andreas Brunner
Ansprechpartner: Andreas Brunner
Kurzcharakteristik: Gj. 1996, vertritt ca. 20 AutorInnen, 10 englischsprachige Verlage
Honorar: 15% Erfolgshonorar
Vorauszahlung, andere Kosten: keine
Manuskriptinteresse: ausschließlich Sachbuch zu Politik/Zeitgeschichte, jRatgeber, Psychologie, üdische Themen, Theater/Film
Manuskriptangebote: als Exposé mit Textprobe von 30 Seiten
Medium: Papierausdruck
Manuskriptrücksendung: ja, bei Rückporto

copywrite Literaturagentur
Woogstr. 43
60431 Frankfurt am Main
Tel. 069 - 94 41 01 53
Fax 069 - 94 41 01 69
post@copywrite.de
www.copywrite.de
Leitung: Georg Simader
Ansprechpartner: G. Simader
Kurzcharakteristik: Gj. 1999, ca. 30 Autoren, Schwerpunkte: Belletristik, Kriminalliteratur, Sachbuch allgemein
Honorar: 15% Erfolgshonorar
Vorauszahlung, andere Kosten: keine
Manuskriptinteresse: Neue deutsche Literatur, Kriminalromane, keine Kurzgeschichten, keine Lyrik
Manuskriptangebote: nach vorheriger telefonischer Anfrage
Medium: Papierausdruck, E-Mail
Manuskriptrücksendung: ja, bei Rückporto

Eggers & Landwehr
Literaturagentur
Rosa-Luxemburg-Str. 17
10178 Berlin
Tel. 030 - 31 01 03 - 0
Fax 030 - 31 01 03 -10
info@eggers-landwehr.de
www.eggers-landwehr.de
Leitung: Petra Eggers, Matthias Landwehr

Paul & Peter Fritz AG
Literarische Agentur
Jupiterstr. 1
CH-8032 Zürich
Schweiz
Tel. +41 (0)44 - 388 41 40
Fax +41 (0)44 - 388 41 30
info@fritzagency.com
www.fritzagency.com
Ansprechpartner: Peter S. Fritz, Christian Dittus, Antonia Fritz
Kurzcharakteristik: Gj. 1962
Honorar: 15% Erfolgshonorar

Vorauszahlung, andere Kosten: keine
Manuskriptinteresse: Belletristik, Sachbuch. (Keine Gedichte, Science Fiction, Fantasy, Horror, Fachbücher)
Manuskriptangebote: als Exposé mit Textprobe von 30 Seiten, evtl. Manuskript
Medium: Papierausdruck, E-Mail (Documents@fritzagency.com)
Manuskriptrücksendung: ja, bei Rückporto (int. Antwortscheine)

Literarische Agentur Michael Gaeb
Stargarder Str. 8
10437 Berlin
Tel. 030 - 54 71 40 02
Fax 030 - 54 71 40 05
info@litagentur.com
www.litagentur.com
Leitung: Michael Gaeb-Calderón
Ansprechpartner: Michael Gaeb-Calderón
Kurzcharakteristik: Gj. 2003, 20 Autoren, deutsche, französische, italienische und lateinamerikanische Belletristik. Internationale Autoren- und Verlagsvertretung, populärwissenschaftliches Sachbuch
Honorar: 15% Erfolgshonorar
Vorauszahlung, andere Kosten: keine
Manuskriptinteresse: Belletristik, Sachbücher, Biografien, Lifestyle, populäres Sachbuch, Frauenunterhaltung, historischer Roman, Jugendbuch
Manuskriptangebote: als Exposé mit Textprobe bis zu 20 Seiten und Kurzvita
Medium: Papierausdruck
Manuskriptrücksendung: ja, bei Rückporto

Literaturagentur Kai Gathemann
Lorenzonistraße 74
81545 München
Tel. 089 - 76 77 37 52
Fax 089 - 72 01 81 24
info@literaturagentur-gathemann.de
www.literaturagentur-gathemann.de
Leitung: Kai Gathemann
Ansprechpartner:
Kurzcharakteristik: Gj. 2005, Schwerpunkte: Belletristik, Sachbuch, Ratgeber, Jugendbuch (siehe Website)
Honorar: 15%-20% Erfolgshonorar
Vorauszahlung, andere Kosten: keine
Manuskriptangebote: als Exposé mit Textprobe von max. 30 Seiten
Medium: Papierausdruck
Manuskriptrücksendung: ja, bei Rückporto

Aenne Glienke
Agentur für Autoren und Verlage
Freyensteiner Str. 1
17209 Massow
Tel. 039925 - 775 38
Fax 039925 - 775 39
mail@AenneGlienkeAgentur.de
www.AenneGlienkeAgentur.de
Leitung: Aenne Glienke
Ansprechpartner: Aenne Glienke
Kurzcharakteristik: Agentur für deutschsprachige Sachbuchautoren und Biografen, monatliche Jours fixes in den Literaturhäusern von Berlin und Hamburg
Honorar: 15%
Vorauszahlung, andere Kosten: keine
Manuskriptinteresse: speziell: Erzählendes Sachbuch für Jugendliche

Manuskriptangebote: als Exposé mit Textprobe von max. 20 Seiten
Medium: Papierausdruck
Manuskriptrücksendung: ja, bei Rückporto

Graf & Graf
Literaturagentur- und Medienagentur GmbH
Mommsenstr. 11
10629 Berlin
Tel. 030 - 315 19 10
Fax 030 - 31 51 91 19
graf@agenturgraf.de
Leitung: Karin Graf
Ansprechpartner: Karin Graf, Heinke Hager
Kurzcharakteristik: Gj. 1995, vertritt ca. 100 Autoren, Schwerpunkt: deutschsprachige Literatur
Honorar: 15% nach Vertragsabschluss
Vorauszahlung, andere Kosten: keine
Manuskriptinteresse: Belletristik, Sachbuch, keine SF, keine Fantasy
Manuskriptangebote: nur nach vorheriger telefonischer Anfrage
Medium: Papierausdruck, E-Mail
Manuskriptrücksendung: nein

Literarische Agentur Waltraud Grill
Saarlandstr. 8
88212 Ravensburg
Tel. 0751 - 359 25 72
Fax 0751 - 359 25 73
grill@agentur-grill.de
www.agentur-grill.de
Leitung: Waltraud Grill
Ansprechpartner: Waltraud Grill
Kurzcharakteristik: Gj.: 2006, 9 vertretene Autoren; Schwerpunkt: ausschließlich Kinder- und Jugendbuch
Honorar: 15% Erfolgsprovision
Vorauszahlung, andere Kosten: keine
Manuskriptinteresse: historische Romane, Vampir-/Gruselromane/-geschichten, Krimis für Kinder und Jugendliche
Manuskriptangebote: als Exposé mit Textprobe von 25 Seiten
Medium: Papierausdruck
Manuskriptrücksendung: ja, bei frankiertem Rückumschlag

Agentur Literatur Gudrun Hebel
Paul-Lincke-Ufer 7
10999 Berlin
Tel. 030 - 34 70 77 67
Fax 030 - 34 70 77 68
info@agentur-literatur.de
www.agentur-literatur.de
Leitung: Gudrun Hebel
Ansprechpartner: Gudrun Hebel
Kurzcharakteristik: Gj. 1997, Schwerpunkte: deutsche Belletristik und Vermittlung von/nach Skandinavien
Honorar: 15% in Deutschland
Vorauszahlung, andere Kosten: keine
Manuskriptinteresse: Historische Romane, Belletristik, Krimi
Manuskriptangebote: nach vorheriger telefonischer Anfrage, als Exposé mit Textprobe von 20 Seiten
Medium: Papierausdruck
Manuskriptrücksendung: ja, bei Rückporto

Herbach & Haase
Literarische Agentur
Xantener Str. 2
10707 Berlin
Tel. 030 - 88 00 16 07
Fax 030 - 88 00 16 09
herbach.haase.lit.ag@t-online.de
Leitung: Axel Haase
Ansprechpartner: Axel Haase
Kurzcharakteristik: Gj. 1997
Honorar: 15% Provision
Vorauszahlung, andere Kosten: keine
Manuskriptinteresse: Belletristik, Sachbuch, Kinder- und Jugendbuch, Drehbuch, Film, Fernsehen, Hörspiel, Theaterstücke
Manuskriptangebote: nach vorheriger telefonischer Anfrage, als Exposé mit Textprobe von 25 Seiten und Kurzlebenslauf des Autors/der Autorin
Medium: Papierausdruck
Manuskriptrücksendung: ja, bei Rückporto

Karin Hertzer Sachbuchagentur
Literaturagentur
Ysenburgstr. 6
80634 München
Tel. 089 - 50 02 - 84 45
Fax 089 - 50 02 - 84 46
info@karinhertzer.de
www.karinhertzer.de
Leitung: Karin Hertzer
Kurzcharakteristik: Gj. 2003, Sachbücher und Ratgber, vorallem in den Bereichen Gesundheit, Medizin, Psychosomatik, Lebenshilfe, Partnerschaft, Wellness, Jon & Karriere
Honorar: 15% Provision
Vorauszahlung, andere Kosten: für Erstberatung nach Absprache, unter bestimmten Voraussetzungen Rückerstattung, wenn durch die Agentur ein Verlagsvertrag zustande gekommen ist.
Manuskriptangebote: nach vorheriger telefonischer Absprache
Medium: E-Mail
Manuskriptrücksendung: nein, da per E-Mail

Dr. Frauke Jung-Lindemann
Agentur für Autorenrechte
Niebuhrstr. 74
10629 Berlin
Tel. 030 - 88 70 28 88
Fax 030 - 88 70 28 89
jung-lindemann@berlinagency.de
www.berlinagency.de
Leitung: Dr. Frauke Jung-Lindemann
Ansprechpartner: Dr. Frauke Jung-Lindemann
Kurzcharakteristik: Gj. 1998, ca. 80 Autoren, Belletristik und Sachbuch, Autorenberatung und -vertretung, Vertretung ausländischer Verlage und Agenturen über THE BERLIN AGENCY in Kooperation mit Dr. Harry Olechnowitz
Honorar: 15% vom Gesamthonorar
Vorauszahlung, andere Kosten: keine
Manuskriptinteresse: Belletristik, Sachbuch
Manuskriptangebote: nach vorheriger telefonischer Anfrage, als Exposé mit Textprobe von 20 Seiten

Medium: Papierausdruck
Manuskriptrücksendung: ja, bei Rückporto

Thomas Karlauf
Agentur für Autoren
Wallotstr. 9
14193 Berlin
Tel. 030 - 32 70 38 68
Fax 030 - 32 70 38 69
thomas.karlauf@t-online.de
Leitung: Thomas Karlauf
Ansprechpartner: Thomas Karlauf
Kurzcharakteristik: Gj. 1997, ca. 60 Autoren, Schwerpunkte: Zeitgeschichte, Biografien
Honorar: 15% Vermittlungsprovision
Vorauszahlung, andere Kosten: keine
Manuskriptinteresse:
Manuskriptangebote: nach vorheriger telefonischer Anfrage, als Exposé
Medium: Papierausdruck
Manuskriptrücksendung: ja, bei Rückporto

Keil & Keil
Literatur-Agentur
Schulterblatt 58
20357 Hamburg
Tel. 040 - 27 16 68 - 92
Fax 040 - 27 16 68 - 96
anfragen@keil-keil.com
www.keil-keil.com
Leitung: Bettina Keil und Anja Keil
Ansprechpartner: Anja Keil und Bettina Keil
Kurzcharakteristik: Gj. 1995, Vertretung von deutschen Autoren; Vertretung von australischen Verlagen und Autoren
Honorar: 15% für Deutschland, Österreich, Schweiz, 20% Ausland
Vorauszahlung, andere Kosten: keine
Manuskriptinteresse: Romane und Sachbücher, keine Fantasy, Sci-Fi, Kinderbücher, Lyrik, schnellste Bearbeitung bei Projektvorschlägen per E-Mail (Exposé von ca 1 Seite, Textprobe max. 10 Seiten), bitte keine Manuskripte per E-Mail!
Manuskriptangebote: nach vorheriger telefonischer Anfrage, als Exposé mit Textprobe von 10 Seiten
Medium: E-Mail
Manuskriptrücksendung: nein, auch nicht, wenn Rückporto beigefügt wurde. Rücksendung auf Agenturkosten, wenn wir die Zusendung erbeten haben.

Ingrid Anna Kleihues
Literaturagentur
Weinbergweg 62A
70569 Stuttgart
Tel. 0711 - 678 88 - 00
Fax 0711 - 678 88 - 01
info@agentur-kleihues.de
Leitung: Ingrid Anna Kleihues
Ansprechpartner: Ingrid Anna Kleihues
Kurzcharakteristik: Gj. 1990, bis Ende 1996 für den Bereich Lizenzen verantwortlich in der Deutschen Verlagsanstalt Stuttgart, Schwerpunkte der eigenen Agentur: deutsche Autorinnen und Autoren, Zusammenarbeit mit englischen und skandinavischen Autoren und Verlagen

Honorar: 15% Provision
Vorauszahlung, andere Kosten: keine
Manuskriptinteresse: Sachbuch (Gesundheit, Familie, Psychologie)
Manuskriptangebote: nach vorheriger telefonischer Anfrage
Medium: Papierausdruck
Manuskriptrücksendung: ja, bei Rückporto

Presseagentur
Lionel v. dem Knesebeck GmbH
Literaturagentur
Widenmayerstraße 25
80538 München
Tel. 089 - 21 63 37 - 0
Fax 089 - 21 63 37 - 37
lionel.knesebeck@presseagenturknesebeck.de
Leitung: Lionel v. dem Knesebeck
Ansprechpartner:
Kurzcharakteristik: Gj. 1984
Honorar: 15% Provision
Vorauszahlung, andere Kosten: keine
Manuskriptinteresse: Biografien, TV-Begleitbücher
Manuskriptangebote: nach vorheriger telefonischer Anfrage
Medium: Papierausdruck
Manuskriptrücksendung: ja, bei Rückporto

Barbara Küper
Literarische Agentur+Medienservice
Alter Wartweg 3
60388 Frankfurt
Tel. 06109 - 24 87 30
Fax
litag@barbara-kueper.de
Leitung: Barbara Küper
Ansprechpartner: Barbara Küper
Kurzcharakteristik: Gj. 2001, Kinder- und Jugendliteratur, Bilderbuch, z.T. Kindersachbuch. Vertretung von ca. 60 IllustratorInnen und AutorInnen (Verlagsvermittlung, Betreuung, Beratung)
Honorar: 15%, ausschließlich erfolgsabhängig; Sonderleistungen nach Vereinbarung
Vorauszahlung, andere Kosten: keine
Manuskriptinteresse: literarisch anspruchsvolle Kinder- und Jugendromane
Manuskriptangebote: nur nach vorheriger telefonischer oder E-Mail-Anfrage, Exposé mit Textprobe von 10 - 15 Seiten
Medium: Papierausdruck
Manuskriptrücksendung: ja, mit frankiertem Rückumschlag

Liepman AG
Literarische Agentur
Maienburgweg 23
CH-8044 Zürich
Schweiz
Tel. +41 (0)44 - 261 76 60
Fax +41 (0)44 - 261 01 24
info@liepmanagency.com
www.liepmanagency.com
Leitung: Eva Koralnik, Ruth Weibel
Ansprechpartner:
Kurzcharakteristik: keine Schwerpunkte
Honorar: 15%
Vorauszahlung, andere Kosten: keine
Manuskriptinteresse: nehmen nur ganz selten neue Vertretungen an

Manuskriptangebote: nach vorheriger telefonischer Anfrage
Medium: Papierausdruck
Manuskriptrücksendung: nein

Michael Meller Literary Agency c/o Network
Sandstr. 33
80335 München
Tel. 089 - 36 63 71
Fax 089 - 36 63 72
info@melleragency.com
www.melleragency.com
Leitung: Michael Meller
Ansprechpartner: Cristina Bernardi (c.bernardi@melleragency.com), Franka Zastrow (f.zastrow@melleragency.com), Regina Wegmann (r.wegmann@melleragency.com)
Kurzcharakteristik: Die Literaturagentur wurde 1988 von Michael Meller gegründet und vertritt Belletristik-, Sachbuch- sowie Kinderbuchautoren weltweit. Als Subagentur repräsentiert sie Übersetzungsrechte für Verlage und Agenturen hauptsächlich aus dem englischsprachigen Raum.
Honorar: 15% Provision
Vorauszahlung, andere Kosten: keine
Manuskriptinteresse: Romane, Sachbücher, Kinder- und Jugendbücher
Manuskriptangebote: nach vorheriger telefonischer Anfrage, als Exposé mit Textprobe der ersten 50 Seiten
Medium: Papierausdruck
Manuskriptrücksendung: ja, bei Rückporto

Buchplanung Dirk. R. Meynecke
Ginsterhaus
29459 Clenze
Tel. 05844 - 15 11
Fax 05844 - 18 98
buchplanung@planet-interkom.de
www.buchplanung.de
Leitung: In Zusammenarbeit mit Agentur Dörner, Reinbek
Ansprechpartner: Dirk. R. Maynecke
Kurzcharakteristik: Gj. 1979
Honorar: Erfolgshonorar nach Vereinbarung
Vorauszahlung, andere Kosten: keine
Manuskriptinteresse: Unterhaltungsliteratur (z.B. Frauenromane, Historische Romane), Sachbücher, Ratgeber
Manuskriptangebote: als Exposé (nur per E-Mail)
Medium: E-Mail
Manuskriptrücksendung: nein

Mohrbooks Berlin
Literaturagentur
Am Zirkus 5
10117 Berlin
Tel. 030 - 28 87 94 74
Fax 030 - 28 87 94 75
mohrberlin@mohrbooks.com
www.mohrbooks.com
Leitung: Dr. Uwe Heldt
Ansprechpartner: Dr. Uwe Heldt
Kurzcharakteristik: Gj. 1999, Vertretung von ca. 100 deutschen Autoren, Vermittlung deutscher Autorenrechte, Hauptsitz: Zürich
Honorar: 15% Erfolgskommission
Vorauszahlung, andere Kosten: keine
Manuskriptinteresse: Belletristik und

Sachbuch
Manuskriptangebote: nach vorheriger telefonischer Anfrage, als Exposé, mit Textprobe von 20 Seiten
Medium: Papierausdruck, E-Mail
Manuskriptrücksendung: ja, bei Rückporto

Montasser Media
Postfach 50 04 86
80974 München
Tel. 089 - 89 12 98 - 00
Fax 089 - 89 12 98 - 80
Leitung: Mariam und Thomas Montasser
Ansprechpartner:
Kurzcharakteristik: Gj. 1989, ca. 200 Autoren, Sachbuch, Belletristik, Biografien/ Memoiren bekannter Persönlichkeiten, TV-Begleitbücher
Honorar: nach Vereinbarung
Vorauszahlung, andere Kosten: keine
Manuskriptinteresse: Sachbuch, Belletristik, Biografien/ Memoiren bekannter Persönlichkeiten, TV-Begleitbücher
Manuskriptangebote: als Exposé oder als Manuskript mit Exposé
Medium: Papierausdruck
Manuskriptrücksendung: ja, bei Rückporto

Autoren- & Verlagsagentur Dr. Harry Olechnowitz
Niebuhrstr. 74
10629 Berlin
Tel. 030 - 39 90 64 18
Fax 030 - 39 90 64 19
olechnowitz.agentur@t-online.de
www.berlinagency.de
Leitung: Dr. Harry Olechnowitz
Ansprechpartner: Dr. Harry Olechnowitz
Kurzcharakteristik: Gj. 1999, Autorenvertretung, Autorenberatung, Autoren PR, Repräsentation ausländischer Verlage und Agenturen über THE BERLIN AGENCY in Kooperation mit Dr. Frauke Jung-Lindemann. Schwerpunkte: Belletristik und Sachbuch
Honorar: 15% Erfolgsprovision
Vorauszahlung, andere Kosten: keine
Manuskriptinteresse: Belletristik, Sachbuch
Manuskriptangebote: nach vorheriger telefonischer Anfrage, als Exposé
Medium: Papierausdruck
Manuskriptrücksendung: ja, bei Rückporto

Piper & Poppenhusen Literarische Agentur
Postfach 31 16 27
10653 Berlin
Tel. 030 - 31 00 48 05
Fax 030 - 31 00 48 06
apoppenhusen@piper-poppenhusen.de
www.piper-poppenhusen.de
Leitung: Dr. Astrid Poppenhusen, Dr. Ernst Piper
Kurzcharakteristik: siehe Website
Honorar: 15% Erfolgsprovision bei Vermittlung an deutschsprachige Verlage
Vorauszahlung, andere Kosten: keine
Manuskriptangebote: nach vorheriger Anfrage per E-Mail und auf ausdrückliche Anforderung durch die Agentur

Medium: Papierausdruck
Manuskriptrücksendung: ja, bei Rückporto

Gerd F. Rumler
Autoren- und Projektagentur
Jutastr. 13
80636 München
Tel. 089 - 13 92 89 55
gerd.rumler@t-online.de
Leitung: Gerd F. Rumler
Kurzcharakteristik: Gj. 2004, ca. 50 Autoren und Illustratoren, Schwerpunkt Kinder- und Jugendliteratur (ca. 60%), Belletristik und Sachbuch für Erwachsene
Honorar: 15% Erfolgshonorar
Vorauszahlung, andere Kosten: keine
Manuskriptinteresse: Vor allem belletristische Texte, gern auch Humor, Satire, Unterhaltung, Krimi, Thriller, Fantasy. Historische themen und Romane.
Manuskriptangebote: nach vorheriger telefonischer Anfrage, dann als Exposé mit Textprobe von 50 Seiten
Medium: Papierausdruck
Manuskriptrücksendung: ja, bei Rückporto

SBF-Agentur Sigrid Bubolz-Friesenhahn
Literaturagentur
Bahnhofstr. 33
82041 Deisenhofen
Tel. 089 - 613 62 46
Fax 089 - 613 52 51
sbfbubolz@aol.com
Leitung: Sigrid Bubolz-Friesenhahn
Kurzcharakteristik: Gj. 1997, 43 Autoren, alle Bereiche
Honorar: 15% / 20%
Vorauszahlung, andere Kosten: keine
Manuskriptinteresse: Sachbuch
Manuskriptangebote: nach vorheriger telefonischer Anfrage, als Exposé
Medium: Papierausdruck, E-Mail
Manuskriptrücksendung: nein

Thomas Schlück GmbH
Hinter der Worth 12
30827 Garbsen
Tel. 05131 - 49 75 60
Fax 05131 - 49 75 89
t.schlueck@schlueckagent.com,
j.jessen@schlueckagent.com,
b.schlueck@schlueckagent.com,
t.heitmann@schlueckagent.com
www.schlueckagent.com
Leitung: Thomas Schlück, Joachim Jessen, Bastian Schlück
Ansprechpartner: Thomas Schlück, Joachim Jessen, Bastian Schlück, Tanja Heitmann (Jugendbuch)
Kurzcharakteristik: Gj. 1973, Schwerpunkt: Romane, Sachbücher, Jugendbücher
Honorar: 15% Erfolgshonorar
Vorauszahlung, andere Kosten: keine
Manuskriptinteresse: Romane, Sachbücher, Jugendbücher
Manuskriptangebote: nach vorheriger telefonischer Anfrage, dann als Exposé mit Textprobe von 30 Seiten
Medium: Papierausdruck
Manuskriptrücksendung: ja, bei Rückporto

Literaturagentur Dagmar Schruf
Werrastr. 26
53332 Bornheim
Tel. 02222 - 92 27 98
Fax 02222 - 92 27 98
litag@schruf.de
www.schruf.de
Leitung: Dagmar Schruf
Ansprechpartner: Dagmar Schruf
Kurzcharakteristik: Gj. 1997, Schwerpunkte: Vertretung von Autoren aus Südosteuropa
Honorar: 15% Provison
Vorauszahlung, andere Kosten: keine
Manuskriptinteresse: Belletristik
Manuskriptangebote: nur nach vorheriger telefonischer Anfrage, als Exposé mit Textprobe von 15 Seiten
Medium: E-Mail
Manuskriptrücksendung:

Anke Vogel Literaturagentur
Elektrastr. 6
81925 München
Tel. 089 - 20 23 83 91
Fax 089 - 20 23 83 92
info@ankevogel.com
www.ankevogel.com
Leitung: Dr. Anke Vogel
Ansprechpartner: Dr. Anke Vogel
Kurzcharakteristik: Seit 1997 vertritt Dr. Anke Vogel Autoren aus den Bereichen Belletristik, Sachbuch sowie Kinder- und Jugendbuch
Honorar: 15% Provision
Vorauszahlung, andere Kosten: keine
Manuskriptinteresse: Belletristik, Sachbuch sowie Kinder- und Jugendbuch
Manuskriptangebote: als Exposé mit Textprobe von 50 Seiten
Medium: Papierausdruck, E-Mail
Manuskriptrücksendung: ja, bei Rückporto

Literarische Agentur Silke Weniger
Pettenkoferstr. 24
80336 München
Tel. 089 - 26 01 89 - 26
Fax 089 - 26 01 89 - 30
weniger@litag.de
www.litag.de
Leitung: Silke Weniger
Ansprechpartner: Gerlinde Moorkamp für Belletristik: moorkamp@litag.de, Alexandra Legath für Jugendbuch: legath@litag.de
Kurzcharakteristik: Gj. 2000, Jugendliteratur, Belletristik
Honorar: 15% Erfolgsprovision
Vorauszahlung, andere Kosten: keine
Manuskriptangebote: nach vorheriger telefonischer Anfrage, als Exposé mit Textprobe von 20 Seiten
Medium: Papierausdruck, E-Mail
Manuskriptrücksendung: ja, bei Rückporto

▷ *Verlage: Auch Autoren sind Menschen*

Knigge-Hinweise für Verleger und Autoren

Von Manfred Plinke

Verlagsabsagen sind für den Empfänger immer eine Qual, oft auch für die Verfasser in den Lektoraten. Manche Absagen sind allerdings so formuliert, dass der Verdacht aufkommt, dem Verfasser habe das Schreiben Befriedigung verschafft.

Herbert Pirker hatte schon fünf Bücher veröffentlicht, als er für das sechste einen Verlag suchte. Sein bisheriger Verlag war nicht interessiert, was er ihn auf etwas seltsame Art wissen ließ. Andere lehnten ab mit den üblichen Begründungen, bis der Autor schließlich dann doch einen Verlag fand. Über seine Erfahrungen mit Verlagen berichtete er im Branchenmagazin »Buchreport« und gab »ein paar Knigge-Hinweise für Verleger:

1. Auch Autoren, und seien sie noch so miserabel, sind Menschen.
2. Wir leben in Mitteleuropa.
3. Man kann als Verlag drei Briefe konzipieren und je nachdem abschicken:
   a) Ihr Manuskript ist ein Schmarrn. Da haben Sie's wieder. (Oder: Zurzeit haben wir für Ihr Manuskript keine Verwendung.)
   b) Momentan wissen wir nicht recht, ob wir Ihr Manuskript annehmen. Bitte um Geduld bis (Datum einsetzen, einhalten).
   c) Wunderbar. Das Manuskript nehmen wir. (Aber auch hier Datum einsetzen.)

Mehr verlangt der Mensch, der auch ein Autor sein kann, ja nicht.«

Nun, Absagen vom Typ 3 c) sind rar. Das musste auch Roswitha Harig erfahren. Für sie wurde der Briefträger zum Überbringer schlechter Nachrichten. Ihre Novelle *Ein Bett aus Schnee* war so anhänglich, dass sie immer wieder zu ihr zurückkehrte – bis der Zürcher Ammann-Verlag zugriff. Zuvor hatten 22 Verlage das Manuskript abgelehnt, weil es nicht ins Programm passe, nicht zum Buch reiche, den Spannungsbogen nicht bis zum Schluss halte. Im Erscheinungsjahr wurde die Novelle von der Aspekte-Jury als bestes deutschsprachiges Prosastück ausgezeichnet.

Als der Anruf von Egon Ammann kam, hatte die Autorin innerlich schon mit dem Werk abgeschlossen und ein neues begonnen.

Ihre Entdeckerin, die Ammann-Lektorin Stephanie von Harrach, vermutet eine »psychologische Abwehrhaltung« bei den Kollegen. »Viele Lektoren machen den Trichter zu und haben sich abgehärtet gegen die Flut von unaufgefordert eingesandten Manuskripten.« Manche Autoren erfahren nicht nur Ablehnung, ja in manchen Literaturagenturen und Verlagslektoraten meinen sie gar einen Autorenhass auszumachen. Ganz anders eine Lektorin wie Stephanie von Harrach, sie findet es angesichts der vielen mittelmäßigen Manuskripte »umso schöner, wenn einen ein Manuskript vom ersten Satz an in den Text zieht«.

Stellen Sie sich vor, Ihr Manuskript erzeugt solche Glücksmomente! Dafür müssen Sie allerdings etwas tun, bevor sie es absenden: Prüfen Sie noch einmal selbstkritisch, ob es reif ist, vorgelegt zu werden. Wenn Sie unsicher sind, dann lassen Sie es lesen. Nur nicht von Verwandten und Freunden, die Lieben würden Ihnen Komplimente machen, weil sie ein weiches Herz haben und Sie nicht verletzen möchten oder vielleicht auch sonst keine kritischen Leser sind. Vertrauen Sie Ihr Baby einem unabhängigen freiberuflichen Lektor oder einer Lektorin an, das kostet zwar etwas, kann Ihnen aber wertvolle Hinweise geben. Dabei helfen Ihnen Adressen aus der Dienstleister-Datenbank des www.autoren-magazin.de. Bitten Sie um ein Angebot für eine Erstbeurteilung und -beratung. Und weil Sie Ihre Tippfehler schon lange nicht mehr selbst entdecken, lassen Sie Ihr Manuskript, bevor Sie es auf die Reise schicken, Korrektur lesen.

Stellen Sie sich vor: 2.000 bis 3.000 unverlangte Manuskripte im Jahr erhält jeder große Verlag, an jedem Arbeitstag zwischen zehn und fünfzehn Päckchen! Wie viele davon haben eine Chance, zum Buch zu werden? Nur die wenigsten, die Erfolgsquote liegt im Promillebereich. Was also können Sie tun, um Ihren Frust und die Kosten zu mindern, um Ihre Chancen zu verbessern?

1. Lesen Sie – aufmerksam die hier abgedruckten Verlagsprogramme. Es hat keinen Sinn, ein Krimi-Manuskript an einen Sachbuchverlag zu senden.
2. Lesen Sie – genau, ob und wie Manuskriptangebote erwünscht sind. Wenn Sie 600 Seiten versenden, obwohl nur ein Exposé mit Textprobe gewünscht wird, freut sich nur die Post.
3. Lesen Sie – ob ein Anruf, eine Anfrage per E-Mail oder ein Angebot mit Papierausdruck gewünscht wird. Wird Ihr Manuskript zurückgesandt? Denken Sie auch an die guten alten Regeln für Ihr Manuskriptangebot – ganz gleich, ob Sie es einem Verlag oder einer Literaturagentur anbieten:
   - 60 Anschläge pro Zeile und 30 Zeilen pro Seite,
   - gut lesbares Schriftbild, z. B. Courier New, 12 Punkt,
   - weitgehend unformatiert, also lediglich Kapitel und Überschriften sollten klar erkennbar, alles andere linksbündig im Flattertext gesetzt sein,
   - die Seiten durchgehend nummerieren,
   - Adresse und Zeichenzahl (bei Word zu finden unter Extras, Wörter zählen) auf dem Deckblatt angeben.

Lassen Sie es nicht binden, legen Sie die Manuskriptseiten in einen Hefter oder eine handliche Mappe, leicht zu blättern, gut zu lesen. Senden Sie nie das Original, immer nur einen Ausdruck, eine Kopie, dazu Ihr kurzes Begleitschreiben und Ihre Kurzbiografie auf einer Seite.

Wenn Sie wünschen, dass Ihr Manuskript an Sie zurückgesandt wird, legen Sie einen adressierten und frankierten Umschlag bei.

Viel Glück !

"MEINE HERREN ... ALLE VERLEGER HABEN ES ZUR ZEIT SCHWER."

Aus: Peter van Straaten *Warum liegt mein Buch nicht neben der Kasse?* Berlin 2007

Adressen

▷ Buchverlage

Deutschland, Österreich, Schweiz

A1 Verlags GmbH
Hippmannstr. 11
80639 München
Tel. 089 - 17 11 92 80
Fax 089 - 17 11 92 88
info@A1-verlag.de
www.a1-verlag.de
Programm: Romane, Erzählungen, Sachbuch
Ms.-Angebote erwünscht: als Exposé mit Textprobe von 30 Seiten
Medium: Papierausdruck
Ms.-Rücksendung: ja, bei Rückporto

Aarachne-Verlag
Bergengasse 6/RH 14
A-1220 Wien
Österreich
Tel. +43 (0)1 - 285 53 53
spinne@aarachne.at
www.aarachne.at
Programm: Engagierte, Kritische, Zeitgenössische Belletristik, keine Lyrik, keine Esoterik
Ms.-Rücksendung: nein

Aare Verlag
Laurenzenvorstadt 89
CH-5001 Aarau
Schweiz
Tel. +41 (0)62 - 836 86 26
Fax +41 (0)62 - 824 57 80
www.sauerlaender.com
Gründungsjahr: 1952
Programm: Kinder- und Jugendliteratur

Abera Verlag
Frickestr. 50
20251 Hamburg
Tel. 040 - 43 27 07 85
Fax 040 - 43 27 07 86
contact@abera.de
www.abera.de
Verleger: Markus Voss
Verlagsleitung: Markus Voss
Gründungsjahr: 1995
Lieferbare Titel: 70
Novitäten: 6-10
Programm: Der Spezialist für die weite Welt: Belletristik aus Asien, Lateinamerika, Afrika in deutscher Übersetzung, Biografische Romane, Reiseberichte, Literarische Reisen, Länderhintergrund, Geographie, Ethnologie, Sprachführer, Kochbücher mit Länderküche
Ms.-Interessen: Städtereiseführer; Belletristik aus Korea, Kuba, Nordafrika, China, Myanmar, Indonesien und

Sprachführer
Ms.-Angebote erwünscht: als Exposé mit Textprobe von 10 Seiten
Medium: Papierausdruck, E-Mail
Ms.-Rücksendung: ja, bei Rückporto

ABW Wissenschaftsverlag GmbH
Kurfürstendamm 57
10707 Berlin
Tel. 030 - 308 31 60
Fax 030 - 30 83 16 79
zentrale@abw-verlag.de
www.abw-verlag.de
Verlagsleitung: Dr. med. Axel Bedürftig
Gründungsjahr: 2001
Programm: Humanmedizin
Ms.-Angebote erwünscht: nach vorheriger telefonischer Anfrage
Medium: Papierausdruck, Diskette
Ms.-Rücksendung: ja

Achilla Presse Mirko Schädel
Hauptstr. 80
26929 Stollhamm
Tel. 04735 - 81 03 06
Fax 04735 - 81 03 07
achillapr@aol.com
www.achilla-presse.de
Verleger: Mirko Schädel, Axel Stiehler
Programm: Vorwiegend Amerikanische, Englische und Dänische Belletristik, Klassische Kriminalromane, Theater
Ms.-Rücksendung: ja, bei Rückporto

AchSo! Verlag GmbH
Heddernheimer Landstr. 144
60439 Frankfurt am Main
Tel. 069 - 79 50 10 - 0
Fax 069 - 79 50 10 - 10
info@achso.de
www.achso.de
Verlagsleitung: Christian Paulsen
Verlagsgruppe: Bund-Verlagsgruppe
Programm: Juristische Ausbildungsliteratur
Ms.-Angebote erwünscht: als Exposé
Medium: E-Mail
Ms.-Rücksendung: ja, bei Rückporto

Achterbahn Verlag GmbH
Werftbahnstr. 8
24143 Kiel
Tel. 0431 - 70 28 - 229
Fax 0431 - 70 28 - 228
info@achterbahn.de
www.achterbahn.de ; www.drive-in-cartoons.de
Verlagsleitung: Christian Dreller
Gründungsjahr: 1982
Lieferbare Titel: 175
Novitäten: 10-15
Programm: Comics, Humor- und Geschenkbuch, Lustige Ratgeber, Cartoons
Lektorat: Andreas Hahn-Heinrich (Programm) Hans J. Nissen (Bild)
Ms.-Angebote erwünscht: als Exposé
Medium: Papierausdruck
Ms.-Rücksendung: ja, bei Rückporto

ADAC Verlag GmbH
Am Westpark 8
81373 München
Tel. 089 - 76 76 - 0
Fax 089 - 76 76 - 46 33
Verlagsleitung: Dr. Ralf Ueding
Programm: Reiseführer (Städte,

Regionen, Länder - weltweit) Ratgeber: Natur, Garten, Gesundheit, Geschichte, Auto, Do-it-yourself, Geld, Recht
Lektorat: Dr. Hans-Joachim Völse
Ms.-Angebote erwünscht: nach vorheriger telefonischer Anfrage

Addison-Wesley Verlag
Martin-Kollar-Str. 10 - 12
81829 München
Tel. 089 - 460 03 - 0
Fax 089 - 460 03 - 100
info@addison-wesley.de
www.addison-wesley.de
Verlagsleitung: Axel Nehen
Verlagsgruppe: Verlagsgruppe Pearson Education Deutschland GmbH: Gj. 1985, (seit 1999 zu Pearson Education gehörig)
Programm: Fachbücher für professionelle IT-Anwender
Ms.-Interessen: Programmierung, Telekommunikation, Netzwerke, Anwenderprogramm, Grafik
Ms.-Angebote erwünscht: nach vorheriger telefonischer Anfrage
Medium: Papierausdruck
Ms.-Rücksendung: ja

Admos Media GmbH
Gerichtsweg 28
04103 Leipzig
Tel. 0341 - 651 62 41
Fax 0341 - 651 62 46
admos@t-online.de
Verleger: Wilhelm Spindelndreier
Verlagsleitung: Heiner Ventzki, Geschäftsführer
Gründungsjahr: 2004
Lieferbare Titel: 120
Novitäten: 20
Programm: Reisebildbände, Postkartenbücher
Lektorat: zu Händen von Wilhelm Spindelndreier
Ms.-Interessen: Länder- und Reisebeschreibungen, Geobiografien
Ms.-Angebote erwünscht: nach vorheriger telefonischer Anfrage
Medium: Diskette, E-Mail
Ms.-Rücksendung: ja, bei Rückporto

Adwaita Verlag
Blumenstr. 42
82383 Hohenpreissenberg
Tel. 08805 - 234
Fax 08805 - 82 34
www.adwaita.de
Verlegerin: Dr. Margott Schürings
Verlagsleitung: Dr. Margott Schürings
Gründungsjahr: 1999
Lieferbare Titel: 2
Programm: Non-Dualismus, Mystizismus, Spiritualität

Affenkönig Verlag
Balderbruchweg 35
47506 Neukirchen-Vluyn
Tel. 02845 - 46 35
Fax 02845 - 46 35
info@affenkoenig.de
www.affenkoenig.de
Programm: Fachbücher *therapie kreativ*, Bibliothek der Gefühle

agenda Verlag GmbH & Co. KG
Drubbel 4
48143 Münster
Tel. 0251 - 79 96 10
Fax 0251 - 79 95 19
info@agenda.de
www.agenda.de
Verleger: Dr. Bernhard Schneeberger
Verlagsleitung: Dr. Frank Hättich, Marlies Böggemann MA
Zum Verlag: Sachbuch
Gründungsjahr: 1992
Lieferbare Titel: 700
Novitäten: 60
Programm: Erziehung, Frauenforschung, Geschichte der Neuzeit, Journalismus, Medienwissenschaft, Militär, Ökologie, Politik, Soziologie, Umweltthemen, Wirtschaft, Philosophie, Kultur, Niederlande
Ms.-Angebote erwünscht: nach vorheriger telefonischer Anfrage
Medium: Papierausdruck, E-Mail
Ms.-Rücksendung: ja, bei Rückporto

Agentur des Rauhen Hauses Hamburg GmbH
Beim Brüderhof 8
22844 Norderstedt
Tel. 040 - 53 53 88 - 0
Fax 040 - 53 53 88 - 43
kundenservice@agentur-rauhes-haus.de
www.agentur-rauhes-haus.de
Verlagsleitung: Willi Kohlmann
Gründungsjahr: 1842
Lieferbare Titel: 500
Novitäten: 80-100
Programm: Schwerpunkt: Ökumenische Gemeindeliteratur im weitesten Sinne für Kinder und Erwachsene, Unterrichtswerke für Konfirmanden und Kindergottesdienst, Religion, Theologie, Pädagogik
Lektorat: Wolfgang May (Allgemeines), Willi Kohlmann (Geschenkbuch), Manfred Kaufmann (Kinder), E-Mail: jeweils Nachname@agentur-rauhes-haus.de
Ms.-Angebote erwünscht: nach vorheriger telefonischer Anfrage, als Exposé
Medium: Diskette
Ms.-Rücksendung: ja, bei Rückporto

agimos verlag
Jungfernstieg 27
24103 Kiel
Tel. 0431 - 751 86, 73 79 33
Fax 0431 - 73 79 33
agimos@aol.com
www.agimos.de
Programm: Biografien, Belletristik, Kulturgeschichte, Literaturwissenschaft, Fotografie
Ms.-Angebote erwünscht: nach vorheriger telefonischer Anfrage, als Exposé mit Textprobe von 10 Seiten
Medium: Papierausdruck
Ms.-Rücksendung: ja, bei Rückporto (dauert Monate)

AGON - Sportverlag
Frankfurter Str. 92 A
34121 Kassel
Tel. 0561 - 766 90 - 150
Fax 0561 - 766 90 - 154, 31 69 02 52
agon@nikocity.de
Programm: Sportgeschichte, Sportdokumentation, Sportstatistik,

Olympische Spiele, Fußball-Weltmeisterschaften, Sport-Stories, Fußballgeschichte, Deutschlands große Fußballmannschaften, Sportkalender, Postkarten, Eishockey

Agora Verlag Manfred Schlösser
Nollendorfstr. 28
10777 Berlin
Tel. 030 - 854 53 72
agora2@gmx.net
Programm: Belletristik, Kinderbücher, Sprachwissenschaften, Lyrik, Judaica
Lektorat: Manfred Schlösser
Ms.-Angebote erwünscht: nach vorheriger telefonischer Anfrage, als Exposé mit Textprobe von 5-10 Seiten
Ms.-Rücksendung: nein

Ahriman-Verlag
Stübeweg 60
79108 Freiburg i.Br
Tel. 0761 - 50 23 03
Fax 0761 - 50 22 47
ahriman@t-online.de
www.ahriman.com
Zum Verlag: Alles, was Schule, Presse, Uni und Glotze Ihnen vorenthalten wollen, hat eine Chance, bei AHRIMAN zu erscheinen - allerdings nur, soweit es von geeigneten Fachleuten geschrieben wurde. Unsere programmatischen Ursprünge liegen bei den ersten echten Aufklärern
Programm: Biografien, Geschichte, Gesundheit, Kulturgeschichte, Literaturwissenschaft, Medizin, Naturwissenschaft, Politik, Psychologie, Religion, Soziologie, Zeitgeschichte
Ms.-Angebote erwünscht: nach vorheriger telefonischer Anfrage
Medium: Papierausdruck, E-Mail
Ms.-Rücksendung: ja, bei Rückporto

Aisthesis Verlag
Oberntorwall 21
33602 Bielefeld
Tel. 0521 - 17 26 04, 17 28 12
Fax 0521 - 17 28 12
aisthesis@bitel.net
www.aisthesis.de
Verleger: Dr. Detlev Kopp, Dr. Michael Vogt
Verlagsleitung: Dr. Detlev Kopp, Dr. Michael Vogt
Gründungsjahr: 1995
Lieferbare Titel: 500
Novitäten: 50
Programm: Literaturwissenschaften, Philosophie, Medienwissenschaft, Pädagogik, Geschichtswissenschaft, Kulturwissenschaften
Ms.-Angebote erwünscht: als Exposé mit Textprobe von 5 Seiten
Medium: Papierausdruck, Diskette, E-Mail
Ms.-Rücksendung: ja, bei Rückporto

Akademie Verlag GmbH
Palisadenstr. 40
10243 Berlin
Tel. 030 - 42 20 06 - 0
Fax 030 - 42 20 06 - 57
Verlagsleitung: Dr. Sabine Cofalla
Programm: Fachzeitschriften, Geschichte, Kulturgeschichte, Literaturwissenschaft, Philosophie, Sprachwissenschaften, Zeitgeschichte

Ms.-Angebote erwünscht: nach vorheriger telefonischer Anfrage, als Exposé

Akademische Druck- und Verlagsanstalt
Auersperggasse 12
A-8010 Graz
Österreich
Tel. +43 (0)316 - 36 44
Fax +43 (0)316 - 36 44 24
info@adeva.com
www.adeva.com
Verlagsleitung: Dr. Hubert C. Konrad
Gründungsjahr: 1949
Novitäten: 10
Programm: Schwerpunkte: Faksimilierung von Handschriften und Wissenschaftliche Literatur: Kunstgeschichte, Geschichte, Philologie, Philosophie, Musik, Ethnologie, Theologie
Lektorat: Dr. Christine Brandstätter (Dw –34, Handschriften, Kunst, Kunstgeschichte brandstätter@adeva.com), Gerhard Lechner (Dw –45, Musik, Literaturgeschichte, Ethnologie, lechner@adeva.com)
Ms.-Interessen: Ethnologie, Musik, Buchkunst
Ms.-Angebote erwünscht: nach vorheriger telefonischer Anfrage
Medium: Papierausdruck, Diskette, E-Mail
Ms.-Rücksendung: nein

Akademische Verlagsgesellschaft Aka GmbH
Neue Promenade 6
10178 Berlin
Tel. 030 - 24 72 98 40
Fax 030 - 28 39 41 00
info@aka-verlag.de
www.aka-verlag.de
Verleger: Dr. Einar Fredriksson
Zum Verlag: Wissenschaft und Technik
Gründungsjahr: 1994
Programm: Medizin, Biologie, Technik, Informatik
Lektorat: Dr. Ekkehard Hundt, Tel. 02241 - 557 46
Ms.-Angebote erwünscht: nach vorheriger telefonischer Anfrage

Akron Verlags AG
Ruhbergstr. 20
CH-9000 St. Gallen
Schweiz
Tel. +41 (0)71 - 278 96 66
akron@akron.ch
www.akron.ch
Verlegerin: Lussia Zaech
Gründungsjahr: 2001
Lieferbare Titel: 15
Novitäten: 2
Programm: Belletristik, Comics, Esoterik (Astrologie, Tarot, Mythologie)
Ms.-Interessen: Philosophische Comics mit spirituellem oder philosophischem Hintergrund, Esoterik mit kritischem Hintergrund, Schattenthematik
Ms.-Angebote erwünscht: nach vorheriger telefonischer Anfrage
Medium: Papierausdruck
Ms.-Rücksendung: ja, bei Rückporto

Aktivraum-Verlag Rolf Zavelberg
Volksgartenstr. 1
50677 Köln

Tel. 0221 - 934 81 18
Fax 0221 - 934 81 17
info@aktivraum.de
www.aktivraum.de
Programm: Esoterik

aktuell-Verlag für Literatur der Gegenwart
Gernsbacher Straße 94
76332 Herrenalb
Tel. 07083 - 52 73 44
Fax 07083 - 52 73 15
Verlegerin: Grete Weber-Wassertheurer
Programm: Belletristik, Kinderbücher, Kurzgeschichten, Lyrik
Lektorat: Roswitha Martell, Tel. 069 - 548 73 43, Fax 069 - 54 61 78, E-Mail: igda@aol.com
Ms.-Angebote erwünscht: nach vorheriger telefonischer Anfrage
Medium: Papierausdruck, Diskette
Ms.-Rücksendung: ja

Alabasta Verlag 2000
Am Schnepfenweg 52
80995 München
Tel. 089 - 15 09 08 42
Fax 089 - 15 09 08 43
alabasta@mobilitalymanager.de
Verlegerin: Heide Rieke
Gründungsjahr: 1998
Novitäten: 3
Programm: Travel-Management, Reiselexika, Fortbildung
Ms.-Angebote erwünscht: als Exposé, Textprobe von 5 Seiten
Medium: Papierausdruck
Ms.-Rücksendung: ja, bei Rückporto

Alba Verlag Alf Teloeken
Willstätterstr. 9
40549 Düsseldorf
Tel. 0211 - 520 13 - 0
Fax 0211 - 520 13 - 58
Programm: Fachliteratur: Bus, Bahn

Verlag Karl Alber
Hermann-Herder-Str. 4
79104 Freiburg i.Br.
Tel. 0761 - 271 73 65
Fax 0761 - 271 72 12
info@verlag-alber.de
www.verlag-alber.de
Verlagsleitung: Lukas Trabert
Gründungsjahr: 1935
Verlagsgruppe: Herder-Verlagsgruppe
Novitäten: 40-50
Programm: Philosophie, Geschichte, Kommunikation
Ms.-Angebote erwünscht: nach vorheriger telefonischer Anfrage
Medium: Papierausdruck
Ms.-Rücksendung: ja, bei Rückporto

Album Verlag
Seilergasse 19
A-1010 Wien
Österreich
Tel. +43 (0)1 - 513 64 91
Fax +43 (0)1 - 513 64 91
album.verlag@gmx.at
Gründungsjahr: 1993
Lieferbare Titel: 130
Novitäten: 10
Programm: Bildbände der österreichischen Fotografie
Lektorat: Christian Lunzer
Ms.-Interessen: nur zum Thema Öster-

reichische Fotografie
Ms.-Angebote erwünscht: als Exposé
Medium: Papierausdruck
Ms.-Rücksendung: ja, bei Rückporto

Alexander Verlag Berlin
Fredericiastr. 8
14050 Berlin
Tel. 030 - 302 18 26
Fax 030 - 302 94 08
info@alexander-verlag.com
www.alexander-verlag.com
Verleger: Alexander Wewerka
Gründungsjahr: 1983
Lieferbare Titel: 90
Novitäten: 5
Programm: Schwerpunkt Theater- und Filmliteratur. Biografien, Film, Fernsehen, Kulturgeschichte, Musik, Philosophie, Tanz, Theater
Ms.-Angebote erwünscht: nach vorheriger telefonischer Anfrage
Ms.-Rücksendung: ja, bei Rückporto

Alibaba Verlag
Nordendstr. 20
60318 Frankfurt am Main
Tel. 069 - 59 00 97
Fax 069 - 55 98 55
Programm: Belletristik, Jugendbücher
Ms.-Angebote erwünscht: nach vorheriger telefonischer Anfrage, als Exposé
Medium: Papierausdruck
Ms.-Rücksendung: ja, bei Rückporto

Alibri
Würzburger Str. 18a
63739 Aschaffenburg
Tel. 06021 - 58 17 34
Fax 06021 - 581 45 60
info@alibri.de
www.alibri.de
Gründungsjahr: 1994
Lieferbare Titel: 100
Novitäten: 10
Programm: Kritische Analyse von Religion und Esoterik; Fachzeitschriften, Politik, Zeitgeschichte
Ms.-Angebote erwünscht: als Exposé
Medium: Papierausdruck
Ms.-Rücksendung: ja, bei Rückporto

Alouette Verlag
Uferstr. 41
22113 Oststeinbek
Tel. 040 - 712 23 53
Fax 040 - 713 41 88
webmaster@alouette-verlag.de
www.alouette-verlag.de
Verleger: Jürgen F. Boden
Gründungsjahr: 1983
Lieferbare Titel: 15
Novitäten: 1
Programm: Natur- und kulturorientierte Reise-Bildbände und Sachbücher über Fremde Länder und Kulturen
Lektorat: Elke Emshoff (elke.emshoff@alouette-verlag.de)
Ms.-Angebote erwünscht: als Exposé mit Textprobe von 2 Seiten
Medium: E-Mail
Ms.-Rücksendung: nein

ALS-Verlag GmbH
Voltastr. 3
63128 Dietzenbach
Tel. 06074 - 821 60
Fax 06074 - 273 22

info@als-verlag.de
www.als-verlag.de
Gründungsjahr: 1967
Lieferbare Titel: 172
Novitäten: 5
Programm: Pädagogik: Bildende Kunst, Kreatives Gestalten, Fachzeitschriften, Hobby, Spiele, Technik, Sachunterricht
Ms.-Angebote erwünscht: nach vorheriger telefonischer Anfrage, als Exposé
Medium: Papierausdruck, E-Mail
Ms.-Rücksendung: ja

Altberliner Verlag GmbH
Tschaikowskistr. 21
04105 Leipzig
Tel. 0351 - 23 10 38 - 0
Fax 0351 - 23 10 38 - 20
info@altberliner.de
www.altberliner. de
Verleger: Arne Teutsch, Steffen Lehmann
Programm: Jugendbücher, Kinderbücher
Ms.-Angebote erwünscht: als Exposé mit Textprobe von 15 Seiten
Medium: Papierausdruck
Ms.-Rücksendung: ja, bei Rückporto

Ama Deus Verlag
Postfach 63
74579 Fichtenau
Tel. 07962 - 130 - 0
Fax 07962 - 71 02 63
amadeus@amadeus-verlag.com
www.amadeus-verlag.com
Programm: Esoterik

Amalthea Signum Verlag GmbH
Am Heumarkt 19
A-1030 Wien
Österreich
Tel. +43 (0)1 - 712 35 60
Fax +43 (0)1 - 713 89 95
amalthea.verlag@amalthea.at
www.herbig.net
Verleger: Dr. Herbert Fleissner
Verlagsleitung: Dr. Brigitte Sinhuber Harenberg
Gründungsjahr: 1917
Programm: Austriaca, Geschichte, Satire, Essen und Trinken, Humor, Kulturgeschichte, Theater, Oper, Zeitgeschichte, Biographie
Lektorat: Michaela Németh, michaela.nemeth@amalthea.at, Elisabeth Fleissner, elisabeth.fleissner@amalthea.at, Irene Nawrocka, irene.nawrocka@amalthea.at, Johanna Dollhäubl, johanna.dollhaeubl@amalthea.at
Ms.-Angebote erwünscht: nach vorheriger telefonischer Anfrage, als Exposé mit Textprobe von 30 Seiten
Medium: Papierausdruck, E-Mail
Ms.-Rücksendung: ja, mit Rückporto falls Papierausdruck

Ammann Verlag & Co
Neptunstr. 20
CH-8032 Zürich
Schweiz
Tel. +41 (0)44 - 268 10 40
Fax +41 (0)44 - 268 10 50
info@ammann.ch
www.ammann.ch

Verleger: Egon Ammann, Marie-Luise Flammersfeld
Verlagsleitung: Egon Ammann, Marie-Luise Flammersfeld
Zum Verlag: Belletristik, Lyrik, ab und an Sachbücher
Gründungsjahr: 1981
Lieferbare Titel: ca. 450
Novitäten: ca. 20
Programm: Schwerpunkte: Neue Deutsche Literatur, Literatur aus aller Welt, Lyrik, Philosophie, Klassiker in Werkausgaben
Lektorat: Stephanie von Harrach (stephanie.vonharrach@amman.ch)
Ms.-Angebote erwünscht: als Exposé, vorzugsweise jedoch als Exposé mit Textprobe von 50 Seiten
Medium: Papierausdruck (grundsätzlich keine E-Mail oder Diskette)
Ms.-Rücksendung: ja, bei Rückporto

amnesty international
Heerstr. 178
53111 Bonn
Tel. 0228 - 98 37 30
Fax 0228 - 63 00 36
info@amnesty.de
www.amnesty.de
Verlagsleitung: Gisela Schwarz
Programm: Verbreitung der von amnesty international recherchierten Informationen über Menschenrechte und Menschenrechtsverletzungen
Ms.-Interessen: keine

Anabas-Verlag
Friesstr. 20 - 24
60388 Frankfurt am Main
Tel. 069 - 94 21 98 71
Fax 069 - 94 21 98 72
info@anabas-verlag.com
www.anabas-verlag.com
Verleger: Günter Kämpf
Gründungsjahr: 1966
Lieferbare Titel: 105
Novitäten: 5-10
Programm: Architektur, Belletristik, Bildende Kunst, Design, Kulturgeschichte, Bibliophile Editionen mit Originalgrafik
Ms.-Angebote erwünscht: nach vorheriger telefonischer Anfrage, als Exposé mit Textprobe von 10 Seiten
Medium: Papierausdruck, E-Mail
Ms.-Rücksendung: ja, bei Rückporto

Anadolu-Schulbuchverlag
Rheinstr. 102
41836 Hückelhoven
Tel. 02433 - 40 91
Fax 02433 - 416 08
info@anadolu-verlag.de
www.anadolu-verlag.de
Verlagsleitung: Ahmet Celik
Gründungsjahr: 1977
Lieferbare Titel: 300
Novitäten: 5
Programm: Biografien, Belletristik, Essen und Trinken, Film, Fernsehen, Geografie, Humor, Jugendbücher, Kinderbücher, Kulturgeschichte, Lern-Software, Literaturwissenschaft, Lyrik, Mathematik, Musik, Nachschlagewerke, Wörterbücher, Religion, Schulbücher
Ms.-Angebote erwünscht: nach vorheriger telefonischer Anfrage

Medium: Papierausdruck
Ms.-Rücksendung: ja, bei Rückporto

Andante Handpresse
Inga & Peter Rensch
Röblingstr. 15
12105 Berlin
Tel. 030 - 613 57 13, 614 71 10
Verleger: Inga und Peter Rensch
Gründungsjahr: 1990
Lieferbare Titel: 30
Programm: Künstlerbücher mit Originalgrafik (Betonung des Bildes, das heißt Bild-sein des Buches)
Ms.-Angebote erwünscht: nach vorheriger Anfrage
Medium: Papierausdruck
Ms.-Rücksendung: ja, bei Rückporto

andiamo-Verlag
Fried.-Engelhorn-Str. 7 - 9
68167 Mannheim
Tel. 0621 - 336 72 69
Fax 0621 - 33 10 83
andiamoverlag@aol.com
www.andiamo-verlag.de
Programm: Literatur
Ms.-Interessen: keine
Ms.-Rücksendung: nein

Ansata Verlag / Integral / Lotos
Bayerstr. 71-73
80335 München
Tel. 089 - 41 36 - 0
Fax 089 - 41 36 - 333
info@randomhouse.de
www.randomhouse.de
Verleger: Geschäftsführer: Klaus Eck, Joerg Pfuhl (CEO), Claudia Reitter
Verlagsleitung: Eckhard Graf
Verlagsgruppe: Verlagsgruppe Random House
Programm: Esoterik, Buddhismus, Hinduismus
Ms.-Angebote erwünscht: als Exposé mit Textprobe von 20 Seiten
Medium: Papierausdruck, E-Mail
Ms.-Rücksendung: ja

AnTex Verlag
Am Gabelsee
15306 Falkenhagen
Tel. 033603 - 404 10
Fax 033603 - 404 00
Verleger: Hans-Joachim Schuhmacher
Gründungsjahr: 1988
Lieferbare Titel: 9
Programm: Kinderbücher
Lektorat: Tina Rau
Ms.-Interessen: keine
Ms.-Rücksendung: ja, bei Rückporto

Peter Lehmann Antipsychiatrieverlag
Zabel-Krüger-Damm 183
13469 Berlin
Tel. 030 - 85 96 37 06
Fax 030 - 40 39 87 52
info@antipsychiatrieverlag.de
www.antipsychiatrieverlag.de
Verleger: Peter Lehmann
Verlagsleitung: Peter Lehmann
Gründungsjahr: 1986
Lieferbare Titel: 21
Novitäten: 1-2
Programm: Alternativen zur Psychiatrie, Antipsychiatrie
Ms.-Interessen: Überwindung psychiatrischer Probleme, Alternativen zur

Psychiatrie
Ms.-Angebote erwünscht: als Exposé mit Textprobe von 5-10 Seiten
Medium: Papierausdruck
Ms.-Rücksendung: ja, bei Rückporto

Findling Buchverlag Lüneburg GmbH
Lüner Rennbahn 14
21339 Lüneburg
Tel. 04131 - 98 35 05
Fax 04131 - 983 55 95
info@findling-buchverlag.com
www.findling-buchverlag.com
Verleger: Jens Havelberg
Verlagsleitung: Jens Havelberg
Gründungsjahr: 2001
Lieferbare Titel: 140
Novitäten: 25
Programm: Lizenz- und Sonderausgaben, Kinder- und Bilderbuch
Ms.-Interessen: Kinder- und Jugendbuch, Bilderbuch, Sachbuch, Sonderausgaben
Ms.-Angebote erwünscht: nach vorheriger telefonischer Anfrage, als Exposé oder als Exposé mit Textprobe
Medium: Papierausdruck, E-Mail
Ms.-Rücksendung: ja, bei Rückporto

Anton Verlag
Grünewalder Str. 55
42657 Solingen
Tel. 0212 - 81 50 41
Fax 0212 - 81 50 42
szutrely@aol.com
Programm: Deutsch-Ungarische und Minderheiten-Literatur, Medizinische Fachliteratur
Ms.-Interessen: Kurze Zusammenfassungen von Wissenschaftsmedizin. Arbeiten von jungen Medizinern (bis 30. Lebensjahr) (Doktorarbeiten!)
Ms.-Angebote erwünscht: als Exposé mit Textprobe von 2 Seiten
Medium: Papierausdruck
Ms.-Rücksendung: ja, bei Rückporto

AOL-Verlag Frohmut Menze GmbH
Waldstr. 18
77839 Lichtenau-Scherzheim
Tel. 07227 - 95 88 - 0
Fax 07227 - 95 88 - 95
info@aol-verlag.de
www.aol-verlag.de
Verlagsleitung: Clemens Muth
Verlagsgruppe: Klett-Verlagsgruppe
Programm: Unterrichtshilfen, Selbstlernprogramme, Lernhilfen
Ms.-Angebote erwünscht: als Exposé
Medium: Papierausdruck
Ms.-Rücksendung: ja

APA Verlag
Mies-van-der-Rohe-Str. 1
80807 München
Tel. 089 - 360 96 - 0
Fax 089 - 360 96 - 482
redaktion@polyglott.de
www.polyglott.de
Verleger: Andreas Langenscheidt
Verlagsleitung: Rolf Müller
Verlagsgruppe: Langenscheidt Verlagsgruppe
Programm: Reiseführer

APHAIA VERLAG
Radickestr. 44
12489 Berlin

Tel. 030 - 813 39 98
Fax 030 - 813 39 98
info@aphaia-verlag.de
www.aphaia-verlag.de
Verlegerin: Svea Haske,
Sonja Wendeler
Gründungsjahr: 1986
Lieferbare Titel: 110
Novitäten: 6
Programm: Lyrik mit Musik und Bildender Kunst von Zeitgenossen; Sonderausgaben: Texte und Bilder; bibliophile Ausgaben, regelmäßige Lesungen
Ms.-Angebote erwünscht: nach vorheriger telefonischer Anfrage
Medium: Papierausdruck
Ms.-Rücksendung: ja, bei Rückporto

Aqua Verlag
Alpenerstr. 16
50825 Köln
Tel. 0221 - 39 91 - 0
Fax 0221 - 39 91 - 100
mial@aqua-verlag.de
www.aqua-verlag.de
Verlagsleitung: Matthias Friese
Programm: Fanbücher, Bundeswehr, Geschichte, Medien

Aquamarin Verlag
Voglherd 1
85567 Grafing
Tel. 08092 - 94 44
Fax 08092 - 16 14
aquamarin-verlag@t-online.de
Programm: Esoterik, Lebenshilfe, Philosophie, Ratgeber, Religion
Ms.-Angebote erwünscht: nach vorheriger telefonischer Anfrage
Medium: Papierausdruck
Ms.-Rücksendung: ja, bei Rückporto

Arachne Verlag
Filchnerstr. 12
45886 Gelsenkirchen
Tel. 0209 - 284 40
Fax 0209 - 283 79
arachne45886@aol.com
Programm: Buchkunst

arani-Verlag GmbH
Gneisenaustr. 33
10961 Berlin
Tel. 030 - 691 70 73
Fax 030 - 691 40 67
spiess-verlage@t-online.de
www.spiess-verlage.de
Programm: Judaica, Berlin, Geschichte der Neuzeit, Reisen
Ms.-Angebote erwünscht: nach vorheriger telefonischer Anfrage
Medium: Papierausdruck
Ms.-Rücksendung: ja, bei Rückporto

Arbeiterpresse Verlag
Postfach 50 01 05
45055 Essen
Tel. 0201 - 646 21 06
Fax 0201 - 646 21 08
vertrieb@arbeiterpresse.de
www.arbeiterpresse.de
Verleger: Wolfgang Zimmermann
Gründungsjahr: 1978
Novitäten: 1-2
Programm: Geschichte der Arbeiterbewegung, Sozialismus, Trotzki-Bibliothek
Ms.-Angebote erwünscht: nach vorhe-

riger schriftlicher Anfrage
Medium: E-Mail
Ms.-Rücksendung: nein

Arbor Verlag Verlagsbüro Freiburg
Zechenweg 4
79111 Freiburg
Tel. 0761 - 40 14 09 30
Fax 0761 - 40 14 09 31
info@arbor-verlag.de
www.arbor-verlag.de
Verleger: Lienhard Valentin
Gründungsjahr: 1984
Lieferbare Titel: 100
Novitäten: 10
Programm: Buddhismus, Lebenshilfe, Christliche Mystik, Pädagogik, Psychologie
Ms.-Angebote erwünscht: nach vorheriger telefonischer Anfrage
Medium: Papierausdruck
Ms.-Rücksendung: ja, bei Rückporto

Arche Literatur Verlag AG
Körnerstr. 1
22301 Hamburg
Tel. 040 - 27 11 13
Fax 040 - 27 11 16
info@arche-verlag.com
www.arche-verlag.com
Verlegerin: Elisabeth Raabe, Regina Vitali
Programm: Belletristik, Kalender, Reiseführer
Ms.-Interessen: keine

Arcos Verlag GmbH
Festplatzstr. 6
84030 Ergolding
Tel. 0871 - 76 05 64
Fax 0871 - 76 05 61
info@arcos-verlag.de
www.arcos-verlag.de
Programm: Kunst- und Sachbücher

ARCult Media Verlagsbuchhandlung Kultur & Wissenschaft
Dahlmannstr. 26
53113 Bonn
Tel. 0228 - 21 10 58
Fax 0228 - 21 74 93
info@arcultmedia.de
www.arcultmedia.de
Verlagsleitung: Prof. Dr. Andreas Wiesand
Zum Verlag: Zeitschrift »Kulturforschung«
Gründungsjahr: 1983
Lieferbare Titel: 50
Novitäten: 4-8
Programm: Kulturforschung, Kultur- und Medienpolitik, Kulturwirtschaft, Belletristik
Ms.-Interessen: Nord-Süd-Dialog, Europäische Kultur-Kooperation, Kulturpolitik, Situation der Künstler und Autoren
Ms.-Angebote erwünscht: nach vorheriger telefonischer Anfrage
Medium: Diskette, E-Mail (am besten schriftlich ankündigen!)
Ms.-Rücksendung: ja, bei Rückporto

Ardey-Verlag GmbH
An den Speichern 6
48157 Münster
Tel. 0251 - 413 20
Fax 0251 - 41 32 20
grabowsky@ardey-verlag.de
www.ardey-verlag.de
Verlagsleitung: Ulrich Grabowsky
Programm: Kultur und Geschichte Westfalens
Ms.-Interessen: Sachbücher zu Orten oder Ereignissen Westfalens
Ms.-Angebote erwünscht: als Exposé mit Textprobe von 10 Seiten
Medium: E-Mail
Ms.-Rücksendung: ja

Area Verlag GmbH
Markt 20-22
50374 Erftstadt
Tel. 02235 - 46 58 - 0
Fax 02235 - 46 58 - 19
info@area-verlag.de
www.area-verlag.de
Verleger: Martin Dort, Johannes Heyne, Bruno Hof, Annette Krumreihn
Programm: Belletristik, Kinderbuch, Sachbuch, Ratgeber, Kochbuch

Arena Verlag GmbH
Rottendorfer Str. 16
97074 Würzburg
Tel. 0931 - 796 44 - 0
Fax 0931 - 796 44 - 13
www.arena-verlag.de
Verlagsleitung: Albrecht Oldenbourg
Gründungsjahr: 1949
Lieferbare Titel: 1220
Novitäten: 200
Programm: Vom Kleinkind bis zum Zwanzigjährigen: Kinderbücher, Pappbilderbuch, Jugendbücher, Erstlesebücher, Sachbuch, Vorschul-, Grundschulprogramm, Lernspiele, Beschäftigung, Romane für junge Erwachsene, Taschenbuch
Lektorat: Susanne Krebs (Arena-Kinder- und Jugendbuch, Arena Taschenbuch), Isa-Maria Röhrig-Roth (Arena Sachbuch, Edition Bücherbar)
Ms.-Interessen: Alle Genres der Kinder- und Jugendliteratur
Ms.-Angebote erwünscht: als Exposé mit Textprobe
Medium: Papierausdruck
Ms.-Rücksendung: ja, bei Rückporto

Verlag Willmuth Arenhövel
Treuchlinger Str. 4
10779 Berlin
Tel. 030 - 213 28 03
Fax 030 - 218 19 95
Programm: Kunst- und Kulturgeschichte, Architektur, Malerei, Skulptur, Kunstgewerbe

Argument-Verlag/Ariadne
Glashüttenstr. 28
20357 Hamburg
Tel. 040 - 40 18 00 - 0
Fax 040 - 40 18 00 - 20
verlag@argument.de
www.argument.de, www.ariadnekrimi.de
Verlegerin: Else Laudan
Programm: Science Fiction, Kriminalromane, Frauenforschung, Philosophie, Politik, Schwule und Lesbische Literatur, Soziologie

Lektorat: Else Laudan (Bellestristik hauptverantwortlich), Iris Konopik (Belletristik)
Ms.-Angebote erwünscht: nach vorheriger telefonischer Anfrage, als Exposé mit Textprobe von ca. 30 Seiten
Ms.-Rücksendung: ja, bei Rückporto

Ariel-Verlag
Marie-Curie-Str. 4
64560 Riedstadt
Tel. 06158 - 74 73 33
Fax 06158 - 743 20
ariel-verlag@freenet.de
www.ariel-verlag.de
Programm: Romane, Story- und Gedichtbände von Underground und Szeneautorinnen

Ariston
Holzstr. 28
80469 München
Tel. 089 - 23 55 86 - 0
Fax 089 - 23 55 86 - 111
Verlagsgruppe: Hugendubel-Verlagsgruppe
Programm: Lebenshilfe
Ms.-Angebote erwünscht: nach vorheriger telefonischer Anfrage
Medium: Papierausdruck
Ms.-Rücksendung: ja, bei Rückporto

Arnoldsche Verlagsanstalt GmbH
Liststr. 9
70180 Stuttgart
Tel. 0711 - 61 24 60
Fax 0711 - 615 98 43
art@arnoldsche.com
www.arnoldsche.com
Programm: Architektur, Bildbände, Bildende Kunst, Kulturgeschichte, Kunsthandwerk
Ms.-Angebote erwünscht: nach vorheriger telefonischer Anfrage, als Exposé
Ms.-Rücksendung: ja

Ars & Facsimile Edition Münster
Rosenstr. 12 - 13
48143 Münster
Tel. 0251 - 482 27 30
br.facsimile@freenet.de
Programm: Internationale Kunstwissenschaft

ars vivendi verlag GmbH & Co.KG
Bauhof 1
90556 Cadolzburg
Tel. 09103 - 71 92 90
Fax 09103 - 719 29 19
ars@arsvivendi.com
www.arsvivendi.com
Verleger: Norbert Treuheit
Verlagsleitung: Norbert Treuheit
Gründungsjahr: 1988
Novitäten: 50
Programm: Belletristik, Bildbände, Essen und Trinken, Gastroführer, Freizeitführer, Klassikerübersetzungen, Kalender (Schwarzweiß-Fotografie), Postkartenbücher
Ms.-Angebote erwünscht: als Exposé mit Textprobe von ca. 30 Seiten
Medium: Papierausdruck
Ms.-Rücksendung: ja

arsEdition GmbH
Friedrichstr. 9
80801 München
Tel. 089 - 38 10 06 - 0
Fax 089 - 38 10 06 - 58
verlag@arsedition.de
www.arsedition.de
Programm: Kunstbuch

Das Arsenal Verlag für Kultur und Politik GmbH
Tegeler Weg 97
10589 Berlin
Tel. 030 - 34 65 13 60
Fax 030 - 34 65 13 62
dasarsenal@aol.com
Verleger: Dr. Peter Moses-Krause
Gründungsjahr: 1977
Lieferbare Titel: 70
Novitäten: 4-8
Programm: Biografien, Historische Romane, Belletristik, Judaica, Bildende Kunst, Kulturgeschichte, Literaturwissenschaft, Philosophie, Zeitgeschichte
Ms.-Angebote erwünscht:
nach vorheriger telefonischer Anfrage, als Exposé mit Textprobe von 30 Seiten
Medium: Papierausdruck
Ms.-Rücksendung: ja, bei Rückporto

ARTEA GmbH
Döbereinerstr. 5
81247 München
Tel. 089 - 811 96 08
Fax 089 - 811 96 98
info@artea.de
www.artea.de
Programm: Bildbände, Geschenkbücher
Ms.-Angebote erwünscht: nach vorheriger telefonischer Anfrage, als Exposé
Medium: E-Mail
Ms.-Rücksendung: ja, bei Rückporto

Artemis & Winkler
Am Wehrhahn 100
40211 Düsseldorf
Tel. 0211 - 167 95 - 0
Fax 0211 - 167 95 - 75
service@patmos.de
www.patmos.de
Verleger: Dr. Tullio Aurelio
Verlagsgruppe: Patmos-Verlagshaus
Programm: Biografien, Belletristik, Historische Romane, Bildbände, Kulturgeschichte
Ms.-Angebote erwünscht: als Exposé
Medium: Papierausdruck
Ms.-Rücksendung: ja

Artes media Parkstone LTD.
Postfach 10 01 43
52301 Düren
Tel. 02421 - 163 76
Fax 02421 - 163 76
carl.parkstone@t-online.de
Verleger: K.H. Carl
Verlagsleitung: J.M.Manzo
Gründungsjahr: 1997
Lieferbare Titel: 100
Novitäten: 10 Neuerscheinungen in je 3 Sprachen (Deutsch, Englisch, Französisch)
Programm: Kunstbildbände, Städtebildbände, Monografien Großer Maler, Erotikserien
Lektorat: K.H. Carl
Ms.-Angebote erwünscht: nach vorhe-

riger telefonischer Anfrage, als Exposé
Medium: E-Mail
Ms.-Rücksendung: ja, bei Rückporto

Artland Verlag
Warthestr. 70
12051 Berlin
Tel. 030 - 626 82 30
Fax 030 - 628 31 52
Programm: Fotografie, Tanz, Theater

Arun-Verlag
Engerda 28
07407 Uhlstädt-Kirchhasel
Tel. 036743 - 232 - 0
Fax 036743 - 232 - 17
info@arun-verlag.de
www.arun-verlag.de
Verleger: Stefan Ulbrich
Verlagsleitung: Stefan Ulbrich
Gründungsjahr: 1989
Lieferbare Titel: 120
Novitäten: 8
Programm: Esoterik, Schamanismus, Naturreligion, Ökologie, Philosophie, Spiele, Frauenspiritualität, Magie, Visionssuche, Runen, Germanen, Kelten, Körperkult, Männerspiritualität, Orakel, Energiearbeit
Ms.-Angebote erwünscht: nach vorheriger telefonischer Anfrage, als Exposé mit Textprobe
Medium: Papierausdruck
Ms.-Rücksendung: ja, bei Rückporto

AS Verlag
Buhnrain 30
CH-8052 Zürich
Schweiz
Tel. +41 (0)44 - 300 23 23
Fax +41 (0)44 - 300 23 24
mail@as-verlag.ch
www.as-verlag.ch
Verleger: Heinz von Arx, Peter Schnyder
Gründungsjahr: 1991
Lieferbare Titel: 90
Novitäten: 10
Programm: Alpinismus, Tourismus, Verkehrsgeschichte, Fotografie, Kunst
Lektorat: Brigitte Haus (Dw - 20)
Ms.-Angebote erwünscht: als Exposé mit Textprobe von 8 Seiten
Medium: Papierausdruck
Ms.-Rücksendung: nein

Aschendorff Verlag GmbH & Co.KG
Soester Str. 13
48155 Münster
Tel. 0251 - 690 - 136
Fax 0251 - 690 -143
buchverlag@aschendorff.de
www.aschendorff.de/buch
Verlagsleitung: Dr. Dirk F. Paßmann
Gründungsjahr: 1720
Lieferbare Titel: 1300
Novitäten: 90
Programm: Geschichte, Kulturgeschichte, Literaturwissenschaft, Philosophie, Religion, Schulbücher, Regionalia, Theologie
Lektorat: Dr. Bernward Kröger (Dw -134) für Religion, Theologie, Dr. Burkhard Beyer (Dw-130, burkhard.beyer@aschendorff.de) für Geschichte
Ms.-Interessen: Westfalica, Katholische Theologie, Geschichte bes. Westfalen, Münster), Belletristik,

Jugendbücher
Ms.-Angebote erwünscht: nach vorheriger telefonischer Anfrage, als Exposé
Medium: Papierausdruck, Diskette, E-Mail
Ms.-Rücksendung: ja

Asgard-Verlag Dr. Werner Hippe GmbH
Sankt Augustin
53757 Sankt Augustin
Tel. 02241 - 31 64 - 0
Fax 02241 - 31 64 - 36
info@asgard.de
www.asgard.de
Verlagsleitung: Stefan Maus, Uwe Schliebusch
Zum Verlag: Fachverlag
Gründungsjahr: 1947
Programm: Ärztliches und zahnärztliches Gebührenordnungsrecht, Sozialrecht, Sozialpolitik
Ms.-Interessen: Gesundheitspolitik, Sozialpolitik, Sozialrecht, Kommentare
Ms.-Angebote erwünscht: nach vorheriger telefonischer Anfrage, als Exposé mit Textprobe von 10 Seiten
Medium: Papierausdruck, CD-ROM
Ms.-Rücksendung: ja

ASKU-Presse
Wilhelm-Leuschner-Str. 2
61231 Bad Nauheim
Tel. 06032 - 721 56
Fax 06032 - 721 57
verlag@asku-presse.de
www.asku-presse.de
Verleger: Sven Uftring
Verlagsleitung: Sven Uftring
Programm: Belletristik, Lyrik, Philosophie, Umweltthemen, Illustrierte Bücher, Hörbücher
Ms.-Interessen: keine
Ms.-Angebote erwünscht: nach vorheriger telefonischer Anfrage, als Manuskript
Medium: Papierausdruck
Ms.-Rücksendung: ja, bei Rückporto

Assoziation A
Gneisenaustr. 2a
10961 Berlin
Tel. 030 - 69 58 29 71
Fax 030 - 69 58 29 73
assoziationa@freenet.de
www.assoziation-a.de
Programm: Linke Politische Literatur, Belletristik, Lateinamerika
Ms.-Angebote erwünscht: nach vorheriger telefonischer Anfrage, Textprobe von 30 Seiten
Medium: E-Mail
Ms.-Rücksendung: nein

AT Verlag, AZ Fachverlage AG
Stadtturmstr. 19
CH-5401 Baden
Schweiz
Tel. +41 (0)58 - 200 44 00
Fax +41 (0)58 - 200 44 01
at-verlag@azag.ch
www.at-verlag.ch
Verlagsleitung: Urs Hunziker
Gründungsjahr: 1978
Programm: Esoterik, Essen und Trinken, Gesundheit, Natur, Ökologie, Psychoaktive Pflanzen, Schweiz
Lektorat: Monika Schmidhofer

Ms.-Angebote erwünscht: als Exposé mit Textprobe von 10 Seiten
Medium: Papierausdruck, E-Mail
Ms.-Rücksendung: ja

Atlantik Verlags- und Mediengesellschaft
Hemmstr. 212
28215 Bremen
Tel. 0421 - 38 25 35
Fax 0421 - 38 25 77
atlantik@brainlift.de
atlantik-verlag.de
Gründungsjahr: 1996
Lieferbare Titel: 60
Novitäten: 8
Programm: Afrika, Amerika, Europa, Belletristik und Politisches Sachbuch
Ms.-Angebote erwünscht: als Exposé mit Textprobe von 10 Seiten
Medium: Papierausdruck
Ms.-Rücksendung: ja, bei Rückporto

Atmosphären Verlag
Gotzinger Str. 52 a
81371 München
Tel. 089 - 76 75 67 - 0
Fax 089 - 76 75 67 - 11
info@atmosphären-verlag.de
www.atmosphären-verlag.de
Verlagsleitung: Dr. Michael Günther
Gründungsjahr: 2003
Lieferbare Titel: 17
Novitäten: 17
Programm: Spiritualität, Weltreligionen, Weltkulturen, Alternative Heilkunde, Neue Wissenschaften, östliche Weisheit, Quellen menschlicher Weisheit, Mythen, Märchen
Lektorat: Dr. Michael Günther
Ms.-Interessen: siehe Verlagsprogramm
Ms.-Angebote erwünscht: als Exposé
Medium: Papierausdruck
Ms.-Rücksendung: ja

Atrium
Poppenbütteler Chaussee 53
22397 Hamburg
Tel. 040 - 60 79 09 - 02
Fax 040 - 60 79 09 - 50
oetinger@vsg-hamburg.de
www.oetinger.de
Verleger: Silke Weitendorf, Thomas Huggle
Verlagsleitung: Geschäftsführer Programm: Markus Niesen
Gründungsjahr: 1946
Verlagsgruppe: Oetinger-Verlagsgruppe
Lieferbare Titel: 520
Novitäten: 100
Programm: Kinder- und Jugendbücher, CD-ROM
Lektorat: Alexandra Rak, Sabine Praml, Sophie Härtling
Ms.-Angebote erwünscht: nach vorheriger telefonischer Anfrage, als Manuskript
Medium: Papierausdruck
Ms.-Rücksendung: ja, bei Rückporto

Atrium Verlag AG
Obere Bahnhofstr. 10A
CH-8910 Affoltern
Schweiz
Tel. +41 (0)1 - 760 31 71
Fax +41 (0)1 - 760 20 68

atrium@ava.ch
Verleger: Silke Weitendorf, Thomas Huggle
Verlagsleitung: Ursula Grob
Programm: Belletristik, Kinder- und Jugendbücher
Lektorat: Dr. Sabine Lammers (Belletristik), Tel. +49 40 47 53 77 32, lammers.atriumverlag@t-online.de
Ms.-Angebote erwünscht: nach vorheriger telefonischer Anfrage
Medium: Papierausdruck
Ms.-Rücksendung: ja, bei Rückporto

Attempto Verlag GmbH
Dischingerweg 5
72070 Tübingen
Tel. 07071 - 97 97 - 0
Fax 07071 - 97 97 11
www.attempto-verlag.de
Verleger: Dr. h.c. Gunter Narr
Programm: Pädagogik, Soziologie, Psychologie, Psychiatrie, Philosophie, Literaturwissenschaft, Kunstgeschichte, Kulturgeschichte, Kulturwissenschaft, Zeitgeschichte, Theaterwissenschaft, Sprachwissenschaft, Religion, Sportwissenschaft
Lektorat: Jürgen Freudl
Ms.-Angebote erwünscht: als Exposé
Medium: Papierausdruck
Ms.-Rücksendung: ja

Auer Verlag GmbH
Heilig-Kreuz-Str. 16
86609 Donauwörth
Tel. 0906 - 73 - 140
Fax 0906 - 73 -177
info@auer-verlag.de
www.auer-verlag.de
Verlagsleitung: Dr. Richard Spies, Bernd Ruppert
Gründungsjahr: 1875
Verlagsgruppe: Klett-Verlagsgruppe
Lieferbare Titel: 2500
Novitäten: 150
Programm: Schulbücher, Unterrichtshilfen, Arbeitshefte, Software, Religion, Pädagogik, Handreichungen
Ms.-Angebote erwünscht: nach vorheriger telefonischer Anfrage, als Exposé
Medium: Papierausdruck, Diskette
Ms.-Rücksendung: ja

Carl-Auer-Systeme Verlag
Häusserstr. 14
69115 Heidelberg
Tel. 06221 - 64 38 - 0
Fax 06221 - 64 38 - 22
info@carl-auer.de
www.carl-auer.de
Programm: Psychotherapie, Familien- und Hypnotherapie, Systemtheorie, Konstruktivismus, Kybernetik

Aufbau Taschenbuch Verlag GmbH
Neue Promenade 6
10178 Berlin
Tel. 030 - 283 94 - 0
Fax 030 - 283 94 - 100
info@aufbau-verlag.de
www.aufbau-verlag.de
Verleger: Bernd F. Lunkewitz
Gründungsjahr: 1991
Verlagsgruppe: Verlagsgruppe Aufbau
Programm: Biografien, Belletristik, Historische Romane, Kriminalromane, Erotik, Film, Fernsehen, Kulturge-

schichte, Kurzgeschichten, Literaturwissenschaft, Märchen, Politik, Zeitgeschichte
Lektorat: René Strien
(Tel. 030 - 283 94 -113, Fax 283 94 - 100)
Ms.-Angebote erwünscht: als Exposé mit Textprobe von 5-10 Seiten
Medium: Papierausdruck
Ms.-Rücksendung: ja, bei Rückporto

Aufbau-Verlag GmbH
Neue Promenade 6
10178 Berlin
Tel. 030 - 283 94 - 0
Fax 030 - 283 94 - 100
info@aufbau-verlag.de
www.aufbau-verlag.de
Verleger: Bernd F. Lunkewitz
Gründungsjahr: 1945
Verlagsgruppe: Verlagsgruppe Aufbau
Lieferbare Titel: 1200
Novitäten: 200
Programm: Biografien, Belletristik, Historische Romane, Kriminalromane, Bildbände, Geschichte der Neuzeit, Kulturgeschichte, Kurzgeschichten, Literaturwissenschaft, Politik, Zeitgeschichte
Ms.-Angebote erwünscht: als Exposé mit Textprobe von 5-10 Seiten
Medium: Papierausdruck
Ms.-Rücksendung: ja, bei Rückporto

Aulis Verlag Deubner & Co KG
Antwerpener Str. 6-12
50672 Köln
Tel. 0221 - 951 45 40
Fax 0221 - 51 84 43
aulis@netcologne.de
Programm: Schulbücher für alle Stufen, Naturwissenschaftliche Jugendliteratur

Aurelia-Verlag GmbH
Bahnackerstr. 16
76532 Baden-Baden
07221 - 5 01 02
Tel. 07221 - 50 14 20
info@aurelia-verlag.de
www.aurelia-verlag.de
Verleger: Ralph Schmidt, Dr. Rainer Hopfgarten
Programm: Naturheilkunde

AURUM in J. Kamphausen Verlag & Distribution GmbH
Buddestr. 15
33602 Bielefeld
Tel. 0521 - 560 52 - 0
Fax 0521 - 560 52 - 29
info@j-kamphausen.de
www.weltinnenraum.de
Verleger: Joachim Kamphausen
Verlagsleitung: Joachim Kamphausen
Gründungsjahr: 1974, bei J. Kamphausen seit 2001
Verlagsgruppe: J. Kamphausen GmbH
Lieferbare Titel: 91
Novitäten: 8
Programm: Christliche Mystik, Mystik Allgemein, Buddhismus, Ganzheitliche Gesundheit, Kreativität
Lektorat: Programmleitung: Dirk Grosser
Ms.-Interessen: siehe Verlagsprogramm
Ms.-Angebote erwünscht: als Exposé
Medium: Papierausdruck
Ms.-Rücksendung: ja, bei Rückporto

Autorensolidarität - Verlag der Interessengemeinschaft österreichischer Autorinnen und Autoren
Seidengasse 13
A-1070 Wien
Österreich
Tel. +43 (0)1 - 526 20 44 13
Fax +43 (0)1 - 526 20 44 55
ig@literaturhaus.at
www.literaturhaus.at/lh/ig
Verlagsleitung: Gerhard Ruiss
Gründungsjahr: 1982
Programm: Zeitschriften- und Buchpublikationen zu relevanten Themen für das schriftstellerische Arbeiten

AutorInnenverlag Bern
Postfach 5244
CH-3001 Bern
Schweiz
Lieferbare Titel: 14
Novitäten: 2
Programm: Belletristik, Lyrik
Ms.-Angebote erwünscht: als Manuskript
Medium: Papierausdruck
Ms.-Rücksendung: ja, bei Rückporto

Autumnus Verlag Florian Herbst
Joachim-Karnatz-Allee 1
10557 Berlin
Tel. 030 - 22 48 73 01
Fax 030 - 22 48 73 01
info@autumnus-verlag.de
www.autumnus-verlag.de
Verleger: Florian Herbst
Verlagsleitung: Florian Herbst
Zum Verlag: Ausschließlich niveauvolle Bücher; Verlag im Aufbau
Gründungsjahr: 2004
Lieferbare Titel: 4
Novitäten: 4
Programm: Kinderliteratur, Ratgeber, Biographien, Kriminalliteratur (alles gehobenes Niveau)
Lektorat: Programmleitung: Dr. Mareile Herbst (programm@autumnus-verlag.de)
Ms.-Interessen: Qualitätskinderbuch (nur literarisch Anspruchsvolles! Lesealter: ab 6)
Ms.-Angebote erwünscht: als Manuskript, keine telefonischen Anfragen
Medium: Papierausdruck
Ms.-Rücksendung: ja, mit Rückporto und beschriftetem Rückumschlag

Auwald Verlag e.K.
Fahrenberg 17E
45257 Essen
Tel. 0201 - 48 57 15
Fax 0201 - 48 77 91
www.auwald.de
Verleger: Dr. Dieter Vetterkind
Verlagsleitung: Dr. Dieter Vetterkind
Gründungsjahr: 1998
Lieferbare Titel: 15
Novitäten: 4
Programm: Deutsche Familiensaga, Belletristik, Filmdrehbuch, Kunstbuch
Ms.-Interessen: Roman (Dorf und Stadt; Menschen; Probleme und Werte; Familie; Liebe, Hass und Eifersucht); Drehbücher
Ms.-Angebote erwünscht: als Exposé mit Textprobe von 10 Seiten
Medium: Papierausdruck
Ms.-Rücksendung: ja, bei Rückporto

Aviatic Verlag GmbH
Kolpingring 16
82041 Oberhaching
Tel. 089 - 61 38 90 - 0
Fax 089 - 61 38 90 - 10
aviatic@t-online.de
www.aviatic.de
Verleger: Peter Pletschacher
Gründungsjahr: 1985
Lieferbare Titel: 30
Novitäten: 5-6
Programm: Luftfahrt, Bildbände, Fachzeitschriften, Technik
Lektorat: Peter Pletschacher
Ms.-Angebote erwünscht: als Exposé, als Manuskript
Medium: Papierausdruck
Ms.-Rücksendung: ja

Avinus Verlag
Schönholzer Str. 2
13187 Berlin
Tel. 030 - 924 05 - 410
Fax 030 - 924 05 - 411
kontakt@avinus.de
www.avinus.de
Verleger: Bettina Dier, Dr. Thomas Weber
Verlagsleitung: Dr. Thomas Weber
Gründungsjahr: 1992
Programm: Romanophile Medien- und Kommunikationswissenschaft
Ms.-Interessen: Medienbezug sollte vorhanden sein
Ms.-Angebote erwünscht: nach vorheriger telefonischer Anfrage, als Exposé oder als Exposé mit Textprobe von 10 Seiten, als Manuskript
Medium: Papierausdruck, E-Mail
Ms.-Rücksendung: ja, bei Rückporto

AvivA Verlag Britta Jürgs GmbH
Emdener Str. 33
10551 Berlin
Tel. 030 - 39 73 13 72
Fax 030 - 39 73 13 71
info@aviva-verlag.de
www.aviva-verlag.de
Verlegerin: Britta Jürgs
Verlagsleitung: Britta Jürgs
Gründungsjahr: 1997
Lieferbare Titel: 30
Novitäten: 3-4
Programm: Frauen in Kunst, Literatur und Kulturgeschichte, Autorinnen der Weimarer Republik
Ms.-Interessen: biografische Essays über Künstlerinnen, weibliche Kulturgeschichte
Ms.-Angebote erwünscht: nach vorheriger telefonischer Anfrage, als Exposé mit Textprobe
Medium: Papierausdruck
Ms.-Rücksendung: ja, bei Rückporto

B & E-Verlag
Sauterstr. 36
67433 Neustadt
Tel. 06321 - 48 93 43
Fax 06321 - 48 93 45
Verleger: Steffen Boiselle, Clemens Ellert
Programm: Comics, Cartoons
Lektorat: Steffen Boiselle, Clemens Ellert
Ms.-Angebote erwünscht: als Manuskript
Medium: Papierausdruck
Ms.-Rücksendung: ja, bei Rückporto

b_books
Lübbener Str. 14
10997 Berlin
Tel. 030 - 611 78 44
Fax 030 - 618 58 10
x@bbooksz.de
www.bbooksz.de
Gründungsjahr: 1998
Lieferbare Titel: 25
Novitäten: 10
Programm: Politische Theorie, Feminismus, Pop, Kunst, Technologiekritik
Lektorat: Kim Hörbe, Stephan Geene
Medium: E-Mail

Babel Verlag Bülent-Tulay
Auenstr. 37
80469 München
Tel. 089 - 58 00 88 - 37
Fax 089 - 58 00 88 - 31
babel@tulay-kollegen.de
Verleger: Bülent Tulay
Gründungsjahr: 1985
Lieferbare Titel: 25
Novitäten: 6
Programm: Migrationsliteratur, Türkische Literatur, Türken in Deutschland
Lektorat: Franz Joseph Herrmann

Babel Verlag
Lorenz-Paul-Str. 4
86920 Denklingen
Tel. 08243 - 96 16 91
Fax 08243 - 96 16 14
info@babel-verlag.de
www.babel-verlag.de
Verleger: Kevin Perryman
Gründungsjahr: 1983
Lieferbare Titel: 35
Novitäten: 2-3
Programm: Lyrik
Ms.-Angebote erwünscht: als Manuskript wenige kurze Gedichte, max. 5
Medium: Papierausdruck
Ms.-Rücksendung: ja, bei Rückporto

J. P. Bachem GmbH
Ursulaplatz 1
50668 Köln
Tel. 0221 - 16 19 - 0
Fax 0221 - 16 19 - 159
detlef.reich@bachem.de
www.bachem.de
Verleger: Lambert Bachem, Claus Bachem
Verlagsleitung: Cheflektor: Detlef Reich
Programm: Regionalliteratur: Köln, Rheinland, Düsseldorf, Eifel, Ruhrgebiet
Lektorat: Kerstin Goldbach, Tel. 0221 - 16 19 - 126
Ms.-Angebote erwünscht: als Exposé mit Textprobe
Medium: Papierausdruck, Diskette, E-Mail
Ms.-Rücksendung: ja

Dr. Bachmaier Verlag GmbH
Kagerstr. 8B
81669 München
Tel. 089 - 68 51 20
Fax 089 - 68 51 20
contact@verlag-drbachmaier.de
www.verlag-drbachmaier.de
Programm: Philosophie, Belletristik und Sachbuch
Ms.-Angebote erwünscht: als Exposé, als Manuskript

Medium: Papierausdruck, Diskette
Ms.-Rücksendung: ja, bei Rückporto

Karl Baedeker Verlag
Marco-Polo-Zentrum
73760 Ostfildern
Tel. 0711 - 4502 - 0
Fax 0711 - 4502 - 343
info@baedecker.com
www.baedecker.com
Verleger: Dr. Volkmar Mair,
Dr. Stephanie Mair-Huydts
Lieferbare Titel: 150
Programm: Reisen
Lektorat: Chefred. Rainer Eisenschmid (Dw -262)
Ms.-Angebote erwünscht: nach vorheriger telefonischer Anfrage

Bajazzo Verlag
Obere Zäune 18
CH-8001 Zürich
Schweiz
Tel. +41 (0)1 - 251 00 46
Fax +41 (0)1 - 252 00 48
bajazzo@mails.ch
www.bajazzoverlag.ch
Verleger: Ingrid Rösli,
Thomas Minssen
Verlagsleitung: Ingrid Rösli
Gründungsjahr: 1997
Lieferbare Titel: 40
Novitäten: 9
Programm: Jugend- und Kinderbücher
Lektorat: Thomas Minssen
Ms.-Interessen: Bilderbuchgeschichten für Vorschulalter (max. 4 Manuskriptseiten) erzählende Literatur für Kinder zwischen 8 und 12 Jahren
Ms.-Angebote erwünscht: nach vorheriger telefonischer Anfrage, als Exposé mit Textprobe von 10 Seiten (erzählende Literatur), als Manuskript (Bilderbücher)
Medium: Papierausdruck, E-Mail
Ms.-Rücksendung: ja, bei Rückporto

Balance Buch + Medien
Thomas-Mann-Str. 49a
53111 Bonn
0228 - 725 34 - 0
Tel. 0228 - 725 34 - 26
Fax 0228 - 725 34 - 20
info@balance-verlag.de
www.balance-verlag.de
Verlagsleitung: Ute Hüper, York Bieger
Zum Verlag: Lebenshilfe, anspruchsvolle Ratgeber, hochwertiger Inhalt und Gestaltung
Gründungsjahr: 2007
Verlagsgruppe: Psychiatrie Verlag
Novitäten: 25
Programm: Ratgeber Psychologie, Pädagogik, Gesellschaft
Lektorat: Karin Koch (-29), koch@balance-verlag.de
Ms.-Angebote erwünscht: nach vorheriger telefonischer Anfrage, als Exposé mit Textprobe
Medium: E-Mail

C. Bange Verlag GmbH
Marienplatz 12
96142 Hollfeld
Tel. 09274 - 941 30
Fax 09274 - 941 32
appel@bange-verlag.de
www.bange-verlag.de

Verleger: Thomas Appel, Kerstin Lange
Zum Verlag: Selbstständig geführter, unabhängiger Verlag, der Verlag für Interpretationshilfen (Königs Erläuterungen), Lernhilfen, klassische Texte für den Unterricht, Abiturhilfen für das Fach Deutsch, wortgetreue Übersetzungen griechischer und römischer Klassiker
Gründungsjahr: 1871
Lieferbare Titel: 200
Novitäten: 20-30
Programm: Lernhilfen, Formelsammlungen, Interpretationen, Klassische Texte
Lektorat: Frau Frank, Frau Lange
Ms.-Angebote erwünscht: nach vorheriger telefonischer Anfrage
Medium: Diskette, E-Mail
Ms.-Rücksendung: ja

Bärenreiter-Verlag
Heinrich-Schütz-Allee 35
34131 Kassel
Tel. 0561 - 31 05 - 0
Fax 0561 - 31 05 - 240
baerenreiter@baerenreiter.com
www.baerenreiter.com
Verleger: Barbara Scheuch-Vötterle, Leonard Scheuch
Verlagsleitung: Dr. Wendelin Göbel
Gründungsjahr: 1923
Programm: Musikalien, Musikbücher, Wissenschaftliche Gesamtausgaben, Praktische Urtextausgaben, Aufführungsmaterial, Studienpartituren
Lektorat: Dr. Jutta Schmoll-Barthel, schmoll-barthel@baerenreiter.de
Ms.-Angebote erwünscht: als Manuskript, als Exposé mit Textprobe
Medium: Papierausdruck, E-Mail
Ms.-Rücksendung: ja

O.W. Barth Verlag
Hedderichstr. 114
60596 Frankfurt am Main
Tel. 069 - 60 62 - 259
Fax 069 - 60 62 - 358
andreas.klaus@fischerverlage.de
www.fischerverlag.de
Verlegerin: Monika Schoeller
Verlagsleitung: Peter Lohmann, Lothar Kleiner
Gründungsjahr: 1924
Verlagsgruppe: S. Fischer-Verlage
Programm: Alternative Gesundheit, Lebenshilfe, Buddhismus u.a. Spirituelle Traditionen, Mystik, Populäre Wissenschaft: Naturwissenschaft/östliche Weisheit, Psychologie/östliche Weisheit
Lektorat: Andreas Klaus
Ms.-Interessen: nach vorheriger telefonischer Anfrage, als Exposé mit Textprobe von 20 Seiten
Ms.-Angebote erwünscht: Papierausdruck, E-Mail
Medium: ja, mit Rückporto

J. A. Barth Verlag im Georg Thieme Verlag
Rüdigerstr. 14
70469 Stuttgart
Tel. 0711 - 89 31 - 0
Fax 0711 - 89 31 - 298
Verlagsleitung: Dr. Thomas Scherb
Programm: Medizin

Bartkowiaks forum book art
Heinz Stefan Barthowiak
Körnerstr. 24
22301 Hamburg
Tel. 040 - 279 36 74
Fax 040 - 270 43 97
info@forumbookart.com
www.forumbookart.com
Verlagsleitung: Heinz Stefan Bartkowiak
Programm: Katalog und Bibliographie zeitgenössischer Handpressendrucke, Künstlerbücher, Malerbücher, Mappenwerke und Einblattdrucke
Ms.-Angebote erwünscht: nach vorheriger telefonischer Anfrage

Basisdruck Verlag
Schliemannstr. 23
10347 Berlin
Tel. 030 - 445 76 80
Fax 030 - 445 95 99
www.basisdruck.de
Verleger: Stefan Ret, Klaus Wolfram
Verlagsleitung: Stefan Ret
Gründungsjahr: 1989
Lieferbare Titel: 70
Programm: Zeitkritisches, Essay, Philosophie, Historisches, Dokumentarisches, Politisches
Lektorat: Stefan Ret, Klaus Wolfram
Ms.-Angebote erwünscht: nach vorheriger telefonischer Anfrage, als Exposé mit Textprobe von 5 Seiten
Medium: Papierausdruck
Ms.-Rücksendung: ja, bei Rückporto

Bassermann Verlag
Bayerstr. 71-73
80335 München
Tel. 089 - 41 36 - 0
Fax 089 - 41 36 - 3115
info@randomhouse.de
www.randomhouse.de
Verleger: Geschäftsführer: Klaus Eck, Joerg Pfuhl (CEO), Claudia Reitter
Verlagsleitung: Stefan Ewald
Zum Verlag: Ratgeber, Sachbuch, Kinderbuch, Rätsel, Kalender
Gründungsjahr: 1843
Verlagsgruppe: Verlagsgruppe Random House
Lieferbare Titel: 300
Novitäten: 110
Programm: Modernes Antiquariat
Ms.-Interessen: als Exposé
Ms.-Angebote erwünscht: Papierausdruck, E-Mail
Medium: ja, mit Rückporto

hendrik Bäßler verlag berlin
Strausberger Platz 12
10243 Berlin
Tel. 030 - 24 08 58 56
Fax 030 - 249 26 53
info@baesslerverlag.de
www.baesslerverlag.de
Verleger: Hendrik Bäßler
Gründungsjahr: 1994
Novitäten: ca. 5
Programm: Regionale Reiseführer, Regionalia, Fach- und Sachbuch
Ms.-Angebote erwünscht: nach vorheriger telefonischer Anfrage
Medium: Papierausdruck, E-Mail
Ms.-Rücksendung: ja, bei Rückporto

Bastei Verlag
Scheidtbachstr. 23-31
51469 Bergisch Gladbach
Tel. 02202 - 12 10
Fax 02202 - 121 - 927
info@luebbe.de
www.luebbe.de
Verleger: Stefan Lübbe
Geschäftsführung: Dr. Uwe Sertel, Christophe Montague (Sprecher)
Verlagsgruppe: s. Verlagsgruppe Lübbe, Gustav Lübbe Verlag, editionLübbe, Ehrenwirth Verlag, Bastei Lübbe Taschenbücher, BLT, Bastei Lübbe Stars, Lübbe Audio
Programm: Belletristik: historische Romane, historische Gesellschaftsromane, Thriller, Kriminalromane, Liebesromane, Frauenliteratur, SF/Fantasy.
Sachbücher: Archäologie, Geschichte, Zeitgeschehen, Biografien, Autobiografien, Lebenshilfe, Erfahrungen
Ms.-Angebote erwünscht: als Exposé mit Textprobe von 30 Seiten
Medium: Papierausdruck
Ms.-Rücksendung: nein

Bastei Lübbe Taschenbücher
Scheidtbachstr. 23-31
51469 Bergisch Gladbach
Tel. 02202 - 12 10
Fax 02202 - 121 - 708
bastei.luebbe@luebbe.de
www.luebbe.de
Verleger: Stefan Lübbe
Geschäftsführung: Dr. Uwe Sertel, Christophe Montague (Sprecher)
Programmleitung: Marco Schneiders
Verlagsgruppe: s. Verlagsgruppe Lübbe, Gustav Lübbe Verlag, editionLübbe, Ehrenwirth Verlag, BLT, Bastei Lübbe Stars, Lübbe Audio, Bastei Verlag
Programm: Belletristik: historische Romane, historische Gesellschaftsromane, Thriller, Kriminalromane, Liebesromane, Frauenliteratur, SF/Fantasy.
Sachbücher: Archäologie, Geschichte, Zeitgeschehen, Biografien, Autobiografien, Lebenshilfe, Erfahrungen
Bastei Lübbe Stars: Preiswerte Hardcover-, Taschenbuch- und Hörbuchausgaben.
Ms.-Angebote erwünscht: als Exposé mit Textprobe von 30 Seiten
Medium: Papierausdruck
Ms.-Rücksendung: nein

Battenberg Verlag
Hilblestr. 54
80636 München
Tel. 089 - 92 71 - 0
Fax 089 - 92 71 - 358
www.droemer-knaur.de
Verlagsleitung: Bernhard Meuser
Verlagsgruppe: Verlagsgruppe Droemer-Knaur
Novitäten: 10
Programm: Antiquitäten- und Sammlerliteratur, Numismatik
Lektorat: Michael Schönberger (Programmleitung, Dw -280)
Ms.-Interessen: siehe Verlagsprogramm
Ms.-Angebote erwünscht: nach vorheriger telefonischer Anfrage, als

Exposé mit Textprobe von 4 Seiten und Inhaltsverzeichnis
Medium: Papierausdruck, E-Mail
Ms.-Rücksendung: ja, bei Rückporto

Verlag Bau + Technik GmbH
Steinhof 39
40699 Erkrath
Tel. 0211 - 924 99 20
Fax 0211 - 924 99 55
fiolka@verlagbt.de
www.verlagbt.de
Programm: Baufachliteratur, Architektur, Baugeschichte, Umwelt, Hoch- und Tiefbau, Betontechnologie, Betontechnik

Verlag Hermann Bauer GmbH & Co.KG
Kronenstr. 2 - 4
79100 Freiburg/Br.
Tel. 0761 - 70 82 - 0
Fax 0761 - 70 18 11, 70 15 90
info@hermann-bauer.de
www.hermann-bauer.de
Programm: Lebenshilfe, Spiritualität, Alternative Heilmethoden, Bücher für die Seelische, Geistige und Körperliche Entwicklung
Ms.-Angebote erwünscht: nach vorheriger telefonischer Anfrage, als Exposé mit Textprobe von 5 Seiten
Medium: Papierausdruck, E-Mail
Ms.-Rücksendung: ja

Baumhaus Buchverlag GmbH
Juliusstr. 12
60487 Frankfurt am Main
Tel. 069 - 97 77 67 - 0
Fax 069 - 97 77 67 - 67
mailbox@baumhaus-verlag.de
www.baumhaus-verlag.de
Verleger: Bodo Horn-Rumold
Verlagsleitung: Bodo Horn-Rumold
Gründungsjahr: 2003
Lieferbare Titel: 850
Novitäten: 100
Programm: Kinder-Bilderbücher, Erstleser Bücher, Tonträger
Lektorat: Programmleitung: Gabi Strobel
Ms.-Angebote erwünscht: als Exposé mit Textprobe
Medium: Papierausdruck, E-Mail
Ms.-Rücksendung: ja, bei Rückporto

be.bra verlag gmbH
KulturBrauerei, Haus S, Schönhauser Allee 37
10435 Berlin
Tel. 030 - 44 02 38 10
Fax 030 - 44 02 38 19
www.bebraverlag.de
Verleger: Ulrich Hopp
Gründungsjahr: 1994
Lieferbare Titel: 200
Novitäten: 30
Programm: Regionalia zu Berlin-Brandenburg, Architektur, Bildbände, Essen und Trinken, Kulturgeschichte, Zeitgeschichte, Biografien, Verkehrsgeschichte, Alltagskultur, Krimis
Lektorat: Christian Härtel
Ms.-Angebote erwünscht: als Exposé
Medium: Papierausdruck
Ms.-Rücksendung: ja, bei Rückporto

Bechtermünz & Weltbild
Hilblestr. 54
80636 München
Tel. 089 - 92 71 - 0
Fax 089 - 92 71 - 168
info@droemer-knaur.de
www.droemer-knaur.de
Verlagsgruppe: Verlagsgruppe Droemer Weltbild
Programm: Sachbücher, Kunst- und Bildbände, Ratgeber, Lexika

Verlag C. H. Beck Literatur-Sachbuch-Wissenschaft
Wilhelmstr. 9
80801 München
Tel. 089 - 381 89 - 0
Fax 089 - 381 89 - 398, -402
info.lsw@beck.de
www.beck.de
Verleger: Dr. phil. h.c. Wolfgang Beck
Verlagsleitung: Dr. phil. h.c. Wolfgang Beck
Gründungsjahr: 1763
Lieferbare Titel: 5000
Novitäten: ca. 220
Programm: Sämtliche Gebiete der Kultur- und Humanwissenschaften, naturwissenschaftliches Sachbuch sowie deutsche und fremdsprachige Belletristik
Lektorat: Leiter des Lektorats Sachbuch: Dr. Detlef Felken, Programmleitung Literatur: Dr. Martin Hielscher
Ms.-Angebote erwünscht: als Exposé, als Manuskript
Medium: Papierausdruck
Ms.-Rücksendung: ja, auf Wunsch

Verlag Hartmut Becker
In den Borngärten 9
35274 Kirchhain
Tel. 06427 - 93 04 55
Fax 06427 - 93 04 57
verlag-hartmut-becker@t-online.de
www.verlag-hartmut-becker.de
Verleger: Hartmut Becker
Gründungsjahr: 1992
Lieferbare Titel: 50
Novitäten: 5-12
Programm: Bücher zu Fragen der Lebensgestaltung (Ratgeber, Sachbücher, Belletristik); Buchreihen: Existenzielle Grundfragen, Lebensgestaltung, Lebenserfahrungen, Gesundheit und Medizin, Gesellschaftliche Grundfragen, Religion und Religionskritik, Psychologie u.a.
Lektorat: Hartmut Becker, Armin Schmidt
Ms.-Interessen: Manuskripte zu Lebensfragen und Themen wie Glück, Liebe, Sinn, Sucht, Gesunde Ernährung, Schule der Zukunft, Kindererziehung u.ä.
Ms.-Angebote erwünscht: als Manuskript
Medium: Papierausdruck
Ms.-Rücksendung: ja, bei Rückporto

Belleville Verlag Michael Farin
Hormayrstr. 15
80997 München
Tel. 089 - 149 27 99
Fax 089 - 140 45 85
belleville@t-online.de
Programm: Belletristik, Kulturgeschichte, Film, Psychologie

Belser Verlag
Pfizerstr. 5-7
70184 Stuttgart
Tel. 0711 - 219 10
Fax 0711 - 219 13 55
info@kosmos.de
www.belser-verlag.de
Verlagsleitung: Bernhard Kolb
Programm: Kunst, Kultur, Buchmalerei
Lektorat: Astrid C. Hurh (Kunstbuch)
Ms.-Angebote erwünscht: nach vorheriger telefonischer Anfrage, als Exposé mit Textprobe von 20 Seiten
Medium: Papierausdruck, Diskette, E-Mail
Ms.-Rücksendung: nein

Beltz PVO
Werderstr. 10
69469 Weinheim
Tel. 06201 - 60 07 - 0
Fax 06201 - 60 07 - 395
m.frommher@beltz.de
www.beltz.de
Verleger: Dr. Manfred Beltz Rübelmann
Programm: Fach- und Lehrbücher: Psychologie
Lektorat: Dipl. Psych. Gerhard Tinger (Dw -370),
Dipl. Psych. Karin Ohms (Dw -368)
Ms.-Angebote erwünscht: als Exposé
Medium: Papierausdruck, Diskette
Ms.-Rücksendung: ja

Beltz Verlag
Werderstr. 10
69469 Weinheim
Tel. 06201 - 60 07 - 0
Fax 06201 - 174 64
www.beltz.de
Verlegerin: Marianne Rübelmann-Herrmann
Verlagsleitung: Peter E. Kalb
Programm: Fachbücher zu: Pädagogik und Lehrerhandbücher
Lektorat: Ingeborg Sachsenmeiner, Jürgen Hahnemann
Ms.-Angebote erwünscht: als Exposé, als Manuskript
Medium: Papierausdruck, E-Mail
Ms.-Rücksendung: ja

Beltz & Gelberg
Werderstr. 10
69469 Weinheim
Tel. 06201 - 60 07 - 0
Fax 06201 - 174 64
www.beltz.de
Verlegerin: Marianne Rübelmann
Verlagsleitung: Programmleitung: Barbara Gelberg, Petra Albers
Verlagsgruppe: Beltz
Lieferbare Titel: 800
Novitäten: 70
Programm: Jugendbücher, Jugendsachbücher, Kinderbücher, Bilderbücher, Kindermagazin Der Bunte Hund
Ms.-Interessen: Kinderbuch, Jugendbuch
Ms.-Angebote erwünscht: als Manuskript
Medium: Papierausdruck
Ms.-Rücksendung: nein

Beltz Taschenbuch Verlag
Werderstr. 10
69469 Weinheim
Tel. 06201 - 60 07 - 0

Fax 06201 - 174 64
info@beltz.de
www.beltz.de
Verleger: Dr. Manfred Beltz Rübelmann
Verlagsleitung: Dr. Ralf-Peter Märtin
Programm: Psychologie, Ratgeber, Pädagogik
Lektorat: Dr. Claus Koch
(Tel. 06201 - 6007 - 369, Fax 6007 - 387),
Kinder- und Jugendbuch: Silvia Bartoll
(Tel. 06201 - 6007 - 367, Fax 174 - 64)
Ms.-Angebote erwünscht: als Exposé, als Manuskript
Medium: Papierausdruck
Ms.-Rücksendung: Ratgeber, Sachbuch: ja,
Kinder- und Jugendbuch: nein

Beltz Athenäum
Werderstr. 10
69469 Weinheim
Tel. 06201 - 60 07 - 0
Fax 06201 - 60 07 - 484
m.runge@beltz.de
www.beltz.de
Verlegerin: Marianne Rübelmann-Herrmann
Verlagsleitung: Peter E. Kalb
Programm: Geschichte, Literaturwissenschaft, Philosophie, Sprachwissenschaften
Lektorat: Manuela Runge
Ms.-Interessen: Philosophie für Schule und Ausbildung
Ms.-Angebote erwünscht: nach vorheriger telefonischer Anfrage, als Exposé mit Textprobe von 10 Seiten
Medium: Papierausdruck
Ms.-Rücksendung: ja, bei Rückporto

Theo Bender Verlag
Augustinerstr. 18
55116 Mainz
Tel. 06131 - 58 05 91
Fax 06131 - 58 05 92
kontakt@bender-verlag.de
www.bender-verlag.de
Verleger: Theo Bender
Gründungsjahr: 1999
Verlagsgruppe: Ventil VLG KG
Lieferbare Titel: 19
Programm: Sach- und Fachbücher rund ums Kino, Film, Fernsehen
Ms.-Interessen: ausschließlich aus dem Bereich Sach- und Fachbuch Film
Ms.-Angebote erwünscht: nach vorheriger telefonischer Anfrage
Ms.-Rücksendung: ja, bei Rückporto

Benziger Verlag
Am Wehrhahn 100
40211 Düsseldorf
Tel. 0211 - 167 95-0
Fax 0211 - 167 95 75
service@patmos.de
www.patmos.de
Verleger: Dr. Tullio Aurelio
Verlagsleitung: Dr. Tullio Aurelio
Verlagsgruppe: Imprint des Patmos-Verlagshauses
Programm: Kunstgeschichte, Religion und Spiritualität, Zeitgenössische Literatur, Biografien, Liturgika
Ms.-Angebote erwünscht:
als Manuskript
Medium: Papierausdruck
Ms.-Rücksendung: ja

Berchtold Haller Verlag
Nägeligasse 9
CH-3000 Bern 7
Schweiz
Tel. +41 (0)31 - 334 03 03
Fax +41 (0)31 - 334 03 06
info@theologische.ch
www.theologische.ch
Verleger: Peter Schranz
Gründungsjahr: 1848
Lieferbare Titel: 30
Novitäten: 2-3
Programm: Evangelische Literatur, Bern, auch Mundart
Ms.-Interessen: Aktuelle Christliche Themen, Erzählungen, Kurzgeschichten
Ms.-Angebote erwünscht: nach vorheriger telefonischer Anfrage, als Exposé mit Textprobe von 50 Seiten
Medium: Papierausdruck
Ms.-Rücksendung: ja, bei Rückporto

Berenberg Verlag
Ludwigkirchstr. 10a
10719 Berlin
Tel. 030 - 21 91 63 60
Fax 030 - 21 91 63 61
h.berenberg@t-online.de
www.berenberg-verlag.de
Verlagsleitung: Heinrich und Petra Berenberg
Gründungsjahr: 2003
Lieferbare Titel: 21
Novitäten: 8
Programm: Autobiografische und biografische Literatur, Memoirenliteratur, Essays, Zeitgeschichte
Ms.-Angebote erwünscht: nach vorheriger telefonischer Anfrage, als Exposé
Ms.-Rücksendung: nein

Berenkamp Verlag
Universitätsstr. 17
A-6020 Innsbruck
Österreich
Tel. +43 (0)512 - 58 56 32
Fax +43 (0)512 - 58 02 02
sekreariat@berenkamp-verlag.at
www.berenkamp-verlag.at
Verleger: Wolfgang Ingenhaeff
Programm: Sachbuch, Tyrol, Belletristik

J. Berg Verlag
Innsbrucker Ring 15
81673 München
Tel. 089 - 13 06 99 - 0
Fax 089 - 13 06 99 - 30
info@bruckmann.de
www.bruckmann.de
Programm: Berg-Bildbände, Tourenführer

Bergmoser + Höller Verlag AG
Karl-Friedrich-Str. 76
52072 Aachen
Tel. 0241 - 938 88 - 10
Fax 0241 - 938 88 - 134
kontakt@buhv.de
www.buhv.de
Verleger: Peter Tiarks
Verlagsleitung: Vorstand: Andreas Bergmoser, Aufsichtsratsvorsitz: Karl R. Höller
Zum Verlag: Fachzeitschriften
Gründungsjahr: 1970

Programm: Schule: Arbeitsmaterialien für Erzieher im Kindergarten und Hort, Sekundarstufe I, II der Fächer Politik, Geschichte, Deutsch, Englisch, Religion. Theologie: Pastorale und Liturgische Materialdienste
Lektorat: Claudia Bley (Dw -177 Grundschule und Kindergarten), Ute Greifnieder (Dw -147 Englisch), Theologie: Michael Tillmann (Dw -168), Andreas Bolha (Dw -119), Angela Reinders (Dw -153), Anne Weinmann (Dw -120)
Ms.-Interessen: Erprobte Unterrichts- und Arbeitsmaterialien
Ms.-Angebote erwünscht: nach vorheriger telefonischer Anfrage, als Exposé
Medium: Papierausdruck
Ms.-Rücksendung: ja, bei Rückporto

berlin edition im be.bra verlag
Schönhauser Allee 37
10435 Berlin
Tel. 030 - 44 02 38 10
Fax 030 - 44 02 38 19
post@bebraverlag.de
Verleger: Ulrich Hopp
Verlagsleitung: Ulrich Hopp
Gründungsjahr: 1998
Verlagsgruppe: gehört seit 2004 zum be.bra Verlag
Programm: Berlin-Literatur, Kunst und Kulturgeschichte, Architektur
Lektorat: Bernhard Thieme, Tel. 761 80 - 640, thieme@quintessenz.de
Ms.-Angebote erwünscht: als Exposé
Medium: Diskette, E-Mail
Ms.-Rücksendung: ja

BV Berlin Verlag GmbH
Greifswalder Str. 207
10405 Berlin
Tel. 030 - 44 38 45 - 0
Fax 030 - 44 38 45 - 95
info@berlinverlag.de
Verlegerin: Elisabeth Ruge
Verlagsgruppe: Verlagsgruppe Bloomsbury
Programm: Internationale Belletristik, Internationales Sachbuch, Geistes- und Gesellschaftswissenschaften, Historische Romane, Kriminalromane, Frauenforschung, Geschichte der Neuzeit, Kulturgeschichte, Kurzgeschichten, Lyrik, Medienwissenschaft, Philosophie, Politi
Ms.-Angebote erwünscht: als Exposé mit Textprobe
Medium: Papierausdruck
Ms.-Rücksendung: ja, bei Rückporto

Berliner Handpresse
Naunynstr. 69
10997 Berlin
Tel. 030 - 614 26 05, 614 87 28
Fax 030 - 61 62 86 72
berlinerhandpressejoerg@t-online.de
www.berlinerhandpresse.de
Verleger: Wolfgang Jörg
Gründungsjahr: 1961
Lieferbare Titel: 140
Novitäten: 5
Programm: Handpressendruck mit Originalgrafik

BVT Berliner Taschenbuch Verlag
Greifswalder Str. 208
10406 Berlin

Tel. 030 - 44 38 45 - 0
Fax 030 - 44 38 45 - 95
l.bolliger@berlinverlag.de
www.berlinverlag.de
Verlegerin: Elisabeth Ruge
Verlagsgruppe: Verlagsgruppe Bloomsbury
Programm: Belletristik, Sachbuch
Lektorat: Laurenz Bolliger, Programmleiter (Tel. 030 - 44 38 45 - 0, Fax 030 - 44 38 45 - 46), Anne-K. Heier
Ms.-Angebote erwünscht: als Exposé mit Textprobe
Medium: Papierausdruck
Ms.-Rücksendung: ja, bei Rückporto

Berliner Wissenschafts-Verlag GmbH
Axel-Springer-Str. 54 a
10117 Berlin
Tel. 030 - 84 17 70 - 0
Fax 030 - 84 17 70 - 21
bwv@bwv-verlag.de
www.bwv-verlag.de
Verleger: Dr. Volker Schwarz, Claus Michaletz
Verlagsleitung: Brigitta Weiss
Gründungsjahr: 1962
Lieferbare Titel: 2000
Novitäten: 200
Programm: Osteuropa, Nordeuropa, Recht, Verwaltung, Politik, Geschichte, Wirtschaft, Kulturwissenschaft, Geisteswissenschaften, Zeitgeschichte, Studienhilfen, Berlinforschung
Lektorat: Claudia Delfs, Dorit Weiske
Ms.-Angebote erwünscht: nach vorheriger telefonischer Anfrage, als Exposé
Medium: Papierausdruck
Ms.-Rücksendung: ja, bei Rückporto

Bernstein-Verlag Gebr. Remmel
Endenicher Str. 97
53115 Bonn
Tel. 0228 - 965 87 - 18 u. 19
Fax 0228 - 965 87 - 20
aremmel@bernstein-verlag.de
www.bernstein-verlag.de
Verleger: Andreas Remmel, Paul Remmel
Verlagsleitung: Andreas Remmel, Paul Remmel
Zum Verlag: Wissenschaft und Fachverlag
Gründungsjahr: 2002
Programm: Wissenschaft: Recht und Wirtschaft, Theologie und Philosophie, Geschichte und Altertumswissenschaft, Literaturwissenschaft (Goethe/Kafka), Literatur, Postkartenprogramm, »Goethe-Sammlung-Bernstein«
Ms.-Angebote erwünscht: als Exposé, als Manuskript
Medium: Papierausdruck, E-Mail
Ms.-Rücksendung: ja, mit Rückporto

C. Bertelsmann Verlag
Neumarkter Str. 28
81673 München
Tel. 089 - 41 36 - 0
Fax 089 - 41 36 - 3224
info@randomhouse.de
www.bertelsmann-verlag.de
Verleger: Geschäftsführer: Klaus Eck
Verlagsleitung: Johannes Jacob
Verlagsgruppe: Verlagsgruppe Random House
Programm: Belletristik, Sachbücher
Ms.-Angebote erwünscht: als Exposé mit Textprobe von 30 Seiten

Medium: Papierausdruck
Ms.-Rücksendung: ja

C. Bertelsmann Jugendbuch Verlag
Neumarkter Str. 28
81673 München
Tel. 089 - 437 20
Fax 089 - 43 72 28 00
info@randomhouse.de
www.randomhouse.de
Verleger: Klaus Eck, Joerg Pfuhl (CEO), Claudia Reitter, Wolfgang Wiedermann
Programm: Bilder-, Kinder- und Jugendbücher

Verlag Bertelsmann Stiftung
Carl-Bertelsmann-Str. 256
33311 Gütersloh
Tel. 05241 - 81 70
Fax 05241 - 81 66 77, 81 95 31
Programm: Bildung, Journalismus, Medienwissenschaft, Medizin, Politik, Soziologie, Verwaltung, Wirtschaft

W. Bertelsmann Verlag
Postfach 10 06 33
33506 Bielefeld
Tel. 0521 - 911 01 - 32
Fax 0521 - 911 01 - 79
karin.luehmann@wbv.de
www.wbv.de
Verlagsleitung: W. Arndt Bertelsmann
Zum Verlag: Fachverlag für Bildung und Beruf
Gründungsjahr: 1864
Programm: Berufsbildung, Berufsausbildung, Berufliche Weiterbildung, Erwachsenenbildung, Hochschule, Personal- und Organisationsentwicklung, Bildung- und Arbeitsmarktforschung
Lektorat: Karin Lühmann, Redaktionsleiterin
Ms.-Interessen: Ratgeber und Fachliteratur zum Thema Bildung, keine Belletristik
Ms.-Angebote erwünscht: nach vorheriger telefonischer Anfrage oder per E-Mail
Medium: Papierausdruck, E-Mail
Ms.-Rücksendung: ja

Bertz + Fischer Verlag
Wrangelstr. 67
10997 Berlin
Tel. 030 - 61 28 67 41
Fax 030 - 61 28 67 51
mail@bertz-fischer.de
www.bertz-fischer.de
Programm: Bücher zu Film und TV, über Regisseure und Schauspieler

Annette Betz Verlag
Alser Str. 24
A-1030 Wien
Österreich
Tel. +43 (0)1 - 40 44 40
Fax +43 (0)1 - 40 44 45
office@ueberreuter.at
www. annettebetz.com
Verleger: Dr. Fritz Panzer
Verlagsleitung: Dr. Fritz Panzer
Programm: Bilder- und Kinderbücher
Lektorat: Programmleitung: Mag. Irmgard Harrer
Ms.-Interessen: »Erzählendes« Bilderbuch
Ms.-Angebote erwünscht: nach vor-

heriger telefonischer Anfrage, als Exposé, Textprobe von 20 Seiten
Medium: Papierausdruck, E-Mail
Ms.-Rücksendung: nein

Betzel Verlag GmbH
Postfach 19 05
31569 Nienburg
Tel. 0 50 21 - 91 48 69
Fax 0 50 21 - 91 48 68
betzelverlag@myramedia.de
www.betzelverlag.de
Verlagsleitung: Ursel Mathew, Dietrich Reinhard
Programm Abenteuer, Krimi, Biografien, Unterhaltung, Satire, Kinderbuch, Religion, Esoterik, Sachbücher, Fantasy, Bildbände
Ms.-Angebote erwünscht: als Manuskript
Medium: Papierausdruck
Ms.-Rücksendung: ja, bei Rückporto

Beuroner Kunstverlag
Abteistr.2
88631 Beuron
Tel. 07466 - 172 28
Fax 07466 - 172 09
kunstverlag@erzabtei-beuron.de
www.erzabtei-beuron.de
Verleger: Pater Mautitius Sauerzapf OSB
Verlagsleitung: Pater Mautitius Sauerzapf OSB
Gründungsjahr: 1898
Programm: Glückwunschkarten, Kunstkarten, Andachtsbildchen, Wissenschaftliche Arbeiten,Benediktus regel, Literatur über das Mönchtum, Sakramentenreihe, Kunstkalender, Postkarten- und Lesezeichenkalender, Abreißkalender, Heitere Reihe mit Tiergebeten, Schreibbücher, K
Lektorat: P. Albert Schmidt, OSB, Klemens Weiß
Ms.-Interessen: Arbeiten zum Mönchtum, Regionalia
Ms.-Angebote erwünscht: nach vorheriger telefonischer Anfrage
Medium: Papierausdruck, Diskette, CD-ROM
Ms.-Rücksendung: nein

Beuth Verlag GmbH
Burggrafenstr. 6
10787 Berlin
Tel. 030 - 26 01 - 22 60
Fax 030 - 26 01 - 12 60
info@beuth.de
www.beuth.de
Verlagsleitung: Claudia Michalski
Gründungsjahr: 1924
Lieferbare Titel: 50000
Programm: Technisch-Wissenschaftliche Fachliteratur, Architektur, Bildung, Ingenieurwesen, Technik
Lektorat: Lektoratsleitung:
Rita von der Grün M.A. (Dw.-2677, rita.gruenvonder@beuth.de;
Programmleitung: Uta-Dorothé Hart (Dw-2023,uta-dorothe.hart@beuth.de)
Ms.-Angebote erwünscht: nach vorheriger telefonischer Anfrage
Medium: Papierausdruck, Diskette, E-Mail, Downloads, Internet
Ms.-Rücksendung: ja

bhv Verlags GmbH
Novesiastr. 60
41564 Kaarst
Tel. 02131 - 765 01
Fax 02131 - 76 51 01
info@bhv.net
www.bhv.net
Verleger: Dieter Dedeke,
Benno von Ehr
Programm: Computer, Edutainment, Lern-Software

Bibellesebund-Verlag
Industriestr. 2
51709 Marienheide
Tel. 02264 - 404 34-24
Fax 02264 - 404 34-39
info@bibellesebund.de
www.bibellesebund.de
Programm: Christliche Kinderbücher, Edutainment, Jugendbücher, Religion

Bibliographisches Institut & F.A. Brockhaus AG
Dudenstr. 6
68167 Mannheim
Tel. 0621 - 39 01 01
Fax 0621 - 390 13 91
www.duden.de www.brockhaus.de
www.meyerbifab.de
Programm: Fachgebiete: Allgemeine Geschichte, Biografien, Zeitgeschichte, Lehrbücher, Lexika, Kinder- und Jugendbücher, Atlanten und andere Nachschlagewerke, auch auf elektronischen Medien

Biblion Verlag c/o Kubon & Sagner
Hess-Str. 39-41
80798 München
Tel. 089 - 542 18 - 106
Fax 089 - 542 18 - 226
baumgarth@biblion.de
www.biblion.de
Verleger: Stefan Baumgarth
Gründungsjahr: 1996
Programm: Bulgaristik, Slavistik, Belletristik, Literatur in Deutscher Übersetzung, Wissenschaft
Ms.-Angebote erwünscht: als Exposé
Medium: Papierausdruck
Ms.-Rücksendung: nein

Bibliopolis
Schulpatt 13
59519 Möhnesee-Wamel
Tel. 02924 - 27 81 oder 2753
Fax 02924 - 27 57
bibliopolis@web.de
www.bibliopolis.de
Verleger: Dr. M. Herfort-Koch
Verlagsleitung: Dr. M. Herfort-Koch
Gründungsjahr: 1998
Lieferbare Titel: 70
Novitäten: Okt.15
Programm: Klassische Archäologie, Griechische Kunst, Kulturgeschichte und Geschichte (auch Neuzeit), Zyprische Geschichte, Antikenrezeption, Numismatik, Kunstgeschichte Allgemein
Ms.-Angebote erwünscht: nach vorheriger telefonischer Anfrage, als Manuskript
Medium: Papierausdruck, E-Mail
Ms.-Rücksendung: ja

Bibliothek der Provinz
Grosswolfgers 29
A-3970 Weitra
Österreich
Tel. +43 (0)28 56 - 37 94
Fax +43 (0)29 56 - 37 92
www.bibliothekderprovinz.at
Verleger: Richard Pils
Verlagsleitung: Richard Pils
Zum Verlag: Bibliophile Bücher
Gründungsjahr: 1989
Lieferbare Titel: 700
Novitäten: 50-70
Programm: Literatur, Kunst, Musikalien, Regionalia, Kinderbücher
Lektorat: Barbara Sinic, Othmar Binder, Adele Kvenrad
Ms.-Angebote erwünscht: nach vorheriger telefonischer Anfrage, als Manuskript
Medium: Papierausdruck, Diskette
Ms.-Rücksendung: ja, bei Rückporto

biblioviel Verlag
Südring 16
44787 Bochum
Tel. 0234 - 913 89 - 0
Fax 0234 - 913 89 - 15
biblioviel@aol.com
www.biblioviel.de
Verleger: Timo Rieg
Programm: Kirchliche Gemeindearbeit
Ms.-Interessen: Kurzgeschichten für unser Autorenprojekt www.dein-wort.de
Ms.-Angebote erwünscht: nach vorheriger telefonischer Anfrage, als Exposé
Medium: Papierausdruck
Ms.-Rücksendung: ja

BW Bildung und Wissen Verlag und Software GmbH
Südwestpark 82
90449 Nürnberg
Tel. 0911 - 96 76 - 175
Fax 0911 - 96 76 - 189
info@bwverlag.de
www.bwverlag.de
Verlagsleitung: Ulrike Sippel
Programm: Bildung, Beruf, Karriere, Studien- und Berufswahl
Ms.-Angebote erwünscht: als Exposé
Medium: Papierausdruck
Ms.-Rücksendung: ja, bei Rückporto

Bildungshaus Schulbuchverlage Westermann Schroedel Diesterweg Schöningh Winklers GmbH
Georg-Westermann-Allee 66
38104 Braunschweig
Tel. 0531 - 708 - 0
Fax 0531 - 708 - 248
schulservice@westermann.de
www.diesterweg.de, www.schroedel.de, www.westermann.de
Zum Verlag: Bildungsverlage
Programm: Schulatlanten, Schul-, Aus- und Weiterbildung, Pädagogische Literatur, Pädagogische Fachzeitschriften
Lektorat: Fax Sekretariat für Grundschule: 0531 - 70 83 47, für Sekundarstufen: 0531 - 70 88 546, für Geografie und Kartographie: 0531 - 70 82 07, für Fachzeitschriften: 0531 - 70 83 74
Ms.-Angebote erwünscht: als Exposé mit Textprobe
Medium: Papierausdruck
Ms.-Rücksendung: ja

Bildungsverlag Eins GmbH
Sieglarer Str. 2
53842 Troisdorf
Tel. 02241 - 39 76 - 0
Fax 02241 - 39 76 - 990
service@bildungsverlag1.de
www.bildungsverlag1.de
Verleger: Wilmar Diepgrund
Verlagsgruppe: WoltersKluwe
Programm: Aus- und Weiterbildung, Bildung, Lern-Software, Schulbücher, Wirtschaft, Technik, Soziales
Ms.-Angebote erwünscht: nach vorheriger telefonischer Anfrage, als Exposé mit Textprobe (ein Kapitel und Inhaltsverzeichnis)
Medium: Papierausdruck
Ms.-Rücksendung: ja, bei Rückporto

bilgerverlag GmbH
Josefstr. 52
CH-8005 Zürich
Schweiz
Tel. +41 (0)1 - 271 81 46
Fax +41 (0)1 - 271 14 44
info@bilgerverlag.ch
www.bilgerverlag.ch
Verleger: Ricco Bilger
Gründungsjahr: 2001
Lieferbare Titel: 60
Novitäten: 5-7
Programm: Belletristik, Essay, Sachbuch, Kunst
Ms.-Angebote erwünscht: nach vorheriger telefonischer Anfrage
Medium: Papierausdruck
Ms.-Rücksendung: ja, bei Rückporto

Birkhäuser Verlag AG
Postfach 133
CH-4010 Basel
Schweiz
Tel. +41 (0)61 - 205 07 07
Fax +41 (0)61 - 205 07 99
sven.fund@birkhauser.ch
www.birkhauser.ch
Verlagsleitung: Dr. Sven Fund
Zum Verlag: Fachbuchverlag
Gründungsjahr: 1879
Novitäten: ca. 120
Programm: Architektur, Bauingenieurwesen, Biologie, Botanik, Chemie, Computer, Design, Geowissenschaften, Mathematik, Natur, Ökologie, Physik, Technik, Umweltthemen
Lektorat: Dr. Ulrich Schmidt (Architektur), Dr. Thomas Hempfling (Mathe), Dr. Stefan Schinkinger (Applied Sciences), Dr. Detlef Klüber, Beatrice Menz (Biosciences). E-Mail-Adresse: vorname.name@birkhauser.ch
Ms.-Angebote erwünscht: nach vorheriger telefonischer Anfrage, als Exposé
Medium: Papierausdruck, Diskette oder E-Mail
Ms.-Rücksendung: ja

Verlag Friedrich Bischoff GmbH
Gutleutstr. 298
60327 Frankfurt am Main
Tel. 069 - 26 96 - 0
Fax 069 - 26 96 - 205
info@bischoff-verlag.de
www.bischoff-verlag.de
Verlagsleitung: Dr. Hans-Jürgen Heudriak

Programm: Kinderbücher, Kinderkassetten, Liederbücher, Kalender, Zeitschriften und Bücher mit Christlichen Inhalten
Lektorat: Andrea Schnizer,
Tel. 069 - 26 96 - 223,
lektorat@bischoff-verlag.de
Ms.-Angebote erwünscht: als Exposé mit Textprobe
Medium: Papierausdruck
Ms.-Rücksendung: ja

Black Ink Vogel & Fitzpatrick Verlag GbR
Burgselstraße 5
86937 Scheuring
08195 - 99 89 401
Tel. 08195 - 99 89 403
info@black ink.de
www.blackink.de
Programm: Literatur

Blackwell Wissenschafts- Verlag GmbH
Kurfürstendamm 57
10707 Berlin
Tel. 030 - 32 79 06 - 27
Fax 030 - 32 79 06 - 10
verlag@blackwis.de
www.blackwell.de
Verleger: Dr. med. Axel Bedürftig
Zum Verlag: Deutscher Wissenschaftsverlag mit internationaler Anbindung
Programm: Medizin
Lektorat: Dr. rer. physiol. Anne Lütcke (Dw -60, aluetcke@blackwis.de)
Dr. med. Tina Schubert (Dw -13, tschubert@blackwis. de)
Ms.-Angebote erwünscht: nach vorheriger telefonischer Anfrage, als Exposé
Medium: Papierausdruck, Diskette
Ms.-Rücksendung: ja

Blanvalet Verlag
Neumarkter Str. 28
81673 München
Tel. 089 - 41 36 - 0
Fax 089 - 41 36 - 38 85
info@randomhouse.de
www.blanvalet-verlag.de
Verleger: Geschäftsführer:
Dr. Karl H. Blessing, Klaus Eck, Wolfgang Wiedermann
Verlagsleitung: Silvia Kuttny-Walser
Verlagsgruppe: Verlagsgruppe Random House
Programm: Belletristik, Fantasy, Romane, Heitere Bücher, Biografien, Geschenkbücher
Ms.-Angebote erwünscht: als Exposé mit 100 Seiten Textprobe
Medium: Papierausdruck, E-Mail
Ms.-Rücksendung: ja

Blaukreuz-Verlag
Freiligrathstr. 27
42289 Wuppertal
Tel. 0202 - 620 03 60
Fax 0202 - 620 03 81
bkv@blaukreuz.de
www.blaukreuz.de
Verlagsleitung: Hans-Jürgen Runge
Programm: Christliche Literatur, Ratgeber Gesundheit, Suchtproblematik, Lebenshilfe, Psychologie, Religion
Ms.-Angebote erwünscht: nach vorheriger telefonischer Anfrage, als Manu-

skript nur komplett
Medium: E-Mail
Ms.-Rücksendung: nein

Karl Blessing Verlag
Bayerstr. 71-73
80335 München
Tel. 089 - 41 36 - 0
Fax 089 - 41 36 - 333
info@randomhouse.de
www.randomhouse.de
Verleger: Geschäftsführer: Klaus Eck, Joerg Pfuhl (CEO), Claudia Reitter
Verlagsleitung: Ulrich Genzler
Zum Verlag: Belletristik und Sachbuch
Gründungsjahr: 1996
Verlagsgruppe: Verlagsgruppe Random House
Lieferbare Titel: 157
Novitäten: 25-30
Programm: Belletristik und Sachbuch
Lektorat: Tilo Eckardt (Cheflektor), Edgar Brecht, Marion Kohler, Moritz Volk
Ms.-Angebote erwünscht: nach vorheriger telefonischer Anfrage
Medium: Papierausdruck
Ms.-Rücksendung: ja, bei Rückporto

Blindenschrift-Verlag GmbH »Pauline von Mallinckrodt«
Andreasstr. 20
33098 Paderborn
Tel. 05251 - 261 09
Fax 05251 - 257 14
Zum Verlag: Kostenlose Verlagslizenzen, ohne Autorenhonorar
Gründungsjahr: 1845
Lieferbare Titel: 2000
Programm: Umsetzung von Schwarzschriften in Blindenschrift, vor allem Religiöse Literatur, Belletristik, Sachbuch, Kinder- und Jugendbuch

Bloomsbury Berlin
Greifswalder Straße 207
10405 Berlin
Tel. 030 - 44 38 45 - 90
Fax 030 - 44 38 45 - 95
lektorat@berlinverlag.de
www.berlinverlag.de
Verlegerin: Elisabeth Ruge
Gründungsjahr: 2004
Verlagsgruppe: Berlin Verlag
Lieferbare Titel: 70
Novitäten: 24
Programm: Gehobene Unterhaltung, Populäre Sachbücher
Ms.-Interessen: in den Bereichen des Verlagsprogramms
Ms.-Angebote erwünscht: als Exposé mit Textprobe von 5 Seiten
Medium: Papierausdruck
Ms.-Rücksendung: ja, mit Rückporto

Bloomsbury Kinderbücher & Jugendbücher
Greifswalder Straße 207
10405 Berlin
Tel. 030 - 44 38 45 - 0
Fax 030 - 44 38 45 - 95
lektorat@berlinverlag.de
www.berlinverlag.de
Verlegerin: Elisabeth Ruge
Verlagsgruppe: Verlagsgruppe Bloomsbury
Programm: Kinder- und Jugendbuch

Eberhard Blottner Verlag GmbH
Silberbachstr. 9
65232 Taunusstein
Tel. 06128 - 23 60 - 0
Fax 06128 - 211 80
blottner@blottner.de
www.blottner.de
Verleger: Eberhard Blottner
Verlagsleitung: Britta Blottner
Gründungsjahr: 1988
Lieferbare Titel: 55
Novitäten: 5
Programm: Architektur, Ratgeber: Hausbau, Selbstbau, Hausmodernisierung, Innenausbau, Inneneinrichtung, Wohnen, Hausplanung
Ms.-Angebote erwünscht: als Exposé mit Textprobe
Medium: Papierausdruck
Ms.-Rücksendung: ja, bei Rückporto

BLT
Scheidtbachstr. 23-31
51469 Bergisch Gladbach
Tel. 02202 - 12 10
Fax 02202 - 121 - 708
blt@luebbe.de
www.luebbe.de
Verleger: Stefan Lübbe
Geschäftsführung: Dr. Uwe Sertel, Christophe Montague (Sprecher)
Verlagsgruppe: s. Verlagsgruppe Lübbe, Gustav Lübbe Verlag, editionLübbe, Ehrenwirth Verlag, Bastei Lübbe Taschenbücher, Bastei Lübbe Stars, Lübbe Audio, Bastei Verlag
Programm: historische Romane, Kriminalromane, Gesellschaftsromane, Liebesromane, Frauenliteratur
Ms.-Angebote erwünscht: als Exposé mit Textproben von 30 Seiten
Medium: Papierausdruck
Ms.-Rücksendung: nein

blumenbar Verlag (GbR)
Baaderstr. 72
80469 München
Tel. 089 - 74 38 95 25
Fax 089 - 74 38 95 26
look@blumenbar.de
www.blumenbar.de
Verleger: Wolfgang Farkas, Lars Birken-Bertsch
Gründungsjahr: 2002
Lieferbare Titel: 16
Novitäten: 4-8
Programm: Belletristik
Ms.-Interessen: Gegenwartsliteratur, Sachbuch
Ms.-Angebote erwünscht: nach vorheriger telefonischer Anfrage
Ms.-Rücksendung: nein

BLV Buchverlag GmbH & Co KG
Lothstr. 19
80797 München
Tel. 089 - 12 02 12 - 0
Fax 089 - 12 01 12 - 121
blv-verlag@blv.de
www.blv.de
Verleger: Hartwig Schneider
Verlagsleitung: Hartwig Schneider
Gründungsjahr: 1946
Programm: Sachbücher und Ratgeber zu Essen und Trinken, Gesundheit, Natur, Sport, Fitness, Garten, Heimtiere, Pferde, Alpin, Golf
Lektorat: Programmleitung:

Wilhelm Eisenreich
Ms.-Angebote erwünscht: als Exposé
Medium: Papierausdruck, E-Mail
Ms.-Rücksendung: ja, bei Rückporto

Bock + Herchen Verlag
Reichenberger Str. 11e
53604 Bad Honnef
Tel. 02224 - 54 43, 57 75
Fax 02224 - 783 10
buh@bock-net.de
www.bock-net.de
Verleger: Karl Heinz Bock
Verlagsleitung: Karl Heinz Bock
Programm: Wirtschafts-, Sozial-, Rechts-, Staats-, Geistes- und Literaturwissenschaften, Politologie, Technik, Sach- und Fachbücher, Reprints, Bibliotheksveröffentlichungen

K. H. Bock Verlag
Reichenberger Str. 11e
53604 Bad Honnef
Tel. 02224 - 54 43, 57 75
Fax 02224 - 783 10
bock.verlag@t-online.de
www.bock-net.de
Verleger: Karl Heinz Bock
Verlagsleitung: Karl Heinz Bock
Programm: Studien- und Berufsplanung, Studienförderung, Hochschulrecht, Länderrecht, Verzeichnisse empfohlener Lehrbücher, Politik und Geschichte, Kunst, Musik

Bocola Verlag GmbH
Oxfordstr. 17
53111 Bonn
0228 - 550 82 - 20
Tel. 0228 - 550 82 - 29
info@bocola.de
www.bocola.com
Verleger: Achim Dressler
Programm: Prinz-Eisenherz-Bände

Klaus Boer Verlag
Neustätterstr. 3
80634 München
Tel. 089 - 13 93 80 99
Fax 089 - 13 93 80 98
boer@onlinehome.de
www.boerverlag.de
Verleger: Dr. Klaus Boer
Gründungsjahr: 1984
Lieferbare Titel: 40
Programm: Belletristik, Bildende Kunst, Computer, Geschichte, Medienwissenschaft, Philosophie, Zeitgeschichte
Ms.-Angebote erwünscht: als Exposé, als Exposé mit Textprobe von 10 Seiten, als Manuskript
Medium: Papierausdruck
Ms.-Rücksendung: ja

Bohem Press
Hardturmstr. 122
CH-8005 Zürich
Schweiz
Tel. +41 (0)44 - 440 70 00
Fax +41 (0)44 - 440 70 01
art@bohem.ch
www.bohem.ch
Gründungsjahr: 1973
Lieferbare Titel: 100
Novitäten: 8

Programm: Bilderbücher
Ms.-Angebote erwünscht:
als Manuskript
Medium: E-Mail
Ms.-Rücksendung: ja, mit Rückporto

Böhlau Verlag
Ursulaplatz 1
50668 Köln
Tel. 0221 - 91 390 - 0
Fax 0221 - 91 390 - 32
www.boehlau.de
Verleger: Dr. Peter Rauch
Gründungsjahr: 1951
Lieferbare Titel: 4000
Novitäten: 150
Programm: Archäologie, Architektur, Wissenschaftliche Biografien, Bildende Kunst, Bildung, Erziehung, Fachzeitschriften, Film, Fernsehen, Frauenforschung, Geschichte, Journalismus, Kulturgeschichte, Literaturwissenschaft, Medienwissenschaft, Musikwissenschaft, Rech
Lektorat: Programmleitung:
Johannes van Ooyen (Dw -24)
lektorat@boehlau.de
Ms.-Angebote erwünscht: nach vorheriger telefonischer Anfrage oder als Exposé mit Textprobe oder als Manuskript
Medium: Papierausdruck und Diskette
Ms.-Rücksendung: ja, bei Rückporto

Böhlau Verlag
Wiesingerstr. 1
A-1010 Wien
Österreich
Tel. +43 (0)1 - 33 02 42 73 14
Fax +43 (0)1 - 330 24 32
boehlau@boehlau.at
www.boehlau.at
Verleger: Dr. Peter Rauch
Verlagsleitung: Dr. Peter Rauch
Gründungsjahr: 1947
Lieferbare Titel: 1200
Novitäten: 120
Programm: Schwerpunkt: Geisteswissenschaften, Kulturwissenschaften. Architektur, Bildende Kunst, Geschichte, Literaturwissenschaft, Medienwissenschaft, Musik, Philosophie, Politik, Psychologie, Religion, Soziologie, Sprachwissenschaften, Theater, Oper
Lektorat: Dr. Eva Weisz (Dw. 315)
Ms.-Angebote erwünscht: nach vorheriger telefonischer Anfrage
Medium: Papierausdruck mit Diskette
Ms.-Rücksendung: ja

Verlag Hermann Böhlaus Nachf. Weimar GmbH & Co.
Werastr. 21-23
70182 Stuttgart
Tel. 0711 - 21 94 - 0
Fax 0711 - 21 94 - 249
info@metzlerverlag.de
www.metzlerverlag.de
Verlagsleitung: Michael Justus
Gründungsjahr: 1624
Verlagsgruppe: Verlagsgruppe Georg von Holtzbrinck
Lieferbare Titel: 200
Novitäten: 20
Programm: Werkausgaben, Kulturgeschichten
Ms.-Angebote erwünscht: als Exposé

Medium: Papierausdruck
Ms.-Rücksendung: ja

Boje Verlag GmbH
Schleißheimer Str. 267
80809 München
Tel. 089 - 35 81 18 30
Fax 089 - 35 81 18 39
Verlagsleitung: Rehné Herzig, Frank Krau
Gründungsjahr: 1932
Programm: Bilderbücher
Ms.-Angebote erwünscht: nach vorheriger telefonischer Anfrage, als Manuskript
Medium: Papierausdruck
Ms.-Rücksendung: ja, Rückporto erwünscht

Hans Boldt Literaturverlag GmbH
Röntgenweg 2
21423 Winsen/Luhe
Tel. 04171 - 721 46
Fax 04171 - 758 38
1111-890@online.de
www.boldt-verlag.de
Verleger: Hans Boldt
Gründungsjahr: 1993
Programm: Belletristik, Schwerpunkt: Erzählungen (Winsener Hefte)
Ms.-Interessen: Erzählungen bis 20 Seiten
Ms.-Angebote erwünscht: als Exposé
Medium: Papierausdruck
Ms.-Rücksendung: ja, bei Rückporto

Bombus Verlag
Englmannstr. 2
81673 München
Tel. 089 - 32 66 77 21
Fax 089 - 32 66 77 24
info@bombus-verlag.de
www.bombus-verlag.de
Verleger: Tobias Drews
Programm: Sportbuch

Bonifatius GmbH Druck-Buch-Verlag
Karl-Schurz-Str. 26
33100 Paderborn
Tel. 05251 - 15 31 71
Fax 05251 - 15 31 04
buchverlag@bonifatius.de
www.bonifatius.de
Programm: Katholische Theologie, Praktische Theologie, Wissenschaftliche Monographien, Ökumene, Kirchenmusik, Literatur und Kunst, Westfälische Regionalliteratur

Richard Boorberg Verlag GmbH & Co
Scharrstr. 2
70563 Stuttgart
Tel. 0711 - 738 50
Fax 0711 - 73 26 94
mail@boorberg.de
www.boorberg.de
Verlagsleitung: Markus Oht, Rechtsanwalt
Gründungsjahr: 1927
Programm: Steuer-, Wirtschafts-, Arbeits-, Verwaltungsrecht, Sozialrecht, Miet- und Maklerrecht, Polizei-, Straf- und Ordnungsrecht
Lektorat: Werner Frasch (w.frasch@boorberg.de)

Ms.-Interessen: bitte nur gezielte Manuskripte zu juristischer Fachliteratur anbieten und vor Angebot Verlagsprogramm auf Eignung checken
Ms.-Angebote erwünscht: als Exposé
Medium: Papierausdruck
Ms.-Rücksendung: ja

Borgmeier
Langestr. 112
27749 Delmenhorst
Tel. 04221 - 934 50
Fax 04221 - 177 89
info@agentur-borgmeier.de
www.borgmeier-buecher.de
Verleger: Carsten Borgmeier
Programm: Sachbuch, Bildbände, Belletristik

Gebrüder Borntraeger Verlagsbuchhandlung
Johannesstr. 3A
70176 Stuttgart
Tel. 0711 - 35 14 56 - 0
Fax 0711 - 35 14 56 -99
mail@schweizerbart.de
www.schweizerbart.de
Zum Verlag: Wissenschaftsverlag
Gründungsjahr: 1790
Programm: Anthropologie, Archäologie, Botanik, Fachzeitschriften, Geografie, Geowissenschaften, Natur, Ökologie, Reisen, Zoologie
Ms.-Angebote erwünscht: nach vorheriger telefonischer Anfrage, als Manuskript oder als Exposé
Medium: Papierausdruck, E-Mail
Ms.-Rücksendung: ja

Born-Verlag
Leuschnerstr. 74
34134 Kassel
Tel. 0561 - 409 51 07
Fax 0561 - 409 51 12
kontakt@bornverlag.de
www.bornverlag.de
Verlagsleitung: Claudia Siebert
Zum Verlag: Fachverlag für christliche Gemeindeliteratur
Gründungsjahr: 1898
Lieferbare Titel: 200
Novitäten: 20
Programm: Sachbücher und Arbeitsmaterial für Christliche Kinder- und Jugendarbeit, Liederbücher
Ms.-Interessen: Praxisthemen Gemeinde, Gruppenarbeit
Ms.-Angebote erwünscht: als Manuskript
Medium: E-Mail, CD-ROM
Ms.-Rücksendung: ja

T M Börsenverlag AG
Salinstraße 1
83022 Rosenheim
Tel. 08031 - 20 33 - 0
Fax 08031 - 20 33 - 30
kontakt@boersenverlag.de
www.boersenverlag.de
Verleger: Thomas Müller
Verlagsleitung: Thomas Müller
Gründungsjahr: 1987
Lieferbare Titel: 42
Novitäten: 2
Programm: Börse, Wirtschaft
Ms.-Interessen: Börsenthemen
Ms.-Angebote erwünscht: nach vorheriger telefonischer Anfrage, als

Exposé, Textprobe von 12 Seiten
Medium: Papierausdruck, Diskette, E-Mail
Ms.-Rücksendung: ja

Gustav Bosse Verlag GmbH & Co KG
Heinrich-Schütz-Allee 35
34131 Kassel
Tel. 0561 - 315 - 0
Fax 0561 - 31 05 - 240
info@bosse-verlag.de
www.bosse.verlag.de
Programm: Musikpädagogik, Musikalische Früherziehung, Musikwissenschaft

B&S Siebenhaar Verlag
Tempelhofer Ufer 23 - 24
10963 Berlin
Tel. 030 - 23 63 96 15
Fax 030 - 23 63 96 16
b+s-verlag@berlin.de
www.siebenhaar-verlag.de
Verleger: Prof. Dr. Klaus Siebenhaar
Verlagsleitung: Prof. Dr. Klaus Siebenhaar und Dagmar Boeck-Siebenhaar
Programm: Berliner Kultur, Berlin-Führer, Nachschlagewerke, Kunst- und Kulturgeschichte
Lektorat: Dr. Steffen Damm
Ms.-Angebote erwünscht: als Exposé
Medium: Papierausdruck
Ms.-Rücksendung: ja, mit frankiertem, beigefügtem Rückumschlag

Verlag Brandenburger Tor GmbH
Wittestr. 30K
13509 Berlin
Tel. 030 - 855 75 11
Fax 030 - 85 60 53 32
www.verlag-brandenburger-tor.de
Programm: Bildbände Reichstagsgebäude, Parlamentsviertel
Ms.-Angebote erwünscht: nach vorheriger telefonischer Anfrage
Medium: Papierausdruck, Diskette, CD
Ms.-Rücksendung: ja

Brandes & Apsel Verlag GmbH
Scheidswaldstr. 22
60385 Frankfurt am Main
Tel. 069 - 27 29 95 17 - 0
Fax 069 - 27 29 95 17 - 10
info@brandes-apsel-verlag.de
www.brandes-apsel-verlag.de
Gründungsjahr: 1986
Lieferbare Titel: 400
Novitäten: 35
Programm: Schwerpunkt: Interkulturelle Literatur und Ratgeber. Belletristik, Erziehung, Fachzeitschriften, Frauenforschung, Geschichte der Neuzeit, Gesundheit, Kulturgeschichte, Ökologie, Politik, Psychoanalyse, Soziologie, Theater, Wirtschaft, Globalisierung
Lektorat: Dr. Brandes (Literatur), Herr Apsel (Wissenschaft), Frau Wilß (Sachbuch)
Ms.-Angebote erwünscht: als Exposé mit Textprobe von 6 Seiten
Medium: Papierausdruck, Diskette, E-Mail
Ms.-Rücksendung: ja, bei Rückporto

Brandneu Verlag
Postfach 57 02 22
22771 Hamburg

Tel. 040 - 85 50 79 62
Fax 040 - 85 50 79 74
rezeption@brandneu-verlag.de
www.brandneu-verlag.de
Verleger: Christian Arzberger
Programm: Junge Literatur

Christian Brandstätter GmbH & Co KG
Wickenburggasse 26
A-1080 Wien
Österreich
Tel. +43 (0)1 - 512 15 43 - 0
Fax +43 (0)1 - 512 15 43 - 231
info@cbv.at
Verleger: Dr. Christian Brandstätter
Gründungsjahr: 1982
Lieferbare Titel: 350
Novitäten: ca. 60
Programm: Bildbände und Textbildbände zu: Architektur, Bildende Kunst, Essen und Trinken, Kulturgeschichte, Kunsthandwerk, Fotografie, Religion, Zeitgeschichte; Schwerpunkt: Austriaca, Viennensia
Lektorat: e.hoelzl@cbv.at
Ms.-Angebote erwünscht: nach vorheriger telefonischer Anfrage
Ms.-Rücksendung: ja, bei Rückporto

Brandstetter Verlag GmbH & Co. KG
Wilhelminenstr. 1a
65193 Wiesbaden
Tel. 0611 - 991 20 - 0
Fax 0611 - 308 37 85
brandstetter-verlag.wiesbaden@t-online.de
www.brandstetter-verlag.de
Verleger: Günther H. Fröhlen
Verlagsleitung: Günther H. Fröhlen
Gründungsjahr: 1862
Wiedergründung 1950
Lieferbare Titel: 70
Novitäten: 5
Programm: Wörterbücher, Sprachen, Naturwissenschaft, Technik, Medizin
Lektorat: Udo Amm
Ms.-Angebote erwünscht: nach vorheriger telefonischer Anfrage
Medium: Papierausdruck
Ms.-Rücksendung: ja

Wilhelm Braumüller Universitäts-Verlagsbuchhandlung Ges.mbH
Servitengasse 5
A-1092 Wien
Österreich
Tel. +43 (0)1 - 319 11 59
Fax +43 (0)1 - 310 28 05
office@braumueller.at
www.braumueller.at
Verlagsleitung: Brigitte Pfeifer (Gf)
Konstanze Weber
Gründungsjahr: 1783
Lieferbare Titel: 1000
Novitäten: 30
Programm: Schwerpunkte: Politikwissenschaft, Publizistik, Europarecht, Nationalitäten und Minderheitenfragen, Philosophie, Soziologie, Sprachwissenschaften, Literaturwissenschaften
Lektorat: Mag. Ulli Steinwender (Dw. 11), alle Bereiche außer Anglistik, Dr. Elisabeth Reisenhofer (Dw. 18), Anglistik
Ms.-Angebote erwünscht: nach vorheriger telefonischer Anfrage
Medium: E-Mail
Ms.-Rücksendung: nein

DRW-Verlag Weinbrenner GmbH & Co.KG G. Braun Buchverlag
Kaiserallee 87
76185 Karlsruhe
Tel. 0721 - 50 98 - 60
Fax 0721 - 50 98 - 89
info@g.braun-buchverlag.de
www.gbraun-buchverlag.de
Verlagsleitung: Michael Kohler
Gründungsjahr: 1813
Verlagsgruppe: Verlagsgruppe: DRW-Verlag Weinbrenner GmbH & Co
Lieferbare Titel: 100
Novitäten: 15
Programm: Landschaftsbildbände, Belletristik, Fotografie, Kunst, Ökologie, Landeskunde Baden-Württemberg, Landesgeschichte Baden-Württemberg und Rheinland-Pfalz
Lektorat: Dorothee Kühnel und Isabella Eder
Ms.-Angebote erwünscht: als Exposé mit Textprobe von 15 Seiten
Medium: Papierausdruck
Ms.-Rücksendung: ja, bei Rückporto

Breitkopf & Härtel
Walkmühlstr. 52
65195 Wiesbaden
Tel. 0611 - 450 08 - 0
Fax 0611 - 450 08 - 59
info@breitkopf.de
www.breitkopf.de
Verleger: Lieselotte Sievers, Gottfried Möckel
Verlagsleitung: Lieselotte Sievers, Gottfried Möckel
Zum Verlag: Musikverlag
Gründungsjahr: 1719 in Leipzig
Lieferbare Titel: 8000
Novitäten: 100
Programm: Musiktheoretische Werke, Biografien, Musikgeschichte, Musikwissenschaft, Musikpädagogik, Neue Musik, Gesamtausgaben, Werkverzeichnisse

Verlagsbuchhandlung Julius Breitschopf GmbH & Co.KG
Hauptstr. 104/ 19
A-3420 Klosterneuburg-Kritzendorf
Österreich
Tel. +43 (0)2243 - 368 68 - 0
Fax +43 (0)2243 - 368 68 - 20
breitschopf.verlag@utanet.at
www.breitschopf-verlag.com
Verleger: Julius P. Breitschopf, Kommerzialrat
Verlagsleitung: Julius P. Breitschopf, Kommerzialrat
Gründungsjahr: 1947
Programm: Belletristik, Bilderbücher, Kinder- und Jugendbücher, Kochbücher, Ratgeber, Geschenkbücher, Spiele, Hörbücher
Lektorat: Ulrike Ulrich, ulrike_ulrich@hotmail.com
Ms.-Angebote erwünscht: als Manuskript
Medium: Papierausdruck
Ms.-Rücksendung: ja, bei Rückporto

Joh. Brendow & Sohn Verlag GmbH
Gutenbergstr. 1
47443 Moers
Tel. 02841 - 809 - 201
Fax 02841 - 809 - 210
brendow.verlag@brendow.de

www.brendow-verlag.de
Verlagsleitung: Erich Koslowski
Gründungsjahr: 1971
Lieferbare Titel: 250
Novitäten: 40-50
Programm: Biografien, Belletristik, Fantasy, Science Fiction, Jugendbücher, Kunsthandwerk, Psychologie, Ratgeber, Religion, Sport, Fitness
Lektorat: Anja Brielmann
Ms.-Angebote erwünscht: als Exposé mit Textprobe von 20 Seiten
Medium: Papierausdruck
Ms.-Rücksendung: nein

BrennGlas Verlag Assenheim Juergen Seuss
Nieder-Wöllstädter Str. 18
61194 Niddatal
Tel. 06034 - 36 63
Fax 06034 - 36 63
Programm: Literatur, Essayistik, Kunst, Zeichnungen, Illustrationen

Breuer & Wardin Verlagskontor GmbH
Zum Scheider Feld 12
51467 Bergisch Gladbach
02202 - 18 89 - 0
Tel. 02202 - 18 89 - 0
Fax 02202 - 18 89 - 11
kontakt@verlagskontor.com
www.verlagskontor.com
Verleger: Heiko Breuer, Bodo Wardin
Zum Verlag: hochwertige Audio-Coaching Programme aus allen Lebensbereichen
Gründungsjahr: 2002
Lieferbare Titel: 125
Novitäten: 45
Programm: Ratgeber
Ms.-Interessen: Persönlichkeitsentwicklung, Management, Gesundheit, Finanzen
Ms.-Angebote erwünscht: nach vorheriger telefonischer Anfrage, als Manuskript
Medium: E-Mail
Ms.-Rücksendung: nein

Verlag Brinkmann & Bose
Leuschnerdamm 13
10999 Berlin
Tel. 030 - 615 48 92
Fax 030 - 615 83 85
brinkmann_bose@t-online.de
Verleger: Erich Brinkmann
Verlagsleitung: Erich Brinkmann
Gründungsjahr: 1980
Programm: Belletristik, Kunst, Psychoanalyse, Philosophie, Film, Medientheorie

Verlag Ekkehard und Ulrich Brockhaus GmbH & Co KG
Am Wolfshahn 31
42117 Wuppertal
Tel. 0202 - 44 74 74
Fax 0202 - 42 82 82
mail@verlag-brockhaus.de
www.verlag-brockhaus.de
Verleger: Ekkehard Brockhaus
Gründungsjahr: 1993
Lieferbare Titel: 48
Novitäten: 2-3
Programm: Kulturgeschichte, Familienforschung und Genealogie

R. Brockhaus Verlag GmbH & Co KG
Bodenborn 43
58452 Witten
Tel. 02302 - 930 93 - 731
Fax 02302 - 930 93 - 731
info@brockhaus-verlag.de
www.brockhaus-verlag.de
Verlagsleitung: Frieder Trommer
Zum Verlag: evangelischer Publikumsverlag
Novitäten: 100
Programm: Ratgeber, Erzählungen, Nachschlagewerke, Christlicher Glaube
Lektorat: Hans-Werner Durau (Leitg. Gesamtprogramm)
Ms.-Angebote erwünscht: als Exposé mit Textprobe von 20 Seiten
Medium: Papierausdruck
Ms.-Rücksendung: ja, mit Rückporto

Bruckmann Verlag GmbH
Innsbrucker Ring 15
81673 München
Tel. 089 - 13 06 99 - 0
Fax 089 - 13 06 99 - 30
info@bruckmann.de
www.bruckmann.de
Verlagsgruppe: Gera-Nova Bruckmann Verlagshaus GmbH
Programm: Reisebildbände, Freizeit- und Reiseführer: Wanderführer, Radwanderführer, Motorradreiseführer, Bergbildbände, Bergsportpraxis
Ms.-Angebote erwünscht: als Exposé
Medium: E-Mail

Brunnen-Verlag
Wallstr. 6
CH-4002 Basel
Schweiz
Tel. +41 (0)61 - 295 60 00
Fax +41 (0)61 - 295 60 69
info@brunnen-verlag.ch
www.brunnen-verlag.ch
Verlagsleitung: Andreas Walter
Programm: Biographien, Belletristik, Jugendbücher, Kinderbücher, Lebenshilfe, Religion, Bibel im modernen Deutsch, Hörbücher
Lektorat: Christian Meyer (Programmleiter), Vera Hahn, Miriam Schulz
Ms.-Interessen: Sachthemen, Lebensberichte, Romane, Erzählungen, Biographien mit christlichem Bezug
Ms.-Angebote erwünscht: als Exposé mit Textprobe von 10 Seiten, als Manuskript
Medium: Papierausdruck
Ms.-Rücksendung: ja

Brunnen Verlag für Kinder- und Jugendbücher GmbH
Gottlieb-Daimler-Str. 22
35398 Gießen
Tel. 0641 - 60 59 - 0
Fax 0641 - 60 59 - 100
info@brunnen-verlag.de
www.brunnen-verlag.de
Verlagsleitung: Christlicher Verlag,
Gründungsjahr: 1919
Programm: Kinder- und Jugendbücher, Bilderbücher, Pappbücher, Hör- und Singspiele, Video, Kinderbibeln, Sachbücher

Lektorat: Lektorat@brunnen-verlag.de
Ms.-Angebote erwünscht: nach vorheriger telefonischer Anfrage
Medium: Papierausdruck
Ms.-Rücksendung: ja, bei Rückporto

btb Taschenbuch
Neumarkter Str. 28
81673 München
Tel. 089 - 41 36 - 0
Fax 089 - 41 36 - 333
info@randomhouse.de
www.btb-verlag.de
Verleger: Geschäftsführer: Klaus Eck, Joerg Pfuhl (CEO), Claudia Reitter
Verlagsleitung: Regina Kammerer
Verlagsgruppe: Verlagsgruppe Random House
Programm: Belletristik, Sachbuch, Klassiker
Lektorat: Susann Rehlein, Elvira Mittheis, Maren Kröger
Ms.-Angebote erwünscht: als Textprobe von 30 Seiten
Medium: Papierausdruck
Ms.-Rücksendung: ja

btb-Hardcover Verlag
Neumarkter Str. 28
81673 München
Tel. 089 - 41 36 - 0
Fax 089 - 41 36 - 333
info@randomhouse.de
www.randomhouse.de
Verleger: Geschäftsführer: Klaus Eck, Joerg Pfuhl (CEO), Claudia Reitter, Wolfgang Wiedermann
Verlagsleitung: Regina Kammerer
Verlagsgruppe: Verlagsgruppe Random House
Programm: Belletristik
Lektorat: Susann Rehlein, Elvira Mittheis, Maren Kröger
Ms.-Angebote erwünscht: als Textprobe von 30 Seiten
Medium: Papierausdruck
Ms.-Rücksendung: ja

Verlag Buch + Bild
Kurze Steig 9
61440 Oberursel
Tel. 06171 - 524 42
Fax 06171 - 524 42
Programm: Kunst, Lyrik

Buchdruckerei und Verlag Schumacher-Gebler KG
Goethestr. 21
80336 München
Tel. 089 - 59 94 90
Fax 089 - 59 94 91 49
info@schumachergebler.com
www.schumachergebler.com
Programm: Klassikerausgaben in Bleisatz, Buchdruck, Typographie, Pressendrucke

C.J. Bucher Verlag GmbH
Innsbrucker Ring 15
81673 München
Tel. 089 - 89 13 06 99 11
Fax 089 - 89 13 06 99 10
info@bucher-verlag.de
www.bucher-verlag.de
Verleger: Clemens Schüssler
Verlagsgruppe: Gera-Nova Bruckmann Verlagshaus GmbH
Programm: Reisebildbände,

Kulturbildbände
Ms.-Angebote erwünscht: als Exposé
Medium: E-Mail

Buchverlag für die Frau
Gerichtsweg 28
04103 Leipzig
Tel. 0341 - 995 43 71
Fax 0341 - 995 43 73
buchverlagfürdiefrau@t-online.de
www.buchverlag-fuer-die-frau.de
Verlegerin: Christa Winkelmann
Zum Verlag: Ratgeberverlag
Gründungsjahr: 1946
Lieferbare Titel: 120
Novitäten: 30
Programm: Ratgeber, Schwerpunkt Ostdeutschland, Kochbücher, Handarbeiten, Hobby, Mini-Bücher
Lektorat: Christa Winkelmann (Dw -74)
Ms.-Interessen: Kochbücher, Ratgeber, Textiles Handarbeiten
Ms.-Angebote erwünscht: nach vorheriger telefonischer Anfrage, als Exposé mit Textprobe von 5-10 Seiten
Medium: Papierausdruck, Diskette, E-Mail
Ms.-Rücksendung: ja, mit Rückporto

Buffalo Verlag
Kükenmoorer Dorfstr. 5
27308 Kirchlinten
Tel. 04236 - 281
Fax 01212 -5-90 42 50 17
info@buffalo-verlag.de
www.buffalo-verlag.de
Verlegerin: Dipl. Bw Ute Tietje
Gründungsjahr: 2003
Lieferbare Titel: 4
Novitäten: 2-3
Programm: Kochbücher, Belletristik, Jugendbücher
Ms.-Angebote erwünscht: nach vorheriger telefonischer Anfrage
Medium: Papierausdruck
Ms.-Rücksendung: ja, mit Rückporto

Bund Verlag GmbH
Heddernheimer Landstr. 144
60439 Frankfurt am Main
Tel. 069 - 79 50 10 - 0
Fax 069 - 79 50 10 - 11
sandra-schuebel.gaw@bund-verlag.de
www.bund-verlag.de
Verlagsleitung: Christian Paulsen
Gründungsjahr: 1947
Verlagsgruppe: Bund Verlagsgruppe
Lieferbare Titel: 350
Novitäten: 80
Programm: Arbeits- und Sozialrecht insbesondere für Arbeitnehmer und deren Vertreter (Betriebsräte, Personalräte, Anwälte, Gewerkschaften), Öffentliches Dienstrecht, Ratgeber zu Allgemeinen Rechtsthemen
Lektorat: Programmleitung: Sandra Schübel-Gaw, Tel. 069 - 79 50 10 - 85, sandra.schuebel-gaw@bund-verlag.de
Ms.-Angebote erwünscht: nach vorheriger telefonischer Anfrage
Medium: Papierausdruck, Diskette
Ms.-Rücksendung: ja

Bundes-Verlag GmbH
Bodenborn 43
58452 Witten
Tel. 02302 - 930 93 - 0
Fax 02302 - 930 93 - 10

info@bundes-verlag.de
www.bundes-verlag.de
Verlagsleitung: Erhard Diehl
Zum Verlag: konfessioneller Verlag (freie ev. Gemeinden)
Programm: Theologie
Lektorat: Hans-Werner Durau (Leitg. Gesamtprogramm)
Ms.-Angebote erwünscht: als Exposé mit Textprobe von 20 Seiten
Medium: Papierausdruck
Ms.-Rücksendung: ja

Bundeszentrale für politische Bildung
Adenauerallee 86
53113 Bonn
Tel. 01888 - 51 50
Fax 01888 - 51 51 13
info@bpb.de
www.bpb.de
Gründungsjahr: 1952
Programm: Sachbücher zu Geschichte, Politik, Wirtschaft, Gesellschaft, Bildung, Kultur, Unterrichtsmaterialien

Burg Verlag Hanns E. Findeiß
Burgstr. 12
95111 Rehau
Tel. 09283 - 810 95
Fax 09283 - 810 96
burg-verlag@t-online.de
www.burg-verlag.com
Verleger: Hanns E. Findeiß
Verlagsleitung: Hanns E. Findeiß
Zum Verlag: Kochbuch, Kinderbuch, Fantasy, Romane, Gedichte, Kalender
Gründungsjahr: 2003
Lieferbare Titel: 35
Novitäten: 5-10
Programm: Kochen, Roman, Lyrik, Fantasy, u.v.m.
Lektorat: Marianne Glaßer, Hanna Becker
Ms.-Angebote erwünscht: als Exposé mit Textprobe von 2 Seiten
Medium: E-Mail

Burgschmiet Verlag GmbH & Co.KG
Burgschmietstr. 2 - 4
90419 Nürnberg
Tel. 0911 - 399 06 - 0
Fax 0911 - 399 06 - 28
burgschmiet@tessloff.com
www.burgschmiet.com
Verlagsleitung: Dr. Thomas Seng
Programm: Bücher zu Medienereignissen, Kinohighlights und TV-Serien
Medium: Papierausdruck

Verlag Busse + Seewald
Ahmserstr. 190
32052 Herford
Tel. 05221 - 77 52 75
Fax 05221 - 77 52 04
info@busse-seewald.de
www.busse-seewald.de
Lieferbare Titel: 40
Novitäten: 10
Programm: Inneneinrichtung/ Dekoration, Garten, Kochen
Ms.-Angebote erwünscht: nach vorheriger telefonischer Anfrage, als Exposé
Medium: Papierausdruck, E-Mail
Ms.-Rücksendung: ja

Verlag Dr. Bussert & Stadeler
Westendstr. 24
07743 Jena

Tel. 03641 - 82 06 58
Fax 03641 - 48 96 59
bus@vnl.de
www.verlag-bus.de
Verleger: Dr. Frank Bussert, Helmut Stadeler
Gründungsjahr: 1995
Lieferbare Titel: 40
Novitäten: 12
Programm: Regionalia, Sachbuch, Kunstbände, Reprints, Geisteswissenschaften
Lektorat: Frau Tittelbach-Helmrich, bus@vnl.de
Ms.-Angebote erwünscht: als Exposé
Medium: Papierausdruck, E-Mail
Ms.-Rücksendung: ja

Verlag Butzon & Bercker
Hoogeweg 71
47623 Kevelaer
Tel. 02832 - 929 - 130
Fax 02832 - 929 - 139
service@butzonbercker.de
www.butzonbercker.de, www.engagementbuch.de
Programm: Katholische Religion und Theologie, Kinder- und Jugendbücher, Meditation und Gebet, Gottesdienst, Gemeindedienst
Ms.-Angebote erwünscht: als Exposé
Medium: Papierausdruck
Ms.-Rücksendung: ja

BVA Bielefelder Verlag
Ravensberger Str. 10f
33602 Bielefeld
Tel. 0521 - 595 -514
Fax 0521 - 595 -518
sekretariat@bva-bielefeld.de
www.bva-bielefeld.de
Verlagsleitung: Hans-Jörg Kaiser
Gründungsjahr: 1947
Lieferbare Titel: 200
Novitäten: 20
Programm: Schwerpunktthema: Fahrradfahren. GPS, Fachzeitschriften, Geografie, Reisen, Sport, Fitness
Ms.-Angebote erwünscht: als Exposé
Medium: Papierausdruck, E-Mail
Ms.-Rücksendung: ja, mit Rückporto

C & L Computer- und Literaturverlag
Zavelsteinerstr. 20
71034 Böblingen
Tel. 0911 - 40 00 30
Fax 0911 - 40 00 31
info@cul.de
www.cul.de
Programm: Computerbücher zu Betriebssystemen (Linux, UNIX) und zur Programmierung

Cadmos Verlag GmbH
Im Dorfe 11
22946 Brunsbek
Tel. 04107 - 85 17 - 0
Fax 04107 - 85 17 - 12
cadmos-verlag@t-online.de
www.cadmos.de
Lieferbare Titel: 200
Novitäten: 25
Programm: Reiterbücher, Hundebücher, Katzenbücher, Heimtiere
Ms.-Angebote erwünscht: als Exposé
Medium: Papierausdruck
Ms.-Rücksendung: nein

ça ira Verlag Joachim Bruhn
Hornusstr. 13
79108 Freiburg
Tel. 0761 - 500 91 94
Fax 0761 - 379 49
isf-e.v@t-online.de
www.isf-freiburg.org
Verleger: Institut für Sozialkritik
Gründungsjahr: 1984
Lieferbare Titel: 80
Novitäten: 6-8
Programm: Kritische Theorie, Marxismus, Revolution, Geschichte der Neuzeit, Philosophie, Politik, Zeitgeschichte
Ms.-Angebote erwünscht: nach vorheriger telefonischer Anfrage
Medium: E-Mail
Ms.-Rücksendung: ja, bei Rückporto

Verlag Georg D.W. Callwey GmbH & Co.
Streitfeldstr. 35
81673 München
Tel. 089 - 43 60 05 - 0
Fax 089 - 43 60 05 - 13
buch@callwey.de
www.callwey.de
Verleger: Helmuth Baur-Callwey, Dr. Veronika Baur-Callwey, Amos Kotte
Verlagsleitung: Amos Kotte
Gründungsjahr: 1874
Lieferbare Titel: 170
Novitäten: 30-40
Programm: Schwerpunkte: Architektur, Bauherrenliteratur (Bauen, Sanieren, Restaurieren), Landschaftsplanung, Garten. Malerei, Kunsthandwerk, Restaurierung, Uhren
Lektorat: Dr. Marcella Baur-Callwey
Ms.-Interessen: Praxisnahe Architektur, Gartengestaltung, Do-It-Yourself-Literatur, Wohnen
Ms.-Angebote erwünscht: nach vorheriger telefonischer Anfrage
Medium: E-Mail
Ms.-Rücksendung: ja, bei Rückporto

Calwer Verlag GmbH Bücher und Medien
Balinger Str. 31
70567 Stuttgart
Tel. 0711 - 167 22 - 0
Fax 0711 - 167 22 - 77
info@calwer.com
www.calwer.com
Programm: Materialien und Schulbücher für den Religionsunterricht Theologie

Campus Verlag
Kurfürstenstr. 49
60486 Frankfurt am Main
Tel. 069 - 97 65 16 - 0
Fax 069 - 97 65 16 - 78
info@campus.de
www.campus.de
Verleger: Thomas Carl Schwoerer
Verlagsleitung: Thomas Carl Schwoerer, Annette C. Anton
Gründungsjahr: 1975
Lieferbare Titel: 2000
Novitäten: 240
Programm: Sachbücher zu: Wirtschaft und Gesellschaft, Beruf und Karriere, Börse, Jugendbuch, Sozial- und Kulturwissenschaften, Soziologie, Geschichte, Philosophie, Politik

Lektorat: Sachbuch: Olaf Meier, Sabine Niemeier; Ratgeber: Christiane Kramer; Fachbuch Wirtschaft: Rainer Linnemann; Wissenschaft: Adalbert Hepp
Ms.-Angebote erwünscht: nach vorheriger telefonischer Anfrage, als Exposé mit Textprobe von 15 Seiten
Medium: Papierausdruck
Ms.-Rücksendung: ja, bei Rückporto

Campus für Christus Buchhandlung & Verlag
Am Unteren Rain 2
35394 Gießen
Tel. 0641 - 975 18 - 64
Fax 0641 - 975 18 - 40
verlag@campus-d.de
www.campus-d.de
Verlagsleitung: Hauke Burgarth
Zum Verlag: Unter dem Motto »Den Menschen unserer Zeit Christus vorstellen« produziert der Verlag Sachbücher, Arbeitsmaterialien, Zeitschriften und Verteilbücher
Gründungsjahr: 1971
Programm: Religiöse Sachbücher
Lektorat: Hauke Burgarth (Dw -64), Elisabeth Richter (Dw - 32)
Ms.-Interessen: Texte, die neue Zugänge zum Glauben ermöglichen, Biblische Finanzprinzipien, Christlicher Führungsstil
Ms.-Angebote erwünscht: als Exposé mit Textprobe von 10 Seiten
Medium: Papierausdruck, E-Mail
Ms.-Rücksendung: ja, bei Rückporto

cap-music/cap-books
Oberer Garten 8
72221 Halterbach-Beihingen
Tel. 07456 - 93 93 - 0
Fax 07456 - 93 93 - 29
info@cap-music.de
www.cap-music.de
Verlagsleitung: Andreas Claus
Gründungsjahr: 1992
Lieferbare Titel: 200
Novitäten: 20
Programm: Religion, Gottesdienst, Familienbeziehungen
Ms.-Angebote erwünscht: als Exposé mit Textprobe von 3 Seiten
Medium: Papierausdruck
Ms.-Rücksendung: nein

CARE-LINE Verlag und Projektagentur GmbH
Fichtenstr. 2
82061 Neuried
Tel. 089 - 74 55 51 - 0
Fax 089 - 74 55 51 - 13
info@care-line.de
www.care-line.de
Verleger: Thomas Baier
Verlagsleitung: Thomas Baier
Gründungsjahr: 1984
Lieferbare Titel: 120
Novitäten: 25
Programm: Bildung, Edutainment, Erziehung, Gesundheit, Lern-Software, Ratgeber, Unterrichtsmaterialien für Lehrer, Lernmaterialien für Schüler, Geschenkbücher, Geschenkartikel für Lehrer
Ms.-Interessen: Unterrichtsmaterialien für die Grundschule und Sekun-

darstufe, Ratgeber für den Bereich Schule und Lehrer
Ms.-Angebote erwünscht: als Exposé mit Textprobe, als Manuskript
Medium: Papierausdruck
Ms.-Rücksendung: ja

Carinthia Verlag
Völkermarkterring 25
A-9020 Klagenfurt
Österreich
Tel. +43 (0)463 - 50 12 20, -210, -212
Fax +43 (0)463 - 50 12 20 - 214
karin.waldner@carinthia.com
www.verlag.carinthia.com
Verlagsleitung:
Karin Woldner Petutschnig
Programm: Regionalia (Kärnten), Bildbände (Wander- und Bergbücher), (Kulinarische-)Reiseführer (Kärnten, Friaul, Slowenien, Istrien) und Historische Werke

Carivari, Sabine Golde
Kochstr. 111
04277 Leipzig
Tel. 0341 - 590 12 47
Fax 0341 - 590 12 47
carivari@gmx.de
Verlagsleitung: Baumgartner und Golde
Gründungsjahr: 1992
Lieferbare Titel: 20
Novitäten: 2
Programm: Künstlerbücher
Ms.-Interessen: keine

Fachverlag Hans Carl GmbH
Andernacher Str. 33a
90411 Nürnberg
Tel. 0911 - 952 85 - 0
Fax 0911 - 952 85 - 81 20
info@hanscarl.com
www.hanscarl.com
Verleger: Wolfgang Illguth, Michael Schmitt
Gründungsjahr: 1861
Programm: Fränkische Regionalliteratur, Bier-Belletristik, Bildbände, Bier- und Getränkefachbücher, Kunstgeschichte, Fachzeitschriften, Magazine
Ms.-Angebote erwünscht: nach vorheriger telefonischer Anfrage, als Exposé mit Textprobe von 5 Seiten, als Manuskript
Medium: Papierausdruck, Diskette, E-Mail
Ms.-Rücksendung: ja

Carlsen Verlag GmbH
Völckersstr. 14 - 20
22765 Hamburg
Tel. 040 - 398 04 - 0
Fax 040 - 398 04 - 390
info@carlsen.de
www.carlsen.de
Verleger: Klaus Humann
Verlagsleitung: Joachim Kaufmann
Verlagsgruppe: Bonnier Media Deutschland GmbH
Programm: Comics, Jugendbücher, Kinderbücher, Mangas, Bilderbücher, Cartoon, Humor
Ms.-Angebote erwünscht: als Exposé und/oder ein Kapitel

Medium: Papierausdruck
Ms.-Rücksendung: nein

cbj Kinder und Jugendbücher
Neumarkter Str. 28
81673 München
Tel. 089 - 41 36 - 0
Fax 089 - 41 36 - 333
info@randomhouse.de
www.randomhouse.de
Verleger: Geschäftsführer: Klaus Eck, Joerg Pfuhl (CEO), Claudia Reitter
Verlagsleitung: Klaus Eck
Verlagsgruppe: Verlagsgruppe Random House
Programm: Kinder- und Jugendbuch

CC-Verlag GmbH
Mexicoring 21
22297 Hamburg
Tel. 040 - 631 91 30
Fax 040 - 631 73 06
CC-Verlag@t-online.de
www.cc-verlag.de
Verleger: Claus Coelius
Gründungsjahr: 1981
Programm: Bewerbungsfragen, Karrierefragen, Geschäfts- und Berufs-Know-how
Ms.-Interessen: siehe Programm
Ms.-Angebote erwünscht:
als Exposé mit Textprobe von mindestens 15 Seiten, als Manuskript
Medium: Papierausdruck, E-Mail

Ceres-Verlag
Am Bach 11
33602 Bielefeld
Tel. 0521 - 52 06 02
Fax 0521 - 52 06 57
info@ceres-verlag.de
Programm: Kochen und Backen

Chiron Verlag
Postfach 12 50
72002 Tübingen
Tel. 07071 - 888 41 50
Fax 07071 - 888 41 51
info@chironverlag.com
www.chironverlag.de
Gründungsjahr: 1984
Lieferbare Titel: 120
Novitäten: 12
Programm: Astrologie
Ms.-Angebote erwünscht: nach vorheriger telefonischer Anfrage, als Exposé mit Textprobe von ca. 5 Seiten
Medium: Papierausdruck, E-Mail
Ms.-Rücksendung: ja, bei Rückporto

Chorus-Verlag für Kunst und Wissenschaft
Wichernweg 22A
81737 München
Tel. 089 - 63 49 99 60, 06131 - 346 64
Fax 089 - 63 49 99 61
www.chorus-verlag.de
Programm: Künstler-Werkverzeichnisse, Ausstellungskataloge, Monographien, Kunsttheorie, Wissenschaftliche Publikationen

Verlag Edition Chrismon
Postfach 500550
60394 Frankfurt am Main
Verlagsleitung: Frank Hinte
Programm: Populäre theologische Literatur

Christian Verlag GmbH
Königinstr. 9
80539 München
Tel. 089 - 38 18 03 - 35
Fax 089 - 38 18 03 - 81
info@christian-verlag.de
www.christian-verlag.de
Gründungsjahr: 1978
Lieferbare Titel: 200
Novitäten: 30-40
Programm: Essen und Trinken, Garten, Natur, Einrichtung und Lifestyle, Fotografie, Gesundheit
Lektorat: Florentine Schwabbauer, Cheflektorin: (Dw -35); Claudia Bitz (Dw -34); Tanja Germann (Dw -43)
Ms.-Angebote erwünscht: als Exposé mit Textprobe von ca. 6 Seiten
Medium: Papierausdruck
Ms.-Rücksendung: ja, wenn nicht nur Textkopien

Christliche Schriftenverbreitung e.V.
An der Schloßfabrik 30
42499 Hückeswagen
Tel. 02192 - 92 10 - 0
Fax 02192 - 92 10 - 23
info@csv-verlag.de
www.csv-verlag.de
Programm: Religion
Lektorat: Gerrid Setzer (setzer@csv-verlag.de)
Ms.-Angebote erwünscht: als Manuskript
Medium: E-Mail
Ms.-Rücksendung: nein

Christliche Verlagsbuchhandlung Gerhard Wedel
Borchener Str. 2a
33098 Paderborn
Tel. 05251 - 255 66
Fax 05251 - 28 21 87
Programm: Religiöse Bücher

Christliche Verlagsgesellschaft mbH
Moltkestr. 1
35683 Dillenburg
Tel. 02771 - 830 20
Fax 02771 - 83 02 30
m.merten@cv.dillenburg.de
www.cv-dillenburg.de
Verlagsleitung: Hartmut Jaeger, Heiner Schmidt
Programm: Evangelikale Sachbücher, Kinder-Bilderbücher

Christophorus in der Verlag Herder GmbH
Hermann-Herder-Str. 4
79104 Freiburg
Tel. 0761 - 27 17 - 0
Fax 0761 - 27 17 - 352
info@christophorus-verlag.de
www.christophorus-verlag.de
Verlagsleitung: Winfried Herke
Programm: Hobby und Basteln, Kinderbeschäftigung, Kindergarten und Familie
Lektorat: Maria Möllenkamp, Monika Klier
Ms.-Angebote erwünscht: als Exposé oder als Manuskript
Medium: Papierausdruck, E-Mail
Ms.-Rücksendung: ja, bei Rückporto

Christusbruderschaft Selbitz Buch- und Kunstverlag
Wildenberg 23
95152 Selbitz
Tel. 09280 - 68 34
Fax 09280 - 68 68
info@verlag-christusbruderschaft.de
www.verlag-christusbruderschaft.de
Verlegerin: Sr. Bärbel Quarg
Verlagsleitung: Sr. Bärbel Quarg
Zum Verlag: Verkündigung des Evangeliums durch Wort und Bild
Gründungsjahr: 1951
Lieferbare Titel: 130
Novitäten: 8
Programm: Bücher, Kunstkarten mit Textblättern, Kalender
Ms.-Interessen: keine (nur Autoren aus der Communität)

Chronos Verlag
Eisengasse 9
CH-8008 Zürich
Schweiz
Tel. +41 (0)44 - 265 43 43
Fax +41 (0)44 - 265 43 44
info@chronos-verlag.ch
www.chronos-verlag.ch
Verleger: Hans-Rudolf Wiedmer
Gründungsjahr: 1985
Lieferbare Titel: 800
Novitäten: 45
Programm: Schwerpunkt: Schweiz, Geschichte, Kulturgeschichte, Film- und Theaterwissenschaft, Wirtschaftsgeschichte, Geschlechtergeschichte, Zeitgeschichte, Biographien, Judaistik, Musikgeschichte
Lektorat: Hans-Rudolf Wiedmer, Monika Bucheli, monika.bucheli@chronos-verlag.ch; Tel. 044 - 265 43 42
Ms.-Angebote erwünscht: nach vorheriger telefonischer Anfrage, als Manuskript, als Exposé mit Textprobe von 10 Seiten
Medium: Papierausdruck, E-Mail
Ms.-Rücksendung: ja, bei Rückporto

Claassen Verlag
Friedrichstr. 126
10117 Berlin
Tel. 030 - 234 56 - 300
Fax 030 - 234 56 - 303
claassen-verlag@ullstein-buchverlage.de
www.claassen-verlag.de
Verlegerin: Dr. Siv Bublitz
Verlagsleitung:
Christian Schumacher-Gebler; Marketing/Vertrieb: Klaus Füreder
Gründungsjahr: 1934
Verlagsgruppe: Bonnier Media Deutschland GmbH
Lieferbare Titel: 200
Novitäten: 12 pro Halbjahr
Programm: Zeitgenössische Deutschsprachige Literatur, Internationale Belletristik
Ms.-Angebote erwünscht:
nach vorheriger telefonischer Anfrage
Medium: Papierausdruck
Ms.-Rücksendung: ja, mit Rückporto

Claudius Verlag
Birkerstr. 22
80636 München
Tel. 089 - 12172 - 0

Fax 089 - 12172 -138
verlag@epv.de
www.claudius.de
Verlagsleitung: Dr. Manuel Zelger
Gründungsjahr: 1954
Lieferbare Titel: 250
Novitäten: 20
Programm: Evangelischer Verlag mit ökumenischer Ausrichtung: Gemeindearbeit, Christliche Spiritualität, Lebenshilfe, Karikaturen und Witzbücher mit Bezug zur Kirche, Psychologie, Schulbücher und Unterrichtsmaterialien für alle Jahrgangsstufen ab Kindergarten
Lektorat: Dr. Dietrich Voorgang
Dw -185, dvoorgang@epv.de
Ms.-Angebote erwünscht: als Exposé mit Textprobe von 4 Seiten, als Manuskript
Medium: Papierausdruck, E-Mail
Ms.-Rücksendung: ja, bei Rückporto

CoCon Verlag Annette Schulmerich
In den Türkischen Gärten 13
63450 Hanau
Tel. 06181 - 17 70 - 0
Fax 06181 - 18 13 33
kontakt@cocon-verlag.de
www.cocon-verlag.de
Gründungsjahr: 1990
Lieferbare Titel: 80
Novitäten: 10
Programm: Regionalia: Mainz, Gießen, Aschaffenburg, Darmstadt, Frankfurt

comicplus+/Luxor
Hoher Weg 2
31134 Hildesheim
Tel. 05121 - 981 23 - 0
Fax 05121 - 981 23 -1
sackmann@comicplus.de
www.comic.de
Programm: Comics

Compact Verlag GmbH
Züricher Str. 29
81476 München
Tel. 089 - 745 16 10
Fax 089 - 75 60 95
info@compactverlag.de
www.compactverlag.de
Verleger: Friedrich Niendieck
Verlagsleitung: Bernd Steier
Gründungsjahr: 1976
Lieferbare Titel: 1000
Novitäten: 140
Programm: Lexika, Nachschlagewerke, Wörterbücher, Lernhilfen für Schule, Studium und Beruf, Ratgeber, Reise, Fremdsprachen

ConBrio Verlagsgesellschaft mbH
Brunnstr. 23
93053 Regensburg
Tel. 0941 - 945 93 - 0
Fax 0941 - 945 93 - 50
info@conbrio.de
www.conbrio.de
Verleger: Theo Geißler
Verlagsleitung: Barbara Haack
Gründungsjahr: 1993
Lieferbare Titel: 254
Programm: Musik: Fachzeitschriften, Musikfachbücher, Musikpädagogik, Kultur-Politik
Lektorat: Dr. Juan Martin Koch,
Tel. 0941 - 945 93 - 19; koch@conbrio.de

Ms.-Angebote erwünscht: nach vorheriger telefonischer Anfrage, als Exposé
Medium: Papierausdruck, Diskette, E-Mail
Ms.-Rücksendung: ja

Concorde Verlag GmbH / Hauptsitz München, Büro Waldkirchen
Am Steinfeld 4
94065 Waldkirchen
Tel. 08581 - 91 666
Fax 08581 - 91 06 68
Verleger: Dr. Gerhard Braunsperger
Programm: Sonderausgaben, Kochbücher, Modernes Antiquariat
Ms.-Angebote erwünscht: als Exposé
Medium: Papierausdruck
Ms.-Rücksendung: ja, bei Rückporto

Connection Medien GmbH
Hauptstr. 5
84494 Niedertaufkirchen
Tel. 08639 - 98 34 - 0
Fax 08639 - 12 19
schneider@connection-medien.de
www.connection.de
Gründungsjahr: 1985
Lieferbare Titel: 40
Programm: Philosophie, Gesundheit, Ökologie, Esoterik, Psychologie, Ratgeber, Religion
Lektorat: Wolf Schneider
Ms.-Angebote erwünscht: als Exposé
Medium: E-Mail
Ms.-Rücksendung: nein

ConPart Verlag GmbH & Co KG
Bäckerstr. 14
25709 Marne
Tel. 04851- 96 47 66
Fax 04851 - 96 47 67
contact@conpart-verlag.de
www.conpart-verlag.de
Gründungsjahr: 1973
Programm: Bücher- und Zeitschriften
Ms.-Angebote erwünscht: als Manuskript im rtf.- oder doc.-Dateiformat
Medium: E-Mail

Constans & Celero Verlag
Reifenberg 85
91365 Weilersbach
Tel. 09194 - 890 - 0
Fax 09194 - 42 62
mail@constans-verlag.com;
mail@celero-verlag.com
www.constans-verlag.com;
www.celero-verlag.com
Programm: Constans: Frauen Sachbücher, Ratgeber, Tiere;
Celero: Science Fiction
Ms.-Interessen: Deutschsprachige Science Fiction:
marco.reichel@celero-verlag.com
Ms.-Angebote erwünscht: nach vorheriger telefonischer Anfrage, als Manuskript
Medium: Papierausdruck
Ms.-Rücksendung: ja, bei Rückporto

Contessa Verlag
Thüngersheimer Str. 92b
97261 Güntersleben
Tel. 09365 - 88 13 57
Fax 09365 - 88 13 58
info@contessa-verlag.de
www.contessa-verlag.de
Verleger: Wilfrid Lutz

Verlagsleitung: Wilfrid Lutz
Gründungsjahr: 2000
Programm: Belletristik, Sachbuch
Ms.-Interessen: Lyrik, Roman, Biographien, Esoterik
Ms.-Angebote erwünscht: als Exposé mit Textprobe von 25 Seiten
Medium: Papierausdruck
Ms.-Rücksendung: ja, mit Rückporto

Convent Verlag GmbH
Bismarckstr. 44
20259 Hamburg
Tel. 040 - 254 - 974 00
Fax 040 - 25 49 74 04
convent-verlag@t-online.de
www.convent-verlag.de
Verleger: Detlef Lerch
Verlagsleitung: Detlef Lerch
Gründungsjahr: 1999
Programm: Regionalia Norddeutschland, Hamburg, Schifffahrtshistorische Themen auch Belletristische Regionalliteratur (Norddeutschland)
Lektorat: Detlef Lerch
Ms.-Angebote erwünscht: als Exposé mit Textprobe von 20 Seiten
Medium: Papierausdruck
Ms.-Rücksendung: ja, bitte Rückporto beilegen

Coppenrath Verlag KG
Hafenweg 30
48155 Münster
Tel. 0251 - 414 11 - 0
Fax 0251 - 414 11 - 20
info@coppenrath.de
www.coppenrath.de
Verleger: Wolfgang Hölker
Verlagsleitung: Wolfgang Foerster
Gründungsjahr: 1768
Programm: Kinderbücher, Bilderbücher, Geschenkbücher, Stoff- und Pappbücher, Alben, Non-Book-Artikel, Adventskalender
Lektorat: Susan Niessen (Pappbilderbuch), Nicola Dröge (Bilderbuch), Gerlinde Kemper (Alben & Adventskalender), Kristina Schäfer (Geschenkebuch)
Ms.-Angebote erwünscht: nach vorheriger telefonischer Anfrage
Medium: Papierausdruck
Ms.-Rücksendung: ja

Copress Verlag in der Stiebner Verlag GmbH
Nymphenburger Str. 86
80636 München
Tel. 089 - 12 57 - 414
Fax 089 - 12 16 22 82
info@stiebner.com
www.stiebner.com, www.copress.de
Verleger: Dr. Jörg Stiebner
Verlagsleitung: Hans-Peter Copony
Programm: Ratgeber, Sport, Fitness
Ms.-Angebote erwünscht: nach vorheriger telefonischer Anfrage, als Exposé
Medium: Papierausdruck
Ms.-Rücksendung: ja, bei Rückporto

Cora Verlag
Axel-Springer-Platz 1
20350 Hamburg
Tel. 040 - 347 - 00
Fax 040 - 347 - 259 91
www.cora.de
Verlagsleitung: Thomas Beckmann

Gründungsjahr: 1973
Novitäten: 750
Programm: Zeitgenössische und Historische Liebesromane (Romances aus dem angelsächsischen Bereich), Jugendromane (young adult)
Lektorat: Redaktionsleitung: Ilse Bröhl

Verlag F.W. Cordier
Windische Gasse 11
37308 Heiligenstadt
Tel. 03606 - 61 49 49
Fax 03606 - 55 16 27
cordierverlag@t-online.de
www.cordierverlag.de
Verlegerin: Helga Cordier
Gründungsjahr: 1819
Lieferbare Titel: 40
Novitäten: 8
Programm: Belletristik, Religion, Regionalia
Ms.-Angebote erwünscht: als Exposé mit Textprobe von 8 Seiten
Medium: Diskette, E-Mail
Ms.-Rücksendung: nein

Cornelsen Verlag Scriptor GmbH & Co.
Mecklenburgische Str. 53
14197 Berlin
Tel. 030 - 897 85 87 00
Fax 030 - 897 85 87 99
E-Mail@cornelsen.de
www.cornelsen.de
Verlagsleitung: Horst Linder
Gründungsjahr: 1973
Lieferbare Titel: 1170
Novitäten: 100
Programm: Studienbücher zur Lehrerausbildung, Praxishilfen für Lehrer, Lernhilfen und Nachschlagewerke für Schüler und Erwachsene, CD-ROM-Lernhilfen
Ms.-Interessen: wie Verlagsprogramm
Ms.-Angebote erwünscht: als Exposé
Medium: Papierausdruck, Diskette

Corona Verlag
Postfach 76 02 65
22052 Hamburg
Tel. 040 - 642 41 44
Fax 040 - 642 210 23
corona-hamburg@t-online.de
www.coronaverlag.de
Verlegerin: Halina Kamm
Verlagsleitung: Halina Kamm
Gründungsjahr: 1990
Lieferbare Titel: 200
Novitäten: 10
Programm: Belletristik, Esoterik, Gesundheit, Lebenshilfe, Musik, Psychologie, Ratgeber, Kartenlegebücher, Astrologie, Naturwissenschaft
Ms.-Interessen: spirituelle Ratgeber, gerne Altes Wissen, Karten- und Wahrsagebücher, Themen über Karma-Seele-Reinkarnation, Außerkörperliche Erfahrungen, Themen über die Vierte Dimension - Tod - Leben - Universum - Ewigkeit, Astrologie, Naturwissenschaft
Ms.-Angebote erwünscht: nach vorheriger telefonischer Anfrage, als Textprobe von 15 Seiten, als Manuskript
Medium: Papierausdruck
Ms.-Rücksendung: ja, bei Rückporto

J.G. Cotta'sche Verlagsbuchhandlung Nachfolger GmbH
Rotebühlstr. 77
70178 Stuttgart
Tel. 0711 - 66 72 12 56
Fax 0711 - 66 72 20 31
info@klett-cotta.de
www.klett-cotta.de
Verlagsgruppe: Klett-Verlagsgruppe
Programm: Klassikerausgaben, Bibliophile Editionen

Country Verlag Gila van Delden
Fischweg 7
33790 Halle/Westfalen
Tel. 05201 - 16 30 - 0
Programm: Belletristik

Creative Line Autoren Verlag GmbH
Danziger Str. 20
74321 Bietigheim Bissingen
Tel. 0711 - 830 86 - 0
Fax 0711 - 830 86 - 69
frechverlag@t-online.de
www.frech.de
Programm: Hobby und Basteln

CTL-Presse Clemens-Tobias Lange
Borselstr. 9 - 11
22765 Hamburg
Tel. 040 - 39 90 22 23
Fax 040 - 39 90 22 24
ctl@europe.com
www.ctl-presse.de
Lieferbare Titel: 12
Programm: Pressendrucke, Künstlerbücher, Italienische Lyrik
Ms.-Angebote erwünscht: nach vorheriger telefonischer Anfrage
Medium: Papierausdruck
Ms.-Rücksendung: nur nach Absprache

Cultfish Entertainment Egmont Ehapa Verlag GmbH
Wallstr. 59
10179 Berlin
Tel. 030 - 240 08 - 0
Fax 030 - 240 08 - 475
sy.franck@cultfish.de
www.cultfish.de
Programm: Jugend- und TV-begleitende Magazine

Czernik-Verlag/ Edition L
Albert-Einstein-Str. 94
68766 Hockenheim
Tel. 06205 - 10 10 21
Fax 06205 - 10 10 21
Gründungsjahr: 1976
Lieferbare Titel: 150
Novitäten: 8-12
Programm: Anthologien und Gedichtbände
Ms.-Angebote erwünscht: nach vorheriger telefonischer Anfrage, als Manuskript mit Textprobe von ca. 6 Seiten
Medium: Papierausdruck
Ms.-Rücksendung: ja, bei Rückporto

Czernin Verlag
Kupkagasse 4
A-1080 Wien
Österreich
Tel. +43 (0)1 - 403 35 63
Fax +43 (0)1 - 403 35 63 - 15
office@czernin-verlag.com
www.czernin-verlag.com

Verlagsleitung: Benedikt Föger, Klaus Gadermaier
Gründungsjahr: 1999
Lieferbare Titel: ca. 900
Programm: Politik und (Zeit-) Geschichte, Belletristik, Kunst und Musik, Philosophie und Religion, Wirtschaft und Internet
Ms.-Angebote erwünscht: nach vorheriger telefonischer Anfrage, als Exposé
Medium: Papierausdruck, E-Mail
Ms.-Rücksendung: nein

D & D Medien GmbH
Gewerbestr. 5
80287 Grünkraut
Tel. 0751 - 150 91
Fax 0751 - 150 93
welcome@ddmedien.com
www.ddmedien.com
Verleger: Raimund Dörflinger
Verlagsleitung: Raimund Dörflinger
Zum Verlag: Christlicher Verlag (Katholisch), keine Esoterik, v.a. Paperbacks
Gründungsjahr: 1992
Lieferbare Titel: 60
Novitäten: 7-12
Programm: Religion
Ms.-Angebote erwünscht: nach vorheriger telefonischer Anfrage, als Manuskript
Medium: E-Mail
Ms.-Rücksendung: ja, bei Rückporto

Daco-Verlag
Christophstr. 40-42
70180 Stuttgart
Tel. 0711 - 964 21 - 0
Fax 0711 - 964 21 - 10
info@daco-verlag.de
www.daco.de
Programm: Kunst- und Faksimilebücher, Architektur, Bildbände, Bildende Kunst, Fotografie

Daedalus Verlag Joachim Herbst
Oderstr. 25
48145 Münster
Tel. 0251 - 23 13 55
Fax 0251 - 23 26 31
info@daedalusbuch.de
www.daedalusbuch.de
Verleger: Joachim Herbst
Gründungsjahr: 1985
Lieferbare Titel: 50
Novitäten: 8
Programm: Erziehung, Frauenforschung (nicht: Frauenliteratur), Medienwissenschaft, Philosophie, Psychologie, Ratgeber, Soziologie, Umweltthemen
Ms.-Angebote erwünscht: nach vorheriger telefonischer Anfrage, als Exposé
Medium: Diskette, Papierausdruck
Ms.-Rücksendung: ja, bei Rückporto

J&D Dagyeli Verlag
Kollwitzstr. 42
10405 Berlin
Tel. 030 - 44 30 87 64
Fax 030 - 44 30 87 57
dagyeli.verlag@t-online.de
Programm: Belletristik, Fremdsprachen, Geschichte, Lyrik, Politik

dahlemer verlagsanstalt
Leydenallee 92
12165 Berlin

Tel. 030 - 802 56 17
Fax 030 - 80 90 62 62
m.fischer@da-ve.de
www.da-ve.de
Verleger: Michael Fischer
Verlagsleitung: Michael Fischer
Gründungsjahr: 1988
Lieferbare Titel: 20
Novitäten: 2
Programm: Belletristik, Lyrik, Kunst, Kriminalromane
Ms.-Interessen: Romane, Erzählungen, Kriminalromane
Ms.-Angebote erwünscht: als Manuskript
Medium: Papierausdruck, Diskette, E-Mail
Ms.-Rücksendung: nein

Dana Verlag Wolfgang Sewald
Campemoorweg 8
49565 Bramsche
Tel. 05468 - 18 13
Fax 05468 - 239
danaverlag@t-online.de
Verleger: Wolfgang Sewald
Gründungsjahr: 1989
Lieferbare Titel: 11
Programm: Belletristik, Fantasy, Märchen
Ms.-Angebote erwünscht: nach vorheriger telefonischer Anfrage, als Exposé mit Textprobe von 20 Seiten
Medium: Papierausdruck
Ms.-Rücksendung: ja, bei Rückporto

Daphne Verlag Susanne Amrain
Wilhelm-Weber-Str. 37
37073 Göttingen
Tel. 0551 - 469 03
Fax 0551 - 53 10 12
Verlegerin: Dr. Susanne Amrain
Programm: Anspruchsvolle Lesbische Literatur nur von Autorinnen
Ms.-Angebote erwünscht: nach vorheriger telefonischer Anfrage, als Exposé mit Textprobe von 12 Seiten
Medium: Papierausdruck
Ms.-Rücksendung: ja, bei Rückporto

Dareschta Verlag und Versandbuchhandlung
Bahnhofstr. 41
65185 Wiesbaden
Tel. 0611 - 931 09 92
Fax 0611 - 308 20 96
darcon@darcon.de
www.darcon.de
Gründungsjahr: 1999
Verlagsgruppe: DarCon GmbH
Lieferbare Titel: 17
Novitäten: 3
Programm: Medizin, Präventivmedizin, Biochemie, Neurologie, Gehirn-Physiologie, Psychologie, Noosomatik, Nooanalyse, Soziologie, Religionswissenschaft
Ms.-Angebote erwünscht: als Manuskript
Medium: Papierausdruck
Ms.-Rücksendung: ja, mit Rückporto

Das fröhliche Wohnzimmer Edition
Fuhrmannsgasse 1a/7
A-1080 Wien
Österreich
Tel. +43 (0)1 - 222 - 408 01 40
Fax +43 (0)1 - 222 - 408 01 40

wohnzimmer@dfw.at
www.dfw.at
Verleger: Ilse Kilic, Fritz Widhalm
Zum Verlag: Autorinnenverlag
Gründungsjahr: 1989
Lieferbare Titel: 76
Novitäten: 5
Programm: Experimentelle Texte, Nicht-Erzählungen
Ms.-Interessen: Experimentelle Texte, Comix
Ms.-Angebote erwünscht: als Exposé mit Textprobe von 10 Seiten
Medium: Papierausdruck
Ms.-Rücksendung: ja, bei Rückporto

Das Neue Leben
siehe Eulenspiegel Verlagsgruppe

Datacontext Fachverlag
Augustinusstr. 9d
50226 Frechen-Königsdorf
Tel. 02234 - 966 10 - 0
Fax 02234 - 966 10 - 9
dkt@datacontext.k.uunet.de
www.datacontext.com
Verleger: Bernd Hentschel
Verlagsleitung: Franz Langecker
Gründungsjahr: 1977
Lieferbare Titel: 150
Novitäten: 25
Programm: Personalarbeit, Personalwirtschaft, Management, Marketing, Recht, Wirtschaft, Steuern, Datenschutz, Datenverarbeitung
Ms.-Angebote erwünscht: nach vorheriger telefonischer Anfrage
Medium: Papierausdruck, Diskette
Ms.-Rücksendung: nein

R.v. Decker's Verlag
G. Schenck GmbH
Im Weiher 10
69121 Heidelberg
Tel. 06221 - 489 - 0
Fax 06221 - 48 94 50
info@huethig.de
www.huethig.de
Programm: Siehe Hüthig GmbH

DeGe-Verlag
Forsthaus
76744 Langenberg
Tel. 07275 - 953 51
Fax 07275 - 953 52
info@dege-verlag.de
www.dege-verlag.de
Gründungsjahr: 1994
Lieferbare Titel: 5
Programm: Bildbände, Reisen
Ms.-Angebote erwünscht: als Exposé
Medium: Papierausdruck
Ms.-Rücksendung: ja, bei Rückporto

Delius Klasing Verlag GmbH
Siekerwall 21
33602 Bielefeld
Tel. 0521 - 559 - 0
Fax 0521 - 559 -115
info@delius-klasing.de
www.delius-klasing.de
Verleger: Konrad Delius
Verlagsleitung: Frank Grube
Gründungsjahr: 1911
Lieferbare Titel: 700
Novitäten: 150
Programm: Segel- und Motorbootsport, Bootsbau, Surfen, Tauchen, Fahrrad, Motorrad, Auto, Automo-

bilhistorie, Bildbände, Edutainment, Fachzeitschriften, Lern-Software, Reisen, Sport, Technik
Lektorat: Verantwortlich:
Petra Trültzsch (Dw.-202, Fax-205)
Ms.-Angebote erwünscht: nach vorheriger telefonischer Anfrage, als Exposé mit Textprobe von ca. 20 Seiten
Medium: Papierausdruck
Ms.-Rücksendung: ja

Delphi bei Droemer
siehe: Droemer Knaur München

Galerie Depelmann Edition und Verlag GmbH
Walsroder Str. 305
30855 Langenhagen
Tel. 0511 - 73 36 93
Fax 0511 - 72 36 29
depelmann@t-online.de
www.depelmann.de
Verleger: Hargen Depelmann
Zum Verlag: Kunstkataloge, Werksverzeichnisse
Gründungsjahr: 1978
Lieferbare Titel: 48
Novitäten: 5-6
Programm: Bildende Kunst
Ms.-Interessen: keine - nur Bücher über Künstler der Galerie Depelmann
Ms.-Angebote erwünscht: nach vorheriger telefonischer Anfrage
Medium: Papierausdruck, E-Mail
Ms.-Rücksendung: nein

Deuticke Verlag im Paul Zsolnay Verlag
Prinz-Eugen-Str. 30
A-1040 Wien
Österreich
Tel. +43 (0)1 - 505 76 61 - 0
Fax +43 (0)1 - 505 76 61 - 10
info@deuticke.at
www.deuticke.at
Verleger: Michael Krüger, Stephan Joß
Gründungsjahr: 1886
Lieferbare Titel: 300
Novitäten: 15
Programm: Literatur, Sachbuch
Lektorat: Martina Schmidt (Programmleitung)
Ms.-Angebote erwünscht: als Exposé mit Textprobe von ca. 30 Seiten
Medium: Papierausdruck
Ms.-Rücksendung: ja, bei Rückporto

Verlag Harri Deutsch
Gräfstr. 47
60486 Frankfurt am Main
Tel. 069 - 77 01 58 60
Fax 069 - 77 01 58 69
verlag@harri-deutsch.de
www.harri-deutsch.de
Verlagsleitung: Martin Kegel
Zum Verlag: Wissenschaft und Fachbuch
Gründungsjahr: 1961
Lieferbare Titel: 500
Novitäten: 20
Programm: Mathematik, Physik, Chemie, Biologie, Mathematisch-Naturwissenschaftliche Unterhaltung, Technik
Lektorat: Dipl.Phys. Klaus Horn, horn@harri-deutsch.de

Ms.-Angebote erwünscht: als Exposé mit Textprobe von 20 Seiten
Medium: Papierausdruck, Diskette, E-Mail
Ms.-Rücksendung: ja, bei Rückporto

Deutsche Bibelgesellschaft
Balinger Str. 31
70567 Stuttgart
Tel. 0711 - 71 81 - 0
Fax 0711 - 71 81 - 126
lektorat@dbg.de
www.bibelgesellschaft.de
Verleger: Dr. Jan-A. Bühner, Dr. Felix Breidenstein
Lieferbare Titel: 700
Programm: Bibeln: Lutherbibel, Gute-Nachricht-Bibel; Urtextausgaben; Schulbibeln; Kinderbibeln; Sachbücher zur Bibel
Lektorat: Cheflektorin: Dr. Hannelore Jahr
Ms.-Interessen: zu allen Gebieten des Verlagsprogramms
Ms.-Angebote erwünscht: nach vorheriger telefonischer Anfrage
Medium: Papierausdruck, Diskette
Ms.-Rücksendung: ja

Deutsche Stiftung Denkmalschutz
Dürenstr. 8
53173 Bonn
Tel. 0228 - 957 38 - 0
Fax 0228 - 957 38 - 28
www.denkmalschutz.de
Verlagsleitung: Gerlinde Thalheim
Novitäten: 5
Programm: Bücher, Bilder und Berichte zu Denkmalkultur für Kulturinteressierte, Reisefreudige, Fachleute, Baudenkmal, Architektur, Bildbände, Kinderbücher mit Schwerpunkt Denkmalkultur
Ms.-Angebote erwünscht: nach vorheriger telefonischer Anfrage, als Manuskript
Medium: Papierausdruck
Ms.-Rücksendung: ja

Deutsche Verlags-Anstalt
Bayerstr. 71-73
80335 München
Tel. 089 - 41 36 - 32 21
Fax 089 - 41 36 - 38 97
buch@dva.de
www.dva.de
Verleger: Geschäftsführer: Klaus Eck, Joerg Pfuhl (CEO), Claudia Reitter
Verlagsleitung: Thomas Rathnow
Gründungsjahr: 1831
Verlagsgruppe: Verlagsgruppe Random House
Programm: Architektur, Bauhandwerk, Belletristik, Politik, Zeitgeschichte, Garten, Geschichte, Naturwissenschaft, Wirtschaft, Wohnen, Jugendsachbuch, Gesellschaft
Lektorat: Katja Scholz (Belletristik), Thomas Rathnow (Sachbuch), Andrea Bartelt-Gering (Architektur, Handwerk), Roland Thomas (Bauen, Wohnen, Garten)
Ms.-Angebote erwünscht: als Exposé mit Textprobe von ca. 20 Seiten oder als Manuskript
Medium: Papierausdruck
Ms.-Rücksendung: ja, bei Rückporto

Deutscher Anwaltverlag GmbH
Wachsbleiche 7
53111 Bonn
Tel. 0228 - 919 11 - 0
Fax 0228 - 919 11 - 23
kontakt@anwaltverlag.de
www.anwaltverlag.de
Programm: Recht

Deutscher Apotheker Verlag
Birkenwaldstr. 44
70191 Stuttgart
Tel. 0711 - 25 82 - 0
Fax 0711 - 25 82 - 290
service@deutscher-apotheker-verlag.de
www.deutscher-apotheker-verlag.de
Verleger: Dr. Christian Rotta,
Dr. Klaus G. Brauer
Verlagsgruppe: Deutscher Apotheker Verlag
Programm: Pharmazie, Pharmakologie
Lektorat: Dr. Eberhard Scholz,
Antje Piening, Dr. Christian Reiber
Ms.-Angebote erwünscht:
nach vorheriger telefonischer Anfrage,
als Exposé mit Textprobe
Medium: Papierausdruck
Ms.-Rücksendung: ja

Deutscher Ärzte-Verlag GmbH
Dieselstr. 2
50859 Köln
Tel. 02234 - 70 11 - 0
Fax 02234 - 494 98
buchverlag@aerzteverlag.de
www.aerzteverlag.de
Verlagsleitung: Dieter Weber und Jürgen Führer,
Verlagsleitung Buchverlag: Victor Oehm
Gründungsjahr: 1949
Programm: Medizin,
Gesundheitsmanagement
Lektorat: Programmleitung:
Jörg Schmitz (Dw -455),
Helga Breuer (Dw -490)
Ms.-Angebote erwünscht: als Exposé mit Textprobe von 2 Seiten,
als Manuskript
Medium: Papierausdruck, Diskette,
E-Mail
Ms.-Rücksendung: ja

Deutscher Betriebswirte-Verlag GmbH
Bleichstr. 20-22
76593 Gernsbach
Tel. 07224 - 93 97 - 0
Fax 07224 - 93 97 - 80
www.betriebswirte-verlag.de
Programm: Holzfachbücher, Fachbücher zu Betriebswirtschaft, Organisation, Marketing, Materialwirtschaft, Volkswirtschaftslehre

Verlagsgruppe Deutscher Fachverlag
Mainzer Landstr. 251
60326 Frankfurt am Main
Tel. 069 - 75 95 -21 24
Fax 069 - 75 95 -21 10
buchverlag@dfv.de
www.dfv-fachbuch.de
Verlagsleitung: Jürgen Frühschütz
Zum Verlag: Fachverlag für verschiedene Branchen
Gründungsjahr: 1946
Lieferbare Titel: 200
Novitäten: 40
Programm: Medienwirtschaft, Textil-

wirtschaft, Werbewirtschaft, Gastronomienwirtschaft, Fleischwirtschaft, Wirtschaft, Technik
Lektorat: Caroline Schauwienold (Dw -2128, Textilwirtschaft und Handel), Bettina Quabius (Dw -2115 Gastronomiewirtschaft, Fleischwirtschaft, Medienwirtschaft)
Ms.-Interessen: zu den genannten Themen
Ms.-Angebote erwünscht: als Exposé mit Textprobe von 20 Seiten
Medium: Papierausdruck, Diskette
Ms.-Rücksendung: ja

Deutscher Gemeindeverlag GmbH
Heßbrühlstr. 69
70565 Stuttgart
Tel. 0711 - 786 30
Fax 0711 - 78 63 84 30
vertrieb@kohlhammer.de
www.kohlhammer.de
Verleger: Dr. Jürgen Gutbrod
Verlagsleitung: Leopold Freiherr von und zu Weiler
Programm: Verwaltungspraxis, Kommunalrecht, Öffentliches Recht und Verwaltungsrecht

Deutscher Klassiker Verlag
Lindenstr. 29-37
60325 Frankfurt am Main
Tel. 069 - 756 01 - 0
Fax 069 - 756 01 - 555
lektorat@suhrkamp.de
www.suhrkamp.de
Verlegerin: Ulla Unseld-Berkéwicz
Verlagsleitung: Philip Roeder
Gründungsjahr: 1981
Verlagsgruppe: Suhrkamp-Verlagsgruppe
Lieferbare Titel: 220
Novitäten: 8
Programm: Klassische belletristische Texte, historische, politische, philosophische und kunsttheoretische Schriften

Deutscher Kunstverlag
Nymphenburger Str. 84
80636 München
Tel. 089 - 12 15 16 - 0
Fax 089 - 12 15 16 - 44
info@deutscherkunstverlag.de
www.deutscherkunstverlag.de
Gründungsjahr: 1921
Verlagsgruppe: Verlagsgruppe Kunstbücher
Programm: Kunstgeschichte, Architektur, Fachverlag

Deutscher Studien Verlag
Werderstr. 10
69469 Weinheim
Tel. 06201 - 600 70
Fax 06201 - 174 64
Verleger: Rüdiger Herth
Programm: Erziehung, Didaktik, Weiterbildung, Frauenforschung, Psychologie, Soziologie
Ms.-Angebote erwünscht: nach vorheriger telefonischer Anfrage
Medium: Papierausdruck
Ms.-Rücksendung: ja

Deutscher Theaterverlag GmbH
Grabengasse 5
69469 Weinheim

Tel. 06201 - 87 90 70
Fax 06201 - 50 70 82
theater@dtver.de
www.dtver.de
Verlegerin: Gabriele Barth
Verlagsleitung: Gabriele Barth
Zum Verlag: Theaterverlag und Buchverlag
Lieferbare Titel: 2000
Novitäten: 50
Programm: Fachbücher zur Theaterpädagogik, Anleitungen zum Spiel mit Kindergartenkindern
Lektorat: Gabriele Barth
Ms.-Angebote erwünscht: als Manuskript
Medium: Papierausdruck, Diskette, E-Mail
Ms.-Rücksendung: ja

Deutscher Universitäts-Verlag GmbH
Abraham-Lincoln-Str. 46
65189 Wiesbaden
Tel. 0611 - 78 78 - 239, -237
Fax 0611 - 78 78 - 411
ute.wrasmann@bertelsmann.de, brigitte.siegel@bertelsmann.de
www.duv.de
Verlagsleitung: Dr. Heinz Weinheimer
Programm: Soziologie, Politik, Kommunikationswissenschaften, Literaturwissenschaft, Psychologie, Sprachwissenschaft, Wirtschaftswissenschaft, Kognitionswissenschaft, Informatik
Lektorat: Ute Wrasmann, Brigitte Siegel
Ms.-Angebote erwünscht: nach vorheriger telefonischer Anfrage
Medium: Papierausdruck
Ms.-Rücksendung: ja

Deutscher Verlag für Kunstwissenschaft
Neue Grünstr. 17
10179 Berlin
Tel. 030 - 25 91 - 738 64
Fax 030 - 25 91 - 715 77
cruschinzik@reimer-verlag.de
www.deutscherverlagfuerkunstwissenschaft.de
Verlagsleitung: Elisabeth Roosens
Programm: Baukunst, Skulptur, Malerei, Graphik, Kunsthandwerk in Deutschland
Ms.-Angebote erwünscht: als Exposé mit Textprobe von 10 Seiten
Medium: Papierausdruck
Ms.-Rücksendung: ja

dgvt-Verlag
Hechinger Str. 203
72072 Tübingen
Tel. 07071 - 79 28 50
Fax 07071 - 79 28 51
dgvt-verlag@dgvt.de
www.dgvtverlag.de
Verlagsleitung: Dipl. Psych. Otmar Koschar
Zum Verlag: eigenständiger Verlag, in den 70er Jahren im Rahmen der Selbsthilfebewegung entstanden, gute brauchbare psychosoziale Literatur sollte preiswert verfügbar gemacht werden
Lieferbare Titel: 170
Novitäten: 20
Programm: Psychotherapie, Beratung, Lebenshilfe, Psychologie, Ratgeber
Ms.-Interessen: Therapeutische Fachbücher,

wissenschaftliche fundierte Selbsthilfeliteratur
Ms.-Angebote erwünscht: als Manuskript
Medium: Papierausdruck, Diskette oder E-Mail
Ms.-Rücksendung: nein

Diamant-Verlag
Barer Str. 70/Rgb
80799 München
Tel. 0039 - 0471 - 96 41 83
Fax 0039 - 0471 - 96 41 83
c.well@iol.it
Verlegerin: Claudia Wellnitz
Gründungsjahr: 1985
Lieferbare Titel: 24
Novitäten: 2
Programm: Tibetischer Buddhismus, Philosophie, Religion, Tibet
Lektorat: Claudia Wellnitz
Ms.-Interessen: Erfahrungsberichte praktizierender Buddhisten, Frauen und Buddhismus
Ms.-Angebote erwünscht: nach vorheriger telefonischer Anfrage
Medium: Papierausdruck
Ms.-Rücksendung: ja, bei Rückporto

Diana Verlag
Bayerstr. 71-73
80335 München
Tel. 089 - 41 36 - 0
Fax 089 - 41 36 - 33 50
info@randomhouse.de
www.randomhouse.de
Verleger: Geschäftsführer: Klaus Eck, Joerg Pfuhl (CEO), Claudia Reitter
Verlagsleitung: Ulrich Genzler
Verlagsgruppe: Verlagsgruppe Random House
Programm: Belletristik, Sachbuch
Lektorat: Britta Hansen (Programmleitung)
Ms.-Angebote erwünscht: als Exposé
Medium: Papierausdruck
Ms.-Rücksendung: ja, mit Rückporto

Diederichs
Holzstr. 28
80469 München
Tel. 089 - 23 55 86 - 0
Fax 089 - 23 55 86 - 111
Verlagsgruppe: Hugendubel-Verlagsgruppe
Programm: Politik, Weltkulturen, Weltreligionen
Ms.-Angebote erwünscht: nach vorheriger telefonischer Anfrage
Medium: Papierausdruck
Ms.-Rücksendung: ja, bei Rückporto

Axel Dielmann Verlag KG
Schweizer Str. 21
60594 Frankfurt am Main
Tel. 069 - 94 35 90 00
Fax 069 - 94 35 90 02
dielmann_verlag@yahoo.de
www.dielmann-verlag.de
Verleger: A. Dielmann
Gründungsjahr: 1992
Novitäten: 15
Programm: Belletristik, Lyrik, Anthologien, Bücher in Zusammenarbeit mit Sponsorpartnern und Rezensions-Zeitschrift Listen
Lektorat: Axel Dielmann und Alexandra Böttcher (Chef-Red. Listen)

Ms.-Interessen: siehe Verlagsprogramm
Ms.-Angebote erwünscht: als Exposé mit Textprobe von 15 Seiten
Medium: Papierausdruck
Ms.-Rücksendung: ja, bei Rückporto

Diestel Verlag GmbH
Sonnengasse 11
74072 Heilbronn
Tel. 07131 - 96 79 16
Fax 07131 - 96 79 40
info@distelliteraturverlag.de
www.distelliteraturverlag.de
Verleger: Marion von Hagen, Uli Dieterich
Programm: Geschichte, Politik, Wirtschaft, Gesellschaft
Ms.-Angebote erwünscht: nach vorheriger telefonischer Anfrage
Medium: E-Mail
Ms.-Rücksendung: ja, bei Rückporto

Dieterich'sche Verlagsbuchhandlung
Beuthener Str. 17
55131 Mainz
Tel. 06131 - 57 32 76
Fax 06131 - 57 10 61
dvb-mainz@t-online.de
www.dvb-mainz.de
Verlegerin: Hannelore Klemm
Novitäten: 3-4
Programm: Japanische Literatur, Slawistische, Romanistische Literatur, Geisteswissenschaften
Lektorat: Dr. Cornelia Fischer
Ms.-Angebote erwünscht: nach vorheriger telefonischer Anfrage, als Exposé
Ms.-Rücksendung: ja, bei Rückporto

Maximilian Dietrich Verlag
Weberstr. 36
87700 Memmingen
Tel. 08331 - 28 53
Fax 08331 - 49 03 64
info@maximilian-dietrich-verlag.de
www.maximilian-dietrich-verlag.de
Verleger: Jürgen Schweitzer
Verlagsleitung: Jürgen Schweitzer
Programm: Geschenkbücher, Schwäbische Literatur, Krimis
Ms.-Interessen: Biographien, Historisches
Ms.-Angebote erwünscht: nach vorheriger telefonischer Anfrage

Karl Dietz Verlag Berlin GmbH
Franz-Mehring-Platz 1
10243 Berlin
Tel. 030 - 29 78 45 33
Fax 030 - 29 78 45 36
info@dietzberlin.de
Verleger: Jörn Schütrumpf
Gründungsjahr: 1946
Programm: Schwerpunkt: Politisches Sachbuch. Geschichte der Neuzeit, Zeitgeschichte
Lektorat: Christine Krauss
Ms.-Angebote erwünscht: nach vorheriger telefonischer Anfrage, als Exposé
Medium: Papierausdruck, Diskette
Ms.-Rücksendung: ja, bei Rückporto

Verlag J.H.W. Dietz Nachf. GmbH
Dreizehnmorgenweg 24
53175 Bonn
Tel. 0228 - 23 80 83
Fax 0228 - 23 41 04
info@dietz-verlag.de

www.dietz-verlag.de
Verlagsleitung: Albrecht Koschützke
Gründungsjahr: 1881
Lieferbare Titel: 180
Novitäten: 20
Programm: Geschichte der Neuzeit, Soziologie, Politik, Zeitgeschichte, außereuropäische Geschichte
Lektorat: Dr. Alexander Behrens (alexander.behrens@dietz-verlag.de)
Ms.-Interessen: Bestseller
Ms.-Angebote erwünscht: als Exposé, mit Textprobe von 10 Seiten
Medium: Papierausdruck
Ms.-Rücksendung: nein

digital publishing AG
Tumblingerstraße 32
80337 München
089 - 74 74 82 - 0
Tel. 089 - 74 74 82 - 308
info@digitalpublishing.de
www.digitalpublishing.de
Verleger: Armin Hopp, Jörg Koberling, Peter Lackner
Programm: Sprachlernkurse, Hörbücher, Übersetzungssoftware

Diogenes Verlag AG
Sprecherstr. 8
CH-8032 Zürich
Schweiz
Tel. +41 (0)1 - 254 85 11
Fax +41 (0)1 - 252 84 07
info@diogenes.ch
www.diogenes.ch
Verleger: Daniel Keel, Rudolf C. Bettschart
Gründungsjahr: 1952
Lieferbare Titel: 1744
Novitäten: 46
Programm: Belletristik, Klassiker, Kunstbücher, Kinderbücher, Kriminalromane
Ms.-Interessen: Belletristik
Ms.-Angebote erwünscht: als Exposé mit Textprobe von ca. 30 Seiten
Medium: Papierausdruck
Ms.-Rücksendung: ja, bei Rückporto

Dittrich-Verlag GmbH
Göhrener Str. 2
10437 Berlin
Tel. 030 - 785 27 33
Fax 030 - 78 89 99 06
info@dittrich-verlag.de
www.dittrich-verlag.de
Verleger: Volker Dittrich, Gerrit Schooff
Verlagsleitung: Volker Dittrich, Gerritt Schooff
Gründungsjahr: 1990
Lieferbare Titel: 50
Novitäten: 4-8
Programm: Schwerpunkt: Musik- und Theatergeschichte, Biografien, Belletristik, Werksausgabe Edgar Hilsenrath
Ms.-Interessen: Musik- und Theatergeschichte
Ms.-Angebote erwünscht: nach vorheriger telefonischer Anfrage, als Exposé, Textprobe von 10 Seiten
Medium: Papierausdruck
Ms.-Rücksendung: nein

Divyanand Verlags GmbH
Sägestr. 37
79737 Herrischried

Tel. 07764 - 93 97 - 0
Fax 07764 - 93 97 - 39
info@sandila.de
www.divyanand.de
Verlagsleitung: Gerlinde Gloeckner
Gründungsjahr: 1983
Lieferbare Titel: 20
Novitäten: 1
Programm: Esoterik, Religion, Gesundheit, Lebenshilfe
Ms.-Angebote erwünscht: als Exposé
Medium: E-Mail
Ms.-Rücksendung: ja

DJI Deutsches Jugendinstitut e.V.
DJI Verlag
Nockherstr. 2
81541 München
Tel. 089 - 62 30 60
Fax 089 - 62 30 61 62
dji@dji.de
www.dji.de
Gründungsjahr: 1975
Lieferbare Titel: 50
Novitäten: 6
Programm: Behinderten-Literatur, Bildung, Erziehung, Frauenforschung, Medienwissenschaft, Psychologie, Soziologie
Lektorat: Hermann Schwarzer (Buchprogramm)
Ms.-Interessen: nur Manuskripte aus dem DJI

do evolution
Herkulesstr. 17
45127 Essen
Tel. 0201 - 23 00 50
Fax 0201 - 23 00 50
Programm: Buddhismus, Esoterik, Lebenshilfe, Philosophie, Psychologie, Religion
Lektorat: Sabine Konrad
Ms.-Interessen: nur buddhistische Themen, doch schon sehr weit im Voraus verplant
Ms.-Angebote erwünscht: nach vorheriger telefonischer Anfrage
Ms.-Rücksendung: ja, bei Rückporto

Dölling und Galitz Verlag München Hamburg
Holzstr. 28
80469 München
Tel. 089 - 23 23 09 66
Fax 089 - 23 24 97 03
dugverlag@mac.com
www.dugverlag.de
Verlagsleitung: Dr. Robert Galitz
Gründungsjahr: ca. 300
Verlagsgruppe: 1986
Programm: Architektur, Zeitgeschichte, Hamburg, Judaica, München, Bildbände, Bildende Kunst, Frauenforschung, Geschichte der Neuzeit, Kulturgeschichte, Literaturwissenschaft, Musik, Fotografie, Religion
Ms.-Angebote erwünscht: nach vorheriger telefonischer Anfrage
Ms.-Rücksendung: ja, bei Rückporto

Don Bosco Verlag
Sieboldstr. 11
81669 München
Tel. 089 - 480 08 - 300
Fax 089 - 480 08 - 309
dbv@donbosco.de
Verleger: P. Alfons Friedrich

Lieferbare Titel: 500
Novitäten: 50
Programm: Religion: Religiöse Erziehung, Religiöse Kinderbücher, Gemeindearbeit Lebenshilfe, Spielebücher für Kindergarten, Grundschule und Hort, Jugendarbeit, Freizeitpädagogik, Ratgeber und Erziehungshilfen
Ms.-Angebote erwünscht: nach vorheriger telefonischer Anfrage, als Exposé
Medium: Papierausdruck, E-Mail
Ms.-Rücksendung: ja

Verlag Mebes & Noack in der Wissen + Handeln Vertriebs GmbH
Sudermannstr. 5
50670 Köln
Tel. 0221 - 13 96 - 209
Fax 0221 - 13 96 - 348
mail@mebesundnoack.de
www.mebesundnoack.de
Verlegerin: Marion Mebes, Silke Noack
Lieferbare Titel: 35
Novitäten: 2-4
Programm: Sexualisierte Gewalt, Prävention, Intervention, Kinderbuch, Sachbuch, pädagogisch-therapeutische Materialien und Spiele
Ms.-Angebote erwünscht: nach vorheriger telefonischer Anfrage, als Exposé mit Textprobe von 10 Seiten
Medium: Papierausdruck
Ms.-Rücksendung: ja, bei Rückporto

Dorling Kindersley Verlag
Arnulfstr. 124
80636 München
Tel. 089 - 44 23 26 - 282
Fax 089 - 44 23 26 - 480
info@dk-germany.de
www.dorlingkindersleyverlag.de
Verleger: Andrew Phillips
Verlagsleitung: Programmleitung: Monika Schlitzer
Gründungsjahr: 1999
Verlagsgruppe: Tochter des englischen DK Verlags
Lieferbare Titel: 590
Novitäten: 150
Programm: Allgemeine Nachschlagewerke, Medizin- und Familienratgeber, Garten, Reiseführer, Sach- und Spielbücher für Kinder, Essen und Trinken
Ms.-Angebote erwünscht: als Exposé
Medium: Papierausdruck, E-Mail
Ms.-Rücksendung: ja, bei Rückporto

Dosse Verlag Harald Dochow
Kampehl 19
16845 Neustadt
Tel. 033970 - 505 80
Fax 033970 - 505 82
info@dosseverlag.de
www.dosseverlag.de
Verleger: Harald Dochow
Zum Verlag: Ein-Frau-Verlag
Gründungsjahr: 1995
Lieferbare Titel: 20
Programm: Belletristik, Regionalliteratur Prignitz, Ruppin
Ms.-Interessen: Regionalia, Lebensgeschichten
Ms.-Angebote erwünscht: nach vorheriger telefonischer Anfrage, als Exposé mit Textprobe von 4-5 Seiten
Medium: Papierausdruck
Ms.-Rücksendung: ja, bei Rückporto

dpunkt Verlag für digitale Technologie
Ringstr. 19b
69115 Heidelberg
Tel. 06221 - 148 31 - 0
Fax 06221 - 14 83 - 99
hallo@depunkt.de
www.depunkt.de
Verleger: Gerhard Rossbach, Dr. Michael Barabas
Gründungsjahr: 1995
Lieferbare Titel: 80
Novitäten: 30
Programm: Internet, Software-Entwicklung, System und Netze, Digitale Medien für professionelle Anwender, Computerfachleute, Informatiker, Studenten
Lektorat: René Schönfeldt (Dw - 12, schoenfeldt@depunkt.de), Christa Preisendanz (Dw -400177, preisendanz@depunkt.de) Dr. Michael Barabas (Dw -11, barabas@depunkt.de)
Ms.-Interessen: Internetprogrammierung, Medieninformatik
Ms.-Angebote erwünscht: als Exposé
Medium: Papierausdruck, E-Mail
Ms.-Rücksendung: ja

Drava Verlag
Tarviser Str. 16
A-9020 Klagenfurt
Österreich
Tel. +43 (0)463 - 50 10 99
Fax +43 (0)463 - 50 10 99 20
office@drava.at
www.drava.at
Verlagsleitung: Dr. Helga Mracnikar, Thomas Busch
Gründungsjahr: 1953
Programm: Schwerpunkte: Prosa und Lyrik: Deutsch-Slowenisch, mehrsprachig, Sach- und Fachbücher: Gesellschaftspolitik, Zeitgeschichte, Kulturwissenschaft. Literatur zwischen den Kulturen
Lektorat: Thomas Busch, Dr. Helga Mracnikar
Ms.-Angebote erwünscht: nach vorheriger telefonischer Anfrage
Medium: Papierausdruck

Drei Brunnen Verlag GmbH & Co. KG
Heusee 19
73655 Plüderhausen
Tel. 07181 - 86 02 - 0
Fax 07181 - 86 02 - 29
mail@drei-brunnen-verlag.de
www.drei-brunnen-verlag.de
Verlagsleitung: Thomas Müller, Jochen Müller
Lieferbare Titel: 58
Programm: Reise, Touristik, Camping
Lektorat: Heidi Fischer

Drei Eichen Verlag
Rote Kreuz Str. 30
97762 Hammelburg
Tel. 09732 - 91 42 - 0
Fax 09732 - 91 42 - 20
www.drei-eichen.de
Verleger: Manuel Kissener
Lieferbare Titel: 120
Novitäten: 2-5
Programm: Fantasy, Esoterik, Lebenshilfe, Philosophie, Psychologie, Ratgeber, Religion
Lektorat: Manuel Kissener

Ms.-Angebote erwünscht: nach vorheriger telefonischer Anfrage
Medium: Papierausdruck, Diskette
Ms.-Rücksendung: ja, bei Rückporto

Cecilie Dressler Verlag GmbH & Co. KG
Poppenbütteler Chaussee 53
22397 Hamburg
Tel. 040 - 60 79 09 - 03
Fax 040 - 607 23 26
dressler@vsg-hamburg.de
www.cecilie-dressler.de
Verleger: Silke Weitendorf, Thomas Huggle
Gründungsjahr: 1941 (davor Williams & Co)
Verlagsgruppe: Oetinger-Verlagsgruppe
Programm: Kinder- und Jugendbuch
Lektorat: Ursula Heckel, Katharina Diestelmeier
Ms.-Interessen: Belletristik ab Lesealter 10 (bis höchstens 13)
Ms.-Angebote erwünscht: nach vorheriger telefonischer Anfrage, als Manuskript plus Exposé
Medium: ausschließlich Papierausdruck
Ms.-Rücksendung: ja

Verlagsgruppe Droemer Knaur
Hilblestr. 54
80636 München
Tel. 089 - 92 71 - 0
Fax 089 - 92 71 - 168
lektorat@droemer-knaur.de
www.droemer-knaur.de
Verleger: Dr. Hans-Peter Übleis
Verlagsleitung: Beate Kuckertz, Margit Ketterle, Steffen Haselbach, Bernhard Meuser
Verlagsgruppe: Verlagsgruppe Droemer Knaur
Programm: Belletristik, Sachbücher, Ratgeber, Religion, Geschenkebuch
Ms.-Angebote erwünscht: nach vorheriger telefonischer Anfrage, als Exposé mit Textprobe von 20 Seiten
Medium: Papierausdruck
Ms.-Rücksendung: ja, bei Rückporto

Literaturverlag Droschl
Alberstr. 18
A-8010 Graz
Österreich
Tel. +43 (0)316 - 32 64 04
Fax +43 (0)316 - 32 40 71
droschl@droschl.com
www.droschl.com
Verlegerin: Annette Knoch
Programm: Belletristik, Literaturwissenschaft, Lyrik
Ms.-Angebote erwünscht: als Exposé mit Textprobe, als Manuskript
Medium: Papierausdruck
Ms.-Rücksendung: ja, bei Rückporto

Droste Verlag GmbH
Schadow-Arkaden, Martin-Luther-Platz 26
40212 Düsseldorf
Tel. 0211 - 860 52 26
Fax 0211 - 323 00 98
www.drosteverlag.de
Verlagsleitung: Dr. Manfred Droste, Dipl.-Volkswirt Felix Droste
Gründungsjahr: 1933

Programm: Biografien, Geschichte, Kulturgeschichte, Politik, Zeitgeschichte, Regionales (auch Belletristik)
Lektorat: Dr. Birgit Hessen, Dr. Eleonore Föhles
Ms.-Angebote erwünscht: als Exposé
Medium: Papierausdruck, E-Mail
Ms.-Rücksendung: ja, bei Rückporto

DRW-Verlag Weinbrenner GmbH & Co.
Fasanenweg 18
70771 Leinfelden-Echterdingen
Tel. 0711 - 759 12 04
Fax 0711 - 75 91 35 64
bdriehaus@drw-verlag.de
www.drw-verlag.de
Verleger: Karl-Heinz Weinbrenner
Verlagsleitung: Bernhard Driehaus
Programm: Landeskunde Baden-Württemberg, Holzwirtschaft
Ms.-Angebote erwünscht: nach vorheriger telefonischer Anfrage
Ms.-Rücksendung: ja, bei Rückporto

DSV-Verlag GmbH
Gründgensstr. 18
22309 Hamburg
Tel. 040 - 63 20 09 - 18
Fax 040 - 63 20 09 - 25
www.dsv-verlag.de
Programm: Wassersport

dtv Deutscher Taschenbuch Verlag GmbH & Co. KG
Friedrichstr. 1a
80801 München
Tel. 089 - 38 16 70
Fax 089 - 34 64 28
verlag@dtv.de
www.dtv.de
Verleger: Wolfgang Balk
Verlagsleitung: Wolfgang Balk
Gründungsjahr: 1960
Lieferbare Titel: 4000
Novitäten: 500
Programm: Architektur, Belletristik, Fantasy, Science Fiction, Historische Romane, Kriminalromane, Biologie, Chemie, Computer, Erziehung, Essen und Trinken, Geografie, Geowissenschaften, Geschichte, Gesundheit, Kulturgeschichte, Lebenshilfe, Literaturwissenschaft,
Lektorat: Dr. Lutz-W. Wolff (Fiction) Tel. 381 67 - 210, Dr. Andrea Wörle (Nonfiction) Tel. 089 - 381 67 - 270
Ms.-Angebote erwünscht: nach vorheriger telefonischer Anfrage, als Exposé
Medium: Papierausdruck
Ms.-Rücksendung: ja

dtv junior
Friedrichstr. 1a
80801 München
Tel. 089 - 381 67 - 0
Fax 089 - 33 92 41
junior@dtv.de
www.dtvjunior.de
Verleger: Wolfgang Balk
Verlagsleitung: Wolfgang Balk
Gründungsjahr: 1971
Lieferbare Titel: 750
Novitäten: 80
Programm: Jugendbücher, Kinderbücher, Erzählende Jugend-Sachbücher
Lektorat: Programmleitung Anne Schieckel (Dw-280, schieckeldtv.

de)Dorothee Dengel (Dw -289, dengel@dtv.de), Dagmar Kalinke (Dw -284, kalinke@dtv.de), Britt Arnold (Dw -290, ArnoldB@dtv.de),Tanja Poestges (Dw-283, poestges@dtv.de), Katja Korintenberg (Dw-288, korint
Ms.-Angebote erwünscht: als Exposé mit Textprobe
Medium: Papierausdruck
Ms.-Rücksendung: ja

Duden Paetec Schulbuchverlag
Bouchestr. 12 Haus 11
12435 Berlin
Tel. 030 - 53 31 18 00
Fax 030 - 53 31 18 01
info@duden-paetec.de
www.duden-paetec.de
Zum Verlag: Schulbuchverlag
Gründungsjahr: 1990
Verlagsgruppe: Bibliographisches Institut
Programm: Computer, Elektronische Medien, Nachschlagewerke, Wörterbücher, Naturwissenschaften, Pädagogik, Grundschule, Deutsch
Ms.-Angebote erwünscht: nach vorheriger telefonischer Anfrage, mit Textprobe von 10 Seiten
Medium: Papierausdruck
Ms.-Rücksendung: ja, bei Rückporto

DuMont Literatur und Kunst Verlag GmbH & Co. KG
Neven DuMont Haus
Amsterdamer Str. 192
50735 Köln
Tel. 0221 - 224 - 0
Fax 0221 - 224 19 73
info@dumontliteraturundkunst.de
www.dumontliteraturundkunst.de
Verleger: Marcel Hartges
Programm: Romane, Erzählungen, Krimis, Anthologien, Ausstellungskataloge, Künstlerbiografien, Kunsttheorie, Aktuelle Kunst, Design, Sachbuch
Lektorat: Literatur: Jo Lendle (Dw - 1972); Sachbuch: Tanja Rauch (Dw - 1837); Krimis, ausl. Literatur: Eva-Marie von Hippel (Dw - 1970); Kunst (Ausstellungskataloge): Nicola von Velsen (Dw - 1943); Kunst (Eigenproduktionen): Uta Grosenick (Dw - 1940); Fax Lektorat
Ms.-Angebote erwünscht: als Manuskript
Medium: Papierausdruck
Ms.-Rücksendung: nein

Duncker & Humblot GmbH
Carl-Heinrich-Becker-Weg 9
12165 Berlin
Tel. 030 - 79 00 06 - 0
Fax 030 - 79 00 06 - 31
info@duncker-humblot.de
www.duncker-humblot.de
Verleger: Prof. Dr. h.c. Norbert Simon, Dr. Florian Simon
Verlagsleitung: Ingrid Bührig
Gründungsjahr: 1798 in Berlin
Lieferbare Titel: 9800
Novitäten: 300
Programm: Wissenschaftliche Werke: Biografien, Finanzen, Geschichte des Mittelalters, Geschichte der Neuzeit, Literaturwissenschaft, Medienwissenschaft, Militär, Nachschlagewerke, Ökologie, Philosophie, Politik, Recht,

Religion, Soziologie, Umwelt, Wirtschaft, Sozi
Lektorat: wegen der Spezifik der Werke verlangen wir druckfertige Manuskripte, die nicht lektoriert werden
Ms.-Interessen: nur wissenschaftliche Monografien oder Sammelbände (Werke, die im Wissenschaftsbetrieb entstanden sind)
Ms.-Angebote erwünscht: als Manuskript
Medium: Papierausdruck, E-Mail
Ms.-Rücksendung: ja

DüsselArt Verlag
Postfach 10 21 54
40012 Düsseldorf
Tel. 0211 - 37 10 05
Fax 0211 - 37 10 05
bkerpen.duesselart@t-online.de
www.duesselart-verlag.de
Verlegerin: Barbara Kerpen
Verlagsleitung: Barbara Kerpen
Zum Verlag: gleichnamige Kulturzeitschrift
Gründungsjahr: 1990
Lieferbare Titel: 12
Novitäten: 1
Programm: Belletristik, Fotografie, Reise, Touristik
Ms.-Interessen: Kurzgeschichten, Erzählungen
Ms.-Angebote erwünscht: nach vorheriger E-Mail-Anfrage
Ms.-Rücksendung: ja, mit Rückporto

DVS-Verlag GmbH
Aachener Str. 172
40223 Düsseldorf
Tel. 0211 - 159 10
Fax 0211 - 159 11 50
verlag@dvs-hg.de
www.dvs-verlag.de
Verlagsleitung: Geschäftsführung: Dirk Sieben
Gründungsjahr: 1955
Lieferbare Titel: 300
Programm: Technik, Schweißen, Schneiden, Löten, Kleben, Fertigungstechnik, Metallbearbeitung
Lektorat: H. Knittel
Ms.-Interessen: Schweißen und verwandte Verfahren
Ms.-Angebote erwünscht: nach vorheriger telefonischer Anfrage
Medium: Papierausdruck, Diskette
Ms.-Rücksendung: ja

Echo Verlag
Lotzestr. 24 a
37083 Göttingen
Tel. 0551 - 79 68 24
Fax 0551 - 740 35
webmaster@echoverlag.de
www.echoverlag.de
Verleger: Andrea Clages, Dr. Edmund Haferbeck
Gründungsjahr: 1985
Lieferbare Titel: ca. 20
Programm: Vegetarische Ernährung, Ökologie, Tierschutz, Tierrechte, Ethik, Naturwissenschaft, Umweltthemen
Ms.-Angebote erwünscht: als Exposé
Medium: Papierausdruck, Diskette

Ms.-Rücksendung: ja, bitte mit Rückporto

Echter Verlag
Dominikanerplatz 8
97070 Würzburg
Tel. 0931 - 660 68 - 0
Fax 0931 - 660 68 - 23
info@echter.de
www.echter-verlag.de
Verlagsleitung: Thomas Häußner
Lieferbare Titel: 700
Novitäten: 70
Programm: Theologie, Religion, Lebenshilfe, Philosophie, Franken
Lektorat: Heribert Handwerk (Theologie)
Ms.-Angebote erwünscht: als Exposé mit Textprobe von 20 Seiten, als Manuskript
Medium: Papierausdruck, Diskette, E-Mail
Ms.-Rücksendung: ja

ecomed verlagsgesellschaft AG & Co.KG
Justus-von-Liebig-Str. 1
86899 Landsberg
Tel. 08191 - 12 50
Fax 08191 - 12 54 92
info@ecomed.de
www.ecomed.de
Programm: Medizin und Biowissenschaften, Umweltschutz, Chemie, Labor, Gefahrstoffe, Arbeits- und Gesundheitsschutz, Gefahrgut-Transport und Verkehr

Econ Verlag
Friedrichstr. 126
10117 Berlin
Tel. 030 - 234 56 - 300
Fax 030 - 234 56 - 303
www.econ-verlag.de
Verlegerin: Dr. Siv Bublitz
Verlagsleitung: Christian Schumacher-Gebler; Marketing/Vertrieb: Klaus Füreder
Verlagsgruppe: Bonnier Media Deutschland GmbH
Programm: Sachbücher, Wirtschaft
Lektorat: Lektorat Econ Hardcover
Ms.-Angebote erwünscht: als Exposé mit Textprobe von 30 Seiten
Medium: Papierausdruck
Ms.-Rücksendung: ja, mit Rückporto

Economica Verlag
Im Weiher 10
69121 Heidelberg
Tel. 06221 - 489 - 0
Fax 06221 - 48 94 50
info@huethig.de/domesh@huethig.de
www.huethig.de
Programm: Siehe Hüthig GmbH

ECV Editio Cantor Verlag für Medizin und Naturwissenschaften GmbH
Bändelstockweg 20
88326 Aulendorf
Tel. 07525 - 940 - 0
Fax 07525 - 940 - 147
info@ecv.de
www.ecv.de
Verleger: Viktor Schramm
Verlagsleitung: Viktor Schramm
Gründungsjahr: 1947

Novitäten: 4-10
Programm: Gesundheitswesen, Pharmazeutische Technologie, Arzneimittelwesen
Ms.-Angebote erwünscht: als Manuskript
Medium: Papierausdruck
Ms.-Rücksendung: ja

Editio Maris Wissenschaftlicher Verlag & Satz
Auflegerstr. 4
81735 München
Tel. 089 - 49 00 02 74
Fax 089 - 49 00 02 76
verlag@editio.maris.de
www.Editiomaris.de
Verlegerin: Margareta Restle
Verlagsleitung: Margareta Restle
Gründungsjahr: 1985
Lieferbare Titel: 29
Programm: Alte Geschichte, Archäologie, Architektur, Kulturgeschichte, Musik, Religion, Byzantinische und Islamische Kunstgeschichte
Ms.-Angebote erwünscht: nach vorheriger telefonischer Anfrage
Medium: Papierausdruck
Ms.-Rücksendung: ja

Edition »Galerie auf Zeit«
Richard-Sorge-Str. 64
10249 Berlin
Tel. 030 - 426 74 62
Fax 030 - 426 74 62
Programm: Künstlerbücher

Edition 52
Postfach 11 05 03
42305 Wuppertal
Tel. 0202 - 73 57 72
Fax 0211 - 383 07 91
edition52@t-online.de
Programm: Comics

edition 8
Postfach 35 22
CH-8021 Zürich
Schweiz
Tel. +41 (0)44 - 271 80 22
Fax +41 (0)44 - 273 03 02
info@edition8.ch
www.edition8.ch
Verlegerin: Verlegerinnengruppe von 8 Personen leitet den Verlag
Verlagsleitung: Geschäftsleitung: Heinz Scheidegger
Gründungsjahr: 1998
Lieferbare Titel: 70
Novitäten: 9-10
Programm: Belletristik, Sachbuch, Biographien, Lyrik, Politik, Zeitgeschichte
Lektorat: Verena Stettler, Geri Balsiger, Jeannine Horni, Alex Böckli, Brigitte Walz-Richter, Marianne Sliman
Ms.-Interessen: Erzählendes, Geschichten, Biographien
Ms.-Angebote erwünscht: als Exposé mit Textprobe von 20 Seiten, als Manuskript
Medium: Papierausdruck, E-Mail
Ms.-Rücksendung: ja, nur mit Rückporto

Albarello Verlag GmbH
Dornaper Str. 23
42327 Wuppertal
Tel. 02058 - 82 79
Fax 02058 - 805 34
email@albarello.de
www.albarello.de
Verleger: Frank Zimmermann
Gründungsjahr: 1988
Novitäten: ca. 15
Programm: Bilderbücher, Kinderkrimis, Pferdebücher, Non-Books
Ms.-Angebote erwünscht: nach vorheriger telefonischer Anfrage, als Manuskript
Medium: Papierausdruck
Ms.-Rücksendung: nein

Edition :anderweit Verlag GmbH
Hinter den Höfen 7
29556 Suderburg-Hösseringen
Tel. 05826 - 83 43
Fax 05826 - 83 97
edition@anderweit.de
www.anderweit.de
Verlegerin: Mila Schrader
Zum Verlag: Bauen, Architektur, Regionalia
Gründungsjahr: 1972
Lieferbare Titel: 27
Novitäten: 0-1
Programm: Architektur, Bildbände, Gartenbau, Ökologie, Ratgeber, Umweltthemen
Ms.-Angebote erwünscht: nach vorheriger telefonischer Anfrage, als Exposé
Medium: Diskette, E-Mail
Ms.-Rücksendung: nein

Christliches Verlagshaus/ Edition Anker
Motorstr. 36
70499 Stuttgart
Tel. 0711 - 830 00 31
Fax 0711 - 830 00 30
verlag@ankerbuch.de
www.edition-anker.de
Verlagsleitung: Jürgen Bach
Programm: Evangelische Religion, Biografien, Belletristik, Jugendbücher, Kinderbücher, Nachschlagewerke, Wörterbücher, Spiele
Lektorat: Thomas Kraft (Dw -31, kraft@ankerbuch.de)
Ms.-Interessen: Christliche Erzählungen, Geistliche Literatur, Theologie
Ms.-Angebote erwünscht: als Exposé mit Textprobe von 10 Seiten oder als Manuskript
Medium: Papierausdruck
Ms.-Rücksendung: ja

Edition Aragon
Amselstr. 8
47445 Moers
Tel. 02841 - 165 61
Fax 02841 - 243 36
edition-aragon@web.de
Verleger: Willi Klauke
Verlagsleitung: Peter Albaum
Gründungsjahr: 1984
Programm: Reiseführer, Kleinkunst, Grafitti-Bücher, Regionalia
Ms.-Interessen: Jonglieren, Akrobatik, Zaubern
Ms.-Angebote erwünscht: nach vorheriger telefonischer Anfrage
Medium: Papierausdruck, Diskette

Ms.-Rücksendung: ja, bei Rückporto

Edition Aramo
Spengergasse 13/7
A-1050 Wien
Österreich
Tel. +43 (0)2732 - 728 84
Fax +43 (0)2732 - 839 93
aramo@everymail.net
www.aramo.at
Programm: Zeitgenössische Literatur

Edition Braus im Wachter Verlag
Friedrich-Ebert-Anlage 20
69117 Heidelberg
Tel. 06221 - 502 96 60
Fax 06221 - 502 96 66
info@editionbraus.de
www.editionbraus.de
Verleger: Günter Braus
Zum Verlag: Fotografie- & Kunstbücher
Verlagsgruppe: Aufbau
Programm: Bildbände, Kunst, Fotografie, Städte- und Landschaftsbildbände
Ms.-Angebote erwünscht: nach vorheriger telefonischer Anfrage
Medium: Papierausdruck
Ms.-Rücksendung: ja

Edition Bücherbär im Arena-Verlag
Rottendorfer Str. 16
97047 Würzburg
Tel. 0931 - 796 44 - 0
Fax 0931 - 796 44 - 13
www.arena-verlag.de
Verlagsleitung: Albrecht Oldenbourg
Lieferbare Titel: 1000
Novitäten: 160
Programm: Erstlesebücher, Kinderbücher, Kinderbeschäftigung, Kindersachbücher, Bilderbücher
Lektorat: Isa-Maria Röhrig-Roth (Arena Sachbuch, Edition Bücherbär)
Ms.-Angebote erwünscht: als Exposé mit Textprobe
Medium: Papierausdruck
Ms.-Rücksendung: ja, bei Rückporto

edition Büchergilde
Stuttgarter Str. 25-29
60329 Frankfurt am Main
Tel. 069 - 27 39 08 - 0
Fax 069 - 27 39 08 - 27
service@büchergilde.de
www.buechergilde.de
Verleger: Mario Früh
Verlagsleitung: Mario Früh
Gründungsjahr: 2002
Novitäten: 5 pro Halbjahr und ein Tolles Heft
Programm: Belletristik, Sachbuch, Tolle Hefte, illustrierte Bücher
Lektorat: Mario Früh, Stefanie Köhler (Belletristik, Sachbuch)
Ms.-Angebote erwünscht: als Exposé mit Textprobe von 20 Seiten
Medium: Papierausdruck
Ms.-Rücksendung: ja, bei Rückporto

Edition Conrad
Oberdorf 18
53347 Alfter
Tel. 0228 - 64 22 91
Fax 0228 - 64 22 95
Programm: Buchkunst

Künstleredition coq
c/o Harald Goldhahn
Bahnhofstr. 63
95168 Marktleuthen
Tel. 09285 - 55 69
Fax 09285 - 65 06
Verleger: Harald Goldhahn
Verlagsleitung: Harald Goldhahn
Zum Verlag: Künstlerbücher und künstlerisch gestaltete CDs
Gründungsjahr: 2004
Novitäten: 3-4
Programm: Cartoon und Illustrations-Bücher, Grafik-Text-Kombinations-Bücher, CDs in handgebundenen Covern, Künstlerbücher
Ms.-Rücksendung: ja, bei Rückporto

Edition diá Verlag und Vertrieb GmbH
Winsstraße 12
10405 Berlin
Tel. 030 - 623 50 21
Fax 030 - 623 50 23
info@editiondia.de
www.editiondia.de
Verleger: Helmut Lotz (lotz@editiondia.de), Kai Precht (precht@editiondia.de)
Programm: Biografien, Kochbücher, Sachbücher

Edition die Donau hinunter Buchverlag Dr. Ruth Aspöck
Harafl 8
A-4171 Auberg
Österreich
Tel. +43 (0)1 -72 82 - 81 74
Fax +43 (0)1 - 522 21 47
Verlegerin: Dr. Ruth Aspöck
Zum Verlag: Autorenverlag, Gegenwartsliteratur aus dem Donauraum
Gründungsjahr: 1992
Lieferbare Titel: 35
Novitäten: 5
Programm: Gegenwartsliteratur zum Donauraum oder von Autoren aus dieser Region, poetische Flussverbindungen weltweit
Ms.-Interessen: Verlag schließt 2008, keine weitere Annahme von Manuskripten!
Ms.-Angebote erwünscht: als Exposé mit Textprobe von 5 Seiten und Biographie
Medium: Papierausdruck
Ms.-Rücksendung: nein

edition diskord
Schwärzlocher Str. 104/b
72070 Tübingen
Tel. 07071 - 401 02
Fax 07071 - 447 10
ed.diskord@t-online.de
www.edition-diskord.de
Verleger: Dr. Gerd Kimmerle
Gründungsjahr: 1985
Lieferbare Titel: 150
Programm: Biografien, Fachzeitschriften, Geschichte, Philosophie, Psychoanalyse
Ms.-Angebote erwünscht: nach vorheriger telefonischer Anfrage
Medium: Papierausdruck, Diskette
Ms.-Rücksendung: ja

Edition Doppelpunkt
Kerschbaumgasse 1/4/4002
A-1010 Wien
Österreich

Tel. +43 (0)1 - 925 77 91
Fax +43 (0)1 - 925 77 91
renate.niedermaier@doppelpunkt.at
www.doppelpunkt.at
Verlagsleitung: Renate Niedermaier
Gründungsjahr: 1993
Lieferbare Titel: 130
Programm: Lyrik, Haiku, Dialekt, Belletristik, Wissenschaftliche Reihe: Methodischer Roman
Lektorat: Dr. Gertraud Schleichert, Dr. Rosina Topka, Mag. Christoph Strolz
Ms.-Interessen: Lyrik, Romane, wissenschaftliche Texte
Ms.-Angebote erwünscht: als Exposé mit Textprobe von 20 Seiten
Medium: Papierausdruck
Ms.-Rücksendung: nein

Edition Epoca
Werdstr. 128
CH-8003 Zürich
Schweiz
Tel. +41 (0)1 - 451 17 17
Fax +41 (0)1 - 451 17 17
info@epoca.ch
www.epoca.ch
Gründungsjahr: 1995
Lieferbare Titel: 25
Novitäten: 2-5
Programm: Belletristik, Zeitgeschichte, Kulturstudien, Literaturwissenschaft, Sozialwissenschaft
Ms.-Angebote erwünscht: als Exposé mit Textprobe von 25 Seiten
Medium: Papierausdruck
Ms.-Rücksendung: ja, bei Rückporto

Edition Erasmus c/o Gutenberg Park
Robert-Koch-Str. 50
55129 Mainz
Tel. 06131 - 693 93 - 10
Fax 06131 - 693 93 - 15
b.steines-baessler@gutenberg-online.de
Programm: Regionale Bildbände, Kunstbücher, Belletristik, Lyrik und Aphorismen, Mainz und Rheinhessen in Wort und Bild

edition fundamental
Gellertstr. 31
50733 Köln
Tel. 0221 - 72 45 93
Programm: Lyrik, Kurzprosa, Künstler-Bücher

Edition Garamond
Elsslergasse 17
A-1130 Wien
Österreich
Tel. +43 (0)1 - 877 04 26
literatur@edition-garamond.at
www.edition-garamond.at
Programm: Romane, Essays, Neue Lyrik
Ms.-Angebote erwünscht: nach vorheriger telefonischer Anfrage, Textprobe von 20 Seiten
Medium: E-Mail
Ms.-Rücksendung: ja, bei Rückporto

Edition GoldZirkel
Postfach 273
CH-3000 Bern 7
Schweiz

info@goldzirkel.ch
www.goldzirkel.ch
Verleger: André J.-P. Keller
Verlagsleitung: André J.-P. Keller
Zum Verlag: Klassischer Verlag
Gründungsjahr: 2005
Lieferbare Titel: 4
Novitäten: 1-2
Programm: Romane, Biografien, Kinder- und Jugendbücher, Lyrik
Ms.-Angebote erwünscht: als Exposé mit Textprobe von 10 Seiten
Medium: Papierausdruck
Ms.-Rücksendung: nein

Edition Hannemann Verlag S. Naglschmid
Senefelderstr. 10
70178 Stuttgart
Tel. 0711 - 62 68 78
Fax 0711 - 61 23 23
www.vsn.de
Verlegerin: Stephanie Naglschmid
Verlagsleitung: Stephanie Naglschmid
Gründungsjahr: 1984
Programm: Esoterik, Gesundheit, Lebenshilfe, Natur, Ökologie, Philosophie, Fotografie, Ratgeber, Reisen, Umweltthemen
Ms.-Interessen: Bildungsthemen, Lehr-, Lernhilfen, Naturheilkunde
Ms.-Angebote erwünscht: nach vorheriger telefonischer Anfrage, als Exposé mit Textprobe von 10 Seiten
Medium: Papierausdruck
Ms.-Rücksendung: ja, sofern Ms angefordert

Edition Hans Erpf Verlagsgenossenschaft i.G
Gerechtigkeitsgasse 33
CH-3001 Bern
Schweiz
Tel. +41 (0)31 - 311 44 77
Fax +41 (0)31 - 311 44 78
Verleger: Hans Erpf
Gründungsjahr: 1966
Programm: Belletristik, Literarische Reiseführer, Karikatur, Cartoons, Comics, Regionalia
Ms.-Angebote erwünscht: als Manuskript
Medium: Papierausdruck
Ms.-Rücksendung: ja, bei Rückporto

Edition Hochfeld
Von-Parseval-Straße 40
86159 Augsburg
Tel. 0821 - 243 15 - 12
Fax 0821 - 243 15 - 18
lektorat@edition-hochfeld.de
www.edition-hochfeld.de
Programm: Krimis

Edition Howeg
Waffenplatzstr. 1
CH-8002 Zürich
Schweiz
Tel. +41 (0)44 - 201 06 50
Fax +41 (0)44 - 201 06 50
edition_howeg@datocomm.ch
Programm: Belletristik, Bildende Kunst, Lyrik, Fotografie
Ms.-Angebote erwünscht: als Exposé
Medium: Papierausdruck
Ms.-Rücksendung: ja, bei Rückporto

Edition Humanistische Psychologie
Johannestr. 22
51465 Bergisch Gladbach
Tel. 02202 - 98 12 36
Fax 02202 - 98 12 37
info@ehp-koeln.com
www.ehp.biz
Verleger: Andreas Kohlhage
Verlagsleitung: Maria Michels-Kohlhage
Gründungsjahr: 1986
Lieferbare Titel: 60
Novitäten: 4
Programm: Psychologie, Psychotherapie, Psychiatrie, Humanistische Psychologie, Existentielle Psychotherapie, Gestalttherapie, Organisationsentwicklung, Personalentwicklung, Managementberatung
Ms.-Angebote erwünscht: nach vorheriger telefonischer Anfrage, als Exposé, als Exposé mit Textprobe, als Manuskript
Medium: Papierausdruck, Diskette, E-Mail, CD
Ms.-Rücksendung: ja, bei Rückporto

Edition Klaus Isele
Heidelstr. 9
79805 Eggingen
Tel. 07746 - 911 16
Fax 07746 - 911 17
www.edition-isele.de
Verleger: Klaus Isele
Gründungsjahr: 1984
Lieferbare Titel: 250
Novitäten: 20
Programm: Belletristik, Bibliophile Bücher, Sachbuch, Bildbände, Bildende Kunst, Literaturwissenschaft
Lektorat: Eva Taubert
Ms.-Angebote erwünscht: nach vorheriger telefonischer Anfrage, als Exposé mit Textprobe von 20 Seiten
Medium: Papierausdruck
Ms.-Rücksendung: ja, bei Rückporto

Edition Kappa Verlag für Kultur und Kommunikation GmbH
Buchendorfer Str. 25c
81475 München
Tel. 089 - 75 99 94 14
Fax 089 - 75 99 94 15
edition.kappa@t-online.de
www.edition-kappa.com
Verlagsleitung: Dr. Bernd Schmidt
Programm: Internationale Literatur, Reiseliteratur für Kinder und Erwachsene, Sachbücher zu Politischen und Zeitgeschichtlichen Themen
Ms.-Angebote erwünscht: nach vorheriger telefonischer Anfrage, als Exposé
Medium: Papierausdruck
Ms.-Rücksendung: nein

edition karo Verlag J. Rosalski
Falkentaler Steig 96a
13467 Berlin
Tel. 030 - 891 78 64
Fax 030 - 40 58 51 32
info@edition-karo.de
www.edition-karo.de
Verlegerin: Josefine Rosalski
Verlagsleitung: Josefine Rosalski
Zum Verlag: anspruchsvolle Texte, individuell und gerne auch mit internationalem Hintergrund
Gründungsjahr: 2004

Lieferbare Titel: 7
Novitäten: 2-3
Programm: Roman, Erzählung, Novelle, lit. Reise, Lyrik, Berlin-Krimis
Ms.-Interessen: Erzählungen, Lyrik, Novellen, Reisen literarisch, experimentelle Literatur, wissenschaftliche Texte
Ms.-Angebote erwünscht: nach vorheriger telefonischer oder E-Mail-Anfrage, Textprobe mit kurzer Inhaltsangabe
Medium: Papierausdruck (nur nach Absprache), E-Mail
Ms.-Rücksendung: ja, bei Rückporto

Edition Koenigstein
Anzengrubergasse 50
A-3400 Klosterneuburg
Österreich
Tel. +43 - (0)2243 - 260 46,
(0)650 - 432 60 46
Fax +43 (0)2243 - 260 46
edition.koenigstein@aon.at
www.koenigsteinkunst.com
Verleger: Georg Koenigstein
Verlagsleitung: Georg Koenigstein
Gründungsjahr: 1987
Lieferbare Titel: 10
Novitäten: 2-4
Programm: Bibliophile Bücher mit Texten von Gegenwartsautoren und originale Druckgrafiken
Lektorat: Christine Koenigstein
Ms.-Interessen: Kurzprosa und Lyrik
Ms.-Angebote erwünscht: nach vorheriger telefonischer Anfrage
Medium: Papierausdruck
Ms.-Rücksendung: ja, bei Rückporto

Edition Köln - Verlag Peter Faecke
Mevissenstr. 16/2
50668 Köln
Tel. 0221 - 179 41 48
Fax 0221 - 179 41 49
edition.koeln@t-online.de
www.peterfaecke.de
Verleger: Peter Faecke
Gründungsjahr: 2003
Lieferbare Titel: 65
Novitäten: 15
Programm: Kriminalliteratur, deutsche und internationale Literatur, allgemeines Programm
Lektorat: Heike Suckov, Anna Elberg
Ms.-Angebote erwünscht: Textprobe von 30 Seiten
Medium: Papierausdruck
Ms.-Rücksendung: ja, mit Rückporto

edition Körber-Stiftung
Kehrwieder 12
20457 Hamburg
Tel. 040 - 72 50 28 27
Fax 040 - 72 50 36 45
edition@koerber-stiftung.de
www.stiftung-koerber.de
Verlagsleitung: Susanne Kutz
Gründungsjahr: 1996
Lieferbare Titel: 160
Novitäten: 10-14
Programm: Sachbücher zu Politik und Gesellschaft, Zeitgeschichte, Internationale Verständigung. Fachbücher und Unterrichtsmaterialien, Publikationen aus der Stiftungsarbeit
Lektorat: Susanne Kutz
Ms.-Angebote erwünscht: nach vorhe-

riger telefonischer Anfrage
Medium: Papierausdruck
Ms.-Rücksendung: ja, bei Rückporto

Edition Leipzig
Gerichtsweg 28
04103 Leipzig
Tel. 0341 - 982 10 - 10
Fax 0341 - 98 2 10 - 19
info@seemann-henschel.de
www.seemann-henschel.de
Verleger: Dr. Jürgen A. Bach, Bernd Wolf
Verlagsleitung: Dr. Jürgen A. Bach, Bernd Wolf
Verlagsgruppe: Seemann Henschel-Verlagsgruppe
Programm: Kulturgeschichte, Sachbuch, Kunstgeschichte, Buchkunst, Reiseführer
Lektorat: Christina Müller
Tel. 0341 - 982 10 - 50, mueller@edition-leipzig.de
Ms.-Angebote erwünscht: als Exposé
Medium: Papierausdruck
Ms.-Rücksendung: ja, bei Rückporto

Edition Lempertz
Hauptstr. 354
53639 Königswinter
Tel. 0228 - 766 77 67
Fax 0228 - 766 77 69
info@buchhandlung-lempertz.de
www.buchhandlung-lempertz.de
Verlegerin: Antje-Friederike Heel
Verlagsleitung: Katharina Bergknecht
Lieferbare Titel: 30
Novitäten: 10
Programm: Klassische Literatur, Regionale Literatur (Bonn, Rheinland, Eifel, Siebengebirge), Religion, Kinderbücher
Ms.-Interessen: Regionalia (Bonn, Rheinland, Eifel)
Ms.-Angebote erwünscht: nach vorheriger telefonischer Anfrage, als Exposé, als Manuskript
Medium: Papierausdruck, Diskette
Ms.-Rücksendung: ja

Edition Liber libri
Elsslergasse 17
A-1130 Wien
Österreich
Tel. +43 (0)1 - 877 04 26
liberlibri@guthmann-peterson.de
www.guthmann-peterson.de/liber-libri.html
Programm: Engagierte Romane, Biografien, Sachbücher, Regionalia
Ms.-Angebote erwünscht: nach vorheriger telefonischer Anfrage, Textprobe von 20 Seiten
Medium: E-Mail
Ms.-Rücksendung: ja, bei Rückporto

edition liberacion
Feuerstätte 7
49124 Georgsmarienhütte
Tel. 05401 - 842 93 25
Fax 05401 - 842 93 26
www.edition-liberacion.de
Programm: Sachbilderbücher

editionLübbe
Scheidtbachstr. 23-25
51469 Bergisch Gladbach
Tel. 02202 - 121 - 0

Fax 02202 - 121 - 708
editionluebbe@luebbe.de
www.luebbe.de
Verleger: Stefan Lübbe
Geschäftsführung: Dr. Uwe Sertel, Christophe Montague (Sprecher)
Programmleitung: Marco Schneiders
Verlagsgruppe: s. Verlagsgruppe Lübbe, Gustav Lübbe Verlag, Ehrenwirth Verlag, Bastei Lübbe Taschenbücher, Bastei Lübbe Stars, Lübbe Audio, Bastei Verlag
Programm: literarische Romane, Kriminalromane, Satire
Ms.-Angebote erwünscht: als Exposé mit Textprobe von 30 Seiten
Medium: Papierausdruck
Ms.-Rücksendung: nein

Edition Mariannenpresse c/o Literaturhaus Berlin
Fasanenstr. 23
10719 Berlin
Tel. 030 - 88 72 86 - 0
Fax 030 - 88 72 86 - 13
literaturhaus@berlin.de
www.literaturhaus-berlin.de
Programm: Künstlerbücher
Lektorat: Entscheidung durch Jury-Beschluß
Ms.-Angebote erwünscht: nach vorheriger Anfrage

Edition Maritim
Raboisen 8
20095 Hamburg
Tel. 040 - 33 96 67 - 0
Fax 040 - 33 96 67 - 77
mail@edition-maritim.de
Gründungsjahr: 1974
Verlagsgruppe: Delius-Klasing-Verlag
Lieferbare Titel: 107
Novitäten: 20
Programm: Segeln, Seefahrt, Maritime Literatur, Kalender
Ms.-Interessen: siehe Verlagsprogramm
Ms.-Angebote erwünscht: als Exposé mit Textprobe von 10 Seiten
Medium: Papierausdruck, E-Mail
Ms.-Rücksendung: ja

Edition Minerva
Lärchenstr. 15
82515 Wolfratshausen
Tel. 08171 - 21 94 80
Fax 08171 - 21 94 83
edminerva1@aol.com
Programm: Malerei, Geschichte, Kunstgeschichte, Architektur, Wissenschaftliche Publikationen

Edition Moderne
Eglistr. 8
CH-8022 Zürich
Schweiz
Tel. +41 (0)1 - 491 96 82
Fax +41 (0)1 - 401 19 44
post@strapazin.ch
www.editionmoderne.de
Programm: Comics
Medium: Papierausdruck
Ms.-Rücksendung: ja, bei Rückporto

Edition Naam GmbH
Altbgm. -Erhard-Str. 7
86929 Penzing
Tel. 08191 -81 45

Fax 08191 - 86 89
s.rick@edition-naam.com
www.edition-naam.com
Verlagsleitung: Geschäftsführung: Susanne Rick
Zum Verlag: Bücher, Musik-CDs u. DVDs über Spiritualität - Bücher und Musik für die Seele
Gründungsjahr: 1993
Verlagsgruppe: Verlag der Holosophischen Gesellschaft
Lieferbare Titel: 90
Novitäten: 2
Programm: Spiritualität, Religion
Lektorat: Susanne Rick (s.rick@edition-naam.com)
Ms.-Interessen: Spirituelle Geschichten/Märchen
Ms.-Angebote erwünscht: nach vorheriger telefonischer Anfrage
Medium: Papierausdruck, E-Mail
Ms.-Rücksendung: nein

Edition Nautilus Verlag Lutz Schulenburg
Alte Holstenstr.
21031 Hamburg
Tel. 040 - 721 35 36
Fax 040 - 721 83 99
hannamittelstaedt@nautilus.de
www.edition-nautilus.de
Gründungsjahr: 1974
Lieferbare Titel: 300
Novitäten: 15
Programm: Biografien, Belletristik, Kriminalromane, Bildende Kunst
Lektorat: Hanna Mittelstädt
Ms.-Angebote erwünscht: als Exposé mit Textprobe von 20 Seiten
Medium: Papierausdruck
Ms.-Rücksendung: ja, bei Rückporto

Edition Peperkorn
Hauptstr. 45
26427 Thunum
Tel. 04971 - 918 70 83
Fax 04971 - 918 80 84
edition@peperkorn.de
www.peperkorn.de
Programm: Literatur, Kulturgeschichte, Korea, Japan, Illustrierte Bücher, Bücher mit Originalgraphik
Ms.-Interessen: keine
Ms.-Angebote erwünscht: nach vorheriger telefonischer Anfrage
Medium: E-Mail
Ms.-Rücksendung: ja, bei Rückporto

Edition Phantasia
Wünschelstr. 18
76756 Bellheim
Tel. 07272 - 88 09
Fax 07272 - 88 09
mail@edition-phantasia.de
www.edition-phantasia.de
Programm: Fantastische Literatur in schönen, limitierten Vorzugsausgaben

edition philemon
Baumgartenstr. 44
75217 Birkenfeld
Tel. 07231 - 472 99 17
Fax 07231 - 48 56 63
edition.philemon@christ24.de
www.cpdienst.com/shop
Verleger: Walter Nitsche
Verlagsleitung: Walter Nitsche
Gründungsjahr: 1990

Verlagsgruppe: Teil der friends-media e.K.
Lieferbare Titel: 15
Novitäten: 2
Programm: Religiöse Literatur, Ratgeber, Lebenshilfe, Christliche Lebensgestaltung, Biografien, Praktische Psychologie
Ms.-Angebote erwünscht: nach vorheriger Mail-Anfrage als Manuskript
Medium: Papierausdruck, Diskette
Ms.-Rücksendung: ja, bei Rückporto

edition q im be.bra verlag
Schönhauser Allee 37
10435 Berlin
Tel. 030 - 44 02 38 10
Fax 030 - 44 02 38 19
post@bebraverlag.de
Verleger: Ulrich Hopp
Verlagsleitung: Ulrich Hopp
Zum Verlag: populäres Sachbuch
Gründungsjahr: 1990
Verlagsgruppe: gehört seit 2004 zum be.bra Verlag
Programm: Zeit- und Kulturgeschichte, Belletristik, Populärwissenschaftliche Literatur
Lektorat: Dr. Jürgen Schebera

Edition Reuss
Postfach 71 07 45
81457 München
Tel. 089 - 50 13 59
Fax 089 - 50 13 95
photobooks@edition-reuss.de
www.edition-reuss.de
Programm: Fotokunst, Erotische Fotografie

Edition See-Igel Klassische Musik und Sprache
Strandbadstr. 8
78346 Iznang
Tel. 07121 - 245 26
Fax 07121 - 262 69
see-igel@t-online.de
www.see-igel.de
Verlegerin: Ute Kleeberg
Programm: Kinderbuch, Klassik-Hörbücher für Kinder
Ms.-Angebote erwünscht: nach vorheriger telefonischer Anfrage, als Manuskript

Edition Selene
Körnergasse 7/1
A-1020 Wien
Österreich
Tel. +43 (0)1 - 218 37 35
Fax +43 (0)1 - 218 37 36
selene@selene.at
www.selene.at
Verleger: Alfred Goubran
Verlagsleitung: Alfred Goubran
Gründungsjahr: 1993
Programm: Keine Ideologie, kein Konzern, gute Autoren, schöne Bücher, Literatur und Artikulation
Ms.-Angebote erwünscht: als Manuskript
Medium: Papierausdruck
Ms.-Rücksendung: ja, bei Rückporto

edition sigma
Karl-Marx-Str. 17
12043 Berlin
Tel. 030 - 623 23 63
Fax 030 - 623 93 93

verlag@edition-sigma.de
www.edition sigma.de
Verleger: Rainer Bohn
Gründungsjahr: 1984
Lieferbare Titel: 400
Novitäten: 50
Programm: Akademischer Fachbuchverlag für Sozialwissenschaften, Bildung, Frauenforschung, Gesundheit, Ökologie, Politik, Soziologie, Technik, Umweltthemen, Verkehr, Verwaltung
Ms.-Interessen: ausschließlich wissenschaftliche Werke
Ms.-Angebote erwünscht: nach vorheriger telefonischer Anfrage
Medium: Papierausdruck
Ms.-Rücksendung: ja, bei Rückporto

Edition Temmen
Hohenlohestr. 21
28209 Bremen
Tel. 0421 - 34 84 30
Fax 0421 - 34 80 94
info@edition-temmen.de
www.edition-temmen.de
Verleger: Horst Temmen
Gründungsjahr: 1987
Lieferbare Titel: 400
Novitäten: 60
Programm: Bildbände, Geschichte der Neuzeit, Bremensien, Reisen, Zeitgeschichte, Hamburgensien, Mecklenburgiea
Ms.-Angebote erwünscht: nach vorheriger telefonischer Anfrage, als Exposé
Ms.-Rücksendung: ja

Edition tertium GmbH & Co. KG
Herderstr. 13
70193 Stuttgart
Tel. 07142 - 937 - 190
Fax 07142 - 937 - 193
mail@tertium.de
Verlegerin: Marie-Luise Zeuch
Verlagsleitung: Dr. Ernst Wolfgang Huber
Gründungsjahr: 1994
Lieferbare Titel: 60
Programm: Belletristik, Bildende Kunst, Kulturgeschichte, Lebenshilfe, Natur, Philosophie
Ms.-Angebote erwünscht: nach vorheriger telefonischer Anfrage
Medium: Papierausdruck, Diskette, E-Mail
Ms.-Rücksendung: ja, bei Rückporto

Edition Tiamat
Grimmstr. 26
10967 Berlin
Tel. 0171 - 242 85 50
Fax 030 - 694 46 87
editiontiamat@aol.com
www.edition-tiamat.de
Verlagsleitung: Klaus Bittermann
Zum Verlag: Sachbuch, Satire, Literatur
Gründungsjahr: 1979
Lieferbare Titel: 70
Novitäten: 10
Programm: Analysen zum Zeitgeschehen, Polemik, Kritik, Satire, Reportagen

Edition Trobisch c/o Hänssler-Verlag GmbH
Max-Eyth-Str. 41
71088 Holzgerlingen
Tel. 07031 - 74 14 - 0
Fax 07031 - 74 14 - 359
lektorat@haenssler.de
www.haenssler.de
Programm: Ehe, Familie, Partnerschaft, Sexualethik, Seelsorge
Lektorat: Christian Grewing
Ms.-Angebote erwünscht: als Manuskript
Medium: Papierausdruck, Diskette, E-Mail
Ms.-Rücksendung: ja, bei Rückporto

Edition Type & Line
Friedrich Wolfenter
Dettenhäuser Str. 15
70597 Stuttgart
Tel. 0711 - 76 65 85
Fax 0711 - 765 78 38
friedrich@wolfenter.de
www.wolfenter.de
Gründungsjahr: 1992
Lieferbare Titel: 50
Programm: Bibliophile Ausgaben, Anagramm-Editionen, Miniatur-Faltbücher, Anagramm-Grußkarten, Neuerscheinung: »Lesezeichen - ein Anagrammgedicht«; »Liebste Grüsse, süss Geliebter« - 15 Anagrammgedichte mit 5 Typographien; Anagramm-Postkarten; Schach-Postkarten, Schach-Grußkarten

Edition Va Bene
Prof. Mag. Dr. Walter Weiss
Max-Kahrer-G. 32
A-3400 Klosterneuburg
Österreich
Tel. +43 (0)2243 - 221 59, +43 (0)664 - 161 63 56
Fax +43 (0)2243 - 221 59
edition@vabene.at
www.vabene.at
Verleger: Prof. Mag. Dr. Walter Weiss
Verlagsleitung: Prof. Mag. Dr. Walter Weiss
Zum Verlag: Der Verlag, der sich was traut
Gründungsjahr: 1991
Lieferbare Titel: 100
Novitäten: 15
Programm: Anthropologie, Belletristik, Fantasy, Science Fiction, Historische Romane, Kriminalromane, Bildende Kunst, Biologie, Erotik, Erziehung, Geschichte, Gesundheit, Humor, Kurzgeschichten, Lebenshilfe, Lyrik, Medizin, Naturwissenschaft, Politik, Philosophie
Lektorat: Dr. Walter Weiss
Ms.-Interessen: Sachbücher
Ms.-Angebote erwünscht: nach vorheriger telefonischer Anfrage als Exposé mit Textprobe 30 Seiten
Medium: Papierausdruck
Ms.-Rücksendung: ja, bei Rückporto

Edition Curt Visel
Weberstr. 36
87700 Memmingen
Tel. 08331 - 28 53
Fax 08331 - 49 03 64

info@edition-curt-visel.de
www.edition-curt-visel.de
Verleger: Jürgen Schweitzer
Verlagsleitung: Jürgen Schweitzer
Lieferbare Titel: 35
Novitäten: 2
Programm: Kunst, Grafik Zeitschrift: Graphische Kunst
Ms.-Angebote erwünscht: nach vorheriger telefonischer Anfrage
Medium: Papierausdruck
Ms.-Rücksendung: ja, bei Rückporto

Editon XXL GmbH
Industriestr. 19
64407 Fränkisch - Crumbach
Tel. 06164 - 5041 - 0
Fax 06164 - 50 41 41
info@edition-xxl.de
www.edition-xxl.de
Programm: Sachbuch, Kinderbuch, Kochbuch, Ratgeber, Geschenkbände
Ms.-Angebote erwünscht: nach vorheriger telefonischer Anfrage, als Exposé mit Textprobe von 10 Seiten
Medium: Papierausdruck
Ms.-Rücksendung: ja, bei Rückporto

Edition YE
Neustr.2
53925 Sistig/Eifel
Tel. 02445 - 14 70
EditionYE@t-online.de
www.theobreuer.de
Verleger: Theo Breuer
Zum Verlag: Ausschließlich Lyrik, meist Erstlingswerke. Der Verlag ist unkommerziell orientiert.
Gründungsjahr: 1993 (Lyrische Reihe 2002)
Lieferbare Titel: 10
Novitäten: 2-3
Programm: Lyrik
Lektorat: Theo Breuer
Ms.-Interessen: Manuskripteinsendungen sind nicht erwünscht.

edition zweihorn
Riedelsbach 46
94089 Neureichenau
Tel. 08583 - 24 54
Fax 08583 - 914 35
edition-zweihorn@web.de
www.edition-zweihorn.de
Verleger: Gerhard Kälberer
Gründungsjahr: 2000
Lieferbare Titel: 22
Novitäten: 4-5
Programm: Belletristik, Humor, Kinderbücher, Kunst, Grafik, Jugendbücher
Ms.-Interessen: Alle Genres der Kinder- und Jugendliteratur
Ms.-Angebote erwünscht: nach vorheriger telefonischer Anfrage, als Manuskript
Medium: Papierausdruck, E-Mail
Ms.-Rücksendung: ja, bei Rückporto

Egmont vgs verlagsgesellschaft mbH
Gertrudenstr. 30-36
50667 Köln
Tel. 0221 - 20 81 10
Fax 0221 - 208 11 66
info@vgs.de
www.vgs.de
Verleger: Michael Schweins
Verlagsleitung: Michael Schweins
Gründungsjahr: 1970

Programm: Schwerpunkt: TV-gebundene Titel. Natur- und Gesundheitsthemen, Ratgeber, Kochen, Kinderbücher, Belletristik und Bildbände zu Film und Fernsehen, Biografien
Lektorat: Programmleitung: Michael Schweins
Ms.-Angebote erwünscht: nach vorheriger telefonischer Anfrage, als Exposé
Medium: E-Mail
Ms.-Rücksendung: ja, bei Rückporto

Egmont Franz Schneider Verlag GmbH
Schleissheimer Str. 267
80809 München
Tel. 089 - 35 81 16
Fax 089 - 35 81 17 29
www.schneiderbuch.de
Verlagsleitung: Rehné Herzig, Frank Knau
Programm: Kinder und Jugendbücher
Ms.-Interessen: keine Manuskripte erwünscht
Ms.-Rücksendung: nein

Egmont Horizont Verlag GmbH
Raiffeisenstr. 32
70794 Filderstadt
Tel. 0711 - 770 07 17
Fax 0711 - 77 72 86
mhr@hov.egmont.com
www.egmont-horizont.de
Programm: Kinderbücher, Comics, Edutainment, Belletristik, Essen und Trinken
Lektorat: Dr. Stefanie Köhler (Editorial Director)

Egmont Ehapa Verlag GmbH
Wallstr. 59
10179 Berlin
Tel. 030 - 240 08 - 0
Fax 030 - 240 08 - 599
www.ehapa.de
Gründungsjahr: 1951
Programm: Comic-Bücher, Comic-Magazine
Lektorat: Chefredaktion Comics: Michael für Walz (m.walz@ehapa.de)

Ehrenwirth Verlag
Scheidtbachstr. 23 - 31
51469 Bergisch Gladbach
Tel. 02202 - 12 10
Fax 02202 - 121 – 708
ehrenwirth@luebbe.de
www.luebbe.de
Verleger: Stefan Lübbe
Geschäftsführung: Dr. Uwe Sertel, Christophe Montague (Sprecher)
Programmleitung: Marco Schneiders
Verlagsgruppe: s. Verlagsgruppe Lübbe, Gustav Lübbe Verlag, edition-Lübbe, Bastei Lübbe Taschenbücher, BLT, Bastei Lübbe Stars, Lübbe Audio, Bastei Verlag
Programm: Belletristik: historische Romane, historische Gesellschaftsromane, Thriller, Kriminalromane, Unterhaltungsromane
Sachbücher: Memoirs, Autobiografien, Lebenshilfe, Geschenkbücher
Ms.-Angebote erwünscht: als Exposé mit Textprobe von 30 Seiten
Medium: Papierausdruck
Ms.-Rücksendung: nein

Eichborn Verlag AG
Kaiserstr. 66
60329 Frankfurt am Main
Tel. 069 - 25 60 03 - 0
Fax 069 - 25 60 03 - 30
info@eichborn.de
www.eichborn.de
Verleger: Dr. Matthias Kierzek
Verlagsleitung: Matthias Bischoff M.A. und Wolfgang Hörner
Gründungsjahr: 1981
Lieferbare Titel: 2000
Novitäten: 350
Programm: Belletristik, Historische Romane, Kriminalromane, Bildung, Essen und Trinken, Humor, Kulturgeschichte, Politik, Ratgeber, Satire, Cartoons, Wirtschaft, Geschenkbuch
Lektorat: Doris Engelke (Belletristik und Literatur), Waltraut Berz M.A. (Sachbuch), Dr. Oliver Domzalski (Humor und Geschenkbuch), Carmen Kölz (Sachbuch), Thorsten Schulz (Berufsratgeber)
Ms.-Interessen: Romane, Allgemeine Sachbücher, Originelle Geschenkbücher, Humor
Ms.-Angebote erwünscht: als Exposé (Sachbuch), als Manuskript Roman (plus Exposé)
Medium: Papierausdruck
Ms.-Rücksendung: ja, bei Rückporto

ein-Fach-verlag
Sandkaulstr. 29-33
52062 Aachen
Tel. 0241 - 40 55 01
Fax 0241 - 400 96 67
einfachverlag@gmx.de
www.ein-fach-verlag.de
Verleger: Ursula I. Meyer, Dr. Manfred Düker
Gründungsjahr: 1989
Lieferbare Titel: 40
Novitäten: 3-4
Programm: Philosophinnen, Lebendige Philosophie, Indische Philosophie
Lektorat: Dr. Manfred Düker, Ursula I. Meyer
Ms.-Interessen: von und über Philosophinnen, Texte, die Philosophie einer breiten Öffentlichkeit zugänglich machen wollen
Ms.-Angebote erwünscht: als Exposé
Medium: Papierausdruck
Ms.-Rücksendung: ja

Einhard Verlag
Tempelhofer Str. 21
52068 Aachen
Tel. 0241 - 16 85 - 0
Fax 0241 - 16 85 - 253
leo.bleess@einhardverlag.de
Verleger: Leo Blees
Programm: Aachener Stadt- und Dom-Literatur, Katholische Religion, Zeitgeschichte
Lektorat: Leo Blees (Dw -215)
Ms.-Angebote erwünscht: nach vorheriger telefonischer Anfrage
Medium: Papierausdruck
Ms.-Rücksendung: ja, bei Rückporto

EK-Verlag GmbH
Postfach 50 01 11
79027 Freiburg
Tel. 0761 - 703 10 - 0
Fax 0761 - 703 10 - 50

service@eisenbahn-kurier.de
eisenbahn-kurier.de
Gründungsjahr: 1989
Lieferbare Titel: 700
Novitäten: 50
Programm: Eisenbahn-Baureihenporträts, Bildbände, Regionale Verkehrsgeschichte, Eisenbahn-Geschichte, Video-DVD, Kalender, Zeitschriften
Ms.-Angebote erwünscht: nach vorheriger telefonischer Anfrage
Medium: Papierausdruck, E-Mail
Ms.-Rücksendung: ja, bei Rückporto

Ekkart-Verlag
Elisabeth Ekkart & Rolf Ihmels GbR
Jahnstr. 13
49080 Osnabrück
Tel. 0541 - 409 78 78, -77
Fax 0541 - 409 78 79
ev@ekkart-verlag.de
www.ekkart-verlag.de
Programm: Belletristik, Lyrik, Sach- und Kunstbücher zu Natur und Umwelt, Persönlichkeitsentwicklung
Ms.-Angebote erwünscht: nach vorheriger telefonischer Anfrage
Ms.-Rücksendung: ja, bei Rückporto

Elatus Verlag GmbH
Buchenweg 20
24568 Kaltenkirchen
Tel. 04191 - 95 88 86
Fax 04191 - 95 88 96
elatus-verlag@t-online.de
www.elatusverlag.de
Programm: Illustrierte Kinder- und Jugendbücher, Fabeln und Märchen, Elatus Klassiker

Elefanten Press
Neumarkter Str. 28
81673 München
Tel. 089 - 437 20
Fax 089 - 43 72 28 00
info@randomhouse.de
www.randomhouse.de
Verleger: Geschäftsführer: Klaus Eck, Joerg Pfuhl (CEO), Claudia Reitter
Verlagsgruppe: Verlagsgruppe Random House
Programm: Kinder und Jugendbuch

Elfenbein Verlag
Pappelallee 3-4
10437 Berlin
Tel. 030 - 44 32 77 69
Fax 030 - 44 32 77 80
info@elfenbein-verlag.de
www.elfenbein-verlag.de
Gründungsjahr: 1995
Lieferbare Titel: 70
Novitäten: 6-10
Programm: Deutsche und internationale Literatur
Ms.-Interessen: Übersetzungen
Ms.-Angebote erwünscht: als Exposé mit Textprobe von 5 Seiten
Medium: Papierausdruck
Ms.-Rücksendung: ja, bei Rückporto

Verlag Heinrich Ellermann GmbH
Poppenbütteler Chaussee 53
22397 Hamburg
Tel. 040 - 60 79 09 - 02
Fax 040 - 60 79 09 - 59
ellermann@vsg-hamburg.de
www.ellermann.de

Verleger: Thomas Huggle, Jan Weitendorf
Gründungsjahr: 1934
Verlagsgruppe: Oetinger-Verlagsgruppe
Lieferbare Titel: 120
Novitäten: 30
Programm: Bilderbücher, Vorlesebücher
Lektorat: Eva-Marie Kulka, Corinna Küpper. Programmleitung: Markus Niesen
Ms.-Angebote erwünscht: als Exposé mit Textprobe, als Manuskript
Medium: Papierausdruck
Ms.-Rücksendung: ja

Elsevier GmbH
Karlstr. 45
80333 München
089 - 53 83 - 0
Tel. 089 - 53 83 - 939
info@elsevier.de
www.elsevier.de
Verleger: Klaske Piebenga
Programm: Medizin und Gesundheit, Naturwissenschaften und Technik, Sachbuch und Ratgeber

Elster Verlag und Rio Verlag
Billrothstr. 20
CH-8008 Zürich
Schweiz
Tel. +41 (0)1 - 385 55 10
Fax +41 (0)1 - 385 55 19
elster-rio@access.ch
Programm: Französische, Iberische, Angelsächsische Literatur, Frauenreiseführer, Sachbücher, Kriminalromane

N.G. Elwert Verlag
Reitgasse 7/9
35037 Marburg/Lahn
Tel. 06421 - 17 09 - 0
Fax 06421 - 154 87
Verleger: Rudolf Braun-Elwert
Programm: Germanistik, Volkskunde, Geschichte des Mittelalters, Geschichte der Neuzeit, Politik, Recht, Religion

Emons Verlag
Lütticher Str. 38
50674 Köln
Tel. 0221 - 569 77 - 0
Fax 0221 - 52 49 37
info@emons-verlag.de
www.emons-verlag.de
Verleger: Hejo Emons
Gründungsjahr: 1984
Lieferbare Titel: 400
Novitäten: 60
Programm: Regio-Krimis, Kriminalromane, Film, Fernsehen, Nachschlagewerke, Fotografie, Ratgeber, Zeitgeschichte
Lektorat: Dr. Christel Steinmetz, Stefanie Rahnfeld
Ms.-Angebote erwünscht: als Exposé mit Textprobe von 30 Seiten
Medium: Papierausdruck
Ms.-Rücksendung: ja, mit Rückporto

Engel & Bengel
Verlag Erika Neuhauss
Haardtweg 3
67273 Bobenheim/Berg
Tel. 06353 - 81 07
Fax 06353 - 50 70 57

engelundbengel@hotmail.com
www.engelundbengel.de
Verleger: E. Neuhauss
Verlagsleitung: Dr. Karl Neuhauss
Programm: Sprachförderung, Bilderbücher, Schulbücher
Ms.-Angebote erwünscht: nach vorheriger telefonischer Anfrage
Ms.-Rücksendung: ja, bei Rückporto

Urs Engeler Editor
Schusterinsel 7
79576 Weil am Rhein
Tel. 0041 - 616 31 46 81
Fax 0041 - 616 33 10 57
urs@engeler.de
www.engeler.de
Verleger: Urs Engeler
Verlagsleitung: Urs Engeler
Zum Verlag: Belletristik
Gründungsjahr: 1996
Lieferbare Titel: 90
Novitäten: 10-15
Programm: Literaturwissenschaft, Lyrik, Philosophie, Prosa
Ms.-Angebote erwünscht: Textprobe von 10 Seiten
Medium: Papierausdruck
Ms.-Rücksendung: ja

Englisch Verlag GmbH
Töpferstr. 14
65191 Wiesbaden
Tel. 0611 - 942 72 - 0
Fax 0611 - 942 72 - 30
englisch@englisch-verlag.de
www.englisch-verlag.de
Verleger: Irving F. Englisch
Verlagsleitung: Iring F. Englisch
Programm: Kunst- und Kunsthandwerk
Lektorat: Programmleitung: Britta Sopp, britta.sopp@englisch-verlag.de
Ms.-Angebote erwünscht: nach vorheriger telefonischer Anfrage, als Exposé
Medium: E-Mail
Ms.-Rücksendung: ja, bei Rückporto

Verlag Engstler
Oberwaldbehrungen 10
97645 Ostheim/Rhön
Tel. 09774 - 85 84 90
Fax 09774 - 85 84 91
engstler-verlag@t-online.de
www.engstler-verlag.de
Verleger: Peter Engstler
Gründungsjahr: 1988
Programm: Belletristik, Lyrik, Politik
Ms.-Rücksendung: ja, bei Rückporto

Enke Verlag in MVS Medizinverlage Stuttgart GmbH & Co.KG
Oswald-Hesse-Str. 50
70469 Stuttgart
Tel. 0711 - 89 31 - 0
Fax 0711 - 89 31 - 706
www.medizinverlage.de
Verlagsleitung: Dr. Thomas Scherb, Albrecht Hauff
Programm: Tiermedizin
Ms.-Angebote erwünscht: als Exposé mit Textprobe von 10 Seiten
Medium: Diskette, E-Mail
Ms.-Rücksendung: ja

Ennsthaler Gesellschaft m.b.H. & Co KG
Stadtplatz 26
A-4402 Steyr

Österreich
Tel. +43 (0)7252 - 520 53
Fax +43 (0)7252 - 52 05 355
buero@ennsthaler.at
www.ennsthaler.at
Verleger: Gottfried Ennsthaler
Verlagsleitung: Gottfried Ennsthaler
Gründungsjahr: 1945
Lieferbare Titel: 440
Novitäten: 10-15
Programm: Schwerpunkte: Ratgeber für Gesundheit und Lebenshilfe, Alternativmedizin, Regionalia
Ms.-Angebote erwünscht: als Exposé, als Manuskript
Medium: Papierausdruck, Diskette, E-Mail, CD
Ms.-Rücksendung: ja

Ensslin im Arena Verlag
Rottendorfer Str. 16
97074 Würzburg
Tel. 0931 - 796 44 - 0
Fax 0931 - 796 44 - 13
www.arena-verlag.de
Verlagsleitung: Albrecht Oldenbourg
Lieferbare Titel: 400
Novitäten: 100
Programm: Jugendbücher, Kinderbücher, Lernspiele, Sachbücher, Klassiker der Jugendliteratur, Sagenbände
Ms.-Angebote erwünscht: als Exposé mit Textprobe
Medium: Papierausdruck
Ms.-Rücksendung: ja, bei Rückporto

EOS-Verlag
Erzabtei
86941 St. Ottilien
Tel. 08193 - 717 01
Fax 08193 - 717 09
www.eos-verlag.de
Verlagsleitung: P. Dr. Cyrill Schäfer OSB
Lieferbare Titel: 850
Novitäten: ca 30-50
Programm: Theologie, Geschichte, Kultur, Lebenshilfe, Lyrik, Philosophie
Ms.-Angebote erwünscht: nach vorheriger telefonischer Anfrage, als Exposé
Medium: Papierausdruck
Ms.-Rücksendung: ja, bei Rückporto

Epsilon Verlag Mark O. Fischer
Langer Rehm 29
25785 Nordhastedt
Tel. 04804 - 18 66 28
Fax 04804 - 18 66 31
epsilongrafix@web.de
www.epsilongrafix.de
Programm: Comics

EPV Elektronik-Praktiker-Verlagsgesellschaft mbH
Postfach 11 63
37115 Duderstadt
Tel. 05527 - 840 50
Fax 05527 - 84 05 21
info@epv-verlag.de
www.epv-verlag.de
Programm: Fachbücher und Schulungsmedien zu Elektrotechnik, Elektronik und Kommunikationstechnik

Eremiten-Presse
Fortunastr. 11
40235 Düsseldorf
Tel. 0211 - 66 05 90

Gründungsjahr: 1949
Lieferbare Titel: 120
Novitäten: 5
Programm: Bibliophile Bücher, Belletristik, Bildende Kunst, Lyrik
Ms.-Angebote erwünscht: nach vorheriger telefonischer Anfrage
Medium: Papierausdruck
Ms.-Rücksendung: ja, bei Rückporto

Ergon-Verlag Dr. H.J. Dietrich
Grombühlstr. 7
97080 Würzburg
Tel. 0931 - 28 00 84
Fax 0931 - 28 28 72
service@ergon-verlag.de
www.ergon-verlag.de
Verleger: Dr. Hans-Jürgen Dietrich
Verlagsleitung: Dr. Hans-Jürgen Dietrich
Lieferbare Titel: 900
Novitäten: 50-60
Programm: Archäologie, Bildbände, Erziehung, Islam, Orientalistik, Kulturgeschichte, Literaturwissenschaft, Philosophie, Politik, Psychologie, Recht, Religion, Soziologie, Religionswissenschaft, Theologie
Lektorat: Brigitt Miebach-Schrader
Ms.-Angebote erwünscht: nach vorheriger telefonischer Anfrage, als Manuskript
Medium: Papierausdruck, Diskette, E-Mail
Ms.-Rücksendung: nein

Erlanger Verlag für Mission und Ökumene
Postfach 68
91561 Neuendettelsau
Tel. 09874 - 917 00
Fax 09874 - 933 70
verlagsleitung@erlanger-verlag.de
www.erlanger-verlag.de
Verlagsleitung: Dr. Johannes Triebel
Gründungsjahr: 1897
Lieferbare Titel: 200
Novitäten: 5
Programm: Entwicklungszusammenarbeit, Mission, Ökumene, Religionen
Lektorat: Dr. Johannes Triebel
(Tel. 09874 - 917 00, Fax 09874 - 933 70)
Ms.-Angebote erwünscht: nach vorheriger telefonischer Anfrage, als Exposé mit Textprobe von 5 Seiten
Medium: Papierausdruck, Diskette, E-Mail
Ms.-Rücksendung: ja

Ernst & Sohn Verlag für Architektur und technische Wissenschaften GmbH & Co. KG
Bühringstr. 10
13086 Berlin
Tel. 030 - 470 31 - 200
Fax 030 - 470 31 - 270
info@ernst-und-sohn.de
www.ernst-und-sohn.de
Programm: Fachbücher für Bauingenieure und Architekten
Lektorat: Dipl.-Ing. Claudia Ozimek
Ms.-Angebote erwünscht: nach vorheriger telefonischer Anfrage
Medium: Papierausdruck

Verlag Esoterische Philosophie GmbH
Gödekeweg 8
30419 Hannover
Tel. 0511 - 75 53 31
Fax 0511 - 75 53 34
verlag@esoterische-philosophie.de
www.esoterische-philosophie.de
Verlegerin: Bärbel Ackermann
Verlagsleitung: Bärbel Ackermann
Gründungsjahr: 1984
Lieferbare Titel: 29
Programm: Esoterische Philosophie
Lektorat: Bärbel Ackermann

Esslinger Verlag J. F. Schreiber GmbH
Postfach 10 03 25
73703 Esslingen
Tel. 0711 - 31 05 94 - 6
Fax 0711 - 31 05 94 - 77
mail@esslinger-verlag.de
www.esslinger-verlag.de
Verlagsleitung: Anke Klein
Gründungsjahr: 1831
Verlagsgruppe: Klett-Verlagsgruppe
Lieferbare Titel: 700
Novitäten: 100
Programm: Kinderbücher, Bilder- und Märchenbücher, Reprints, Geschenkbücher
Lektorat: Sabine Frankholz, Sylvia Danzinger, Larissa Leibrock, Sibylle Schumann, Pia Jüngert
Ms.-Interessen: Bilderbuchtexte, Zielgruppe 3-6 jährige
Ms.-Angebote erwünscht: als Exposé, als Manuskript
Medium: Papierausdruck
Ms.-Rücksendung: ja, bei Rückporto

Verlag Esterbauer GmbH bikeline
Hauptstr. 31
A-3751 Rodingerdorf
Österreich
Tel. +43 (0)2893 - 289 82 - 0
Fax +43 (0)2893 - 289 82 - 500
bikeline@esterbauer.com
www.esterbauer.com
Verleger: Roland Esterbauer
Verlagsleitung: Roland Esterbauer
Gründungsjahr: 1986
Lieferbare Titel: 200
Programm: Radtourenbücher, Radkarten, Inline-Guides, Mountainbike-Guides

Ettlinger Verlag Gerold Kunz
Am Grabenacker 11
76275 Ettlingen
Tel. 07243 - 59 71 55
Fax 07243 - 941 83
kunz@ettlinger-verlag.de
www.ettlinger-verlag.de
Programm: Aggressionsfreie Spielebücher für die Schule und Offene Jugendarbeit
Ms.-Angebote erwünscht: als Manuskript
Medium: Papierausdruck
Ms.-Rücksendung: ja, bei Rückporto

Eulenspiegel-Verlag
Rosa-Luxemburg-Str. 39
10178 Berlin
Tel. 030 - 23 80 91 - 15
Fax 030 - 23 80 91 - 25
info@eulenspiegelverlag.de
www.eulenspiegelverlag.de
Verleger: Dr. Matthias Oehme

Verlagsleitung: Jacqueline Kühne, Dr. Matthias Oehme
Gründungsjahr: 1954
Lieferbare Titel: 180
Novitäten: 40
Programm: Humor, Satire
Ms.-Angebote erwünscht: nach vorheriger telefonischer Anfrage, als Exposé mit Textprobe von 25 Seiten
Ms.-Rücksendung: ja, bei Rückporto

Neues Leben im Eulenspiegel-Verlag
Neue Grünstr. 18
10179 Berlin
030 - 23 80 91 - 15
Tel. 030 - 23 80 91 - 25
info@eulenspiegelverlag.de
www.eulenspiegelverlag.de
Verleger: Dr. Matthias Oehme
Verlagsleitung: Jacqueline Kühne, Dr. Matthias Oehme
Gründungsjahr: 1954
Programm: Kinder-/Jugendbuch, Klassiker aktuell, Melodie & Rhythmus, Zeitgeschichte
Ms.-Angebote erwünscht: nach vorheriger telefonischer Anfrage, als Exposé mit Textprobe von 25 Seiten
Ms.-Rücksendung: ja, bei Rückporto

euregioverlag
Naumburger Str. 40
34127 Kassel
Tel. 0561 - 50 04 93 30
Fax 0561 - 50 04 93 40
info@euregioverlag.de
www.euregioverlag.de
Zum Verlag: Kunst, Kultur und Geschichte
Gründungsjahr: 1997
Lieferbare Titel: 30
Novitäten: 2-3
Programm: Fach- und Sachbücher, Regionalia, Kunst- und Kulturgeschichte, Geschichte, Judaica
Ms.-Angebote erwünscht: nach vorheriger telefonischer Anfrage
Medium: E-Mail
Ms.-Rücksendung: ja, mit Rückporto

Neuer Europa Verlag Leipzig GmbH
Nikolaistr. 33-37
04109 Leipzig
Tel. 0341 - 23 10 38 - 0
Fax 0341 - 23 10 38 20
info@neuer-europa-verlag.de
www.neuer-europa-verlag.de
Verleger: Arne Teutsch
Zum Verlag: Publikumsverlag
Gründungsjahr: 2006
Lieferbare Titel: 15
Novitäten: 20
Programm: Allgemeines und Politisches Sachbuch, Unterhaltung und Spannung, Biografien, Geschenkbuch
Ms.-Interessen: Narratives Sachbuch, Wirtschaftsthemen
Ms.-Angebote erwünscht: als Exposé mit Textprobe von 10 Seiten
Medium: Papierausdruck
Ms.-Rücksendung: ja, bei Rückporto

Europa Union Verlag GmbH
Holtorfer Str. 35
53229 Bonn
Tel. 0228 - 729 00 10
Fax 0228 - 729 00 13
service@eu-verlag.de

www.europa-union-verlag.de
Verleger: Stefan A. Entel
Gründungsjahr: 1959
Lieferbare Titel: 200
Novitäten: 12
Programm: Europäische und Internationale Politik: Monografien, Jahrbücher, Nachschlagewerke, Schriftenreihen
Lektorat: Gisbert Karsten,
Tel. 0228 - 729 00 11
Ms.-Angebote erwünscht: nach vorheriger telefonischer Anfrage
Medium: Papierausdruck, E-Mail
Ms.-Rücksendung: ja

Europäische Verlagsanstalt GmbH
Bei den Mühren 70
20457 Hamburg
Tel. 040 - 45 01 94 - 0
Fax 040 - 45 01 94 - 50
info@europaeische-verlagsanstalt.de
www.europaeische-verlagsanstalt.de
Verleger: Axel Rütters
Verlagsgruppe: EVA, Europäische Verlagsanstalt GmbH & Co. KG
Programm: Sachbuch: Zeitgeschichte, Politik, Kultur
Ms.-Angebote erwünscht: nach vorheriger telefonischer Anfrage
Ms.-Rücksendung: ja, mit Rückporto

Verlag Europa-Lehrmittel Nourney, Vollmer GmbH & Co.
Düsselberger Str. 23
42781 Haan-Gruiten
Tel. 02104 - 69 16 - 0
Fax 02104 - 69 16 - 27
info@europa-lehrmittel.de
www.europa-lehrmittel.de
Verleger: Joachim Nourney
Gründungsjahr: 1948
Lieferbare Titel: 600
Programm: Fachbücher und Schulbücher für die Aus- und Weiterbildung
Lektorat: Frau Dr. Grote-Wolff (Technik, Naturwissenschaften), Herr B. Buir (Wirtschaft, Gastronomie)
Ms.-Angebote erwünscht: nach vorheriger telefonischer Anfrage, als Exposé, als Exposé mit Textprobe, als Manuskript
Medium: Papierausdruck, Diskette, E-Mail
Ms.-Rücksendung: ja

Evangelische Verlagsanstalt GmbH
Blumenstr. 76
04155 Leipzig
Tel. 0341 - 71 14 10
Fax 0341 - 711 41 30
info@eva-leipzig.de
www.eva-leipzig.de
Programm: Belletristik, Bildbände, Fachzeitschriften, Evangelische Religion
Ms.-Angebote erwünscht: als Exposé mit Textprobe von 15-20 Seiten
Medium: Papierausdruck
Ms.-Rücksendung: ja, bei Rückporto

PV Medien gGmbH
Karlstr. 46
76133 Karlsruhe
Tel. 0721 - 932 75 - 0
Fax 0721 - 932 75 - 20
info@pv-medien.de
www.standpunkte.de

Verleger: Christoph Roppel, Geschäftsführer
Programm: Belletristik, Religion
Ms.-Angebote erwünscht: nach vorheriger telefonischer Anfrage

Eye Literaturverlag EYE Literatur der Wenigerheiten
Graf 135
A-6500 Landeck
Österreich
Tel. +43 (0)5442 - 630 43
nitsche.g@tirol.com
www.brg-landeck.tsn.at/eye/
Verleger: Gerald Kurdoglu Nitsche
Verlagsleitung: Gerald Kurdoglu Nitsche
Zum Verlag: Kleinverlag, Schwerpunkt: Lyrik in kleinen Auflagen und bibliophiler Ausstattung, Reihe »Am Herzen Europas«, Anthologien, europäische Minoritäten
Gründungsjahr: 1996
Lieferbare Titel: 15
Programm: Bibliophile Bücher, Lyrik von Minoritäten
Lektorat: Dr. Armin Eidherr, G.K. Nitsche
Ms.-Interessen: Lyrik: Kurden, Armenier, Roma, Sinti
Ms.-Angebote erwünscht: als Exposé, als Exposé mit Textprobe
Medium: E-Mail
Ms.-Rücksendung: ja

FAB-Verlag
Bundesallee 108
12161 Berlin
Tel. 030 - 85 96 70 16
Fax 030 - 85 36 70 17
verlag@fab-berlin.de
www.fab-berlin.de
Gründungsjahr: 1971
Programm: Berlin: Architektur, Bildbände, Comics, Datenbank, Essen und Trinken, Zeitgeschichte, Zoologie
Ms.-Angebote erwünscht: nach vorheriger telefonischer Anfrage
Medium: E-Mail
Ms.-Rücksendung: nein

Verlag Faber & Faber Leipzig
Mozartstr. 8
04107 Leipzig
Tel. 0341 - 391 11 46
Fax 0341 - 215 67 84
verlag@faberundfaber.de
www.faberundfaber.de
Verleger: Elmar Faber, Michael Faber
Verlagsleitung: Elmar Faber & Michael Faber
Programm: Graphische Bücher, Pressedrucke, Belletristik, Bildende Kunst, Lyrik
Lektorat: Michael Faber
Ms.-Angebote erwünscht: als Exposé
Medium: E-Mail
Ms.-Rücksendung: ja, bei Rückporto

Fachbuchverlag Leipzig GmbH
Zschochersche Str. 48b
04229 Leipzig
Tel. 0341 - 48 53 50
Fax 0341 - 480 62 20
www.hanser.de
Programm: Ingenieur-Fachbücher

Fachbuchverlag Pfanneberg
Düsselberger Str. 23
42781 Haan-Gruiten
Tel. 02104 - 691 60
Fax 02104 - 69 16 27
info@pfanneberg.de
www.pfanneberg.de
Verleger: Joachim Nourney
Programm: Gastronomie-Fachbücher und -Ausbildung
Lektorat: Benno Buir, buir@europa-lehrmittel.de
Ms.-Angebote erwünscht: als Exposé mit Textprobe, als Manuskript
Medium: Papierausdruck, E-Mail
Ms.-Rücksendung: ja

Fahrner & Fahrner
Bergerstr. 278
60385 Frankfurt am Main
Tel. 069 - 58 47 77
barbarafahrner@fahrnerandfahrner.com
www.fahrnerandfahrner.com
Verleger: Barbara Fahrner, Markus Fahrner
Verlagsleitung: Barbara Fahrner, Markus Fahrner
Zum Verlag: Unikatbücher und kleine Auflagen
Gründungsjahr: 1982
Programm: Künstlerbücher
Ms.-Rücksendung: nein

Ch. Falk-Verlag
Ischl 11
83370 Seeon
Tel. 08667 - 14 13
Fax 08667 - 14 17
email@chfalk-verlag.de
www.chfalk-verlag.de
Verlegerin: Christa Falk
Gründungsjahr: 1982
Lieferbare Titel: 275
Novitäten: 10-16
Programm: Neue Spiritualität, Engel-Literatur, Kinderbücher
Lektorat: A.-Ch. Rassmann
Ms.-Interessen: New Age, Frauen, Engel, alles was in die neue Zeit weist
Ms.-Angebote erwünscht: nach vorheriger telefonischer Anfrage, als Manuskript
Medium: Papierausdruck, Diskette
Ms.-Rücksendung: ja, bei Rückporto

Fannei & Walz Verlag
Bundesallee 108
12161 Berlin
Tel. 030 - 85 96 70 16
Fax 030 - 85 96 70 17
verlag@fannei-walz.de
Gründungsjahr: 1987
Programm: Berlin-Literatur, Kunst- und Kulturgeschichte
Ms.-Angebote erwünscht: nach vorheriger telefonischer Anfrage
Medium: E-Mail
Ms.-Rücksendung: nein

Fantasy Productions
Ludenberger Str. 14
40699 Erkrath
Tel. 0211 - 92 43 - 0
Fax 0211 - 92 43 - 410
www.fanpro.com
Verleger: Werner Fuchs
Novitäten: 35

Programm: Fantasy (Das schwarze Auge), Science Fiction (ShadowRun...), Battletech, Spiele, Romane, Atlan, George R.R. Martin
Lektorat: Catherine Beck
Ms.-Interessen: nur Produktserien (Das schwarze Auge, ShadowRun), Battletech
Ms.-Angebote erwünscht: als Exposé mit Textprobe von 10 Seiten
Medium: Papierausdruck, E-Mail
Ms.-Rücksendung: ja, bei Rückporto

Farren Bel Verlag
Heuduckstr. 10
66117 Saarbrücken
Tel. 0681 - 595 92 69
Fax 0681 - 595 92 68
farrenbel@gmx.de
www.farrenbel.de
Verleger: Ralph Nerbe
Verlagsleitung: Ralph Nerbe
Gründungsjahr: 2000
Lieferbare Titel: 10
Novitäten: 2-4
Programm: Esoterik, Philosophie, Spiritualität, Gesundheit, Psychologie
Ms.-Angebote erwünscht: als Exposé mit Textprobe von 3 Seiten
Medium: Papierausdruck, Diskette, E-Mail
Ms.-Rücksendung: nein

Favorit-Verlag
Stettiner Str. 16
76437 Rastatt
Tel. 07222 - 222 54, 222 55
Fax 07222 - 298 38
info@favorit-verlag.de
www.favorit-verlag.de
Verleger: Michael Markus
Verlagsleitung: Michael Markus, Trudel Huntemann, Ilse Markus
Gründungsjahr: 1964
Lieferbare Titel: 450
Novitäten: 80
Programm: Pappenbücher, Lesebücher, Bilderbücher, Vorschul- und Schulbegleitende Lern- und Übungsbücher, Malbücher und Aktivitätsbücher
Lektorat: Regine Götz
Ms.-Angebote erwünscht: nach vorheriger telefonischer Anfrage
Medium: Papierausdruck, Diskette
Ms.-Rücksendung: ja, bei Rückporto

FDNF Fahrradtouristik GmbH
Hauptstr. 19
29471 Gartow/ Elbe
Tel. 05846 - 93 10
Fax 05846 - 93 12
fdnf-gartow@t.online.de
www.fdnf.de
Programm: Sport, Fitness, Radwanderführer

Feder&Schwert GmbH
Wasserwerkstr. 204
68309 Mannheim
Tel. 0621 - 720 79 80
Fax 0621 - 720 79 81
www.feder-und-schwert.com
Verlegerin: Ursula Hoffmann
Verlagsleitung: Oliver Hoffmann
Zum Verlag: Verlag für phantastische Literatur und Rollenspiel
Gründungsjahr: 1989

Lieferbare Titel: 120
Novitäten: 35
Programm: Phantastik
Lektorat: Oliver Hoffmann (Leitender Lektor), 0621 - 720 79 84, ohoffmann@feder-und-schwert.com; Holger Raab, 0621 - 720 79 84, hraab@feder- und-schwert.com

fibre Verlag
Martinistr. 37
49080 Osnabrück
Tel. 0541 - 43 18 38
Fax 0541 - 43 27 86
info@fibre-verlag.de
www.fibre-verlag.de ; www.ost-mittel-europa.de ; www.eu-ost.de
Verleger: Dr. Peter Fischer
Verlagsleitung: Dr. Peter Fischer
Programm: Sachbücher, Wissenschaftliche Literatur, Belletristik aus und über Ostmittel- und Osteuropa
Ms.-Angebote erwünscht: als Exposé mit Textprobe von 20 Seiten
Medium: Papierausdruck
Ms.-Rücksendung: ja, bei Rückporto

Fidula-Verlag Holzmeister GmbH
Ahornweg 19-21
56154 Boppard
Tel. 06742 - 24 88
Fax 06742 - 26 61
info@fidula.de
www.fidula.de
Verleger: Georg Holzmeister
Verlagsleitung: Georg Holzmeister
Gründungsjahr: 1948
Lieferbare Titel: 400
Novitäten: 10
Programm: Schwerpunkte: Musikpädagogik, Kinderlieder und -Spiele, Kindertänze, Schulmusicals. Liederbücher, Tänze und Bewegungsanleitungen, Chormusik
Ms.-Interessen: Texte für Kinderlieder und Tänze, Musicals für Sek. I und II und Grundschule
Ms.-Angebote erwünscht: nach vorheriger telefonischer Anfrage
Medium: Papierausdruck
Ms.-Rücksendung: ja, mit Rückporto bei unverlangtem Manuskript

Wolfgang Fietkau Verlag
Ernst-Thälmann-Str. 152
14532 Kleinmachnow
Tel. 033203 - 711 05
Fax 033203 - 711 09
post@fietkau.de
www.fietkau.de
Verleger: Wolfgang Fietkau
Verlagsleitung: Wolfgang Fietkau
Gründungsjahr: 1959
Lieferbare Titel: 44
Novitäten: 1
Programm: Belletristische Kleinkunst, Gesellschaftskritische Lyrik, Experimentelle Literatur
Lektorat: Wolfgang Fietkau
Ms.-Angebote: nur auf Einladung

Finanz Buch Verlag GmbH
Frundsbergstr. 23
80634 München
Tel. 089 - 651 28 50
Fax 089 - 65 20 96
info@finanzbuchverlag.de
www.finanzbuchverlag.de

Verlagsleitung: Christian Jund
Gründungsjahr: 1996
Lieferbare Titel: 140
Novitäten: 50
Programm: Finanzbücher

Wihelm Fink Verlag
Jühenplatz 1-3
33098 Paderborn
Tel. 05251 - 127-5
Fax 05251 - 127-860
kontakt@fink.de
www.fink.de
Programm: Kunst- und Medienwissenschaften, Kulturgeschichte, Philosophie

Finken-Verlag GmbH
Zimmersmühlenweg 40
61440 Oberursel
Tel. 06171 - 63 88 - 0
Fax 06171 - 63 88 44
info@finken.de
www.finken.de
Verleger: Manfred Krick
Gründungsjahr: 1949
Lieferbare Titel: 400
Novitäten: 40
Programm: Fachverlag für Unterrichtsmittel: Lernhilfen, Unterrichtsmaterialien für den Kindergarten und die Klassen 1-6, Unterrichtsprojekte, Sprachen-Lernkonzepte, Lernspiele
Lektorat: Susanne Kortmann (Grundschule), Doris Fischer (Spracherwerb, Grundschule, Sekundarstufe), Brigitte Heil (Kindergarten)
Ms.-Angebote erwünscht: als Exposé
Medium: E-Mail an m.krick@finken.de

Firwitz Verlag e.K.
Katharinenstraße 6
45131 Essen
Tel. 01520 - 454 02 00
info@firwitz.de
Programm: Ferne Länder

Harald Fischer Verlag GmbH
Theaterplatz 31
91054 Erlangen
Tel. 09131 - 20 56 20
Fax 09131 - 20 60 28
info@haraldfischerverlag.de
www.haraldfischerverlag.de
Gründungsjahr: 1984
Programm: Bücher: Medizinethik, Tierethik
Ms.-Angebote erwünscht: nach vorheriger telefonischer Anfrage
Ms.-Rücksendung: ja, bei Rückporto

Verlag Reinhard Fischer
Weltistr. 34
81477 München
Tel. 089 - 791 88 92
Fax 089 - 791 83 10
verlagfischer@compuserve.de
www.verlag-reinhard-fischer.de
Gründungsjahr: 1982
Lieferbare Titel: 320
Novitäten: 20
Programm: Medienwissenschaft, Film, Fernsehen, Journalismus, Kommunikationswissenschaften, Publizistik
Ms.-Angebote erwünscht: nach vorheriger telefonischer Anfrage
Medium: Datenträger PDF-Format
Ms.-Rücksendung: nein

S. Fischer Verlag
Hedderichstr. 114
60596 Frankfurt am Main
Tel. 069 - 60 62 - 0
Fax 069 - 60 62 - 319
info@fischerverlage.de
www.fischerverlage.de
Verlegerin: Monika Schoeller
Verlagsleitung: Lothar Kleiner (Kaufmännischer Geschäftsführer), Jörg Bong, Peter Lohmann, Uwe Rosenfeld
Programm: Belletristik, Sachbuch
Ms.-Angebote erwünscht: als Manuskript
Medium: Papierausdruck
Ms.-Rücksendung: ja

Fischer Taschenbuch Verlag GmbH
Hedderichstr. 114
60569 Frankfurt am Main
Tel. 069 - 60 62 - 0
Fax 069 - 60 62 - 319
info@fischer-tb.de
www.fischer-tb.de
Verlegerin: Monika Schoeller
Verlagsleitung: Monika Schoeller, Lothar Kleiner
Verlagsgruppe: S. Fischer-Verlage
Programm: Literatur, Unterhaltung, Kriminalromane, Biografien, Kinder- und Jugendbücher, Klassiker, Geschichte, Handbücher, Ratgeber, Wissenschaft
Ms.-Angebote erwünscht: als Exposé, als Manuskript
Medium: Papierausdruck
Ms.-Rücksendung: ja

Fit fürs Leben Verlag in der NaturaViva Verlags GmbH
Lukas-Moser-Weg 4
71263 Weil der Stadt
Tel. 07033 - 138 08 16
Fax 07033 - 138 08 17
info@naturavivaverlag.de
www.naturavivaverlag.de
Verlegerin: Simone Graff
Gründungsjahr: 1999
Lieferbare Titel: 60
Novitäten: 5
Programm: Ernährung, Gesundheit, Ganzheitliche Medizin, Umwelt
Ms.-Angebote erwünscht: nach vorheriger telefonischer Anfrage, als Exposé mit Textprobe von 10 Seiten
Ms.-Rücksendung: ja

Erich Fleischer Verlag
Clüverstr. 20
28832 Achim
Tel. 04202 - 517 - 0
Fax 04202 - 517 - 41
info@efv-online.de
www.efv-online.de
Gründungsjahr: 1954
Programm: Fachverlag für Steuerrecht: Lehrbücher, Handkommentare, Fachzeitschriften, Loseblatt-Sammlungen
Ms.-Angebote erwünscht: nach vorheriger telefonischer Anfrage

Fleischhauer & Spohn Gmbh & Co. KG
Mundelsheimer Str. 3
74321 Bietigheim-Bissingen
Tel. 07142 - 596 - 161
Fax 07142 - 596 - 280

info@verlag-fleischhauer.de
www.verlag-fleischhauer.de
Verleger: Thomas Bez
Verlagsleitung: Dieter Keilbach
Gründungsjahr: 1830
Lieferbare Titel: 50
Novitäten: 3-5
Programm: Reise-, Ausflugs- und Radführer für Familien mit Kindern (mit Kindern entdecken ... radeln ..., unterwegs erleben); Gebiete: Regionen in Deutschland
Lektorat: Dieter Keilbach (Verlagsleitung)
Ms.-Angebote erwünscht: als Exposé
Medium: Papierausdruck, Diskette
Ms.-Rücksendung: ja

Fleurus Verlag GmbH
Lindenstr.20
50674 Köln
Tel. 0221 - 13 05 68 68
Fax 0221 - 13 05 68 89
info@fleurus.de
www.fleurus.de
Verleger: Klaus Kramp
Verlagsleitung: Klaus Kramp
Gründungsjahr: 1994
Lieferbare Titel: 200
Novitäten: 40
Programm: Kinder- und Jugendsachbücher
Lektorat: Sabine Hartel, Tel. 0221 - 13 05 68 - 71, s.hartel@fleurus.de
Ms.-Angebote erwünscht: nach vorheriger telefonischer Anfrage, als Exposé mit Textprobe, als Manuskript
Medium: Papierausdruck, E-Mail
Ms.-Rücksendung: ja, mit Rückporto

Fly & Fun-Verlag
von-Stauffenberg- Str. 41
82008 Unterhaching
Tel. 089 - 930 61 25
Fax 089 - 930 22 36
flyandfun-verlag@t-online.de
www.flyandfun.de
Verlegerin: Hannelore M. Wagner
Verlagsleitung: Hannelore M. Wagner
Gründungsjahr: 1996
Lieferbare Titel: 8
Programm: Reiseliteratur
Ms.-Angebote erwünscht: als Manuskript
Medium: Papierausdruck
Ms.-Rücksendung: ja, bei Rückporto

FM-Verlag »FMV« Konstanze Halt
Konrad-Adenauer-Str. 32
63073 Offenburg
Tel. 069 - 91 50 91 49
Fax 069 - 91 50 91 50
buero-managemant@t-online.de
www.fm-verlag.de/buchbestellungen
Programm: Juristische Fachliteratur

FN-Verlag der Deutschen Reiterlichen Vereinigung GmbH
Freiherr-von-Langen-Str. 13
48231 Warendorf
Tel. 02581 - 63 62 - 115
Fax 02581 - 63 31 46
fnverlag@fn-dokr.de
www.fnverlag.de
Verlagsleitung: Siegmund Friedrich, Rainer Reisloh
Zum Verlag: Fachbuchverlag Pferdesport und -zucht
Gründungsjahr: 1977

Lieferbare Titel: 300
Novitäten: 15
Programm: Reitsport, Bildbände, Comics, Jugendbücher, Kinderbücher, Sport, Fitness, Tiermedizin, Videos, CD-ROM
Lektorat: Dr. Carla Mattis, Tel. 02581 - 63 62 - 217, cmattis@fn-dokr.de
Ms.-Angebote erwünscht: nach vorheriger telefonischer Anfrage
Medium: Papierausdruck
Ms.-Rücksendung: ja

Folio Verlagsgesellschaft mbH
Grüngasse 9
A-1050 Wien
Österreich
Tel. +43 (0)1 - 58 13 70 80
Fax +43 (0)1 - 581 37 08 20
office@folioverlag.com
www.folioverlag.com
Verleger: Dr. Ludwig Paulmichl, Mag. Hermann Gummerer
Gründungsjahr: 1993
Lieferbare Titel: 120
Programm: Belletristik-Schwerpunkt: Osteuropa und Italien, Kunstkataloge, Südtirol, Architektur, Historische Romane, Bildbände, Bildende Kunst, Film, Fernsehen, Frauenforschung, Geschichte der Neuzeit, Journalismus, Kulturgeschichte, Kurzgeschichten, Lyrik, Philoso
Ms.-Angebote erwünscht: als Exposé mit Textprobe von 30 Seiten
Medium: Papierausdruck
Ms.-Rücksendung: ja, bei Rückporto

Food Edition Fischer Piepenbrock
Baumstr. 4
80469 München
Tel. 089 - 200 27 13
Fax 089 - 20 02 71 50
info@fp-food.de
www.fp-food.de
Programm: Essen und Trinken
Ms.-Angebote erwünscht: als Exposé
Medium: Papierausdruck, E-Mail
Ms.-Rücksendung: ja

Forkel Verlag GmbH
Im Weiher 10
69121 Heidelberg
Tel. 06221 - 489 - 0
Fax 06221 - 489 - 450
info@huethig.de
www.huethig.de
Programm: Siehe Hüthig GmbH

form + zweck
Dorotheenstr. 4
12557 Berlin
Tel. 030 - 655 57 22
Fax 030 - 65 88 06 53
petruschat@t-online.de
www.formundzweck.com
Programm: Theorie und Geschichte von Gestaltung, Kulturgeschichte

Fortis Verlag
Sieglarer Str. 2
53842 Troisdorf
Tel. 02241 - 39 76 - 0
Fax 02241 - 39 76 - 390
info@fortis-verlag.de
www.fortis-verlag.de
Programm: Fachhochschul-Literatur

Forum Verlag Leipzig
Buchgesellschaft mbH
Gottschedstr. 30
04109 Leipzig
Tel. 0341 - 980 50 - 08
Fax 0341 - 980 50 - 07
info@forumverlagleipzig.de
www.forumverlagleipzig.de
Verlegerin: Helen Jannsen
Zum Verlag: Politisches Sachbuch
Gründungsjahr: 1995
Lieferbare Titel: 50
Novitäten: 6-10
Programm: Deutsche Einigung, DDR-Geschichte, Politik, Regionalia, Humor, Satire
Lektorat: N.N.
Ms.-Angebote erwünscht: als Exposé mit Textprobe von 20 Seiten
Medium: Papierausdruck, Diskette, E-Mail
Ms.-Rücksendung: ja

A. Francke Verlag
Dischingerweg 5
72070 Tübingen
Tel. 07071 - 97 97 - 0
Fax 07071 - 97 97 11
www.francke.de
Verleger: Dr. Gunter Narr
Gründungsjahr: 1831
Novitäten: ca. 60
Programm: Archäologie, Fachzeitschriften, Geschichte, Kulturgeschichte, Lern-Software, Literaturwissenschaft, Nachschlagewerke, Wörterbücher, Philosophie, Theologie, Sprachwissenschaften, Theaterwissenschaft, Wirtschaftswissenschaft
Lektorat: Angelika Pfaller
Ms.-Angebote erwünscht: nach vorheriger telefonischer Anfrage, als Exposé mit Textprobe
Medium: Papierausdruck
Ms.-Rücksendung: ja, bei Rückporto

Verlag der Francke Buchhandlung GmbH
Am Schwanhof 19
35037 Marburg
Tel. 06421 - 17 25 - 11
Fax 06421 - 17 25 - 30
francke@francke-buch.de
www.francke-buch.de
Verlagsleitung: Dr. Klaus Meiß
Zum Verlag: Konfessioneller Verlag
Lieferbare Titel: 300
Novitäten: 60
Programm: Christliche Literatur: Belletristik, Historische Romane, Kriminalromane, Bildung, Erziehung, Jugendbücher, Kinderbücher, Lebenshilfe, Ratgeber, Religion
Lektorat: A. Meiß (ameiss@francke-buch.de), K. Bluthardt (bluthardt@francke-buch.de)
Ms.-Interessen: Christliche Romane für Kinder und Erwachsene
Ms.-Angebote erwünscht: nach vorheriger telefonischer Anfrage, als Exposé
Medium: Papierausdruck
Ms.-Rücksendung: ja, bei Rückporto

Franckh-Kosmos Verlags-GmbH & Co. KG
Pfizerstr. 5-7
70184 Stuttgart
Tel. 0711 - 21 91 - 0
Fax 0711 - 21 91 - 320
info@kosmos.de
www.kosmos.de
Verlagsleitung: Axel Meffert
Gründungsjahr: 1822
Lieferbare Titel: 1800
Novitäten: 350
Programm: Ratgeber und Sachbücher zu: Natur, Garten, Heimtiere, Reiten und Pferde, Kinder und Jugend, Astronomie, Angeln und Jagd, Eisenbahn und Nutzfahrzeuge, Naturwissenschaft und Technik
Ms.-Angebote erwünscht: nach vorheriger telefonischer Anfrage

Frank & Timme GmbH
Wittelsbacherstraße 27a
10707 Berlin
Tel. 030 - 88 66 79 11
Fax 30 - 86 39 87 31
info@frank-timme.de
Verlegerin: Dr. Karin Timme
Verlagsleitung: Dr. Karin Timme
Gründungsjahr: 2004
Novitäten: ca. 50-70
Programm: Wissenschaft
Ms.-Angebote erwünscht: nach vorheriger telefonischer Anfrage, als Exposé mit Textprobe von 15 Seiten, als Manuskript
Medium: Papierausdruck, E-Mail
Ms.-Rücksendung: ja

Frankfurter Verlagsanstalt
Wildunger Str. 6a
60487 Frankfurt am Main
Tel. 069 - 96 22 06 -10
Fax 069 - 96 22 06 - 15
info@frankfurter-verlagsanstalt.de
www.frankfurter-verlagsanstalt.de
Lieferbare Titel: 100
Programm: Zeitgenössische Deutsche und Internationale Belletristik, Biografien
Ms.-Angebote erwünscht: als Manuskript
Medium: Papierausdruck
Ms.-Rücksendung: ja, bei Rückporto

Fränkischer Tag Buchverlag
Gutenbergstr. 1
96050 Bamberg
Tel. 0951 - 188 - 125
Fax 0951 - 188 - 529
buchbestellung@fraenkischer-tag.de
www.ft-buchverlag.de
Novitäten: 5
Programm: Regionales (Bamberg)

Franzis Verlag GmbH
Gruber Str. 46
85586 Poing
Tel. 08121 - 95 - 14 44
Fax 08121 - 95 -16 96
info@franzis.de
www.franzis.de
Verleger: Thomas Käsbohrer
Verlagsleitung: Thomas Käsbohrer
Zum Verlag: Fachliteratur für den Einsteiger über den ambitionierten Nutzer bis hin zum professionellen Anwender
Gründungsjahr: 1948

Lieferbare Titel: 500
Novitäten: 100-150
Programm: Bücher und Software zu: Computer, Elektronik, Anwendungen, Spiele, Telekommunikation
Lektorat: PC-Buch: Peter Schmid-Meil (Dw-1811), pschmidmeil@franzis.de; Software: Ulf Schulmeyer (Dw-1815), uschulmeyer@franzis.de; Elektronik: Michael Büge (Dw-1810), mbuege@franzis.de
Ms.-Angebote erwünscht: als Exposé
Medium: E-Mail
Ms.-Rücksendung: ja

Frauenbuchverlag
Georgenstr. 123
80797 München
Tel. 089 - 20 11 93 - 0
Fax 089 - 20 11 93 - 20
Programm: Romane, Erzählungen, Analysen, Berichte, Handbücher, Bildbände, Karikaturen

Frauenoffensive Verlags GmbH
Weißenburgerstr. 40
81667 München
Tel. 089 - 48 95 00 48
Fax 089 - 48 95 00 49
info@verlag-frauenoffensive.de
www.verlag-frauenoffensive.de
Gründungsjahr: 1974
Programm: Frauenbewegung, Romane, Autobiografien, Theorie, Philosophie, Geschichte, Theologie, Sozialisation, Therapie
Ms.-Angebote erwünscht: als Exposé mit Textprobe von 20 Seiten, als Manuskript
Medium: Papierausdruck
Ms.-Rücksendung: ja, bei Rückporto

Fachverlag Dr. Fraund GmbH
An der Brunnenstube 33-45
55120 Mainz-Mombach
Tel. 06131 - 62 05 - 0
Fax 06131 - 62 05 - 44
www.fraund.de
Verlagsleitung: Henning Seibert
Programm: Wein, Pferde, Sport, Bildbände, Essen und Trinken
Ms.-Angebote erwünscht: nach vorheriger telefonischer Anfrage
Medium: Papierausdruck, Diskette
Ms.-Rücksendung: ja, bei Rückporto

frechverlag
Turbinenstr. 7
70499 Stuttgart
Tel. 0711 - 830 86 - 0
Fax 0711 - 838 05 97, 830 86 69
frechverlag@t-online.de
www.frech.de
Verleger: Marion Milkan (Geschäftsführung), Michael Zirn (Marketing Leitung), Marco Mering (Leitung Vertrieb)
Gründungsjahr: 1955
Verlagsgruppe: WEKA Augsburg
Lieferbare Titel: 450
Novitäten: 160
Programm: Bastelbücher, Kreativtechniken, Anleitungsbücher, Künstlerbedarf, Basteln mit Papier, Maltechniken, Kinderbasteln, Floristik, Modellieren, Aktuelle Materialien, Häkeln, Stricken
Lektorat: Dr. Ulrike Voigt (Ltg. Productmanagement), Dr. Bernhard Auge (Ltg. Productmanagement Basteln)

Ms.-Interessen: Alle n e u e n und originellen Kreativtechniken und Motive
Ms.-Angebote erwünscht: als Exposé mit Fotos oder gebastelten Originalen
Medium: Papierausdruck, Diskette, E-Mail
Ms.-Rücksendung: ja

Fredebold & Partner GmbH
Schaafenstraße 25
50676 Köln
Tel. 0221 - 65 08 06 - 00
Fax 0221 - 65 08 06 - 66
werner@fredebold.de
www.fredebold.de
Verleger: Werner Fredebold
Verlagsleitung: Werner Fredebold; Programmverantwortung: Dr. Heike Fischer
Zum Verlag: Deutsche Autoren, Label: fredebold und fischer
Gründungsjahr: 2007
Novitäten: 10-12
Programm: Fantasy, Historischer Roman, Frauenroman, Krimi, Thriller

Frederking & Thaler Verlag GmbH
Königinstr. 9
80539 München
Tel. 089 - 121 13 - 11
Fax 089 - 121 12 - 14
www.frederking-thaler.de
Verleger: Martin Dort
Verlagsleitung: Johannes Heyne
Programm: Bildbände, Kulturgeschichte, Natur, Reisen, Natur-, Kultur-, Reiseberichte
Lektorat: Ute Heek, Iris Forster, Philip Laubach, Esther Dur
Ms.-Angebote erwünscht: als Exposé mit Textprobe von ca 20 Seiten, als Manuskript
Medium: Papierausdruck
Ms.-Rücksendung: ja, bei Rückporto

Freie Presse Chemnitzer Verlag
Brückenstr. 15
09111 Chemnitz
Tel. 0371 - 65 61 01 60
Fax 0371 - 65 61 70 16
buchprogramm@freiepresse.de
www.freiepresse.de
Verleger: Dr. Thomas Schaub
Verlagsleitung: Johannes Schulze
Zum Verlag: Regionales, Geschichte, Kultur, Sachsen
Gründungsjahr: 1992
Lieferbare Titel: 70
Novitäten: 10
Programm: Regionales, Geschichte, Kultur, Sachsen
Lektorat: Matthias Zwarg
Ms.-Angebote erwünscht: nach vorheriger telefonischer Anfrage, als Exposé mit Textprobe von 10 Seiten, als Manuskript
Medium: Papierausdruck
Ms.-Rücksendung: ja, bei Rückporto

Verlag Freies Geistesleben + Urachhaus GmbH
Landhausstr. 82
70190 Stuttgart
Tel. 0711 - 28 53 20 - 0
Fax 0711 - 285 32 10
info@geistesleben.com/
info@urachhaus.com
geistesleben.com oder urachhaus.com

Verlagsleitung: Jean-Claude Lin, Frank Berger
Programm: Anthroposophie, Bildung, Erziehung, Gesundheit, Jugendbücher, Kinderbücher, Kulturgeschichte, Lebenshilfe, Medizin, Musik, Naturwissenschaft, Philosophie, Ratgeber, Schulbücher, Bilderbücher
Ms.-Angebote erwünscht: nach vorheriger telefonischer Anfrage
Medium: Papierausdruck, Diskette, E-Mail
Ms.-Rücksendung: ja, bei Rückporto

Freimund-Verlag
Missionsstr. 3
91564 Neuendettelsau
Tel. 09874 - 689 33 - 12
Fax 09874 - 689 39 - 99
kontakt@freimund-verlag.de
www.freimund-verlag.de
Verlagsleitung: Albrecht Immanuel Herzog
Zum Verlag: Theologie und christlicher Glaube
Gründungsjahr: 1925
Lieferbare Titel: 300
Novitäten: 8-10
Programm: Andacht, Predigt, Gebet, Biografien, christliche Bellestristik, reformatorische und ökumenische Theologie, christliche Lebenshilfe
Lektorat: Pfarrer Albrecht Immanuel Herzog, herzog@freimund-verlag.de
Ms.-Angebote erwünscht: als Manuskript
Medium: Papierausdruck, E-Mail
Ms.-Rücksendung: ja, bei Rückporto

Verlag Freimut & Selbst
Dorotheenstr. 16
12557 Berlin
Tel. 030 - 65 26 52 72
fs@freimutselbst.de
www.freimutselbst.de
Gründungsjahr: 1996
Programm: Orgelbau, Heilwesen, Belletristik, Geistes- und Sozialwissenschaften, Gesellschaftspolitik

Michael Friedel MM Photodrucke GmbH
Frasshauserstr. 6
83623 Steingau/Dietramszell
Tel. 08024 - 43 01
Fax 08024 - 87 95
info@michael-friedel.de
www.michael-friedel.de
Verleger: Michael Friedel
Gründungsjahr: 1978
Programm: Bildbände (mit 80 % Bildanteil), Fotografie, Reisen, Fernreisen, Poster, Postkarten
Ms.-Angebote erwünscht: Papierausdruck
Ms.-Rücksendung: nein

Friedenauer Presse Katharina Wagenbach-Wolff
Carmerstr. 10
10623 Berlin
Tel. 030 - 312 99 23
Fax 030 - 312 99 02
Programm: Lyrik, Belletristik, Bibliophile Bücher

frommann-holzboog
König-Karl-Str. 27
70372 Stuttgart
Tel. 0711 - 95 59 69 - 0
Fax 0711 - 95 59 69 - 1
info@frommann-holzboog.de
www.frommann-holzboog.de
Verleger: Eckhardt Holzboog
Verlagsleitung: Eckhart Holzboog
Zum Verlag: Geisteswissenschaftlicher Verlag
Gründungsjahr: 1727
Lieferbare Titel: 1260
Novitäten: 35
Programm: Schwerpunkte: Werkausgaben und Kritische Editionen, Bibliografien und Nachschlagewerke sowie Publikationsreihen und Zeitschriften, Philosophie, Geschichte, Kulturgeschichte, Literaturwissenschaft, Medizinphilosophie, Theologie, Germanistik
Lektorat: Stephanie von Liebenstein, lektorat@frommann-holzboog.de
Ms.-Interessen: siehe Verlagsprogramm - die Manuskripte sollten wissenschaftlichen Ansprüchen genügen
Ms.-Angebote erwünscht: nur nach vorheriger telefonischer Anfrage
Medium: Papierausdruck, Diskette, E-Mail
Ms.-Rücksendung: ja

Furore-Verlag
Naumburger Str. 40
34127 Kassel
Tel. 0561 - 50 04 93 11
Fax 0561 - 50 04 93 20
info@furore-verlag.de
www.furore-verlag.de
Verlegerin: Renate Matthei
Zum Verlag: Musikverlag mit Schwerpunkt Komponistinnen
Gründungsjahr: 1986
Lieferbare Titel: 1000
Novitäten: 25
Programm: Frauen in Musik, Kunst und Kulturgeschichte: Bücher und Noten und CDs von Komponistinnen aus allen Jahrhunderten
Ms.-Angebote erwünscht: nach vorheriger telefonischer Anfrage
Medium: E-Mail
Ms.-Rücksendung: ja, mit Rückporto

G & G Kinder- und Jugendbuch
Panikengasse 21 - 23
A-1160 Wien
Österreich
Tel. +43 (0)1 - 494 96 99 - 0
Fax +43 (0)1 - 494 96 99 - 420
office@kindermedien.at
Programm: Kinder- und Jugendbücher

G & S Verlag GmbH
Kommerzienrat-Zimmermann-Str. 41
90513 Zirndorf
Tel. 0911 - 60 84 89
Fax 0911 - 60 84 99
webmaster@gus-verlag.de
www.gus-verlag.de
Verleger: Stefan Städtler-Ley
Verlagsleitung: Stefan Städtler-Ley
Gründungsjahr: 1985
Lieferbare Titel: 50
Novitäten: 3-5
Programm: 1. Edition 21: Ratgeber, Fachbücher zum Thema Downsyndrom und ähnliches. 2. Dragonsys: (Sach-)

Bücher zum Erleben des Mittelalters
Lektorat: Michael Störmer, lektorat@gus-verlag.de
Ms.-Interessen: Mittelalterliche Themen
Ms.-Angebote erwünscht: als Exposé mit Textprobe von 3 Seiten
Medium: E-Mail
Ms.-Rücksendung: nein

G + H Verlag Berlin
Kaiser-Wilhelm-Str. 5
12247 Berlin
Tel. 030 - 76 89 59 - 30
Fax 030 - 76 89 59 - 55
info@gh-verlag.com
www.gh-verlag.com
Verleger: Elke R. Goemann, Olaf Holy
Verlagsleitung: Elke R. Goemann, Olaf Holy
Gründungsjahr: 1996
Lieferbare Titel: 20
Novitäten: 5
Programm: Architektur, Design, Fotografie, Bildende Kunst, Kulturgeschichte
Ms.-Angebote erwünscht: nach vorheriger telefonischer Anfrage
Ms.-Rücksendung: nein

Gabal Verlag GmbH
Schumannstr. 155
63069 Offenbach
Tel. 069 - 83 00 66 - 0
Fax 069 - 83 00 66 - 66
info@gabal-verlag.de
www.gabal-verlag.de
Verlagsleitung: Ursula Rosengart
Zum Verlag: Bücher und Medien zu Erfolg und Karriere
Gründungsjahr: 1989
Lieferbare Titel: 580
Novitäten: 60
Programm: Karriere, Management, Erfolg, Audioprogramme, CD-ROM
Ms.-Interessen: Management, Beruf, Karriere, Soft Skills
Ms.-Angebote erwünscht: als Manuskript
Medium: E-Mail
Ms.-Rücksendung: ja, mit Rückporto

Betriebswirtschaftlicher Verlag Dr. Th. Gabler GmbH
Abraham-Lincoln-Str. 46
65189 Wiesbaden
Tel. 0611 - 787 86 26
Fax 0611 - 787 84 20
www.gabler.de
Programm: Business, Recht, Wirtschaft, Finanzwesen
Lektorat: Programmleitung: Claudia Splittgerber (Dw -230), Lexika, Nachschlagewerke: Katrin Alisch (Dw -270), Controlling, Rechnungswesen: Jutta Hauser-Fahr (Dw -235), Management: Ulrike Lörcher (Dw -272), Marketing: Barbara Roscher (Dw -233)
Ms.-Angebote erwünscht: nach vorheriger telefonischer Anfrage

Galerie Kornfeld
Laupenstr. 41
CH-3008 Bern
Schweiz
Tel. +41 (0)31 - 381 46 73
Fax +41 (0)31 - 382 18 91
galerie@kornfeld.ch

www.kornfeld.de
Lieferbare Titel: 25
Novitäten: 1
Programm: Werkkataloge, Monographien namhafter Künstler des 20. Jahrhunderts

Galileo Press
Rheinwerkallee 4
53227 Bonn
Tel. 0228 - 421 50 - 0
Fax 0228 - 421 50 - 77
info@galileo-press.de
www.galileo-press.de
Verlagsleitung: Tomas Wehren
Zum Verlag: Führender Fachverlag für Experten, der sein Programm zielgruppenorientiert verlegt unter den Marken Galileo Computing, Galileo Design und SAP PRESS
Gründungsjahr: 1999
Lieferbare Titel: 250
Novitäten: 100
Programm: Informationstechnologie, SAP, Design, Foto, Video
Lektorat: Kontakt über die Website (www.galileo-press.de) oder per E-Mail (lektorat@galileo-press.de)
Ms.-Interessen: aktuelle und innovative IT-Themen für Profis und ambitionierte Einsteiger
Ms.-Angebote erwünscht: als Exposé
Medium: E-Mail
Ms.-Rücksendung: ja

Galrev Druck- und Verlagsgesellschaft Hesse & Partner oHG
Lychener Str. 73
10437 Berlin
Tel. 030 - 44 65 01 83
Fax 030 - 44 65 01 84
galrev@galrev.com
www.galrev.com
Verleger: Egmont Hesse, Rainer Schedlinski
Verlagsleitung: Egmont Hesse, Rainer Schedlinski
Gründungsjahr: 1990
Lieferbare Titel: 150
Novitäten: 5
Programm: Belletristik, Archiv Moderner Lyrik
Ms.-Angebote erwünscht: nach vorheriger telefonischer Anfrage
Medium: Papierausdruck
Ms.-Rücksendung: nein

Gatzanis GmbH
Alte Weinsteige 28
70180 Stuttgart
Tel. 0711 - 964 05 70
Fax 0711 - 964 05 72
verlag@gatzanis.de
www.gatzanis.de
Verlegerin: Jolanta-Alexandra Gatzanis
Zum Verlag: Populärwissenschaftlicher Verlag
Gründungsjahr: 1995
Lieferbare Titel: 14
Novitäten: 1
Programm: Sexualität und Partnerschaft, Sachbücher, Humor, Autobiografien, Ratgeber Lebenshilfe, Kunst,

Design
Ms.-Angebote erwünscht: als Manuskript
Medium: Papierausdruck, Diskette
Ms.-Rücksendung: nein

Dr. Gebhardt & Hilden GmbH
Hohlstr. 16
55743 Idar-Oberstein
Tel. 06781 - 600 - 0
Fax 06781 - 600 - 111
ghnet@t-online.de
www.g-und-h.de
Zum Verlag: Regionale Bildbände
Gründungsjahr: 1951
Lieferbare Titel: 56
Novitäten: 2-3
Programm: Rheinland-Pfalz-Literatur, Regionalliteratur Rhein-Nahe-Hunsrück
Lektorat: Annhäuser, Braun, Ingo Arndt
Ms.-Angebote erwünscht: als Exposé mit Textprobe von 10 Seiten
Medium: Papierausdruck
Ms.-Rücksendung: ja, bei Rückporto

Gebr. Mann Verlag
Neue Grünstr. 17
10179 Berlin
Tel. 030 - 27 90 76 - 0
Fax 030 - 27 90 76 - 11
info@reimer-verlag.de
www.gebrmannverlag.de
Verlagsleitung: Dr. Hans-Robert Cram, Beate Behrens
Programm: Kunstwissenschaft, Architektur, Archäologie
Ms.-Angebote erwünscht: als Exposé mit Textprobe von 10 Seiten
Medium: Papierausdruck
Ms.-Rücksendung: ja

Geistkirch-Verlag
Lerchenweg 18
66121 Saarbrücken
Tel. 0681 - 950 88 87
Fax 0681 - 950 84 66
info@geistkirch.de
Verleger: Florian Brunner, Harald Hoos
Programm: Belletristik, Sachbuch

Genius Verlag
Wilde Rodung 26
28757 Bremen
Tel. 08386 - 96 04 01
Fax 08386 - 96 04 02
info@genius-verlag.de
www.genius-verlag.de
Verlegerin: Dagmar Neubronner
Verlagsleitung: Dagmar Neubronner
Gründungsjahr: 1997
Programm: Lebenshilfe-Ratgeber, Spirituelle, Theologische, Philosophisch-naturwissenschaftliche Werke
Lektorat: Dagmar Neubronner
Ms.-Interessen: Alles, was grundlegend wichtige Informationen bietet, um hier auf der Erde in Frieden, Freude und Fülle zu leben oder was hilft, dieses Wissen endlich in die Tat umzusetzen, gute Nachrichten in jeder Verpackung, ohne Dogma und gerne mit Humor
Ms.-Angebote erwünscht: als Manuskript
Medium: Papierausdruck, E-Mail (am liebsten)

Ms.-Rücksendung: ja, bei Rückporto

GEP Gemeinschaftswerk der Evangelischen Publizistik gGmbH
Emil-Von-Behring-Str. 3
60439 Frankfurt am Main
Tel. 069 - 580 98 - 0
Fax 069 - 580 98 - 100
info@gep.de
www.gep.de
Programm: Publizistik und Medien, Informationen zu Religion und Kirche

GeraMond Verlag
Innsbrucker Ring 15
81673 München
Tel. 089 - 13 06 99 - 0
Fax 089 - 13 06 99 - 30
info@geramond.de
www.geramond-verlag.de
Verlagsgruppe: GeraNova Bruckmann Verlagshaus GmbH
Programm: Bücher, Zeitschriften, Kalender, Sammler-Editionen, Videos und DVD rund um die Themen: Eisenbahn, Modellbahn, Nahverkehr, Luftfahrt- und Verkehrsgeschichte
Medium: E-Mail

German University Press (GUP)
Postfach 11 01 35
76487 Baden-Baden
07842 - 99 59 - 804
Tel. 07842 - 99 59 - 753
info@UniversityPress.de
universitypress.de
Verleger: Dr. Werner Gerabek
Programm: Wissenschaften

Gerstenberg Verlag
Rathausstr. 18-20
31134 Hildesheim
Tel. 05121 - 106 - 0
Fax 05121 - 106 - 498 oder 499
verlag@gerstenberg-verlag.de
www.gerstenberg-verlag.de
Verlagsleitung: Dr. Edmund Jacoby
Gründungsjahr: 1982
Lieferbare Titel: 500
Novitäten: 60
Programm: Bildbände, Jugendbücher, Kinderbücher, Jugendsachbücher, Natur
Lektorat: Nicola Stuart, Cheflektorin, (Dw-455); Bettina Eschenhagen, Bildband, (Dw-463); Kathrin Jokusch, Kinderbuch, (Dw-460); Birgit Göckritz, Kinderbuch, (Dw-459); Dagmar Schemske, Jugendsachbuch, (Dw-457); Sarah Pasquay, Sachbuch, (Dw-458); vorname.name@gerste
Ms.-Angebote erwünscht: nach vorheriger telefonischer Anfrage, als Exposé, als Manuskript
Medium: Papierausdruck
Ms.-Rücksendung: ja, mit Rückporto

Gerth Medien GmbH
Dillerberg 1
35614 Asslar
Tel. 06443 - 68 - 0
Fax 06443 - 68 - 90
info@gerth.de
www.gerth.de
Verleger: Geschäftsführer: Klaus Eck, Joerg Pfuhl (CEO), Claudia Reitter
Verlagsleitung: Klaus Gerth
Zum Verlag: Buch und Musik, überkon-

fessionell
Gründungsjahr: 1949
Verlagsgruppe: Verlagsgruppe Random House
Lieferbare Titel: 1000
Novitäten: 200
Programm: Schwerpunkt: Christliche Literatur und Musik, Belletristik, Christliche Erzählungen, Bilderbücher, Erziehung, Jugendbücher, Kinderbücher, Lebenshilfe, Musik, Ratgeber, Religion, Spiele, Sport, Fitness, Frauenliteratur, Biografien
Ms.-Angebote erwünscht: als Exposé mit Textprobe von 10 Seiten
Medium: Papierausdruck
Ms.-Rücksendung: nein

Verlag Robert Gessler
Friedrichstr. 53
88045 Friedrichshafen
Tel. 07541 - 70 06 15
Fax 07541 - 70 06 10
verlag.gessler@googlemail.com
Verleger: Heinz Gessler
Verlagsleitung: Wolfgang Kreh
Gründungsjahr: 1848
Lieferbare Titel: 90
Novitäten: 4
Programm: Schwerpunkt: Reisebildbände, Kunst und Kultur. Regionalia, Belletristik, Essen und Trinken, Geschichte, Gesundheit, Kulturgeschichte, Ratgeber
Ms.-Angebote erwünscht: nach vorheriger telefonischer Anfrage
Ms.-Rücksendung: ja, bei Rückporto

Die Gestalten Verlag GmbH & Co. KG
Mariannenstr. 9-10
10999 Berlin
Tel. 030 - 726 13 - 2000
Fax 030 - 726 13 - 2222
verlag@die-gestalten.de
www.die-gestalten.de
Gründungsjahr: 1996
Lieferbare Titel: 150
Novitäten: 20
Programm: Grafik Design, Fotografie, Musik, Kunst, Popkultur
Ms.-Angebote erwünscht: als Exposé mit Arbeitsproben, keine Textproben!
Medium: Papierausdruck, CD, E-Mail
Ms.-Rücksendung: nein

Verlag Ernst und Werner Gieseking GmbH
Deckertstr. 30
33617 Bielefeld
Tel. 0521 - 146 74
Fax 0521 - 14 37 15
Verlagsleitung: Dr. Klaus Schleicher
Programm: Juristische Fachbücher: Familienrecht, Freiwillige Gerichtsbarkeit und Rechtspflegerrecht, Zivilverfahrensrecht, Internationales Privat- und Verfahrensrecht
Ms.-Angebote erwünscht: nach vorheriger telefonischer und schriftlicher Anfrage
Ms.-Rücksendung: ja

Glaré Verlag
Postfach 50 07 17
60395 Frankfurt am Main
Tel. 069 - 52 02 83
Fax 069 - 52 03 24

glareverlag@t-online.de
www.glareverlag.de
Gründungsjahr: 1994
Programm: Belletristik und Sachbücher, Deutsche Literatur heute, Lyrik, Reihen »Der andere Orient«, »East meets west«, Iran, Irak, Kurdistan, Mittelasien, Gesellschaftswissenschaften, Frauen
Ms.-Interessen: Sachbuch Soziologie, Politologie, Literaturwissenschaften
Ms.-Angebote erwünscht: als Exposé mit Textprobe von 10-20 Seiten
Medium: Papierausdruck
Ms.-Rücksendung: ja, bei Rückporto

glotzi Verlag
Platenstr. 71
60320 Frankfurt am Main
Tel. 069 - 56 02 07 02
glotzi@glotzi-verlag.de
www.glotzi-verlag.de
Verleger: Lothar Glotzbach
Verlagsleitung: Lothar Glotzbach
Gründungsjahr: 2000
Lieferbare Titel: 10
Novitäten: 3-5
Programm: Schöne Literatur und Essayistik, den Literarischen Werken der deutschen Sprache einen Platz im deutschen Literaturgeschehen einräumen
Ms.-Angebote erwünscht: als Exposé mit Textprobe von 10 Seiten
Medium: Papierausdruck
Ms.-Rücksendung: ja

Gmeiner Verlag GmbH
Im Ehnried 5
88605 Meßkirch
Tel. 07575 - 20 95 - 0
Fax 07575 - 20 95 - 29
info@gmeiner-verlag.de
www.gmeiner-verlag.de
Verleger: Armin Gmeiner
Zum Verlag: Unabhängiger, expandierender Verlag im Krimibereich
Gründungsjahr: 1986
Lieferbare Titel: 120
Novitäten: 40
Programm: Kriminalromane
Lektorat: Claudia Senghaas, claudia.senghaas@gmeiner-verlag.de
Ms.-Interessen: Kriminalromane mit aktuellen Themen und Regionalbezügen im deutschsprachigen Raum, Historische Kriminalromane mit Regionalbezügen im deutschsprachigen Raum
Ms.-Angebote erwünscht: als Exposé mit Textprobe von 50 Seiten
Medium: Papierausdruck, E-Mail
Ms.-Rücksendung: ja, bei Rückporto

Bruno Gmünder Verlag GmbH
Kleiststr. 23-26
10787 Berlin
Tel. 030 - 615 00 30
Fax 030 - 61 50 03 20
info@brunogmuender.com
Verleger: Bruno Gmünder
Programm: Schwule Literatur, Sachbuch, Belletristik, Reiseführer, Bildbände für schwule Männer
Lektorat: Rainer Marek
Ms.-Angebote erwünscht: nach vorheriger telefonischer Anfrage, als Exposé

mit Textprobe von 5 Seiten
Ms.-Rücksendung: ja, bei Rückporto

GNN Verlag
Badenweg 1
04435 Schkeuditz
Tel. 03420 - 657 11
Fax 03420 - 658 93
gnn-schkeuditz@t-online.de
www.gnn-verlag.de
Programm: DDR-Geschichte, DDR-Biografien

Grit-Uta Göhring Verlag
Buttermelchstr. 16
80469 München
Tel. 089 - 20 90 08 22
Fax 089 - 20 90 08 23
info@goehring-verlag.de
www.goehring-verlag.de
Programm: Literatur und Fotografie

Goldmann Verlag
Neumarkter Str. 28
81673 München
Tel. 089 - 41 36 - 0
Fax 089 - 41 36 - 333
www.randomhouse.de
Verleger: Geschäftsführer: Klaus Eck, Joerg Pfuhl (CEO), Claudia Reitter
Verlagsgruppe: Verlagsgruppe Random House
Lieferbare Titel: 250
Novitäten: 80
Programm: Goldmann Non-fiction: Zeitgeschichte, Geschichte, Kulturgeschichte, Politik, Allgemeines Sachbuch: Gesellschaft, Psychologie, Naturwissenschaft, Biografien. Ratgeber: Praktische Lebenshilfe, Psychologie, Recht, Beruf, Geld, Gesundheit
Ms.-Angebote erwünscht: als Exposé
Medium: Papierausdruck
Ms.-Rücksendung: ja, bei Rückporto

Verlag Golf & Media Service
Bundesstr. 28 c
25557 Gokels
Tel. 04872 - 960 96 - 0
Fax 04872 - 960 96 - 96
info@golf-germany.de
www.golf-germany.de
Verleger: Peter Sundt
Gründungsjahr: 2004
Lieferbare Titel: 1
Novitäten: 2
Programm: Belletristik
Lektorat: Brigitte Sundt

GOLIATH Verlag - EUROPE
Eschensheimer Landstr. 353
60320 Frankfurt am Main
Tel. 069 - 56 04 37 55
Fax 069 - 56 04 32 99
goliath@debitel.net
www.goliathclub.com
Programm: Internationale Fotografie, Kunst und Literatur

Gollenstein Verlag GmbH
Kardinal-Wendel-Str. 61
66440 Blieskastel
Tel. 06842 - 507 05 61 /-62
Fax 06842 - 507 05 66
info@gollenstein.de
www.gollenstein.de
Verleger: Brigitte Gode, Alfred Diwersy
Verlagsleitung: Brigitte Gode, Alfred

Diwersy
Programm: Romane, Erzählungen, Lyrik, Sachbücher, Bildbände
Ms.-Angebote erwünscht: als Exposé
Medium: Papierausdruck
Ms.-Rücksendung: ja, bei Rückporto

Gondrom Verlag GmbH
Bühlstr. 4
95463 Bindlach
Tel. 09208 - 510
Fax 09208 - 51 21
info@gondrom-verlag.de
www.gondrom-verlag.de
Verleger: Volker Gondrom
Verlagsleitung: Volker Gondrom
Gründungsjahr: 1975
Programm: Bücher zum kreativen Gestalten, Geschenkbücher, Ratgeber und Sachbuch; Kinderbuchprogramm gondolino: Erstlesereihen, Ratekrimis, Sachbücher, Bilderbuch, Nachmittagsbeschäftigung
Lektorat: redaktion@gondrom-verlag.de
Ms.-Interessen: siehe Verlagsprogramm
Ms.-Angebote erwünscht: als Exposé
Medium: Papierausdruck, E-Mail
Ms.-Rücksendung: nein

Christel Göttert Verlag
Virchowstr. 21
65428 Rüsselsheim
Tel. 06142 - 598 44
Fax 06142 - 598 44
info@christel-goettert-verlag.de
www.christel-goettert-verlag.de
Programm: Frauenliteratur

GOVI-Verlag Pharmazeutischer Verlag GmbH
Carl-Mannich-Str. 26
65760 Eschborn
Tel. 06196 - 928 - 262
Fax 06196 - 928 - 203
helmstaedter@govi.de
www.govi.de
Verlagsleitung: Peter J. Egenolf
Gründungsjahr: 1949
Verlagsgruppe: Tochtergesellschaft der ABDA-Bundesvereinigung Deutscher Apothekenverbände
Programm: Apotheke, Pharmazeutische Industrie und Wirtschaft, Loseblattwerke und Fachbücher in den Bereichen Pharmazie, Apothekenbetrieb und -organisation, Apothekenrecht, Beratung in der Apotheke, Aus- und Fortbildung für Apotheker und pharmazeutische Hilfsberufe,
Lektorat: Leiter Fachbuchlektorat: Dr. Axel Helmstädter, Tel. 06196 - 928 - 262, helmstaedter@govi.de
Ms.-Angebote erwünscht: nach vorheriger telefonischer Anfrage
Medium: Papierausdruck
Ms.-Rücksendung: nein

Gräfe und Unzer Verlag GmbH
Grillparzerstr. 12
81675 München
Tel. 089 - 419 81 - 0
Fax 089 - 419 81 - 0
www.graefe-und-unzer.de, www.gu-online.de, www.merian.de
Verlagsleitung: Doris Birk (Verlagsleitung GU), Dorothee Seeliger (Verlagsleitung Teubner/Hallwag), Ulrich

Ehrlenspiel (Verlagsleitung Gräfe und Unzer)
Gründungsjahr: 1722
Verlagsgruppe: Ganske Verlagsgruppe
Lieferbare Titel: 725
Novitäten: ca. 180
Programm: Ratgeber: Kochen, Essen und Trinken, Gesundheit, Fitness, Partnerschaft & Familie, Garten, Natur, Heimtiere, Lebenshilfe, Lifemanagement, Karriere, Beruf
Ms.-Angebote erwünscht: nach vorheriger telefonischer Anfrage, als Exposé
Medium: Papierausdruck
Ms.-Rücksendung: ja, bei Rückporto (wünschenswert)

Grafik Werkstatt Bielefeld
Wittekindstr. 53
33615 Bielefeld
Tel. 0521 - 17 82 46
Fax 0521 - 13 17 90
becker@grafik-werkstatt-bielefeld.de
Programm: Illustrierte Lyrikbände

Grafit Verlag GmbH
Chemnitzer Str. 31
44139 Dortmund
Tel. 0231 - 721 46 50
Fax 0231 - 721 46 77
info@grafit.de
www.grafit.de
Verleger: Dr. Rutger Booß
Gründungsjahr: 1989
Lieferbare Titel: 250
Novitäten: 22
Programm: Belletristik, Kriminalromane
Lektorat: Originalausgaben: Ulrike Rodi Tel. 0231 - 120 68 37;
Fax 0231 - 721 46 77
Ms.-Interessen: Deutschsprachige Kriminalromane, Historische Kriminalromane
Ms.-Angebote erwünscht: als Exposé mit Manuskript
Medium: Papierausdruck
Ms.-Rücksendung: ja

Grasmück Verlag
Lindenweg 9
63674 Altenstadt
Tel. 06047 - 98 59 76
Fax 06047 - 98 53 08
grasmueck-verlag@t-online.de
www.grasmueck-verlag.de
Verlegerin: Anna Karin Grasmück
Verlagsleitung: Anna Karin Grasmück
Gründungsjahr: 1995
Lieferbare Titel: 34
Novitäten: 2-4
Programm: Esoterik, Lebenshilfe, Grenzwissenschaft, Parapsychologie, Tonträger, Engel, Elfen, Meditationen
Ms.-Interessen: Texte zu ungewöhnlichen Phänomenen, Engeln, Elfen
Ms.-Angebote erwünscht: nach vorheriger telefonischer Anfrage als Exposé mit Textprobe von 15 Seiten
Medium: Papierausdruck
Ms.-Rücksendung: ja, bei Rückporto

Verlag Graswurzelrevolution Zeitungs- und Buchverlag
Breul 43
48143 Münster
Tel. 0251 - 4829057
Fax 0251 - 4829032

redaktion@graswurzel.net
www.graswurzel.net
Gründungsjahr: 1972
Programm: Anarchismus, Ökologie, Frauenbewegung

Verlag Bernhard Albert Greiner
Olgastr. 13
73630 Remshalden
Tel. 07151 - 27 66 45
Fax 07151 - 27 66 47
info@bag-verlag.de
www.bag-verlag.de
Verleger: Dr. Bernhard Albert Greiner
Verlagsleitung: Dr. Bernhard Albert Greiner
Zum Verlag: Wir verlegen Kulturgeschichte
Gründungsjahr: 2000
Lieferbare Titel: 56
Novitäten: 15
Programm: Archäologie, Geschichte, Volkskunde, Heimatkunde, Archäologie-Kinderbücher, Archäologie-Kalender, Dissertation, Zeitschriften, Museumskataloge
Lektorat: Dr. Claudia Greiner
Ms.-Interessen: Volkskunde, Archäologie-Kinderbücher, Dissertation/ Diplom-/Magisterarbeiten
Ms.-Angebote erwünscht: als Exposé, als Manuskript
Medium: Papierausdruck, E-Mail
Ms.-Rücksendung: ja, bei Rückporto

Greuthof Verlag und Vertrieb GmbH
Herrenweg 2
79261 Gutach i.Br.
Tel. 07681 - 60 25
Fax 07681 - 60 27
mail@greuthof.de
www.greuthof.de
Programm: Esoterik, Philosophie, Psychologie, Religion, Spiele
Ms.-Angebote erwünscht: nach vorheriger telefonischer Anfrage
Ms.-Rücksendung: nein

Groh Fotokunst-Verlag GmbH & Co.KG
Brüggener Str. 118
50374 Erftstadt
Tel. 08153 - 883 33
Fax 08153 - 883 48
info@groh.de
www.groh.de
Programm: Fotografische Bildbände, Geschenkbücher
Lektorat: Dr. Jutta Metz, Silke Mors
Ms.-Angebote erwünscht: als Manuskript
Medium: Papierausdruck
Ms.-Rücksendung: ja

Julius Groos Verlag Tübingen
August-Bebel-Str. 17
72072 Tübingen
Tel. 07071 - 97 30 - 0
Fax 07071 - 97 30 - 30
narr@stauffenburg.de
www.stauffenburg.de
Verlegerin: Brigitte Narr
Verlagsleitung: Brigitte Narr
Gründungsjahr: 1982
Novitäten: 60
Programm: Verlag für Wissenschaft und Sachbuch, Arbeitsmaterialien für das Studium, Sprach- und Literaturwissenschaft, Kulturwissenschaft,

Übersetzungswissenschaft, Klassische Philologie, Semiotik
Ms.-Angebote erwünscht: als Manuskript
Medium: Papierausdruck
Ms.-Rücksendung: ja

Verlag Grundlagen und Praxis GmbH & Co. Wissenschaftlicher Autorenverlag KG
Bergmannstr. 20
26789 Leer
Tel. 0491 - 618 86
Fax 0491 - 36 34
grundlagen-praxis@t-online.de
www.grundlagen-praxis.de
Verlegerin: Margarethe Harms
Verlagsleitung: Axel Camici
Gründungsjahr: 1973
Lieferbare Titel: 38
Novitäten: 2-5
Programm: Schwerpunkte: Homöopathie, Naturmedizin, Gesundheit, Umwelt, Gesellschaft
Ms.-Angebote erwünscht: nach vorheriger telefonischer Anfrage
Medium: Papierausdruck, Diskette
Ms.-Rücksendung: ja

Gruner + Jahr AG & Co. Buchverlag
Am Baumwall 11
20459 Hamburg
Tel. 040 - 37 03 - 0
Fax 040 37 03 56 54
Programm: Bildbände, Essen und Trinken, Geschichte, Humor, Fotografie, Ratgeber

Matthias-Grünewald-Verlag der Schwabenverlag AG
Senefelderstr. 12
73760 Ostfildern
Tel. 0711 - 440 60
Fax 0711 - 440 61 79
mail@gruenewaldverlag.de
www.gruenewaldverlag.de
Verlagsleitung: Gertrud Widmann
Zum Verlag: Fachverlag
Gründungsjahr: 1918
Verlagsgruppe: Schwabenverlag AG
Lieferbare Titel: 1000
Novitäten: ca. 60
Programm: Pastorale Praxis, Spiritualität, Theologie
Lektorat: Anneliese Hück (Pastorale Praxis), Vera Rösch (Theologie), Andrea Langenbacher (Spiritualität)
Ms.-Angebote erwünscht: nach vorheriger telefonischer Anfrage
Medium: Papierausdruck
Ms.-Rücksendung: ja, bei Rückporto

Grupello Verlag
Schwerinstr. 55
40476 Düsseldorf
Tel. 0211 - 491 25 58
Fax 0211 - 498 01 83
grupello@grupello.de
www.grupello.de
Verleger: Bruno Kehrein
Gründungsjahr: 1990
Lieferbare Titel: 200
Novitäten: 25
Programm: Belletristik, Lyrik, Sachbücher, Wissenschaft, Vorzugsausgaben
Lektorat: Sascha Kirchner
Ms.-Angebote erwünscht: nach vorhe-

riger telefonischer Anfrage
Medium: Papierausdruck
Ms.-Rücksendung: ja, bei Rückporto

Mouton de Gruyter
Genthiner Str. 13
10785 Berlin
Tel. 030 - 26 00 50 - 235
Fax 030 - 26 00 5 3 51
mouton@degruyter.de
www.degruyter.de
Verleger: Prof. Dr. Klaus D. Saur
Verlagsleitung: Dr. Anke Beck
Programm: Sprachwissenschaften
Lektorat: bitte an: Mouton@degreuyter.de
Ms.-Interessen: siehe Neuerscheinungsverzeichnis
Medium: Print, Online, CD-ROM

Sellier de Gruyter
Genthiner Str. 13
10785 Berlin
Tel. 030 - 260 05 - 0
Fax 030 - 260 05 - 251
www.degruyter.de
Verleger: Patrick Sellier und Prof. Dr. Klaus G. Saur
Programm: Recht

Walter de Gruyter GmbH & Co. KG
Genthiner Str. 13
10785 Berlin
Tel. 030 - 260 05 - 0
Fax 030 - 260 05 - 251
www.degruyter.de
Verleger: Prof. Dr. Klaus G. Saur
Programm: Archäologie, Biologie, Botanik, Business, Chemie, Fachzeitschriften, Geisteswissenschaften, Theologie, Geowissenschaften, Geschichte, Kulturgeschichte, Literaturwissenschaft, Mathematik, Medienwissenschaft, Medizin, Nachschlagewerke, Wörterbücher, Naturwissenschaft

Gütersloher Verlagshaus GmbH
Carl-Miele-Str. 214
33311 Gütersloh
Tel. 05241 - 74 05 - 0
Fax 05241 - 74 05 - 48
info@gtvh.de
www.gtvh.de
Verleger: Ralf Markmeier
Verlagsleitung: Ralf Markmeier
Gründungsjahr: 1835
Verlagsgruppe: Verlagsgruppe Random House
Lieferbare Titel: 1000
Novitäten: 150
Programm: Schwerpunkt: Theologie und Glauben, Kirche und Gesellschaft, Bildung, Erziehung, Lebenshilfe, Psychologie, Ratgeber, Religion, Sachbuch, Arbeitsmaterialien für Gottesdienst, Predigt und Gemeindearbeit
Lektorat: Dietrich Steen (Wissenschaft und Sachbuch), Klaus Altepost (Gemeindepraxis und Spiritualität), Thomas Schmitz (Religion und Lebenshilfe), Christel Gehrmann, Gabriele Schneider
Ms.-Angebote erwünscht: als Exposé, als Manuskript
Medium: Papierausdruck, E-Mail
Ms.-Rücksendung: ja

Guthmann & Peterson
Elsslergasse 17
A-1130 Wien
Österreich
Tel. +43 (0)1 - 877 04 26
verlag@guthmann-peterson.at,
verlag@guthmann-peterson.de
www.guthmann-peterson.at, www.guthmann-peterson.de
Programm: Gesellschaft, Sozialwissenschaft, Tierrecht, Kulturwissenschaft, Politik, Geowissenschaften
Ms.-Angebote erwünscht: nach vorheriger telefonischer Anfrage, Textprobe von 20 Seiten
Medium: Diskette, E-Mail
Ms.-Rücksendung: ja, bei Rückporto

Kirsten Gutke Verlag
Mörfelder Landstr. 116
60598 Frankfurt
Tel. 069 - 60 62 58 84
Fax 069 - 60 62 58 87
gutke-verlag@t-online.de
www.gutke-verlag.de
Verlegerin: Kirsten Gutke
Gründungsjahr: 1991
Programm: Umweltrecht, Abfallrecht; osteuropäische Lyrik, palästinensische Lyrik, irakische Lyrik (in Planung)
Ms.-Angebote erwünscht: nach vorheriger telefonischer Anfrage
Medium: Papierausdruck
Ms.-Rücksendung: ja

Dr. Rudolf Habelt GmbH
Am Buchenhang 1
53115 Bonn
Tel. 0228 - 923 83 22
Fax 0228 - 923 83 23
verlag@habelt.de
www.habelt.de
Verleger: Wolfgang Habelt
Verlagsleitung: Dr. Susanne Biegert
Gründungsjahr: 1954
Lieferbare Titel: 800
Novitäten: 30
Programm: Altertumswissenschaften
Ms.-Angebote erwünscht: nach vorheriger telefonischer Anfrage
Medium: oder PDF-Files auf CD
Ms.-Rücksendung: nein

Walter Hädecke Verlag
Lukas-Moser-Weg 2
71263 Weil der Stadt
Tel. 07033 - 138 08 - 0
Fax 07033 - 138 08 - 13
info@haedecke-verlag.de
www.haedecke-verlag.de
Verleger: Joachim Graff
Gründungsjahr: 1919
Programm: Bildbände, Essen und Trinken, Gesundheit, Lebenshilfe, Medizin, Ratgeber, Reisen, Kochbücher
Lektorat: Monika Graff
Ms.-Angebote erwünscht: nach vorheriger telefonischer Anfrage, als Exposé mit Textprobe von 10 Seiten
Medium: Papierausdruck
Ms.-Rücksendung: ja, nicht bei unverlangten Manuskriptangeboten

Mary Hahn Verlag
Thomas-Wimmer-Ring 11
80539 München
Tel. 089 - 290 88 - 0
Fax 089 - 290 88 - 178

i.fuchs@herbig.net
www.herbig.net
Verleger: Dr. Herbert Fleissner
Verlagsleitung: Dr. Brigitte Sinhuber-Harenberg
Gründungsjahr: 1898
Verlagsgruppe: Verlagsgruppe Langen Müller Herbig
Programm: Kochbücher, Kunst-Kochbuch, Essen und Trinken, Gesundheit, Schönheit, Sport, Fitness
Lektorat: Isabelle Fuchs
Ms.-Angebote erwünscht: nach vorheriger telefonischer Anfrage, als Exposé mit Textprobe von 10 Seiten
Medium: Papierausdruck
Ms.-Rücksendung: ja

Herbert von Halem Verlag
Lindenstr. 19
50674 Köln
Tel. 0221 - 92 58 29 - 0
Fax 0221 - 92 58 29 - 29
info@halem-verlag.de
www.halem-verlag.de
Programm: Publizistik, Kommunikationswissenschaften, Medienwissenschaften
Ms.-Angebote erwünscht: nach vorheriger telefonischer Anfrage, als Manuskript
Medium: Papierausdruck
Ms.-Rücksendung: ja

Hallwag Verlag c/o Gräfe und Unzer Verlag
Grillparzerstr. 12
81675 München
Tel. 089 - 419 81 - 0
Fax 089 - 41 98 11 13
www.graefe-und-unzer.de
Programm: Wein

Hamburger Edition HIS Verlagsges. mbH
Mittelweg 36
20148 Hamburg
Tel. 040 - 41 40 97 - 0
Fax 040 - 41 40 97 - 11
verlag@his-online.de
www.his-online.de
Verlagsleitung: Birgit Otte
Verlagsgruppe: Verlag des Hamburger Instituts für Sozialforschung
Programm: Politik, Geschichte, Sozialwissenschaften, Kulturgeschichte, Philosophie, Soziologie, Zeitgeschichte
Lektorat: Birgit Otte
Ms.-Angebote erwünscht: als Exposé mit Textprobe von 20 Seiten
Medium: Papierausdruck
Ms.-Rücksendung: ja

Peter Hammer Verlag
Föhrenstr. 33-35
42283 Wuppertal
Tel. 0202 - 50 50 66, -67
Fax 0202 - 50 92 52
peter-hammer-verlag@t-online.de
Verlegerin: Monika Bilstein
Gründungsjahr: 1966
Lieferbare Titel: 200
Programm: Belletristik aus Afrika, Lateinamerika, Kinderbücher, Politik, Ethnologie, Bilderbücher
Ms.-Angebote erwünscht: nach vorheriger telefonischer Anfrage, als Exposé

Medium: Papierausdruck
Ms.-Rücksendung: ja, bei Rückporto

Hansa Verlag
Nordbahnhofstr. 2
25813 Husum
Tel. 04841 - 83 52 - 0
Fax 04841 - 83 52 - 10
info@verlagsgruppe.de
www.verlagsgruppe.de
Verleger: Ingwert Paulsen
Verlagsleitung: Ingwert Paulsen
Gründungsjahr: 1954
Verlagsgruppe: Verlagsgruppe Husum
Lieferbare Titel: 68
Novitäten: 3
Programm: Schwerpunkt: Jahrbuch der Karl May Gesellschaft, Sekundärliteratur zu Karl May
Ms.-Angebote erwünscht: nach vorheriger telefonischer Anfrage
Medium: Papierausdruck
Ms.-Rücksendung: ja, bei Rückporto

Verlag Die Hanse GmbH
Bei den Mühren 70
20457 Hamburg
Tel. 040 - 45 01 94 - 60
Fax 040 - 45 01 94 - 55
rot.eva@on-line.de
Verleger: Axel Rütters
Verlagsgruppe: EVA, Europäische Verlagsanstalt GmbH & Co. KG
Programm: Bildbände, Regionalia, Biografien, Reise, Touristika, Abenteuer, Hanse-Krimis
Ms.-Angebote erwünscht: nach vorheriger telefonischer Anfrage
Ms.-Rücksendung: ja, mit Rückporto

Verlag Maren Hansen
Redder 8
24306 Lebrade
Tel. 04383 - 98 05
Fax 04383 - 98 06
Verlegerin: Maren Hansen
Verlagsleitung: Hans-Werner Hansen
Gründungsjahr: 1996
Programm: Behinderten-Literatur, Jugendbücher, Kinderbücher

Carl Hanser Literaturverlag
Vilshofener Str. 10
81679 München
Tel. 089 - 998 30 - 0
Fax 089 - 998 30 - 460
info@hanser.de
www.hanser.de
Verlagsleitung: Michael Krüger
Programm: Moderne Literatur, Klassiker, Sachbuch, Filmliteratur, Geistes- und Literaturwissenschaft, Anthropologie, Kinder- und Jugendbuch

Carl Hanser Verlag GmbH & Co. KG
Kolbergerstr. 22
81679 München
Tel. 089 - 998 30 - 0
Fax 089 - 98 48 09
info@hanser.de
www.hanser.de
Verleger: Wolfgang Beisler
Verlagsleitung: Dr. Hermann Riedel
Gründungsjahr: 1928
Programm: Chemie, Computer, Datenbank, Fachzeitschriften, Maschinenbau, Technik, Ingenieurwesen, Mathematik, Nachschlagewerke, Wörterbücher, Ökologie, Physik,

Umweltthemen, Wirtschaft
Lektorat: Fernando Schneider (Programmiersprachen), Sieglinde Schärl (Computerbücher), Margarte Metzger (Informatik, DV), Martin Janik (Wirtschaft, Management), Volker Herzberg (Technik, Maschinenbau), Erika Hotho (E-Technik, Elektronik), Jochen Horn (Naturwissensc
Ms.-Angebote erwünscht: als Exposé mit Textprobe
Medium: Papierausdruck
Ms.-Rücksendung: ja, bei Rückporto

Carl Hanser Verlag GmbH & Co KG, Redaktion Kinderbuch
Vilshofener Str. 10
81679 München
Tel. 089 - 998 30 - 0
Fax 089 - 94 40 36 710
info@hanser.de
www.hanser.de
Verleger: Dr. Friedbert Stohner
Verlagsleitung: Dr. Friedbert Stohner
Programm: Bilderbücher, Kinderbuch, Jugendbuch, Sachbuch
Lektorat: Dr. Friedbert Stohner, Christiane Thielmann, Saskia Heintz
Ms.-Angebote erwünscht: nach vorheriger telefonischer Anfrage, als Exposé mit Textprobe von 20 Seiten
Medium: Papierausdruck
Ms.-Rücksendung: ja

Hänssler-Verlag GmbH & Co KG
Max-Eyth-Str. 41
71088 Holzgerlingen
Tel. 07031 - 741 40
Fax 07031 - 741 42 59
lektorat@haenssler.de
www.haenssler.de
Verleger: Dr. Torsten Knödler, Cornelius Beck
Verlagsleitung: Frieder Trommer
Gründungsjahr: 1919
Verlagsgruppe: SCM (Stiftung christliche Medien)
Novitäten: 120
Programm: Christliche Bücher als Lebenshilfe, für Bibelstudium, für Gemeinde-, Kinder- und Jugendarbeit, Erzählende Christliche Literatur, Sachbücher und Wissenschaftliche Ausgaben
Lektorat: V. Müller (mueller@haenssler.de), L. Ackermann (ackermann@haenssler.de)
Ms.-Angebote erwünscht: nach vorheriger telefonischer Anfrage, als Manuskript
Medium: Papierausdruck, Diskette, E-Mail
Ms.-Rücksendung: ja, bei Rückporto

Hardt und Wörner Verlag
Saalburgstr. 20
61381 Friedrichsdorf
Tel. 06172 - 70 05
Fax 06172 - 715 47
hardt.woerner@t-online.de
Verlegerin: Gabriele Hardt
Programm: Medienwissenschaft, Buchverlage, Betriebswirtschaft in Verlag und Buchhandel
Ms.-Angebote erwünscht: nach vorheriger telefonischer Anfrage
Medium: Papierausdruck, Diskette
Ms.-Rücksendung: ja, bei Rückporto

Harenberg Kommunikation Verlags- und Medien GmbH & Co. KG
Königswall 21
44137 Dortmund
Tel. 0231 - 90 56 - 0
Fax 0231 - 90 56 - 110
info@harenberg.de
www.harenberg.de
Verleger: Bodo Harenberg
Verlagsleitung: Bodo Harenberg, Sven Merten
Verlagsgruppe: buchreport-Verlag
Programm: Reise

Harrassowitz Verlag
Kreuzberger Ring 7b
65205 Wiesbaden
Tel. 0611 - 530 - 0
Fax 0611 - 53 09 99
verlag@harrassowitz.de
www.harrassowitz-verlag.de
Verleger: Michael Langfeld
Zum Verlag: wissenschaftlicher Fachverlag
Gründungsjahr: 1872
Lieferbare Titel: 3000
Novitäten: 150
Programm: Buch- und Bibliothekswissenschaft, Kulturgeschichte, Orientalistik, Slawistik, Osteuropa
Lektorat: Dr. Barbara Krauß (stellvertr. Verlagsleitung)
Ms.-Angebote erwünscht: nach vorheriger telefonischer Anfrage, als Exposé
Medium: Papierausdruck, E-Mail
Ms.-Rücksendung: ja

Hatje Cantz Verlag
Zeppelinstr. 32
73760 Ostfildern
Tel. 0711 - 44 05 - 0
Fax 0711 - 44 05 - 220
contact@hatjecantz.de
www.hatjecantz.de
Verlegerin: Annette Kulenkampff
Verlagsleitung: Annette Kulenkampf, Gerd Hatje
Gründungsjahr: 1945
Programm: Architektur, Bildende Kunst, Kulturgeschichte, Kunsthandwerk, Design, Fotografie, Neue Medien
Lektorat: Ute Barba, Cheflektorat
Ms.-Angebote erwünscht: nach vorheriger telefonischer Anfrage, als Exposé
Medium: Diskette bzw. Papierausdruck
Ms.-Rücksendung: ja, bei Rückporto

Haude & Spenersche Verlagsbuchhandlung GmbH
Gneisenaustr. 33
10961 Berlin
Tel. 030 - 691 70 73
Fax 030 - 691 40 67
spiess-verlag@t-online.de
www.spiess-verlage.de
Programm: Berlin, Geschichte der Neuzeit, Kulturgeschichte, Nachschlagewerke, Judaica, Reisen
Ms.-Angebote erwünscht: nach vorheriger telefonischer Anfrage
Medium: Papierausdruck
Ms.-Rücksendung: ja, bei Rückporto

Haufe Fachmedia GmbH & Co. KG
Im Kreuz 9
97076 Würzburg
Tel. 0931 - 279 14 00
Fax 0931 - 279 14 44
Programm: Fachzeitschriften

Haufe Mediengruppe
Hindenburgstr. 64
79102 Freiburg
Tel. 0761 - 36 83 - 0
Fax 0761 - 36 83 - 195
online@haufe.de
www.haufe.de
Verleger: Uwe Renald Müller
Verlagsleitung: Uwe Renald Müller, Helmuth Hopfner, Martin Laqua
Gründungsjahr: 1934
Verlagsgruppe: Haufe Mediengruppe
Novitäten: 150
Programm: Schwerpunkt: Wirtschaft, Recht, Steuern, Personalwesen, Rechnungswesen, Management, Marketing, Versicherungen, Geldanlage, Immobilien, Informationsverarbeitung
Ms.-Angebote erwünscht: Autoren und Autorinnen wenden sich mit Manuskripten bitte an: Haufe Publishing, Frauenhoferstr. 5, 82152 Planegg, Tel: 089 - 895 17 - 0, Fax 089 - 895 17 - 290

Rudolf Haufe Verlag GmbH & Co.KG
Hindenburgstr. 64
79102 Freiburg
Tel. 0761 - 36 83 - 0
Fax 0761 - 36 83 - 195
online@haufe.de
www.haufe.de
Verleger: Uwe Renald Müller
Verlagsleitung: Geschäftsführung: Uwe Renald Müller, Helmuth Hopfner, Martin Laqua
Gründungsjahr: 1934
Verlagsgruppe: Haufe Mediengruppe
Lieferbare Titel: 700, 150 Softwaretitel
Novitäten: 150 Neuerscheinungen, permanente Aktualisierung für rund 300 Loseblattwerke, CD-ROM
Programm: Recht, Wirtschaft, Steuern, Personal, Immobilien, Marketing und Verkauf, Informationsverarbeitung

Karl F. Haug Verlag in MVS Medizinverlage Stuttgart GmbH & Co.KG
Oswald-Hesse-Str. 50
70469 Stuttgart
Tel. 0711 - 89 31 - 0
Fax 0711 - 89 31 - 706
Verlagsleitung: Dr. Thomas Scherb, Albrecht Hauff
Gründungsjahr: 1903
Programm: Fachzeitschriften und Fachbücher zu den Themen: Naturheilkunde, Komplementäre Medizin, Homöopathie, Akupunktur, Traditionelle Chinesische Medizin, Ratgeber Gesundheit und »Biologische Medizin«
Ms.-Interessen: Bereiche: Naturheilkunde, Homöopathie, Phytotherapie, Manuelle Medizin, Traditionelle Chinesische Medizin
Ms.-Angebote erwünscht: nach vorheriger telefonischer Anfrage, als Exposé mit Textprobe, als Manuskript
Medium: Papierausdruck, Diskette, E-Mail
Ms.-Rücksendung: ja

Haupt Verlag AG
Falkenplatz 14
CH-3001 Bern
Schweiz
Tel. +41 (0)31 - 309 09 00
Fax +41 (0)31 - 309 09 90
verlag@haupt.ch
www.haupt.ch
Verlagsleitung: Matthias Haupt
Zum Verlag: Der Hauptverlag gehört zu den führenden Schweizer Verlagen
Gründungsjahr: 1906
Lieferbare Titel: ca. 900
Novitäten: 150 p.a.
Programm: Wirtschaft, Recht, Pädagogik, Soziales, Umwelt, Natur, Kunsthandwerk
Lektorat: Regine Balmer (Leitung Lektorat), Heidi Müller (Kunsthandwerk), Petra Hauri (Pädagogik, Soziales), Dr. Manuel Bachmann (Wirtschaft, Recht)
Ms.-Angebote erwünscht: als Exposé
Medium: Papierausdruck
Ms.-Rücksendung: ja

Haymon Verlag Ges.mbH
Erlerstr. 10
A-6020 Innsbruck
Österreich
Tel. +43 (0)512 - 57 63 00
Fax +43 (0)512 - 57 63 00 -14
office@haymonverlag.at
www.haymonverlag.at
Verleger: Markus Hatzer
Verlagsleitung: Markus Hatzer
Gründungsjahr: 1982
Lieferbare Titel: 200
Novitäten: 25
Programm: Schwerpunkt: Belletristik von Bewährtem und Bekanntem bis zu Neuem und Unkonventionellem, Kulturgeschichte, Tirolensien der anspruchsvollen Art
Lektorat: Dr. Michael Forcher, Mag. Joe Rabl, Mag. Georg Hasibeder
Ms.-Angebote erwünscht: als Exposé mit Textprobe von 30 - 50 Seiten
Medium: Papierausdruck
Ms.-Rücksendung: ja, bei Rückporto

HEEL Verlag GmbH
Gut Pottscheidt
53639 Königswinter
Tel. 02223 - 92 30 - 0
Fax 02223 - 92 30 - 26
info@heel-verlag.de
www.heel-verlag.de
Verleger: Franz-Christoph Heel
Verlagsleitung: Franz-Christoph Heel
Gründungsjahr: 1980
Lieferbare Titel: 650
Novitäten: 100
Programm: Eisenbahn, Luftfahrt, Auto- und Motorradliteratur, Golfliteratur, Maritim, Musikliteratur, Kalender, Science Fiction, Fantasy, Ratgeber, Sammeln, Lebensart, Fotografie, Uhren
Lektorat: Joachim Hack (Technik), Petra Hundacker (Unterhaltung, Trend)
Ms.-Angebote erwünscht: als Exposé
Medium: Papierausdruck
Ms.-Rücksendung: ja

Heinrich & Hahn Verlagsgesellschaft
Morgensternstraße 35
60596 Frankfurt am Main
Tel. 069 - 69 52 15 73
Fax 069 - 60 62 89 86

bheinrich@heinrichundhahn.de
Verleger: Brigitte Heinrich, Hans Hahn
Programm: Belletristik

Heise Zeitschriften Verlag GmbH & Co. KG
Helstorfer Str. 7
30625 Hannover
Tel. 0511 - 53 52 - 0
Fax 0511 - 53 52 - 129
www.heise.de
Verleger: Christian Heise, Ansgar Heise
Verlagsleitung: Dr. Alfons Schräder
Gründungsjahr: 1949
Verlagsgruppe: Heise Medien Gruppe
Programm: Computer, Fachzeitschriften, Recht, Technik, Bauwesen

Helbing & Lichtenhahn Verlag AG (Schweiz) & Co.KG
Elisabethenstr. 8
CH-4051 Basel
Schweiz
Tel. +41 (0)61 - 228 90 70
Fax +41 (0)61 - 228 90 71
info@helbing.ch
www.helbing.ch
Programm: Recht, Steuern, Wirtschaft

Ulrike Helmer Verlag
Altkönigstr. 6a
61462 Königstein/Ts.
Tel. 06174 - 93 60 60
Fax 06174 - 93 60 65
ulrike.helmer.verlag@t-online.de
www.ulrike-helmer-verlag.de
Verlegerin: Ulrike Helmer
Verlagsleitung: Ulrike Helmer
Zum Verlag: Der Verlag für Frauen- und Genderthemen
Gründungsjahr: 1987
Lieferbare Titel: 300
Programm: Zu 90% Wissenschaftliche Literatur zu Frauen- und Geschlechterforschung; außerdem »Edition Klassikerinnen«, Biografien, Lesbenromane. Keine Gedichte
Ms.-Angebote erwünscht: als Exposé mit Textprobe von 5 Seiten auf Papier, leserliche Größe
Medium: Papierausdruck
Ms.-Rücksendung: nicht bei Exposés, bei Ms ja, bei Rückporto

Henschel Verlag
Schützenstraße 8
10117 Berlin
Tel. 030 - 220 62 95 71 00
info@henschel-verlag.de
www.henschel-verlag.de
Verleger: Dr. Jürgen A. Bach, Bernd Kolf
Verlagsleitung: Christian Ruzicska
Gründungsjahr: 2003
Verlagsgruppe: Semann Henschel-Verlagsgruppe
Lieferbare Titel: 350
Novitäten: 50
Programm: Theater, Musik, Film, Fernsehen, Zirkus, Varieté, Kabarett, Kunst, Design, Architektur, Zeitgeschichte
Ms.-Angebote erwünscht: als Exposé mit Textprobe von 20 Seiten
Medium: Papierausdruck, Diskette, E-Mail
Ms.-Rücksendung: ja, bei Rückporto

F.A. Herbig Verlagsbuchhandlung
Thomas-Wimmer-Ring 11
80539 München
Tel. 089 - 290 88 - 0
Fax 089 - 290 88 - 164
www.herbig.net
Verlegerin: Brigitte Fleissner-Mikorey
Verlagsleitung: Dr. Brigitte Sinhuber-Harenberg
Verlagsgruppe: Verlagsgruppe Langen Müller Herbig
Programm: Biografien, Belletristik, Historische Romane, Esoterik, Gesundheit, Humor, Kulturgeschichte, Lebenshilfe, Medizin, Musik, Politik, Ratgeber, Zeitgeschichte

Verlag Herder GmbH
Hermann-Herder-Str. 4
79104 Freiburg
Tel. 0761 - 27 17 - 0
Fax 0761 - 27 17 - 520
kundenservice@herder.de
www.herder.de
Verleger: Manuel Herder
Verlagsleitung: Geschäftsführung: Dr. Klaus-Christoph Scheffels, Dr. Alexander Weinstock
Gründungsjahr: 1801
Programm: Religiöse Kinderbücher, Lebenshilfe, Religion, Theologie, Pädagogik, Geschenkbuch, Spiritualität
Ms.-Angebote erwünscht: als Exposé, als Manuskript
Medium: Papierausdruck, E-Mail
Ms.-Rücksendung: ja, mit Rückporto

Verlag Herder Basel
Malzgasse 18
CH-4052 Basel
Schweiz
Tel. +41 (0)61 - 827 90 60
Fax +41 (0)61 - 827 90 67
Lieferbare Titel: 8
Programm: Philosophie, Religion
Ms.-Angebote erwünscht: nur an Herder Verlag GmbH & Co.KG, Hermann-Herder-Str. 4, 79104 Freiburg, als Manuskript
Ms.-Rücksendung: ja

Hertenstein-Presse
Mathystr. 36
75173 Pforzheim
Tel. 07231 - 270 84
Fax 07231 - 270 84
Verleger: Axel Hertenstein
Gründungsjahr: 1967
Lieferbare Titel: 45
Novitäten: 4
Programm: Bibliophile Bücher
Ms.-Interessen: Lyrik
Ms.-Angebote erwünscht: nach vorheriger telefonischer Anfrage
Medium: Papierausdruck
Ms.-Rücksendung: ja, bei Rückporto

Heye Verlag GmbH
Ottobrunner Str. 41
82008 Unterhaching
Tel. 089 - 66 53 - 217
Fax 089 - 66 53 - 22 10
verlag@heye.de
www.heye-verlag.de
Verlagsleitung: Claudia Knauss
Gründungsjahr: 1962

Lieferbare Titel: 400
Novitäten: 50-80
Programm: Kalender (Comic, Cartoon, Humor und Kunst, Fotografie)
Lektorat: Kalender: Christine Wehling, christine.wehling@heye.de
Ms.-Angebote erwünscht: als Exposé in kleinen Proben des Bildmaterials
Ms.-Rücksendung: ja, bei Rückporto

Carl Heymanns Verlag GmbH
Luxemburger Str. 449
50939 Köln
Tel. 0221 - 943 73 - 0
Fax 0221 - 943 73 - 310
service@heymanns.com
www.heymanns.com
Verlagsleitung: Dr. Herrmann, RA Dr. Christoph Knauer
Gründungsjahr: 1815
Lieferbare Titel: 2000
Programm: Schwerpunkt: Recht, Steuern, Wirtschaft. Zivilrecht, Handels- und Wirtschaftsrecht, Gewerblicher Rechtsschutz, Öffentliches Recht, Steuerrecht, Europarecht, Internationales Recht, Strafrecht, Arbeits- und Sozialrecht
Ms.-Angebote erwünscht: nach vorheriger telefonischer Anfrage, als Exposé
Medium: Papierausdruck, Diskette, E-Mail
Ms.-Rücksendung: ja

Wilhelm Heyne Verlag
Bayerstr. 71-73
80335 München
Tel. 089 - 4136 - 0
Fax 089 - 4136 - 22 29
kundenservice@randomhouse.de
www.heyne.de
Verleger: Geschäftsführer: Klaus Eck, Joerg Pfuhl (CEO), Claudia Reitter
Verlagsleitung: Ulrich Genzler
Verlagsgruppe: Verlagsgruppe Random House
Programm: Heyne-Taschenbücher, Diana-Taschenbücher, Pavillon-Taschenbücher, Diana Verlag, Ansata, Integral, Lotos, Ludwig
Lektorat: Andrea Kunstmann (Programmltg. Sachbuch), Britta Hansen (Programmltg. Diana Verlag), Bernhard Matt (Programmltg. Heyne Belletristik TB)
Ms.-Angebote erwünscht: als Exposé
Medium: Papierausdruck
Ms.-Rücksendung: ja, bei Rückporto

Anton Hiersemann Verlag
Haldenstr. 30
70376 Stuttgart
Tel. 0711 - 549 97 11
Fax 0711 - 54 99 71 21
Verlagsleitung: Gerd Hiersemann, Florian Hiersemann
Gründungsjahr: 1884
Lieferbare Titel: 1200
Novitäten: 40
Programm: Wissenschaftliche Monographien, Serien- und Nachschlagewerke aus: Antike und Christentum, Biografien, Buch- und Bibliothekswesen, Byzantinistik, Germanistik, Geschichte, Kunstwissenschaft, Literatur und Theater, Religionswissenschaft, Theologie, Wissensch
Ms.-Angebote erwünscht: als Exposé

Medium: Papierausdruck
Ms.-Rücksendung: ja

Himmelstürmer Verlag
Kirchweg 12
20099 Hamburg
Tel. 040 - 64 88 56 08
Fax 040 - 64 88 56 09
info@himmelstuermer-verlag.de
www.himmelstuermer.de
Verleger: Achim Albers
Gründungsjahr: 1998
Lieferbare Titel: 70
Novitäten: 20
Programm: Sachbücher und Belletristik im schwulen Bereich
Ms.-Angebote erwünscht: als Exposé, als Manuskript
Medium: Papierausdruck, E-Mail
Ms.-Rücksendung: ja, bei Rückporto

Hinstorff Verlag GmbH
Lagerstr. 7
18055 Rostock
Tel. 0381 - 49 69 - 0
Fax 0381 - 49 69 - 103
www.hinstorff.de
Gründungsjahr: 1831
Lieferbare Titel: 350
Novitäten: 40
Programm: Biografien, Belletristik, Bildbände, Kinderbücher, Kochbücher, Regionales, Niederdeutsches, Maritimes, Wissenschaftliche Reihen, Hörbücher, Kalender
Ms.-Angebote erwünscht: nach vorheriger telefonischer Anfrage, als Exposé mit Textprobe von 20 Seiten
Medium: Papierausdruck
Ms.-Rücksendung: ja

Hippokrates Verlag in MVS Medizinverlage Stuttgart GmbH & Co.KG
Oswald-Hesse-Str. 50
70469 Stuttgart
Tel. 0711 - 89 31 - 0
Fax 0711 - 89 31 - 706
www.medizinverlage.de
Verlagsleitung: Dr. Thomas Scherb, Albrecht Hauff
Programm: Komplementärmedizin, Osteopathie, Manuelle Medizin, Traditionelle Chinesische Medizin, Akupunktur
Ms.-Angebote erwünscht: nach vorheriger telefonischer Anfrage, als Exposé mit Textprobe von 10 Seiten
Medium: Diskette, E-Mail
Ms.-Rücksendung: ja

Hirmer Verlag
Nymphenburger Str. 84
80636 München
Tel. 089 - 12 15 16 - 0
Fax 089 - 12 15 16 - 16
info@hirmerverlag.de
www.hirmerverlag.de
Verleger: Albert Hirmer, Jürgen Kleidt
Verlagsleitung: Kerstin Ludolph
Gründungsjahr: 1948
Novitäten: ca. 60
Programm: Archäologie, Kunstgeschichte, Bildbände
Ms.-Angebote erwünscht: nach vorheriger telefonischer Anfrage
Medium: E-Mail

S. Hirzel Verlag Stuttgart
Birkenwaldstr. 44
70191 Stuttgart
Tel. 0711 - 25 82 - 0
Fax 0711 - 25 82 - 290
ameder@hirzel.de
www.hirzel.de
Verleger: Dr. Christian Rotta
Gründungsjahr: 1853 in Leipzig
Lieferbare Titel: 400
Novitäten: 15-20
Programm: Sachbuch, Fachbuch: Chemie, Philosophie, Psychologie, Germanistik
Lektorat: Dr. Angela Meder
Ms.-Angebote erwünscht: als Exposé mit Textprobe, als Manuskript
Medium: Papierausdruck, Diskette
Ms.-Rücksendung: ja, bei Rückporto

Historia Verlag
Ravensburger Str. 13
80079 Ulm-Wiblingen
Tel. 0731 - 207 46 59
Fax 0731 - 207 46 64
historia-wolf@t-online.de
www.historiaverlag.de
Verleger: Hans-Jürgen Wolf
Verlagsleitung: Hans-Jürgen Wolf
Gründungsjahr: 1986
Lieferbare Titel: 10
Novitäten: 4
Programm: Kirchenkritische Literatur, Fachbücher zur Druck- und Papiergeschichte, Sozialkritische Werke
Ms.-Interessen: Pro und Kontra Kirchengeschichte
Ms.-Angebote erwünscht: als Exposé mit Textprobe von 10 Seiten
Medium: Papierausdruck
Ms.-Rücksendung: ja

Verlag Karl Hofmann
Steinwasenstr. 6-8
73614 Schorndorf
Tel. 07181 - 402 - 0
Fax 07181 - 402 - 111
info@hofmann-verlag.de
www.hofmann-verlag.de
Programm: Architektur, Fachzeitschriften, Musik, Nachschlagewerke, Wörterbücher, Sport, Fitness, Sportwissenschaft, Glasfachliteratur

Verlag Hoffmann und Campe
Harvestehuder Weg 42
20149 Hamburg
Tel. 040 - 441 88 - 0
Fax 040 - 441 88 - 290
lektorat@hoca.de
www.hoffmann-und-campe.de
Verleger: Günter Berg (Programmleitung)
Gründungsjahr: 1781
Verlagsgruppe: Ganske Verlagsgruppe
Novitäten: 60
Programm: Biografien, Belletristik, Fantasy, Science Fiction, Historische Romane, Kriminalromane, Bildbände, Business, Computer, Esoterik, Film, Fernsehen, Finanzen, Kulturgeschichte, Kurzgeschichten, Lebenshilfe, Musik, Naturwissenschaft, Ökologie, Philosophie, Politik
Ms.-Angebote erwünscht: mit Textprobe von 10 Seiten
Medium: Papierausdruck
Ms.-Rücksendung: ja

Hoffmann Verlag GmbH
Weilimdorfer Str. 76
70839 Gerlingen
Tel. 07156 - 43 08 - 0
Fax 07156 - 43 08 - 40
vertrieb@hoffmann-verlag.de
www.hoffmann-verlag.de
Programm: Hotelverzeichnisse
Ms.-Angebote erwünscht: als Exposé
Medium: Papierausdruck, E-Mail
Ms.-Rücksendung: ja, bei Rückporto

Hogrefe Verlag GmbH & Co. KG
Rohnsweg 25
37085 Göttingen
Tel. 0551 - 496 09 - 0
Fax 0551 - 496 09 - 88
verlag@hogrefe.de
www.hogrefe.de
Verleger: Dr. G. Jürgen Hogrefe
Verlagsleitung: Dr. G. Jürgen Hogrefe, Dr. Michael Vogtmeier
Gründungsjahr: 1949
Lieferbare Titel: 2000
Novitäten: 180
Programm: Psychologische Fachzeitschriften, Trainings-Software, Nachschlagewerke, Wörterbücher, Psychologie, Psychiatrie, Psychotherapie, Psychologische Ratgeber, Personalmanagement, Testverfahren
Ms.-Angebote erwünscht: als Manuskript
Medium: Papierausdruck
Ms.-Rücksendung: ja, mit Rückporto

Hohenheim Verlag
Eduard-Pfeiffer-Str. 114
70192 Stuttgart
Tel. 0711 - 24 83 93 - 0
Fax 0711 - 24 83 93 - 10
info@hohenheim-verlag.de
Verleger: Geschäftsführer: Ulrich Frank-Planitz
Verlagsleitung: Programmleitung: Renate Jostmann
Gründungsjahr: 2000
Verlagsgruppe: Klett-Verlagsgruppe
Lieferbare Titel: 150
Novitäten: 15-20
Programm: Sachbücher zu Politik, Geschichte und Kultur sowie zu regionalen Schwerpunkten in Baden-Württemberg und Mitteldeutschland
Ms.-Angebote erwünscht: als Exposé
Medium: Papierausdruck
Ms.-Rücksendung: ja

Verlag Wolfgang Hölker
Hafenweg 30
48155 Münster
Tel. 0251 - 414 11 - 0
Fax 0251 - 414 11 - 20
roemer@coppenrath.de
Verleger: Wolfgang Hölker
Verlagsleitung: Wolfgang Foerster
Gründungsjahr: 1975
Programm: Essen und Trinken, Landschaftskochbücher, Kochbücher mit Liebe zum Detail
Lektorat: Monika Römer
Ms.-Angebote erwünscht: nach vorheriger telefonischer Anfrage
Medium: Papierausdruck
Ms.-Rücksendung: ja

Peter Höll Verlag
Darmstädter Str. 14b
64397 Modautal
Tel. 06167 - 91 22 - 20
Fax 06167 - 91 22 - 21
info@hoellverlag.de
www.hoellverlag.de
Gründungsjahr: 1987
Programm: Belletristik, Sachbuch
Ms.-Angebote erwünscht: nach vorheriger telefonischer Anfrage, als Exposé mit Textprobe von 20 Seiten
Medium: Papierausdruck, Diskette, E-Mail
Ms.-Rücksendung: ja, bei Rückporto

Der HörVerlag GmbH
Lindwurmstr. 88
80337 München
Tel. 089 - 21 06 94 - 0
Fax 089 - 21 06 94 -15
claudia.baumhoever@hoerverlag.de
www.hoerverlag.de
Verlegerin: Claudia Baumhöver
Gründungsjahr: 1993
Programm: Stimmen der Dichter, Klassiker, aktuelle Belletristik, Lyrik, Kinderhörbücher auf CD
Lektorat: Renate Schönbeck, Christiane Collario
Medium: MC Kopien und CDs

Horlemann-Verlag
P.O.Box 1307
53583 Bad Honnef
Tel. 02224 - 55 89
Fax 02224 - 54 29
info@horlemann-verlag.de
www.horlemann-verlag.de
Verlegerin: Beate Horlemann
Gründungsjahr: 1990
Lieferbare Titel: 120
Novitäten: 15
Programm: Afrika, Asien, Lateinamerika, Belletristik, Erziehung, Film, Fernsehen, Geografie, Geschichte der Neuzeit, Jugendbücher, Lyrik, Ökologie, Politik, Reisen, Soziologie
Ms.-Angebote erwünscht: nach vorheriger telefonischer Anfrage, als Exposé mit Textprobe von 10 Seiten
Medium: Papierausdruck
Ms.-Rücksendung: ja, bei Rückporto

Verlag Huber Frauenfeld
Promenadenstr. 16
CH-8501 Frauenfeld
Schweiz
Tel. +41 (0)52 - 723 56 17
Fax +41 (0)52 - 723 56 19
buchverlag@huber.ch
www.huber.ch
Verleger: Hansrudolf Frey
Verlagsleitung: Hansrudolf Frey
Gründungsjahr: 1798
Novitäten: 30
Programm: Geschichte, Kulturgeschichte, Zeitgeschichte, Volkswirtschaft, Management
Ms.-Angebote erwünscht: als Exposé
Medium: Papierausdruck
Ms.-Rücksendung: ja

Felicitas Hübner Verlag/ Siebenberg-Verlag
Hagenstr. 10
31275 Lehrte
Tel. 05695 - 10 28

Fax 05695 - 10 27
fh@huebner-books.de
www.huebner-books.de
Verlegerin: Felicitas Hübner
Gründungsjahr: 1981, Siebenberg: 1936 in Peking
Programm: Gesundheit, Geo-Kultur, Ethnologie, Kulturgeschichte, Ostasien, Kunst

Hueber Verlag GmbH & Co.KG
Max-Hueber-Straße 4
85737 Ismaning
Tel. 089 - 96 02 - 0
Fax 089 - 96 02 - 358
www.hueber.de
Verlegerin: Michaela Hueber
Verlagsleitung: Wolf Dieter Eggert, Michaela Hueber
Gründungsjahr: 1921
Lieferbare Titel: 2000
Programm: Unterrichtsmaterialien für den Fremdsprachenunterricht in der Erwachsenen- und Weiterbildung, in Schule und Beruf, Deutsch als Fremdsprache, Deutsch als Zweitsprache, Selbstlernmaterialien, Wörterbücher, Grammatiken, Neue Medien
Ms.-Angebote erwünscht: nach vorheriger telefonischer Anfrage, als Exposé mit Textprobe von 15 Seiten
Medium: Papierausdruck, Diskette, E-Mail
Ms.-Rücksendung: ja

Heinrich Hugendubel Verlag
Holzstr. 28
80469 München
Tel. 089 - 23 55 86 - 0
Fax 089 - 23 55 86 - 111
vorname.nachname@hugendubel-verlag.de
www.hugendubel-verlag.de
Verlegerin: Dr. Monika Roell
Verlagsleitung: Stephanie Ehrenschwendner
Verlagsgruppe: Hugendubel-Verlagsgruppe
Programm: Zeitgeschehen, Weltreligionen, Weltkulturen, Märchen und Mythologie; Gesundheit, Fitness, Wellness; Beruf, Partnerschaft, Familie; Astrologie, Orakel, Spiritualität; Kalender
Ms.-Angebote erwünscht: nach vorheriger telefonischer Anfrage
Medium: Papierausdruck
Ms.-Rücksendung: ja, bei Rückporto

Humboldt Verlags GmbH
Stephanienstr.25
76530 Baden-Baden
07221 - 395 - 326
Tel. 07221 - 395 327
kontakt@humboldt.de
www.humboldt.de
Verleger: Eckhard Schwettmann
Gründungsjahr: 1953
Lieferbare Titel: 180
Novitäten: ca. 40
Programm: Ratgeber: Gesundheit und Medizin, Lebenshilfe und Psychologie, Information und Wissen, Freizeit und Hobby, Elteren und Kind, Beruf
Lektorat: Otmar Fischer
Ms.-Interessen: Ratgeber, Sachbuch
Ms.-Angebote erwünscht: als Exposé
Medium: E-Mail

Ms.-Rücksendung: ja, bei Rückporto

Ilona Hupe Verlag
Volkartstr. 2
80634 München
Tel. 089 - 167 83 - 783
Fax 089 - 168 44 74
ilona@hupeverlag.de
www.hupeverlag.de
Programm: Reise, Touristik

Husum Druck- und Verlagsgesellschaft
Nordbahnhofstr. 2
25813 Husum
Tel. 04841 - 83 52 - 0
Fax 04841 - 83 52 - 10
info@verlagsgruppe.de
www.verlagsgruppe.de
Verleger: Ingwert Paulsen
Verlagsleitung: Ingwert Paulsen
Gründungsjahr: 1973
Verlagsgruppe: Verlagsgruppe Husum
Lieferbare Titel: 1071
Novitäten: 60
Programm: Regionalia, Belletristik, Volkskunde
Lektorat: Ingwert Paulsen
Ms.-Angebote erwünscht: nach vorheriger telefonischer Anfrage
Ms.-Rücksendung: ja, bei Rückporto

Carl Huter Verlag GmbH
Ohmstr. 14
CH-8050 Zürich
Schweiz
Tel. +41 (0)44 - 311 74 71
Fax +41 (0)44 - 311 74 85
verlag@carl-huter.ch
www.carl-huter.ch
Verleger: Fritz Aerni
Verlagsleitung: Elisabeth Aerni
Gründungsjahr: 1982
Programm: Naturwissenschaft, Philosophie, Psychologie, Psychophysiognomik
Ms.-Angebote erwünscht: nach vorheriger telefonischer Anfrage, als Exposé
Medium: Papierausdruck, Diskette, E-Mail
Ms.-Rücksendung: ja, bei Rückporto

Carl-Huter-Verlag GmbH
Pommernstr. 29
79761 Waldshut-Tiengen
Tel. 07741 - 16 04
Fax 07741 - 18 05
verlag@carl-huter.ch
www.carl-huter.de
Verleger: Fritz Aerni
Verlagsleitung: Elisabeth Aerni
Programm: Naturwissenschaft, Philosophie, Psychologie, Psychophysiognomik
Ms.-Angebote erwünscht: nach vorheriger telefonischer Anfrage, als Exposé
Medium: Papierausdruck, Diskette, E-Mail
Ms.-Rücksendung: ja, bei Rückporto

Hüthig GmbH
Im Weiher 10
69121 Heidelberg
Tel. 06221 - 489 - 0
Fax 06221 - 489 - 410
www.huethig.de
Verlagsgruppe: Verlagsgruppe Süddeutscher Verlag Hüthig

Programm: Recht, Wirtschaft, Steuern, Technik, Telekommunikation, Astronomie

Verlagsgruppe Hüthig Jehle Rehm GmbH
Emmy-Noether-Str. 2
80992 München
Tel. 089 - 548 52 06
Fax 089 - 548 52 81 50
verlagsgruppe@hjr-verlag.de
www.huethig-jehle-rehm.de
Programm: Recht, Steuerrecht, Baurecht, Arbeitsrecht, Medienrecht, Verwaltung, Wirtschaft
Lektorat: Verlagsleitung: Peter Habit

HWK Verlag Hans-Werner Kummerow
Markgrafenstraße 23
91717 Wassertrüdingen
Tel. 0 98 32 - 68 81 - 0
Fax 0 98 32 - 68 81 - 11
Kummerow@t-online.de
www.hwkverlag.de
Verleger: Hans-Werner Kummerow
Zum Verlag: Sachbuchverlag
Gründungsjahr: 2002
Lieferbare Titel: 3
Novitäten: 1-2
Programm: Sachbuch
Ms.-Interessen: Politik, Wintergärten, Holzheizungen
Ms.-Angebote erwünscht: als Exposé mit Textprobe von 5 Seiten
Medium: Papierausdruck, E-Mail
Ms.-Rücksendung: nein

Hybriden-Verlag Hartmut Andryczuk
Elsastr. 4
12159 Berlin
Tel. 030 - 851 24 47
hybriden@t-online.de
www.hybriden-verlag.de
Verleger: Hartmut Andryczuk
Verlagsleitung: Hartmut Andryczuk
Zum Verlag: Originalgrafische Künstlerbücher, Künstlereditionen
Lieferbare Titel: 15
Novitäten: 12
Programm: Innovative Buchkunst, Unikatbücher, Bibliophile Bücher, Belletristik, Bildende Kunst, Experimentelle Literatur, Literaturwissenschaft, Philosophie, Religion
Ms.-Angebote erwünscht: nach vorheriger telefonischer Anfrage, als Manuskript
Medium: Papierausdruck, CD, E-Mail
Ms.-Rücksendung: nein

ICHverlag Häfner & Häfner
Glockenhofstr. 43
90478 Nürnberg
Tel. 0911 - 49 90 72, 0171 - 364 34 51
galerie.stahlpalast@t-online.de
www.ichverlag.de
Programm: Bibliophile Bücher

Idee & Produkt Verlag
Hinter Hoben 149
53129 Bonn
Tel. 0228 - 916 82 04
Fax 0228 - 916 81 02
info@idee-und-produkt.de
www.idee-und-produkt.de

Verleger: Gerrit Hoberg
Verlagsleitung: Gerrit Hoberg
Gründungsjahr: 1998
Lieferbare Titel: 20
Programm: Beruf und Karriere, Pädagogik, Populäres Sachbuch

IDEEmedia GmbH
Karbachstr. 22
56567 Neuwied
Tel. 02631 - 99 96 - 0
Fax 02631 - 99 96 - 55
info@idee-media.de
www.einschoenertag.com
Verleger: Uwe Schöllkopf
Gründungsjahr: 1998
Lieferbare Titel: 20
Novitäten: 3-4
Programm: Regionale Freizeitführer
Ms.-Rücksendung: nein

IKO-Verlag für Interkulturelle Kommunikation
Assenheimer Str. 17
60489 Frankfurt am Main
Tel. 069 - 78 48 08
Fax 069 - 789 65 75
info@iko-verlag.de
www.iko-verlag.de
Verleger: Walter Sülberg
Gründungsjahr: 1982
Lieferbare Titel: 600
Novitäten: 100
Programm: Anthropologie, Bildung, Erziehung, Frauenforschung, Kulturgeschichte, Literaturwissenschaft, Medienwissenschaft, Musik, Ökologie, Philosophie, Politik, Psychologie, Reisen, Religion, Soziologie, Sprachwissenschaften, Tanz, Theater, Oper, Umweltthemen
Ms.-Angebote erwünscht: als Exposé
Medium: Papierausdruck
Ms.-Rücksendung: ja, bei Rückporto

Michael Imhof Verlag GmbH & Co KG
Stettiner Str. 25
36100 Petersberg
Tel. 0661 - 962 82 86
Fax 0661 - 636 86
info@imhof-verlag.de
www.imhof-verlag.de
Verleger: Dr. Michael Imhof
Verlagsleitung: Dr. Michael Imhof
Gründungsjahr: 1996
Lieferbare Titel: 420
Novitäten: 85
Programm: Kunst, Architektur, Reisen, Kulturgeschichte, Denkmalpflege
Ms.-Angebote erwünscht: nach vorheriger telefonischer Anfrage, als Exposé
Medium: E-Mail
Ms.-Rücksendung: nein

Inkognito GmbH
Erkelenzdamm 11-13
10999 Berlin
Tel. 030 - 614 10 44
Fax 030 - 615 20 11
lektorat@incognito.de
Programm: Bildbände, Satire, Comic, Cartoons, Postkarten, Spiele

InnoVatio Verlags AG Roland Schatz
Am Kurpark 7
53177 Bonn
Tel. 0228 - 243 31 80
Fax 0228 - 31 94 71

mailbox@innovatio.de
www.innovatio.de
Gründungsjahr: 1987
Lieferbare Titel: 25
Novitäten: 2
Programm: Business, Computer, Medienwissenschaft, Politik, Wirtschaft, Zeitgeschichte, Kultur
Lektorat: Roland Schatz, Marie Henckel
Ms.-Angebote erwünscht: als Exposé
Medium: Diskette
Ms.-Rücksendung: ja

Insel Verlag
Suhrkamp Haus Lindenstr. 29-35
60325 Frankfurt am Main
Tel. 069 - 756 01 - 0
Fax 069 - 756 01 - 455
www.insel-verlag.de
Verlegerin: Ulla Unseld-Berkéwicz
Verlagsleitung: Ulla Unseld-Berkéwicz (Vorsitzende), Philip Roeder
Gründungsjahr: 1899
Verlagsgruppe: Suhrkamp-Verlagsgruppe
Programm: Biografien, Belletristik, Bildende Kunst, Film, Geschichte, Kulturgeschichte, Kurzgeschichten, Lyrik, Märchen, Philosophie, Religion, Theater, Oper
Ms.-Angebote erwünscht: als Manuskript
Medium: Papierausdruck, Diskette
Ms.-Rücksendung: ja, bei Rückporto

Integral-Verlag
Bayerstr. 71-73
80335 München
Tel. 089 - 41 36 - 0
Fax 089 - 41 36 - 333
info@randomhouse.de
www.randomhouse.de
Verleger: Geschäftsführer: Klaus Eck, Joerg Pfuhl (CEO), Claudia Reitter
Verlagsleitung: Eckhard Graf
Verlagsgruppe: Verlagsgruppe Random House
Programm: Esoterik, Spiritualität
Ms.-Angebote erwünscht: als Exposé mit Textprobe von 20 Seiten
Medium: Papierausdruck, E-Mail
Ms.-Rücksendung: ja

interconnections
Schillerstr. 44
79102 Freiburg
Tel. 0761 - 70 06 50
Fax 0761 - 70 06 88
info@interconnections.de
Verleger: Georg Beckmann
Gründungsjahr: 1984
Lieferbare Titel: 60
Programm: Ratgeber, Reisen, Sachbuch, Belletristik
Lektorat: Georg Beckmann
Ms.-Interessen: siehe Verlagsprogramm
Ms.-Angebote erwünscht: als Exposé mit Textprobe von 5 Seiten
Medium: Diskette für PC
Ms.-Rücksendung: ja, bei Rückporto

Irisiana
Holzstr. 28
80469 München
Tel. 089 - 23 55 86 - 0
Fax 089 - 23 55 86 - 111

Verlagsgruppe: Hugendubel-Verlagsgruppe
Programm: Gesundheit, Wellness, Fitness
Ms.-Angebote erwünscht: nach vorheriger telefonischer Anfrage
Medium: Papierausdruck
Ms.-Rücksendung: ja, bei Rückporto

Isensee Verlag
Haarenstr. 20
26122 Oldenburg
Tel. 0441 - 253 88
Fax 0441 - 178 72
verlag@isensee.de
www.isensee.de
Verlagsleitung: Florian Isensee
Programm: Regionalia, Kunst, Archäologie, Literatur und niederdeutsche Literatur

Isgon Verlag
Postfach 42 07 20
12067 Berlin
Tel. 030 - 55 48 89 84
info@isgon.de
www.isgon.de
Verleger: Thomas Hellige
Programm: Gehobene, junge Literatur

Verlag Der Islam
Genfer Str. 11
60437 Frankfurt am Main
Tel. 069 - 50 688 - 650
Fax 069 - 50 688 - 655
verlag@ahmadiyya.de
www.verlagderislam.de
Verleger: Hadayatullah Hübsch
Verlagsleitung: Ahmadiyya Muslim Jamaat Deutschland e.V.
Gründungsjahr: 1949
Novitäten: 1-4 (deutsch)
Programm: Islam, Religionskritik, Mission
Lektorat: Imam Mubarak Tanveer (urdu, englisch): tasneef@ahmadiyya.de, Hadayatullah Hübsch (deutsch, englisch): presse@ahmadiyya.de
Ms.-Interessen: Integration, Islam in Deutschland, Euro-Islam, Kopftuchdebatte, Moscheebau, Interreligiöser Dialog
Ms.-Angebote erwünscht: nach vorheriger telefonischer Anfrage, als Exposé oder Auszug
Medium: Papierausdruck, E-Mail
Ms.-Rücksendung: ja

Iwanowski's Reisebuchverlag
Salm Reiffenscheidt-Allee 37
41540 Dormagen
Tel. 02133 - 26 03 - 11
Fax 02133 - 26 03 - 33
info@iwanowski.de
www.iwanowski.de
Verleger: Michael Iwanowski
Gründungsjahr: 1984
Lieferbare Titel: 90
Novitäten: 5
Programm: Reiseführer für Individualreisende weltweit
Lektorat: Rüdiger Müller (Dw -18, r.mueller@iwanowski.de))
Ms.-Interessen: Südamerika, Südostasien, Europa
Ms.-Angebote erwünscht: nach vorheriger telefonischer Anfrage, als Exposé mit Textprobe von 5 Seiten

Medium: Papierausdruck, E-Mail
Ms.-Rücksendung: ja, mit Rückporto

Gerhard Wolf Janus Press GmbH
Amalienpark
13187 Berlin
Tel. 030 - 47 53 52 20
Fax 030 - 47 53 37 90
Zum Verlag: Belletristik, Grafik
Gründungsjahr: 1991
Lieferbare Titel: 50
Programm: Literatur in Zusammenarbeit mit Graphikern und Künstlern
Ms.-Angebote erwünscht: nach vorheriger telefonischer Anfrage
Ms.-Rücksendung: ja, bei Rückporto

Verlag Jena 1800 Ute Fritsch
Wörther Str. 17
10405 Berlin
Tel. 030 - 44 05 02 22
Fax 030 - 44 05 02 22
verlag@jena1800.de
www.jena1800.de
Verlegerin: Ute Fritsch
Zum Verlag: »Die Führer dieses kleinen Verlages sind wahre Augenweiden und bieten perfektes Infotainment, das auch noch ausgesprochen praktisch ist.« (Tagesspiegel)
Gründungsjahr: 1997
Lieferbare Titel: 22
Novitäten: 3-4
Programm: Literarische Stadtpläne und Reiseführer und Kulturgeschichte von Weimar und Jena. Unter anderem: Literarisches Berlin, London, Paris, St. Petersburg, Zürich, Köln, Gelehrtes Freiburg, Künstlerkarte Hiddensee usw.
Lektorat: Ute Fritsch
Ms.-Angebote erwünscht: als Manuskript
Medium: Papierausdruck
Ms.-Rücksendung: ja, bei Rückporto

Jenzig-Verlag Gabriele Köhler
Untergasse 8
07751 Golmsdorf
Tel. 036427 - 713 91
Fax 036427 - 228 65
mail@jenzigverlag.de
www.jenzigverlag.de
Verlegerin: Gabriele Köhler
Gründungsjahr: 1990
Lieferbare Titel: 35
Novitäten: 3-5
Programm: Sachbücher zur Thüringischen Geschichte, Jena und Umgebung, Bildbände, Kalender
Ms.-Angebote erwünscht: nach vorheriger telefonischer Anfrage, als Manuskript
Medium: Papierausdruck, Diskette
Ms.-Rücksendung: ja, mit Rückporto

JFF-Institut für Medienpädagogik in Forschung und Praxis
Pfälzer-Wald-Str. 64
81539 München
Tel. 089 - 689 89 - 0
Fax 089 - 689 89 - 111
jff@ff.de
www.jff.de
Programm: Medienpädagogik, Medienwirkungsforschung, Medienarbeit

Jhana-Verlag
Uttenbühl 5
87466 Oy-Mittelberg
Tel. 08376 - 88 38
Fax 08376 - 592
info@jhanaverlag.de
www.buddha-haus.de
Zum Verlag: Auf Initiative der buddhistischen Nonne und Meditationsmeisterin Ayya Khema (1923-1997) entstanden
Gründungsjahr: 1990
Lieferbare Titel: 26
Programm: Schwerpunkt Buddhismus, Meditation, Spiritualität
Ms.-Angebote erwünscht: nach vorheriger telefonischer Anfrage
Medium: Papierausdruck
Ms.-Rücksendung: ja, bei Rückporto

Johannis
Heiligenstr. 24
77933 Lahr/ Schwarzw.
Tel. 07821 - 581 - 0
Fax 07821 - 581 - 26
info@johannis-druckerei.de
www.johannis-verlag.de
Verleger: Inhaber und Geschäftsführer: Reinhold Fels
Verlagsleitung: Karlheinz Kern
Gründungsjahr: 1896
Programm: Christliche Literatur, Bildbände, Kalender, Geschenkbücher
Lektorat: Dr. Thomas Baumann, Dr. Ulrich Parlow
Ms.-Angebote erwünscht: mit Textprobe von 5 Seiten
Medium: Papierausdruck
Ms.-Rücksendung: ja, bei Rückporto

Jonas Verlag für Kunst und Literatur GmbH
Weidenhäuser Str. 88
35037 Marburg
Tel. 06421 - 251 32
Fax 06421 - 21 05 72
www.jonas-verlag.de
Gründungsjahr: 1978
Lieferbare Titel: 250
Novitäten: 15
Programm: Architektur, Bildende Kunst, Frauenforschung, Geschichte der Neuzeit, Kulturgeschichte, Fotografie, Film
Ms.-Angebote erwünscht: nach vorheriger telefonischer Anfrage, als Exposé
Medium: Papierausdruck
Ms.-Rücksendung: ja, bei Rückporto

Jourist Verlags GmbH
Eiffestr. 631
20537 Hamburg
Tel. 040 - 210 98 29 - 0
Fax 040 - 210 98 29 - 3
jourist@jourist.de
www.jourist.de
Programm: Russische Sprache: Wörterbücher, Lern-Software, Fachbücher

jovis Verlag GmbH
Kurfürstenstr. 15/16
10785 Berlin
Tel. 030 - 26 36 72 - 0
Fax 030 - 26 36 72 - 72
jovis@jovis.de
www.jovis.de
Verleger: Jochen Visscher
Verlagsleitung: Jochen Visscher
Gründungsjahr: 1994

Lieferbare Titel: 110
Novitäten: 30
Programm: Architektur, Kunst, Fotografie
Ms.-Angebote erwünscht: nach vorheriger telefonischer Anfrage, als Exposé
Medium: Papierausdruck, E-Mail
Ms.-Rücksendung: ja, bei Rückporto

Joy Verlag GmbH
Hornweg 11
87466 Oy-Mittelberg
Tel. 08366 - 98 86 10
Fax 08366 - 98 41 92
postbox@joy-verlag.de
www.joy-verlag.de
Verlagsleitung: Thomas Kettenring
Programm: Ernährung, Gesundheit, Lebenshilfe, Medizin, Ratgeber, Buddhismus
Ms.-Angebote erwünscht: als Exposé oder als Manuskript
Medium: Papierausdruck, E-Mail
Ms.-Rücksendung: ja, bei Rückporto

Jüdische Verlagsanstalt Berlin GmbH
Postfach 264
32122 Enger
Tel. 05224 - 93 89 31
info@jvb-online.de
www.juedische-verlagsanstalt.de
Gründungsjahr: 2000
Lieferbare Titel: 33
Programm: Judentum, Klassiker, Kultur, Geschichte, Zeitgeschichte, Bildbände
Ms.-Interessen: jüdische Kinderbücher
Ms.-Angebote erwünscht: als Exposé mit Textprobe, als Manuskript
Medium: Papierausdruck
Ms.-Rücksendung: ja, bei Rückporto

Jüdischer Verlag
Lindenstr. 29-35
60325 Frankfurt am Main
Tel. 069 - 756 01 - 0
Fax 069 - 756 01 - 314
lektorat@suhrkamp.de
www.suhrkamp.de
Verlegerin: Ulla Unseld-Berkéwicz
Verlagsleitung: Nadine Meyer, Geschäftsführung: Ulla Unseld-Berkéwicz, Philip Roeder
Gründungsjahr: 1902 in Berlin/1929 in Frankfurt
Verlagsgruppe: Suhrkamp-Verlagsgruppe
Lieferbare Titel: 120
Novitäten: 6
Programm: Jüdische Kultur. Das religiöse, politische und kulturelle Leben der Juden in Vergangenheit und Gegenwart. Kulturgeschichtliche und historische Studien, Literatur
Ms.-Angebote erwünscht: als Manuskript
Medium: Papierausdruck
Ms.-Rücksendung: ja, bei Rückporto

JUMBO Neue Medien & Verlag GmbH
Henriettenstr. 42a
20259 Hamburg
Tel. 040 - 42 93 04 00
Fax 040 - 429 30 40 29
www.jumbo-medien.de
Programm: Kinder- und Lieder-Hörbücher

Axel Juncker Verlag GmbH
Mies-van-der-Rohe-Str. 1
80807 München
Tel. 089 - 36 09 60
Fax 089 - 360 96 - 432
redaktion@axel-juncker.de
www.langenscheidt.de
Verleger: Andreas Langenscheidt
Verlagsleitung: Rolf Müller
Verlagsgruppe: Langenscheidt Verlagsgruppe
Programm: Ratgeber, Wörterbücher, Sprachkurse, Lernmaterialien für Kinder

Junfermann Verlag
Imadstr. 40
33102 Paderborn
Tel. 05251 - 13 44 - 0
Fax 05251 - 13 44 - 44
ju@junfermann.de
www.junfermann.de
Verleger: Dr. Reinhard Martini
Verlagsleitung: Gottfried Probst
Lieferbare Titel: 250
Novitäten: 25-30
Programm: Erziehung, Fachzeitschriften, Gesundheit, Lebenshilfe, Kommunikation, Psychologie, Wirtschaft
Lektorat: Heike Carstensen, Tel. 05251 - 13 44 18, carstensen@junfermann.de
Ms.-Angebote erwünscht: als Exposé mit Textprobe von ca 10 Seiten
Medium: Papierausdruck, Diskette, E-Mail
Ms.-Rücksendung: ja

Heinrich-Jung-Verlagsgesellschaft mbH
Am Einsiedel 7
98544 Zella-Mehlis
Tel. 03682 - 418 84
Fax 03682 - 418 84
verlag@heinrich-jung-verlag.de
www.heinrich-jung-verlag.de
Verleger: Heinrich Jung
Verlagsleitung: Heinrich Jung
Zum Verlag: Sachbücher
Gründungsjahr: 1990
Lieferbare Titel: 20
Novitäten: 3-5
Programm: Geheimobjekte des Dritten Reichs, Zeitgeschichte, Regionalgeschichte Raum Thüringen
Lektorat: Heinrich Jung (03682 - 418 84, verlag@heinrich-jung-verlag.de)
Ms.-Interessen: Geheimobjekte des Dritten Reichs
Ms.-Angebote erwünscht: nach vorheriger telefonischer Anfrage
Medium: Papierausdruck
Ms.-Rücksendung: ja, mit Rückporto

Jung und Jung Verlag GmbH
Hubert-Sattler-Gasse 1
A-5020 Salzburg
Österreich
Tel. +43 (0)662 - 88 50 48
Fax +43 (0)662 - 88 50 48 - 20
office@jungundjung.at
www.jungundjung.at
Verleger: Dr. Jochen Jung
Verlagsleitung: Dr. Jochen Jung
Gründungsjahr: 200
Lieferbare Titel: 80
Novitäten: 15

Programm: Literatur, Kunst, Musik
Lektorat: Dr. Angelika Klammer
Ms.-Angebote erwünscht: als Exposé mit Textprobe von 10 Seiten, als Manuskript
Medium: Papierausdruck
Ms.-Rücksendung: ja, bei Rückporto

Verlag Jungbrunnen
Rauhensteingasse 5
A-1011 Wien
Österreich
Tel. +43 (0)1 - 512 12 99
Fax +43 (0)1 - 512 12 99 - 75
office@jungbrunnen.co.at
www.jungbrunnen.co.at.
Verlegerin: Hildegard Gärtner
Verlagsleitung: Hildegard Gärtner
Programm: Bilderbücher, Kinder- und Jugendbücher
Lektorat: Hildegard Gärtner
Ms.-Angebote erwünscht: als Exposé, als Exposé mit Textprobe von 30 Seiten
Medium: Papierausdruck
Ms.-Rücksendung: ja, bei Rückporto

Junge Freiheit Verlag GmbH & Co.
Hohenzollerndamm 27a
10713 Berlin
Tel. 030 - 86 49 53 - 0
Fax 030 - 86 49 53 - 14
redaktion@jungefreiheit.de
www.jungefreiheit.de
Verleger: Dieter Stein
Verlagsleitung: Dieter Stein
Zum Verlag: Wochenzeitung Junge Freiheit publiziert Informationen aus Deutschland, Europa und der Welt. Verlagsunabhängig, überregional.
Gründungsjahr: 1990
Lieferbare Titel: 19
Novitäten: seit 1999 ca. 2-3 Bücher, Wochenzeitung Junge Freiheit
Programm: Politik, Politikwissenschaft
Ms.-Interessen: freie Autoren für Politik und Kultur für Wochenzeitung Junge Freiheit
Ms.-Angebote erwünscht: nach vorheriger telefonischer Anfrage
Medium: Papierausdruck
Ms.-Rücksendung: nein

Verlag Junge Gemeinde E. Schwinghammer GmbH & Co. KG
Max-Eyth-Str. 13
70771 Leinfelden-Echterdingen
Tel. 0711 - 990 78 - 0
Fax 0711 - 990 78 25
vertrieb@junge-gemeinde.de
www.junge-gemeinde.de
Verlagsleitung: Gerd Ulmer
Zum Verlag: bundesweit Angebote für den kirchlichen Gebrauch
Gründungsjahr: 1928
Lieferbare Titel: 150
Novitäten: 20
Programm: Literatur und Arbeitshilfen für den Kindergottesdienst und die Gemeindearbeit, Biblische Erzählungen, Kalender
Lektorat: Peter Hitzelberger (Dw -14, peter.hitzelberger@junge-gemeinde.de)
Ms.-Angebote erwünscht: nach vorheriger telefonischer Anfrage, als Exposé
Medium: Papierausdruck, E-Mail
Ms.-Rücksendung: ja, bei Rückporto

Jünger Medien Verlag + Burckhardthaus-Laetare GmbH
Schumannstr. 155
68069 Offenbach
Tel. 069 - 83 00 66 41
Fax 069 - 83 00 66 33
Verleger: André Jünger
Programm: Aus- und Weiterbildung
Ms.-Angebote erwünscht: als Exposé
Medium: Datei
Ms.-Rücksendung: nein

H. Jungjohann Verlag
Breslauer Str. 5
74172 Neckarsulm
Tel. 07132 - 881 01
Fax 07132 - 825 56
Verleger: Dr. med Hartmut Jungjohann
Gründungsjahr: 1965
Lieferbare Titel: 20
Programm: Gesundheit, Pflege, Medizin, Naturheilkunde
Ms.-Angebote erwünscht: nach vorheriger telefonischer Anfrage, als Exposé mit Textprobe von 8 Seiten
Medium: Papierausdruck
Ms.-Rücksendung: ja, mit Rückporto

Junius Verlag
Stresemannstr. 375
22761 Hamburg
Tel. 040 - 89 25 99
Fax 040 - 89 12 24
info@junius-verlag.de
www.junius-verlag.de
Verlagsleitung: Karl Olaf Petters
Programm: Architektur, Philosophie und Kulturwissenschaften
Lektorat: Architektur, Reihe »zur Einführung«
Ms.-Angebote erwünscht: nach vorheriger telefonischer Anfrage
Medium: Papierausdruck
Ms.-Rücksendung: nein

Juventa Verlag GmbH
Ehretstr. 3
69469 Weinheim
Tel. 06201 - 90 20 - 0
Fax 06201 - 90 20 - 13
juventa@juventa.de
www.juventa.de
Verlagsleitung: Christiane Engel-Haas M.A.
Programm: Bildung, Erziehung, Fachzeitschriften, Frauenforschung, Gesundheit, Psychologie, Soziologie, Kinder- und Jugendliteraturforschung
Ms.-Angebote erwünscht: nach vorheriger telefonischer Anfrage, als Exposé mit Textprobe von 20 Seiten
Medium: Papierausdruck, Diskette
Ms.-Rücksendung: ja, bei Rückporto

K & S Kremayr & Scheriau
Ungargasse 45/13
A-1030 Wien
Österreich
Tel. +43 (0)222 - 713 87 70
Fax +43 (0)222 - 713 87 70 - 20
office@kremayr-scheriau.at
www.kremayr-scheriau.at
Verleger: Dr. Maria Seifert, Klaus Eck
Programm: Belletristik, Geschichte der Neuzeit, Kulturgeschichte
Ms.-Angebote erwünscht: als Exposé
Medium: Papierausdruck, E-Mail
Ms.-Rücksendung: ja

Kabel Verlag GmbH
Georgenstr. 4
80799 München
Tel. 089 - 38 18 01 - 0
Fax 089 - 33 87 04
info@piper.de
www.kabel-verlag.de
Verleger: Wolfgang Ferchl
Verlagsleitung: Hans Joachim Hartmann
Verlagsgruppe: Imprint des Piper Verlags
Programm: Geschenkbücher, Populäres Sachbuch
Lektorat: Britta Egetemeier
Ms.-Angebote erwünscht: als Exposé
Medium: Papierausdruck
Ms.-Rücksendung: ja

Kailash
Holzstr. 28
80469 München
Tel. 089 - 23 55 86 - 0
Fax 089 - 23 55 86 - 111
Verlagsgruppe: Hugendubel-Verlagsgruppe
Programm: Esoterik, Spiritualität
Ms.-Angebote erwünscht: nach vorheriger telefonischer Anfrage
Medium: Papierausdruck
Ms.-Rücksendung: ja

Kallmeyer'sche Verlagsbuchhandlung GmbH
Im Brande 19
30926 Seelze
Tel. 0511 - 400 04 - 175
Fax 0511 - 400 04 - 176
www.kallmeyer.de
Verlagsgruppe: Klett-Verlagsgruppe
Programm: Bildung, Erziehung, Pädagogische und Fachdidaktische Fachzeitschriften, Lernbücher, Spiele, Sport, Tanz, Oper
Ms.-Interessen: Praxisorientierte pädagogische Bücher, Lernmaterialien und Lernspiele
Ms.-Angebote erwünscht: als Exposé
Medium: Papierausdruck, E-Mail
Ms.-Rücksendung: ja

Verlag von Markus Kaminski
Crellestraße 43
10827 Berlin
Tel. 030 - 7 81 10 59
Fax 030 - 78 71 21 03
mk@markuskaminski.de
www.markuskaminski.de
Verleger: Markus Kaminski
Programm: Belletristik, Generation 50 plus, Buchobjekte
Ms.-Angebote erwünscht: als Exposé, als Manuskript
Medium: E-Mail
Ms.-Rücksendung: ja

Karfunkel Verlag Sabine Wolf
Hauptstr. 85
69483 Schönmattenwag
Tel. 06207 - 92 01 91
Fax 06207 - 92 09 90
karfunkel@karfunkel.de
www.karfunkel.de
Verleger: Michael Wolf, Sabine Wolf
Gründungsjahr: 1992
Programm: Mittelalter, Europäische Kulturgeschichte, Histotainment
Lektorat: Christine Hein, Michael Wolf

Ms.-Interessen: Fach- und Sachbuch zur Geschichte, Re-enactment, Archäologie
Ms.-Angebote erwünscht: nach vorheriger telefonischer Anfrage, als Textprobe, als Manuskript
Medium: Diskette, E-Mail
Ms.-Rücksendung: ja, bei Rückporto

S. Karger Verlag für Medizin und Naturwissenschaften GmbH
Lörracher Str. 16a
79115 Freiburg
Tel. 0761 - 452 07 - 0
Fax 0761 - 452 07 - 14
www.karger.de
Programm: Medizin, Naturwissenschaft, Psychologie, Ratgeber
Ms.-Angebote erwünscht: als Exposé mit Textprobe von 5 Seiten
Medium: Papierausdruck
Ms.-Rücksendung: ja

S. Karger AG
Allschwilerstr. 10
CH-4009 Basel
Schweiz
Tel. +41 (0)61 - 306 11 11
Fax +41 (0)61 - 306 12 34
karger@karger.ch
www.karger.com
Programm: Medizinisch-Naturwissenschaftliche Bücher
Ms.-Angebote erwünscht: als Exposé
Medium: Papierausdruck, E-Mail
Ms.-Rücksendung: ja

Karl-May-Verlag
Schützenstr. 30
96047 Bamberg
Tel. 0951 - 98 20 60
Fax 0951 - 243 67
info@karl-may.de
www.karl-may.de
Verleger: Bernhard Schmid
Gründungsjahr: 1913
Lieferbare Titel: 200
Novitäten: 5-8
Programm: Schwerpunkt Karl May, Belletristik, Fantasy, Historische Romane, Kriminalromane, Jugendbücher
Lektorat: Roderich Haug
Ms.-Interessen: alles May-Bezogene (Sekundärliteratur)
Ms.-Angebote erwünscht: als Exposé mit Textprobe von 10 Seiten
Medium: Papierausdruck
Ms.-Rücksendung: ja, bei Rückporto

Karolinger
Kutschkergasse 12/7
A-1180 Wien
Österreich
Tel. +43 (0)1 - 409 22 79
Fax +43 (0)1 - 409 22 79
Programm: Geistesgeschichte, Biographien, Militärische Geistesgeschichte, Geschichte, Romantische Literaturen, Kunstbände, Politik und Staatsrecht
Ms.-Angebote erwünscht: als Exposé

Karuna - Zeitdruck Verlag
Jessnerstr. 54
10247 Berlin
Tel. 030 - 55 49 34 27

Fax 030 - 55 48 95 27
karunaberlin@online.de
www.karunaberlin.de
Verleger: Jörg Richert
Verlagsleitung: Hannelore Fischer
Gründungsjahr: 1996
Lieferbare Titel: 9
Programm: Dokumentationen Lebenshilfe, Jugendbücher: Märchen, Lyrik, Geschichten, allesamt geschrieben von Jugendlichen
Lektorat: Hannelore Fischer
Ms.-Interessen: Texte von Jugendlichen im Alter zwischen 12 und 18 Jahren
Ms.-Angebote erwünscht: nach vorheriger telefonischer Anfrage
Medium: Papierausdruck
Ms.-Rücksendung: ja

kassel university press GmbH
Diagonale 10
34127 Kassel
Tel. 0561 - 804 21 59
Fax 0561 - 804 34 29
geschaeftsfuehrung@upress.uni-kassel.de
www.upress.uni-kassel.de
Gründungsjahr: 1997
Lieferbare Titel: 370
Novitäten: 75
Programm: Wissenschaftliche Bücher in den Bereichen Natur-, Ingenieur-, Geistes- und Sozialwissenschaften, Elektronisches Publizieren
Ms.-Angebote erwünscht: als Manuskript
Medium: E-Mail

Kastell Verlag GmbH
Emanuelstr. 23
80796 München
Tel. 089 - 39 97 42
Fax 089 - 340 11 78
kastell-verlag@t-online.de
www.kastell-verlag.de
Programm: Philosophie, Tanz, Kulturgeschichte, Bildbände, Speziallexika

Casimir Katz-Verlag
Bleichstr. 20-22
76593 Gernsbach
Tel. 07224 - 93 97 - 0
Fax 07224 - 93 97 - 80
www.casimir-katz-verlag.de
Programm: Biografien, Belletristik, Historische Romane, Bildbände, Geschichte, Kulturgeschichte, Wirtschaft

Katzengraben-Presse Christian Ewald
Katzengraben 14
12555 Berlin
Tel. 030 - 655 58 80
Fax 030 - 65 88 04 68
ewald@katzengraben-presse.de
www.katzengraben-presse.de
Verleger: Christian Ewald
Gründungsjahr: 1990
Novitäten: 2
Programm: Bibliophile Bücher, Künstlerbücher, Unikate, Belletristik, Bildende Kunst
Lektorat: Anne-Catherine Leopold, Jan Silberschuh
Ms.-Interessen: Hochqualitative literarische Prosa
Ms.-Angebote erwünscht: nach vorhe-

riger telefonischer Anfrage
Medium: Papierausdruck
Ms.-Rücksendung: ja, bei Rückporto

Verlag Ernst Kaufmann
Alleestr. 2
77933 Lahr
Tel. 07821 - 93 90 - 0
Fax 07821 - 93 90 - 11, -30
info@kaufmann-verlag.de
www.kaufmann-verlag.de
Verleger: Thomas Schneble
Verlagsleitung: Thomas Schneble
Zum Verlag: Einer der führenden Verlage für religiöse Erziehung und Erwachsenenbildung - evangelisch - ökumenisch - liberal
Gründungsjahr: 1816
Lieferbare Titel: 350
Novitäten: 50 p.a.
Programm: Gemeindearbeit, Familie, Adventskalender und Weihnachtsbücher für Kinder, Bücher zu Lebenshilfe, 50 plus - Bücher zum Leben, Biografien, Romane, Bücher zur religiösen Erzeihung, Kinderbücher, Kalender, Alemannische Mundart, Regionalia
Lektorat: Sebastian Tonner, Tel. 07821 - 93 90 17, s.tonner@kaufmann-verlag.de
Ms.-Interessen: Biografien zu aktuellen Gedenktagen, Historische Romane
Ms.-Angebote erwünscht: nach vorheriger telefonischer Anfrage
Medium: Papierausdruck
Ms.-Rücksendung: ja, bei Rückporto

R. Kawohl-Verlag e.K.
Blumenkamper Weg 16
46485 Wesel
Tel. 0281 - 962 99 - 0
Fax 0281 - 962 99 - 100
verlag@kawohl.de
www.kawohl.de
Verleger: Reinhard Kawohl
Zum Verlag: Kalender-Verlag
Programm: Christliche Bücher, Bildbände, Kalender

KBV Verlags- und Mediengesellschaft mbH
Augustinerstr. 1
54576 Hillesheim
Tel. 06593 - 99 86 68
Fax 06593 - 99 87 01
info@kbv-verlag.de
www.kbv-verlag.de
Programm: Kriminalliteratur
Ms.-Angebote erwünscht: nach vorheriger telefonischer Anfrage, als Exposé mit Textprobe von 20 Seiten
Ms.-Rücksendung: ja, bei Rückporto

Kehrer Verlag Heidelberg
Wieblinger Weg 21
69123 Heidelberg
Tel. 06221 - 649 20 10
Fax 06221 - 649 20 20
contact@kehrerverlag.com
www.kehrerverlag.com
Verleger: Klaus Kehrer
Verlagsleitung: Birgit Kehrer
Gründungsjahr: 1995
Lieferbare Titel: 120
Novitäten: 20
Programm: Bildende Kunst, Fotogra-

fie, Kunsthandwerk, Kultur, Kunstgeschichte, Künstlermonographien, Medienkombination, Klangkunst

SachBuchVerlag Kellner
St.-Pauli-Deich 3
28199 Bremen
Tel. 0421 - 778 66
Fax 0421 - 70 40 58
sachbuch@kellnerverlag.de
www.kellner-verlag.de
Verleger: Klaus Kellner
Gründungsjahr: 1988
Lieferbare Titel: 50
Novitäten: 5
Programm: Verwaltung, Bremensien, Betriebsverfassungsrecht, Personalvertretungsrecht, Mitarbeitervertretungsrecht
Ms.-Interessen: Betriebsrats-, Personalrats- und Mitarbeitervertretungsrecht
Ms.-Angebote erwünscht: nach vorheriger telefonischer Anfrage, als Exposé
Medium: Papierausdruck, E-Mail
Ms.-Rücksendung: ja, mit Rückporto

Verlag Martin Kelter GmbH & Co
Mühlenstieg 16-22
22041 Hamburg
Tel. 040 - 68 28 95 - 0
Fax 040 - 68 28 95 - 50
kelter@kelter.de
www.kelter.de
Verleger: Gerhard Melchert
Gründungsjahr: 1938
Novitäten: 40-50 Wochentitel
Programm: Heftromane, Roman-Zeitschriften
Ms.-Angebote erwünscht: als Manuskript
Medium: Papierausdruck Heftromane, Diskette und E-Mail für Roman-Zeitschriften

Kerber Verlag
Windelsbleicher Str. 166
33659 Bielefeld
Tel. 0521 - 950 80 10
Fax 0521 - 950 08 88
info@kerberverlag.com
www.kerberverlag.com
Verleger: Christof Kerber
Verlagsleitung: Christof Kerber
Zum Verlag: Kunst und Fotografie
Gründungsjahr: 1985
Lieferbare Titel: 300
Novitäten: 50
Programm: Kunst, Architektur, Fotografie
Lektorat: Tanja Klemmer M.A.
Ms.-Interessen: Interdisziplinäre Themen zu den Bereichen Kunst, Kunsttheorie, zeitgemäße Kunst und Fotografie

Kerle in der Verlag Herder GmbH
Hermann Herder Str. 4
79104 Freiburg
Tel. 0761 - 27 17 - 0
Fax 0761 - 27 17 - 350
hesch@kerle.de
www.kerle.de
Verlagsleitung: Sybille Siegmund
Zum Verlag: Kinderbuchverlag
Gründungsjahr: 1996
Novitäten: 50
Programm: Kinderbücher, Bilderbü-

cher, Vorlesebücher
Lektorat: Beate Riess, Franziska Birmele
Ms.-Angebote erwünscht: als Exposé mit Textprobe von 10 Seiten
Medium: Papierausdruck
Ms.-Rücksendung: nein

Thomas Kettler Verlag
Von-Hutten-Str. 15
22761 Hamburg
Tel. 040 - 39 10 99 10
Fax 040 - 390 68 20
mail@thomas-kettler-verlag.de
www.thomas-kettler-verlag.de
Verleger: Thomas Kettler
Verlagsleitung: Carola Hillmann
Zum Verlag: Kanu- und Outdoorliteratur
Gründungsjahr: 1999
Novitäten: 1-3
Programm: Kanu- und Outdoorliteratur Reisehandbücher und Reiseberichte
Ms.-Interessen: Kanu- und Outdoortouren mit vielen Informationen
Ms.-Angebote erwünscht: nach vorheriger Mailanfrage

Verlag Wolfgang Kettler
Bergstr. 28
15366 Neuenhagen b. Berlin
Tel. 03342 - 20 21 73
Fax 03342 - 20 21 68
kettlerverlag@t-online.de
www.kettler-verlag.de
Gründungsjahr: 1976
Lieferbare Titel: 40
Novitäten: 2-8
Programm: Fahrrad-Reiseführer
Ms.-Angebote erwünscht: als Exposé mit Textprobe von 20 Seiten
Medium: Papierausdruck, Diskette, E-Mail (RTF.-Format)
Ms.-Rücksendung: ja, bei Rückporto

Kidemus GmbH
Ründerother Str. 15
51109 Köln
Tel. 0221 - 84 20 97
Fax 0221 - 84 20 98
info@kidemus.de
www.kidemus.de
Verleger: Reinhold Schulze
Gründungsjahr: 1995
Lieferbare Titel: 17
Programm: Kinderbücher, Belletristik in großer Schrift für Menschen im fortgeschrittenen Lebensalter, Geschenkbände, Hörbücher
Ms.-Interessen: Abenteuergeschichten für Kinder und Jugendliche mit wissenschaftlichem Hintergrund, z.B. Archäologie, Weltraumfahrt, Tiefsee etc.
Ms.-Angebote erwünscht: nach vorheriger telefonischer Absprache, als Exposé, als Manuskript
Medium: Papierausdruck, Diskette, E-Mail
Ms.-Rücksendung: ja, bei Rückporto

Friedrich Kiehl Verlag GmbH
Pfaustr. 13
67063 Ludwigshafen
Tel. 0621 - 63 50 02 - 0
Fax 0621 - 63 50 - 222
info@kiehl.de
www.kiehl.de

Programm: Rechnungswesen, Betriebswirtschaft, Lehr- und Prüfungsbücher für die berufliche Aus- und Weiterbildung

Kiepenheuer & Witsch
Rondorfer Str. 5
50968 Köln
Tel. 0221 - 376 85 - 0
Fax 0221 - 38 85 - 95
verlag@kiwi-koeln.de
www.kiwi-koeln.de
Verleger: Helge Malchow (Verlegerischer Geschäftsführer)
Verlagsleitung: Peter Roik (Kaufmännischer Geschäftsführer)
Programm: Literatur, Politik, Zeitgeschichte, Biografien, Satire, Comedy, Ratgeber
Ms.-Angebote erwünscht: als Exposé mit Textprobe von 50 Seiten
Medium: Papierausdruck
Ms.-Rücksendung: nein

KIWI-Paperback Reihe
Verlag Kiepenheuer & Witsch
Rondorfer Str. 5
50968 Köln
Tel. 0221 - 37 68 50
Fax 0221 - 38 85 95
verlag@kiwi-koeln.de
www.kiwi-koeln.de
Verleger: Helge Malchow (Verlegerischer Geschäftsführer)
Verlagsleitung: Peter Roik (Kaufmännischer Geschäftsführer)
Programm: Literatur, Unterhaltung, Sachbücher
Ms.-Angebote erwünscht: als Exposé mit Textprobe von 50 Seiten
Medium: Papierausdruck
Ms.-Rücksendung: nein

Gustav Kiepenheuer Verlag
Neue Promenade 6
10178 Berlin
Tel. 030 - 283 94 - 258
Fax 030 - 283 94 - 100
info@aufbau-verlag.de
www.aufbau-verlag.de
Verleger: Bernd F. Lunkewitz
Verlagsleitung: Jens Marquardt, René Strien, Programmleitung: Gunnar Cynybulk
Gründungsjahr: 1909
Verlagsgruppe: Verlagsgruppe Aufbau
Lieferbare Titel: 60
Novitäten: 20
Programm: Belletristik, Sachbuch, Kultur und Zeitgeschichte, Bildbiografien
Lektorat: zentral über Lektoratssekretariat
Ms.-Angebote erwünscht: als Exposé mit Textprobe von 20 Seiten
Medium: Papierausdruck
Ms.-Rücksendung: nein

Kiga-Fachverlag GmbH
Franz-Kirsten-Str. 1
55411 Bingen
Tel. 06721 - 18700
Fax 06721 - 187043
info@kiga-fachverlag.de
www.kiga-fachverlag.de
Verlagsleitung: Dipl. Volkswirt Holger Brandt
Programm: Kinderbücher, Fachliteratur für Erzieherinnen, Pädagoginnen,

Eltern
Lektorat: Frau Kerz
Ms.-Angebote erwünscht: als Manuskript
Medium: Papierausdruck
Ms.-Rücksendung: ja

VERLAG im KILIAN
Nikolaistr. 3
35037 Marburg
Tel. 06421 - 29 33 - 0
Fax 06421 - 16 38 94
kilian.verlag@kilian.de
www.kilian.de
Verlegerin: Barbara von Stackelberg
Verlagsleitung: Barbara von Stackelberg
Gründungsjahr: 1994
Lieferbare Titel: 29
Novitäten: 3
Programm: Gesundheit, Ratgeber für Laien und Fachbücher zu diversen medizinischen Themen, ein Roman (Arzt) und ein Kochbuch (Anti-Aging)
Lektorat: www.kilian.de
Ms.-Angebote erwünscht: als Exposé
Medium: Papierausdruck
Ms.-Rücksendung: ja

Kindermann Verlag Berlin
Wacholderweg 13F
14052 Berlin
Tel. 030 - 305 32 25
Fax 030 - 305 32 27
post@kindermannverlag.de
www.kindermannverlag.de
Verlegerin: Dr. Barbara Kindermann
Gründungsjahr: 1994
Lieferbare Titel: 15
Novitäten: 2-3
Programm: Bilderbücher, Kinder- und Jugendliteratur, Reihe »Weltliteratur für Kinder«, Reihe »Poesie für Kinder«, Reihe »Kinder entdecken die Kunst«
Ms.-Angebote erwünscht: als Exposé mit Textprobe von 10 Seiten
Medium: Papierausdruck, E-Mail
Ms.-Rücksendung: ja, bei Rückporto

Kindler Verlag
Hamburger Str. 17
21465 Reinbek
Tel. 040 - 72 72 - 0
Fax 040 - 72 72 - 319
info@kindler-verlag.de
www.kindler-verlag.de
Verlagsleitung: Ulrike Beck
Verlagsgruppe: Verlagsgruppe Rowohlt
Programm: Belletristik, Historischer Roman, Literarischer Kriminalroman, Memoria
Ms.-Angebote erwünscht: als Exposé
Medium: Ausdruck
Ms.-Rücksendung: ja, bei Rückporto

P. Kirchheim Verlag
Buttermelcherstr. 2
80469 München
Tel. 089 - 26 74 74
Fax 089 - 26 94 99 22, 260 55 28
info@kirchheimverlag.de
www.kirchheimverlag.de
Verleger: Peter Kirchheim
Verlagsleitung: Peter Kirchheim
Gründungsjahr: 1977
Lieferbare Titel: 60
Novitäten: 5

Programm: Belletristik, Sachbuch, Gesundheit
Lektorat: Peter Kirchheim
Ms.-Angebote erwünscht: nach vorheriger telefonischer Anfrage, als Exposé mit Textprobe von 16 Seiten
Medium: Papierausdruck
Ms.-Rücksendung: ja, bei Rückporto

Verlag Kitab
Deutenhofenstr. 26
A-9020 Klagenfurt
Österreuch
Tel. +43 (0)463 - 59 21 74 - 11
Fax +43 (0)463 - 59 21 74 - 44
office@kitab-verlag.com
www.kitab-verlag.com
Verleger: Dr. Wilhelm Baum
Verlagsleitung: Dr. Wilhelm Baum
Gründungsjahr: 1999
Lieferbare Titel: 203
Novitäten: 26
Programm: Geschichte, Philosophie, Literatur, Orientalistik, Genozidforschung, Minderheiten, Gegenwartsliteratur
Lektorat: Barbara Obernosterer
Ms.-Angebote erwünscht: als Exposé, als Manuskript
Medium: E-Mail
Ms.-Rücksendung: nein

Zu Klampen Verlag
Röse 21
31832 Springe
Tel. 05041 - 80 11 33
Fax 05041 - 81 336
info@zuklampen.de
www.zuklampen.de
Verleger: Dietrich zu Klampen, Dr. Rolf Johannes
Gründungsjahr: 1983
Lieferbare Titel: 200
Novitäten: 20
Programm: Geschichte der Neuzeit, Philosophie, Politik, Psychologie, Gesellschaftstheorie, Religionskritik
Ms.-Angebote erwünscht: als Exposé mit Textprobe von 10 Seiten
Medium: Papierausdruck, E-Mail
Ms.-Rücksendung: ja, bei Rückporto

Klartext Verlagsgesellschaft mbH
Heßlerstr. 37
45329 Essen
Tel. 0201 - 862 06 31
Fax 0201 - 862 06 22
info@klartext-verlag.de
www.klartext.de
Verleger: Dr. Ludger Claßen
Gründungsjahr: 1983
Lieferbare Titel: 1100
Novitäten: 100
Programm: Sachbücher zu Zeitgeschichte, Sport, Ruhrgebiet, Bildbände, Fußball, Alltagskultur, Bildung, Judaica, Kunst, Nord-Rhein-Westfalen
Lektorat: info@klartext-verlag.de
Ms.-Interessen: nur Sachbücher zu unseren Themengebieten
Ms.-Angebote erwünscht: als Exposé
Medium: Papierausdruck, E-Mail
Ms.-Rücksendung: ja, bei Rückporto

Klatschmohn Verlag GmbH & Co.KG
Am Campus 25
18182 Bentwisch/ Rostock
Tel. 0381 - 206 68 11

Fax 0381 - 206 68 12
info@klatschmohn.de
www.klatschmohn.de
Gründungsjahr: 1995
Lieferbare Titel: 45
Novitäten: 2
Programm: Bücher zum Thema Essen, Trinken, Lieben, Lachen, Gesund Leben
Ms.-Angebote erwünscht: nach vorheriger telefonischer Anfrage
Medium: Papierausdruck
Ms.-Rücksendung: ja, bei Rückporto

Kleiner Bachmann Verlag für Kinder und Umwelt
Berliner Ring 163B
64625 Bensheim
Tel. 06251 - 78 98 22
Fax 06251 - 78 98 24
kleiner.bachmann@t-online.de
www.kleinerbachmann.de
Programm: Kinder- und Jugendromane, Kinderreisebücher, Bilderbücher, Kinderkrimis

Ernst Klett Verlag GmbH
Rotebühlstr. 77
70178 Stuttgart
Tel. 0711 - 66 72 - 0
Fax 0711 - 66 72 - 20 00
klett-mail.de
www.klett-verlag.de
Verleger: Dr. h.c. Michael Klett
Verlagsleitung: Geschäftsführer: Johannes Leßmann, Harald Melcher, Dr. Tilmann Michalek, Dr. Volkhard Weizsäcker
Gründungsjahr: 1897
Verlagsgruppe: Klett-Verlagsgruppe
Lieferbare Titel: 22000
Novitäten: 1700
Programm: Schule, Studium, Beruf, Reise, Schulpädagogik, Wörterbücher, Erwachsenenbildung, Lernsoftware, Lernhilfen, Sprachen, Unterrichtshilfen alle Fächer, alle Schularten
Ms.-Angebote erwünscht: nach vorheriger telefonischer Anfrage, als Exposé
Medium: Diskette
Ms.-Rücksendung: ja

Klett und Balmer AG
Baarerstr. 95
CH-6302 Zug
Schweiz
Tel. +41 (0)726 - 28 00
Fax +41 (0)726 - 28 01
inof@klett.ch
www.klett.ch
Verlagsleitung: Hans Egli
Programm: Bücher und Lernmaterialien für die Schweizer Schulen

Klett + Balmer
Rotebühlstr. 77
70178 Stuttgart
Tel. 0711 - 66 72 12 56
Fax 0711 - 66 72 20 31
info@klett-cotta.de
www.klett-cotta.de
Programm: Literarisches Programm, Sachbücher, Fantasy, Management, Wissenschaftliches Programm: Psychoanalyse, Psychotherapie, Psychologie, Pädagogik, Geschichte, Politik, Philosophie, Kognitionswissenschaft

Klett-Cotta
Rotebühlstr. 77
70178 Stuttgart
Tel. 0711 - 66 72 12 56
Fax 0711 - 66 72 20 31
info@klett-cotta.de
www.klett-cotta.de
Verlagsgruppe: Klett-Verlagsgruppe
Programm: Belletristik, Fantasy, Historische Romane, Lyrik, Kunst, Ratgeber, Wirtschaft. Wissenschaftliches Programm: Psychoanalyse, Psychotherapie, Psychologie, Pädagogik, Geschichte, Politik, Philosophie

Klinkhardt & Biermann Verlagsbuchhandlung GmbH
Königinstr. 9
80539 München
Tel. 089 - 38 17 09 - 0
Fax 089 - 38 17 09 - 35
info@prestel.de
www.prestel.de
Programm: Kunst, Kunstgeschichte, Kunsthandwerk, Architektur, Design

Julius Klinkhardt
Ramsauer Weg 5
83670 Bad Heilbrunn
Tel. 08046 - 93 04
Fax 08046 - 93 06
info@klinkhardt.de
www.klinkhardt.de
Verleger: Andreas Klinkhardt
Gründungsjahr: 1834
Verlagsgruppe: DVA-Verlagsgruppe (FAZ)
Programm: Pädagogik
Lektorat: Andreas Klinkhardt, Rüdiger Hartmann

Klocke Verlag
Höfeweg 40
33619 Bielefeld
Tel. 0521 - 911 11 - 0
Fax 0521 - 911 11 12
info@klocke-verlag.de
www.klocke-verlag.de
Verlagsleitung: Thomas und Martina Klocke
Programm: Bildbände

Klöpfer & Meyer Verlag
Neckarhalde 32
72070 Tübingen
Tel. 07071 - 94 89 - 49
Fax 07071 - 79 32 08
hubert kloepfer@kloepfer-meyer.de
www.kloepfer-meyer.de
Verleger: Hubert Klöpfer
Zum Verlag: Baden-Württembergischer Landespreis für literarisch-ambitionierte Verlage (1996)
Gründungsjahr: 1991
Lieferbare Titel: 100
Novitäten: 20
Programm: Essayistik, Literatur, Sachbuch
Ms.-Angebote erwünscht: als Manuskript
Medium: Papierausdruck
Ms.-Rücksendung: ja, bei Rückporto

Erika Klopp Verlag GmbH
Poppenbütteler Chaussee 53
22397 Hamburg
Tel. 040 - 60 79 09 - 01

Fax 040 - 607 23 26
klopp@vsg-hamburg.de
www.klopp.biz
Verlagsleitung: Jan Weitendorf, Thomas Huggle
Gründungsjahr: 1925
Verlagsgruppe: Oetinger-Verlagsgruppe
Programm: Kinder- und Jugendbücher
Lektorat: Eva-Maria Kulka, Corinna Küpper, Programmleitung: Markus Niesen
Ms.-Angebote erwünscht: als Exposé mit Textprobe von 3 Seiten
Medium: Papierausdruck
Ms.-Rücksendung: ja

Vittorio Klostermann GmbH
Frauenlobstr. 22
60487 Frankfurt am Main
Tel. 069 - 97 08 16 - 0
Fax 069 - 70 80 38
verlag@klostermann.de
www.klostermann.de
Gründungsjahr: 1930
Lieferbare Titel: 1200
Novitäten: 70
Programm: Buch- und Bibliothekswesen, Bibliografie, Philosophie, Romanistik, Germanistik, Geschichte, Recht

Verlag Fritz Knapp GmbH
Aschaffenburger Str. 19
60599 Frankfurt am Main
Tel. 069 - 97 08 33 - 0
Fax 069 - 707 84 00
kreditwesen@t-online.de
www.kreditwesen.de
Verleger: Philipp Otto
Verlagsleitung: Uwe Cappel
Programm: Finanzen, Geld-, Bank- und Börsenwesen, Recht, Wirtschaft
Ms.-Angebote erwünscht: als Exposé mit Textprobe von 20 Seiten
Medium: Papierausdruck, Diskette, E-Mail
Ms.-Rücksendung: ja

Albrecht Knaus Verlag
Neumarkter Str. 28
81673 München
Tel. 089 - 41 36 - 0
Fax 089 - 41 36 - 3885
info@randomhouse.de
www.knaus-verlag.de
Verleger: Geschäftsführer: Klaus Eck
Verlagsleitung: Claudia Vidoni
Gründungsjahr: 1978
Verlagsgruppe: Verlagsgruppe Random House
Programm: Romane, Erzählungen, Dichtung, Essays, Kulturgeschichte, Bildbände, Biografien
Ms.-Angebote erwünscht: nach vorheriger telefonischer Anfrage, als Exposé, Textprobe von 30 Seiten, als Manuskript
Medium: Papierausdruck
Ms.-Rücksendung: ja

Verlag Josef Knecht in der Verlag Karl Alber GmbH
Hermann-Herder-Str. 4
79104 Freiburg i.Br.
Tel. 0761 - 27 17 - 431
Fax 0761 - 27 17 - 212
Programm: Gesellschaftsentwicklung, Politik, Ethik, Kultur und Theologie,

Zeitgeschichte, Zeitgeschehen
Ms.-Angebote erwünscht: als Exposé mit Textprobe von 5 Seiten
Medium: Papierausdruck
Ms.-Rücksendung: ja, bei Rückporto

Knesebeck Verlag
Holzstr. 26
80469 München
Tel. 089 - 26 40 59
Fax 089 - 26 92 58
Verleger: Dr. Rosemarie von dem Knesebeck, Herneit von dem Knesebeck
Programm: Politik, Zeitgeschichte, Kulturgeschichte, Fotografie, Natur, Bildbände, Bildende Kunst, Design
Ms.-Interessen: keine Belletristik und Lyrik

Doris Knop-Verlag
Osterholzer Dorfstraße 45
28307 Bremen
Tel. 0421 - 45 17 43
Fax 0421 - 45 54 06
Programm: Reisen

Verlagsanstalt Alexander Koch GmbH
Fasanenweg 18
70771 Leinfelden-Echterdingen
Tel. 0711 - 759 12 07
Fax 0711 - 759 13 80
drw-vlbuch@koch-verlag.de
Programm: Architektur, Innenarchitektur, Baukonstruktion
Ms.-Angebote erwünscht: nach vorheriger telefonischer Anfrage, als Exposé
Medium: Papierausdruck
Ms.-Rücksendung: nein

Koehler & Amelang GmbH
Gerichtsweg 28
04103 Leipzig
Tel. 0341 - 982 10 - 10
Fax 0341 - 98 2 10 - 19
info@seemann-henschel.de
www.seemann-henschel.de
Verleger: Bernd Kolf (Programmleitung)
Verlagsleitung: Dr. Jürgen A. Bach, Bernd Kolf
Verlagsgruppe: Seemann Henschel-Verlagsgruppe
Programm: Kunst, Design, Architektur, Kultur- und Zeitgeschichte
Ms.-Angebote erwünscht: als Exposé mit Textprobe von 20 Seiten
Medium: Papierausdruck, Diskette, E-Mail
Ms.-Rücksendung: ja, bei Rückporto

Koehlers Verlagsgesellschaft mbH
Georgsplatz 1
20099 Hamburg
Tel. 040 - 70 70 80 - 01
Fax 040 - 70 70 80 - 324
s_duerr@koehler-mittler.de
www.koehler-mittler.de
Gründungsjahr: 1789
Verlagsgruppe: Verlagsgruppe Koehler/Mittler
Lieferbare Titel: 250
Programm: See und Seefahrt, Seegeschichte, Marine, Schiffsmodellbau
Ms.-Angebote erwünscht: nach vorheriger telefonischer Anfrage
Medium: Diskette, E-Mail
Ms.-Rücksendung: ja

Verlag Valentin Koerner GmbH
Hermann-Sielcken-Str. 36
76530 Baden-Baden
Tel. 07221 - 224 23
Fax 07221 - 386 97
info@koernerverlag.de
www.koernerverlag.de
Programm: Kunstgeschichte, Kunstwissenschaft, Bibliographie, Musikwissenschaft, Symbolkunde

W. Kohlhammer GmbH
Hessbrühlstr. 69
70565 Stuttgart
Tel. 0711 - 78 63 - 0
Fax 0711 - 78 63 - 84 30
info@kohlhammer.de
www.kohlhammer.de
Verleger: Dr. Jürgen Gutbrod
Gründungsjahr: 1866
Programm: Kunst, Sachbücher, Geistes- und Sozialwissenschaften, Politik, Rechts- und Wirtschaftswissenschaften, Öffentliche Verwaltung, Medizin, Krankenpflege, Architektur, Kunst

Verlag der Buchhandlung Walther König
Ehrenstr. 4
50672 Köln
Tel. 0221 - 205 96 53
Fax 0221 - 205 96 60
verlag@buchhandlung-walther-koenig.de
http://www.buchhandlung-walther-koenig.de/verlag
Programm: Kunst, Architektur, Fotografie
Ms.-Angebote erwünscht: nach vorheriger telefonischer Anfrage, als Exposé
Medium: Papierausdruck
Ms.-Rücksendung: nein

König Communication
Weisser Stein 11
07973 Greiz
Tel. 03661 - 67 42 13
Fax 03661 - 67 42 14
verlag-koenig@t-online.de
www.koenigmedien.de
Programm: Buch- und Zeitschriftenverlag, Kultur- und Militärgeschichte, Esoterik

Königsfurt Verlag
Königsfurt 6
24796 Kl. Königsförde/Krummwisch
Tel. 04334 - 182 20 - 10
Fax 04334 - 182 20 11
lektorat@koenigsfurt.com
www.koenigsfurt.com
Gründungsjahr: 1989
Lieferbare Titel: 250
Novitäten: ca. 30
Programm: Tarot, Traumdeutung
Lektorat: presse@koenigsfurt.com
Ms.-Angebote erwünscht: nach vorheriger telefonischer Anfrage
Medium: E-Mail, Papierausdruck ein Teil als Exposé
Ms.-Rücksendung: ja, bei Rückporto

Verlag Königshausen & Neumann GmbH
Leistenstr.7
97082 Würzburg
Tel. 0931 - 784 07 00
Fax 0931 - 836 20

info@koenigshausen-neumann.de
www.koenigshausen-neumann.de
Verleger: Dr. Johannes Königshausen, Dr. Thomas Neumann
Gründungsjahr: 1979
Lieferbare Titel: 3000
Novitäten: 220
Programm: Philosophie, Literaturwissenschaft, Psychologie, Psychoanalyse, Kulturwissenschaften, Pädagogik, Gesellschaftswissenschaften
Lektorat: Dr. J. Königshausen (koenigshausen@koenigshausen-neumann.de) Dr. T. Neumann (neumann@koenigshausen-neumann.de)
Ms.-Angebote erwünscht: als Exposé mit Textprobe von 20 Seiten
Medium: Papierausdruck
Ms.-Rücksendung: ja, bei Rückporto

KVV »Konkret« Vertriebsgesellschaft für Druck und andere Medien GmbH & Co KG
Ruhrstr. 111
22761 Hamburg
Tel. 040 - 851 25 31
Fax 040 - 851 25 14
verlag@konkret-magazin.de
www.konkret-verlage.de/kvv
Verlagsleitung: Katrin Gremliza
Zum Verlag: politisches Sachbuch
Gründungsjahr: 1933
Verlagsgruppe: Konkret
Lieferbare Titel: 39
Novitäten: 3-5
Programm: Politik, Literatur, Kultur
Lektorat: Wolfgang Schneider, Marit Hofmann (040-851 25 30, redaktion@konkret-magazin.de)
Ms.-Angebote erwünscht: nach vorheriger telefonischer Anfrage, als Exposé
Medium: E-Mail
Ms.-Rücksendung: nein

Konkursbuch Verlag Claudia Gehrke
Hechinger Str. 203
72072 Tübingen
Tel. 07071 - 787 79
Fax 07071 - 76 37 80
office@konkursbuch.com
www.konkursbuch.com
Verlegerin: Claudia Gehrke
Programm: Frauen, Kunst und Erotik, Reise und Kultur, Belletristik, Kriminalromane

Kontakte Musikverlag
Windmüllerstr. 31
59557 Lippstadt
Tel. 02941 - 145 13
Fax 02941 - 146 54
info@kontakte-musikverlag.de
www.kontakte-musikverlag.de
Verlagsleitung: Ute Horn
Zum Verlag: Pädagogischer Verlag
Lieferbare Titel: 80
Novitäten: 6
Programm: Erziehung, Musik, Religion, Schulbücher, Religionspädagogik
Lektorat: Bernhard Schön
Ms.-Angebote erwünscht: nach vorheriger telefonischer Anfrage, Textprobe von 2 Seiten
Medium: Papierausdruck, E-Mail nur Kurzfassung
Ms.-Rücksendung: ja, bei Rückporto

KONTEXTverlag
Bodestr. 106a
16341 Zepernick
Tel. 030 - 94 41 54 44
Fax 030 - 94 41 54 45
service@kontextverlag.de
www.kontextverlag.de
Programm: editionKONTEXT - Essay und Sachbuch, Politik, Philosophie, Kunst- und Geisteswissenschaft, Literatur und Kunstbuch

Kontrovers Verlag GmbH
Schlettstadterstrasse 28
CH-4055 Basel
Schweiz
Tel. +41 (0)61 - 283 28 35
Fax +41 (0)61 - 283 28 39
info@kontroversverlag.com
www.kontroversverlag.com
Verleger: Flavian Kurth
Programm: Belletristik, Sachbuch, Kunstbuch Kinderbuch

kookbooks
Magdeburgstraße 11
65510 Idstein
Tel. 06126 - 956 57 90
Fax 06126 - 956 57 90
daniela.seel@kookbooks.de
www.kookbooks.de
Verlegerin: Daniela Seel
Zum Verlag: kookbooks - Poesie als Lebensform
Gründungsjahr: 2003
Lieferbare Titel: 25
Novitäten: 6
Programm: Prosa, Lyrik, Essay, Kinderbuch, Kunstbuch, Hörbuch
Lektorat: Daniela Seel
Ms.-Angebote erwünscht: als Exposé mit Textprobe von 20 Seiten
Medium: E-Mail

KoPäd Verlag
Pfälzer-Wald-Str. 64
81539 München
Tel. 089 - 68 89 00 98
Fax 089 - 689 19 12
info@kopaed.de
www.kopaed.de
Verleger: Dr. Ludwig Schlump
Programm: Medienpädagogik, Medienforschung, Medienarbeit, Ästhetische Bildung, KJL
Ms.-Angebote erwünscht: als Manuskript
Medium: Papierausdruck, Diskette, E-Mail
Ms.-Rücksendung: ja

Lucy Körner Verlag GmbH
Bahnhofstr. 49
70734 Fellbach
Tel. 0711 - 58 84 72
Programm: Belletristik, Geschenkbuch, Märchen für Erwachsene, Erzählungen, Kurzgeschichten, Lyrik

Kösel-Verlag
Flüggenstraße 2
80639 München
Tel. 089 - 178 01-0
Fax 089 - 178 01 - 111
www.koesel.de
Verleger: Dr. Joerg Pfuhl, Klaus Eck, Claudia Reitter

Verlagsleitung: Winfried Nonhoff
Zum Verlag: Pädagogik-Psychologie-Religion-Lebenshilfe
Gründungsjahr: 1593
Verlagsgruppe: Verlagsgruppe Random House
Lieferbare Titel: 800
Novitäten: 90
Programm: Psychologie und Lebenshilfe, Religion und spiritualität, Leben mit Kindern
Lektorat: Dagmar Olzog (Pädagogik, Psychologie), Winfried Nonhoff (Religion, Spiritualität)
Ms.-Angebote erwünscht: nach vorheriger telefonischer Anfrage, als Kurzexposé
Medium: Papierausdruck
Ms.-Rücksendung: ja, mit Rückporto

Verlag Dr. H.-J. Köster
Eylauer Str. 3
10965 Berlin
Tel. 030 - 76 40 32 24
Fax 030 - 76 40 32 27
verlag-koester@t-online.de
www.verlag-koester.de
Verleger: Dr. Hans-Joachim Köster
Gründungsjahr: 1993
Lieferbare Titel: 300
Novitäten: 50
Programm: Wissenschaftlicher Fachverlag, Hochschulschriften, Fachbücher, Politik, Geschichte, Ökologischer Landbau
Ms.-Interessen: Wissenschaftliche Beiträge zu: Internationale Politik, Sicherheitspolitik, Friedensforschung entsprechend auch Zeitgeschichte
Ms.-Angebote erwünscht: nach vorheriger telefonischer Anfrage, als Exposé
Medium: Papierausdruck, E-Mail
Ms.-Rücksendung: nein

Koval Verlag GmbH
Weilerbachstr. 44
74423 Unterfischach
Tel. 07973 - 96 99 66
Fax 07973 - 96 99 30
info@koval.de
www.koval.de
Verleger: Rudi Kost, Robert Valentin
Verlagsleitung: Rudi Kost, Robert Valentin
Programm: Taschenreiseführer, Sprachführer
Ms.-Angebote erwünscht: als Exposé
Medium: E-Mail
Ms.-Rücksendung: ja, bei Rückporto

Karin Kramer Verlag
Niemetzstr. 19
12055 Berlin
Tel. 030 - 684 50 55
Fax 030 - 685 85 77
info@karin-kramer-verlag.de
www.karin-kramer-verlag.de
Verlegerin: Karin Kramer
Verlagsleitung: Bernd Kramer
Gründungsjahr: 1969
Lieferbare Titel: 300
Novitäten: 10
Programm: Herausgabe Klassischer und Zeitgenössischer Schriften zum Anarchismus, zu Philosophie, Politik, Literatur, Kunst
Ms.-Interessen: in den oben genannten Bereichen

Ms.-Angebote erwünscht: nach vorheriger telefonischer Anfrage
Medium: Papierausdruck
Ms.-Rücksendung: ja, bei Rückporto

Karl Krämer Verlag
Schulze-Delitzsch-Str. 15
70565 Stuttgart
Tel. 0711 - 784 96 - 0
Fax 0711 - 784 96 - 20
www.kraemerverlag.com
Verleger: Karl H. Krämer
Gründungsjahr: 1930
Lieferbare Titel: 150
Programm: Moderne Architektur, Städtebau
Lektorat: Gudrun Krämer
Ms.-Angebote erwünscht: als Exposé
Medium: Papierausdruck
Ms.-Rücksendung: ja

Reinhold Krämer Verlag
Rothenbaumchaussee 103 F
20148 Hamburg
Tel. 040 - 410 14 29
Fax 040 - 45 57 70
info@kraemer-verlag.de
www.kraemer-verlag.de
Verleger: Dr. Reinhold Krämer
Zum Verlag: Bücher, die etwas bewegen
Gründungsjahr: 1987
Programm: Biografien, Bildung, Erziehung, Geschichte, Kindersachbücher, Kulturgeschichte, Musik, Natur, Ökologie, Philosophie, Politik, Soziologie, Theater, Umweltthemen, Zeitgeschichte
Ms.-Angebote erwünscht: als Exposé
Medium: Papierausdruck, E-Mail
Ms.-Rücksendung: ja, mit Rückporto

Verlag Waldemar Kramer GmbH
Orber Straße 38
60386 Frankfurt am Main
Tel. 069 - 44 90 45
Fax 069 - 44 90 64
Verlegerin: Dr. Henriette Kramer
Gründungsjahr: 1939
Programm: Geschichte der Neuzeit, Nachschlagewerke, Francofurtensien, Kunst, Musik, Theater, Mundart, Bücher über Frankfurt und Umgebung
Ms.-Angebote erwünscht: nach vorheriger telefonischer Anfrage
Medium: E-Mail
Ms.-Rücksendung: ja, bei Rückporto

Kranichsteiner Literaturverlag eK
Außerhalb 3
64319 Pfungstadt
Tel. 06157 - 94 96 32
Fax 06157 - 874 05
ausserhalb.drei@kranichsteiner.de
www.kranichsteiner.de
Verlegerin: Kathrin Hampf
Gründungsjahr: 1992
Lieferbare Titel: 16
Novitäten: 1-2
Programm: Belletristik
Ms.-Angebote erwünscht: als Exposé mit Textprobe von 10 Seiten, als Manuskript
Medium: Papierausdruck
Ms.-Rücksendung: ja, bei Rückporto

Verlag Uwe M. Kraus
Schäfflerweg 8
83043 Bad Aibling
Tel. 08061 - 93 81 20
Fax 08061 - 93 81 21
umkraus@aol.com
www.astrotrade.de
Gründungsjahr: 1997
Lieferbare Titel: 5
Programm: Astrologie, Psychologie, Praktische Lebenshilfe
Ms.-Interessen: siehe Verlagsprogramm
Ms.-Angebote erwünscht: als Exposé mit Textprobe von 10 Seiten
Medium: Papierausdruck, Diskette, E-Mail
Ms.-Rücksendung: ja, bei Rückporto

Eduard Krem-Bardischewski Verlag
Riesengasse 10
63739 Aschaffenburg
Tel. 06021 - 451 12 27
Fax 06021 - 451 12 43
eduard.krem@arcor.de
www.buch-ekb.de
Programm: Biografien, Belletristik, Historische Romane, Bildbände, Geschichte der Neuzeit, Humor, Kurzgeschichten
Ms.-Angebote erwünscht: nach vorheriger telefonischer Anfrage
Medium: Papierausdruck, Diskette, E-Mail
Ms.-Rücksendung: nein

Verlag Kremayr & Scheriau
Währinger Str. 76/8
A-1090 Wien
Österreich
Tel. +43 (0)1 - 713 87 70
Fax +43 (0)1 - 713 87 70 - 20
office@kremayr-scheriau.at
www.kremayr-scheriau.at
Verleger: Martin Scheriau
Programm: Österreich, Sachbuch
Lektorat: Barbara Köszegi

Kreuz Verlag
Liebknechtstr. 33
70575 Stuttgart
Tel. 0711 - 788 03 - 0
Fax 0711 - 788 03 - 10
service@verlagkreuz.de
www.kreuz-verlag.de
Verleger: Manuel Herder
Verlagsleitung: Olaf Carstens, Hans Dieter Vogt
Gründungsjahr: 1945
Lieferbare Titel: 665
Novitäten: 150
Programm: Populäres Sachbuch im Bereich Religion und Spiritualität, Psychologie und Lebenshilfe, Konfessionelle Zeitschriften,Tod und Trauer, Geschenkbuch, Musik und Hörbuch
Lektorat: Marlene Fritsch, Wolfgang Schuster, Dr. Reiner Leister (Audio), Andrea Gruner (Audio)
Ms.-Angebote erwünscht: nach vorheriger telefonischer Anfrage
Medium: Papierausdruck, E-Mail
Ms.-Rücksendung: ja, bei Rückporto

Kriminalistik Verlag
Im Weiher 10
69121 Heidelberg
Tel. 06221 - 489 - 0

Fax 06221 - 489 - 450
info@huethig.de
www.huethig.de
Programm: Siehe Hüthig GmbH

Alfred Kröner Verlag GmbH & Co. KG
Reinsburgstr. 56
70178 Stuttgart
Tel. 0711 - 615 53 63
Fax 0711 - 61 55 36 46
a.kroener@z.zgs.de
www.kroener-verlag.de
Verlagsleitung: Dr. Imma Klemm, Arno Klemm, Elke Linsenmeyer
Gründungsjahr: 1904
Lieferbare Titel: 170
Novitäten: 15
Programm: Architektur, Bildende Kunst, Frauenforschung, Geschichte, Kulturgeschichte, Literaturwissenschaft, Musik, Nachschlagewerke, Wörterbücher, Philosophie, Politik, Psychologie, Religion, Soziologie, Sprachwissenschaften, Theater, Oper, Wirtschaft, Zeitgeschic
Ms.-Angebote erwünscht: nach vorheriger telefonischer Anfrage, als Manuskript
Medium: Papierausdruck, Diskette
Ms.-Rücksendung: ja

Krug & Schadenberg
Arndtstr. 34
10965 Berlin
Tel. 030 - 61 62 57 52
Fax 030 - 61 62 57 52
info@krugschadenberg.de
www.krugschadenberg.de
Verleger: Andrea Krug, Dagmar Schadenberg
Gründungsjahr: 1993
Lieferbare Titel: 30
Novitäten: 4-6
Programm: Bücher für Frauen, die Frauen im Sinn haben
Ms.-Angebote erwünscht: nach vorheriger telefonischer Anfrage, als Exposé, als Exposé mit Textprobe
Medium: Papierausdruck
Ms.-Rücksendung: ja, bei Rückporto

Wolfgang Krüger Verlag GmbH
Hedderichstr. 114
60596 Frankfurt am Main
Tel. 069 - 60 62 - 0
Fax 069 - 60 62 - 319
info@krueger-verlag.de
www.krueger-verlag.de
Verlagsgruppe: S. Fischer-Verlage
Programm: Biografien, Belletristik, Historische Romane, Comics, Esoterik, Psychologie, Ratgeber
Ms.-Angebote erwünscht: als Exposé
Medium: Papierausdruck
Ms.-Rücksendung: ja

Kulturstiftung der deutschen Vertriebenen
Kaiserstr. 113
53113 Bonn
Tel. 0228 - 915 12 - 0
Fax 0228 - 915 12 29
kulturstiftung@t-online.de
www.kulturstiftung-der-deutschen-vertriebenen.de
Verlagsleitung: Dr. Ernst Gierlich
Gründungsjahr: 1974
Lieferbare Titel: 65

Novitäten: 5
Programm: Wissenschaftliche Literatur zu den historischen deutschen Ost- und Siedlungsgebieten
Lektorat: Dr. Ernst Gierlich
Ms.-Angebote erwünscht: nach vorheriger telefonischer Anfrage

Kulturverlag Kadmos Berlin
Lehrter Str. 46
10557 Berlin
Tel. 030 - 39 78 93 94
Fax 030 - 39 78 93 80
info@kv-kadmos.com
www.kv-kadmos.com
Verleger: Wolfram Burckhardt
Verlagsleitung: Wolfram Burckhardt
Gründungsjahr: 1997
Lieferbare Titel: 118
Novitäten: ca. 20
Programm: Belletristisches Sachbuchprogramm, Biografien
Lektorat: Claudia Oestmann, co@kv-kadmos.com
Ms.-Angebote erwünscht: nach vorheriger telefonischer Anfrage, als Exposé
Medium: Papierausdruck, E-Mail
Ms.-Rücksendung: ja, bei Rückporto

Verlag der Kunst Dresden
Nordbahnhofstr. 2
25819 Husum
Tel. 04841 - 83 52 - 0
Fax 04841 - 83 52 - 10
info@verlagsgruppe.de
www.verlag-der-kunst.de
Verleger: Ingwert Paulsen
Verlagsleitung: Ingwert Paulsen
Gründungsjahr: 1952
Verlagsgruppe: Verlagsgruppe Husum
Lieferbare Titel: 65
Novitäten: 15
Programm: Kunstbücher, Regionalia Sachsen
Ms.-Interessen: Kunst, Fotografie, Regionalia Sachsen
Ms.-Angebote erwünscht: nach vorheriger telefonischer Anfrage
Ms.-Rücksendung: ja, bei Rückporto

Verlag Antje Kunstmann GmbH
Georgenstr. 123
80797 München
Tel. 089 - 12 11 93 - 0
Fax 089 - 12 11 93 - 20
info@kunstmann.de
www.kunstmann.de
Verlegerin: Antje Kunstmann
Gründungsjahr: 1976
Lieferbare Titel: 120
Novitäten: 20
Programm: Deutsche und Internationale Belletristik, Satire, Psychologie, Politik, Zeitthemen
Ms.-Angebote erwünscht: nach vorheriger telefonischer Anfrage, als Exposé oder als Exposé mit Textprobe von 50 Seiten
Medium: Papierausdruck
Ms.-Rücksendung: ja, bei Rückporto

Kynos Verlag Dr. Dieter Fleig GmbH
Am Remelsbach 30
54570 Mürlenbach/Eifel
Tel. 06594 - 653
Fax 06594 - 452
info@kynos-verlag.de
www.kynos-verlag.de

Verleger: Herbert Wolter (Geschäftsführer), Gisela Rau (Prokuristin)
Lieferbare Titel: 203
Novitäten: 10
Programm: Hundefachbücher, Bildbände, Ratgeber, Tiermedizin, Pferde- und Reitsportfachbücher
Lektorat: Gisela Rau, lektorat@kynos-verlag.de
Ms.-Angebote erwünscht: als Manuskript oder als Exposé mit Textprobe von 5 Seiten
Medium: Papierausdruck, Diskette, E-Mail
Ms.-Rücksendung: ja, bei Rückporto

L & H Verlag
Einsteinufer 63 a
10587 Berlin
Tel. 030 - 34 70 95 15
Fax 030 - 34 70 95 16
kontakt@t-online.de
www.lh-verlag.de
Zum Verlag: Anspruchsvolle Kulturreiseführer und Kulturbücher
Programm: Kulturreiseführer

Laaber-Verlag
Regensburger Str. 19
93164 Laaber
Tel. 09498 - 23 07
Fax 09498 - 25 43
info@laaber-verlag.de
www.laaber-verlag.de
Programm: Musik, Musikwissenschaft, Komponisten-Biografien
Ms.-Angebote erwünscht: nach vorheriger telefonischer Anfrage
Medium: Papierausdruck
Ms.-Rücksendung: nein

Labyrinth Verlag Gisela Ottmer
Holbeinstr. 5
38106 Braunschweig
Tel. 0531 - 642 59
Fax 0531 - 68 13 58
LabyrinthBraunschweig@t-online.de
Verlegerin: Gisela Ottmer
Gründungsjahr: 1985
Novitäten: 1-3
Programm: Literatur von und für Frauen, Kunst und Spiritualität

Lahn-Verlag
Hoogeweg 71
47623 Kevelaer
Tel. 02832 - 92 91 30
Fax 02832 - 92 91 46
helmut.kaiser@lahn-verlag.de
www.engagementbuch.de
Programm: Bildtexthefte, Bildbände, Werkbücher für die Gemeindearbeit, Religionspädagogik, Kinderbücher, Kinderbibelbücher

Lambertus-Verlag GmbH
Wölflinstr. 4
79104 Freiburg
Tel. 0761 - 36 82 50
Fax 0761 - 370 64
www.lambertus.de
Programm: Behinderten-Literatur, Alter, Sucht, Migration, Erziehung, Fachzeitschriften, Lebenshilfe, Medizin, Psychologie, Ratgeber, Recht, Schulbücher, Soziologie

Lamuv Verlag
Groner Str. 20
37073 Göttingen
Tel. 0551 - 440 24
Fax 0551 - 413 92
lamuv@t-online
www.lamuv.de
Programm: Dritte Welt Literatur, Indianer, Politik, Zeitgeschichte
Ms.-Angebote erwünscht: als Exposé
Medium: Papierausdruck
Ms.-Rücksendung: ja, bei Rückporto

Landbuch-Verlag GmbH
Kabelkamp 6
30179 Hannover
Tel. 0511 - 270 46 - 0
Fax 0511 - 270 46 - 150
buch@landbuch.de
www.landbuch.de
Verlagsleitung: Dieter Brodbeck
Zum Verlag: Publikationen rund ums Landleben
Gründungsjahr: Dez. 1945
Lieferbare Titel: 62
Novitäten: 0
Programm: Heimtiere, Nutztiere, Landküche, Landleben, Regionalia Norddeutschland
Ms.-Interessen: Landküche, Landleben, Norddeutschland
Ms.-Angebote erwünscht: nach vorheriger telefonischer Anfrage, als Exposé mit Textprobe von aussagekräftig vielen Seiten
Medium: Papierausdruck, Diskette, E-Mail, CD-ROM
Ms.-Rücksendung: ja, bei Rückporto

Landpresse Sabine und Ralf Liebe
Kölner Str. 58
53919 Weilerswist
Tel. 02254 - 33 47
Fax 02254 - 16 02
www.landpresse.de
Programm: Prosa, Lyrik, Kunst

Landt Verlag
Wilhelmstraße 118
10963 Berlin
Tel. 030 - 23 00 42 51
Fax 030 - 23 00 42 52
landt@landtverlag.de
www.landtverlag.de
Verleger: Andreas Krause Landt
Gründungsjahr: 2005
Lieferbare Titel: 6
Novitäten: 4
Programm: Geschichte und Geistesgeschichte des 19. und 20. Jahrhunderts
Ms.-Interessen: Massengesellschaft, Globalisierung, Die 68er
Ms.-Angebote erwünscht: als Exposé, Textprobe
Medium: E-Mail

Landwirtschaftsverlag GmbH
Hülsebrockstr. 2
48165 Münster
Tel. 02501 - 80 13 00
Fax 02501 - 80 13 51
service@lv-h.de
www.lv-h.de
Zum Verlag: Erzählende Literatur und Sachbuch zumThema Landleben
Programm: Belletristik, Biographien & Erinnerungen, Kriminalromane, Geschichte, Kochen & Genießen, Gar-

ten & Hobby, Technik, Kinder- und Jugendbuch
Ms.-Angebote erwünscht: nach vorheriger telefonischer Anfrage
Ms.-Rücksendung: ja

Peter Lang GmbH Internationaler Verlag der Wissenschaften
Eschborner Landstraße 42-50
60489 Frankfurt am Main
Tel. 069 - 78 07 05 - 0
Fax 069 - 78 07 05 - 50
zentrale.frankfurt@peterlang.com
www.peterlang.de
Verlagsleitung: Ruprecht Sickel, Jürgen Matthias Springer
Gründungsjahr: 1971
Verlagsgruppe: siehe auch Peter Lang AG Bern
Programm: Geistes-, Sozial, Rechts- und Wirtschaftswissenschaften, Monografien, Lehrbücher, Reprints, Lexika
Ms.-Interessen: alle Bereiche der Geistes- und Sozialwissenschaften
Ms.-Angebote erwünscht: nach vorheriger telefonischer Anfrage
Medium: Papierausdruck, Diskette, CD
Ms.-Rücksendung: ja

Peter Lang AG Europäischer Verlag der Wissenschaften
Hochfeldstr. 32, Postfach 746
CH-3000 Bern 9
Schweiz
Tel. +41 (0)31 - 306 17 17
Fax +41 (0)31 - 306 17 27
info@peterlang.com
www.peterlang.com
Verlagsleitung: Tony Albalá de Rivas
Gründungsjahr: 1977 Bern (Stammhaus), 1970 Frankfurt, 1982 New York, 1999 Brüssel
Lieferbare Titel: 40.000
Novitäten: 2000
Programm: Wissenschaftliche Literatur, Geistes-, Sozial-, Rechts- und Wirtschaftswissenschaften, Monographien, Dissertationen, Habilitationsschriften, Lehrbücher, Reprints, Lexika, Forschungs- und Kongressberichte
Ms.-Interessen: s. Verlagsprogramm
Ms.-Angebote erwünscht: als Manuskript
Medium: Papierausdruck

A. Lange Verlag
Feldstedter Weg 17 a
12305 Berlin
Tel.
Gründungsjahr: 1986
Lieferbare Titel: 4
Programm: Belletristik

Langen Müller Herbig Buchverlage
Thomas-Wimmer-Ring 11
80539 München
Tel. 089 - 290 88 - 0
Fax 089 - 290 88 - 164
www.herbig.net
Verleger: Dr. Herbert Fleissner
Verlagsleitung: Brigitte Fleissner-Mikorey
Verlagsgruppe: Verlagsgruppe Langen Müller Herbig
Programm: Belletristik, Historische Romane, Esoterik, Gesundheit, Humor, Kulturgeschichte, Lebenshilfe, Politik,

Ratgeber, Biografien, Wirtschaft, Zeitgeschichte
Lektorat: Dr. Carmen Sippl, Sabine Jaenicke, Gerhard Koralus
Ms.-Angebote erwünscht: als Exposé mit Textprobe von 20 Seiten
Medium: Papierausdruck
Ms.-Rücksendung: ja, bei Rückporto

Langenscheidt KG
Mies-van-der-Rohe-Str. 1
80807 München
Tel. 089 - 360 96 - 0
Fax 089 - 360 96 - 222
mail@langenscheidt.de
www.langenscheidt.de
Verleger: Andreas Langenscheidt
Verlagsleitung: Rolf Müller
Verlagsgruppe: Langenscheidt Verlagsgruppe
Programm: Wörterbücher, Sprachführer, Sprachkurse, Lehrwerke, Deutsch als Fremdsprache, Elektronische Medien, Übersetzungsservice

Langenscheidt Fachverlag GmbH
Mies-van-der-Rohe-Str. 1
80807 München
Tel. 089 - 360 96 - 0
Fax 089 - 360 96 - 479
fachverlag@langenscheidt.de
www.langenscheidt.de
Verleger: Andreas Langenscheidt
Verlagsleitung: Rolf Müller, Marie-Jeanne Derouin
Verlagsgruppe: Langenscheidt Verlagsgruppe
Programm: Fachwörterbucher (Bücher, CD-ROM)

Karl Robert Langewiesche Nachfolger Hans Köster
Grüner Weg 6
61462 Königstein/Ts.
Tel. 06174 - 73 33
Fax 06174 - 93 30 39
info@langewiesche-verlag.de
Programm: Architektur, Bildbände, Bildende Kunst, Geschichte, Kulturgeschichte, Reisen, Archäologie, Malerei, Graphik, Plastik, Kunsthandwerk
Ms.-Angebote erwünscht: als Exposé
Medium: Papierausdruck
Ms.-Rücksendung: nein

Langewiesche-Brandt
Lechnerstr. 27
82067 Ebenhausen (Isartal)
Tel. 08178 - 48 57
Fax 08178 - 73 88
wachinger@langewiesche-brandt.de
www.langewiesche-brandt.de
Verleger: Kristof Wachinger
Gründungsjahr: 1906
Lieferbare Titel: 60
Novitäten: 2-4
Programm: Belletristik, Lyrik, Chronistisches
Ms.-Angebote erwünscht: als Manuskript
Medium: Papierausdruck
Ms.-Rücksendung: ja, bei Rückporto und leider nur mit Schemabrief

Lappan Verlag GmbH
Würzburger Str. 14
26121 Oldenburg
Tel. 0441 - 980 66 - 0
Fax 0441 - 980 66 - 22

info@lappan.de
www.lappan.de
Verleger: Peter Baumann, Dieter Schwalm
Verlagsleitung: Nicola Heinrichs
Zum Verlag: Der führende Verlag für Cartoons, Humor und Satire
Gründungsjahr: 1983
Lieferbare Titel: 500
Novitäten: 60
Programm: Kinderbilderbücher, Cartoons, Satire, Geschenkbuch, Humor, Märchen
Lektorat: Dieter Schwalm (Cartoons und Satire), Peter Baumann (Kinderbilderbuch und Geschenkbuch), Nicola Heinrichs (Achterbahn Verlag und Satire)
Ms.-Angebote erwünscht: als Exposé
Medium: Papierausdruck
Ms.-Rücksendung: ja, bei Rückporto

laterna magica
Streitfeldstr. 35
81673 München
Tel. 089 - 43 60 05 - 0
Fax 089 - 43 60 05 - 13
buch@callwey.de
www.callwey.de
Verleger: Helmut Baur-Callweg, Dr. Veronika Bauer-Callweg, Amos Kotte
Verlagsleitung: Amos Kotte
Gründungsjahr: 1960
Lieferbare Titel: 140
Programm: Schwerpunkt: Fotolehrbücher, Kamerasystembücher. Fototipps, Professionelle Fotografie, Fototechnik, Digitale Fotografie, Video, Computerfachbücher

Lau-Verlag GmbH
Borsigstr. 19b
21465 Reinbek
Tel. 040 - 710 63 74
Fax 040 - 710 79 17
info@lau-verlag.de
www.lau-verlag.de
Verleger: Willi Lau
Programm: Kinderbuch, Fachbuch

Lauf- und Ausdauersportverlag
Müllerstr. 21
93059 Regensburg
Tel. 0941 - 830 52 40
Fax 0941 - 830 52 42
info@las-verlag.com
Verleger: Dr. Siegfried Brewka
Programm: Sport: Laufstrecken in allen Städten Deutschlands; Fachliteratur zum Ausdauersport
Ms.-Interessen: alle Themen zum Ausdauersport
Ms.-Angebote erwünscht: nach vorheriger telefonischer Anfrage
Medium: Papierausdruck, E-Mail

Laumann Druck & Verlag GmbH u. Co KG
Viktor-Str. 18 - 20
48249 Dülmen
Tel. 02594 - 94 34 - 0
Fax 02594 - 29 98
laumann.verlag@t-online.de
Programm: Ostdeutsche Literatur, Religion, Theologie, Schulmusikbücher, Kunstbücher, Kommunale Chroniken, Textillexika, Reiseführer
Ms.-Interessen: Ostdeutsche Chroniken, Schlesien, Oberschlesien, West- und Ostpreußen

Lebensbaum Verlag
Buddestr. 15
33602 Bielefeld
Tel. 0521 - 17 28 75
Fax 0521 - 687 71
stefanie.hammer@j-kamphausen.de
www.weltinnenraum.de
Verleger: J. Kamphausen
Verlagsleitung: J. Kamphausen
Programm: Gesundheit, Umweltthemen
Ms.-Angebote erwünscht: nach vorheriger telefonischer Anfrage
Medium: Papierausdruck
Ms.-Rücksendung: ja

Leda-Verlag
Kolonistenweg 24
26789 Leer
Tel. 0491 - 50 87
Fax 0491 - 927 98 59
info@leda-verlag.de
www.leda-verlag.de
Verlegerin: Heike Gerdes
Verlagsleitung: Heike Gerdes
Gründungsjahr: 2000
Lieferbare Titel: 28
Novitäten: 16
Programm: Krimis, Kinderbücher, Norddeutsche Regionalliteratur
Ms.-Interessen: Kriminalromane, Kinderkrimi, Jugendbücher, Kinderbücher (ab 8 Jahre)
Ms.-Angebote erwünscht: nach vorheriger telefonischer Anfrage, als Exposé mit Textprobe
Medium: Papierausdruck
Ms.-Rücksendung: ja, bei Rückporto

Legat-Verlag GmbH & Co. KG
Lessingweg 26
72076 Tübingen
Tel. 07071 - 65 02 66
Fax 07071 - 65 02 67
info@legat-verlag.de
www.legat-verlag.de
Verleger: Erhard Gaß
Verlagsleitung: Heike Frank-Ostarhild, Alexander Frank
Zum Verlag: Kunstbuchverlag
Programm: Kunstbücher: Konzentrierte Texte zu Kunstwerken, leicht verständlich geschrieben, um die Lust auf mehr (Kunst) zu wecken
Lektorat: Heike Frank-Ostarhild, heike.ostarhild@legat-verlag.de
Ms.-Interessen: auf Anfrage
Ms.-Angebote erwünscht: nach vorheriger telefonischer Anfrage
Medium: Papierausdruck
Ms.-Rücksendung: ja, bei Rückporto

Lehrmittelverlag des Kantons Zürich
Räffelstr. 32
CH-8045 Zürich
Schweiz
Tel. +41 (0)44 - 465 85 85
Fax +41 (0)44 - 465 85 89
lehrmittelverlag@lmv.zh.ch
www.lehrmittelverlag.com
Verleger: Bildungsdirektion Kt. Zürich
Verlagsleitung: Peter Feller
Zum Verlag: Schulbuchverlag
Gründungsjahr: 1851
Lieferbare Titel: 2000
Novitäten: 50
Programm: Schulbücher, Arbeitsblätter, Kommentare, Lernspiele und

Software für die Grundschule, Hauptschule, Gymnasien
Lektorat: Robert Fuchs, robert.fuchs@lmv.zh.ch
Ms.-Angebote erwünscht: nach vorheriger telefonischer Anfrage, als Exposé
Medium: Papierausdruck, E-Mail
Ms.-Rücksendung: ja

Leipziger Universitätsverlag GmbH
Augustusplatz 10-11
04109 Leipzig
Tel. 0341 - 990 04 40
Fax 0341 - 990 04 40
www.univerlag-leipzig.de
Verleger: Dr. Gerald Diesener
Gründungsjahr: 1992
Lieferbare Titel: 450
Novitäten: 25-30
Programm: Wissenschaftliche Literatur
Lektorat: Wiebke Helm
Ms.-Angebote erwünscht: nach vorheriger telefonischer Anfrage, als Manuskript
Medium: Papierausdruck
Ms.-Rücksendung: ja, bei Rückporto

leiv Leipziger Kinderbuchverlag GmbH
Tschaikowskistr. 21
04105 Leipzig
Tel. 0341 - 992 78 - 40, -41
Fax 0341 - 992 78 - 49
lehmann@leiv-verlag.de
www.leiv-verlag.de
Verleger: Steffen Lehmann
Gründungsjahr: 1991
Programm: Bilderbücher, Mal- und Märchenbücher, Kinderbücher

Verlag Otto Lembeck
Gärtnerweg 16
60322 Frankfurt am Main
Tel. 069 - 597 09 88
Fax 069 - 597 57 42
verlag@lembeck.de
www.lembeck.de
Programm: Ökumene, Interreligiöser Dialog, Missionswissenschaft, Theologie, Religionswissenschaft, Ethnologie, Literatur aus Afrika

Lenos Verlag
Spalentorweg 12
CH-4051 Basel
Schweiz
Tel. +41 (0)61 261 34 14
Fax +41 (0)61 261 35 18
lenos@lenos.ch
www.lenos.ch
Programm: Arabische Literatur

Leporello Verlag
Richard-Wagner-Str. 15
47799 Krefeld
Tel. 02151 - 95 06 92
Fax 02151 - 50 01 64
leporellobuch@aol.com
www.leporello-verlag.de
Verleger: Werner Coelen
Gründungsjahr: 2002
Lieferbare Titel: 14
Novitäten: 3-5
Programm: Krimis, Niederrheinische Regionalliteratur
Ms.-Interessen: Kriminalromane, Belletristik
Ms.-Angebote erwünscht: nach vorheriger telefonischer Anfrage, als Exposé

Medium: Papierausdruck, E-Mail
Ms.-Rücksendung: ja, bei Rückporto

Dr. Gisela Lermann Verlag
Am Heiligenhaus 18
55122 Mainz
Tel. 06131 - 311 49
Fax 06131 - 38 79 45
dr-gisela-lermann@lermann-verlag.de
www.lermann-verlag.de
Verlegerin: Dr. Gisela Lermann
Verlagsleitung: Dr. Gisela Lermann
Gründungsjahr: 1988
Programm: Belletristik, Sachbuch, Problemorientierte Literatur, Zeitgeschichte, Historische Romane, Frauenliteratur, Lyrik, Autor-Biografien
Ms.-Angebote erwünscht: als Manuskript
Medium: Papierausdruck
Ms.-Rücksendung: ja, bei Rückporto

Leuchter Edition GmbH
Industriestr. 6
64390 Erzhausen
Tel. 06150 - 97 36 35
Fax 06150 - 97 36 36
verlag@leuchter-edition.de
www.leuchter-edition.de
Verlagsleitung: Daniel Aderhold
Gründungsjahr: 1954
Novitäten: 10
Programm: Christliche Fach- und Unterhaltungsliteratur
Ms.-Angebote erwünscht: nach vorheriger telefonischer Anfrage, als Exposé, als Exposé mit Textprobe von 10 Seiten
Medium: Papierausdruck, E-Mail
Ms.-Rücksendung: ja, bei Rückporto

Lexika Verlag/ Krick Fachmedien GmbH & Co. KG
Mainparkring 4
97246 Eibelstadt
Tel. 09303 - 982 - 700
Fax 09303 - 982 - 701
lexika@krick.com
www.lexika.de
Verleger: Dr. Klaus D. Mapara
Gründungsjahr: 1967
Programm: Berufswahl und Studium, Berufspraxis, Weiterbildung und Management, Praktisches Wirtschaftswissen, Beruf und Alltag
Ms.-Angebote erwünscht: als Exposé
Medium: Papierausdruck, E-Mail
Ms.-Rücksendung: ja

LexisNexis Deutschland GmbH
Feldstiege 100
48161 Münster
Tel. 02533 - 93 00 - 0
Fax 02533 - 93 00 - 50
service@lexisnexis.de
www.lexisnexis.de
Verlagsleitung: Olaf Hantel
Zum Verlag: Fachverlage für Rechts- und Wirtschaftsinformationen
Verlagsgruppe: Reed Elsevier
Programm: Fachinformationen zu den Bereichen: Recht, Wirtschaft, Personal, Steuern, Versicherung, Immobilien, Sozialversicherung
Ms.-Interessen: siehe Verlagsprogramm

Ms.-Angebote erwünscht: nach vorheriger telefonischer Anfrage
Medium: E-Mail

Leykam Buchverlagsges.mbH Nfg.& Co. KG
Ankerstr. 4
A-8057 Graz
Österreich
Tel. +43 (0)316 - 28 10 85 - 535
Fax +43 (0)316 - 28 10 85 - 539
verlag@leykam.com
www.Leykamverlag.at
Verlagsleitung: Mag. Klaus Brunner, Dr. Wolfgang Hölzl
Gründungsjahr: 1585
Programm: Zeitgeschichte, Belletristik, Styriaca, Juridica, Fotografie, Schulbücher, Wissenschaft, Bildbände, Kochen
Lektorat: Walter Berger (walter.berger@leykam.com), Mag. Christine Wiesenhofer (christine.wiesenhofer@leykam.com)
Ms.-Angebote erwünscht: nach vorheriger telefonischer Anfrage, als Exposé mit Textprobe von 20 Seiten
Medium: Papierausdruck, Diskette
Ms.-Rücksendung: ja, bei Rückporto

Libellen-Verlag Sabine Guhr-Biermann
Hennefer Str. 60
53819 Neunkirchen-Seelscheid
Tel. 02247 - 74 50 71
Fax 02247 - 82 51
Programm: Esoterik

Verlagsbuchhandlung Liebeskind GmbH & Co. KG
Klenzestrasse 32
80469 München
089 - 23 88 67-3
Tel. 089 - 23 88 67-57
info@liebeskind.de
www.liebeskind.de
Programm: Belletristik, Kriminalroman
Lektorat: Fridolin Schley, f.schley@liebeskind.de

Limbus Verlag
Angelika-Kauffmann-Straße 26
A 6845 Hohenems
Österreich
Tel. +43 (0)5576 - 982 53
Fax +43 (0)5576 - 982 53 - 15
buero@limbusverlag.at
www.limbusverlag.at
Verleger: Bernd Schuchter
Programm: Belletristik, Philosophie, Wissenschaft

Limes Verlag GmbH
Neumarkter Str. 28
81673 München
Tel. 089 - 41 36 - 0
Fax 089 - 41 36 - 38 85
info@randomhouse.de
www.randomhouse.de
Verleger: Geschäftsführer: Klaus Eck, Joerg Pfuhl (CEO), Claudia Reitter
Verlagsleitung: Silvia Kuttny-Walser
Verlagsgruppe: Verlagsgruppe Random House
Novitäten: 12
Programm: Biografien, Belletristik, Historische Romane, Kriminalromane

Ms.-Angebote erwünscht: als Manuskript
Medium: Papierausdruck
Ms.-Rücksendung: ja, bei Rückporto

Limmat Verlag
Quellenstr. 25
CH-8031 Zürich
Schweiz
Tel. +41 (0)44 - 445 80 80
Fax +41 (0)44 - 445 80 88
mail@limmatverlag.ch
www.limmatverlag.ch
Gründungsjahr: 1975
Programm: Biographien, Belletristik, Historische Romane, Kriminalromane, Bildende Kunst, Frauenforschung, Fotografie, Zeitgeschichte (immer mit Bezug zur Schweiz)
Ms.-Angebote erwünscht: als Exposé mit Textprobe vom 30 Seiten
Medium: Papierausdruck
Ms.-Rücksendung: ja, bei Rückporto

Linde Verlag
Scheydgasse 24
A-1210 Wien
Österreich
office@lindeverlag.at
www.lindeverlag.at
Programm: Recht, Wirtschaft, Steuern

Linden Verlag
Kasseler Str. 25
04155 Leipzig
Tel. 0341 - 590 20 24
Fax 0341 - 590 44 36
lindenbuch@aol.com
www.linden-buch.de
Verleger: Thomas Loest
Gründungsjahr: 1989
Lieferbare Titel: 18
Programm: ausschließlich Bücher von Erich Loest
Ms.-Rücksendung: nein

Lindinger + Schmid Verlag
Margaretenstr. 8
93047 Regensburg
Tel. 0941 - 221 77
Fax 0941 - 27 03 77
info@lindinger-schmid.de
www.lindinger-schmid.de
Verlagsleitung: Gabriele Lindinger, Karlheinz Schmid
Programm: Bildende Kunst

LinguaMed-Verlags GmbH
Friedenallee 30
63263 Neu-Isenburg
Tel. 06102 - 71 57 - 0
Fax 06102 - 71 57 - 71
info@linguamed.de
www.linguamed.de
Verlegerin: Dr. med. Karin Wilbrand
Gründungsjahr: 1991
Lieferbare Titel: 32
Novitäten: 5
Programm: Medizin, Gesundheit
Ms.-Angebote erwünscht: als Manuskript oder eine Textprobe von 20 Seiten
Medium: Papierausdruck
Ms.-Rücksendung: ja

Ch. Links Verlag
Schönhauser Allee 36
10435 Berlin

Tel. 030 - 44 02 32 - 0
Fax 030 - 44 02 32 - 29
www.linksverlag.de
Verleger: Christoph Links
Gründungsjahr: 1989
Programm: Schwerpunkt: Sachbücher zur Zeitgeschichte. DDR-Geschichte, NS-Geschichte, Kolonialgeschichte, Architektur, Biografien, Kulturgeschichte, Politik
Ms.-Angebote erwünscht: nach vorheriger telefonischer Anfrage, als Exposé
Ms.-Rücksendung: ja, bei Rückporto

List Verlag
Friedrichstr. 126
10117 Berlin
Tel. 030 - 234 56 - 300
Fax 030 - 234 56 - 303
www.list-verlag.de
Verlegerin: Dr. Siv Bublitz
Verlagsleitung: Christian Schumacher-Gebler; Marketing/Vertrieb: Klaus Füreder
Verlagsgruppe: Bonnier Media Deutschland GmbH
Programm: Internationale Belletristik
Ms.-Angebote erwünscht: als Exposé mit Textprobe von 30 Seiten
Medium: Papierausdruck
Ms.-Rücksendung: ja, mit Rückporto

Literaturca Verlag
Trümpertstr. 1
60489 Frankfurt am Main
Tel. 069 - 789 28 05
Fax 069 - 789 28 05
literaturca@web.de
www.literaturca.de
Verleger: Mesut Caner
Programm: Türkische Literatur in deutscher Übersetzung

Literaturedition Niederösterreich
Amt d. NÖ Landesreg. Abt. K1
Landhausplatz 1
A-3109 St. Pölten
Österreich
Tel. +43 (0)2742 - 9005 15 55 38, -131 04
Fax +43 (0)2742 - 900 15 55 85
gabriele.ecker@noel.gv.at
www.noel.gv.at
Verlagsleitung: Mag. Gabriele Ecker
Gründungsjahr: 1991
Lieferbare Titel: 77
Novitäten: 6
Programm: Buchkunst, Belletristik
Ms.-Angebote erwünscht: nach vorheriger telefonischer Anfrage, als Manuskript
Medium: Papierausdruck, E-Mail
Ms.-Rücksendung: nein

Löcker Verlag
Annagasse 3 a
A-115 Wien
Österreich
Tel. +43 (0)1 - 512 2 82
Fax +43 (0)1 - 512 2 82 - 22
lverlag@loecker.at
www.loecker.at
Verleger: Christian Lunzer
Programm: Österreich, Geschichte, Literatur, Kunst, Architektur
Lektorat: Alexander Lellek, Christian Lunzer

Loewe Verlag GmbH
Bühlstr. 4
95463 Bindlach
Tel. 09208 - 510
Fax 09208 - 513 09
redaktion@loewe-verlag.de
www.loewe-verlag.de
Verlagsleitung: Volker Gondrom
Gründungsjahr: 1863
Lieferbare Titel: 1696
Novitäten: 280
Programm: Pappbilder- und Geschenkbücher, Bilder- und Vorlesebücher, Leseleiter, Kinderbücher, Jugendbücher, Krimi & Grusel, Sachbuch, Beschäftigung, Lernspiele
Ms.-Interessen: siehe Verlagsprog.

Logo Verlag Eric Erfurth
Rosenstr. 6
63785 Obernburg am Main
Tel. 06022 - 719 88
Fax 06022 - 719 88
eerfurth@t-online.de
Programm: Belletristik, Biografie, Drama, Kinderbücher (Alter: 1 - 7), Kulturgeschichte, Regionalia, Kunst, Lyrik

Logophon Verlag GmbH
Alte Gärtnerei 2
55128 Mainz
Tel. 06131 - 716 45
Fax 06131 - 725 96
verlag@logophon.de
www.logophon.de
Verlagsleitung: Jean-Pierre Jonteux
Gründungsjahr: 1979
Lieferbare Titel: 136
Novitäten: 3-4
Programm: Belletristik, Lebenshilfe, Sprachen, Landeskunde
Ms.-Interessen: Sprachen: Englisch und Deutsch
Ms.-Angebote erwünscht: als Exposé mit Textprobe von 20 Seiten
Medium: Papierausdruck, E-Mail
Ms.-Rücksendung: ja

Stefan Loose Travelhandbücher
Zossener Str. 55/2
10961 Berlin
Tel. 030 - 69 57 40 40
Fax 030 - 695 74 04 12
info@loose-verlag.de
www.loose-verlag.de
Verleger: Stefan Loose
Verlagsgruppe: Dumont Reiseverlag
Lieferbare Titel: 40
Programm: Reisehandbücher zu Fernreisezielen

Lotsch Verlag Joachim F.W. Lotsch
Postfach 40 11 03
80711 München
Tel. 08166 - 74 11
lotsch@lotsch.de
www.lotsch.de, www.booxlotsch.de, www.lotsch-verlag.de
Verleger: Joachim F.W. Lotsch
Gründungsjahr: 1992
Novitäten: 2-5
Programm: Erzählungen und Romane, Kunst und Lyrik, Ratgeber und Sachbücher, Verlagsschwerpunkte: Musik (Biografien), Zwischenmenschliches (Ratgeber, intelligent und sexy)
Medium: Papierausdruck
Ms.-Rücksendung: nein

Verlagsgruppe Lübbe GmbH & Co KG
Scheidtbachstr. 23-31
51469 Bergisch Gladbach
Tel. 02202 - 121 - 0
Fax 02202 - 121 - 750
info@luebbe.de
www.lübbe.de
Verleger: Stefan Lübbe
Geschäftsführung: Dr. Uwe Sertel, Christophe Montague (Sprecher)
Programmleitung: Marco Schneiders
Verlagsgruppe: Gustav Lübbe Verlag, editionLübbe, Ehrenwirth Verlag, Bastei Lübbe Taschenbücher, BLT, Bastei Lübbe Stars, Lübbe Audio, Bastei Verlag
Programm: Belletristik: historische Romane, Gesellschaftsromane, Thriller, Kriminalromane, historische Liebesromane, Frauenliteratur, SF/Fantasy, literarische Romane, Satire
Sachbücher: Archäologie, Geschichte, Zeitgeschehen, Biografien, Autobiografien, Memoirs, Trendbücher, Infotainment, Psychologie/Lebenshilfe, Geschenkbücher, Erfahrungen
Hörspiele und Hörbücher: historische Romane, Gesellschaftsromane, Thriller, Krimis, Frauenliteratur, Kinder- und Jugendthemen, SF/Fantasy, Horror, div. Sachbuchthemen
Romanhefte
Ms.-Angebote erwünscht: als Exposé mit Textprobe von 30 Seiten
Medium: Papierausdruck
Ms.-Rücksendung: nein

Lübbe Audio
Scheidtbachstr. 23-25
51469 Bergisch Gladbach
Tel. 02202 - 121 - 0
Fax 02202 - 121 - 920
www.luebbeaudio.de
Verleger: Stefan Lübbe
Geschäftsführung: Dr. Uwe Sertel
Leitung Lübbe Audio: Marc Sieper
Verlagsgruppe: s. Verlagsgruppe Lübbe
Programm: Hörbücher, Hörspiele: historische Romane, Gesellschaftsromane, Thriller, Krimis, Frauenliteratur, Kinder- und Jugendthemen, SF/Fantasy, Horror, div. Sachbuchthemen
Ms.-Angebote erwünscht: nach vorheriger telefonischer Anfrage

Gustav Lübbe Verlag
Scheidtbachstr. 23-25
51469 Bergisch Gladbach
Tel. 02202 - 121 - 0
Fax 02202 - 121 - 708
glv@luebbe.de
www.luebbe.de
Verleger: Stefan Lübbe
Geschäftsführung: Dr. Uwe Sertel, Christophe Montague (Sprecher)
Programmleitung: Marco Schneiders
Verlagsgruppe: s. Verlagsgruppe Lübbe
Programm: Sachbuch: Archäologie, Geschichte, Zeitgeschehen, Biografien, Autobiografien, Memoirs, Trendbücher, Infotainment, Psychologie/Lebenshilfe
Ms.-Angebote erwünscht: als Exposé mit Textprobe von 30 Seiten
Medium: Papierausdruck
Ms.-Rücksendung: nein

Lüchow Verlag
Liebknechtstr. 33
70575 Stuttgart
Tel. 0711 - 788 03 - 0
Fax 0711 - 788 03 - 10
service@verlagkreuz.de
www.luechow-verlag.de
Verleger: Manuel Herder
Verlagsleitung: Olaf Carstens, Hans Dieter Vogt
Lieferbare Titel: 112
Novitäten: 25
Programm: Natürlich heilen, Lebenshilfe, Ratgeber
Lektorat: Ulrich Magin
Ms.-Angebote erwünscht: nach vorheriger telefonischer Anfrage
Medium: Papierausdruck, E-Mail
Ms.-Rücksendung: ja, bei Rückporto

Hermann Luchterhand Verlag GmbH bei Wolters Kluwer Verlag
Freisingerstr. 3
85716 Unterschleißheim/München
Tel. 089 - 360 07 - 0
Fax 089 - 360 07 - 331 10
info@wolters-kluwer.de
www.wolters-kluwer.de; www.luchterhand-fachverlag.de, www.werner.de
Verleger: Frau Richter-Weiland, Herr Kastor, Herr Winkler
Programm: Recht, Wirtschaft, Steuern, Bildung, Erziehung, Soziale Arbeit, Fachzeitschriften, Nachschlagewerke, Wörterbücher, Verwaltung,
Ms.-Interessen: Recht, Wirtschaft, Pädagogik
Ms.-Angebote erwünscht: nach vorheriger telefonischer Anfrage

Luchterhand Literaturverlag
Neumarkter Str. 28
81673 München
Tel. 089 - 41 36 - 0
Fax 089 - 41 36 - 34 31
info@randomhouse.de
www.luchterhand-literaturverlag.de
Verleger: Geschäftsführer: Klaus Eck, Joerg Pfuhl (CEO), Claudia Reitter, Wolfgang Wiedermann
Verlagsleitung: Dr. Georg Reuchlein
Verlagsgruppe: Verlagsgruppe Random House GmbH
Programm: Biografien, Belletristik, Sachbuch
Lektorat: Regina Kammerer (Programmleitung), Christine Popp, Klaus Siblewski, Martin Mittelmeier
Ms.-Angebote erwünscht: als Textprobe von 30 Seiten
Medium: Papierausdruck
Ms.-Rücksendung: ja, mit Rückporto

Lucius & Lucius Verlagsgesellschaft mbH
Gerokstr. 51
70184 Stuttgart
Tel. 0711 - 24 20 60
Fax 0711 - 24 20 88
lucius@luciusverlag.com
www.luciusverlag.com
Verleger: Dr. W. D. von Lucius
Verlagsleitung: Dr. W. D. von Lucius
Gründungsjahr: 1996
Lieferbare Titel: 400
Novitäten: 35
Programm: Wirtschafts- und Sozialwissenschaft, Soziologie ausschließlich auf universitärem Niveau

Ms.-Interessen: siehe Verlagsprogramm - nur von Hochschuldozenten
Ms.-Angebote erwünscht: als Exposé mit Textprobe von 20 Seiten
Medium: Papierausdruck, E-Mail
Ms.-Rücksendung: ja, bei Rückporto

Verlag Ludwig
Holtenauer Str. 141
24118 Kiel
Tel. 0431 - 854 64
Fax 0431 - 805 83 05
info@verlag-ludwig.de
www.verlag-ludwig.de
Programm: Kunst und Medien
Ms.-Interessen: Geisteswissenschaften
Ms.-Angebote erwünscht: nach vorheriger telefonischer Anfrage, als Exposé
Medium: Papierausdruck, E-Mail
Ms.-Rücksendung: ja

Lukas Verlag für Kunst- und Geistesgeschichte
Kollwitzstr. 57
10405 Berlin
Tel. 030 - 44 04 92 20
Fax 030 - 442 81 77
lukas.verlag@t-online.de
www.lukasverlag.com
Verleger: Dr. Frank Böttcher
Gründungsjahr: 1996
Lieferbare Titel: 200
Novitäten: 20
Programm: Archäologie, Architektur, Bildende Kunst, Geschichte des Mittelalters, Kulturgeschichte, Literaturwissenschaft, Musik, Philosophie, Religion, Soziologie, Zisterzensierstudien, Bauforschung, Berlin, Brandenburg, Harz-Forschungen
Ms.-Angebote erwünscht: nach vorheriger telefonischer Anfrage, als Manuskript
Medium: Papierausdruck, E-Mail
Ms.-Rücksendung: ja, bei Rückporto

Lusatia Verlag Dr. Stübner & Co.KG
Töpferstr. 35
02625 Bautzen
Tel. 03591 - 53 24 00
Fax 03591 - 53 24 00
lusatiaverlag@t-online.de
Verlagsleitung: Dr. Frank Stübner
Gründungsjahr: 1992
Lieferbare Titel: 66
Programm: Literatur über die Oberlausitz, Bildbände, Wanderbegleiter
Ms.-Angebote erwünscht: nach vorheriger telefonischer Anfrage, als Exposé
Ms.-Rücksendung: ja, bei Rückporto

Lutherisches Verlagshaus GmbH
Knochenhauerstr. 38/40
30159 Hannover
Tel. 0511 - 124 17 18
Fax 0511 - 124 19 48
lvh@lvh.de
www.lvh.de
Verleger: Ev.-luth. Landeskirche Hannovers
Verlagsleitung: Dr. Hasko von Bassi
Gründungsjahr: 1947
Lieferbare Titel: 120
Novitäten: 20-30
Programm: Gottesdienstliteratur, Theologische Fachliteratur, Christliche Lebenshilfe und -Unterhaltung

Lektorat: Corina Kruse-Roth
Ms.-Interessen: Sachbücher für Gemeindearbeit, Sachbücher zum Christentum im Alltag, Christliche Unterhaltungsliteratur: Historische Romane, Kurzgeschichten sowie Theologische Handbücher
Ms.-Angebote erwünscht: als Exposé mit Textprobe von 8 Seiten
Medium: Papierausdruck, Diskette
Ms.-Rücksendung: ja, bei Rückporto

Mabuse-Verlag GmbH
Kasseler Str. 1a
60486 Frankfurt am Main
Tel. 069 - 97 07 40 71
Fax 069 - 70 41 52
info@mabuse-verlag.de
www.mabuse-verlag.de
Programm: Sachbücher zur Humanen Pflege und Medizin

Maecenata Verlag
Albrechtstr. 22
10117 Berlin
Tel. 030 - 28 38 79 - 09
Fax 030 - 28 38 79 - 10
mi@maecenata.de
www.maecenata.de
Verleger: Rupert Graf Strachnitz
Verlagsleitung: Susanne Rindt
Lieferbare Titel: 27
Novitäten: 4
Programm: Stiftungswesen, Nachschlagewerke, Arbeitshefte für Dritter-Sektor-Forschung
Ms.-Angebote erwünscht: nach vorheriger telefonischer Anfrage, als Exposé
Medium: Papierausdruck, Diskette, E-Mail
Ms.-Rücksendung: ja

Mair DuMont GmbH & Co.KG
Marco-Polo-Zentrum
73760 Ostfildern
Tel. 0711 - 45 02 - 0
Fax 0711 - 45 02 - 310
mairhuydts@mairs.de
www.maircopolo.de
Verleger: Dr. Volkmar Mair, Dr. Stephanie Mair-Huydts
Programm: Reiseführer, Atlanten

MAIRDUMONT
Marco-Polo-Zentrum
73760 Ostfildern
Tel. 0711 - 45 02 - 0
Fax 0711 - 45 02 - 310
s.mairhuydts@mairdumont.com
www.mairdumont.com
Verleger: Dr. Volkmar Mair, Dr. Stephanie Mair-Huydts
Gründungsjahr: 1948
Programm: Abenteuer- und Reiseführer, Hotel- und Restaurantführer, Geografie, Atlanten, Landkarten, Sprachführer, Reisemagazin, Navigationstools
Lektorat: Chefred. marco polo Marion Zorn (Dw -139, zorn@mairs.de)
Ms.-Angebote erwünscht: nach vorheriger telefonischer Anfrage

Malik Verlag
Georgenstr. 4
80799 München
Tel. 089 - 38 18 01-0
Fax 089 - 33 87 04
info@piper.de

Verleger: Dr. Wolfgang Ferchl Verleger und Geschäftsführer
Verlagsleitung: Hans-Joachim Hartmann (kaufm. Geschäftsführer)
Verlagsgruppe: Bonnier Media Deutschland
Programm: Sachbuch, Biografien
Lektorat: Bettina Feldweg
Ms.-Angebote erwünscht: als Exposé
Medium: Papierausdruck
Ms.-Rücksendung: ja

Mana-Verlag
Eichhorster Weg 80
13435 Berlin
Tel. 030 - 40 30 38 05
Fax 030 - 40 37 59 95
Verleger: Hartmut Jäksch
Programm: Reiseführer, Sachbücher

Mandelbaum Verlag
Wipplingerstr. 23
A-1010 Wien
Österreich
Tel. +43 (0)1 - 536 34 77 - 0
Fax +43 (0)1 - 536 34 77 - 12
office@mandelbaum.at
www.mandelbaum.at
Verleger: Michael Baiculescu
Programm: Politik, Zeitgeschichte, Sozialgeschichte, Kulturgeschichte, Lebensgeschichten, Kulinaria
Lektorat: Elisabeth Baumhöfer, Julia Kaldori
Ms.-Angebote erwünscht: als Exposé mit Textprobe von 10 Seiten
Medium: Papierausdruck, E-Mail
Ms.-Rücksendung: ja, mit Rückporto

Manesse Verlag
Bayerstraße 71-73
80335 München
Tel. 089 - 41 36 - 0
Fax 089 - 41 36 - 333
info@randomhouse.de
www.manesse.ch
Verleger: Geschäftsführer: Klaus Eck, Joerg Pfuhl (CEO), Claudia Reitter
Verlagsleitung: Horst Laninger
Gründungsjahr: 1944
Verlagsgruppe: Verlagsgruppe Random House
Lieferbare Titel: 370
Novitäten: 20
Programm: Klassiker der Weltliteratur, Künstlereditionen
Ms.-Angebote erwünscht: als Exposé
Medium: Papierausdruck, E-Mail
Ms.-Rücksendung: ja

Manhattan Verlag
Neumarkter Str. 28
81673 München
Tel. 089 - 41 36 - 0
Fax 089 - 41 36 - 333
info@randomhouse.de
www.randomhouse.de
Verleger: Geschäftsführer: Klaus Eck, Joerg Pfuhl (CEO), Claudia Reitter
Verlagsleitung: Dr. Georg Reuchlein
Verlagsgruppe: Verlagsgruppe Random House
Programm: Unterhaltung, Kriminalromane
Ms.-Angebote erwünscht: als Exposé
Medium: Papierausdruck
Ms.-Rücksendung: ja, bei Rückporto

mankau verlag
Postfach 13 22
82413 Murnau
Tel. 08841 - 62 77 69 - 0
Fax 08841 - 62 77 69-6
kontakt@mankau-verlag.de
www.mankau-verlag.de
Verleger: Raphael Mankau
Verlagsleitung: Raphael Mankau
Gründungsjahr: 2004
Programm: Mutige Stellungnahmen aus Gesellschaft, Wirtschaft und Ökologie, wertorientierte Aussagen, Bücher für gesunde Lebensführung
Ms.-Angebote erwünscht: nach vorheriger Anfrage
Ms.-Rücksendung: ja, bei Rückporto

MännerschwarmSkript Verlag
Lange Reihe 102
20099 Hamburg
Tel. 040 - 43 60 93
Fax 040 - 430 29 32
verlag@maennerschwarm.de
www.maennerschwarm.de
Gründungsjahr: 1992
Lieferbare Titel: 130
Novitäten: 15
Programm: Internationale Belletristik von homosexuellen Autoren, Wissenschaftliche Publikationen, Comics
Lektorat: Belletristik: Joachim Bartholomae, Sachbuch: Detlef Grumbach
Ms.-Angebote erwünscht: als Exposé mit Textprobe von 30 Seiten
Medium: Papierausdruck
Ms.-Rücksendung: ja, bei Rückporto

Manutius Verlag
Eselspfad 2
69117 Heidelberg
Tel. 06221 - 16 32 90
Fax 06221 - 16 71 43
www.manutius-verlag.de
Verleger: Frank Würker, M.A.
Gründungsjahr: 1985
Lieferbare Titel: 120
Programm: Geschichte des Mittelalters, Geschichte der Neuzeit, Kulturgeschichte, Literaturwissenschaft, Philosophie, Historische Reisebeschreibungen, Rechts- und Staatswissenschaft, Humanismus, Lateinische Literatur der Neuzeit
Ms.-Interessen: an Frau Renate Solbach M.A., Tel. 0221 - 40 61 347
Ms.-Angebote erwünscht: nach vorheriger telefonischer Anfrage als Manuskript
Medium: Papierausdruck
Ms.-Rücksendung: ja, bei Rückporto

Manz Verlag
Marienplatz 12
96142 Hollfeld
Tel. 09274 - 94 72 16
Fax 09274 - 941 32
service@manz-verlag.de
www.manz-verlag.de
Verlagsleitung: Thomas Appel
Gründungsjahr: 1830
Verlagsgruppe: Klett Lernen und Wissen GmbH
Lieferbare Titel: 200
Novitäten: 25-30
Programm: Lernhilfen
Lektorat: Deutsch/Französisch: Peter

Saß; Mathe/Naturwissenschaft: Jürgen Greims; Englisch/Sozialwissenschaft: Harald Kutlanz
Medium: Papierausdruck, E-Mail
Ms.-Rücksendung: ja

MANZ'sche Verlags- und Universitätsbuchhandlung GmbH
Johannesgasse 23
A-1010 Wien
Österreich
Tel. +43 (0)1 - 531 61- 0
Fax +43 (0)1 - 531 61 - 181
verlag@manz.at
www.manz.at
Verlegerin: Mag. Susanne Stein-Dichtl
Verlagsleitung: Dr. Wolfgang Pichler
Gründungsjahr: 1849
Programm: Business, Fachzeitschriften, Recht, Wirtschaft
Ms.-Angebote erwünscht: nach vorheriger telefonischer Anfrage
Medium: E-Mail

Marani Verlag
Ruselstr. 5
84107 Unterneuhausen
Tel. 08708 - 92 20 26
Fax 08708 - 92 20 27
info@marani-verlag.de
www.marani-verlag.de
Verleger: Martin Held, Anita Schäbel
Verlagsleitung: Martin Held, Anita Schäbel
Gründungsjahr: 1998
Lieferbare Titel: 6
Programm: Fantasy, Esoterik

mare balticum
Postfach 12 09 42
10599 Berlin
Tel. 030 - 31 80 32 23
Fax 030 - 31 80 32 23
helker.pflug@t-online.de
Verleger: Helker Pflug
Gründungsjahr: 1992
Lieferbare Titel: 30
Novitäten: 2
Programm: Belletristik, Erinnerungen
Ms.-Angebote erwünscht: nach vorheriger telefonischer Anfrage, als Manuskript oder Exposé
Medium: Papierausdruck
Ms.-Rücksendung: ja, bei Rückporto

marebuchverlag
Slomanhaus, Steinhöft 11
20459 Hamburg
Tel. 040 - 36 80 76 00
Fax 040 - 36 80 76 76
info@marebuch.de
www.marebuch.de
Verleger: Nikolaus Hansen
Novitäten: 20
Programm: von der Belletristik bis zu verschiedenen Formen des Sachbuchs (Kulturgeschichte, populäre Wissenschaft, Biographie, Reise, Entdeckung, Abenteuer), wobei es darum geht, das Meer in seiner konkreten, aber auch in seiner symbolischen und metaphorischen, sei
Lektorat: Tim Jung (tjung@marebuch.de)
Ms.-Angebote erwünscht: als Exposé
Medium: Papierausdruck, E-Mail
Ms.-Rücksendung: ja, mit Rückporto

Verlag Maritim GmbH
Striepenweg 31
21147 Hamburg
Tel. 040 - 797 13 03
Fax 040 - 79 71 33 24
w_reichardt@koehler-mittler.de
www.koehler-mittler.de
Verlagsgruppe: Verlagsgruppe Koehler/Mittler
Programm: Schifffahrt
Ms.-Angebote erwünscht: nach vorheriger telefonischer Anfrage, als Exposé
Ms.-Rücksendung: ja

Marix Verlag
Römerweg 10
65187 Wiesbaden
Tel. 0611 - 17 43 78 54
Fax 0611 - 17 43 78 56
info@marixverlag.de
www.marixverlag.de
Verlegerin: Miriam Zöller
Verlagsleitung: Miriam Zöller
Zum Verlag: Modernes Antiquariat, Geistes- und Kulturgeschichte, Judaica
Gründungsjahr: 2004
Lieferbare Titel: 130
Novitäten: 80
Programm: Geistes- und Kulturgeschichte, Judaica
Ms.-Interessen: Geistes- und Kulturgeschichte, Judaica
Ms.-Angebote erwünscht: als Exposé mit Textprobe von 5 Seiten
Medium: Papierausdruck
Ms.-Rücksendung: ja

Markstein Verlag
Echterdinger Str. 53
70794 Filderstadt
Tel. 0711 - 70 83 21 14
Fax 0711 - 70 83 21 12
post@markstein-verlag.de
www.markstein-verlag.de
Verlegerin: Cornelia Fritsch
Verlagsleitung: Cornelia Fritsch
Zum Verlag: wissenschaftliche und populäre Sachbücher, Bildbände, Biografien
Programm: Geschichte, Landesgeschichte Baden-Württemberg, Kulturgeschichte, Wirtschaftsgeschichte, Biografien
Ms.-Angebote erwünscht: nach vorheriger telefonischer Anfrage
Medium: Papierausdruck, E-Mail
Ms.-Rücksendung: ja

MaroVerlag
Zirbelstr. 57 a
86154 Augsburg
Tel. 0821 - 41 60 34
Fax 0821 - 41 60 36
info@maroverlag.de
www.maroverlag.de
Verleger: Benno Käsmayr
Gründungsjahr: 1969
Lieferbare Titel: 140
Programm: Biografien, Belletristik, Lyrik
Ms.-Angebote erwünscht: nach vorheriger telefonischer Anfrage, als Exposé
Medium: Papierausdruck
Ms.-Rücksendung: ja, bei Rückporto

Martinus Verlag
Auf der Heide 13
53545 Ockenfels
Tel. 0244 - 69 17
Fax 0244 - 69 17
info@martinus-verlag.de
www.martinus-verlag.de
Verlegerin: Hiltrud Linnow
Programm: Religion

materialverlag
Hochschule für bildende Künste
Lerchenfeld 2
22081 Hamburg
Tel. 040 - 42 89 89 - 355
Fax 040 - 42 89 89 - 354
mv@materialverlag.de
www.materialverlag.de
Zum Verlag: Verlag in der Hochschule für bildende Künste Hamburg
Gründungsjahr: 1972
Programm: Bücher und CD-ROM zu Kunst, Fotografie, Typografie, Zeichnung und Kunstwissenschaft, Künstlerbücher
Ms.-Interessen: nur von Studierenden der Hochschule

AutorenVerlag Matern
Hochfeldstr. 10
47053 Duisburg
Tel. 0203 - 28 46 84
Fax 0203 - 279 23
post@autorenverlag-matern.de
www.autorenverlag-matern.de
Verleger: Reinhard Matern
Programm: Kleines Belletristikprogramm, Primär Analytische Philosophie und Sachbuch Kultur (Medien, Künste, Kulturpolitik und -wirtschaft)
Lektorat: Reinhard Matern
Ms.-Angebote erwünscht: als Exposé mit Textprobe von 4-5 Seiten
Medium: E-Mail

Mattes Verlag GmbH
Steigerweg 69
69028 Heidelberg
Tel. 06221 - 45 93 21
Fax 06221 - 45 93 22
verlag@mattes.de
www.mattes.de
Verleger: Kurt Mattes
Gründungsjahr: 1989
Lieferbare Titel: 100
Novitäten: 10
Programm: Literaturwissenschaft, Wezel-Gesamtausgabe, Pädagogik, Psychologie
Ms.-Angebote erwünscht: als Manuskript
Medium: E-Mail
Ms.-Rücksendung: nein

Matthes & Seitz Berlin Verlag GmbH
Göhrener Str. 7
10437 Berlin
Tel. 030 - 44 32 74 01
Fax 030 44 32 74 02
info@matthes-seitz.berlin.de
Verlagsleitung: Dr. Andreas Rotzer
Zum Verlag: Literatur, Essayistik
Gründungsjahr: 1977
Lieferbare Titel: 140
Novitäten: 20
Programm: Literatur, Essayistik

Matthiesen Verlag
Nordbahnhofstr. 2
25813 Husum
Tel. 04841 - 83 52 - 0
Fax 04841 - 83 52 - 10
info@verlagsgruppe.de
www.verlagsgruppe.de
Verleger: Ingwert Paulsen
Verlagsleitung: Ingwert Paulsen
Gründungsjahr: 1892
Verlagsgruppe: Verlagsgruppe Husum
Programm: Geschichte, Schulbücher, Sprachwissenschaften
Lektorat: Ingwert Paulsen
Ms.-Angebote erwünscht: nach vorheriger telefonischer Anfrage
Ms.-Rücksendung: ja, bei Rückporto

Mäule & Gosch Alf List & Wolfgang Schmidt GbR
Adlerstr. 18
70806 Kornwestheim
Tel. 07154 - 627 - 0
Fax 07154 - 085 98
mg@schwabenpower.de
www.schwabenpower.de
Programm: Schwäbisch-Literarisches, Schwäbisch-Humoristisches, Schwäbisch-Rockiges, Schwäbisch-Volkstümliches

Maximilian Verlag Dr. Kurt Schober GmbH & Co.KG
Georgsplatz 1
20099 Hamburg
Tel. 040 - 70 70 80 - 01
Fax 040 - 70 70 80 - 324
s_duerr@koehler-mittler.de
www.koehler-mittler.de
Verlagsgruppe: Verlagsgruppe Koehler/Mittler
Programm: Fachbücher für Staat, Verwaltung, Recht, Wirtschaft, Gesetzes-Sammlungen, Aus- und Fortbildungsbücher für den Öffentlichen Dienst
Ms.-Angebote erwünscht: nach vorheriger telefonischer Anfrage, als Exposé
Ms.-Rücksendung: ja

Verlag Johannes M. Mayer & Co. GmbH
Am Wallgraben 142
70565 Stuttgart
Tel. 0711 - 476 08 03
Fax 0711 - 476 08 05
info@verlag-mayer.de
www.verlag-mayer.de
Verleger: Johannes M. Mayer
Gründungsjahr: 1996
Lieferbare Titel: 80
Novitäten: 10
Programm: Schwerpunkt: Mensch und Medizin, Belletristik, Kulturgeschichte, Lebenshilfe, Medizin, Psychologie, Pädagogik
Ms.-Angebote erwünscht: als Manuskript
Medium: Papierausdruck
Ms.-Rücksendung: ja, bei Rückporto

Medien Tenor
Institut für Medienanalyse GmbH
Kurt-Schumacher-Str. 2
53113 Bonn
Tel. 0228 - 934 44 - 0
Fax 0228 - 934 44 - 93
medien-tenor@innovatio.de
www.medien-tenor.de

Verleger: Roland Schatz
Gründungsjahr: 1984
Programm: Bücher, Forschungsberichte zu Inhaltsanalysen Deutscher und Internationaler Medien
Lektorat: Christian Holmer, Markus Rettich
Ms.-Angebote erwünscht: als Exposé

medpharm Scientific Publishers
Birkenwaldstr. 44
70191 Stuttgart
Tel. 0711 - 25 82 - 0
Fax 0711 - 25 82 - 290
service@medpharm.de
www.medpharm.de
Verleger: Dr. Christian Rotta, Dr. Klaus G. Brauer
Gründungsjahr: 1981
Verlagsgruppe: Dt. Apotheker Verlag
Lieferbare Titel: 70
Programm: Pharmazie, Medizin, Patientenratgeber
Ms.-Angebote erwünscht: nach vorheriger telefonischer Anfrage, als Exposé mit Textprobe
Medium: Papierausdruck
Ms.-Rücksendung: ja

Megaeins Verlags GmbH
Oderberger Straße 18
10435 Berlin
Tel. 030 - 44 35 18 90
Fax 030 - 44 35 18 94
info@megaeinsverlag.de
www.megaeinsverlag.de
Verleger: Moritz Gauger, Lorne Meder, Ralf E. Schüle
Programm: Stadtführer

Felix Meiner Verlag
Richardstr. 47
22081 Hamburg
Tel. 040 - 29 87 56 - 32
Fax 040 - 29 87 56 - 20
info@meiner.de
www.meiner.de
Gründungsjahr: 1911
Lieferbare Titel: ca. 850
Novitäten: ca. 50
Programm: Texte aus allen Epochen der Philosophiegeschichte, Monographien und Periodika zur historisch-systematischen philosophischen Forschung
Lektorat: Horst-D. Brandt, Marion Lauschke
Ms.-Angebote erwünscht: nach vorheriger telefonischer Anfrage, als Exposé
Medium: Papierausdruck
Ms.-Rücksendung: ja, bei Rückporto

Meinhardt Text und Design
Magdeburger Str. 11
65501 Idstein
Tel. 06126 - 58 86 88
Fax 06126 - 58 86 89
kerstin.meinhardt@meinhardt-design.de
www.meinhardt-design.de
Programm: Rüstung, Menschenrechte, Armut, Asyl

Melina-Verlag
Am Weinhaus 6
40882 Ratingen
Tel. 02102 - 959 40, 959 - 621
Fax 02102 - 959 - 622
redaktion@melina-verlag.de

www.melina-verlag.de
Verleger: Ewald Hein
Verlagsleitung: Ewald Hein, Annette Hein
Gründungsjahr: 1992
Lieferbare Titel: 50
Programm: Bücher und Bildbände in Deutsch, Englisch, Litauisch, Biografien, Belletristik, Bildbände, Bildende Kunst, Bildung, Fachzeitschriften, Geschichte der Antike, Geschichte des Mittelalters, Kulturgeschichte, Kurzgeschichten, Philosophie, Reisen, Religion, Th
Lektorat: Andrea Korte (Dw -21 oder –23)
Ms.-Interessen: Bildbände Osteuropa, Asien, Baltische Staaten, auch Romane
Ms.-Angebote erwünscht: als Exposé mit Textprobe von 15 Seiten
Medium: Papierausdruck
Ms.-Rücksendung: ja, bei Rückporto

J. Ch. Mellinger Verlag GmbH
Burgholzstr. 25
70376 Stuttgart
Tel. 0711 - 54 37 87
Fax 0711 - 55 68 89
mellinger@sambo.de
Programm: Anthroposophie, Waldorfpädagogik, Bilderbücher, Jugendbücher
Ms.-Angebote erwünscht: nach vorheriger telefonischer Anfrage
Medium: Papierausdruck
Ms.-Rücksendung: ja, bei Rückporto

Memento Verlag AG
Jechtinger Str. 8
791112 Freiburg
Tel. 0761 - 478 28 - 0
Fax 0761 - 478 28 - 982
online@memento.de
www.memento.de
Programm: Juristische Fachinformation, Personal-, Steuer-, Gesellschaftsrecht

memo verlag
Vaihinger Landstr. 63
70195 Stuttgart
Tel. 0711 - 697 98 06
Fax 0711 - 697 98 08
info@memoverlag.de
www.memoverlag.de
Programm: Gesundheit und Fitness, Medizin, Pädagogik, Psychologie und Psychiatrie, Ratgeber
Ms.-Angebote erwünscht: als Exposé mit Textprobe von 15 Seiten
Medium: Papierausdruck
Ms.-Rücksendung: ja

Verlag Mensch & Wirtschaft
Inh. Elisabeth Schiefer-Paris
Zur Breite 4
78476 Allensbach
Tel. 07533 - 93 47 65
Fax 07533 - 93 48 38
verlag@mensch-und-wirtschaft.de
www.mensch-und-wirtschaft.de
Zum Verlag: Management im 3.Jahrtausend, China, Globalisierung
Programm: Beruf und Kariere, Psychologie und Psychiatrie, Wirtschaft, Management

Menschenkinder Verlag und Vertrieb GmbH
An der Kleimannbrücke 97
48157 Münster
Tel. 0251 - 932 52 - 0
Fax 0251 - 932 52 - 90
info@menschenkinder.de
www.menschenkinder.de
Verleger: Detlev Jöcker
Programm: Beschäftigungs- und Mitmachbücher für Erzieher und Eltern, Musik für Kinder und junge Erwachsene
Ms.-Angebote erwünscht: nach vorheriger telefonischer Anfrage
Medium: Papierausdruck
Ms.-Rücksendung: ja

mentis Verlag GmbH
Schulze-Delitzsch-Str. 19
33100 Paderborn
Tel. 05251 - 68 79 02, -04
Fax 05251 - 68 79 05
info@mentis.de
www.mentis.de
Verlagsleitung: Dr. Michael Kienecker
Gründungsjahr: 1998
Lieferbare Titel: 350
Novitäten: 50
Programm: Philosophie des Geistes, Sprachphilosophie, Analytische Philosophie, Kognitionswissenschaft, Literaturwissenschaft
Ms.-Angebote erwünscht: nach vorheriger telefonischer Anfrage
Medium: Papierausdruck
Ms.-Rücksendung: ja, bei Rückporto

Mentor-Verlag GmbH
Mies-van-der-Rohe-Str. 1
80807 München
Tel. 089 - 360 96 - 0
Fax 089 - 360 96 - 432
redaktion.ml@langenscheidt.de
www.mentor.de
Verleger: Andreas Langenscheidt
Verlagsleitung: Rolf Müller
Verlagsgruppe: Langenscheidt Verlagsgruppe
Programm: Übungsbücher von der 1. Klasse bis Abitur und für alle Fächer, Lernhilfen, Lern-Software, Lektüre-Interpretationshilfen

Merch Movie Edition GmbH
Lauxmannweg 19
75378 Liebenzell
Tel. 07052 - 92 31 - 0
Fax 07052 - 92 31 - 1
ines.veith@merchmovie.de
www.merchmovie.de
Verlagsleitung: Ines Veith
Gründungsjahr: 2000
Lieferbare Titel: 8
Programm: Literarische Vorlagen und Drehbücher für Kinofilme, TV-Movies und TV-Serien
Lektorat: Karin Proft
Ms.-Angebote erwünscht: als Exposé
Medium: Papierausdruck
Ms.-Rücksendung: ja

Merlin Verlag
Nr. 38
21397 Gifkendorf
Tel. 04137 - 72 07
Fax 04137 - 79 48

info@merlin-verlag.de
www.merlin-verlag.de
Programm: Literatur, Kunst, Essay, Magie, Theater, Lyrik

Verlag Merseburger Berlin GmbH
Naumburger Str. 40
34038 Kassel
Tel. 0561 - 789 80 90
Fax 0561 - 78 98 09 16
mail@merseburger.de
www.merseburger.de
Verlagsleitung: Wolfgang Matthei
Gründungsjahr: 1849
Novitäten: 15-20
Programm: Musik, Chor, weltlich und geistlich, instrumental, Noten und Fachbücher
Lektorat: Birgit Matthei, Tel. 0561 - 78 98 09 13
Ms.-Angebote erwünscht: nach vorheriger telefonischer Anfrage
Medium: E-Mail
Ms.-Rücksendung: ja, bei Rückporto

Merve Verlag
Crellestr. 22
10827 Berlin
Tel. 030 - 784 84 33
Fax 030 - 788 10 74
merve@compuserve.com
www.merve.de
Programm: Literatur, Philosophie, Kunst

Verlagskooperation Merz&Solitude
Solitude 3
70197 Stuttgart
Tel. 0711 - 996 19 - 0
Fax 0711 - 996 19 - 50
mr@akademie-solitude.de
www.merzundsolitude.de
Zum Verlag: Akademie Schloss Solitude
Gründungsjahr: 2004
Lieferbare Titel: 130
Novitäten: 15
Programm: Reihe Reflexiv (Texte über Kunst und Kultur), Reihe Projektiv (Verschiedene Themenbereiche und Medien), Reihe Literatur (Erstausgaben, Belletristik)
Ms.-Interessen: Nur Publikationen von Stipendiaten der Akademie bzw. Studenten/Lehrende der Merz Akademie Schloss Solitude

MeterMorphosen
Brückenstr. 13
60594 Frankfurt am Main
Tel. 069 - 21 99 59 83
Fax 069 - 21 99 81 64
metermorphosen@t-online.de
www.metermorphosen.de
Verlagsleitung: Florian Koch, Michael Knäbe, Ingo Kollmann, Christoph Kremer
Zum Verlag: Unabhängiger Non-Book-Verlag, Entwicklung von Ideen auch für andere Verlage und Industrieunternehmen
Gründungsjahr: 1999
Lieferbare Titel: 20
Novitäten: 2-3
Programm: Non-Books mit literarischem oder kulturell ansprechendem Hintergrund, häufig verwandelte Alltagsobjekte wie der Historische Zoll-

stock, der Kunstzollstock, Haiku, Japanische Gedichte auf Ess-Stäbchen, Memoleum, ein Memoryspiel aus Linoleum mit Originalmoti
Lektorat: Florian Koch, Michael Knäbe, Ingo Kollmann, Christoph Kremer
Ms.-Interessen: Ungewöhnliche Objekte mit Geist, Witz und Charme, Inhalt und Form müssen zu einer schlüssigen, bezwingenden Einheit gebracht werden
Ms.-Angebote erwünscht: nach vorheriger telefonischer Anfrage, als Exposé mit Textprobe
Medium: Papierausdruck
Ms.-Rücksendung: ja

Methusalem Verlags GmbH
Von-Liebig-Str. 11
89231 Neu-Ulm
Tel. 0731 - 970 28 - 0
Fax 0731 - 970 28 18
www.methusalem.de
Verlagsleitung: Carmen Höhn
Gründungsjahr: 1994
Lieferbare Titel: 7
Programm: Kristalle und Heilsteine

Metropol Verlag
Ansbacher Str. 70
10777 Berlin
Tel. 030 - 261 84 60
Fax 030 - 265 05 18
veitl@metropol-verlag.de
www.metropol-verlag.de
Verleger: Friedrich Veitl
Gründungsjahr: 1988
Lieferbare Titel: 250
Novitäten: 25
Programm: Antisemitismus, Jüdische Geschichte, Fachzeitschriften, Geschichte der Neuzeit, Philosophie, Politik, Soziologie, Zeitgeschichte
Lektorat: Dagmar Rommel, Norbert Seidel
Ms.-Angebote erwünscht: nach vorheriger telefonischer Anfrage
Medium: Papierausdruck, E-Mail
Ms.-Rücksendung: ja

Metropolitan Verlage c/o Walhalla Fachverlag
Haus an der Eisernen Brücke
93042 Regensburg
Tel. 0941 - 568 41 32
Fax 0941 - 568 41 11
metropolitan@walhalla.de
www.metropolitan.de
Verlegerin: Eva-Maria Steckenleiter
Programm: Marketing, Unternehmensführung, Geld und Börse, Managementwissen
Ms.-Angebote erwünscht: nach vorheriger telefonischer Anfrage, als Exposé mit Textprobe von 10 Seiten
Medium: Papierausdruck, Diskette, E-Mail
Ms.-Rücksendung: ja, nein (bei E-Mail Sendungen)

J.B. Metzler´sche Verlagsbuchhandlung und Carl Ernst Poeschel Verlag GmbH
Werastr. 21-23
70182 Stuttgart
Tel. 0711 - 21 94 - 0
Fax 0711 - 21 94 - 249
www.metzlerverlag.de

Verlagsleitung: Michael Justus, Dr. Bernd Lutz
Gründungsjahr: 1682
Verlagsgruppe: Verlagsgruppe Georg von Holtzbrinck
Lieferbare Titel: 600
Novitäten: 70
Programm: Fachzeitschriften, Film, Fernsehen, Geschichte, Kulturgeschichte, Literaturwissenschaft, Medienwissenschaft, Musik, Philosophie, Sprachwissenschaften, Theater, Oper, Antike
Lektorat: Programmleitung: Dr. Bernd Lutz (lutz@metzlerverlag.de)
Ms.-Angebote erwünscht: nach vorheriger telefonischer Anfrage, als Exposé
Medium: Papierausdruck
Ms.-Rücksendung: ja

Alfred Metzner Verlag, c/o Hermann Luchterhand Verlag GmbH bei Wolters Kluwer Verlag
Freisingerstr. 3
85716 Unterschleißheim/München
Tel. 089 - 360 07 - 0
Fax 089 - 360 07 - 331 10
info@wolters-kluwer.de
www.wolters-kluwer.de; www.luchterhand-fachverlag.de, www.werner.de
Verlagsgruppe: Wolters Kluwer Verlag Deutschland
Programm: Studienliteratur zu Zivilrecht, Strafrecht, Öffentliches Recht

Metz-Verlag
Josef-Hollerbach-Str. 14
76571 Gaggenau
Tel. 07225 - 740 98
Fax 07225 - 740 98
metzverlag@aol.com
www.metz-verlag.de
Programm: Kinder- und Jugendbücher, Krimis, Geschichtlicher Hintergrund
Lektorat: Helma Metz
Ms.-Interessen: keine Bilderbücher
Ms.-Angebote erwünscht: als Exposé mit Textprobe von 15 Seiten
Medium: Papierausdruck
Ms.-Rücksendung: ja, bei Rückporto

Meyer & Meyer Der Sportverlag
Von-Coels-Str. 390
52080 Aachen
Tel. 0241 - 958 10 - 0
Fax 0241 - 958 10 - 10
verlag@m-m-sports.com
www.m-m-sports.com
Verleger: Hans Jürgen Meyer
Verlagsleitung: Hans Jürgen Meyer, Irmgard Meyer Purpar
Gründungsjahr: 1984
Lieferbare Titel: 1200
Novitäten: 150
Programm: Trainingsbücher, Handbücher zu: Fußball, Laufsport, Wintersport, Ausdauer, Schwimmen, Gymnastik, Behindertensport, Bewegungserziehung, Gesundheit, Leichtathletik, Seniorensport, Turnen; außerdem: Wissenschafliche Buchreihen
Lektorat: Thomas Stengel, lektorat@m-m-sports.com; Tel. 0241 - 958 10 28 (international); Alexa Deutz, Kathrin Albrecht (national)
Ms.-Angebote erwünscht: als Exposé
Medium: Papierausdruck, E-Mail
Ms.-Rücksendung: ja

Peter Meyer Verlag
Schopenhauerstr. 11
60316 Frankfurt am Main
Tel. 069 - 49 44 49
Fax 069 - 44 51 35
info@PeterMeyerVerlag.de
www.PeterMeyerVerlag.de
Verleger: Annette Sievers und Peter Meyer
Verlagsleitung: Annette Sievers und Peter Meyer
Gründungsjahr: 1976
Lieferbare Titel: 50
Programm: Reisepraktische Kulturreiseführer, Sachbücher für die Reisevorbereitung, Reise-Sprachführer (ausschließlich nach Verlagskonzept), Ausflugs- und Wanderführer Deutschland
Lektorat: Annette Sievers
Ms.-Interessen: Deutschland, Wandern, Ausflüge
Ms.-Angebote erwünscht: nach vorheriger telefonischer Anfrage, als Exposé mit Textprobe von 10 Seiten plus Inhaltsverzeichnis
Medium: Papierausdruck, CD oder E-Mail (nach Texterfassungsrichtlinien d. Verlags)
Ms.-Rücksendung: ja, bei Rückporto

Michaels Verlag
Ammergauer Str. 80
86971 Peiting
Tel. 08861 - 590 18
Fax 08861 - 590 18, 670 91
mvv@michaelsverlag.de
www.michaelsverlag.de
Programm: Gesundheit, Esoterik und Biophysik

Michelin
Michelinstr. 4
76185 Karlsruhe
Tel. 0721 - 530 13 32
Fax 0721 - 530 14 10
reiseverlag-vertrieb@de.michelin.com
www.michelin.de
Verlagsleitung: Eric Meyer
Programm: Hotelführer, Reiseführer, Straßenkarten

Microsoft Press Deutschland
Konrad-Zuse-Str. 1
85716 Unterschleißheim
Tel. 089 - 31 76 - 0
Fax 089 - 31 76 52 70
presscd@microsoft.com
www.microsoft.com/germany/mspress
Verlagsleitung: Lucinda Rondey
Gründungsjahr: 1991
Lieferbare Titel: 200, 400 engl. Titel
Novitäten: 80
Programm: Bücher rund um Microsoft-Software für Programmierer, IT-Professionals und Endanwender, Wissen aus Erster Hand
Ms.-Interessen: kein Interesse an unaufgefordert eingesandten Manuskripten, erfahrene Autoren in den Bereichen Netzwerke und NET-Programmierung können sich unverbindlich melden

Midas Verlag AG
Ankerstr. 3
CH-8004 Zürich
Schweiz
Tel. +41(0)1-242 61 02
Fax +41 (0)1 - 242 61 05
www.midas.ch
Programm: Wirtschaft, Management, Medien

Midena Verlag in der Weltbild Ratgeber Verlage GmbH & Co.KG
Hilblestr. 54
80636 München
Tel. 089 - 92 71 - 301
Fax 089 - 92 71 - 308
Verleger: Niclas Gottfried
Verlagsgruppe: Verlagsgruppe Droemer Weltbild
Novitäten: 80
Programm: Medizin, Gesunde Ernährung, Gesundheit, Lebenshilfe, Eltern-Ratgeber, Fitness, Wellness, Schönheit
Lektorat: Franz Leipold, Caroline Colsman
Ms.-Angebote erwünscht: als Exposé, als Manuskript
Medium: Papierausdruck, Diskette, E-Mail
Ms.-Rücksendung: ja

Milena Verlag
Lange Gasse 51/10
A-1080 Wien
Österreich
Tel. +43 (0)1 - 402 59 90
Fax +43 (0)1 - 408 88 58
frauenverlag@milena-verlag.at
www.milena-verlag.at
Verlegerin: Karin Ballauff
Verlagsleitung: Lika Trinkl, Vanessa Wieser
Zum Verlag: Belletristik und Sachbücher von Frauen
Gründungsjahr: 1980
Novitäten: 10-15
Programm: Programm: Lesbenliteratur, vor allem von osteuropäischen Autorinnen (keine Lyrik), Belletristik aus aller Frauen Länder, Romane, Novellen und Anthologien werden ausgeschrieben, Frauenkrimis, Feministische Theorien, Dokumentation
Lektorat: Karin Ballauff
Ms.-Interessen: Lesbenliteratur, Krimis
Ms.-Angebote erwünscht: als Exposé mit Textprobe von max. 10 Seiten
Medium: Papierausdruck
Ms.-Rücksendung: ja, bei Rückporto oder internationalem Antwortgutschein

Militzke Verlag
Huttenstr. 5
04249 Leipzig
Tel. 0341 - 42 64 30
Fax 0341 - 426 43 99
info@militzke.de
www.militzke.de
Verleger: Reiner Militzke
Gründungsjahr: 1990
Programm: Biografien, Politik, Zeitgeschichte, Sachbuch, Tatsachenberichte, Kriminalistik, Schulbuch, Kriminalroman
Lektorat: Dr. Siegfried Kätzel
Ms.-Interessen: Kriminalistik, Zeitgeschichte

Ms.-Angebote erwünscht: als Exposé mit Textprobe von 10 Seiten
Medium: Diskette
Ms.-Rücksendung: ja

Miniaturbuchverlag Leipzig
Gutenbergstr. 25
85748 Garching
Tel. 089 - 32 95 41 - 50
Fax 089 - 32 95 41 - 75
mail@minibuch.de
www.minibuch.de
Verleger: Martin Wartelsteiner
Gründungsjahr: 1992
Lieferbare Titel: 54
Novitäten: 8-12
Programm: Miniaturbücher (kleiner als 100 x 100 Millimeter): Klassiker, Satire, Erotik, Verfassungen, Bibeltexte, Bildbände, Regionale Themen
Lektorat: Martin Wartelsteiner
Ms.-Angebote erwünscht: nach vorheriger telefonischer Anfrage
Medium: Papierausdruck
Ms.-Rücksendung: ja, bei Rückporto

Mira-Taschenbuch im Cora Verlag GmbH & Co. KG
Axel-Springer-Platz 1
20350 Hamburg
Tel. 040 - 347 - 00
Fax 040 - 347 - 259 91
www.mira-taschenbuch.de
Verleger: Thomas Beckmann
Gründungsjahr: 2002
Lieferbare Titel: 112
Novitäten: 60
Programm: Belletristik, Speziell: Women's Fiction, Romances von New-York-Times Bestseller-Autorinnen, Thriller, Zeitgenössische und Historische Liebesromane, Fantasy- und Erotikprogramm
Lektorat: Redaktionsleitung: Claudia Wuttke (claudia.wuttke@axelspringer.de)

Mitteldeutscher Verlag GmbH
Am Steintor 23
06112 Halle
Tel. 0345 - 233 22 - 0
Fax 0345 - 233 22 - 66
info@mitteldeutscherverlag.de
www.mitteldeutscherverlag.de
Verlagsleitung: Roman Pliske
Gründungsjahr: 1946
Lieferbare Titel: 225
Novitäten: 25-30
Programm: Belletristik, Historische Romane, Bildbände, Geschichte der Neuzeit, Kurzgeschichten, Lyrik, Nachschlagewerke, Reisen, Regionalliteratur, Fachbücher
Ms.-Interessen: Regionalgeschichtliche Sachbücher
Ms.-Angebote erwünscht: als Exposé oder als Exposé mit Textprobe
Medium: Papierausdruck
Ms.-Rücksendung: ja, bei Rückporto

Verlag E. S. Mittler & Sohn
Georgsplatz 1
20099 Hamburg
Tel. 040 - 70 70 80 - 01
Fax 040 - 70 70 80 - 324
s_duerr@koehler-mittler.de
www.koehler-mittler.de
Verlagsgruppe: Verlagsgruppe Koeh-

ler/Mittler
Programm: Politik, Zeitgeschichte, Biografien, Luftfahrtgeschichte, Sicherheitspolitik
Ms.-Angebote erwünscht: nach vorheriger telefonischer Anfrage, als Exposé
Ms.-Rücksendung: ja

Moby Dick Verlag
Kaistr. 33
24103 Kiel
Tel. 0431 - 640 11 - 0
Fax 0431 - 640 11 - 12
mobybook@aol.com
Verleger: Konrad Delius
Gründungsjahr: 1980
Verlagsgruppe: Delius Klasing
Lieferbare Titel: 60
Novitäten: 12
Programm: Fahrradbücher, Fahrradreiseführer, Motorradbücher, dazu passende Belletristik
Lektorat: Klaus Bartelt
Ms.-Angebote erwünscht: als Exposé mit Textprobe von 10 Seiten
Medium: Papierausdruck
Ms.-Rücksendung: ja, bei Rückporto

modo verlag GmbH
Terlauerstr. 8
79111 Freiburg
Tel. 0761 - 449 99
Fax 0761 - 449 69
info@modoverlag.de
www.modoverlag.de
Programm: Kunst, Design, Architektur

Moewig Verlag
Karlsruher Str. 31
76437 Rastatt
Tel. 07222 - 130
Fax 07222 - 133 01
www.moewig.de
Verlagsleitung: Birgit Wenderoth
Gründungsjahr: 1949
Programm: Science Fiction, Dokumentationen, Kochen und Backen, Kinder und Jugend, Garten und Heimwerken, Bildbände, Ratgeber, Allgemeine Sachbücher, Rätsel, Astrologie und Esoterik
Lektorat: Ullrich Magin, Bettina Snowdon, Ute Rather
Ms.-Angebote erwünscht: nach vorheriger telefonischer Anfrage
Ms.-Rücksendung: nein

Mohr Siebeck GmbH & Co KG
Wilhelmstr. 18
72074 Tübingen
Tel. 07071 - 92 30
Fax 07071 - 511 04
info@mohr.de
www.mohr.de
Verleger: Dr. h.c. G. Siebeck
Zum Verlag: Wissenschaftliches Traditionsunternehmen mit mehrsprachigen Buchreihen und international besetzen Zeitschriftenredaktionen.
Gründungsjahr: 1801
Programm: Geschichte, Philosophie, Politik, Recht, Soziologie, Theologie, Judaistik, Verwaltung, Wirtschaft
Lektorat: Dr. Franz-Peter Gillig (Cheflektorat Jura), Dr. Henning Ziebritzki (Cheflektor Theologie), Dr. h.c. G. Sie-

beck (Cheflektor Wirtschaft, Philosophie)
Ms.-Angebote erwünscht: als Exposé
Medium: Papierausdruck, E-Mail, PDF
Ms.-Rücksendung: ja

Verlag Hans-Herbert Mönnig
Kluse 41 - 49
58638 Iserlohn
Tel. 02371 - 238 09, 81 81 81
Fax 02371 - 258 97
verlag@moennig.de
www.moennig.de
Programm: Christliche Bücher, Broschüren, Romane, Geschenkbändchen, Lebenshilfe, Heimatgeschichtliche Bücher, Bildbände, Märchen, Management, Technik, Verkehr, Technische Kulturdenkmäler

Montabella Verlag AG Max Weiss
Via Giov. Segantini 12
CH-7500 St. Moritz 3
Schweiz
Tel. +41 (0)81 - 833 66 39
Fax +41 (0)81 - 833 28 01
mail@montabella.ch
www.montabella.ch
Verlagsleitung: Max Weiss
Zum Verlag: Bücher mit Bezug zum Engadin
Gründungsjahr: 1980
Lieferbare Titel: 30
Novitäten: 3
Programm: Mehrsprachige Bildbände Schweizer Alpenregion, Wanderbücher, Reiseführer, Panoramas, Biografien, Belletristik, Kriminalromane, Kinderbücher
Lektorat: Max Weiss (mail@montabella.ch)
Ms.-Interessen: Nur Texte, welche das Engadin betreffen oder mit dieser Bergregion in Zusammenhang stehen
Ms.-Angebote erwünscht: nach vorheriger telefonischer Anfrage, als Exposé
Medium: Papierausdruck
Ms.-Rücksendung: ja

Moritz Verlag
Kantstr. 12
60316 Frankfurt am Main
Tel. 069 - 430 50 - 84
Fax 069 - 430 50 - 83
moritzverlag@t-online.de
Verleger: Markus Weber
Programm: Bilderbücher fürs Kindergartenalter
Ms.-Angebote erwünscht: als Dummy das vollständige Bilderbuch mit möglichst drei Farbkopien und den Text auf den jeweiligen Seiten
Ms.-Rücksendung: ja Rückporto erbeten

Morstadt Verlag
Kinzigstr. 25
77694 Kehl
Tel. 07851 - 24 24
Fax 07851 - 764 94
info@morstadt-verlag.de
www.morstadt-verlag.de
Verleger: Michael Foshag
Gründungsjahr: 1863
Lieferbare Titel: 200
Novitäten: 20
Programm: Reisen und Wandern, Kultur und Geschichte, Alsatica,

Geschenkbuch, Kulinarisches. Allgemeines Deutsches Kommersbuch
Lektorat: Leitung des Lektorats: Frau Kai Silja Foshag
Ms.-Angebote erwünscht: nach vorheriger telefonischer Anfrage, als Exposé mit Textprobe von 20 Seiten
Ms.-Rücksendung: ja, wenn angefordert, ansonsten mit Rückporto

MOSAIK Steinchen für Steinchen Verlag GmbH
Lindenallee 5
14050 Berlin
Tel. 030 - 30 69 27 - 21
Fax 030 - 30 69 27 - 29
mosaik@abrafaxe.de
www.abrafaxe.com
Verleger: Klaus D. Schleiter
Verlagsleitung: Anne Hauser-Thiele, Klaus D. Schleiter
Gründungsjahr: 1991
Lieferbare Titel: 60
Novitäten: 15
Programm: Comics, Comicstories mit den Abrafaxen, Romangeschichten, Detektivgeschichten
Ms.-Angebote erwünscht: nach vorheriger telefonischer Anfrage
Medium: E-Mail
Ms.-Rücksendung: nein

Mosaik bei Goldmann
Neumarkter Str. 28
81673 München
Tel. 089 - 41 36 - 0
Fax 089 - 41 36 - 333
angelika.vogl@randomhouse.de
www.randomhouse.de
Verleger: Geschäftsführer: Klaus Eck, Joerg Pfuhl (CEO), Claudia Reitter
Verlagsleitung: Geschäftsführer: Dr. Georg Reuchlein
Verlagsgruppe: Verlagsgruppe Random House
Programm: Ratgeber
Lektorat: Cheflektorin: Monika König
Ms.-Angebote erwünscht: als Exposé
Medium: Papierausdruck
Ms.-Rücksendung: ja, mit Rückporto

moses Verlag GmbH
Arnoldstr. 13 d
47906 Kempen
Tel. 02152 - 20 98 50
Fax 02152 - 20 98 60
info@moses-verlag.de
www.moses-verlag.de
Verleger: Gerd Herterich
Gründungsjahr: 1991
Lieferbare Titel: 100
Programm: Jugendbücher, Kinderbücher, Spiele, Kinder-Beschäftigung, Sach- und Machbücher
Lektorat: Natur und Experimente: Daniela Schönkes (schoenkes@moses-verlag.de), Erwachsene und Kunst: Tanja Mues (mues@moses-verlag.de), Kindersachbuch (außer Natur), Kinderbeschäftigung, Reisen für Kinder, Lernen, Pferde: Anne Rummenie (rummenie@moses-verlag.de)
Ms.-Angebote erwünscht: als Exposé mit Textprobe von 5 Seiten
Medium: Papierausdruck, E-Mail
Ms.-Rücksendung: nein

Motorbuch-Verlag
Olgastr. 86
70180 Stuttgart
Tel. 0711 - 21 08 00
Fax 0711 - 236 04 15
Verlegerin: Dr. Patricia Scholten
Verlagsgruppe: Paul Pietsch Verlagsgruppe
Programm: Bildbände, Militär, Ratgeber, Automobil, Motorrad, Motorsport, Luftfahrt, Zeitgeschichte, Waffenkunde, Marine, Technik

Mox & Maritz Verlag Stefan Ehlert
Postfach 10 10 21
28010 Bremen
Tel. 0421 - 794 32 26
Fax 0421 - 794 32 26
info@moxundmaritz.de
www.moxundmaritz.de
Verleger: Stefan Ehlert
Verlagsleitung: Stefan Ehlert
Gründungsjahr: 1998
Lieferbare Titel: 10
Novitäten: 2
Programm: Abseitige Literatur, Internationaler Underground
Ms.-Angebote erwünscht: nach vorheriger telefonischer Anfrage
Medium: Papierausdruck
Ms.-Rücksendung: nein

C.F. Müller Verlag
Im Weiher 10
69121 Heidelberg
Tel. 06221 - 489 - 0
Fax 06221 - 489 - 450
info@heuthig.de
www.huethig.de
Programm: Kälte-, Klima-, Heizungs- und Lüftungs- und Energietechnik, Architektur und Bautechnik

Verlag Lars Müller
Postfach
CH-5401 Baden
Schweiz
Tel. +41 (0)56 - 430 17 40
Fax +41 (0)56 - 430 17 41
books@lars-muller.ch
www.lars-muller-publishers.com
Verleger: Lars Müller
Zum Verlag: Kunstbuch, Fotografie, Architektur, Design, Typografie
Programm: Architektur, Bildbände, Bildende Kunst, Musik, Fotografie, Grafik Design, Typografie
Lektorat: Mark Welzel
Ms.-Angebote erwünscht: nach vorheriger telefonischer Anfrage
Medium: E-Mail
Ms.-Rücksendung: ja, bei Rückporto

Otto Müller Verlag
Ernest-Thun-Str.11
A-5020 Salzburg
Österreich
Tel. +43 (0)662 - 881 97 40
Fax +43 (0)662 - 87 23 87
info@omvs.at
www.omvs.at
Verleger: Arno Kleibel
Gründungsjahr: 1937
Lieferbare Titel: 300
Novitäten: ca. 20
Programm: Belletristik, Lyrik, Bildbände, Geistesgeschichte, Literaturwissenschaft, Psychologie, Theologie,

Fotografie
Ms.-Angebote erwünscht: als Manuskript
Medium: Papierausdruck
Ms.-Rücksendung: ja, bei Rückporto

Müller Rüschlikon Verlags AG
Gewerbestr. 10
CH-6330 Cham
Schweiz
Tel. +41 (0)41 - 740 30 40
Fax +41 (0)41 - 741 71 15
info@mueller-rueschlikon.ch
www.mueller-rueschlikon.ch
Verlegerin: Dr. Patricia Schotten
Verlagsleitung: Heinz Jansen
Gründungsjahr: 1936
Programm: Schwerpunkt Sachbücher: Pferde, Hunde, Katzen, Angeln, Tauchen, Essen und Trinken
Ms.-Angebote erwünscht: als Exposé mit Textprobe von 30 Seiten, als Manuskript
Medium: Papierausdruck

Michael Müller Verlag GmbH
Gerberei 19
91054 Erlangen
Tel. 09131 - 812 80 80
Fax 09131 - 81 28 08 60
mmv@michael-mueller-verlag.de
www.michael-mueller-verlag.de
Verleger: Michael Müller
Verlagsleitung: Michael Müller
Gründungsjahr: 1979
Lieferbare Titel: 150
Novitäten: 12
Programm: Reisehandbücher zu Zielen in Europa, Südamerika und Nordafrika
Ms.-Angebote erwünscht: nach vorheriger telefonischer Anfrage, Textprobe von 20 Seiten
Medium: Papierausdruck, Diskette, E-Mail
Ms.-Rücksendung: ja

Murmann Verlag GmbH
Große Elbstraße 145 b
22767 Hamburg
Tel. 040 - 39 80 83 - 0
Fax 040 - 39 80 83 - 10
mail@murmann-verlag.de
www.murmann-verlag.de
Verleger: Dr. Sven Murmann, Klaas Jarchow
Verlagsleitung: Marlies Hebler
Programm: Wirtschaft, Gesellschaft, Politik, Kultur, Management, Unternehmenskultur Gesundheit, Selbstmanagement
Lektorat: Bernd Brunner

Musikverlage Zimmermann und Robert Lienau
Strubbergstr. 80
60489 Frankfurt am Main
Tel. 069 - 978 28 66
Fax 069 - 97 82 86 79
info@zimmermann-frankfurt.de
www.zimmermann-frankfurt.de
Programm: Musikbücher für Kinder, Jugendliche und Erwachsene, Lehr- und Studienwerke
Ms.-Angebote erwünscht: nach vorheriger telefonischer Anfrage, als Manuskript
Ms.-Rücksendung: ja

Verlag Muster-Schmidt
Schustraße
37154 Sudheim
Tel. 05551 - 90 84 20
Fax 05551 - 908 42 - 29
www.muster-schmidt.de
Verlegerin: Eva-Maria Gerhardy-Löcken
Gründungsjahr: 1947
Programm: Wissenschaftlicher Fachverlag für Geschichte, Rechtsgeschichte, Archäologie, Kulturgeschichte und Farbenlehre
Ms.-Angebote erwünscht: nach vorheriger telefonischer Anfrage
Medium: Papierausdruck, Diskette, E-Mail
Ms.-Rücksendung: ja

MUT-Verlag
Postfach 1
27328 Asendorf
Tel. 04253 - 566
Fax 04253 - 16 03
redaktion@mut-verlag.de
www.mut-verlag.de
Verleger: Bernhard C. Wintzek
Programm: Kulturpolitische Sachbücher
Ms.-Interessen: Geschichte, Kulturgeschichte, Biografien, Politik, Erzählungen
Ms.-Angebote erwünscht: als Exposé mit Textprobe von 10 Seiten mit Autoren-Vita
Medium: Papierausdruck
Ms.-Rücksendung: ja, bei Rückporto

mvg-Verlag bei Redline GmbH
Im Weiler 10
619121Heidelberg
Tel. 06221 - 489 - 0
Fax 06221 - 489 - 615
e.boos@mvg-verlag.de
www.mvg-verlag.de
Programm: Erfolgsratgeber, Lebenshilfen, Lernhilfen für die Schule, Berufsratgeber, Lehrerliteratur, Lifestyle, Gesundheit und Fitness, Psychologie, Esoterik, Wirtschafts-, Sach- und Fachbuch
Ms.-Angebote erwünscht: als Exposé mit Textprobe von 10 Seiten
Medium: Papierausdruck, E-Mail
Ms.-Rücksendung: ja

Nachtschatten Verlag AG
Kronengasse 11
CH-4502 Solothurn
Schweiz
Tel. +41 (0)32 - 621 89 49
Fax +41 (0)32 - 621 89 47
info@nachtschatten.ch
www.nachtschatten.ch
Verleger: Roger Liggenstorfer
Gründungsjahr: 1984
Lieferbare Titel: 100
Novitäten: 5
Programm: Drogenaufklärung: Ethno-Botanik, Suchthilfe, Drogenpolitik, psychedelische Reisen
Ms.-Angebote erwünscht: nach vorheriger telefonischer Anfrage oder E-Mail
Medium: Papierausdruck, E-Mail
Ms.-Rücksendung: nein

Nagel & Kimche AG
Nordstr. 9, Postfach
CH-8035 Zürich
Schweiz
Tel. +41 (0)1 - 366 66 80
Fax +41 (0)1 - 366 66 88
info@nagel-kimche.ch
www.nagel-kimche.ch
Verleger: Michael Krüger
Verlagsleitung: Dr. Dirk Vaihinger
Programm: Deutschsprachige Gegenwartsliteratur, Kriminalromane, Kinder- und Jugendbücher
Ms.-Angebote erwünscht: als Exposé mit Textprobe von 20 Seiten
Medium: Papierausdruck
Ms.-Rücksendung: ja, bei Rückporto

Verlag Stephanie Naglschmid
Senefelder Str. 10
70128 Stuttgart
Tel. 0711 - 626878
Fax 0711 - 612323
naglschmidvsn@t-online.de
www.vsn.de
Verlegerin: Stephanie Naglschmid
Programm: Tauchsport, Meeresbiologie, Bildbände, Gesundheit, Natur, Fotografie, Reisen, Sport, Fitness
Ms.-Angebote erwünscht: nach vorheriger telefonischer Anfrage, als Exposé mit Textprobe von 10 Seiten
Medium: Papierausdruck
Ms.-Rücksendung: ja, bei Rückporto

Gunter Narr Verlag
Dischingerweg 5
72070 Tübingen
Tel. 07071 - 97 97 - 0
Fax 07071 - 97 97 11
Verleger: Dr. Gunter Narr
Gründungsjahr: 1969
Programm: Film, Fernsehen, Kulturgeschichte, Lern-Software, Literaturwissenschaft, Sprachwissenschaften, Medien- und Kommunikationswissenschaften, Medienwissenschaft, Nachschlagewerke, Theaterwissenschaft
Lektorat: Angelika Pfaller
Ms.-Angebote erwünscht: nach vorheriger telefonischer Anfrage, als Exposé mit Textprobe
Medium: Papierausdruck
Ms.-Rücksendung: ja

Verlag Natur & Text
Friedensallee 21
15834 Rangsdorf
Tel. 033708 - 204 31
Fax 033078 - 204 33
nut-brandenburg@t-online. de
www.naturmagazin.info
Verlagsleitung: Dipl.-Geologe Christoph Ehrentraut
Gründungsjahr: 1987
Programm: Natur, Umwelt, Kinder, Naturschutz, Umweltschutz
Ms.-Angebote erwünscht: nach vorheriger telefonischer Anfrage
Medium: Papierausdruck, Diskette, E-Mail
Ms.-Rücksendung: ja, bei Rückporto

Natura Med Verlagsgesellschaft mbH
Breslauer Str. 5
74172 Neckarsulm
Tel. 07132 - 881 01
Fax 07132 - 825 56

Verleger: Dr. med. Hartmut Jungjohann
Gründungsjahr: 1985
Lieferbare Titel: 20
Programm: Naturheilverfahren, Bachblütentherapie, Dr.-Schüßler-Salze
Ms.-Angebote erwünscht: als Exposé
Medium: Papierausdruck
Ms.-Rücksendung: nein

Verlag M. Naumann
Eicher Str. 4
61130 Nidderau-Windecken
Tel. 06187 - 221 22
Fax 06187 - 249 02
info@mundartverlag.de
www.mundartverlag.de
Programm: Alle Deutschen Mundarten

NDV Neue Darmstädter Verlagsanstalt GmbH & Co. KG
Hauptstr. 74
53619 Rheinbreitbach
Tel. 02224 - 32 32, 030 - 855 75 11
Fax 02224 - 786 39
info@ndv.info
www.ndv.info
Verleger: Andreas Holzapfel
Verlagsleitung: Andreas Holzapfel
Programm: Handbücher verschiedener Parlamente, Parlamentarismus, Biografiedatenbank, www.politikus.de
Ms.-Angebote erwünscht: nach vorheriger telefonischer Anfrage
Medium: Papierausdruck, Diskette, CD
Ms.-Rücksendung: ja

Neckar-Verlag GmbH
Klosterring 1
78050 Villingen-Schwenningen
Tel. 07721 - 89 87 - 0
Fax 07721 - 89 87 50
neckar-verlag@t-online.de
www.neckar-verlag.de
Verlagsleitung: Inge Holtzhauer, Dr. Heinz Lörcher
Programm: Flug-, Schiff-, Auto-, Dampf- und Heißluftmodelle
Lektorat: Dr. Heinz Lörcher, loercher@neckar-verlag.de
Ms.-Angebote erwünscht: als Manuskript
Medium: Papierausdruck
Ms.-Rücksendung: ja

Nelles-Verlag
Machtlfingerstr. 11
81379 München
Tel. 089 - 35 71 94 - 0
Fax 089 - 35 71 94 - 30
info@nelles-verlag.de
www.nelles-verlag.de
Verleger: Günter Nelles, Martin Nelles
Programm: Reiseführer
Lektorat: Berthold Schwarz
Ms.-Angebote erwünscht: nach vorheriger telefonischer Anfrage
Medium: Papierausdruck
Ms.-Rücksendung: nein

Verlag H.M. Nelte
Alwinenstr. 26
65189 Wiesbaden
Tel. 0611 - 52 10 03
Fax 0611 - 52 10 05
verlag@nelte.de
www.nelte.de
Verleger: H.M. Nelte
Verlagsleitung: H.M. Nelte

Programm: Architektur, Innenarchitektur, Landschaftsarchitektur, Industriearchitektur, Experimentelle Architektur

Verlag Günther Neske
Rotebühlstr. 77
70178 Stuttgart
Tel. 0711 - 66 72 - 12 56
Fax 0711 - 66 72 - 20 31
info@klett-cotta.de
www.klett-cotta.de
Verlagsgruppe: Klett-Verlagsgruppe
Programm: Literarisches Programm, Sachbücher, Philosophie

Verlag Neue Wirtschafts-Briefe GmbH
Eschstr. 22
44629 Herne
Tel. 02323 - 141 - 0
Fax 02323 - 141 - 123
info@nwb.de
www.nwb.de
Programm: Wirtschaft, Steuern, Recht

Das Neue Berlin
Rosa-Luxemburg-Str. 39
10178 Berlin
Tel. 030 - 23 80 91 - 0
Fax 030 - 23 80 91 - 25
info@eulenspiegelverlag.de
www.das-neue-berlin.de
Verleger: Dr. Matthias Oehme
Verlagsleitung: Jacqueline Kühne, Dr. Matthias Oehme
Gründungsjahr: 1946
Lieferbare Titel: 130
Novitäten: 40
Programm: Sachbuch, Biografien, Kriminalliteratur, Berlin-Literatur

Ms.-Angebote erwünscht: nach vorheriger telefonischer Anfrage, als Exposé mit Textprobe von 25 Seiten
Medium: Papierausdruck
Ms.-Rücksendung: ja, bei Rückporto

Neue Erde Verlags-GmbH
Cecilienstr. 29
66111 Saarbrücken
Tel. 0681 - 37 23 13
Fax 0681 - 390 41 02
info@neueerde.de
www.neueerde.de
Verleger: Andreas Lentz
Gründungsjahr: 1984
Programm: Esoterik, Ökologie, Ratgeber, Geomantie, Neues Bewusstsein
Ms.-Angebote erwünscht: als Exposé mit Textprobe von 20 Seiten
Medium: Papierausdruck
Ms.-Rücksendung: ja, bei Rückporto

Verlag Neue Stadt
Münchener Str. 2
85667 Oberpframmern
Tel. 08093 - 20 91
Fax 08093 - 20 96
verlag@neuestadt.com
www.neuestadt.com
Verlagsleitung: Buchprogramm: Stefan Liesenfeld
Gründungsjahr: 1975
Lieferbare Titel: 200
Novitäten: 25-30
Programm: Religion, Theologie, Geschenkbuch, Biografien, Belletristik, Bildung, Cartoon, Kinderbücher, Lebenshilfe, Spiritualität, Bildband, Jugendbücher

Lektorat: Stefan Liesenfeld, Wolfgang Bader, Dr. Gudrun Griesmayer
Ms.-Angebote erwünscht: nach vorheriger telefonischer Anfrage, als Manuskript
Medium: Papierausdruck
Ms.-Rücksendung: ja

Neue Wege Verlag Astro Medien
Ammergauer Str. 80
86971 Peiting
Tel. 08861 - 590 18
Fax 08861 - 670 91
mvv@michaelsverlag.de
www.michaelsverlag.de
Programm: Astronomie

Neuer Honos Verlag
Emil-Hoffmann-Str. 1
50996 Köln
Tel. 0221 - 336 20 - 0
Fax 0211 - 336 20 - 99
nhonos@netcologne.de
www.honos.com
Programm: Sachbücher, Ratgeber, Atlanten und Kartenwerke, Kochbücher, Romane, Kinderbücher, PC-Literatur und Softwareprogramm

Neues Literaturkontor
Goldstr. 15
48147 Münster
Tel. 0251 - 453 43
Fax 0251 - 405 65
neues-literaturkontor@t-online.de
www.neues-literaturkontor.de
Verleger: Prof. Dr. Hans. D. Mummendey
Verlagsleitung: Prof. Dr. Hans. D. Mummendey
Zum Verlag: Neue Literatur in schönem Gewande
Gründungsjahr: 1990
Lieferbare Titel: 80
Novitäten: 4
Programm: Belletristik: Roman, Kurzprosa, Lyrik
Lektorat: Dorothea Mummendey, M.A.
Ms.-Angebote erwünscht: Textprobe von 3 Seiten
Medium: Papierausdruck
Ms.-Rücksendung: ja, bei Rückporto

Verlagsgesellschaft des Erziehungsvereines mbH
Andreas-Bräm-Str. 18/20
47506 Neukirchen-Vluyn
Tel. 02845 - 39 22 35
Fax 02845 - 39 22 55
info@nvg-medien.de
www.nvg-medien.de
Verlagsleitung: Hans Fricke-Hein, Mathias Türpitz
Programm: Religiöse Sachbücher und Erzählende Literatur, Christlicher Glaube heute, Weltreligionen, Ratgeber und Lebenshilfe, Religiöse Erziehung, Religiöses Kinder- und Jugendbuch

Neuland Verlagsgesellschaft mbH Fachverlag und Versandbuchhandlung
Markt 24 - 26
21502 Geesthacht
Tel. 04152 - 813 42
Fax 04152 - 813 43
gf@neuland.com
www.neuland.com
Verlagsleitung: Jens Burmester

Gründungsjahr: 1889
Lieferbare Titel: 40
Novitäten: 5
Programm: Sucht, Sozialarbeit, Selbsthilfe
Ms.-Angebote erwünscht: nach vorheriger telefonischer Anfrage
Medium: Papierausdruck
Ms.-Rücksendung: ja, mit Rückporto

Neuthor-Verlag
Große Gasse 15
64720 Michelstadt/Odenwald
Tel. 06061 - 40 79
Fax 06061 - 26 46
neuthorverlag@compuserve.de
www.edition-baltica.de, www.neuthor-verlag.com
Verleger: Peter-Jochen Bosse
Gründungsjahr: 1980
Lieferbare Titel: 50
Novitäten: 2-3
Programm: Odenwald, Baltikum; Regionalgeschichte, Deutsch-Baltische Geschichte
Ms.-Interessen: Lettland 1905/1919 - 1920, Grafenhaus Erbach, Revolution 1848, Familie Bielenstein, Herkunft Familie Heinz Erhardt
Ms.-Angebote erwünscht: nach vorheriger telefonischer Anfrage
Medium: Diskette
Ms.-Rücksendung: ja

NewStarterCenter Treffpunkt für ein gesundes Leben
Hohenegg 2
79692 Raich
Tel. 07629 -91 91 10
Fax 07629 - 91 91 12
info@ns-c.de
www.ns-c.de
Verleger: Marus Fickenscher
Gründungsjahr: 1997
Lieferbare Titel: 42
Programm: Gesundheit, Ernährung, Ehe, Familie, Erziehung, Schule, Lebenshilfen, Bibelkommentare
Lektorat: Kai Mester (Erziehung), Dr. Gabriele Pietruska (Gesundheit)
Ms.-Angebote erwünscht: nach vorheriger telefonischer Anfrage
Medium: E-Mail

Nicolai'sche Verlagsbuchhandlung GmbH
Neuenburger Str. 17
10969 Berlin
Tel. 030 - 25 37 38 - 0
Fax 030 - 25 37 38 - 39
www.nicolai-verlag.de
Verleger: Dieter Castenow
Verlagsleitung: Hans von Trotha
Programm: Berlin Literatur, Kunstbuch, Fotografie
Ms.-Angebote erwünscht: nach vorheriger telefonischer Anfrage
Medium: Papierausdruck, E-Mail
Ms.-Rücksendung: ja, bei Rückporto

FVW-Mediengruppe
Wandsbeker Allee 1
22041 Hamburg
Tel. 040 - 414 48 - 0
Fax 040 - 414 48 - 999
info@fvw.de
www.fvw-mediengruppe.de
Programm: Reise, Touristik-Sachbuch

CW Niemeyer Buchverlage GmbH
Osterstr. 19
31785 Hameln
Tel. 05151 - 20 03 11
Fax 05151 - 20 03 19
info@niemeyer-buch.de
www.niemeyer-buch.de
Verleger: Hans Freiwald
Gründungsjahr: 1797
Lieferbare Titel: 200
Programm: Archäologie, Architektur, Biografien, Belletristik, Historische Romane, Bildbände, Bildende Kunst, Fachzeitschriften, Kulturgeschichte
Ms.-Interessen: keine
Ms.-Rücksendung: ja, bei Rückporto

Max Niemeyer Verlag GmbH
Pfrondorfer Str. 6
72074 Tübingen
Tel. 07071 - 98 94 - 0
Fax 07071 - 98 94 - 50
max@niemeyer.de
www.niemeyer.de
Verleger: Dr. h.c. Robert Harsch-Niemeyer
Verlagsleitung: Dr. h.c. Robert Harsch-Niemeyer, Wolfgang Herbst, Nikolaus Steinberg, Brigitta Zeller-Ebert
Gründungsjahr: 1870
Verlagsgruppe: Thomson learning
Lieferbare Titel: 3800
Novitäten: 150
Programm: Geschichte des Mittelalters, Geschichte der Neuzeit, Kulturgeschichte, Linguistik, Judaica, Literaturwissenschaft, Medienwissenschaft, Philosophie, Sprachwissenschaften, Theater
Lektorat: Brigitta Zeller-Ebert
Ms.-Angebote erwünscht: nach vorheriger telefonischer Anfrage, als Exposé
Medium: Papierausdruck
Ms.-Rücksendung: nein

Nie-Nie-Sagen-Verlag
Silvanerweg 17
78464 Konstanz
Tel. 07531 - 535 70
Fax 07531 - 644 96
www.nie-nie-sagen-verlag.de
Verlegerin: Anita Haberkern
Zum Verlag: Hauptautor Werner Sprenger, Bücher zur INTA-Meditation, Lyrik
Gründungsjahr: 1977
Lieferbare Titel: 45
Programm: Lebenshilfe, Kunst, Meditation, Lyrik, Psychologie, Aphorismen
Lektorat: Anita Haberkern
Ms.-Interessen: keine
Ms.-Angebote erwünscht: nach vorheriger telefonischer Anfrage
Medium: Papierausdruck, Diskette, E-Mail
Ms.-Rücksendung: ja, bei Rückporto

Nieswand-Verlag
Werftbahnstr. 8
24143 Kiel
Tel. 0431 - 70 28-221
Fax 0431 - 70 28-119
Programm: Fotografie, Jazz, Film, Kunst, Bildbände

Verlag Niggli AG
Steinackerstr. 8
CH-8583 Sulgen
Schweiz
Tel. +41 (0)71 - 644 91 11
Fax +41 (0)71 - 644 91 90
info@niggli.ch
www.niggli.ch
Programm: Architektur, Design, Typografie, Kunst
Lektorat: Kirstin Meditz, kirstin.meditz@niggli.ch

Nikol Verlagsgesellschaft mbH
Kreienkoppel 53
22399 Hamburg
Tel. 040 - 602 71 58
Fax 040 - 606 37 94
Programm: Medizin, Essen und Trinken, Musik

Nomos Verlagsgesellschaft mbH & Co. KG
Waldseestr. 3-5
76530 Baden-Baden
Tel. 07221 - 21 04 - 0
Fax 07221 - 21 04 - 27
nomos@nomos.de
www.nomos.de
Verlagsleitung: Geschäftsführer: Dr. Alfred Hoffmann
Verlagsgruppe: C.H. Beck Verlag
Programm: Gesetzesdokumentationen, Recht, Europarecht, Wirtschaftsrecht, Ökonomie, Wirtschaftspolitik, Politik, Medien
Lektorat: Stefan Simonis,
Tel. 07221 - 21 04 - 36, simonis@nomos.de
Ms.-Angebote erwünscht: als Manuskript
Medium: Papierausdruck
Ms.-Rücksendung: ja

NordSüd Verlag AG
Heinrichstr. 249
CH-8005 Zürich
Schweiz
Tel. +41 (0)44 - 936 68 68
Fax +41 (0)44 - 936 68 00
info@nord-sued.com
www.nord-sued.com
Verleger: Urs Gysling
Zum Verlag: Der NordSüd Verlag ist einer der bekanntesten Verlage für illustrierte Kinderbücher mit hohem Qualitätsanspruch auf dem internationalen Markt. Zielgruppe: Kinder von 5 bis 10 Jahre.
Gründungsjahr: 1961
Lieferbare Titel: 200
Novitäten: 40
Programm: Bilderbücher, Märchenbücher, Papp- und Spielbücher, illustrierte Vorlesegeschichten, Geschenkbücher
Lektorat: Nicole Sauerländer, Katja Alves
Ms.-Interessen: Illustrationen und Manuskripte für Bilderbücher, Märchenbücher, Papp- und Spielbücher, illustrierte Geschenkbücher, Vorlesegeschichten
Ms.-Angebote erwünscht: als Manuskript, bei Texten über 10 Seiten als Exposé mit Leseprobe
Medium: Papierausdruck
Ms.-Rücksendung: ja

Nymphenburger Verlag
Thomas-Wimmer-Ring 11
80539 München
Tel. 089 - 290 88 - 0
Fax 089 - 290 88 - 144
nymphenburger@herbig.net
www.herbig.net
Verlegerin: Brigitte Fleissner-Mikorey
Verlagsleitung: Brigitte Fleissner-Mikorey
Verlagsgruppe: Buchverlage Langen Müller Herbig
Programm: Belletristik, Historische Romane, Kriminalromane, Esoterik, Gesundheit, Lebenshilfe, Philosophie, Sport, Ratgeber
Ms.-Angebote erwünscht: als Exposé mit Textprobe von 30 Seiten
Medium: Papierausdruck
Ms.-Rücksendung: ja, bei Rückporto

NZZ Buchverlag
Neue Züricher Zeitung
Postfach
CH-8021 Zürich
Schweiz
Tel. +41 (0)1 - 258 15 05
Fax +41 (0)1 - 258 13 99
buch.verlag@nzz.ch
www.nzz-buchverlag.ch
Verlagsleitung: Hans-Peter Thier
Gründungsjahr: 1780
Lieferbare Titel: 260
Novitäten: 45
Programm: Bildbände, Biographie, Geschichte, Kochen, Kochbücher, Kulturgeschichte, Regionalia, Kunst, Wirtschaft

Obelisk Verlag
Falkstr. 1
A-620 Innsbruck
Österreich
Tel. +43 (0)512 - 58 07 33
Fax +43 (0)512 - 58 07 13
obelisk-verlag@utanet.at
www.obelisk-verlag.at
Verlegerin: Helga Buchroithner
Programm: Kinder- und Jugendbuch
Lektorat: Inge Auböck

Oberbaumverlag GbR
Friedelstr. 6
12047 Berlin
Tel. 030 - 624 69 21
Fax 030 - 624 69 21
Verlagsleitung: Siegfried Heinrichs
Gründungsjahr: 2006
Lieferbare Titel: 70
Programm: Biografien, Belletristik, Bildende Kunst, Geschichte der Neuzeit, Lyrik, Militär
Ms.-Rücksendung: nein

Oberstebrink Verlag GmbH
Bahnstr. 44
40878 Ratingen
Tel. 02102 - 77 17 70 - 0
Fax 02102 - 77 17 70 - 21
verlag@oberstebrink.de
www.oberstebrink.de
Verleger: Gerhard Oberstebrink
Gründungsjahr: 1995
Lieferbare Titel: 23
Novitäten: 3-4
Programm: Elternratgeber, Familienratgeber, Patientenratgeber
Lektorat: Gerhard Oberstebrink, Katrin

Feller, katrin.feller@oberstebrink.de
Ms.-Angebote erwünscht: als Exposé
Medium: Papierausdruck
Ms.-Rücksendung: nein

öbv & hpt
Verlagsgesellschaft mbH & Co. KG
Frankgasse 4
A-1090 Wien
Österreich
Tel. +43 (0)1 - 401 36 - 0
Fax +43 (0)1 - 401 36 - 185
office@oebvhpt.at
www.oebvhpt.at
Programm: Schulbücher, Lernhilfen, Fremdsprachen, Fachbücher, Wissenschaftliche Fachbuchreihen, Philosophie, Wissenschaftstheorie, Wissenschaftsgeschichte, Sprachwissenschaft, Kunstwissenschaft

Oertel + Spörer
Verlags GmbH & Co KG
Beutlerstr. 10
72764 Reutlingen
Tel. 07121 - 30 25 52
Fax 07121 - 30 25 58
info@oertel-spoerer.de
www.oertel-spoerer.de
Verleger: Valdo Lehari
Verlagsleitung: Michael Eyckeler
Lieferbare Titel: ca. 200
Novitäten: ca. 40
Programm: Biografien, Belletristik, Natur, Regionalia, Haustiere, Hundebücher, Kulturgeschichte, Ratgeber, Reisen, Tiermedizin
Ms.-Interessen: Regionalia, Tierbücher
Ms.-Angebote erwünscht: nach vorheriger telefonischer Anfrage, als Exposé mit Textprobe von 10 Seiten
Medium: Papierausdruck, Diskette
Ms.-Rücksendung: ja

Oesch Verlag AG
Jungholzstr. 29
CH-8050 Zürich
Schweiz
Tel. +41 (0)44 - 305 70 60
Fax +41 (0)44 - 305 70 66
info@oeschverlag.ch
www.oeschverlag.ch
Verleger: Martin Brugger
Verlagsleitung: Martin Brugger
Gründungsjahr: 1935
Novitäten: 20-30
Programm: Schwerpunkt: Ratgeber, Lebenshilfe, Business, Gesundheit, Kulturgeschichte, Psychologie
Lektorat: Natascha Fischer (lektorat@oeschverlag.ch)
Tel. 0041 - 44 - 305 70 67 Di/Mi
Ms.-Interessen: Ratgeber, Lebenshilfe, Management, Geld und Psychologie, Gesundheit
Ms.-Angebote erwünscht: nach vorheriger telefonischer Anfrage, als Exposé mit Textprobe von 10 Seiten
Medium: Papierausdruck
Ms.-Rücksendung: ja, bei Rückporto

Verlag Friedrich Oetinger GmbH
Poppenbütteler Chaussee 53
22397 Hamburg
Tel. 040 - 60 79 09 - 02
Fax 040 - 60 79 09 - 50
oetinger@vsg-hamburg.de
www.oetinger.de

Verleger: Silke Weitendorf, Thomas Huggle
Verlagsleitung: Geschäftsführer Programm: Markus Niesen
Gründungsjahr: 1946
Verlagsgruppe: Oetinger-Verlagsgruppe
Lieferbare Titel: 520
Novitäten: 100
Programm: Kinder- und Jugendbücher, CD-ROM
Lektorat: Alexandra Rak, Sabine Praml, Sophie Härtling
Ms.-Angebote erwünscht: nach vorheriger telefonischer Anfrage, als Manuskript
Medium: Papierausdruck
Ms.-Rücksendung: ja, bei Rückporto

Dr. Oetker Verlag
Am Bach 11
33602 Bielefeld
Tel. 0521 - 52 06 02
Fax 0521 - 52 06 57
info@oetker-verlag.de
www.oetker.de
Verlagsleitung: Annelore Strullkötter
Programm: Koch- und Backbücher

Officin Albis
Otto- Hahn- Str. 3
85748 Garching
Tel. 089 - 329 11 90
Fax 089 - 43 98 62 19
Verlagsleitung: Barbara Hiebel, Geschäftsführer: Werner Hiebel
Programm: Bibliophilie: Anspruchsvolle Lyrik, Illustrierte Kinderbücher, Kurzgeschichten (Kleinstauflagen im Handsatz und Buchdruck)
Ms.-Interessen: Fantastische, irreale Kurzgeschichten
Ms.-Angebote erwünscht: nach vorheriger telefonischer Anfrage
Medium: Papierausdruck
Ms.-Rücksendung: ja, bei Rückporto

Offizin Verlag
Bödekerstr. 75
30161 Hannover
Tel. 0511 - 807 61 94
Fax 0511 - 62 47 30
info@offizin-verlag.de
Verlagsleitung: Prof. Dr. Michael Buchmüller
Programm: Sozialwissenschaften
Ms.-Angebote erwünscht: nach vorheriger telefonischer Anfrage, als Exposé
Medium: Papierausdruck, E-Mail
Ms.-Rücksendung: ja, bei Rückporto

Ökobuch Verlag GmbH
Gerwerbestr. 15a
79219 Staufen
Tel. 07633 - 506 13
Fax 07633 - 508 70
oekobuch@t-online.de
www.oekobuch.de
Verleger: Claudia und Heinz Hadener
Zum Verlag: Profis schreiben für Praktiker!
Gründungsjahr: 1979
Lieferbare Titel: 45
Programm: Sach- und Fachbücher zu Bauen und Technik rund ums Haus, Solartechnik, Erneuerbare Energie, Ökologisches Bauen, Gartengestaltung, (Kunst-)Handwerk, Selbstbau

Ms.-Interessen: siehe Verlagsprogramm
Ms.-Angebote erwünscht: nach vorheriger telefonischer Anfrage, als Exposé mit Textprobe von 20 Seiten oder als Manuskript
Medium: Papierausdruck, Diskette, E-Mail
Ms.-Rücksendung: ja

Ökotopia Verlag
Hafenweg 26
48155 Münster
Tel. 0251 - 481 98 - 0
Fax 0251 - 481 98 - 29
info@oekotopia-verlag.de
www.oekotopia-verlag.de
Verleger: Wolfgang Hoffmann, Stefan Scholz
Gründungsjahr: 1983
Lieferbare Titel: 200
Novitäten: 12
Programm: Schwerpunkte: Umwelt- und Spielpädagogische, Gruppenpädagogische Literatur, Tonträger für Kinder, Sachbücher. Bildung, Erziehung, Jugendbücher, Kinderbücher, Musik, Natur, Psychologie, Spiele, Sport, Fitness, Tanz, Theater, Umweltthemen, Zeitgeschichte
Lektorat: Hilde Adam, Wolfgang Hoffmann, Katrin Röntgen
Ms.-Angebote erwünscht: nach vorheriger telefonischer Anfrage, als Exposé mit Textprobe von 15 Seiten
Medium: Papierausdruck
Ms.-Rücksendung: ja

Oktagon Verlagsgesellschaft mbH
Ehrenstr. 4
50672 Köln
Tel. 0221 - 205 96 53
Fax 0221 - 205 96 60
Programm: Bildende Kunst, Architektur, Fotografie
Ms.-Angebote erwünscht: nach vorheriger telefonischer Anfrage, als Exposé
Medium: Papierausdruck
Ms.-Rücksendung: nein

Ölbaum Verlag
Postfach 11 17 28
86042 Augsburg
Tel. 0821 - 51 09 87
Fax 0821 - 51 31 22
oelbaum@gmx.de
www.oelbaum-verlag.de
Programm: Judentum und Israel

R. Oldenbourg Verlag GmbH
Rosenheimer Str. 145
81671 München
Tel. 089 - 45 05 12 48
Fax 089 - 45 05 13 33
Programm: Erziehung, Geschichte, Kulturgeschichte, Literaturwissenschaft, Bavarica, Militär, Nachschlagewerke, Wörterbücher, Philosophie, Politik, Psychologie, Schulbücher, Soziologie, Zeitgeschichte

Oldenbourg Wissenschaftsverlag GmbH
Rosenheimer Str. 145
81671 München
Tel. 089 - 45 05 12 48
Fax 089 - 45 05 13 33

verkauf-f@verlag.oldenbourg.de
www.oldenbourg.de
Programm: Physik, Mathematik, Elektrotechnik, Maschinenbau, Informatik, Automatisierungstechnik, Wirtschaft, Steuer, Recht, Geschichte, Zeitgeschichte, Politik, Soziologie, Fachzeitschriften

Georg Olms Verlag
Hagentorwall 7
31134 Hildesheim
Tel. 05121 - 15 01 - 0
Fax 05121 - 15 01 - 50
info@olms.de
www.olms.de
Verleger: Dr. h.c. mult. W. Georg Olms
Verlagsleitung: Dr. h.c. mult. W. Georg Olms
Zum Verlag: Geisteswissenschaftlicher Fachverlag
Gründungsjahr: 1945
Lieferbare Titel: 6000
Novitäten: 120
Programm: Biografien, Bildende Kunst, Film, Geschichte, Kulturgeschichte, Altertumswissenschaft, Musikwissenschaft, Orientalistik, Hippologie, Judaica, Kunstgeschichte, Rechtswissenschaft, Theologie, Volkskunde, Germanistik, Philosophie, Anglistik, Frauenforschung,
Lektorat: Dr. Doris Wendt (Sprachwissenschaft, Musik, Kunst, Frauenliteratur, Judaica) Dr. Peter Guyot (Altertum, Geschichte, Religion, Philosophie)
Ms.-Interessen: Musik, Kunstgeschichte, Philosophie
Ms.-Angebote erwünscht: nach vorheriger telefonischer Anfrage, als Exposé
Medium: Papierausdruck, E-Mail
Ms.-Rücksendung: ja

Olms Presse
Hagentorwall 7
31134 Hildesheim
Tel. 05121 - 15 01 - 0
Fax 05121 - 15 01 - 50
info@olms.de
www.olms.de
Verleger: Dr. h.c. mult. W. Georg Olms
Verlagsleitung: Dietrich Olms M.A.
Zum Verlag: Imprint des Georg Olms Verlag
Gründungsjahr: 1970
Lieferbare Titel: 300
Novitäten: 20
Programm: Faksimiledrucke alter Werke, Hippologie, Märchen, Historische Versandkataloge, Biographien
Lektorat: Danielle Schons (Pferdebuch); Dr. Carina Olms (Kinder- und Jugendbuch)
Ms.-Interessen: Pferdebuch, Kinder- und Jugendbuch
Ms.-Angebote erwünscht: als Exposé mit Textprobe von 10 Seiten
Medium: Papierausdruck, CD-ROM, E-Mail
Ms.-Rücksendung: ja

OLV Organischer Landbau Verlagsgesellschaft mbH
Mölleweg 5
46509 Xanten
Tel. 02801 - 717 01, 02
Fax 02801 - 717 03
info@olv-verlag.de

Verlagsleitung: Gabriele Freitag-Lau, Kurt Walter Lau
Gründungsjahr: 1989
Programm: Schwerpunkt: Garten und Ökologie. Architektur, Öko-Landbau, Selbstversorgung, Ernährung, Biologie, Botanik, Natur
Lektorat: Kurt Walter Lau
Ms.-Angebote erwünscht: nach vorheriger telefonischer Anfrage, als Exposé
Medium: Papierausdruck
Ms.-Rücksendung: nein

Olzog Verlag GmbH
Welserstr. 1
81373 München
Tel. 089 - 71 04 66-60
Fax 089 - 710 46 66 - 1
olzog@olzog.de
www.olzog.de
Programm: Politik, Zeitgeschichte, Erwachsenenbildung, Wirtschaft, Gesellschaft
Lektorat: Christiane Reinelt (Dw -63), reinelt@olzog.de
Ms.-Angebote erwünscht: nach vorheriger telefonischer Anfrage, als Exposé mit Textprobe von 5 Seiten, inkl. Informationen über Autor und Zielgruppe
Medium: Papierausdruck
Ms.-Rücksendung: nein

Omega-Verlag
Karlstr. 32
52080 Aachen
Tel. 0241 - 168 16 30
Fax 0241 - 168 16 33
info@omega.verlag.de
www.omega-verlag.de
Verleger: Gisela Bongart und Matrin Meier
Verlagsleitung: Gisela Bongart und Matrin Meier
Gründungsjahr: 1995
Lieferbare Titel: 38
Novitäten: 4-6
Programm: Lebenshilfe, Bewusstseinsforschung, Populärwissenschaftliches und Alternative Energietechnologien
Lektorat: Lebenshilfe: Gisela Bongart, bongart@omega-verlag.de; alternative Energiethemen: Martin Meier, mmeier@omega-verlag.de
Ms.-Interessen: Lebenshilfe, alternative Energietechnologien
Ms.-Angebote erwünscht: nach vorheriger telefonischer Anfrage, als Exposé
Medium: Papierausdruck
Ms.-Rücksendung: ja, bei Rückporto

OMNIA Verlag GmbH
Breitscheidtstr. 31
70176 Stuttgart
Tel. 0711 - 61 79 85
Fax 0711 - 615 35 30
www@omnia-verlag.de
www.omnia-verlag.de
Verleger: Claus D. Grupp
Zum Verlag: Sachbuch
Gründungsjahr: 1987
Lieferbare Titel: 10
Novitäten: 1
Programm: Europäische Union, Dritte Welt, (Keine Vorschläge) Lehr- und Lernmittel
Ms.-Interessen: keine
Ms.-Angebote erwünscht: als Exposé

Medium: Papierausdruck
Ms.-Rücksendung: ja, bei Rückporto

Omnibus Taschenbücher im C. Bertelsmann Verlag
Neumarkter Str. 28
81673 München
Tel. 089 - 43 72 - 24 33
Fax 089 - 43 72 - 28 21
info@randomhouse.de
www.omnibus-verlag.de
Verleger: Klaus Eck, Joerg Pfuhl (CEO), Claudia Reitter, Wolfgang Wiedermann
Verlagsgruppe: Verlagsgruppe Random House
Lieferbare Titel: 500
Novitäten: 180
Programm: Kinder- und Jugendbücher
Lektorat: Kerstin Kubitz, Barbara Müller, Kathrin Kuhlmann, Susanne Stark
Ms.-Angebote erwünscht: nach vorheriger telefonischer Anfrage, als Exposé, als Exposé mit Textprobe oder als Manuskript
Medium: Papierausdruck
Ms.-Rücksendung: ja

SCM Collection Verlag GmbH & Co KG
Bodenborn 43
58452 Witten
Tel. 02302 - 930 93 - 731
info@scm-collection.de
www.scm-collection.de
Verlagsleitung: Frieder Trommer
Zum Verlag: evangelischer Publikumsverlag
Verlagsgruppe: SCM Stiftung christliche Medien
Novitäten: 50
Programm: Schwerpunkt: Evangelische Theologie, Christlicher Glaube. Belletristik, Erziehung, Humor, Jugendbücher, Kinderbücher, Lebenshilfe, Religion, Bibel- und Lebenshilfe, Evangelien-Synopsen
Lektorat: Hans-Werner Durau (Leitg. Gesamtprogramm)
Ms.-Angebote erwünscht: Exposé mit Textprobe von 20 Seiten
Medium: Papierausdruck
Ms.-Rücksendung: ja, mit Rückporto

Önel-Verlag
Silcherstr. 13
50827 Köln
Tel. 0221 - 587 90 84, 587 90 86
Fax 0221 - 587 90 04
verlag@oenel.de
www.oenel.de
Verlagsleitung: C. Hayati Önel
Gründungsjahr: 1982
Programm: Jugendbücher, Kinderbücher, Deutsch-Türkische Literatur, Musik, Reisen, Religion, Schulbücher, Spiele
Lektorat: Seniz Önel
Ms.-Angebote erwünscht: nach vorheriger telefonischer Anfrage
Medium: Papierausdruck, Diskette, E-Mail
Ms.-Rücksendung: ja, mit Rückporto

One Way Medien OHG
Ochsenkamp 58
45549 Sprockhövel
Tel. 0202 - 309 99 46/47
Fax 0202 - 31 41 13
onewaymedien@versanet.de

onewaymedien.com
Verleger: Wolfgang Neumeister
Verlagsleitung: Wolfgang Neumeister
Gründungsjahr: 2000
Programm: Biografien, Belletristik, Jugendbücher, Kinderbücher, Lebenshilfe, Musik, Religion
Lektorat: Wolfgang Neumeister
Ms.-Interessen: christliche Literatur, Belletristik, Sachbücher, Kinder- u. Jugendliteratur
Ms.-Angebote erwünscht: als Exposé, als Exposé mit Textprobe nach Wahl oder als Manuskript
Medium: Papierausdruck, CD, E-Mail
Ms.-Rücksendung: ja

orange-press GmbH
Wallstr. 9
79098 Freiburg
0761- 28 71 17
Tel. 0761- 28 71 18
info@orange-press.com
www.orange-press.com
Verleger: Martin Baltes
Programm: Schlüsseldiskurse der Gegenwart

O'Reilly Verlag GmbH & Co.KG
Balthasarstr. 81
50670 Köln
Tel. 0221 - 973 16 00
Fax 0221 - 973 16 08
anfragen@oreilly.de
www.oreilly.de
Gründungsjahr: Deutsche Niederlassung 1994
Lieferbare Titel: 600
Novitäten: 120 englisch, 50 deutsch
Programm: Fachbücher zu Linux und Unix, Webprogrammierung Open Source, Betriebssysteme (Mac, Linux, Unix, Windows) Digitale Medien und Anwenderthemen
Ms.-Angebote erwünscht: als Exposé
Medium: E-Mail
Ms.-Rücksendung: nein

Orell Füssli Verlag
Dietzingerstr. 3
CH-8036 Zürich
Schweiz
Tel. +41 (0)44 - 466 74 45
Fax +41 (0)44 - 466 74 12
info@ofv.ch
www.ofv.ch
Verleger: Dr. Manfred Hiefner-Hug
Verlagsleitung: Dr. Manfred Hiefner-Hug
Zum Verlag: Ältester Verlag der Schweiz, damaliger Bestseller-Autor: Erasmus von Rotterdam
Gründungsjahr: 1519
Lieferbare Titel: 1000
Novitäten: 120
Programm: Business, Kinderbücher, Politik, Recht, Schulbücher, Wirtschaft, Zeitgeschichte
Ms.-Angebote erwünscht: als Exposé mit Textprobe von 20 Seiten
Medium: Papierausdruck, Diskette, E-Mail
Ms.-Rücksendung: ja

Oreos Verlag
Krottenthal 9
83666 Waakirchen-Schaftlach
Tel. 08021 - 86 68

Fax 08021 - 17 50
oreos@oreos.de
www.oreos.de
Verleger: Walter Lachenmann
Gründungsjahr: 1982
Lieferbare Titel: 50
Novitäten: 4
Programm: Musik (Jazz), Kunst und Kultur, Bayern
Ms.-Angebote erwünscht: als Exposé mit Textprobe, als Manuskript
Medium: Papierausdruck, Diskette, E-Mail
Ms.-Rücksendung: ja

Dr. Orgler Verlag GmbH
Eschersheimer Landstr. 248
60320 Frankfurt am Main
Tel. 069 - 15 05 38 22
Fax 069 - 59 10 32
orgler.verlag@t-online.de
www.orgler-verlag.de
Programm: Israelische Autoren, junge, unkonventionelle Literatur aus Deutschland und europäischen Ländern

Origo Verlag
Rathausgasse 30
CH-3011 Bern
Schweiz
Tel. +41 (0)31 - 311 44 80
Fax +41 (0)031 - 311 44 70
Verleger: Alexander Wild
Gründungsjahr: 1946
Programm: Östliche Philosophie, Gnosis, Mystik, Parapsychologie, Astrologie, Freimaurer, Zen, Yoga, Buddhismus, Kabbala, Esoterik, Lebenshilfe
Ms.-Angebote erwünscht: nach vorheriger telefonischer Anfrage
Medium: Papierausdruck
Ms.-Rücksendung: ja, bei Rückporto

Orlanda Verlag GmbH
Zossener Str. 55-58
10961 Berlin
Tel. 030 - 216 36 96
Fax 030 - 215 39 58
ani@orlanda.de
www.orlanda.de
Verlagsleitung: Anna Mandalka und Ekpenyong Ani
Programm: Ratgeber Gesundheit und Psychologie, Sexualität, Lesbische Literatur, Belletristik (anspruchsvolle und leichtere Unterhaltung), Sachbücher zu aktuellen Gesellschaftsthemen wie Mobbing, Sexueller Missbrauch, Internet, Frauen und Sexualität im Islam
Lektorat: Ekpenyong Ani
Ms.-Angebote erwünscht: als Exposé mit Textprobe von 10 Seiten
Medium: Papierausdruck, E-Mail
Ms.-Rücksendung: ja, bei Rückporto

Osho Verlag GmbH
Venloer Str. 5-7
50672 Köln
Tel. 0221 - 574 07 43
Fax 0221 - 52 39 30
oshoverlag@aol.com
www.oshomedia.de
Verleger: Dr. Hansjörg Sieberer
Gründungsjahr: 1988
Programm: Meditation, Religion, Philosophie, Verbreitung von Oshos Werk
Ms.-Interessen: keine

Verlag Österreich
Österr. Staatsdruckerei AG
Kandlgasse 21
A-1070 Wien
Österreich
Tel. +43 (0)1 - 610 77 - 0
Fax +43 (0)1 - 610 77 - 419
office@verlagoesterreich.at
www.verlagoesterreich.at
Programm: Belletristik, Bildbände, Frauenforschung, Geschichte der Neuzeit, Kulturgeschichte, Militär, Reisen, Zeitgeschichte, Marine, Monarchie, Politik, Recht, Wirtschaft
Ms.-Angebote erwünscht: als Exposé mit Textprobe von 10 Seiten, als Manuskript
Medium: Papierausdruck, Diskette oder E-Mail
Ms.-Rücksendung: ja

Atlantis/Orell Füssli AG
Dietzingerstr. 3
CH-8036 Zürich
Schweiz
Tel. +41 (0)44 - 466 74 32
Fax +41 (0)44 - 466 74 32
htendoornkaat@ofv.ch
www.atlantis-verlag.ch
Verleger: Dr. Manfred Hiefner-Hug
Verlagsleitung: Hans ten Doornkaat
Zum Verlag: Bilderbücher
Gründungsjahr: 1930
Novitäten: 16
Programm: Bilderbuch, Kinder- und Jugendbuch
Ms.-Angebote erwünscht: als Exposé
Medium: E-Mail

Otter Verlag
Togostr. 15
81925 München
Tel. 089 - 98 10 41 27
Fax 089 - 98 17 92
info@otterverlag.de
www.otterverlagde
Programm: Buddhismus, Kinder- und Jugendbuch

Pabel-Moewig Verlag KG
Karlsruher Str. 31
76437 Rastatt
Tel. 07222 - 130
Fax 07222 - 133 01
www.moewig.de
Verlagsleitung: Birgit Wenderoth
Programm: Science Fiction, Dokumentationen, Kochen und Backen, Kinder und Jugend, Garten und Heimwerken, Bildbände, Ratgeber, Allgemeine Sachbücher, Rätsel, Astrologie und Esoterik
Lektorat: Ullrich Magin, Bettina Snowdon, Ute Rather
Ms.-Angebote erwünscht: nach vorheriger telefonischer Anfrage
Medium: Papierausdruck
Ms.-Rücksendung: ja

Page & Turner
Neumarkter Str. 28
81673 München
Tel. 089 - 437 20
Fax 089 - 43 72 28 00
info@randomhouse.de
www.randomhouse.de
Verleger: Geschäftsführer: Klaus Eck, Joerg Pfuhl (CEO), Claudia Reitter

Verlagsgruppe: Verlagsgruppe Random House
Programm: Qualitätsvolle Unterhaltung
Ms.-Angebote erwünscht: al Exposé
Medium: Papierausdruck
Ms.-Rücksendung: ja, bei Rückporto

Pahl-Rugenstein Verlag Nachfolger GmbH
Breite Str. 47
53111 Bonn
Tel. 0228 - 63 23 06
Fax 0228 - 63 49 68
prv@che-chandler.com
Programm: Christen, Geschichte, Zeitgeschichte, Philosophie, Dritte Welt, Politik
Ms.-Angebote erwünscht: nach vorheriger telefonischer Anfrage, als Exposé
Medium: E-Mail
Ms.-Rücksendung: ja, bei Rückporto

pala-verlag gmbH
Rheinstr. 35
64283 Darmstadt
Tel. 06151 - 230 28
Fax 06151 - 29 27 13
info@pala-verlag.de
www.pala-verlag.de
Verlagsleitung: Wolfgang Hertling
Gründungsjahr: 1980
Lieferbare Titel: 100
Novitäten: 8
Programm: Ernährung - Garten - Gesundheit, Vegetarische Kochbücher, Artgerechte Tierhaltung, Perma Kultur, Vollwertküche
Lektorat: Barbara Reis
Ms.-Angebote erwünscht: als Exposé mit Textprobe
Medium: Papierausdruck, Diskette, E-Mail
Ms.-Rücksendung: ja

Palmyra Verlag
Hauptstraße 64
69117 Heidelberg
Tel. 06221 - 16 54 09
Fax 06221 - 16 73 10
palmyra-verlag@t-online.de
www.palmyra-verlag.de
Verleger: Georg Stein
Gründungsjahr: 1989
Lieferbare Titel: 40
Novitäten: 8
Programm: Biografien, Belletristik, Bildbände, Geschichte der Neuzeit, Israel-Palästina, Arabische Literatur, Rockmusik, Musik, Politik, Zeitgeschichte, Weltmusik
Ms.-Angebote erwünscht: nach vorheriger telefonischer Anfrage, als Exposé mit Textprobe von 20 Seiten
Medium: Papierausdruck, E-Mail
Ms.-Rücksendung: ja, bei Rückporto

Pandion Verlag
Gartenstr. 10
55469 Simmern
Tel. 06761 - 71 42
Fax 06761 - 71 72
info@pandion-verlag.de
www.pandion-verlag.de
Verlegerin: Ulrike Schmoll
Gründungsjahr: 1956
Lieferbare Titel: 80
Novitäten: 10

Programm: Krimis, Regionalia (Hunsrück), Biographien, Historische Romane
Ms.-Interessen: Krimis mit historischem Hintergrund
Ms.-Angebote erwünscht: nach vorheriger telefonischer Anfrage, als Exposé mit Textprobe von 20 Seiten
Medium: Papierausdruck
Ms.-Rücksendung: ja, bei Rückporto

Pantheon Verlag
Neumarkter Str. 28
81673 München
Tel. 089 - 41 36 - 0
Fax 089 - 41 36 - 32 24
info@randomhouse.de
www.randomhouse.de
Verleger: Geschäftsführer: Klaus Eck, Joerg Pfuhl (CEO), Claudia Reitter
Zum Verlag: Paperback, Sachbuch
Verlagsgruppe: Verlagsgruppe Random House
Programm: Anspruchsvolle Sachbücher

PapyRossa Verlags GmbH & Co. KG
Luxemburger Str. 202
50937 Köln
Tel. 0221 - 44 85 45, 44 62 40
Fax 0221 - 44 43 05
mail@papyrossa.de
www.papyrossa.de
Gründungsjahr: 1990
Lieferbare Titel: 70
Novitäten: 20
Programm: Politik, Geschichte, Zeitgeschichte, Politische Ökonomie und Gesellschaftstheorie, Hochschulschriften, Frauen, Geschlechterverhältnisse, Alltag mit Kindern
Ms.-Angebote erwünscht: nach vorheriger telefonischer Anfrage, als Exposé mit Textprobe von 5-10 Seiten
Medium: Papierausdruck, E-Mail
Ms.-Rücksendung: ja, bei Rückporto

Param Verlag Günter Kieser
Kurze Str. 5
21702 Ahlerstedt
Tel. 04166 - 370
Fax 04166 - 300
info@param-verlag.de
www.param-verlag.de
Zum Verlag: Sachbuch
Gründungsjahr: 1978
Lieferbare Titel: 50
Novitäten: 10-12
Programm: Therapeutische Lebenshilfe und Kreative Selbsterfahrung
Ms.-Angebote erwünscht: als Exposé mit Textprobe von 20 Seiten
Medium: Papierausdruck, Diskette, E-Mail
Ms.-Rücksendung: nein

Paranus Verlag
Ehndorfer Str. 15-17
24537 Neumünster
Tel. 04321 - 20 04 - 500
Fax 04321 - 20 04 - 411
verlag@paranus.de
www.paranus.de
Verleger: Fritz Bremer
Gründungsjahr: 1991
Lieferbare Titel: 83
Novitäten: 5

Programm: Psychiatrie, Literatur, Kunst, Gesundheitspolitik
Ms.-Angebote erwünscht: als Exposé mit Textprobe
Medium: Papierausdruck, Diskette
Ms.-Rücksendung: ja, bei Rückporto

Parerga Verlag GmbH
Straußberger Platz 19
10243 Berlin
Tel. 0211 - 35 36 91
Fax 0211 - 35 36 92
info@parerga.de
www.parerga.de
Verlagsleitung: Beate Majetschak
Programm: Bildende Kunst, Philosophie
Ms.-Angebote erwünscht: als Manuskript
Medium: Papierausdruck
Ms.-Rücksendung: ja

Parey Buchverlag
Kurfürstendamm 57
10707 Berlin
Tel. 030 - 32 79 06 - 59
Fax 030 - 32 79 06 - 10
parey@blackwis.de
www.parey.de
Verleger: Dr. med. Axel Bedürftig
Zum Verlag: Deutscher Verlag mit internationaler Anbindung
Programm: Essen und Trinken, Fachzeitschriften, Kochbücher, Haustiere, Natur, Ökologie, Umweltthemen, Wasserwirtschaft, Biologie, Botanik, Gartenbau, Landwirtschaft, Zoologie, Tiermedizin
Lektorat: Dr. vet. med. Andreas Müller (Dw -37, amueller@blackwis.de) Dr. rer.nat. Olaf Kahl (Dw -61, okahl@blackwis.de)
Ms.-Angebote erwünscht: nach vorheriger telefonischer Anfrage, als Exposé
Medium: Papierausdruck, Diskette, E-Mail
Ms.-Rücksendung: ja

Parey Verlag in MVS Medizinverlage Stuttgart GmbH & Co. KG
Oswald-Hesse-Str. 50
70469 Stuttgart
Tel. 0711 - 89 31 - 0
Fax 0711 - 89 31 - 706
www.medizinverlage.de
Verlagsleitung: Dr. Thomas Scherb, Albrecht Hauff
Programm: Medizin
Ms.-Angebote erwünscht: als Exposé mit Textprobe von 10 Seiten
Medium: Diskette, E-Mail
Ms.-Rücksendung: ja

Parthas Verlag GmbH
Stresemannstr. 30
10963 Berlin
Tel. 030 - 88 46 89 - 0
Fax 030 - 88 46 89 - 11
parthas-berlin@t-online.de
www.parthasverlag.de
Verleger: Gabriela Wachte, Klaus Wettig
Gründungsjahr: 1997
Lieferbare Titel: 100
Novitäten: 50
Programm: Kulturgeschichte, Zeitgeschichte, Theater, Musik, Film, Literatur, Biografien, Berlin

Ms.-Angebote erwünscht: als Exposé mit Textprobe
Medium: Papierausdruck
Ms.-Rücksendung: ja, bei Rückporto

Verlag und Druckerei Parzeller GmbH & Co. KG
Peterstor 18/20
36037 Fulda
Tel. 0661 - 28 03 74
Fax 0661 - 28 02 85
verlag@parzeller.de
Verleger: Michael Schmitt
Verlagsleitung: Rainer Klitsch
Gründungsjahr: 1873
Lieferbare Titel: 200
Novitäten: 10
Programm: Bildbände, Reisen, Religion, Fulda, Rhön, Osthessen, Sportbücher
Lektorat: Rainer Klitsch (rainer.klitsch@parzeller.de)
Ms.-Angebote erwünscht: als Exposé mit Textprobe von 10 Seiten
Medium: Papierausdruck
Ms.-Rücksendung: ja

Passagen Verlag
Walfischgasse 15/14
A-1010 Wien
Österreich
Tel. +43 (0)1 - 513 77 61
Fax +43 (0)1 - 512 63 27
office@passagen.at
www.passagen.at
Verleger: Dr. Peter Engelmann
Gründungsjahr: 1986
Lieferbare Titel: 750
Novitäten: 50
Programm: Philosophie, Xmedia, Kunst, Architektur, Film, Literatur, Gesellschaft, Theologie, Politik, Diskursforschung, Literaturtheorie, Psychoanalyse, Ökonomie, Schwerpunkt: Postmoderne und Dekonstruktion
Lektorat: Johanna Hofleitner (Cheflektorin, lektorat@passagen.at)
Ms.-Interessen: Philosophie (Dissertation und Magisterarbeiten)
Ms.-Angebote erwünscht: nach vorheriger telefonischer Anfrage, als Manuskript
Medium: Papierausdruck
Ms.-Rücksendung: ja, bei Rückporto

Patmos Verlag GmbH
Am Wehrhahn 100
40211 Düsseldorf
Tel. 0211 - 167 95-0
Fax 0211 - 167 95-75
service@patmos.de
www.patmos.de
Verleger: Dr. Tullio Aurelio
Verlagsleitung: Dr. Tullio Aurelio
Verlagsgruppe: Cornelsen Verlagsgruppe
Programm: Jugendbücher, Kinderbücher, Bilderbücher, Lebenshilfe, Psychologie, Gesellschaft, Kultur, Klassiker der Literatur, Religion, Religionspädagogik
Ms.-Angebote erwünscht: als Manuskript
Medium: Papierausdruck
Ms.-Rücksendung: ja

Pattloch Verlag GmbH & Co KG
Hilblestr. 54
80636 München
Tel. 089 - 9271-226
Fax 089 - 92 71-236
www.pattloch.de
Verlagsleitung: Bernhard Meuser
Verlagsgruppe: Verlagsgruppe Droemer Knaur GmbH & Co. KG
Programm: Religion, Bibeln, Geschenkbücher, Kinderbücher, Sachbücher

Paulinus Verlag GmbH
Maximineracht 11c
54295 Trier
Tel. 0651 - 460 81 21
Fax 0651 - 460 82 20
media@paulinus.de
www.paulinus.de
Verlagsleitung: Geschäftsführer: Thomas Juncker; Teamleitung Buchverlag: Adrana Walther
Novitäten: 30-50
Programm: Wissenschaftliche und Praktische Theologie, Christliches Leben, Meditation und Gebet, Gottesdienst, Religion, Spiritualität, Kunstführer, Kinderführer, Regionalliteratur, Östliche Theologie, Kulturgeschichte, Lebenshilfe, Ratgeber, Christliche Gesellschaf
Ms.-Angebote erwünscht: nach vorheriger telefonischer Anfrage, als Exposé mit Textprobe von 20 Seiten
Medium: Papierausdruck, Diskette, E-Mail
Ms.-Rücksendung: ja, bei Rückporto

Pearson Education Deutschland GmbH
Martin-Kollar-Str. 10-12
81829 München
Tel. 089 - 460 03 - 0
Fax 089 - 460 03 - 100
www.pearson.de
Verlagsleitung: Axel Nehen
Programm: Computer, Wirtschaft, Software, BWL, Volkswirtschaftslehre, Psychologie, Physik, Maschinenbau, Elektrotechnik
Ms.-Angebote erwünscht: als Exposé
Medium: Papierausdruck, E-Mail
Ms.-Rücksendung: ja

Pendo Verlag GmbH & Co. KG
Goethestraße 43
80336 München
Tel. 089-70 07 68 80
Fax 089-70 07 68 89
info@pendo.de
www.pendo.de
Verleger: Christian Strasser, Doris Janhsen
Programm: Belletristik, Sachbuch, Lebenswissen
Lektorat: Ulrike Gallwitz, ulrike.gallwitz@pendo.de; Dagmar Fretter, dagmar.fretter@pendo.de; Marion Hertle, marion.hertle@pendo.de
Ms.-Angebote erwünscht: als Exposé mit Textprobe von 30 Seiten
Medium: Papierausdruck
Ms.-Rücksendung: ja, bei Rückporto

Pendo Verlag
Forchstr. 40
CH-8032 Zürich

Schweiz
Tel. +41 (0)44 - 389 70 30
Fax +41 (0)44 - 389 70 35
info@pendo.ch
www.pendo.ch
Verleger: Christian Strasser
Programm: Belletristik, Politik, Zeitgeschehen, Lebensführung, Spiritualität
Ms.-Angebote erwünscht: als Exposé mit Texprobe von 30 Seiten
Medium: Papierausdruck
Ms.-Rücksendung: nein

Pendragon-Verlag
Stapenhorststr. 15
33615 Bielefeld
Tel. 0521 - 696 89
Fax 0521 - 17 44 70
pendragon.verlag@t-online.de
www.pendragon.de
Programm: Belletristik, Krimis
Ms.-Angebote erwünscht: nach vorheriger telefonischer Anfrage, als Exposé mit Textprobe von
Medium: Papierausdruck
Ms.-Rücksendung: ja, bei Rückporto

PeP Verlag
Neumarkter Str. 28
81673 München
Tel. 089 - 437 20
Fax 089 - 43 72 28 00
info@randomhouse.de
www.randomhouse.de
Verleger: Klaus Eck, Joerg Pfuhl (CEO), Claudia Reitter, Wolfgang Wiedermann
Verlagsgruppe: Verlagsgruppe Random House
Programm: E-Books, Print-on-Demand-Titel

persona verlag
Weberstr. 3
68165 Mannheim
Tel. 0621 - 40 96 96
Fax 0621 - 69 18 62
Verlegerin: Lisette Buchholz
Gründungsjahr: 1983
Lieferbare Titel: 31
Novitäten: 1
Programm: Literatur, Zeitgeschichte
Lektorat: Lisette Buchholz
Ms.-Angebote erwünscht: als Exposé, Texprobe von 2-3 Seiten
Medium: Papierausdruck
Ms.-Rücksendung: ja, bei Rückporto

Klett Perthes
Justus-Perthes-Str. 3-5 d
99867 Gotha
Tel. 03621 - 385 - 0
Fax 03621 - 385 - 102
perthes@klett-mail.de
www.klett-verlag.de/klett-perthes
Verlagsgruppe: Klett-Verlagsgruppe
Programm: Karten: Geschichte, Geografie

Jens Peters Publikationen
Gotenstr. 65
10829 Berlin
Tel. 030 - 784 72 65
Fax 030 - 788 31 27
jens-peters@usa.net
Programm: Tropenreisen

Richard Pflaum Verlag GmbH & Co. KG
Lazarettstr. 4
80636 München
Tel. 089 - 126 07 --0
Fax 089 - 126 07 - 200
buchverlag@pflaum.de
www.pflaum.de
Verleger: Bela Bottinger
Verlagsleitung: Hans Jürgen Fuhrmann
Programm: Computer, Fachzeitschriften, Elektronik, Naturheilkunde, Elektrotechnik, Gesundheit, Medizin, Ratgeber, Sport, Fitness, Technik
Lektorat: Technik: Dr. Mark (Dw - 238, lektorat.mark@pflaum.de), Krankengymnastik/Naturheilkunde: Herr Kannegiesser (Dw.-261, buchverlag@pflaum.de)
Ms.-Angebote erwünscht: nach vorheriger telefonischer Anfrage, als Exposé, als Manuskript
Medium: Papierausdruck, Diskette
Ms.-Rücksendung: ja

Pforte Verlag (im Rudolf Steiner Verlag)
Hügelweg 34
CH-4143 Dornach
Schweiz
Tel. +41 (0)61 - 706 91 30
Fax +41 (0)61 - 706 91 49
Lieferbare Titel: 80
Novitäten: 10
Programm: Anthroposophische Studienliteratur, Biografien, Geistesgeschichte, Zeitfragen
Lektorat: Taja Gut

Phaidon Verlag
Große Hamburger Str. 32
10115 Berlin
Tel. 030 - 288 86 40
Fax 030 - 28 04 48 79
Programm: Architektur, Darstellende Künste, Kunst, Fotografie, Mode

Philo Verlagsgesellschaft
Bei den Mühren 70
20457 Hamburg
Tel. 040 - 45 01 94 - 0
Fax 040 - 45 01 94 - 50
info@philo-verlag.de
www.philo-verlag.de
Verlagsgruppe: Europäische Verlagsanstalt
Programm: Literatur, Philosophie, Philologie, Europäisch-Jüdische Studien, Studien zur Geistesgeschichte

Physica-Verlag
Tiergartenstr. 17
69121 Heidelberg
Tel. 06221 - 48 78 - 0
Fax 06221 - 4878 - 177
physica@springer.com
www.springer.com
Verlagsleitung: Dr. Werner A. Müller
Gründungsjahr: 1952
Verlagsgruppe: Springer
Lieferbare Titel: 500
Novitäten: 100
Programm: Wirtschaftswissenschaft, Business, Fachzeitschriften, Finanzen, Wirtschaft, Volkswirtschaftslehre, Regionalwissenschaft, Umweltökonomie, Wirtschaftsinformatik, Ökonometrie

Lektorat: Dr. Werner A. Müller (Dw - 345, WernerMueller@springer.com), Dr. Martina Bihn (Dw.575, Martina. Bihn@springer.com), Dipl.-Volksw. Katharina Wetzel-Vandai, M.A. (Dw - 713, Katharina.Wetzel@springer.com)
Ms.-Angebote erwünscht: nach vorheriger telefonischer Anfrage
Medium: Papierausdruck

PIAG Presse Informations AG
Landstr. 67a
76547 Sinzheim/Baden
Tel. 07221 - 301 75 60
Fax 07221 - 301 75 70
office@piag.de
www.piag.de
Verlagsleitung: Dieter Brinzer
Zum Verlag: Unsere Leser sind Bildrechtverbraucher und Fotoanbieter, Bildagenturen und Archive sowie Fotografen.
Gründungsjahr: 1962
Lieferbare Titel: 10
Programm: Fachverlag: publizistische Fotografie, Zeitschriften Deutsch-Englisch
Lektorat: Dr. Stefan Hartmann
Ms.-Interessen: Aus dem Bereich der publizistischen Fotografie (Bildrechte etc.) Honorare, Handelbräuche, News, etc.
Ms.-Angebote erwünscht: nach vorheriger telefonischer Anfrage
Medium: Papierausdruck, E-Mail
Ms.-Rücksendung: ja, mit Rückporto

Picus Verlag
Friedrich-Schmidt-Platz 4
A-1080 Wien
Österreich
Tel. +43 (0)222 - 408 18 21
Fax +43 (0)222 - 40 81 82 16
info@picus.at
www.picus.at
Verleger: Dorothea Löcker, Dr. Alexander Potyka
Verlagsleitung: Dr. Alexander Potyka
Gründungsjahr: 1984
Lieferbare Titel: 500
Programm: Schwerpunkte: Belletristik, Lesereisen, Journalistische Reiseführer, Architektur, Biographien, Bildbände, Geschichte der Neuzeit, Kinderbücher, Kulturgeschichte, Politik, Psychologie, Theater, Oper, Zeitgeschichte
Lektorat: Mag. Joanna Storm
Ms.-Angebote erwünscht: nach vorheriger telefonischer Anfrage, als Exposé mit Textprobe von 20 Seiten
Medium: Papierausdruck
Ms.-Rücksendung: ja, bei Rückporto

Werner Pieper & Grüne Kraft MedienXperimente
Alte Schmiede
69488 Löhrbach
Tel. 06201 - 65 791
Fax 06201 - 225 85
pieper@gruenekraft.com
www.gruenekraft.net
Verleger: Werner Pieper
Gründungsjahr: 1971
Lieferbare Titel: 180
Novitäten: 12

Programm: Randgebiete und Tabuzonen: Psychedelik, Körpertabus unter der Gürtellinie, Musik und Zensur, Krautrock, Drogenpolitik, Afrika, Kolonialgeschichte
Ms.-Angebote erwünscht: als Exposé mit Textprobe, als Manuskript
Medium: Papierausdruck
Ms.-Rücksendung: ja, bei Rückporto

Verlag der Familienstiftung Pies-Archiv Forschungszentrum Vorderhunsrück e.V.
Mettberg 18
45549 Sprockhövel
Tel. 0202 - 52 36 96
Fax 0202 - 52 71 78
Verleger: Dr. Eike Pies
Gründungsjahr: 1985
Lieferbare Titel: 60
Programm: Genealogie, Heraldik, Geschichte des Mittelalters, Geschichte der Neuzeit, Kulturgeschichte
Ms.-Angebote erwünscht: nach vorheriger telefonischer Anfrage
Medium: Papierausdruck, Diskette
Ms.-Rücksendung: ja, bei Rückporto

Pietsch-Verlag
Olgastr. 86
70180 Stuttgart
Tel. 0711 - 210 80 - 0
Fax 0711 - 236 04 15
Verlegerin: Dr. Patricia Scholten
Verlagsgruppe: Paul Pietsch Verlagsgruppe
Programm: Maritim, Sport, Survival, Schatzsuche, Reisen, Auswandern

Piper Verlag GmbH
Georgenstr. 4
80799 München
Tel. 089 - 38 18 01 - 0
Fax 089 - 33 87 04
info@piper.de
www.piper.de
Verleger: Dr. Wolfgang Ferchl (Geschäftsführung)
Verlagsleitung: Hans Joachim Hartmann (kaufm.Leitung)
Gründungsjahr: 1904
Verlagsgruppe: Bonnier Media Deutschland GmbH
Programm: Biografien, Belletristik, Geschichte, Kriminalromane; Theologie, Naturwissenschaften, Musik, Philosophie, Politik, Zeitgeschichte, Kulturgeschichte
Lektorat: Belletristik: Anja Rüdiger, Thomas Tebbe, Bettina Feldweg, Friedel Wahren; Sachbuch: Dr. Klaus Stadler, Ulrich Wank, Britta Egetemeier
Ms.-Angebote erwünscht: als Exposé
Medium: Papierausdruck, E-Mail
Ms.-Rücksendung: ja

Serie Piper
Georgenstr. 4
80799 München
Tel. 089 - 38 18 01 - 0
Fax 089 - 33 87 04
info@piper.de
www.piper.de
Verleger: Dr. Wolfgang Ferchl (Geschäftsführung)
Verlagsleitung: Hans Joachim Hartmann (kaufm.Leitung)
Verlagsgruppe: Bonnier Media

Deutschland GmbH
Programm: Biografien, Belletristik, Geschichte, Kriminalromane; Theologie, Medizin, Musik, Philosophie, Politik, Zeitgeschichte, Sachbuch
Lektorat: Ulrike Buergel-Goodwin (Programmleitung), Michaela Kenklies, Annika Krummacher
Ms.-Angebote erwünscht: als Exposé
Medium: Papierausdruck
Ms.-Rücksendung: ja

Das Plateau c/o Radius Verlag
Olgastr. 114
70180 Stuttgart
Tel. 0711 - 607 66 66
Fax 0711 - 607 55 55
order@radius-verlag.de
www.radius-verlag.de
Programm: Belletristik, Politik, Theologie

Podium
Postfach27
A-1094 Wien
Österreich
Tel. +43 (0)6991 - 373 37 39
Fax +43 (0)1 - 310 00 57
podium@chello.at
www.podiumliteratur.at
Verleger: Nils Jensen
Verlagsleitung: Hannes Vyoral
Zum Verlag: Literaturzeitschrift und Buchverlag
Gründungsjahr: 1971
Lieferbare Titel: ca. 200
Novitäten: ca. 8-10
Programm: Literatur

Podszun Verlag GmbH
Elisabethstr. 23 - 25
59918 Brilon
Tel. 02961 - 532 13
Fax 02961 - 963 99 00
info@podszun-verlag.de
www.podszun-verlag.de
Programm: Autos, Motorräder, Lastwagen, Feuerwehrfahrzeuge, Traktoren, Omnibusse, Flugzeuge, Lokomotiven und Baumaschinen

Verlag Pogrom/Gesellschaft für bedrohte Völker
Stumpfebiel 11-13
37073 Göttingen
Tel. 0551 - 49 90 60
Fax 0551 - 580 28
redaktion@gfbv.it; mateot@dnet.it
www.gfbv.de
Zum Verlag: Zeitschrift für Menschenrechte & Minderheiten
Gründungsjahr: 1970
Novitäten: 6
Programm: Minderheiten, Politik, Umweltthemen
Ms.-Angebote erwünscht: als Manuskript
Medium: E-Mail
Ms.-Rücksendung: nein

Polyglott Verlag GmbH
Mies-van-der-Rohe-Str. 1
80807 München
Tel. 089 - 360 96 - 0
Fax 089 - 360 96 - 482
redaktion@polyglott.de
www.polyglott.de
Verleger: Andreas Langenscheidt

Verlagsleitung: Rolf Müller
Verlagsgruppe: Langenscheidt Verlagsgruppe
Programm: Reiseführer, Sprachführer

Portikus im Leinwandhaus
Weckmarkt 17
60311 Frankfurt am Main
Tel. 069 - 21 99 87 - 60
Fax 069 - 21 99 07 - 61
info@portikus.de
www.portikus.de
Gründungsjahr: 1987
Programm: Bücher, Kataloge, Editionen zeitgenössischer Kunst

PPVMedien GmbH
Postfach 57
82520 Bergkirchen
Tel. 8131 - 56 55 - 0
Fax 8131 - 56 55 10
info@ppvmedien.de
www.ppvmedien.de
Verleger: Thilo M. Krammny, Oliver Kühn
Programm: Fachliteratur für den Musikinstrumentenbau und -handel

Praesens Verlag
Wehlistr. 154/12
A-1020 Wien
Österreich
Tel. +43 (0)1 - 332 47 25
Fax +43 (0)1 - 332 47 25
bestellung@praesens.at
www.praesens.at
Verleger: Dr. Michael Ritter
Gründungsjahr: 1989
Lieferbare Titel: ca. 340
Novitäten: ca.70
Programm: Literaturwissenschaft, Sprachwissenschaft, Musikwissenschaft

Präsenz-Verlag der Jesus-Bruderschaft
Gnadenthal
65597 Hünfelden
Tel. 06438 - 81281
Fax 06438 - 81282
Programm: Belletristik, Bildende Kunst, Lyrik
Ms.-Angebote erwünscht: nach vorheriger telefonischer Anfrage
Ms.-Rücksendung: ja, bei Rückporto

Prestel Verlag GmbH & Co.KG
Königinstr.9
80539 München
Tel. 089 - 38 17 09 - 0
Fax 089 - 38 17 09 - 35
info@prestel.de
www.prestel.de
Verleger: Martin Dort, Johannes Heyne, Jürgen Krieger
Programm: Kunst des 19. und 20. Jahrhunderts, Fotografie, Architektur, Design, Faksimile, Sammelhandbücher, Museumsführer, Reiseführer, Kunstbücher in Englischer Sprache, Kunstbücher für Kinder und Jugendliche

Primus Verlag GmbH
Riedeselstr. 57 A
64283 Darmstadt
Tel. 06151 - 31 80 47
Fax 06151 - 330 82 08

www.primusverlag.de
Gründungsjahr: 1996
Verlagsgruppe: WBG
Lieferbare Titel: 200
Novitäten: 50
Programm: Wissenschaftliche Sachbücher, Archäologie, Architektur, Geschichte, Kulturgeschichte, Philosophie, Politik, Religion, Theologie, Pädagogik, Zeitgeschichte
Ms.-Angebote erwünscht: nach vorheriger telefonischer Anfrage als Exposé mit Textprobe von 8 Seiten
Medium: Papierausdruck
Ms.-Rücksendung: ja, bei Rückporto

Principal Verlag
Diekbree 8
48157 Münster
Tel. 02571 - 58 96 45
Fax 02571 - 58 96 39
principal.verlag@t-online.de
www.principal.de
Verleger: Dr. Horst Schwenk
Verlagsleitung: Dr. Horst Schwenk
Gründungsjahr: 1996
Lieferbare Titel: ca. 140
Novitäten: ca. 20
Programm: Belletristik, Biografien, Sachbuch, Tierbuch
Ms.-Angebote erwünscht: als Manuskript
Medium: Papierausdruck, Diskette, E-Mail
Ms.-Rücksendung: ja, bei Rückporto

Profil Verlag
Postfach 210143
80671 München
Tel. 089 - 70 49 24 od. 0163 - 704 92 41
Fax 089 - 70 49 24, 70 13 47
profil-mail@t-online.de
www.profilverlag.de
Verleger: Dr. H. Jürgen Kagelmann
Verlagsleitung: Dr. H. Jürgen Kagelmann
Gründungsjahr: 1983
Lieferbare Titel: 200
Novitäten: 25
Programm: Lehrbücher, Wissenschaftliche Fachliteratur in den Sozial- und Humanwissenschaften, Psychologie, Geographie, Soziologie, Medien, Tourismus, Archäologie, Literaturwissenschaft, Sachbücher: Psychologie, Lebenshilfe, Gesundheit
Ms.-Angebote erwünscht: nach vorheriger telefonischer Anfrage
Medium: E-Mail
Ms.-Rücksendung: nein

Pro-Fun media GmbH
Rödelheimer Landstr. 13A
60487 Frankfurt am Main
Tel. 069 - 970 76 77 - 0
Fax 069 - 70 76 77 - 11
service@pro-fun.de
www.pro-fun.de
Programm: Schwule- und Lesbische Literatur, Bildbände, Erotik, Ratgeber, Reisen, Sport, Fitness
Ms.-Angebote erwünscht: als Exposé
Medium: Papierausdruck
Ms.-Rücksendung: ja, bei Rückporto

Prolibris Verlag Rolf Wagner
Garde- du-Corps-Str. 1
34117 Kassel

Tel. 0561 - 76 64 49 - 0
Fax 0561 - 76 64 49 - 29
buero@prolibris-verlag.de
www.prolibris-verlag.de
Verleger: Rolf Wagner
Programm: Regionale Kriminalromane aus Deutschland
Gründungsjahr: 1999
Zahl lieferb. Titel: 40
Novitäten p. a. 6-10
Aktuelle MsInteressen: Kriminalromane mit regionalem Bezug
Ms-Angebote: Exposé, Textprobe von 20 Seiten
Medium: E-Mail, Mailanhang
Rücksendung: ja, bei Rückporto

Promedia Verlagsges. m.b.H.
Wickenburggasse 5/12
A-1080 Wien
Österreich
Tel. +43 (0)1 - 405 27 02
Fax +43 (0)1 - 405 71 59 - 22
promedia@mediaskop.at
www.mediaskop.at
Verleger: Erich Ertel
Verlagsleitung: Hannes Hofbauer
Gründungsjahr: 1982
Lieferbare Titel: 200
Novitäten: 15-20
Programm: Anthropologie, Historische Romane, Erotik, Essen und Trinken, Frauenforschung, Geschichte, Kulturgeschichte, Ökologie, Politik, Reisen

Propyläen Verlag
Friedrichstr. 126
10117 Berlin
Tel. 030 - 234 56 - 300
Fax 030 - 234 56 - 303
www.propylaeen-verlag.de
Verlegerin: Dr. Siv Bublitz
Verlagsleitung: Christian Schumacher-Gebler; Marketing/Vertrieb: Klaus Füreder
Gründungsjahr: 1919
Verlagsgruppe: Bonnier Media Deutschland GmbH
Lieferbare Titel: 200
Novitäten: 20
Programm: Geschichte, Zeitgeschichte, Politik, Kulturgeschichte
Ms.-Angebote erwünscht: als Exposé mit Textprobe von 30 Seiten
Medium: Papierausdruck
Ms.-Rücksendung: ja, mit Rückporto

Psychiatrie-Verlag
Thomas-Mann-Str. 49a
53111 Bonn
Tel. 0228 - 725 34 - 0
Fax 0228 - 725 34 - 20
verlag@psychiatrie.de
www.psychiatrie.de/verlag
Verlagsleitung: Ute Hüper, York Bieger
Gründungsjahr: 1978
Lieferbare Titel: 150
Novitäten: 20
Programm: Sozialpsychiatrie, Ratgeber für Angehörige und Betroffene, Psychiatrie-Fachbücher für die Praxis, Erfahrungsberichte von Betroffenen, Pflege, Sozialarbeit
Lektorat: Karin Koch
Ms.-Angebote erwünscht: nach vorheriger telefonischer Anfrage
Medium: E-Mail
Ms.-Rücksendung: ja, bei Rückporto

Psychologie Verlags Union
Werderstr. 10
69469 Weinheim
Tel. 06201 - 60 07 - 0
Fax 06201 - 174 64
info@beltz.de
www.beltz.de
Programm: Psychologisches Fachbuchprogramm

Psychosozial-Verlag
Goethestr. 29
35390 Gießen
Tel. 0641 - 778 19
Fax 0641 - 777 42
info@psychosozial-verlag.de
Verleger: Prof. Dr. Hans-Jürgen Wirth
Verlagsleitung: Prof. Dr. Hans-Jürgen Wirth
Gründungsjahr: 1992
Lieferbare Titel: 600
Novitäten: 80
Programm: Schwerpunkt: Psychoanalyse, Psychotherapie, Biografie/NS. Anthropologie, Fachzeitschriften, Frauenforschung, Kulturwissenschaften
Ms.-Angebote erwünscht: nach vorheriger telefonischer Anfrage, als Manuskript
Medium: Papierausdruck, E-Mail
Ms.-Rücksendung: ja, bei Rückporto

Publicis Corporate Publishing
Nägelsbachstr. 33
91052 Erlangen
Tel. 09131 - 91 92 - 510
Fax 09131 - 91 92 - 598
publishing-editors@publicis-erlangen.de
www.publicis-erlangen.de/books
Verlagsleitung: Dr. Gerhard Seitfudem
Gründungsjahr: 1989
Lieferbare Titel: 130
Novitäten: 30
Programm: Business und Management, Elektrotechnik, Automatisierungstechnik, Informationstechnik, Kommunikationstechnik, Wörterbücher
Lektorat: Dorit Gunia (Dw -512) dorit.gunia@publicis-erlangen.de, Dr. Gerhard Seitfudem (Dw -511) gerhard.seitfudem@publicis-erlangen.de
Ms.-Angebote erwünscht: nach vorheriger telefonischer Anfrage
Medium: nach Absprache
Ms.-Rücksendung: nach Absprache

puch-Verlag Ute Polacek-Hiorth
Allerstr. 27
37081 Göttingen
Tel. 0551 - 70 57 95
Fax 0551 - 70 57 95
Programm: Frauenliteratur, Bildbände, Lebenshilfe, Geriatrie

Pulp Master
Frank Nowatzki Verlag GbR
Samariterstr. 6
10247 Berlin
Tel. 030 - 25 00 85 - 366
www.pulpmaster.de
Verleger: Frank Nowatzki
Programm: Kriminalromane

Verlag Anton Pustet
Bergstr. 12
A-5020 Salzburg
Österreich

Tel. +43 (0)662 - 87 35 07 55
Fax +43 (0)662 - 87 35 07 79
buch@verlag-anton-pustet.at
www.verlag-anton-pustet.at
Verlagsleitung: Mag. Mona Müry-Leitner
Gründungsjahr: 1592
Novitäten: 20
Programm: Architektur, Bildbände, Bildende Kunst, Geschichte, Lebenshilfe, Philosophie, Psychologie, Religion, Zeitgeschichte
Ms.-Angebote erwünscht: nach vorheriger telefonischer Anfrage, als Exposé mit Textprobe von 10 Seiten
Medium: Papierausdruck
Ms.-Rücksendung: ja

Verlag Friedrich Pustet
Gutenbergstr. 8
93051 Regensburg
Tel. 0941 - 920 22 - 0
Fax 0941 - 920 22 - 330
verlag@pustet.de
Verleger: Fritz Pustet, Elisabeth Pustet
Verlagsleitung: Fritz Pustet
Gründungsjahr: 1826
Lieferbare Titel: 620
Novitäten: 50
Programm: Geschichte, Kulturgeschichte, Religion, Katholische Theologie
Lektorat: Dr. Rudolf Zwank (Theologie, Dw -315), Heidi Krinner-Jancsik (Geschichte, Dw -314)
Ms.-Angebote erwünscht: als Exposé mit Textprobe
Medium: Papierausdruck, Diskette
Ms.-Rücksendung: ja, bei Rückporto

Quantum Books Verlagsgesellschaft GmbH & Co.KG
Zeppelinstr. 32
73760 Ostfildern/Kemnath
Tel. 0711 - 450 64 71
Fax 0711 - 450 64 72
m.eckel@quantum-books.com
www.quantum-books.com
Programm: Kunst, Architektur, Design, Fotografie

Quermarken-Verlag oHG
Pfefferkrug 4
22397 Hamburg
040 - 608 90 248
Tel. 040 - 608 05 80
info@quermarken-verlag.de
www.quermarken-verlag.de
Programm: Thriller, Hörbuch

Querverlag GmbH
Akazienstr. 25
10823 Berlin
Tel. 030 - 78 70 23 39, 78 70 23 40
Fax 030 - 788 49 50
mail@querverlag.de
Verleger: Jim Baker
Gründungsjahr: 1995
Lieferbare Titel: 100
Novitäten: 14
Programm: Schwule- und Lesbische Literatur, Kurzgeschichten, Rechtsratgeber, Erotik
Lektorat: Jim Baker
Ms.-Interessen: Romane, Sachbücher
Ms.-Angebote erwünscht: als Exposé mit Textprobe von 20 Seiten
Medium: Papierausdruck
Ms.-Rücksendung: ja, bei Rückporto

Quetsche Verlag für Buchkunst
Riesbülldeich 2
25889 Witzwort
Tel. 04864 - 660
Fax 04864 - 225
quetsche@onlinehome.de
www.quetsche-witzwort.de
Gründungsjahr: 1985
Lieferbare Titel: 40
Programm: Originalgrafische Bücher

Dr. Josef Raabe Verlags-GmbH
Rotebühlstr. 77
70178 Stuttgart
Tel. 0711 - 629 00 - 0
Fax 0711 - 629 00 - 10
info@raabe.de
www.raabe.de
Verleger: Dr. Reihard Sander, Wolfgang Schulz
Verlagsgruppe: Klett-Verlagsgruppe
Programm: Hauswirtschaft, Hotellerie, Gastgewerbe, Bildende Kunst, Biologie, Chemie, Datenbank, Fachzeitschriften, Lern-Software, Mathematik, Musik, Nachschlagewerke, Ökologie, Umweltthemen, Verwaltung
Ms.-Angebote erwünscht: nach vorheriger telefonischer Anfrage

Radius-Verlag
Olgastr. 114
70180 Stuttgart
Tel. 0711 - 607 66 66
Fax 0711 - 607 55 55
order@radius-verlag.de
www.radius-verlag.de
Verleger: Wolfgang Erk
Programm: Biografien, Belletristik, Bildende Kunst, Bildung, Geschichte der Antike, Geschichte der Neuzeit, Lebenshilfe, Lyrik, Medizin, Philosophie, Politik, Psychologie, Religion, Theologie, Kunst
Lektorat: Wolfgang Erk
Ms.-Interessen: siehe Verlagsprogramm
Ms.-Angebote erwünscht: nach vorheriger telefonischer Anfrage
Medium: Papierausdruck mit Diskette
Ms.-Rücksendung: ja, bei Rückporto

Rainer Hampp Verlag
Meringerzellerstraße 10
86415 Mering
08233 - 47 83
Tel. 08233 - 47 83
Fax 08233 - 307 55
Rainer_Hampp_Verlag@t-online.de
www.Hampp-Verlag.de
Verleger: Rainer Hampp
Gründungsjahr: 1985
Lieferbare Titel: ca. 1000
Novitäten: ca. 100
Programm: Fachliteratur für Mensch und Betrieb
Ms.-Angebote erwünscht: als Manuskript
Medium: E-Mail
Ms.-Rücksendung: nein

Rake Verlag GmbH
Königsweg 20
24103 Kiel
Tel. 04331 - 149 77 - 0
Fax 04331 - 14 96 77
rake@rake.de
www.rake.de

Verleger: Peter Keune, Michael Rau
Gründungsjahr: 1994
Lieferbare Titel: 40
Programm: Belletristik, Satire, Comedy, Junge Literatur aus Deutschland
Lektorat: Michael Rau (Rau@rake.de)
Ms.-Angebote erwünscht: nach vorheriger telefonischer Anfrage
Medium: Papierausdruck
Ms.-Rücksendung: ja, bei Rückporto

Verlagsgruppe Random House
Neumarkter Str. 28
81673 München
Tel. 089 - 43 72 - 0
Fax 089 - 43 72 28 12
info@randomhouse.de
www.randomhouse.de
Verleger: Klaus Eck, Joerg Pfuhl (CEO), Claudia Reitter, Wolfgang Wiedermann
Verlagsgruppe: Ansata, Arkana, Blanvalet, Bassermann, Karl Blessing Verlag, btb Mosaik bei Goldmann, C. Bertelsmann, cbj Kinder- & Jugendbücher, Diana Verlag, Goldmann, Gütersloher Verlagshaus, Heyne, Integral, Knaus, Limes, Luchterhand Literaturverlag, Ludwig, Manhattan, Omnibus, Random House Audio, Random House Entertainment, Riemann, Siedler, Südwest
Programm: Literatur, Unterhaltungsliteratur, Geschichte, Sachbücher, Bildbände

Random House Entertainment
Neumarkter Str. 28
81673 München
Tel. 089 - 437 20
Fax 089 - 43 72 28 00
info@randomhouse.de
www.randomhouse.de
Verleger: Klaus Eck, Joerg Pfuhl (CEO), Claudia Reitter, Wolfgang Wiedermann
Verlagsgruppe: Verlagsgruppe Random House
Programm: Pop, Kultur, Kult, Unterhaltung, Stars und Medien

Werner Rau Verlag
Feldbergstr. 54
70569 Stuttgart
Tel. 0711 - 687 21 43
Fax 0711 - 68 22 47
rauverlag@aol.com
www.rau-verlag.de
Gründungsjahr: 1986
Lieferbare Titel: 18
Programm: Reisen, Praktische Touring Guides, Individuelles Reisen mit Auto, Motorrad und Wohnmobil
Ms.-Interessen: Europäische Zielgebiete
Ms.-Angebote erwünscht: nach vorheriger telefonischer Anfrage, als Exposé mit Textprobe von 10 Seiten
Medium: Papierausdruck, Diskette
Ms.-Rücksendung: ja, bei Rückporto

Ravensburger Buchverlag Otto Maier GmbH
Robert-Bosch-Str. 1
88214 Ravensburg
Tel. 0751 - 86 - 0
Fax 0751 - 86 - 12 89
info@ravensburger.de
www.ravensburger.de

Verlagsleitung: Renate Herre, Johannes Hauenstein
Zum Verlag: Kinder- und Jugendbücher, Erstlesebücher, Romane, Lexika, Sachbücher, Bilderbücher
Gründungsjahr: 1883
Verlagsgruppe: Ravensburger
Novitäten: 450-480
Programm: Kinderbücher, Jugendbücher, siehe oben
Lektorat: Programmleiterinnen: Tatjana Grauf (FX. Schmid); Ulrike Metzger (Erzählendes Kinder- und Jugendbuch); Sandra Schwarz (ministeps, Bilderbuch); Sabine Zurn (Kindersachbuch); Renate Herre (Wieso? Weshalb? Warum?)
Ms.-Angebote erwünscht: als Exposé
Medium: Papierausdruck
Ms.-Rücksendung: ja, mit Rückporto

Reader's Digest Deutschland: Verlag Das Beste GmbH
Augustenstr. 1
70178 Stuttgart
Tel. 0711 - 66 02 - 0
Fax 0711 - 66 02 - 547
verlag@readersdigest.de
www.readersdigest.de
Verlagsleitung: Werner Neuzig (Geschäftsführer)
Zum Verlag: Weltweit tätiges Verlags- und Direktmarketingunternehmen, Herstellung und Vertrieb von Zeitschriften, Büchern, Hörbücher, Musik- und Videosammlungen
Gründungsjahr: 1922 in USA, Gj. 1948 in Deutschland
Programm: Eigene Autoren
Lektorat: Redaktionsdir. Suzanne Koranyi-Esser
Ms.-Angebote erwünscht: nach vorheriger Anfrage per E-Mail
Medium: E-Mail
Ms.-Rücksendung: nein

Verlag Recht und Wirtschaft GmbH
Mainzer Landstr. 251
60326 Frankfurt a.M
Tel. 069 - 75 95 - 01
Fax 069 - 75 95 - 2999
verlag@ruw.de
www.ruw.de
Verleger: Prof. Dr. Thomas Wegerich
Verlagsleitung: Geschäftsführer: Prof. Dr. Thomas Wegerich
Gründungsjahr: 1948
Lieferbare Titel: 370
Programm: Steuerrecht, Wirtschaftsrecht, Arbeitsrecht, Bilanzrecht und Betriebswirtschaftsrecht
Lektorat: Prof. Dr. Thomas Wegerich (Chefredaktion), Dr. Roland Abele (Arbeitsrecht)
Ms.-Angebote erwünscht: als Exposé
Medium: Papierausdruck
Ms.-Rücksendung: ja

Philipp Reclam jun. Verlag GmbH
Siemensstr. 32
71254 Ditzingen
Tel. 07156 - 163 - 0
Fax 07156 - 163 - 197
reclam@reclam.de
www.reclam.de
Verlagsleitung: Dr. Frank R. Max, Franz Schäfer
Gründungsjahr: 1828

Lieferbare Titel: 2500
Programm: Deutsche Literatur, Weltliteratur, Philosophie, Geschichte, Musik, Kunst, Kulturgeschichte, Literaturgeschichte, Kommentare zu Werken der Weltliteratur, Arbeitstexte für den Unterricht, Fremdsprachentexte
Lektorat: Dr. Hannes Fricke, h.fricke@reclam.de; Fax 07156 - 163 - 198
Ms.-Angebote erwünscht: nach vorheriger telefonischer Anfrage, als Exposé
Medium: Papierausdruck, E-Mail
Ms.-Rücksendung: ja, bei Rückporto

Redline WIRTSCHAFT
Im Weiler 10
619121Heidelberg
Tel. 06221 - 489 - 0
Fax 06221 - 489 - 615
info@redline-wirtschaft.de
www.redline-wirtschaft.de
Verlagsgruppe: Die REDLINE GmbH ist das gemeinsame Dach von verlag moderne industrie Wirtschaftsbuch, Ueberreuter Wirtschaftsverlag, dem mvg Verlag und der neuen Marke Redline Wirtschaft
Programm: Ratgeber, Sach- und Fachbücher zu Management, Karriere, Geld und Börse, Marketing, Personal, Rechnungswesen, Recht und Neue Medien
Ms.-Angebote erwünscht: als Exposé mit Textprobe von 10 Seiten
Medium: Papierausdruck, E-Mail
Ms.-Rücksendung: ja

Regiatrex Verlag
Vorarlberger Str. 13
88212 Ravensburg
Tel. 0751 - 313 39
Fax 0751 - 131 39
Programm: Christlich Spirituelle Bücher

RegionenVerlag Rendant
Hollerallee 13
28209 Bremen
Tel. 0421 - 84 13 98 82
Fax 0421 - 84 13 98 81
info@regionenverlag.de
www.regionenverlag.de
Verlegerin: Marie-Louise Rendant
Gj.: 2007
Charakteristik: Kultur-, Freizeit- und Naturführer mit Bezug auf die »Metropolregion Bremen/Oldenburg im Nordwesten«
Zahl lieferbarer Titel: 15
Novitäten p.a.: 5
***Programm*:** Architektur, Freizeit, Natur, Reise, Urlaub, Kulturgeschichte, Kinderbücher
Ms.-Angebote erwünscht: als Exposé
Medium: E-Mail
Ms.-Rücksendung: ja, bei Rückporto

Reich Verlag/terra magica
Museggstr. 12
CH-6004 Luzern 5
Schweiz
Tel. +41 (0)41 - 410 37 21
Fax +41 (0)41 - 410 32 27
www.terramagica.de
Programm: Bildbände: Länder, Städte, Regionen

Ms.-Angebote erwünscht: nach vorheriger telefonischer Anfrage
Medium: Papierausdruck, Diskette
Ms.-Rücksendung: ja, bei Rückporto

Dr. Ludwig Reichert Verlag
Tauernstr. 11
65199 Wiesbaden
Tel. 0611 - 46 18 51
Fax 0611 - 46 86 13
reichert-verlag@t-online.de
www.reichert-verlag.de
Programm: Archäologie, Bildende Kunst, Faksimile-Ausgaben, Buch- und Bibliothekswesen, Geografie, Geschichte der Antike, Geschichte des Mittelalters, Geschichte der Neuzeit, Kulturgeschichte, Literaturwissenschaft, Musik, Orientalistik, Sprachwissenschaften
Ms.-Angebote erwünscht: als Exposé mit Textprobe von 10 Seiten
Medium: Papierausdruck

Reiju Fotoverlag
Obergasse 1
64850 Schaafheim-Mosbach
Tel. 06073 - 809 73
Fax 06073 - 800 49
verlag@reiju.de
www.reiju.de
Programm: Eisenbahn

Dietrich Reimer Verlag GmbH
Neue Grünstr. 17
10179 Berlin
Tel. 030 - 27 90 76 - 0
Fax 030 - 27 90 76 - 11
info@reimer-verlag.de
www.reimer-verlag.de
Verleger: Dr. Hans-Robert Cram
Verlagsleitung: Beate Behrens
Gründungsjahr: 1845
Programm: Einführungsbände und Monographien in den Bereich Kunstwissenschaften und Ethnologie. Architekturführer, Museumskataloge
Ms.-Angebote erwünscht: nach vorheriger telefonischer Anfrage (Dw –73)
Medium: Papierausdruck
Ms.-Rücksendung: ja

Ernst Reinhardt Verlag
Kemnatenstr. 46
80639 München
Tel. 089 - 17 80 16 - 0
Fax 089 - 17 80 16 - 30
info@reinhardt-verlag.de
www.reinhardt-verlag.de
Verlagsleitung: Hildegard Wehler
Programm: Psychologie, Kinder- und Familientherapie, Tests, Erziehungswissenschaft, Sprechwissenschaft, Logopädie, Sonder- und Heilpädagogik, Sozialpädagogik, Sexualpädagogik, Medizin, Psychiatrie, Gerontologie, Wirtschaftswissenschaft, Management
Lektorat: Dipl. Psych. Ulrike Landersdorfer (Psychologie), Dipl. Päd. Christina Henning (Pädagagik)
Ms.-Angebote erwünscht: nach vorheriger telefonischer Anfrage, als Exposé mit Textprobe von 20 Seiten
Medium: Papierausdruck
Ms.-Rücksendung: ja, bei Rückporto

Friedrich Reinhardt Verlag
Missionsstr. 36
CH-4012 Basel
Schweiz
Tel. +41 (0)61 - 264 64 50
Fax +41 (0)61 - 264 64 88
verlag@reinhardt.ch
www.reinhardt.ch
Verleger: Alfred Rüdisühli, Ruedi Reinhardt
Verlagsleitung: Alfred Rüdisühli
Gründungsjahr: 1900
Programm: Belletristik, Bildende Kunst, Religion, Helvetica, Basilensia, Nachschlagewerke im Kulturbereich, Lebenshilfe, Kinderbücher, Kalender, Zeitschriften
Lektorat: Claudia Leuppi
Ms.-Interessen: Kindergeschichten für Bilderbücher, 4 - 7 Jahre, ca. 5000 Zeichen
Ms.-Angebote erwünscht: als Manuskript
Medium: Papierausdruck
Ms.-Rücksendung: ja

Reise Know-How Verlag
Dr. Hans Grundmann
Hamjebusch 29
26655 Westerstede
Tel. 04488 - 76 19 94
Fax 04488 - 76 10 30
reisebuch@aol.com
www.reisebuch.com
Verleger: Dr. Hans-R. Grundmann
Gründungsjahr: 1988
Lieferbare Titel: 20
Novitäten: 2-4
Programm: Reiseführer und Komplementäre Titel, Nordamerika, Balearen, Kanaren
Ms.-Angebote erwünscht: nach vorheriger telefonischer Anfrage
Medium: Papierausdruck, CD-ROM, E-Mail
Ms.-Rücksendung: ja, bei Rückporto

Reise Know-How Verlag
Helmut Hermann
Untere Mühle
71706 Markgröningen
Tel. 07145 - 82 78
Fax 07145 - 267 36
Programm: Reiseführer: Mexiko, Südafrika, Namibia, Peru, Bolivien, Brasilien, Radbücher
Ms.-Angebote erwünscht: nach vorheriger telefonischer Anfrage
Ms.-Rücksendung: ja, bei Rückporto

Reise Know-How Verlag
Peter Rump GmbH
Osnabrücker Str. 79
33649 Bielefeld
Tel. 0521 - 946 49 - 0
Fax 0521 - 44 10 47
info@reise-know-how.de
www.reise-know-how.de
Verleger: Peter Rump
Verlagsleitung: Peter Rump
Verlagsgruppe: Verlagsgruppe Reise Know-How
Programm: Reiseführer, Sprachführer, Kulturführer (Kulturschock), Landkarten, Reisestory, Audio CD (Aussprachetrainer), KW-digital, Bildbände, Praxis Ratgeber
Lektorat: Sandra Wanning,

s.wanning@reise-know-how.de
Ms.-Interessen: Tibet, Kolumbien, Finnland, Bulgarien
Ms.-Angebote erwünscht: nach vorheriger telefonischer Anfrage, als Manuskript, als Exposé mit Textprobe
Medium: Papierausdruck, Diskette
Ms.-Rücksendung: ja

Reise Know-How Verlag
Edgar Hoff
Zwalbacher Str. 3
66709 Rappweiler
Tel. 06872 - 917 37
Fax 06872 - 917 38
www.reise-know-how.com
Verlagsleitung: Edgar P. Hoff
Gründungsjahr: 1982
Verlagsgruppe: Verlagsgruppe Reise Know-How
Lieferbare Titel: 13
Programm: Reisen
Lektorat: Marita Korst
Ms.-Interessen: Australien - Neuseeland, Schweden, Finnland
Ms.-Angebote erwünscht: nach vorheriger telefonischer Anfrage, als Exposé mit Textprobe von 10 Seiten
Medium: Papierausdruck
Ms.-Rücksendung: ja

Reprint-Verlag-Leipzig
Goseberg 22 - 24
37603 Holzminden
Tel. 05531 - 75 77
Fax 05521 - 70 00 29
reprint@reprint-verlag-leipzig.de
www.reprint.verlag-leipzig.de
Programm: Reprints

Reprodukt
Bülowstraße 52 / Aufgang 5
10783 Berlin
030 - 216 92 78
Tel. 030 - 216 75 01
info@reprodukt.com
www.reprodukt.com
Verleger: Dirk Rehm
Verlagsleitung: Dirk Rehm
Gründungsjahr: 1991
Lieferbare Titel: 200
Novitäten: 30
Programm: Comics
Lektorat: Christian Maiwald
Ms.-Angebote erwünscht: als Exposé mit Bildbeispielen
Medium: Papierausdruck
Ms.-Rücksendung: ja, mit Rückporto

Verlag Dr. Ingo Resch GmbH
Maria-Eich-Str. 77
82166 Gräfelfing
Tel. 089 - 854 65 - 0
Fax 089 - 854 65 - 11
info@resch-verlag.com
www.resch-verlag.com
Lieferbare Titel: 120
Programm: Bauen, Erziehung, Geschichte, Gesundheit, Ingenieurwesen, Lebenshilfe, Ratgeber, Recht, Wirtschaft, Politik, Arbeitssicherheit, Energie, Technik
Ms.-Angebote erwünscht: nach vorheriger telefonischer Anfrage
Medium: Papierausdruck und Diskette
Ms.-Rücksendung: ja

Residenz Verlag im Niederösterreichischen Pressehaus Druck- und Verlagsgesellschaft mbH
Gutenbergstr. 12
A-3100 St. Pölten
Österreich
Tel. +43 (0)2742 - 802 14 12
Fax +43 (0)2742 - 802 14 31
info@residenzverlag.at
www.residenzverlag.at
Verlagsleitung: Herwig Bitsche
Gründungsjahr: 1956
Lieferbare Titel: 180
Novitäten: ca. 20
Programm: Biographien, Belletristik, Lyrik, Theater, Musik, Garten
Lektorat: Dr. Günther Eisenhuber, Mag. Claudia Romeder, Mag. Sonja Franzke (Sachbuch), Cornelia Hladej (Kinderbuch)
Ms.-Interessen: Neue Deutsche Literatur, Sachbuch, Kinderbuch
Ms.-Angebote erwünscht: nach vorheriger telefonischer Anfrage, als Exposé mit Textprobe von 10 Seiten, als Manuskript
Medium: Papierausdruck
Ms.-Rücksendung: nein

Revolver Archiv für aktuelle Kunst
Fahrgasse 23
60311 Frankfurt am Main
Tel. 069 - 44 63 62
Fax 069 - 94 41 24 51
info@revolver-books.de
www.revolver-books.de
Programm: Künstlerbuch

Revonnah Verlag
Im Moore 33
30167 Hannover
Tel. 0511 - 172 73
Fax 0511 - 172 73
info@revonnah.de
www.revonnah.de
Verleger: Arne Drews
Verlagsleitung: Arne Drews
Gründungsjahr: 1989
Lieferbare Titel: 120
Novitäten: 5
Programm: Verlag für die Kleine Kunst, Literatur, Essay und Literaturwissenschaft
Ms.-Angebote erwünscht: nach vorheriger telefonischer Anfrage, als Exposé mit Textprobe von max. 20 Seiten
Medium: Papierausdruck
Ms.-Rücksendung: ja, bei Rückporto

rex verlag
Arsenalstr. 24
CH-6011 Kriens
Schweiz
Tel. +41 (0)41 - 419 47 19
Fax +41 (0)41 - 419 47 11
info@rex-verlag.ch
www.rex-verlag.ch
Verleger: Markus Kappeler
Gründungsjahr: 1931
Lieferbare Titel: 150
Novitäten: 25
Programm: Schwerpunkte: Erlebnispädagogik, Pastorale Hilfsmittel, Kinder- und Jugendbuch
Lektorat: Markus Kappeler,
Tel. 041 - 419 47 01, m.kappler@rex-verlag.ch

Ms.-Angebote erwünscht: als Exposé mit Textprobe von 10 Seiten
Medium: Papierausdruck, E-Mail
Ms.-Rücksendung: ja

Rhein-Eifel-Mosel-Verlag GmbH
Abtei Brauweiler
50259 Pulheim
Tel. 02234 - 985 40
Fax 02234 - 825 03
rvbg-rheinland@t-online.de
Verlagsleitung: Christian Bügel
Gründungsjahr: 1983
Programm: Psychiatrie, Kulturgeschichte, Literatur

Rhein-Mosel-Verlag Arne Houben e.K
Bad Bertricher Str. 12
56859 Alf/ Mosel
Tel. 06542 - 51 51
Fax 06542 - 611 58
info@rmv.web.de
www.rmv-web.de
Verleger: Arne Houben
Gründungsjahr: 1991
Programm: Belletristik und Sachbuch von Eifel, Mosel, Hunsrück und Rhein, Regionalbezogene Unterhaltungsliteratur, Reiseliteratur der Region
Ms.-Interessen: Regionalbezogene Unterhaltungsliteratur
Ms.-Angebote erwünscht: nach vorheriger telefonischer Anfrage, als Manuskript
Medium: Papierausdruck
Ms.-Rücksendung: ja, bei Rückporto

Verlag Helmut Richardi GmbH
Aschaffenburger Str. 19
60599 Frankfurt am Main
Tel. 069 - 970 83 30
Fax 069 707 84 00
kreditwesen@t-online.de
www.kreditwesen.de
Verleger: Philipp Otto
Verlagsleitung: Uwe Cappel
Programm: Fachbücher zu Wohnungsbaufinanzierung, -politik, und -wirtschaft

Verlag Robert Richter
Akademiestr. 28
63450 Hanau
Tel. 06181 - 39 95 77
Fax 06181 - 39 95 77
Programm: Belletristik, Horror, Underground
Ms.-Angebote erwünscht: als Manuskript
Medium: Papierausdruck
Ms.-Rücksendung: ja, bei Rückporto

Richter internationale Kochkunst Edition Volker Hennig
Goseberg 22 - 24
37603 Holzminden
Tel. 05531 - 75 77
Fax 05531 - 70 00 29
Programm: Kochbücher international

Riemann Verlag
Neumarkter Str. 28
81673 München
Tel. 089 - 41 36 - 0
Fax 089 - 41 36 - 3224
info@randomhouse.de

www.randomhouse.de
Verleger: Geschäftsführer: Klaus Eck, Joerg Pfuhl (CEO), Claudia Reitter
Verlagsleitung: Gerhard Riemann
Verlagsgruppe: Verlagsgruppe Random House
Programm: Ökologie, Politik, Wirtschaft, Psychologie
Lektorat: Werner Lord
Ms.-Angebote erwünscht: als Exposé
Medium: Papierausdruck
Ms.-Rücksendung: ja, mit Rückporto

Rimbaud Verlagsgesellschaft mbH
Oppenhoffallee 20
52066 Aachen
Tel. 0241 - 54 25 32
Fax 0241 - 51 41 17
info@rimbaud.de
www.rimbaud.de
Gründungsjahr: 1983
Lieferbare Titel: 310
Novitäten: 25
Programm: Essay, Prosa, Musik, Fotografie, Lyrik
Ms.-Angebote erwünscht: nach vorheriger telefonischer Anfrage
Ms.-Rücksendung: ja, bei Rückporto

Ritzau KG Verlag Zeit und Eisenbahn
Landsberger Str. 24
86932 Pürgen
Tel. 08196 - 252
Fax 08196 - 12 40
mail@ritzau-kg.de
www.ritzau-kg.de
Verlagsleitung: Dietmute Ritzau-Franz
Gründungsjahr: 1968
Programm: Technik, Verkehr, Eisenbahn, Zeitgeschichte
Ms.-Angebote erwünscht: nach vorheriger telefonischer Anfrage, als Manuskript
Medium: Papierausdruck, Diskette
Ms.-Rücksendung: ja

Rockbuch Verlag
Buhmann & Haeseler GmbH
Feierabendgrund 15
36381 Schlüchtern
Tel. 0661 - 18 23
Fax 0661 - 18 22
info@rockbuch.de
www.rockbuch.de
Verleger: Hanspeter Haeseler
Zum Verlag: Spezialist für deutschsprachige Musikliteratur
Gründungsjahr: 1981
Lieferbare Titel: 40
Novitäten: 8-10
Programm: populäre Musikliteratur: Rock, Pop, HipHop; Biografien; Belletristik
Ms.-Angebote erwünscht: nach vorheriger telefonischer Anfrage, als Exposé, als Manuskript

Rogner & Bernhard GmbH & Co. Verlags KG
Inselstr. 12
10179 Berlin
Tel. 030 - 24 04 74 27
Fax 030 - 24 04 74 15
info@rogner-bernhard.de
www.rogner-bernhard.de
Verlegerin: Johanna von Rauch
Zum Verlag: Fiction/Non-Fiction, Rogner & Bernhard verlegt keine festen

Reihen. Wir haben Vorlieben, sind aber nicht festgelegt auf bestimmte Sprachen oder Themen
Gründungsjahr: 1968
Lieferbare Titel: 100
Novitäten: 12
Programm: Jüngere deutsche Literatur, Jüngere englische und amerikanische Literatur, literarische Editionen und Werk-Porträts, eine »Bibliothek des Wissens« - und immer wieder Extravagantes, Überraschungen, Notwendiges
Ms.-Angebote erwünscht: als Exposé mit Textprobe von 50 Seiten
Medium: Papierausdruck
Ms.-Rücksendung: ja, bei Rückporto

Röhrig Universitätsverlag GmbH
Eichendorffstr. 37
66386 Sankt Ingbert
Tel. 06894 - 879 57
Fax 06894 - 87 03 30
info@roehrig-verlag.de
www.roehrig-verlag.de
Verlagsleitung: Werner J. Röhrig
Zum Verlag: Wir verlegen Wissenschaft!
Gründungsjahr: 1984
Lieferbare Titel: 440
Novitäten: 30
Programm: Bildung, Erziehung, Frauenforschung, Geschichte der Neuzeit, Kulturgeschichte, Literaturwissenschaft, Musik, Politik, Saarland, Soziologie, Sprachwissenschaften, Zeitgeschichte, Politik
Ms.-Angebote erwünscht: nach vorheriger telefonischer Anfrage, als Exposé mit Textprobe von 10 Seiten
Medium: Papierausdruck, E-Mail
Ms.-Rücksendung: ja, bei Rückporto

Verlag Dr. Josef H. Röll
Würzburger Str. 16
97337 Dettelbach
Tel. 09324 - 997 70
Fax 09324 - 997 71
jh-roell-verlag@t-online.de
www.roell-verlag.de
Verleger: Dr. Josef H. Röll
Gründungsjahr: 1988
Programm: Wissenschaftliche Werke, Romane, Kunstbände, Anthropologie, Archäologie, Bildende Kunst, Kulturgeschichte, Philosophie, Politik, Religion, Soziologie, Sprachwissenschaften, Ethnologie
Ms.-Angebote erwünscht: nach vorheriger telefonischer Anfrage, als Exposé mit Textprobe von 20 Seiten
Medium: Papierausdruck, Diskette, E-Mail
Ms.-Rücksendung: ja, bei Rückporto bei wissenschaftlichen Werken und bei Belletristik

Romiosini Verlag
Venloer Str. 30
50672 Köln
Tel. 0221 - 510 12 88
Fax 0221 - 510 12 88
eideniki@t-online.de
www.unisolo.de/romiosini.htm
Verleger: Niki Eideneier
Verlagsleitung: Niki Eideneier
Gründungsjahr: 1982
Lieferbare Titel: 165

Programm: Zeitgenössische Griechische Literatur, Prosa, Lyrik, Praktische Landeskunde, Sach- und Fachbücher, Zypern-Reihe
Ms.-Angebote erwünscht: nach vorheriger telefonischer Anfrage
Medium: Papierausdruck, Diskette
Ms.-Rücksendung: ja, bei Rückporto

Verlag rosa Winkel GmbH
Kufsteiner Str. 12
10825 Berlin
Tel. 030 - 853 40 42
Fax 030 - 853 99 95
Programm: Schwule- und Lesbische Literatur: Belletristik, Historische Romane, Kriminalromane, Erotik, Literaturwissenschaft, Ratgeber

Rosenberger Fachverlag
Postfach 1616
71206 Leonberg
Tel. 07152 - 226 27
Fax 07152 - 243 21
info@ rosenberger-fachverlag.de
www.rosenberger-fachverlag.de
Verleger: Dr. Walter Rosenberger
Verlagsleitung: Marianne Kurincz
Gründungsjahr: 1996
Lieferbare Titel: 47
Novitäten: 4-6
Programm: Fachliteratur, Themenfelder: Beratung, Führung, Personal- und Unternehmensentwicklung
Lektorat: Manuela Olsson
Ms.-Angebote erwünscht: nach vorheriger telefonischer Anfrage, als Exposé
Medium: Papierausdruck
Ms.-Rücksendung: ja

Rosenheimer Verlagshaus
Am Stocket 12
83022 Rosenheim
Tel. 08031 - 28 38 - 0
Fax 08031 - 28 38 - 44
info@rosenheimer.com
www.rosenheimer.com
Verleger: Klaus G. Förg
Verlagsleitung: Klaus G. Förg
Programm: Reise, Bavarica, Sachbuch, Geschichte, Humor, Zeitzeugenberichte, Romane, Handarbeit, Geschenkebuch
Ms.-Angebote erwünscht: als Exposé mit Textprobe von 2 Seiten

Rotbuch Verlag GmbH
Neue Grünstr. 18
10179 Berlin
030 - 23 80 91- 0
Tel. 030 - 23 80 91- 23
info@rotbuch.de
www.rotbuch.de
Verleger: Dr. Matthias Oehme
Verlagsleitung: Marko Wünsch
Programm: Belletristik, Krimi, Comics

Verlag Roter Morgen
Postfach 90 07 53
60447 Frankfurt am Main
Tel. 0152 - 09 41 11 60
info@kpd-online.net
www.kpd-online.info
Verleger: Wolf-Jürgen Herzog
Verlagsleitung: Wolf-Jürgen Herzog
Programm: Belletristik, Politik, Politikwissenschaft
Ms.-Angebote erwünscht:

als Exposé *Medium:* Papierausdruck
Ms.-Rücksendung: ja

Rowohlt Verlag GmbH
Hamburger Str. 17
21465 Reinbek
Tel. 040 - 72 72 - 0
Fax 040 - 72 72 - 319
www.rowohlt.de
Verleger: Dr. H. Dähne, Alexander Fest, Lutz Kettmann
Gründungsjahr: 1908
Programm: Belletristik, Sachbücher, Politik, Zeitgeschehen
Lektorat: Uwe Naumann (Chefleklektorat Sachbuch Hardcover), Thomas Überhoff (Cheflektorat Hardcover Belletristik), Marcel Hartges (Taschenbuch Belletristik)
Ms.-Angebote erwünscht: als Exposé mit Textprobe von 5 Seiten
Medium: ausschließlich Papierausdruck
Ms.-Rücksendung: nein

Rowohlt Berlin Verlag
Kreuzbergstr. 30
10965 Berlin
Tel. 030 - 28 53 84 - 0
Fax 030 - 28 53 84 - 22
Verleger: Geschäftsführung: Dr. Helmut Dähne, Alexander Fest, Lutz Kettmann
Verlagsleitung: Gunnar Schmidt
Programm: Belletristik, Sachbuch, Jugendbuch (Sachbuch)
Ms.-Angebote erwünscht: als Exposé mit Textprobe
Medium: Papierausdruck
Ms.-Rücksendung: ja, bei Rückporto

Rowohlt Taschenbuch Verlag
Hamburger Str. 17
21465 Reinbek
Tel. 040 - 72 72 - 0
Fax 040 - 72 72 - 319
info@rowohlt.de
www.rowohlt.de
Verleger: Dr. H. Dähne, Alexander Fest, Lutz Kettmann
Gründungsjahr: 1946
Verlagsgruppe: Holtzbrinck
Programm: Belletristik, Historische Romane, Kriminalromane, Erotik, Erziehung, Esoterik, Geschichte, Gesundheit, Humor, Jugendbücher, Kulturgeschichte, Lebenshilfe, Lyrik, Musik, Ökologie, Philosophie, Politik, Psychologie, Recht, Kinderbücher
Lektorat: Dr. Marcus Gärtner (Taschenbuch Belletristik), Barbara Laugwitz, Dr. Uwe Naumann (Taschenbuch Sachbuch)
Ms.-Angebote erwünscht: als Exposé mit Textprobe von 5 Seiten
Medium: Papierausdruck
Ms.-Rücksendung: ja

Rüegger Verlag
Albisriederstr. 80A
CH-8040 Zürich
Schweiz
Tel. +41 (0)44 - 491 21 30
Fax +41 (0)44 - 493 11 76
info@rueggerverlag.ch
www.rueggerverlag.ch
Verlagsleitung: Myriam Engler

Gründungsjahr: 1973
Lieferbare Titel: ca. 600
Novitäten: ca. 25
Programm: Wirtschaftsliteratur, Politik, Soziologie und Ökologie
Ms.-Interessen: siehe oben (wissenschaftliche Werke!)
Ms.-Angebote erwünscht: nach vorheriger telefonischer Anfrage
Medium: Papierausdruck, Diskette, E-Mail
Ms.-Rücksendung: nein

Rütten & Loening
Neue Promenade 6
10178 Berlin
Tel. 030 - 283 94 - 0
Fax 030 - 283 94 - 100
info@aufbau-verlag.de
www.aufbau-verlag.de
Verleger: Bernd F. Lunkewitz
Verlagsgruppe: Verlagsgruppe Aufbau
Programm: Biografien, Belletristik, Historische Romane, Kriminalromane, Bildbände, Essen und Trinken, Film, Fernsehen, Fotobildbände, Kulturgeschichte
Ms.-Angebote erwünscht: als Exposé mit Textprobe von 5-10 Seiten
Medium: Papierausdruck
Ms.-Rücksendung: ja, bei Rückporto

RvR Agentur & Verlagsgesellschaft mbH
Allensteiner Str. 20
76994 Kehl
Tel. 07851- 95 54 55
Fax 07851 - 89 92 77
info@rvr-verlag.de
www.rvr-verlag.de
Verleger: Robert von Radetzky
Gründungsjahr: 2004
Lieferbare Titel: 10
Novitäten: 5
Programm: Bildbände, Reise, Fotografie
Ms.-Angebote erwünscht: als Exposé
Medium: Papierausdruck, E-Mail
Ms.-Rücksendung: ja, mit Rückporto

Verlag Friederike Sablerolles
Am Wingertsberg 24
76857 Waldhambach
Tel. 06346 - 64 31
Fax 06346 - 65 18
friederikesab@aol.com
Programm: Reisen
Ms.-Angebote erwünscht: nach vorheriger telefonischer Anfrage
Medium: Papierausdruck
Ms.-Rücksendung: ja, bei Rückporto

Sachsenbuch Verlagsges. mbH
Franzosenallee 27
04289 Leipzig
Tel. 0341 - 230 55 75
Fax 0341 - 230 55 75
sachsenbuch@gmx.de
www.sachsenbuecher.de
Verlagsleitung: Wolf-Diethelm Zastrutzki
Gründungsjahr: 1990
Lieferbare Titel: 120
Novitäten: 10
Programm: Sachsen: Regionalia, Touristische Literatur, Sachbuch, Belletristik, Mundartliteratur: Erzgebirgisch, Sächsisch

Lektorat: Peter Meier
Ms.-Interessen: Sächsische Geschichte in allen Themen, Wanderliteratur Sachsen
Ms.-Angebote erwünscht: als Exposé mit Textprobe von 20 Seiten, als Manuskript
Medium: Papierausdruck, Diskette
Ms.-Rücksendung: ja

Verlag Sackmann und Hörndl
Hoher Weg 2
31134 Hildesheim
Tel. 05121 - 981 23 - 0
Fax 05121 - 981 23 -1
sackmann@comicplus.de
www.comic.de
Programm: Comics

Salon Verlag Gerhard Theewen
Christian-Schul-Str. 18/Leostr.
50823 Köln
Tel. 0221 - 499 58 22
Fax 0221 - 499 58 22
nc-salonvth@netcologne.de
www.salon-verlag.de
Verleger: Gerhard Theween
Gründungsjahr: 1995
Lieferbare Titel: 310
Novitäten: 20
Programm: Kunsttheorie, Philosophie, Ästhetik, Künstlerbücher, Bildbände, Bildende Kunst, Kulturgeschichte, Fotografie
Ms.-Angebote erwünscht: als Exposé
Medium: E-Mail
Ms.-Rücksendung: nein

Salzer-Verlag
Allee Str. 2
77933 Lahr
Tel. 07821 - 930 - 0
Fax 07821 - 930 0 - 30
info@kaufmann-verlag.de
www.kaufmann-verlag.de
Verleger: Thomas Schneble
Zum Verlag: Biografien, Frauenliteratur, 50 plus
Gründungsjahr: 1892
Verlagsgruppe: Imprint-Verlag des Verlag Ernst Kaufmann
Lieferbare Titel: 200
Novitäten: 40
Programm: Belletristik, Historische Romane, Biografien, Sachbuch/Ratgeber 50 plus
Lektorat: Renate Schupp, Tel. 07821 - 93 90 23, r.schupp@kaufmann-verlag.de
Ms.-Angebote erwünscht: nach vorheriger telefonischer Anfrage
Medium: Papierausdruck
Ms.-Rücksendung: ja, gern mit Rückporto

Sammlung Dieterich Verlagsges. mbH
Neue Promenade 6
10178 Berlin
Tel. 030 - 283 94 - 0
Fax 030 - 283 94 - 100
Verlagsleitung: Jens Marquardt, René Strien
Verlagsgruppe: Verlagsgruppe Aufbau
Programm: Verwaltung von Lizenzen

Elisabeth Sandmann Verlag
Türkenstr. 9
80333 München
Tel. 089 - 54 82 51 50
Fax 089 - 550 18 91
Verlegerin: Dr. Elisabeth Sandmann
es@esverlag.de
www.esverlag.de
Programm: Bildbände

Michel Sandstein Verlag
Goetheallee 6
01309 Dresden
Tel. 0351 - 440 78 - 0
Fax 0351 - 440 78 - 12
Programm: Architektur, Geschichte, Kunst
Ms.-Angebote erwünscht: nach vorheriger telefonischer Anfrage

Sankt Ulrich Verlag GmbH
Hafnerberg 2
86152 Augsburg
Tel. 0821 - 50 242 - 87
Fax 0821 - 50 242 - 46
buch@suv.de
www.sankt-ulrich-verlag.de
Verleger: Dr. Dirk-Hermann Voß
Verlagsleitung: Frau Simone Lutz
Lieferbare Titel: 150
Novitäten: 40
Programm: religiöses Sachbuch, Lebenshilfe
Ms.-Angebote erwünscht: als Exposé
Medium: Papierausdruck, E-Mail
Ms.-Rücksendung: ja

Sans Soleil Edition
Prinz-Albert-Str. 38
53113 Bonn
Tel. 0228 - 22 95 83
Fax 0228 - 21 95 07
pociao@t-online.de
Gründungsjahr: 1997
Lieferbare Titel: 15
Novitäten: 1
Programm: Zeitgenössische Schriftsteller und Musiker, vorrangig experimentelle oder avantgardistische Arbeiten
Lektorat: Pociao, Tel. 0228 - 22 95 83
Ms.-Angebote erwünscht: nach vorheriger telefonischer Anfrage
Medium: Papierausdruck
Ms.-Rücksendung: ja, bei Rückporto

Sanssouci im Carl Hanser Verlag
Vilshofener Str. 10
81679 München
Tel. 089 - 998 30 - 0
Fax 089 - 998 30 - 461
info@hanser.de
www.hanser.de
Verlagsleitung: Michael Krüger
Verlagsgruppe: Hanser Verlag, München
Programm: Geschenkbücher (Anthologien, auch Non-books) mit Anspruch, Illustrierte Bücher mit Pfiff, Anlassgebundene Belletristik
Lektorat: Bärbel Brands
Ms.-Angebote erwünscht: nach vorheriger telefonischer Anfrage
Medium: Papierausdruck
Ms.-Rücksendung: ja, mit Rückporto

Satzwerk Verlag
Am Reinsgraben 3
37085 Göttingen
Tel. 0551 - 34 50 - 0
Fax 0551 - 37 22 61
satzwerk-goe@t-online.de
www.satzwerk.de
Programm: Literatur, Satire, Musik, Kunst, Regionalia
Ms.-Angebote erwünscht: als Exposé
Medium: Papierausdruck
Ms.-Rücksendung: ja, bei Rückporto

Verlag Sauerländer
Ausserfeldstr. 9
CH-5036 Oberentfelden
Schweiz
Tel. +41 (0)62 - 836 86 26
Fax +41 (0)62 - 824 57 80
www.sauerlaender.com
Zum Verlag: Seit Anfang d. 19. Jahrhunderts, Kinder und Jugendbücher
Gründungsjahr: 1807
Programm: Schulbücher, Lehr- und Lernmittel

K.G. Saur Verlag / Ein Imprint der Walter de Gruyter GmbH & Co KG
Ortlerstr. 8
81373 München
Tel. 089 - 769 02 - 0
Fax 089 - 769 02 - 150
info@saur.de
www.saur.de
Verlagsleitung: Clara Waldrich
Verlagsgruppe: Walter de Gruyter GmbH Co KG
Programm: Buch- und Bibliothekswesen
Lektorat: Barbara Fischer, Christina Hofmann
Ms.-Angebote erwünscht: als Exposé
Medium: Papierausdruck
Ms.-Rücksendung: nein

scaneg Verlag
Postfach 70 16 06
81316 München
Tel. 089 - 759 33 36
Fax 089 - 759 39 14
verlag@scaneg.de
www.scaneg.de
Verlagsleitung: Dr. Matthias Klein
Programm: Kunst- und kulturwissenschaftliche Sachbücher und Literatur
Ms.-Angebote erwünscht: nach vorheriger telefonischer Anfrage, als Manuskript
Medium: Papierausdruck
Ms.-Rücksendung: ja, bei Rückporto

Verlag Th. Schäfer im Vincentz Verlag KG
Schiffgraben 43
30175 Hannover
Tel. 0511 - 99 10 - 012
Fax 0511 - 99 10 - 013
libri-rari@th-schaefer.de
www.libri-rari.de
Verleger: Werner Geißelbrecht
Verlagsleitung: Wolfgang Fitting
Programm: Architektur, Handwerk, Hobby, Kunsthandwerk, Patchwork, Handarbeit
Ms.-Angebote erwünscht: nach vorheriger telefonischer Anfrage
Medium: Diskette, E-Mail, CD
Ms.-Rücksendung: ja

Schäffer-Poeschel Verlag für Wirtschaft, Steuern, Recht GmbH
Werastr. 21-23
70182 Stuttgart
Tel. 0711 - 21 94 - 0
Fax 0711 - 21 94 - 119
www.schaeffer-poeschel.de
Verlagsleitung: Michael Justus
Gründungsjahr: 1902
Verlagsgruppe: Verlagsgruppe Handelsblatt
Lieferbare Titel: 600
Novitäten: 200
Programm: Schwerpunkte: Wirtschaftswissenschaften, Steuer- und Handelsrecht. Business, Fachzeitschriften, Finanzen, Lern-Software, Nachschlagewerke, Ratgeber, Recht, Steuern, Verwaltung, Wirtschaft
Ms.-Angebote erwünscht: nach vorheriger telefonischer Anfrage, als Exposé
Medium: Papierausdruck
Ms.-Rücksendung: ja

Schattauer GmbH
Hölderlinstr. 3
70174 Stuttgart
Tel. 0711 - 229 87 - 0
Fax 0711 - 229 87 - 50
info@schattauer.de
www.schattauer.de
Verleger: Dieter Bergemann
Verlagsleitung: Dr. med. Dipl.-Psych. Wulf Bertram
Gründungsjahr: 1949
Lieferbare Titel: 800
Novitäten: 60
Programm: Studentenlehrbücher Medizin und Tiermedizin, Psychosomatik und Psychotherapie, Psychiatrie, Medizinische Atlanten
Ms.-Interessen: Fachbücher Medizin (keine Sachbücher für Patienten oder Laien)
Ms.-Angebote erwünscht: nach vorheriger telefonischer Anfrage, als Exposé
Medium: Papierausdruck, Diskette, E-Mail
Ms.-Rücksendung: ja

Schauenburg Verlag
Neutrograben 17
90419 Nürnberg
Tel. 0911 - 399 06 30
Fax 0911 - 399 06 59
schauenburg_verlag@t-online.de
Programm: Lesen, Basteln, Spielen, Malen, Freizeit

Scherz Verlag
Hedderichstr. 114
60596 Frankfurt am Main
Tel. 069 - 60 62 - 0
Fax 069 - 60 62 - 319
info@fischerverlage.de
www.fischerverlage.de
Verlegerin: Monika Schoeller
Verlagsleitung: Monika Schoeller, Dr. Hubertus Schenkel, Frank Trümper
Programm: Spannung, Abenteuer, Memoirs, Ratgeber
Lektorat: Dr. Cordelia Borchert
Ms.-Angebote erwünscht: nach vorheriger telefonischer Anfrage
Medium: Papierausdruck
Ms.-Rücksendung: nein

Schirmer/Mosel Verlag GmbH
Widenmayerstr. 16
80538 München
Tel. 089 - 21 26 70 - 0
Fax 089 - 33 86 95
mail@schirmer-mosel.com
www.schirmer-mosel.com
Verleger: Lothar Schirmer
Gründungsjahr: 1974
Lieferbare Titel: 300
Novitäten: 40
Programm: Schwerpunkt: Bildkultur des 20. Jahrhunderts und der Gegenwart: Bildbände, Bildende Kunst, Erotik, Film, Fernsehen, Kulturgeschichte, Musik, Fotografie, Mode, Ausstellungskataloge
Ms.-Angebote erwünscht: als Exposé mit Textprobe von 10 Seiten
Medium: Papierausdruck
Ms.-Rücksendung: ja, bei Rückporto

SchirmerGraf Verlag
Widenmayerstr. 16
80538 München
Tel. 089 - 21 16 70 -0
Fax 089 - 21 26 70 60
mail@schirmer-graf.de
www.schirmer-graf.de
Verleger: Tanja Graf, Lothar Schirmer
Programm: Belletristik

Schirner Verlag
Zerninstr. 7
64297 Darmstadt
Tel. 06151 - 29 39 59
Fax 06151 - 29 39 87
verlagqschirner.com
www.schirner.com
Verleger: Markus Schirner
Verlagsleitung: Kirsten Glück
Programm: Schwerpunkt: Spiritualität, Einstiegs- und Orientierungsliteratur im Sachbuchbereich, Belletristik nur als praktisch anwendbare Lebenshilfe und Kinderbücher
Lektorat: Kirsten Glück
Ms.-Angebote erwünscht: nach vorheriger telefonischer Anfrage, als Exposé mit Textprobe von 50 Seiten, als Manuskript
Medium: Papierausdruck
Ms.-Rücksendung: ja, bei Rückporto

J. Schlembach Fachverlag
Limesstr. 42
91634 Wilburgstetten
Tel. 09853 - 38 91 20
Fax 09853 - 38 91 30
info@schlembach-verlag.de
www.schlembach-verlag.de
Verlagsleitung: Dr. Jens Schlembach
Zum Verlag: Fachverlag für Naturwissenschaft und Technik
Gründungsjahr: 2000
Programm: Fachbücher für Technik und Naturwissenschaft für die studentische Ausbildung: Elektro- und Informationstechnik, Maschinenbau, CAD
Ms.-Angebote erwünscht: nach vorheriger telefonischer Anfrage, als Exposé mit Textprobe von 20 Seiten
Medium: Papierausdruck
Ms.-Rücksendung: nein

SchlossVerlag
Hasenheide 54
10967 Berlin

Tel. 030 - 814 96 28 - 0
Fax 030 - 814 96 28 - 1
info@schlossverlag.de
www.schlossverlag.de
Verlegerin: Birgit Kolb
Verlagsleitung: Birgit Kolb
Programm: Kinder- und Jugendbuch
Ms.-Angebote erwünscht: nach vorheriger telefonischer Anfrage, als Exposé
Medium: Papierausdruck
Ms.-Rücksendung: ja, bei Rückporto

Schlütersche Verlagsgesellschaft mbH & Co. KG
Hans-Böckler-Allee 7
30173 Hannover
Tel. 0511 - 85 50 - 0
Fax 0511 - 85 50 - 24 08
info@schluetersche.de
www.schluetersche.de
Verlagsleitung: Klaus Krause
Gründungsjahr: 1747
Programm: Bildbände Hannover, Niedersachsen, Gesundheitsratgeber, Fachbücher für Humanmedizin, Veterinärmedizin und Zahnmedizin. Fachbücher für Pflegeberufe, Schulbücher für Berufe des Gesundheitswesens
Lektorat: Katja Koschate (Dw -2542, Human- und Zahnmedizin, Pflege, Hannover, Niedersachsen), Dr. Ulrike Oslage (Dw -2532, Veterinärmedizin), Claudia Flöer (Dw -2466, Pflege)
Ms.-Angebote erwünscht: nach vorheriger telefonischer Anfrage, als Exposé mit Textprobe von 5-10 Seiten
Medium: Papierausdruck, Diskette
Ms.-Rücksendung: ja, bei Rückporto

Schmetterling Verlag
Lindenspürstr. 38b
70176 Stuttgart
Tel. 0711 - 62 67 79
Fax 0711 - 62 69 92
lektorat@schmetterling-verlag.de
www.schmetterling-verlag.de
Programm: Sprachen, Ökonomie, Ökologie, Dritte Welt, Afrikanische Literatur
Ms.-Angebote erwünscht: nach vorheriger telefonischer Anfrage, als Exposé mit Textprobe
Medium: Papierausdruck
Ms.-Rücksendung: nur wenn angefordert

Verlag Ellen Schmid
Darmstädter Str. 8
64395 Brensbach
Tel. 06161 - 13 33
Fax 06161 - 23 65
ellenschmid@aol.com
www.buchkatalog.de/schmid
Programm: Odenwald
Ms.-Angebote erwünscht: nach vorheriger telefonischer Anfrage
Medium: Diskette
Ms.-Rücksendung: ja, bei Rückporto

Erich Schmidt Verlag GmbH & Co
Genthiner Str. 30 G
10785 Berlin
Tel. 030 - 25 00 85 - 0
Fax 030 - 25 00 85 - 21
ESV@esvmedien.de
www.ESV.info
Verlagsleitung: Dr. Joachim Schmidt, Claus-Michael Rast

Gründungsjahr: 1924
Lieferbare Titel: 2000
Novitäten: 150
Programm: Recht, Wirtschaft, Steuern, Philologie
Lektorat: Recht: Frau Dr. Schweitzer, Wirtschaft: Herr Dr. Joachim Schmidt, Steuern: Frau Dr.Teuchert-Pankatz, Philologie: Frau Dr. Lehnen
Ms.-Angebote erwünscht: nach vorheriger telefonischer Anfrage, als Exposé, als Manuskript
Medium: Papierausdruck, Diskette
Ms.-Rücksendung: ja

Verlag Hermann Schmidt Mainz GmbH & Co KG
Robert-Koch-Str. 8
55129 Mainz
Tel. 06131 - 50 60 30
Fax 06131 - 50 60 80
Verleger: Karin und Bertram Schmidt-Friderichs
Lieferbare Titel: 150
Novitäten: 25
Programm: Schwerpunkt: Typografie, Grafikdesign, Werbung
Ms.-Angebote erwünscht: als Exposé
Medium: Papierausdruck
Ms.-Rücksendung: ja, bei Rückporto

Verlag Dr. Otto Schmidt KG
Gustav-Heinemann-Ufer 58
50968 Köln
Tel. 0221 - 937 38 - 01
Fax 0221 - 937 38 - 943
info@otto-schmidt.de
www.otto.schmidt.de
Verleger: Karl-Peter Winters
Verlagsleitung: Detlef Büttner (Geschäftsführung)
Gründungsjahr: 1905
Lieferbare Titel: 1000
Programm: Schwerpunkt: Recht, Wirtschaft, Steuern, Anwaltsrecht, Arbeitsrecht, Baurecht, Bürgerliches Recht, EDV-Recht, Europarecht, Familienrecht, Gesellschafts- und Handelsrecht, Gewerblicher Rechtschutz, Internationales Recht, Medienrecht, Miet- und Wohnrecht, Sozialrecht
Lektorat: Dr. Brigitta Peters (Wirtschafts- und Gesellschaftsrecht), Andre Schaper (Elektronische Medien), Dr. Andreas Schmidt (Steuerrecht), Dr. Angelika Stadlhofer-Wissinger (Steuerliches Verfahrensrecht, Zivilprozessrecht, Zivilrecht), RA Thomas Wilting (Arbeit

Schmidt von Schwind Verlag für Hörbuch und Buch
Titusstr. 4
50678 Köln
Tel. 0221 - 376 16 19
Fax 0221 - 937 81 30
schmidtvonschwind@netcologne.de
www.buchhandel.de/schmidtvon-schwind
Verlagsleitung: Joachim Schmidt von Schwind
Gründungsjahr: 1996
Lieferbare Titel: 27
Novitäten: 8
Programm: Hörbücher: Hörspiele, Kriminalerzählungen. Bücher: Geschichte, Regionalia
Ms.-Interessen: 60er und 70er Jahre

des letzten Jahrhunderts. Keine Romane!
Ms.-Angebote erwünscht: als Exposé
Medium: Papierausdruck
Ms.-Rücksendung: ja

Schmidt-Buch-Verlag
Thorsten Schmidt
Die Winde 45
38855 Wernigerode
Tel. 03943 - 232 46
Fax 03943 - 450 10
info@schmidt-buch-verlag.de
www.schmidt-buch-verlag.de
Verleger: Thorsten Schmidt
Zum Verlag: Touristik- und Kartografieverlag
Gründungsjahr: 1990
Lieferbare Titel: 55
Novitäten: 8
Programm: Reiseführer, Touristische Sachbücher, Kunstreiseführer, Touristische Kartografie, aufwendig ausgestattete Bild-Text-Bände zu kunstgeschichtlichen Themen, Architektur
Lektorat: Marion Schmidt
Ms.-Angebote erwünscht: nach vorheriger telefonischer Anfrage, als Exposé mit Textprobe von 10 Seiten
Medium: Papierausdruck, Diskette
Ms.-Rücksendung: ja, bei Rückporto

Verlag Schmidt-Römhild
Mengstr. 16
23552 Lübeck
Tel. 0451 - 70 31 01
Fax 0451 - 703 12 53
info@schmidt-roemhild.de
www.schmidt-roemhild.de
Verleger: Norbert Beleke
Verlagsleitung: Hans-Jürgen Sperling
Gründungsjahr: 1979
Verlagsgruppe: Beleke
Lieferbare Titel: 600
Novitäten: 35
Programm: Wer ist Wer? Bildbände, Sachbuchreihen, Lübeck-Literatur, Pädiatrie, Polizeiliteratur, Ratgeber
Ms.-Angebote erwünscht: als Exposé
Medium: Papierausdruck
Ms.-Rücksendung: ja, bei Rückporto

Martin Schmitz Verlag
Lützowstr. 45
10785 Berlin
Tel. 030 - 262 00 73
Fax 030 - 23 00 45 61
martinschmitzverlag@t-online.de
www.martin-schmitz-verlag.de
Gründungsjahr: 1989
Novitäten: 1-5
Programm: Kunst, Musik, Architektur, Film, Literatur, Reise, Design, Philosophie
Ms.-Angebote erwünscht: nach vorheriger telefonischer Anfrage, als Exposé
Medium: Papierausdruck
Ms.-Rücksendung: ja, bei Rückporto

Schneelöwe
Friesenrieder Str. 45
87648 Aitrang
Tel. 08343 - 14 02
Fax 08343 - 15 93
schneeloewe@windpferd.com
Programm: Esoterik

Verlag Schnell GmbH
Oststr. 24
48231 Warendorf
Tel. 02581 - 63 32 36
Fax 02581 - 63 45 89
Verleger: Peter Salmann
Verlagsleitung: Peter Salmann
Gründungsjahr: 1834
Programm: Literarische Kochbücher, Wilhelm Busch-Reihe, Kochbücher, Westfalica
Ms.-Angebote erwünscht: als Manuskript
Medium: Papierausdruck, CD, Diskette
Ms.-Rücksendung: ja

Verlag Schnell & Steiner GmbH
Leibnizstr. 13
93055 Regensburg
Tel. 0941 - 787 85 - 0
Fax 0941 - 787 85 - 16
post@schnell-und-steiner.de
Verlagsleitung: Dr. Albrecht Weiland, Geschäftsführung Finanz- und Rechnungswesen: Gerhard Fuchs
Programm: Bildende Kunst, Fachzeitschriften, Kulturgeschichte, Reisen, Religion, Theologie
Lektorat: Dipl.-Theol. Thomas Theise (Dw -31), Dr. des. Wolf-Heinrich Kulke (Dw -32), Elisabeth Petersen M.A. (Dw -35), Dr. Barbara Polaczek (Dw -32), Sabine Behrer M.A. (Dw -34)
Ms.-Interessen: Kunstgeschichte, Archäologie, Theologie, Kirchenführer
Ms.-Angebote erwünscht: nach vorheriger telefonischer Anfrage
Medium: Papierausdruck, Diskette, E-Mail
Ms.-Rücksendung: ja

Schöffling & Co. GmbH
Kaiserstr. 79
60329 Frankfurt am Main
Tel. 069 - 92 07 87 - 0
Fax 069 - 92 07 87 - 20
silke.tabbert@schoeffling.de
www.schoeffling.de
Verleger: Klaus Schoeffling
Gründungsjahr: 1994
Lieferbare Titel: 150
Novitäten: 20
Programm: Belletristik
Lektorat: Silke Tabbert
Ms.-Angebote erwünscht: nach vorheriger telefonischer Anfrage, als Exposé mit Textprobe von 15 Seiten
Medium: Papierausdruck
Ms.-Rücksendung: nein

Verlag für Schöne Wissenschaften
Unterer Zielweg 36
CH-4143 Dornach 2
Schweiz
Tel. +41 (0)61 - 701 39 11
Fax +41 (0)61 - 701 14 17
verlag@albert-steffen.ch
www.albert-steffen.ch
Verlagsleitung: Dr. Heinz Matile
Gründungsjahr: 1928
Programm: verlegt ausschliesslich Werke des Dichters Albert Steffen

Verlag Ferdinand Schöningh GmbH
Jühenplatz am Rathaus
33098 Paderborn

Tel. 05251 - 12 75
Fax 05251 - 12 78 60
info@schoeningh.de
www.schoeningh.de
Verlegerin: Christiane Voßhaus-Schöningh
Verlagsleitung: Peter Schäfer/ Prof. Dr. Rainer Zons
Gründungsjahr: 1847
Lieferbare Titel: 2000
Novitäten: 200
Programm: Universitätsliteratur in den Fachbereich Geschichte, Politik, Theologie, Philosophie, Germanistik
Lektorat: Michael Werner: Geschichte/ Politik; Dr. Hans Jakobs: Theologie,Philosophie und Literaturwissenschaft; Dr. Diethard Sawicki: UTB für Wissenschaft
Ms.-Interessen: siehe Programm - keine Belletristik
Ms.-Angebote erwünscht: nach vorheriger telefonischer Anfrage, als Exposé, als Manuskript
Medium: Papierausdruck, Diskette
Ms.-Rücksendung: ja

Schrader Verlag Paul Pietsch Verlage GmbH & Co KG
Olgastr. 86
70180 Stuttgart
Tel. 0711 - 240 80 - 0
Fax 0711 - 236 04 15
Verlegerin: Dr. Patricia Scholten
Verlagsgruppe: Paul Pietsch Verlagsgruppe
Programm: Auto, Bildbände, Motorrad, Ratgeber, Technik

Verlag Silke Schreiber
Agnesstr. 12
80798 München
Tel. 089 - 271 01 80
Fax 089 - 271 69 57
metzel@t-online.de
www.verlag-silke-schreiber.de
Verlegerin: Dr. Luise Metzel
Programm: Kunst des 20. Jahrhunderts, Gegenwartskunst
Lektorat: Dr. Luise Metzel
Ms.-Angebote erwünscht: nach vorheriger telefonischer Anfrage
Medium: Papierausdruck, E-Mail
Ms.-Rücksendung: ja, bei Rückporto

Marion von Schröder Verlag
Friedrichstr. 126
10117 Berlin
Tel. 030 - 234 56 - 300
Fax 030 - 234 56 - 303
www.ullstein.com
Verlegerin: Dr. Siv Bublitz
Verlagsleitung: Christian Schumacher-Gebler; Marketing/Vertrieb: Klaus Füreder
Verlagsgruppe: Bonnier Media Deutschland GmbH
Programm: Literatur, Unterhaltung
Ms.-Angebote erwünscht: als Exposé mit Textprobe von 30 Seiten
Medium: Papierausdruck
Ms.-Rücksendung: ja, mit Rückporto

Schulz-Kirchner Verlag GmbH
Mollweg 2
65510 Idstein (Wörsdorf)
Tel. 06126 - 93 20 - 0
Fax 06126 - 93 20 - 50

info@schulz-kirchner.de
www.schulz-kirchner.de
Verleger: Dr. Ullrich Schulz-Kirchner
Verlagsleitung: Dr. Ullrich Schulz-Kirchner
Gründungsjahr: 1984
Lieferbare Titel: 350
Novitäten: 30
Programm: Schwerpunkt: Ergotherapie und Logopädie, Ratgeber für Angehörige, Betroffene und Fachleute, Gesundheit, Therapie, Pflegefamilie und Adoption
Lektorat: Doris Zimmermann, dzimmermann@schulz-kirchner.de, Margit Crönlein, Fachlektorat Logopädie: Dr. Jürgen Tesak, Fachlektorat Ergotherapie: Beate Kubny-Lüke
Ms.-Angebote erwünscht: als Exposé
Medium: Papierausdruck, Diskette, E-Mail
Ms.-Rücksendung: ja, bei Rückporto

Carl Schünemann Verlag
Schünemann-Haus
28195 Bremen
Tel. 0421 - 369 03 - 0
Fax 0421 - 369 03 - 39, -348
buchverlag@schuenemann-verlag.de
www.schuenemann-verlag.de
Verleger: Hermann Schünemann, Julia Schünemann
Gründungsjahr: 1810
Programm: Belletristik, Bildbände, Bildende Kunst, Fachzeitschriften, Kulturgeschichte, Sprachwissenschaften, Zeitgeschichte, Bremensien
Ms.-Angebote erwünscht: als Exposé
Medium: Papierausdruck

Schüren Verlag
Universitätsstr. 55
35037 Marburg
Tel. 06421 - 630 84
Fax 06421 - 68 11 90
info@schueren-verlag.de
www.schueren-verlag.de
Verlegerin: Dr. Anette Schüren
Verlagsleitung: Dr. Annette Schüren
Lieferbare Titel: 200
Novitäten: 25
Programm: Schwerpunkt: Film, Medien, Zeitgeschehen. Fachzeitschriften, Fernsehen, Medienwissenschaft, Politik, Soziologie, Wirtschaft
Ms.-Angebote erwünscht: nach vorheriger telefonischer Anfrage, als Exposé
Medium: Papierausdruck, E-Mail
Ms.-Rücksendung: wenn unverlangt, nur mit Rückporto

Schwabe AG Verlag
Steinentorstr. 13
CH-4010 Basel
Schweiz
Tel. +41 (0)61 - 278 95 65
Fax +41 (0)61 - 278 95 66
verlag@schwabe.ch
www.schwabe.ch
Verleger: Dr. phil. Urs Breitenstein
Verlagsleitung: Dr. phil. David Marc Hoffmann
Gründungsjahr: 1488
Lieferbare Titel: 900
Novitäten: 60
Programm: Wissenschaftliche Publikationen, Bildende Kunst, Fachzeitschriften, Geschichte der Antike, Kulturgeschichte, Medizin, Nachschlagewerk

und Wörterbuch, Naturwissenschaft, Philosophie, Psychologie, Religion, Sprachwissenschaften
Ms.-Angebote erwünscht: nach vorheriger telefonischer Anfrage
Medium: Papierausdruck, Diskette
Ms.-Rücksendung: ja, mit Rückporto

Schwabenverlag AG
Senefelderstr. 12
73760 Ostfildern
Tel. 0711 - 44 06 - 160
Fax 0711 - 44 06 - 177
buchverlag@schwabenverlag.de
Verleger: Ulrich Peters
Verlagsleitung: Gertrud Widmann
Programm: Religion und Theologie, Kunst, Bildbände
Lektorat: Programmleitung: Gertrud Widmann, Anneliese Hück, Monika Kampmann, Vera Rösch; Lektorat: Andrea Langenbacher, lektorat@schwabenverlag.de
Ms.-Angebote erwünscht: nach vorheriger telefonischer Anfrage, als Exposé
Medium: E-Mail
Ms.-Rücksendung: ja

Schwaneberger Verlag GmbH
Ohmstraße 1
85716 Unterschleißheim
089 - 323 93 - 02
Tel. 089 - 323 93 - 248
Verleger: Hans W. Hohenester
Programm: Michel-Kataloge

Schwartzkopff Buchwerke GmbH
Monbijouplatz 2
10178 Berlin
Tel. 030 - 88 04 86 - 70
Fax 030 - 88 04 86 - 71
tjung@schwartzkopff-buchwerke.de
www.schwartzkopff-buchwerke.de
Verleger: Peter Schwarzkopff
Verlagsleitung: Dr. Thomas Jung
Gründungsjahr: 2003
Lieferbare Titel: 12
Novitäten: 10
Programm: Belletristik, Sachbuch, Fotobücher, Literaturzeitschrift, Zeitgeschichte
Lektorat: Moritz Malsch, mmalsch@schwartzkopff-buchwerke.de
Ms.-Angebote erwünscht: als Exposé mit Textprobe von 20 Seiten
Medium: Papierausdruck
Ms.-Rücksendung: ja, bei Rückporto

Schwarzkopf & Schwarzkopf GmbH
Kastanienallee 32
10435 Berlin
Tel. 030 - 443 36 30 - 0
Fax 030 - 443 36 30 - 44
www.schwarzkopf-schwarzkopf.de
Zum Verlag: Innovativer Sachbuchverlag mit breitem Nischenprogramm
Programm: Politik, Kultur, Film, Fernsehen, Jugend
Ms.-Angebote erwünscht: als Exposé mit Textprobe
Medium: Diskette, E-Mail
Ms.-Rücksendung: ja, bei Rückporto

Verlag Schweers + Wall GmbH
Eupenerstr. 150
50933 Köln
Tel. 0241 - 87 22 51

Fax 0241 - 852 06
schweers.wall@t-online.de
www.schweers-wall.de
Verleger: H. Schweers, H. Wall
Gründungsjahr: 1971
Lieferbare Titel: 24
Novitäten: 7
Programm: Schwerpunkt: Schweizer Eisenbahnen, Klein- und Schmalspurbahnen, Eisenbahn-Atlas, Regionalia Euregio Maas, Rhein.
Lektorat: H.Schweers, H. Wall
Ms.-Angebote erwünscht: nach vorheriger telefonischer Anfrage, als Exposé mit Textprobe von 10 Seiten, als Manuskript
Medium: Papierausdruck, Diskette
Ms.-Rücksendung: ja

E. Schweizerbart'sche Verlagsbuchhandlung (Nägele Obermiller)
Johannesstr. 3A
70176 Stuttgart
Tel. 0711 - 35 14 56 - 0
Fax 0711 - 35 14 56 - 99
mail@schweizerbart.de
www.schweizerbart.de
Zum Verlag: Wissenschaftsverlag
Gründungsjahr: 1826
Programm: Anthropologie, Archäologie, Binnenfischerei, Seefischerei, Botanik, Fachzeitschriften, Geografie, Geowissenschaften, Natur, Naturwissenschaft, Ökologie, Reisen, Zoologie
Ms.-Angebote erwünscht: nach vorheriger telefonischer Anfrage, als Exposé oder als Manuskript
Medium: Papierausdruck, E-Mail
Ms.-Rücksendung: ja

Scripta Mercaturae Verlag
Am roten Berg 5-9
55595 St. Katharinen
Tel. 06706 - 88 00
Fax 06706 - 88 59
info@scripta-mercaturae.de
www.scripta-mercaturae.de
Verleger: Prof. Dr. Harald Winkel
Gründungsjahr: 1968
Lieferbare Titel: 250
Novitäten: 15-20
Programm: Ausschließlich Wissenschaftliche Arbeiten: Wirtschafts- und Sozialgeschichte, Geschichte, Archäologie, Zeitgeschichte
Ms.-Angebote erwünscht: als Manuskript
Medium: Papierausdruck, Diskette
Ms.-Rücksendung: ja, bei Rückporto

secolo Verlag
Rolandsmauer 13-14
49074 Osnabrück
Tel. 0541 - 289 98
Fax 0541 - 20 15 55
mail@agentur-sec.de
www.secolo-verlag.de
Verlagsleitung: Manuela M. Lagmann
Programm: Dritte Welt, Asien, Geschichte der Neuzeit, Kulturgeschichte, Literaturwissenschaft, Politik, Sprachwissenschaften, Umweltthemen, Zeitgeschichte
Ms.-Angebote erwünscht: nach vorheriger telefonischer Anfrage, als Exposé
Medium: Papierausdruck
Ms.-Rücksendung: ja, bei Rückporto

Seehamer Verlag GmbH
Seestr. 2 /Postfach 61
83629 Weyarn/Großseeham
Tel. 08020 - 90760
Fax 08020 - 907620
info@seehamer.de
www.seehamer.de
Verleger: Peter Karg-Cordes
Verlagsleitung: Peter Karg-Cordes
Zum Verlag: Hochwertige Kochbücher
Gründungsjahr: 1992
Lieferbare Titel: 25
Novitäten: 05.Aug
Programm: Bildbände, Bildende Kunst, Esoterik, Alternative Medizin, Kochbücher, Geschenkbücher, Essen und Trinken, Gartenbau, Gesundheit, Kulturgeschichte, Lebenshilfe, Medizin, Musik, Nachschlagewerke, Wörterbücher, Natur, Psychologie, Ratgeber, Umweltthemen
Ms.-Angebote erwünscht: nach vorheriger telefonischer Anfrage, als Exposé
Medium: Papierausdruck, E-Mail
Ms.-Rücksendung: ja, bei Rückporto

Seeliger Verlag AG
Krumme Str. 4
38300 Wolfenbüttel
Tel. 05331 - 635 11
Fax 05331 - 85 99 75
info@seeligerverlag.de
www.seeligerverlag.de
Programm: Belletristik, Sachbuch, Kinderbuch
Lektorat: Thomas Lang, thomas.lang@seeligerverlag.de

Seemann Henschel GmbH & Co KG
Gerichtsweg 28
04103 Leipzig
Tel. 0341 - 982 10 - 10
Fax 0341 - 98 2 10 - 19
info@seemann-henschel.de
www.seemann-henschel.de
Verleger: Dr. Jürgen A. Bach, Bernd Kolf
Verlagsleitung: Dr. Jürgen A. Bach, Bernd Kolf
Verlagsgruppe: Seemann Henschel-Verlagsgruppe
Programm: Bildende Kunst, Architektur, Kunstlexikon
Lektorat: Kerstin Ludoph Tel. 0341 - 982 10 - 23, ludolph@seemann-verlag.de
Ms.-Angebote erwünscht: als Exposé
Medium: Papierausdruck
Ms.-Rücksendung: ja, bei Rückporto

Seismo Verlag Sozialwissenschaften und Gesellschaftsfragen
Zähringerstr. 26
CH-8001 Zürich
Schweiz
Tel. +41 (0)44 - 251 11 94
Fax +41 (0)44 - 251 11 94
buch@seismoverlag.ch
www.seimoverlag.ch
Verleger: Peter Rusterholz
Verlagsleitung: Franziska Dörig
Zum Verlag: Sozialwissenschaftlicher Fachverlag
Gründungsjahr: 1988
Lieferbare Titel: 100
Novitäten: 15
Programm: Geschichte, Politik und Politikwissenschaft, Sozialwissen-

schaften, Minderheiten, Alter, Familie
Ms.-Interessen: Sozialwissenschaftliche Fachbücher, Sachbücher zu Gesellschaftsfragen
Ms.-Angebote erwünscht: als Manuskript
Medium: Papierausdruck
Ms.-Rücksendung: ja

Shaker Verlag GmbH
Kaiserstr. 100
52134 Herzogenrath
Tel. 02407 - 95 96 - 0
Fax 02407 - 95 96 - 9
info@shaker.de
www.shaker.de
Verleger: Dr. Chaled Shaker
Zum Verlag: Wissenschaft
Gründungsjahr: 1984
Lieferbare Titel: 17000
Programm: Naturwissenschaft, Technik, Betriebswirtschaft, Recht, Informatik, Computer, Medizin, Literaturwissenschaft, Sprachwissenschaft, Sozialwissenschaft, Theologie, Psychologie, Philosophie, Kunstgeschichte, Architektur, Politik, Geschichte
Lektorat: Heike Jansen (Dw -14), Leany Maassen, Joseph Lammertz (Dw-31)
Ms.-Interessen: alle Gebiete (Diss., Habil., Tagung, Fachbuch)
Ms.-Angebote erwünscht: nach vorheriger telefonischer Anfrage
Medium: Papierausdruck, Diskette, E-Mail
Ms.-Rücksendung: nein

SHAYOL Verlag
Bergmannstr. 25
10961 Berlin
Tel. 030 - 69 50 51 17
Fax 030 - 82 70 78 17
shayol@epilog.de
www.shayol-verlag.de
Verlagsleitung: Ronald Hoppe
Gründungsjahr: 2001
Novitäten: 10
Programm: Science Fiction (Romane, Erzählungen, Sekundärliteratur), Literarische Fantastik, SF-Magazin Pandora
Ms.-Angebote erwünscht: nur nach vorheriger telefonischer oder E-Mail Anfrage, als Exposé mit Textprobe von 10 Seiten
Medium: Papierausdruck
Ms.-Rücksendung: nein

Wolf Jobst Siedler Verlag
Neumarkter Str. 28
81673 München
Tel. 089 - 41 36 - 0
Fax 089 - 41 36 - 333
info@randomhouse.de
www.randomhouse.de
Verleger: Klaus Eck, Joerg Pfuhl (CEO), Claudia Reitter, Wolfgang Wiedermann
Verlagsgruppe: Verlagsgruppe Random House
Programm: Geschichte, Kulturgeschichte, Zeitgeschichte, Politik, Humanwissenschaften

Sigloch Edition KG
Am Buchberg 8
74572 Blaufelden

Tel. 01805 - 004 172
Fax 07953 - 88 31 30
edition@sigloch.de
www.sigloch.de
Verlagsleitung: Helmut Sigloch
Programm: Kochbücher und Landschaftsbildbände

Signum Wirtschaftsverlag Langen, Müller, Herbig
Thomas-Wimmer-Ring 11
80539 München
Tel. 089 - 290 88 - 0
Fax 089 - 29 08 81 54
www.herbig.net
Verlegerin: Brigitte Fleissner-Mikorey
Verlagsleitung: Gerhard Koralus
Programm: Sach- und Fachbücher

Silberburg-Verlag
Schönbuchstr. 48
72074 Tübingen
Tel. 07071 - 68 85 - 0
Fax 07071 - 68 85 - 20
info@silberburg.de
www.silberburg.de
Verleger: Titus Häussermann, Christel Werner
Zum Verlag: ausschließlich Regionalia zu Baden-Württemberg
Gründungsjahr: 1985
Lieferbare Titel: 350
Novitäten: 50
Programm: Schwaben und Baden-Württemberg: Architektur, Biografien, Belletristik, Historische Romane, Bildbände, Bildende Kunst, Essen und Trinken, Geografie, Geschichte des Mittelalters, Geschichte der Neuzeit, Jugendbücher, Kinderbücher, Kulturgeschichte
Lektorat: Martin Klaus
Ms.-Angebote erwünscht: nach vorheriger telefonischer Anfrage
Medium: Papierausdruck, Diskette, E-Mail
Ms.-Rücksendung: ja, bei Rückporto

Silberschnur Verlag GmbH
Steinstr. 1
56593 Güllesheim
Tel. 02687 - 92 90 68
Fax 02687 - 92 95 24
info@silberschnur.de
www.silberschnur.de
Verleger: Manfred Huber
Verlagsleitung: Manfred Huber
Gründungsjahr: 1982
Lieferbare Titel: 200
Novitäten: 30
Programm: Esoterik
Lektorat: Klaus Wittig
Ms.-Angebote erwünscht: als Exposé mit Textprobe von 2-3 Seiten
Medium: Papierausdruck
Ms.-Rücksendung: ja

Sisyphus Autorenverlag
Villacher Ring 21
A-9020 Klagenfurt
Österreich
Tel. +43 (0)463 - 50 16 29
Fax +43 (0)463 - 50 16 29
sisyphus@eunet.at
www.silverserver.co.at/sisyphus
Programm: Belletristik, Lyrik
Lektorat: Barbara Obernosterer, Winfried Gindl, Erwin Haas,

Gerhard Maierhofen
Ms.-Interessen: Belletristik von anderen österreichischen Autor-/innen, Neuauflagen seit langem vergriffener Bücher und Autoren
Ms.-Angebote erwünscht: als Exposé mit Textprobe
Medium: Papierausdruck
Ms.-Rücksendung: ja, bei Rückporto

Verlag SKV
Hans-Huber-Str. 4
CH-8027 Zürich
Schweiz
Tel. +41 (0)1 - 283 45 21
Fax +41 (0)1 - 283 45 65
verlagskv@kvschweiz.ch
www.verlagskv.ch
Verlagsleitung: Josef Kälin
Programm: Schul- und Fachbücher für die kaufmännische Aus- und Weiterbildung, Ratgeber
Ms.-Angebote erwünscht: nach vorheriger telefonischer Anfrage, als Exposé

SKV-Edition
Heiligenstr. 24
77933 Lahr
Tel. 07821 - 581 - 0
Fax 07821 - 581 26
www.skv-edition.de
Verleger: Geschäftsführer Reinhold Fels
Verlagsleitung: Gerhard Baum
Programm: Geschenkbücher
Ms.-Angebote erwünscht: Textprobe von 5 Seiten
Ms.-Rücksendung: ja, bei Rückporto

Smaragd Verlag
In der Streubach 1
57614 Woldert
Tel. 02684 - 97 88 08
Fax 02684 - 97 88 05
info@smaragd-verlag.de
www.smaragd-verlag.de
Programm: Sachbücher für Esoterische und Spirituelle Themen, keine Belletristik
Ms.-Angebote erwünscht: nach vorheriger telefonischer Anfrage, als Exposé
Medium: Papierausdruck, E-Mail
Ms.-Rücksendung: ja, bei Rückporto

Societäts-Verlag
Frankenallee 71-81
60327 Frankfurt am Main
Tel. 069 - 75 01 - 42 98
Fax 069 - 75 01 - 43 98
juergen.kron@fsd.de
www.societaets-verlag.de
Verleger: Dr. Roland Gerschermann
Verlagsleitung: Dr. Jürgen Kron
Gründungsjahr: 1921
Verlagsgruppe: Verlagsgruppe Frankfurter Societät
Lieferbare Titel: 160
Novitäten: 30
Programm: Zeitgeschichte, Hessen, Francofurtensien
Lektorat: Dr. Jürgen Kron (Dw -44 56)
Ms.-Angebote erwünscht: nach vorheriger telefonischer Anfrage, als Exposé mit Textprobe von 20 Seiten
Medium: Papierausdruck, Diskette
Ms.-Rücksendung: ja

Solibro Verlag
Jüdefelder Str. 31
48143 Münster
Tel. 0251 - 48 44 91 82
Fax 0251 - 48 44 91 83
info@solibro.de
www.solibro.de
Verleger: Wolfgang Neumann
Programm: Belletristik, Sachbuch, Reise, Regionalia, Humor
Ms.-Angebote erwünscht: nach vorheriger telefonischer Anfrage, als Exposé mit Textprobe von 10 Seiten
Medium: Papierausdruck, E-Mail
Ms.-Rücksendung: ja, mit Rückporto

Sonderzahl Verlag
Große Neugasse 35
A-1040 Wien
Österreich
Tel. +43 (0)1 - 586 80 70
Fax +43 (0)1 - 586 80 70 - 4
sonderzahl-verlag@chello.at
www.sonderzahl.at
Verleger: Dieter Bandhauer
Gründungsjahr: 1984
Lieferbare Titel: 300
Novitäten: 16
Programm: Essay, Literatur, Wissenschaft
Lektorat: Wolfgang Straub

Sonntag Verlag in MVS Medizinverlage Stuttgart GmbH & Co. KG
Oswald-Hesse-Str. 50
70469 Stuttgart
Tel. 0711 - 89 31 - 0
Fax 0711 - 89 31 -706
www.medizinverlage.de
Verlagsleitung: Dr. Thomas Scherb, Albrecht Hauff
Programm: Homöopathie, Naturheilverfahren, Ganzheitliche Veterinärmedizin

Spätlese Verlag Erna Hofmann
Pirckheimer Str. 18
90408 Nürnberg
Tel. 0911 - 35 45 05
Fax 0911 - 36 22 50
spaetlese.verlag@t-online.de
www.spaetlese-verlag.de
Verlegerin: Erna Hofmann
Gründungsjahr: 1979
Lieferbare Titel: 14
Novitäten: 1
Programm: Bibliophile Bücher, Franken
Ms.-Interessen: keine
Ms.-Angebote erwünscht: nach vorheriger telefonischer Anfrage
Medium: Diskette
Ms.-Rücksendung: ja, bei Rückporto

SPC TEIA Lehrbuch Verlag GmbH
Dovestr. 2-4
10587 Berlin
Tel. 030 - 89 36 33 - 50
Fax 030 - 89 36 33 - 99
lehrbuch@spc.de
www.spc.de/lehrbuch
Verleger: Lutz Hunger
Gründungsjahr: 1996
Lieferbare Titel: 55
Programm: Computer, Edutainment, Lern-Software, Schulbücher

Speed Comics im Verlag Thomas Tilsner
Flintkaserne, GB.61
83646 Bad Tölz
Tel. 08041 - 25 25
Fax 08041 - 21 47
tilsner@t-online.de
www.speedcomics.de
Programm: Comics

Speer Verlag AG
Limmattalstr. 130
CH-8049 Zürich
Schweiz
Tel. +41 (0)1 - 341 92 56
Fax +41 (0)1 - 342 45 31
buchbestellung@speerverlag.ch
Verleger: Serverin Pflüger
Verlagsleitung: Ernst B. Pflüger
Programm: Belletristik, Kinder- und Jugendbücher
Lektorat: Serverin Pflüger
Ms.-Rücksendung: ja, bei Rückporto

Spektrum Akademischer Verlag GmbH
Slevogtstr. 3-5
69126 Heidelberg
Tel. 06221 - 91 26 - 300
Fax 06221 - 91 26 - 370
info@elsevier.de
www.elsevier.de
Verlagsleitung: Peter Backx
Verlagsgruppe: Elsevier GmbH
Programm: Geowissenschaften, Psychologie, Biologie, Physik, Astronomie, Chemie, Mathematik, Informatik, Lexika, Bücher und CD-ROM, Seminare, Fernstudien
Ms.-Angebote erwünscht: nach vorheriger telefonischer Anfrage, als Exposé
Ms.-Rücksendung: ja

Wissenschaftsverlag Volker Spiess GmbH
Gneisenaustr. 33
10961 Berlin
Tel. 030 - 691 70 73
Fax 030 - 691 40 67
spiess-verlage@t-online.de
www.spiess-verlage.de
Programm: Archäologie, Film, Fernsehen, Geschichte der Neuzeit, Journalismus, Literaturwissenschaft, Medienwissenschaft, Politik, Wirtschaft, Zeitgeschichte, Sonderpädagogik
Ms.-Angebote erwünscht: nach vorheriger telefonischer Anfrage
Medium: Papierausdruck
Ms.-Rücksendung: ja, bei Rückporto

Spitta Verlag GmbH & Co.KG
Ammoniten Str. 1
72336 Balingen
Tel. 07433 - 952 - 0
Fax 07433 - 952 - 111
mail@spitta.de
www.spitta.de
Verlagsleitung: Renate Dämpfer, Wolfgang Materna
Programm: Zahnmedizin, Medizin

Adolf Sponholtz Verlag
Osterstr. 19
31785 Hameln
Tel. 05151 - 20 03 11
Fax 05151 - 20 03 19
info@niemeyer-buch.de
www.niemeyer-buch.de

Verleger: Hans Freiwald
Gründungsjahr: 1893
Verlagsgruppe: CW Niemeyer
Programm: Themen der Zeit, Umwelt, Städtebände, Hermann Löns, Sagen und Märchen des Weserberglandes, Biografien, Belletristik

Springer Verlag GmbH
Tiergartenstr. 17
69121 Heidelberg
Tel. 06221 - 48 78 - 0
Fax 06221 - 48 78 - 366
www.springer.de
Zum Verlag: Springer Science+Business Media (www.springer.com) ist eine der international führenden Verlagsgruppen für Wissenschafts- und Fachliteratur. Springer ist weltweit der zweitgrößte Anbieter im Bereich STM (Science, Technology, Medicine)
Gründungsjahr: 1842
Verlagsgruppe: Springer Science+Business Medien
Lieferbare Titel: 19000
Novitäten: 2400
Programm: Schwerpunkt: Mathematik, Naturwissenschaften, Technik, Medizin, Psychologie, Pharmazie, Biologie, Chemie, Physik, Geowissenschaften, Umweltwissenschaften, Recht, Informatik, Management, Wirtschaftswissenschaften, Geisteswissenschaften
Ms.-Angebote erwünscht: nach vorheriger telefonischer Anfrage, als Exposé

Springer-Verlag
Sachsenplatz 4-6
A-1201 Wien
Österreich
Tel. +43 (0)1 - 330 24 15
Fax +43 (0)1 - 330 24 26
springer@springer.at
www.springer.at
Verlagsleitung: Sven Fund
Programm: Anthropologie, Architektur, Biologie, Business, Chemie, Computer, Fachzeitschriften, Ingenieurwesen, Kulturgeschichte, Mathematik, Medienwissenschaft, Medizin, Naturwissenschaft, Philosophie, Physik, Psychologie, Recht, Technik, Wirtschaft, Kunst
Lektorat: Raimund Petri-Wieder (raimund.petri@springer.at), Renate Eichhorn (renate.eichhornr@springer.at), Mag. Sibille Rosenfelder (sibille.rosenfelder@springer.at), Silvia Schilgerius (silvia.schilgerius@springer.at), Mag. Sabine Warschitz (sabine.warschitz@spri
Ms.-Angebote erwünscht: als Exposé, als Exposé mit Textprobe von 10 Seiten
Medium: Papierausdruck, Diskette, E-Mail
Ms.-Rücksendung: ja

Springer Science + Business Media
Heidelberger Platz 3
14197 Berlin
Tel. 030 - 827 87 -0
Fax 030 - 827 87 - 5002
www.springer-sbm.de
Verlagsleitung: Science and Business: 70 Verlage in mehr als Ländern

Zum Verlag: Weltweit der zweitgrößte Fachverlag im Bereich Science, Technology, Medicine (STM) und größter Fachinformationsanbieter (B-to-B)
Gründungsjahr: 1842 Wissenschaftl. Springer-Verlag, ab 2003 Springer Science+Business Media
Lieferbare Titel: über 1700 Zeitschriften und mehr als 5500 neue Buchtitel, Backlist mit mehr als 40.000 Titeln
Programm: Fachinformationen STM, Business-to-Business
Ms.-Angebote erwünscht: nach vorheriger telefonischer Anfrage, als Exposé

St. Benno Buch- und Zeitschriftenverlagsgesellschaft mbH
Stammerstr. 11
04159 Leipzig
Tel. 0341 - 467 77 - 0
Fax 0341 - 467 77 - 40
service@st-benno.de
www.st-benno.de
Programm: Theologie, Zeitgeschichte, Kalender, Mystik, Spiritualität

Stadler Verlagsgesellschaft mbH
Max-Stromeyer-Str. 172
78467 Konstanz
Tel. 07531 - 898 - 0
Fax 07531 - 898 - 101
stadler.verlag.konstanz@t-online.de
Programm: Bodensee-Programm: Bildbände, Kunst, Kultur, Geschichte, Reiseführer, Kriminalgeschichten, Luftschifffahrt, Auto

Stadt-Bild-Verlag Leipzig
Gerichtsweg 28
04103 Leipzig
Tel. 0341 - 221 02 29
Fax 0341 - 221 02 26
stadtbild@t-online.de
www.stadt-bild.de
Verlegerin: Vera Kretschmar
Verlagsleitung: Hubert Kretschmar
Gründungsjahr: 1991
Lieferbare Titel: 450
Novitäten: 30
Programm: Bildbände Städte und Regionen aus Deutschland und der Schweiz
Ms.-Angebote erwünscht: als Manuskript, als Exposé
Medium: Papierausdruck
Ms.-Rücksendung: ja, bei Rückporto

Verlag Stahleisen GmbH
Sohnstr. 65
40237 Düsseldorf
Tel. 0211 - 670 75 42
Fax 0211 - 670 75 55
gabriele.demers@stahleisen.de
www.stahleisen.de
Verlagsleitung: Dipl.-Ing. Adrian Schommers
Programm: Stahlherstellung, Stahlverarbeitung und Anwendung, Stahlmarkt
Ms.-Angebote erwünscht: nach vorheriger telefonischer Anfrage
Medium: E-Mail

Stämpfli Verlag AG
Wölflistr. 1
CH-3001 Bern
Schweiz

Tel. +41 (0)31 - 300 63 11
Fax +41 (0)31 - 300 66 88
verlag@staempfli.com
www.staempfliverlag.com
Programm: Rechts- und Staatswissenschaft, Kunst, Bern, Geschichte, Zeitgeschichte, Bernersia, Geschichte, Zeitfragen

Stapp Verlag
Luisenstr. 11a
12209 Berlin
Tel. 030 - 262 19 90
Fax 030 - 262 20 97
info@stapp-verlag.de
www.stapp-verlag.de
Verleger: Wolfgang Stapp
Gründungsjahr: 1953
Lieferbare Titel: 27
Novitäten: 4
Programm: Berlin, Mark Brandenburg, Preußen
Ms.-Angebote erwünscht: nach vorheriger telefonischer Anfrage
Medium: Papierausdruck, Diskette
Ms.-Rücksendung: ja, bei Rückporto

C.A. Starke Verlag
Zeppelinstr. 2
65549 Limburg an der Lahn
Tel. 06431 - 96 15 - 0
Fax 06431 - 96 15 - 15
starkeverlag@t-online.de
www.starkeverlag.de
Verleger: Dipl.-Kfm. Rasched Salem
Verlagsleitung: Dipl.-Kfm. Rasched Salem
Gründungsjahr: 1847
Programm: Genealogie, Heraldik und Geschichte, Allgemeines Sachbuch, Kinderbücher
Ms.-Angebote erwünscht: als Manuskript
Medium: Papierausdruck, E-Mail
Ms.-Rücksendung: ja

Stauffenburg Verlag
Brigitte Narr Gmbh
August-Bebel-Str. 17
72072 Tübingen
Tel. 07071 - 97 30 - 0
Fax 07071 - 97 30 - 30
narr@stauffenburg.de
www.stauffenburg.de
Verlegerin: Brigitte Narr
Verlagsleitung: Brigitte Narr
Gründungsjahr: 1982
Novitäten: 60
Programm: Verlag für Wissenschaft und Sachbuch, Arbeitsmaterialien für das Studium, Sprach- und Literaturwissenschaft, Kulturwissenschaft, Übersetzungswissenschaft, Klassische Philologie, Semiotik
Ms.-Angebote erwünscht: als Manuskript
Medium: Papierausdruck
Ms.-Rücksendung: ja

Steidl Verlag
Düstere Str. 4
37073 Göttingen
Tel. 0551 - 496 06 - 0
Fax 0551 - 496 06 - 49
mail@steidl.de
www.steidl.de
Verleger: Gerhard Steidl

Programm: Bildbände, Fotografie, Belletristik

Conrad Stein Verlag GmbH
Dorfstr. 3a
59514 Welver
Tel. 02384 - 96 39 12
Fax 02384 - 96 39 13
info@conrad-stein-verlag.de
www.conrad-stein-verlag.de
Programm: Reisehandbücher für Individualreisende, Abenteuer, Touristik, Outdoor
Ms.-Angebote erwünscht: nach vorheriger telefonischer Anfrage, als Exposé mit Textprobe
Medium: E-Mail
Ms.-Rücksendung: ja, bei Rückporto

Franz Steiner Verlag GmbH
Birkenwaldstr. 44
70191 Stuttgart
Tel. 0711 - 25 82 - 0
Fax 0711 - 25 82 - 390
service@steiner-verlag.de
www.steiner-verlag.de
Verlagsleitung: Dr. Thomas Schaber
Gründungsjahr: 1949
Verlagsgruppe: Deutscher Apotheker Verlag
Lieferbare Titel: 4000
Novitäten: 180
Programm: Fachzeitschriften, Geografie, Kulturgeschichte, Musik, Naturwissenschaft, Philosophie, Sprachwissenschaften, Zeitgeschichte, Alte Geschichte, Wissenschaftsgeschichte
Ms.-Angebote erwünscht: nach vorheriger telefonischer Anfrage, als Exposé mit Textprobe
Medium: Papierausdruck
Ms.-Rücksendung: ja

Rudolf Steiner Verlag
Hügelweg 34
CH-4143 Dornach
Schweiz
Tel. +41 (0)61 - 706 91 30
Fax +41 (0)61 - 706 91 49
verlag@rudolf-steiner.com
www.rudolf-steiner.com
Programm: einziger Autor Rudolf Steiner

Dr. Dietrich Steinkopff Verlag
Poststr. 9
64293 Darmstadt
Tel. 06151 - 828 99 - 0
Fax 06151 - 828 99 - 40
info.steinkopff@springer.de
www.steinkopff.springer.de
Verlagsleitung: Sabine Ibbendanz
Verlagsgruppe: Springer-Verlag GmbH
Novitäten: ca. 60
Programm: Fachzeitschriften und Fachbücher, Medizin, Ernährungswissenschaft
Lektorat: Sabine Ibbendanz (Kardiologie, Herz, Thorax, Gefäßchirurgie, Gerontologie, Neurologie) Dr. Gertrud Volkert (Orthopädie, Dermatologie, Chirurgie, Urologie) Dr. Maria Magdalena Nabbe (Ernährungsws., Anästhesie, Gynäkologie, Psychiatrie)
Ms.-Angebote erwünscht: nach vorheriger telefonischer Anfrage, als Exposé
Medium: Papierausdruck, E-Mail
Ms.-Rücksendung: ja

J.F. Steinkopf Verlag GmbH
Gartenstr. 20
24103 Kiel
Tel. 0431 - 55 77 92 06
Fax 0431 - 55 77 92 92
vertrieb@steinkopf-verlag.de
www.steinkopf-verlag.de
Verlagsleitung: Johannes Keussen
Programm: Christliche Lebenshilfe, Theologische Literatur, Religiöse Belletristik
Lektorat: Johannes Keussen (Dw -203)
Ms.-Angebote erwünscht: nach vorheriger telefonischer Anfrage
Ms.-Rücksendung: ja, bei Rückporto

Verlag Janos Stekovics Anna Heintze-Stekovics
Str. des Friedens 10
06198 Dössel
Tel. 034607 - 210 88
Fax 034607 - 212 03
Verleger: Janos Stekovics
Verlagsleitung: Anna Heintze-Stekovics
Gründungsjahr: 1992
Lieferbare Titel: 150
Novitäten: 20
Programm: Architektur, Belletristik, Bildbände, Bildende Kunst, Literaturwissenschaft, Lyrik, Musik, Regionalia
Ms.-Angebote erwünscht: nach vorheriger telefonischer Anfrage, als Exposé mit Textprobe von 10 Seiten
Medium: Papierausdruck
Ms.-Rücksendung: nein

Verlag Stendel
Mozartstr. 42
70734 Fellbach
Tel. 0711 - 57 70 08 89
Fax 0711 - 57 70 08 88
verlagstendel@aol.com
Verlegerin: Dagmar Kübler
Programm: Belletristik, Fantasy, Historische Romane, Esoterik, Märchen, Psychologie
Ms.-Angebote erwünscht: als Exposé
Medium: Papierausdruck
Ms.-Rücksendung: ja, bei Rückporto

Steyler Verlag
Bahnhofstr. 9
41334 Nettetal
Tel. 02157 - 120 22 - 0
Fax 02157 - 120 22 - 2
verlag@steyler.de
www.steyler.de
Programm: Anthropologie, Bildung, Erziehung, Fachzeitschriften, Lebenshilfe, Philosophie, Psychologie, Religion, Soziologie, Sprachwissenschaften

Stieglitz Verlag
Kißlingweg 35
75417 Mühlacker
Tel. 07041 - 805 - 0
Fax 07041 - 805 - 70
info@stieglitz-verlag.de
www.stieglitz-verlag.de
Verlegerin: Brigitte Wetzel-Händle
Gründungsjahr: 1928
Lieferbare Titel: 75
Novitäten: 4-5
Programm: Historische Biografien und

Romane, Schwäbische Lokalautoren, Österreich
Lektorat: Christa Pohl, Leonberg, Tel. 07152 - 235 44, Fax 07152 - 39 91 91
Ms.-Interessen: gute historische Biografien
Ms.-Angebote erwünscht: nach vorheriger telefonischer Anfrage
Medium: Papierausdruck
Ms.-Rücksendung: ja, bei Rückporto

Leopold Stocker Verlag
Hofgasse 5
A-8011 Graz
Österreich
Tel. +43 (0)316 - 82 16 36
Fax +43 (0)316 - 83 56 12
stocker-verlag stocker-verlag.com
www.stocker-verlag.com
Verleger: Mag. Wolfgang Dvorak-Stocker
Verlagsleitung: Mag. Wolfgang Dvorak-Stocker
Gründungsjahr: 1917
Lieferbare Titel: 300
Novitäten: 45
Programm: Biographien, Essen und Trinken, Fachzeitschriften, Gartenbau, Geschichte der Neuzeit, Gesundheit, Haustiere, Landwirtschaft, Militär, Nachschlagewerk und Wörterbuch, Natur, Jagd, Ratgeber, Tiermedizin, Zeitgeschichte
Ms.-Angebote erwünscht: als Exposé, als Manuskript
Medium: Diskette

Stollfuß Verlag
Dechenstr. 7
53115 Bonn
Tel. 0228 - 72 40
Fax 0228 - 724 92 23
www.stollfuß.de
Programm: Computer, Fachzeitschriften, Recht, Wirtschaft, Steuern

J. Strauss Verlag GmbH
Postfach 60 14 36
14414 Potsdam
Tel. 0331 - 24 08 79
Fax 0331 - 24 08 80
info@j-strauss-verlag.de
www.j-strauss-verlag.de
Verleger: Jürgen Strauss
Verlagsleitung: Jürgen Strauss
Gründungsjahr: 1996
Lieferbare Titel: 22
Novitäten: 67
Programm: Bild-Textbände zu Architektur, Fotografie, Film und Kunst sowie Potsdam-, Berlin und Brandenburg-Literatur
Lektorat: E. Franke, H.G. Puchert
Ms.-Angebote erwünscht: nach vorheriger telefonischer Anfrage
Medium: E-Mail
Ms.-Rücksendung: nein

Stroemfeld Verlag
Holzhausenstr. 4
60322 Frankfurt am Main
Tel. 069 - 95 52 26 - 0
Fax 069 - 95 52 26 - 24
info@stroemfeld.de
www.stroemfeld.de
Verleger: KD Wolff

Gründungsjahr: 1970, seit 1979 auch in Basel
Programm: Stroemfeld/Roter Stern: Editionen, Historisch-Kritische Editionen mit Handschriften-Faksimiles, Belletristik, Kataloge. Stroemfeld/Nexus: Kulturwissenschaftliche Bibliothek Schwerpunkt: Moderne Literatur, Film und Medien-Literatur, Kulturwissenschaften
Ms.-Angebote erwünscht: nach vorheriger telefonischer Anfrage, als Exposé oder als Exposé mit Textprobe von bevorzugt
Ms.-Rücksendung: ja, bei Rückporto

Johannes Strugalla Editions
Kirchstr. 44
55124 Mainz
Tel. 06131 - 426 83
Fax 06131 - 421 70
editions@despalles.com
Verleger: Johannes Strugalla
Verlagsleitung: Johannes Strugalla
Gründungsjahr: 1982
Verlagsgruppe: Despalles
Lieferbare Titel: 25
Novitäten: 1-2
Programm: Künstlerbücher in limitierter Auflage
Ms.-Interessen: Sprachexperimente, aktuelle Lyrik
Ms.-Angebote erwünscht: nach vorheriger telefonischer Anfrage
Medium: Papierausdruck
Ms.-Rücksendung: ja, bei Rückporto

Studienverlag Ges.m.b.H.
Erlerstr. 10
A-6020 Innsbruck
Österreich
Tel. +43 (0)512 - 39 50 45
Fax +43 (0)512 - 39 50 45 - 15
order@studienverlag.at
www.studienverlag.at
Verleger: Markus Hatzer
Programm: Geschichte, Pädagogik und Didaktik, Kulturwissenschaften, Sozialwissenschaften, Recht, Gesundheit, Tirolensien, Freimauerer
Lektorat: Elfriede Sponring
Ms.-Angebote erwünscht: als Exposé
Medium: Papierausdruck
Ms.-Rücksendung: ja, mit Rückporto

Styria Pichler Verlag GmbH & Co. KG
Lobkowitzpl. 1
A-1010 Wien
Österreich
Tel. +43 (0)1 - 203 28 28 - 0
Fax +43 (0)1 - 203 28 28 - 68 75
office@styriapichler.at
www.styriapichler.at
Verlagsleitung: Mag. Dietmar Sternad
Gründungsjahr: 1869
Lieferbare Titel: 600
Novitäten: 60
Programm: Biographien, Theologie und Religion, Regionalia: Wien, Steiermark, Kulinarisches
Lektorat: Dr. Johannes Sachslehner, Anneliese Kainer
Ms.-Angebote erwünscht: nach vorheriger telefonischer Anfrage, als Exposé
Medium: Papierausdruck, E-Mail
Ms.-Rücksendung: ja, bei Rückporto

Verlagsgruppe Styria GmbH & Co. KG
Büro Graz: Schönaugasse 64
A-8010 Graz
Österreich
Tel. +43 (0)316 - 80 63 - 70 41
Fax +43 (0)316 - 80 63 - 70 04
office@verlagsgruppestyria.at
www.verlagsgruppestyria.at
Programm: Sachbuch, Steiermark, Wien

Subito! Verlag
Juliusstr. 12
60487 Frankfurt am Main
069 - 97 77 67 - 0
Tel. 069 - 97 77 67 - 67
mailbox@baumhaus-verlag.de
www.baumhaus-verlag.de
Verleger: Bodo Horn-Rumold
Verlagsleitung: Bodo Horn-Rumold
Programm: Cartoons, Humor, Geschenkbücher
Lektorat: Programmleitung: Harald Kiesel
Ms.-Angebote erwünscht: als Exposé mit Textprobe
Medium: Papierausdruck, E-Mail
Ms.-Rücksendung: ja, bei Rückporto

Süddeutscher Verlag Hüthig Fachinformationen GmbH
Emmy-Noether-Str. 2
80922 München
Tel. 089 - 54 85 27 00
Fax 089 - 54 85 27 10
info@svhfi.de
www.sueddeutsche.de/fachverlage
Programm: Recht, Wirtschaft, Steuern, Technik, Kommunikation, Handel, Computing, Architektur, Bau, Medizin, Naturwissenschaften, Verkehr, Umwelt

SüdOst Verlag / Hauptsitz München, Büro Waldkirchen
Am Steinfeld 4
94065 Waldkirchen
Tel. 08581 - 91 06 66
Fax 08581 - 91 06 68
Verleger: Dr. Gerhard Brannsperger
Programm: Sach- und Fachbücher, Kochbücher, Bavarica, Bildbände
Ms.-Angebote erwünscht: als Exposé
Medium: Papierausdruck
Ms.-Rücksendung: ja, bei Rückporto

Südwest Verlag
Bayerstr. 71-73
80335 München
Tel. 089 - 51 48 - 0
Fax 089 - 51 48 - 24 78
info@randomhouse.de
www.suedwest-verlag.de
Verleger: Geschäftsführer: Klaus Eck, Joerg Pfuhl (CEO), Claudia Reitter
Verlagsleitung: Stefan Ewald
Zum Verlag: Ratgeber
Gründungsjahr: 1949
Verlagsgruppe: Verlagsgruppe Random House
Lieferbare Titel: 300
Novitäten: 100
Programm: Essen und Trinken, Gesundheit, Sport & Fitness, Body, Mind & Spirit, Esoterik, Rat & Wissen, Kalender
Ms.-Angebote erwünscht: als Exposé

Medium: Papierausdruck, E-Mail
Ms.-Rücksendung: ja, mit Rückporto

Suhrkamp Verlag
Suhrkamp Haus Lindenstr. 29-35
60325 Frankfurt am Main
Tel. 069 - 756 01 - 0
Fax 069 - 756 01 - 314
lektorat@suhrkamp.de
www.suhrkamp.de
Verlegerin: Ulla Unseld-Berkéwicz
Verlagsleitung: Ulla Unseld-Berkéwicz (Vorsitzende), Philip Roeder
Gründungsjahr: 1959
Verlagsgruppe: Suhrkamp-Verlagsgruppe
Programm: Deutschsprachige und Internationale Literatur, Wissenschaft und Theorie, Biografien, Theater, Essayistik, Taschenbuch
Ms.-Angebote erwünscht: als Manuskript
Medium: Papierausdruck, Diskette
Ms.-Rücksendung: ja, bei Rückporto

supposé
Kleiner Griechenmarkt 28-30
50676 Köln
Tel. 0221 - 660 79 - 06
Fax 0221 - 660 79 - 07
kontakt@suppose.de
www.suppose.de
Verleger: Klaus Sander
Programm: Hörbuch

Sutton Verlag GmbH
Hochheimer Str. 59
99094 Erfurt
Tel. 0361 - 221 68 - 0
Fax 0361 - 221 68 - 11
info@suttonverlag.de
www.suttonverlag.de
Verleger: Sebastian Thiem
Gründungsjahr: 1996
Verlagsgruppe: Nonsuch Publishing International Ltd., Nailsworth (GB)
Lieferbare Titel: 550
Novitäten: 150
Programm: Alltagsgeschichte, Regionalia, Städtebildbände, Sportgeschichte
Lektorat: Julia Ströbel, juliastroebel@suttonverlag.de
Ms.-Interessen: Alltagsgeschichtliche Foto-Bild-Bände, Stadtgeschichten, Historische Sport-Bildbände
Ms.-Angebote erwünscht: nach vorheriger telefonischer Anfrage
Medium: Papierausdruck, Diskette
Ms.-Rücksendung: ja, bei Rückporto

Svato Verlag
Missundestr. 18
22769 Hamburg
Tel. 040 - 439 00 04
Verleger: Svato Zapletal
Gründungsjahr: 1975
Programm: Illustrierte Bücher in bibliophilen Ausgaben
Ms.-Angebote erwünscht: nach vorheriger telefonischer Anfrage
Ms.-Rücksendung: ja, mit Rückporto

Swiridoff Verlag GmbH & Co. KG
Schliffenstr. 17
74653 Künzelsau
Tel. 07940 - 15 20 59
Fax 07940 - 15 46 10

norbert.brey@wuerth.com
www.swiridoff.de
Verlagsleitung: Norbert Brey
Gründungsjahr: 1999
Lieferbare Titel: 125
Novitäten: 25-30
Programm: Bildende Kunst, Managements, Architektur, Fotografie

SYBEX Verlag GmbH
Postfach 50 15 23
50972 Köln
Tel. 0211 - 97 39 - 0
Fax 0211 - 97 39 - 199
sybex@sybex.de
www.sybex.de
Verlagsleitung: Hans Nolden
Gründungsjahr: 1981
Lieferbare Titel: 300
Novitäten: 180
Programm: Computer, Datenbank, Edutainment, Spiele, Hardware, Internet, Betriebssysteme, Office, CAD/Grafik, Info- und Entertainment/CD-ROM-Programmierung
Lektorat: Programmleitung: Anja Schriever
Ms.-Angebote erwünscht: als Exposé mit Textprobe, als Manuskript
Medium: E-Mail
Ms.-Rücksendung: ja

Talheimer Verlag
Rietsweg 2
72116 Mössingen-Talheim
Tel. 07473 - 270 11 11
Fax 07473 - 241 66
scherer@talheimer.de
www.talheimer.de
Gründungsjahr: 1988
Lieferbare Titel: 125
Programm: Sachbücher zu Bildung, Philosophie, Wissenschaft und Arbeitswelt

Tecklenborg Verlag
Siemensstr. 4
48565 Steinfurt
Tel. 02552 - 920 02
Fax 02552 - 92 01 50
tecklenborg@tecklenborg-verlag.de
www.tecklenborg-verlag.de
Verleger: Hubert Tecklenborg
Verlagsleitung: Hubert Tecklenborg
Programm: Bildbände über Tiere und Landschaften

teNeues Verlag GmbH & Co. KG
Am Selder 37
47906 Kempen
Tel. 02152 - 916 - 0
Fax 02152 - 91 61 11, 91 62 22
verlag@teneues.de
www.teneues.de
Verleger: Hendrik teNeues, Sebastian teNeues
Zum Verlag: Kalenderverlag, Buchverlag
Programm: Kalender: Kunst-, Foto-, Jugend- und Starkalender; Bücher: Lifestyle-, Kunst-, Design- und Fotografiebücher; Papeterie, Magnetoblankbooks, Notizbücher, Flippads, Poster, Geburtstagskalender, Leinwände, Luxury Stationery Collection (handgefertigte edle Journals aus Leder)

Terra Grischuna Verlag
Rossbodenstr. 33
CH-7004 Chur
Schweiz
Tel. +41 (0)81 - 286 70 50
Fax +41 (0)81 - 286 70 57
info@terra-grischuna.ch
www.terra-grischuna.ch
Verleger: Reto Fetz
Verlagsleitung: Anita Plozza
Gründungsjahr: 1942
Lieferbare Titel: 60
Novitäten: 4
Programm: Bildbände, Wanderführer aus Graubünden
Lektorat: Katharina Müller-Hess
Ms.-Angebote erwünscht: nach vorheriger telefonischer Anfrage
Medium: Papierausdruck
Ms.-Rücksendung: ja, bei Rückporto

Terzio Möllers & Bellinghausen Verlag
Heilmannstr. 15
81479 München
Tel. 089 - 480 88 50
Fax 089 - 48 99 78 23
www.terzio.de
Verlagsleitung: Ralph Möllers & Iris Bellinghausen
Programm: Jugendbuch/Belletristik (Alter: 8 - 12), Kinderbücher (Alter: 1 - 7), Kindersoftware, Lernsoftware, Hörspiele, Kindermusik, Bilderbücher
Ms.-Angebote erwünscht: nach vorheriger telefonischer Anfrage
Ms.-Rücksendung: ja, bei Rückporto

Tessloff Verlag
Ragnar Tessloff GmbH & Co. KG
Burgschmietstr. 2 - 4
90419 Nürnberg
Tel. 0911 - 399 06 - 0
Fax 0911 - 399 06 - 39
tessloff@osn.de
www.tessloff.com
Programm: Kinder- und Jugendsachbücher
Ms.-Angebote erwünscht: als Exposé
Medium: Papierausdruck
Ms.-Rücksendung: ja, bei Rückporto

B. G. Teubner Verlag
Abraham-Lincoln-Str. 46
65189 Wiesbaden
Tel. 0611 - 78 78 - 0
Fax 0611 - 78 78 - 427
www.teubner.de
Verlagsleitung: Dr. Ralf Birkelbach
Programm: Bauwesen, Chemie, Informatik, Ingenieurwesen, Mathematik, Nachschlagewerke, Naturwissenschaft, Ökologie, Physik, Technik
Lektorat: Mathematik: Ulrike Schmickler-Hirzelbruch; Naturwissenschaften: Ulrich Sandten; Technik: Dr. Martin Feuchte; Bauwesen: Ralf Harms
Ms.-Angebote erwünscht: nach vorheriger telefonischer Anfrage, als Exposé, als Exposé mit Textprobe von 20 Seiten
Medium: Papierausdruck, Diskette
Ms.-Rücksendung: ja

Teubner Edition
Höhenstr. 54
87629 Füssen

Tel. 08362 - 40 67, 82 46
Fax 08362 - 21 62
te-edition@online-service.de
www.teubner-edition.de
Verleger: Christian Teubner
Gründungsjahr: 1978
Novitäten: 5 plus Kalender und Poster
Programm: Hochwertig ausgestattete Kochbücher, Kochkunstreihe, Poster
Lektorat: Dr. Alexandra Cappel, Monika Römer, Katrin Wittmann
Ms.-Angebote erwünscht: nach vorheriger telefonischer Anfrage

Thalacker Medien - Bernhard Thalacker Verlag GmbH & Co.KG
Postfach 83 64
38133 Braunschweig
Tel. 0531 - 380 04 - 0
Fax 0531 - 380 04 25, -63
info@thalackermedien.de
www.thalackermedien.de
Verlagsleitung: Justus Graßmann
Zum Verlag: Fachverlag für die Grüne Branche
Gründungsjahr: 1867
Lieferbare Titel: 80
Novitäten: 10
Programm: Fachliteratur für Gartenbau, Floristik und Landschaft
Lektorat: Brigitt Mayr, Tel: 0531 - 380 04 47, bmayr@web.de (Programmleitung und Buchmarketing)
Ms.-Interessen: Reine Sach- und Fachbuch-Manuskripte
Ms.-Angebote erwünscht: nach vorheriger telefonischer Anfrage, als Exposé, als Manuskript

Medium: Papierausdruck
Ms.-Rücksendung: ja

Theater der Zeit im Podewil
Klosterstr. 68-70
10179 Berlin
Tel. 030 - 242 36 26
Fax 030 - 24 72 24 15
tdz@mail.blinx.de
www.theaterderzeit.de
Programm: Zeitschrift, Arbeitsbücher zu spezifischen Theaterthemen, Sachbuch, Fachbuch

Konrad Theiss Verlag GmbH
Mönchhaldenstraße 28
70191 Stuttgart
Tel. 0711 - 255 27 - 0
Fax 0711 - 255 27 - 17
service@theiss.de
www.theiss.de
Verleger: Christian Rieker
Gründungsjahr: 1956
Verlagsgruppe: WBG
Lieferbare Titel: 500
Novitäten: 70
Programm: Schwerpunkte: Archäologie, Geschichte, Landeskunde, Bildbände, Burgenkunde
Lektorat: Stefan Brückner (Dw -13, brueckner@theiss.de)
Ms.-Angebote erwünscht: nach vorheriger telefonischer Anfrage, als Exposé
Medium: Papierausdruck
Ms.-Rücksendung: ja

Theologischer Verlag Zürich
Badenerstr. 73, Postfach
CH-8026 Zürich

Schweiz
Tel. +41 (0)1 - 299 33 55
Fax +41 (0)1 - 299 33 58
tvz@ref.ch
www.tvz-verlag.ch
Verlagsleitung: Marianne Stauffacker
Programm: Protestantische Theologie, Schweizerische Reformationsgeschichte, Erwachsenenbildung, Schule und Pfarramt
Lektorat: Dr.Niklaus Peter, Programmverantwortung; Lisa Briner, Ralf Siegenthaler
Ms.-Angebote erwünscht: nach vorheriger telefonischer Anfrage, als Exposé
Medium: Papierausdruck
Ms.-Rücksendung: ja, bei Rückporto

Theseus Verlag
Liebknechtstr. 33
70565 Stuttgart
Tel. 0711 - 788 03 - 0
Fax 0711 - 788 03 - 10
service@verlagkreuz.de
www.urania-verlag.de
Verleger: Manuel Herder
Verlagsleitung: Olaf Carstens, Hans Dieter Vogt
Lieferbare Titel: 172
Novitäten: 30
Programm: Zen, Buddhismus, Lebenskunst, Integrale Spiritualität, Yoga, Tai chi, Qigong
Lektorat: Ursula Richard
Ms.-Angebote erwünscht: nach vorheriger telefonischer Anfrage
Medium: Papierausdruck, E-Mail
Ms.-Rücksendung: ja, bei Rückporto

Verlag Thexis
Dufourstr. 40 a
CH-9000 St. Gallen
Schweiz
Tel. +41 (0)71 - 224 28 41
Fax +41 (0)71 - 224 28 57
www.thexis.ch
Zum Verlag: Verlag der Universität St. Gallen, Institut für Marketing und Handel
Gründungsjahr: 1967
Programm: Management, Marketing
Ms.-Angebote erwünscht: nach vorheriger telefonischer Anfrage
Medium: E-Mail
Ms.-Rücksendung: nein

Georg Thieme Verlag
Rüdigerstr. 14
70469 Stuttgart
Tel. 0711 - 89 31 - 0
Fax 0711 - 89 31 - 298
info@thieme.de
www.thieme.de
Verleger: Dr. Albrecht Hauff
Zum Verlag: medizinisch - naturwissenschaftlicher Verlag
Gründungsjahr: 1886
Lieferbare Titel: 4000
Novitäten: 550
Programm: Medizin, Zahnmedizin, Biowissenschaften, Chemie

Thienemann Verlag GmbH
Blumenstr. 36
70182 Stuttgart
Tel. 0711 - 210 55 - 0
Fax 0711 - 210 55 - 39
info@thienemann.de

www.thienemann.de
Verleger: Klaus Willberg
Verlagsgruppe: Bonnier Media Deutschland GmbH
Programm: Bilderbücher, Kinderbücher, Jugendbücher
Lektorat: Programmleitung: Stefan Wendel
Ms.-Angebote erwünscht: als Exposé
Medium: Papierausdruck
Ms.-Rücksendung: ja, bei Rückporto

Hans Thoma Verlag
Karlstr. 46
76137 Karlsruhe
Tel. 0721 - 932 75 - 0
Fax 0721 - 932 75 - 20
Programm: Belletristik, Bildende Kunst, Evangelische Religion
Ms.-Angebote erwünscht: nach vorheriger telefonischer Anfrage

Thomas der Löwe Verlag
Rheinstr. 65
76185 Karlsruhe
Tel. 0721 - 75 31 53
Fax 0721 - 75 31 53
info@thomas-der-loewe.de
www.thomas-der-loewe.de
Programm: Belletristik, Gedichte, Schwarze Romane

Jan Thorbecke Verlag GmbH & Co
Senefelderstr. 12
73760 Ostfildern-Ruit
Tel. 0711 - 44 06 - 0
Fax 0711 - 44 06 - 199
info@thorbecke.de
www.thorbecke.de
Verlagsleitung: Ulrich Peters/Jürgen Weis
Gründungsjahr: 1946
Novitäten: 50
Programm: Geschichte (insbesondere des Mittelalters) und Kulturgeschichte in Sach- und Fachbuch; Regionalia des deutschsprachigen Südwestens, vor allem Bodenseeraum
Lektorat: siehe Homepage
Ms.-Interessen: siehe Verlagsprogramm
Ms.-Angebote erwünscht: nach vorheriger telefonischer Anfrage, als Exposé mit Textprobe, als Manuskript
Medium: Papierausdruck, E-Mail
Ms.-Rücksendung: ja, mit Rückporto

Tibia Press GmbH
Alexanderstr. 54
45472 Mülheim
Tel. 0208 - 43 95 43 10
Fax 0208 - 43 95 42 30
info@tibiapress.de
www.tibiapress.de
Verleger: Wilfried Stascheit
Verlagsleitung: Inga Stascheit, Wilfried Stascheit
Zum Verlag: Spezial Interessen- Verlag (Sport), Fachverlag Sport
Gründungsjahr: 2000
Lieferbare Titel: 10
Novitäten: 2
Programm: Marathonreiseführer, Frauenlaufbuch, Internetguide Laufen, Fitnessbücher insbesondere zu den Themen Laufen, Fitness und Kinderfitness
Ms.-Angebote erwünscht: als Exposé, als Manuskript

Medium: Papierausdruck, E-Mail
Ms.-Rücksendung: ja

Verlag Thomas Tilsner
Flintkaserne, Gb. 61
83646 Bad Tölz
Tel. 08041 - 25 25
Fax 08041 - 21 47
tilsner@t-online.de
www.tilsner.de
Programm: Speed Comics, Science Fiction, Fantasy, Fantastische Literatur, Filmbuch, Politisches Sachbuch, Schriften des Archivs der Jugendkulturen e.V., Berlin

Timon Verlag
Woyrschweg 52
22761 Hamburg
040 -18 03 49 25
Tel. 040 -18 03 49 27
kontakt@timonverlag.de
www.timonverlag.de
Verleger: Timon Schlichenmaier
Programm: Liederbücher

Tisch 7 Verlagsgesellschaft Köln mbH
Everhardstr. 63
50823 Köln
Tel. 0221 - 510 62 88
Fax 0228 - 65 82 51
mailto@tisch7-verlag.de
www.tisch7-verlag.de
Verleger: Bettina Hesse, Frank Niederländer
Programm: Belletristik

Titania Verlag
Forststr. 104B
70193 Stuttgart
Tel. 0711 - 63 81 25
Fax 0711 - 636 98 72
Programm: Bilderbücher, Puzzles, Bücher für das erste Lesealter Block- und Schreibschrift, Tierbücher, Berg- und Heimatromane, Jugendbücher

Tivola Verlag GmbH
Münzstr. 19
10178 Berlin
Tel. 030 - 53 63 58 - 0
Fax 030 - 53 63 58 - 211
gerber@tivola.de
www.tivola.de
Zum Verlag: humorvolle Wissensvermittlung
Gründungsjahr: 1995
Novitäten: 8-15
Programm: CD-ROM und Bücher für Kinder und Jugendliche
Lektorat: Landbeck, landbeck@tivola.de
Ms.-Interessen: Natur Erklären und Kinderbücher, CD-ROM
Ms.-Angebote erwünscht: nach vorheriger telefonischer Anfrage
Medium: Papierausdruck, E-Mail
Ms.-Rücksendung: nein

Tomus Verlag GmbH
Einsteinstr. 167
81677 München
Tel. 089 - 47 07 77 - 44
Fax 089 - 47 07 77 - 42
info@tomus.de
www.tomus.de

Programm: Belletristik, Humor, Satire, Geschenkbuch, Wörterbücher, Reisen
Ms.-Interessen: Humor, Cartoons, Satire
Ms.-Angebote erwünscht: nach vorheriger telefonischer Anfrage
Medium: E-Mail
Ms.-Rücksendung: ja, bei Rückporto

Topos plus Verlagsgemeinschaft
Hoogeweg 71
47623 Kevelaer
Tel. 02832 - 92 91 44
Fax 02832 - 92 91 39
gerhard.hartmann@lahn-verlag.de
www.engagementbuch.de
Programm: Märchen, Religiös, Bibel, Philosophie, Religion, Theologie

TourCon Hannelore Niedecken GmbH
Wandsbeker Allee 1
22041 Hamburg
Tel. 040 - 414 48 - 0
Fax 040 - 414 48 - 499
vertrieb@fvw.de
www.tourcon.de
Programm: Nachschlagewerke für die Tourismusbranche

Touristbuch Reise- und Kunstbuch Verlagsgesellschaft mbH
Adenauer Allee 4
30175 Hannover
Tel. 0511 - 283 96 66
Fax 0511 - 854 03 21
Programm: Reise- und Kunstbücher

Traditionell Bogenschiessen Verlag Angelika Hörnig
Siebenpfeifferstr. 16
67071 Ludwigshafen
Tel. 0621 - 68 94 41
Fax 0621 - 68 94 42
info@bogenschiessen.de
www.bogenschiessen.de
Verlegerin: Angelika Hörning
Verlagsleitung: Angelika Hörning
Programm: Bogenschiessen in sportlichen und geschichtlichen Aspekten, Anleitungen
Ms.-Interessen: zur Geschichte des Bogenschiessens, Erfahrungsgeschichte, Bauanleitungen
Ms.-Angebote erwünscht: nach vorheriger telefonischer Anfrage
Medium: Papierausdruck, Diskette
Ms.-Rücksendung: ja

transcript
Mühlenstr. 47
33607 Bielefeld
Tel. 0521 - 634 54
Fax 0521 - 610 40
live@transcript-verlag.de
www.transcript-verlag.de
Programm: Wissenschaftlicher Fachverlag, Sozialwissenschaften, Kultur- und Museumsmanagement

Transpress Verlag
Olgastr. 86
70180 Stuttgart
Tel. 0711 - 210 80 - 15
Fax 0711 - 236 04 15
Verlegerin: Dr. Patricia Scholten
Verlagsgruppe: Paul Pietsch Verlags-

gruppe
Programm: Eisenbahn

Tre Torri Verlag
Sonnenstr. 43
65191 Wiesbaden
Tel. 0611 - 505 58 40
Fax 0611 - 505 58 42
info@tretorri.de
www.tretorri.de
Verlagsleitung: Ralf Frenzel
Programm: Kochbücher, Essen und Trinken

Trescher Verlag GmbH
Reinhardtstr. 9
10117 Berlin
Tel. 030 - 283 24 96
Fax 030 - 281 59 94
post@trescherverlag.de
www.trescherverlag.de
Verleger: Detlev von Oppeln
Lieferbare Titel: 50
Novitäten: 10
Programm: Schwerpunkt: Osteuropa, GUS, Reiseführer für Individualreisende, Regionalia Brandenburg-Berlin
Lektorat: Sabine Fach, Hinnerk Dreppenstedt
Ms.-Angebote erwünscht: nach vorheriger telefonischer Anfrage, als Exposé
Medium: Papierausdruck, Diskette, E-Mail
Ms.-Rücksendung: ja, bei Rückporto

Trias-Verlag in MVS Medizinverlage Stuttgart GmbH & Co.KG
Oswald-Hesse-Str. 50
70469 Stuttgart
Tel. 0711 - 89 31 - 0
Fax 0711 - 89 31 - 706
www.medizinverlage.de
Verlagsleitung: Dr. Thomas Scherb, Albrecht Hauff
Gründungsjahr: 1989
Verlagsgruppe: Thieme
Lieferbare Titel: 300
Novitäten: 30
Programm: Gesundheit, Lebenshilfe, Psychologie, Ratgeber
Ms.-Angebote erwünscht: als Exposé mit Textprobe von 10 Seiten
Medium: Diskette, E-Mail
Ms.-Rücksendung: ja

Tropen Verlag Johann Maass
Senefelderstr. 31
10437 Berlin
Tel. 030 - 43 73 58 84
Fax 030 - 43 73 58 85
info@tropen-verlag.de
www.tropen-verlag.de
Verleger: Michael Zöllner
Programm: Belletristik, Junges Sachbuch
Ms.-Angebote erwünscht: als Exposé mit Textprobe von 10 Seiten
Medium: Papierausdruck
Ms.-Rücksendung: ja, bei Rückporto

Trotzdem Verlagsgenossenschaft
Mainzer Landstr. 107
60329 Frankfurt am Main
Tel. 069 - 23 80 28 73
trotzdemusf@t-online.de
www.txt.de/trotzdem
Verleger: Dieter Schmidt, Uli Steinheimer

Gründungsjahr: 1978
Lieferbare Titel: 120
Novitäten: 6-8
Programm: Biografien, Fachzeitschriften, Frauenforschung, Feminismus, Dritte Welt, Medien, Geschichte der Neuzeit, Jugendbücher, Ökologie, Fotografie, Politik, Theater, Zeitgeschichte, Anarchismus
Ms.-Interessen: Aktuelle politische Sachbücher, Themen: Wasser, Klimawandel
Ms.-Angebote erwünscht: nach vorheriger telefonischer Anfrage, als Manuskript
Medium: Papierausdruck, Diskette, E-Mail
Ms.-Rücksendung: ja, bei Rückporto

Anton Tschechow Verlag
Universitätsstr. 125
44789 Bochum
Tel. 0234 - 33 26 41, 33 76 45
Fax 0234 - 33 54 47
alexeew@gmx.li
www.anton-tschechow-verlag.de
Programm: Russische Literatur

Verlag Turia + Kant
Schottengasse 3A/5/DG 1
A-1010 Wien
Österreich
Tel. +43 (0)1 - 532 07 67
Fax +43 (0)1 - 532 07 68
turia.kant@turia.at
www.turia.at
Verleger: Dr. Ingo Vavra
Gründungsjahr: 1988
Lieferbare Titel: 250
Programm: Kultur und Geisteswissenschaften mit avanciertem Theoriehintergrund: Philosophie, Psychoanalyse, Geschichte, Cultural Studies, Kulturgeschichte, Literaturwissenschaft
Ms.-Interessen: Philosophie, Psychoanalyse (klassische Theorien)
Medium: Diskette, E-Mail
Ms.-Rücksendung: ja, bei Rückporto

Tyrolia Verlag
Exlgasse 20
A-6010 Innsbruck
Österreich
Tel. +43 (0)5121 – 22 33 - 0
Fax +43 (0)5121 – 22 33 - 206
buchverlag@tyrolia.at
www.tyrolia.at
Verleger: Gottfried Kompatscher
Programm: Tyrolensien, Nachschlagewerke, Pädagogik, Religion

Uccello
An der Beermahdt 12
82229 Seefeld
Tel. 08152 - 99 30 85
Fax 08152 - 79 41 96
info@uccello.de
www.uccello.de
Verlagsleitung: Martina Deppe-Spinelli
Programm: Hörbücher für Kinder
Ms.-Angebote erwünscht: nach vorheriger telefonischer Anfrage, als Exposé
Medium: E-Mail

Verlag Carl Ueberreuter
Alser Str. 24
A-1090 Wien
Österreich

Tel. +43 (0)1 - 404 44 - 0
Fax +43 (0)1 - 404 44 - 5
office@ueberreuter.at
www.ueberreuter.at
Verleger: Fritz Panzer
Programm: Sachbuch, Kinder- und Jugendbuch
Lektorat:
Kinder- u. Jugendbuch: Mag. Irmgard Harrer;
Sachbuch: Mag. Thomas Zauner
Ms.-Angebote erwünscht: nach vorheriger telefonischer Anfrage
Medium: als Exposé, Textprobe von 20 Seiten

Ulla Schmidt Verlag
Keltenstr. 45
54497 Morbach
Tel. 06536 - 931 71
Fax 06536 - 931 70
info@ulla-schmidt-verlag.de
www.ulla-schmidt-verlag.de
Verlegerin: Ulla Schmidt
Gründungsjahr: 1998
Programm: Schreiben als Selbst-Therapie, Psychose-Erfahrungen, Alternativen zur Psychiatrie, Hilfe zur Selbsthilfe
Ms.-Interessen: zu den genannten Themenkreisen
Ms.-Angebote erwünscht: als Exposé mit Textprobe von 50 Seiten
Medium: Papierausdruck
Ms.-Rücksendung: ja, bei Rückporto

Ullstein Buchverlage GmbH
Friedrichstr. 126
10117 Berlin
Tel. 030 - 234 56 - 300
Fax 030 - 234 56 - 303
www.ullstein.com
Verlegerin: Dr. Siv Bublitz
Verlagsleitung: Christian Schumacher-Gebler; Marketing/Vertrieb: Klaus Füreder
Verlagsgruppe: Bonnier Media Deutschland GmbH
Programm: Deutsche und Internationale Belletristik, Sachbuch, Zeitgeschichte, Politik, Ratgeber, Biografien
Ms.-Angebote erwünscht: als Exposé mit Textprobe von 30 Seiten
Medium: Papierausdruck
Ms.-Rücksendung: ja, mit Rückporto

Ullstein Buchverlage GmbH
Friedrichstr. 126
10117 Berlin
Tel. 030 - 234 56 - 300
Fax 030 - 234 56 - 303
www.ullstein.de
Verlegerin: Dr. Siv Bublitz
Verlagsleitung: Christian Schumacher-Gebler
Verlagsgruppe: Bonnier Media Deutschland GmbH
Lieferbare Titel: 150
Novitäten: 20
Programm: Gesundheit, Wellness, Fitness, Populärmedizinische Sachbücher
Lektorat: Gudrun Jänisch
Ms.-Interessen: Wellness, Gesundheitsratgeber
Ms.-Angebote erwünscht: nach vorheriger telefonischer Anfrage, als Exposé mit Textprobe von ca. 30 Seiten

Medium: Papierausdruck
Ms.-Rücksendung: ja

Verlag Eugen Ulmer KG
Wollgrasweg 41
70599 Stuttgart
Tel. 0711 - 45 07 - 0
Fax 0711 - 45 07 - 120
info@ulmer.de
www.ulmer.de
Verleger: Roland Ulmer
Verlagsleitung: Matthias Ulmer
Gründungsjahr: 1868
Lieferbare Titel: 1000
Novitäten: ca. 120
Programm: Fachverlag für Landwirtschaft, Biologie, Ökologie, Garten, Tiere, Häusliche Arbeiten
Lektorat: Dr. Nadia Kneissler (Wissenschaften und Programmleitung, Dw - 182), Dr. Eva-Maria Götz (Tierbuch, Dw -165), Karin Wachsmuth (Gartenbuch, Dw -240), Werner Baumeister (Schulbuch, Dw -161)
Ms.-Angebote erwünscht: nach vorheriger telefonischer Anfrage, als Exposé mit Textprobe von 20 Seiten oder als Manuskript
Medium: Diskette, CD, E-Mail
Ms.-Rücksendung: ja

Verlag Ulmer Manuskripte
Weilerhalde 37
89143 Blaubeuren
Tel. 07345 - 92 97 13
Fax 07345 - 92 97 14
webmaster@ulmer-manuskripte.de
www.ulmer-manuskripte.de
Verlegerin: Karin Bückle
Verlagsleitung: Karin Bückle
Gründungsjahr: 2000
Lieferbare Titel: 20
Novitäten: 20
Programm: Fach- und Sachbücher, Wirtschaft und Kommunikation, Sozialwissenschaften und Kultur, Sachbuch sowie Belletristik in der neuen Reihe »Lesefährten«
Lektorat: webmaster@ulmer-manuskripte.de
Ms.-Interessen: siehe oben
Ms.-Angebote erwünscht: als Exposé mit Textprobe von 10 Seiten, als Manuskript
Medium: E-Mail
Ms.-Rücksendung: ja, bei Rückporto

Neuer Umschau Buchverlag GmbH
Theodor-Körner-Str. 7
67433 Neustadt an der Weinstarße
Tel. 06321 - 87 78 55
Fax 06321 - 87 78 59
info@umschau-buchverlag.de
www.umschau-buchverlag.de
Verlegerin: Katharina Többen
Verlagsleitung: Katharina Többen
Programm: Ratgeber, Kochbücher, Ernährung, Lifestyle, Gastroführer
Lektorat: Fr. Thomaschik (Kochbuch), Fr. Grunenberg (Ernährung), Fr. Simon (Lifestyle, Gastro)
Ms.-Angebote erwünscht: als Exposé mit Textprobe von 10 Seiten, als Manuskript
Medium: Papierausdruck, E-Mail
Ms.-Rücksendung: ja, bei Rückporto

UNIBUCH Abteilung Verlag
Scharnhorststr.1
21335 Lüneburg
Tel. 04131 - 40 70 60
Fax 04131 - 40 75 40
Programm: Ökologie, Philosophie, Politik, Soziologie
Ms.-Angebote erwünscht: nach vorheriger telefonischer Anfrage
Medium: Papierausdruck
Ms.-Rücksendung: nein

Unionsverlag
Rieterstr. 18
CH-8027 Zürich
Schweiz
Tel. +41 (0)44 - 283 20 00
Fax +41 (0)44 - 283 20 01
mail@unionsverlag.ch
www.unionsverlag.ch
Verleger: Lucien Leitess
Verlagsleitung: Lucien Leitess
Programm: Biographien, Belletristik, Historische Romane, Kriminalromane, Märchen, Ratgeber, Zeitgeschichte
Ms.-Rücksendung: nein

United Soft Media Verlag GmbH
Thomas-Wimmer-Ring 11
80539 München
Tel. 089 - 290 88 -175
Fax 089 - 290 88 - 160
info@usm.de
www.usm.de
Verleger: Michael Fleissner
Zum Verlag: Multimedia Verlag
Gründungsjahr: 1994
Lieferbare Titel: 200
Novitäten: 60
Programm: CD-ROM / DVD-ROM aus den Bereichen Nachschlagewerke, Geschichte, Natur, Astronomie, Naturwissenschaft, Kinder, Jugend
Ms.-Interessen: Elektronische Nachschlagewerke
Ms.-Angebote erwünscht: nach vorheriger telefonischer Absprache
Medium: CD-ROM / DVD-ROM

Universitas Verlag
Thomas-Wimmer-Ring 11
80539 München
Tel. 089 - 290 88 - 0
Fax 089 - 290 88 - 154
www.herbig.net
Verlegerin: Brigitte Fleissner-Mikorey
Verlagsleitung: Gerhard Koralus
Verlagsgruppe: Verlagsgruppe Langen Müller Herbig
Programm: Belletristik, Geschichte, Politik, Zeitgeschichte
Ms.-Angebote erwünscht: als Exposé
Medium: Papierausdruck, Diskette
Ms.-Rücksendung: ja

Unrast Verlag
Postfach 8020
48043 Münster
Tel. 0251 - 66 62 93
Fax 0251 - 66 61 20
unrast@aol.com
Gründungsjahr: 1989
Verlagsgruppe: Unrast e.V.
Lieferbare Titel: 100
Novitäten: 20
Programm: Kritisches Sachbuch, Populärwissenschaftliches Programm in den Bereichen: Soziologie, Politik,

Geschichte, Biografien sowie Belletristik
Ms.-Angebote erwünscht: als Exposé mit Textprobe von max. 50 Seiten
Medium: Papierausdruck, Diskette, E-Mail
Ms.-Rücksendung: ja, bei Rückporto

Unterwegs Verlag Manfred Klemann
Dr. Andler-Str. 28
78204 Singen
Tel. 07731 - 635 44
Fax 07731 - 624 01
uv@unterwegs.com
www.reisefuehrer.com
Verleger: Manfred Klemann
Verlagsleitung: Manfred Klemann
Zum Verlag: Reisebücher
Programm: Freizeit- und Reiseführer, Szeneführer, Autokennzeichenbücher
Lektorat: Silke Mäder (Freizeit), Manfred Klemann, Thomas Schlegel, Christina Gottschall, Sabine Heilig und Ariane Martin (Reiseführer), Stefan Blondzik, Monika Knobloch (Szeneführer)
Ms.-Angebote erwünscht: nach vorheriger telefonischer Anfrage
Medium: Papierausdruck
Ms.-Rücksendung: ja

Verlag Urachhaus
Landhausstr. 82
70190 Stuttgart
Tel. 0711 - 285 32 01
Fax 0711 - 285 32 11
www.urachhaus.com
Verleger: Frank Berger
Verlagsleitung: Frank Berger
Gründungsjahr: 1925
Verlagsgruppe: Verlag Freies Geisetsleben & Urachhaus GmbH
Lieferbare Titel: 650
Novitäten: 45
Programm: Anthroposophie, Kunst und Kunstgeschichte, Religions- und Geistesgeschichte, Theologie, Philosophie, Lebenshilfe, Belletristik, Kinder- und Jugendbücher
Lektorat: Michael Stehle, Diethild Plattner
Ms.-Angebote erwünscht: nach vorheriger telefonischer Anfrage
Medium: Papierausdruck, Diskette, E-Mail
Ms.-Rücksendung: ja, bei Rückporto

AGM AG Müller Urania
Bahnhofstr. 21
CH-8212 Neuhausen
Schweiz
Tel. +41 (0)52 - 674 02 30
Fax +41 (0)52 - 674 03 40
info@uraniaverlag.ch
www.uraniaverlag.ch
Verlagsleitung: Product Management: Silvie Bachmann
Gründungsjahr: 1977
Lieferbare Titel: 200
Novitäten: 20
Programm: Astrologie, Lebenshilfe, Tarot, Orakel, Karten und Buchprodukte
Ms.-Angebote erwünscht: als Exposé
Medium: Papierausdruck
Ms.-Rücksendung: nein

Urania Verlag
Liebknechtstr. 33
70575 Stuttgart
Tel. 0711 - 788 03 - 0
Fax 0711 - 788 03 - 10
service@verlagkreuz.de
www.urania-verlag.de
Verleger: Manuel Herder
Verlagsleitung: Olaf Carstens, Hans Dieter Vogt
Gründungsjahr: 1925
Lieferbare Titel: 529
Novitäten: 100
Programm: Hobby, Malen, Textiles Gestalten, Ratgeber zu: Familie und Kind, Lebenshilfe, Gesundheit, Ernährung
Lektorat: Hobby: Hannelore Irmer-Romeo Tel. 0711 - 788 03 - 54, alle anderen Bereiche: Daniela Scheiffele Tel. 0711 - 788 03 - 61
Ms.-Angebote erwünscht: nach vorheriger telefonischer Anfrage
Medium: Papierausdruck, E-Mail
Ms.-Rücksendung: ja, bei Rückporto

Urban & Fischer Verlag GmbH & Co. KG
Karlstr. 45
80333 München
Tel. 089 - 53 83 - 0
Fax 089 - 53 83 - 939
info@urbanfischer.de
www.urbanfischer.de
Verleger: Dr. Jürgen Wieczorek
Programm: Bücher und Elektronische Medien, Medizinische Assistenzberufe, Zahnmedizin, Heilpraktiker, Medizin, Pflege
Ms.-Angebote erwünscht: als Exposé, als Manuskript
Medium: Papierausdruck
Ms.-Rücksendung: ja

Urban & Vogel GmbH
Neumarkter Str. 43
81673 München
Tel. 089 - 43 72 - 14 13
Fax 089 - 43 72 - 14 10
verlag@urban-vogel.de
www.urban-vogel.de
Verleger: Dr. Georg Rulle
Verlagsgruppe: Springer Science + Business Media
Programm: Medizin, Psychologie, Pflege
Lektorat: Carola Herzberg M.A.
Ms.-Angebote erwünscht: nach vorheriger telefonischer Anfrage

UTB für Wissenschaft Uni-Taschenbücher GmbH
Breitwiesenstr. 9
70565 Stuttgart
Tel. 0711 - 780 18 26
Fax 0711 - 780 13 76
utb-stuttgart@t-online.de
www.utb.de
Gründungsjahr: 1970
Verlagsgruppe: 13 Gesellschafterverlage
Lieferbare Titel: 800
Novitäten: 60
Programm: Lehrbücher in über 40 Fachbereichen
Lektorat: Lektorate bei Gesellschafterverlagen

UVK Verlagsgesellschaft mbH
Schützenstr. 24
78462 Konstanz
Tel. 07531 - 90 53 - 0
Fax 07531 - 90 53 - 98
willkommen@uvk.de
www.uvk.de
Verlegerin: Dr. Brigitte Weyl
Verlagsleitung: Walter Engstle
Gründungsjahr: 1963
Lieferbare Titel: 1000
Novitäten: 80
Programm: Wissenschafts- und Studentenliteratur aus den Bereichen Sozialwissenschaften, Kommunikationswissenschaft, Kulturwissenschaft, Filmwissenschaft, Fachbücher für die Praxis Journalismus und Film
Lektorat: Rüdiger Steiner, Uta C. Preimesser, Sonja Rothländer, Hannah Müller
Ms.-Angebote erwünscht: nach vorheriger telefonischer Anfrage, als Exposé
Medium: Papierausdruck, E-Mail
Ms.-Rücksendung: ja

V & R unipress GmbH
Robert-Bosch-Breite 6
37079 Göttingen
Tel. 0551 - 50 84 - 301
Fax 0551 - 50 84 - 333
info@vr-unipress.de
www.vr-unipress.de
Verlagsleitung: Susanne Franzkeit
Gründungsjahr: 2003
Verlagsgruppe:
Vandenhoeck&Ruprecht
Lieferbare Titel: 200
Novitäten: 70-90
Programm: Forschungswissenschaften aus den Geistes- und Gesellschaftswissenschaften
Lektorat: Assistenz: Friederike Lonz (f.lonz@vr-unipress.de, Dw-301)
Ms.-Angebote erwünscht: als Manuskript
Medium: E-Mail
Ms.-Rücksendung: nein

Verlag Franz Vahlen GmbH
Wilhelmstr. 9
80801 München
Tel. 089 - 381 89 - 0
Fax 089 - 381 89 - 398, -402
bestellung@vahlen.de
www.vahlen.de
Verlagsleitung: Dr. Hans Dieter Beck
Gründungsjahr: 1.1.1870
Verlagsgruppe: Verlagsgruppe C.H. Beck
Programm: Rechts-, Wirtschafts- und Sozialwissenschaften, Steuerrecht

VAK Verlags GmbH
Eschbachstr. 5
79199 Kirchzarten
Tel. 07661 - 98 71 - 50
Fax 07661 - 98 71 99
info@vakverlag.de
www.vakverlag.de
Verleger: Alfred Schatz, Helga Petres
Verlagsleitung: Beate Walter
Zum Verlag: Sachbuchverlag: Populäre Psychologie, Gesundheit, Pädagogik und Lernen, Kinderbuch, NLP, Kinesiologie
Gründungsjahr: 1983
Lieferbare Titel: 180

Novitäten: 15-20
Programm: Gesundheit, Selbsthilfe, Körperarbeit, Pädagogik, NLP, Kinesiologie, Non-Books, Psychologie, Lernen
Lektorat: Norbert Gehlen (Dw -51), Nadine Weber (Dw -53)
Ms.-Angebote erwünscht: nach vorheriger telefonischer Anfrage, als Exposé mit Textprobe von 20 Seiten, als Manuskript
Medium: Papierausdruck, Diskette
Ms.-Rücksendung: ja

van der Koelen Verlag
Hinter der Kapelle 54
55128 Mainz
Tel. 06131 - 346 64, 0171 - 420 82 80
Fax 06131 - 36 90 76
dvanderkoelen@chorus-verlag.de
www.chorus-verlag.de
Verlegerin: Dr. Dorothea van der Koelen
Gründungsjahr: 1986
Lieferbare Titel: 30
Novitäten: 3
Programm: Künstlermonographien, Ausstellungskataloge. Reihe »Dokumente unserer Zeit« und ZEITRAUM (Zeitung für Aktuelle Kunst)
Ms.-Angebote erwünscht: nach vorheriger telefonischer Anfrage
Medium: Diskette
Ms.-Rücksendung: nein

Vandenhoeck & Ruprecht
Theaterstr. 13
37073 Göttingen
Tel. 0551 - 50 84 - 40
Fax 0551 - 50 84 - 422
info@v-r.de
www.v-r.de
Verlagsleitung: Carola Müller
Gründungsjahr: 1735
Verlagsgruppe: Vandenhoeck&Ruprecht
Lieferbare Titel: 6000
Novitäten: 250
Programm: Wissenschaftliche Bücher und Fachzeitschriften zu Geschichte, Kulturgeschichte, Literaturwissenschaft, Medienwissenschaft, Musik, Nachschlagewerke, Philosophie, Psychologie, Religion, Theologie, Sprachwissenschaften, Verkehr, Wirtschaft, Zeitgeschichte
Ms.-Angebote erwünscht: als Exposé mit Textprobe von 15 Seiten
Medium: Papierausdruck

VAS - Verlag für Akademische Schriften
Wielandstr. 10
60318 Frankfurt am Main
Tel. 069 - 77 93 66
Fax 069 - 707 39 67
info@vas-verlag.de
www.vas-verlag.de
Verleger: Karl-Heinz Balon
Zum Verlag: Wissenschaftliche Veröffentlichungen in gesellschaftlicher Verantwortung
Gründungsjahr: 1992
Lieferbare Titel: 400
Novitäten: 50
Programm: Medizin, Psychologie, Pädagogik, Ökologie, Soziologie-Gesellschaftswissenschaften, Politik, Frauenspezifische Fragestellun-

gen, Gesundheitsförderung, Neuere Geschichte, Migration, Kunst- und Literaturwissenschaft
Ms.-Angebote erwünscht: als Expose, als Manuskript
Medium: Papierausdruck, Diskette, E-Mail
Ms.-Rücksendung: nur auf Wunsch

VDE VERLAG GMBH
Bismarckstr. 33
10625 Berlin
Tel. 030 - 348 00 10
Fax 030 - 341 70 93
vertrieb@vde-verlag.de
www.vde-verlag.de
Verlagsleitung: Margret Schneider
Programm: Fachbücher der Elektrotechnik, Elektronik, Automatisierungstechnik, Informationstechnik, Normung, Informatik
Lektorat: Bereich Elektronik, Elektro-, Automatisierungstechnik, Normung: Dipl.-Ing. Roland Werner, Tel. 069 - 24 00 06 - 40, roland.werner@vde-verlag.de
Ms.-Angebote erwünscht: nach vorheriger telefonischer Anfrage
Medium: Papierausdruck
Ms.-Rücksendung: ja

VDG-Verlag und Datenbank für Geisteswissenschaften
Eselsweg 17
99441 Kromsdorf/ Weimar
Tel. 03643 - 83 03 - 0
Fax 03643 - 83 03 - 13
info@vdg-weimar.de
www.vdg-weimar.de
Verlegerin: Dr. Bettina Preiß
Zum Verlag: Wissenschaftlicher. Fachverlag mit Schwerpunkt in den Geisteswissenschaften
Gründungsjahr: 1992
Lieferbare Titel: 450
Novitäten: 40-50
Programm: Schwerpunkte: Kunst- und Kulturgeschichte, Architektur, Neue Medien. Archäologie, Bildende Kunst, Fachzeitschriften, Film, Fernsehen, Geschichte, Kunsthandwerk, Literaturwissenschaft, Musik, Philosophie, Fotografie
Ms.-Angebote erwünscht: nach vorheriger telefonischer Anfrage
Medium: Papierausdruck, CD-ROM, E-Mail
Ms.-Rücksendung: ja, nur nach Anfrage

vdL: Verlag von der Linden GbR
Postfach 100 543
46483 Wesel
Tel. 0281 - 33 83 00
Fax 0281 - 338 30 30
service@vonderlinden.de
www.vonderlinden.de
Verleger: Marga und Herbert v. d. Linden
Verlagsleitung: Marga v. d. Linden
Zum Verlag: Deutsche Ausgaben amerikanischer und kanadischer Handbücher und Bildbände
Gründungsjahr: 1970
Lieferbare Titel: 6
Novitäten: 1-2
Programm: Moderner Bootsbau

Velbrück Wissenschaft/ Velbrück GmbH Bücher und Medien
Meckenheimer Str. 47
53919 Weilerswist
Tel. 02254 - 836 03 - 0
Fax 02254 - 836 03 - 33
info@velbrueck.de
www.velbrueck-wissenschaft.de
Verlagsleitung: Marietta Thien
Gründungsjahr: 1998
Lieferbare Titel: 4
Programm: Philosophie, Soziologie, Wirtschaft-, Rechts- und Politikwissenschaft, Sprachwissenschaft, Ästhetik, Psychologie, Psychoanalyse, Ethnologie, Kultur- und Geisteswissenschaft

Ventil KG
Augustinerstr. 18
55116 Mainz
Tel. 06131 - 22 60 78
Fax 06131 - 22 60 79
mail@ventil-verlag.de
www.ventil-verlag.de
Gründungsjahr: 1999
Lieferbare Titel: 150
Novitäten: 10
Programm: Unabhängiger Verlag für Pop- und Subkultur, Filmsachbuch sowie Junge Literatur
Ms.-Interessen: Sachbücher zu Musik, Subkultur, Popkultur
Ms.-Angebote erwünscht: als Exposé mit Textprobe von 10 Seiten
Medium: Papierausdruck, E-Mail
Ms.-Rücksendung: nein

Verbraucherzentrale Nordrhein-Westfalen e.V.
Mintropstr. 27
40215 Düsseldorf
0211 - 38 09 - 0
Tel. 0211 - 38 09 - 216
vz.nrw@vz-nrw.de
www.vz-nrw.de
Verleger: Klaus Müller
Programm: Ratgeber für Verbraucher: Bauen + Wohnen, Eltern, Energie + Umwelt, Ernährung, Finanzen, Gesundheit + Pflege, Markt + Recht, Reise + Freizeit, Schulden, Schule, Versicherungen

Verbrecher Verlag Werner Labisch und Jörg Sundermeier
Gneisenaustr. 2 a
10961 Berlin
Tel. 030 - 28 38 59 54
Fax 030 - 28 38 59 55
verbrecher@verbrecherei.de
www.verbrecherei.de
Verleger: Werner Labisch und Jörg Sundermeier
Programm: Belletristik, Sachbuch/Politik, Comic, Stadtbücher
Ms.-Angebote erwünscht: nach vorheriger telefonischer Anfrage, als Exposé
Medium: Papierausdruck, E-Mail
Ms.-Rücksendung: ja, bei Rückporto

Verlag 8. Mai GmbH
Karl-Liebknecht-Str. 32
10178 Berlin
Tel. 030 - 53 63 55 - 0
Fax 030 - 53 63 55 - 44
redaktion@jungewelt.de

www.jungewelt.de
Verlagsleitung: Dietmar Koschmiede
Zum Verlag: Tageszeitung und Sachbücher
Gründungsjahr: 1947
Programm: Linke Literatur, Tageszeitung Junge Welt
Ms.-Angebote erwünscht: nach vorheriger telefonischer Anfrage
Medium: E-Mail
Ms.-Rücksendung: ja, bei Rückporto

Verlag an der Ruhr GmbH
Alexanderstr. 54
45472 Mülheim/Ruhr
Tel. 0208 - 439 54 - 50
Fax 0208 - 439 54 - 239
info@verlagruhr.de
www.verlagruhr.de
Verlagsleitung: Annelie Löber-Stascheit
Gründungsjahr: 1981
Verlagsgruppe: Cornelsen-Verlagsgruppe
Lieferbare Titel: 600
Novitäten: 120
Programm: Schulbücher, Außerschulische Jugendarbeit, Pädagogische Materialien
Ms.-Angebote erwünscht: nach vorheriger telefonischer Anfrage
Medium: Papierausdruck

Verlag der Autoren
Schleusenstr. 15
60327 Frankfurt am Main
Tel. 069 - 238 57 40
Fax 069 - 24 27 76 44
buch@verlag-der-autoren.de
www.verlag-der-autoren.de
Verleger: Der Verlag der Autoren gehört den Autoren
Verlagsleitung: Oliver Schlecht, Dr. Marion Victor
Gründungsjahr: 1969
Programm: Theaterbibliothek, Theaterstücke der Gegenwart, Klassikerausgaben, Kinder- und Jugendtheater, Essays, Filmbücher, Bildbände

Verlag der Deutschen Hugenotten-Gesellschaft
Hafenplatz 9a
34385 Bad Karlshafen
Tel. 05672 - 14 33
Fax 05672 - 92 50 72
dhgev@t-online.de
www.hugenotten.de
Gründungsjahr: 1890
Lieferbare Titel: 50
Novitäten: 2-4
Programm: Hugenotten
Ms.-Angebote erwünscht: nach vorheriger telefonischer Anfrage
Medium: Papierausdruck
Ms.-Rücksendung: ja, bei Rückporto

Verlag der Nation
Nordbahnhofstr. 2
25813 Husum
Tel. 04841 - 83 52 - 0
Fax 04841 - 83 52 - 10
info@verlagsgruppe.de
www.verlagsgruppe.de
Verleger: Ingwert Paulsen
Verlagsleitung: Ingwert Paulsen
Gründungsjahr: 1948
Verlagsgruppe: Verlagsgruppe Husum

Lieferbare Titel: 139
Novitäten: 5
Programm: Biografien, Klassikerausgaben, Historische Reiseberichte
Ms.-Angebote erwünscht: nach vorheriger telefonischer Anfrage
Medium: Papierausdruck
Ms.-Rücksendung: ja, bei Rückporto

Verlag der Rekorde GmbH
Harvestehuder Weg 42
20149 Hamburg
Tel. 040 - 44 18 82 76
Fax 040 - 44 18 83 05
info@guinnessworldrecords.de
www.guinnessworldrecords.de
Verlagsleitung: Frank H. Häger, Günter Boy, Markus Klose
Gründungsjahr: 1996
Verlagsgruppe: Ganske Verlags Gruppe
Lieferbare Titel: 1
Programm: Guinness World Records Buch

Verlag der Schillerbuchhandlung Hans Banger OHG
Guldenbachstr. 1
50935 Köln
Tel. 0221 - 46 01 40
Fax 0221 - 460 14 25
banger@banger.de
www.banger.de
Verlegerin: Ruth Jepsen
Verlagsleitung: Günter Jepsen
Gründungsjahr: 1950
Lieferbare Titel: 4
Novitäten: 4
Programm: Nachschlagewerke und Verzeichnisse für den buchhändlerischen Bedarf

Verlag für moderne Kunst
Luitpoldstr. 5
90402 Nürnberg
Tel. 0911 - 240 21 14
Fax 0911 - 240 21 19
verlag@moderne-kunst.org
www.vfmk.de
Verleger: Dr. Karl Gerhard Schmidt
Programm: Bildende Kunst

verlag modernes lernen borgmann publishing KG
Schleefstr. 14
44287 Dortmund
Tel. 0231 - 12 80 08
Fax 0231 - 12 80 09
info@verlag-modernes-lernen.de
www.verlag-modernes-lernen.de
Verleger: Dieter Borgmann
Verlagsleitung: Dieter Borgmann
Lieferbare Titel: 735
Novitäten: 40
Programm: Frühförderung, Psychomotorik, Ergotherapie, Sprachtherapie, Pädagogische Psychologie, Systemische Therapie
Lektorat: Brigitte Balke-Schmidt
Ms.-Angebote erwünscht: nach vorheriger telefonischer Anfrage, als Manuskript
Medium: Papierausdruck
Ms.-Rücksendung: ja

Verlag Niederösterreichisches Pressehaus NP Buchverlag - Residenz Verlag
Gutenbergstr. 12
A-3100 St. Pölten
Österreich
Tel. +43 (0)2742 - 802 14 12
Fax +43 (0)2742 - 793 70 14 12
verlag@np-buch.at
www.np-buch.at
Verlagsleitung: Herwig Bitsche
Lieferbare Titel: ca. 500
Novitäten: ca. 50
Programm: Bildbände, Geschichte, Zeitgeschichte, Freizeitliteratur, Kochbücher, Unterhaltung, Kinderbücher, Lebenshilfe
Lektorat: Kinderbuch: Natalie Tonnai, Sachbuch: Sonja Franzke; Literatur: Astrid Graf
Ms.-Angebote erwünscht: als Exposé
Medium: Papierausdruck
Ms.-Rücksendung: ja

Verlag TFM - Teo Ferrer de Mesquita
Postfach 10 08 39
60008 Frankfurt am Main
Tel. 069 - 28 26 47
Fax 069 - 28 73 63
info@tfmonline.de
www.tfmonline.de
Verlagsleitung: Teo Ferrer De Mesquita
Gründungsjahr: 1980
Lieferbare Titel: 100
Novitäten: 5
Programm: Schwerpunkt: Portugiesischer Sprachraum, Zweisprachige Belletristik, Wissenschaftliche Fachbücher zu Literaturwissenschaft, Linguistik, Geschichte, Politik, Sprachlehrwerke
Lektorat: Petra Noack (noack@tfmonline.de)
Ms.-Angebote erwünscht: nach vorheriger telefonischer Anfrage, als Exposé
Medium: Papierausdruck, E-Mail
Ms.-Rücksendung: ja, mit Rückporto

Verlagshaus Würzburg (Stürtz, Weidlich, KaJo, Adam Kraft, Flechsig, Rautenberg)
Beethovenstr. 5
97080 Würzburg
Tel. 0931 - 46 58 89 - 0
Fax 0931 - 46 58 89 - 29
Gründungsjahr: 1999
Lieferbare Titel: 1000
Novitäten: 200
Programm: Internationale Reisebildbände, Regionalia, Bildkalender, Modernes Antiquariat, Ostpreußen, Pommern, Schlesien, Böhmen und Mähren, Zeitgeschichte, Geschenkbücher
Lektorat: Dieter Krause (Dw -14), info@verlagshaus.com, Martina Fath (Dw -17), info@verlagshaus.com
Ms.-Angebote erwünscht: nach vorheriger telefonischer Anfrage
Medium: Papierausdruck
Ms.-Rücksendung: ja, bei Rückporto

Verlag Versicherungswirtschaft GmbH
Klosestr. 20-24
76137 Karlsruhe
Tel. 0721 - 350 90
Fax 0721 - 350 92 01

knippenberg@vvw.de
www.vvw.de
Verleger: Wolfgang Knippenberg
Verlagsleitung: Wolfgang Knippenberg
Gründungsjahr: 1946
Lieferbare Titel: 1200
Novitäten: 60
Programm: Versicherungsliteratur, Zeitschriften, Versicherungsrecht, Versicherungsmedizin, Versicherungswirtschaft
Lektorat: Wolfgang Knippenberg
Ms.-Angebote erwünscht: nach vorheriger telefonischer Anfrage, als Exposé
Medium: Papierausdruck, Diskette, PDF-Datei
Ms.-Rücksendung: ja, bei Rückporto

Versus Verlag
Merkurstr. 45
CH-8032 Zürich
Schweiz
Tel. +41 (0)1 - 251 08 92
Fax +41 (0)1 - 262 67 38
info@versus.ch
www.versus.ch
Programm: Wissenschaftlicher Fachbuchverlag mit Schwerpunkt Business, Finanzen, Ökologie, Recht, Wirtschaft, Management
Ms.-Angebote erwünscht: nach vorheriger telefonischer Anfrage, als Exposé
Medium: Papierausdruck
Ms.-Rücksendung: ja, bei Rückporto

Verlag Klaus Dieter Vervuert
Wielandstr. 40
60318 Frankfurt am Main
Tel. 069 - 597 46 17
Fax 069 - 597 87 43
info@iberoamericanalibros.com
www.ibero-americana.net
Verleger: Klaus Dieter Vervuert
Novitäten: 60
Programm: Schwerpunkt: Sachbücher, Wissenschaftliche Publikationen zu Spanien und Lateinamerika. Geschichte der Neuzeit, Kulturgeschichte, Literaturwissenschaft, Portugal, Medienwissenschaft, Politik, Sprachwissenschaften, Theater, Wirtschaft, Brasilien
Ms.-Angebote erwünscht: als Exposé per E-Mail, Reihe telefonisch anfragen
Medium: Papierausdruck, Diskette, E-Mail
Ms.-Rücksendung: ja, bei Rückporto

vfv Verlag e.K.
Lilienthalstr. 6
82205 Gilching
Tel. 08105 - 77 83 90
Fax 08105 - 248 69
info@vfv-vertrieb.de
www.vfv-verlag.de
Verleger: Christian Sauer
Gründungsjahr: 1982
Programm: Fotografische Lehr-, Sach- und Fachbücher
Ms.-Angebote erwünscht: nach vorheriger telefonischer Anfrage
Medium: Papierausdruck, Diskette, E-Mail
Ms.-Rücksendung: ja

Verlag Via Nova GmbH
Alte Landstr. 12
36100 Petersberg

Tel. 0661 - 629 73
Fax 0661 - 967 95 60
info@verlag-vianova.de
www.verlag-vianova.de
Verleger: Werner Vogel
Verlagsleitung: Werner Vogel und Martin Büttner
Gründungsjahr: 1998
Lieferbare Titel: 230
Novitäten: 20
Programm: Esoterik, Meditation, Philosophie, Psychologie, Yoga, Spiritualität
Ms.-Angebote erwünscht: nach vorheriger telefonischer Anfrage, als Exposé 10 Seiten
Medium: Papierausdruck
Ms.-Rücksendung: ja, bei Rückporto

Vice Versa Vertrieb & Verlag
Dorotheenstr. 4
12557 Berlin
Tel. 030 - 160 92 37
Fax 030 - 160 92 38
viceversa@comp.de
Programm: Architektur, Kunst, Fotografie, Design

Vier JahreszeitenHaus
August-Brust-Str. 6
48249 Dülmen
Tel. 02594 - 78 47 42
Fax 02594 - 78 47 43
info@vier-jahreszeitenhaus.de
www.vier-jahreszeitenhaus.com
Verlegerin: Ingeborg Bauer
Zum Verlag: Ein anderer Weg im Leben
Gründungsjahr: 2005
Lieferbare Titel: 11
Novitäten: 5
Programm: Belletristik, Lebensberatung, Kalender, geplant: Plattdeutsch
Ms.-Interessen: Angebote immer erwünscht
Ms.-Angebote erwünscht: als Exposé, als Manuskript
Medium: nach eigener Wahl
Ms.-Rücksendung: nein

Vier-Türme GmbH Verlag
Schweinfurter Str. 40
97359 Münsterschwarzach-Abtei
Tel. 09324 - 202 92
Fax 09324 - 204 95
info@vier-tuerme.de
www.vier-tuerme.de
Verlagsleitung: Pater Mauritius Wilde OSB
Zum Verlag: Der Verlag der Mönche von Münsterschwarzach
Gründungsjahr: 1955
Lieferbare Titel: 350
Novitäten: 40
Programm: Spiritualität und Lebenshilfe
Lektorat: Vera Schneidereit (09324 - 20 - 292); Bv. Felix Döpfner (09324 - 20 - 292)
Ms.-Angebote erwünscht: nach vorheriger telefonischer Anfrage
Medium: Papierausdruck
Ms.-Rücksendung: ja

Friedr. Vieweg & Sohn Verlag
Abraham-Lincoln-Str. 46
65189 Wiesbaden
Tel. 0611 - 78 78 - 0
Fax 0611 - 78 78 - 431
www.vieweg.de

Verlagsleitung: Dr. Ralf Birkelbach
Programm: Ingenieurwesen, Bauwesen, Maschinenbau, Elektrotechnik, Mathematik, Naturwissenschaft, Ökologie, Business Computing, Technik, Umweltthemen
Lektorat: Bauwesen: Günter Schulz, Mathematik: Ulrike Schmickler-Hirzebruch, Technik: Ewald Schmitt, Business Computing: Günter Schulz
Ms.-Angebote erwünscht: nach vorheriger telefonischer Anfrage, als Exposé
Medium: Papierausdruck, Diskette
Ms.-Rücksendung: ja

Vista Point Verlag GmbH
Händelstr. 25-29
50674 Köln
Tel. 0221 - 92 16 13 - 0
Fax 0221 - 92 16 13 - 14
info@vistapoint.de
www.vistapoint.de
Verleger: Dr. Horst Schmidt-Brümmer, Andreas Schulz
Verlagsleitung: Dr. Andrea Herfurth-Schindler
Gründungsjahr: 1977
Lieferbare Titel: 130
Novitäten: 10
Programm: Reiseführer, Bildbände
Lektorat: Kristina Linke
Ms.-Angebote erwünscht: nach vorheriger Anfrage
Medium: Papierausdruck
Ms.-Rücksendung: ja, bei Rückporto

Vistas Verlag GmbH
Goltzstr. 11
10781 Berlin
Tel. 030 - 32 70 74 46
Fax 030 - 32 70 74 55
medienverlag@vistas.de
www.vistas.de
Verleger: Folker Strobel
Gründungsjahr: 1984
Lieferbare Titel: 400
Novitäten: 20-30
Programm: Journalismus, Medien, Hörfunk, TV, Film, Sender
Ms.-Angebote erwünscht: nach vorheriger telefonischer Anfrage, als Manuskript
Medium: Papierausdruck
Ms.-Rücksendung: ja

Verlag moderne industrie Buch AG & Co. KG
Königswinterer Str. 418
53227 Bonn
Tel. 0228 - 970 24 - 0
Fax 0228 - 44 13 42
info@vmi-buch.de
www.vmi-buch.de
Verlagsleitung: Hartmut Gante
Gründungsjahr: 1993
Verlagsgruppe: Verlag moderne industrie
Lieferbare Titel: 700
Novitäten: 200
Programm: Computerfachliteratur: Hardware, Software, Elektronik, EDV-Zertifizierung, Audio- und Grafik-EDV, Betriebssysteme, Programmiersprachen, Netzwerktechnologie, Projektmanagement, Bildbearbeitung
Lektorat: Esther Neuerdorf, Ernst-Heinrich Pröfener, Sabine Schulz, Steffen Dralle, Susanne Gärtner, Sabine

Münthing
Ms.-Angebote erwünscht: als Exposé, als Exposé mit Textprobe von 20 Seiten, als Manuskript
Medium: Papierausdruck, Diskette, E-Mail
Ms.-Rücksendung: ja

VNR Verlag für die deutsche Wirtschaft AG
Theodor-Heuss-Str. 2-4
53177 Bonn
Tel. 0228 - 820 50
Fax 0228 - 35 97 10
www.vnr.de
Verleger: Helmut Graf
Programm: Business, Computer, Wirtschaft

Vogel Buchverlag
Max-Planck-Str. 7/9
97064 Würzburg
Tel. 0931 - 418 -22 18
Fax 0931 - 418 26 60
buch@vogel-buchverlag.de
www.vogel-buchverlag.de
Verlagsleitung: Dr. Rainer Brand
Lieferbare Titel: 230
Novitäten: 20
Programm: Bildung, Elektrotechnik, Elektronik, Automobil, Maschinenbau, Technik, Sanitär, Heizung, Klima, Kunststofftechnik, Management, Lernprogramme
Lektorat: Niels Bernau (Dw -2218)
Ms.-Angebote erwünscht: nach vorheriger telefonischer Anfrage

Springer Transport Media GmbH
Neumarkter Str. 18
81673 München
Tel. 089 - 43 72 - 0
Fax 0180 - 599 11 55
kontakt@verlag-heinrich-vogel.de
www.verlag-heinrich-vogel.de
Verleger: Geschäftsführer: Andreas Kösters
Verlagsleitung: Zeitschriften: Katrin Geißler, Verlagsleitung Fahrschule: Joachim Krieger
Gründungsjahr: 1935
Verlagsgruppe: Springer Science + Business Media
Programm: Güterkraft- und Personenverkehr, Transport, Logistik, Service, Touristik, Fahrschule, Verkehrserziehung, Recht, Betriebswirtschaft für Speditionen, Transportunternehmen, Bus- und Taxiunternehmen

Voggenreiter Verlag Ralph & Charles Voggenreiter
Viktoriastr. 25
53173 Bonn
Tel. 0228 - 93 57 50
Fax 0228 - 35 50 53
vertrieb@voggenreiter.de
www.voggenreiter.de
Verleger: Ralph und Charles Voggenreiter
Gründungsjahr: 1919
Programm: Musikbücher, Songbücher, Kinderbücher, Fachliteratur (im Bereich Musik), CD-ROM, Videos, DVD
Ms.-Interessen: Aktuelle Themen des Bereichs Musik
Ms.-Angebote erwünscht: als Manu-

skript
Medium: Papierausdruck
Ms.-Rücksendung: ja

Verlag Voland & Quist Greinus und Wolter GbR
Alaunstr. 36-40
01099 Dresden
Tel. 0351 - 79 54 - 771
Fax 0351 - 79 54 - 769
info@voland-quist.de
www.voland-quist.de
Verleger: Leif Greinus und Sebastian Wolter
Verlagsleitung: Leif Greinus und Sebastian Wolter
Gründungsjahr: 2004
Lieferbare Titel: 20
Novitäten: 8-10
Programm: Belletristik junger Autoren, Sachbuch zu popkulturellen Themen
Lektorat: Sebastian Wolter
Ms.-Angebote erwünscht: als Exposé
Medium: E-Mail
Ms.-Rücksendung: ja, bei Rückporto

Verlag Vorwerk 8
Großgörschenstr. 5
10827 Berlin
Tel. 030 - 784 61 01
Fax 030 - 781 39 25
vorwerk8@snafu.de
www.vorwerk8.de
Verleger: Reinald Gußmann
Verlagsleitung: Reinald Gußmann
Gründungsjahr: 1994
Lieferbare Titel: 60
Novitäten: 4-8
Programm: Film, Theater, Literatur- und Kulturwissenschaft
Ms.-Angebote erwünscht: nach vorheriger telefonischer Anfrage
Ms.-Rücksendung: nein

Votum Verlag GmbH
Engershauser Str. 14
32361 Preußisch Oldenburg
Tel. 0251 - 27 91 91
Fax 0251 - 27 91 88
info@votum-verlag.de
www.votum-verlag.de
Verlagsleitung: Prof. Klaus Münstermann
Gründungsjahr: 1987
Lieferbare Titel: 60
Programm: Schwerpunkt Sozialarbeit und Sozialpolitik. Frauenforschung, Jugendhilfe, Politik, Psychologie, Recht, Soziologie
Ms.-Angebote erwünscht: nach vorheriger telefonischer Anfrage, als Exposé oder als Exposé mit Textprobe
Medium: Papierausdruck, Diskette, E-Mail
Ms.-Rücksendung: ja

Verlag für Sozialwissenschaften
Abraham-Lincoln-Str. 46
65189 Wiesbaden
Tel. 0611 - 7878 - 0
Fax 0611 - 78 78 - 453
www.vs-verlag.de
Verlagsleitung: Dr. Ralf Birkelbach, ralf.birkelbach@vs-verlag.de
Gründungsjahr: 2004
Verlagsgruppe: GWV Fachverlage GmbH
Programm: Politik, Soziologie, Pädago-

gik, Medien
Lektorat: Frank Engelhardt, Frank Schindler, Barbara Emig-Roller, Monika Mülhausen, Stefanie Laux
Ms.-Angebote erwünscht: nach vorheriger telefonischer Anfrage, als Exposé mit Textprobe, als Manuskript
Medium: Papierausdruck, E-Mail
Ms.-Rücksendung: ja

VSA-Verlag
St. Georgs Kirchhof 6
20099 Hamburg
Tel. 040 - 28 05 05 67
Fax 040 - 28 05 05 68
info@vsa-verlag.de
www.vsa-verlag.de
Programm: Politische Theorie, Sachbücher, Fachliteratur für Betriebsrätinnen, Gewerkschaftsliteratur, Regionalia Hamburg

VTR
Gogolstr. 33
90475 Nürnberg
Tel. 0911 - 83 11 69
vtr@compuserve.com
www.vtr-online.de
Programm: Theologie, Religion, Religionswissenschaft, Interreligiöser Dialog, Dogmatik, Apologetik, Hermeneutik, Bibelausgaben
Ms.-Angebote erwünscht: als Manuskript
Medium: Diskette, E-Mail
Ms.-Rücksendung: nein

VUD Medien GmbH
Wallstr. 7
72250 Freudenstadt
Tel. 07441 - 91 03 - 0
Fax 07441 - 91 03 - 33
info@vud.com
www.vud.com
Verleger: Jürgen Walther
Verlagsleitung: Jürgen Walther
Gründungsjahr: 1982
Lieferbare Titel: 17
Novitäten: 1
Programm: Freizeitführer für Hessen, Baden-Württemberg und Rheinland-Pfalz, Radwanderführer über die hessischen Radfernwege, Veranstaltungskalender Hessen und Baden Württemberg
Ms.-Angebote erwünscht: nach vorheriger telefonischer Anfrage
Medium: Papierausdruck
Ms.-Rücksendung: nein

VWF Verlag für Wissenschaft und Forschung GmbH
Postfach 30 40 51
10725 Berlin
Tel. 030 - 78 95 85 46
Fax 030 - 78 95 85 49
info@vwf.de
www.vwf.de
Verleger: Torsten Hübler
Gründungsjahr: 1992
Lieferbare Titel: 500
Novitäten: 60
Programm: Architektur, Biologie, Chemie, Film, Fernsehen, Finanzen, Geowissenschaften, Geschichte des Mittelalters, Ingenieurwesen, Kul-

turgeschichte, Medienwissenschaft, Medizin, Naturwissenschaft, Ökologie, Fotografie, Physik, Politik, Psychologie, Recht
Lektorat: Torsten Hübler
Ms.-Interessen: Wissenschaft
Ms.-Angebote erwünscht: als Exposé
Medium: Papierausdruck, Diskette, E-Mail
Ms.-Rücksendung: ja, bei Rückporto

Verlag Klaus Wagenbach GmbH
Emser Str. 40/41
10719 Berlin
Tel. 030 - 23 51 51 - 0
Fax 030 - 211 61 40
mail@wagenbach.de
www.wagenbach.de
Verlegerin: Dr. Susanne Schüssler
Verlagsleitung: Dr. Susanne Schüssler, Prof. Dr. Klaus Wagenbach, Nina Wagenbach
Programm: Belletristik, Kulturgeschichte, Politik, Kunst
Ms.-Angebote erwünscht: als Exposé mit Textprobe, als Manuskript
Medium: Papierausdruck
Ms.-Rücksendung: ja, bei Rückporto

Wallstein Verlag GmbH
Geiststr. 11
37073 Göttingen
Tel. 0551 - 548 98 - 0
Fax 0551 - 548 98 - 33
info@wallstein-verlag.de
www.wallstein-verlag.de
Verleger: Thedel von Wallmoden
Gründungsjahr: 1986
Lieferbare Titel: 900
Novitäten: 120
Programm: Schwerpunkte: Geisteswissenschaften, Belletristik. Kulturgeschichte, Judaica, Literaturwissenschaft, Philosophie, Geschichtswissenschaften, Rechtsgeschichte, Publikationen zur europäischen Aufklärung
Lektorat: Thedel von Wallmoden, Andreas Haller, Thorsten Ahrend, Susan Bindermann
Ms.-Interessen: Belletristik, Geschichtswissenschaften, insbesondere Zeitgeschichte, NS-Geschichte, Geschlechtergeschichte, Kulturgeschichte
Ms.-Angebote erwünscht: nach vorheriger telefonischer Anfrage, als Exposé mit Textprobe von ca 30 Seiten
Medium: Papierausdruck
Ms.-Rücksendung: ja, bei Rückporto

WalterVerlag
Am Wehrhahn 100
40211 Düsseldorf
Tel. 0211 - 167 95 - 0
Fax 0211 - 167 95 - 75
service@patmos.de
www.patmos.de
Verleger: Dr. Tullio Aurelio
Verlagsleitung: Dr. Tullio Aurelio
Verlagsgruppe: Imprint des Patmos-Verlagshauses
Programm: Psychologie und Lebenshilfe, Tiefenpsychologie und Religion, Kulturgeschichte und Östliche Weisheit
Ms.-Angebote erwünscht: als Manuskript

Medium: Papierausdruck
Ms.-Rücksendung: ja

Uwe Warnke Verlag
Sonntagstr. 22
10245 Berlin
Tel. 030 - 29 04 99 03
warnke@snafu.de
Verleger: Uwe Warnke
Gründungsjahr: 1990
Lieferbare Titel: 35
Novitäten: 5-8
Programm: Schwerpunkt: Experimentelle Literatur, Visuelle Poesie, Zeitgenössische Kunst, Bibliophile Bücher
Ms.-Angebote erwünscht: nach vorheriger telefonischer Anfrage
Medium: Papierausdruck
Ms.-Rücksendung: ja, bei Rückporto

Ernst Wasmuth Verlag GmbH & Co
Fürststr. 133
72072 Tübingen
Tel. 07071 - 975 50 - 0
Fax 07071 - 975 50 - 13
info@wasmuth-verlag.de
www.wasmuth-verlag.de
Verleger: Ernst-J. Wasmuth
Verlagsleitung: Ernst-J. Wasmuth
Zum Verlag: Architektur, Archäologie, Kunst und Design
Gründungsjahr: 1872
Lieferbare Titel: 200
Novitäten: 20
Programm: Architektur und Design, Kunst- und Kulturgeschichte, Moderne Kunst, Mode, Fotografie, Schmiedearbeiten und Metallgestaltung, Archäologie
Lektorat: Dr. Sigrid Hauser
Ms.-Angebote erwünscht: als Exposé
Medium: Papierausdruck, E-Mail
Ms.-Rücksendung: ja

Verlag Wega e.K.
Neufelderstr. 1
67468 Frankeneck
Tel. 06325 - 184 03 01
Fax 06325 - 98 09 97
wega@verlag-wega.de
www.verlag-wega.de
Verleger: Alexander Sojnikow
Gründungsjahr: 1999
Lieferbare Titel: 20
Programm: Esoterik, Medizin (Schwerpunkt: Russland), Russische Geistige Musik (neu im Programm)
Lektorat: Lektor für deutsche Texte: Oliver Gondring, gondring@rz.uni-potsdam.de; für russische Texte: Alexander Markow, Tel. 06325 - 184 03 01
Ms.-Angebote erwünscht: nach vorheriger telefonischer Anfrage, als Exposé mit Textprobe von 3 Seiten
Medium: Papierausdruck
Ms.-Rücksendung: ja, bei Rückporto

Wegbereiter-Verlag
Schloß Lindach
73527 Schwäbisch Gmünd
Tel. 07171 - 10 40 67
Fax 07171 - 104 06 89
wegbereiter-verlag@sta-ref.de
Zum Verlag: religiöse Literatur
Programm: Christliche Literatur, Geschichte des Mittelalters, Gesundheit, Religion

Weidle Verlag
Beethovenplatz 4
53115 Bonn
Tel. 0228 - 63 29 54
Fax 0228 - 69 78 42
verleger@weidleverlag.de
www.weidleverlag.de
Programm: Exilliteratur, Autobiografien, Bildende Kunst, Lyrik, Theater, Film

Weidmannsche Verlagsbuchhandlung
Hagentorwall 7
31134 Hildesheim
Tel. 05121 - 15 01 - 0
Fax 05121 - 15 01 - 50
info@olms.de
www.olms.de
Verleger: Dr. h.c.mult. W. Georg Olms
Verlagsleitung: Dietrich Olms M.A.
Gründungsjahr: 1680
Verlagsgruppe: Georg Olms Verlag
Lieferbare Titel: 400
Novitäten: 15
Programm: Archäologie, Geschichte der Antike, Geschichte des Mittelalters, Philosophie, Religion, Schulbücher, Sprachwissenschaften, Sportgeschichte
Lektorat: Dr. Doris Wendt (Sprachwissenschaft, Neue Musik, Kunst) Dr. Peter Guyot (Altertum, Geschichte, Religion, Philosophie)
Ms.-Angebote erwünscht: als Exposé
Medium: Papierausdruck
Ms.-Rücksendung: ja

Weiltenhüter Verlag GmbH
Räderloher Weg 5
29348 Scharnhorst
Tel. 05142 - 922 11
Fax 05142 - 922 12
weltenhueter@t-online.de
www.weltenhueter.de
Programm: Esoterische Sachbücher und Belletristik

Der Kalenderverlag GmbH
Lägelerstr. 31
88250 Weingarten
Tel. 0751 - 561 29 - 0
Fax 0751 - 561 29 - 20
kalenderverlag@weingarten-verlag.de
weingarten-verlag.de
Gründungsjahr: 1976
Lieferbare Titel: 200
Programm: Bild-Wand-Kalender
Lektorat: Sandra Ruff (Kalender), Christiane Schreiter (Kalender)
Ms.-Angebote erwünscht: nach vorheriger telefonischer Anfrage, als Exposé
Medium: E-Mail
Ms.-Rücksendung: ja

Wolfgang Weinmann
Beckerstr. 7
12157 Berlin
Tel. 030 - 855 48 95
Fax 030 - 855 94 64
www.weinmann-verlag.de
Verleger: Dr. W. Weinmann
Gründungsjahr: 1961
Lieferbare Titel: 77
Programm: Sport, Fitness
Ms.-Interessen: gute Sportbuchmanuskripte, Kampfsport

Ms.-Angebote erwünscht: nach vorheriger telefonischer Anfrage, als Exposé
Medium: Papierausdruck
Ms.-Rücksendung: ja

Verlag der Friedrich Weinreb Stiftung
Löwenstr. 17
CH-8001 Zürich
Schweiz
Tel. +41 (0)43 888 68 57
Fax +41 (0)43 888 68 88
verlag@weinreb-stiftung.org
www.weinreb-stiftung.org
Programm: Mythologische Anthropologie, Jüdische Überlieferung, Chassidismus, Religions- und Sprachphilosphie, Friedrich Weinreb

H. Weishaupt Verlag
Hauptplatz 27
A-8342 Gnas
Österreich
Tel. +43 (0)3151 - 84 87
Fax +43 (0)3151 - 84 87 - 4
verlag@weishaupt.at
www.weishaupt.at
Verleger: Herbert Weishaupt
Gründungsjahr: 1980
Lieferbare Titel: 295
Novitäten: ca. 35
Programm: Sachbücher, Alpinismus, Flugsport, Luftfahrt, Marine, Geschichte, Reiseführer, Ratgeber, Bildbände
Lektorat: Irmtraud Weishaupt
design@weishaupt.at
Ms.-Interessen: Reiseführer, Ratgeber, Sachbücher
Ms.-Angebote erwünscht: als Exposé mit Texprobe, als Manuskript
Medium: Papierausdruck, Diskette, E-Mail
Ms.-Rücksendung: ja

WEKA-Firmengruppe GmbH & Co. KG
Römerstr. 4
86438 Kissing
Tel. 08233 - 230
Fax 08233 - 231 95
firmengruppe@weka.de
Gründungsjahr: 1973
Programm: Fachinformationen für die betriebliche und freiberufliche Praxis, Architektur, Computer, Fachzeitschriften, Ingenieurwesen, Ökologie, Ratgeber, Recht, Technik, Umweltthemen, Verwaltung, Wirtschaft, Kreatives Gestalten
Ms.-Angebote erwünscht: nach vorheriger telefonischer Anfrage bei den einzelnen Verlagen
Ms.-Rücksendung: ja, bei Rückporto

Verlag Galerie Welz
Sigmund-Haffner-Gasse 16
A-5020 Salzburg
Österreich
Tel. +43 (0)662 - 84 17 71 - 0
Fax +43 (0)662 - 84 17 71 - 20
office@galerie-welz.at
www.galerie-welz.at
Gründungsjahr: 1950
Lieferbare Titel: 70
Novitäten: 4
Programm: Österreichische Kunst und Künstler des 20. Jahrhunderts

Verlag Die Werkstatt
Lotzestr. 24 A
37083 Göttingen
Tel. 0551 - 770 05 57
Fax 0551 - 770 34 12
werkstatt-verlag@t-online.de
www.werkstatt-verlag.de
Programm: Sachbuch: Fußball, Sport, Umwelt, Politik, Internationale Küche, Kalender
Lektorat: Bernd Beyer
Ms.-Angebote erwünscht: als Exposé
Medium: Papierausdruck
Ms.-Rücksendung: ja, bei Rückporto

Werner Verlag GmbH & Co KG
Heddersdorfer Str. 1
56566 Neuwied
Tel. 02631 - 801 - 22 22
Fax 02631 - 801 - 22 23
info@wolters-kluwer.de
www.wolters-kluwerde
Verlagsleitung: Ass.jur. Rainer Winkler
Programm: Bautechnik, Baurecht, Recht
Ms.-Angebote erwünscht: nach vorheriger telefonischer Anfrage

Wernersche Verlagsgesellschaft
Liebfrauenring 17 - 19
67547 Worms
Tel. 06241 - 435 74
Fax 06241 - 455 64
wernerworms@gmx.de
www.wernerworms.de
Programm: Kunstwissenschaft, Architektur, Gartenkunstgeschichte, Denkmalpflege und Restaurierung

VS Verlag für Sozialwissenschaften
Abraham-Lincoln-Str. 46
65189 Wiesbaden
Tel. 0611 - 78 78 - 0
Fax 0611 - 78 78 - 400
www.vs-verlag.de
Verlagsleitung: Dr. Ralf Birkelbach
Programm: Journalismus, Literaturwissenschaft, Kommunikationswissenschaft, Medienwissenschaft, Politik, Psychologie, Soziologie, Sprachwissenschaften, Kultur
Lektorat: Programmleitung: Dr. Reinald Klockenbusch
Ms.-Angebote erwünscht: nach vorheriger telefonischer Anfrage, als Exposé
Medium: Papierausdruck, Diskette
Ms.-Rücksendung: ja

Westend Verlag
Loft 1 · Hufnagelstr. 19-21
60326 Frankfurt am Main
Tel. 069 - 750 09 - 185
Fax 069 - 750 09 - 731
info@westendverlag.de
www.westendverlag.de
Verleger: Markus J. Karsten und Michael Morganti
Programm: Fach- und Sachbuch, Spanische Literatur

Georg Westermann Verlag GmbH
Georg-Westermann-Allee 66
38104 Braunschweig
Tel. 0531 - 708 - 0
Fax 0531 - 708 - 127
www.westermann.de
Programm: Bildbände, Geografie, Nachschlagewerke, Wörterbücher

Ms.-Angebote erwünscht: als Exposé mit Textprobe
Medium: Papierausdruck
Ms.-Rücksendung: ja

Verlag Westfälisches Dampfboot
Hafenweg 26a
48155 Münster
Tel. 0251 - 390 04 80
Fax 0251 - 39 00 48 50
info@dampfboot-verlag.de
www.dampfboot-verlag.de
Gründungsjahr: 1984
Novitäten: 40
Programm: Gesellschaftswissenschaftliche Literatur, Politik, Soziologie, Sozialgeschichte, Frauenforschung, Gewerkschaften
Ms.-Angebote erwünscht: nach vorheriger telefonischer Anfrage, als Manuskript
Medium: Papierausdruck
Ms.-Rücksendung: ja

Westkreuz-Verlag GmbH Berlin/Bonn
Bühlenstr. 10-14
53902 Bad Münstereifel
Tel. 02257 - 811
Fax 02257 - 78 53
verlag@westkreuz.de
Verleger: Günter Ahrens
Verlagsleitung: Hannelore Gautsch
Gründungsjahr: 1912
Lieferbare Titel: 100
Novitäten: 5
Programm: Deutsche Geschichte aus Ost-, Südost- und Mitteleuropa, Deutsche im Ausland, Konzentrationslager, SED, Berlin, Regionalia Eifel
Ms.-Interessen: zum Programm passende Themen
Ms.-Angebote erwünscht: nach vorheriger telefonischer Anfrage
Medium: Papierausdruck
Ms.-Rücksendung: ja, bei Rückporto

Verlag + Medienagentur Michael Weyand GmbH
Friedlandstr. 4
54293 Trier
Tel. 0651 - 996 01 40
Fax 0651 - 996 01 41
verlag@weyand.de
www.weyand.de
Verleger: Michael Weyand
Verlagsleitung: Michael Weyand
Gründungsjahr: 1979
Lieferbare Titel: über 100
Programm: Bildbände zu Tourismus, Historie, Natur und Kunst, Sachbücher, Chroniken, Regionales, Romane, Krimi
Lektorat: Gabriele Belker (Krimi), Hans-Joachim Kann (Touristik, Historie)
Ms.-Interessen: Krimi, Romane, Regionalia
Ms.-Angebote erwünscht: als Exposé
Medium: E-Mail
Ms.-Rücksendung: ja, mit Rückporto

WFB Verlagsgruppe Ltd.
Stockelsdorfer Weg 37
23611 Bad Schwartau
0451 - 280 64 - 25
Tel.
info@wfb-verlag.de
www.wfb-verlag.de
Verleger: Katja und Rudolf Wolff

Programm: Literatur, Sachbuch

Wichern-Verlag
Georgenkirchstr. 69-70
10249 Berlin
Tel. 030 - 28 87 48 - 0
Fax 030 - 28 87 48 -12
info@wichern.de
www.wichern.de
Verlagsleitung: Dr. Elke Rutzenhöfer
Gründungsjahr: 1920, Neugründung 1955
Lieferbare Titel: 170
Novitäten: 12
Programm: Schwerpunkt: Gesellschaftliche Diskussion mit kirchlicher und theologischer Relevanz, Kirche und Gesellschaft, Kirchenreform, kirchliche Zeitgeschichte, Kirchengeschichte Berlin-Brandenburg, Sekten und Weltanschauungen
Ms.-Angebote erwünscht: als Exposé mit Textprobe von 10 Seiten
Medium: Papierausdruck
Ms.-Rücksendung: ja, bei Rückporto

Herbert Wichmann Verlag
Im Weiher 10
69121 Heidelberg
Tel. 06221 - 489 - 0
Fax 06221 - 489 - 443
Programm: Geowissenschaften, Fotogrammetrie, Vermessungswesen, Geo-Information
Ms.-Angebote erwünscht: als Exposé mit Textprobe von 10 Seiten

Wiesenburg Verlag
Flemingstr. 5
97464 Niederwerrn
Fax 0931 - 870 96 - 37 10
wiesenburg@t-online.de
www.wiesenburgverlag.de
Verleger: Werner Schmid
Gründungsjahr: 1995
Lieferbare Titel: 130
Novitäten: 10
Programm: Reisen, Kulturen, Romane, Erzählungen, Krimi, Lyrik
Ms.-Interessen: nur nach schriftlicher Anfrage
Ms.-Angebote erwünscht: nur nach Anfrage per E-Mail
Medium: Papierausdruck
Ms.-Rücksendung: ja, bei Rückporto

Wieser Verlag
Ebentaler Str. 34b
A-9020 Klagenfurt
Österreich
Tel. +43 (0)463 - 370 36
Fax +43 (0)463 - 376 35
office@wieser-verlag.com
www.wieser-verlag.com
Verleger: Lojze Wieser
Gründungsjahr: 1987
Lieferbare Titel: 450
Novitäten: 40
Programm: Schwerpunkt: Österreichische Literatur und Übersetzungen aus Südosteuropa. Belletristik, Kulturgeschichte, Lyrik, Sachbücher, Anthologien
Lektorat: Christian Skreiner
Ms.-Angebote erwünscht: nach vorheriger telefonischer Anfrage

Medium: Papierausdruck, Diskette
Ms.-Rücksendung: ja, bei Rückporto

Wiley-VCH Verlag GmbH
Boschstr. 12
69469 Weinheim
Tel. 06201 - 606 - 0
Fax 06201 - 606 - 328
inf@wiley-vch.de
www.wiley-vch.de
Verlagsleitung: Geschäftsführer: Dr. Manfred Antoni
Programm: Chemie, Biowissenschaften, Materialwissenschaften, Physik, Medizin, Mathematik, IT-Ratgeber, Informatik, Wirtschaft, Architektur, Ausbildung, Elektrotechnik & Elektronik, Fremdsprachen, Geographie, Geowissenschaft, Geschichte, Graphikdesign, Hotelgewerbe, Gastronomie & Touristik, Industrielle Verfahrenstechnik, Lifestyle, Maschinenbau, Nachschlagewerke, Psychologie, Ratgeber, Recht, Reisen, Religion, Sozialwissenschaften, Statistik, Dummies-Reihe

Windpferd
Friesenrieder Str. 45
87648 Aitrang
Tel. 08343 - 14 04
Fax 08343 - 14 03
www.windpferd.com
Verleger: S. Mair
Programm: Esoterik, Lebenshilfe, Psychologie, Ratgeber
Ms.-Angebote erwünscht: als Exposé mit Textprobe
Medium: Papierausdruck
Ms.-Rücksendung: ja, bei Rückporto

Kinderbuchverlag Klaus Wingefeld
Lachergarten 7
86919 Utting am Ammersee
Tel. 08806 - 550
Fax 08806 - 92 30 - 29
info@kinderbuchverlag.de
www.kinderbuchverlag.de
Programm: Kinderbuch

Winklers - Bildungshaus Schulbuchverlage Westermann Schröder Diesterweg Schöningh Winklers GmbH
Alsfelder Str. 7
64289 Darmstadt
Tel. 06151 - 87 68 - 0
Fax 06151 - 87 68 - 45
service@winklers.de
www.winklers.de
Programm: Kaufmännische Berufsaus- und Weiterbildung, Fachspezifische Unterrichtssoftware und Lernprogramme

Universitätsverlag Winter Heidelberg GmbH
Dossenheimer Landstr. 13
69121 Heidelberg
Tel. 06221 - 770 26 - 0
Fax 06221 - 770 26 - 9
info@winter-verlag-hd.de
www.winter-verlag-hd.de
Verleger: Dr. Andreas Barth
Verlagsleitung: Dr. Andreas Barth
Gründungsjahr: 1822
Lieferbare Titel: 2400
Novitäten: 150
Programm: Anglistik und Amerikanistik, Germanistik, Romanistik, Slawistik, Klassische Philologie, Indogermanis-

tik, Orientalistik, Geschichte, Philosophie, Sonderpädagogik
Lektorat: Dr. Andreas Barth,
Tel. 06621 - 77 02 63, a.barth@winter-verlag-hd.de
Ms.-Angebote erwünscht: nach vorheriger telefonischer Anfrage
Medium: Papierausdruck
Ms.-Rücksendung: ja auf Wunsch

Verlag Wirtschaft und Finanzen
Kasernenstr. 67
40213 Düsseldorf
Tel. 0211 - 887 14 17
Fax 0211 - 887 14 00
Verlagsleitung: Michael Tochtermann
Programm: Nachschlagewerke, Wörterbücher, Wirtschaft, Börse, Steuer, Kunstmärkte
Ms.-Angebote erwünscht: als Exposé mit Textprobe von 10 Seiten
Medium: Papierausdruck
Ms.-Rücksendung: ja

WissenMedia Verlag GmbH
Avenwedler Str. 57
33311 Gütersloh
Tel. 089 - 74 85 15 - 90
Fax 089 - 74 85 15 - 89
www.lexikonverlag.de, www.via-mundo.de, www.wissen.de
Verlagsleitung: Christoph Hünermann
Programm: Enzyklopädien, Lexika, Nachschlagewerke, Wörterbücher

Verlag Wissenschaft und Politik
Postfach 12 09 42
10599 Berlin
Tel. 030 - 31 80 12 10
Fax 030 - 31 80 12 10
helker.pflug@t-online.de
Verleger: Helker Pflug
Gründungsjahr: 1961
Lieferbare Titel: 120
Novitäten: 12
Programm: Geschichte, Politik, Völkerrecht, Judaica, Literaturwissenschaft
Ms.-Angebote erwünscht: nach vorheriger telefonischer Anfrage, als Exposé, als Manuskript
Medium: Papierausdruck
Ms.-Rücksendung: ja, bei Rückporto

Wissenschaftliche Buchgesellschaft (WBG)
Hindenburgstr. 40
64295 Darmstadt
Tel. 06151 - 33 08 - 0
Fax 06151 - 33 08 - 212
service@wbg-darmstadt.de
www.wbg-darmstadt. de
Verlagsleitung: Andreas Auth
Zum Verlag: Programmlinien WBG-Studium, -Forschung, -Wissen, -Lese-Ecke
Gründungsjahr: 1949
Lieferbare Titel: 2500
Programm: Altertumswissenschaften, Archäologie, Architektur, Kunstgeschichte, Erziehung, Geowissenschaften, Geschichte, Kulturgeschichte, Musik, Naturwissenschaften, Philosophie, Politik, Psychologie, Recht, Theologie, Neuere Philologien

Lektorat: Dr. Jörn Laakmann, Leitung, Dr. Harald Baulig (Altertumswissenschaft, Archäologie, Orientalistik), Adolf Bittner (Neue Medien), Christian Geinitz (Naturwissenschaften, Musikwissenschaften, Edition Universität), Sabine Meyer-Bachem (Handbücher und Lexika,
Ms.-Angebote erwünscht: als Exposé, als Exposé mit Textprobe, als Manuskript
Medium: Papierausdruck, Diskette, E-Mail
Ms.-Rücksendung: ja

Wissenschaftliche Verlagsgesellschaft mbH
Birkenwaldstr. 44
70191 Stuttgart
Tel. 0711 - 25 82 - 0
Fax 0711 - 25 82 - 290
service@wissenschaftliche-verlagsgesellschaft.de
www.wissenschaftliche-verlagsgesellschaft.de
Verleger: Dr. Christian Rotta, Dr. Klaus G. Brauer
Gründungsjahr: 1921
Verlagsgruppe: Deutscher Apotheker Verlag
Lieferbare Titel: 600
Programm: Medizin, Pflege, Pharmazie, Chemie, Biologie
Lektorat: Medizin: Dr. Hans Muth, Pharmazie: Dr. Eberhard Scholz, Pflege: Andrea Häberlein
Ms.-Angebote erwünscht: nach vorheriger telefonischer Anfrage, als Exposé mit Textprobe
Medium: Papierausdruck
Ms.-Rücksendung: ja

Verlag Claus Wittal
Fliednerstr. 27
65191 Wiesbaden-Bierstadt
Tel. 0611 - 50 29 07
Fax 0611 - 50 30 21
cw@exlibrisart.com
www.exlibrisart.com
Verleger: Claus Wittal
Gründungsjahr: 1979
Lieferbare Titel: 20
Novitäten: 1
Programm: Exlibris, Bildende Kunst, Nachschlagewerke
Ms.-Interessen: Exlibris
Ms.-Angebote erwünscht: nach vorheriger telefonischer Anfrage

Friedrich Wittig VerlagGmbH
Gartenstr. 20
24103 Kiel
Tel. 0431 - 55 77 92 06
Fax 0431 - 55 77 92 92
vertrieb@wittig-verlag.de
www.wittig-verlag.de
Verleger: Johannes Keussen
Programm: Kinderbücher, Religiöse Literatur, ‚Kirchenkrimis'
Lektorat: Johannes Keussen (Dw -203)
Ms.-Angebote erwünscht: nach vorheriger telefonischer Anfrage
Ms.-Rücksendung: ja, bei Rückporto

wjs verlag, Wolf Jobst Siedler jr.· Berlin
Falkenried 4
14195 Berlin

Tel. 030 - 349 94 00
Fax 030 - 349 940 11
info@wjs-verlag.de
www.wjs-verlag.de
Verleger: Wolf Jobst Siedler jr.
Programm: Sachbuch, Politik, Geschichte

Wochenschau Verlag Dr. Kurt Debus
Adolf-Damaschke- Str. 10
65824 Schwalbach/Taunus
Tel. 06196 - 84 01 - 0
Fax 06196 - 86 0 - 60
info@wochenschau-verlag.de
www.wochenschau-verlag.de
Verleger: Ursula Buch, Bernward Debus
Gründungsjahr: 1949
Programm: Erziehung, Geschichte, Ökologie, Politik, Schulbücher, Politische Bildung
Ms.-Angebote erwünscht: als Exposé, als Manuskript
Medium: Papierausdruck, Diskette
Ms.-Rücksendung: nur bei angeforderten Manuskripten

Wolke Verlagsgesellschaft mbH
Niederhofheimer Str. 45a-c
65719 Hofheim/Ts.
Tel. 06192 - 72 43
Fax 06192 - 95 29 39
wolke@wolke-verlag.de
www.wolke-verlag.de
Verleger: Peter Mischung
Programm: Musik, Neue Musik, Experimentelle Musik
Ms.-Angebote erwünscht: nach vorheriger telefonischer Anfrage, als Exposé mit Textprobe von 30 Seiten
Medium: Papierausdruck, E-Mail
Ms.-Rücksendung: ja, bei Rückporto

Verlag DAS WORT GmbH
Max-Braun-Str. 2
97828 Marktheidenfeld-Altfeld
Tel. 09391 - 50 41 35
Fax 09391 - 50 41 33
info@das-wort.com
www.das-wort.com
Programm: Lebenshilfe, Kinderbücher, Musik

Verlag Wort im Bild GmbH
Eichbaumstr. 17b
63674 Altenstadt
Tel. 06047 - 96 46 - 0
Fax 06047 - 96 46 - 15
christian.trebing@t-online.de
www.wortimbild.de
Verlagsleitung: F. Christian Trebing
Gründungsjahr: 1968
Lieferbare Titel: 1200
Novitäten: 100
Programm: Nur Christliche Themen: Bildbände, Kinderbücher, Lyrik, Kirchliche Gemeindearbeit, Kurzgeschichten
Ms.-Angebote erwünscht: nach vorheriger telefonischer Anfrage
Medium: Papierausdruck, E-Mail
Ms.-Rücksendung: ja, bei Rückporto

WortSpiel-Verlag Michael Hoffmann
Scheffelstr. 23
95445 Bayreuth
Tel. 0921 - 51 31 27
Fax 0921 - 571 51
info@wortspiel.de

www.wortspiel.de
Programm: Kinder- und Jugendbücher

Wostok Verlag
Am Comeniusplatz 5
10243 Berlin
Tel. 030 - 440 08 03 - 67
Fax 030 - 440 08 03 - 8
verlag@wostok.de
www.wostok.de
Verleger: Britta Wollenweber, Peter Franke
Gründungsjahr: 1992
Programm: Schwerpunkt: Bücher aus und über Russland, GUS-Staaten

WRS Verlag Wirtschaft, Recht und Steuern
Fraunhoferstr. 5
82152 Planegg/München
Tel. 089 - 895 17 - 0
Fax 089 - 895 17 - 250
online@haufe.de
www.wrs.de
Verlagsleitung: Geschäftsführer: Mirza Hayit, Dr. Harald Henzler, Kathrin Kiesewalter
Verlagsgruppe: Rudolf Haufe Verlagsgruppe
Programm: Computer, Finanzen, Nachschlagewerke, Ratgeber, Recht, Steuern, Wirtschaft
Ms.-Angebote erwünscht: als Exposé mit Textprobe, als Manuskript
Medium: Papierausdruck, Diskette, E-Mail
Ms.-Rücksendung: ja

Verlag Das Wunderhorn GmbH
Rohrbachstr. 18
69115 Heidelberg
Tel. 06221 - 40 24 28
Fax 06221 - 40 24 83
wunderhorn.verlag@t-online.de
www.wunderhorn.de
Verleger: Manfred Metzner
Programm: Poesie, Surrealismus, Regionalia, Kunstkataloge, Französische und Frankophone Literatur, Neue Deutsche Literatur
Ms.-Angebote erwünscht: nach vorheriger telefonischer Anfrage
Medium: Papierausdruck
Ms.-Rücksendung: ja, bei Rückporto

Wunderlich Verlag
Hamburger Str. 17
21465 Reinbek
Tel. 040 - 72 72 - 0
Fax 040 - 72 72 - 319
www.rowohlt.de
Verlagsleitung: Dr. H. Dähne, Alexander Fest, Lutz Kettmann
Verlagsgruppe: Rowohlt-Verlagsgruppe
Programm: Unterhaltung Belletristik, Historische Romane, Kriminalromane
Lektorat: Kathrin Blum, Anne Bubenzer
Ms.-Angebote erwünscht: als Manuskript
Medium: Papierausdruck
Ms.-Rücksendung: ja

Xenos Verlagsgesellschaft m.b.H.
Am Hehsel 40
22339 Hamburg
Tel. 040 - 53 80 93 - 0

Fax 040 - 538 60 00
xenosverlag@compuserve.com
Gründungsjahr: 1975
Verlagsgruppe: Verlagsgruppe Oetinger
Lieferbare Titel: 100
Programm: Kinderbücher, Jugendbücher, Rätselbücher, Malbücher, Nachschlagewerke
Lektorat: Knut Reinoss,
Tel. 040 - 53 80 93 - 85,
knut.reinoss@xenos-verlag.de
Ms.-Angebote erwünscht: nach vorheriger telefonischer Anfrage
Medium: Papierausdruck
Ms.-Rücksendung: ja, bei Rückporto

yedermann Verlag Oliver Brauer und Sebastian Myrus GbR
Georg-Kerschensteiner-Str. 8
85521 Riemerling b. München
089 - 60 19 02 93
Tel. 089 - 60 19 02 94
lektorat@yedermann.de
www.yedermann.de
Verleger: Oliver Brauer, Sebastian Myrus
Programm: Belletristik

Verlag Philipp von Zabern
Göttelmannstr. 13 a
55130 Mainz
Tel. 06131 - 28 74 70
Fax 06131 - 22 37 10
zabern@zabern.de
www.zabern.de
Verlagsleitung: Dr. Annette Nünnerich-Asmus
Zum Verlag: Fachverlag für Archäologie, Kulturgeschichte und Kunstgeschichte
Gründungsjahr: 1802
Verlagsgruppe: WBG
Lieferbare Titel: 1200
Novitäten: 100
Programm: Archäologie, Ägyptologie, Bildung, Fachzeitschriften, Geschichte, Kulturgeschichte, Nachschlagewerke, Wörterbücher, Reisen
Ms.-Angebote erwünscht: als Exposé
Medium: Papierausdruck
Ms.-Rücksendung: ja

Zambon Verlag
Leipziger Str. 24
60487 Frankfurt am Main
Tel. 069 - 77 92 23
Fax 069 - 77 30 54
zambon@online.de
www.zambon.org
Programm: Belletristik und Sachbücher aus dem südeuropäischen Sprachraum und aus der Dritten Welt

Verlag Bernd Zeun
Steinstr. 46
35390 Gießen
Tel. 0641 - 376 65
Fax 0641 - 376 65
zeunvlg@aol.com
Verleger: Bernd Zeun
Gründungsjahr: 1996
Lieferbare Titel: 6
Novitäten: 1-2
Programm: Belletristik und Sachbücher zur Sexualität
Ms.-Interessen: zur Zeit keine
Ms.-Angebote erwünscht: nach vorhe-

riger telefonischer Anfrage
Ms.-Rücksendung: ja, bei Rückporto

dr. ziethen verlag
Friedrichstr. 15a
39387 Oschersleben
Tel. 03949 - 43 96
Fax 03949 - 50 01 00
info@dr-ziethen-verlag.de
www.dr-ziethen-verlag.de
Verleger: Dr. Harry Ziethen
Gründungsjahr: 1991
Lieferbare Titel: 400
Novitäten: 25
Programm: Regionale Literatur für Sachsen-Anhalt, Musikwissenschaftliche Schriften, Belletristik
Ms.-Angebote erwünscht: als Exposé mit Textprobe von 20 Seiten
Medium: E-Mail
Ms.-Rücksendung: ja, bei Rückporto

ZS Verlag Zabert Sandmann GmbH
Türkenstr. 9
80333 München
Tel. 089 - 54 82 51 50
Fax 089 - 550 18 91
contact@zsverlag.de
www.zsverlag.de
Verleger: Friedrich-Karl Sandmann
Verlagsleitung: Friedrich-Karl Sandmann
Zum Verlag: Moderne Küchen- und Gesundheitsliteratur
Gründungsjahr: 1984
Lieferbare Titel: 86
Novitäten: 30
Programm: Küchenliteratur und Gesundheitsliteratur
Lektorat: Kathrin Ullerich (Redaktionsleitung)
Ms.-Angebote erwünscht: als Exposé
Medium: Papierausdruck
Ms.-Rücksendung: ja, bei Rückporto

Paul Zsolnay Verlag GmbH
Prinz-Eugen-Str. 30
A-1040 Wien
Österreich
Tel. +43 (0)1 - 505 76 61 - 0
Fax +43 (0)1 - 505 76 61 - 10
info@zsolnay.at
www.zsolnay.at
Verleger: Michael Krüger, Stephan Joß
Gründungsjahr: 1924
Lieferbare Titel: 400
Novitäten: 35
Programm: Belletristik, Sachbuch, Internationale Literatur, Österreichische und Südosteuropäische Literatur
Lektorat: Herbert Ohrlinger (Programmleitung)
Ms.-Angebote erwünscht: als Exposé mit Textprobe von ca. 30 Seiten
Medium: Papierausdruck
Ms.-Rücksendung: ja, bei Rückporto

Zytglogge Verlag
Schoren 7
CH-3653 Oberhofen
Schweiz
Tel. +41 (0)33 - 244 00 30
Fax +41 (0)33 - 244 00 33
info@zytglogge.ch
www.zytglogge.ch
Verleger: Hugo Ramseyer, Bettine Kaelin Ramseyer
Verlagsleitung: Hugo Ramseyer, Bet-

tina Kaelin Ramseyer, Brigitte Fenz (Buch), Ingrid Etz (Ton)
Gründungsjahr: 1965
Lieferbare Titel: 600 Bücher und 500 CDs
Novitäten: 20 Bücher und 15 CDs
Programm: Sachbuch, Belletristik, pädagogisches Werkbuch, Cartoon
Lektorat: Hugo Ramseyer, Bettina Kaelin Ramseyer
Ms.-Interessen: Sachbuch, Belletristik
Ms.-Angebote erwünscht: Nach vorheriger telefonischer Anfrage, als Exposé mit Textprobe von 20 Seiten, als Manuskript
Medium: Papierausdruck
Ms.-Rücksendung: ja, bei Rückporto

▷ *Wie ich vom »Playboy« einen Korb bekam*

Von Barbara Bollwahn

Gleich nach dem Mauerfall schrieb ich erotische Geschichten. Mein Verleger war begeistert – mein Vater nicht.

Das ist ein Steckbrief. Gesucht wird: Frank Trebuth. Vermeintlicher Beruf: Verleger. Wohnort: unbekannt. Alter: unbekannt. Besondere Kennzeichen: Betrüger.

Es ist zwar schon lange her, doch noch längst nicht vorbei. Dieser Herr hatte fast auf den Tag genau vor vierzehn Jahren in einem seriösen Berliner Anzeigenblatt ein Inserat geschaltet. »Verlag sucht von Frauen geschriebene erotische Kurzgeschichten.«

Bingo, dachte ich. Die erste Zeit nach dem Mauerfall hatte ich nämlich schreibend verbracht. Mit dem Verfassen von erotischen Kurzgeschichten. Und da ich eine Frau bin, rief ich die in der Anzeige angegebene Nummer an.

Frank Trebuth schien sich über meinen Anruf zu freuen und bat mich, ihm einige Manuskripte zuzuschicken. Gleich am nächsten Tag tütete ich ein. Da ich den Briefwechsel noch habe, kann ich auch die Titel der Geschichten aufführen: »Der Bock«, »Glückseligkeit«, »Das geplatzte Essen«, »Der Krümelkacker«, »Die Beziehung oder Tanja und die Hunde«, »Die Mission«, »Fünf Uhr morgens«, »Die Taxifahrt«.

Schon fünf Tage später bekam ich Antwort. »Ihre Kurzgeschichten haben mir sehr gut gefallen«, schrieb der Verleger, »weiter so!«

Ich war aus dem Häuschen. Fast ohnmächtig wurde ich, als ich das zweite Blatt des Briefes las. Ich hielt einen Vertrag in den Händen!!

Alle eingesandten Geschichten wollte er veröffentlichen! Mit der Verpflichtung, die Arbeiten in einer Auflagenhöhe von 1.000 Exemplaren zu verlegen, inklusive ISBN-Nummer. Als Autorenhonorar schrieb er 12 Prozent des Nettoladenpreises von 12,80 Mark fest.

Das ist der Westen, dachte ich. Unbeschränkte Möglichkeiten. Meine Eltern, die sich sorgten wegen meiner Arbeitslosigkeit, konnte ich beruhigen. Ich erzählte ihnen von meiner schriftstellerischen Karriere. Damit weckte ich auch ihre Neugierde. Mein Vater bat mich, ihm mal einige der Geschichten zu schicken. Ich tat es, obwohl mir klar war, dass das schwierige Gespräche nach sich ziehen würde.

Frank Trebuth bat mich, »falls weitere Arbeiten vorhanden«, um »kurzfristige Zusendung« derselben. Ich schrieb mir die Finger wund und schickte zehn weitere Geschichten und einige Gedichte mit Titeln wie »Du« und »Orgasmus im Nebel«. Wieder war Trebuth begeistert. Und versprach die Zusendung eines zweiten Vertrages.

Mein Vater war weniger begeistert. Er fragte mich, ob ich Drogen nehme. Dann herrschte einige Zeit Funkstille zwischen uns. Auch von Herrn Trebuth hörte ich nichts mehr. Der versprochene zweite Vertrag kam nicht, obwohl ich ihn mehrmals anmahnte. Wie ich heute finde, schrieb ich viel zu nett: »Ich muss Ihnen sagen, ich fühle mich von Ihrer Arbeitsweise äußerst veralbert und verschaukelt.«

Frank Trebuth beeindruckte das nicht. Er beantwortete meine Briefe nicht und ging nicht ans Telefon. Auch ein Besuch bei der von ihm angegebenen Adresse brachte kein befriedigendes Ergebnis. Niemand öffnete.

Ich ging daraufhin in eine große Buchhandlung, nannte die ISBN-Nummer und siehe da – Band I der erotischen Kurzgeschichten erschien als Ankündigung auf dem Bildschirm und mein Name!

Alles wird gut, dachte ich. Doch nichts wurde gut. Frank Trebuth blieb unauffindbar. Ich schrieb ihm einen weniger freundlichen Brief, indem ich den Vertrag kündigte und ihn aufforderte, mir meine Manuskripte unverzüglich zurückzuschicken. »Seien Sie versichert, dass ich die Angelegenheit andernfalls nicht einfach auf sich beruhen lassen werde.«

Das Buch ist niemals erschienen. Ich glaube, dass Trebuth sich nur Manuskripte erschwindeln wollte, um diese gewinnbringend zu verkaufen. Dieser schlimme Verdacht bestätigte sich, als ich dem *Playboy* meine Geschichten offerierte. Bei einem Telefonat erfuhr ich von einem Redakteur, dass Trebuth dem »Playboy« meine Geschichten bereits angeboten hatte. Der »Playboy« gab ihm zwar einen Korb – mir leider auch – und der Vertragsbruch ist juristisch sicher verjährt. Aber diesen Coitus interruptus meiner literarischen Karriere verzeihe ich ihm nie.

Die literarische Karriere von Barbara Bollwahn, 43, Reporterin bei der »taz«, fand doch kein jähes Ende. Ihr Artikel erschien 2004 in der »taz«, 2006 veröffentlichte sie im Thienemann Verlag den Mädchen-Jugendroman *Mond über Berlin*. 2007 erscheint im gleichen Verlag ihr Ost-West-Jugendroman *Der Klassenfeind und ich*.

▷ *Lesen und gelesen werden*

Vom eigenen Buch zum eigenen Verlag

Von Marie-Louise Rendant

Rückblickend kann ich sagen, alles begann mit dem *Jahrbuch für Autorinnen und Autoren*. Die Ausgabe für 1998 muss es gewesen sein. Es war eine Zeit, in der die Suche nach Informationen noch kompliziert war, ohne Anschluss ans weltweite Netz. Gerade den Magisterabschluss gemacht, war ich auf der Suche. Nicht nach dem gut bezahlten Job im festen Arbeitsverhältnis, sondern nach Adressen. Adressen von deutschen Verlagen. Ganz naiv bin ich damals an das Thema herangegangen, man kann auch sagen, vollkommen unvoreingenommen. Dass die »unverlangt eingesandten Manuskripte« ein Heer von Lektoren beschäftigen, die, kaum gesichtet, fix die Rückreise antreten – davon hatte ich überhaupt keine Ahnung. Ich hatte nur meine Idee. Und die bestand aus einem umfassenden Überblick über alle Schultypen, die es in Deutschland gibt. Nachdem, was mir aus dem Studium der Erziehungswissenschaft an der Technischen Universität Berlin bekannt war, gab es einzelne Sachbücher über jeweils eigene Schultypen, beispielsweise über Waldorfschulen oder über Montessori-Schulen, und wissenschaftliche Studien, zum Beispiel über Grundschulen oder Gymnasien. Mein Überblick sollte aber all-umfassend sein. Dazu brauchte ich die Adressen von Verlagen. Ich weiß nicht mehr wie, aber irgendwann bin ich auf den Autorenhaus-Verlag gestoßen und habe mir das Autoren-Jahrbuch bestellt.

Erst jetzt erfuhr ich etwas über Manuskripte, Exposés, Lektorate, Absagen. Das konnte mich aber nicht abhalten. Zum Glück nicht. Noch heute sind dem *Autoren-Jahrbuch* die Seiten anzusehen, die ich am meisten bearbeitet habe: der Adress-Teil. Prima dabei: die Stichworte zu den jeweiligen Verlagsprogrammen. Da musste ich nicht lange suchen: Unter »Rowohlt Verlag« fand ich das, wo ich mein Projekt zu ordnen konnte. Schnell war auch die Idee zu Papier gebracht und abgeschickt. Und schnell erwies sich diese Projektidee als Volltreffer: Ein knappes Jahr habe ich recherchiert und zusammengestellt, was das deutsche Schulsystem so zu bieten hat, natürlich erst nach Abschluss meines ersten Verlagsvertrages. Mein Buch *Wo unsere Kinder lernen. Ein Leitfaden durch das Schulsystem* erschien bei Rowohlt, einem der renommiertesten deutschen Buchverlage.

Im Anschluss daran wollte ich dieses Thema auf Berlin zuschneiden. Auch hier erschien es mir, zur rechten Zeit am rechten Ort angefragt zu haben: Nach kurzer Marktanalyse – noch immer ohne Internet, deshalb vor Ort in den Kreuzberger Buchhandlungen – bot ich dem Berliner Jaron Verlag meine Idee an. Daraus wurde dann das *Eltern-Handbuch Berlin*, 2000 erschienen, und 2005 aktualisiert. Diese Aktualisierung war auch meine letzte Aufgabe in Berlin. Danach bin ich zurück in meine Heimatstadt gezogen, nach Bremen.

Sie ahnen es: Knapp ein Jahr hat es gedauert, bis ich bei den Bremer Verlagen durchgeklingelt habe. Das *Eltern-Handbuch Bremen* wurde mit großem Interesse aufgenommen: Im Februar 2007 bei C.F. Schuenemann herausgekommen, steht es jetzt unter den »Bremensien« in den Bremer Buchläden.

Wie es jetzt weitergeht? Ich habe da wieder so eine Idee... Im vergangenen Jahr wurde die Metropolregion Bremen/Oldenburg im Nordwesten gegründet. Jetzt steht meine Verlagsgründung bevor: Nach dem Motto „eine Region tut sich zusammen – ein Verlag entsteht“ möchte ich den »RegionenVerlag Rendant« ins Leben rufen. Die Gewerbeanmeldung liegt bereits ausgefüllt auf meinem Schreibtisch – alles Weitere ist vorbereitet und gut durchdacht. Unser Bremer Bausenator, Mitglied der Regionalen Arbeitsgemeinschaft Bremen/Niedersachsen, hat mir seine Unterstützung zugesagt. Nächste Woche erhalte ich ein Grußwort für die ersten Publikationen: Eine Reihe mit 15 kleinen »Kultur-, Freizeit- und Naturführern«, die sich auf die Highlights unserer Region beziehen. Auch bei diesem Vorhaben hat mir der Autorenhaus Verlag weitergeholfen, mit vielen nützlichen Hinweisen über Buch-Herstellung und Buch-Marketing, Handel, Vertreter und Publishing on Demand im Ratgeber *Mini-Verlag*. Und was, meinen Sie, wird ein wichtiger Vertriebsweg des neuen Verlags sein? Mittlerweile angekommen im Internet-Zeitalter: natürlich die Web-Präsenz, mit Shop! Unter www.nord-com.net/bildung bin ich schon heute erreichbar – unter www.regionen-verlag.de demnächst. Schauen Sie doch mal rein … Ich freue mich auf Ihren Besuch!

Marie-Louise Rendant hat in Berlin Erziehungswissenschaft und Kunstwissenschaft studiert. Die Autorin und angehende Verlegerin ist verheiratet und Mutter eines fünfzehnjährigen Jungen.

Zuschussverlage, Selbstverlag & Book on demand

11

▷ *Einarmiger Verlagspacker*

Verlegen kommt von Vorlegen

Von Manfred Plinke

»Ich habe nie kapiert, wie Luciano es schafft, die Bücher mit seinem einen Arm zu verpacken«, hatte Belbo zu mir gesagt, »ich glaube, er behilft sich mit den Zähnen. Andererseits verpackt er nicht gerade viel: die Packer in normalen Verlagen schicken die Bücher an die Buchhandlungen, Luciano schickt sie nur an die Autoren. Manuzio interessiert sich nicht für die Leser …«

In diesem kurzen Zitat aus Umberto Ecos *Das Foucaultsche Pendel* steckt die Konzeption des Druckkostenzuschussverlags Manuzio und mancher Kollegen, auch in Deutschland: Sie erfüllen Träume, befriedigen Eitelkeiten und verdienen damit reichlich an den Autoren.

Das Ungleichgewicht von Autoren, die sich gedruckt sehen möchten, und wählerischen Verlagen begünstigt Unternehmen, die mit Kleinanzeigen auf Autorensuche sind. Nach der x-ten Verlagsabsage sind die Komplimente der so genannten »Lektoratskonferenz« solcher Unternehmen wie Balsam für die verletzte Autorenseele. Aber selbst verträumte Schriftsteller wachen spätestens dann auf, wenn es darum geht, viel Geld zu bezahlen, sollte man meinen.

Für Newcomer im Literaturbetrieb ist es aber nicht einfach, das Netzwerk undurchsichtiger Unternehmen und angeblich unabhängiger Autorenverbände, die sich gegenseitig stützen und weiterempfehlen, zu durchschauen. Wie unterscheiden sich klassische Buchverlage von den anderen, welches sind die klassischen Verlagsleistungen?

Und welche Aufgaben übernimmt der Autor als Selbstverleger? Die folgende Übersicht ermöglicht einen allgemeinen Vergleich.

Der klassische Buchverlag

Bevorzugt wird immer noch die Veröffentlichung in einem klassischen Buchverlag. Der Autor profitiert vom Verlagsimage und dem Verlagsprogramm, in dem sein Buch erscheint, sofern es ein Verlag mit gutem Ruf ist – und den hat nicht nur ein Großverlag. Kleinere Verlage sind für ihre Autorenbetreuung und langfristige Programmpflege bekannt. Der klassische Buchverlag leistet alles, in Sachbuch- und Kinder-/Jugendbuchverlagen werden oft sogar die Buchideen und -konzepte vom Verlag entwickelt, nach denen dann Autoren schreiben. Der klassische Verlag zahlt ein Garantiehonorar, das dem Autor bleibt, selbst wenn das Buch ein Flop wird. Alle Leistungen vom Lektorat, über Gestaltung und Herstellung, Produktion und Vertrieb legt der klassische Verlag vor, ja sogar die langen Zahlungsfristen im Buchhandel finanziert er vor: Verlegen kommt von Vorlegen.

Zuschussverlage

Verlegen kommt von Vorlegen: Damit ist nicht gemeint, dass Autoren, die bereits Monate oder Jahre in die Arbeit an ihrem Werk investiert haben, auch noch die Kosten für Herstellung und Vertrieb vorlegen. Unternehmen für Drucke, die der Autor bezahlt, werden meist als Zuschussverlage bezeichnet. Ein treffenderer Begriff ist meiner Meinung nach Pseudoverlag, der erstmals 1996 im *Deutschen Jahrbuch für Autoren* verwendet wurde, denn tatsächlich verlangen sogenannte Zuschussverlage meist weit mehr als die Druckkosten. Solche Unternehmen kehren das Verlagsprinzip um: Sie honorieren nicht den Autor, sondern lassen sich von ihm bezahlen. Verlegen kommt aber von Vorlegen. In manchen Verträgen steht auch noch, dass der Autor, der zum Beispiel für den Vertrieb seiner Bücher selbst sorgt, diese großzügigerweise mit Rabatt vom »Verlag« erwerben darf, obwohl er sie bereits vorher schon bezahlt hat. So wird er quasi selbst zu seinem besten Kunden. Gegen solche Unternehmen wäre weniger einzuwenden, wenn manche bei Autoren nicht den Eindruck erzeugen würden, dass sie für ihr Geld die Leistungen eines klassischen Verlags erhielten, vor allem auch eine umfassende Vertriebsleistung. Das erklärt, warum sich solche Unternehmen um ein Image als großer renommierter Verlag bemühen und sich mit klangvollen literarischen Namen und Mitgliedschaften schmücken oder als Spender für wohltätige Zwecke auftreten.

Books on Demand

Verlag oder nicht Verlag? Tatsächlich tragen Autoren, die »Bücher auf Nachfrage« von einer Digitaldruckerei produzieren lassen, alle Kosten für ihr Buch, angefangen vom Lektorat, Korrektorat über Satz, Layout und Covergestaltung bis zum Marketing, wenn sie nicht selbst dafür sorgen. Werbematerial, Messepräsenz und andere Dienstleistungen kann man bei manchen Anbietern gegen Bares buchen, und wenn der Autor bei Auftragserteilung 100 Exemplare seines Buchs mitbestellt, muss er die natürlich auch bezahlen. Alles Leistungen und Kosten, die ein klassischer Buchverlag ganz selbstverständlich trägt, unabhängig von der Höhe des Honorars oder des Abrechnungsmodus. Auch der Hinweis auf die Vertriebsverbindungen spielt bei dieser Betrachtung eine untergeordnete Rolle: Denn es nützt dem Autor zunächst wenig, dass sein Buch in Datenbanken mit Hunderttausenden von Büchern gelistet ist, wenn niemand erfährt, dass es sein Buch gibt. Wir haben ein Book on Demand bei einem Internetbuchhändler bestellt, das erst nach 12 Tagen eingetroffen ist – viel zu lang für verwöhnte Buchkäufer, die Über-Nacht-Lieferungen gewohnt sind. Da ist jeder kleine Selbstverleger schneller, der übrigens auch bei Amazon.de, dem größten Internetbuchhändler, sein Buch selbst anbieten und verkaufen kann. Für Werbung und Vertrieb ist der Autor selbst verantwortlich, das wird ihm spätestens dann klar, wenn sich sein Buch nicht verkauft. Mit dem Digitaldruck sind Books-on-Demand-Unternehmen entstanden, die sich Verlag nennen, deren Leistungen jedoch kritisch besehen nicht anders als die von Zuschussverlagen sind, mit dem entscheidenden

Unterschied, dass ein Buch nicht 5.000, 10.000 oder 20.000 Euro kostet, sondern vielleicht nur 1.000 oder 2.000 Euro. Auch sind Books-on-Demand-Unternehmen mit vollmundigen Vertriebsversprechungen eher zurückhaltend, und in der Kundenwerbung gehen sie meist nicht aggressiv auf Autorenfang aus: Die Druckereileistung, das Dienstleistungsangebot rund ums Buch, steht im Vordergrund. Books-on-Demand-Angebote bedeuten für Autoren, sich wie Selbstverleger um den Vertrieb des Buchs kümmern zu müssen, aber die Produktion, eventuell auch Lagerung und Auslieferung nicht selbst übernehmen zu müssen. Digitaldruckereien und andere Dienstleister gibt es inzwischen in jeder größeren Stadt.

Der Selbstverlag

Wer glaubt, dass der Selbstverlag eine Notlösung sei, ist nicht der geborene Selbstverleger: Zu dieser Aufgabe gehören Enthusiasmus und Interesse an den vielfältigen Aufgaben, sonst ist das Ergebnis unbefriedigend. Wann denkt ein Autor daran, sein Werk selbst zu verlegen? Wenn er die Verkaufsmöglichkeiten für so gut hält, dass er den Verlagsgewinn selbst erzielen möchte, wenn er die Nutzungsrechte an seinem Werk nicht verlieren will, oder wenn etablierten Verlagen die absetzbare Auflage zu niedrig erscheint. Der Autor oder die Autorin bringt also das eigene Werk auf eigene Kosten heraus und trägt selbst die Verantwortung für Gelingen und Publizität. Typisch für den Selbstverlag ist, dass nur ein Werk des Autors erscheint und der Verlag nebenberuflich geführt wird. Wer Freude daran hat, setzt seinen Selbstverlag fort, bringt vielleicht sogar das Buch eines anderen Autors heraus. Die Chancen sind unterschiedlich, je nach Genre und Thema. Häufig werden Fach- und Sachbücher selbst verlegt, zumal dann, wenn die Zielgruppe leicht erreichbar ist und das Internet als eigene Vertriebsplattform genutzt werden kann. Wichtig ist, dass der Selbstverleger auf professionelle Qualität bei Inhalt und äußerer Erscheinung achtet. Nur so verbessert er seine – wenn auch geringe – Chance, im Buchhandel beachtet zu werden.

Der Digitaldruck ist die beste Möglichkeit für den Selbstverlag, sein Risiko zu begrenzen: Es wird nur eine kleine Auflage gedruckt und es kann jederzeit nach Bedarf nachgedruckt werden. Digitaldruck bedeutet für den Selbstverleger: keine Bücherberge in der Wohnung, kein gebundenes Kapital, große Flexibilität durch schnelle Aktualisierungen. Der entscheidende Vorteil gegenüber Angeboten von Books-on-Demand-Dienstleistern liegt in der Entscheidungsfreiheit: Der Autor behält alle Rechte, trifft alle Entscheidungen, hat die vollständige Kontrolle über das gesamte Projekt. Lange Lieferzeiten wie bei manchen Anbietern, schwerfällige Verwaltung wie in großen Unternehmen – auf das alles kann ein Selbstverleger verzichten. Und wenn es gut läuft: *The winner takes it all!*

Dienstleisteradressen

Verband der Freien Lektorinnen und Lektoren e.V. (VFLL)
Geschäftsstelle
Oberes Tor 3
63916 Amorbach
Tel. 09373 - 98 02 54
Fax 09373 - 98 02 55
www.vfll.de

Books on Demand GmbH
Gutenbergring 53
22848 Norderstedt
Tel. 040 - 53 43 35-0
Fax 040 - 53 43 35-84
www.bod.de
info@bod.de

MaroVerlag + Druck e.K.
Zirbelstraße 57 a
86164 Augsburg
Benno Käsmayr
Telefon: 0821 - 41 60 33
Fax: 0821 - 41 60 36
marodruck@gmx.de
www.marodruck.de

Pro Business GmbH
Schwedenstr. 14
13357 Berlin
Katharina Lentz
Tel. 030 - 499 785-71
Fax 030 - 499 785-55
lentz@pro-business.com
www.book-on-demand.de

Zengarten.com
Ernst Zengarten
Forchstrasse 191
CH-8704 Herrliberg
Schweiz
www.zengarten.com

„WARUM SOLLTE EIN VERLAG ALLE RISIKEN ALLEIN TRAGEN ? WIE WÄR'S, WENN DU SELBST EIN PAAR TAUSEND VON DEINEM BUCH ABNIMMST ?"

Aus: Peter van Straaten *Warum liegt mein Buch nicht neben der Kasse?* Berlin 2007

▷ »Literaturverlag Wolfert«

Roman von G. Meinsam

Mord am Mühlweiher in Wolfenbüttel. Der Tote war erfolgreicher Autor und vor allem bei Frauen beliebt. Die Ermittlungen der Kripo konzentrieren sich auf ein Schreibseminar. Aber wer ist hier eigentlich nicht verdächtig? Ein Teilnehmer versucht, seine dunkle Vergangenheit zu verbergen. Ein skrupelloser Verleger lässt sich seine Bücher von den Autoren bezahlen … Hauptkommissar Schneidereit ermittelt. Auszug aus einem Roman.

»Als Copyright-Inhaber der Seite tritt ein gewisser ›*Literaturverlag Wolfert*‹ auf.«

Bei Schneidereit klingelte es. »Doch nicht von *unserem* Wolfert?«

»Genau, Chef. Die Madbach hat ein Buch bei Wolfert herausgebracht, *Anna und ihr Montagsblues.*« Bunge klickte eines der Fenster weg. »Wolfert hat ihr als Werbemaßnahme diese dröge Website gebaut. Schauen Sie, nicht einmal eine *de-Domain* hat er für sie beantragt. Er benutzt nur eine Gratis-Domain-Weiterleitung, wie Omas sie für ihre Backrezepte oder Unterliga-Fußballvereine für ihre veralteten Termine verwenden.«

»Das ist aber kein Strafbestand, wenn Wolfert Werbung für die Madbach macht.«

»Das nicht. Nachdem ich die Verbindung zwischen den beiden herausgefunden hatte, habe ich mir diesen *Literaturverlag* näher angesehen. Wolfert ist kein richtiger Verleger.« Wieder wechselte Bunge die Bildschirmanzeige. »Er druckt die Bücher seiner eitlen Klienten und nimmt von ihnen dafür Geld.«

»Er kassiert dafür? Ich dachte immer, Autoren erhalten Honorare für ihre Bücher.«

»Ja, normalerweise. Aber bei Druckkostenzuschussverlagen ist das andersrum. Die versprechen den angehenden Autoren das Blaue vom Himmel und zocken sie ab.«

»Okay, aber was hat das mit Lensing zu tun?«

Bunge lachte triumphierend und schloss alle Fenster bis auf eines. Lensing war darauf mit einem Buch in den Händen abgebildet. »Chef, jetzt kommt der Hammer: Lensing veröffentlichte auch bei Wolfert.«

Schneidereit nickte.

»Ich denke, ich werde zur Schünemannschen Mühle zurückfahren und der Madbach und dem Wolfert auf den Zahn fühlen.«

[...]

»Gestatten, Wolfert.«

»Ah, das trifft sich gut, dass Sie auch hier sind. Ich habe an Sie beide einige Fragen.« Schneidereit wandte sich an Frau Madbach. »Ich will nicht lange um den heißen Brei herumreden. Stimmt es, dass Sie für Ihr Buch bei Herrn Wolfert bezahlt haben?«

Frau Madbach wurde blass und sah zu Wolfert hinüber. »Ja. Er war der Einzige, der mich für voll genommen hat.«

»Wie viele Exemplare Ihres Buches hat Herr Wolfert denn verkauft?«

»Na ja, an die dreißig werden es sein.« Sie druckste herum. »Die meisten haben meine Verwandten und Bekannten genommen.« Schneidereit musste daran denken, was Bunge im Internet herausgefunden hatte. »Haben Sie mit dem Buch Geld verdient?«

»Nein. Lothar meint, das wird noch kommen.«

»Bestimmt?« Schneidereit wunderte sich über die naive Frau.

Zitiert aus *Mord in Wolfenbüttel* von G. Meinsam. Mit freundlicher Genehmigung des Prolibris Verlag, Kassel. Das Buch ist ein Gemeinschaftswerk von zehn Autoren in einem Seminar unter Leitung von Jürgen Kehrer (Wilsberg-Krimis) an der Bundesakademie Wolfenbüttel entstanden.

▷ *Crash-Test für Selbstverleger:*

Selbst verlegt, selbst verkauft, selbst verdient?

Von Manfred Plinke

Viele Selbstverleger waren einmal von Verlagen missachtete Debütanten. Irgendwann, nach der zwanzigsten Ablehnung, wurde auch bei geduldigen Manuskriptanbietern die Frustration zur Trotzreaktion: »If you can't beat them, join them« lautet die strategische Umkehr: Denen zeig ich's, ich verlege selbst!

So entsteht dann ein Selbstverlag – ein Projekt mit fest umrissenen Aufgaben, selbst bestimmtem Zeitrahmen und begrenztem Budget. Es bedeutet, in die Schuhe des Verlegers zu schlüpfen, einen ganz anderen Blickwinkel als den aus der Autorenecke zu gewinnen und wie ein kühl rechnender Unternehmer zu denken und zu entscheiden. Bevor Sie mit der Kalkulation beginnen und die Auflage planen, stellen Sie als Erstes Ihrem Marketingexperten (der Sie natürlich ebenfalls sind), die entscheidenden Fragen:

- > Wer sind die Käufer?
- > Wo trifft man sie?
- > Wie spricht man sie an?

Diese Überlegungen bestimmen in jedem Markt die Eigenschaften, die das Produkt haben sollte. Bücher konkurrieren mit vielen anderen Freizeitangeboten, und das eine Buch aus Ihrem Selbstverlag sucht einen Platz neben vielen anderen Büchern. Wie ein Profi müssen Sie entscheiden über:

Inhalt

Stimmt mein Konzept? Muss ich den Text für die vorgesehenen Käufer überarbeiten, um andere wichtige Themen ergänzen? Grundsätzlich gilt: Je spezifischer das Thema für eine bestimmte Gruppe, umso größer die Chance, im Selbstverlag Erfolg zu haben. Daher sind Regional-, Sach- und Fachbücher erfolgversprechender als beispielsweise Belletristik.

Titel

Der Titel sollte möglichst elektrisieren, Assoziationen wecken, neugierig machen und beim Sachbuch deutlich sagen, worum es geht. Untertitel können zusätzlich helfen. Und natürlich: Der Titel muss frei sein.

Ausstattung

Soll das Buch illustriert sein? Auch beim Paperback muss die Umschlaggestaltung attraktiv sein. Ein Blick auf die Taschenbuchreihen genügt, um den Anspruch, den Sie für Ihr Buch erfüllen sollten, zu erkennen. Das Honorar für Profis wie Grafiker und Illustratoren erhöht zwar die Produktionskosten, kann sich aber lohnen.

Druckqualität

Satz, Druck und Papier sollten Ihren Buchkonkurrenten im Markt zumindest entsprechen. Fotokopien sind für wissenschaftliche Arbeiten und die Alternativpresse vielleicht akzeptabel, nicht aber für den allgemeinen Buchmarkt.

Erscheinungsweise

Soll es eine Desktop-Publikation werden, die Sie mit Ihrem PC und Drucker je nach Bestelleingang (Publishing on Demand) produzieren und binden oder heften? Möchten Sie ein Periodikum herausgeben, das jährlich oder häufiger erscheint? Soll Ihr Buch ein Einzeltitel bleiben oder eine Reihe begründen?

Auflage
Oder lassen Sie eine Erstauflage drucken? Wie hoch soll sie sein? Grundsatz: Lieber nachdrucken, als auf der Auflage sitzen bleiben!

Vertrieb
Verkauf über den Buchhandel? Oder Direktvertrieb? Gibt es andere Vertriebswege – beispielsweise für ein Buch über Bierbrauen den Getränkehandel und Kaufhäuser? Regionaltitel könnten auch Geschenkläden oder Fotogeschäften angeboten werden.

Werbung / PR
Haben Sie schon eine zündende Werbeidee? Entscheidend für den Direktvertrieb! Wie wollen Sie Ihr Buch den Medien präsentieren? Brauchen Sie Werbemittel: Buchinfos, Prospekte?

Dienstleistung
Sie sind zwar Selbstverleger, aber können Sie alles selbst gut genug? Brauchen Sie die Hilfe, zumindest Tipps oder eine kritische Beurteilung des Textes oder der Gestaltung von Fachleuten, eventuell ein Lektorat zur Überarbeitung und Durchsicht auf Fehler? Als Autor ist man schon nach der zweiten Überarbeitung zu sehr mit dem Text vertraut, um alle Vertipper und Interpunktionsauslassungen zu bemerken.

Verkauf
Können Sie wie ein Verlagsvertreter den Buchhandel selbst besuchen? Wollen Sie Ihr Buch auch bei Veranstaltungen, Messen oder Lesungen anbieten?

Preis
In welcher Preiskategorie möchten Sie Ihr Buch platzieren? Entscheiden Sie dies zunächst (unabhängig von Ihrer eigenen Kalkulation) nach anderen in Thema und Ausstattung vergleichbaren Titeln, mit denen Ihr Werk konkurrieren muss.

Herstellung

Vergleichen Sie die Preise von mehreren Druckereien, die Bücher auch in kleinen Auflagen herstellen. Selbst wenn Sie nur 100 Exemplare Ihres Gedichtbandes drucken lassen, weil Sie Ihr Buch zu einem bestimmten Anlass herausgeben möchten, sollten Sie sich Mühe geben, damit es neben Profibänden bestehen kann. Suchen Sie eine Druckerei mit Erfahrung, die Sie bei der Herstellung (Papierauswahl, Umschlag, Bindung) berät.

Kalkulation

Haben Sie Ihr Ziel höher gesetzt und möchten Ihr Buch nicht nur verbreiten, sondern auch verkaufen, dann können Sie von einer einfachen Überschusskalkulation ausgehen: Legen Sie bei Ihrer Rechnung als Ziel die Kostendeckung fest. Ein zentraler Begriff für Ihre Kalkulation ist der Break-even-point, der Ihnen sagt, bei wie viel verkauften Büchern Sie Ihre Kosten decken. Von Gewinn keine Rede. Von allen Kosten auch nicht: Zunächst betrachten Sie nur die tatsächlichen Ausgaben. Größter Posten werden die Druckkosten sein, die wiederum hängen von der Höhe der ersten Auflage ab.

Direktverkauf

Selbstverlage haben es schwer, in den Buchhandel zu kommen. Deshalb suchen die meisten Selbstverleger nach Möglichkeiten, selbst zu verkaufen: Sie bieten beispielsweise kostenlose Lesungen in ihrer Heimat-Leihbücherei, Galerien, Künstlerkneipen oder bei Ausstellungen mit passender Thematik an. Dabei finden sich eigentlich immer einige freundliche Teilnehmer, die ein Buch kaufen – zum Ladenpreis. Wer zusätzliche Absatzwege findet oder gar größere Mengen an öffentliche Stellen oder an Unternehmen, die ein besonderes Interesse daran haben, verkauft, kann bald schwarze Zahlen schreiben. Selbst wenn das nicht reicht, um alle Kosten zu decken, wird mit jedem verkauften Buch das Minus in der Kasse kleiner: erster Erfolg. Das Internet bietet Selbstverlegern ganz neue Werbe- und Vertriebsmöglichkeiten.

Recht & Honorare

12

▷ *Lebensbedingungen und Menschenwürde*

Von Martin Betz

The most important man in the motion picture business is the writer. Don't give him any power!
Irving Thalberg

Wie ein Autor damit lebt, wovon er lebt, darüber hat sich eigentlich noch kaum jemand Gedanken gemacht. Natürlich muss man annehmen, dass ein Autor zufrieden ist, wenn er von dem leben kann, was er schreibt. Nur kann kaum jemand wirklich davon leben, und wenn, dann ist man viel beschäftigt und/oder ausgesprochen kommerziell orientiert. Was ist zu wählen? Ein Leben in Reichtum mit menschenunwürdigen beruflichen Bedingungen, oder ein Leben in Armut, aber erhobenen Hauptes? Die Frage ist zu stereotyp, dass sie sich Autoren wirklich stellen, außer sie träumen schlecht und wachen schreiend auf. Die bewusste Frage, die sich Autoren vielleicht stellen, ist: Bin ich ein Mensch, der den Erfolg braucht, der es genießt, von Menschen, von welchen auch immer, hofiert zu werden? Geht es mir auf die Nerven, dass immer ich die Leute anrufen muss, um ihnen etwas anzubieten, und dass ich dann für mein Werk verbessert, gemaßregelt und belehrt werde, und von Glück sagen kann, wenn sich einer einmal bedankt? Bin ich einer, der sich stets rechtfertigen muss und dann doch gebeugten Hauptes geht? Die Antwort hängt ganz davon ab, was man domestiziert hat: Unterwürfigkeit oder Standesbewusstsein. Oder ist im Falle des Drehbuchautors das eine Teil des anderen?

Wartezeiten

Wenn es um die Verwirklichung seiner Drehbücher geht, braucht ein Autor vor allem Zähigkeit und Geduld. Das fängt schon einmal damit an, dass der Berufseinstieg erst relativ spät geschafft wird. Statistische Werte lassen sich hierzulande nicht feststellen, man kann aber davon ausgehen, dass die Statistik der amerikanischen *Writer's Guild* auch auf Europa zutrifft. Schließlich hört man auch hier immer wieder vom Mythos einer neuen Generation junger Drehbuchautoren, der in Wirklichkeit nicht stimmt: nur 9 Prozent aller Drehbuchjobs werden von unter 30-Jährigen gemacht. Das statistische Alter, das ein Neuling hat, der sein erstes Drehbuch verkauft, beträgt 35 Jahre. Am besten beschäftigt sind dann die 41- bis 50-Jährigen, sie schreiben 37% aller Drehbücher, wobei auch dieses Hoch nicht allzu lange anhält. Die Kurve geht nach dem Alter von 55 dramatisch nach unten, ab 60 sind nur mehr 4% in den Writerjobs zu finden.

Eine Statistik erfasst natürlich nicht, dass die Beschäftigung, also die Arbeit, ja im Schreiben besteht, der Lohn dafür aber erst Jahre später in Empfang genommen wird. Die volle Drehbuchgage gibt's meistens erst, wenn der Film gedreht wird, und bis dahin heißt es lange warten. Robert Muller, der auf eine 40-jährige Erfahrung im Schreiben von TV-Stücken zurückblickt, bedauert an der Jetztzeit »die Unmöglichkeit, ein Projekt schnell realisieren zu können. Es dauert längst nicht mehr 4-6 Wochen, auch nicht 4-6 Monate, einen Fernsehfilm durchzusetzen. Es dauert – nach meiner Erfahrung – 4 bis 6 *Jahre* vom Tag des ersten Gesprächs bis zur Ausstrahlung; und das nur, *wenn alles gut geht.*« Felix Mitterer berichtet, dass er für die »Piefke«-Saga die (ursprünglich vorgesehenen) neun Folgen zu 60 Minuten zwischen 1983 und 1986 fertig gestellt hatte, dann drei Jahre überhaupt nichts passierte, bis 1989 endlich gedreht wurde. Natürlich gibt es Glücksfälle, wo es nur ein bis zwei Jahre dauert, in der Regel dauert es aber einmal einige Zeit, bis man einen Abnehmer für das Drehbuch gefunden hat. Es gibt Bücher, die werden vom ORF abgelehnt, während sie von einer anderen Förderungsstelle angenommen werden. Oder umgekehrt. Oder sie werden abgelehnt, und nach leichten Korrekturen nach einigen Jahren angenommen. Allerdings: meist von anderen Personen, denn wer einmal ein Drehbuch ablehnt, ist nur schwer wieder umzustimmen. Nichts ist so verfemt wie ein angejahrtes Drehbuch. Ein Drehbuch liest sich ja auch nicht wirklich gut, es ist die Vorstellung eines Films, den man auf der Leinwand sehen will. So gesehen ist es ein Wegwerfprodukt, und ein Drehbuch, das schon lange liegt, will man erst recht wegwerfen. Tröstlich nur, dass es in den USA noch länger dauern kann, »Forrest Gump«, »Out of Africa« und »The Bodyguard« benötigten zehn Jahre von der Idee bis zur Verwirklichung. Und dann passieren wahre Glücksfälle. Dass ein Autor mit einem Drehbuch zur Produktion kommt und keine zwei Jahre später dafür den Oscar in Empfang nimmt. So geschehen bei »American Beauty«.

Begrenzte Rechte

Raymond Chandler schrieb über die Rolle des Drehbuchautors in Hollywood, dass er sich damit abfinden müsse, dass eben der Produzent der Boss sei: »Dabei spielt es eine geringe Rolle, was ein Schriftsteller für einen Produzenten als Mensch empfindet (...) Das, was in der Einsamkeit und aus dem Herzen geschaffen ist, kann man nicht gegen die Entscheidung eines Ausschusses von Kriechern verteidigen. Das zerbrechliche Wesen, das Literatur ausmacht, kann die Phrasen einer langen Reihe von Konferenzen über die Handlung eines Films nicht überstehen.« Dass dennoch einige wenige gelungene Filme entstehen, sei »das seltene Wunder, das die Handvoll guter Schriftsteller in Hollywood davon abhält, sich die Kehle durchzuschneiden«.

Die Regel der Produzenten lautet, dass ein Autor sich mit den Änderungen, die seinem Drehbuch zugefügt werden, abzufinden hat. Und wenn er das nicht tut und sich mit dem Produzenten anlegt, führt das zu einer breit gestreuten Diffamierung in der Branche.

»Ein Autor, der sich auf dem Gerichtsweg mit einem Produzenten oder gar einem Sender anlegt, schaufelt sich ein eigenes Grab ...«, schreibt der deutsche Drehbuchautor Matthias Herbert. Und weiter: »Der Autor ist derjenige, der an allem schuld ist. Wird aus einem Buch ein brillanter, preisgekrönter Film, wird der Hauptdarsteller, der Redakteur und der Regisseur zur Preisverleihung eingeladen. Wagt der Autor aufzutauchen, wird er gefragt: *Wer sind Sie, was wollen Sie?* Autoren sollen die Idee haben, die Vorlage liefern, auf Schauspieler-, Redakteurs-, Produzenten- und Regisseurswünsche unverzüglich eingehen. Haben Sie das getan, und das Produkt misslingt, war es ein *Scheiß-Buch.*«

Dass ein Autor diskriminiert wird, sobald er öffentlich Einspruch gegen die Behandlung seines Werkes einlegt, hat durchaus Tradition. Als Carl Mayer, der noch zuvor für seinen Erfolg von »Das Cabinet des Doktor Caligari« gefeiert wurde, seinen Namen aus der Wedekind-Verfilmung »Erdgeist« (1922, Regie: Leopold Jessner) zurückziehen wollte, wurde dies in mehreren, von der Filmindustrie gesponserten Fachblättern als »Anfall von Wahnsinn« bezeichnet.

Während es in den USA die Writer's Guild gibt (deren Mitgliedschaft freilich exklusiv und teuer ist) und in Frankreich gleich zwei Gewerkschaften gibt, die sich für die Rechte von Autoren einsetzen, und in Deutschland den VDD, gibt es in Österreich keine vergleichbare Einrichtung. Die IG Autoren ist tatsächlich als Interessengemeinschaft zu sehen, wo Autoren ihre Interessen gegenseitig austauschen. Die Verwertungsgesellschaft steht mit ihren Zahlungen an Autoren im internationalen Vergleich recht hoch, bei juristischen Fragen übernimmt sie aber keinerlei rechtlichen Beistand. Das »Drehbuchforum« im Filmhaus bietet jede Menge nützliche Information, Verträge und Urheberrechtsstreitigkeiten muss man dennoch einem Anwalt übergeben.

Es fehlt die öffentliche Anerkennung des Berufes, hierzulande ist der Drehbuchautor ebenso wenig präsent wie der Korbflechter. Und unter den wenigen Autoren gibt es kaum ein Miteinander. Anders in Serbien: Dort findet jährlich ein Festival der Drehbuchautoren statt.

Hinweise für junge Autoren zu den Drehbuchhonoraren

Über Drehbuchhonorare werden große Mysterien verbreitet, teils sehr huldvolle, die nicht wenige junge Menschen in die Fänge selbst ernannter Drehbuchgurus treibt. Tatsächlich werden die finanziellen Aussichten dem angehenden Autor in den himmlischsten Farben beschrieben, und so mancher sieht sich schon im Porsche von der Villa im Nobelbezirk in das Feriendomizil in der Toskana brausen. Irrtum, Freunde! Das sind die Produzenten, und – vielleicht – zwei, drei erfolgreiche Autoren in Deutschland. Selbst gut beschäftigte Autoren beim Fernsehen tun sich bei einem Satz von 175 Euro pro Sendeminute (dem regulären ORF-Satz für Fernsehfilme) schwer, ihr Leben zu fristen. So stehen viele Autoren vor dem Dilemma, andere Jobs ausüben zu müssen, die oft nichts mit dem Schreiben zu tun haben. Die Alternative, sich als Romanschriftsteller oder gar Lyriker zu verdingen, ist von der finanziellen Seite aus gesehen noch ungünstiger. So kommen viele in das Dilemma, durch einen Brotjob, der nichts mit Drehbuchschreiben zu tun hat, keine Zeit mehr fürs Schreiben zu finden. Was darunter leidet ist die Qualität des Buchs, an dem man arbeitet, abgesehen von einem funktionierenden Privat- oder Familienleben. Drehbuch schreiben, Geschichten schreiben überhaupt, ist ein kontinuierlicher Vorgang. Dem Autor kann nichts Schlimmeres passieren, als unterbrochen zu werden. Wenn man die Realität seiner Geschichte verlassen muss, um in die Realität der Existenzerhaltung einzutauchen, bleibt die Geschichte im wahrsten Sinn des Wortes auf der Strecke. Um vom Drehbuchschreiben leben zu können, muss man wahrscheinlich zwei 90-Minuten-TV-Filme pro Jahr verkaufen. Eines ist schon zu wenig. 15.000 Euro Drehbuchhonorar, von denen nach Abzug von Steuer und Versicherung zwischen 7.000 und 11.000 Euro übrig bleiben, reichen tatsächlich nur kurze Zeit zum Leben. Mit dem österreichischen Fernsehen ist also nicht das große Geld zu machen.

In Deutschland wird – wie man so hört – das Doppelte gezahlt. Genaue Zahlen sind schwer zu bekommen. Aber bereits vor zehn Jahren lag das Honorar für einen 90-Minütiger bei einem lokalen öffentlich-rechtlichen Sender wie dem Bayrischen Rundfunk bereits deutlich höher als heute hierzulande: 25.000 Euro plus derselbe Betrag bei Wiederholung. Die Privaten, wie Pro Sieben, zahlten für eine Serienfolge bereits 70.000 Euro, dies allerdings als Buy-Out, was wiederum fast doppelt so viel ist wie der hierzulande übliche Buy-out-Tarif von 36.000 Euro. Diese Autorenhonorare werden freilich durch Co-Autoren, meist Regisseure, weiter geschmälert. In Deutschland ist auch eine Beteiligung von Schauspielern am Drehbuch nicht selten. Günter Lamprecht und Hannelore Elsner fungieren immer wieder als Co-Autoren. Wegen des Überangebots sind bekannte Schauspieler oft mit nur noch höheren Gagen zu ködern, die sich dann auch aus den Buchtantiemen zusammensetzen.

Das ist letztendlich das Dilemma der Drehbuchhonorare. Alle anderen Filmschaffenden werden nach Kollektivverträgen bezahlt, die Preise für (Kino)-Drehbücher sind großen Schwankungen unterworfen. Auch der gut bezahlte Drehbuchautor wird, wenn er seinen Stundenlohn mit dem eines Mitarbeiters des technischen Stabs aufrechnet, zu einem erheblichen Missverhältnis zu seinen Ungunsten kommen.

Sollte man als Drehbuchautor mit dem Makel behaftet sein, jung zu sein oder das erste Buch verkauft zu haben, oder – noch schlimmer – beides zugleich (was ja vorkommen soll), sollte man sich keine großen Hoffnungen auf ein ansprechendes Honorar machen. Niemandem glauben, der von Drehbuchhonoraren zwischen 35.000 und 60.000 Euro spricht. Auch wenn der Produzent zusagt, ein Honorar nach den ÖFI-Bedingungen zu zahlen, heißt das noch lange nicht, dass dies dem Höchsthonorar entspricht, das das ÖFI in seinen Satzungen vorschlägt. Dieses liegt zwischen 3 und 3,5 Prozent der Herstellungskosten: Bei einem Produktionsvolumen von zwei Millionen Euro könnte man also rund 70.000 Euro kassieren. Gesegnet seien die Produzenten, die das wirklich zahlen. Von der Geschäftsführung des ÖFI habe ich erfahren, dass Drehbuchneulinge nach den nicht veröffentlichten Niedrigstsätzen bezahlt werden, die zwischen 1,5 % und 1,75 % des Gesamtbudgets des Films liegen. Fazit: In Bezug auf Drehbuchhonorare herrscht in Österreich der Wilde Westen.

Die Argumentation, warum der junge Autor auf etwas verzichten sollte, was ihm eigentlich zusteht, ist stets dieselbe: Du hast dein erstes Drehbuch verkauft, hast also ungeheures Glück gehabt, für das du dein Leben lang dankbar sein solltest.

Eigentlich liegt eine gewisse Unverschämtheit in dieser Argumentation: Man fühlt sich wie ein schmieriger Sänger, der durch einen

Zufall einen Hit gelandet hat, und sieht sich im nächsten Moment schon wieder untergehen. Wendet man ein, dass man zum Beispiel durch eine fundierte Ausbildung zum Drehbuchautor durchlaufen hat (zum Beispiel durch ein Studium an der Filmakademie) und dies mitnichten das allererste verfilmte Drehbuch wäre, dreht sich das Gegenargument in die Richtung, dass eben durch dieses erste verkaufte Drehbuch alle Türen zu Produzenten und Sendern weit offen stünden und der Autor wiederum dankbar sein müsste, durch den Erstlingsfilm das Eintrittsticket für die sonst so verschlossene Branche in Händen halten zu können. Es ist in solchen Gesprächssituationen immer gut, nicht bewaffnet zu sein, um sich und anderen weiteres Leid zu ersparen.

Martin Betz ist Drehbuchautor und Filmemacher in Wien. Er hat zahlreiche Spielfilmdrehbücher geschrieben und konzentriert sich jetzt vermehrt auf Dokumentarfilme. Neben der Tätigkeit als Drehbuchautor arbeitet Martin Betz als Autor für diverse Printmedien, Sachbücher und Ö1. Er wurde mit mehreren Drehbuch- und Literaturpreisen ausgezeichnet.

Während manche Professoren ihr Hochschullehrergehalt allein dazu verwenden, die Steuern für ihre zusätzlichen Einnahmen durch Gutachten oder Ähnliches zu begleichen, sind die Einkommen der ebenfalls Hochqualifizierten doch sehr bescheiden. Die Zeitschrift »Cicero« hat eine Gehaltsliste unserer im Verborgenen blühenden geistigen Elite angefertigt:

Beruf	Bruttomonatsgehalt €
Schulleiter eines Gymnasiums	4750
Universitätsprofessor (Grundgehalt W3)	4723
Museumsdirektor an kl. städt. Haus	4423
Kulturredakteur im Rundfunk	4400
Verlagslektor	3700
Juniorprofessor (Grundgehalt W1)	3405
Lehrer am Gymnasium	ab 2880
Zeitungsredakteur	ab 2800
Orchestermusiker	ab 2400
Dramaturg	2045
freier Lektor	1830
Theaterschauspieler	ab 1550
freier Literaturübersetzer	1400
Volontär am Museum	1200
Illustrator	ab 1011
Theaterautor	ab 883

Quelle: »Cicero« 7/2006

▷ *Auch Autoren werden bestohlen*

Die Buchbranche setzt sich für das Urheberrecht ein

Der Wortursprung von Pirat ist Seeräuber, Piraterie als Seeräuberei. Wörterbücher müssen ihre Einträge ergänzen, denn die moderne Piraterie findet meist im Internet statt, und die Täter tragen keine Augenklappe, haben auch kein Holzbein oder einen Eisenhaken statt der Hand. Sie sind vielmehr ganz agile Räuber, und ihre Opfer sind in erster Linie Autoren und deren Verlage. Romantik ist jedenfalls nicht dabei, wenn Autoren um ihre Honorare gebracht werden.

Was bedeutet eigentlich »Piraterie«?
Piraterie ist die unerlaubte Verwertung von Musik- oder Textdarbietungen, vor allem also die unbefugte Vervielfältigung und Verbreitung von Tonträgern und Audiodateien. In allen Fällen profitiert der Pirat von der Auswertung fremder Leistungen, ohne dafür an die Berechtigten zu zahlen.

Welche Arten von Piraterie gibt es?
Im Bereich der Hörbücher und Bücher kommen vor allem zwei Arten der Piraterie in Betracht, die Tonträger- und die Internetpiraterie. Dabei spielt im Rahmen der Tonträger-Piraterie heutzutage die CD-R-Piraterie eine bedeutende Rolle. Denn mit der zunehmenden Verbreitung von CD-Brennern, mittels derer CDs schnell und unkompliziert auf CD-R, also auf bespielbare CDs, kopiert werden können, hat die Tonträgerpiraterie eine neue Form angenommen. Tonträgerpiraten sind nicht mehr wie früher auf teure Presswerke angewiesen, sondern können heute CDs in kleinerer oder größerer

Stückzahl je nach Bedarf fertigen. CD-Rs sind daran zu erkennen, dass ihre Rückseite bläulich oder gold gefärbt ist.

Raubkopien und Fälschungen
Tonträger- bzw. CD-R-Piraterie gibt es in verschiedenen Ausformungen. Am häufigsten anzutreffen sind Raubkopien und (Ident-)Fälschungen. In beiden Fällen werden vorbestehende Originaltonträger wie z.B. Hörbuch-CDs kopiert. Die so produzierten Vervielfältigungsstücke werden bei den Raubkopien unter einem neuen Label (Marke) vertrieben. Die Fälscher gehen noch einen Schritt weiter und kopieren nicht nur den Originaltonträger, sondern auch dessen äußeres Erscheinungsbild, also z.B. das Booklet und den CD-Aufdruck. Die Piraterie muss jedoch nicht in großem Rahmen erfolgen, auch wer zuhause nur ein paar CDs an seinem Computer kopiert und anschließend bei ebay zum Verkauf anbietet, betätigt sich als Pirat – ebenso derjenige, der ein Buch einscannt und die so entstandene PDF-Datei bei Ebay anbietet.

Internet-Piraterie
Internet-Piraterie ist die nicht-physische Variante der Piraterie: Dateien, beispielsweise Audiodateien von Hörbüchern, werden online zum Herunterladen zugänglich gemacht, ohne die Rechteinhaber vorher um ihre Einwilligung zu fragen. Online-Piraten bedienen sich verschiedenster Angebotsprotokolle: Dateien werden auf frei zugänglichen http-Seiten, auf ftp-Servern (mit begrenztem Zugang) oder in sogenannten Filesharing-Systemen angeboten, in denen eine Vielzahl von Interessenten zum gegenseitigen Anbieten und Herunterladen von Hörbüchern zusammengeschaltet wird. Ebenfalls zum Bereich der Internet-Piraterie wird man die Fälle zählen, in denen mp3- oder ähnliche Audiodateien über Plattformen wie Ebay verkauft und per E-Mail an den Käufer gesendet werden.

Die Arbeitsgruppe Piraterie im Börsenverein des Deutschen Buchhandels macht gegen Raubkopien mit der Aktion »Kopieren ist keine Kunst! Ich respektiere Künstler und kaufe original« mobil. Mehr hier: www.original-legal.de

▷ *Für Autorenrechte und faire Autorenhonorare*

Seit vielen Jahren wird über Sinn und Wirksamkeit von Digital Rights Management-Systemen (DRM) diskutiert. Als Alternative zu den Vorgaben des deutschen Urheberrechts, das für die gesetzlich erlaubte Privatkopie eine kollektive Rechteverwaltung durch Verwertungsgesellschaften wie die VG WORT vorsieht, hat sich die Industrie in den vergangenen Jahren wiederholt für die Möglichkeit einer individuellen, elektronischen Rechteverwertung mittels DRM-Systemen ausgesprochen. Die VG WORT hat dabei immer betont, dass sie einen Einsatz von DRM-Systemen überall dort befürwortet, wo er sinnvoll und praktikabel ist. Gerade in jüngster Zeit freilich mehren sich wieder die Zweifel am Sinn und Zweck von DRM-Systemen. Auslöser waren nicht zuletzt Äußerungen von Apple-Chef Steve Jobs, der DRM schlichtweg für »gescheitert« erklärte. Schallplattenfirmen denken laut darüber nach, ob DRM noch zeitgemäß ist. EMI erwog als erstes großes Plattenlabel, seine Produkte ohne Kopierschutz und ohne DRM anzubieten.

Hacker knacken Kopierschutz

Wie unzuverlässig DRM-Systeme im praktischen Einsatz sind, hat erst jüngst wieder ein talentierter Hacker bewiesen. Er knackte den in jahrelanger Arbeit und mit enormen Geldsummen entwickelten Kopierschutz AACS für hoch auflösende Spielfilme auf HD-DVDs und Blu-Ray-Discs, kaum dass diese auf dem Markt waren – ein Desaster insbesondere für die Filmindustrie. Wieder einmal bestätigt sich, was – ausgerechnet – Techniker der Hewlett Packard Laboratories in Massachusetts schon 2003 festgestellt haben: DRM ist kein wirksames Mittel im Kampf gegen private Kopie und Piraterie.

Dabei sehen die amerikanischen Techniker das Problem darin, dass zwar nur eine ganz kleine Zahl technisch höchst versierter Hacker in der Lage ist, die hochkomplizierten Systeme zu knacken; sind sie aber einmal geknackt, dann stehen sie im Netz eben »ubiquitously« zur Verfügung. Oder mit den Worten von Steve Jobs: »Das Internet wiederum macht mögliche Brüche im System sehr gefährlich, da die Informationen zur Umgehung eines DRM-Systems in kürzester Zeit weltweit verbreitet werden können. Das kann dazu führen, dass Programme zur Umgehung des DRM in entsprechend kurzer Zeit zum Download bereitstehen und den DRM-Schutz aushebeln (...)«

Texte und Bilder sind mit DRM nicht ausreichend geschützt

Musik und Filme sind also mit DRM-Systemen nicht ausreichend zu schützen. Und zum Schutz von Texten und Bildern ist diese Technik noch viel schwieriger einsetzbar: Schließlich genügt in der Regel ein simpler Ausdruck der Bildschirmanzeige, um eine digitale Kopie eines DRM-geschützten Textes oder Bildes anzufertigen. Um die Rechte der Schriftsteller, Musiker, Journalisten, Wissenschaftler und anderer an ihren kreativen Leistungen zu bewahren, sind die kollektive Rechteverwertung und das deutsche Vergütungssystem deshalb aus Sicht der VG WORT nach wie vor die gerechtesten und effektivsten Methoden. Dass die VG WORT nicht nur ihrer ureigenen Aufgabe nachkommt, Vergütungen an Kreative auszuschütten, sondern darüber hinaus auch einer Vielzahl sozialer und kultureller Belange verpflichtet ist, wird dabei oft übersehen.

Autoren haben Anspruch auf Vergütung für die Nutzung ihrer Werke

Spätestens seit den Verhandlungen um den 2. Korb der Urheberrechtsnovelle haben Industrieverbände die Vergütungssätze der Verwertungsgesellschaften immer wieder als zu hoch bezeichnet, in jüngster Zeit wurde sogar die gesamte Verteilungspraxis der VG WORT in Frage gestellt. Dabei waren die Behauptungen der Drucker- und PC-Hersteller, wie etwa Nachteile für deutsche Verbraucher durch das Vergütungssystem, angeblich enorme Preissteigerungen oder überhöhte Einnahmen der VG WORT, stets als falsch zu widerlegen.

Jedes Werk hat seinen Wert

Mit ihrer andauernden Kritik verkennt die Industrie konsequent den eigentlichen Sinn und Zweck des Vergütungssystems in Deutschland. Denn entsprechend dem deutschen Urheberrecht von 1965 haben Kreative, die geistiges Eigentum schaffen, also auch Autoren, Journalisten, Schriftsteller oder Wissenschaftler einen klaren Anspruch auf Vergütung für die Nutzung und Vervielfältigung ihrer Werke. Schließlich beruht jeder Satz, jede Zeile und jeder Absatz auf intensiver Arbeit, erfordert Intuition und spiegelt Meinungen, Gefühle oder Erkenntnisse wider. Jedes Werk hat also seinen Wert.

Genau hier setzt das Urheberrecht an: Es sichert den Wert der Werke, garantiert die Rechte der Kreativen daran und soll vor unberechtigter Nutzung schützen. Da es im Zeitalter der digitalen Technik einfacher denn je ist, die kreativen Leistungen der Autoren zu nutzen und zu vervielfältigen, werden klare Vergütungsregelungen immer wichtiger. Für die Verteilung der Vergütungen hat der Gesetzgeber auf Grundlage des Urheberwahrnehmungsgesetzes Verwertungsgesellschaften wie die VG WORT vorgesehen.

VG Wort-Ausschüttungen wichtig für Autoreneinkommen

Tatsächlich sind die Ausschüttungen der VG WORT für viele Autoren nicht unwesentlicher Bestandteil ihrer Einnahmen. Sie nimmt mit Zustimmung des Urhebers und ggf. seines Verlegers die Verwertung der Rechte an dessen Werken treuhändisch wahr. Als Verein ist es ihr nicht erlaubt, Gewinne zu erzielen – alle Einnahmen kommen nach Abzug der Verwaltungskosten (2005 waren dies 7,0 %) Autoren und Verlegern zugute.

Soziale und kulturelle Verpflichtung

Neben der Rechteverwaltung verfolgt die VG WORT ausdrücklich auch soziale und kulturelle Ziele. Dieses soziale Engagement gehört schon seit Gründung der ersten Verwertungsgesellschaften zu deren Wesensprinzip. Bereits 1897 richtete die österreichische AKM (Gesellschaft der Autoren, Komponisten und Musikverleger) einen Pensions- und Unterstützungsfonds ein. Drei Jahre später folgte die deutsche GDT (Genossenschaft deutscher Tonsetzer) diesem Beispiel.

Stütze für Schwache und Förderin kulturell bedeutender Leistungen

Mit dem Urheberrechtswahrnehmungsgesetz von 1965 wurden Verwertungsgesellschaften verpflichtet, Vorsorge und Unterstützungseinrichtungen für ihre Mitglieder einzurichten (§ 8) sowie kulturell bedeutende Werke und Leistungen zu fördern (§ 7). Verwertungsgesellschaften werden daher auch als »Träger staatsentlastender Tätigkeit« bezeichnet, die »wichtige kulturpolitische Funktionen« wahrnehmen. Diese gesetzlich verankerten Aufträge finden sich auch in der Satzung der VG WORT wieder. Um diesen Aufgaben nachzukommen, hat die VG WORT drei Institutionen geschaffen: das Autorenversorgungswerk, den Sozialfonds sowie den Förderungs- und Beihilfefonds Wissenschaft.

Autorenversorgungswerk

Das 1976 als öffentliche Stiftung gegründete Autorenversorgungswerk gewährt freiberuflichen Autoren Zuschüsse zu einer freiwilligen Lebensversicherung sowie zur Krankenversicherung. Für die Finanzierung dieser Zuwendungen hatte der Gesetzgeber bereits 1972 gefordert, 50 Prozent der Vergütungen aus der so genannten Bibliothekstantieme (Vergütung für das Verleihen in öffentlichen Bibliotheken) zur Verfügung zu stellen. Neben den Einnahmen aus der Bibliothekstantieme setzen sich die monatlichen Sozialleistungen für die Altersvorsorge aus Teilen des Presse-Reproaufkommens sowie der Geräte- und Leerkassettenvergütung zusammen. Sie machen – bei einem festgelegten Höchstsatz von 143,16 Euro pro

Monat – die Hälfte der insgesamt einbezahlten Beiträge aus. Ziel dieser Regelung ist es, Autoren, die in keiner Festanstellung tätig sind, zu einem finanziell gesicherten Leben im Rentenalter zu helfen. Insgesamt wurden seit 1976 rund 6.200 Autoren und Publizisten mit insgesamt 117,45 Mio. Euro bezuschusst – allein 2005 wurden dafür über 5,1 Mio. Euro aus dem Aufkommen der VG WORT aufgebracht.

Als der Ansturm freiberuflicher Publizisten auf das Autorenversorgungswerk immer größer wurde, sah es sich 1996 aus finanziellen Gründen gezwungen, keine Neuzugänge mehr aufzunehmen. Dieser bedauerliche, aber notwendige Schritt fiel ein wenig leichter, da mit Einführung der Pflichtversicherung für Künstler auch Autoren von der Künstlersozialkasse übernommen wurden. In einem speziell einberufenen »Sozialgipfel« werden die Gremien sämtlicher sozialer Abteilungen der VG WORT (Autorenversorgungswerk, Sozialfonds, Beihilfefonds Wissenschaft) sowie externe Sachverständige darüber diskutieren, welche Aufgaben das Autorenversorgungswerk zum Wohl freiberuflicher Autoren in Zukunft wahrnehmen kann und soll.

Sozialfonds: Unterstützung für soziale Härtefälle

Um Autoren oder deren Hinterbliebene in finanziellen Notlagen schnell und gezielt unterstützen zu können, schuf die VG WORT einen Sozialfonds als eigenständige Tochtergesellschaft. Die als gemeinnützig anerkannte Einrichtung erhält je nach Bedarf jährlich bis zu zehn Prozent des gesamten Aufkommens (ohne den Bereich Wissenschaft) der VG WORT. Die Leistungen in Form von monatlichen oder einmaligen Zuwendungen und zinslosen Darlehen gehen nach eingehender Prüfung der individuellen Notsituationen durch den Beirat des Sozialfonds an tatsächlich Bedürftige oder durch zum Beispiel Krankheit in Not Geratene. Allein 2005 bewilligte der Beirat 396 Bedürftigen insgesamt 1,05 Mio. Euro an Zuwendungen und 0,051 Mio. Euro als Darlehen. Insgesamt wurden bis heute 25,6 Mio. Euro an 2.400 bedürftige Autoren bzw. ihre Hinterbliebenen verteilt.

Hilfe für wissenschaftliche Arbeiten

Der Förderungs- und Beihilfefonds Wissenschaft unterstützt wissenschaftliche Autoren und deren Werke. Wegen seines die Wissenschaft fördernden Zweckes ist er als gemeinnützig anerkannt. Äquivalent zum Sozialfonds gewährt der Beihilfefonds finanzielle Unterstützung für hilfsbedürftige wissenschaftliche Autoren. 2005 wurden hierfür insgesamt 116.909 Euro aufgewendet. Der finanziell wesentlich wichtigere Förderungsfonds unterstützt darüber hinaus Wissenschaft und Forschung auf direktem Wege: Die VG WORT gewährt Druckkostenzuschüsse für die Erstveröffentlichung wissenschaftlicher Werke. Möglich machen diesen Fonds die wissenschaftlichen Verleger, die ihren 50-prozentigen Anteil an der Bibliothekstantieme dafür bereitstellen. Gezielt unterstützt werden wissenschaftliche Werke, die aufgrund hoher Spezialisierung und geringer Auflage ohne finanzielle Hilfe nicht erscheinen könnten. Seit 1977 wurden so mehr als 3.000 wissenschaftliche Werke gefördert – die Summe für 2005 belief sich auf 0,847 Mio. Euro. Der Förderungsfonds Wissenschaft der VG WORT ist damit nach der DFG der zweitgrößte Zuschussgeber für wissenschaftliche Werke in Deutschland.

Heinrich-Hubmann-Preis

Um die Bedeutung des Urheberrechts insbesondere jungen Juristen nahezubringen, vergibt die VG WORT seit 1991 alle zwei Jahre den mit 5.000 Euro dotierten Heinrich-Hubmann-Preis. Mit dieser Auszeichnung würdigt die VG WORT wissenschaftliche Arbeiten junger Autoren, die sich Themen rund um das Urheber- und Verlagsrecht widmen und den Erkenntnisstand in diesem Bereich wesentlich erweitern und vertiefen. Die VG WORT ehrt mit diesem Preis gleichzeitig das Andenken an Professor Dr. Heinrich Hubmann. Der 1989 verstorbene international geachtete Experte für Urheberrecht hat sich mit seinem vielseitigen Wirken zeitlebens für den Schutz des geistigen Eigentums eingesetzt – nicht zuletzt auch als Verwaltungsrat und ehrenamtliches Vorstandsmitglied der VG WORT.

Mit ihren sozialen und kulturellen Leistungen ist die VG WORT für Autoren und Verleger nicht wegzudenken. Sie ist soziale Stütze

für Schwache und fördert wissenschaftliche und kulturelle Werke. Als starke Solidargemeinschaft tragen die Berechtigten der VG WORT zu einem finanziell gesicherten Auskommen im Alter oder in Notsituationen bei.
Geschäftsführender Vorstand ist Prof. Dr. Ferdinand Melichar.

Verwertungsgesellschaft WORT
(VG WORT)
Goethestraße 49
80336 München
Telefon: 089 – 514 12 - 0
Fax: 089 – 514 12 - 58
E-Mail: vgw@vgwort.de
www.vgwort.de

Büro Berlin
Köthener Str. 44
10963 Berlin
Telefon: 030 - 261 38 45
Fax: 030 - 23 00 36 29
E-Mail: info@vgbuero.de

Literar-Mechana
Linke Wienzeile 18
A-1060 Wien
Österreich
Tel. +43 1 587 21 61 - 0
Fax +43 1 587 21 61 - 9
offi ce@literar.at
www.literar.at

SSA Société suisse des Auteurs
Rue Centrale 12-14
CH-1003 Lausanne
Tel. +41 21 313 44 55
Fax +41 21 313 44 56
info@ssa.ch
www.ssa.ch

▷ *Künstlersozialkasse*

Zur Durchführung der Künstlersozialversicherung wurde die Künstlersozialkasse geschaffen. Mit ihr steht den Kunstschaffenden, Publizisten und ihren Verwertern ein kompetenter Partner in Fragen der gesetzlichen Sozialversicherung zur Seite. Das 1983 in Kraft getretene Künstlersozialversicherungsgesetz (KSVG) bietet selbständigen Künstlern und Publizisten sozialen Schutz in der Renten-, Kranken- und Pflegeversicherung. Die Künstlersozialversicherung (KSV) leistet einen Beitrag zur sozialen Sicherung selbständiger Künstler und Publizisten. Sie ist eine Pflichtversicherung und soll die Risiken von Krankheit, Pflegebedürftigkeit und Alter, ähnlich wie bei Arbeitnehmern, abdecken. Rund 50 % der Beiträge tragen die Versicherten selbst, etwa 30 % die Verwerter künstlerischer und publizistischer Leistungen durch die Künstlersozialabgabe und rund 20 % übernimmt der Bund, der auch die Verwaltungskosten der Künstlersozialkasse in Wilhelmshaven trägt. Die Künstlersozialkasse (KSK) hat im Wesentlichen zwei Aufgabenbereiche: Sie prüft die Zugehörigkeit zum versicherungspflichtigen Personenkreis. Sie zieht den Beitragsanteil der Versicherten, die Künstlersozialabgabe der abgabepflichtigen Unternehmen sowie den Bundeszuschuss ein.

Die Einkommen der Wortkünstler sind erbarmungswürdig, hinzu kommt, dass Schriftsteller meist auf eigenes Risiko arbeiten, sie wissen nicht, ob ihr Werk einen Verlag findet und sie dann honoriert werden. Die Ausnahme sind Übersetzer, sie wissen zumindest, wenn sie einen Auftrag erhalten, dass sie nicht umsonst arbeiten.

Künstlersozialkasse, Gökerstraße 14, 26384 Wilhelmshaven
Tel. 04421 - 75 43 - 9, www.kuenstlersozialkasse.de

Bibliothek & Epilog 13

▷ Autoren-Bibliothek

Von Gerhild Tieger

Paul Auster, Sam Messer
Die Geschichte meiner Schreibmaschine
Deutsch von Werner Schmitz
Rowohlt Verlag
Zwei Männer haben eine Affäre mit der Lady. Der Schriftsteller Paul Auster und der Maler Sam Messer. Beide Männer erzählen von ihrer Beziehung zu einer Olympia. Paul Auster beschreibt sein über viele Jahre bestehendes besonderes (Arbeits-)Verhältnis, bei dem es um Treue und Zuverlässigkeit geht: »Es ist zwecklos, mir mit Computern und Textverarbeitung zu kommen.« Sam Messer verewigt sie mit Farben, Stiften und bildhauerischen Mitteln.
Schon auf dem Schutzumschlag ist das Schreibwerkzeug des Schriftstellers als verführerische Schönheit abgebildet. Im Inneren des Buches begegnen wir ihr, auch gemeinsam mit dem Autor, porträtiert von der Hand des Malers, ganzseitig und immer wieder mit fast menschlicher Mimik. Ein schönes Buch zum Verschenken.

Paul Auster
Von der Hand in den Mund
Deutsch von Werner Schmitz
Rowohlt Taschenbuch Verlag
Von der Hand in den Mund hat der Autor lange gelebt, heute kann er als erfolgreicher Autor davon erzählen. Der Untertitel *Eine Chronik früher Fehlschläge* sagt es dann noch deutlicher, nämlich, welche Arbeiten seine Hand tun musste, um seinen Mund zu füllen. Ange-

fangen hatte es so: »Ich hatte immer schon schreiben wollen. Das hatte ich schon als Sechzehn-, Siebzehnjähriger gewusst, mich aber nie der trügerischen Hoffnung hingegeben, dass ich davon würde leben können. Schriftsteller werden, das ist keine Karriereentscheidung wie die, Arzt oder Polizist zu werden. Man sucht sich das nicht aus, eher wird man ausgesucht, und hat man erst einmal akzeptiert, dass man zu gar nichts anderem taugt, muss man bereit sein, für den Rest seiner Tage einen langen, harten Weg zu gehen. Entpuppt man sich nicht zufällig als Liebling der Götter (und wehe dem, der sich darauf verlässt), bringt die Arbeit nie genug zum Leben ein, und wer ein Dach überm Kopf haben und nicht verhungern will, muss sich damit abfinden, nebenher andere Arbeiten zu übernehmen, um seine Rechnungen zu bezahlen.« Letzte Warnung an alle, die sich ebenfalls berufen fühlen.

Walter Hinck
Selbstannäherungen
Autobiographien im 20. Jahrhundert von Elias Canetti bis Marcel Reich-Ranicki
Verlag Artemis & Winkler
Wie schreiben Schriftsteller über ihr Leben und ihre Zeit?
Stefan Heym hat für seine Erzählweise die Er-Form gewählt. Hermann Lenz steht sich selbst in *Vergangene Gegenwart. Die Eugen-Rapp-Romane* als Eugen Rapp, als »er«, gegenüber.
Christa Wolf nimmt die Identität der Ich-Erzählerin (Nelly) in *Kindheitsmuster* an.
Um nur einige Beispiele zu nennen wie Schriftsteller Autobiografisches in ihren Werken verarbeiten. Walter Hinck, emeritierter Professor für deutsche Literatur und Literaturkritiker der FAZ, analysiert anhand der Werke von bekannten deutschsprachigen Schriftstellern wie sie das eigene Leben literarisch einarbeiten.

François Weyergans
Drei Tage bei meiner Mutter
Deutsch von Bernd Schwibs
DuMont Verlag
Der französische Autor ist als Kritiker und Regisseur bekannt, weshalb seine Romanfigur in der Rolle des schreibblockierten Schriftstellers so glaubwürdig wirkt. Seit Jahren versucht der ein Buch zu beenden, das schon lange angekündigt war. Wir folgen ihm bei seinen Ab- und Ausschweifungen, die ihn immer neue Inspiration bei schnell wechselnden Geliebten suchen lässt. Wäre er nicht Schriftsteller geworden, würde François sich an all die jungen Frauen mit einer genauso übersteigerten Präzision erinnern? (...) Er hatte sich einen Glaubensartikel zurechtgezimmert: »Was ich den Frauen, ... abverlange, ist, dass sie mir Lust zu schreiben machen.« Aber nicht die viele Lust und das Verlangen danach, nicht die praktizierten und phantasierten Genüsse, bringen die Wunscherfüllung. Nein, es sind die drei Tage bei seiner verunglückten Mutter, die ihm ermöglichen, sein Buch zu beenden. Wofür Mütter alles gut sein können/sind!

Patricia Highsmith
Der Geschichtenerzähler
Deutsch von Mathias Jendis. Mit einem Nachwort von Paul Ingendaay
Diogenes Verlag
Sydney ist abgebrannt und erfolglos – das Klischee eines Schriftstellers, der seit Jahren darauf wartet, einen Bestseller zu landen, ein Drehbuch zu verkaufen und aufzutauchen aus der Anonymität. Diesmal ist er entschlossen, einen Hit zu landen: Um seine Kriminalgeschichte besonders lebensecht und überzeugend zu schreiben, wird er selbst zu der Romanfigur des Ehemannes, der seine Frau verschwinden lässt. Ein interessantes Experiment mit einer echten Überraschung am Schluss. Noch etwas zur Technik: Patricia Highsmith schreibt in den ersten Kapiteln abwechselnd aus der Perspektive von drei verschiedenen Romanfiguren und erhöht damit zusätzlich die Spannung.

Arnon Grünberg
Phantomschmerz
Aus dem Niederländischen von Rainer Kersten
Diogenes Verlag
Dies ist die Geschichte von Robert Mehlmann, der sein ganzes Leben lang ein ernstzunehmender Schriftsteller sein wollte, aber viel zu sehr mit dem Leben beschäftigt war.
Es ist auch die Geschichte seiner drei abwechselnd geliebten Frauen, denen er immer wieder entflieht oder abhanden kommt, und seines einzigen Sohnes Harpo. Die schriftstellerischen Großtaten von Robert G. Mehlmann findet der Leser auf den letzten Seiten des Buches gelistet. Es sind Werke, die entweder »nicht mehr lieferbar, im Selbstverlag erschienen, vom Autor vernichtet, aus dem Handel genommen oder als Manuskript unpubliziert« blieben. Ein Buch jedoch wurde ein echter Bestseller: *Die polnisch-jüdische Küche in 69 Rezepten – Literarisches Kochbuch*. Ausgerechnet dieses ungeliebte Buch war es, das ihm ständig fließende Tantiemen, Lesereisen in ferne Länder und Lizenzverkäufe in unzählige Länder ermöglichte, und das ihn um den Verstand bringt. Er hätte so viel lieber ein anspruchsvolles Opus Magnum veröffentlicht ...

Olaf Irlenhäuser, Rainer Vollmar
Das Buch der Bücher
Hoffmann und Campe
In lindgrünes Leinen gekleidet mit dunkelviolettem Leseband präsentiert sich das Büchlein in einem schönen Kleid. Unzählige Stichworte rund ums Buch, und Büchermachen, Fachbegriffe, Romanhelden aus berühmten Werken, Romananfänge, Bestseller, Nobelpreisträger machen den Bücherfreund klug. Ein hübsches Brevier, eine Fundgrube, für alle, die Bücher lieben, ein besonderes Interesse am Buch und an seinen Machern haben.

Rick Gekoski
Eine Nacht mit Lolita
Begegnungen mit Büchern und Menschen
Aus dem Englischen von Rainer Moritz
Claasen
Rick Gekoski, Antiquar, leidenschaftlicher Büchersammler von Erstausgaben, Handschriften und Manuskripten beschreibt seine Liebe zu den von ihm ausgewählten literarischen Werken und ihren Schriftstellern. Unterhaltsam und mit vielen Anekdoten stellt er Bücher vor, die Weltliteratur geworden sind, dazu die Menschen, die Kollegen und Käufer sind: »Eine angenehme Welt ist das, bevölkert von Charakteren aller Arten und Überzeugungen, die allein durch ihre Leidenschaft für das Sammeln von Büchern vereint sind.« Denn nicht nur Bibliophile, auch Schriftsteller und Künstler sind häufig besessene Büchersammler. Gekoski hat viele bekannte und ungewöhnliche Menschen beim Handel mit ungewöhnlichen Büchern und Schriften kennengelernt. Er flicht sehr unterhaltsam ungewöhnliche und spannende Episoden zur Entstehung der Werke und über die Schwächen und Eigenarten ihrer Autoren mit ein. Der eierschalene Leineneinband mit rot-schwarzem Prägedruck und das rote Leseband veredeln dieses Bücherbuch.

Bernhard von Becker
Fiktion und Wirklichkeit im Roman
Der Schlüsselprozess um das Buch Esra
Königshausen & Neumann
Dieser Essay behandelt den »Fall Esra«, jenen Roman von Maxim Biller, der 2003 bei Kiepenheuer & Witsch erschien und kurz darauf per Gerichtsbeschluss aus den Regalen des Buchhandels verschwinden musste. Zwei Frauen, die dem Autor einmal privat nahe standen, hatten sich in den Protagonisten in Billers Roman *Esra* erkannt, fühlten sich in ihren Persönlichkeitsrechten verletzt und hatten geklagt. Hier wird nun der Fall Esra nicht nur anhand der Rechtsposition, künstlerischen Sicht und Medienkritik behandelt, sondern auch ausführlich unter Presserecht und Kunstfreiheit abgehandelt. Autoren

wird dieses Buch interessieren, weil der »Fall Esra« demnächst vom Bundesverfassungsgericht entschieden werden soll und weil er zeigt, mit welchen Problemen Schriftsteller rechnen müssen, wenn sich ihr Werk zu dicht nacherzählend an der Wirklichkeit orientiert hat.

Anne-Kathrin Reulecke (Hg.)
Fälschungen
Zu Autorschaft und Beweis in Wissenschaft und Künsten
Suhrkamp Taschenbuch Wissenschaften
In dieser umfangreichen Anthologie geht es um das Thema Imitieren, Kopieren, Zitieren und Fälschen geistigen Eigentums. Der Schwerpunkt liegt auf der präzisen wissenschaftlichen Arbeit. Ausführlich werden alle Aspekte von Fälschungen, Nachahmungen und Plagiaten geistigen Eigentums behandelt und mit Zitaten und Hinweisen, auch zur Pflicht der Zitat-Kennzeichnung illustriert. Es gibt konkrete Definitionen und Kommentare zum literarischen Fälschen, zum Begriff des geschützten Urheberrechts und Exkurse in die Rechtssituation bei geistigem Diebstahl. Engagierte Verteidiger der geistigen Freiheit wie Heinrich Heine kommen zu Wort: »Es gibt in der Kunst kein sechstes Gebot, der Dichter darf überall zugreifen, wo er Material zu seinen Werken findet(...)«. Dieses Buch hat seinen Platz in der Handbibliothek des Autors verdient.

Monika Maron
Wie ich ein Buch nicht schreiben kann und es trotzdem versuche
Fischer Taschenbuch Verlag
Eine großartige Beschreibung, entstanden aus den regelmäßig veranstalteten Frankfurter Poetikvorlesungen. »Nicht zu wissen, ob ich kann, was ich mir vorgenommen habe, scheint überhaupt zu den wichtigsten Voraussetzungen des Schreibens zu gehören. (...) Wenn die Zweifel der anderen allmählich nachlassen, muss man sie durch Selbstzweifel ersetzen, um das nötige Maß an Nervosität, Gereiztheit und Ehrgeiz in sich zu wecken.« Monika Maron erzählt beispielhaft von der Entwicklung eines Stoffes, aus dem ein Roman werden könnte. Und ihre Leser lernen, welche Schwierigkeiten der

Schriftstellerin bei der Arbeit begegnen. Es ist spannend, ihr dabei zu folgen.

Paul Auster
Die Nacht des Orakels
Rowohlt Taschenbuch Verlag
Auf Seite 10 beginnt die mysteriöse Geschichte erst so richtig mit dem Kauf eines blauen Notizbuches, das der unbekannte Schriftsteller Sidney nach vier Monaten Schreibblockade im Paper Palace kauft. »Ich hatte keine Ahnung, wie ich anfangen sollte. Zweck der Übung war nicht so sehr, etwas Bestimmtes zu schreiben, sondern mir selbst zu beweisen, dass ich noch zum Schreiben imstande war (...) Alles wäre mir recht gewesen, ein Satz so richtig wie der andere ...« Die Handlung entwickelt sich rasant über dreihundert Seiten und überrascht mit atemberaubenden Plots. Nicht nur für Auster-Fans eine wache Lesenacht wert.

Paul Auster
Das rote Notizbuch
Ja, ich bin eine Auster-Liebhaberin und deshalb noch dieses schmale Büchlein, das vielleicht etwas für die Kismet-Anhänger ist. Faszinierend, welche Zufälle einem Schriftsteller so begegnen, fast wie ein Ausflug ins Land der Parapsychologie. Aber ein Schriftsteller darf das – ich meine das Interpretieren, das Zusammenhänge herstellen und daran glauben, dass sich Zufälle so häufen können, dass sie uns beinahe wie Auserwählte des Schicksals erscheinen lassen.

Sabine Friedrichson. Hans Christian Andersen
»Das Leben ist das schönste Märchen, denn darin wir kommen selber vor«
48 Seiten, durchgehend ganzseitig illustriert
Beltz & Gelberg
Hans Christian Andersen, der Sohn eines Flickschusters, ging mit 14 Jahren von seinem Heimatdorf nach Kopenhagen, um berühmt zu werden. Er hat gehungert dafür und war sehr einsam in der großen

Stadt. Aber er hatte schließlich das große Glück, Menschen zu finden, die sein künstlerisches Talent erkannten. So konnte aus ihm der wunderbare Märchenerzähler werden, der durch seine naive Neugier an Pflanzen und Tieren zum originellen Geschichtenerzähler wurde, einer, der sogar den Löffeln eine Seele und Sprache geschenkt hat. Dieses liebevoll von Sabine Friedrichson illustrierte Buch mit kurzen Ausschnitten aus Tagebucheintragungen und anderen authentischen Dokumenten und Bildern gibt in Wort und Bild und mit Zitaten sein Leben wieder.

F.K. Waechter
Prinz Hamlet
Frei nach William Shakespeare
Diogenes Verlag
In großformatigen Bildern erzählt F.K.Waechter die Geschichte von Hamlet und Ophelia und macht aus ihren ein kindliches junges Paar. Und er reduziert die Beteiligten aus Shakespeares Theaterstück auf wenige, unmittelbar an ihrem Verderben Beteiligte. Gleichzeitig führt Waechter zwei neue Figuren als Protagonisten in die Handlung mit ein: Kaspar und Teddy. Die beiden fürchten, als sie Hamlet einen Brief an Ophelia schreiben sehen, dass Hamlets Liebe zu dem Mädchen sie überflüssig machen könnte: »Ist das unser Ende, Kasper?«, fragt der Teddy und meint: Wird Hamlet jetzt erwachsen? Damit nimmt das Unglück für die naiven Verliebten seinen Lauf, an dem auch Kasper und Teddy mitwirken. Illustriert wird das Geschehen durch künstlerische Collagen, in die Kohlezeichnungen die Handlung als Bild im Bild darstellen. Verschiedenfarbige Textstreifen werden als Dialoge eingesetzt, und jede Szene steht wie ein selbständiges Bild in einem eigenen Rahmen. F.K.Waechter hat ein Kunstwerk geschaffen – nicht nur ein Kinderbuch.

Andrew Wilson
Schöner Schatten
Das Leben von Patricia Highsmith
Aus dem Englischen von Anette Grube und Susanne Röckel
Berliner Taschenbuch Verlag
Für mich die beste Biografie über Patricia Highsmith. Besonders gefällt mir die detaillierte Beschreibung der Zusammenhänge ihres Privatlebens und der Arbeit an ihren Büchern. Durch die einfühlsame Darstellung einzelner Lebensabschnitte, der unglücklichen Kindheit, der teilweise dramatischen Liebesaffären mit Frauen, folgt der Leser der schriftstellerischen Entwicklung dieser großartigen Suspense-Schriftstellerin, erfährt, unter welchen Umständen ihre Bücher entstanden und woher sie ihre Stoffe nahm.
Mit vielen Fotos und einem fast 80-seitigen Anhang u.a. mit Quellen- und Personenregister – eine ungeheuere Fleißarbeit, die immer unterhaltend und dabei sehr genau ist. Für Autoren besonders interessant: Das Leben der Studentin Patricia Highsmith im Kapitel über die Künstlerkolonie »Yaddo, Schatten und Licht«, in der sie ihr erstes veröffentlichtes Buch *Zwei Fremde im Zug* schrieb. Auf das Titelblatt eines Exemplars, das sie der Künstlerkolonie schenkte, schrieb sie: »Für Yaddo, in tiefster Dankbarkeit für den friedvollen Sommer, der mich dieses Buch hat schreiben lassen.« Der Künstlerkolonie Yaddo hinterließ sie nicht nur ein Erbe von einigen Millionen, sondern auch die weiteren Honorare aus ihren Werken.

Peter Handke, Hermann Lenz
Briefwechsel
Berichterstatter des Tages
Insel Verlag
Herausgegeben und mit einem Nachwort versehen von Helmut Böttiger, Charlotte Brombach und Ulrich Rüdenauer
Mit einem Essay von Peter Hamm
25 Jahre schreiben sich die beiden Schriftsteller Briefe, besuchen sich, tauschen Bücher und Manuskript aus. Sie sind Freunde geworden, obwohl ein Altersunterschied von dreißig Jahren besteht und ihre

Erfolge als Schriftsteller nicht unterschiedlicher sein konnten. Erst Peter Handke hat den schon fast resignierten Hermann Lenz, dessen Bücher oft nicht mehr als eine Auflage von 300 Exemplaren erreichten, für Verlag und Leser entdeckt. Auch über den Stellenwert, den das Schreiben für die beiden Autoren hat, korrespondieren sie immer wieder: »Ohne zu schreiben wär' mir das Leben zuwider«, gesteht Hermann Lenz, und Peter Handke findet ein anderes Mal: »Schreiben ist manchmal leichter als reden.«

In diesem Band versammelt ist der Briefwechsel der beiden einzelgängerischen Schriftsteller seit Beginn ihrer sensiblen Korrespondenz. Enthalten ist ebenso die Grabrede von Peter Handke für seinen verehrten Freund und viele private Fotografien. Im Anhang ein Essay von Peter Hamm und das Nachwort der Herausgeber sowie ein umfangreiches Quellenverzeichnis. Der Literaturkritiker Tilmann Krause charakterisiert die Freunde als: »Zwei, die immer gegen den Strom schwammen und nicht infiziert waren vom deutschen Bazillus, nämlich dem Drang, überall dazugehören zu wollen ...« Nun findet der Leser sie auch als Persönlichkeiten in ihren Briefen.

Ernst-Wilhelm Händler
Die Frau des Schriftstellers
Frankfurter Verlagsanstalt
Wir begleiten die Protagonisten, Mitspieler im Literaturbetrieb, über 600 Seiten bis zum programmierten Ende: den Agenten, den Verleger, den Schriftsteller als Täter und den Schriftsteller als Opfer. Im Mittelpunkt, zwischen beiden, die Frau als Muse und Kriegsgöttin in höchst undurchsichtiger Rolle. So beginnt ein Kampf, in dem Lügen, Intrigen, Obsessionen, teuflische Vernichtungspläne, gefährliche Selbsttäuschungen lauern – das alles um den Preis eines unfertigen Buches. Der Leser wird auf dem Schlachtfeld der Literaten ausgesetzt, auf dem es, wie im wahren Leben, um Existenz und Überleben geht.

Christa Hein
Vom Rand der Welt
Frankfurter Verlagsanstalt
Auf 450 Romanseiten schildert die Autorin das Leben einer alleinstehenden Schriftstellerin. Sie selbst kennt alle Höhenflüge und Härten des literarischen Schreibens, die Zweifel und die Euphorie, das Versagen und am Ende den Erfolg, wie sie es ihre Hauptdarstellerin Liz erleben lässt. Christa Hein schildert auf authentisch wirkende Weise, wie Liz Bergmann nach Studium und gescheiterter Ehe an der Universität einer amerikanischen Kleinstadt als Dozentin für Kreatives Scheiben landet. Der Leser erlebt ihre Schreibgruppen, die Textkritik, Wohlwollen und Neid untereinander und das totale Scheitern der Kursteilnehmer. Liz sucht nach Stoff für einen Roman und stößt dabei auf ihre eigene Familiengeschichte. Der Selbstmord ihrer Großmutter, den man ihr verschwiegen hat, inspiriert sie zu ihrem historischen Roman. Durch mysteriöse, beängstigende Anrufe, Begegnungen, Einbrüche und Morde auf dem Campus, dazu das Plagiat einer anderen Dozentin, die Liz' Kurzgeschichten-Ideen kaum verändert im eigenen Buch verwendet, baut sich die Spannung bis zum Ende immer weiter auf. Die Schriftstellerin identifiziert sich immer mehr mit ihrer Hauptfigur und verliert den Abstand zur Wirklichkeit: »Die Welten beginnen sich zu verwischen, wenn man schreibt, die Zeit verliert ihren chronologischen Charakter. Manchmal kehrt sie sich sogar um.« Und: »Du wirst ein *Inbetweener*, wenn du das Schreiben ernst nimmst. Du wirst ein Chamäleon, ein Phantom. Das ist der Preis für die Identität deiner Romanfiguren.« Wie es dazu kommt, dass Liz ein Verlagsvertrag angeboten wird, soll hier nicht verraten werden.

Antal Szerb
In der Bibliothek
Erzählungen ausgewählt von György Poszler
Aus dem Ungarischen von Timea Tankó
Deutscher Taschenbuch Verlag

Als feingeistiger Ironiker setzt Antal Szerb in jede seiner Erzählungen jenen Stachel, den Intellektuelle gern benutzen, um sich Distanz zu verschaffen. Er aber nutzt sie, um seine Leser zum Lächeln zu bringen, um ihnen die Freude der tieferen Erkenntnis zu schenken. Allein für die beiden Geschichten, die sich mit den schwierigen Leben der Dichter-Poeten befasst, lohnt die Lektüre dieses Buches: In »Fin de siècle« treffen sich drei Charaktere dieser Zunft, großartig porträtiert in ihren exzentrischen Empfindlichkeiten, Eitelkeiten und verschiedenen Lebensumstände. Solidarisch mit dem ins Unglück geratenen Kollegen Oscar Wilde wollen sie beraten, mit welchen Mitteln sie ihn, der gerade vom Vater seines Geliebten ins Gefängnis gebracht worden war, befreien könnten. Kaum angefangen, vergessen sie ihre gute Absicht über der Wichtigkeit der eigenen Person. Dass die Nacht dann mit einem (zuvor angekündigten) Todesfall endet, ist ein gelungener Kunstgriff des Erzählers.

Die zweite Geschichte »Der Mann, der nicht zu retten war« trägt das Gesicht eines Märchens: Ein reicher Mann trifft den völlig überarbeiteten Schriftsteller Tom Maclean im Zug und ist erschüttert darüber, wie viel der Arme für seinen Lebensunterhalt arbeiten muss. »Ich habe immer gedacht, dass ein Schriftsteller am Tag ganz ruhig auf seinem Bauch liegt, auf eine Eingebung wartet, und dann, wenn die Eingebung kommt, schreibt er etwas«, sagt der Millionär. Der Schriftsteller klärt ihn über das hart verdiente Brot des professionellen Schreibens auf: »Ich schlafe schreibend ein, wache schreibend auf. In meinen Träumen denke ich weiter über das Schicksal meiner Heldin nach, und wenn ich aufwache, fällt mir der Satz ein, mit dem ich meinen Vortrag für den Rundfunk beenden werde. (...) Ich bin kein Bestsellerautor, meine Texte sind nicht dazu geeignet, verfilmt zu werden, mein Gehirn ist noch nicht so stark angegriffen, dass ich Theaterstücke schreiben könnte, ich bin ein grauer Handwerker der

Literatur, der von früh bis abends arbeiten muss, um zu überleben.« Überwältigt von dem traurigen Dasein des Berufsschriftstellers, macht ihm der Millionär ein fatales Angebot ... Er will ihn dafür bezahlen, dass er nicht mehr schreibt. Und was geschieht dann? Selber lesen.

Uwe Wittstock
Die Büchersäufer
Streifzüge durch den Literaturbetrieb
Zu Klampen Verlag
Als Journalist, Lektor, Autor und Feuilletonredakteur hat den Autor immer das Thema Literatur begleitet wie jene Sucht, die er bei seinen Mitmenschen beobachtet, den Büchersäufern. Hier widmet er allen diesen und den anderen, den Buchhändlern, den Illustratoren, Verlegern und natürlich den Autoren und den Genres, für die sie schreiben, ein ganzes Buch. Es ist eine Führung durch den Literaturbetrieb, auf der uns ein kompetenter Scout mitnimmt, dem wir am Ende mit neuerworbenem Insiderwissen herzlichen Dank sagen.

▷ *Epilog*

Von Anna Gavalda

»Marguerite! Wann gibt's was zu essen?« »Du kannst mich mal.«

Seit ich angefangen habe, Erzählungen zu schreiben, nennt mich mein Mann Marguerite, schlägt mir auf den Hintern und erzählt bei Essenseinladungen, dass er dank meiner Autorenrechte bald aufhören wird zu arbeiten:
»Na klar – und für mich!? Kein Problem, ich warte, bis es so weit ist, dann hole ich die Kleinen im Jaguar XK8 von der Schule ab. Das ist so abgesprochen. Natürlich muss ich ihr von Zeit zu Zeit die Schultern massieren und ihre Selbstzweifel ertragen, aber okay – das Coupé? Das nehm ich in drachengrün.«
Er spinnt weiter damit rum, und die anderen wissen nicht recht, was sie dazu sagen sollen.
Sie fragen mich in einem Ton, als ging's um eine ansteckende Geschlechtskrankheit:
»Stimmt das, du schreibst?«
Und ich zucke mit den Schultern und zeige dem Herrn des Hauses mein Glas. Ich murmele, nein, nicht wirklich, eigentlich nicht. Und dieser aufgedrehte Kerl, den ich in einem schwachen Moment meines Lebens geheiratet habe, setzt noch eins drauf:
»Moment mal, hat sie euch das nicht erzählt? Mausi, hast du ihnen nichts von Saint-Quentin erzählt, von deinem Preis? He! Zehntausend Mäuse immerhin!!! Zwei Abende am Computer, den sie für fünfhundert Franc auf einem Wohltätigkeitsbasar gekauft hat, und zehntausend Mäuse, einfach so! Was will man mehr? Von den ande-

ren Preisen ganz zu schweigen – he, Mausilein, bleiben wir auf dem Boden.«
In solchen Augenblicken hätte ich wahrhaft Lust, ihn umzubringen.
Aber ich werde es nicht tun.
Zum einen, weil er zweiundachtzig Kilo wiegt (er behauptet achtzig, reine Koketterie), und zum anderen, weil er Recht hat.
Er hat Recht, was wird aus mir, wenn ich anfange, zu sehr daran zu glauben?
Schmeiße ich meinen Job? Sage ich meiner Kollegin Micheline endlich einmal die Meinung? Kaufe ich mir ein kleines Notizheft in Drachenleder gebunden und mache mir Notizen für später? Fühle ich mich so allein, so weit weg, so nah dran, so anders? Werde ich andächtig vor dem Grab von Chateaubriand verharren? Sage ich: »Nee, heute abend nicht, bitte, ich habe den Kopf voll mit anderen Sachen?« Vergesse ich die Tagesmutter, weil ich noch ein Kapitel fertigschreiben muss?
Man muss sie nur mal sehen, die Kinder bei der Tagesmutter nach halb sechs. Man klingelt, alle rasen mit Herzklopfen zur Tür, derjenige, der aufmacht, ist bei Ihrem Anblick natürlich enttäuscht, weil Sie nicht seinetwegen kommen, aber nach der ersten Sekunde der Enttäuschung (die Mundwinkel gehen nach unten, die Schultern senken sich, der Teddy fällt auf den Boden), dreht er sich zu Ihrem Sohn um (der direkt hinter ihm steht) und brüllt:
»LOUIS, DEINE MAMA!!!!!«
Und Sie hören dann:
»Weiß iss ssson.«

*

Aber Marguerite hat die Nase voll von diesen Mätzchen.
Sie will Gewissheit haben. Wenn sie schon nach Combourg soll, dann will sie es lieber gleich wissen.
Sie hat ein paar Erzählungen ausgewählt (zwei durchgemachte Nächte), hat sie auf ihrer lahmen Kiste ausgedruckt (über drei Stunden für hundertvierunddreißig Seiten!), hat die Blätter an ihr Herz

gedrückt und sie in den Kopierladen neben der juristischen Fakultät getragen. Sie hat sich in die Schlange aus lärmenden Studentinnen mit Plateausohlen eingereiht (und hat sich provinziell und alt gefühlt, die Marguerite).

Die Verkäuferin fragt:
»Einen weißen oder einen schwarzen Einband?«
Und schon ist sie wieder am Grübeln (weiß? das wirkt ein bisschen wie Erstkommunion und bieder, oder? Aber schwarz wirkt gewiss zu selbstsicher, sieht nach Doktorarbeit aus, nicht? O je o je).
Das junge Mädchen wird schließlich ungeduldig:
»Was ist das denn genau?«
»Geschichten.«
»Alte oder neue Geschichte?«
»Nein, nix Geschichte, literarische Geschichten, Erzählungen, verstehen Sie? Die sollen an einen Verleger geschickt werden.«
»??? Jaaa, na ja, das hilft uns für die Einbandfarbe nicht weiter.«
»Nehmen Sie, was Sie für richtig halten, ich vertraue Ihnen.« (***Alea iacta est.***)
»Na ja, dann gebe ich Ihnen türkis, das ist im Moment im Angebot: 30 Franc statt 35.« (Ein türkisfarbener Einband auf dem schicken Schreibtisch eines eleganten Verlegers an der Rive gauche – schluck).
»Okay, dann also türkis.« (Fordere das Schicksal nicht heraus, Mädchen.)

Die andere hebt den Deckel ihrer großen Rank Xerox hoch und behandelt das Ganze wie stinknormale Kopien über Zivilrecht, eh hop, alles schnell mal in alle Richtungen gedreht, eh hop, und die Ecken umgeknickt.
Die Künstlerin leidet schweigend.

Während sie die Knete kassiert, nimmt sie die Zigarette auf, die sie auf der Kasse abgelegt hatte, und sagt:
»Worum geht's da, bei Ihren Sachen?«

»Um alles.«
»Ach.«
»...«
»...«
»Aber vor allem um Liebe.«
»Ach?«

Sie kauft einen herrlichen Briefumschlag aus braunem Papier. Den stabilsten, den schönsten, den teuersten mit gepolsterten Ecken und einer unverwüstlichen Klappe. Der Rolls Royce unter den Briefumschlägen.

Sie geht zur Post und fragt nach Sondermarken, den schönsten, Marken von modernen Gemälden. Sie leckt sie liebevoll ab, klebt sie anmutig auf, belegt den Briefumschlag mit einem Zauberbann, segnet ihn, macht ein Kreuzzeichen darüber und ein paar andere Gesten der Beschwörung, die geheim bleiben müssen.
Sie nähert sich dem Schlitz »Paris und seine Vororte«, sie küsst ihren Schatz ein letztes Mal, wendet den Blick ab und lässt ihn los.
Gegenüber von der Post befindet sich eine Bar. Sie stützt den Ellbogen auf die Theke und bestellt sich einen Calvados. Auch wenn sie den nicht sonderlich mag, hat sie nun einmal ihren verfluchten Status als Künstlerin, dem sie gerecht werden muss. Sie zündet sich eine Zigarette an, und von dieser Minute an, kann man sagen, wartet sie.

*

Ich habe niemandem was erzählt.
»He? Was machst du denn mit dem Briefkastenschlüssel um den Hals?«
»Nichts.«
»He? Was machst du denn mit den ganzen Reklameblättern für den Baumarkt?«
»Nichts.

»He? Was machst du denn mit der Tasche des Briefträgers?«
»Nichts, sage ich doch!«
»Moment mal, bist du in ihn verliebt, oder was?!«
Nein. Ich habe nichts gesagt. Stell dir vor, ich würde antworten:
»Ich warte auf die Antwort eines Verlegers.« Wie peinlich.
Es ist aber auch verrückt, was man heute an Werbung bekommt, den letzten Mist.

*

Und dann noch der Job, und Micheline mit ihren falschen, verrutschten Fingernägeln, und die Geranien, die rein müssen, und die Walt-Disney-Kassetten, die kleine elektrische Eisenbahn und der erste Besuch beim Kinderarzt in diesem Quartal, und dann der Hund, der haart, und Eureka Street, um das Unermessliche zu messen, und dann das Kino, die Freunde und die Familie und weitere Emotionen (aber nicht von allzugroßer Bedeutung, gemessen an Eureka Street, das stimmt schon).
Unsere Marguerite hat beschlossen, Winterschlaf zu halten.

Drei Monate später.
HALLELUJA!
HALLELUJA! HALLELU-U-U-U-JA!

Da ist er.
Der Brief.
Er ist ziemlich leicht.
Ich stecke ihn unter den Pullover und rufe Kiki an:
»Kiiiiiiikiiiiiii!!!«
Ich werde ihn alleine lesen, im Stillen, andächtig in dem kleinen Wäldchen, das allen Hunden aus der Gegend als Hundeklo dient. (Wohlgemerkt, auch in solchen Situationen behalte ich einen klaren Kopf.)

»*Madame* blablabla, ***mit großem Interesse habe ich*** blablabla, ***weshalb ich*** blablabla, ***Sie gerne kennenlernen möchte*** blablabla, ***bitte nehmen Sie Kontakt zu meinem Sekretariat auf*** blablabla, ***in der Hoffnung, Sie*** blablabla ***verbleibe ich*** blablabla …«

Ich genieße es.
Genieße es.
Genieße es.
Marguerites Stunde der Rache hat geschlagen.

»Schatz? Wann gibt es was zu essen?«
»??? Warum fragst du mich das? Was ist los?«

Ach, nichts, nur, dass ich nicht mehr allzuviel Zeit zum Kochen haben werde, bei all den Fanbriefen, die zu beantworten sind, ganz zu schweigen von den Festivals, den Salons, den Buchmessen, den ganzen Reisen durch Frankreich und nach Übersee, oho – mein Gott. Dabei fällt mir ein, die regelmäßigen Besuche bei der Maniküre, weil, du weißt schon – bei den Autogrammstunden müssen die Hände tadellos gepflegt sein – es ist verrückt, was für Phantasien die Leute entwickeln können.«
»Was faselst du da?«

Marguerite lässt den Brief des eleganten Verlegers von der Rive gauche auf den Kugelbauch ihres Mannes fallen, der gerade die Kleinanzeigen in der Autozeitung liest.
»He? Moment mal! Wo willst du hin?!«
»Nichts, ich bleib nicht lange weg. Ich muß nur Micheline noch etwas sagen. Mach dich schön, ich führ dich heute abend aus, ins Aigle Noir.«
»Ins Aigle Noir!???«
»Ja. Dorthin hätte Marguerite ihren Yann ausgeführt, nehme ich an.«
»Wer ist denn Yann?«
»Pffffff, lass gut sein. Du hast aber auch null Ahnung von der Literaturszene.«

*

Anschließend habe ich Kontakt zu dem Sekretariat aufgenommen. Einen sehr guten Kontakt, wie ich glaube, denn die junge Frau war mehr als charmant.
Vielleicht hatte sie einen leuchtendrosafarbenen Post-it-Sticker vor ihren Augen: »Wenn A. G. anruft, bitte BESONDERS charmant sein!« zweimal unterstrichen.
Vielleicht.
Die Armen, sie glauben bestimmt, ich hätte meine Erzählungen noch an andere geschickt. Sie haben Angst, zu spät zu kommen. Ein anderer Verleger, der noch eleganter ist, in einer noch schickeren Straße an der Rive gauche, mit einer noch charmanteren Sekretärin am Telefon, mit einem noch hübscheren Hintern.
O nein, das wäre zu ungerecht.
Was für eine Katastrophe, wenn ich unter einem anderen Schutzumschlag Erfolg hätte, nur weil Frau Sowieso an ihrem Telefon keinen leuchtendrosa Post-it-Sticker hatte?
Nicht auszudenken.

Der Termin ist nächste Woche. (Wir haben schon genug getrödelt.)
Vorbei die ersten materiellen Sorgen: einen Nachmittag freinehmen (Micheline, ich bin morgen nicht da!), die Kleinen unterbringen, nicht einfach irgendwo, sondern an einem Ort, an dem sie glücklich sein werden, meinen Schatz informieren:
»Ich fahre morgen nach Paris.«
»Warum?«
»Was Geschäftliches.«
»Ein Rendez-vous?«
»So gut wie.«
»Wer ist es denn?«
»Der Briefträger.«
»Aha, das hätte ich mir denken können.«
Da taucht das einzig wirklich wichtige Problem auf: Was soll ich anziehen?

Stil zukünftige Autorin und ohne jede Eleganz, denn das wahre Leben spielt anderswo. Lieben Sie mich nicht wegen meiner vollen Brüste, lieben Sie mich wegen meines geistigen Gehalts.
Stil zukünftige Legehenne für Bestseller, mit Dauerwelle, denn das wahre Leben ist hier. Lieben Sie mich nicht wegen meines Talents, lieben Sie mich wegen meiner Nähe zum Volk.
Stil Aufreißerin für elegante Männer an der Rive gauche, zum sofortigen Verzehr, denn das wahre Leben spielt sich auf Ihrem Schreibtisch ab. Lieben Sie mich nicht wegen meines Manuskripts, lieben Sie mich wegen meines gehaltvollen Innenlebens.
He Atala, ganz ruhig.
Ich bin schließlich viel zu gestresst, das ist wohl nicht der Tag, an dem man an seine schönen Beine denken und einen Strumpf auf dem Teppich verlieren sollte. Dies ist bestimmt der wichtigste Tag in meiner bescheidenen Existenz, und ich werde nicht alles aufs Spiel setzen mit einem zwar unwiderstehlichen, aber ganz und gar unbequemen Aufzug.
(O ja! Ein Miniminirock ist ein unbequemer Aufzug.)
Ich werde in Jeans gehen. Nicht mehr und nicht weniger. In meiner alten 501, zehn Jahre alt, im Fass gereift, stone washed mit Kupfernieten und dem roten Etikett auf der rechten Hinterbacke, die meine Form und meinen Geruch angenommen hat. Meine Vertraute.

Ich habe aber doch etwas Mitgefühl für den eleganten und brillanten Herrn, der meine Zukunft in seinen schlanken Fingern hält (gebe ich sie raus? gebe ich sie nicht raus?), Jeans wären ein wenig heftig, das muss ich zugeben.

Oh, was für Sorgen, was für Sorgen.

Okay, ich habe mich entschieden. In Jeans, aber mit berauschenden Dessous.
Aber die wird er doch gar nicht sehen, werden Sie mir vorhalten. Tatatata, nicht mit mir, man kommt nämlich nicht so ohne weiteres in die höchste Verleger-Etage, ohne eine besondere Begabung

beim Aufspüren feinster und noch so unwahrscheinlicher Dessous zu haben.
Nein, solche Männer wissen Bescheid.
Sie wissen, ob die Frau, die ihnen gegenübersitzt, irgend so ein Baumwollteil trägt, das bis zum Bauchnabel reicht, oder einen völlig unförmigen rosa Schlüpfer von Monoprix oder eins dieser kleinen verrückten Dinger, die die Frauen erröten lassen (wegen des Preises, den sie zahlen) und die Männer rot werden lassen (wegen des Preises, den sie zahlen müssen).
Natürlich wissen sie Bescheid.
Ich habe voll zugeschlagen, kann ich Ihnen versichern, (das Paket zahlbar mit zwei Schecks), ich habe ein Set aus Slip und Büstenhalter gewählt, etwas total Abgehobenes.
Mein Gott.
Superware, Superstoff, Superschnitt, alles in elfenbeinfarbener Seide mit Spitzen aus Calais, bitte schön handgefertigt von kleinen ***französischen*** Arbeiterinnen, sanft, hübsch, wertvoll, zart, unvergesslich, Stil: zergeht auf der Zunge, aber nicht in der Hand.

Schicksal, hier bin ich.
Als ich mich in der Boutique im Spiegel betrachtete (die Schlauköpfe haben eine Spezialbeleuchtung, die Sie schlank und braungebrannt wirken lässt, die gleichen Halogenlampen, die in den Supermärkten der Reichen über toten Fischen hängen), habe ich mir gesagt, zum ersten Mal, seit Marguerite existiert:
»Nein, ich bereue sie nicht, die vielen Stunden mit Nägelkauen, als ich mir vor dem Winzbildschirm meines Computers ein Ekzem zugezogen habe. 0 nein! Das alles, das ganze Tauziehen gegen die Angst und das mangelnde Selbstvertrauen, die ganzen Klecksereien in meinem Kopf und all die Dinge, die mir entgangen sind oder die ich vergessen habe, weil ich zum Beispiel an Klick-Klack gedacht habe, nein, ich bereue sie nicht.«
Den genauen Preis kann ich nicht nennen, denn bei aller ***political correctness***, der Zahnbrücke meines Mannes, der Autoversicherung, der Höhe der staatlichen Beihilfe und so weiter, wären Sie vermut-

lich schockiert, aber Sie sollen wissen, dass er enorm ist. Und angesichts des Gewichts wollen wir vom Kilopreis erst gar nicht reden.

Aber schließlich: Von nichts kommt nichts, mit Speck fängt man Mäuse, und man wird nicht verlegt, wenn man keinen persönlichen Einsatz zeigt, oder?

*

Da wären wir. Sechstes Arrondissement, Paris.
Das Viertel, in dem man ebenso viele Schriftsteller trifft wie Politessen. Im Herzen des Lebens.

Ich kneife.
Ich habe Bauchschmerzen, mir ist übel, die Beine tun mir weh, riesige Schweißperlen bilden sich, und mein Slip zu *** Mäusen zieht sich in meine Gesäßspalte.
Ein schönes Bild.
Ich verlaufe mich, nirgendwo steht der Straßenname, es gibt Galerien mit afrikanischer Kunst in allen Himmelsrichtungen, und nichts ähnelt einer afrikanischen Maske mehr als eine andere afrikanische Maske. Ich fange an, afrikanische Kunst zu hassen.
Schließlich bin ich da.

Man lässt mich warten.
Gleich falle ich in Ohnmacht, glaube ich, ich atme, wie man es uns im Geburtsvorbereitungskurs beigebracht hat. Komm schon – ganz – ruhig.

Halte dich gerade. Beobachte deine Umgebung. Das kann nie schaden. Atme tief durch.
»Ist alles in Ordnung mit Ihnen?«
»Öhh, ja, ja, alles in Ordnung.«
»Er ist in einer Besprechung, aber es dauert nicht mehr lange, Er kommt sicher gleich.«

»…«
»Möchten Sie einen Kaffee?«
»Nein. Danke.« (He, Frau Sowieso, siehst du nicht, dass mir speiübel ist? Hilf mir, Frau Sowieso, eine Ohrfeige, ein Eimer, eine Wanne, ein Schmerzmittel, eine eiskalte Cola irgendwas. Ich flehe dich an.)

Ein Lächeln. Sie schenkt mir ein Lächeln.

*

In Wahrheit war es Neugier gewesen. Nicht mehr und nicht weniger.
Er wollte mich sehen. Er wollte sehen, wie ich aussehe. Er wollte sehen, wer ich bin.
Mehr nicht.

Ich werde die Unterhaltung nicht wiedergeben. Im Augenblick behandle ich mein Ekzem mit fast reinem Teer, und es ist wahrlich nicht nötig, dass ich mich aufrege, angesichts der Farbe, die die Badewanne angenommen hat. Deshalb erzähle ich nichts.

Okay, ein ganz kleines bisschen erzähle ich doch: Zu einem bestimmten Zeitpunkt sagte die Katze (für weitere Details siehe Luzifer in Aschenbrödel), die die Maus zwischen ihren Krallen wie wild um sich schlagen sah, die Katze, die sich amüsierte – »nein, was ist sie provinziell« – die Katze, die sich Zeit nahm:
»Hören Sie, ich will Ihnen nicht vorenthalten, dass in Ihrem Manuskript ein paar interessante Sachen stecken und dass Sie einen gewissen Stil haben, nur (es folgen ein paar Überlegungen zu den Schreibenden im Allgemeinen und dem harten Beruf des Verlegers im Besonderen) wir können in der gegenwärtigen Situation und aus Gründen, die Sie leicht nachvollziehen können, Ihr Manuskript nicht herausbringen. Allerdings lege ich großen Wert darauf, Ihre Arbeit aus nächster Nähe zu verfolgen, und Sie sollen wissen, dass ich ihr stets größte Aufmerksamkeit beimessen werde. Das war's.«

Das war's.
Blödmann.

Das hat gesessen. Etwas anderes fällt mir dazu nicht ein.

Er steht auf (ausladende und herrliche Handbewegung), kommt auf mich zu, macht Anstalten, mir die Hand zu geben. Kann keinerlei Reaktion von meiner Seite erkennen, macht Anstalten, mir die Hand hinzustrecken. Kann keinerlei Reaktion von meiner Seite erkennen, macht Anstalten, meine Hand zu ergreifen. Kann keinerlei …

»Was ist los? Na, kommen Sie – nehmen Sie es nicht so schwer, Sie müssen wissen, es ist äußerst selten, dass gleich das erste Manuskript angenommen wird. Wissen Sie, ich vertraue Ihnen. Ich habe es im Gefühl, dass wir große Dinge zusammen machen werden. Und außerdem, das will ich Ihnen nicht vorenthalten, zähle ich sogar auf Sie.«
Halt die Luft an. Siehst du nicht, dass ich blockiert bin?
»Hören Sie, es tut mir leid. Ich weiß nicht, was mit mir los ist, aber ich kann nicht mehr aufstehen. Als wäre ich vollkommen kraftlos. Es ist total bescheuert.«
»Passiert Ihnen das öfter?«
»Nein. Es ist das erste Mal.«
»Tut Ihnen was weh?«
»Nein. Das heißt, ein bisschen schon, aber das hat andere Gründe.«
»Bewegen Sie mal die Finger.«
»Kann ich nicht.«
»Sind Sie sicher???«
»Na ja.«
Ausgedehnter Blickwechsel, à la wer zuerst lacht, hat verloren.
»(genervt) Machen Sie das absichtlich?«
»(sehr genervt) Aber natürlich nicht, also so was!!!«
»Soll ich einen Arzt rufen?«
»Nein, nein, das geht vorbei.«
»Ja, aber, na ja, das Problem ist, dass ich weitere Termine habe. Hier können Sie nicht bleiben.«

»…«
»Versuchen Sie es noch mal.«
»Es geht nicht.«
»Was machen Sie für Geschichten!«
»Ich weiß es nicht, was soll ich Ihnen sagen? Vielleicht ein Arthroseanfall oder eine Schockreaktion.«
»Wenn ich Ihnen jetzt sage: Okay, ich verlege Sie – stehen Sie dann wieder auf?«
»Aber natürlich nicht. Für wen halten Sie mich eigentlich? Sehe ich so aus?«
»Nein, aber ich meine, wenn ich Sie wirklich verlege?«
»Erstens glaube ich Ihnen nicht – und außerdem bin ich nicht hier, um Barmherzigkeit von Ihnen zu fordern, ich bin gelähmt, verstehen Sie den Unterschied?«
»(Sich das Gesicht mit den eleganten Händen abwischend) Dass ausgerechnet mir das passieren muss. Mein Gott.«
»…«
»(Blick auf die Uhr) Hören Sie, ich werde Sie vorübergehend woanders hinbringen, mein Büro brauche ich nun wirklich für mich.«

Und schon schiebt er mich in den Flur, als säße ich in einem Rollstuhl, außer, dass ich nicht in einem Rollstuhl sitze und dass es für ihn einen gewaltigen Unterschied machen muss. Ich mache mich ganz schwer.

Leiden sollst du, mein Freund. Leiden.

*

»Wollen Sie jetzt einen Kaffee?«
»Ja, gerne. Das ist nett.«
»Sind Sie sicher, dass ich keinen Arzt rufen soll?«
»Nein, nein. Danke. Es geht bestimmt weg, wie es gekommen ist.«
»Sie sind zu verkrampft.«
»Ich weiß.«

Frau Sowieso hat nie einen leuchtendrosafarbenen Post-it-Sticker auf ihrem Telefon gehabt. Sie war neulich charmant zu mir, weil sie ein charmanter Mensch ist.
Heute wäre also noch nicht alles verloren.
Das stimmt. Man hat nicht so oft die Gelegenheit, eine junge Frau wie sie stundenlang anzuschauen.
Ich mag ihre Stimme.
Von Zeit zu Zeit hat sie mir zugewinkt, damit ich mich weniger allein fühle.

Und dann sind die Computer verstummt, die Anrufbeantworter wurden eingeschaltet, die Lampen gelöscht, und die Räume leerten sich. Ich sah einen nach dem anderen gehen, und alle glaubten, ich hätte noch einen Termin. Von wegen.

Schließlich kam Blaubart aus seiner Höhle, in der er die schreibende Zunft zum Weinen bringt.
»Sie sind ja immer noch da!!!«
» …«
»Was soll ich bloß mit Ihnen machen?«
»Ich weiß es nicht.«
»Aber ich weiß es. Ich werde den Krankenwagen rufen oder die Feuerwehr, die werden Sie innerhalb von fünf Minuten hier rausholen! Sie haben doch wohl nicht die Absicht, hier zu übernachten?!«
»Nein, bitte, rufen Sie niemanden. Es wird sich einrenken, ich spüre es.«
»Sicher, aber ich muss hier abschließen, das werden Sie doch verstehen?«
»Bringen Sie mich auf die Straße.«

Aber natürlich hat nicht er mich nach unten gebracht. Er hat zwei Boten gerufen, die in der Nähe waren. Zwei große und hübsche Typen, tätowierte Lakaien für meine Sänfte.
Sie haben sich jeder eine Lehne geschnappt und mich vor dem Gebäude unten freundlich abgestellt.

Zu nett.
Mein ex-künftiger Verleger, jener zartfühlende Mann, der in Zukunft auf mich zählt, hat mich mit viel Tamtam verabschiedet.
Er ist gegangen und hat sich dabei mehrmals kopfschüttelnd umgedreht, wie um aus einem bösen Traum zu erwachen, nein, also wirklich, das war nicht zu glauben.
Wenigstens hatte er beim Abendessen etwas zu erzählen.
Seine Frau wird sich freuen. Er wird ihr heute nichts von der Verlagskrise vorjammern.

*

Zum ersten Mal an diesem Tag ging es mir gut.
Ich betrachtete die Kellner vom Restaurant gegenüber, die eifrig mit ihren Damasttischdecken beschäftigt waren, sie waren durchgestylt (wie meine Erzählungen, überlegte ich kichernd), vor allem der eine, auf den ich ein Auge geworfen hatte.
Hundert pro der französische garçon de café, der das Hormonsystem dicker Amerikanerinnen in Reeboks durcheinanderwirbelt.
Ich habe eine wunderbar wohlschmeckende Zigarette geraucht, langsam den Rauch ausgestoßen und dabei die Passanten beobachtet.
Das Glück schlechthin fast (wenn man mal von einigen Details absieht, wie beispielsweise der Existenz eines Parkscheinautomaten rechts von mir, der nach Hundepisse roch).

Wie lange ich so sitzen geblieben bin, um mein Debakel zu betrachten?
Ich weiß es nicht.
Im Restaurant herrschte Hochbetrieb, und man sah Paare, die auf der Terrasse saßen, lachten und Rosé tranken.
Ich konnte nicht umhin zu denken:
... in einem anderen Leben hätte mich mein Verleger vielleicht hierher zum Essen ausgeführt, »weil es so praktisch ist«, hätte mich zum Lachen gebracht und mir einen Wein angeboten, der deutlich besser wäre als dieser Côteaux de Provence, hätte mich gedrängt, diesen

»für eine junge Frau Ihres Alters erstaunlich reifen« Roman zu Ende zu schreiben, mich dann am Arm gefasst und zu einem Taxistand geleitet. Er hätte ein wenig mit mir geflirtet …
… in einem anderen Leben natürlich.

*

Nun gut, Marguerite, das ist nicht alles, und auf mich wartet noch Bügelwäsche.
Ich bin aufgesprungen, habe meine Jeans zurechtgezupft und bin auf eine wunderschöne Frau zugesteuert, die auf dem Sockel einer Statue von Auguste Comte saß.
Sehen Sie sie an.
Hübsch, sinnlich, apart, mit tadellosen Beinen und schmalen Fesseln, Stupsnase, gewölbter Stirn, kriegerischem und stolzem Gang.
Mit Schnüren und Tätowierungen übersät.
Die Lippen und Fingernägel schwarz bemalt.
Ein unglaubliches Mädchen.
Sie warf regelmäßig genervte Blicke in die angrenzende Straße. Ich glaube, ihr Freund hatte sich verspätet.
Ich habe ihr mein Manuskript hingehalten:
»Hier«, habe ich gesagt, »schenke ich Ihnen. Damit Ihnen die Zeit nicht zu lang wird.«
Ich glaube, sie hat sich bedankt, aber ich bin nicht sicher, denn sie war keine Französin! Betrübt über dieses Detail, hätte ich mein wunderbares Geschenk beinahe wieder an mich genommen und – doch wozu, habe ich mir gesagt und bin weggegangen, ich habe mich sogar fast gefreut.
Mein Manuskript befand sich von nun an in den Händen des schönsten Mädchens der Welt.
Das tröstete mich. Ein bisschen.

Anna Gavalda, *Ich wünsche mir, dass irgendwo jemand auf mich wartet.* Erzählungen. Aus dem Französischen von Ina Kronenberger.

▷ *Index Verlagsprogramme*

Köln 632, 639, 648, 651, 672, 700, 707, 711, 718, 721, 728, 732, 745, 750, 766, 774, 785, 796-797, 804, 852, 859, 862-864, 867, 891, 895, 901, 906, 922-923, 928, 942, 946